鉄骨工事技術指針・工場製作編

Technical Recommendations for Steel Construction for Buildings
Part 1 Guide to Steel-rib Fabrications

1977 制 定
2018 改 定

日本建築学会

本書のご利用にあたって
本書は，作成時点での最新の学術的知見をもとに，技術者の判断に資する標準的な考え方や技術の可能性を示したものであり，法令等の根拠を示すものではありません．ご利用に際しては，本書が最新版であることをご確認ください．なお，本会は，本書に起因する損害に対して一切の責任を負いません．

ご案内
本書の著作権・出版権は（一社）日本建築学会にあります．本書より著書・論文等への引用・転載にあたっては必ず本会の許諾を得てください．
Ⓡ〈学術著作権協会委託出版物〉
本書の無断複写は，著作権法上での例外を除き禁じられています．本書を複写される場合は，学術著作権協会（03-3475-5618）の許諾を受けてください．

一般社団法人　日本建築学会

鉄骨工事技術指針改定の序

　鉄骨工事技術指針は,「建築工事標準仕様書 JASS 6 鉄骨工事」の解説書としての役割を担っているとともに,特記に必要な情報および最新の技術的知見を記載している．前回の改定後10年以上が経過し,この間,鉄骨製作に関するさまざまな社会情勢の変化や製作技術の進歩があり,JASS 6 の改定に合わせて今回の改定を行った．

　鉄骨工事技術指針は,鉄骨工事における工場製作と工事現場施工という二面性およびそれぞれに従事する技術者の便宜を考え,「工場製作編」と「工事現場施工編」の2分冊で構成されている．この2編は互いに関連し,補完するものであるから,2編がそろってはじめて鉄骨工事に関する技術が完成される．旧版では,それぞれが独立した指針としても使用できることに重点を置いて編集しており,溶接や検査等に関する記述については重複している箇所や,分散しているために理解しにくい箇所が多数あった．特に,検査については JASS 6 の節の構成が見直されたのに合わせ,旧版の「工事現場施工編」や「鉄骨精度測定指針」に分かれて記載されていた内容を「工場製作編」にまとめ,全体が理解しやすいように記載した．このように,従来の2冊の技術指針の位置付けを踏襲しつつ,重複箇所はできるだけ避け,互いを引用する形式に改めている．読者には,是非「上巻」と「下巻」をそろえ,全体を理解するように努めていただきたい．

　「工場製作編」の主な改定点は次のとおりである．
(1) JASS 6 において,高力ボルト接合の孔あけ加工は,従来はドリル孔あけに限定していたが,工事監理者の承認を受けた場合等では,レーザ孔あけの使用を認めた．なお,レーザ孔あけの施工には特有の注意すべき点があり,これらの注意事項を記載した．
(2) JASS 6 において,摩擦面処理の発せい（錆）処理に,これまでの自然発せいに加えて薬剤発せいを認めた．なお,薬剤処理の使用にあたって,薬剤ごとの注意すべき点があり,これらの注意事項を記載した．
(3) 近年,免震・制振部材の使用および CFT 構造の普及が進んでいる．この現状を受けて,免震・制振部材と鉄骨部材との取付けに関する注意事項および CFT 柱の標準的な納まりの事例と製作時の注意点を記載した．
(4) 最新の情報処理技術としての三次元 CAD や BIM の動向について記載した．
(5) 新技術・新工法として,大電流多層サブマージアーク溶接法,エレクトロガスアーク溶接法,溶接ロボットによる25°開先溶接およびサブマージアーク溶接50°開先異形隅肉溶接を紹介した．
(6) 旧版の6章「さび止め塗装」を6章「塗装」とし,2013年に改定された本会編「建築工事標準仕様書・同解説　JASS 18　塗装工事」の内容を反映させた．
(7) JASS 6 において,溶融亜鉛めっきを施した部材の摩擦面処理方法として,これまでのブラス

ト処理に加えてりん酸塩処理を認めた．りん酸塩処理に関する注意事項および試験結果を記載した．

(8) JASS 6 の節の構成に合わせ，旧版の 7 章「社内検査」を 8 章「検査」に改め，旧版の 5.18「溶接部の受入検査」，「工事現場施工編」の 3 章に記載されていた中間検査および受入検査の内容を 8 章に集約し再整理するとともに，旧版の「鉄骨精度測定指針」の 5 章「寸法精度の受入検査方法」の内容を取り入れた．

(9) 工程順に沿った記述とするため，旧版の 9 章「溶融亜鉛めっき工法」を 7 章に移動した．

「工事現場施工編」の主な改定点を以下に示す．

(1) 旧版の 3 章「管理・検査」のうち，中間検査および製品の受入検査については，前述のように「工場製作編」の 8 章に移行した．

(2) 免震・制振部材の工場出荷から運搬，保管，取付け施工時の留意点を記載した．

(3) F14T 級トルシア形超高力ボルトを追記した．

(4) 9 章「耐火被覆」の内容を，現在普及している工法に合わせて見直した．

2018 年 1 月

日 本 建 築 学 会

改定の序

—2007 年版—

　旧版（1996 年刊行）の鉄骨工事技術指針は，「建築工事標準仕様書 JASS 6 鉄骨工事」の解説，特記に必要な情報および最新の技術的知見をまとめたものとして，「工場製作編」と「工事現場施工編」の 2 分冊として刊行された．

　前回の改定後 10 年以上が経過し，その間に，1995 年の兵庫県南部地震における鉄骨造建物の損傷，特に，1981 年以降のいわゆる「新耐震設計法」で設計されたにもかかわらず，当時の慣用的な溶接施工法で製作されていた多くの鉄骨造建物の柱梁接合部周辺に生じた脆性的破壊に関する研究が精力的に行われ，多くの技術的情報が蓄積された．これらの知見の一部は，2000 年 11 月に開催された鉄骨工事運営委員会の研究成果報告会の資料としても公表された．

　今回の改定では，この資料をはじめとして，鉄骨工事運営委員会の各小委員会・ワーキンググループの調査・研究により得られた知見をまとめ，JASS 6 の条文として定められた内容あるいは設定された数値の根拠をできるだけ示すようにしている．また，建築基準法，JIS をはじめとする関連基規準・規定などの改正・改定に対応して修正が必要になった事項と，最新の技術的情報の追加・修正を行っているが，章の構成は旧版と変えていない．

　「工場製作編」の主な改定点は次のとおりである．
(1)　ISO で提唱されている品質マネジメントの考え方・手法が，将来，鉄骨工事に適用される場合の指針となることを想定して，その概要を紹介した．
(2)　溶接ロボットの型式認証，ロボット溶接オペレーターの資格や技量付加試験を明記した．
(3)　旧版では 4 章，5 章に分かれて記述されていたスカラップ加工に関する内容を 4.8 節にまとめ，柱梁接合部形式ごとに記述した．
(4)　溶接入熱・パス間温度が溶接金属強度に与える影響に関する研究の現状を紹介し，合理的な溶接施工管理方法を示した．
(5)　エンドタブについて，最近の実験事例を踏まえて，鋼製エンドタブおよび固形エンドタブを使用した場合の注意点を示した．
(6)　ロボット溶接に関する内容を新しい知見を取り入れ，全面的に改定した．
(7)　超音波探傷検査に関する最新の知見を紹介した．
(8)　めっき構造物の柱梁接合部の製作方法に関する注意事項を追加した．

　「工事現場施工編」の主な改定点は次のとおりである．
(1)　「高力ボルトの品質確認」の節を設けた．
(2)　高力ボルトの導入張力確認試験を廃し，高力ボルト締付け工程開始時に実接合部を用いて締付

け手順を確認するよう修正した．
(3) デッキプレート関連告示，JIS，規準類の改定に伴う修正を行った．
(4) 9章で，新たに軽量セメントモルタル吹付け工法，巻付け工法および耐火塗料について記述した．

なお，「鋼構造建築溶接部の超音波探傷検査規準・同解説」については，引き続き改定作業を行っており，近々刊行する予定である．

2007年2月

日本建築学会

改定の主旨

—1996 年版—

前回の発刊以来 10 年余が経過し，鉄骨建築をとりまく情勢は著しく変動している．その中で重視すべきは，平成元年頃に社会問題となった不良鉄骨問題を受けて，これの是正のための建築構造用圧延鋼材（SN 材）の JIS 制定をはじめとする材料変革や関連諸施策と国際化が挙げられる．また，今回の大地震においても，不適切な設計・施工・加工の鉄骨が被害を露呈した．これらのことを背景に技術指針を見直すと基本事項の遵守を一段と強調することの大切さが再認識された．これらの事態に適切に対応することを意図して JASS 6「鉄骨工事」と同時に技術指針も改定した．技術指針は，工場製作編と現場施工編の 2 分冊としている．加工面，施工面からみて望ましいディテールや工法がどのようなものかを解説することで，合理的な設計・特記仕様の一助となることも期待している．

〈工場製作編〉

日本に建設される通常規模形態の建物の鉄骨の標準的品質レベルを示す JASS 6 の各条文についてその主旨や真意を正しく理解すること，ならびに製作業者が製品の品質に対する責任を自覚し，いつもこれに対応できる自主的な管理体制整備の目安となることを期待して，条文とした背景理由等を記述している．必要に応じては加工細則ともいえるものを記述してある．

さらに，発注者が JASS 6 仕様以外の特記仕様をつくる便宜と，将来の技術の発展を促すことを意図して，現状では普遍化していない新技術なども紹介している．

〈工事現場施工編〉

総合建設業が適正品質となる鉄骨工事を遂行するうえで，鉄骨部材を鉄骨製作業者に JASS 6 の仕様のもとで製作を発注する場合に，総合建設業みずからの管理責任を明確にするとともに，鉄骨製作業者をはじめ関連する協力業者への対応の具体的方法等を記述した．この中には，現状普遍的なものを中心にすえているが，やや先駆的な事項も紹介している．よって，工事の施工管理体制整備に資することを期待している．

なお，「鉄骨精度測定指針」と「鋼構造建築溶接部の超音波探傷検査規準・同解説」については，引続き改定作業を行っており，近日中に刊行する予定である．

1996 年 2 月

日 本 建 築 学 会

改定の序

―昭和 62 年―

　日本建築学会においては，昭和 28 年以来，建築の質的向上と合理化を図るため適切な施工標準を作ることを目的とし，材料施工委員会を常置して建築工事に関する広範な標準仕様書・技術指針等を作成し，刊行している．

　鉄骨工事運営委員会（旧第 5 分科会）では，「JASS 6 鉄骨工事」を昭和 28 年 11 月に制定した．その後，鉄骨工事技術の進歩発展に即応して改定を重ね，現在の仕様書（昭和 57 年 10 月改定）に至っている．

　この「JASS 6」はもともと仕様書としての性格上，工事発注用の標準仕様書として，また契約図書として，その内容が検討されているため，施工技術に関する記述や内容にかなり制約がある．すなわち，全国の鉄骨製作工場の技術レベルに甚だしい格差があるという実情や，経済性などの関連を考慮し，各項の施工技術に関する内容は，慣習としている基本的・平均的手法を簡潔に記述するにとどまり，高度な先進的技術の採用は躊躇せざるを得ないからである．

　これらを考慮して，本委員会では「JASS 6」の内容の補足と新技術の採用・普及を図り，かつ，それまでにいくつか刊行されていた鉄骨工事関連の設計施工規準・工作規準等を取りまとめて，鉄骨工事に関する標準的な施工技術の集大成版として「鉄骨工事技術指針」を作成し，これに解説を付して昭和 52 年 2 月に刊行した．

　この技術指針は初版刊行以来，版を重ねて約 16 000 部発行し，わが国の鉄骨工事の健全な発展に大いに寄与していることは喜ばしいことである．

　なお，この技術指針は「JASS 6」の改定前であったので，本文は暫定的に仕様書としても使用できるようにしている．したがって，その後「JASS 6」の改定が行われたため，本文の意義が薄れたこと，また制定後約 10 年が経過し，新材料・新工法および加工・施工システムの変革などに応じた内容に改定することが要請されていることなどの理由から，本運営委員会では，昭和 58 年度に改定作業に着手し，WG・小委員会において慎重に審議し，今回ようやく成案を得たので，これを公表することとした．

　今回の改定の要旨はおおむね次のとおりである．

　（1）「JASS 6 鉄骨工事」に盛られた規定を補足解説し，新技術・新工法および新しい製作・施工システムを取り入れるため，今回の改定にあたっては，本文および解説という形式はとらず，通常のハンドブック的なスタイルにした．

　（2）鉄骨工事の二面性（工場製作と工事現場施工）およびそれらに所属する技術者の便宜を考えて，工場製作編および工事現場施工編の 2 分冊とした．

　この 2 編は互いに関連し，補完するものであるから，2 編がそろってはじめて鉄骨工事技術が構成されるのであるが，それぞれ独立した指針として使用できるようにしてある．

（3） 鉄骨工事は，設計図書によって指示される性能・品質を製作・施工の各工程で作り込まなければならない．また，総合請負業者・鉄骨加工業者は自己の責任において製品の品質を保証しなければならない．「JASS 6」では請負者の鉄骨品質に関する自主管理について規定したので，この実施方策および要領を品質管理の項を新設して詳細に記述した．

なお，本運営委員会では今後さらに鉄骨工事に関する技術的事項について調査・研究を継続し，逐次その成果を刊行し，会員はじめ関係方面に講習会などを通じて普及していくこととするが，その際，基本となるものを標準仕様書（JASS 6）とし，これを技術的にサポートするものとして鉄骨工事技術指針を位置づける．

今回発刊する 2 冊は鉄骨工事技術指針の中の工場製作編であり，工事現場施工編である．また，先に刊行した「鉄骨精度測定指針」も前 2 冊と同様，鉄骨精度測定編とし，鉄骨工事技術指針の中の 1 つとして位置づけることとした．

このたび，本技術指針を刊行するにあたって，本運営委員会に所属する関係委員各位のこれまでの努力に対して深く感謝申し上げたい．またこの指針の改定趣旨を建築雑誌上（昭和 61 年 11 月号）に公表して以来，短期間であったにもかかわらず，関係方面で多大の関心が寄せられ，貴重な意見を頂戴できたことについて併せて感謝申し上げる次第である．

本書が鉄骨構造に関する施工技術の健全な普及発達を図るために活用されることを切望するとともに，関係各位からの御高評を仰ぎたいと思う．

昭和 62 年 3 月

日 本 建 築 学 会

序
—昭和52年版—

　日本建築学会においては，昭和28年以来，建築の質的向上と合理化をはかるため適切な施工標準を作ることを目的とし，材料施工委員会を常置して，建築工事に関する広範な標準仕様書を作成し，刊行している．JASS 6 鉄骨工事標準仕様書も，この目的に沿って昭和28年に発刊されているが（昭和42年改定），もともと仕様書としての性格上，工事発注用の標準仕様書として，また契約に伴う契約仕様書として，その内容が検討されている．

　このように標準仕様書としてのJASS 6 鉄骨工事が，また発注・契約仕様書としての性格を具備していることは，本仕様書の施工技術に関しての記述や内容にかなりな制約を与えているように思われる．すなわち，このような本仕様書の性格から，製作工場の技術レベルにははなはだしい差があるという実情や，経済性などとの関連を考慮し，各項の施工技術に関する内容は，慣習としている基本的，平均的手法を簡潔に記述するにとどまっているためである．

　一方，日本建築学会では，構造標準委員会内に設置されている鋼構造分科会，溶接技術分科会によって，各種の設計・施工規準や指針ならびに工作規準などが刊行されているが，これらは構造設計と施工とが，技術的に表裏一体の関係にあることを念頭において編集されたものである．

　あらたに，ここに鉄骨工事技術指針を制定する意義は，鉄骨工事に関する標準的な施工技術をJASS 6 鉄骨工事の技術的各項との関連を考慮しながら，現在，設計規準との関連で別個に刊行されている各種の鋼構造に関する上記の施工や工作規準の内容をとり入れ，さらに項目や内容を付加することによって総括し，最終的には，建築物の安全を経済性との関連を考慮した上で確保するという設計・施工技術の基本的立場で，集大成することにある．本技術指針は，このような趣旨にもとづいて鉄骨工事に関する標準的な技術指針として制定されたものである．

　したがって，溶接技術分科会により刊行されている溶接技術に関する各種の規準については，今後，同分科会より刊行される予定であるガス溶接・切断工作規準ならびにスポット溶接工作規準をのぞいて，原則的には，すべて，本技術指針にとり入れられているので，以後，溶接技術については，本技術指針の内容が優先することになり，現在までに刊行されている各種の溶接工作に関する規準は漸次廃刊されることになる．また，鋼構造分科会関係の各種の設計・施工規準や指針の施工に関する部分については，やはり原則的には本技術指針にとり入れられているが，同分科会より今後刊行される予定である二，三の設計・施工規準や指針を含めて，以後，相互に十分連絡をとりながら調整してゆく予定である．

　このたび，本技術指針に詳細な解説を付して鉄骨工事技術指針・同解説として刊行することになったのであるが，刊行に至るまでの関係委員各位の努力に対して深く感謝申し上げたい．また，本技術指針（案）を建築雑誌上（51年9月号）に公表して以来，短期間であったにも拘らず，各方面で多大の関心をよせられ，多くの貴重な意見をいただくことができた．各位に，併せて感謝申し上げる次第である．

　本書が鉄骨構造に関する施工技術の健全な普及発達をはかるために活用されることを切望すると同時に，また，いろいろと御叱正いただきたいと思う．

　昭和52年2月

日 本 建 築 学 会

指針改定関係委員 (2018年1月)
― (五十音順・敬称略) ―

材料施工委員会本委員会
委員長　早川　光敬
幹　事　橘　高義典　　興石　直幸　　橋田　　浩　　山田　人司
委　員　(略)

鉄骨工事運営委員会
主　査　田中　　剛　(吹田　啓一郎)
幹　事　犬伏　　昭　　桑原　　進　　山田　丈富
委　員　新井　　聡　　五十嵐規矩夫　　一戸　康生　　加賀美安男
　　　　(上平　綱昭)　小林　秀雄　　(才木　　潤)　(坂本　眞一)
　　　　嶋　　　徹　(鈴木　励一)　宋　　勇勲　　高浦　弘至
　　　　高野　昭市　　田中　宏明　　西山　　功　　原田　幸博
　　　　松下　眞治　　松本　由香　　的場　耕三　　村　麻里
　　　　護　　雅典　　森岡　研三　　横田　和伸　　横田　泰之

JASS 6 改定小委員会
主　査　田中　　剛
幹　事　桑原　　進　　坂本　眞一　　松下　眞治
委　員　五十嵐規矩夫　犬伏　　昭　　加賀美安男　　上平　綱昭
　　　　嶋　　　徹　(吹田　啓一郎)　原田　幸博　　松本　由香
　　　　護　　雅典　　森岡　研三　　山田　丈富

鉄骨製作小委員会
主　査　五十嵐規矩夫　(吹田　啓一郎)
幹　事　嶋　　　徹
委　員　新井　　聡　　石井　　匠　　犬伏　　昭　　加賀美安男
　　　　後藤　和弘　　高浦　弘至　　西尾　啓一　　蓮沼　　聡
　　　　増田　浩志　(村上　卓洋)　米森　　誠

溶接施工小委員会

- 主　査　松　本　由　香
- 幹　事　的　場　　　耕
- 委　員　伊　藤　浩　資　　小　野　潤一郎　　笠　原　基　弘　　小　林　光　博
  　　　　坂　本　眞　一　　佐々木　　　聡　（鈴　木　励　一）　中　込　忠　男
  　（福　田　浩　司）　山　田　浩　二　　山　田　丈　富　　湯　田　　　誠
  　　　　横　田　和　伸　　横　田　泰　之　　米　森　信　夫

鉄骨精度測定小委員会

- 主　査　加賀美　安　男
- 幹　事　森　岡　研　三
- 委　員　犬　伏　　　昭　　吉　敷　祥　一　　多　田　健　次　（遠　山　和　裕）
  　　　　中　島　泰　明　　西　沢　　　淳　　羽　石　良　一　　藤　田　哲　也
  　　　　堀　　　望智大　　護　　　雅　典　　油　田　憲　二　　渡　辺　　　忍

鉄骨超音波検査小委員会

- 主　査　原　田　幸　博
- 幹　事　三　村　麻　里
- 委　員　笠　原　基　弘　（上　平　綱　昭）　坂　本　眞　一　（佐　藤　文　俊）
  　　　　嶋　　　　　徹　　高　田　好　秀　　高　野　昭　市　　中　込　忠　男
  　　　　中　野　達　也　　服　部　和　徳　　廣　重　隆　明　　古　舘　岳　実
  　　　　堀　　　望智大　　山　本　弘　嗣　　横　田　和　伸

鉄骨塗装工事ワーキンググループ

- 主　査　犬　伏　　　昭
- 幹　事　奥　田　章　子　　米　森　　　誠
- 委　員　新　井　　　聡　　桑　原　幹　雄　　近　藤　照　夫　　蓮　沼　　　聡
  　（村　上　卓　洋）

耐火被覆工事ワーキンググループ

- 主　査　犬　伏　　　昭
- 幹　事　関　　　清　豪
- 委　員　近　藤　照　夫　　清　水　玄　宏　　藤　原　武　士　　米　丸　啓　介

指針改定関係委員 (2007年2月)
― (五十音順・敬称略) ―

材料施工委員会本委員会
委員長	田中 享二	
幹 事	中山 實　桝田 佳寛　松井 勇　本橋 健司	
委 員	(略)	

鉄骨工事運営委員会
主　査　田渕 基嗣
幹　事　岡田 久志　吹田 啓一郎　津山 巌
委　員　(青柳 和伴)　嵐山 正樹　猪砂 利次　小野 徹郎
　　　　倉持 貢　　(黒川 剛志)　甲津 功夫　小牧 知紀
　　　　近藤 照夫　嶋 徹　　　　白川 和司　鈴木 励一
　　　　清野 修　　田川 泰久　　田中 剛　　田中 利幸
　　　　千代 一郎　寺門 三郎　　中込 忠男　西尾 啓一
　　　　西山 功　　橋田 知幸　　橋本 篤秀　(廣田 実)
　　　　(羽山 眞一)(堀 直志)　　松下 真治　護 雅典
　　　　山田 丈富　吉村 鉄也

JASS 6 改定小委員会
主　査　田渕 基嗣
幹　事　岡田 久志　吹田 啓一郎　津山 巌
委　員　近藤 照夫　嶋 徹　　　　杉本 浩一　田中 剛
　　　　中込 忠男　西尾 啓一　　橋本 篤秀　松下 真治
　　　　護 雅典　　山下 達雄　　山田 丈富

鉄骨加工小委員会
主　査　岡田 久志
幹　事　吹田 啓一郎
委　員　五十嵐 規矩夫　石井 匠　犬伏 昭　(小阪 裕)
　　　　嶋 徹　　　　　多賀 謙蔵　高橋 泰文　寺門 三郎
　　　　西尾 啓一　　　(藤田 敏明)　増田 浩志　宮田 智夫
　　　　村上 卓洋　　　山田 丈富

協力委員　青木雅秀　伊藤善人　上野清人　岡　賢治
　　　　　織茂博文　甲田輝昭　後藤和正　志村保美
　　　　　田中　薫　津田佳昭　野林聖史　早坂　浩
　　　　　藤本信夫　三村麻里　宮野洋一
　　　　　森岡研三　八ツ繁公一

溶接小委員会

主　査　中込忠男
幹　事　田中　剛
委　員　（伊藤裕彦）　笠原基弘　古賀郁夫　小林光博
　　　　坂本真一　（杉本浩一）（高野倉正三）田渕基嗣
　　　　（辻井泰人）　長尾直治　松下真治　南　二三吉
　　　　山下達雄　横田和伸　米森信夫
協力委員　青野弘毅　市川祐一　吉川　薫　下川弘海
　　　　　高橋恵一　松村浩史　村上　信　山口忠政
　　　　　山本長忠

鉄骨精度小委員会

主　査　護　雅典
幹　事　山田丈富
委　員　犬伏　昭　内山晴夫　岡田久志　加賀美安男
　　　　（菅野啓行）（熊倉吉一）桑原　進　小口　守
　　　　斉藤正則　（下川辺敏一）（須長憲一）違山和裕
　　　　羽石良一　（春田康之）藤田哲也　牧野俊雄
　　　　森岡　徹

鉄骨非破壊検査小委員会

主　査　田中　剛
幹　事　倉持　貢
委　員　石井　匠　石原完爾　笠原基弘
　　　　上平綱昭　川口淳彦　（工藤憲二）坂本真一
　　　　嶋　徹　鈴木孝彦　津山　巌　中込忠男
　　　　橋田知幸　藤本信夫

溶接施工管理ワーキンググループ

主 査	田渕 基嗣							
幹 事	津山 巌							
委 員	石原 完爾	市川 祐一	倉持 貢	田中 剛
	千代 一郎	中込 忠男	長友 和男	西山 功
	(服部 和徳)	松下 真治	和田 陽	

塗装・耐火ワーキンググループ

主 査	近藤 照夫			
委 員	岩見 勉	大貫 寿文	緒方 孝一郎	慶伊 道夫
	関 清豪	永田 順一郎	藤 雅史	松本 英一郎
	松本 一男	油田 憲二		

（　）内は元委員

指針作成関係委員 (1996年2月)

―（五十音順・敬称略）―

材料施工委員会本委員会

委員長	上村 克郎		
幹 事	高橋 泰一	友澤 史紀	中根 淳
委 員	(略)		

鉄骨工事運営委員会

委員長	橋本 篤秀			
幹 事	守谷 一彦	山下 達雄		
委 員	青木 博文	東 武史	泉 満	宇留野 清
	大嶋 正昭	岡松 眞之	木村 衛	越田 和憲
	近藤 照夫	清水 豊和	須古 将昭	田極 義明
	田中 淳夫	津山 巌	寺門 三郎	照沼 弘
	中込 忠男	濱野 公男	真喜志 卓	松岡 盛幸
	松崎 博彦	松下 真治	松原 哲朗	宮野 友明
	護 雅典	森田 耕次	矢部 喜堂	

指針作成関係委員 (昭和62年2月)
― (五十音順・敬称略) ―

材料施工委員会本委員会

委員長	岸谷孝一	
幹　事	上村克郎　小池迪夫	
委　員	(略)	

鉄骨工事運営委員会

主　査　羽倉弘人
幹　事　橋本篤秀
委　員　青江喜一　　浅井浩一　　五十嵐定義　池野礼二郎
　　　　泉　　満　　上野　誠　　掛貝安雄　　加藤　勉
　　　　甲田　宏　　佐々木一夫　佐藤邦昭　　高田十治
　　　　田辺邦彦　　寺門三郎　　藤本盛久　　藤盛紀明
　　　　古沢平夫　　北後　寿　　細井　威　　松崎博彦
　　　　松下一郎　　松下冨士雄　松本正巳　　森田耕次
　　　　山下文生

指針作成関係委員 (昭和52, 54年版)
― (五十音順・敬称略) ―

材料施工委員会

相談役　下元　連
委員長　西　忠雄
幹　事　亀田泰弘　岸谷孝一　田村　恭

鉄骨工事小委員会

主　査　藤本盛久
幹　事　上野　誠　松下冨士雄
委　員　青江喜一　　浅井浩一　　加藤　勉　　掛貝安雄
　　　　亀井俊郎　　佐々木一夫　佐藤邦昭　　田辺邦彦
　　　　高田繁一　　高田十治　　寺門三郎　　中村雄治

　　　　　　　　　　　　　　　　　　　　羽　　倉　弘人　　日野　康夫　　藤田　健次郎　　藤盛　紀明
　　　　　　　　　　　　　　　　　　　　古沢　平夫　　日後　寿　　　　細井　威　　　　星崎　和善
　　　　　　　　　　　　　　　　　　　　松崎　博彦　　松下　一郎　　　松本　正巳
専門委員　　中山　雅道　　野村　繚一　　福島　稔

鉄骨工事技術指針－工場製作編

目　　　次

1章　総　　則

1.1　適用範囲および原則 …………………………………………………………… 1
1.2　建築鉄骨を巡る主な動き ……………………………………………………… 4

2章　品質マネジメント

2.1　品質マネジメントの重要性 …………………………………………………… 6
2.2　品質マネジメントの変遷 ……………………………………………………… 6
2.3　品質マネジメントと品質保証 ………………………………………………… 12
2.4　鉄骨の品質と品質展開 ………………………………………………………… 19
2.5　製作工場の品質保証と品質管理 ……………………………………………… 29
2.6　管理・改善のための統計的手法 ……………………………………………… 84
2.7　ISO 9001 を取り入れた品質マネジメントシステム ………………………… 97

3章　材　　料

3.1　構造用鋼材 ……………………………………………………………………… 105
3.2　ボルト等 ………………………………………………………………………… 147
3.3　溶接材料 ………………………………………………………………………… 156
3.4　材料試験および溶接性試験 …………………………………………………… 165
3.5　材料の購入，受入れおよび保管 ……………………………………………… 171

4章　工　　作

4.1　工作図 …………………………………………………………………………… 184
4.2　現　寸 …………………………………………………………………………… 197
4.3　鋼製巻尺 ………………………………………………………………………… 201
4.4　加工後の鋼材の識別 …………………………………………………………… 203
4.5　けがき …………………………………………………………………………… 207
4.6　切断・切削加工 ………………………………………………………………… 213
4.7　開先加工 ………………………………………………………………………… 232
4.8　スカラップ加工 ………………………………………………………………… 235
4.9　孔あけ加工 ……………………………………………………………………… 254

4.10	摩擦面の処理	274
4.11	ひずみの矯正	284
4.12	曲げ加工	292
4.13	組立て	300
4.14	仮組	322
4.15	免震・制振部材の取付け	324
4.16	CFT柱における留意点	331
4.17	付属金物類	337
4.18	ピンおよびローラ	340
4.19	NC機器等の使用上の注意事項および保守点検	341
4.20	安全・衛生	342
4.21	鉄骨生産の自動化	352

5章 溶接

5.1	溶接方法の承認	368
5.2	溶接技術者	369
5.3	溶接技能者	370
5.4	溶接施工一般	376
5.5	完全溶込み溶接	395
5.6	隅肉溶接	405
5.7	部分溶込み溶接	409
5.8	その他の溶接	411
5.9	被覆アーク溶接法(アーク手溶接法)	412
5.10	ガスシールドアーク溶接法	418
5.11	セルフシールドアーク溶接法	432
5.12	サブマージアーク溶接法	433
5.13	エレクトスラグ溶接法	446
5.14	スタッド溶接法	454
5.15	ロボット溶接法	461
5.16	新技術・新工法の紹介	473
5.17	溶接部の管理と検査	492
5.18	溶接部の補修	507

6章 塗装

| 6.1 | 防せい(錆)の基本 | 515 |
| 6.2 | 塗装計画 | 517 |

6.3	素地調整	518
6.4	塗　　料	523
6.5	塗装作業	526
6.6	輸送時の養生	530
6.7	管理および検査	532
6.8	環境・安全	535

7章　溶融亜鉛めっき工法

7.1	溶融亜鉛めっきの種類と品質	539
7.2	溶融亜鉛めっき脆性	540
7.3	めっき鋼構造物の設計・製作・施工	541
7.4	溶融亜鉛めっき作業	559
7.5	めっき後の矯正，試験・検査および補修	564
7.6	溶融亜鉛めっき高力ボルト接合	567

8章　検　　査

8.1	一般事項	586
8.2	社内検査	598
8.3	中間検査	616
8.4	受入検査	624
8.5	不具合の処置	669
8.6	溶接部の非破壊試験技術	675
8.7	超音波探傷検査の最近の技術動向	688

9章　発　　送

| 9.1 | 製品の仕分け | 698 |
| 9.2 | 輸送計画および発送 | 699 |

付　　録

付1.	鉄骨製作工場の性能評価	711
付2.	建築鉄骨に関連する社会動向（1996年版より抜粋）	728
付3.	品質管理用語	737
付4.	溶接記号（JIS Z 3021：2016）参考	747
付5.	JIS Z 8101-1：2015　統計－用語及び記号－	749
付6.	JIS Z 8101-2：2015　統計－用語及び記号－	753
付7.	サブマージアーク溶接の承認試験	758

付 8.	エレクトロスラグ溶接の承認試験	763
付 9.	組立て溶接技能者技量付加試験（AWS D1.1 4.23 参考）	766
付10.	建築鉄骨溶接技能者技量検定試験基準	767
付11.	建築鉄骨溶接ロボットの型式認証試験（抜粋）	777
付12.	AW 検定　ロボット溶接オペレーター試験基準（抜粋）	783
付13.	鋼材の識別表示標準（JSS I 02-2017 より抜粋）	788
付14.	摩擦面のさび色	790

鉄骨工事技術指針・工場製作編

1章 総　　則

1.1 適用範囲および原則

a．適用範囲

　本指針は，日本建築学会「建築工事標準仕様書 JASS 6 鉄骨工事」（以下，JASS 6 という）の解説を中心にまとめたものである．したがって，JASS 6 に規定された鋼構造建築物・鋼コンクリート合成構造建築物・鋼工作物などの建設にかかわる鉄骨工事のうち，工場製作に関する技術的事項，すなわち，鉄骨製品の製作要領およびその品質管理，材料の選定と取扱い，工作および組立て，各種溶接法とその施工および検査，塗装，めっき，製品の中間検査・受入検査・社内検査および発送などに適用する．また，JASS 6 の条文の解説にとどまらず，条文の背景の説明や，近未来的技術動向等を記述した部分もある．これらの適用にあたっては，製作工程の技術力等を勘案した上で決定する必要がある場合もあるので，十分な注意が必要である．なお，現場工事における鉄骨工事の技術的事項については，別冊の工事現場施工編による．

　本会の標準仕様書は，本来，施主（発注者）から施工者（受注者）への標準的な仕様をとりまとめたものとして，作成されている．しかし，鉄骨工事の場合，その製作工程を協力業者である鉄骨製作業者に発注するのが一般的である．したがって，施主→施工者（総合建築業者）に適用される場合と総合建築業者→鉄骨製作業者に適用される場合の二様の標準仕様書が必要になる．本会の標準仕様書は施主から施工者への仕様書として制定することを基本としているので，JASS 6 もその原則に従って，前者の立場で作成した．しかし，後者の立場も考慮して必要な箇所では，総合建築業者から鉄骨製作業者への発注にも適用できるよう JASS 6 の条文の表現を考慮した．

　JASS 6 を利用するときは，いたずらに字句にこだわることなく，自工程責任の分担と相互の協調の精神が大切であり，適切な運用を計ることが望まれる．

　さらに，標準仕様書であるから，なるべく特記項目は少なくした．先導的な技術を適用したい場合に特記するための参考となるような情報や先進的技術や工法等の紹介は技術指針に記述した．その適用にあたっては，基本を大切にし，かつ，十分な検討が必要であることはいうまでもない．

　なお，他の技術・技量を伴う資格者等が特別な調査・研究等に基づき実施する場合，工事監理者もしくは施主がその実施する内容について，本仕様と同等以上の品質が確保できるものと認めれば，JASS 6 の全部もしくは一部を適用しないことができる．

b．製作工場

　鉄骨の製作工場は，契約図書に示された品質を自主的な管理の下で製品を合理的，経済的にかつ，工期内につくり込み，それを保証できる技術的能力を持っているものでなければならない．した

がって，発注者は鉄骨工事の規模，加工の難易度に応じて，最適の製作工場を選定する必要がある．

選定にあたっては次の項目について，工場の能力を十分に調査し，決定する．

（1）　設備，機械，要員および月産生産能力
（2）　技術者の数と資格（例えば，1級建築士，溶接管理技術者1級資格者など）
（3）　技能者の数と資格（例えば，溶接技能者）
（4）　品質管理体制，検査体制，検査技術者の数とその資格，検査機器の種類と数
（5）　施工実績

わが国の鉄骨製作工場は非常に数多く存在し，技術的格差も非常に大きい現状にあり，発注する鉄骨工事にふさわしい工場を適切に選定することはかなりの経験と判別力が要求される．

したがって，昭和57年（1982年）9月当時，鉄骨工事運営委員会では，その判別となる基準を作成する目的で「鉄骨生産工場類別要綱作成小委員会」を設け，鉄骨生産工場類別基準を作成した．

この案は，鉄骨問題協議会の「鉄骨生産工場認定部会」に提案され，同会基準として公表された．その後，この基準に準拠して当時の（社）鉄骨建設業協会および（社）全国鐵構工業連合会が自主的に工場認定制度を実施しており社会に定着した．この工場認定制度は，平成12年（2000年）の改正建築基準法の施行に伴ない新しい認定制度に移行している〔1.2節参照〕．現行の工場認定制度の概要を付1「鉄骨製作工場の性能評価」に示す．

c．自　主　管　理

設計図書には，特定の場合を除き加工法，施工法については指定されていない．したがってこれらの具体的方法の決定は，鉄骨製作工場が保有している設備機器，技術，要員数およびその熟練度などを考慮し，安全性，経済性を追及しつつ施工者らが決定し，表1.1に示すような内容の製作要領書，工作図，工程表などを作成し，工事監理者の承認を受けて，製作に着手する．この際，工事契約図書（設計図，標準仕様書，特記仕様書，現場説明書，質問回答書等）を十分照査し，これに明示されていないか，また，疑義のある事項については事前に十分検討し，工事監理者の承認を得ておくことが大切である．ここで，質問回答書とは，入札参加者からの設計図書に関する質問書に対して，発注者が回答する書類を指す．一方，契約後においても，設計図書に明記されていない箇所や納まり，取合い等の関係で設計図書によることが困難な箇所が出てくることがある．このような場合，施工者らは，工事監理者に質疑を上げ，回答を受けて仕事を進めることになる．本指針では，契約後のこの回答書を質疑回答書と呼び，質問回答書と区別している．

表 1.1　製作要領書

項　目	内　容
1．総　　　　　　則	適用範囲・準拠基準，疑義および変更の処置
2．工　事　概　要	建物概要・工事範囲・構造概要（鋼種・接合方法）
3．工場組織，設備機械	組織・担当技術者・担当員・技能者名簿・設備・機械
4．材　　　　　　料	使用材料・識別・試験・検査
5．工　　　　　　作	工程ごとの製作方法など
6．検　　　　　　査	検査基準および検査方法（方法・個数・時期・報告形式）
7．そ　　の　　他	工程表・溶接基準図など

自主管理に必要な品質管理手法および製品精度とその検査方法については本指針の規定によるとともに本会編「鉄骨精度測定指針」によることとする．これらの管理・検査を確実に実施するためには，施工者らは当該工事の製作責任者として担当技術者を置かなければならない．

この担当技術者は，鉄骨製作全般にわたって必要な技術力を有している者であり，公認された資格者であることが望ましい．この場合の公認資格者としては，1級または2級建築士のほか，鉄骨製作，溶接技術に関しては（一社）鉄骨建設業協会および（一社）全国鐵構工業協会の2団体が設立した「鉄骨製作管理技術者登録機構」による鉄骨製作管理技術者1級または2級，（一社）日本溶接協会がWES 8103「溶接管理技術者認証基準」に基づいて認証している特別級，1級または2級資格者がある．また，製品検査に関しては，（一社）日本非破壊検査協会がJIS Z 2305（非破壊試験の技術者の資格及び認証）に基づいて認証しているレベル3，レベル2，またはレベル1の資格者（超音波探傷試験等），（一社）日本鋼構造協会「建築鉄骨品質管理機構」の建築鉄骨製品検査技術者および建築鉄骨超音波検査技術者などがあげられる．

担当技術者は，自主管理に必要な社内検査を行い，契約上指定された項目について検査記録を提出し，承認を受ける．検査における計測器，計測法および記録の採り方は本会編「鉄骨精度測定指針」による．

d．鉄骨工事における技術者（資格者）の役割

（1）自工程責任制度の確立

JASS 6では，「設計品質は設計者が保証し，施工品質は施工者らが保証する」として，設計・施工のおのおのの工程において関係する者，全員が品質保証に係わる役割分担を果たさなければならないとしている．

鉄骨工事において適正な品質を管理するためには，上記のJASS 6に則り，設計から施工に至るそれぞれの業務分野に応じて，品質マネジメントにかかわる責任者とその役割（業務）を明確にして，必要な権限を与えるとともに，それぞれが与えられた責任を果たすことによって，個々の工事の品質を確保する必要がある．

（2）工事単位での品質確認

現在，要求品質については，建築基準法をはじめ，本会編「鋼構造設計規準」，JIS，国土交通大臣認定材などの「材料規格」，建築基準法に基づく「鉄骨製作工場の認定制度」，本会編「鋼構造建築溶接部の超音波探傷検査規準」等，管理するための手法が整備されている．

一方，建築士法による建築士，建設業法上の主任技術者，監理技術者，建築施工管理技士，など各技術者の役割も規定されている．

しかしながら，これらの技術者が前述の管理手法を的確に使用し，品質が確保されたことを確認するシステムがあまり明確になっていない．品質確保のためには，これらの品質と手法を理解できる有能な技術者（資格者）が必要とされる．業務が細分化・専門化している中で，それぞれの分野全般について十分な専門知識，技量，経験を有し，担当する業務計画から最終の成果物に至るまでのすべての事項について的確な評価判断の能力と適切な対応能力が求められる．この解決のため，建築鉄骨に関わる現行の業務分担である，構造設計業務，工事監理業務，施工管理業務，鉄骨製作

管理業務，等々に対応し，それぞれの業務について当該技術者が十分な管理能力を持つことを客観的に証明する資格制度を確立することが必要である．

（3） 技術者の技量の評価と活用

鉄骨工事の業務や作業の中で，担当者の技能・技術のレベルや経験が鉄骨品質に大きく関わっている．さらに，鉄骨の難易度に応じた技量と経験も必要とされる．このためには，これらの業務・作業に応じた技術・技能レベルを明確にするとともに，技能者の技量を客観的に評価することも併せて必要である．すなわち，技能者の技量を適切に評価し，客観的に証明する資格制度を確立することも必要である．

e．外注品の外注先の選定

鉄骨生産業界の構造が，多様化，細分化，専門化する中で，外注品の採用による効率化が図られる場合も増えている．この場合においても，自社での内作と同様の品質の確保が必要になる．

そのための方策として，外注先の選定が重要なポイントになる．自工程を他社にゆだねても，最終製品として，元請け責任を果たすことは当然となる．自工程をゆだねられるだけの信頼できる会社を選定することは，当然と言えば当然であるが，現実的には困難な場合もある．そのような時には，検査の内容やポイントを十分伝達し，お互いに手戻りのないように，業務の分担と責任を明確にする必要がある．そのためには，外注管理責任の確立と，相互の協調の精神が大切であり，JASS 6や本技術指針の適切な適用を図ることが望まれる．

1.2 建築鉄骨を巡る主な動き

本節では，1996年以降の建築鉄骨を巡る主な動きを示す．なお，1991年に発生した「不良鉄骨問題」に対して設けられた建築技術審査会・鉄骨造建築物品質適正化問題専門委員会（1991年8月設置）の報告書の概要およびその後の主な動きを付2．に示すので，参考とされたい．

（1） 1996年8月に当時の（財）日本建築センターより「冷間成形角形鋼管設計・施工マニュアル」が刊行された．冷間成形角形鋼管を柱に用いた鉄骨造建築物は，1981年の建築基準法施行令改正による新耐震設計法の導入以後，都市部における低層の事務所・店舗等の建築物を中心として急速に普及した．ただし，冷間成形角形鋼管については，製造工程において大きな塑性加工を受けているため，耐震性の観点からの問題が指摘されていた．当該マニュアルには，冷間成形角形鋼管を柱に用いた鉄骨造建築物の品質の向上を目的として，設計および施工に関する考え方および注意点等が記載されている．その後の研究成果等を盛り込んだ改訂版が2003年9月および2008年12月に刊行されている．

（2） 2000年6月に改正建築基準法が施行された．鉄骨工事に関係する主な事項を以下に示す．

　ⅰ） 鉄骨部材に使用できる鋼材は，建築基準法37条「建築材料の品質」および関連する告示第1446号により，JIS規格適合品のうち指定された材料（指定建築材料）に限られ，かつ建築基準法施行令第90，92，96，98条および関連する告示第2464号によって許容応力度ならびに材

料強度の基準強度（F値）が与えられているものでなければならなくなった．JIS規格適合品以外の材料を使用する場合は，法37条に明記された「建築材料の品質に関する技術基準」に従い，国土交通大臣の認定を取得しなければならなくなった．

ⅱ) 溶接継目の許容応力度はすべて母材と同等となり，0.9掛け設計が廃止された．この結果，それまでの工場認定制度の法的根拠がなくなり，新しい現行の工場認定制度に移行した．現行制度では，建築基準法施工規則第1条の3「図書省略」の項目を適用の基準としており，認定工場で鉄骨製作する場合には確認申請時に提出する設計図書の中の構造設計図を省略できる．しかしながら，図書が省略されることは少なく，現在は設計図書に特記されることにより，工場認定制度が定着し運用されている．

現行制度では，(一社)鉄骨建設業協会と(一社)全国鐵構工業協会によりそれぞれ設置された「指定性能評価機関（建築基準法第77条の56）」が，統一した評価基準により評価を行い，国土交通大臣が認定する．付1．にその性能評価基準を示す．溶接部の強度等は溶接条件の影響を受けるため，鋼材と溶接材料の組合せに対して，入熱・パス間温度の管理値を定めている．

ⅲ) 告示第1464号により「柱とはりの仕口のダイアフラムとフランジのずれ」，「突合せ継手の食い違い」，「アンダーカット」の許容差が規定された．なお，同告示のただし書きでは，許容差を満足しない場合,「適切な補強」により対応できるとしているが，どのような補強方法が「適切な補強」となるのかについては具体的に言及されておらず，その運用が問題となった．この問題を解決するため，「食い違いずれの検査・補強マニュアル作成委員会」が発足し，検討の成果が2003年7月に「突合せ継手の食い違い仕口のずれの検査・補強マニュアル」として刊行された．

(3) 2005年に発生した「構造計算書偽造問題」に対応するため，2007年6月に改正建築基準法が施行された．これにより，建築着工前に設計図面などをチェックする建築確認に新たに構造計算適合性判定制度を導入するなど，建築確認や工事検査を厳格に運用することになった．また，2008年11月に改正建築士法が施行され，構造設計1級建築士制度が創設され，一定規模以上の建築物の構造設計については，構造設計1級建築士が自ら設計を行うか，または構造設計1級建築士に構造関係規定への適合性の確認を受けることが義務づけられることとなった．

2章　品質マネジメント

2.1　品質マネジメントの重要性

　本章は，国際的な統一規格として普及し，他の製造分野でも大きな成果をあげている品質マネジメントシステムを，鉄骨工事に適用する場合の指針となるように意図したものである．

　鉄骨製品の性能は固有技術と管理技術によって形成されるが，品質マネジメントは後者の管理技術，すなわち固有技術（ハードな技術）を生む母体として位置づけられるものである．

　鉄骨製品を生産する基盤は固有技術であり，固有技術を活用して要求される性能をつくり込んでいく能力が管理技術である．また，管理技術と固有技術は本来独立しているものではなく，管理技術を有効に利用することによって固有技術の不備な点を抽出し，改善していくことにより固有技術は向上する．一方，固有技術が高度化すれば，所定の製品性能を得るためにより高度な管理技術が必要になる．したがって，固有技術と管理技術の相乗効果によって品質マネジメントシステムが確立されることとなる．

　鉄骨工事において，管理技術の一つである品質マネジメントと品質マネジメントシステムを通じて行われる品質保証は，以下による．

　（ⅰ）検査・検証だけでは不適合品の発生を防ぐことはできない．不適合品の発生は，施工の全プロセスを通じた品質マネジメントシステムで予防しなければならない

　（ⅱ）鉄骨の真の品質は検査・検証だけでは証明できない．品質は設計と施工のプロセスでつくり込むもので，その過程が明らかにされる必要がある．

　（ⅲ）品質保証にはトレーサビリティが含まれる．

　品質マネジメントシステムは，各企業の規模・内容，経営者の方針，工事の種類などにより異なる．鉄骨工事関係者は，相互に相手の品質マネジメントシステムを理解し，協力して品質マネジメントを実施することが肝要である．

　鉄骨工事において，建築基準法・施行令・告示などを遵守することを含め，顧客の要求事項に応えるためには，品質マネジメントシステムの確立が有効な手段である．

2.2　品質マネジメントの変遷

a．国内での品質管理の導入

　日本に近代的品質管理が導入され，本格的に研究されるようになったのは第二次大戦後間もない

1949年である．戦前においても，一部の識者により統計的手法を生産工程に利用するなどの研究がなされていたが，品質管理という名で研究され始めたのは戦後である．

戦後間もない日本の工業界は国の復興のために，より需要に対する供給を満たすところから出発し，質より量に力が注がれ，日本製品が粗悪品の代名詞とされたこともあった．そして今日，世界に誇る高い水準の工業国になった．その背景には，QC（Quality Control）と呼ばれる統計学を取り入れた品質管理の手法および考え方が，製品製造にあたっての問題解決の手段に大きな役割を果たしていることがあげられる．

この手法は，当初は品質目標の設定ならびに検査・検証の方法というものに応用され，後に生産プロセスにおける最良の管理技術に拡大されてきた．

近代的品質管理の歴史的背景については多くの文献などに述べられているが，品質管理を実施するうえで参考になると考えられるので以下にその要点を紹介する．

b．近代的品質管理

近代的工業生産の大きな特長は大量生産方式の導入にあり，これにより特に機械工業などにおいては著しく生産性が向上した．一方，少品種多量生産のみならず，多品種少量生産においても生産性と能率の向上が要求されるようになったため，時代とともに分業化が促進された．これに伴い，多数の部品の任意の組合せに対する問題から寸法公差が重要視されるに至り，生産された品物のバラツキを前提として統計的な取扱いへと進展していった．

次に品質の保証を検査・検証のみで行うことの限界が認識されてきたことがあげられる．規格・仕様から外れた製品・材料などを検査・検証で適合性を評価することは品質を保証するための簡便で確実な方法である．しかし，検査・検証のみでは多量生産品に対して不適合品による直接的な損失や信用の失墜による損失が経済性を損なうことになりかねない．また，破壊検査によらなければ適合性を評価できないものについては，全数検査は不可能であるから，品質・性能を検査で100％保証することはできない．一方，工業化の水準が高まり国民生活が安定するに伴い，人々はますます生活環境の向上を要求し，より質の向上を求めるようになった．このような背景のもと，検査・検証による品質保証が最上の方策ではなくなってきたことから，検査・検証以前の製造プロセスにおいて品質を確保することが必要であるとの認識が次第に高まってきた．

検査・検証で不適合が発見される以前に，製造プロセスで不適合が発生しないように予防する．すなわち，「品質・性能はプロセスでつくり込まなければならない」という考えが起こってきた．

以上のような時代の要請に応える技術的な方法として，統計学が工業に取り入れられるようになった．

　　　すなわち，・何を作るか　　　　　（品質目標・規格）
　　　　　　　　・どうやって作るか　　　（原材料・部品の規格，技術標準・作業標準）
　　　　　　　　・どうやって確認するか　（検査方法・検証方法）

などが高度に標準化されていれば，繰返し生産された製品の品質は均一であると考えられる．しかし，実際に製造し測定してみると製品の品質・性能はばらついているのが現実であり，この実際のデータを統計的に取り扱い，管理図という形式で技術的にまとめて工程管理への応用が図られ，近

代的品質管理へと発展していった．

c．統計的品質管理と総合的品質管理

　近代的品質管理の日本への導入が1949年であることを前述したが，日本においては，導入以来今日に至る間に社会情勢の変遷に伴い，日本の社会構造に合った日本独特の考え方や，独創的な活動方式が考案され実施されている．

　近代的品質管理の導入以来，多くの人々によって研究されたが，当初，研究の対象となったのは品質管理に利用する統計的手法であり，昭和30年代（1955～1965年）における統計的品質管理SQC（Statistical Quality Control）として展開していた．この時代は，生産段階で検査・検証を中心とした品質管理を行っていれば製品は良くなるはずであると考えた時代であった．しかしその後，多種多様な社会ニーズに対して応えるためには，生産段階のみならず，企画・設計・生産の各段階に対して，品質管理の考え方を広げる必要があることがわかってきた．そしてそのためには，品物を生産する企業が，全社をあげて科学的に仕事を進めようとする活動が必要であることが認識され，日本における品質管理の大きな特長である総合的品質管理（TQC：Total Quality Control）といわれるものになり，大きな成果をあげている．

d．品質マネジメントの国際的動向

　国際取引にかかわる産業界と関係官庁は"ISO 9000シリーズ"への対応に努力を払っている．同シリーズは「世界的に全産業，全業種に適用される品質マネジメントの国際規格」といわれている．このような国際規格が生まれた背景に，EC（現EU）市場統合化があったことは広くいわれていることである．当時，市場統合へ向け，EC域内での取引の公平性，透明性を高め効率化を図る目的で，各加盟国がすでに個別に制定・運用していた品質マネジメントの規格を統一化する努力が払われた．各国の規格は，いずれも類似はしているが少しずつ違いもあり，国際取引での紛糾の元となることも少なくなかった．この統一努力の結果が，1987年3月に"ISO 9000シリーズ"として制定されたものである．その後，1994年7月に小改正がなされたが，モノの品質という従来の考え方からは抜け出せなかった．2回目の2000年12月の改正は大規模なものとなり，規格の目的が品質保証から品質マネジメントシステムへ変更になった．従来，適用範囲に応じて3種類に分けて規定されていた要求事項をISO 9001に集約して表2.2.1に示すように一本化した．

　さらに環境マネジメントシステムに関する規格「ISO 14001」との整合性を図り，マネジメントシステムを扱う規格としての思想に一貫性を持たせている．その後，2008年11月に追補改正規格が発行されたが，全ての要求事項の意図は変えずに要求事項の明確化およびISO 14001との両立性向上が図られた．また，2015年9月の改正では，製品およびサービスに対して信頼感や安心が強く求められるようになった社会的な背景を受け，さらにリスクに基づく考え方を明確にしたものとなった．表2.2.2に品質マネジメントの原則を示す．

表 2.2.1　ISO 9000 シリーズの構成

ISO 規格	JIS 規格	内　容
ISO 9000	JIS Q 9000	品質マネジメントシステム　－基本及び用語
ISO 9001	JIS Q 9001	品質マネジメントシステム　－要求事項
ISO 9004	JIS Q 9004	組織の持続的成功のための運営管理　－品質マネジメントアプローチ

表 2.2.2　品質マネジメントの 7 原則

① 顧客重視
② リーダーシップ
③ 人々の積極的参加
④ プロセスアプローチ
⑤ 改善
⑥ 根拠に基づく意思決定
⑦ 関係性管理

　各企業は第三者（指定登録機関）の審査を通じて，企業の有する品質マネジメントシステムが，ISO の該当規格の要求水準を満たしていることを認めてもらう（認証取得）こととなる．この審査時の品質マネジメントシステムへの要求事項を表 2.2.3 に示す．

　"ISO 9000 シリーズ"はすでに 160 以上の国で国家規格として採用され，約 110 万の機関が認証を取得している．また，海外の大企業をはじめ，英国，フランスなどの政府機関が相次いで同シリーズに基づく認証取得を購入条件としてきており，国際取引に係る日本の企業にとっても"ISO 9000 シリーズ"の認証取得は避けて通れない状況にある．

　日本では，1991 年に同シリーズを国家規格（JIS Z 9900 シリーズ）として採用し，2000 年の改正をうけて JIS Q 9000 シリーズに移行した．

　また，図 2.2.1 に示す審査登録制度の体系のもとに「認定機関」として，「（財）日本品質システム審査登録認定協会（現（公財）日本適合性認定協会）（略称 JAB）」を設立（1993 年 10 月）し，「審査登録機関」の認定作業に着手（1993 年 11 月）した．これまでに，同協会（JAB）に認定された「審査登録機関」は 40 機関（2017 年 8 月時点）である．また認証取得している日本の企業の数は，2016 年 3 月時点で 47 299 組織となっている．産業別では建設業界が最も多いが，さまざまな産業において適用されており，自動車業界では ISO 9001 を基にした業界独自の品質マネジメントシステムを導入している．その他，情報技術，ソフトウェア，航空宇宙，通信，医療機器製造，石油化学などの産業においても，独自の規格が制定されている．

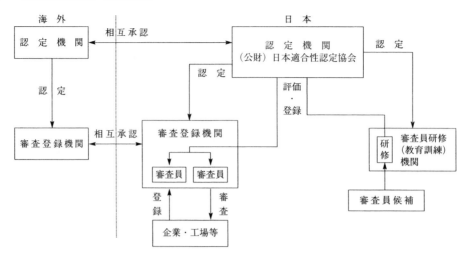

図 2.2.1 審査登録制度の体系

表 2.2.3 ISO 9001 の要求事項

4．組織の状況
　4.1　組織及びその状況の理解
　4.2　利害関係者のニーズ及び期待の理解
　4.3　品質マネジメントシステムの適用範囲の決定
　4.4　品質マネジメントシステム及びそのプロセス
5．リーダーシップ
　5.1　リーダーシップ及びコミットメント
　　5.1.1　一般
　　5.1.2　顧客重視
　5.2　方針
　　5.2.1　品質方針の確立
　　5.2.2　品質方針の伝達
　5.3　組織の役割，責任及び権限
6．計画
　6.1　リスク及び機会への取組
　6.2　品質目標及びそれを達成するための計画策定
　6.3　変更の計画
7．支援
　7.1　資源
　　7.1.1　一般
　　7.1.2　人々
　　7.1.3　インフラストラクチャ
　　7.1.4　プロセスの運用に関する環境
　　7.1.5　監視及び測定のための資源
　　　7.1.5.1　一般
　　　7.1.5.2　測定のトレーサビリティ
　　7.1.6　組織の知識
　7.2　力量
　7.3　認識
　7.4　コミュニケーション
　7.5　文書化した情報
　　7.5.1　一般
　　7.5.2　作成及び更新
　　7.5.3　文書化した情報の整理

表 2.2.3 （つづき）

8．運用
  8.1　運用の計画及び管理
  8.2　製品及びサービスに関する要求事項
    8.2.1　顧客とのコミュニケーション
    8.2.2　製品及びサービスに関する要求事項の明確化
    8.2.3　製品及びサービスに関する要求事項のレビュー
    8.2.4　製品及びサービスに関する要求事項の変更
  8.3　製品及びサービスの設計・開発
    8.3.1　一般
    8.3.2　設計・開発の計画
    8.3.3　設計・開発へのインプット
    8.3.4　設計・開発の管理
    8.3.5　設計・開発からのアウトプット
    8.3.6　設計・開発の変更
  8.4　外部から提供されるプロセス，製品及びサービスの管理
    8.4.1　一般
    8.4.2　管理の方式及び程度
    8.4.3　外部提供者に対する情報
  8.5　製造及びサービス提供
    8.5.1　製造及びサービス提供の管理
    8.5.2　識別及びトレーサビリティ
    8.5.3　顧客又は外部提供者の所有物
    8.5.4　保存
    8.5.5　引渡し後の活動
    8.5.6　変更の管理
  8.6　製品及びサービスのリリース
  8.7　不適合なアウトプットの管理
9．パフォーマンス評価
  9.1　監視，測定，分析及び評価
    9.1.1　一般
    9.1.2　顧客満足
    9.1.3　分析及び評価
  9.2　内部監査
  9.3　マネジメントレビュー
    9.3.1　一般
    9.3.2　マネジメントレビューへのインプット
    9.3.3　マネジメントレビューからのアウトプット
10．改善
  10.1　一般
  10.2　不適合及び是正処置
  10.3　継続的改善

2.3 品質マネジメントと品質保証

2.3.1 品質マネジメント

　品質マネジメントはプロセスを重視する管理技術である．工事の施工過程での検査や最終段階での検査・検証を行い，不適合が発見されたら手直しするのではなく，設計品質が得られるように品質計画を立て，実施する．設計品質が得られない場合は，プロセスのどこに原因があるかを分析し，改善するという考え方である．具体的な活動内容は次のようになる．

　①設計品質を明確にする
　②設計品質を効率よく満たすために計画を立てる　　　（Plan）
　③教育訓練をする
　④計画どおり実施する　　　　　　　　　　　　　　　（Do）
　⑤実施した結果をチェックする　　　　　　　　　　　（Check）
　⑥結果に問題があれば根本原因を追求して処置を講じる　（Act）

　以上のPDCAのサイクルをうまく回すことが品質マネジメントの基本である．次に管理すべきポイント（そこに注意すれば目標とする要求性能が得られる：重点項目）を拾い出し，これを「管理項目」として，それぞれについてPDCAのサイクルを回すことになる．

　品質マネジメントは，組織的・総合的に行われなければならない．このため，企業内には品質マネジメント活動に必要な職務分担を明確にした組織と，活動の基本となる標準類（社内規準・作業標準など）の整備が必要となる．

　品質マネジメント活動の総合的評価とは，①品質マネジメントシステム，②プロセス，③施工品質（製品）について総合的に評価することで，製品の単品やロットの抜取検査だけではわからない固有技術や管理技術のレベルを総合的に把握することができるようになる．

　品質マネジメントは設計者・工事監理者・施工者・鉄骨製作業者・材料メーカーなどの関係者が，企画・設計から鉄骨工事の完了後までを通じて役割分担を果たすことによって実現可能になる．

　一般に鉄骨工事は，一企業内で設計から製作・現場施工とアフターサービスまでを通して行うことはまれで，ほとんどの場合関係者が協力して作り上げるものである．

　設計・材料製造・施工のすべてのプロセスで品質マネジメントが忠実に実施されることによって，鉄骨製品の性能が確保できて，例えば，製作が完璧であっても設計に問題があれば鉄骨製品の性能が確保できないことになる．つまり，鉄骨工事においては異なった業種の企業が品質マネジメントシステムを適正に運用し，関係者の役割分担を明らかにし，関係者がそれぞれの責任を果たすことによって品質マネジメントの成果を得ることができる．

2.3.2　品　質　保　証

　品質保証は品質マネジメントの確実な実施により達成可能であり，品質マネジメント活動の成果

物として捉えることもできる．

　鉄骨は顧客に対して品質保証されなければならない．

　品質保証をする相手は顧客である．鉄骨製品は顧客が安心・満足できるものであることが必要であり，生産者の都合だけでその性能が設定されてはならない．安心・満足できる鉄骨製品とは，品質レベルが高ければ高いほどよいということではなく，目的や経済性に見合ったバランスのとれた品質を意味する．最終使用者や社会は，直接鉄骨工事の関係者とは接触しないが，これらに代わっての最低の要求として，法律や告示があり，また設計・施工における品質保証のための目標値としてJIS規格や規準・標準類などが制定されている．

　建築は社会的存在であり，鉄骨はその構造的安全性の基幹であるという意識を鉄骨の品質保証の概念から外してはならない．

2.3.3　プロセス管理と検査

　検査・検証は品質マネジメントの重要な手段で，品質マネジメントシステムの一部である．検査・検証を厳重にしただけでは，生産性および経済性に優れ，信頼性のある製品はできない．品質をつくり込むのは各プロセスであって，プロセス管理により重点がおかれるべきである．プロセス管理（プロセスで品質をつくり込む活動）と検査（品質を確認する活動）とは別な機能である．プロセスは作業標準や管理項目・管理値で作業内容が決まり，製品やロットに対するアクションは検査・検証での合否判定基準に基づいて実施される．

　品質マネジメント活動における検査・検証には二つの意味がある．一つは検査・検証でプロセスの作業の適否をチェックするということである．検査・検証は不適合品を除くのが目的でなく，不適合品の発生原因となるプロセス上の問題点を見つけるのが目的である．これは品質マネジメントシステムが有効に機能しているか否かを検証することにもなる．もう一つは製品が次のプロセスに対して適切なものとなっていることの確認である．対外的に見た場合には保証すべき品質が確保されていることを証明することになる．

　社内検査は，購入品検査，外注品検査，工程内検査，最終検査等で構成され，契約から出荷まですべてのプロセスが含まれる．

　鉄骨品質を保証するためには，社内検査として加工の各段階での"工程内検査"を実施（品質計画）する必要があり，ここでは最終検査で確認不可能な検査項目も含まれることになる．望ましくは単品ごとに"記録票"を取り付けて加工を行い，この工程内検査記録を確認して最終検査を行うことにより，さらに有効なプロセス管理とすることができる．

　工程内検査は，専任の検査員が行うのではなく「工程でつくり込む」という考え方により，作業者一人一人が，作業単位ごとに品質を確かめる（検査を行う）ことである．後工程には不適合品を流さないということが，品質を工程でつくり込むための基本となる．

　このようにしても，なお，後工程で不適合品が発見された場合は，その工程はすみやかに前工程に報告し，報告を受けた部署では，原因を追究し，対策処置をとらなければ不適合品が続いて発生することになる．不適合品の発生は工程で抑えることを原則とし，工程管理のデータを分析し，活

用する．

2.3.4 鉄骨工事の品質マネジメントシステム

a．品質マネジメントと品質保証

　JISによる品質保証の定義には，「品質要求事項が満たされているという確信を与えることに焦点を合わせた品質マネジメントの一部」と述べられている．品質保証は品質マネジメントが十分に行われ，生産プロセスが管理された状態にあることにより達成される．

　昔の手工業時代では，一人の職人が，設計・購入・製造・販売までを行い，品質について十分に配慮し要求品質の確保を行ってきた．これに対して現在のような大量生産時代においては，一つの企業内で業務が分業化および専業化されているために，それぞれの部門がおのおのの担当業務に不適合が発生しないよう最善を尽くして初めて総合としての良い製品を生み出すことができる．しかし，これだけでは不十分で，これらの業務が有機的な結び付きをもって実施される必要がある．企業では明確にそれぞれの部門の役割ならびに仕事のやり方を定めておかないと，たとえ全員が高い品質意識をもって業務に専念しても，有効に機能することが困難となる．

　この問題点に対し，品質マネジメントシステムは製品企画から販売・アフターサービスに至るまで企業組織の業務の流れに従い，各プロセスにおける保証項目・作業項目・保証責任者・管理資料などを明確に規定し，システム化したものである．これを図示したものが品質マネジメントシステム図であり，各段階における業務および関連部門を明記し，部門間の連携強化を目指している．

　品質マネジメントシステム図に示された各段階の項目を実行するためには，まず品質計画を立案する必要がある．この計画には，実施項目に対する具体的な品質保証の方法を示し，顧客の要求仕様・評価項目・製造規格・出荷検査などが盛り込まれる．また，品質マネジメントシステム図には各段階の項目に対応させて，実施する上で必要な規定・標準類などを選び出しておく必要がある．

　このように品質を保証する活動が体系づけられ，おのおのの項目が技術的な裏付けをもって所定の水準を満足するように管理されていることが明らかになれば，品質保証に対する顧客の信頼を得ることができると考えられる．

b．鉄骨工事における品質マネジメントシステム

　前項では一般の企業活動における品質マネジメントシステムについて述べたものであるが，建築においては一つのプロジェクト（建物）に対して建築主の要望を具現化する生産者側は，そのほとんどが複数の業種によって構成される．したがって，それぞれの業種が高い品質意識をもって業務に従事するとともに，有機的な結び付きをもつことにより初めて建築の質が保証されることになる．

　品質マネジメントシステムを定めるには，まず設計者，施工者，鉄骨製作業者の役割を整理し，それぞれの関連を明確にする必要がある．これら3業種の大まかな役割分担および工事のフロー例を概念的に図2.3.1に示した．

　図2.3.2にプロジェクトを対象とした鉄骨工事品質マネジメントシステム図の例を示す．ここには生産段階に応じた各企業の役割を作業項目とし，それぞれの作業項目における記録・帳票類などの例を成果図書として記載した．成果図書には，品質保証項目に対する実績が記録される．

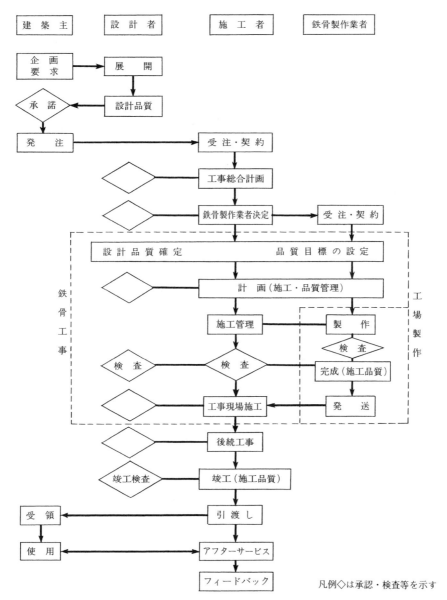

図 2.3.1 鉄骨工事のフローと役割の概念図（例）

　表2.3.1は各段階における作業項目の主な内訳の例を示したものである．表中には各段階で行われる作業に必要なデータ・標準類・指針・規準類などの情報の例を管理資料として示すとともに，帳票類などの成果図書の例を示した．なお，ここに示した作業項目・管理資料・成果図書などはあくまでも例であり，各段階における作業順序ならびに用語などを含めて，実際の作業では必要に応じて適切に取捨選択されるべきものである．

表 2.3.1 各企業における段階ごとの作業内訳（例）

	設計者				施工者				鉄骨製作者			備考
	段階	作業項目	管理資料	成果図書	段階	作業項目	管理資料	成果図書	段階	作業項目	管理資料	成果図書	
1.	企画・基本設計	企画立案、基本設計、概算工事費	基本方針、要求品質、品質特性、法令・基準・規準・コストスタディ	企画設計図書、基本設計図書、概算見積書、施工概要書	調査	情報・収集・分析	市場動向	市場調査書、各種動向調査書、設計図書	調査	情報収集・分析	市場技術動向	市場調査書	
2.	詳細設計	詳細設計、設計品質目標設定、見積り・原価設定、施工技術検討	基本設計、要求品質、品質特性、法令・基準・規準コスト計画、施工技術資料	詳細設計図書、見積書、施工計画書	営業活動	営業折衝	設計動向		営業活動	営業折衝	設計図書	受注前調査書、設計図書検討書、製作計画書、見積書	
3.	設計図書確定	設計図書のチェック	設計図書チェックリスト	確定設計図書	工事請負契約	工事請負契約書作成	工事請負契約規定	工事請負契約書	受注契約	受注契約書の作成	受注契約規定	受注契約書	
4.	確認申請	建築確認申請	申請図書チェックリスト	確認申請図書	着工準備	現場施工準備	施工条件調査資料	施工準備書	製作準備	製作計画書検討	設計図書、技術標準、鉄骨工事技術指針	製作計画書	
5.	確認取得	確認スケジュール管理	申請図書	建築確認書	着工打合せ会	工事内容の確認、質疑応答提案	設計図・仕様書、質疑応答書、見積書、工程表	着工打合せ会記録、質疑応答書、提案検討書	鉄骨製作打合せ会	製作内容の確認、疑義の解明、技術提案	設計図書、技術提案書	品質・製作・製作費・工期、質疑応答書	
6.	着工打合せ	設計説明書、品質保証提案協議疑義応答	質疑書、提案書	設計品質説明書、質疑応答書、提案検討書	施工管理計画	施工管理方針の検討	施工管理指針、施工標準、設計図書	施工管理計画書、施工計画書、仮設計画図	品質管理計画	品質管理計画の策定	品質管理標準	製作目標品質確認、施工法・工期確定、品質管理計画書	
7.	工事監理計画	工事監理計画の策定	品質目標、監理方針	工事監理計画書	施工計画	施工計画書の作成、施工要領書の作成	技術基準・標準、指針・関係法令	施工計画書、施工要領書、施工図	発注計画	社外発注計画作成	技術標準基準（製作・検査）	工場製作要領書、工事現場施工要領書	
8.	鉄骨製作打合せ会	鉄骨製作品質の確定	鉄骨製作技術検討	鉄骨品質の確定	購買計画	工事工程表の作成		工事工程表	発注品管理	社外発注品の管理	社外発注品リスト、メーカーリスト、検査規定	社外発注計画書、外注資料・部品検査	
9.	工事監理	検査・承認・助言・立会、質疑応答	工事監理項目、工事監理指示書、各種検査・確認指示、立会い項目	各種管理記録	発注	仮設計画の作成、施工技術検討、機器設計、購買計画立案、発注・契約	発注会社調査書、発注条件書、質疑応答提案書、目標品質資料	発注予定書、注文書・請書、外注管理計画書、鉄骨目標品質確認書、質疑応答書、提案検討書	鉄骨製作・製作管理	鉄骨の各種品質を確保するための各種管理、工作図の作成、材料検査、原寸図作成、鉄骨製作、工程管理、異常発生処理	図面管理基準、工作図作成基準、材料検査基準、各種作業基準（現寸・切断・けがき・ガス切断・孔あけ加工・機械加工組立て・溶接）、組立て精度標準、溶接管理基準、検査・計測基準、非破壊検査基準、塗装管理基準	工作図、材料検査成績書、製作管理記録、発注管理記録、（現寸・切断・けがき・ガス切断・孔あけ加工・機械加工組立て・溶接）、組立て精度検査、非破壊検査、塗装検査（毎工程記録）	
10.	鉄骨製品検査・受入検査(1)	鉄骨製品検査立会	製品検査基準	鉄骨製品検査記録	鉄骨製作打合せ会	鉄骨製作品質の確認、質疑応答、技術提案			自主検査	社内検査、是正措置	鉄骨精度測定指針、製品検査基準（社内検査）	製品検査（社内）記録	
11.	建方検査	建方検査立会	建方検査基準	建方検査記録	鉄骨工事管理計画	鉄骨工事管理計画、鉄骨工事管理要領書の作成	鉄骨工事管理標準	鉄骨工事管理計画書、鉄骨工事管理要領書、安全管理計画書					
12.	竣工検査	竣工検査立会	竣工検査要領基準	竣工検査記録									

表 2.3.1（つづき）

設　計　者			施　工　者				鉄　骨　製　作　者				備考
段階	作業項目	管理資料	成果図書	段階	作業項目	管理資料	成果図書	段階	作業項目	管理資料	成果図書	
13. フィードバック	品質保証体系の整備	工事監理記録	標準類の整備 品質保証のレベルアップ資料	12. 施工・施工管理	施工品質確保のための施工管理 検査・確認・是正指示・安全管理	設計図書 鉄骨工事技術指針 施工管理計画書 安全管理計画書	品質管理工程図 検査記録	11. 発送	仕分け・荷積み・発送	仕分け標準 荷積み・発送スケジュール	発送伝票	
				13. 鉄骨製作作業管理	作業指示調整・検査・確認・指導・工程管理	鉄骨製作管理計画書	鉄骨製作管理記録 鉄骨製作検査記録	12. 工事現場施工 鉄骨建方管理	建方・接合・検査	工事現場施工管理要領書	鉄骨工事現場施工管理記録・検査記録 建方検査記録
				14. 鉄骨製品検査（受入検査(2)）	鉄骨製品検査の実施	製品検査基準	鉄骨製品検査記録	13. 建方社内自主検査	建方社内検査	建方検査要領書	標準化整備、品質保証のレベルアップ資料
				15. 工事現場施工・鉄骨建方・施工管理・管理	建方・施工管理・鉄骨建方・管理 定着精度の確認、搬入・仕分け 仮締めボルト 倒壊防止 建入れ直し 工事場接合 建方精度確保 検続工事	鉄骨工事技術指針 鉄骨工事現場施工管理要領書 安全管理計画書	鉄骨工事現場施工管理記録	14. フィードバック	調査・解析	施工管理資料	保証のレベルアップ資料
				16. 建方社内自主検査	異常発生処理 建方社内検査	検査要領書	建方検査記録				
				17. 竣工	最終品質の確認	竣工検査要領書	竣工検査報告書				
				18. 建物引渡し	工事竣工引渡し	引渡し要領書	工事竣工引渡し書 保守用図書引渡し				
				19. アフターサービス	巡回調査	巡回報告書	巡回記録				
				20. フィードバック	評価・解析	標準類整備	標準類整備 品質保証のレベルアップ資料				

[注]
段　階：体系図における各段階
作業項目：各段階における実施業務
管理資料：各段階において使用する管理用の資料
成果図書：記録・報告書などの成果物

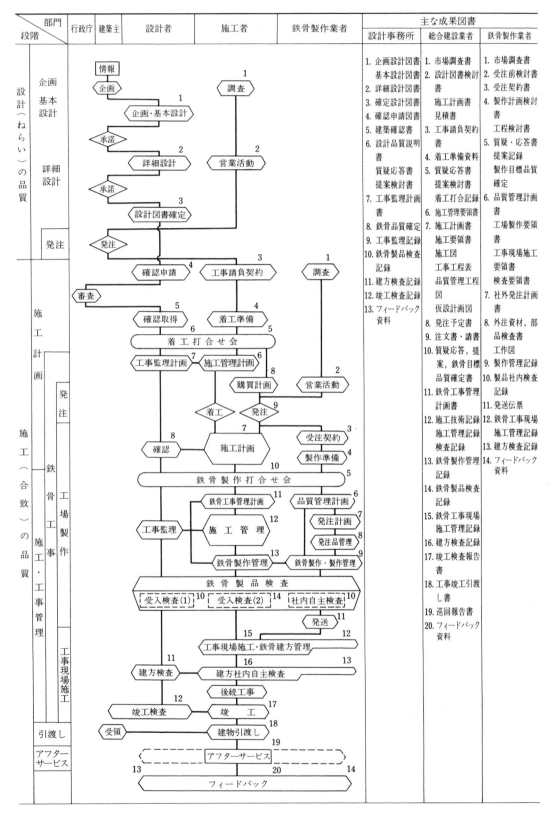

図 2.3.2　鉄骨工事品質マネジメントシステム図（例）

2.4 鉄骨の品質と品質展開

2.4.1 鉄骨の品質

a．鉄骨の品質について

（1） 品質は要求事項にかかわる製品固有の性能・性質である．

　品物の良さの程度は使用目的に応じた要求事項をどの程度満たしているかによって決まり，その性能評価の対象となる製品固有の性能・性質の全体を品質としている．そして，全体の評価がなされるための要素を品質特性といい，品質はこの要求事項にかかわる品質特性により構成される．

　また，品質は一般に製品そのものの良さの程度だけではなく，社会に及ぼす影響についても考慮されるべきであること，さらにそれが使用されている期間における品質変化，および保守・サービス体制などを含めた総合的な品質マネジメントシステムとしてとらえるべきである．したがって，品質は製造から使用後までの段階ごとに考える必要がある．それらは，

① 製品が作り出されるプロセス（工程）の品質
② 製品が使用されている段階での品質
③ 使用者以外に与える品質
④ 使用後に環境に与える影響

などに分けられ，それぞれの段階における質の総合が鉄骨の品質となる．

（2） 鉄骨の品質は構造体として全体の性能により評価される．

　建築物は使用者である建築主より，安心して使えて長持ちすることが要求される．この要求事項を満たすための評価の対象として，建築物の主要な構造要素である鉄骨架構のもつ固有の性質や性能の全体が，鉄骨の品質であるといえる．

　鉄骨架構は，柱・梁などの部材により構成され，それらが接合されて全体を形成するのであるから，部材および接合部などの性能が品質特性である．つまり，部材および接合部に対しては，鋼材等の材料の性能ならびに溶接・高力ボルトなどの接合部の性能が品質特性である．

　したがって，鉄骨の品質はこれらの品質特性の集合であり，それらを総合した性能によって評価されることになる．

b．品 質 水 準

　品質マネジメントを実施するためには，目標とする品質水準を決める必要がある．品質にはどの水準をねらうかという設計品質と，そのねらいにどれだけ合致するかという施工品質とがある．

　建築物においては，顧客のニーズや法規・規準・指針に基づき，まずねらいとする設計品質を設定し，次いで生産段階において，この設計品質に合致させるための技術や製作の水準を設定することになる．

c．品 質 特 性

（1） 品質の特性は具体的な尺度で示す必要がある．

　品質特性の意味は，JIS Q 9000 では「要求事項に関連する対象に本来備わっている特性」として

いる．特性とは，その物のもつ性質や性能であり，品質の評価がその良さの程度によって行われるのであるから，それらは具体的な尺度で与えられる必要がある．品質水準が定められても，その値が具体的に示されないと品質マネジメントは実施できない．一般に要求される品質は，抽象的なものから比較的具体的なものまでまちまちであるが，たとえ抽象的であっても，生産者側はその品質を計測できる具体的な値として示す必要がある．

　品質特性はできるだけ定量的な値で把握できることが望ましい．しかし，この特性値は，寸法・重量などのように計量値で示せるものと，製品の外観上のきず・むらのように計量値で示せないものとがある．後者の場合には不適合の数のように個数で数える計数値で測ることもある．

（2）　品質は多くの品質特性により構成されるので，製品全体との関連を明確にする．

　品質はその要求事項にかかわる品質特性により構成されている．例えば，ある材料をとってみると，その化学的性質・物理的性質・形状などのひとつひとつが品質特性である．

　このように，一つの製品の品質を示す品質特性は一般に複数であること，また一つの製品は数多くの部位により構成され，それぞれの部位が複数の品質特性をもつ場合も多く，これらは，ばらばらでなく，製品としての要求事項に適合するよう集合しているものである．したがって，すべての品質特性は，目標とする製品との関連とその役割を明らかにしておく必要がある．

（3）　鉄骨における品質特性について

　以上の点から，鉄骨の品質特性を考えると，鉄骨として要求される品質である構造安全性や居住性に関しては，架構全体の強度・剛性・靱性・耐食性・耐火性が重要な品質特性である．そして，これらは架構の構成部材である柱・梁・床・壁などの各部位，および各部材の接合部などに分けられ，さらに各部位に使用されている材料の特性に分解される．そして，部材以下の各部位ならびにその構成部材と鉄骨架構全体との関連が明らかにされ，それぞれについて品質水準を満足する品質特性の値が具体的なねらいの尺度として設定されるとともに，その評価方法が示されれば架構全体の品質の評価ができることになる．

　例えば鉄骨架構の強度・剛性・靱性などの力学的性能がどれくらいあるのかということに対して，完成された架構全体についての測定は不可能に近い．さらに架構全体は各部材によって構成され，接合されているので，各部材および各接合部の性能が測定できればよいが，この測定も困難である．したがって，完成された架構および各部材や接合部の力学的性能の真の値を特性値として設定することはできない．そのため，一般には材料の機械的性質の試験および溶接部の検査などによって架構全体の力学的性能の評価を行っている．すなわち，材料の規定値や溶接部の欠陥検査の許容値によってその評価を代用しているので，力学的性能に対する品質特性の値は代用特性値を採用しているといえる．そしてこれらの値が満足されれば架構全体としての要求性能などが満足されているとしているので，建物全体の性能などはそれらの代用特性値によって評価されることになる．

　形状寸法については計測可能であること，仕上りについては計数的な測定もできるので直接，品質特性を設定することができる．

d．品質の構成

（1）　品質には，生産プロセスの品質と顧客の評価対象としての品質の両面がある．鉄骨では，

機械製品のように完成品試験を行うことは一般的には不可能であるから，製造プロセスにおける品質マネジメントの確実な実施によって，品質保証がなされると考えられる．

品質保証は顧客のニーズをベースとし，生産プロセスにおける品質マネジメントを実施することによって達成されること，また，品質の項で述べたように品質の良し悪しは顧客の評価によって決まることから，品質はその形成過程から見て「生産プロセスにおける品質」と「顧客の評価対象としての品質」の両面により構成され，それらが一致してはじめて高い評価となる．

(2) 建築物を対象とした品質の構成

ⅰ) 生産プロセスにおける品質

建築における生産のプロセスにおける品質は，一般には

・設計品質
・施工品質
・維持管理品質

となる．

① 設計品質

設計段階では，まず条件として顧客の要求品質を引き出し，設計者が建物をつくるための設計条件としてまとめ，目標とする品質（以下，品質目標という）を設定する．そしてそれらの情報を設計図書に表現するのが課題である．

一般に与条件は顧客の希望を表した場合が多く，建物をつくる条件としてつねに適切であるとは限らない．したがって，設計者は顧客が要求したものと設計者が建物として具現化するに際して課すべき問題を勘案して設計条件としてまとめ，品質目標を設定することになる．設計者は品質目標の設定にあたり，経済性を考慮し，建築生産プロセスにおける施工性ならびにアフターケアを十分に吟味し，施工に必要な情報をすべて設計図書に盛り込む必要がある．

構造関係の品質を規定する条件の大きなベースとしては，建築基準法・同施行令，各種告示および本会，日本建築センターの設計・計算規準，指針，マニュアル，また関係団体の監修・編集・編集協力による構造関係技術基準解説書などがある．これらは最低限要求される品質目標にあたる規定が盛り込まれていると考えることができる．

構造体の品質は想定される荷重・外力に対して安全であり，日常の使用に支障がなく，長持ちをし，かつ安価であることが要求されるが，これらの要求に対し構造体の品質を構成する品質特性について目標を設定する．

設計図書にはこれらを具現化するための情報がすべて盛り込まれている必要がある．

② 施工品質

この施工段階は，設計図書によって与えられた情報を与えられた期間内に，実際の製品として具現化する段階である．

鉄骨製品の場合，得られた製品について載荷試験などで構造性能のチェックを行うことは一般には困難であるから，その性能はつくり込みのプロセスにおける品質マネジメントによって保証される．したがって，鉄骨製品の品質を保証するためには，設定した生産技術水準に対して，各プロセ

スにおける品質が所定の水準を満たしていなければならない．この施工段階においては，鉄骨の品質，ひいては建築物の品質に及ぼす影響が非常に高く，各プロセスにおける品質マネジメントにより，製品の品質が決定される．

鉄骨製品は一般に総合建設業者から鉄骨製作業者に発注されている．そして工場製作された製品が工事現場に搬入され，架構骨組として完成される．したがって，鉄骨の施工品質は工場製作と輸送および工事現場施工を含めた総合として評価される．

また，鉄骨製作業者は材料や部品あるいは半製品など社外に発注しているものも多々あり，これらは鉄骨製品の重要な部位を占めているので，鉄骨製品は自社および外注品の総合である．

このように，鉄骨施工のプロセスには，材料および外注品の購入から工場製作・輸送・工事現場施工に至る各段階があり，工場製作においては工作図の作成・購入品検査・現寸作業・製作（けがき・切断・曲げ・孔あけ・組立て・溶接・ひずみ矯正・仕上げ）・塗装などの段階に細分される．そして，それぞれの段階において所定の品質を確保することにより，総合の品質が確保されることになる．

また，この施工段階では品質の保証とともに納期および施工中の安全確保が重要な要素であり，すべての段階における重点管理項目である．

③ 維持管理品質

顧客の要求事項である，安心して使え長持ちするという品質に対する評価は，建物が使われるようになってから始まる．維持管理段階の品質としては不適合が生じた場合に手直し・修理しやすいことがその一つで，設計段階からの配慮が必要であり，次に不適合の発生に対する検査・検証および迅速な対応のできる体制などがあげられる．

鉄骨においては使用条件・環境に応じた塗装仕様，および補修塗装のしやすさなどが一つの例であろう．

ⅱ）顧客の評価対象としての品質

ある建物を使用する人々として，建築主・入居者・管理者をはじめ不特定多数の人々を考えると，社会全般のニーズに応えなければならないことになる．このような多種多様な幅広いニーズに対応していくためには，あらかじめ，よい品質の建物について，その評価の指標を明確に把握しておく必要がある．一般に建物の品質に対する評価項目として次の4つがあげられる．

・機能性：安全性・耐久性・快適性・居住性・利便性・保全性
・経済性：ライフサイクルコスト（イニシャルコスト，ランニングコスト）
・社会性：社会的影響力・環境保全
・芸術性：審美性・創造性・創意性

良い品質の建築とは，上記4つの面で顧客および社会全般から高い満足度の評価を受けたものである．また，建築の場合，上記以外に顧客からは納期が大きな要求事項であり，評価の対象となる．

鉄骨では上記のうち，機能性（安全性・耐久性・保全性）・経済性ならびに納期が主な評価対象項目であろう．この関連を建築鉄骨について模式的に書くと，図2.4.1のようになると考えられる．

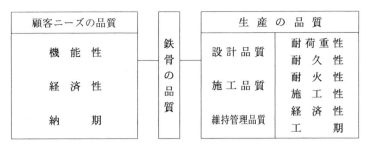

図 2.4.1 建築鉄骨の品質評価の関連

2.4.2 鉄骨の品質展開

a．品質展開および品質機能展開の概要

（1）品質展開および品質機能展開とは

品質マネジメントを行うには，まず要求品質に対して品質水準を定め，その水準を満たすよう具体的な品質特性（代用特性を含む）の値を品質目標として設定する必要があることを前述した．品質目標が設定された後はその目標を満足させるための活動を行うことになる．簡単にいえば，前者に関するものが品質展開であり，後者に関するものが品質機能展開である．

（2）品質展開

品質展開とは，品質を使用目的から展開（または分解）することと考えられる．品質目標を設定するためには，まず要求品質そのものについて，特に顧客が具体的な仕様を明示していないものを系統的により具体的にとらえ，その要求品質を満たす性能，すなわち品質特性に分解し，それらと要求品質との関連を明確にする必要がある．この手段を品質展開といい，顧客の要求品質についての展開は要求品質展開である．

一方，品質特性は計測可能な特性値によって表す必要があるが，それらは顧客の真の要求そのものではなく，代用特性による場合がほとんどである．したがって，真の要求に適合させるという観点に立って要求事項を測定可能な品質特性に展開していくことになる．この手段を品質特性展開といい，要求品質展開と品質特性展開を対応させたものを品質展開表と呼んでいる．

品質特性展開では要求品質展開項目に対し，定量的な品質特性値を技術的な判断のもとに設定することが必要である．

これらの特性値は，品質目標に対して関与する度合いが異なる場合は重みづけが必要であり，特に重要な特性は重要品質として位置づけられる．

（3）品質機能展開

品質機能展開とは，要求事項を満足する品質を保証するための活動を展開することと考えられる．

最終製品への要求や品質特性が明らかになると，それをどのような活動により保証するかの問題となる．この活動を確実に実施するためには，まず各プロセスにおける品質の目的は何か，だれが責任をもって行うのかなど，いわゆる5W1Hを明確にする．そしてその活動が正しく効果的に行

われているかという実施状況を管理する方法を明確にする必要がある．もし不適合があれば，その原因を明らかにして是正すること，または必要に応じてシステムの改善を図ることも考えられる．このような活動は体系化される必要があり，この活動に対する展開を品質機能展開と呼んでいる．

（4） 品質表

品質展開と品質機能展開を併せて表にしたものは品質表と呼ばれている．品質表には，下記のような各種の帳票類が含まれる．

品質表─┬─品質展開表……要求品質展開表，品質特性展開表など
　　　　└─品質機能展開表……品質保証活動一覧表，QA 体系図，QC 工程表，管理標準など

b．鉄骨の品質展開

前項における品質マネジメントの基本的な考え方に基づいて具体的に鉄骨の品質展開を行った例を表 2.4.1 に示す．以下にその具体例を交えて鉄骨の品質展開について説明する．

（1） 要求品質展開

鉄骨の品質マネジメントを行うにあたっては，管理すべき項目を明らかにする必要がある．そのためには，まず第一に鉄骨に要求される品質が明らかにされている必要がある．鉄骨に要求される品質は顧客から直接要求されるもののほかに，建築物が機能するために建築物の種類・用途に応じて必然的に具備すべきものなどがある．

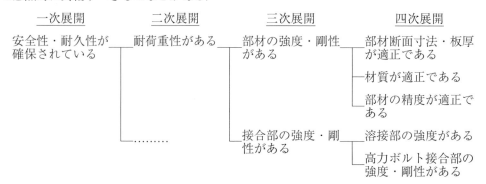

ここにおける鉄骨の品質展開は，品質マネジメントを目的として最終的には施工段階に対して要求される品質を対象としたもので，顧客のニーズに基づいて設計者の意図する設計品質を確保するために展開されたもののみでなく，施工の後工程に支障が生じないよう後工程からの要求も含めて展開しておく必要がある．

（2） 品質特性（代用特性）展開

前項（1）における鉄骨の要求品質は，鉄骨がもつべき機能や性能によって表現されることが多い．その機能や性能を鉄骨につくり込むためには，それらを計測可能な具体的な品質特性に展開し，さらにつくり込みの目標となる水準を設定する必要がある．

鉄骨構造において，いくつかの別々の要求品質に対して同じ品質特性が重複して現れることが多い．したがって，要求品質展開の最終次数における各展開項目に関連して列挙された品質特性を KJ 法などで系統的に分類・整理して品質特性の展開表を作成する．

ここで，品質特性の種類によっては，製品そのものでは直接計測できないものがある．例えば，

溶接の継手強度は，製品そのものを破壊して確認することはできない．このような品質特性は，これと関連性をもつ他の特性を見つけ，これによって品質を保証することができるものと見なす．これを代用特性という．品質特性展開では代用特性も含んで展開される．

これらの品質特性（または代用特性）は，具体例における展開表の三次項目では主として JASS 6 の各節の検査項目に示される検査項目となっている．しかし，本来この品質特性は要求品質が展開された結果であり，必然的に建物の規模・用途によって要求品質が異なるとすれば，品質特性（代用特性）もそれに伴って異なることがあり得る．

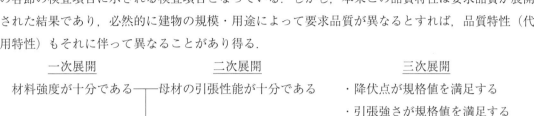

一次展開　　　　　　　二次展開　　　　　　　　　三次展開
材料強度が十分である ── 母材の引張性能が十分である　・降伏点が規格値を満足する
　　　　　　　　　　　　　　　　　　　　　　　　　　・引張強さが規格値を満足する
　　　　　　　　　　　　　　　　　　　　　　　　　　・伸び性能が規格値を満足する
　　　　　　　　　　 ── 溶接部の性能が十分である
　　　　　　　　　　　　　……………

（3）要求品質と品質特性（代用特性）との関連

前述のように，品質特性展開における一つの品質特性（代用特性）が複数の要求品質項目に関連することがある．したがって，要求品質項目と品質特性をマトリックスによって関連づけ，その関連性の重要度を評価しておくことは，品質マネジメントにおいてきわめて重要である．このことは，品質特性が要求品質の代用として適切であるかどうかのチェックに役立つばかりでなく，Fitness for Purpose（目的適合性）の観点から，ある品質特性がどの要求品質項目に最も関連性が深いかを明確にすることができる．

次の（4）で述べる品質特性の水準と合わせて，一覧表と図 2.4.2 のようにマトリックス表示したものを表 2.4.1 に示した．この表の中では関連性および重要度を○（関連がある）と◎（関連が強い）で表示している．

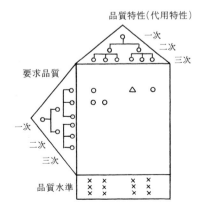

図 2.4.2　品質展開（マトリックス表示）
（水野　滋・赤尾洋三編「品質機能展開」日本科学技術連盟より）

表 2.4.1(1)　鉄骨の品質展開（例）

品質特性（代用特性）展開					材料強度									溶接部強度																	
					引張性能			耐ラメラテア性			溶接性		靱性	機械的性質			溶接開先				継手加工の精度			溶接形状寸法			溶接欠陥				ラミネーション
要求品質展開					降伏点	引張強さ	伸び	板厚方向絞り値	硫黄(S)	介在物量	溶接割れ感受性組成	炭素当量	シャルピー値	引張強さ	シャルピー値	硬さ	ルート間隔	ルート面	開先角度	開先面粗さ	T継手すき間	重ね継手すき間	突合せ継手食違い	隅肉サイズ	T突合せ溶接余盛	仕口のずれ	アンダーカット・ピット	ビード表面の不整	割れ	溶込不良・ブローホール	割れ
	一次	二次	三次	四次																											
鉄骨の要求品質	安全性・耐久性が確保されている	耐荷重性がある	部材の強度・剛性がある	部材断面・板厚が適正である																											
				材質が適正である	◎	◎	◎	○	○	○	○	○	○																		
				鉄骨の精度か適正である																											
			接合部の強度・剛性がある	溶接部の強度・靱性がある										◎	◎	○	○	○	○	○	◎	◎	◎	◎	◎	◎	◎	◎	◎	◎	◎
				高力ボルト接合部の強度剛性がある																											
		耐火性がある	耐火被覆の材質・厚さ・施工がよい																												
		耐腐食性がある	塗装状態がよい																												
			亜鉛めっきの状態がよい																												
	機能性が要求に合致し適正である	床振動・横揺れが問題ない	部材の剛性が適正である	鉄骨の精度が適正である																											
		内部機能に支障がない	床・屋根の傾斜・平たん度が問題ない	鉄骨の精度が適正である																											
			天井高さ・平たん度が問題ない	鉄骨の精度が適正である																											
			内壁の垂直度がよい	鉄骨の精度が適正である																											
			開口部寸法が問題ない	鉄骨の精度が適正である																											
		設備機能に支障がない	エレベータの垂直度がよい	鉄骨の精度が適正である																											
			設備ダクト・配管に支障がない	鉄骨の精度が適正である																											
		外壁の平たん度がよい	PC 板の取付けが容易である	鉄骨の精度が適正である																											
	経済性が要求に合致し適正である	製作コストが予算に合致している	部材断面が過剰品質でない																												
			加工工数が少ない																												
			加工が容易である																												
			輸送効率がよい																												
			建方が容易である	鉄骨の精度が適正である																											
		維持管理コストが目標に合致している	メンテナンスコストが適正である	塗装状態が適正である																											
			メンテナンスが容易である																												
	工期が要求に合致している	工場製作・輸送が容易である	加工工数が少ない																												
			加工が容易である																												
			輸送効率がよい																												
		工事現場での効率がよい	建方が容易である	鉄骨の精度が適正である																											
				施工計画が適正である																											
水準					JIS 規格値	JIS 規格値	JIS 規格値				$P_{CM} \leq 0.29$	$C_{eq} \leq 44$ %	JIS 規格値	母材の JIS 規格値	SN 400 C，SN 490 C27J 以上	H350 以下	鉄骨精度測定指針	鉄骨精度測定指針	鉄骨精度測定指針	鉄骨精度測定指針	鉄骨精度測定指針	鉄骨精度測定指針	鉄骨精度測定指針	鉄骨精度測定指針	鉄骨精度測定指針	鉄骨精度測定指針	鉄骨精度測定指針	鉄骨精度測定指針	鉄骨精度測定指針	日本建築学会・UT 規準	日本建築学会・UT 規準
測定方法					規格品証明書	規格品証明書	規格品証明書				JIS G 3136	JIS G 3136	シャルピー試験	引張試験	シャルピー試験	硬さ試験	テーパーゲージ・限界ゲージ	コンベックスルール	角度用ゲージ	対比試験片との比較・目視	テーパーゲージ	テーパーゲージ	かね尺・すき間ゲージ	溶接用ゲージ・目視	溶接用ゲージ・目視	コンベックスルール	対比試験片との比較・目視	目視	超音波探傷試験	超音波探傷試験	超音波探傷試験

凡例　重要度　○……関連がある
　　　　　　　◎……関連が強い

表 2.4.1(2) 鉄骨の品質展開（例）

（4） 品質特性（代用特性）の水準

要求品質は，具体的に計測可能ないくつかの品質特性（代用特性）で保証される．すなわち，要求品質は，いくつかの品質特性（代用特性）が所定の水準を満足することによって保証されることになる．したがって，品質をつくり込む上で品質特性（代用特性）の水準を設定する必要がある．この水準は，要求品質とのかかわり方によって異なるものであり，また，施工要領によって異なることもある．

品質特性の水準は本来要求品質から決まるべきものであり，建築物の規模・用途・要求性能等によって異なり得る．通常，標準的な建築物の品質特性の水準としては，JIS 規格また JASS 6 に示されている規定値が水準値として設定されることが多い．

これらの品質特性は，実際の施工における管理項目となり，その水準は管理値または基準値としての品質管理工程表（QC 工程表）あるいは施工要領書・検査要領書などに明記されるべきものである．

ここで，QC 工程表を鉄骨製作工場または工事現場でのプロセスで定義すると，「ひとつの製品あるいは工事区分についての材料の受入れから完成品として次工程にわたされるまでのプロセス（またはその中の部分的なプロセス）を図示し〔図 2.4.3〕，各プロセスの管理点と管理方法を明らかにしたものをいい，単位工程がどういう配列の順番で，どの特性を，どこで，だれが，どのようなデータを使って管理するかを一目瞭然にわかるようにしたもの」である．詳しくは 2.5.3 項で述べる．

鉄骨工事の品質マネジメントは，ここで展開された品質特性およびその水準によって行われることになる．この品質特性の水準値は，要求品質から必然的に決定されるべきものであるが，実際の工事ではその水準を実現することが困難な場合があり得る．したがって，品質特性の水準値の確定にあたっては，事前に顧客または設計者と施工者または鉄骨製作業者との間で協議し，その水準の意味を明確にしておくことが重要である．

工程	管理項目			管理方法				管理記録		担当部門		検査部門		異常時の処置	
	管理項目	管理値	チェックリスト	時期	方式	頻度	測定機器	データ採取	報告書	担当課	担当者	検査	報告書	処置	担当
開先加工	・ベベル角度 ・ルート面	$-2.5°\sim+2.5°$ SAW：～2.0 mm 手・半手動： ～1.0 mm	加工票・型板 製作基準	施工時 〃	測定 〃	抜取 〃	ゲージ 〃	○ ○	$\bar{x}$-R 管理図 〃	工作課		—	—	担当者 と協議	
機械切断	・長さ，幅 ・切口直角度 ・切口直線度 ・かえり	±2mm 以内 2mm 以下 1mm 以下 製作基準	加工票 製作基準 〃 〃	施工時 〃 〃 〃	測定 〃 〃 目視	抜取 〃 〃 〃	巻尺・コンベックス定規・型板 〃 〃	○ ○ ○	$\bar{x}$-R 管理図 〃 〃	工作課		—	—	担当者 と協議	

図 2.4.3 QC 工程図の抜粋

2.5 製作工場の品質保証と品質管理

2.5.1 製作工場が保証すべき品質

施工者と鉄骨製作業者との間で交わす契約内容は，品質・価格・納期についてであるから，鉄骨製品の製作者は契約の範囲内で品質を保証する義務がある．

ここでいう保証すべき品質とは，設計者が意図した建物の形状・寸法および構造躯体としての強度・剛性といった設計品質を満足するために必要な部材および接合部についての以下の品質である．

① 全体を形成する部材として保証すべき品質
- 部材の断面・寸法・板厚が適正である
- 部材の材質が適正である
- 部材の精度が適正である

② 接合部として保証すべき品質
- 接合部の形状・寸法が適正である
- 溶接接合部の強度が適正である
- 高力ボルト接合部の強度・剛性が適正である

この品質を保証するために，要求されるものは，

① 安定した品質をつくりだす工場全体の生産システム（管理体系・設備・技術者・製作工程等）の保有

② 意図した品質をつくりだす技術提案力の具備

③ 検査・記録等による品質保証システムの整備

等である．

製作工場における品質保証活動の基本手順を図 2.5.1 に示す．

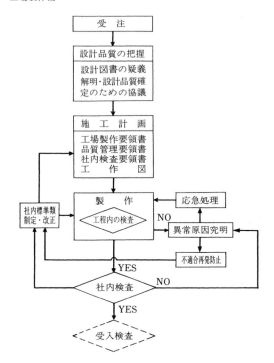

図 2.5.1 製作工場における品質保証基本手順

2.5.2 製作工場の品質保証体系

a．品質保証体系図

　鉄骨製品の品質保証は，設計者・工事監理者・施工者および鉄骨製作業者が協力し，それぞれの役割を果たしてはじめて可能となる．

　一般に，品質保証体系図（QA体系図）は，製品の企画からユーザーの使用に至るまでの各段階の有機的なつながりと各部門の役割（品質保証業務・会議体を含む）の全体を概括的に規定するものであるが，ここでは，鉄骨製作業者を主体とした品質保証体系図の一例を図 2.5.2 に示す．

b．本例の説明

　（1）　本例の品質保証体系図は，横軸に組織，縦軸に仕事の流れを示し，各工程の段階における組織の役割および物・情報のフィードバックの経路をフローチャートで示した．また，各工程に関連する規準，標準類および仕事の状態を管理するための管理記録（資料）・報告書類を右端に記載してある．

　（2）　横軸の組織名称は各社異なっているため，それぞれの機能を有する部門として示している．

　（3）　各部門がその役割を遂行するために必要な，右端に示した基準・標準類および管理記録（資料）・報告書類は一例であり，実際に自社に適用する場合は，自社の保有する管理基準・標準の名称とすべきであり，また，検査報告書・管理記録（資料）も適切に取捨選択すべきである．

　（4）　製造部門と品質保証・検査部門は各部門の品質管理を基に独自の立場で製品を確認し，顧客に対し製品を保証することが必要である．

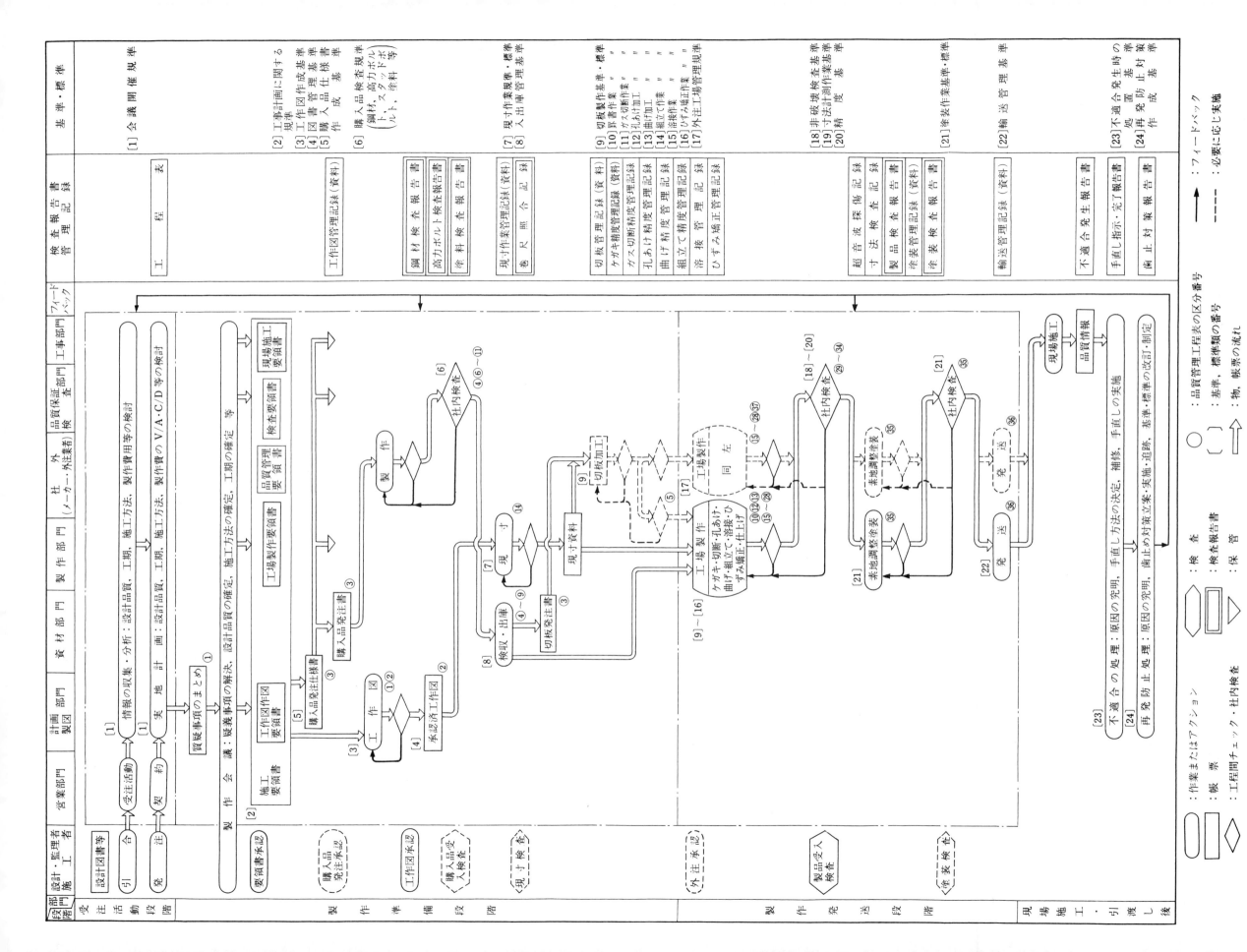

図 2.5.2 鉄骨製品の品質保証体系図（例）（鉄骨製作業者）

（5）不適合が発生した場合は，各組織でその原因を究明し再発防止策を立案し定着させる．また，不適合の原因が基準・標準類に起因する場合は，基準・標準類の改訂および制定を行い定着させる．

2.5.3 品質管理工程表（QC工程表）

a．QC工程表

設計図書や設計者・施工者・鉄骨製作業者の打合せにより決定された設計品質を製作工程でつくり込むためには，品質に影響を及ぼす材料（material）・機械（machine）・人（man）・作業方法（method）などの工程の要因や，その結果についてどのように管理するかを明確にすることが重要であり，QC工程表はこのような目的のために作成される．

QC工程表は，工程のどこで，何を，いつ，だれが，どのように管理するかを決め，工程の流れに沿って整理したもので，品質管理の要点を明確にした管理のための標準であり，その内容は，

① 工程の名称
② 工程の管理点（管理項目）および管理のレベル（管理値）
③ 管理値に対する特性値の測定方法・測定機器・時期および頻度
④ 特性値の測定記録・その他の管理記録
⑤ 管理責任部門および品質保証部門の担当者
⑥ 異常（不適合）発生時の処置方法および責任者

などを一覧表に整理したものである．しかし，内容および形式は，使用者が使いやすいよう工夫すればよい．

工場製作における工程別の管理項目，管理方法，管理記録方法等を一覧にした品質管理工程表を表2.5.1に示す．また実際に活用されている一例として，溶接組立箱形断面柱品質管理工程表を表2.5.2に示す．

b．QC工程表の作成上の留意点

表2.5.1，2.5.2として示した品質管理工程表は，参考としてできるだけ多くの管理項目を例示してあるが，特定の工事を対象にQC工程表を作成する場合は，

（ⅰ）要求される設計品質を達成するにあたって各工程の重要な項目を見極め，必要最小限の管理項目に絞り込み，重点指向することが必要である．

（ⅱ）特定の設計品質の達成にはその目的にあった管理項目を追加し，不都合が生じないようにすることも必要である．

（ⅲ）作成したQC工程表は使用しながら絶えずチェックし，使用しやすいよう，不都合が生じないよう改訂していくことが大切である．

表 2.5.1　品質管理工程表（QC 工程表）（例）

区分	No.	工　程	管理項目	管理値	※1 チェックリスト
設計図書の照査	①	設計図書調査	○(特記) 仕様書の調査 ○図面相互の整合性 ○各部形状・寸法確認 ○指示書と図面の照合 ○施工範囲の確認 　(設備用部材 　　仮設用部材)	確認事項の工作図への反映 〃 〃 〃 〃	設計図・仕様書・ 指示書・質疑書 〃 〃 〃 〃
工作図作成	②	工作図作成	○工作図要領 ○作図入力データ ○作図 ○図面相互の食違い ○設計変更 ○図書の配布・更新・保管	設計図書と工作図の整合性 〃 〃 〃 〃 図書の配布	作図基準 入力マニュアル 作図要領・製作要領 検図基準 指示書・質疑書 図書管理基準
材料発注	③	材料発注 （鋼材・購入品）	○発注仕様書 　(規格・材質・試験・検査・ 　特記事項・指定メーカー・納期) ○発注明細書 　(規格・寸法・数量) ○カッティングプラン ○納期・納入場所	設計図書・特記仕様書等との整合性 〃 ロ　ス　率 工　　程	仕様書作成基準 積算基準 積算基準 工　程　表
材料受入れ	④	鋼材受入れ	○規格品証明書（ミルシート）の確認 　(材質・機械的性質・化学成 　　分・C_{eq}・寸法等) ○規格・材質の確認 ○寸法（板厚・幅・長さ） ○数量 ○外観（きず・曲り・さび） ○プライマー（膜厚・劣化） ○材質識別色	適用規格 板番・製鋼番号 発注寸法・規格値 発注数量 社内基準 規　定　値 材質識別色	仕様書・JIS 規格品証明書 〃 〃 発注仕様書 材質識別基準
	⑤	切板受入れ	○材質確認 ○数量 ○寸法（幅・長さ） ○面内曲り ○平面曲り ○切口の直角度 ○切口のあらさ ○ガスノッチ ○外観（きず・さび）	識別色・材質表示 発注数量 一次材 ±1 mm 二次材 ±2 mm $L \leq 10$ m : 3 mm 以下 $L > 10$ m : 5 mm 以下 $L \leq 10$ m : 3 mm 以下 $L > 10$ m : 5 mm 以下 $t \leq 40$ mm : $e \leq 1$ mm $t > 40$ mm : 　$e \leq t/40$ かつ $e \leq 1.5$ mm $100\ \mu m Rz$ 以下 0.5 mm 以下 社内基準	切板注文票 材質識別基準 切板注文票 社内基準 〃 〃 〃 〃 〃

2章 品質マネジメント

※1 管理項目・管理値をフォローするための基準・標準・その他資料
※2 検査部門の○は実施有無を示す．㊨：資材課，㋓：工作課

凡例	□ 承認	■ 管理責任者
	◇ 確認	◆ 管理担当者
	○ 実地点検	● 担当者
	― 必要なし	▲ 組長
	該当せず	

	管理方法			管理記録		担当部門					※2検査部門		異常時の処置	
時期	方法	頻度	測定機器	データ採取	記録・報告書	課	課長	係長	担当	作業者	対物検査	報告書	処置	担当
着手時	設計図書相互の照合・確認	全数	―		質疑書	設計課	□	◇	○		―	―	工事監理者と協議	●
〃	〃	〃	―		〃									
〃	〃	〃	―		〃									
〃	〃	〃	―		〃									
着手前	設計図書と工作図の照合・確認	全数	―		工作図	設計課	□	◇	○		―	―	修正・再照査	●
作業中	〃	〃	―		〃									
〃	〃	〃	―		〃									
〃	〃	〃	―		〃									
発行時	図書台帳の消込み	〃			図書台帳									
発注前	設計図・仕様書等との照合・確認	全数			発注仕様書	設計課	□	◇	○		―	―	関係部門との協議処置決定	◆
発注前	〃	〃			発注明細書									
発注前	〃	〃	―		カッティングプラン									
発注前	工程の確認	全数			工程表	資材課	□	◇	○				メーカーと協議	◆
入荷時	適用規格とミルメーカー試験値（規格品証明書）の照合	全数		○	規格品証明書	検査課	□	◇	○		○	○	検査課の報告に基づき資材課はメーカーと協議し，補修または返却を決定する．	◆
〃	刻印・ステンシルの照合	全数	材質識別器	○	〃						○	○		
〃	測定	抜取	スケール・ノギス・マイクロメータ	○	〃						○	○		
〃	員数照合	全数	―	○	―						○	○		
〃	目視	抜取	―		―						○			
〃	測定	〃	膜厚計	○	検査成績表						○			
〃	目視	全数	―			資材課	―	―	◇	○			同上	◆
入荷時	目視	全数		―		工作課	□	□	◇	○	―	―	補修または資材課と協議し再製作	●
〃	員数照合	〃	―	―	納品書									
作業時	測定	抜取	スケール・ノギス型板	○	$\bar{x}$-R管理図									
〃	目視または測定	〃	スケール	○	〃									
〃	〃	〃	〃	○	〃									
〃	〃	〃	〃	○	〃									
〃	〃	〃	標準ゲージ	○	〃									
〃	〃	〃	〃	○	〃									

表 2.5.1 品質管理工程表（QC工程表）（例）つづき

区分	No.	工程	管理項目	管理値	※1 チェックリスト
材料受入れ	⑥	高力ボルト・ナット（普通ボルトも準じる）	○検査成績書の確認 ○機械的性質 ○寸法（径・長さ） ○数量 ○外観（仕上げ・きず・さび） ○トルク係数値 ○締付力	JISまたは適用規格 〃 発注寸法・規格値 発注数量 JISまたは適用規格 規格値 〃	発注仕様書 〃 〃 〃 〃 〃 〃
	⑦	スタッドボルト	○検査成績書の確認 ○材質（機械的性質化学成分） ○寸法（径・長さ） ○数量 ○外観（仕上げ・きず・さび）	適用規格 〃 発注寸法・規格値 発注数量 適用規格	発注仕様書 〃 〃 〃 〃
	⑧	塗料	○検査成績書の確認 ○出荷証明書の確認	適用規格 発注数量	発注仕様書 〃
	⑨	溶接材料	○検査成績書の確認 ○材質（機械的性質化学成分） ○形状寸法 ○数量 ○外観（被覆材・きず・さび）	適用規格 〃 発注寸法・規定値 発注数量 〃	発注仕様書 〃 〃 〃 〃
試験	⑩	鋼材試験（必要時）	○試験片採取材・数量 ○試験片形状 ○試験条件 ○機械的性質	製品番号の整合性 JIS規格寸法 試験要領書 JIS規格値	規格品証明書 カッティングリスト JIS 試験要領書 規格品証明書
	⑪	摩擦接合すべり試験（必要時）	○試験体寸法 ○孔径 ○心ずれ ○HTB ○接合面の状態 ○導入ボルト張力 ○すべり係数値	±2 mm以内 ±0.5 mm以内 ±1 mm以内 JIS・JSS規格 試験要領書 日本建築学会基準値 0.45以上	製作基準 〃 〃 検査成績書 JASS 6 試験要領書 〃
	⑫	溶接施工試験 技量試験 溶接性試験（必要時）	○鋼材（材質） ○溶材（材質・径） ○試験片形状（板厚・開先） ○溶接条件（予熱温度・パス間温度・パス数・電流・電圧） ○試験項目・判定基準 ○受験溶接技能者 ○溶接外観 ○非破壊検査 ○機械試験	適用規格 〃 ⑰開先加工参照 設定値 試験要領書 資格 ⑩溶接外観参照 設定値（JIS規格・学会基準） 設定値	規格品証明書 カッティングリスト ミルシート 製作基準 試験要領書 試験要領書 免許書 試験要領書 〃 〃

2章 品質マネジメント

管理方法				管理記録		担当部門					※2検査部門		異常時の処置	
時期	方法	頻度	測定機器	データ採取	記録・報告書	課	課長	係長	担当	作業者	対物検査	報告書	処置	担当
入荷時	規格と成績書照合	全数	—	—	検査成績書	検査課	□	□	◇	○	—	○	資材課と協議し返却	●
〃	〃	〃			〃						○	○		
〃	測定	抜取	スケール・ノギス								○	○		
〃	員数照合	全数			納品書						資	○		
〃	目視	抜取			—						○	—		
〃	成績書確認	全数			検査成績書						—	○		
入荷時	規格と成績書照合	全数	—		検査成績書	検査課	□	□	◇	○	—	○	資材課と協議し返却	●
〃	〃	〃			〃						○	○		
〃	測定	抜取	スケール・ノギス								○	○		
〃	員数照合	全数			納品書						資	○		
〃	目視	抜取									○	○		
入荷時	規格と成績書照合	全数			検査成績書	検査課	□	□	◇	○	—	○	資材課と協議し返却	●
〃	員数照合	〃			出荷証明						資	○		
入荷時	規格と成績書照合	全数	—		検査成績書	検査課	□	□	◇	○	—	工	工作課と協議し返却	●
〃	〃	〃			〃						—	工		
〃	測定	抜取	スケール・ノギス		〃						工	工		
〃	員数照合	〃			検査成績書						資	工		
〃	目視	〃			—						○	—		
入荷時	カッティングリストの板番照合	全数		○	検査成績書	検査課	□	□	◇	○	—	○	再試験	◆
加工時	測定	〃	スケール・ノギス マイクロメータ	○	〃						—	○		
試験時	試験要領書作成	—			試験要領書						—	○		
〃	測定	全数	引張試験機・シャルピー・硬度計等	○	検査成績書						○	○		
試験前	測定	全数	ノギス・スケール	○	検査成績書	検査課	□	□	◇	○	○	○	関係部門と協議のうえ再試験	◆
〃	〃	〃	ノギス	○	〃						○	○		
〃	〃	〃	スケール	○	〃						○	○		
〃	目視	〃	—	○	〃						○	○		
〃	〃	〃	—	—	—						○	—		
〃	測定	〃	軸力計	○	検査成績書						○	○		
〃	—	〃		○							—	○		
加工時	規格品証明書・カッティングリスト照合	全数	—	—	規格品証明書	工作課	□	◇	◇	○	○	○	関係部門と協議のうえ再試験	◆
試験前	検査成績書照合	抜取	—	—	〃						○	○		
加工時	測定	全数	溶接用ゲージ ノギス・スケール	○	寸法記録						○	○		
施工時	〃	〃	温度計(チョーク) 電流・電圧計	○	条件記録						○	○		
試験前	確認	〃	—	—	受験者名簿						—	○		
施工後	目視	全数	—	○	検査成績書	検査課	□	◇	○		○	○		
〃	測定	〃	超音波探傷試験器 放射線透過試験器	○	〃						○	○		
〃	〃	〃	各種試験機	○	〃						○	○		

表 2.5.1 品質管理工程表（QC 工程表）（例）つづき

区分	No.	工程	管理項目	管理値	※1チェックリスト
試験	⑬	頭付きスタッド施工試験（必要時）	○試験体形状（鋼材・スタッド） ○溶接条件 ○溶接機 ○機械試験（曲げ・引張）	規 格 値 設 定 値 要 領 書 設 定 値	試験要領書 〃 〃 〃
現寸	⑭	現寸	○使用巻尺照合 ○現寸図寸法 ○定規・型板寸法 ○部材マーク ○取付方向 ○部材数量 ○各種出力データ	±(0.2+0.1L) mm 以内 L は測定長 ±0.5 mm 以内 ±0.5 mm 以内 工 作 図	JIS 1 級 作業基準 〃 〃 〃 〃 〃
加工	⑮	けがき	○板取り・部材マーク ○寸法（幅・長さ） ○寸法（対角） ○基準線（差越線）位置 ○ポンチ位置精度 ○方向マーク ○合わせマーク	 ±0.5 mm 以内 1.0 mm 以下 ±0.5 mm 以内 ±0.5 mm 以内 工 作 図 ±0.5 mm 以内	カッティングリスト 定規・型板 〃 〃 〃 〃 〃
加工	⑯	ガス切断	○寸法（長さ・幅） ○差越線切口間寸法 ○ガスノッチ ○粗さ ○スラグ ○上縁の溶け ○平面度 ○切口直角度	±2 mm 以内 ±1.0 mm 以内 開先内 0.5 mm 以下 自由端 0.5 mm 以下 開先内 100 μmRz 以下 自由端 100 μmRz 以下 WES 2801　1 級 WES 2 級 WES 2 級 t≤40 mm：e≤1 mm t>40 mm： e≤t/40 かつ e≤1.5 mm	定規・型板 〃 製 作 基 準 〃 〃 〃 〃 〃
加工	⑰	開先加工	○ベベル角度 ○ルート面	2.5°以上 SAW：2 mm 以下 手・半自動 裏当てあり 1 mm 以下 裏当てなし 2 mm 以下	加工票・型板 製 作 基 準 〃
加工	⑱	機械切断	○長さ・幅 ○切口直角度 ○切口直線度 ○かえり	±2 mm 以内 2 mm 以下 1 mm 以下 製 作 規 準	加 工 票 製 作 基 準 〃 〃
加工	⑲	機械切削	○長さ・幅 ○切、口直角度 ○切削面の直角度 ○切削面の粗さ	±2 mm 以内 t≤40 mm：e≤1 mm t>40 mm： e≤t/40 かつ e≤1.5 mm 50 μmRz 以下	加 工 票 製 作 基 準 〃 〃
加工	⑳	孔あけ	○孔径 ○孔ピッチ	0.5 mm 以下 孔間 ±1 mm 以内 全体 ±2 mm 以内	加 工 票 加工票・型板定規

時期	管理方法 方法	管理方法 頻度	管理方法 測定機器	管理記録 データ採取	管理記録 記録・報告書	担当部門 課	担当部門 課長	担当部門 係長	担当部門 担当	担当部門 作業者	※2検査部門 対物検査	※2検査部門 報告書	異常時の処置 処置	異常時の処置 担当
試験前	測定	全数	ノギス・スケール 電流・電圧計	○	条件記録	工作課	□	◇	◇	○	○	○	関係部門と協議のうえ再試験	◆
試験時	〃	〃									○	○		
施工前	—	—									—	—		
施工後	測定	全数	各種試験記録	○	試験成績書	検査課	□	◇	◇	○	○	○		
作業前	測定	全数	基準巻尺	○	照合記録	工作課	—	—	◇	○	○	○	管理担当者・担当課と協議し，処置決定	▲
施工時	〃	〃	スケール		—									
〃	工作図と照合	〃	スケール		—									
〃	〃	〃			—									
〃	〃	〃			—									
〃	〃	〃			現寸帳票									
施工時	カッティングリスト照合	全数	—		—	工作課	—	—	◇	○	—	—	同上	▲
〃	測定	抜数	巻尺，コンベックス	○	$\bar{x}$-R 管理図									
〃	〃	〃	〃	○	〃									
〃	〃	〃	〃	○	〃									
〃	定規・型板と照合	〃		○	P_n 管理図									
〃	測定	〃	巻尺，コンベックス	○										
施工時	測定	抜取	巻尺，コンベックス	○	$\bar{x}$-R 管理図	工作課	—	—	◇	○	—	—	同上	▲
〃	〃	〃		○	〃									
〃	目視・測定	〃	標準ゲージ	○	C 管理図									
〃	〃	〃		○	P_n 管理図									
〃	〃	〃		○	C 管理図									
〃	〃	〃		○	U 管理図									
〃	〃	〃		○	P_n 管理図									
〃	〃	〃	コンベックス	○	P_n 管理図									
施工時	測定	抜取	ゲージ	○	$\bar{x}$-R 管理図	工作課	—	—	◇	○	—	—	同上	▲
〃	〃	〃	〃	○	〃									
〃														
施工時	測定	抜取	巻尺・コンベックス	○	$\bar{x}$-R 管理図	工作課	—	—	◇	○	—	—	同上	▲
〃	〃	〃	定規・型板	○										
〃	目視	〃		○										
施工時	測定	抜取	巻尺・定規	○	$\bar{x}$-R 管理図	工作課	—	—	◇	○	—	—	同上	▲
〃	目視	〃	ゲージ	○										
〃				○										
〃				○	P_n 管理図									
施工時	測定	抜取	ゲージ・コンベックス	—	—	工作課	—	—	◇	○	—	—	同上	▲
〃	〃	〃	コンベックス型板・定規	○	$\bar{x}$-R 管理図									

表 2.5.1 品質管理工程表（QC 工程表）（例）つづき

区分	工程 No.	工程	管理項目	管理値	※1 チェックリスト
加工	⑳	孔あけ	○孔の心ずれ ○孔のへりあき・はしあき ○孔のかえり	±1 mm 以内 −2 mm 以上 除　去	製作基準 〃 〃
	㉑	曲げ加工	○曲げ角度 ○曲げ半径 ○プレスきず	1/300 以下 2×板厚（内法）以上 除　去	加工票・型板・製作基準 〃 —
組立て	㉒	高力ボルト組立て	○孔の食違い ○接合部の肌すき ○添接部の処理 ○スパッタ，ばり付着 ○異物の付着	1 mm 以下 1 mm 以下 規定値 除　去 〃	製作基準・JASS 6 〃 〃 〃 〃
	㉓	溶接部材組立て	○T 継手のすき間（隅肉） ○重ね継手のすき間 ○突合せ継手の食違い ○ルート間隔 　　裏はつり 　　裏当て金付き ○開先角度	2 mm 以下 2 mm 以下 t(板厚)≦15 mm　1 mm 以下 t>15 mm t/15 かつ 2 mm 以下 手　0〜2.5 mm 半自動　0〜2 mm SAW　0〜1 mm 手　−2 mm 以上 半自動　−2 mm 以上 SAW　±2 mm 以内 突合せ継手　−5°以上 T 継手　−2.5°以上	製作基準 〃 〃 〃 〃
	㉔	I 形組立て （柱・梁・仕口）	○ウェブの心ずれ ○部材せい（H<800 mm のとき） ○長さ（L<10 m のとき） ○材端不揃い ○溶接ルート部の肌すき ○組立て溶接長さ ○添接部の処理	2 mm 以下 ±2 mm 以内 ±3 mm 以内 2 mm 以下 2 mm 以下 40 mm 以上 ㉒による	製作基準 〃 〃 〃 〃 〃 〃
	㉕	箱形組立て	○ダイアフラム取付け位置 ○対角寸法（H<800 mm のとき） ○断面寸法（　〃　） ○全長（L<10 m のとき） ○ねじれ（H：辺長） ○肌すき ○組立て溶接長さ	1 mm 以下 ±2 mm 以内 ±2 mm 以内 ±3 mm 以内 6 H/1 000 かつ 5 mm 以下 2 mm 以下 40 mm 以上	工作図 〃 〃 〃 製作基準 〃 〃
	㉖	大組立て一般	○仕口のずれ 　　t_1≧t_2 　　t_1<t_2（t_2 は貫通材） ○ガセットプレート取付け位置 ○仕口部の角度 ○仕口部の長さ（L）	 2t_1/15 かつ 3 mm 以下 t_1/6 かつ 4 mm 以下 ±2 mm 以内 L/300 かつ 3 mm 以下 ±3 mm 以内	工作図 〃 〃 〃

管理方法				管理記録		担当部門					※2検査部門		異常時の処置	
時期	方法	頻度	測定機器	データ採取	記録・報告書	課	課長	係長	担当	作業者	対物検査	報告書	処置	担当
施工時	測定	抜取	コンベックス・型板・定規	○	〃	工作課	—	—	◇	○	—	—	管理責任者・担当課と協議し処理決定	▲
〃	〃	〃	〃	—	—						—	—		
〃	目視	〃	〃	—	—						—	—		
施工時	測定	抜取	型板・定規	○	P_n管理図	工作課	—	—	◇	○	—	—	同 上	▲
〃	〃	〃	〃	○	〃						—	—		
〃	目視	〃	ゲージ	○	〃						—	—		
施工時	目視・測定	全数	目視・ゲージ	○	P_n管理図	工作課	—	—	◇	○	—	—	同 上	▲
〃	〃	〃	〃	○	〃						—	—		
〃	目視	抜取	目視	—	—						—	—		
〃	〃	全数	〃	—	—						—	—		
施工時	目視・測定	抜取	ゲージ	○	P_n管理図	工作課	—	—	◇	○	—	—	同 上	▲
〃	〃	〃	〃	○	〃						—	—		
〃	〃	〃	〃	○	〃						—	—		
〃	〃	〃	〃	○	〃						—	—		
施工時	測定	抜取	巻尺・ゲージ	○	$\bar{x}-R$管理図	工作課	—	—	◇	○	—	—	同 上	▲
〃	〃	〃	〃	○	〃						—	—		
〃	〃	〃	〃	○	〃						—	—		
〃	〃	〃	〃	○	P_n管理図						—	—		
〃	〃	〃	〃	○	〃						—	—		
〃	〃	〃	〃	○	—						—	—		
施工時	測定	抜取	巻尺・定規・ゲージ	○	$\bar{x}-R$管理図	工作課	—	—	◇	○	—	—	同 上	▲
〃	〃	〃	〃	○	〃						—	—		
〃	〃	〃	〃	○	〃						—	—		
〃	〃	〃	〃	○	〃						—	—		
〃	〃	〃	〃	○	P_n管理図						—	—		
〃	〃	〃	〃	○	〃						—	—		
施工時	測定	抜取	巻尺・定規・型板・ゲージ	○	$\bar{x}-R$管理図	工作課	—	—	◇	○	—	—	同 上	▲
〃	〃	〃	〃	○	$\bar{x}-R$管理図						—	—		
〃	〃	〃	〃	○	〃						—	—		
〃	〃	〃	〃	○	〃						—	—		

表 2.5.1 品質管理工程表（QC 工程表）（例）つづき

区分	No.	工程	管理項目	管理値	※1 チェックリスト
溶接	㉖	大組立て一般	○ルート間隔（裏当て金付き） ○組立て溶接長さ	SAW ±2 mm 以内 手・半自動 −2.0 mm 以内 60 mm 以上	製作基準 〃
溶接	㉗	溶接	○溶接材料 ○予熱温度 ○電流・電圧・速度・入熱量 ○ガウジング（深さ・幅） ○隅肉溶接のサイズ（S） ○隅肉溶接の余盛高さ ○完全溶込み溶接突合せ継手の余盛高さ 　（B：ビード幅） ○完全溶込み溶接 　T 継手の余盛高さ ○突合せ継手の食違い ○ビード表面の不整 　（l：ビード長さ） ○アンダーカット ○割れ ○ピット ○オーバーラップ ○スパッタ ○スラグ ○アークストライク	指定銘柄 設定値 〃 初層除去 $0.5S$ かつ 5 mm 以下 $0.4S$ かつ 4 mm 以下 $B<15$ mm　$0\sim3$ mm $15\leq B<25$ mm　$0\sim4$ mm $B\geq25$ mm　$0\sim(4/25)B$ mm $\leq0\sim7$ mm $t\leq15$ mm　1 mm 以下 $t>15$ mm　$t/15$ かつ 2 mm 以下 高低差　$l\leq25$　2.5 mm 以下 ビード幅　$l\leq150$　5 mm 以下 突合せ　0.3 mm 以下 前面隅肉　0.3 mm 以下 側面隅肉　0.5 mm 以下 あってはならない 1 個以下/溶接長 300 mm 製作基準 〃 〃 〃	要領書 〃 〃 製作基準 製作基準 〃 〃 〃 〃 〃 〃 〃 〃
溶接	㉘	スタッド溶接	○溶接条件 ○余盛形状 ○アンダーカット ○仕上り高さ ○傾き ○打撃曲げ	設定値 〃 0.5 mm 以下 ±1.5 mm 以内 3°以内 基準値	要領書 製作基準 〃 〃 — JASS 6
検査	㉙	溶接のサイズ	○隅肉溶接のサイズ ○隅肉溶接の余盛高さ ○完全溶込み溶接突合せ継手の余盛高さ ○完全溶込み溶接 T 継手の余盛高さ	㉗溶接参照 〃 〃 〃	製作基準 〃 〃 〃
検査	㉚	溶接の外観	○ビード形状の不整 ○ピット ○アンダーカット ○オーバーラップ ○アークストライク ○スラグ・スパッタ付着	㉗溶接参照 〃 〃 〃 〃 〃	製作基準 〃 〃 〃 〃 〃

管理方法				管理記録		担当部門					※2検査部門		異常時の処置	
時期	方法	頻度	測定機器	データ採取	記録・報告書	課	課長	係長	担当	作業者	対物検査	報告書	処置	担当
施工時	測定	抜取	スケール・ゲージ	○			—	—	◇	○	—	—	管理責任者・担当課長と協議し処理決定	
〃	〃	〃		○	P_n管理図									
施工時	確認	全数	—	—	—	工					—	—		
〃	測定	〃	温度チョーク	—	—						—	—		
〃	〃	抜取	電流・電圧計	○	条件記録						—	—		
〃	目視	〃									—	—		
〃	目視・測定	〃	ゲージ	○	P_n管理図						—	—		
〃	〃	〃	〃	○	〃						—	—		
〃	〃	〃	〃	○	〃						—	—		
〃	〃	〃	〃	○	$\bar{x}$-R管理図	作	—	—	◇	○	—	—	同上	
〃	〃	〃	ゲージ	○	P_n管理図						—	—		
〃	〃	〃	〃	○	〃						—	—		
〃	〃	〃	〃	○	〃	課					—	—		
〃	〃	〃	—	○							—	—		
〃	目視	〃	—	○							—	—		
〃	〃	〃	—	○							—	—		
〃	〃	〃	—	○							—	—		
施工時	確認	—	—	—	—	工					—	—		
〃	目視・測定	抜取	ゲージ	—	—	作	—	—	◇	○	—	—	同上	▲
〃	〃	〃	〃	—	—	課					—	—		
〃	〃	〃	〃	—	—						—	—		
施工時 24H後	目視・測定 〃	抜取 〃	ゲージ ハンマ	○	検査成績書						—	—		
施工後	測定	抜取	ゲージ	—	—	検	□	◇	◇	○	○	—		
〃	〃	〃	〃	—	—	査								
〃	〃	〃	〃	—	—	課								
施工後	目視	抜取	ゲージ	—	—	検	□	◇	◇	○	○	—	工作課と協議し,補修後再検査	▲
〃	〃	〃	—	—	—	査								
〃	〃	〃	—	—	—	課								
〃	〃	〃	—	—	—									

表 2.5.1 品質管理工程表（QC工程表）（例）つづき

区分	No.	工程	管理項目	管理値	※1チェックリスト
検査	㉛	完全溶込み溶接部非破壊検査（自主検査）	○溶接欠陥 （割れ／融合不良／溶込不良／スラグ巻込み／ブローホール）	AOQL 4 % （1日の検査量に対して）	学会超音波探傷規準
	㉜	(1) 柱寸法	○柱全長（L） （ボルト接合はボルト間隔・溶接接合は切口）	$L \leq 10$ m　±3 mm 以内 $L > 10$ m　±4 mm 以内	検査シート
			○階高	±3 mm 以内	〃
			○柱のせい（H）	$H \leq 800$ mm　±2 mm 以内 $H > 800$ mm　±3 mm 以内	〃
			○柱の曲り	$L/1\,500$ かつ 5 mm 以下	〃
			○柱のねじれ	$6H/1\,000$ かつ 5 mm 以下	〃
			○メタルタッチ	$1.5H/1\,000$ 以下	〃
			○ベースプレートの折れ	2 mm 以下	〃
			○ベースプレート孔間隔	±2 mm 以内	〃
			○仕口のせい（h）	一般部　柱せいに同じ 接合部　±2 mm 以内	〃
			○仕口の長さ （柱心〜仕口孔心）	±3 mm 以内	〃
			○仕口取付け角度	上下方向　$L/300$ かつ 3 mm 以下	〃
			○ブレース仕口取付け角度	同　上	〃
			○エレクションプレート取付け位置	継手心〜第1孔心 ±1 mm 以内 エレクションピース間隔 ±2 mm 以内 柱心〜孔心 ±3 mm 以内	〃 〃
		(2) 梁寸法	○梁全長（L） 　ボルト接合 　溶接接合	第一孔間　±3 mm 以内 切　口　±3 mm 以内	検査シート
			○梁せい（H）	一般部　柱せいと同じ 接合部　±2 mm 以内	〃
			○梁大曲り	$L/1\,000$ かつ 10 mm 以下	〃
			○梁ウェブの曲り	$H/150$ かつ 4 mm 以下	〃
			○梁ウェブ平面度	4 mm 以下	〃
			○フランジ（幅B）の傾斜	$\dfrac{2B}{100}$ かつ 4 mm 以下	〃
			○フランジ（幅B）の直角度	$\leq \dfrac{B}{100}$ かつ ≤ 2 mm	〃
		(3) 接合部寸法	○仕口・梁フランジの傾斜 （フランジ幅B）	$\leq B/100$ かつ 2 mm 以下	製作基準・検査基準
			○仕口・梁フランジの直角度	$\leq \dfrac{B}{2}/100$ かつ 1 mm 以下	〃

管理方法				管理記録		担当部門					※2検査部門		異常時の処置	
時期	方法	頻度	測定機器	データ採取	記録・報告書	課	課長	係長	担当	作業者	対物検査	報告書	処置	担当
溶接24H後	超音波探傷試験	抜取	超音波探傷器	○	検査成績書	検査課	□	◇	◇	○	○	○		
施工後	測定	全数	巻尺・定規ゲージ	○	検査成績書	検							工作課と協議し,補修後再検査	◆
〃	〃	〃	〃	○	〃									
〃	〃	〃	〃	○	〃									
〃	〃	〃	〃	○	〃									
〃	〃	〃	〃	○	〃									
〃	〃	〃	〃		〃									
〃	〃	〃	〃	○	〃									
〃	〃	〃	〃	○	〃	査	□	◇	◇	○	○	○		
〃	〃	〃	〃		〃									
〃	〃	〃	〃	○	〃									
〃	〃	〃	〃	○	〃									
〃	〃	〃	〃	○	〃									
〃	〃	〃	〃	○	〃	課								
〃	〃	〃	〃	○	〃									
施工後	測定	〃	巻尺・定規ゲージ	○	検査成績書	検								
〃	〃	〃	〃	○	〃									
〃	〃	〃	〃	○	〃	査	□	◇	◇	○	○	○	同 上	◆
〃	〃	〃	〃		―									
〃	〃	〃	〃		―									
〃	〃	〃	〃		―	課								
〃	測定	20%	巻尺・定規ゲージ		―	検査課	□	◇	◇	○	○		同 上	◆
〃	〃	〃	〃		―									

表 2.5.1 品質管理工程表（QC 工程表）（例）つづき

区分	No.	工程	管理項目	管理値	※1 チェックリスト
検査	㉝	詳細部検査	○仕口取付け位置方向 ○取合ガセットプレート取付け位置・方向 ○取合孔・数量・径 ○鉄筋孔径・位置 ○セパ孔径・位置 ○スリーブ孔径・位置 ○外壁ファスナ取付け位置 ○エレベーターファスナ取付け位置 ○タラップ取付け位置 ○仮設金物取付け位置	工 作 図 〃 〃 〃 〃 〃 〃 〃 〃 〃	工 作 図 〃 〃 〃 〃 〃 〃 〃 〃 〃
	㉞	添接部	○表面状態 ○スパッタ・ばり ○フィラープレート	規 定 値 除 去 工 作 図	製作基準 〃 工 作 図
	㉟	塗装	○指定塗料 ○素地調整 ○異物の付着 ○気温・湿度 ○塗膜厚 ○外観 ○塗装範囲	適 用 規 格 指 定 方 法 規 定 指定気温・湿度 平均膜厚以上 塗りむら・ピット・ふくれ・割れ 工作図・指示書	発注仕様書 製作基準 〃 〃 〃 〃 塗装要領書
輸送	㊱	輸送	○発送部材 ○積込状態 ○輸送経路 ○搬入時刻	発送リスト 輸送規準 計 画 書 〃	発送リスト 輸送計画書 〃 〃
外注管理	㊲	外注管理	○工場能力調査 　技術者 　所有設備 　生産能力 　品質管理状況	外注工場能力調査規準	工場類別認定
			○製作要領指導 ○工程進捗状況 ○品質管理状況 ○技術指導	工 程 表 指 定 品 質	工作図・製作要領書 工 程 表 発注仕様書
			○製品検査	各種寸法・設定値・溶接外観・非破壊検査	検査要領書

時期	管理方法			管理記録		担当部門					※2検査部門		異常時の処置	
	方　法	頻度	測定機器	データ採取	記録・報告書	課	課長	係長	担当	作業者	対物検査	報告書	処　置	担当
施工後	目　視	全数	巻尺・定規・ゲージ	○	工作図消込み	検査課	□	◇	◇	○	○	○	工作課と協議し，補修後再検査	◆
〃	〃	〃	〃	○	〃									
〃	〃	初品10%	〃	○	〃									
〃	〃	〃	〃	○	〃									
〃	〃	全数	〃	○	〃									
〃	〃	〃	〃	○	〃									
〃	〃	〃	〃	○	〃									
〃	〃	初品10%	〃	○	〃									
〃	〃	〃	〃	○	〃									
発送前	目　視	抜取	—	—		工作課	□	◇	◇	○	○	—	担当課と協議し，処置決定	▲
施工時	〃	〃	—	—										
〃	確　認	〃	—	—										
施工前	確　認	全数	—	—		工作課	□	◇	◇	○	○	○	同　　上	▲
施工時	目　視	抜取	—	—										
〃	〃	〃	—	—										
〃	確　認	毎日抜取	温度計・湿度計 膜厚計	○	条件記録 検査成績書									
〃	目　視	〃	—	—										
〃	確　認	全数	—	—										
積込時	確　認	全数	—	—	発送リスト	輸送課	□	◇	◇	○	—	—	同　　上	▲
〃	〃	〃	—	—	—									
〃	報告確認	〃	—	—	—									
発注前	工場検査	新規外注または1回/年	—	○	工場能力調査 報　告	工作課 資材課	□	◇	◇	—	○	○	関係部門と協議後処置決定	◆
施工前	指　導	発注ごと必要時	—	—	—	工作課	□	◇	◇	○	○	○		
施工中	確　認	〃	—	—	各種管理記録									
〃	指　導	〃	—	○										
発注前	製品検査	全数(抜取)		○	検査成績書	検査課	□	◇	◇	—	○	○		

表 2.5.2 溶接組立箱形断面柱品質管理工程表（例）

工　程	管理項目	管理基準値	管理方法（チェックシートに記入するものは時期の項に○印）		
			時　期	チェック・検査方法・測定方法	数量または頻度
①工作図	① 工作図全般	仕様書・設計図	現寸前	図面チェック	全　数
	① 設計変更	————	追加・変更指示時	〃	追加・変更部は全数
②現寸	② 鋼製巻尺	1 m を超えるとき ±0.3 mm　1 m 増すごとに 0.1 mm を加えた値　JIS B 7512　1級	○ 現寸作業前	基準テープとの照合による誤差測定	現寸作業に使用する鋼製巻尺のみ
	② 全長寸法	±1 mm	図面にチェック 現寸作業中	測　定	全　数
③鋼材入荷	② 詳細部寸法	±0.5 mm	〃	〃	〃
	③ 鋼板材質	JIS G 3136　SN 400 SN 490　JIS G 3101　SS 400　JIS G 3106　SM 490	入荷時	規格品証明書とステンシルとの照合，色別確認	〃
④切板 （切板・主材・ダイアフラム・仕口）	④ 切板材質	JIS G 3136　SN 400 SN 490　JIS G 3101　SS 400　JIS G 3106　SM 490	〃	色別確認，スチールチェッカー	識別：全数 チェッカー：10％抜取
	④ 切板寸法	JIS G 3193 および切板手配表　±2 / −1	〃	スケール・コンベックスルールによる測定	$N=$ 1個/種別
	④ 直角度	$t≤40$ mm：$e≤1$ mm $t>40$ mm： $e≤t/40$ かつ $e≤1.5$ mm	○ 切板入荷時	直尺・コンベックスルールによる測定	$N=$ 3個/板厚
	④ エレスラ当て金の材質	JIS G 3136 SN 490 B 28×50 （32×50）	〃	色別確認	全　数
	④ エレスラ当て金の材質	切板寸法 +0 / −2	〃	コンベックスルールによる測定	$N=$ 1個/種別
	④ 曲がり	≤1.5/1 000	〃	直尺による測定	〃
	④ 切断面粗さ	100 μmRz	〃	粗さゲージ	〃
	④ ノッチ深さ	0.5 mm 以下	○ 〃	目視・確認	全　数

基準値を外れた時の処置			測定箇所	管理部門および管理者
指示時期	処置および処理の方法	処置および処理の時期		
現寸前	図面修正（旧図回収）	鉄骨製作前	————	鉄骨設計部
追加・改正時	〃	随　時	————	
社内現寸検査時	差尺変更後に基準テープとの再照合	現寸作業前	基準テープ／比較テープ	製造課
〃	再チェックを行い確認のうえ現寸の書き直し	現寸作業中	シナイ	
〃	〃	〃		
入荷時	返　品	切断加工前	色別	製造課
〃	〃	けがき前	色別	
切板入荷時	プラスは再切断, マイナスは返品	〃	t, W, L	
〃	切断にて修正できるものは切断を行う. 修正不能なものは返品	小組立て前		
〃	返　品	〃	色別	
〃	プラスは再切断, マイナスは返品	〃	t, W, L	
〃	補修または返品	〃		
〃	〃	〃		
〃	肉盛修正	〃	ノッチ	

表 2.5.2 溶接組立箱形断面柱品質管理工程表（例）つづき

工程			管理項目	管理基準値	管理方法（チェックシートに記入するものは時期の項に〇印）		
					時期	チェック・検査方法・測定方法	数量または頻度
仕口	ダイアフラム	主材	④ 数量	切板発注表による	切板入荷	発注表との照合	全数
		⑤-1 けがき	⑤-1 材質	JIS G 3136　SN 400 　　　　　　　SN 490 JIS G 3101　SS 400 JIS G 3106　SM 490	〇 けがき前	規格品証明書と現物ステンシルの照合	〃
			⑤-1 板　厚	JIS G 3136 JIS G 3193	〇 〃	〃	〃
			⑤-1 寸法	〃	〇 〃	〃	〃
			⑤-1 外観（傷）	JIS G 3193 の外観基準	〇 〃	目　視	〃
			⑤-1 直角度	1.5/1 000 以下	〇 けがき作業中	直角定規・直尺	$N=$ 3 個/日
			⑤-1 幅寸法	±1 mm 以内	〇 〃	コンベックス	〃
			⑤-1 長さ寸法	±2 mm 以内	〇 〃	シナイによる測定・溶接による収縮を考えて寸法を決定現寸指示	〃
			⑤-2 孔径・孔位置（仕口）	孔　径：孔径記号 孔位置：±0.5 mm 以内	〇 〃	型板照合	全数
	⑤-2 けがき		⑤-2 ウェブ取付け位置	±1 mm 以内	〇 〃	コンベックス	〃
			⑤-2 ベベル角度指示（仕口，ダイアフラム）	照　合	〇 〃	型板照合	〃
			⑥ 切断寸法　長さ 　　　　　　　幅	主材長さ：±2 mm 以内 他　：±1 mm 以内	〇 切断加工時	シナイ・コンベックス	〃
⑥ 切断	⑥ 切断	⑥ 切断	⑥ 切断面の粗さ	100 μmRz	〇 切断加工後	粗さゲージ	〃
			⑥ 切断線の直角度	$t≦40$ mm：$e≦1$ mm $t>40$ mm： 　$e≦t/40$ かつ $e≦1.5$ mm	〇 〃	角度定規	$N=$ 1 個/板厚
			⑥ ノッチ深さ	0.5 mm 以下	〇 〃	目　視	全数

基準値を外れた時の処置			測定箇所	管理部門および管理者
指示時期	処置および処理の方法	処置および処理の時期		
切板入荷時	数量の少ない場合は製作指示	小組立て前	———	製造課
けがき前	正規の物と取替え	けがき前	———	
〃	〃	〃	(図: t)	
〃	〃	〃	(図: L, W)	
〃	JIS G 3193 による補修	〃	(図: 傷)	
常　時	けがき直し	けがき作業中	(図: 柱主材)	
〃	〃	〃	(図: 柱主材)	
〃	〃	〃	(図)	
けがき時	〃	けがき時	(図: フランジ、ウェブ孔位置、孔径)	
〃	〃	〃	(図: フランジ)	
〃	〃	〃	(図: ベベル角度)	
常　時	長いものは再切断. 短いものは修正する	柱幹組立て前	(図: W, L)	製造課
切断加工後	グラインダによる修正	組立て前	(図: 粗さ)	
〃	〃	〃	(図: t)	
〃	グラインダによる修正または溶接後グラインダ	〃	(図: ノッチ)	

表 2.5.2 溶接組立箱形断面柱品質管理工程表（例）つづき

工程			管理項目	管理基準値	管理方法（チェックシートに記入するものは時期の項に〇印）		
					時期	チェック・検査方法・測定方法	数量または頻度
仕口	ダイアフラム	主材	⑥ベベル角度	≧ −2.5°	〇 切断加工後	溶接用ゲージ 角度定規	$N=$ 1個/板厚
			⑥ルート面寸法	手溶接―裏当てなし2 mm 以下 半自動―裏当てあり1 mm 以下 自動　　　2 mm 以下	〃	スケール	$N=$ 3個/日
			⑥上縁の溶け	WES 1級	〃	粗さゲージ	全数
			⑦曲がり	$L/1\,500$ かつ 5 mm 以下	〇 〃	ピアノ線	〃
	⑦ひずみ取り		⑧孔径	孔径記号	〇 孔あけ前	ドリル径の確認	孔径ごと
⑧孔あけ			⑧孔間隔	相互差 ±1 mm 以内 全長 ±2 mm 以内	〇 孔あけ後	スケール，コンベックスで確認	$N=$ 5個/日
			⑧ばりの有無	完全除去	〃	目視	全数
			⑧孔落ち	あってはならない	〃	〃	〃
			⑧孔あけ方法	ドリル孔あけ	孔あけ前	〃	〃
⑨H.T.B.処理			⑨H.T.B 摩擦面処理の粗さ	ブラスト：50 μmRz 以上 グラインダー：50 μmRz 以上	H.T.B面処理後	目視および手ざわり	$N=$ 5個/日
	⑩-1ダイア組		⑩-1 ダイアフラムの組立て（対角寸法）	±1.5 mm 以内	組立て時	コンベックス，組立て治具	全数
			⑩-1 ダイアフラムの組立て（縦・横寸法）	±1.0 mm 以内	〇 〃	〃	〃
			⑩-1.2.3.4 組立て溶接の長さ	最小溶接長さ：40 mm ピッチ：300～400 mm	組立て時	コンベックス，スケール，目視	全数
			⑩-2 U形組立て（ダイアフラムのけがき線とのずれ）	1 mm 以下	〇 〃	直尺，直角定規	

基準値を外れた時の処置			測定箇所	管理部門および管理者
指示時期	処置および処理の方法	処置および処理の時期		
切断加工後	グラインダによる修正	組立て前		製造課
〃	〃	手，半自動は小組立て前．自動は組立て前		
〃	〃	組立て前		
〃	プレスまたは加熱矯正 最高加熱温度 　　800〜850℃ 強制冷却温度 　　600〜650℃	〃		製造課
孔あけ後	孔埋め後再孔あけ	小組立て前		製造課
孔あけ終了後	〃	〃		
〃	グラインダまたはばり取りドリルで取り除く	〃		
〃	孔をあける	〃		
───	───	───	───	
H.T.B面処理後	ブラスト・グラインダによる再処理	ブラストは小組立て前グラインダは検査前		
組立て時	組立て直し	U形組立て前		製造課
〃	〃	〃		
組立て時	溶接長さが短い場合ははつり取り再溶接．ピッチが長い場合は追加溶接	組立て溶接中		
〃	組立て直し	U形組立て中		

表 2.5.2 溶接組立箱形断面柱品質管理工程表（例）つづき

工　程	管理項目	管理基準値	管理方法（チェックシートに記入するものは時期の項に○印）		
			時　期	チェック・検査方法・測定方法	数量または頻　度
仕口　ダイアフラム　主材　⑩-2　□組立て	⑩-2　U形組立て（ダイアフラムエレスラ溶接当て金とスキンプレートすき間）	≦1.0 mm	組立て時	すき間ゲージ・目視	全　数
	⑩-2　U形組立て（角溶接用裏当て金とウェブプレートとのすき間）	≦1.0 mm	〃	〃	〃
	⑩-2　U形組立て（フランジプレートとウェブプレートとのすき間）	≦1.0 mm	〃	〃	〃
	⑩-2　□形組立て（フランジプレートとウェブプレートとのすき間）	≦1.0 mm	〃	〃	〃
	⑩-2　ダイアフラムの差越しけがき線	≦1.0 mm	〃 ○	直　尺	〃
⑩-3　仕口組	⑩-3　仕口組立て（部材確認）	工作図	〃	目　視	〃
	⑩-3　仕口組立て（ウェブの心ずれ）	けがき線に対して≦1.0 mm	〃	直　尺	〃
	⑩-3　仕口組立て（仕口のせい）	$H<800\pm 2$ mm 以内　$H\geqq 800\pm 3$ mm 以内	〃	コンベックス	$N=$5 個/日
	⑩-1.2.4　予熱温度	社内基準値	溶接前	温度チョーク（溶接線から50 mm離れた位置を測定）	全　数
	⑪-1　仕口溶接（隅肉のサイズ）	$0.5 S$ かつ 5 mm	溶接後	目視，溶接用ゲージ	目視により過大過少と思われる所
	⑪-1　仕口溶接（アンダーカット）	0.3 mm 以下（最終パスはアンダーカット近くをなめらかな形状とする）	〃	目　視	アンダーカット発生部および最終パス全数

基準値を外れた時の処置			測定箇所	管理部門および管理者
指示時期	処置および処理の方法	処置および処理の時期		
組立て時	組立て直し	U形組立て中	ダイアフラム	
〃	〃	〃		
〃	〃	〃	(部分溶込み)	
〃	〃	□形組立て中	完全溶込み，部分溶込みとも	製造課
〃	けがき線修正	〃	ダイアフラム	
〃	部材取替え	仕口組立て中		
〃	再組立て	〃		
〃	プラスの場合再切断	〃		
溶接前	温度チョークが溶けるまで加熱	溶接前	温度測定位置 $t \leqq 50$ $A = 4t$ かつ 50 mm $t > 50$ $A = 75$ mm	
溶接後	溶接等で修正	大組立て前		
〃	〃	〃		

表 2.5.2 溶接組立箱形断面柱品質管理工程表（例）つづき

工　程	管理項目	管理基準値	管理方法（チェックシートに記入するものは時期の項に○印）		
			時期	チェック・検査方法・測定方法	数量または頻度
仕口 ⑪-1 溶接仕口 （小組立ての溶接）	⑪-1 仕口溶接 （オーバーラップ）	あってはならない	溶接後	目　視	全　数
	⑪-1 仕口溶接 （ピット）	〃	〃	〃	〃
	⑪-1 仕口溶接 （ビード表面の不整）	凹凸：2.5 mm 以下 /ビード幅 25 mm の範囲 幅：5 mm 以下 /溶接長さ 150 mm の範囲	〃	目視，溶接用ゲージ，スケール	目視により過大と思われる箇所
	⑪-2 隅角部溶接 （余盛高さ）	ビード幅：B $B<15$：0～3 mm $15≦B<25$：0～4 mm $25≦B$：0～$(4/25)B$ mm	〃	目視，溶接用ゲージ	〃
	⑪-2 隅角部溶接 （ビード表面の不整）	凹凸：2.5 mm 以下 /ビード幅 25 mm の範囲 幅：5 mm 以下 /溶接長さ 150 mm の範囲	〃	目視，溶接用ゲージ，スケール	〃
⑪-2 隅角部溶接	⑪-3 エレスラ溶接用孔あけ	社内基準 （箱形断面柱幹製作要領）による	孔あけ前	ドリル径の確認	孔径ごと
	⑪-4 ダイアフラムのエレスラ溶接部のエンドタブの長さ	社内基準値	〃	〃	全　数
⑪-3 エレスラ溶接用孔あけ	⑪-4 エレスラ溶接全般	社内基準値	エレスラ溶接中	社内基準による	〃
⑪-4 エレスラ溶接	⑫-1.2.3 溶接内部欠陥 （完全溶込み部）	AOQL4.0 ％を満足すること 日本建築学会基準	エレスラ 隅角部 ：□溶接終了後	超音波探傷検査	柱 10 本は全数，その結果によりおのおのの抜取率を決定
	⑬-1 大曲がり	$L/1\,500$ かつ 5 mm 以下	○ ひずみ取り時	ピアノ線による測定	全　数
	⑬-1 ねじれ	$6H/1\,000$ かつ 5 mm 以下	○ ひずみ取り時	下げ振りによる測定	〃
	⑬-2 フランジの傾斜 （接合部）（B：フランジ幅）	接合部：$B/100$ かつ 2 mm 以下 一般部：$2B/100$ かつ 4 mm 以下	〃	直角定規	〃
	⑬-2 フランジの直角度 （b＝フランジ幅/2）	接合部：$b/100$ かつ 1 mm 以下 一般部：$2b/100$ かつ 2 mm 以下	〃	〃	〃

基準値を外れた時の処置			測定箇所	管理部門および管理者
指示時期	処置および処理の方法	処置および処理の時期		
溶接後	溶接，グラインダ等で修正	大組立て前		製造課
〃	ガウジング後溶接で補修	〃		
〃	〃	〃		
隅角部溶接後	溶接，グラインダ等で修正	ひずみ直し前		
〃	〃	〃		製造課　←ダイアフラム
孔あけ後	小さい場合はリーマで修正，大きい場合はそのまま	溶接前	エンド側　柱　スタート側	
エレスラ溶接終了後	エンド部の短いものはダボをはつり取り欠陥の有無を確認，欠陥のあるものは補修	ひずみ直し		
エレスラ溶接中	社内基準による（ガウジングによる手直し）	〃		
超音波探傷検査	不合格欠陥はすべて補修	〃		品質管理課
ひずみ取り時	加熱による矯正 （最高加熱温度： 　　800～850℃， 強制冷却温度： 　650℃ TMCP鋼 500℃）	製品けがき前		製造課
〃	〃	〃		
〃	〃	大組立て前		
〃	〃	〃		

表 2.5.2 溶接組立箱形断面柱品質管理工程表(例)つづき

工　程	管理項目	管理基準値	管理方法(チェックシートに記入するものは時期の項に○印)		数量または頻度
			時　期	チェック・検査方法・測定方法	
⑫-3 UT / ⑫-2 UT / ⑫-1 UT / ⑬-1 ひずみ取り / ⑬-2 ひずみ取り / ⑭ 製品けがき	⑭ 直角度(上部切削面)	1.5 $H/1\,000$ 以下	製品けがき時	直角定規	全　数
	⑭ 部材取付け位置	±1 mm 以内	〃	シナイとの照合	〃
	⑭ 柱全長	$L<10$ m　±3 mm 以内 $L\geqq10$ m　±4 mm 以内	○ 〃	〃	〃
	⑭ 階高	±3 mm 以内	○ 〃	〃	〃
	⑭ ダイアフラムのずれ	±3 mm 以内	○ 〃	〃	〃
	⑭ 通り心確認	2 mm 以下	○ 〃	ピアノ線による測定	〃
	⑮ 切削寸法	けがき線に対して±0.5 mm 以内	切削時	スケールによる	〃
	⑮ 切削幅(スキンプレート表面から)	100 mm $^{+10\,mm}_{-\ 0\,mm}$	〃	〃	〃
	⑮ 切削面とスキンプレートの直角度	けがき線に対して1.5 $H/1\,000$ 以下	切削前	〃	〃
	⑯ 部材確認	工作図	○ 大組立て中	目　視	
	⑯ 方向確認	〃	○ 〃	〃	
	⑯ コネクションプレート・エレクションピースの位置(単品材けがき線に合わせる場合)	けがき線に対して±1 mm 以内(裏当て金も含む)	○ 〃	直角定規 直　尺	〃
	⑯ 仕口の位置(組立て部材をけがき線に合わせる場合	〃	○ 〃	〃	〃

基準値を外れた時の処置			測定箇所	管理部門および管理者
指示時期	処置および処理の方法	処置および処理の時期		
製品けがき時	けがき直し	大組立て前		製造課
〃	〃	〃		
〃	柱上部または下部で調整	〃		
〃	柱全長に対して振り分ける	〃		
〃	±3 mmを超えるものは工事監理者と協議	〃		
〃	柱矯正　加熱による （最高加熱温度： 　　　800〜850℃， 　強制冷却温度： 　650℃　TMCP鋼500℃）	〃		
切削時	プラスの場合再切削．マイナスの場合柱下部にて修正指示	切削時		製造課
〃	プラスの場合は修正しない．マイナスの場合は再切削	〃		
切削前	けがき線との誤差を±0.5 mm以下に直す	切削前		
大組立て中	部材取替	大組立て中		
〃	方向確認	〃		
〃	組立て直し	〃		
〃	〃	〃		

表 2.5.2 溶接組立箱形断面柱品質管理工程表（例）つづき

工程	管理項目	管理基準値	管理方法（チェックシートに記入するものは時期の項に〇印）		
			時期	チェック・検査方法・測定方法	数量または頻度
仕口　主材　⑮削り　⑯大組立て	⑯ 部材の角度不良	$L/300$ かつ3mm以下	〇 大組立て中	下げ振り・直尺	全数
	⑯ 柱心から孔心までの寸法	±1mm以内	〇 〃	直尺，ピアノ線，治具	〃
	⑯ 仕口部の長さ	$L/300$ かつ3mm以下	〇 〃	〃	〃
	⑯ 組立て溶接の寸法	最小溶接長さ：40mm ピッチ：300〜400mm	〇 〃	コンベックス，直尺，目視	〃
	⑯ 仮設材※	下記の区分 (a)：±3mm以内 (b)：±2mm以内	〇 〃	コンベックス，直尺	〃
	⑰ ルート間隔	−2mm以上	〇 溶接前	テーパーゲージ	〃
	⑰ 予熱温度	社内基準値	〇 〃	温度チョーク	〃
	⑰ 仕口コネクションプレート溶接（隅肉溶接のサイズ）	$0.5S$ かつ4mm以下	〇 溶接後	目視，溶接用ゲージ	目視により過大過少と思われるところ
	⑰ 〃 （完全溶込み溶接T継手の余盛高さ）	$t/4 \sim t/4+7$ mm	〇 〃	〃	〃
	⑰ 〃 （アンダーカット）	0.3mm以下 （最終パスはアンダーカット近くをなめからな形状とする）	〇 〃	目視	アンダーカット発生部および最終パス全数
	⑰ 〃 （オーバーラップ）	あってはならない	〇 〃	〃	全数

※(a) タラップ，建入れピース，親綱ピース，安全ネットフック，スパン調整用ピース等
　(b) はしご用管，吊ピース，ステージ用ピース等

基準値を外れた時の処置			測定箇所	管理部門および管理者
指示時期	処置および処理の方法	処置および処理の時期		
大組立て中	組立て直し	大組立て中		製造課
〃	〃	〃		
〃	〃	〃		
〃	ビードが短い場合ガウジング後再溶接合．ピッチが長い場合追加溶接	〃		
〃	組立て直し	〃		
溶接前	プラスの場合はそのまま．マイナスの場合はエアアークガウジングによる修正	溶接前		
〃	指定温度チョークが溶けるまで加熱	〃	温度測定位置 $t \leq 50$ $A = 4t$ かつ $50\,mm$ $t > 50$ $A = 75\,mm$	
溶接後	溶接等で修正	検査前		
〃	〃	〃		
〃	〃	〃		
〃	グラインダ，溶接で修正	〃		

表 2.5.2 溶接組立箱形断面柱品質管理工程表（例）つづき

工　程		管理項目	管理基準値	管理方法（チェックシートに記入するものは時期の項に○印）		
				時　期	チェック・検査方法・測定方法	数量または頻度
⑫-3 UT	⑰溶接（大組）	⑫-3 UT ⑰仕口・コネクションプレートの溶接（ピット）	溶接長 300 mm につき 1 個以下	○ 溶接後	目　視	全　数
		⑰　〃 （ビード表面の不整）	凹凸：≦2.5 mm/25 mm 幅：≦5.0 mm/150 mm	○ 〃	目視，溶接用ゲージ，スケール	目視により過大と思われるところ
		⑰　〃 （完全溶込み溶接の余盛高さ）	ビード幅：B $B<15$：0～3 mm $15≦B<25$：0～4 mm $25≦B$：0～(4/25)B mm	○ 〃	目視，溶接用ゲージ	〃
		⑱ 仕口の角度	$L/300$ かつ 3 mm 以下	○ ひずみ直し中	下げ振り，スケール	全　数
		⑱ ねじれ	6H/1 000 かつ 5 mm 以下	○ 〃	〃	〃
		⑱ 大曲がり	L/1 500 かつ 5 mm 以下	○ 〃	ピアノ線，スケール	〃
		⑱ 柱心からコネクションプレートの孔までの寸法	±3 mm 以内	○ 〃	直尺，ピアノ線または治具	〃
		⑱ エレクションプレートの倒れ（端部寸法）	±2 mm 以内	○ 〃	直角定規，スケール	〃
		⑱ コネクションプレートの倒れ（端部寸法）	±2 mm 以内	○ 〃	〃	〃
		⑲ 全長	$L<10$ m ±3 mm 以内 $L≧10$ m ±4 mm 以内	○ ひずみ直し後	巻　尺	〃
		⑲ 階高	±3 mm 以内	○ 〃	〃	〃
		⑲ 仕口部の長さ	$L/300$ かつ 3 mm 以下	○ 〃	コンベックスルール 直尺	〃
		⑲ せい（接合部）	$L<800$ m ±2 mm 以内 $L≧800$ m ±3 mm 以内	○ 〃	〃	〃

基準値を外れた時の処置			測定箇所	管理部門および管理者
指示時期	処置および処理の方法	処置および処理の時期		
溶接後	ガウジング後溶接等で補修	検査前		製造課
〃	〃	〃		
〃	〃	〃		
ひずみ直し中	加熱による矯正 (最高加熱温度： 　　　800～850℃, 　強制冷却温度：650℃)	ひずみ直し中		製造課
〃	〃	〃		
〃	〃	〃		
〃	コネクションプレートの取替え	〃		
〃	加熱による矯正 (最高加熱温度： 　　　800～850℃, 　強制冷却温度：650℃)	〃		
〃	〃	〃		
検査中	工事監理者と協議	製品発送前		品質管理課
〃	〃	〃		
〃	〃	〃		
〃	〃	〃		

表 2.5.2 溶接組立箱形断面柱品質管理工程表（例）つづき

工　程	管理項目	管理基準値	管理方法（チェックシートに記入するものは時期の項に○印）		数量または頻度
			時期	チェック・検査方法・測定方法	
⑱ひずみ取り（大組）	⑲ せい（一般部）	$H≦800$：+2 mm 以内 $H>800$：±3 mm 以内	ひずみ直し後	コンベックスルール　直尺	全数
	⑲ 大曲り	$L/1\,500$ かつ 5 mm 以下	〃	ピアノ線，直尺	〃
	⑲ ねじれ	$6H/1\,000$ かつ 5 mm 以下	〃	下げ振り，直尺	〃
	⑲ 仕口の角度	$L/300$ かつ 3 mm 以下	〃	〃	〃
	⑲ 部材断面（仕口の板厚等）	JIS G 3193	ひずみ直し後	直尺，コンベックス	〃
⑲検査	⑲ エレクションプレート位置	柱端から第1孔まで ±1 mm 以内	〃 ○	直尺	〃
	⑲ エレクションプレート位置	エレクションプレート付け面の柱心からエレクションプレートまでの寸法 ±1 mm 以内	〃 ○	コンベックス　直尺	〃
	⑲ エレクションプレート位置	柱面から孔までの寸法 ±3 mm 以内	〃 ○	〃	〃
	⑲柱心からコネクションプレートの孔までの位置	±3 mm 以内	〃 ○	スケール，ピアノ線または治具	〃
	⑲ 接合部の孔関係	コネクションプレートの倒れ（端部寸法） ±2 mm 以内	〃 ○	直角定規，直尺等	〃
	⑲ 〃	コネクションプレートのねじれ（端部寸法） ±2 mm 以内	〃 ○	ピアノ線，直尺等	〃
	⑲ 溶接外観	溶接の管理基準値による	〃 ○	目視，溶接用ゲージ	〃
	⑲ 孔間隔	相互差：1 mm 以下 全　長：±2 mm 以内	〃 ○	コンベックス，直尺	〃

基準値を外れた時の処置			測定箇所	管理部門および管理者
指示時期	処置および処理の方法	処置および処理の時期		
検査中	工事監理者と協議	製品発送前		品質管理課
〃	加熱による矯正 （最高加熱温度： 　　　　800～850℃， 　強制冷却温度： 　650℃　TMCP鋼500℃）	〃		
〃	〃	〃		
〃	〃	〃		
〃	部材取替え	検査中		
〃	〃	〃		
〃	〃	〃		
〃	〃	〃		
〃	〃	〃		
〃	加熱による矯正 （最高加熱温度： 　　　　800～850℃， 　強制冷却温度：650℃）	〃		
〃	部材取替え	〃		
〃	エアアークガウジング，溶接，グラインダによる修正	〃		
〃	孔埋め後，孔あけ	〃		

表 2.5.2 溶接組立箱形断面柱品質管理工程表（例）つづき

工　　程	管理項目	管理基準値	管理方法（チェックシートに記入するものは時期の項に○印）		
			時　期	チェック・検査方法・測定方法	数量または頻　度
	⑲ 切断面の粗さ	$\leq 100\,\mu m Rz$	ひずみ直し後 ○	対比見本による目視	全　数
	⑲ 現場溶接部ベベル角度	$\alpha \geq -2.5°$	〃 ○	溶接用ゲージ	〃
	⑲ 摩擦面の状態	グラインダ（赤さび状態）ブラスト：$50\,\mu m Rz$ 以上〜（赤さび不要）	〃	目　視	〃
	⑲ 仮設材※	(a)：±3 mm 以内 (b)：±2 mm 以内	〃	コンベックス 直　尺	〃
	⑲ 柱裏当て金の平面度	±1 mm 以内	〃	治　具	〃

※(a)　タラップ，建入れピース，親綱ピース，安全ネットフック，スパン調整用ピース等
　(b)　はしご用管，吊ピース，ステージ用ピース等

基準値を外れた時の処置			測定箇所	管理部門および管理者
指示時期	処置および処理の方法	処置および処理の時期		
検査中	グラインダによる修正	検査中	粗さ	品質管理課
〃	〃	〃		
〃	さび促進液の塗布確認日および確認者記録	〃		
〃	部材取替	〃		
〃	〃	〃	平面度	

2.5.4 製作工場が保有すべき品質管理機能

製作工場は，設計品質に合致した製品を決められた納期までに，所定のコストで製作する責任を負っている．この責任を果たすため，製作工場は次のような品質管理機能をもった品質管理組織を保有する必要がある．

① 品質方針を伝達する機能
② 設計品質を確認し，製作の目標品質を設定する機能
③ 設計品質実現のための計画を行う機能
④ 計画に従って品質をつくり込む機能
⑤ 施工品質を確認・評価する機能
⑥ 品質評価情報に基づき生産能力を向上させる機能
⑦ 標準化を進める機能
⑧ 不適合を予防する機能
⑨ 不適合の再発を防止する機能
⑩ 品質の証明に必要な記録を残す機能

a．品質管理組織

製作工場には情報の収集・積算・資材の調達・製作・検査・物品の保管と移送などを行う部門がある．これらの部門は工場規模の大小によって，簡素なものから細分化されたものまでさまざまであるが，それぞれの工場の特長を活かし，最も生産活動を円滑に，しかも効率的に運営できるように仕組まれているべきである．

これらの部門がそれぞれにもっている機能の中で品質管理に関する機能を明確にし，それを遂行できる能力をもたせるとともに，各部門間で関連する品質管理機能の連絡を円滑に遂行できるように組織化することが必要である．このように組織化されている企業組織を品質管理組織という．

（1） 品質管理機能と部門別の役割

製作工場における組織にはさまざまな業務内容をもつ部門が存在するが，工場によって名称は異なるのが一般的である．

品質管理機能は，通常複数の部門にまたがって存在しており，図2.5.3はその一例として組織内の品質管理機能の関わり合いを示したものである．

ここでは，製作工場の基本的な品質管理機能として，品質方針の伝達，品質計画，品質のつくり込み，品質評価，品質改善，生産能力向上，不適合予防，再発防止，標準化，技術管理，記録保管，品質管理の診断を，部門別としては，営業，計画・製図，資材，製作，検査，研究・開発を，会議体としては品質管理，原価管理，生産管理の各委員会と単純化した．なお，総務・人事・経理部門についてはこの図から除外している．また，職場内における品質管理を自主的に行うQCサークル活動を品質管理機能の一つとして取り上げた．

品質管理活動は品質に関係する全従業員が行うべきものであって，図2.5.3の縦の系と横の系における主管部門と，協力すべき関連部門とを明確にする必要があり，各社の実状に合ったものとすべきである．

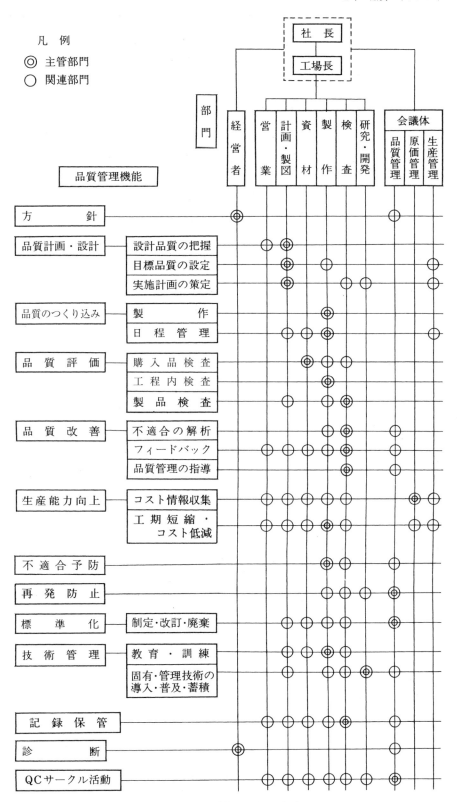

図 2.5.3　品質管理組織図（例）

品質管理活動が縦割りの各部門で展開されてくると，部門間にまたがる問題が生じてくる．品質・原価・生産などの管理は部門間の協力が特に必要となる．それには会議体を組織して，これらの調整を図るのがよい．会議体の構成員は役員および各部門長などとするのがよい．

会議体の任務は品質管理を例にとるならば，品質管理の基本方針・実施計画の検討・改善すべき問題の明確化およびその解決の推進を図っていくことなどであり，実施や責任はあくまでも各部門にあり，会議体は組織の品質管理活動を推進する任務をもつものである．

(2) 品質管理組織の推進

品質管理は，全従業員が自己の責任範囲内で実施すべきものであるが，品質管理担当部門が組織内にあると，品質管理に関するすべての事項を品質管理部門に属する人達が行うべきものであると思いがちである．各部門長ですら，品質管理の実施は自己の直接的責任範囲ではないという感覚をもっている場合があり，品質管理項目が多部門にまたがっている場合は，なおさら責任感が希薄となりがちである．各部門長は自己の責任と権限を十分に把握するだけでなく，全体を見た上で強い意識をもって品質管理を行わなければならない．

企業組織を品質管理組織として効果的に推進するには，各部門が分担すべき品質に関係する業務内容を成文化しておき，どの部門が，またはだれが権限をもち，かつ責任を負うのかを明確に決めておくのがよい．例えば，発注者からの情報を基に計画・製図，資材，製作，検査などの部門へ必要な指示を与えるのはだれか，設定した目標品質を満足する製品を作るための実施計画を策定するのはどの部門か，また，それを承認するのはだれか，各種検査の要領はだれが決めるのか，それを実施する部門，結果を承認する人はだれか，不適合が発見された場合はだれが是正処置を決定し，だれに指示するのか，その結果を確認するのはだれかなど決めておくのが重要である．各部門長から第一線の管理者までの責任範囲を定めておかなければ十分な機能を果たさないことになる．

b．品質管理機能

製作工場が行う活動の機能は通常，品質・納期・コストを二次，三次と展開，細分化し，具体的な管理事項として各部門に割り付けられ，その目的を達成するために計画・実施・チェック・処置を繰り返しながら行動することになる．

(1) 品質方針を伝達する機能

経営者は目的を達成するため，企業理念に基づき，品質に関する方針を策定し，場内掲示・社内報・全員集会・品質管理委員会等における伝達など，あらゆる手段を用いて，これを工場全体に周知徹底させる必要がある．

(2) 設計品質を確認し，製作の目標品質を設定する機能

設計品質は施工者から示された設計図書（設計図・仕様書・現場説明書・質疑回答書）に具現化されている．したがって，設計品質が設計図書にどのように表現されているかを正しく把握することが品質保証の前提条件となる．設計品質を正しく理解できない場合や設計図書の食違いや不整合など疑義が生じたときは，ただちに施工者と打合せを行い，解決しておくことが大切である．設計品質の把握が不十分であったことが原因で製作中や製作後に品質上の問題が発生した場合は，施工者・鉄骨製作業者ともに損失は大きなものとなる．

鉄骨製作業者の，設計品質を確立するための協議への積極的参加は重要である．鉄骨製作業者は施工者との打合せに際しては，設計図書内容の誤記・不明確な箇所，設計図書間の矛盾の解明のほかに，構造形式による製作技術上の得意・不得意，品質のつくり込みやすさ，作業性など製作工場の特徴を考慮する必要があり，設計図書は絶対に変更できないものとして，不適切な部分があるにもかかわらず，そのままにして製作することは厳にいましめなければならない．製作工場は設計者の意図するところを十分に把握して，その目的が達せられるよう施工者と十分に協議・提案することが必要である．例えば，開先形状・溶接ディテール・施工上の納まりなどの適否については製作工場が熟知している部分である．工場の保有する設備・技術・経験などを基に製作工場は自信をもって品質保証できるよう，積極的に設計品質の確定に参画することも設計品質の把握につながる重要な行為である．なお，場合により，製作工場と施工者との協議の場に工事監理者が同席し，共同で協議することがある．

　設計品質を確認できたら，それを満足する製品を製作するために，鉄骨製品の目標品質およびその品質をつくり込むために必要となる各工程における目標品質を設定する．

（3）　設計品質実現のための計画を行う機能

　設計品質を確認し，製作の目標品質を設定したら，それらを実現すための製作計画を立てる．具体的には，製作要領書・品質管理要領書・製品検査要領書・工作図の作成等がある．これらは，設

表2.5.3　製作要領書記載内容（例）

①	総　　　則	標準仕様書の適用項目あるいは適用外項目，準拠した仕様書・設計規準・施工基準，施工計画書，疑義および変更の処置
②	工事概要	建物概要（延床面積・高さ・階数） 工事範囲 構造概要（構造材料種別・接合方法） 全重量（必要ある場合は各部重量または部材の最大重量）
③	製作工場	名称・所在地
④	工場組織	担当組織・設備・機械 作業分担担当者組織一覧表（特に必要とするとき，担当技術者・担当員の略歴を別表として添付） 溶接技能者名簿（別表として添付） その他工事に必要な技能者（名簿で添付），工事に使用する機械器具の一覧表，一般化されていない工法・機械器具については説明資料を添付する．
⑤	材　　　料	使用材料種別・メーカー 鋼材の識別方法 材料試験検査の有無および方法（試験方法・数量）
⑥	工　　　作	作業系統図（プロセスチャート） 各工程ごとに，使用機械器具・加工要領・組立て順序・溶接方法について述べる．当然，図面または特記仕様書に特記すべき事項で不明確なものを明確にしておく（例えば，エンドタブの処置，仮ボルト孔の処置，スプライス取付けなど）．
⑦	品質管理	命令・情報系統図，製作の管理方法，不適合品の処置要領
⑧	検　　　査	検査標準および検査方法（方法・個数・時期・報告形式）
⑨	塗　　　装	塗装仕様・素地調整・塗り残し
⑩	輸　　　送	輸送方法・荷姿・経路・緊急連絡先および搬入時間
⑪	その他	工程表，溶接基準図，仕上げ塗装

計図書を基に，製作工場が設計品質のつくり込みおよび確保の方法を示したものとなるから，必ず設計者の承認を必要とする．この承認により，初めて工場で製作に着手することになる．

（ⅰ）製作要領書

設計図書は通常，加工法については指定していないので，製作工場は保有する設備・技術・経験などを活用して製作要領書に品質つくり込みの手法を示す．表2.5.3は，製作要領書に記載すべき項目の一例を示したものである．記載はあくまで具体的に書き，工場の能力を超えた実行不可能な手法は書かないようにする．

（ⅱ）品質管理要領書

設計品質を確保するための自主的な管理方法についてまとめたものであって，表2.5.4は品質管理要領書に記載すべき項目の一例を示したものである．品質管理要領書の中に記載すべきものの中でもっとも重要なものは，品質管理工程表である．これは，作業工程でのよりどころとなるもので，作業の流れに沿って工程のどこで，どんな特性を，いつ，だれが，どのようにチェックし，異常のときはどのように処置するかを決めて一覧表にしたものである．2.5.3項の表2.5.1，2.5.2に品質管理工程表の一例を示しているが，この例は考えられる多くの項目をあげているので，各工場がそれぞれこの表を作成する場合は製作する製品に見合った項目をこの例から適宜選択するのがよい．

なお，品質を製作工程でつくり込む，という考えから，この品質管理要領書を別冊で作成せず，それに盛り込むべき事項を前出の製作要領書の対応する各製作工程中に盛り込むほうが実用的，実質的であるという考え方もある．JASS 6 では品質管理要領書について，特記があれば提出することになっている．

表2.5.4 品質管理要領書記載内容（例）

①	総則	適用範囲，要領書作成の目的，工事監理者との協議
②	一般事項	工事概要（工事名称，工事場所，建物概要，施主，設計者，工事監理者，施工者，工場製作期間，製作工場） 製作の管理の概要（製作図書の管理，材料の受入れの管理，工程の管理，溶接技術の管理，社内製品検査，塗装の管理） 不適合予防と再発防止
③	品質管理体制	会社・工場組織図 品質管理組織図（職務分担図，命令・情報系統図） 検査業務組織図（各種検査業務の担当課，責任者・担当者）
④	品質管理工程図	品質管理系統図（設計図書，製作要領書，溶接技能者技量付加試験要領書，材料調達，工作図，現寸，加工，組立て，溶接，ひずみ矯正，超音波探傷検査，仕上げ，製品検査，受入検査，塗装，発送） 品質管理工程表（作業工程，管理項目，管理方法，管理記録，管理担当部門，検査部門）
⑤	社内検査管理基準	管理項目，管理値，測定要領
⑥	不適合処置要領	不適合品の処置・是正要領（不適合品の処置・是正要領の概要，不適合品の発見・確認・報告，不適合品に対する処置の手順，処置後の確認，客先に対する報告，再発防止の手順） 欠陥の種類とその是正要領（軽微な欠陥，重大な欠陥） 不適合品の処置・是正の処理体系図（欠陥の種類による報告，判断，指示，フィードバックなど） 不適合品の是正指示書の例

（ⅲ）　製品検査要領書

鉄骨製品の施工品質が設計品質を満たしているかどうかを，判定する方法と判定基準についてまとめたものである．この要領書は通常，製作要領書の中に含めて記載されることが多い．

（ⅳ）　工作図

工作図は設計図書に代わって設計品質を詳細に表現すると同時に，品質や施工上の特長など，製作のための情報を付加した図面であり，現寸・加工・組立てなど，各工程における作業の基本として使用されるものである．その作成には，不明な点がないようにする必要がある．設計変更のあったときはただちに工作図を訂正し，訂正した箇所の明示と訂正日を記入して，新旧図面の区別を明確にしておかなければならない．

（4）　計画に従って品質をつくり込む機能

設計品質を実現するために立案した具体的な製作計画に基づいて，製作の各工程中に製作の目標とする品質をつくり込むための重要なポイントを握っているのは製作部門である．製作計画がきちんとなされていても，製作時に各工程で自工程に責任を持って品質のつくり込みがなされなければ，後工程に悪影響を与えることになる．このことから，製作部門は，次の要点を確実に実行する能力を持ち，実行する必要がある．

（ⅰ）　製作計画どおりに実施する

（ⅱ）　製作標準どおりに実施する

（ⅲ）　品質特性を満たすように設備・機器を整備する

（ⅳ）　設計品質に適合した材料・部品を購入する

（ⅴ）　作業者の技量が向上するように訓練し，ミスが生じないようにする

（ⅵ）　品質管理工程表によって各作業工程における品質特性に異常のないことを確認する（検査）

などであり，詳細は 2.5.5 項を参照されたい．

（5）　施工品質を確認，評価する機能

製作中の各工程における作業前・作業中・作業後の品質の確認は，各工程の責任において各工程の作業者およびその工程の管理責任者（主任，職長など）が行う．また，完成した製品についての品質の確認は一般的に社内製品検査と呼ばれ，検査部門の担当者が行う．

完成品の評価は工程の品質，完成品の品質を総合して行う．

（6）　品質評価情報に基づき生産能力を向上させる機能

品質の確認，評価によって得られた情報には，品質・工期（製作期間）・コスト等に関する情報が豊富に潜在している．これを放置せず，層別，分析し，関連部門にフィードバックすることが大切である．関連部門はこれらを活用することにより，以後の品質の維持・向上，工期の短縮，コストの低減につなげることができる．

（7）　標準化を進める機能

安定した状態で継続して目標とする品質の製品を製作するには，製作の各工程での使用設備・機器・材料・手順・作業方法など，品質の確保にもっとも適した条件を具体的に定めることが必要で，これに従って製作することにより，バラツキを小さくし，安定した品質の製品にすることができる．

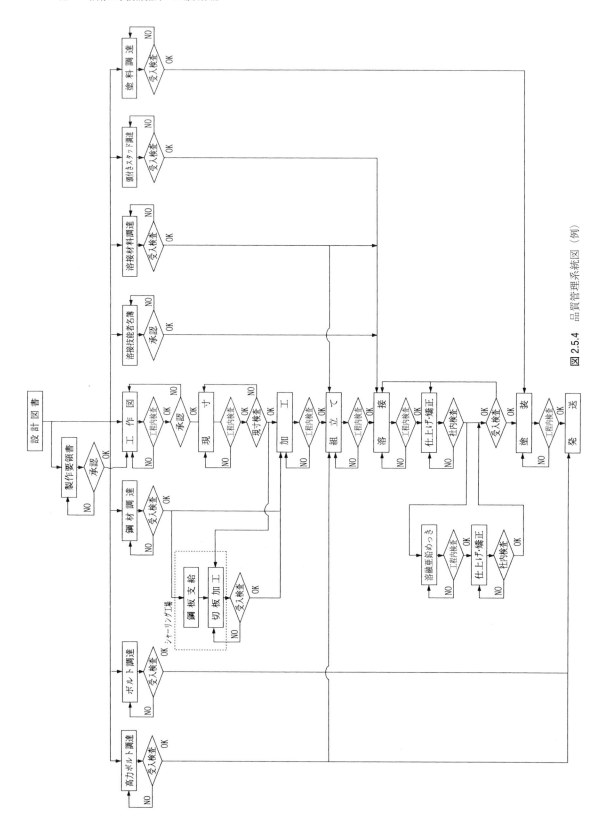

図 2.5.4 品質管理系統図（例）

鉄骨の製作は，多品種少量生産のために標準化が困難であると考えられがちであるが，作業方法で見ると現寸・けがき・切断・孔あけ・組立て・溶接など個々の作業では，鉄骨の種類は異なっても同様な作業の繰返しである．このため，作業の中で共通する事柄を抜き出して標準化することは可能である．標準化の対象は，上記のような固有技術の範囲にとどまらず，管理技術としての種々の品質管理機能をうまく活用させるためにも標準化を図るのがよい．

工場の品質管理を進める上で，特に次の社内標準を作成する必要がある．

(ⅰ) 品質管理規定（方針，品質管理の推進方法，教育・訓練を推進する方法，監査の方法，QC手法の活用方法など）
(ⅱ) 社内標準管理規定（社内標準制定・改廃・登録・配布・取扱いなど）
(ⅲ) 購入・外注関係標準（発注・受入手続き・受入方法など）
(ⅳ) 倉庫管理規定（入出庫・管理手続き・受入れ・持出し方法など）
(ⅴ) 製作標準（作業標準）
(ⅵ) 設備・機器管理規定（設備の点検・整備の方法および記録・定期的点検管理の方法など）
(ⅶ) 検査基準（項目・数量・検査方法・判定基準・記録・不適合品の処置・フィードバックの方法など）
(ⅷ) 苦情処理規定（受けた苦情の伝達方法・対策の立て方・対策の実施の方法など）

標準化を推進・定着させるためには，

(ⅰ) 幹部が標準化の必要性を理解し，従業員に対し強力に推進する．
(ⅱ) 標準化を担当する部署を決め，その責任と権限を明確にする．
(ⅲ) 作成された標準類を周知・理解・徹底させる．
(ⅳ) 標準類がよく実施されているか，また，その効果を確認する．
(ⅴ) 実施の結果，不都合な点があれば改定する．

などである．

(8) 不適合を予防する機能

鉄骨の製作は一般工業品と異なり，試作を行い品質を確かめてから本製作に入ることができないので，一度，不適合が発生しても気づかずに後工程に品物が流れた場合は，経済的に大きな損害が生じることになる．このため，計画的に不適合が発生しないようにすることが重要である．

(ⅰ) 製作上の問題点の事前検討

製作中に予測される問題点を製作に入る前，すなわち製作要領書作成時に検討しておき，製作に入ってから手戻り・手直しのないようにする．例えば，溶接しやすいような組立て順序，部材の接合部への孔あけや切削の時期，下向溶接が可能な段取り，溶接ひずみの防止法，ひずみ矯正の時期の検討などや過去に製作した類似品でのトラブル情報の活用などがある．

(ⅱ) 自主点検の実施

品質は工程でつくり込むということから，作業者が自分で製作したものは，自分で確認して後工程に品質を保証するという自主点検を確実に実行させる．確認は品質管理工程表に基づいて行う．

一方，設備機器の点検，特に寸法精度にかかわる項目（部位）の点検も不適合予防に有効である．

（ⅲ）　チェックシートの活用

確実に作業をしたかどうか，また，組立て後では点検できない特性，あるいは後工程で発見されてからでは手直しが著しく困難で損害が大きい工程などでの事前の確認などにチェックシートを活用するようにする．例えば，予熱管理・突合せ継手のルート間隔・塗装前の素地調整の仕上げ程度など，品質に大きな影響を与える作業または状態の確認に活用する．チェックシートは，あくまで自主管理のために使用するものであるから，必ずしも全数チェックではなく，工程が安定していることが確認できるならば，抜取りでもよい．チェックシートは，直接作業者が記入するものであるから，手あかで汚れているはずである．清書したり手あかのついていないチェックシートの内容は信ぴょう性に乏しい．不適合の生じるおそれの少ない作業に安易にチェックシートを用いることは，結果的にマンネリ化を招くだけでなく，記入内容もいい加減なものとなりやすいことに注意する必要がある．

（ⅳ）　フール・プルーフ（fool proof）*の工夫

工程での品質つくり込みの手段として，作業者の注意力や技量だけに頼るだけでなく，治具・工具に工夫をこらすことによって不適合の発生を防ぐか，あるいは不適合が発生しても，それをすぐ検出できて，同じ不適合を再発させないようにすることが必要である．

フール・プルーフは，作業者自身の工夫によることが大切で，QCサークル活動，あるいは提案制度などの中で不適合防止に取り組むようにさせるとよい．

（9）　不適合の再発を防止する機能

不適合が発生した場合は，所定の手順により是正の処置をとるとともに，以後，同様の不適合が発生しないよう，再発防止の処置をとる必要がある．

そこで，製作工場では，まず，再発防止の担当部門（通常，品質管理課など）が

（ⅰ）　自主点検による製作工程の品質確認

（ⅱ）　検査部門による社内製品検査

（ⅲ）　発注者からのクレーム

などによって得られる品質に関する情報を，収集・層別・分析（原因究明）・整理し，関連部門へフィードバック**する．

次に，その関連部門はフィードバックされた情報により，

（ⅰ）　設計品質に対応する目標品質の設定に無理がなかったか

（ⅱ）　作業標準，作業指示書等に改善すべき点がないか

（ⅲ）　作業標準，作業指示書に準拠して製作（作業）されたか

（ⅳ）　設備に改善すべき点はないか

［注］　＊：人為的に不適切な行為や過失などが起こっても，アイテム（信頼性の対象となるシステム，機器，装置など）の信頼性，安全性を保持するような設計または状態
　　＊＊：系の出力側の信号を入力側に戻し，系の出力に影響を及ぼすこと（JIS Z 8103）すなわち，ここでは，鉄骨製作によって発生した不適合情報を整理した上で関連部門へ提供することにより，それを受け取った部門が，その品質情報を以後の鉄骨製作に活用し，不適合の再発防止を計るようになること．

などを確認し，問題点があれば再発防止策・改善策を立案し，処置し，関係者への周知，徹底を図る．
（ⅱ）に問題がある場合には，標準等の制定，見直し・改定・廃止・作業者への教育などを行い，（ⅲ）に問題がある場合は，なぜ，標準等が遵守されなかったのかを確認し，必要に応じて標準等を改定し，作業者への指導・訓練を行う．

不適合の再発防止を図るには，これら一連の作業が効率良く，計画的に確実に行われる機能を持った組織，制度等を保有することが不可欠である．

(10) 品質の証明に必要な記録を残す機能

施工品質が設計品質を確保していることを証明する資料としては，製作標準，検査基準，品質管理工程表，購入・外注仕様書，工場製作要領書，作業指示書，工作図（マーク図），各種帳票，作業記録，チェックシート，検査記録（寸法，外観，超音波探傷検査等），不適合報告書（不適合処理記録），再発防止対策書，社内製品検査成績表，超音波探傷検査成績表，品質管理委員会議事録などがある．

これらはつねに整理保管し，施工者からの要求があれば，いつでも提示・提出できるようにしておく必要がある．特に，鉄骨製作の各段階における管理の実施状況については，その妥当性を証明するため，工事の内容に応じて，必要な記録を残し，また，社内製品検査（超音波探傷検査を含む）の結果は必ず記録し，成績表としてまとめ，いつでも提示・提出できるようにしておく必要がある．

なお，記録は，作業者等がそれを残すために多大な時間を要するようなものでなく，例えば，各工程において作業を進める上で不可欠な作業指示書，工作図（マーク図），各種帳票，製品検査成績表などを活用するとよい．

2.5.5 製作工場の品質管理活動

a．調　　達

製作工場が材料・部品を調達することを，外注・購入に分けて定義すると次のようになる．外注とは，製作工場が図面や仕様書を支給して，部材または作業を他の企業に依頼することをいい，その主なものは，鋼板の切断・素材加工・組立て・溶接などの作業を含む部材の製作，塗装作業・めっき加工などである．購入とは，製作工場が専門メーカーの図面・仕様を基に物品を購入することであり，鉄骨の製作に必要な購入品の主なものは，鋼材・溶接材料・ボルト類・塗料などである．

外注品・購入品の品質は，鉄骨製品の品質の適否を左右する大きな要因の一つになっている．特に，外注先は一般に小企業の工場が多く，設備や管理面が発注側に比較して若干劣ることもある．鉄骨製作業者は，外注工場の実態に応じて，品質確保のための指導と教育をすることが重要である．

調達の段階では，外注品・購入品の安定した品質を確保するため，次のような項目に注意し，品質管理活動を実施する．

（1） 外注先・購入先に対する要求品質

外注・購入の管理は，要求事項を明確に定めるところから始まる．通常これらの要求事項は，外注先・購入先に手渡される仕様書，図面および注文書に記載される．

仕様書発行に際しては，次の項目に留意する．
・要求する品質特性が特殊な場合には，図面や仕様書に注記する．
・変更・訂正の図面の受領，回収または廃棄の手順を徹底させる．
・指示・連絡は文書によって行う．

（2） 外注先・購入先の選定

発注に際しては，品質の確保が可能な技術力・管理能力をもった外注先・購入先を選定することが重要である．また，この技術力・管理能力は，外注先・購入先への立入調査・過去の実績評価などで客観的に立証されていることが必要である．

（3） 外注先・購入先との合意事項

発注側の製作工場は，品質を証明する手段，仕様書の要求事項に適合していることを検証する方法，および品質に関する問題が発生したときの解決の方法などについて，外注先・購入先との間に明確な合意を得ておくことが重要である．また，外注先との良い関係づくりを進め，良い品質を長期にわたり安定して確保するために，発注側は，製作上の問題点・品質管理方法・生産加工技術などの問題について，適宜，外注先に対して管理または技術指導を行うようにする．

（4） 外注品・購入品の検査

外注品の多くは小企業で製作され，また人手に依存する作業が主となるので，その品質確認は重要である．発注側は，製作要領書などで事前に指導・教育を実施し，さらに指示どおりの作業をしているかどうかを外注先に赴いて確認し，その結果必要があれば作業を改善させるなどの処置を講じ，品質確保を徹底させる．その主な検査項目は，次のとおりである．

・材　　質：鋼材検査証明書・ボルト試験成績書・塗料出荷証明書などで内容を確認する．
・形　　状：図面どおりの形状であることの確認
・寸　　法：公差を指定された寸法が，指定の許容差内であることの確認
・外　　観：鋼材表面・摩擦接合面・塗装面，亜鉛めっき面などの確認．
・溶接部の品質：溶接外観・完全溶込み溶接部の超音波探傷検査の実施状況および結果の確認．
・製作方法：曲げを熱間曲げで実施しなければならないときなど，加工方法に指定がある場合は，そのとおり実施していることの確認．

鋼材・溶接材料・ボルト類などの購入品はJISマーク表示認証工場の製品が主となるので，品質証明書を提出させ，発注仕様との相違の有無と数量の確認を行うことで，品質を保証できるものとしている．

b．製　　作

（1） 製作管理のための計画

製作部門は品質保証の重要な役割を担っているが，その作業工程は期待どおりの品質が確保できない種々の阻害要因が存在している．しかし，製作部門はこれらをひとつひとつ解決し，不適合品を作らず，決められた納期までに，決められたコストで製作するという責任を果たさなくてはならない．そしてこのための管理活動（製作管理）は，次の事柄に留意して計画するとよい．

① 作業標準

標準化できる作業については，作業標準としてまとめ，個々の作業指示書などを可能な限り少なくすると便利である．作業標準には作業工程ごとに使用する材料・手順・道具・注意事項・条件・安全防具・安全心得などを定め，要点を具体的に図解などによってわかりやすく表現する．また，作業標準や次に述べる作業指示書には，作業が満足に完了していることや，そのできばえが仕様書などに適合していることを判定するための基準を，記述することが必要である．

② 作業指示書

設計図書の特記事項などを含む作業内容を，作業指示書・技術連絡文書などの帳票によって明確にし，技能者まで確実に伝達する．

③ 工程の点検方法

異常による品質への影響を最小にし生産量を最大にするため，また製作の流れの中の重要な工程における人・機械・材料・方法・環境などの検証を行うため，管理の標準としてQC工程表を整備する．これは工作図の作図から始まって，製品の発送に至る生産工程の流れに応じて，工程のどこで，どんな特性を，いつ，だれが，どのようにチェックし，異常の時はどのように処置するかを定めたものである．これによって各工程で必要な品質や作業条件がチェックされる．

④ フール・プルーフ

製作工程では指定されたとおりに製品をつくり込むことが重要であり，そのためにも単純ミスは，極力防止することが必要となる．この単純ミスを防止するための工夫をフール・プルーフといい，品質確保のうえでは，製作部門が実施しなければならない重要な項目とされている．

⑤ 日程計画

材料調達から加工・組立て・溶接・塗装・発送に至るまでに，他の工事との関連を考慮し，品質確保と安全作業が行える日程計画を立てる．このため，設計図書の未決事項・疑義事項などは，製作工程に支障のない時期までに解決しておくことに努力し，作業工程での混乱をまねくことのないようにしておくことが大切である．

（2） 環境の管理

安全衛生上，作業環境をつねに良好な状態に整備・維持することが大切であるが，これは同時に，品質に関する事故を防ぐことにも役立つ．作業環境は，次の点を考慮して整備することが必要である．

・関係法令
・雨・雪・露・風などからの防護
・作業場の騒音，振動，明るさ
・部材の保管場所，集積方法
・塗料・ガスなど可燃性危険物の保管場所
・安全通路

（3） 点検状況・検査状況の管理

検査状況の管理のため，寸法検査の結果や非破壊検査の結果などは，現品への記入や札などの方

法で識別することが望ましい．識別は，検査済みか，未検査かを区別できるもので，合否の判定結果が表示されたものがよい．

c．検　　査

（1）検査の標準

検査を正しく行うためには，測定・試験の方法が標準化され，判定基準が定められていることが必要である．日常の検査は，製作工程と同様に，検査の標準に基づいて正しい検査が行えるようにしなければならない．その内容の主なものは，検査対象・検査時期・検査項目・試験方法・ロットの決め方・合否判定基準・検査後の処置・検査結果の記録などである．また，合否判定基準およびその根拠となる主なものとして，次のものがある．

・特記仕様書，標準仕様書
・「建築工事標準仕様書　JASS 6　鉄骨工事」（日本建築学会）
・日本工業規格（JIS）
・「鋼構造建築溶接部の超音波探傷検査規準・同解説」（日本建築学会）
・「鉄骨精度測定指針」（日本建築学会）
・その他：日本鋼構造協会（JSSC）規格・製作要領書に記載された事項

（2）製作工場における検査の種類

① 外注品検査

外注品を受け入れる際に実施する検査をいう．

② 購入品検査

鋼材・高力ボルト・ボルト・スタッド・ターンバックル・溶接材料・塗料などの工業製品を鉄骨製作者が受け入れる際に実施する検査を購入品検査という．

③ 工程内検査

工程内の点検の中には，溶接条件などの作業条件のチェックのほかに，脚長などの製品品質そのものをチェックする検査が含まれる．このような，工程内で実施される要求品質との適合性を確認する検査を工程内の検査と呼ぶ．したがって，施工者が実施する中間検査もこれと同様の検査である．

工程内検査は，一般に対象となる品質をつくり込んだ作業に，できるだけ近いところで実施するのがよいとされている．また，次のようなチェックも工程内検査に含めて考えてよい．

・初品の検査
・加工機械の作業員による検査
・工程中に設けられた一定の場所での検査
・検査員による巡回検査

④ 製品検査

できあがった製品が設計品質を満足しているかどうか判定するもので，通常塗装前に実施する．特記がなければJASS 6 付則6「鉄骨精度検査基準」を判定基準として実施され，その概要は，次のとおりである．

ⅰ）検査数量

社内検査としては，柱・梁など組立て部材については全数検査を原則とする．これは，鉄骨製品では同一部材が少なく，また多くの人手がかかっていることから各部材を一つのロットとして考えることによる．

ⅱ）検査項目

検査項目は，材質・形状・寸法・外観・溶接部の品質に大きく区分して考えることができる．製品検査段階での材質の確認は，事前に実施済みの外注品検査や購入品検査の品質記録の整理や最終確認となる．形状は，組立て部品の方向・関連工事のための付属金物・貫通孔の位置なども含めて，承認された工作図との照合によって確認される．寸法は，製品の主要な外形寸法と溶接部の寸法に区分でき，外形寸法には，JASS 6 で検査記録を全数残すことが指定されている．柱の長さ・階高・仕口部の長さ・柱のせい・仕口部のせい・梁の長さ・梁のせいなどがあり，溶接部の寸法には，完全溶込み溶接突合せ継手の余盛高さ・隅肉溶接部のサイズなどがある．外観は，鋼材表面・摩擦接合面・塗装面・亜鉛めっき面を対象とする．溶接部の品質は，溶接外観の目視確認，内部品質の超音波探傷検査などの非破壊検査で確認される．

ⅲ）不適合品の処置

不適合品は，不適合品であることの識別を明確にするか，置き場所を変えるなどの処置をすることが必要である．不適合箇所の手直しの指示は口頭だけによらず，文書にして指示するのがよい．

d．設備・機器の管理

（1）　製造設備の管理

製品の品質を一定の水準に保つため，固定された機械・治具・工具・型・ゲージ類を含むすべての製造設備は，使用前に精度について調整しておくことが必要である．また，継続的に設備の精度および安全性を維持するために，取扱い責任者・点検の方法・点検結果の記録方法などを取り決め，保全の方法を標準化し，それらを確実に実施することが必要となる．管理標準および記録としては，次のようなものがある．

- 設備台帳：名称・性能・管理責任者などを記載したもので，登録簿として設備の識別に利用する．また，購入から廃棄までの補修歴を記入することもある．
- 設備管理規定：設備管理の業務を定めたもの．
- 設備点検標準（設備保全基準）：日常点検項目・定期点検項目・判定基準・異常処理・記録方法などの技術的内容を記載したもの．
- 点検記録：メーカーの点検記録・設備ごとの点検簿・複数の設備の点検結果をまとめた一覧表などがある．

（2）　測定機器の管理

検査結果など測定データに基づく判定を信頼のおけるものとするために，次にあげる事柄や本会編「鉄骨精度測定指針」「鋼構造建築溶接部の超音波探傷検査規準・同解説」などを考慮して，十分な管理を維持することが必要である．

- 管理のための基準とするために，測定機器の測定範囲・精度・耐久性などの仕様を明確にし，

いつでも利用できるように整理保管する．
- 初めて使用するとき，仕様で規定された精度を満足するかどうか検査する．
- ノギスなどは，点検のため定期的に回収する方法もある．
- 設備機器と同様に台帳・管理規定・点検標準・点検記録などを作成する．
- 中間の基準器またはメーカーの点検などを介して，機器の精度を国家標準器と関連づける（トレーサビリティ）．
- 有効期限を表示する．
- 機器の重要性に応じて，例えば試験・検査の部門が使用する測定機器と，製作部門が軽微なチェックのために使用する測定機器とを層別して管理する．

e．不適合の処置

（1） 不適合に対する処置

材料，部品または製品が規定要求事項を満たさない場合には，早急に次に示す手順にそって，処置を実施しなければならない．

① 識　別

不適合が発見されたとき，ただちに発生の事実を記録し，不適合発生通知書などを発行して関係部門に迅速に情報を伝達する．現品はもとより，書類上においても良品との識別を確実に行うことが，以後の不適合の処置の管理には必要となる．また，すでに作業が完了したロットで，同様な不適合が発生している可能性がある場合も，その範囲を明確にする必要がある．

② 誤用防止

発見部門だけが不適合に気づいていても，情報が伝達されるまでのわずかな時間差で，不適合品をそのまま使用して作業が進行する場合がある．人が運べるような軽量物については，良品から隔離することが誤用を防ぐうえで有効である．

③ 処置判定

一般には製品の検査において不合格となった品物について，時間的・経済的な理由などから，使用できるかどうかあらためて調べて処置案を計画することを処置判定という．製作工場では，不適合内容および程度に応じて，あらかじめ定められた担当者によってこの協議・判定が行われる．言うまでもないが，この判定の結果，計画された処置が最終製品の品質に影響する場合は，工事監理者・施工者に報告し，その指示によらなくてはならない．また，必要に応じて，製作工場は補修要領書などを提出する．

④ 処　置

処置の方法が決定したら，迅速に実施し，再検査を実施しなければならない．

（2） 是正処置

一般に是正処置は，不適合の発見から，その問題の再発を除去するか，またはできるだけ少なくするための対策をとるまでを含んでいる．ここでは，この是正処置の活動に必要とされている事柄について述べる．また，是正処置は，前述の不適合の処置，すなわち現品の補修，または廃棄を前提としている．

① 重要性の評価

製作工程の中で不適合が発見されると，往々にして技能者の判断基準に応じて部材の構造物における重要性をわきまえず，安易な手直しが行われる場合があり，この結果，重大な事故につながったり，再び類似の事故を引き起こすことがある．不適合の重要性は，安全性はもとより，意匠上の制約，コストといった点に対する潜在的な影響の面から評価し，上司に報告しなければならないものと，技能者レベルで手直しができるものとなどに事前に不適合をランク付けしておくことが管理上有効である．

② 原因の調査

原因と結果（不適合）との関係は，考えられるすべての潜在的な原因を含めて明らかにすることが必要である．直接的な原因が技能者のミスであっても，技能者に与えられた指示書などが誤解をまねくようなものであってはならない．図面の見づらさなども潜在的原因として取り上げるべきである．

③ 問題の解析

不適合の予防手段を立案する前に，関係するすべての工程・作業・品質記録などを注意深く解析し，根本原因を明らかにしておくことが必要である．また，ある期間に発生した不適合を総合的に解析するときには，層別など統計的手法が有効である．

④ 恒久的対策

是正処置の結果で生じる恒久的な作業変更は，作業指示書・作業標準・QC工程表などに記録することが必要である．また点検・検査方法など問題を検出する手順の改訂が必要となる場合もある．

f．品質情報の管理

要求管理・要望事項に対処し，効果的に品質管理活動を実施するには，種々の情報を収集・整理し，これらを必要とする部門にすみやかに伝達し，その利用が可能なようにしておくことが必要である．

（1）情報の種類

① 設計者からの情報

設計図・仕様書・現場説明書・質問回答書・設計変更指示書・修正指示書・質疑回答書

② 施工者からの情報

契約書・工程表，工事現場の施工条件，質疑回答書，協議打合せ事項など

③ 製作工程を管理する情報

工作図・製作要領書・検査記録やチェックシートなどのフィードバック資料・再発防止対策書など

④ 試験，検査のための情報

検査要領書，過去の品質トラブル情報，外注先・購入先の品質情報など

⑤ その他

日本工業規格（JIS）「JASS 6」「鉄骨工事技術指針」，自社の研究開発成果，特許情報，他者の技術的な情報，最新機械器具類のカタログなど

(2) 情報の管理
① 設計者および施工者からの情報

　　つねに必要な部門に配布し，変更のあった場合は迅速かつ的確に伝達し，情報の回収・破棄処分などの変更手続きを明確にして，旧情報と誤用を避ける．なお，新たに配布した情報には，配布した日付と受取り責任者を明記し，新旧の区別を明確にする．

② 品質記録の保管と整理

　　品質の証明には，作業標準・作業記録（または作業指示書）・QC工程表・検査成績書・再発防止対策書などが重要な役割をもっているので，工事終了後，少なくとも2年間は保管しておくことが望ましい．また，作業記録・検査データ・再発防止対策・品質会議の議事録なども品質改善の参考資料として役立つものであるから，整理しておき，関係部門でいつでも利用可能なようにしておくのがよい．なお，JIS・JASSの図書は，つねに最新版を必要部門に配置しておくようにする．

g．教育・訓練

　製作や検査の固有技術とそれらの管理技術の向上によって，品質管理の質が向上し，ひいては品質の確保と企業の発展に寄与するものである．特に，ソフト面の管理技術の向上を図るためには，管理技術者や技能者に対する専門的な教育が必要である．

(1) 技術者

技術者に対して社外教育（技術講習会・学会・その他の発表会など）に積極的に参加させて，技術の向上に努めさせる．管理資格が必要な部門にはそれぞれ有資格技術者を配置する．その資格としては，次のようなものがある．

① 製作管理技術者に関する資格
- （一社）鉄骨建設業協会・（一社）全国鐵構工業協会の鉄骨製作管理技術者登録機構による鉄骨製作管理技術者1級・2級

② 溶接技術者に関する資格
- JIS Z 3410「溶接管理－任務及び責任」に基づく（一社）日本溶接協会 WES 8103 溶接管理技術者認証基準の特別級，1級，2級

③ 非破壊検査技術者に関する資格
- JIS Z 2305に基づく（一社）日本非破壊検査協会 JSNDIのレベル3，2，1
- （一社）日本鋼構造協会・建築鉄骨品質管理機構による鉄骨超音波検査技術者

④ 鉄骨製品検査技術者に関する資格
- （一社）日本鋼構造協会・建築鉄骨品質管理機構による鉄骨製品検査技術者

⑤ 建築設計，施工に関する資格
- 建築士
- 技術士
- 建築施工管理技士
- （一社）日本建築構造技術者協会による建築構造士

・(一社) 日本鋼構造協会・建築鉄骨品質管理機構による鉄骨工事管理責任者
⑥ 高力ボルト接合の施工技術者に関する資格

溶融亜鉛めっき高力ボルト技術協会 (溶融亜鉛めっき高力ボルト接合施工技術者等資格認定規程) による技術者, および (一社) 日本鋼構造協会・建築鉄骨品質管理機構による建築高力ボルト接合管理技術者

(2) 技能者

技能者に必要な資格としては, 次のようなものがある.

① 溶接技能者

JIS Z 3801 (手溶接技術検定における試験方法及び判定基準) や JIS Z 3841 (半自動溶接技術検定における試験方法及び判定基準) に基づく (一社) 日本溶接協会のアーク溶接技能者や半自動溶接技能者.

② スタッド溶接技能者

(一社) スタッド協会 (スタッド溶接技術検定試験制度) による A 級, B 級, F 級

③ 高力ボルト締付技能者

溶融亜鉛めっき高力ボルト技術協会 (溶融亜鉛めっき高力ボルト接合施工技術者等資格認定規程) による技能者

以上のほかに, 厚生労働省の実施する各種の技能検定試験がある. 鉄骨の製作に関係あるものには構造物鉄工作業・構造物現図作業があり, 合格者には1級・2級技能士の資格が与えられる. それぞれの業務に必要な技術を有した有資格者を当てるとよい.

また, 労働安全衛生法および労働安全衛生規則に定められた当該作業の区分に応じて, 作業主任者を選択し, 労働災害を防止するための管理をしなければならない. 当該作業として, ガス溶接作業主任者, X線作業主任者, 鉄骨組立て等作業主任者, 足場組立て等作業主任者, 有機溶剤作業主任者, 特定化学物質等作業主任者, 第一種圧力容器取扱作業主任者, 第一種酸素欠乏危険作業主任者などである.

技能者に対しては, 製品仕様・材料規格・作業標準・品質管理などについての教育を計画的に実施することが必要で, 製作工程の管理に大きな効果をあげるためには, 技能者の質のレベルアップが必要である.

(3) 教育用の図書

以下に作業標準を除いて教育に必要な主要図書をあげる.

① 関連する参考図書

本会編「JASS 6」「鉄骨精度測定指針」「鋼構造建築溶接部の超音波探傷検査規準・同解説」および本指針

② 材料および関連規格

JIS G 3136 (建築構造用圧延鋼材)

JIS G 3101 (一般構造用圧延鋼材), 3106 (溶接構造用圧延鋼材) ほか

JIS Z 3211 (軟鋼, 高張力鋼及び低温用鋼用被覆アーク溶接棒)

JIS Z 3312（軟鋼，高張力鋼及び低温用鋼用のマグ溶接及びミグ溶接ソリッドワイヤ）

JIS B 1186（摩擦接合用高力六角ボルト・六角ナット・平座金のセット）

JSS Ⅱ 09（構造用トルシア形高力ボルト・六角ナット・平座金のセット）

（4） 品質意識の啓発

　品質管理のためにいろいろな活動を計画し，規定しても，実際に作業する人々にそれらを遵守する気持ちがなければ効果は少ない．作業標準・各種業務規定・小集団活動・新入社員の教育プログラムなど通じて，品質意識の必要性を強調することが必要となる．

　① 小集団活動

　日本における品質管理活動（TQC：Total Quality Control＝総合的品質管理）は，一部の専門スタッフだけで実施されるのではなく，会社のトップから職場の一従業員に至るまで全員が参加する活動であることが特徴である．すなわち，品質管理活動には会社のトップのリーダーシップのもとに職制で展開される活動と，各職場において行われる小集団活動が欠かせないものとなっている．

　小集団活動には，

　ⅰ） 特定のテーマの解決のためにそれに関連のある職場の人が集まり，一時的にグループを作りテーマの解決のための活動を行い，その目的が達成されればグループを解散する活動．

　ⅱ） 基本的に同じ職場の人たちでサークルを作り，職場の問題点を取り上げ，自主的に解決していく，いわゆるQCサークル活動がある．実施については，下記図書を参考に進めるとよい．

　（一社）日本科学技術連盟「QCサークルの基本」「QCサークル活動運営の基本」「QC七つ道具」など

　② 社内研修会

　社外の講習会などで得た情報は，受講者個人のものとせず，参加報告書を提出させたり，参加できなかった人を集めて報告会を開くなどして多くの人に伝達することがよい．また，製作上の具体的な方法についての検討会や，工事終了後の反省会なども，品質意識を高めるうえで有効である．

2.6　管理・改善のための統計的手法

2.6.1　統計的手法による継続的改善

　企業（組織）が，法規制・規格・顧客要求・品質・原価・安全等の要求事項を満たすためには，統計的手法を活用し，継続的改善を行うことが有効となる．

　継続的改善とは，要求事項を満たす能力を高めるために，繰り返し行われる活動であり，改善のための目標を設定し，データの分析または他の方法を活用したプロセスである．これらは，是正処置および予防処置につながる．

2.6.2　データの有効活用

　品質・原価・工期・安全などの日常的な管理，および不適合を是正するための改善活動を行う場

合において，良い・悪いなどの個人的な判断や抽象的な概念，さらに勘や経験だけに頼ることは，問題点の明確化や効果の確認ができないばかりでなく，組織的な管理活動を阻害する結果になる．データは抽象的な概念に代わるものであり，勘や経験を適正に評価し，第三者に事実を客観的かつ公正に表現するものである．したがって，データは比較対比が可能な情報でなければならず，数字で表された情報でなければならない．鉄骨工事においては，品質・原価・工期・安全などの管理面の適正度表示などに，データは幅広く使用されている．

　管理・改善活動および第三者への情報伝達手段として必要なデータについて，その採取ポイントを以下に示す．

ａ．採取目的の明確化

　データは，単に多くの詳細を採取することではなく，目的に応じて必要なデータを簡便に採取することが必要となる．そのためにはデータ採取に先立って，管理資料用であるのか，改善活動での解析・確認用であるのか，第三者への記録報告用であるのかをあらかじめ明確にしておく必要がある．

ｂ．採取条件の明確化

　採取条件によってデータの内容は大きく変化する場合がある．事実情報を正確に伝達するためには，５Ｗ１Ｈ（いつ，どこで，誰が，何のために，何を，どのように）をデータとして記録することが必要である．

ｃ．作為を交えない客観的なデータ採取

　抜取方法における作為的なデータの採取は，母集団の姿を正確に把握することを不可能にし，非常に偏った結果を得ることになる．したがって，事実を的確に把握するためには，ランダムサンプリングなど無作為によるデータ収集が必要である．

ｄ．データ処理の迅速化

　精度不良，溶接外観不良および誤差などの不適合に関するデータを入手した場合でも，その解析，処理が遅れることによって不適合がその後も連続発生することになる．データを採取した場合には，解析と結果に応じた迅速な改善活動を行い，損害を最小限に止めることが必要である．

ｅ．データに関する誤差の認識

　測定誤差やチェックミスなど，データには誤差が生じる場合がある．データの解析においては，誤差の存在を十分に認識しておくことが必要である．

　データに用いられる数値には計量値と計数値の２種類があり，それぞれの数値の性質が異なることから，採取・解析・処理方法も違ってくる．したがって，データの採取解析においては，扱う数値が計量値であるか，計数値であるかをあらかじめ認識しておくことが重要である．なお，計量値とは連続的に変化するものを計量した場合の数値であり，長さ（柱・梁の長さ，階高，せいなど），重量，温度，時間などの読取り値が該当する．一方の計数値は一つ，二つ，三つなどと数え，中間値を有しないで変化するものを計数した場合の数値，および計数した数値から計算により求めた数値であり，不適合個数（溶接部の外観・内部欠陥の不適合数など），不適合率などが該当する．

2.6.3 統計的品質管理

統計的品質管理（SQC：Statistical Quality Control）は，QC手法の理論上の基礎となるものであるが，管理対象である品質特性（検査項目別など）をひとまとめにして集団の品質を管理する手法である．すなわち，集団の品質を示す平均値，標準偏差，不適合率などの数値を用いて，集団全体の品質維持・向上を図るものであり，集団全体に占める不適合品の比率が低下することによって損失ロスの低減を図る方法ともいえる．本手法を採用した場合，わずかな不適合品が集団中に混入する可能性もあるが，不適合品の混入が許されない場合には全数検査など，他の管理手法を追加実施しなければならない．その他の管理手法として，一品一品（柱，梁，溶接部，検査単位など）の品質を個々に管理する方法も考えられるが，品質の維持・向上に多大な時間を要し，改善効果を集団全体に反映しにくいなど，一般的にはほとんど用いられていない．

統計的品質管理において，集団の品質レベルを把握しなければならないが，集団の品質を把握する方法として二つの種類がある．一つは集団の全数の品質を調べる全数検査であり，鉄骨工事では，製作工場での寸法・溶接外観・溶接部内部欠陥・接合部などの社内検査に主に用いられている．もう一つは集団全体から部分的に抜き取ったサンプルの品質を調べ，その結果から集団全体の品質分布を推定する抜取検査であり，鉄骨工事では施工者が実施する寸法・溶接部内部欠陥などの受入検査に主に適用されている．品質などの日常的な管理および改善活動においては，経済的な理由などから後者の抜取検査が多用されている．

抜き取ったサンプルの調査結果から集団全体の品質を推定する抜取検査の手法など，統計的品質管理の基本的な考え方は，下記のとおりである．

a．バラツキの存在

十分な管理下のもと，材料と方法をまったく同一条件にして製品を製作した場合においても，人為的な問題などからまったく同じものを製作することは不可能である．例えば同一寸法の梁部材を製作した場合にも，梁の長さがある範囲でバラバラになることはよく知られている．このバラバラの程度をバラツキという．

b．バラツキの規則性

バラツキの現象に関しては，長い間のデータ蓄積また研究の成果などから，一定の法則に従うことが明らかになっている．この規則性が計量値のデータにおいては正規分布といわれるものであり，図2.6.1に示すようなバラツキを示す．なお，この規則性は，集団全体とその集団から部分的に抜き取ったサンプルとでは，原則として変化しないと考えられている．ただし，規則性を得るためには，一定レベル以上の管理と作業の標準化を図ることなどが必要である．

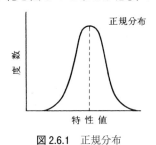

図2.6.1 正規分布

c．バラツキの数値化

バラツキに規則性があることを利用し，バラツキの程度を代表的な数値を用いて表現することが可能である．例えば正規分布する場合には，平均値と標準偏差によってバラツキの程度を表現することができる．

d．確率統計論の応用

統計的処理とは抜取りのサンプル結果から集団の品質を推定することなどを含む．例えばこの推定は，集団の姿として可能性が高いものの比率を多くし，可能性が低いものほど比率を少なくして，サンプルの姿に近似するよう集団の姿を描くことである．したがって，確率統計によって得られた結果はあくまでも推定であり，実際の姿と完全に一致しない場合もあることを十分に認識しておかなければならない．

2.6.4　QC手法

a．QC七つ道具

品質のバラツキを積極的に管理するための方法としていろいろな統計的手法が用いられているが，中でも以下に示すQC七つ道具などは，基本になる重要なQC手法である．

① パレート図〔図2.6.2〕
② 特性要因図〔図2.6.3〕
③ ヒストグラム〔図2.6.4〕
④ チェックシート〔表2.6.1〕
⑤ 管理図・グラフ〔図2.6.5および図2.6.6〕
⑥ 散布図〔図2.6.7〕

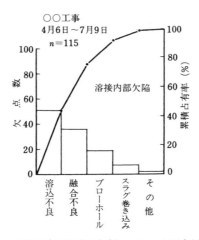

図 2.6.2　溶接部内部欠陥の解析にパレート図を用いた例

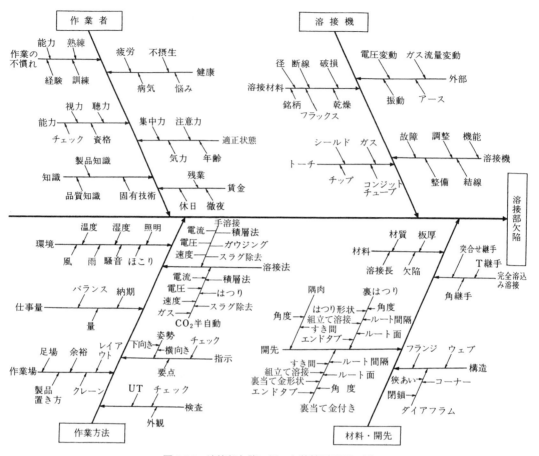

図 2.6.3　溶接部欠陥に用いた特性要因図の例

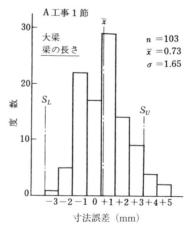

図 2.6.4　大梁の長さにヒストグラムを用いた例

表 2.6.1 工程分布調査用チェックシートの例

完全溶込み溶接 T 継手の余盛高さ (Δh)　　　係名 溶接3係　　管理許容差 0〜7mm　　　検査員 加藤

No.	範囲	度 数 の チ ェ ッ ク													計
		5	10	15	20	25	30	35	40	45	50	55	60	65	70	
1	−0.9〜−0.5	卌	/													6
2	−0.4〜0	卌	卌	卌	////											19
3	0.1〜0.5	卌	卌	卌	卌	卌	卌	卌	卌	/						41
4	0.6〜1.0	卌	卌	卌	卌	卌	卌	卌	卌	卌	卌	卌	///			58
5	1.1〜1.5	卌	卌	卌	卌	卌	卌	卌	卌	卌	卌	卌				55
6	1.6〜2.0	卌	卌	卌	卌	卌	卌	卌	卌	//						42
7	2.1〜2.5	卌	卌	卌	卌	卌	///									28
8	2.6〜3.0	卌	卌	卌	////											19
9	3.1〜3.5	卌	卌	/												11
10	3.6〜4.0	///														3
11	4.1〜4.5	/														1
12	4.6〜5.0															

計 283

⑦　層別〔図 2.6.8〕

鉄骨製作の製作工程を管理する場合に使用する QC 手法，問題点を改善する場合に使用する QC 手法の例を示し，概要・使用目的・使用方法について紹介する〔表 2.6.2, 2.6.3〕．なお，詳細については JIS Z 9041（データの統計的な解釈方法）および QC 手法に関する専門書を参考にされたい．

表 2.6.2 鉄骨製作工程における QC 手法使用例

工程		管理項目	QC 手法の例
加工	機械切断	寸法・直角度	チェックシート・管理図・ヒストグラム
	ガス切断	寸法・切断縁の直角度・粗さ・ノッチ深さ	チェックシート・管理図・ヒストグラム
	けがき	寸法・けがき・数量	チェックシート
	開先加工	ベベル角度・ルート面・粗さ・ノッチ深さ	チェックシート・管理図
	孔あけ	孔形状・孔数・孔径,孔の心ずれ,孔間隔	チェックシート・管理図
	曲げ加工	角度・加熱温度・割れ	チェックシート
	機械切断	寸法・直角度・粗さ	チェックシート
組立て	仕口組立て	長さ・せい・孔・二次部材・組立て溶接・すき間・食違い・ルート間隔	チェックシート（工作図）・管理図・ヒストグラム
	幹組立て	長さ・せい・孔・二次部材・組立て溶接・すき間・曲がり・ねじれ	チェックシート（工作図）・管理図・ヒストグラム
	大組立て	長さ・階高・仕口部の長さ・仕口部の角度・仕口のずれ・組立て溶接・すき間・ルート間隔	チェックシート（工作図）・管理図・ヒストグラム
	梁組立て	長さ・せい・孔・二次部材・組立て溶接・すき間・曲がり・ねじれ	チェックシート（工作図）・管理図・ヒストグラム
溶接	溶接前	清掃・予熱・溶接材料	チェックシート
	溶接中	溶接条件・清掃・裏はつり	チェックシート
	溶接後外観	サイズ・余盛高さ・アンダーカット・ビード不整・ピット	チェックシート・グラフ・パレート図
	スタッド溶接	高さ・角度	チェックシート（工作図）
検査	寸法検査	長さ,階高,仕口部の長さ・せい・曲がり・ねじれ・小梁取付け位置・角度	チェックシート・ヒストグラム・散布図
	詳細部検査	二次部材の取付け	チェックシート（工作図）
	溶接外観検査	サイズ・余盛高さ・アンダーカット・ビード不整・ピット	チェックシート（工作図）
	溶接非破壊検査	溶接内部欠陥	チェックシート・グラフ・パレート図
	取合い部検査	孔・さび・油・ベベル角度	チェックシート（工作図）
塗装	素地調整	油・水分・さび・黒皮・スパッタ	チェックシート（工作図）
	塗装	温度・湿度・塗料・塗装間隔・希釈率	チェックシート（工作図）
	外観	塗膜厚・はけ目・流れ・むら・ふくれ・割れ	チェックシート・ヒストグラム・管理図

表 2.6.3 改善活動における QC 手法の使い方

ステップ	QC 手法	使 い 方
問題点の現状の把握	層別	データを作業者，機械・設備，原材料，作業方法，環境，製品，種類，工程別に区分して整理する
	パレート図	不適合の原因や項目のうち，どれを解決するかを明らかにする
	ヒストグラム	層別したデータでヒストグラムを作成し，分布の姿や規格値との関係をみる
	チェックシート	現状を把握するために，現象をチェックする
	管理図	バラツキが大きすぎないか，限界外の点や傾向・周期がないかを調べる
	グラフ	チェックシートなどで得られたデータを基に，棒グラフ・折れ線グラフ・円グラフ・帯グラフ・レーダチャートなどを用いて整理する
問題点の解析	層別	データを4M1E，5W1H，製品別に分けて整理し，原因や対策を考える
	特性要因図	不適合項目，品質特性に影響を及ぼす原因や要因を整理し，原因・要因の影響度をチェックする
	パレート図	層別によってデータをさらに細分化し，不適合の原因・項目を分けて検討する
	ヒストグラム	層別によってデータをさらに細分化し，不適合の原因を検討する
	散布図	原因と結果の2組のデータをとり，互いに関係があるかどうかをチェックする
改善案の作成	ブレーンストーミング	数人が集まって改善案について，自由気ままにアイデアや意見を出し合って改善案を立てる
	KJ法（親和図法）	改善案について，数人が意見・情報をカードに記入して，そのカードをいくつかのグループに編成し，関連づけを行い改善案を立てる
効果の確認	パレート図	改善前後のパレート図を比較する．不適合の個数・率が減ったかどうかを確認する
	ヒストグラム	改善前の層別したヒストグラムと比較して，変化を確認する
	チェックシート	データをとって，他の手法によって整理し，改善前と比較する
	管理図	不適合率・不適合個数・計測値のバラツキが小さくなり，工程が安定状態にあるかを確認する
	グラフ	折れ線グラフでデータが規格値に入っているか，時間の変化によってどのように変化しているかを確認する

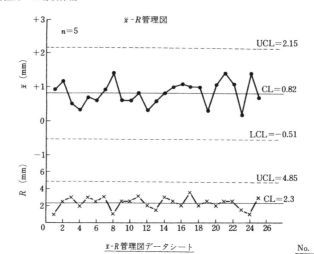

図 2.6.5　$\bar{x}$-R 管理図の例

2章 品質マネジメント —93—

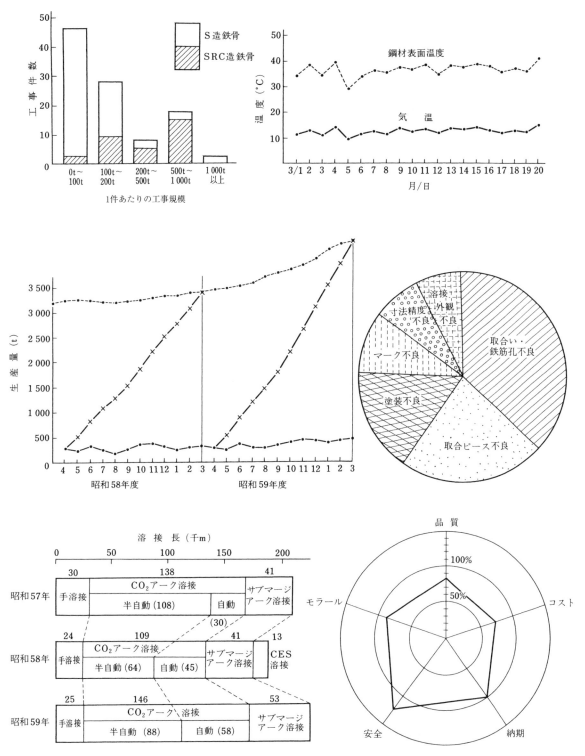

図 2.6.6 グラフの使用例

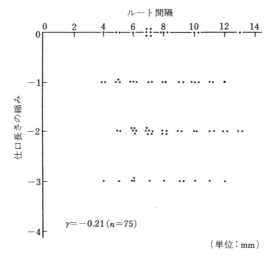

図 2.6.7 ルート間隔と溶接による収縮に関する散布図

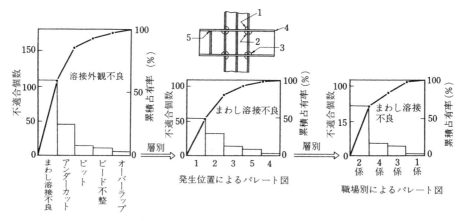

図 2.6.8 パレート図を用いた層別の例

b．新 QC 七つ道具

新 QC 七つ道具（略して N7 とも言う）とは，QC 七つ道具にとって代わる新しい手法ではなく，品質管理が製造以外の部門にも拡大するに伴い新しい手法が望まれるようになり，1977 年に示された手法である．

新 QC 七つ道具の特長は，QC 七つ道具が主に数値データを扱うのに対し，新 QC 七つ道具は主に言語データを扱うことが挙げられる．新 QC 七つ道具では，作成に時間がかかるものもあるが，大きな効果を生むことも可能となる．

新 QC 七つ道具の手法としての特徴は，

① 言語データを整理する
② 発想に導く
③ 計画を充実する
④ ヌケ・オチをなくす

表 2.6.4 新 QC 七つ道具の活用の期待できる分野

企業における各種業務 (鉄骨製作業者に関連のありそうな業務のみを部分的に抽出した) ( ) 内には鉄骨製作業者がわかりやすい言葉の一例を示した			連関図法	KJ法	系統図法	マトリックス図法	マトリックスデータ解析法	PDPC法	アロー・ダイアグラム法
全般	方針管理	多くの実施事項（時短，3K対策）からの重点絞り込み	◎	○	○	○			
		目標（溶接工数半減）に対する確度の高い計画立案			◎			◎	◎
	QC推進 TQC推進	部門間（資材・検査）の連携の円滑化（外注品の品質確保）	◎	○	○	○			○
		QCサークル活動の活発化（ゼロ災害，けがきミスゼロ活動）	○	◎	○				
企画開発	市場分析	需要予測（鉄骨需要，構造別着工面積，粗鋼生産量）			○		◎		
		流通経路の調査（海外調達品，鋼材，溶接材料）			○	○			
	品質の設定 品質保証	品質特性の把握（特殊構造，特殊鋼材での管理特性）			○	◎	◎		
		ニーズの代用特性への展開（継手性能と溶接施工条件）		○	◎	○			
		代用特性と工程管理項目の関連づけ（組立て治具の設計）			○	◎			
	開発	生産技術の開発（CAD，溶接ロボットシステムの導入）			○		◎	◎	
生産	仕入・購入	納期遅延の原因究明（切板，外注品，鋼材の規格証明書）	◎		○				○
		受入品の不良低減（切板精度，外注品品質）	◎			○			
	品質管理 改善活動	不良原因の解析と工程改善（脚長不足，寸法不良，傷）	◎		◎	◎			
		試験項目と計測項目の関連づけ（継手硬さと冷却速度，室温）			○	◎			
		クレームの分析，解析と品質向上（工事現場からの誤作情報）	◎		◎	◎	◎		
	日程管理	遅れの原因解明，改善と稼働率の向上（アークタイム率）	◎			○		◎	
		納期上の問題解決と納期厳守（受入検査日，発送日）	◎			○			◎
	設備管理	計画どおりの設備投資の実行（CAD直結NC穿孔機導入）			○				◎
		投資効率の高くなる方策の選択（自社製治工具の併設）						◎	
	安全管理	微災，労災の撲滅検討（ヒヤリハット情報*の有効利用）	○	○		○			
		重大事故・災害に対するシステム検討（危険予知の実践展開）	○					◎	

[注] ◎：社会に活用事例があるもの，○：活用が可能と見られる分野
   ＊：ひやりとしたり，はっとした情報

⑤ 関係者全員が協力し，推進するのに役立つ
⑥ 誰にでも理解できる
⑦ 泥くさく訴えるために役立つ

であり，基礎的知識の学習と若干の訓練または活用経験で理解できるように工夫されている．おのおのの手法として以下のものがある．

① KJ法（親和図法ともいう）
② 連関図法
③ 系統図法
④ マトリックス図法
⑤ マトリックス・データ解析法
⑥ アロー・ダイアグラム法
⑦ PDPC法（Process Decision Program Chart，過程決定計画図，近藤次郎氏発案）

参考として，新QC七つ道具の活用できる企業の業務分野（例）を表2.6.4に，QCストーリーと主なQC手法を表2.6.5に示す．

表 2.6.5 QC ストーリーと主な QC 手法

QCストーリー \ 手法	QC七つ道具※							新QC七つ道具							その他の手法
	1 パレート図	2 特性要因図	3 ヒストグラム	4 チェックシート	5 管理図	6 グラフ	7 層別	1 連関図法	2 KJ法	3 系統図法	4 マトリックス図法	5 マトリックスデータ解析法	6 PDPC法	7 アロー・ダイアグラム法	
1 テーマの選定 テーマの絞り込みと全員参加の意志統一	□ ◎	○	○	○	○	○		□ ○	□ ○						
2 現状の把握 現象の絞り込みと問題解決の着眼点把握	□ ○	○	□ ○	○	○	□ ◎		○							
3 解析 要因および方策の洗い出しとその定量的な把握	○	□ ○	◎	○	◎	○	□ ◎	□ ○		◎	○	○			検定 分散分析 相関分析 回帰分析 実験計画法
4 対 策 対策・方策の確実な実行		◎			○				○	◎			□ ○	□ ○	
5 効果の確認 対応づけた効果の確認	□ ○		□ ◎		□ ◎	□ ○									
6 歯止め（標準化） 日常的な管理への移行			□ ○	◎	○	○							□ ○	□ ○	

[注]※：層別は考え方ということで，これを省いて，グラフと管理図を別々に数える場合もある．
　　　上段□およびその他の手法：主に，要素技術開発，基礎科学探索の研究業務から見た展開．
　　　下段◎特に有効，○有効：QC的問題解決法（データに基づく実証的問題解決法）から見た展開で，※により層別は省略．

2.6.5 QCストーリー

　日常的な生産活動において，標準化を図ることが品質の均一化および向上に有効であり，作業の効率化を高める．改善活動を行う場合にも同様であり，手順・手法について標準化を図ることが，活動の効率化を促し，改善効果を高めることを可能にする．この手順・手法がQCストーリーであり，手順の概要は下記に示す．

a．改善すべき問題点の決定

　品質・原価・納期などにおける不適合の状況から，自分たちにもっとも必要で重要な問題点を探り出す．改善の方向性を明確にするためにも，問題点は不適合の状況を的確に表現したものでなければならず，具体的であることが必要である．

b．問題点の現状把握

　不適合の状況をより具体化するためのデータが必要であり，作業場で現物を調査した上でデータを採取する．採取したデータについては，次の解析ができるように作業者別・時間別・製品別・症状別などに層別され，QC七つ道具などを用いてわかりやすく表示されていることが必要である．現状把握の結果から改善の目標を具体的に設定する．

c．問題点の解析

　解析とは問題発生の原因を追及することであり，原因となるものを列挙すること，および列挙した中から問題発生に大きく影響を及ぼしているものを抽出することの2つのステップからなっている．原因の列挙については，漏れがないように関係者全員の意見を集め，特性要因図に集約・整理する方法が用いられる．支配的な原因の抽出については，パレート図・散布図などを用いてデータの層別を行い，原因ごとに影響度を把握する方法が用いられている．

d．対策の立案

　解析より求めた支配的な原因に関して，具体的な改善案を関係者全員から引き出し，真の原因をもっとも効果的に排除することが可能な案を選定する．

e．実行による効果確認

　改善の結果が当初の目標どおりか，確実に効果が上がっているかをデータの採取により確認する．効果の確認は，問題点の提起時点の表示と対応させ，効果が十分に確認できる形で表現する．

　効果が確認されない場合，改善目標に達しない場合は，問題点の解析から再度繰り返し実行する．

f．歯止め（標準化）

　活動結果から成果が得られた場合には，作業標準の制定・改訂，およびそれに基づき教育・訓練を行い，不適合に対して歯止めをかける．

g．今後の取組み方針の明確化

　残された問題点を明確にし，それに対する計画を準備する．

2.7　ISO 9001 を取り入れた品質マネジメントシステム

2.7.1　鉄骨製作業界と ISO 9001

a．鉄骨製作業界と ISO 9001 の動向

　ISO 9001 品質マネジメントシステムは「世界的に全産業，全業種に適用される品質マネジメントの国際規格」として各方面で取り入れられ，鉄骨製作の品質マネジメントにおいても，顧客からの要求事項として ISO 9001 の規格もしくは規格の一部を要求される場合が多くなっている．また，関連の業種では，ISO 9001 認証取得の企業が増加し，購買品の要求品質においてもこの規格を理解し，対応しなければならない傾向にある．

b．ISO 9001 の構築

　個々の鉄骨製作業者には長年の間に培われた独自の風土や文化による"仕組み"がある．この"仕組み"に"ISO 9001 による品質マネジメントシステム（QMS）"を取り入れることは，有効な手段と言える．取り入れる場においては，現有の"仕組み"を活かすことが大前提であり，順序立てて構築することで，独自の品質マネジメントシステムをさらに発展させることになる．

c．ISO 9001 改正

　ISO 9001：2015 は 2015 年 9 月 15 日に改正され，移行期間は 3 年間と定められた．移行においては，これまでの品質マネジメントシステムの整備が必要となる．以下の項目は，ISO 9001：2015 に

おける確立された品質マネジメントシステムとしてではなく，事例とした．
［　］内は ISO 9001 の要求事項番号を示す．
- (1) 顧客重視　[5.1.2]
- (2) 力量　[7.2]
- (3) 文書化した情報　[7.5]
- (4) 識別およびトレーサビリティ　[8.5.2]
- (5) 改善　[10]

2.7.2　顧客重視　[5.1.2]

a．顧　　客

　鉄骨製作業者にとっての顧客とは，通常は施工者となるが，契約形態によりメーカー・商社および同業者となる場合がある．さらに，施主および工事監理者も顧客として扱うことも必要である．どの範囲までを顧客として扱うかは，企業の判断にゆだねられるが，これらの顧客が何を考え，何を要求しているか，製品に対してどのくらい満足しているかを重視しなければならない．

b．顧 客 満 足

　組織は，顧客満足に関する情報を監視することが必要である．

　顧客満足度を把握する場合は，エンドユーザーまでを視野に入れることも必要ではあるが，実施においては，発注元からのクレーム・苦情から行うのが現実的である．情報の入手は，「工事後のアンケート」として依頼する方法もあるが，おおよそのヒアリングで情報を得てデータ分析することも効果的である．

c．トップマネジメント

　品質マネジメントシステムは，ルールおよび仕組みをつくり，継続的な改善を繰り返すことにある．トップマネジメントは，構築された仕組みが実際に機能していることを確認することが必要であり，トップマネジメントがフォローおよび継続的な改善を繰り返すことにより，より良いシステムが構築される．ここでのトップマネジメントとは，"最高位で組織を指揮し，管理する個人またはグループ"をいう．

d．リーダーシップ

　組織には，明確なビジョン（方針・目標）をもったトップマネジメントの強いリーダーシップが必要である．このリーダーシップは組織のあらゆる"長"にも要求される．"長"は企業としての方向性を理解し，組織を構成する人たちのやる気（動機づけをする）を出させ，活性化させる必要がある．このためには，"責任と権限"を明確にしなければならない．

f．責任と権限

　企業は，責任者は誰なのか，権限は誰にあるのかを外部（顧客）および内部（社内）に対し明確にするが必要がある．

2.7.3 力　　　量 [7.2]

必要な資源を準備することは，トップマネジメントの責任であり「教育・訓練」「インフラストラクチャー」「作業環境」などを考えなければならない．インフラストラクチャーとは，組織・会社・団体の運営のために必要な施設，設備およびサービス（輸送など）に関するシステムをいう．

a．人 的 資 源

企業は，教育計画および個別能力，組織としての力量およびニーズの過不足を評価する必要がある．製品品質に影響がある仕事に従事する要員は，関連する教育，訓練，技能および経験を判断の根拠として力量があることが必要となる．ISO 9001 では"必要な力量"として教育・訓練が要求事項になっている．力量とは，"意図した結果を達成するために，知識と技能を運用する能力"をいう．

b．教育と訓練

組織の大小にかかわらず品質マネジメントシステムの基本は教育・訓練であり，人数が少ない場合においても教育・訓練は体系的に行うことが必要である．教育・訓練を計画的に行うことで，トップマネジメントは，仕事をするために必要な社員の適格性を認識することができる．

（1）教育の計画，実施手順

教育・訓練の実施にあたっての教育機関（講師）・教育対象者・予定数・いつ行うかなどの計画と，実施した結果（出席者名簿，評価等）を整理し，記録しておくことが必要である．鉄骨製作業者の年度教育・訓練計画書の例を，表 2.7.1 に示す．

実施した教育・訓練の有効性を評価し，次の教育・訓練に反映させる．教育・訓練の効果を測定し，結果が個人個人への評価と昇進・昇格につながる仕組みが構築されれば，効果はさらに期待で

表 2.7.1　年度教育・訓練計画書の例

No	教育内容	教育対象	予定数	受講者名	教育機関	スケジュール	評価	備考
1	新入社員教育	新入社員						
2	玉掛技能講習	鉄構部新入社員						
3	ガス溶接技能講習	新入社員ガス作業者						
4	床上操作式クレーン運転技能講習	鉄構部新入社員						
5	アーク溶接業務特別教育講習	鉄構部新入社員						
6	建築鉄骨ロボット溶接特別講習	溶接ロボットオペレータ						
7	溶接技能評価試験講習（基本級）	新入社員溶接作業者						
8	溶接技能評価試験講習（専門級，更新試験）	溶接作業者						
9	溶接管理技術者WES8103 特別・1・2級	管理者・設計員						
10	溶接作業指導者 WES8107	溶接作業指導者						
11	鉄骨製作管理技術者 1・2級	管理者・設計員						
12	建築鉄骨製品検査技術者	検査員						
13	建築鉄骨超音波検査技術者	管理者・検査員						
14	非破壊検査技術者 UTレベル1・2・3	管理者・検査員						
15	非破壊検査技術者 RTレベル1・2・3	管理者・検査員						
16	非破壊検査技術者 PTレベル1・2・3	管理者・検査員						
17	建築士1・2級	管理者・設計員						
18	建築施工管理技術者 1・2級	管理者						
19	土木施工管理技術者 1・2級	管理者						
20	建築高力ボルト接合管理技術者	管理者						
21	溶融亜鉛めっき高力ボルト技術者	管理者						
22	鉄骨組立等作業主任者	現場管理者						
23	高所作業車運転技能講習	現場作業員						
24	職長教育	管理者						
25	管理者教育	管理者						
26	中堅社員教育	中堅社員						
27	ISO内部監査員育成	ISO内部監査員						
28	ＱＣ手法講習会	全社員						
29	ＱＣ発表会	全社員						
30	リーダーシップ・セミナー	管理者						

きる．

（2） 要員の評価と指導

要員が，各自の活動の持つ意味と重要性を自覚し，品質目標の達成に向けて，どのように貢献できたかを評価，指導する場合は，「人事考課」等の既存のシステムを活用できる．

（3） 資格者の管理

「鉄骨工事製作要領書」等の「資格者一覧」として，教育・訓練・技能・経験をまとめて整理しておくことで，顧客への開示を含めて経営資源の資料となる．

c．力量の明確化

ISO 9001では"品質マネジメントのパフォーマンスおよび有効性に影響を与える業務をその管理下で行う人に必要な力量を明確にする"としている．鉄骨製作においては，少なくとも「製品検査」「溶接検査」「溶接作業」に従事する社内要員の力量を明確にすることが必要であろう．

鉄骨製作の重要なプロセスに従事する要員の認定基準の例を，表2.7.2に示す．

要員の認定基準は，社内規定として定めるものであり，さらに顧客の要求事項がある場合は，工事（受注物件）単位において対応する．

表 2.7.2 社内要員の認定基準

資格認定を要する業務	社内要員	経験年数	教育または資格	認定者
1．購入品検査	購入検査員	半年	社内教育	品質管理責任者
2．社内検査	社内検査員	3か月	社内教育	
3．溶接作業	溶接作業員	3か月	JIS Z 3841 基本級および社内教育	
4．溶接検査	溶接検査員	1年	JIS Z 2305 UTレベル1以上および社内教育	
5．製品検査	製品検査員	1年	鉄骨製品検査技術者および社内教育	

2.7.4 文書化した情報

a．文書化した情報

必要な「文書化された手順書」の要求は大幅に削減され，「文書化した情報」に変更された．組織は，有効なプロセス管理を確実にするための文書化された情報の作成を自由に決定することが可能になった．

b．文書の種類

（1） 品質マネジメントシステムに用いられる文書の種類

ⅰ）品質マニュアル：組織の品質マネジメントシステムを規定する文書

ⅱ）品質計画書：個別のプロジェクト，製品，プロセスまたは契約に対して，どの手順およびどの関連する資源が，誰によって，いつ適用されるかを規定する文書

ⅲ）仕様書：要求事項を記述した文書

ⅳ) 指針：推奨文，または提言を記述した文書
ⅴ) 手順書，作業指示書および図面：活動およびプロセスを首尾一貫して実行する方法に関する情報を提供する文書
ⅵ) 記録：実行された活動または達成された結果の客観的証拠を提供する文書

（2） その他の文書の種類
ⅰ) 基準：物事の基礎にする標準．
ⅱ) 規準：模範・標準となるもの．従うべき規則．
ⅲ) 要領：要点．物事を上手に行うこつ．上手に行う上での重要な点．
ⅳ) 規定：物事の仕方や手続き，また概念などを，それに基づいて行為や議論ができるように，はっきり定めること．また，その定め．「規程」と区別する場合には，「前条の……による委員は」のように，個々の条・項・号の定めをいう．
ⅴ) 規程：官公庁や組織体の内部で事務手続きなどについて定めた（まとまりの）規則．
ⅵ) 標準：一般のあるべき姿を示すものとしての，あり方．手本．規格．よりどころとなる目当て．いちばん普通の程度．

c．文書および記録の管理

文書管理の一例として，重要度別に3段階程度に分け，それぞれの段階別に管理を行う方法がある．例えば，品質マニュアル，関連法規等として第1管理基準とする文書を絞り込む．その決めたものに関してだけ第1管理基準なら配布管理，最新版管理，廃棄管理の方法，識別（マーキング）方法などをルール化して管理する．第3管理基準の場合は，一方的な配布として，個人による管理とするなど簡略化し，日常の自然な形の管理状態と同じようにする．第2管理基準は，その中間と考えればよい．カタログなどは参考文書として管理対象外とする方法もある．

扱う文書や保管すべき記録の管理などは，従来個人の頭の中にあったものを文書化して残すことになる．文書管理にかかるコストへの対策として，改訂サイクルの早い手順・組織などは必要以上に文書化しない等，改訂の頻度を少なくする．品質記録においても，何を残して何を残さないかを規定で明確にする．

d．文書および記録の保管

文書および記録は，必要なときに容易に検索できるように，保管責任者・保管の期間および保管場所を定めて管理する．工事単位のものは工事ごとのファイルで，事務的なものは年度ごとのファイルで保管することが効率的である．文書および記録の再確認が必要な場合は，保管場所での閲覧とし，持ち出し禁止を原則とするなど，取決めが必要となる．保管の期間は，法規および「工場性能評価」等により文書単位で定める．書類はため込まず，期間を過ぎれば廃棄処分することも必要である．

e．標準化と文書化

標準化は，一方では役に立つが，他方では害を与える場合もある．仕事のバラツキを一定に押えるために標準化は必要ではあるが，いつまでもそれにこだわっていては次の進歩が望めない．仕事は複雑であるので，そのすべてを文書にする必要はない．組織規模および文化程度によっては必ず

しも文書化せずに効果的に実施できる手順も考えられる．

周知徹底され，品質に支障がない作業の文書化は必要がないといえるが，頻繁に人が変わる業務や不具合の発生頻度が多い業務は，文書化しておくことが望ましい．

製作の手順を必ずしもプロセスごとに文書化する必要はない．「製作要領書」およびJASS 6等を手順書として活用することも可能である．打合せ記録として文書化されたものを手順書として扱うことも可能である．「工場性能評価」が社内規格の整備として要求する「工作基準」を手順書として活用するとよい．

f．工作図の最新版管理

建築鉄骨において，追加・変更は日常的で大変重要な問題といえる．顧客からの追加・変更は，工作図の最新版管理とともに経緯を記録保管するシステムの構築が重要となる．

現状では，CADによる作図が大半を占めるが，電子データおよびプリントアウトされた図面の最新版管理としてのシステムの構築が必要である．

2.7.5 識別およびトレーサビリティ

a．鋼材の識別

鉄骨製作における重要な項目として，鋼種の識別がある．一般的には，材端の板厚部に鋼種により色分けし，ペイントを施す．この色分けの区分は，「製作要領書」等に明示するとよい．

また，部材がどこの工事のものであるかを識別する場合は，部材番号とともに工事番号も書き込むとよい．識別とは，特定のものがなんであるかを確立，認識することをいう．

b．材料のトレーサビリティ

材料（鋼材）は鉄骨製作において，トレーサビリティ[*1]を要求される重要な項目の一つである．これには，使用材料のトレーサビリティを確実にするプロセスと記録が必要となる．例を以下に示す．

【例】 材料のトレーサビリティを証明するために以下のプロセスを確実にする．
1. 資材発注
担当者は，指定された種類の鋼材であるか否かを，帳票および注文書にて確認し，記録し，発注する．
2. 購入品検査
入荷時に，購入品検査員が，鋼種・サイズおよび数量を納入伝票と照合し，納入伝票上に記録する．担当者は，納入伝票と注文書とを照合し，記録する．
3. 施工管理
材料の切断および組立て時には，社内検査員が鋼種・工事番号・部材番号を確認し，記録する．最終製品検査では，製品検査員による検査および記録を行う．
4. 原品証明書および規格品証明書
担当者は，原品証明書および規格品証明書と注文書とを照合し，記録する．
5. 記録は，チェック印・サインおよび捺印とする．

[注]＊1 トレーサビリティ：対象の履歴，適用または所在を追跡できること．
　　(1) 製品〔3.7.6〕又はサービスに関しては，トレーサビリティは，次のようなものに関連することがある．
　　　　―材料および部品の源
　　　　―処理の履歴
　　　　―製品またはサービスの提供後の分布および所在
　　(2) 計量計測の分野においては，ISO/IEC Guide99に記載する定義が受け入れられている．

c．標準器または計測器のトレーサビリティ

　標準器または計測器のうち，企業として必要とするものおよび準拠する規格に定められているものは，トレーサビリティを証明しなければならない．

　点検のサイクルは，超音波探傷器のように，年次点検として規格に定められている場合もあるが，建築鉄骨における巻尺のように，規格に定められていない場合は，企業が適切に判断すればよい．

2.7.6　改　　　善

a．"PDCA" サイクル

　"PDCA" サイクルとは，計画（Plan）を実行（Do）し，評価（Check）して改善（Act）に結びつけ，その結果を次の計画に活かすプロセスをいう．構築された品質マネジメントシステムの "PDCA" サイクルを有効に回すことにより，継続的改善につながる．

b．環　境　作　り

　施工（製造現場），営業，設計，事務などの日常活動では日々異なる状況の下で業務を遂行するので，異常や問題が出てくるのが自然といえる．その際，大切なことは，不適合が報告される環境，社内雰囲気が整えられているかどうかとなる．活動の中では，"不適合が出た" という情報が関係者にオープンにされる仕組みをつくることが死活的に重要である．このような環境，社風をつくりあげられるのはトップマネジメントおよび品質管理者と言える．また，不適合は書類によらない，口頭での報告も奨励すべきである．

c．是　正　処　置

　ISOツールを有効に活用する中で，継続的改善のパフォーマンスとしての「不適合および是正処置」「予防処置」がある．その中での「是正処置」は，すべての品質マネジメントシステムの共通事項である．

　（1）　是正処置の目的
　　ⅰ）問題の早期解決
　　ⅱ）問題のあるプロセスを改善する
　　ⅲ）再発防止を図る
　　ⅳ）予防処置へつなげる
　（2）　是正処置の効果の確認方法
　　ⅰ）変更したプロセスが運営管理されているか
　　ⅱ）相互関係のあるプロセスに問題が発生していないか
　　ⅲ）品質マネジメントシステムに問題が発生していないか
　　ⅳ）同じ原因で再発はしていないか
　　ⅴ）是正処置活動には問題が発生していないか

d．是正処置および予防処置の活用

　過去の不適合および是正処置は，十分に活用されなければならない．仕組みは，作った（文書化した）だけではなく，活用（理念や信念を含めて）する必要がある．自社のシステムを見つめ直し，

各活動単位で"何のためにやるのか""どのような効果が想定できるか"を考えて活用することが必要となる．不適合および是正処置をチェックシートまたは手順書とし，「再発防止」「予防処置」として活用するのも方法である．予防処置活動の目的を以下に示す．

（1） 不適合の未然防止
（2） 作業の効率化
（3） 品質向上
（4） 顧客満足の向上

3章 材　　　料

3.1　構造用鋼材

3.1.1　構造用鋼材の製造法と品質のつくり込み

a．構造用鋼材の製造法

　鋼の製造法には，鉄鉱石を溶鉱炉（高炉）で還元し，ここで得られた炭素含有量の多い銑鉄を転炉で精練し鋼にする方法と，各種のスクラップ（鉄くず）を電気炉（電炉）で溶解・精練して鋼にする方法とがある．多くの場合，これらの鋼を鋳造により鋳片とし，さらに圧延加工により鋼材とする．

　鋼材の製造工程を図 3.1.1 に示す．

（1）　製銑工程

　製銑工程では，鉄鉱石を主原料とし，コークス・石灰などを副原料として，高炉を使って鉄と酸素の化合物である鉄鉱石を溶かし，コークス中の炭素により酸素を還元して銑鉄を製造する．

　銑鉄は，3.5％以上の炭素や不純物である硫黄などを多量に含有している．このため，硬くてもろいので，このままでは構造用鋼材として使用することはできない．したがって，次工程の転炉で炭素を低減したり，不純物を除去することが必要となる．また，転炉に溶けた銑鉄を運搬する際に，必要に応じて硫黄を除去するなどの予備処理が行われることもある．

（2）　製鋼工程

　製鋼工程での主原料は，銑鉄およびスクラップである．この工程では転炉，電炉，平炉（日本では使用されていないが，ロシアほかの一部の地域で使用されている．）が使用される．ここでは，日本で一般的な転炉と電炉による製鋼法について説明する．

① 転炉製鋼

　転炉での主原料は，高炉から供給される溶融状態の銑鉄（溶銑）で，一部スクラップも使用される．これらの主原料を石灰石などの副原料とともに装入後，水冷パイプを通して転炉の上や下から高圧の高純度酸素を吹き込み，溶銑中の炭素，ケイ素，燐などを酸化し，生成した酸化物をスラグとして除去する．このように，転炉は酸化反応熱のみをエネルギー源として鋼を精練する．過剰の酸素を除去するためのアルミニウムなどの脱酸剤や目標とする成分に調整するための合金は，取鍋に移される際に添加される．

　転炉製鋼は，製鋼時間が 20〜30 分と短く，かつ炉容積の大型化が進んでおり，量産にもっとも適している．また，主原料が溶銑であるため，不純物の少ない鋼を造ることができるのが転炉製鋼法の特徴であるが，さらに後述の二次精練プロセスと組み合わせることによって不純物の極めて少な

— 106 — 鉄骨工事技術指針―工場製作編

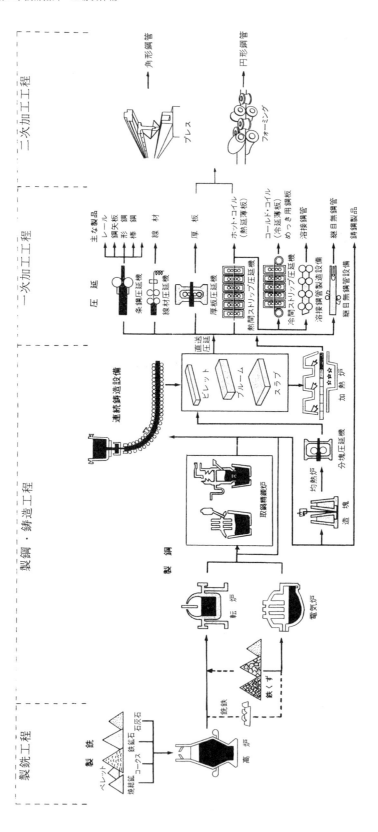

図 3.1.1 鋼材の製造工程

い均質な鋼が迅速に造れるようになっている．

　② 電炉製鋼

　電炉製鋼は，スクラップを主原料とし，電極に電流を通じスクラップとの間に発生するアーク熱によりスクラップを溶解し，酸素を吹き込んで酸化精錬を行う．次いで酸化スラグを除去した後，還元スラグで脱酸・脱硫などの還元精錬を行うとともに，成分調整のための合金添加を行う．

　電炉は製鋼時間が50～80分である．操業に小回りがきき，温度，化学成分の調整が容易なため，普通鋼や特殊鋼が電炉で製造されている．また，製鋼炉としては建設費が比較的安いことから，大型化するなど生産性を高めることによって普通鋼の製造に多く使用されている．最近では電炉で溶解・酸化精錬を行い，還元精錬以降を二次精錬設備によって行う方法が特殊鋼はもとより，普通鋼の製造でも普及しつつある．

　主原料のスクラップは，特に市中より集荷されたものについてはその性格上品質とサイズが多種多様であり，鋼材の品質を保証するためにはスクラップからの有害な不純物の混入を極力避ける必要がある．また，銅，ニッケル，錫など製鋼工程でほとんど除去できない元素については，鋼材の品質に悪影響を及ぼすことのないように一定量以下にするとともに，品質を安定させるために含有量のバラツキを少なくする必要がある．

　スクラップはその品質，サイズなど発生元で品種ごとに分類するシステムが採り入れられているが，さらに鋼材の要求品質に応じたメーカーにおけるきめ細かな選別や，購入・配合などの管理が重要である．

　近年，特に鋼材への品質要求が厳しくなってきたことから，鋼の材質，内部品質を改善する目的で鋼中の硫黄，燐などの不純物や，水素，酸素，窒素などのガス成分を除去する方法として，取鍋内精錬設備，真空脱ガス装置などいろいろな二次精錬プロセスが開発された．二次精錬は転炉や電炉の次工程として取鍋内で二次的な精錬を行うもので，鋼材の要求品質レベルにより必要に応じて適用されるようになっている．

（3）鋳造工程

　鋼材は，溶鋼から直接製造される鋳鋼品を除いては，溶鋼から鋳片または鋼片といわれる半製品を造り，これを圧延加工して製造される．この半製品は，後述のようにそれぞれスラブ，ブルーム，ビレットなどに分類されている．

　これらの半製品を造る方法には，連続鋳造法と造塊・分塊圧延法があるが，現在では前者が主流であり，大半の構造用鋼材の製造には，この連続鋳造法が採用されている．

　スラブ連続鋳造設備の一例を図3.1.2に示す．溶鋼は取鍋からタンディッシュとよばれる受皿を介し，所定の形状の鋳型（モールド）に注入される．溶鋼はモールドでの間接水冷によって表層部が凝固し，ピンチロールで連続的に引き抜かれながら，スプレーやミストによる直接水冷で中心部まで完全に凝固する．このようにしてできた鋳片は，所定の長さに切断され，搬出される．

　連続鋳造法は，造塊・分塊圧延法と比較して，生産工程が簡略化されるとともに，省エネルギーや製品歩留の向上がもたらされ，品質的にも均一性に優れた鋼ができるなどの利点がある．

　連続鋳造による鋳片は，厚さの中心部が最終凝固部となり成分偏析が形成される．操業管理が不

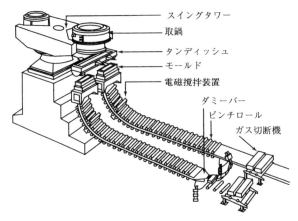

図 3.1.2 スラブ連続鋳造設備の例

適当な場合，このような中心部の偏析が著しくなったり，非金属介在物が集積して最終製品の内部欠陥となることがある．これは，後述するような鋼板の開裂現象の原因となるので，製造工程で硫黄や非金属介在物などを低減したり，鋳造時の適正な操業管理を行うことが重要である．また，電磁撹拌装置により，溶鋼を撹拌させながら凝固させる方法も均一な品質を維持するための有効な手段である．

（4） 一次加工工程（圧延工程）

製鋼・鋳造工程で造られた鋳片などの半製品を素材にして，一次加工により所定の形状の鋼材を製造するのに圧延，鍛造などの方法があるが，一般的な鋼材は圧延によって製造される．

圧延とは，素材を回転する 2 本のロール間に差し込み，連続した力を加えて所定の断面形状に伸ばしたり，厚さを薄くしたりする製造プロセスであり，こうして造られた製品を圧延鋼材という．圧延には，素材を高温に加熱して行う熱間圧延と，熱間圧延で造られた鋼材を素材にして常温のまま行う冷間圧延とがあるが，構造用鋼材の大部分は熱間圧延によって製造される．熱間圧延によって所定の断面形状・寸法を得るとともに，鋳造したままの素材に存在する微小な空げき（隙）を圧着し，粗い結晶組織を微細化することができる．その結果，強度が上昇し，衝撃特性，延性が向上するなどして，鋼材として必要な特性を得ることができる．

鋼材の強度をさらに高めたり，衝撃特性などを向上させたりするために，空冷型熱加工制御や焼ならし処理，焼入れ焼戻し処理などの熱処理を施すこともある．

最近では，高強度でかつ溶接性の良好な引張強さ 490 N/mm^2 級，520 N/mm^2 級の厚鋼板の製造に水冷型熱加工制御法が適用されたり，低降伏比の引張強さ 590 N/mm^2 級の厚鋼板の製造に二段焼入れ焼戻し熱処理が導入されている．

また，図 3.1.3 に示すように，フランジ厚が変化しても梁せいが一定に保たれる外法一定の H 形鋼の製造技術も開発されている．これは，従来の圧延方式に，ウェブ高さを自在に制御する独特な圧延機構と，フランジとウェブの厚さを自在に制御する圧延制御技術を採り入れたものである．

なお，特殊な一次加工方法として，継目無鋼管製造法や，異形形鋼を造る熱間押出し法などがある．

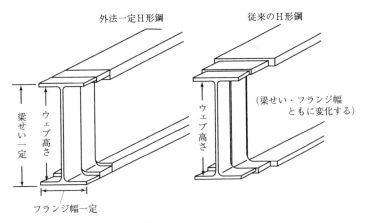

図 3.1.3 外法一定 H 形鋼と従来の H 形鋼

（5） 二次加工工程

圧延工程で製造された圧延鋼材（厚鋼板，薄鋼板など）を素材として，冷間あるいは熱間でのロール成形，プレス成形などにより鋼材を製造する工程を二次加工という．二次加工工程による製品には冷延鋼板，軽量形鋼，溶接鋼管などがある．

冷間ロール成形で製造されるものには，軽量形鋼，角形鋼管および円形鋼管がある．熱間ロール成形で製造されるものには，小径厚肉の円形鋼管がある．

冷間プレス成形では，角形鋼管や円形鋼管などが製造され，熱間プレス成形では，角形鋼管や極厚で外径の小さい円形鋼管が製造される．

以上の方法で成形された角形および円形鋼管は，溶接接合されて製品となる．

以上に述べた構造用鋼材の製造工程は，日本国内の鉄鋼メーカーをベースとしており，その製造技術や製品品質は世界的に見てもトップレベルである．しかし，諸外国の鉄鋼メーカーではこのような水準に達していないこともあるので，輸入鋼材を使用する場合はその品質水準をよく確認しておく必要がある．

b．構造用鋼材の品質つくり込み

構造用鋼材を製造する場合の品質つくり込みとは，提示された注文仕様（要求品質）を満足させるために表 3.1.1 に示すような製造条件を決定することであり，具体的には，図 3.1.4 のように要求品質を達成するために必要な製造要因を組み合わせることである．

表 3.1.1 鋼材の品質をつくり込むための項目

項　目	具体的製造条件
成分範囲	注文仕様の機械的性質・成分元素の範囲から，製鋼工程で製造目標とする成分範囲（上下限値）を決める．
寸法・形状	注文仕様の製品サイズから各製造工程で必要な寸法を指定する．
製造工程の選択	注文仕様の機械的性質・サイズ・表面性状・内質性状などから製造工程を選択し，管理項目と管理基準値を決める．
試験・検査基準	製造結果ならびに品質確認の試験・検査基準（サンプリング方法，検査機器・方法，基準値)を決める．
こん包・表示	製造した製品の品質保持のためのこん包・保管方法，製品の識別方法を指定する．

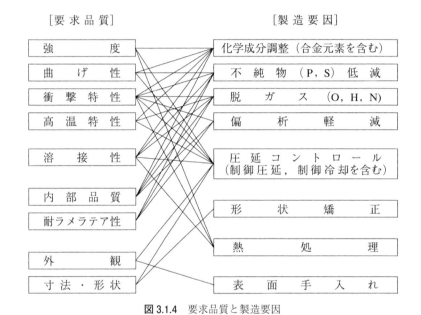

図 3.1.4　要求品質と製造要因

　鋼材の特性は，製鋼および鋳造工程で決定される化学成分と，圧延工程または熱処理などで決定される金属組織の影響を大きく受ける．例えば，材質として主に強度だけが要求されるSN 400 Aは，炭素をベースにマンガン，ケイ素などを若干量添加して製造される．強度，衝撃特性とともに溶接性も要求されるSN 400 B, SN 400 C, SN 490 B, SN 490 C材などは，炭素を添加しすぎると強度はアップするものの，衝撃特性，溶接性が損なわれるので，炭素を低めにしてマンガン，ケイ素を増やす．それでも特性を補うのが難しいときは，バナジウム，ニオブ，銅，ニッケルなどの合金元素を添加したり，あるいは制御圧延，制御冷却，熱処理などのプロセスを活用することにより，要求品質を達成する．さらに，特別仕様として高度な内部品質が要求される鋼材の製造にあたっては，燐・硫黄などの不純物の低減，水素・酸素などのガスの低減，非金属介在物の低減や非金属介在物の形態制御などが実施される．

　したがって，所要性能を有する構造用鋼材を製造するためには，図 3.1.4 のなかで，化学成分範囲の設定と圧延や熱処理に関する製造工程の選択が特に重要である．以下にこれらの品質のつくり込

みの考え方を説明する．

(1) 化学成分による品質つくり込み

鋼中には必要に応じて種々の元素が添加されており，また不純物として燐・硫黄や，ガス成分として水素・酸素・窒素などを含有している．これらの元素のうち，鋼材の品質をつくり込む上で主要なものについて以下に説明する．

① 炭素（C）

炭素は，降伏点・引張強さ・硬さなどを上昇させ，焼入性を向上させるなど鋼の強度を高めるのにもっとも経済的かつ有効な元素である．しかし，炭素量が増加すると，伸び・絞り・衝撃特性が低下し，さらに溶接性も低下するので，要求性能に応じて一定レベル以下に抑え，強度レベルの確保などにはほかの元素で補完する．一般的な構造用鋼材では，溶接性を考慮しつつ強度を確保するために，およそ 0.06～0.23 ％の炭素が含有されている．

② ケイ素（Si）

ケイ素は，脱酸剤として添加される．通常は 0.6 ％程度以下が含有されており，この範囲であれば，溶接性を阻害することなく，降伏点・引張強さ・延性・衝撃特性を若干高める働きをする．

③ マンガン（Mn）

マンガンは炭素と同様に，降伏点・引張強さを高めるために使用されるが，衝撃特性を向上させる効果も大きく，溶接性を阻害する程度も小さいので，必ず添加される元素である．通常は 2.0 ％以下のマンガンが添加される．

④ 銅（Cu）

銅は，耐候性を向上させるので，耐候性鋼には欠かせない元素で，必要に応じて 0.20～0.60 ％の銅が添加される．銅は降伏点，引張強さを上昇させ，延性を減少させる．銅の量が多くなると，熱間加工時に表面割れの原因となることがあるので，注意を要する．

⑤ ニッケル（Ni）

ニッケルは，焼入性，耐食性および衝撃特性を向上させる効果が大きく，低温用鋼やステンレス鋼には多量に添加される．また，ニッケルは引張強さをやや増加させ，降伏点を減少させる．構造用鋼材では，必要に応じて 0.3 ％前後添加されることがある．

⑥ クロム（Cr）

クロムは，焼入れ性を向上させる効果が大きく，耐食性も向上させるので，ステンレス鋼などの耐食鋼や耐候性鋼，高温用鋼には欠かせない元素である．構造用鋼材では，焼入れ焼戻し熱処理を施す引張強さ 570 N/mm^2 級以上の鋼材に添加される．

⑦ モリブデン（Mo）

モリブデンは，焼入性を向上させ，降伏点・引張強さを上昇させ，延性・衝撃特性を減少させる．特に高温強度を上昇させる効果が大きいので，高温用鋼に多く用いられる．建築用耐火鋼材には，およそ 0.3～0.9 ％程度のモリブデンが添加されている．

⑧ バナジウム（V）

バナジウムは，降伏点・引張強さを高める効果がある．さらに，制御圧延や熱処理などによって

結晶粒を微細化することにより，強度と衝撃特性を向上させるため，引張強さ 490 N/mm² 級以上の鋼材に必要に応じて 0.02〜0.05 % 程度添加される．

⑨　ニオブ（Nb）

ニオブもバナジウムと同様に降伏点，引張強さを高め，制御圧延や熱処理などによって強度と衝撃特性を向上させる効果があり，引張強さ 490 N/mm² 級以上の鋼材にしばしば利用される．添加量もバナジウムとほぼ同様で 0.02〜0.05 % 程度である．

⑩　アルミニウム（Al）

アルミニウムは，酸素との親和力が極めて強く，脱酸剤として使用されるが，脱酸生成物が非金属介在物として鋼中に残留すると，内部品質が劣化する原因となるので注意を要する．また，窒素との親和力が強く，AlN として析出し，結晶粒を微細化して衝撃特性を向上させ，降伏点・引張強さを上昇させる効果もある．

⑪　チタン（Ti）

チタンは，アルミニウムと同様の性質を持ち，酸素との親和力が強く，脱酸剤として使用される．また，窒素との親和力が強く，TiN として析出し，結晶粒の微細化に役立つ．特に TiN は高温でも安定しているので，溶接熱影響部の衝撃特性の改善に利用されることもある．

⑫　ボロン（B）

ボロンは，添加量が微量でも焼入性を向上させる効果が大きいので，引張強さ 570 N/mm² 級以上の高張力鋼を焼入れ焼戻し処理により製造する場合に，0.001 % 前後添加されることがある．一般の構造用鋼材では，ボロンの焼入性の向上効果により，溶接熱影響部が硬化し，溶接継手性能に悪影響を及ぼす可能性もあるので注意を要する．

⑬　錫（Sn）

錫は，ブリキのように単体で防せい（錆）用表面処理の目的でよく使用されるが，鋼中に存在すると，銅と同様に熱間加工時の表面割れの原因となったり，延性・衝撃特性を低下させるので注意を要する．

⑭　燐（P）

燐は，溶接性，冷間加工性，衝撃特性を著しく阻害するため有害な不純物とされ，通常 0.03 % 以下に抑えられる．しかし，耐候性を向上させる効果があるので，厚さ 16 mm 以下の耐候性鋼材に添加されることがある．

⑮　硫黄（S）

硫黄は，圧延方向に伸長した MnS の非金属介在物となって存在して衝撃特性を低下させる．また，鋼板や平鋼などの板厚方向の絞りを減少させ，耐ラメラテア特性を劣化させる．したがって，硫黄は，通常 0.015 % 以下に抑えられるが，特に衝撃特性や板厚方向に応力がかかるような部位に使用される鋼材については，極力少なくすることが望ましい．また，カルシウムなどを添加し，MnS を球状化して圧延で伸長変形しない介在物に形態制御することも重要である．

⑯　水素（H）

水素は，製鋼工程，鋳造工程などにおいて鋼中に浸入し，それが残留すると水素脆化割れなどの

内部欠陥の原因となる．また，水素は，常温でもイオンの状態で鋼材中を容易に拡散し，衝撃特性を低下させ，溶接時の低温割れの発生を助長するので，各製造工程で水素の浸入防止や脱水素管理を行うことが重要である．

⑰　酸素（O）

酸素は，製鋼工程においては酸化精錬のために重要な役割を持っているが，過剰の酸素は，鋼中で各種酸化物を生成し，そのほとんどは浮上分離するが，一部は酸化物系非金属介在物となって残留し，内部品質などを劣化させる．したがって，酸化生成物を十分に浮上分離させるとともに，鋳造工程などで酸化されないようにアルゴンガスなどで大気と遮断する．

⑱　窒素（N）

窒素は，AlN などの窒化物を生成し，結晶粒の微細化などに有効な元素であるが，過剰な窒素は青熱脆性や時効硬化などの原因ともなるので，注意が必要である．

（2）　圧延操業条件や熱処理による品質のつくり込み

鋼材の製造工程の中で，材質をつくり分ける方法として次のような方法がある．主な鋼材への適用例を図 3.1.5 中に示す．

① 圧延のままで材質を確保する方法

引張強さ 400 N/mm^2 級や 490 N/mm^2 級などの構造用鋼材の製造ではもっとも一般的な方法であり，生産性・経済性に優れている．鋳片を約 1 200 ℃前後に加熱し，圧延終了温度がほぼ 900 ℃になるように圧延した後，空冷して所定の材質を得る．

② 焼きならし処理による方法

この方法は，引張強さ 490 N/mm^2 級や 520 N/mm^2 級などの鋼材の圧延後の結晶組織を均一に微細化して衝撃特性を向上させたり，鋼材内の水素を拡散させて内部品質を改善するために適用される．鋼材を熱処理炉に装入して約 900 ℃まで加熱し，炉から抽出後空冷する．

③ 空冷型熱加工制御（制御圧延）による方法

熱加工制御は一般的に TMCP（Thermo Mechanical Control Process）と呼ばれ，ここに述べる非水冷型（空冷型）と次項に述べる水冷型がある．

制御圧延は，鋳片の加熱温度，圧延における温度と圧下量を適正に制御し，その後空冷することによって鋼の結晶組織を微細化し，溶接性を損なわずに強度や衝撃特性を向上させる方法で，非水冷型または空冷型 TMCP ともいわれる．板厚 40 mm 以下の引張強さ 490 N/mm^2 級や 520 N/mm^2 級などの鋼板の製造に適用されることがある．

④ 水冷型熱加工制御（制御圧延＋制御冷却）による方法

水冷型熱加工制御は，制御圧延にさらに水冷による強制的な制御冷却を組み合わせ，圧延後の温度と冷却速度を制御する方法で，水冷型 TMCP ともよばれる．溶接性の優れた高強度，高衝撃特性の極厚板の製造が可能で，厚さ 40 mm を超え 100 mm 以下の建築構造用 TMCP 鋼板は，この方法で製造されている．

⑤ 焼入れ焼戻し処理による方法

この方法は，鋼材を熱処理炉に装入して約 900 ℃まで加熱し，炉から抽出後急冷して焼入れ処理

プロセス名称	圧延のまま	焼きならし	熱加工制御 空冷型	熱加工制御 水冷型	焼入れ焼戻し
プロセス概要 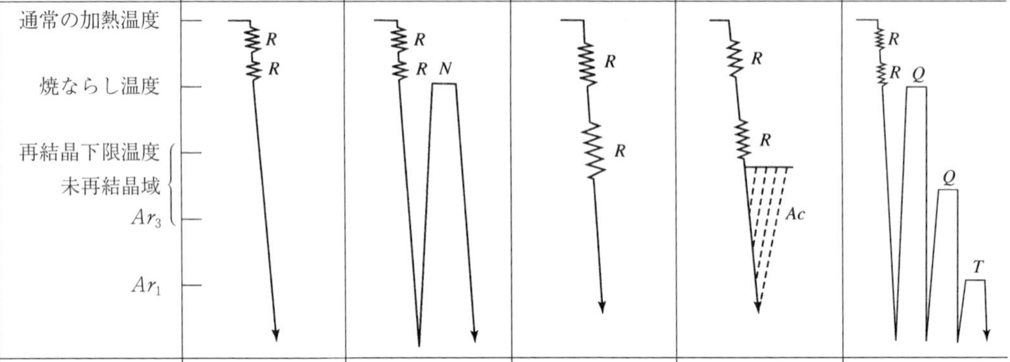					
解説	通常圧延	圧延の後に熱処理炉にて焼ならし	圧延温度および圧下量を管理する制御圧延	制御圧延の後に水冷により制御冷却	圧延の後に熱処理炉にて焼入れ焼戻し
適用鋼材	SN 400 A・SN 400 B・SN 400 C SN 490 B・SN 490 C SS 400 SM 400 A・SM 400 B・SM 400 C SM 490 A・SM 490 B・SM 490 C SM 520 B・SM 520 C	SN 490 B・SN 490 C SM 490 B・SM 490 C SM 520 B・SM 520 C SM 570 N	SN 490 B TMC・SN 490 C TMC SM 490 A TMC・SM 490 B TMC・SM 490 C TMC SM 520 B TMC・SM 520 C TMC	SN 490 B・SN 490 C SM 490 A・SM 490 B・SM 490 C SM 520 B・SM 520 C TMCP 鋼	SA 440
特徴	・成分系だけで強度が決まる.	・結晶の細粒化による衝撃特性の向上 ・水素を拡散させて内部品質改善	・結晶の細粒化による衝撃特性の向上	・低炭素当量で高強度を得る.	・低 C_{eq} で高強度を得る ・低降伏比 ・高靱性

[注] Ar_3：冷却に際しr鉄からα鉄へ，またはオーステナイトからフェライトへの変態が開始する温度
 Ar_1：冷却に際しr鉄からα鉄へ，またはオーステナイトからフェライト＋セメンタイトへの共析変態が開始する温度
 R：圧延　　N：焼ならし　　Ac：制御冷却　　Q：焼入れ　　T：焼戻し

図 3.1.5　材質をつくり分ける製造パターン

をし，さらに 800 ℃近辺で 2 回目の焼入れ処理を行う．引き続き 550〜700 ℃の範囲の適当な温度に加熱・保持した後，空冷して焼戻し処理を行う．高強度で降伏比の上限規定のある建築構造用 590 N/mm^2 高性能鋼は，この方法を適用して製造される．

以上の 5 種類の製造法の中で，①〜④の方法を適用して製造された鋼材を非調質鋼と呼び，⑤の方法を適用して製造された鋼材を調質鋼と呼ぶ．

（3）構造部材に必要とされる鋼材の品質特性

建築構造用部材は，その用途によって使用する構造用鋼材に要求される品質特性もおのずと異なってくる．構造部材の代表的な用途と使用する構造用鋼材に必要とされる品質特性を表 3.1.2 に示す．これらの必要とされる品質特性が JIS 規格に仕様項目として規定されていない場合には，必要

表 3.1.2 構造部材に必要とされる鋼材の品質特性

構造上の特徴	必要とされる品質特性	予想されるトラブル例	構造部材の例
弾性範囲で使用される部材	降伏点の下限 引張強さの上下限 伸びの下限 化学成分	強度不足による破壊	小梁 間柱
弾塑性域で使用される耐震部材	降伏点の上下限 引張強さの上下限 降伏比の上限 伸びの下限 吸収エネルギーの下限 化学成分 C_{eq} または P_{CM} ラミネーションのないこと	強度不足による破壊 塑性変形能力不足による耐震性能の劣化 吸収エネルギー不足による脆性破壊 溶接低温割れ	柱 梁 ブレース
弾塑性域で使用される耐震部材で，かつ厚さ方向に引張力を受ける部材 溶接によりラメラテア・開裂現象の発生が懸念される部材	降伏点の上下限 引張強さの上下限 降伏比の上限 伸びの下限 厚さ方向絞りの下限 吸収エネルギーの下限 化学成分 C_{eq} または P_{CM} S 量の上限 内部品質（超音波探傷検査） ラミネーションのないこと	強度不足による破壊 塑性変形能力不足による耐震性能の劣化 吸収エネルギー不足による脆性破壊 柱梁仕口部での異常破壊（脆性的破壊） 溶接低温割れ ラメラテア発生 開裂現象の発生	柱フランジ（柱通し） 通しダイアフラム ブレース交差部

な項目が規定されている他の規格を流用するなり，独自の規格を設定するなどして，加工・施工・使用上のトラブルを未然に防止するよう努めなければならない．

c．鋼材の分類

鋼材は前述の製造法，形状，化学成分，機械的性質，用途などにより分類されるが，これらは互いに交錯する場合も多く，必ずしも厳密なものではない．表 3.1.3 にその概要を示す．

（1）半製品の形状・寸法による分類

製鋼工程で得られた鋼から連続鋳造や分塊圧延によって製造されるスラブ・ブルーム・ビレットなどは鋼片と呼ばれ，各製造工程に供給される素材である．これらスラブ・ブルーム・ビレットなどを半製品といい，JIS G 0203（鉄鋼用語）による定義を表 3.1.4 に示す．スラブは厚さが 50 mm 以上で，幅が厚さの 2 倍以上の板状鋼片で，厚鋼板や薄鋼板の圧延素材として用いられる．ブルームは断面が角形または円形があり，通常，一辺または直径の寸法が 200 mm を超える鋼片で，形鋼や大型条鋼類の素材として用いられる．ビレットは断面が角形または円形があり，通常，一辺または直径の寸法が 50 mm 以上 200 mm 以下の鋼片である．ビレットは，比較的小型の形鋼や棒鋼，線材や継目無鋼管の素材として用いられる．

これらの半製品は，一般には鋼材メーカーの社内流通品であるが，後述するような単圧メーカーなどに対して圧延素材として外販されることもある．

（2）製造法による分類

半製品を熱間圧延により形鋼，鋼板など目的の品質・形状の製品にし，さらに必要に応じて熱間

表 3.1.3　鋼材の分類

分類法	半製品の形状・寸法による分類	製造法による分類	形状による分類	化学成分による分類	強度による分類
鋼材	─ スラブ ─ ブルーム ─ ビレット	─ 熱間圧延製品 ─ 冷間圧延製品 ─ 鋳鋼品 ─ 鍛鋼品 ─ その他	条鋼 　形鋼 　平鋼 　棒鋼 　線材 　軌条・車輪等 ─ 鋼板 　厚鋼板（厚板・中板） 　薄鋼板（薄板） 　鋼帯 ─ 鋼管 　継目無鋼管 　溶接鋼管 　鍛接鋼管	─ 普通鋼 ─ 特殊鋼 ─ 炭素鋼 ─ 合金鋼	─ 軟鋼 ─ 高張力鋼 　高張力鋼 　超高張力鋼 ─ その他 　低降伏点鋼

表 3.1.4　スラブ・ブルーム・ビレットの定義（JIS G 0203 の定義）

用　語	意　味
スラブ	厚さが 50 mm 以上で，幅の厚さに対する比率が 2 倍以上の板状鋼片．鋼板および鋼帯の圧延素材として使用される． 注記：ISO 6929 の定義では，幅の厚さに対する比率が 4 を超えるスラブは"広幅スラブ"と呼ぶ．
ブルーム	断面が，角形（正方形および長辺が短辺の 2 倍以下の長方形）または円形一定サイズの鋼片．正方形ブルーム（square blooms），長方形ブルーム（rectangular blooms）および円形ブルーム（round blooms）があり，通常，一辺または直径の寸法が 200 mm を超える鋼片． 注記：ISO 6929 では，正方形ブルームとして一辺が 120 mm を超えるもの，および長方形ブルームとして 14 400 mm^2 を超える断面積をもち，幅の厚さに対する比率が 1 を超え 2 未満のものと定義される．
ビレット	断面が角形（正方形および長辺が短辺の 2 倍以下の長方形），または円形の一定サイズの鋼片．正方形ビレット（square billets），長方形ビレット（rectangular billets）および円形ビレット（round billets）があり，通常，一辺または直径の寸法が 50 mm 以上 200 mm 以下の鋼片． 注記：ISO 6929 では，正方形ビレットとして一辺が一般に 50 mm 以上で 200 mm 以下のもの，および長方形ビレットとして断面積が 2500 mm^2 以上，14 400 mm^2 以下の断面積をもち，幅の厚さに対する比率が 1 を超え 2 未満のものとして定義されている．

圧延製品を常温で冷間圧延または冷間引抜きを行うこともある．あるいは圧延を行わず鋳鋼，鍛鋼の素材として使用することもある．このような鋼材の製造方法による分類では，熱間圧延製品，冷間圧延製品，鋳鋼品，鍛鋼品などと区別することがある．

構造用鋼材の大部分は熱間圧延製品である．

（3）形状による分類

熱間圧延製品は，表 3.1.3 に示すように形状により条鋼，鋼板，鋼管に大別され，さらに各項目が細分化される．冷間圧延製品もいくつかの形状を除いて同様に分類される．

条鋼は，形鋼・棒鋼・線材などの総称である．形鋼は構造用として形状を重視するものが多い．棒鋼は機械部品などに加工して使用されるため，切削性や焼入れ性を向上させる化学成分や清浄度などの品質が要求されるものと，鉄筋コンクリート用異形棒鋼のように形状，強度がより重視されるものがある．

鋼板は，構造用・部品用などに広く用いられる．厚さ3 mm以上を厚鋼板，3 mm未満を薄鋼板というが，厚鋼板の厚さ3 mm以上6 mm未満を中板，6 mm以上を厚板として分類することがある．また，コイル状に巻かれた鋼板を鋼帯という．厚鋼板は強度のほか，溶接性などが要求されることがあり，薄鋼板は深絞りなどの加工性，表面性状などが要求されることが多い．

また，鋼管は，その用途によって各種の性能が要求される．

このように，形状によって要求される仕様はそれぞれ特徴があるが，用途によって千差万別であり，後述する化学成分や用途による分類と相互に絡み合う．

(4) 化学成分による分類

鋼材は，工業的には炭素鋼を主体とした広く一般的に用いられる普通鋼と特殊な用途に用いられる特殊鋼に区分される．普通鋼と特殊鋼の区別は，合金鋼と炭素を0.6％以上含む炭素鋼を特殊鋼とし，それ以外の炭素鋼を普通鋼とするのが一般的である．ここで，炭素鋼とは炭素を通常0.02～2％含有し，合金鋼に該当するような合金元素を含まない鋼と定義される．これらの分類について表3.1.5に示す．一般的に，構造用鋼材は普通鋼または炭素鋼に分類される．

表3.1.5 普通鋼と特殊鋼，炭素鋼と合金鋼の分類

分類		備考
普通鋼	炭素鋼	炭素鋼のなかで主に炭素が0.6％未満の鋼
特殊鋼		炭素鋼のなかで主に炭素を0.6％以上含む鋼
	合金鋼	以下の元素を一つ以上含む鋼 　　Mn≧1.65％ 　　Si≧0.6％ 　　CuまたはPb≧0.4％ 　　Cr, Co, Ni, WまたはAl≧0.3％ 　　V≧0.1％ 　　Mo≧0.08％ 　　Nb≧0.06％ 　　TiまたはZr≧0.05％ 　　B≧0.0008％ 　　その他の元素≧0.1％ 　　(S, P, CおよびNを除く)

(5) 強度による分類

鋼材を強度レベルにより軟鋼および高張力鋼に分類することがある．軟鋼は引張強さが400 N/mm²級の鋼材であり，高張力鋼は引張強さが490 N/mm²級以上の鋼材の総称である．高張力鋼の中で引張強さが980 N/mm²以上の鋼材を特に超高張力鋼と呼ぶこともある．このほかに，低降伏点鋼と呼ばれ，制振ダンパーなどに用いられる鋼材もある．低降伏点鋼は，下降伏点または0.2％耐力が225 N/mm²レベルと100 N/mm²レベルに厳格に管理して製造された鋼材が一般的である．

####（6） 用途・その他による分類

鋼材の使用にあたって，必要な形状・化学成分などを包含して用途区分に従った分類をすることもある（自動車用・造船用・橋梁用・建築用など）．

d．鋼材メーカーの分類

鋼材メーカーを業態別に集約すると，次のように大別される．

#####（1） 高炉メーカー

鉄鉱石を主原料として製銑を行う高炉を有し，製銑，製鋼，圧延を行う一貫製造工程を持ち，多品種の製品を生産し，わが国の鋼材供給の中核をなしているメーカーである．銑鋼一貫メーカーとよぶこともある．

#####（2） 電炉メーカー

製銑工程を持たず，スクラップを主原料に電炉によって製鋼し，圧延を行う．これには普通鋼メーカーと特殊鋼メーカーがあり，構造用鋼材を製造しているのは主に前者である．主力製品は小型棒鋼や一般形鋼であるが，広幅平鋼や厚板，ホットコイルなどを製造しているメーカーもある．

#####（3） 単圧メーカー

製銑および製鋼工程を持たず，高炉メーカーまたは電炉メーカーから鋳片などの素材を購入し，圧延や表面処理，製管などを行い，主に小型棒鋼や小型形鋼を製造しているメーカーである．冷延鋼板やめっき鋼板，軽量形鋼，溶接鋼管を製造するメーカーもある．単圧メーカーの中には，伸鉄メーカーとよばれ，厚板の端板や良質のスクラップなどを再圧延して，主に小サイズの小棒を製造するメーカーがあり，一般の単圧メーカーと区別されている．

e．鋼材の溶接性

鋼材の溶接接合部の性能に影響を及ぼす重要な因子の一つに，溶接熱影響部（HAZ：Heat-Affected Zone）における割れがある．この割れは通常約200℃以下で発生するので，一般に低温割れと呼ばれており，次のような要因が重畳した場合に生じる．

① 鋼材のHAZが硬化することによる延性の低下
② 溶接部への水素の浸入による水素脆化
③ 溶接部の拘束，収縮などによる応力集中

鋼材の溶接性に関しては，これらのうちのHAZの硬化性について評価することが必要である．以下に評価方法を説明する．

#####（1） 炭素当量（C_{eq}）

HAZの硬化性は化学成分に依存し，中でも炭素量には大きく影響される．炭素以外のそれぞれの元素について，炭素に比較してどのくらいの影響があるかを求めて，係数としてそれぞれの元素含有量に乗じて総和したものが炭素当量（C_{eq}：carbon equivalent）である．C_{eq}計算式には種々の提案式があるが，JIS G 3136（建築構造用圧延鋼材）では（3.1.1）式が用いられている．

$$C_{eq} = C + \frac{Mn}{6} + \frac{Si}{24} + \frac{Ni}{40} + \frac{Cr}{5} + \frac{Mo}{4} + \frac{V}{14} \ (\%) \tag{3.1.1}$$

C_{eq}と後述のHAZの最高硬さとの間には，図3.1.6に示すような関係があり，C_{eq}からおおよその

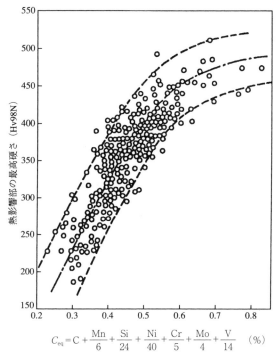

$$C_{eq} = C + \frac{Mn}{6} + \frac{Si}{24} + \frac{Ni}{40} + \frac{Cr}{5} + \frac{Mo}{4} + \frac{V}{14} \quad (\%)$$

図 3.1.6 C_{eq} と溶接熱影響部の最高硬さとの関係[1]

最高硬さを推定することができる．

（2） 溶接割れ感受性組成（P_{CM}）

水素や拘束度の影響を考慮していない上述の C_{eq} の難点を改善し，予熱温度の推定に利用されているものに溶接割れ感受性指数（P_W）があり，(3.1.2) 式の P_W の計算に用いられるのが溶接割れ感受性組成（P_{CM}：cracking parameter of material）で，(3.1.3) 式で計算される．

$$P_W = P_{CM} + \frac{R_F}{4\,000} + \frac{H}{60} \tag{3.1.2}$$

$$P_{CM} = C + \frac{Si}{30} + \frac{Mn}{20} + \frac{Cu}{20} + \frac{Ni}{60} + \frac{Cr}{20} + \frac{Mo}{15} + \frac{V}{10} + 5B \quad (\%) \tag{3.1.3}$$

記号　H：グリセリン置換法により測定された溶着金属の拡散性水素量（cc/100 g）

　　　R_F：溶接継手の拘束度（kgf/mm・mm）

P_{CM} と C_{eq} の間には，図 3.1.7 に示すように比較的良い相関があるが，米国溶接学会（AWS）では，炭素量がおよそ 0.12 % 以下の鋼材に対しては P_{CM} の適用を，0.12 % 超の鋼材に対しては C_{eq} の適用を推奨している．

（3） 溶接割れ防止予熱温度の推定方法

鋼材の炭素量が高くなると C_{eq} に近づき，炭素量が低くなると P_{CM} に近づく新しい炭素当量（CEN）を用いて予熱温度を推定する考えも提案されている[2]．これは，主として SA 440 などの高張力鋼を対象に研究されたものであり，必要予熱温度は CEN のほかに入熱量，拡散性水素量，溶接

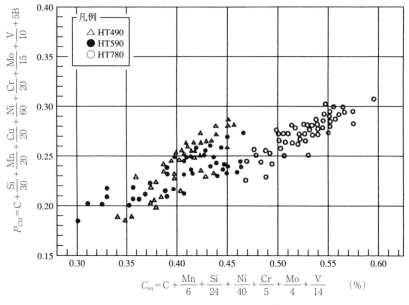

図 3.1.7 C_{eq} 値と P_{CM} 値の関係[3]

金属降伏強さなどを考慮して必要予熱温度を推定するものである．CEN の計算式を (3.1.4) 式に示す．

$$CEN = C + A(C)\left\{\frac{Si}{24} + \frac{Mn}{6} + \frac{Cu}{15} + \frac{Ni}{20} + \frac{Cr + Mo + Nb + V}{5} + 5B\right\} (\%) \quad (3.1.4)$$

ここで，$A(C) = 0.75 + 0.25 \tanh[20(C - 0.12)]$

CEN と P_{CM}，C_{eq} の相関は，おおよそ次のとおりである．

$CEN = 2 P_{CM} - 0.092$ （ただし，C＜0.17 ％の時）

$CEN = C_{eq} + 0.022$ （ただし，C≧0.17 ％の時）

3.1.2 構造用鋼材の種類

建築物の構造部材として使用できる鋼材（指定建築材料）は，表 3.1.6 に示す建築基準法第 37 条第一号の日本工業規格（JIS）に規定される製品で同別表第 1 第一号に掲げる建築材料，または，同第 37 条第二号において国土交通大臣の認定を受けたものとする．

a．JIS 規格品

JIS マークの表示は，製品が該当する JIS の基準を満たしていることを示すものであり，工業標準化法の改正により，2005 年 10 月 1 日より，現行の JIS マーク制度が開始されている．現行の制度の仕組みの概要は，次のとおりである．

参考文献

1) Kihara・Inagaki：IIW Doc., IX-415-64
2) 日本鉄鋼連盟：建築構造用高性能 590 N/mm² 鋼材（SA 440）設計・溶接施工指針（第 3 版）
3) JSSC 溶接割れ研究班報告，JSSC，Vol. 8，No. 80，1972

表 3.1.6　構造用鋼材の種類

No.	規格番号および名称	種別および種類の記号		
(1)	JIS G 3136 （建築構造用圧延鋼材）	SN 400 A, SN 490 B,	SN 400 B, SN 490 C	SN 400 C
(2)	JIS G 3101 （一般構造用圧延鋼材）	SS 400 SS 490 SS 540		
(3)	JIS G 3106 （溶接構造用圧延鋼材）	SM 400 A, SM 490 A, SM 490 YA, SM 520 B,	SM 400 B, SM 490 B, SM 490 YB SM 520 C	SM 400 C SM 490 C
(4)	JIS G 3114 （溶接構造用耐候性熱間圧延鋼材）	SMA 400 AW, SMA 400 AP, SMA 490 AW, SMA 490 AP,	SMA 400 BW, SMA 400 BP, SMA 490 BW, SMA 490 BP,	SMA 400 CW SMA 400 CP SMA 490 CW SMA 490 CP
(5)	JIS G 3350 （一般構造用軽量形鋼）	SSC 400		
(6)	JIS G 3353 （一般構造用溶接軽量 H 形鋼）	SWH 400,	SWH 400 L	
(7)	JIS G 3475 （建築構造用炭素鋼鋼管）	STKN 400 W,	STKN 400 B,	STKN 490 B
(8)	JIS G 3444 （一般構造用炭素鋼鋼管）	STK 400 STK 490		
(9)	JIS G 3466 （一般構造用角形鋼管）	STKR 400 STKR 490		
(10)	JIS G 5101 （炭素鋼鋳鋼品）	SC 480*		
(11)	JIS G 5102 （溶接構造用鋳鋼品）	SCW 410,	SCW 480	
(12)	JIS G 5201 （溶接構造用遠心力鋳鋼管）	SCW 410-CF,	SCW 480-CF,	SCW 490-CF
(13)	JIS G 3352 （デッキプレート）	SDP 1 T, SDP 3,	SDP 1 TG, SDP 4,	SDP 2,　SDP 2 G, SDP 5,　SDP 6
(14)	JIS G 3138 （建築構造用圧延棒鋼）	SNR 400 A,	SNR 400 B,	SNR 490 B

［注］　＊：溶接できない

① JISマークの表示を許可する機関は，従前の工業技術院から国に登録された認証機関（登録認証機関という）となった．

② JISマーク表示の認証取得を希望する申請者は，これまでの製品を製造する事業者に加え，製品を販売する事業者，製品の輸出入を行う事業者でもよいこととなった．

③ JISマーク制度では，継続的に製造される製品に対する認証の外に，製品のロットまたはバッチごとの認証が可能となった．なお，ロットまたはバッチごとの認証とは，認証を受ける対象が特定の個数または量の製品に対する認証のことである．

④ 現行制度の審査方法は，従来の工場ごとの品質管理体制を審査する方法から，申請事業者の品質管理体制および製品試験の審査を実施する方法となった．そのため，旧制度では申請事業

者が実施する製品検査の確認を行うのに対し，現行の制度では登録認証機関が実施する製品試験を原則とすることになった．

⑤ 現行のJISマークは，図3.1.8のように3種類あり，(1)は鉱工業品のJISに適合していることを示すマーク，(2)は加工技術のJISに適合していることを示すマーク，(3)は性能，安全度などの特定側面について定められたJISに適合していることを示すマークである．

(1)鉱工業品用　(2)加工技術用　(3)特定側面用

図 3.1.8 JISマーク

⑥ 製品への現行のJISマークの表示に際しては，JISマークの近傍への登録認証機関の名称または略号の表示を行うこと，製品または包装等に認証取得者の名称または略号を付記することとされている．

鋼材として次のものがある．

（1） JIS G 3136（建築構造用圧延鋼材）

多くの指定建築材料の鋼材の中で，これまで建築に使われてきた鋼材としてもっとも使用実績の多いものは，後述するSS 400材（一般構造用圧延鋼材）とSM 490 A材（溶接構造用圧延鋼材）である．これらの鋼材は，橋梁，建築，船舶，車両，容器等広い分野で使用されているが，いずれの分野であれ，構造物を造る際に特定な要求事項がある場合には，それを指定した鋼材を特注して使用することが前提となる．そのため，当該JISの化学成分や機械的性質等の規定項目は，比較的少ないものになっている．

一方，1981年6月に建築基準法の構造耐力規定が改正・施行された．鉄骨造建築物については，従来の弾性解析に基づく許容応力度設計法（1次設計）に加えて，大地震に対して，鋼材の降伏後の最大強さに達するまでの変形能力を活用して，地震入力エネルギーを吸収させ，建物の耐震安全性を確保する耐震設計法（2次設計）が導入された．つまり，主要構造部材に用いられる鋼材には，所定の応力度で降伏するとともに，最大耐力に至るまでの変形能力が確保されていることが求められることとなった．さらに，建築固有の製作方法に対して，SS 400材やSM 490 A材を使用した場合に，不都合を生じる可能性をはらんでいた．実際，1988年ごろに溶接構造用圧延鋼材としてJIS規格値をすべて満足しながら，建築鉄骨の通常の溶接構法で組み立てた際，鋼板が開裂する事例が各地の鉄骨製作工場で発生し，社会問題化している〔付2参照〕．

このような状況のもとで，建築鉄骨の設計・加工にあたる利用者側から鉄骨造建築物にとって，規模にかかわらず構造安全性を材料面で保証する鋼材として，利用者の立場に立った性能を有する建築構造用圧延鋼材（通称SN材）としてJIS G 3136が，1994年6月に制定されたのである．このSN材の建築用鋼材としての保有性能を要約すれば，次の点を充足するものとしている．

① 溶接性能の確保

② 塑性変形能力の保持
③ 板厚方向の集中引張力に対する性能の保持
④ 公称断面寸法の保持
⑤ 国内各地で容易に入手できる
⑥ 国際性に配慮したもの

建築鉄骨専用のSN規格が制定されたため,現在はSS規格およびSM規格の適用範囲から建築用途は削除されている.なお,設計面におけるSN材に対する特別な法的扱いは示されていないが,本会編「鋼構造接合部設計指針」では,降伏比の実勢値などを考慮して,SN材・SM材とで,接合部に付与する最大耐力を定める接合部係数に異なる値を与えている.

建築構造用圧延鋼材は,種類の記号がSNで示されるものである.製品の種類は,鋼板・形鋼・平鋼・鋼帯などがあり,適用厚さは,SN 400 A・BおよびSN 490 Bが6 mm以上100 mm以下,SN 400 CおよびSN 490 Cが16 mm以上100 mm以下となっている.

SN 400は引張強さ400 N/mm²級の鋼材で,種類としてA・B・Cに区分されている.また,SN 490は引張強さ490 N/mm²級の鋼材で,種類としてB・Cに区分されている.

表3.1.7にSN鋼の化学成分,表3.1.8にその機械的性質を示す.

SN 400 Aは,主に溶接を施さない部材を対象用途にしており,化学成分のうち炭素・燐・硫黄が規定されている.

SN 400 BおよびSN 490 Bは,溶接性を考慮し,炭素・ケイ素・マンガン・燐・硫黄などの化学成分が規定され,特に燐と硫黄については,従来のSS材やSM材に比べると厳しく制限されている.さらに溶接性についての指標である炭素当量(C_{eq})が規定されている.受渡当事者間の協定によってC_{eq}の代わりに溶接割れ感受性組成(P_{CM})を規定することも可能である.また,C_{eq}またはP_{CM}の計算に用いる全元素を規格品証明書で報告することが義務づけられている.

厚さ12 mm以上については,大地震時の骨組のエネルギー吸収能力を考慮し,降伏比の上限と降伏点の範囲が規定されている.厚さ12 mm超の鋼材については,脆性破壊を考慮し,衝撃特性が規定されている.また,受渡当事者間の協定により,JIS G 0901(建築用鋼板及び平鋼の超音波探傷試験による等級分類と判定基準)に従った超音波探傷試験の適用が可能である.超音波探傷試験を行った鋼材は,種類の記号の末尾に「-UT」の記号が付加される(例:SN 490 B-UT).

SN 400 CおよびSN 490 Cは,SN 400 BあるいはSN 490 Bに対する各種規定項目のほかに,さらに,燐を0.020 %以下,硫黄を0.008 %以下に抑え,厚さ方向特性としてJIS G 3199(鋼板及び平鋼の厚さ方向特性)のZ 25クラスの絞り値が規定されており,内部品質はJIS G 0901による超音波探傷試験の判定基準の等級Yに合格したものである.

SN 490 BおよびSN 490 Cの鋼板については,さらに溶接性を向上させるために,受渡当事者間の協定によって熱加工制御を適用して製造することも可能である.これらの鋼板は,種類の記号の末尾に「TMC」の記号が付加され,C_{eq}またはP_{CM}がより厳しく規定されている.しかし,機械的性質の規定は,圧延のままの鋼板と同じであり,後述の国土交通大臣認定品である建築構造用TMCP鋼材とは基準強度が異なっているので,混同しないように注意しなければならない.

表 3.1.7 SN 鋼の化学成分（％）

種類の記号	厚さ（mm）	C	Si	Mn	P	S	C_{eq}	P_{CM}*
SN 400 A	6 以上 100 以下	0.24 以下	—	—	0.050 以下	0.050 以下	—	—
SN 400 B	6 以上 50 以下	0.20 以下	0.35 以下	0.60～1.50	0.030 以下	0.015 以下	0.36 以下	0.26 以下
	50 を超え 100 以下	0.22 以下						
SN 400 C	16 以上 50 以下	0.20 以下	0.35 以下	0.60～1.50	0.020 以下	0.008 以下	0.36 以下	0.26 以下
	50 を超え 100 以下	0.22 以下						
SN 490 B	6 以上 50 以下	0.18 以下	0.55 以下	1.65 以下	0.030 以下	0.015 以下	厚さ 40 mm 以下 0.44 以下	0.29 以下
	50 を超え 100 以下	0.20 以下						
SN 490 C	16 以上 50 以下	0.18 以下	0.55 以下	1.65 以下	0.020 以下	0.008 以下	厚さ 40 mm 超え 0.46 以下	0.29 以下
	50 を超え 100 以下	0.20 以下						

［注］　＊：受渡当事者間の協定によって C_{eq} の代わりに P_{CM} を適用することができる．

表 3.1.8 SN 鋼の機械的性質

種類の記号	降伏点または耐力 厚さ（mm）	降伏点または耐力 N/mm²	引張強さ (N/mm²)	降伏比 (％)	伸び 厚さ（mm）	伸び 試験片	伸び ％	吸収エネルギー ［0℃］（J）	Z 絞り* (％)
SN 400 A	6 以上 40 以下	235 以上	400 以上 510 以下	—	6 以上 16 以下 16 超え 40 以下 40 超え 100 以下	1 A 号 1 A 号 4 号	17 以上 21 以上 23 以上	—	—
	40 超え 100 以下	215 以上							
SN 400 B	6 以上 12 未満	235 以上	400 以上 510 以下	—					—
	12 以上 40 以下	235 以上 355 以下		80 以下	6 以上 16 以下 16 超え 40 以下 40 超え 100 以下	1 A 号 1 A 号 4 号	18 以上 22 以上 24 以上		
	40 超え 100 以下	215 以上 335 以下							
SN 400 C	16 以上 40 以下	235 以上 355 以下		80 以下	16 16 超え 40 以下 40 超え 100 以下	1 A 号 1 A 号 4 号	18 以上 22 以上 24 以上	厚さ 12 mm 超え 27 以上	平均 25 以上 個々 15 以上
	40 超え 100 以下	215 以上 335 以下							
SN 490 B	6 以上 12 未満	325 以上	490 以上 610 以下	—					—
	12 以上 40 以下	325 以上 445 以下		80 以下	6 以上 16 以下 16 超え 40 以下 40 超え 100 以下	1 A 号 1 A 号 4 号	17 以上 21 以上 23 以上		
	40 超え 100 以下	295 以上 415 以下							
SN 490 C	16 以上 40 以下	325 以上 445 以下		80 以下	16 16 超え 40 以下 40 超え 100 以下	1 A 号 1 A 号 4 号	17 以上 21 以上 23 以上		平均 25 以上 個々 15 以上
	40 超え 100 以下	295 以上 415 以下							

［注］　＊：板厚方向の絞り

寸法許容差のうち，厚さ許容差のマイナス側が，鋼板・鋼帯および平鋼に関しては $-0.3\,\mathrm{mm}$ に統一され，形鋼に関しては従来規格（後述の SS 材や SM 材）より厳しくなっている．従来に比べて構造設計における仮定により整合するようになり，実質的に断面性能が向上している．

「2015 年版建築物の構造関係技術基準解説書」（国土交通省国土技術政策総合研究所ほか）では，標準的な A・B・C 材の使用区分として，次のように規定している．

A：塑性変形性能を期待しない部材または部位に使用する鋼種．ただし溶接を行う構造耐力上主要な部分への使用は想定しない．

B：広く一般の構造部位に使用する鋼種．

C：溶接加工時を含め板厚方向に大きな引張応力を受ける部材または部位に使用する鋼種．

C 材は超音波探傷試験が実施され，板厚方向特性を絞り値で規定している．具体的に C 材の適用部位として，大入熱角溶接およびエレクトロスラグ溶接の行われる溶接箱形断面柱のスキンプレートや角形鋼管柱および円形鋼管柱の通しダイアフラムがあげられる．これらの部位以外についても，加工も含めて板厚方向に大きな引張応力や拘束力が生じるおそれのある場合には，C 材の使用が望ましい．なお，これらの部位でも溶接方法や開先加工等を工夫することにより，板厚方向の引張応力を低減することは可能との見方もある．例えば，前記の通しダイアフラム近傍での突合せ十字溶接部では，通しダイアフラムの板厚をサイズアップしたり，鋼管柱の外径よりも通しダイアフラムの突出寸法を十分大きくすることにより溶接による拘束力を低減したり，板厚方向に作用する応力を分散することが可能である．また，B 材でも超音波探傷試験を行うことにより対処できる場合もある．

（2） JIS G 3101（一般構造用圧延鋼材）

種類の記号が SS で示されるものである．製品の種類としては，鋼板・形鋼・平鋼・棒鋼・鋼帯などがある．

SS 400 は，前述の JIS G 3136 が制定されるまでは大部分の建築構造物に使用されていた．SS 400 は，引張強さ $400\,\mathrm{N/mm^2}$ 級のもっとも一般的な鋼材であるが，化学成分の規定が燐と硫黄だけであり，他の成分の制限はされておらず，溶接性は考慮されていない．

SS 490 と SS 540 は，炭素を増量して強度を高めているものが多く，溶接性が良くないので，溶接構造物には使用してはならない．これらの鋼材は，建築基準法告示において溶接部の基準強度は，与えられていない．

（3） JIS G 3106（溶接構造用圧延鋼材）

種類の記号が SM で示されるものであり，溶接での低温割れを配慮して制定された溶接構造用熱間圧延鋼材である．製品の種類としては，鋼板・形鋼・平鋼・鋼帯などがある．

溶接性を考慮し，炭素・ケイ素・マンガン・燐・硫黄などの化学成分が規定されており，SS 材よりも優れた溶接性を有している．

SM 材は，A・B・C の 3 種類に分けられており，A・B・C の順序に衝撃特性が向上する．C グレードは，特に低温で使用される構造物や脆性破壊が問題となるような特殊な部材に使用される．

SM 400 は，引張強さ $400\,\mathrm{N/mm^2}$ 級の鋼材である．

SM 490 は，引張強さ 490 N/mm² 級の鋼材であり，JIS G 3136 が制定されるまでは，建築構造物に使用されていた．SM 400 に比べると C_{eq} が高いが，厚さが 40 mm 以下であれば，溶接条件に注意さえ払えば作業上の問題はない．

SM 490 Y は，SM 490 よりも降伏点を約 10 % 高くした規格であり，橋梁によく使用されている．

SM 520 は，引張強さ 520 N/mm² 級の鋼材である．SM 490 に比べると，降伏点，引張強さとともに C_{eq} も高いので溶接性は若干劣る．衝撃特性を重視するため，B・C グレードのみが規定されている．

SM 材は，溶接性を考慮した鋼材であるが，一般的には板厚が厚くなると，強度を確保するために元素の添加量が増加し，C_{eq} や P_{CM} が高くなるので，溶接性が悪くなる傾向にある．また，溶接性は施工条件などの要因にも左右されるので，SM 材といえども特に板厚が厚い場合には，より適切な溶接施工管理が要求される．

（4） JIS G 3114（溶接構造用耐候性熱間圧延鋼材）

種類の記号は SMA で示されるもので，製品の種類としては鋼板・形鋼があり，適用厚さは 6 mm 以上，50 mm 以下である．

SM 材に耐候性を向上させる効果のある銅・クロム・ニッケルなどの合金元素を適量添加することにより，溶接性に配慮しつつ，耐候性を大幅に改善した鋼材であるが，機械的性質は，それぞれ対応する JIS G 3106 の規定と同じである．

裸のまま，またはさび安定化処理を行って使用するタイプ（種類の記号の末尾に W が付されるもの．例：SMA 490 AW）と，塗装して使用するタイプ（種類の記号の末尾に P が付されるもの．例：SMA 490 AP）があり，W タイプのものはニッケルが必ず添加されている．

なお，耐候性鋼材には，JIS G 3114 規格のほかに，燐を添加することによって耐候性を向上させた JIS G 3125（高耐候性圧延鋼材）があるが，溶接性に難点があるため，最大厚さが 16 mm に制限されている．

（5） JIS G 3350（一般構造用軽量形鋼）

種類の記号は SSC で示され，強度は 400 N/mm² 級のみである．本鋼材は，化学成分が SS 400 相当（ただし，C は 0.25 % 以下）の厚さ 1.6〜6.0 mm 程度の鋼板を素材にして，冷間でロール成形して製造される．薄肉のため，局部座屈や腐蝕に対する配慮が必要である．溶接性は特に問題ないが，軽量形鋼はフレアグループ溶接になることが多いので，慎重に溶接加工することが望まれる．機械的性質の規定は，引張強さの上限がやや高いほかは SS 400 と同等である．

（6） JIS G 3353（一般構造用溶接軽量 H 形鋼）

種類の記号は SWH が示され，強度は 400 N/mm² 級のみである．本鋼材は，SS 400 相当（ただし，C は 0.25 % 以下）の厚さ 2.3〜12.0 mm 程度の鋼帯を素材にして，連続的に高周波抵抗溶接，またはこれと高周波誘導溶接との併用によって成形される．

（7） JIS G 3475（建築構造用炭素鋼鋼管）

種類の記号が STKN で示されるものである．建築構造用鋼材に要求される性能を備えた SN 材に準拠した円形鋼管である．鋼管の製造方法は継目無鋼管，電気抵抗溶接鋼管（電縫管），アーク溶接鋼管，鍛接鋼管がある．鋼管の標準寸法は，外径 21.7〜1574.8 mm で，それぞれの外径に応じて 2.0〜

100 mm の範囲の板厚が組み合わされている.

STKN は，W，B のグレードがある．W 種は，SN 材 A 種に対応するものである．ただし，鋼管構造の場合は閉鎖断面となり，部材の接合はほとんどが溶接接合となるため，弾性部材であっても SN 材 A 種とは異なり，溶接性を考慮した材料となっている．一方，B 種は，SN 材 B 種と同様な区分であり，塑性域まで使用する部材，溶接接合する部材として使用される．

強度は，400 N/mm^2 級の STKN 400 と 490 N/mm^2 級の STKN 490 がある．STKN 材の機械的性質は，鋼管最終製品について規定している．STKN 材 W 種については，引張強さ，降伏点または耐力の下限値については SN 材 A 種と同一としているが，引張強さの上限値については，鋼板（原材）からの冷間成形による変動を考慮して SN 材 A 種よりも 30 N/mm^2 程度広いレンジを設定している．STKN 材 B 種についても，引張強さ，降伏点または耐力の下限値については，SN 材 B 種と同一としているが，引張強さ，降伏点または耐力の上限値については，鋼板（原材）からの冷間成形加工による変動を考慮して，SN 材 B 種よりも 30 N/mm^2 程度広いレンジを設定している．また，降伏比については，鋼管の製造上の特性を考慮し，STKN 材 B 種で熱間成形の継目無鋼管は 80 %，冷間成形の溶接鋼管は 85 % と規定している．

（8） JIS G 3444（一般構造用炭素鋼鋼管）

種類の記号が STK で示されるものである．鋼管の標準寸法は，外径 21.7〜1 016.0 mm で，それぞれの外径に応じて 2.0〜22.0 mm の範囲の厚さが組み合わされている．

STK 400 は，SM 400 A 相当の厚板を用いて製管された鋼材であり，溶接性は良好である．STK 490 は，SM 490 A 相当の鋼材であり，STK 400 に比べると炭素当量が高くなるので，溶接施工には注意を払う必要がある．

この鋼管には，製造方法により次のような 4 種類のものがある．

① 熱間圧延後コイル状に巻き取られた鋼帯を，ロールフォーミングにより円形に成形した後，電気抵抗溶接によって製造される電気抵抗溶接鋼管（電縫鋼管とも呼ばれる）

② 熱間圧延後コイル状に巻き取られた鋼帯を，ロールフォーミングにより円形に成形した後，鍛接によって製造される鍛接鋼管

③ 熱間圧延された厚鋼板を冷間プレス加工により円形に成形するか，または，熱間圧延後コイル状に巻き取られた鋼帯を，螺旋状にロールフォーミングすることにより円形に成形した後，アーク溶接（ストレートシームまたはスパイラルシーム）によって製造されるアーク溶接鋼管

④ 穿孔により製造される鋼管（継目無鋼管）

これらの鋼管の中では，電気抵抗溶接鋼管がもっとも多く使用されている．一般構造用炭素鋼鋼管は，冷間加工されることが多いので，加工硬化によって降伏点が上昇している場合が多い．

（9） JIS G 3466（一般構造用角形鋼管）

種類の記号が STKR で示されるものであり，強度が 400 N/mm^2 級の STKR 400 と 490 N/mm^2 級の STKR 490 がある．角形鋼管の寸法は，断面が正方形の場合，40×40×1.6 mm 厚〜350×350×12.0 mm 厚の範囲のものが，断面が長方形の場合，50×20×1.6 mm 厚〜400×200×12.0 mm 厚の範囲のものが規定されているが，これ以外の寸法の角形鋼管についても，供給者と使用者間の協定により

製造できるようになっている．

化学成分，機械的性質などに対する規定は，一般構造用炭素鋼鋼管と同等である．

角形鋼管は，熱間圧延後コイル状に巻き取られた鋼帯を，ロールフォーミングにより円形に成形して，電気抵抗溶接あるいは鍛接などによって溶接鋼管とした後，サイジングロールで四方から鋼管中心に向かって加圧して角形断面とすることにより製造される．この時，角部の曲率半径の標準は，厚さの中心線で厚さの1.5倍となっている．なお，溶接鋼管の代わりに継目無鋼管を素材として使うことも可能である．

また，溶接鋼管を使わずに，鋼帯または鋼板を直接角形断面もしくは一対の溝形断面に成形して，連続的に電気抵抗溶接などにより製造することもできる．

(10) JIS G 5101（炭素鋼鋳鋼品）

種類の記号がSCで示される．一般構造用として，SC 410，SC 450およびSC 480などがある．

SC材は，化学成分の規定が炭素，燐および硫黄だけであり，他の成分の制限はされておらず，溶接はできない材料である．建築基準法第37条第一号の材料にはSC 480がある．

(11) JIS G 5102（溶接構造用鋳鋼品）

種類の記号がSCWで示される．圧延鋼材，鋳鋼品または他の鋳鋼品との溶接構造に用いられる．よって，炭素・ケイ素・マンガン・燐・硫黄などの化学成分を規定し，溶接性に配慮している．

SCW 410，SCW 480などがある．この規格で規定されている炭素当量は，例えば，SCW 410が0.40%以下，SCW 480が0.45%以下などとなっている．建築基準法第37条第一号の材料にはSCW 410とSCW 480がある．

(12) JIS G 5201（溶接構造用遠心力鋳鋼管）

種類の記号がSCW–CFで示される．圧延鋼材，鋳鋼品または他の鋳鋼品との溶接構造に用いる管の厚さが8 mm以上150 mm以下の遠心力鋳鋼管である．

SCWと同様に炭素・ケイ素・マンガン・燐・硫黄などの化学成分を規定されており，溶接性に配慮している．

SCW 410–CF，SCW 480–CFなどがある．この規格で規定されている炭素当量は，例えば，SCW 410–CFが0.40%以下，SCW 480–CFが0.43%以下などとなっている．建築基準法第37条第一号の材料にはSCW 410–CF，SCW 480–CF，SCW 490–CFがある．

(13) JIS G 3352（デッキプレート）

種類の記号がSDPで示されるもので，材料として普通鋼，耐候性鋼，ステンレス鋼のものがある．さらに普通鋼については，圧延のままとめっきを施したもの（種類の記号の末尾にGが付されたもの）に分類される．詳細については3.1.5項b.を参照されたい．

(14) JIS G 3138（建築構造用圧延棒鋼）

種類の記号がSNRで示されるものである．製品の種類としては，丸鋼・角鋼・バーインコイルがある．建築構造に求められる強度，伸び，溶接部の性能保証など機械的性質や化学成分が厳しく規定されている．鋼材の機械的性質や成分については，SN材に同一である．

強度は400 N/mm^{2}級のSNR 400と490 N/mm^{2}級のSNR 490がある．また，A，Bの2種類のグ

レードがあり，その意味は SN 材に同じで「使用部位の違い」を表している．

b．国土交通大臣認定の指定建築材料

建築基準法第37条第二号の規定に基づき，指定建築材料として国土交通大臣の認定を取得した製品であり，次のものがある．

（1）建築構造用 TMCP 鋼

従来，超高層建築には主に SM 490 材が多く使用されてきたが，建築物の大型化・大スパン化に伴い，厚肉の鋼材の使用が増加した．JIS 規格においては，製鋼上，厚い板の降伏点は低めの値になることから，板厚が 40 mm を超える場合，その下限値を 295 N/mm^2 と低い値を与えられている．一方，鋼材の強度上昇を図る場合は合金元素の増加によって達成されるが，それに伴い炭素当量が大きくなり，溶接性が損なわれる．さらに，高強度の鋼材は，降伏比が高くなる傾向にあった．

建築構造用 TMCP 鋼は，1989 年に国内高炉メーカー5社（当時）が旧建築基準法第 38 条の規定に基づき建設大臣の一般認定を取得した降伏点レベルが 325 N/mm^2 と 355 N/mm^2 の鋼材であるが，1994 年 12 月には，SN 規格に対応した，降伏点の範囲や厚さ方向の絞り値を規定したグレードも一般認定されている．

その後，改正建築基準法の施行により第 38 条が廃止されたため，第 37 条第二号の規定に基づき，国土交通大臣認定品に移行している．

この鋼材は，水冷型熱加工制御（TMCP）を適用して製造され，厚さが 40 mm を超え，100 mm 以下の厚鋼板の母材および溶接部の許容応力度の基準強度が厚さ 40 mm 以下の SM 490，SN 490 あるいは SM 520 の規定値と等しい．また，従来の厚鋼板に比較して表 3.1.9 (a)，(b) に示すように C_{eq}，P_{CM} が低く規定されており，優れた溶接性を有している．機械的性質も表 3.1.9 (a)，(b) のとおりで，降伏点が SN 490 あるいは SM 520 に比較して約 1 割高く規定されており，降伏比の上限が規定されている．

前述のように，この鋼材は JIS G 3136 の熱加工制御材（SN 490 BTMC・SN 490 CTMC）とは異なるため，使用時には大臣認定品であることの明記が必要である．

また，近年，中層～超高層までの幅広い建築物の主要構造用鋼材として，降伏点レベルが 385 N/mm^2 級の鋼材が広く普及してきている．引張強さの下限値が 550 N/mm^2 の鋼材で，490 N/mm^2 級鋼と後述する建築構造用 590 N/mm^2 級高性能鋼（SA 440）の中間の鋼材である．従来の降伏点レベル 325 N/mm^2 の鋼材をこの鋼材に置き換えることで，断面の厚肉化を抑制し，鋼材重量と溶接量の低減を図ることが可能となる．この鋼材も TMCP を適用して製造されており，板厚が 40 mm を超えても降伏点の低減の必要がなく，高強度でありながら溶接性にも優れている．2002 年に高炉メーカー1社が商品化した後に普及が進み，現状は国内高炉メーカー3社から提供されており，各社個別に建築基準法の第 37 条第二号の規定に基づき，国土交通大臣の認定を得ている．表 3.1.9 (c) にこの鋼材の規定値を示す．

なお，上記に紹介した TMCP 鋼は 2016 年 9 月に（一社）日本鉄鋼連盟が製品規定化を図り，表 3.1.9 にある共通の名称と規格を与えている．ただし，本規定は製造会社各社の大臣認定を基本として，おのおのの認定範囲を包含するように設定しているので，一部の規格値（降伏点または耐力の上限値，伸びの規定値等）については，個社の認定内容と異なるので注意が必要である．

表 3.1.9 建築構造用 TMCP 鋼の炭素当量（C_{eq}）および溶接割れ感受性組成（P_{CM}）

(a) 建築構造用 490 N/mm² TMCP 鋼（降伏点 325 N/mm²）

種類の記号	板厚 (mm)	降伏点または 0.2%耐力 (N/mm²)	引張強さ (N/mm²)	降伏比 (%)	伸び (%)	絞り (%)	シャルピー 温度	シャルピー 衝撃値	C_{eq} (%)	P_{CM} (%)
TMCP 325 B	40 超え 50 以下	325 以上 445 以下	490 以上 610 以下	80 以下	21 以上（JIS 1A 号）*1	—	0℃	27 J 以上	0.38 以下	0.24 以下
	50 超え 100 以下								0.40 以下	0.26 以下
TMCP 325 C	40 超え 50 以下				23 以上（JIS 4 号）*2	25 以上（3 個の平均） 15 以上（個々の値）			0.38 以下	0.24 以下
	50 超え 100 以下								0.40 以下	0.26 以下

C_{eq}：C + Si/24 + Mn/6 + Ni/40 + Cr/5 + Mo/4 + V/14
P_{CM}：C + Si/30 + Mn/20 + Cu/20 + Ni/60 + Cr/20 + Mo/15 + V/10 + 5B
[注] *1：厚さ 40 mm を超え 50 mm 以下の場合
　　 *2：厚さ 40 mm を超え 100 mm 以下の場合

(b) 建築構造用 520 N/mm² TMCP 鋼（降伏点 355 N/mm²）

種類の記号	板厚 (mm)	降伏点または 0.2%耐力 (N/mm²)	引張強さ (N/mm²)	降伏比 (%)	伸び (%)	絞り (%)	シャルピー 温度	シャルピー 衝撃値	C_{eq} (%)	P_{CM} (%)
TMCP 355 B	40 超え 50 以下	355 以上 475 以下	520 以上 640 以下	80 以下	19 以上（JIS 1A 号）*1	—	0℃	27 J 以上	0.40 以下	0.26 以下
	50 超え 100 以下								0.42 以下	0.27 以下
TMCP 355 C	40 超え 50 以下				21 以上（JIS 4 号）*2	25 以上（3 個の平均） 15 以上（個々の値）			0.40 以下	0.26 以下
	50 超え 100 以下								0.42 以下	0.27 以下

C_{eq}：C + Si/24 + Mn/6 + Ni/40 + Cr/5 + Mo/4 + V/14
P_{CM}：C + Si/30 + Mn/20 + Cu/20 + Ni/60 + Cr/20 + Mo/15 + V/10 + 5B
[注] *1：厚さ 40 mm を超え 50 mm 以下の場合
　　 *2：厚さ 40 mm を超え 100 mm 以下の場合

(c) 建築構造用 550 N/mm² TMCP 鋼（降伏点 385 N/mm²）

種類の記号	板厚 (mm)	降伏点または 0.2%耐力 (N/mm²)	引張強さ (N/mm²)	降伏比 (%)	伸び (%)	絞り (%)	シャルピー 温度	シャルピー 衝撃値	C_{eq} (%)	P_{CM} (%)
TMCP 385 B	12 以上 19 未満	385 以上 505 以下	550 以上 670 以下	80 以下	15 以上（JIS 1A 号）*1 20 以上（JIS 4 号）*2	—	0℃	70 J 以上	0.44 以下	0.29 以下
	19 以上 50 以下								0.40 以下	0.26 以下
	50 超え 100 以下								0.42 以下	0.27 以下
TMCP 385 C	12 以上 19 未満				26 以上（JIS 5 号）*3	25 以上（3 個の平均） 15 以上（個々の値）			0.44 以下	0.29 以下
	19 以上 50 以下								0.40 以下	0.29 以下
	50 超え 100 以下								0.42 以下	0.27 以下

C_{eq}：C + Si/24 + Mn/6 + Ni/40 + Cr/5 + Mo/4 + V/14
P_{CM}：C + Si/30 + Mn/20 + Cu/20 + Ni/60 + Cr/20 + Mo/15 + V/10 + 5B
[注] *1：厚さ 40 mm 以下の場合
　　 *2：厚さ 19 mm を超え 100 mm 以下の場合
　　 *3：厚さ 50 mm 以下の場合

（2） 建築構造用 590 N/mm² 級高性能鋼（SA 440）

建築構造用高性能 590 N/mm² 鋼材（SA 440）（以下，SA 440 という）は，1988 年からの 5 年間，当時の建設省総合技術開発プロジェクト「建設産業への新素材・新材料利用技術の開発」（以下，総プロという）において，設計および溶接施工法の利用技術とともに開発された塑性変形能や靱性に富む鋼材である．この鋼材は，適用板厚 19 mm 以上，100 mm 以下の引張強さ 590 N/mm² 級高性能鋼である．この鋼材の仕様案は「高性能鋼利用技術指針」（建設省建築研究所・（社）鋼材倶楽部（現

（一社）日本鉄鋼連盟），1994）としてまとめられている．表 3.1.11 に示すように，降伏強さや引張強さの範囲を制限するとともに降伏比を規定（80％以下）し，また，表 3.1.12 に示すように，化学成分も溶接感受性をできるだけ抑えた組成となっており，従来の高張力鋼と比べて改善されている．

1996 年 9 月の大臣認定取得を契機に，「建築構造用高性能 590 N/mm^2 鋼材（SA 440）設計・溶接施工指針」として，1996 年 10 月に（社）鋼材倶楽部から初版刊行となり，その後 2004 年 8 月に改定されている．この時の改定では，2000 年 6 月の建築基準法改正や溶接材料の JIS 規格改正への対応に加え，矯正技術やスタッド溶接等の新しい情報が盛り込まれている．その後，2000 年以降の法令等の制定・改正や溶接材料の JIS 規格改正を反映するとともに，溶接組立箱形断面柱角継手への大入熱溶接の適用をはじめとする最新の技術知見やこれまでの施工実績等をふまえて必要な修正・追記を行い，2016 年 3 月に改定版が刊行されている．改定版の主な内容は，以下の 2 点である．一つは溶接組立箱形断面柱角継手への入熱制限を従来の 400 kJ/cm から 650 kJ/cm に緩和することで，従来は板厚 50 mm 程度が限界であった 1 パスのサブマージアーク溶接による角溶接が，板厚 60 mm 程度（狭開先等の工夫をすれば 70 mm 程度）まで 1 パスで可能となった点である．もう一つは，溶接熱影響部衝撃値の目標性能として，溶接組立箱形断面柱角継手および通常は過大な応力が作用しないダイアフラム取付け部のシャルピー衝撃値に対して 27 J を設定した点である．

なお，現状この鋼材は，1998 年 6 月改正建築基準法の第 37 条第二号の規定に基づいた国土交通大臣認定品となっている．

（3）建築構造用高強度 780 N/mm^2 鋼材 H-SA700

1995 年兵庫県南部地震以降，地震後の建物の継続使用に関心が高まり，各種エネルギー吸収部材の開発とともに大地震時も柱や梁の主要構造部材を弾性域に留める設計が指向された．引張強さ 780 N/mm^2 級の鋼材「H-SA700」は，「革新的構造材料を用いた新構造システム建築物の研究開発」プロジェクト（2004～2008 年度に実施された経済産業省や国土交通省などの 5 府省と（一社）日本鉄鋼連盟，（一社）日本鋼構造協会などが参画した府省連携プロジェクト）において，建築物の耐震性を向上させるために開発された建築構造用高張力鋼鋼材であり，（一社）日本鉄鋼連盟の製品規定に基づく鋼材である．従来鋼材の約 2 倍の降伏強度が設定されており，高強度化を図るため，合金添加量の低減と熱処理工程の省略または簡略化をした鋼材である．この鋼材は，適用厚さ 6 mm 以上，50 mm 以下である．本プロジェクトでは，震度 7 クラスの大規模地震に対しても弾性を保つ建築物を実現するための鋼材と位置づけられている．このように弾性設計での使用が前提となっているため，今まで重要視されていた降伏比を大幅に緩和した鋼材規格となっている．表 3.1.10 に機械的性質，化学成分について示す．H-SA700 は部材間の応力を乾式接合により伝達する H-SA700A と，溶接接合により伝達する H-SA700B に大別される．H-SA700A は柱梁仕口のように溶接線と直交方向に部材間の応力伝達をする完全溶込み溶接はできないが，主にせん断力を伝達する溶接（例えばビルト H 形鋼）に関しては，施工試験の確認により使用が可能となる鋼材である．H-SA700B は炭素当量 C_{eq}，溶接割れ感受性組成 P_{CM} を調整することにより，溶接性に配慮した鋼材である．

表 3.1.10 建築構造用高強度 780 N/mm² 鋼材 (H-SA700)

(a) 機械的性質

規格		板厚範囲 (mm)	降伏点または耐力 (N/mm²)	引張強さ (N/mm²)	降伏比*1 (%)	伸び			絞り 個々平均 (%)	シャルピー衝撃試験	
						板厚 (mm)	試験片	(%)		温度 (℃)	吸収エネルギー (J)
H-SA700	A	6以上50以下	700以上 900以下	780以上 1 000以下	98以下	20以上	5号	16以上	—	0	47以上
						20超え	4号 5号	16以上 24以上			
	B					20以上	5号	16以上		-20	
						20超え	4号 5号	16以上 24以上			

[注] *1：板厚 12 mm 以上に適用

(b) 化学成分

規格		化学成分 (%)						炭素当量 C_{eq} (%)*1	溶接割れ感受性組成 P_{CM} (%)*2
		C	Si	Mn	P	S	N		
H-SA700	A	0.25以下	0.55以下	2.00以下	0.030以下	0.015以下	—	0.65以下	0.32以下
	B				0.025以下			0.60以下	0.30以下

[注] *1：$C_{eq} = C + Mn/6 + Si/24 + Ni/40 + Cr/5 + Mo/4 + V/14$
*2：$P_{CM} = C + Si/30 + Mn/20 + Cu/20 + Ni/60 + Cr/20 + Mo/15 + V/10 + 5B$

表 3.1.11 建築構造用 590 N/mm² 級高性能鋼の機械的性質

種類	厚さ (mm)	引張試験				衝撃試験
		降伏強さ* (N/mm²)	引張強さ (N/mm²)	降伏比 (%)	伸び (%)	シャルピー吸収エネルギー [0℃] (J)
SA 440 B	19以上 100以下	440以上 540以下	590以上 740以下	80以下	20以上 (JIS 4号) 26以上 (JIS 5号)	47以上
SA 440 C						

[注] *：下降伏点または 0.2 %耐力

表 3.1.12 建築構造用 590 N/mm² 級高性能鋼の化学成分および溶接性

種類	化学成分 (%)					溶接性	
	C	Si	Mn	P	S	C_{eq} (%)	P_{CM} (%)
SA 440 B	0.18 以下	0.55 以下	1.60 以下	0.030 以下	0.008 以下	0.44 (0.47)* 以下	0.28 (0.30)* 以下
SA 440 C				0.020 以下			

[注] *：括弧以外は外厚 19 mm 以上 40 mm 以下，括弧内は板厚 40 mm 超え 100 mm 以下

(4) 冷間成形角形鋼管

冷間成形された一般構造用角形鋼管を建築物に使用した時の塑性加工による強度上昇や材質劣化の影響が懸念され，これに対する対策を考慮に入れた「冷間成形角形鋼管評価規準」が（財）日本建築センターでまとめられた．（社）鋼材倶楽部（現（一社）日本鉄鋼連盟）では，これに準拠した材料規格として，「建築構造用冷間プレス成形角形鋼管（BCP 235，BCP 325）」と「建築構造用冷間

ロール成形角形鋼管（BCR 295）」を制定した.

現状は，1998 年 6 月改正建築基準法の第 37 条第二号の規定に基づき，国土交通大臣認定品となり，一般的に使用されている.

建築構造用冷間プレス成形角形鋼管は，冷間プレス成形設備によって，冷間成形による材質の劣化を抑えるため，窒素の上限規定を付加した SN 材の規格を満足する鋼帯または鋼板を角形断面または一対の溝形断面に成形し，溶接継目部を自動アーク溶接して製造される角形鋼管で，辺長および板厚は 300×9 mm～1 000×40 mm の範囲のものである.

建築構造用冷間ロール成形角形鋼管は，化学成分が SN 材に窒素の上限規定値を付加した鋼帯を原板に用い，冷間ロール成形設備によって成形された後，継目を電気抵抗溶接して製造された鋼管を角形断面に成形した角形鋼管で，辺長および板厚は 200×6 mm～550×25 mm の範囲のものである.

これらの角形鋼管の特性をまとめると，化学成分は表 3.1.13，炭素当量等およびシャルピー吸収エネルギーは表 3.1.14 である．なお，プレス成形角形鋼管は材料の基準強度（F 値）が 235 N/mm^2 級と 325 N/mm^2 級があるが，今のところ，ロール成形角形鋼管は 295 N/mm^2 級しかないので注意が必要である．また，プレス成形角形鋼管は，SN 材の B クラスと C クラスがある．近頃は，靭性を高めた高性能な原板を使用することにより，冷間加工後も優れた靭性を有し，平たん部と角部をともに全面 70 J のシャルピー吸収エネルギー（0 ℃）を保証しているプレス成形角形鋼管（BCP325T）が開発されている．ロール成形角形鋼管は，化学成分として B クラスのものだけである.

表 3.1.13　冷間成形角形鋼管の化学成分

（単位：%）

種類の記号	C	Si	Mn	P	S	N
BCR 295 または BCP 235 (SN 400 B)	0.20 以下	0.35 以下	0.60～1.40	0.030 以下	0.015 以下	0.006 以下
BCP235 (SN 400 C)	0.20 以下	0.35 以下	0.60～1.40	0.020 以下	0.008 以下	0.006 以下
BCP 325 (SN 490 B)	0.18 以下	0.55 以下	1.60 以下	0.030 以下	0.015 以下	0.006 以下
BCP325 (SN 490 C)	0.18 以下	0.55 以下	1.60 以下	0.020 以下	0.008 以下	0.006 以下

[注]　1：必要に応じて，上記以外の合金元素を添加することができる.
　　　2：Al 等 N を固定化する元素を添加し，フリーな N が 0.006 % 以下であれば N は 0.009 % まで含有できる.
　　　3：ロール成形角形鋼管の場合，Mn 下限値は設定されていない.

表 3.1.14　冷間成形角形鋼管の C_{eq}, P_{CM} およびシャルピー吸収エネルギー

種類の記号	C_{eq}（%）	P_{CM}（%）	シャルピー吸収エネルギー* ［0 ℃］（J）
BCR 295 BCP 235	0.36 以下	0.26 以下	27 以上
BCP 325	0.44 以下	0.29 以下	27 以上

[注]　＊：試験片は JIS Z 2202 の V ノッチで圧延方向である.

（5） 低降伏点鋼

低降伏点鋼は，添加元素を極力低減した純鉄に近い鋼であり，従来の軟鋼に比べて強度が低く，延性が極めて高い鋼材である．下降伏点または0.2％耐力が225 N/mm^2 レベルのLY 225と100 N/mm^2 レベルのLY 100が一般的である．製品の種類としては，鋼板・鋼管がある．

低降伏点鋼は近年，履歴型制振ダンパーとして多数利用されているが，履歴型制振ダンパーを建物に組み込むことで，地震時の建物の揺れが抑えられ，柱や梁などの主要構造部の損傷を未然に防ぐことが可能である．

低降伏点鋼はきずやゆがみが生じやすいため，大量の重ね置きを避け，吊り降ろしではクランプ，ハッカーなどの吊り具を使用せずマグネットなどにより変形が生じないように行うのがよい．また，組立時にもシャコ万，ジャッキを使用しないなどの注意が必要である．切断は切断熱による影響を考慮して行う．なお，製造時の鋼板は，板厚（6～20 mm）ごとに板幅寸法に制限が設けられている．

（6） 耐火鋼

SN材に0.3～0.9％のモリブデンなどの合金元素を添加して，通常の常温でのJIS G 3136に規定される機械的性質のほかに，600℃における降伏点が常温での降伏点規定値の2/3以上になるように製造されているのが耐火鋼である．耐火鋼は，建設省総合技術開発プロジェクト「建築物の総合防火設計の開発」において，建築物の防災安全性を当該建築物の火災条件・設計条件や使用材料の性能により総合的に評価する手法が開発されたこと，また，意匠上，従来の吹付け耐火被覆の軽減や無被覆化の要求が高まってきたこと，などを背景に開発された．品種としては，厚板・H形鋼・鋼管などがある．これらの製品は耐火鋼であることが判明できるように，規格の種類を表す記号の一部に「FR」の文字が表示されている（例：SN 490 B-FR）．耐火鋼は合金元素が多量に添加されているため，見かけ上のC_{eq}は高いが，炭素・ケイ素・マンガンが低く抑えられているので，溶接性の評価にはP_{CM}を適用するのがよい．耐火鋼のガス切断性は普通鋼と異なるので，普通鋼に対する切断条件で良好な品質が得られない場合は，耐火鋼に見合った火口・切断酸素圧・切断速度などを選定する必要がある．

最近では，国土交通大臣認定品の建築構造用TMCP鋼（厚さ40 mm超え100 mm以下）の耐火鋼も製造されている．

3.1.3 構造用鋼材の形状および寸法

構造用鋼材は，表3.1.15に示す形状および寸法のJIS規格に適合したものを使用し，表面きず，はなはだしいさびなど有害な欠陥があってはならない．これらのJIS規格の中には，寸法に関して，代表的なものとして標準寸法が記載されているものもあるが，標準寸法以外の鋼材でも，化学成分・機械的性質・寸法許容差などがJIS規格の規定を満足していれば，JIS規格品として取り扱われる．JIS G 3136は，建築構造用圧延鋼材に対する使用者の要請により1994年に制定され，厚さ6 mm以上100 mm以下の鋼板・鋼帯・形鋼ならびに平鋼に適用される．この規格では，形状および寸法については従来のJIS規格と同一としているが，厚さの許容差を新たに規定している．

表3.1.15 構造用鋼材の形状および寸法のJIS規格

規格番号	名　称
JIS G 3136	建築構造用圧延鋼材
JIS G 3191	熱間圧延棒鋼及びバーインコイルの形状，寸法，質量及びその許容差
JIS G 3192	熱間圧延形鋼の形状，寸法，質量及びその許容差
JIS G 3193	熱間圧延鋼板及び鋼帯の形状，寸法，質量及びその許容差
JIS G 3194	熱間圧延平鋼の形状，寸法，質量及びその許容差
JIS G 3444	一般構造用炭素鋼鋼管
JIS G 3466	一般構造用角形鋼管
JIS G 3350	一般構造用軽量形鋼
JIS G 3353	一般構造用溶接軽量H形鋼
JIS G 3352	デッキプレート

a. 鋼板類

（1）板状鋼材の名称

板状の鋼材は，一般にその厚さおよび形状によって，表3.1.16のように分類されている．

鋼板とは，平らに熱間圧延または冷間圧延され，平板状に切断された鋼材で，鋼帯からの切板もこれに含まれる．熱間圧延された厚さ3 mm以上の鋼板は，厚鋼板と呼ばれ，特に厚さ3 mm以上6 mm未満のものは中板，6 mm以上のものは厚板と呼ばれる．熱間または冷間圧延された厚さ3 mm未満のものは，薄鋼板または薄板と呼ばれている．

表3.1.16 板状鋼材の分類

分　類			寸法・形状
熱延鋼板（冷延鋼板）	厚鋼板	厚板	厚さ6 mm以上の平板状のもの
		中板	厚さ3 mm以上，6 mm未満の平板状のもの
	薄鋼板（薄板）		厚さ3 mm未満の平板状のもの
	鋼帯	広幅帯鋼	幅500 mm以上のコイル状のもの
		帯鋼	幅500 mm未満のコイル状のもの
平鋼	広幅平鋼		幅180 mmを超えるもの
	平鋼		幅180 mm以下のもの

鋼帯とは，平らに熱間圧延または冷間圧延され，コイル状に巻かれた鋼材で，この鋼帯をある寸法の幅にスリットした狭幅コイルおよび小型圧延機で生産される幅500 mm未満の鋼帯は帯鋼と呼ばれている．これ以上のものを広幅帯鋼と呼んで区分している（（社）日本鋼構造協会「建設用鋼材資料集 1985版」）．鋼帯は，コイル状に巻かれている鋼材のため，シャーリング工場で平板状に巻き戻され，所定の寸法・形状に切断加工されたものが鉄骨製作工場へ供給され使用される．

平鋼は，長方形断面に四面とも圧延された鋼材をいう．鋼板と平鋼の区分は四面すべてが圧延されているかどうかで区別され，たとえ断面形状が平鋼と同一であっても，鋼板を切断して得られたものは鋼板に区分される．

（2） 鋼板および鋼帯

鋼板および鋼帯の形状，寸法，質量およびその許容差は，JIS G 3193（熱間圧延鋼板及び鋼帯の形状，寸法，質量及びその許容差）に規定されている．ただし，厚さ 6 mm 以上，100 mm 以下の建築構造用圧延鋼材（SN 材）の板厚に関する許容差は JIS G 3136 による．

① 寸法

厚板の厚さは 300 mm，幅は 5 000 mm，長さは 25 m 程度まで各種寸法のものが入手可能になっている．JIS G 3193 では，標準厚さとして 1.2 mm から 50 mm までの 44 種類が示されており，鋼帯および鋼帯からの切板は，製造設備上の制限より最大厚さは 12.7 mm と規定されている．標準幅は 600 mm から 3 048 mm までの 37 種類が示されているが，鋼板には商習慣上インチ寸法をベースとした 914 mm，1 219 mm および 1 400 mm 以上の幅寸法が使われている．鋼帯および鋼帯からの切板への適用最大幅は 2 000 mm となっている．標準長さは 1 829 mm から 12 192 mm までの 12 種類が規定されているが，鋼帯からの切板については製造上長さを制約する要因が少なく，機械的切断によって各種の長さを得ることができるので，標準長さは適用しない．

なお，車両等で輸送可能な積載寸法は，一般的には，積荷長さは車両長×1.1 倍まで，積荷の幅は車両荷台幅以内が標準となっている．ただし，道路との関係においてはさらに制限がかかるので，確認する必要がある〔9.2「輸送計画と発送」参照〕．

② 寸法許容差

鋼板類の厚さの許容差は，厚さ 6 mm 以上，100 mm 以下の SN 材については，JIS G 3136 で鋼板の厚さと幅の組合せによってプラス側の許容差がおのおの詳細に規定され，マイナス側の許容差は一律 0.3 mm となっている．厚さ 6 mm 未満の鋼板類の厚さの許容差については，JIS G 3193 で，厚さと幅の組合せによっておのおの詳細に規定されている．図 3.1.9 に JIS G 3193 と JIS G 3136 による厚さの許容差比較の一例を示す．

厚さの測定箇所は，JIS G 3193 と JIS G 3136 で同一箇所が規定されており，圧延のままのミルエッジの鋼板（耳付き鋼板）の場合は，幅切断予定線より内側の任意の点，縁を切断したカットエッジの鋼板の場合は，その縁から 15 mm 以上内側の任意の点となっている．ミルエッジの鋼帯およびその鋼帯からの切板については，幅 50 mm 以上の場合はその縁から 25 mm 以上内側の任意の点，幅 50 mm 未満の場合はその中央，カットエッジの鋼帯およびその鋼帯からの切板については，幅 30 mm 以上の場合はその縁から 15 mm 以上内側の任意の点，幅 30 mm 未満の場合はその中央となっている．

幅の許容差は，ミルエッジとカットエッジに分類して規定されている．ミルエッジの場合は，圧延のままの鋼板と鋼帯および鋼帯からの切板に分けて，カットエッジの場合は，切断方法により許容差 A・B・C に分けられて規定されている．許容差 A は通常の切断方法によるもので，一般に板厚 40 mm 程度まではシャー切断，40 mm を超えるものはガス切断で行われている．許容差 B は再切断または精密切断によるもので板厚 20 mm 未満に，許容差 C はスリットによるもので板厚 6 mm 未満に適用される．

長さの許容差は A・B の 2 種類で，許容差 A は普通の切断方法に対して，許容差 B は板厚 20 mm 未満の再切断または精密切断に対して適用される．

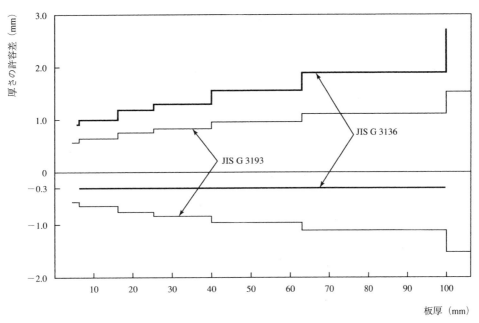

図 3.1.9 鋼板の厚さ許容差の比較（幅 2 000 mm 以上，2 500 mm 未満の例）

鋼板および鋼帯の長さおよびカットエッジの場合の幅の許容差は，JIS G 3136 では，特に指定のない限り JIS G 3193 の許容差 A を用いるものとしている．

横曲がりはその最大値が示されており，鋼板の場合は長さと幅の組合せによって，鋼帯の場合は幅 250 mm 未満と以上に区分して数値が示されている．横曲がりを考慮しないと，大板から鉄骨製作用の鋼板を切り出す時に幅が足りなくなることがあるので注意が必要である．

平たん度はその最大値が厚さと幅の組合せによって定められており，カットエッジの鋼板に対して適用される．平たん度は矯正により改善されるが，その程度は材質により異なるため強度または硬さにより緩和規定が設けられており，規格下限値で引張強さ 570 N/mm^2 以上または降伏点 430 N/mm^2 以上あるいは化学成分または硬さがこれらに相当する鋼板ならびに焼入れ焼戻しを施した鋼板について，平たん度の数値が 50 % 緩和される．

質量は，鋼板では原則として計算質量によることとし，結束または梱包される場合も含めて質量計算方法が明確に規定されている．鋼帯は実測質量である．

③ 外　観

鋼板の表面に使用上有害な欠陥（きず）がある場合，製造業者はグラインダまたは溶接によって欠陥（きず）の除去または補修を行うことができる．この補修方法については，JIS G 3193 でその条件が定められている．

鋼板を圧延する場合に，鋼塊または鋳鋼片にあった欠陥は製品きずとして圧延鋼材の表裏面・側面または端面に現れやすい．健全な材料でも製鉄所におけるその後の製造工程できずができることもある．（一社）日本鉄鋼協会で定めたきずの名称と状態および発生原因の主なものを表 3.1.17 に示す．

表 3.1.17 鋼板の表面きずの名称とその特徴（(一社)日本鉄鋼協会編「厚板マニュアル」(1986)より）

No.	名　称	形態および特徴	発生原因
1	へげ	表面が部分的にラップまたは剥離したもの	鋼塊または鋳鋼片に残存した微小割れ，鋳鋼片手入れ，切断時のばり残存，加熱，圧延中に発生するかききずなどによる
2	スケールきず	スケール（酸化鉄）が圧着したもので，島状に出たり，局部的にかみ込み状に出たりする	一次スケール（加熱時）および二次スケール（圧延時）による
3	ロールきず	ロールのきずが転写されたもので，凹凸状のきず，または網目状の突起きず，同一のきずが定ピッチで発生する	ワークロール，圧延テーブル，レベリングロールの表面に発生したきずが転写されるため，各ロールの円周ピッチごとに鋼板長手方向に同一きずが発生する
4	線状きず	圧延方向に平行な浅い線状のきず	鋳鋼片端部（稜線部）が圧延中に巻き込まれ，この部分が鋼板端部の直線状のきずとなる．また，脱酸不良に起因する表層直下のブローホールが表面に線状きずとして発生したもの
5	かみ込みきず	表面に異物を押し込んだもの	圧延中に異物が飛び込み，押しつけられたことによる
6	あばた	スケール（酸化鉄）が，剥離してあばた状になったもの	一次スケール（加熱時），二次スケール（圧延時）などによる
7	ピックアップ	ごく短いかききず状，押しきずのもので，熱処理鋼板特有のきずであり，鋼板裏面に点在する	主としてハースローラーの堆積物によって生ずる
8	かききず	圧延後に発生したひっかききず　線状に比較的長く伸びたものと，短く密集したものがある	鋼板の移送時にテーブルローラーなどの搬送機器によりひっかかれたり，すられたりしたもの　鋼板と鋼板の接触により発生する場合もある
9	ふくれ	表面が部分的にふくれて，内部に空洞のあるもの	鋳鋼片内部の非金属介在物などの不連続部分に鋼中の水素が凝集拡散し，その圧力のために生じる．または，鋼塊頭部に発生する収縮孔，ブローホールなどの圧着によるもの
10	パウダーきず	連続鋳造時のパウダーなどが引き延ばされ，鋼板表面に密着したもの	鋳鋼片表面または表面近傍に巻き込まれたパウダーが圧延中に伸延したもの
11	縦割れ	圧延方向に線状に割れたもの，イナズマ状に割れたり，割れの一部がへげ状になる場合もある	鋳鋼片割れの残存による
12	横割れ	圧延横方向に線状または波状に割れたもの	鋳鋼片割れの残存による
13	耳割れ	耳がのこぎり歯状に割れ込んだもの	ブローホール，鋼塊・鋳鋼片の加熱，鋼質による
14	スタークラック	連続または単独に発生する放射状の割れきず	素材の表裏面に残存した亀甲状の割れが出現したもの
15	ひび割れ	網目状模様の割れきずである　局部的に発生する場合もあるが，一般には，ほとんど全面的に発生する傾向がある	含銅鋼などで鋳鋼片の加熱条件が適正でない場合に発生する

(3) 平 鋼

　平鋼の形状，寸法，質量およびその許容差は，JIS G 3194（熱間圧延平鋼の形状，寸法，質量及びその許容差）で規定されている．ただし，厚さ6 mm 以上，100 mm 以下のSN材の板厚に関する許容差は，JIS G 3136 による．

　平鋼の製造寸法は，JIS G 3194 の標準断面寸法では，板厚 4.5 mm から 36 mm までの 12 種類，幅 25 mm から 300 mm までの 17 種類の組合せによって 141 種類が示されているが，幅 520 mm 程度かつ厚さ 50 mm 程度まで製造可能となっている．幅が 180 mm を超える平鋼は，一般に広幅平鋼と呼ばれている．

b. 形　鋼

　通常使用される形鋼には，山形鋼・I形鋼・溝形鋼・T形鋼およびH形鋼がある．形鋼の形状，寸法，質量およびその許容差は JIS G 3192 に規定されているが，SN材の形鋼の 6 mm 以上，100 mm 以下のフランジの厚みの許容差は，JIS G 3136 で規定されている．一般構造用軽量H形鋼の形状と寸法については，JIS G 3352 に規定されている．

　H形鋼には，外法一定H形鋼，内法一定H形鋼および一般構造用溶接軽量H形鋼がある．内法一定H形鋼は，フランジ内法寸法を一定としているため，同一呼称サイズにおいてせいと幅が変化している．外法一定H形鋼は，フランジ外法寸法を一定としたもので，同一呼称サイズにおいては，せいと幅は同一寸法となっている．一般構造用溶接軽量H形鋼は，帯鋼を素材として連続的に高周波抵抗溶接，またはこれと高周波誘導溶接との併用により製造するもので，同一呼称サイズにおいては，せいと幅は同一寸法となっている．

　H形鋼の寸法上問題となる諸点は，高さ（H），中心の偏り（S），フランジの直角度（T），曲がりである．高さは，パラレルフランジに仕上げる際の仕上げロールの寿命に関係があり，中心の偏りは，同一ロールで各種の肉厚のウェブ・フランジを得ようとするためのロール配列が原因となっている．また，フランジの直角度および曲がりは，圧延が終わった後の冷却過程で形鋼全長に生ずる温度不均一による変形を矯正する作業と関係がある．表 3.1.18 にH形鋼の形状・寸法の許容差を示す．

　形鋼の欠陥（きず）について JIS G 3192 では，鋼板と同様「使用上有害な欠陥があってはならない」と抽象的に示し，さらに有害な欠陥がある場合，欠陥の除去と補修についてグラインダおよび溶接による基準を示している．参考までに，（社）鋼材倶楽部（現　（一社）日本鉄鋼連盟）新製品紹介委員会がまとめた形鋼の外観不良およびその発生原因の主なものを整理して表 3.1.19 に示す．

参 考 文 献

1) 鋼材倶楽部新製品紹介委員会：JSSC vol. 10, No. 107, 1974

表 3.1.18(a)　H形鋼の形状および寸法の許容差（JIS G 3192）

（単位：mm）

区　分			許容差	摘　要
辺（B）	400 以下		±2.0	
	400 を超えるもの		±3.0	
高さ（H）	800 未満	辺 B が 400 以下	±2.0	
		辺 B が 400 を超えるもの	±3.0	
	800 以上		±3.0	
厚さ	フランジ（t_2）	16 未満	±1.0	
		16 以上　25 未満	±1.5	
		25 以上　40 未満	±1.7	
		40 以上	±2.0	
	ウェブ（t_2）	16 未満	±0.7	
		16 以上　25 未満	±1.0	
		25 以上　40 未満	±1.5	
		40 以上	±2.0	
長さ	7 m 以下		+40 　0	
	7 m を超えるもの		プラス側許容差は，長さ 1 m を又はその端数を増すごとに上記プラス側許容差に 5 mm 加える．マイナス側許容差は，0 mm とする．	
直角度（T）	高さ H が 300 以下		辺 B の 1.0 % 以下．ただし，許容差の最小値は 1.5 mm	
	高さ H が 300 を超えるもの		辺 B の 1.2 % 以下．ただし，許容差の最小値は 1.5 mm	
曲がり	高さ H が 300 以下		長さの 0.15 % 以下	上下，左右の曲がりに適用する．
	高さ H が 300 を超えるもの		長さの 0.10 % 以下	
中心の偏り（S）	辺 B が 400 以下		±2.0	$S = \dfrac{b_1 - b_2}{2}$
	辺 B が 400 を超えるもの		±3.5	
ウェブ反り[a]（W）	高さ H が 350 以下		2.0 以下	
	高さ H が 350 を超え 550 未満		2.5 以下	
	高さ H が 550 以上		3.0 以下	
フランジ折れ（F）	辺 B が 400 以下		b の 1.5 % 以下．ただし，許容差の最大値は 1.5 mm	
切断面の直角度（e）			辺 B 又は高さ H の 1.6 % 以下．ただし，許容差の最小値は 3.0 mm	

[注]　(a) ウェブ反りは，コーナーR部を含まない部分に適用する．

3章 材　　料 —141—

表 3.1.18(b)　軽量 H 形鋼の形状および寸法の許容差（JIS G 3352）

区　分		許容差[d]	摘　要
高さ（H）		±1.0 mm	
幅（B）		±1.5 mm	
厚さ[a]（t_1, t_2）	1.6 mm 以上 4.0 mm 未満	±0.20 mm	
	4.0 mm 以上 6.0 mm 未満	±5 %	
	6.0 mm 以上 12.0 mm 以下	±5 %，−0.30 mm	
長さ[b]		+40 mm，0	
曲がり	高さが 300 mm 以下	長さの 0.15 % 以下	上下，左右の曲がりに適用する
	高さが 300 mm を超えるもの	長さの 0.10 % 以下	
直角度（T）	高さが 300 mm 以下	幅が（B）の 1.0 % 以下 ただし，許容差の最小値 1.5 mm	
	高さが 300 mm を超えるもの	幅（B）の 1.2 % 以下	
中心の偏り（S）		±1.5 mm	$S = \dfrac{b_1 - b_2}{2}$
ウェブ反り（W）[c]		2.0 mm 以下	
フランジ折れ（F）		b の 1.5 % 以下．ただし，許容差の最大値 1.5 mm，最小値 0.8 mm	
切面積の直角度（e）		高さ（H）又は幅（B）の 1.0 % 以下 ただし，許容差の最小値 2.0 mm	

［注］(a)高周波溶接部近傍や溶接電極接触部等の特殊な部位を除く．
　　　(b)受渡当事者間の協定によって，全許容差範囲 40 mm の幅でマイナス側に移動してもよい．ただし，協定した許容差の上限値はゼロを下回ってはならない．
　　　(c)測定基準点のフランジ内面からの位置※は，5 mm から 15 mm の間で寸法ごとに製造業者が設定する．
　　　(d)パーセント表示の許容差は，ミリメートルで表した計算値を JIS Z 8401 の規則 A によって，厚さについては小数点以下 2 桁に，その他については小数点以下 1 桁に丸めた数値とする．

表 3.1.19　形鋼の表面きずの名称とその特徴[1]

No.	名　称	形態および特徴	発生原因
1	へげきず	製品表面が部分的にはげかかったラップ状のきず	素材の手入不良および圧延不良
2	スケールきず	スケールが圧延中に剥離されずに圧着したもの、または脱落してあばたになったきず	加熱炉在炉時間不適正，デスケーリング操作不良
3	肌あれ	製品表面の粗さが大なるもの	ロール表面の磨耗
4	かききず（すりきず）	製品表面が孔型側壁でこすられて爪かき状に出るきず	仕上ロール孔型のフランジ部の焼付き，上下ロール周速の不適正，圧下調整不良
5	ガイドきず	圧延方向に直線的に発生する製品表面のすりきず	圧延機の誘導装置によるもの
6	フランジ折れ	フランジが傘状に折れたもの	圧延または矯正不良
7	線状きず	圧延方向に断続的に出る比較的浅く短い線状のきず	鋳鋼片のブローホールおよびピンホール
8	しわきず	おもに自由圧縮面に生じたしわ状のきず	孔型不良，ロール調整不良
9	ロールきず	圧延方向に一定ピッチでロールのきずがプリントされ生じたきず	ロール表面のきずまたは付着物
10	折込み	圧延方向に直線的に折り重なった比較的長いきず	孔型不良，ロール調整不良，素材の手入れ不良
11	かみ出し	孔型の開上部が過充満となった製品の形態、圧延方向に連続性がある	孔型不良，ロール調整不良
12	欠　肉	角部（主に直角部）が丸みを帯びて肉不足となったもの	孔型不良，ロール調整不良
13	山倒れ	山形鋼，みぞ形鋼などの隅部が直角でないもの	孔型不良，誘導装置設定不良
14	割れきず	圧延方向に連続または断続的に出る製品表面の比較的深い線状きずあるいは圧延方向に対して直角に出る割れきず	成分不良，脱酸不良またはその他の素材きず
15	うろこ（焼ききず）	製品表面に生じるひびまたはあかぎれ状のきず	成分不良，加熱操業不適正
16	異物かみ込み	製品表面に異物をかみ込んだきず	異物の飛び込み
17	フランジ波	フランジに発生する波状のひずみ	ロール調整不良
18	ウェブ波	ウェブに発生する波状のひずみ	圧下スケジュール不良，冷却速度の不均一
19	ウェブ反り	ウェブが凹状にわん曲したもの	圧延または矯正不良

c．鋼管・その他

建築に使用される鋼管には，円形鋼管と角形鋼管がある．

円形鋼管では，鋼帯を素材とする電縫鋼管，スパイラル溶接鋼管，鋼板を素材とするプレスまたはロールベンド溶接鋼管，UOE 溶接鋼管がある．寸法およびその許容差は，JIS G 3444（一般構造用炭素鋼鋼管）および JIS G 3475（建築構造用炭素鋼鋼管）に規定されている．鋼管サイズは外径寸法がインチ寸法のものとミリ寸法のものがある．外径および厚さの許容差には区分1号と2号があり，特に指定がない場合は1号を適用することとなっている．外径350 mm を超える管については，外径の測定方法は周長によることができる．

参考文献

1）鋼材倶楽部新製品紹介委員会：JSSC Vol. 10, No. 107, 1974

角形鋼管は，ロール方式，プレス方式により製造される．寸法および寸法許容差は，JIS G 3466（一般構造用角形鋼管）に規定されている．また，現在よく用いられている冷間成形角形鋼管については，（一社）日本鉄鋼連盟の製品規定（BCP，BCR）に，寸法許容差，角部外側の曲率半径標準値およびその寸法許容差が表 3.1.20，3.1.21 のように示されている．

一般構造用軽量形鋼は，JIS G 3350 に形状寸法および寸法許容差が規定されている．また，デッキプレートは，JIS G 3352 に形状，寸法および寸法許容差が規定されている．

表 3.1.20 冷間成形角形鋼管の寸法許容差

項目および区分		寸法許容差
辺の長さ		±1.0 % かつ ±3.0 mm
各辺の平板部分の凹凸		辺の長さの 0.5 % 以下 かつ 3 mm 以下
隣合った平板部分のなす角度		±1.0 度
長さ		−0.0　＋規定せず
曲がり	製品長さ 9 m 未満	全長の 1/1 500 以下
	製品長さ 9 m 以上	全長の 1/1 250 以下
ねじれ		[1.5×辺の長さ(mm)/1 000]×全長(m) mm 以下
厚さ	6 mm 以上 16 mm 未満	−0.3 mm　＋1.0 mm
	16 mm 以上 25 mm 未満	−0.3 mm　＋1.2 mm
	25 mm 以上 40 mm 以下	−0.3 mm　＋1.3 mm

表 3.1.21 角部外側の曲率半径基準値および寸法許容差（t：板厚）

項目および区分		曲率半径標準値	寸法許容差
冷間ロール成形角形鋼管	板厚 6 mm 以上 22 mm 以下	2.5 t	±0.5 t
冷間プレス成形角形鋼管	板厚 6 mm 以上 19 mm 以下	3.5 t	±0.5 t
	19 mm を超え 40 mm 以下	3.5 t	±0.4 t

3.1.4　構造用鋼材の内部品質

a．ラミネーション

ラミネーションは，製鋼工程で生成された硫化物，酸化物などの非金属介在物のうち，比較的大きな非金属介在物が，精錬途中で十分除去されずに鋳片に残留し，これらの非金属介在物が圧延によって層状になって存在する内部欠陥をいう．場合によっては，非金属介在物への鋼中水素の凝集がこの種の欠陥に関与することがある．この欠陥部分は，完全に剥離していたり，剥離しないまでも板厚方向に作用する荷重に対して強度的に弱い部分である．切断面に現れると，製品断面のほぼ中央に直線状に開口した状態で認められることもある．ただし，そのような現象を伴わない微小非金属介在物および化学成分の中心偏析は，ラミネーションとは呼ばない．

かつて，造塊・分塊圧延法が全盛時代であったころは，鋼材を切断加工中にラミネーションがしばしば開口して発見されたが，連続鋳造が普及するようになってからは，ラミネーションが激減した．これは，連続鋳造での操業管理をはじめ，各製造工程における品質つくり込みの最適化への努

力によるものである．したがって，このような努力を怠った場合，現在でもラミネーション発生の危険性はあるので，注意を要する．

切断面に発生したラミネーションは，目視検査・浸透探傷試験・磁粉探傷試験・マクロ試験などを実施することにより，容易に発見可能である．しかし，鋼材内部にラミネーションが存在していることに気づかずに使用してしまうと，思わぬ重大事故を招くことがある．

b．ラメラテア

ラメラテアは，もともと鋼材に存在するものではない．超音波探傷検査を実施して，ラミネーションなどの欠陥のないことが確認された鋼板でも，溶接時に板厚方向の拘束による引張応力が作用するような溶接組立箱形断面柱のスキンプレートの角溶接継手部や，梁貫通仕口部の通しダイアフラムなどに使用された場合，溶接部の超音波探傷検査で割れが発見されることがある．この割れは，ラメラテアとよばれ，鋼材中の非金属介在物や溶接金属部の拡散性水素の影響によって板厚方向の延性が不足し，溶接金属の凝固時に発生する収縮応力に耐えきれずに，板表面と平行に割れが進行したものである．

ラメラテアの発生を防ぐ方法には，次のような方策がある．
① 鋼材の板厚方向に引張応力が作用しないような溶接ディテールとする設計面での配慮
② 拡散性水素量を低減するような溶接施工上での対策
③ 耐ラメラテア特性を有する鋼材を使用するなどの配慮

c．完全溶込み溶接熱影響部の非金属介在物開口割れ

完全溶込み突合せ溶接継手において，溶接熱影響部付近に板厚に平行な割れが発生することがある．この割れは，前述のラメラテアと同様，もともと鋼材に存在するものではない．

突合せ溶接では，板厚方向の収縮応力は低いのでラメラテアとは発生機構がやや異なり，溶接金属に閉じ込められた水素が鋼材中の非金属介在物に凝集することによって発生する水素脆化割れと考えられている．

防止策としては，
① 拡散性水素量を低減するような溶接施工上での対策
② 耐ラメラテア特性を有した鋼材を使用するなどの配慮
③ 小入熱溶接法の採用

などが効果がある．

d．鋼材内部品質問題からのトラブル例

1987年から1988年にかけて，JIS規格品として流通したあるメーカーのSM 50 A (SM 490 A) 鋼板が，溶接時に開裂する現象が各地で発生したことがあげられる〔写真3.1.1参照〕．この鋼板の使用部位は，柱（円形または箱形断面）梁（H形断面）仕口の通しダイアフラムであり，当部位は，地震時にダイアフラムの板厚方向に大きな引張力が作用し，開裂が生じた場合，柱としての機能を損ない重大な被害が生じることが予想される．これに対して，本会鉄骨工事運営委員会では，開裂鋼板調査ワーキンググループを設け，開裂を起した鋼板の内部品質・機械的性質に関する各種試験，溶接熱による開裂現象の再現試験および十字形溶接継手載荷試験を行い，開裂の発生原因ならびに

写真 3.1.1 開裂した柱梁仕口ダイアフラム

今後の対策などについて総合的な調査を行った[1]．

その報告書において，開裂のおそれがある鋼板の使用防止対策として，以下の事項が提示されている．

① 製造メーカーの品質管理体制に応じて，材料受入れに際して非破壊検査あるいは破壊検査を実施する．ここで非破壊検査は，大板を対象とする場合は JIS G 0801（圧力容器用鋼板の超音波探傷試験）に準じて行い，切板の場合には探傷間隔を 5～10 cm 程度に詰め全測点が 25 か所以上となるようにした上で，上述の JIS 規格の検査法を準用する．いずれの場合にも，微小欠陥であっても比較的密に存在している時は使用を中止するか，破壊検査により採否を判断する．破壊検査の方法は，板厚方向引張試験あるいはシャルピー衝撃試験とし，板厚方向の機械的性質および衝撃特性により採否を判断する．

② 鋼材発注時に，超音波探傷検査を適用するなど，内部品質についても不良品でないことが保証された材料を指定する．

③ 完全溶込み溶接部の溶接完了後に行う超音波探傷検査では，溶接金属部だけを対象とせず，その周辺の母材内部も探傷範囲と考えて開裂の有無を調べるなど，きめ細かい検査を行う．

④ 鋼板の切断・孔開けなどの加工時や溶接時には異常の有無を観察し，疑問が認められた場合には詳細な検討を行う．

なお，本文中，「開裂」という用語が使われているが，開裂は，ラミネーションを原因としたラメラテアだけではなく，その他の非金属介在物開口割れなども含んでいる．

その後，1992 年に JIS G 3106（溶接構造用圧延鋼材）および JIS G 0901（建築用鋼板及び平鋼の超音波探傷試験による等級分類と判定基準）が改正され，厚さ 13 mm 以上の鋼板および平鋼を対象として，必要に応じ超音波探傷試験が適用できるように規定された．

参 考 文 献

1） 日本建築学会鉄骨工事運営委員会：開裂鋼板調査報告，建築雑誌 Vol. 106, No. 1316, pp.124-130, 1991.8

表 3.1.22 板厚方向の絞り値

製品クラス番号	3個の試験片の最小平均値	試験片個々の最小値
Z15	15	10
Z25	25	15
Z35	35	25

また，耐ラメラテア特性を確認する試験方法として，1992年にJIS G 3199（鋼板及び平鋼の厚さ方向特性）が制定された．これは，破壊試験による鋼材の厚さ方向特性（絞り値）を確認するものである．

これらのJIS規格により，開裂のおそれがある鋼板の使用に歯止めがかけられることになった．

1994年6月制定のJIS G 3136（建築構造用圧延鋼材）には，超音波探傷検査および厚さ方向特性試験が適用できるように規定されている．

しかし，これらの規格適用が，板厚方向に応力が作用する構造物の安全性を必ずしも保証するものではない．厚さ方向の応力を最小とするよう設計および施工の両方の段階において，とりわけ溶接時に予防策を講じる必要がある．

3.1.5 その他の鋼材

a．鍛鋼品

鍛鋼品は，炭素鋼鋼塊を鍛造または圧延と鍛造により成形したもので，焼入れ，焼戻しなどの熱処理が施されている．JIS G 3201（炭素鋼鍛鋼品）には9種類あるが，一般にはその中でSF 490 A，SF 540 A または SF 540 B の使用が望ましい．ローラやピン軸など，特に指定のある場合に限って使用する．

b．デッキプレート

デッキプレートは，主として床構造用に用いられる．デッキプレートを用いた床スラブ構造は，デッキ合成スラブ，デッキ複合スラブおよびデッキ構造スラブに分類され，（一社）日本鉄鋼連盟編「デッキプレート床構造設計・施工規準2004」に準拠して設計・施工される．これ以外にも鉄筋コンクリートスラブの捨型枠として使われることもある．これら床スラブに使用されるデッキプレートは，以下の3種類に分類される．

① 合成スラブ用デッキプレート

合成スラブ用デッキプレートは，主にデッキ合成スラブに用いられるもので，デッキプレート版告示（平成14年4月国土交通省告示第326号）に適合するものでなければいけない．このデッキプレートは，合成効果を高めるために複雑な形状に折り曲げエンボス（突起）が設けられており，その性能が確認されたものは旧建築基準法第38条に基づき大臣認定を取得していたが，デッキプレート版告示の公布に伴い，一般構法として基準化された．現在は，指定確認検査機関で評定を取得しているものがこれに該当する．

なお，耐火被覆を省略する耐火構造認定があるが，適用範囲があるので確認することが重要である．

② 床型枠用鋼製デッキプレート（フラットデッキ）

フラットデッキは，上表面を平たんに，下側に補剛用リブをもつ形状にロール成形された，鉄筋コンクリートスラブの捨型枠として使われるデッキプレートで，デッキ構造スラブとしても用いることができる．リブのスパン方向の両端部は，閉塞加工（エンドクローズ）してある．製品規格および適用仕様は（一社）公共建築協会編「建築材料・設備機材等品質性能評価事業」において評価され，（一社）公共建築協会編「床型枠用鋼製デッキプレート（フラットデッキ）設計施工指針・同解説」に基づいている．この指針で規定している材料の種類は，JIS G 3352（デッキプレート）とは異なる種類の記号を用いている．それらは，SGCC，SGHC，SGLCC，SGLHC および SGC 400 で，その許容応力度は 205 N/mm^2（ただし，SGC 400 は，235 N/mm^2）である．

③ プレーンデッキプレート

このタイプのデッキプレートは，主に 2003 年以前の旧 JIS に掲載されていた形状寸法のものである．合成スラブ用デッキプレートには使用できず，通常，デッキ複合スラブやデッキ構造スラブ，あるいは鉄筋コンクリートスラブの型枠として使用される．

デッキ複合スラブやデッキ構造スラブに用いるときは，デッキプレート版告示に適合しなければいけない．

c．そ の 他

原則として，下記に示す鉄骨工事の付属品などは本指針の適用対象外とする．製造業者の仕様書ならびに技術資料を参照して使用するとよい．

チェッカープレート，グレーチング，クレーンレールおよび取付金具，折板，タイトフレーム入口または窓の枠およびその付属物，カーテンウォール，設備などの取付金具，ハンドレール，コンクリート工事用金物．

3.2 ボルト等

3.2.1 品　　質

高力ボルト・ボルト・頭付きスタッド・ターンバックルおよびアンカーボルトは，表 3.2.1 に示す JIS 規格適合品または国土交通大臣認定品とし，その種類は特記による．

表 3.2.1 に記述されていないアンカーボルトを使用する場合は特記による．構造用アンカーボルトは JIS 規格材である SNR 棒鋼を使用して，その両端にねじ加工をしただけであるため，指定建築材料の「鋼材」としての規格に適合と判断されている．また，両ねじではないアンカーボルト（J 形，L 形等）の場合も，JIS 規格材である SNR 棒鋼を使用しているのであれば，建築基準法上その使用について特段の問題はない．

表 3.2.1　高力ボルト・ボルト・スタッドおよびターンバックルのJIS規格品

規　　格	名称および種類
（高力ボルトのセット）	
JIS B 1186	摩擦接合用高力六角ボルト・六角ナット・平座金のセット 　2種（A，B）：ボルトF 10T，ナットF 10，座金F 35
JSS*1 Ⅱ 09	構造用トルシア形高力ボルト・六角ナット・平座金のセット*2 　ボルトS 10T，ナットF 10，座金F 35
（ボルト・ナット・座金）	
JIS B 1180	六角ボルト（附属書JA*3） 　種　　類：並形六角ボルト 　材料区分：鋼 　強度区分：4.6，4.8，5.6，5.8，6.8（JIS B 1051） 　ねじの種類：メートル並目ねじ（JIS B 0205） 　ねじの等級：6 g（JIS B 0209） 　仕上げ程度：中
JIS B 1181	六角ナット（附属書JA*3） 　種　　類：並形六角ナット 　形状の種類：1種または2種 　材料区分：鋼 　強度区分：5T　6T（附属書JB） 　ねじの種類：メートル並目ねじ（JIS B 0205） 　ねじの等級：6 H（JIS B 0209） 　仕上げ程度：中
JIS B 1251	ばね座金 　2号（一般用）
JIS B 1256	平座金 　並　丸
（頭付きスタッド）	
JIS B 1198	頭付きスタッド
（ターンバックル）	
JIS A 5540	建築用ターンバックル 　種　　類：羽子板ボルト（S），両ねじボルト（D）
JIS A 5541	建築用ターンバックル胴 　種　　類：割枠式（ST）またはパイプ式（PT）
（構造用アンカーボルト）	
JIS B 1220	構造用両ねじアンカーボルトセット

［注］＊1：（一社）日本鋼構造協会規格
　　　＊2：建築基準法第37条に基づく国土交通大臣の認定を必要とする製品
　　　＊3：JIS B 1180-2014，JIS B 1181-2014では，ボルト，ナットの規格が制定されたが，鉄骨工事では附属書に記載されたものが流通し，使用されている．

3.2.2　高力ボルトのセット

a．高力六角ボルト

　高力六角ボルトは，JIS B 1186に，F 8T，F 10Tの2種類の等級が規定されている．しかし，ボルトメーカーは，F 10TのJISマーク表示認証を取得しているが，F 8Tについては取得していない．したがって，F 8Tの高力六角ボルトは現在のところ生産されていない．以上のような状況により，高力六角ボルトはF 10Tのみを使用することとしている．

　高力六角ボルトを製造するための材料の化学成分に関しては，JIS B 1186に規定がない．そのため，ボルトメーカーは独自の化学成分を有する材料を用い，ボルト成形後，熱処理（焼入れ，焼戻し）を施して所要の品質を満足する製品を製造している．

(1) 高力六角ボルト用材料

高力六角ボルトは，主に，表 3.2.2 に示すようなボロン添加鋼を用いて製造されている．

高力六角ボルト用材料は，冷間圧造性に優れ，ボルト成形後の熱処理（焼入）時に水で冷却できる高力六角ボルト専用のものである．

冷間圧造が困難な長尺の高力ボルトは，生産数も少なく，合金元素を多く含有する材料（SCr 材，SCM 材等）を使用して，熱間鍛造品を油焼き熱処理で製作する場合がある．

(2) 高力六角ナット用材料

高力六角ナット用材料は，JIS 規格に鋼種と化学成分が規定されていないが，機械構造用炭素鋼鋼材や一般構造用圧延鋼材の中から，主に表 3.2.3 の化学成分例に示す炭素鋼が使用されている．

(3) 座金用材料

座金用材料は，JIS 規格に鋼種と化学成分が規定されていないが，機械構造用炭素鋼鋼材の中から，表 3.2.4 の化学成分例に示す炭素鋼が使用されている．

表 3.2.2　F 10T 高力六角ボルト用材料の化学成分（例）

（単位：%）

鋼　種	C	Si	Mn	P	S	Cu	Ni	Cr	Ti	B
成分例 1	0.18〜0.23	0.20 以下	0.80〜1.10	0.030 以下	0.030 以下	0.30 以下	0.20 以下	0.10〜0.20	—	0.0005〜0.003
成分例 2	0.18〜0.23	0.10〜0.20	0.70〜0.90	0.030 以下	0.030 以下	—	—	0.30〜0.80	—	0.001〜0.003
成分例 3	0.20〜0.23	0.10〜0.30	0.80〜1.00	0.025 以下	0.025 以下	0.20 以下	0.20 以下	0.25〜0.45	—	0.0005〜0.0025
成分例 4	0.19〜0.24	0.35 以下	0.80〜1.10	0.030 以下	0.035 以下	0.30 以下	—	0.25〜0.35	—	0.0005 以上
成分例 5	0.20〜0.25	0.15〜0.35	0.65〜0.85	0.020 以下	0.025 以下	0.20 以下	0.20 以下	0.50〜0.70	0.01〜0.02	0.001〜0.003

表 3.2.3　F 10 高力六角ナット用材料の化学成分（例）

（単位：%）

規　格	鋼　種	C	Si	Mn	P	S
JIS G 4051（機械構造用炭素鋼鋼材）	S33C	0.30〜0.36	0.15〜0.35	0.60〜0.90	0.030 以下	0.035 以下
	S35C	0.32〜0.38	0.15〜0.35	0.60〜0.90	0.030 以下	0.035 以下
	S40C	0.37〜0.43	0.15〜0.35	0.60〜0.90	0.030 以下	0.035 以下

表 3.2.4　F 35 座金用材料の化学成分（例）

（単位：%）

規　格	鋼　種	C	Si	Mn	P	S
JIS G 4051（機械構造用炭素鋼鋼材）	S40C	0.37〜0.43	0.15〜0.35	0.60〜0.90	0.030 以下	0.035 以下
	S43C	0.40〜0.45	0.15〜0.30	0.60〜0.90	0.030 以下	0.035 以下
	S45C	0.42〜0.48	0.15〜0.30	0.60〜0.90	0.030 以下	0.035 以下

b．トルシア形高力ボルト

トルシア形高力ボルトのセットは，(一社)日本鋼構造協会規格 JSS Ⅱ 09 として規格が定められている．機械的性質は F 10T 高力六角ボルトと同じである．ボルトの形状寸法やセットのボルト軸力の規定などが高力六角ボルトと異なっている．トルシア形高力ボルト，ナットおよび座金の材料は，高力六角ボルト用のものと同じである．

ボルトメーカーは，JSS Ⅱ 09 に準拠してトルシア形高力ボルトを製造し，建築基準法第 37 条に適合した高力ボルトのセットであるとの国土交通大臣認定を取得して，一般に供している．

c．耐候性鋼高力ボルト

耐候性鋼高力ボルトは，形状寸法や機械的性質などが F 10T 高力六角ボルトと同じである．

その材料は，表 3.2.5 の化学成分例に示すような炭素鋼に耐候性を付与する銅，ニッケル，クロム，モリブデンなどが添加されたものが用いられている．ナットおよび座金にもボルトと同じ材料を使用している．

耐候性鋼高力ボルトの頭部上面に F 10TW と表示し，ほかの高力ボルトと区別しているが，構造性能は F 10T と同等として扱える．

表 3.2.5 F 10T 耐候性鋼高力ボルト用材料の化学成分（例）

（単位：％）

鋼　種	C	Si	Mn	P	S	Cu	Ni	Cr	Mo	Ti	B
成分例 1	0.15〜0.25	0.10〜0.50	0.40〜1.20	0.040以下	0.050以下	0.25〜0.60	0.30〜0.80	0.50〜1.00	0.10以下	—	0.003以下
成分例 2	0.20〜0.25	0.15〜0.25	0.70〜0.90	0.030以下	0.030以下	0.30〜0.50	0.30〜0.50	0.60〜0.80	—	—	0.001〜0.003
成分例 3	0.17〜0.21	0.10以下	0.70〜0.90	0.030以下	0.035以下	0.30〜0.50	0.20以下	0.80〜1.00	—	—	0.0005〜0.0025
成分例 4	0.20〜0.23	0.15〜0.35	0.60〜0.90	0.030以下	0.035以下	0.30〜0.50	0.35〜0.55	0.70〜0.90	—	0.01〜0.04	0.001〜0.003
成分例 5	0.20〜0.23	0.35以下	0.60〜0.90	0.030以下	0.030以下	0.25〜0.50	0.35〜0.55	0.90〜1.25	—	—	0.0005以上

d．耐火鋼高力ボルト

耐火鋼高力ボルトは，形状寸法や機械的性質などが，F 10T 高力六角ボルトと同じものとトルシア形高力ボルトと同じものがある．

耐火鋼を使用する建築物においては，主要構造部の鋼材温度の最大値が 600 ℃を超えないこととされている．高力ボルト継手は，火災時にボルトの熱膨張により導入ボルト張力が弛緩することから，すべりを生じ摩擦接合から支圧（せん断）接合に移行する．耐火鋼高力ボルトは，この高温時（600 ℃）の支圧（せん断）状態において，母材より先に破断しないこととされている．ボルトとナットの材料は，このボルトの高温時における耐力（ボルトの高温時降伏点）が母材の常温時降伏点の規格値の 2/3 以上を有するように表 3.2.6 の化学成分例に示すようなクロムモリブデン鋼が用いられる．耐火鋼高力ボルトのセット用の座金は，普通の高力ボルトのセット用の座金が用いられる．

ボルト頭部上面には，F 10T FR などと表示し，他の高力ボルトと区別している．なお，常温時の構造性能は F 10T と同等として扱えるが，耐火構造性能は国土交通大臣の認定を得た構造設計方法

表 3.2.6　F 10T 耐火鋼高力ボルト用材料の化学成分（例）

（単位：％）

鋼種	C	Si	Mn	P	S	Cu	Ni	Cr	Mo	Ti	B
成分例 1	0.18～0.25	0.10～0.35	0.60～1.00	0.030以下	0.030以下	—	—	0.70～1.20	0.25～0.45	—	—
成分例 2	0.18～0.25	0.10～0.35	0.55～0.90	0.030以下	0.030以下	—	—	0.60～1.25	0.25～0.45	—	—
成分例 3	0.20～0.25	0.15～0.35	0.60～0.85	0.030以下	0.035以下	0.30以下	0.25以下	0.90～1.20	0.35～0.45	—	—
成分例 4	0.23～0.33	0.15～0.45	0.40～0.85	0.030以下	0.030以下	0.30以下	0.25以下	0.80～1.30	0.35～0.55	—	—
成分例 5	0.20～0.25	0.15～0.35	0.65～0.85	0.020以下	0.025以下	—	—	0.50～0.70	0.45～0.55	0.01～0.04	0.001～0.003

によるので，注意を要する．

3.2.3　溶融亜鉛めっき高力ボルトのセット

溶融亜鉛めっき高力ボルトは，建築基準法に許容応力度が定められていないので，溶融亜鉛めっき高力ボルト接合に関する国土交通大臣認定を取得して，一般に供されている．

（1）　溶融亜鉛めっき高力ボルトのセットはF 8T である．高力ボルトはめっきを施すと遅れ破壊感受性が高くなるので，材料はF 10T と同じ化学成分の材料を使用している．高力ボルトのねじ精度のままでめっきを施すとボルトとナットのはめあいができなくなる．また，めっきした後でナットのねじを切るとねじ面にめっきがなくなるので，ナットのねじはめっき前にオーバータップする．

（2）　溶融亜鉛めっき高力ボルトは，高力六角ボルトのJIS表示許可を得ているボルトメーカーが国土交通大臣の認定を取得して製造しているが，JIS規格品ではないのでJISマークが表示されていない．ボルト頭部上面にF 8T を表示して，他の高力ボルトと区別している．また，耐火鋼を使用した溶融亜鉛めっき高力六角ボルトのセットについても国土交通大臣の認定を取得して製造しており，ボルト頭部上面にF 8T FR などと表示している．

（3）　F 10T 高力六角ボルトやトルシア形高力ボルトの製品にめっきを施して溶融亜鉛めっき高力ボルトの製品とすることは，国土交通大臣の認定も得られていないし，何の保証も得られないので使用してはならない．

3.2.4　その他の高力ボルト

a．超高力ボルト（F 14T）

引張強さ1 400 N/mm^{2}以上，耐力1 260 N/mm^{2}以上を有する超高力ボルト（以下，F 14T という）が開発されている．

高力ボルトは，F 11T 強度以上であると遅れ破壊の問題があるので，11T 以上の高強度のボルトは長らく開発されなかった．一部のボルトメーカーで高強度でも耐遅れ破壊性の優れた材料，形状等を改良し，14T 強度のボルトが開発され，国土交通大臣認定を取得して販売されている（トルシ

ア形ボルト，六角ボルト）．

　高強度のボルトを使用することにより使用ボルト本数を減らし，継手の軽量化，コンパクト化が期待できる．

　施工方法，施工管理は通常の高力ボルトとほぼ同一だが，一次締めトルク値が異なったり，屋内環境で使用することとしているなど異なる部分もあるので，メーカーの技術資料を参照されたい．

　b．溶融亜鉛めっき超高力ボルト（F 12T）

　溶融亜鉛めっき高力ボルトは，各ボルトメーカーでF 8T強度で国土交通大臣の認定を取得して販売している．一部のメーカーでは溶融亜鉛めっきしてもボルト強度がF 12Tを確保できる材料で国土交通大臣認定を取得し，販売されているものがある．施工方法，施工管理はF 8Tの溶融亜鉛めっきボルトとほぼ同等であるが，ナット回転角などに違いがあるので，使用にあたっては，当該メーカーの技術資料を参照されたい．

　c．防せい（錆）処理高力ボルト（F 10T，S 10T）

　高力ボルトに塗装する場合は，締付完了後にケレン作業を行い，塗装を行うことが一般的である．

　ボルトメーカーによっては，ボルト製品に塗装したボルトを主に橋梁工事用として販売している．塗装はプライマー塗料を使用し，一次防せいの塗装（本塗装までのさび防止）であり，後で本塗装が必要になる．

　高力六角ボルト，トルシア形ボルトがあり，防せい処理用のナットは塗装皮膜分ナットをオーバータップする必要がある．国土交通大臣の認定を取得したメーカーの製品でなければ建築物に適用できない．

　d．特殊高力ボルト

　トルシア形高力ボルトと異なる特殊高力ボルトとして，ボルト，ナットおよび座金の形状に工夫した高力ボルトのセットがある．特殊高力ボルトはボルトの機械的性質がF 10Tと同じであるところから，高力六角ボルトと同じ材料が使用される．これらの特殊高力ボルトは国土交通大臣の認定を得て，特記に従って使用できる．

3.2.5　ボルト・ナット・座金

　ボルト・ナット・座金は下記に示すJIS規格品とし，一定の戻り止めを行った上で使用する．

　　　JIS B 1180　　六角ボルト
　　　JIS B 1181　　六角ナット
　　　JIS B 1256　　平座金

　JIS B 1180，JIS B 1181は，1985年にISOの基準（1979年）に準拠して改正され，両規格とも部品等級とそれに対する強度区分が明確に規定された．

　この改正では，建築関係でよく使用されているねじの呼びM 22が廃止された．しかし，両規格ともに附属書に1974年のJIS規格がそのまま残されており，実際にはM 22も使用されている．

　建築基準法の改正により，従来，六角ボルトの強度区分4 T（新4.6と同等）のみに与えられていた材料強度の基準強度は，強度区分4.6～6.8までの六角ボルトのそれぞれの強度に対して与えられ

た（建設省告示 2464 号：平成 12 年 12 月 26 日）．なお，規模制限，戻り止め，ボルト孔の径や孔相互の中心間距離などの制限は付いている．

3.2.6 アンカーボルト

アンカーボルトは，建物竣工後構造耐力を負担する「構造用アンカーボルト」と，構造耐力を負担しない「建方用アンカーボルト」に区分される．構造用アンカーボルトでは，鉄骨と同等の構造性能が要求される．そのため，その形状・寸法および材料が設計図書に特記事項として明記されていることを必ず確認することが重要である．

構造用アンカーボルトについては，一般に鉄骨と同等の耐力，変形性能を有することが求められるので，SN 400 B，SN 490 B の性能が要求される．また，アンカーボルトが十分な変形性状を保持するために，軸部が完全に塑性化するまで破断しないことが要求される．

以上のようなことから，この主旨に適合する構造用アンカーボルトの規格として，JIS B 1220 構造用両ねじアンカーボルトセット（ABR ねじの呼び：M 16～M 48），（ABM ねじの呼び：M 24～M 100）が制定された．

一方，建方用アンカーボルトは，建物ごとにそれぞれ検討される施工時応力に対して安全なものとする限り，材料，形状・寸法は特に規定する必要はないものと考えている．

3.2.7 頭付きスタッド

頭付きスタッドの規格（JIS B 1198）は 1982 年に制定され，材料はシリコンキルド鋼またはアルミキルド鋼であることが指定されている．その後 2011 年に改正され，化学成分は表 3.2.7 のように規定されている．種類を表 3.2.8 に，機械的性質を表 3.2.9 に示す．

表 3.2.7 頭付きスタッドの化学成分

（単位：％）

材料	C	Si	Mn	P	S	Al
シリコンキルド鋼	0.20 以下	0.15～0.35	0.30～0.90	0.040 以下	0.040 以下	—
アルミキルド鋼	0.20 以下	0.10 以下	0.30～0.90	0.040 以下	0.040 以下	0.02 以上

［備考］ この表の値は，とりべ分析によるものとする．

表 3.2.8 頭付きスタッドの種類

（単位：mm）

軸径 (d)	呼び名	呼び長さ (L)（参考）
10	10	50　80　100
13	13	80　100　120
16	16	80　100　120
19	19	80　100　130　150
22	22	80　100　130　150
25	25	120　150　170

［注］ 呼び長さはスタッドを溶接した後の長さを示す．

表 3.2.9　頭付きスタッドの機械的性質

降伏点または 0.2 ％耐力 N/mm²	引張強さ N/mm²	伸び %
235 以上	400～550	20 以上

なお，この規格によるスタッドの溶接性は，附属書による．（附属書省略）
頭付きスタッドの表示方法を表 3.2.10 に示す．

表 3.2.10　JIS 頭付きスタッドの表示法

規格番号又は規格名称	呼び名	呼び長さ
JIS B 1198	―	16×100
頭付きスタッド	―	19×130

設計図書等における頭付きスタッドの表示法は，正確には表 3.2.10 のようにする．ただし，スタッドの JIS の呼び名は軸径の数字で表すことになっているので，呼び名だけを表示する場合，16 あるいは 19 のようになりスタッドであることがわかりにくい．このため（一社）スタッド協会では，スタッドの呼び名を STUD 16φ あるいは STUD 19φ のように示す．呼び長さも表示する場合は，STUD 16φ×100 あるいは STUD 19φ×130 と示すことになっている．

表 3.2.11　スタッド協会の JIS 頭付きスタッドの表示例

呼び名	呼び長さ（L）	スタッド協会の表示例
10	50　80　100	STUD 13φ×100
13	80　100　120	
16		STUD 16φ×120
19	80　100　130　150	STUD 19φ×130
22		
25	130　150　170	STUD 25φ×170

［備考］　1．呼び長さ（L）は，溶接後の仕上り長さの目標値である．
　　　　　2．この表以外の L を特に必要とする場合は，注文者が指定する．

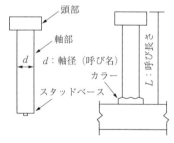

図 3.2.1　頭付きスタッド各部の名称と呼び名，呼び長さ

スタッド協会の JIS 頭付きスタッドの表示例を表 3.2.11 に，スタッドの各部の名称と呼び名，呼び長さを図 3.2.1 に示す．

3.2.8　ターンバックル

建築用ターンバックルは，建築用ターンバックルボルト 2 個と建築用ターンバックルボルト胴（JIS A 5541）1 個とから構成され，建築用ターンバックル胴と建築用ターンバックルボルトの製品の組合せは，JIS A 5540 に示す同一製品とする．

建築用ターンバックルは，炭素鋼製品・溶融亜鉛めっき付き炭素鋼製品・ステンレス鋼製品の 3

つに区分される.

このうち建築用ターンバックルボルトの材質は，炭素鋼製品の場合および溶融亜鉛めっき付き炭素鋼製品の場合，JIS G 3138 に規定する SNR 材としているが，M 6～M 10 においては構成する羽子板部分の材料が 6 mm 未満となり，SN 材が存在しないため，ボルト材ともども SS 材を使用することと規定している.

建築用ターンバックル胴の製品の種類および記号を表 3.2.12 に示す.

表 3.2.12 建築用ターンバックル胴の種類および記号

種類	記号	製品
割枠式	ST	炭素鋼製品
溶融亜鉛めっき付き割枠式	ST-HDZ	溶融亜鉛めっき付き炭素鋼製品
パイプ式	PT	炭素鋼製品
溶融亜鉛めっき付きパイプ式	PT-HDZ	溶融亜鉛めっき付き炭素鋼製品

［備考］ 溶融亜鉛めっきの付着量は，JIS H 8641 に規定する HDZ35 以上とする.

建築用ターンバックルボルトの種類および記号を表 3.2.13 に示す.

表 3.2.13 建築用ターンバックルボルトの種類および記号

種類	記号	製品
羽子板ボルト	S	炭素鋼製品
溶融亜鉛めっき付き羽子板ボルト	S-HDZ	溶融亜鉛めっき付き炭素鋼製品
両ねじボルト	D	炭素鋼製品
溶融亜鉛めっき付き両ねじボルト	D-HDZ	溶融亜鉛めっき付き炭素鋼製品
長尺用羽子板ボルト	SW	炭素鋼製品
長尺用溶融亜鉛めっき付き羽子板ボルト	SW-HDZ	溶融亜鉛めっき付き炭素鋼製品

［備考］ 溶融亜鉛めっきの付着量は，JIS H 8641 に規定する HDZ35 以上とする.

羽子板ボルトおよび両ねじボルトともに，ボルトの軸径はねじ下径程度に細くなっている．例えば，M 20 のターンバックルボルトは 20φ の棒鋼から切削ねじ加工するのではなく，18.2φ 程度のねじ下径の棒鋼に転造ねじ加工する.

ねじの呼び径と同じ径の棒鋼の先端部にねじを切削加工すると，ボルト軸部はねじの外径と同じ太さになって規格を満足しないボルトになる.

3.2.9 ボルト頭部マーク

高力ボルトなどの頭部には等級，ボルトメーカー，JIS マーク，JIS 認証機関記号などの識別マークなどが表示されている．その例を図 3.2.2 に示す.

高力六角ボルトには等級マーク，JIS マーク，JIS 認証機関記号およびボルトメーカーマークが表示されている．トルシア形高力ボルトには等級マークおよびボルトメーカーマークが表示されてい

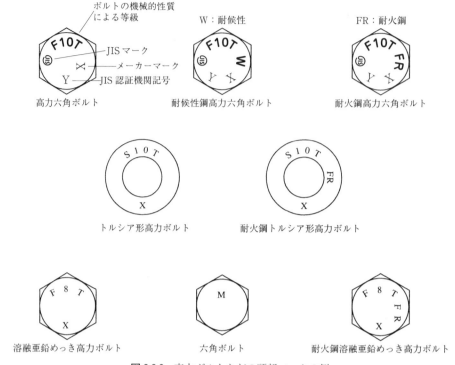

図 3.2.2　高力ボルトなどの頭部マークの例

る.
　六角ボルトには M の記号のみが表示され，ボルトメーカーマークは表示されていない.

3.3　溶 接 材 料

3.3.1　溶接材料の品質

　使用できる溶接材料は，原則として表 3.3.1 に示す JIS 規格適合品とし，母材の種類・継手形式・開先形状・溶接方法などに適合したものを選定する.

　耐火鋼用溶接材料については，(一財)日本建築センターの建築構造用耐火鋼材の耐火性能研究委員会から発表された「耐火鋼の耐火性能の評価法などに関する研究報告書（耐火鋼耐火設計ガイドライン）」に，耐火性能確保のため接合部には耐火鋼用溶接材料を使用することが規定されている. この報告書に沿って耐火鋼用の溶接材料が開発され，市販されている. 市販されている耐火鋼用溶接材料は，それぞれ JIS Z 3211（軟鋼，高張力鋼及び低温用鋼用被覆アーク溶接棒），JIS Z 3312（軟鋼，高張力鋼及び低温用鋼用のマグ溶接及びミグ溶接ソリッドワイヤ），JIS Z 3313（軟鋼，高張力鋼及び低温用鋼用アーク溶接フラックス入りワイヤ）などの JIS 規格に分類されるが，これらの JIS 規格には，耐火鋼用としての性能（600℃における耐力）は規定されていない. したがって，耐火鋼用溶接材料を使用する場合は，メーカーの技術資料を十分検討した上で採用する必要がある.

表 3.3.1 溶接材料の JIS 規格

規格番号	名　　　　称
JIS Z 3211	軟鋼，高張力鋼及び低温用鋼用被覆アーク溶接棒
JIS Z 3214	耐候性鋼用被覆アーク溶接棒
JIS Z 3312	軟鋼，高張力鋼及び低温用鋼用のマグ溶接及びミグ溶接ソリッドワイヤ
JIS Z 3313	軟鋼，高張力鋼及び低温用鋼用アーク溶接フラックス入りワイヤ
JIS Z 3315	耐候性鋼用のマグ溶接及びミグ溶接用ソリッドワイヤ
JIS Z 3320	耐候性鋼用アーク溶接フラックス入りワイヤ
JIS Z 3183	炭素鋼及び低合金鋼用サブマージアーク溶着金属の品質区分
JIS Z 3351	炭素鋼及び低合金鋼用サブマージアーク溶接ソリッドワイヤ
JIS Z 3352	サブマージアーク溶接及びエレクトロスラグ溶接用フラックス
JIS Z 3353	軟鋼及び高張力鋼用のエレクトロスラグ溶接ワイヤ及びフラックス

　各溶接材料にはそれぞれの特徴があり，溶接材料の選定にあたっては，溶接部の継手性能を満足するだけでなく，作業性，溶接能率や経済性を含めて総合的に評価することが大切である．
　なお，現在の建築鉄骨の溶接では，溶接能率の高いガスシールドアーク溶接材料やサブマージアーク溶接材料が多く使用されており，被覆アーク溶接材料は，主に組立て溶接や補修溶接などに用いられるのみで使用頻度が極めて少なくなっている．

3.3.2　被覆アーク溶接棒

　被覆アーク溶接（手溶接）に使用する溶接棒としては，JIS Z 3211（軟鋼，高張力鋼及び低温用鋼用被覆アーク溶接棒）および JIS Z 3214（耐候性鋼用被覆アーク溶接棒）の規格で規定しているので，これらの中から特性に応じてふさわしいものを選んで使用すればよい．

a．被覆アーク溶接棒の構成

　被覆アーク溶接棒は鋼の心線の周りに被覆剤を塗布したもので，心線の化学成分は JIS G 3503（被覆アーク溶接棒心線用線材）に規定され，寸法は JIS Z 3523（被覆アーク溶接棒溶接棒用心線）に規定されている．心線の化学成分と溶接金属の化学成分は同じとはならないが，これは，溶接中に被覆剤の中から必要合金成分が添加されたり母材の希釈もあるからである．被覆剤の役目は，次のようなものである．

① アークの集中性と安定性を良くする．
② アークの周囲に中性または還元性雰囲気をつくり，大気中の酸素・窒素の侵入を防ぎ，溶融金属を保護する．
③ スラグで溶融金属の表面を覆い，表面の酸化を防ぐ．
④ スラグの融点・粘性・比重の調整により各溶接姿勢での溶接作業を容易にし，ビード形状を整える．
⑤ 溶融金属の脱酸・精錬作用を行い，ブローホールの発生を防ぎ，機械的性質を向上させ，必要に応じて特殊元素を添加して所要の特性を溶接金属に与える．

b．被覆アーク溶接棒の種類と特徴

　溶接棒は，被覆剤の系統によって作業性や溶着金属の特性が異なる．

被覆剤の系統には，イルミナイト系・ライムチタニヤ系・高セルロース系・鉄粉酸化鉄系などのように被覆剤の主成分を示す名前を付けているが，低水素系だけは別の名称になっている．被覆剤は，通常アーク熱により分解されて水素を発生するが，この系統の溶接棒は溶着金属中の水素量を低く抑えるために，炭酸化合物やフッ素化合物を主成分とした被覆剤を使用しているので，低水素系と呼んでいる．

鉄骨の溶接では，イルミナイト系・ライムチタニヤ系および低水素系溶接棒が主に使用されているが，被覆剤の系統による溶接棒の特性は次のようなものである．

① イルミナイト系　Exx19（xx：43，49…）

被覆剤にチタンを含む天然鉱物の一種であるイルミナイトを約30％含んだ棒で，鉄骨の溶接にも多く使用されている．全姿勢で良好な溶接ができる．アークはやや強く，溶込みは深く，スラグの包被性が良く，除去も容易である．非低水素系溶接棒であり，主として薄板の溶接に用いられる．

② ライムチタニヤ系　Exx03（xx：43，49…）

被覆剤にチタニアとも呼ばれる酸化チタンを約30％と石灰（Lime）など塩基性物質を約20％含んだものである．アークはやや穏やかで，溶込みはイルミナイト系より浅い．全姿勢で溶接ができるが，特に下向および立向の隅肉溶接に適している．ビード外観が美麗で，アンダーカットができにくいため，仕上げを重視する部分の溶接やアンダーカット補修用に適している．非低水素系溶接棒であり，主として軽量鉄骨やパイプ構造に多く使用されている．

③ 低水素系　Exx15，Exx16，Exx48（xx：43，49…）

被覆剤は石灰を主成分とし，これにほたる石・フェロシリコンなどを配合したものである．被覆剤から発生する水素量が少なく，また，石灰が分解して発生する炭酸ガスがアーク雰囲気の水素分圧を下げるので，溶接金属中の水素量が少ないのが特徴である．また，溶接金属の引張強度が高く，延性と靱性が優れているため，特に厚板や高張力鋼などの溶接に用いるとよい．また，この系統の溶接棒は他の系統の溶接棒に比べてアークがやや不安定で，移行溶滴も大きい．扱うには比較的高い技量を必要とするが，アークを短く保つことにより全姿勢で良好な溶接をすることができる．なお，Exx48は，立向下進溶接に適するように設計していることを除いて，Exx16に類似した被覆を持つ．

3.3.3　ガスシールドアーク溶接材料

ガスシールドアーク溶接には，ワイヤとシールドガスとの種々の組合せがある．

ワイヤにはソリッドワイヤと内部にフラックスを充填したフラックス入りワイヤとがあり，シールドガスには炭酸ガスおよびアルゴンガス＋炭酸ガスなどの混合ガスがある．

これらの中で，ソリッドワイヤによる炭酸ガスアーク溶接は高能率で経済的であることから，現在では最も多く使用されている．

一方，全姿勢溶接における高能率性，あるいはビード外観や溶接作業性を重視する場合には，フラックス入りワイヤによる炭酸ガスアーク溶接法が適しており，近年，その使用量が増加しつつある．

また，アークの安定性，スパッタの減少およびビード外観の改善の目的から，アルゴンガス（80%）と炭酸ガス（20%）の混合ガスを使用することもできる．

ガスシールドアーク溶接の場合，ワイヤとシールドガスの適切な組合せにより溶接金属の機械的性質や溶接作業性が確保されるため，その組合せの選択を誤らないよう気をつけなければいけない．

a．ワイヤ

ガスシールドアーク溶接ワイヤには，ソリッドワイヤとフラックス入りワイヤの2種類がある．ソリッドワイヤは脱酸元素を含有した細線で，ワイヤ径は0.9～1.6 mmのものが主に用いられており，その表面には銅めっきが施されているものが多い．

フラックス入りワイヤは薄肉の低炭素鋼帯を折り曲げて，その中にフラックスを封入成形したもので，図3.3.1のような形状がある．ワイヤの径は，1.2～1.6 mmのものが主に用いられている．

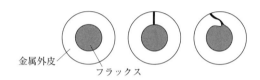

図3.3.1 ガスシールドアーク溶接用フラックス入りワイヤの断面形状の例

ソリッドワイヤには，最もよく使われる軟鋼および550 N/mm²級以下の高張力鋼用としてYGW11～19の全9種類が制定されている．その他に，Gxx（xx：43，49…）で表される規格体系があり，500 N/mm²級以上の高張力鋼用や耐候性鋼用，耐火鋼用などが，この体系で規格化されている．

一方，ガスシールドアーク溶接に用いるフラックス入りワイヤは，Txx（xx：43，49…）の規格体系で規格化されている．

いずれの規格体系においても，強度以外に靱性，シールドガスの種類，適用姿勢，成分などが規定されており，用途に応じて選定する．

わが国において最も普及している炭酸ガスアーク溶接フラックス入りワイヤの種類は，ルチール系（チタニア系）フラックスを充填したスラグ系フラックス入りワイヤである．この種のフラックス入りワイヤはソリッドワイヤに比べアークが安定し，スパッタも少なく，ビード外観が平滑・美麗であるなど，優れた溶接作業性と，全溶接姿勢における高い能率性という2つの特長をもっている．しかし，スラグ量が多いため多層溶接時のスラグ除去が必要であるなど，ソリッドワイヤより使いにくい場合がある．これに対し，鉄粉主体のフラックスを充填したメタル系フラックス入りワイヤは，スラグ量が少ないというソリッドワイヤの特長と低スパッタであるスラグ系フラックス入りワイヤの特長を兼ね備えており，全姿勢溶接には不向きなものの，水平隅肉溶接や下向の完全溶込み溶接などに用いられている．

b．シールドガス

ガスシールドアーク溶接のシールドガスは，JIS Z 3253（溶接及び熱切断用シールドガス）として規格化されている．規格では，不活性，酸化性，還元性などの性質ごとに炭酸ガス，酸素，アルゴ

ンなどの組成と混合比により分類されている．また，溶接部の低温割れや気孔欠陥の原因となる水素の侵入を防ぐため，水分の許容上限も定められている．最もよく使われるシールドガス組成は，C1（炭酸ガス）とM 21（20～25％炭酸ガス＋残アルゴン）である．具体的な規格については，5.10.2項の表5.10.3を参照されたい．

アルゴン主体の混合ガス組成にする効果は，ビード形状・外観の調整と，アーク中の溶滴移行をスプレー移行に変えてスパッタを少なくすること，および溶接金属の成分および組織の改善による靱性等の機械的性質の向上である．一方，短所は，気孔欠陥が発生しやすくなること，溶込不良になりやすいことおよびコストの増加である．アルゴンを含むシールドガスを採用する際には，施工管理を厳しくする必要がある．

アルゴンと炭酸ガスの混合ガスを用いる場合は，応じた規格の溶接ワイヤを組み合わせる．例えば，ソリッドワイヤのJIS Z 3312では，M 21規格ガス（Ar＋CO_2）用として，YGW15，YGW17，YGW19，GxxxxxMxxがある．

近年，M 21（Ar＋CO_2）に代わり，安価とされるM 26，M 27（Ar＋CO_2＋O_2）混合ガスの採用が増えてきている．溶接材料ごとに推奨されるシールドガス組成以外の組成となるガスを用いる場合は，実際に使用する溶接条件（使用鋼材・溶接ワイヤ・シールドガス・溶接機器・継手の種類・開先形状・予熱・溶接順序・溶接姿勢・治具・溶接電流・溶接電圧・溶接技能者）によって試験片を作製し，必要とされる試験項目について試験を行って合否を判定し，溶接性を確認する必要がある．

3.3.4　セルフシールドアーク溶接ワイヤ

セルフシールドアーク溶接ワイヤは，フラックス入りワイヤであり，ワイヤの径は1.6～3.2 mmのものが主に使用されている．JIS Z 3313（軟鋼，高張力鋼及び低温用鋼用アーク溶接フラックス入りワイヤ）に規格化されている．具体的には，Txxxx-xxの書式記号において，"－"に続く2文字目が"N"となっているのが，セルフシールドアーク溶接用を表している．

セルフシールドアーク溶接法では，ワイヤ内部に含まれるフラックスが，
① アーク熱により溶融，分解して金属蒸気・ガスおよびスラグとなり溶融金属を大気から保護するシールド剤
② 侵入した窒素や酸素の溶接金属品質に対する悪影響を緩和する脱酸剤および窒素固定剤

から構成されているので，シールドガスを用いなくても，健全でかつ良好な性能をもつ溶接部が得られる．

以下，セルフシールドアーク溶接の特徴を示す．
① ガスシールドアーク溶接に比べ耐風性に優れ，風速10 m/s程度でもピット発生のない溶接部が得られる．
② 溶着速度は，ガスシールドアーク溶接よりは劣るが，被覆アーク溶接よりも高く，能率的である．
③ トーチが軽量，ガスボンベや配管が不要など，ガスシールドアーク溶接に比べて操作性，機動性に優れている．

3章 材　　料 —161—

このように，ガスシールドアーク溶接に比べて現場溶接に対して優れた特徴をもっているにもかかわらず，建築鉄骨の溶接部に必要とされる衝撃値などの機械的性質にやや難があったことや，曲げ試験の際，側曲げで延性に欠ける点などがあったため，鋼管杭の継手の溶接などの例を除いて，国内の建築鉄骨にはほとんど使用されていないのが現状である．

その後，交流電源から直流電源への変更，ワイヤの改良，細径ワイヤの採用などの改良が進み，かなり機械的性質も改善された．（一社）日本鋼構造協会のセルフシールド溶接小委員会の研究[1]において，曲げ性能がガスシールドアーク溶接に比べて若干劣るものの，実験室での適切な条件のもとでは，ほぼ満足できる継手性能が得られることが確認されている．

しかし，工事現場における環境は実験室とは極めて異なったものであり，実験室のデータをそのまま現場溶接に適用することはできない．したがって，セルフシールドアーク溶接をはじめて採用する場合には，風の影響など現場溶接の条件を考慮した上で，溶接材料と溶接機器を組み合わせて施工試験を行い，その継手性能，継手の健全性，作業性などを十分把握しておくことが望ましい．

3.3.5 サブマージアーク溶接材料

サブマージアーク溶接に用いる溶接材料はワイヤとフラックスから構成され，溶接しようとする鋼材および継手の種類により，両者を適宜組み合わせて使用する．このため，溶接金属に必要な合金元素はワイヤ，フラックスのどちらか，もしくは両方から添加される．したがって，同じワイヤでフラックスを変えたり，同じフラックスでワイヤを変えることにより，引張強さの異なる鋼材に適用できるようになっている．

a．ワイヤ

ワイヤは，化学成分の分類として JIS Z 3351（炭素鋼及び低合金鋼用サブマージアーク溶接ソリッドワイヤ）に規定されている．このうち，鉄骨に使用される軟鋼，490〜590 N/mm^2 級高張力鋼および耐候性鋼の溶接に対しては，通常は表 3.3.2 に示す Si-Mn 系，Mo 系および Cu-Cr（-Ni）系がそれぞれ用いられる．ワイヤ径は，一般的に 3.2 mm から 6.4 mm までの太径が用いられる．

b．フラックス

フラックスは，アークの安定化，アーク雰囲気のシールド，化学冶金反応およびビードの成形作用などの役割をもっている．溶融池に対する精錬作用・合金添加作用をすみやかに行って，適切な化学成分を有する清浄な溶接金属が得られ，また，作業性が優れて，美麗なビード外観が得られることが必要である．

フラックスは，製造方法，化学成分，用途の組合せとして JIS Z 3352（サブマージアーク溶接及びエレクトロスラグ溶接用フラックス）に規定されている．

フラックスは，その製造方法により溶融フラックスとボンドフラックスとに大別される．溶融フラックスは，各種鉱物原料を通常 1 300 ℃以上で溶融・冷却・粉砕・粒度調整したもので，成分的に

参考文献

1) 日本鋼構造協会セルフシールド溶接小委員会：JSSC, Vol.1, 技術報告セルフシールドアーク溶接, 1991

表 3.3.2　ワイヤの種類，成分系と対象鋼種

種　類	成分系	対象鋼種
YS-Sx	Si-Mn 系	軟鋼，490 N/mm^2 級高張力鋼
YS-Mx	Mo 系	520〜590 N/mm^2 級高張力鋼
YS-CuCx	Cu-Cr (-Ni) 系	耐候性鋼

［注］　表中の x 印は数字を表す

は酸化物やフッ化物から成り，組成的に均一で，吸湿性も少ない．ただし，合金元素の添加は困難である．建築鉄骨分野では，溶接組立 H 形鋼の隅肉溶接によく用いられる．

一方，ボンドフラックスは，各種鉱物原料や金属粉を適当な固着剤で固め適当な粒度に造粒・焼成したもので，分解温度の低い化合物や合金成分，さらに溶着効率を高めるための鉄粉を添加することが可能である．建築鉄骨分野では，溶接組立箱形断面柱の角継手を大入熱溶接する場合に用いられている．

なお，ボンドフラックスは溶融フラックスに比べて吸湿しやすいので，大気中に長時間放置されたフラックスは使用前に再乾燥するなど，フラックスの吸湿防止に対する管理が必要である．

c．ワイヤ・フラックスの組合せおよび性能

前項 a., b. で述べたように，ワイヤとフラックスはそれぞれ別々の規格に規定されている．これらの組合せで得られる溶着金属の品質区分については，機械的性質，化学成分および水素量によって JIS Z 3183（炭素鋼及び低合金鋼用サブマージアーク溶着金属の品質区分）に規定されている．

サブマージアーク溶接では，溶接入熱が比較的大きく溶込みが深いため，ワイヤとフラックスの組合せに加え，母材の化学成分の影響を強く受ける．また，JIS Z 3183 では，低入熱かつ母材希釈が小さい溶接条件が規定されており，複数電極施工など実施工溶接条件とは乖離が大きいこともある．したがって，各ワイヤおよびフラックスの性質・特徴を十分調査した上，溶接しようとする鋼材・継手に適した組合せを選定することが必要である．一般的には，メーカーが所有しているワイヤとフラックス，さらに実施工溶接条件に近い性能データ例を参考とし，さらに実施しようとする工場で確認試験を行って溶接性と継手性能を確認するのがよい．ただし，例えばワイヤまたはフラックスだけしか扱っていないメーカーの製品のように，データのない組合せを実施する場合は，製作工場が独自に品質と性能の確認を行う必要がある．

3.3.6　エレクトロスラグ溶接材料

エレクトロスラグ溶接は，建築鉄骨において溶接組立箱形断面柱のダイアフラムの溶接継手に広く採用されている．エレクトロスラグ溶接には，消耗ノズルを用いる方法と，溶接中に水冷式非消耗ノズルを溶接の進行とともに自動上昇させる非消耗ノズル式とに大別されるが，現在では，消耗ノズルを用いる方法はほとんど採用されていない．

エレクトロスラグ溶接（非消耗ノズル式）の材料は，ワイヤおよびフラックスで構成されており，それらは，JIS Z 3353（軟鋼及び高張力鋼用のエレクトロスラグ溶接ワイヤ及びフラックス）に規定

されている.ワイヤの種類については,強度,化学成分および形態の組合せとして規定されている.

a.ワイヤ

エレクトロスラグ溶接の溶接金属では母材の希釈率が50％程度を占めるが,ワイヤの化学成分が溶接継手の性能に大きく影響する.

エレクトロスラグ溶接法は板厚によって超大入熱となるため,高い溶接金属靱性が得られにくい傾向にあるが,大入熱でも焼入れ性を高めるべく,マンガン,モリブデン,ニッケル,ホウ素といった合金元素を多く含んだワイヤが高靱性を発揮しやすいとされる.このため,ソリッドワイヤよりも合金元素を添加しやすいメタル系フラックス入りワイヤが2013年の改正時に追加された.

ワイヤ径は,ソリッドワイヤ,メタル系フラックス入りワイヤにかかわらず,ほとんどの場合,1.6 mmが用いられている.

b.フラックス

エレクトロスラグ溶接においてフラックスから生成されるスラグの性質は重要であり,スラグの化学成分,高温時の電気伝導度および高温粘度がアークスタート性,溶接安定性および溶込み品質に強く影響を与える.

高温時の電気伝導度が適正なスラグは,溶接のスタートが容易で,スタート部の溶込みを良くし,安定した溶接を行うことができる.また,溶込みはスラグの高温粘度とも関係がある.高温粘度の小さいスラグは,スラグの対流が活発なため溶込みが深く,かつ安定する.

このように,スラグの特性が溶接性に大きく影響を及ぼすので,溶接材料メーカーの推奨するフラックスを使用する必要がある.

c.ワイヤおよびフラックスの組合せおよび性能

エレクトロスラグ溶接で安定かつ高い溶接品質を得るには,鋼材に応じてワイヤ,フラックスを適切に組み合わせ,さらにフラックス投入量などの施工管理を行う必要がある.メーカーの技術データを十分に調査し,溶接性試験で確認されたい.

3.3.7 溶接材料の標準適用区分

表3.3.3に各鋼材に対する溶接材料の標準適用区分を示す.本表は,鋼材の強度レベルを基準として溶接材料の規格と種類を区分したもので,溶接材料の選定に際しては,以下の説明ならびに注意点を考慮する必要がある.

引張強さ400 N/mm^{2}級のSN 400等の鋼材に適用する溶接材料は,軟鋼用あるいは引張強さ490 N/mm^{2}級の高張力鋼用溶接材料を標準とし,490 N/mm^{2}級のSN 490等には,490 N/mm^{2}級の高張力鋼用溶接材料が各種溶接法に対して揃っているので,これらを適用することを標準とする.なお,ガスシールドアーク溶接において従来の溶接条件よりも大きな入熱や高いパス間温度の条件下で施工しても溶着金属の強度および靱性が規格値を満足することを目的とした溶接材料が開発され,YGW18,YGW19,G55xxxx,T55xxxxの規格としてJIS規格化されている.このような溶接材料を使用することにより,従来のYGW11等の溶接材料を使用する場合よりも,緩やかな入熱・パス間温度管理で溶接施工をすることができる.ただし,この規格の溶接材料を組立て溶接のように入

表 3.3.3　溶接材料の標準適用区分

鋼材の引張強さ	溶接材料の規格および種類
400 N/mm² 級	JIS Z 3211　（軟鋼，高張力鋼及び低温用鋼用被覆アーク溶接棒）E43xx, E49xx JIS Z 3312　（軟鋼，高張力鋼及び低温用鋼用のマグ溶接及びミグ溶接ソリッドワイヤ）YGW11～19, G43xxxx, G49xxxx, G52xxxx, G55xxxx JIS Z 3313　（軟鋼，高張力鋼及び低温用鋼用アーク溶接フラックス入りワイヤ）T490Tx-yCA-U, T490Tx-yMA-U, T49J0Tx-yCA-U, T49J0Tx-yMA-U, T550Tx-yCA-U, T550Tx-yMA-U JIS Z 3183　（炭素鋼及び低合金鋼用サブマージアーク溶着金属の品質区分）S42x-S, S50x-H, S50J2-H JIS Z 3353　（軟鋼及び高張力鋼用のエレクトロスラグ溶接ワイヤ及びフラックス）YES50x-z, YES56x-z, FES-xx
490 N/mm² 級	JIS Z 3211　（軟鋼，高張力鋼及び低温用鋼用被覆アーク溶接棒）E49xx JIS Z 3312　（軟鋼，高張力鋼及び低温用鋼用のマグ溶接及びミグ溶接ソリッドワイヤ）YGW11～13, 15～16, 18～19, G49xxxx, G52xxxx, G55xxxx JIS Z 3313　（軟鋼，高張力鋼及び低温用鋼用アーク溶接フラックス入りワイヤ）T490Tx-yCA-U, T490Tx-yMA-U, T49J0Tx-yCA-U, T49J0Tx-yMA-U, T550Tx-yCA-U, T550Tx-yMA-U JIS Z 3183　（炭素鋼及び低合金鋼用サブマージアーク溶着金属の品質区分）S50x-H, S50J2-H, S53x-H, S58x-H, S58J2-H, S62x-Hy JIS Z 3353　（軟鋼及び高張力鋼用のエレクトロスラグ溶接ワイヤ及びフラックス）YES50x-z, YES56x-z, FES-xx
520 N/mm² 級	JIS Z 3211　（軟鋼，高張力鋼及び低温用鋼用被覆アーク溶接棒）E55xx, E57xx JIS Z 3312　（軟鋼，高張力鋼及び低温用鋼用のマグ溶接及びミグ溶接ソリッドワイヤ）YGW18～19, G52xxxx, G55xxxx JIS Z 3313　（軟鋼，高張力鋼及び低温用鋼用アーク溶接フラックス入りワイヤ）T550Tx-yCA-U, T550Tx-yMA-U JIS Z 3183　（炭素鋼及び低合金鋼用サブマージアーク溶着金属の品質区分）S53x-H, S58x-H, S58J2-H, S62x-Hy JIS Z 3353　（軟鋼及び高張力鋼用のエレクトロスラグ溶接ワイヤ及びフラックス）YES56x-z, YES60x-z, FES-xx
耐候性 400 N/mm² および 490 N/mm² 級	JIS Z 3214　（耐候性鋼用被覆アーク溶接棒）E49xx-zzzAU（zzz：CC, NC, NCC, NCC1, NCC2) JIS Z 3315　（耐候性鋼用のマグ溶接及びミグ溶接用ソリッドワイヤ）G43xxxx-zzz, G49xxxx-zzz, G55xxxxx-zzz（zzz：CCJ, NCC, NCCT, NCCT1, NCCT2, NCCJ) JIS Z 3320　（耐候性鋼用アーク溶接フラックス入りワイヤ）T490Tx-yCA-zzz-U, T490Tx-yMA-zzz-U, T49J0Tx-yCA-zzz-U, T49J0Tx-yMA-zzz-U, T550Tx-yCA-zzz-U, T550Tx-yMA-zzz-U,（zzz：CC, NCC, NCC1) JIS Z 3183　（炭素鋼及び低合金鋼用サブマージアーク溶着金属の品質区分）S50x-zzz, S50J2-zzz, S58x-zzz, S58J2-zzz（zzz：AW1, AW2, AP1, AP2)

［注］　表中 x, y, z 印は記号または数字を表す

熱が小さく冷却速度の大きい溶接に使用すると，溶接金属に割れが生じる場合があるので，組立て溶接に使用する場合は溶接条件に注意を払う必要がある．

520 N/mm² 級の SM 520 用の溶接材料としては，被覆アーク溶接棒 E55xx のほか，ガスシールドアーク溶接で適用可能なワイヤ規格として前述の YGW18，YGW19，G52xxxx，G55xxxx，T55xxxx がある．この規格の溶接材料を 520 N/mm² 級鋼材に適用する場合には，従来の YGW11 の溶接材料を 490 N/mm² に適用するのと同様に，入熱・パス間温度の適切な管理が必要である．

なお，近年鋼材の開発が進み，引張強度が従来と同じ 490 N/mm² でも降伏点が高い．高降伏点鋼と言われる特殊な建築用鋼材が実用化されている．このような特殊鋼材には，標準適用区分とは異

なった溶接材料の選定が必要となる場合があり，注意を要する．また，鋼板として，400 N/mm²級鋼材が用いられても，冷間成形された角形鋼管では高強度溶接材料の適用が推奨されるケースもあり，同じく注意を要する．詳しくは5.4.5項を参照のこと．

耐候性鋼材とその溶接材料の組合せについては，強度面よりも使用形態上の注意が必要で，ペイント仕様（P仕様）と裸または化成処理仕様（W仕様）があるため，W仕様には耐候性成分の近いW仕様の溶接材料を適用することを標準とする．

耐火鋼用溶接材料は前述したように，耐火性能（600℃の耐力）を規定したJIS規格がないため，軟鋼または高張力鋼用材料として区分されているが，通常は耐火鋼用を示すFRの記号が銘柄に付けられている（一部のサブマージアーク溶接用フラックスを除く）．したがって，これらの溶接材料の中からメーカーの技術データや実績データを参考にして選定すればよい．

建築構造用590 N/mm²級高性能鋼用の溶接材料としては，ガスシールドアーク溶接ワイヤ，エレクトロスラグ溶接材料，被覆アーク溶接棒には引張強さ590 N/mm²級が規定されており，この種の材料が適用できる．一方，サブマージアーク溶接材料には590 N/mm²級規格が規定されていないが，610 N/mm²級のS62x-Hyを適用することができる．

溶接材料の選定にあたっては，鋼材と溶接金属の強度レベルの適合を図るのみならず，以下の注意点も重要である．

① 溶接材料によって溶接姿勢，電源，極性などに適用制限のある場合があるので，注意が必要である．
② 構造物には強度以外に靱性（シャルピー吸収エネルギー）が必要とされる場合があるので，この場合は，設計上必要な靱性あるいは鋼材に要求される靱性を考慮して溶接材料を選択する必要がある．表3.3.3はこの観点による区分がなされていないので，確認が必要である．
③ 溶接割れのうち，溶接熱影響部や溶接金属に生じる低温割れ（遅れ割れ）には，溶接材料に起因する水素の影響が大きいことは周知のとおりである．したがって，被覆アーク溶接棒の中で非低水素溶接棒，例えば，ライムチタニア系，イルミナイト系などは板厚の薄い（おおよそ10 mm程度以下）箇所への適用に留め，できるだけ低水素系溶接棒を用いることが望ましい．

3.4 材料試験および溶接性試験

本項目は，主として鉄骨に使用される鋼材および溶接材料の品質・性能を確認する場合に適用する．試験の実施場所については，工事監理者が承認する試験所で行うものとする．

3.4.1 材料試験

a．材料試験の実施

材料試験は，3.5.2項に示す材料購入品検査に加えて，機械的性質および化学成分を確認することを目的として特記により行う．

① 製品証明書が添付されている材料については，現品との照合が確認されれば材料試験は行わなくてよい．

② 特に，設計者の判断により材料試験を行う場合は特記による．ただし，すでに行った試験の結果により工事監理者が支障のないものと認めた場合は省略することができる．

b．材料試験の内容

材料試験には，その品質を確認する意味で，化学成分分析試験および機械的性質試験がある．

(1) 化学成分分析試験

現物による製品分析（チェック分析）を行う場合は，JIS G 0404（鋼材の一般受渡し条件）に基づいて，JIS G 0321（鋼材の製品分析方法およびその許容変動値）の規定により合否を判定する．

(2) 機械的性質試験

① 金属材料引張試験

金属材料引張試験では，JIS Z 2241（金属材料引張試験方法）に基づき，鋼材の降伏点または耐力，引張強さ，降伏比，伸びなどを測定する．建築構造用耐火鋼の場合には，さらに JIS G 0567（鉄鋼材料及び耐熱合金の高温引張試験方法）に基づき，高温引張試験を行い，高温下での 0.2％耐力も測定する．

試験片は，JIS G 0404（鋼材の一般受渡し条件）に基づき，JIS Z 2241（金属材料引張試験方法）に規定されているもののうち，所要の形状寸法の試験片を圧延方向またはその直角方向から採取する．降伏点は，通常は上降伏点をもって降伏点としているが，明瞭な降伏点が現れないことがあり，この場合は 0.2％耐力を求める．したがって，試験時に変位計を用いて荷重－変位線図を記録しておく必要がある．

② 厚さ方向特性試験

厚さ方向の特性を試験する場合は JIS G 3199（鋼板，平鋼及び形鋼の厚さ方向特性）に基づき，板厚方向の引張試験を行って，絞り値を測定して合否を判定する．この規格は，鋼板，平鋼および形鋼のうち，降伏点または耐力の下限規定値が 500 N/mm^2 以下のキルド鋼で，厚さが 15 mm 以上から 150 mm 以下のものに適用される（500 N/mm^2，150 mm 超の場合は受け渡し当事者間の協定による）．ただし，形鋼の場合は，試験片採取位置の厚さによって判断する．規定されている板厚方向の絞り値のレベルを表 3.4.1 に示す．

試験片は，板厚方向から丸棒試験片（板厚により 6 mmφ または 10 mmφ）を 1 ロットあたり供試材を 1 個採取し，その中から 3 本採取する．なお，試験片は板厚方向から採取するので，引張試験

表 3.4.1 板厚方向の絞り値

(単位：％)

クラス番号	3個の試験片の平均値	個々の試験値
Z15	15 以上	10 以上
Z25	25 以上	15 以上
Z35	35 以上	25 以上

［備考］ SN 400 C, SN 490 C には Z 25 が適用される．

機に装着可能な長さにするため，つかみ部を圧接などで接合する必要がある．この場合，接合による熱影響が試験片の平行部に及ばないように注意する．

③　金属材料曲げ試験

金属材料曲げ試験は，JIS Z 2248（金属材料曲げ試験方法）に基づき，試験片を規定の内側半径で規定の角度になるまで曲げ，湾曲部の外面の裂けきず，その他の欠陥の有無を肉眼で調べ，鋼材の加工性を評価するために行う．

試験片は，JIS Z 2248（金属材料曲げ試験方法）に規定された形状のものを用いる．

④　金属材料衝撃試験

金属材料衝撃試験は，JIS Z 2242（金属材料のシャルピー衝撃試験方法）に基づき，シャルピー衝撃試験を行い，吸収エネルギー，破面率などを測定し，鋼材の衝撃特性を評価する．

試験片は，JIS Z 2242（金属材料のシャルピー衝撃試験方法）に規定されているもののうち，Vノッチ試験片を用いる．

3.4.2　内部品質試験と鋼種の判別方法

a．内部品質試験の方法

内部品質試験は，鋼構造建築物の主要構造材の中で板厚方向に高い応力が作用する部材について，その内部品質を確認する目的で行うものである．

その方法としては，超音波探傷試験と前項で述べた板厚方向特性を評価するための板厚方向引張試験による絞り値の測定がある．板厚方向に高い応力が作用する部材については，両者を併用することが望ましい．

超音波探傷試験は，JIS G 0901（建築用鋼板及び平鋼の超音波探傷試験による等級分類及び判定基準）に基づき，垂直探傷法によって行われる．鋼板の場合は，原板の段階で原則として 200 mm ピッチの圧延方向線上を，平鋼の場合，幅方向に 1/4 幅，1/2 幅および 3/4 幅の圧延方向について検査を行う．検査は，手動の超音波探傷試験器または多くの探触子を持つ自動超音波探傷試験装置を用いて探傷し，鋼板全体に対する欠陥の占積率および局部占積率を求め判定する．SN 400C，SN 490C では，Y 等級に合格しなければならない．

また，上記超音波探傷試験で合格となったものでも，溶接後にラメラテアとよばれている板表面と平行な割れが生じる場合がある．このラメラテアの感受性の評価にも，前項の JIS G 3199（鋼板，平鋼及び形鋼の厚さ方向特性）に基づく鋼材の板厚方向の絞り値と硫黄含有量を基準とするのがよい．

b．鋼種の判別方法

鋼種の判別に対しては，規格品証明書と原板の照合確認，また切断された鋼材に対しては，鋼板全面にマーキングされた識別マークを確認することで判断できる．さらに工場での切断・製作にあたっては，材端表示もしくは切板マークを色分けすることなどにより鋼種の区分を行うといった製造上の管理が必要である．

鋼材の鋼種の判別に際して，鋼材の電気抵抗値を利用した機器が用いられることがある．これは，

鋼材に含まれている一部の化学成分の含有率によって，その電気抵抗率が変化する性質により間接的にその鋼材の化学成分を推定し，材質判別の手がかりとするものであり，鋼種を判別するものではない．

すなわち，同じ鋼種であっても，製造工程，添加元素，製法などによって化学成分は異なり，電気抵抗率だけをもって鋼種を断定することは誤解をもたらすことになる．

3.4.3 溶接性試験

a．溶接性試験の実施

溶接性とは，良好な溶接ができる母材の能力を表す．具体的には，欠陥のない健全な溶接が可能かという，溶接加工上の狭義の溶接性と，溶接後の継手性能が構造物の使用目的などを満足できるか，という使用性能に関する広義の溶接性が考えられる．ここでは，広義の溶接性を確認する立場に立ち，代表的な試験方法を紹介する．

溶接性試験は，溶接構造・形状・工法などに対する溶接施工試験および溶接方法の可否を問う溶接方法承認試験などとは目的が異なるが，溶接施工試験や溶接方法承認試験を行う場合は，試験体の形状などについては，特記によるか工事監理者との協議の上，兼用してもよい．

JIS G 3136 の建築構造用圧延鋼材（SN材）およびこれに対応した建築構造用 TMCP 鋼等で，炭素当量，溶接割れ感受性組成が規定されているものについては，特に溶接性試験の必要性はない．設計者の判断により，特に溶接性試験を行う場合は特記による．ただし，すでに行った試験結果により工事監理者が支障のないものと認めた場合は，省略することができる．

b．溶接性試験の方法

溶接性試験は，完全溶込み溶接試験，隅肉溶接試験，溶接割れ試験および熱影響部の最高硬さ試験の4種類から選択するが，実施工に合った施工条件で行うべく工事監理者と協議の上，決定する．

（1）完全溶込み溶接試験

試験材の形状・寸法，試験片の形状・寸法および採取方法，試験項目および試験方法，合否判定は本指針の付7と付8を参照して決定する．ただし，試験材の材質と板厚は実際に用いるものとする．

（2）隅肉溶接試験

隅肉溶接試験は，十字形隅肉溶接試験とする．試験材の形状・寸法，試験片の形状・寸法および採取方法，試験項目および試験方法，合否判定は，本指針の付7を参照して決定する．ただし，試験材の材質と板厚は実際に用いるものとする．

（3）溶接割れ試験

鋼構造物の溶接施工においては種々の欠陥が発生する可能性があるが，中でも特に重要なものが溶接割れである．割れには材質，板厚，入熱量，冷却速度，継手形状，溶接手順などの施工条件により発生する低温割れおよび高温割れがある．ここでは，特に鋼材の低温割れ性の判定に利用されている2種類の割れ試験方法について記す．

① y形溶接割れ試験

JIS Z 3158（y形溶接割れ試験方法）は，拘束度が非常に大きい場合の溶接熱影響部のルート割れを再現するものであり，実構造物の割れ感受性を評価するには厳しすぎる．しかし，水素の影響や予熱の効果に対しては敏感で，鋼材の溶接性の比較や予熱温度の設定に際して多く用いられている．

本試験は，予熱による割れ停止温度を設定することを目的としているので，一つの試験条件に対して数体の試験体を準備し，予熱温度を変化させて試験を行う．予熱は実施工に合わせ，電気ヒーターまたはガス炎にて試験温度より高めに加熱し，室温に放置後，温度が試験温度に均一に下がったときにただちに溶接して，室温にて48時間以上経過後割れの発生の有無を調べる．割れ率の判定および実施工での必要予熱温度の設定については，工事監理者と協議の上，決定する．

図3.4.1にJIS Z 3158に定められている試験体の形状・寸法を示す．

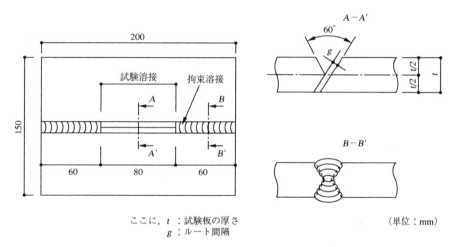

ここに，t：試験板の厚さ
g：ルート間隔

（単位：mm）

図 3.4.1 JIS Z 3158（y形溶接割れ試験方法）

② H形拘束溶接割れ試験

前項のy形溶接割れ試験は鋼材の溶接割れ感受性を調べるためのものであり，拘束度も一定で厳しい．実際の溶接継手においては，拘束度や継手形状などさまざまである．

JIS Z 3159（H形拘束溶接割れ試験方法）は，実施工の開先を使用して，実際の拘束度を推定，算出した上で，それを試験材のスリット長さにて調整再現し，施工条件の可否を実際に近い状態で確認するものである．

図3.4.2にJIS Z 3159に定められている試験体の形状・寸法を示す．

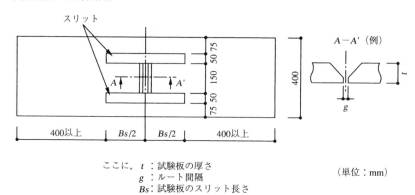

ここに，t：試験板の厚さ
g：ルート間隔
Bs：試験板のスリット長さ

図 3.4.2 JIS Z 3159（H 形拘束溶接割れ試験方法）

（4） 溶接熱影響部の最高硬さ試験

JIS Z 3101（溶接熱影響部の最高硬さ試験方法）は，平板に溶接ビードを置いてその熱影響部のビッカース硬さを測定し，その硬化程度により，溶接による割れ感受性を評価するものである．y 形溶接割れ試験と同様，予熱による割れ停止温度を設定することを目的としているので，一つの試験条件に対し，数体の試験体を準備し，予熱温度を変化させて試験をする．

国際溶接学会（IIW）では，最高硬さが HV 350 以上のときは予熱または低水素系の溶接材料の使用を，また道路橋示方書では，最高硬さ HV 370 を超えたときは予熱を行うとしている．

図 3.4.3 に，JIS Z 3101 に定められている試験体の形状・寸法を示す．

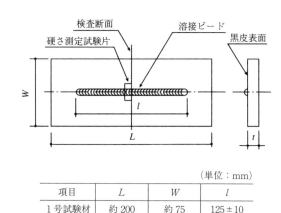

（単位：mm）

項目	L	W	l
1号試験材	約 200	約 75	125 ± 10
2号試験材	約 200	約 150	125 ± 10

図 3.4.3 JIS Z 3101（溶接熱影響部の最高硬さ試験方法）

c．溶接条件の選定

溶接性試験の実施に際し，供試鋼材は実際の鉄骨製作に用いる規格，板厚に準じるものとする．溶接機器，溶接条件および溶接姿勢については，実際の製作に採用する方法のうち，最も厳しい条件のものを用いる．

3.5 材料の購入，受入れおよび保管

3.5.1 材料の購入

　鋼材，高力ボルト，ボルト，スタッド，ターンバックル，溶接材料，塗料などの工業製品および架設用金物など施工者から支給されるもの（以下，支給品という）は，明確な責任者により選定（最終仕様の決定）され，信頼のおける流通経路を経て購入されなければならない．

ａ．材料選定の責任

　（1）　材料の選定は，設計図書に責任を有する工事監理者が行う．

　（2）　支給品の選定は，施工者が責任をもって行う．支給品が製作工場で溶接される場合などで，鉄骨製作業者がその支給品の仕様の詳細を知らされていないがために，思わぬ品質不良を生じることもある．したがって，施工者は，支給品の仕様の詳細を鉄骨製作業者に十分理解させておくことが重要である．

ｂ．材料メーカー選定の責任

　（1）　材料メーカーの選定は，特にメーカー指定のない場合は鉄骨製作業者が責任をもって行う．

　（2）　支給品メーカーの選定は，特にメーカーの指定のない場合は施工者が責任をもって行う．

ｃ．材料の流通経路

　（1）　鋼材の流通経路には，鋼材メーカー，商社，問屋（複数の場合あり），中間加工業者（複数の場合あり），鉄骨製作業者などの各企業が複雑に位置している．また，流通の過程で鋼材が切断され，あるいはそれらが組み立てられて中間加工部品（切板，溶接組立Ｈ形鋼など）を生み出し，現品の形態もこの複雑化に拍車をかけている．

　このような状況で，鋼材と製品のみならず，中間加工部品をも含んで，それらに使用されている鋼材の品質を証明するためには，流通経路に位置する各企業が，下記を十分に具備した鋼材管理者を明確にし，組織的に機能することが基本となる．

　① 建築鉄骨の鋼材に要求されている品質の理解．

　② 鋼材の製品証明書（規格品証明書または原品証明書）と当該現品（鋼材，中間加工部品，製品）との照合による整合性立証の意義の理解．

　③ 整合性立証を確実に実行する意志および能力．

　流通の各過程（企業）でこの鋼材の品質証明の機能が確実に発揮されて初めて，全流通経路での機能の発揮が約束されるのである．

　鉄骨製作業者は，流通経路に位置する各企業をこのような観点より客観的に評価して，責任をもって購入先の選定を行うべきである．

　（2）　鋼材を除く材料の流通経路は，図3.5.1に例示するように比較的単純明快である．一般の溶接材料を除くと，購入手続き（発注〜納入）は工事単位で行われる．一般の溶接材料は，製作工場で複数の工事に使用されるため，鉄骨製作業者が自ら在庫を持ち，在庫量を勘案しつつ購入手続き

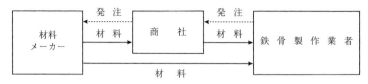

図 3.5.1 材料購入の流通経路（例）

をとることが多い．注文内容（仕様，納期，数量など）の確認と納入された現品の確認が問題発生の未然防止につながる．材料メーカーと商社も含めて，この点を組織的に確認することが必要である．

（3）　鋼材の流通経路は，前述のように複雑多岐にわたるが，各流通過程で材料の品質を証明するために，以下に示すような各種の証明書が発行される．

① 　製品証明書：製品の製造業者または加工・販売業者が，出荷状態において，その製品の品質を自社工程の責任の範囲内で証明する明細書で，製造業者などで発行する証明書の総称．これは，発行する業者により規格品証明書と原品証明書に区分される．

② 　規格品証明書：JIS，その他の団体などの公的に認知された規格があり，その報告規定に基づいて製造業者が発行する証明書，もしくは国土交通大臣認定品に適合することを証明する書類で，社印・捺印のあるもの．

③ 　原品証明書：規格品証明書（原本相当規格品証明書も含む）の付いている鋼材の切断・切削・孔あけなどの中間加工を施す業者，および一般流通業者（問屋）が少量販売する鋼材に付して発行する証明書，規格品証明書原本を保有する鉄骨製作業者が作成する証明書，自社工程で付加した品質内容（寸法，形状，数量，現品の納入状態など）の記載のほか，前工程で証明された現品の規格名・証明書番号・製造業者名・溶鋼番号などを必要に応じて転記する．本証明書には，日付および当該業者名・社印が必要である．

④ 　原本相当規格品証明書：規格品証明書の原本のコピー，または前工程で発行された原本相当規格品証明書をコピーしたものに，当該工程の業者が現品との照合を実施して当該鋼材と整合していることを証明したもの．この証明書には当該工程の業者名・社印・日付が必要である．

図 3.5.2 に鋼材および製品の生産・加工業界と発行される証明書類の区分を示す．

（4）　鋼材証明書の運用

わが国における鋼材の供給は，メーカー直売，シャー会社経由，商社経由，特約店経由など多岐な流通経路により行われている．

当該鋼材の品質は，一般に鋼材の規格品証明書（ミルシート）による照合により確認するが，流通経路が複雑な場合や，管理が適正でない材料供給者経由の場合は，現品と鋼材の規格品証明書が一致していないことが現実には起こり得る．これを防ぐために，鋼材の規格品証明書は写しでなく原本であることが原則である．ただし，流通経路によっては，規格品証明書の原本と現品との対応の確認を行った者の署名捺印および社名・社印とその日付を記入することを前提として，コピーでもよい．この方式を裏書き方式と称し，裏書きされた規格品証明書を原本相当規格品証明書とする

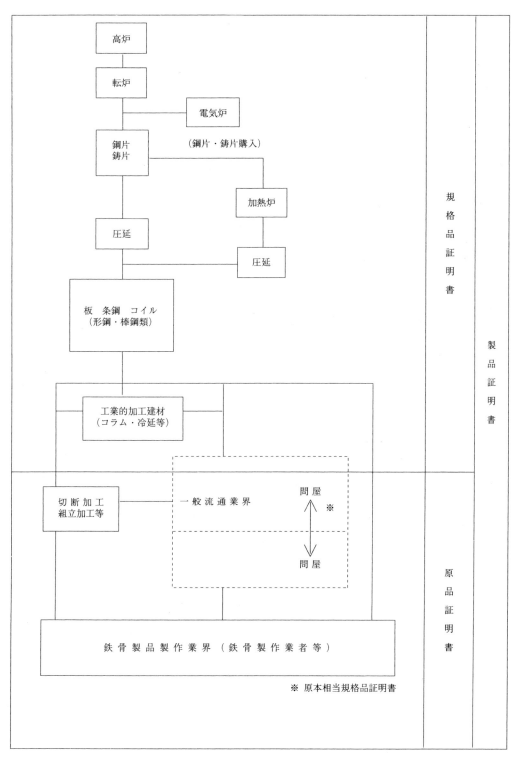

図 3.5.2　鋼材および製品の生産・加工業界と発行証明書の区分

こととした．以下にその具体的運用について解説する．なお，その他の方法として，(一社)日本鋼構造協会が2009年に作成した「建築構造用鋼材の品質証明ガイドライン」による「原品証明書方式」とする方法もある．

例示には限りがあり，ここで示したものと一致しないケースでは，本解説の趣旨を踏まえて適切な対応をすることを期待する．

なお，この方式の運用範囲は，設計図書で規格材と指定されたすべての鋼材を対象とする．ただし，板厚6mm未満のものは原則として除外する．

① 規格品証明書の標準的な取扱い

ケース1．鉄骨製作業者が商社経由で鋼材類をロール発注した場合

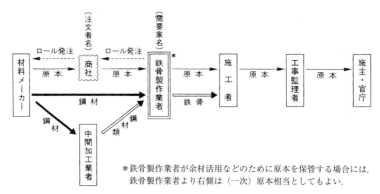

図 3.5.3 ケース1．の場合の規格品証明書と鋼材類の流れ

ⅰ) 鉄骨製作業者は，規格品証明書の注文者名欄に取扱い商社名が，需要家名欄にその鉄骨製作業者または工事名が記載された規格品証明書原本が得られる．鉄骨製作業者は，それらの原本を工事ごとにファイルで合本して建築物の最終管理者（施工者，発注官庁等）へ提出する．なお，このファイルの巻頭には，原本と現品との対応を確認した鉄骨製作業者の資材担当責任者の署名捺印が必要である．

ⅱ) 鉄骨製作業者において当該鋼材の余材活用が想定され，規格品証明書原本を鉄骨製作業者が保管しておく必要がある場合には，そのコピーに鉄骨業者において受入検査を実施した資材担当責任者の署名捺印があるものを（一次）原本相当規格品証明書とし，これを規格品証明書原本に代わるものとして建築物の最終管理者へ提出してもよい．

[注]
(a) 鉄骨製作業者は，鋼材メーカーへ規格品証明書原本の発行を要求し，現品の受入検査に支障のない時点までに商社経由でこれを入手すること．
(b) ロール発注した鋼材でも1ロットとして少量の場合には，問屋（または商社）の在庫を充当することがある．この場合は，後述のケース2またはケース3による．
(c) ロール発注した鋼材が直接鋼板加工業者などの中間製作業者に搬入され，加工される場合には，鉄骨製作業者は，他工事の鋼材の混入がないように十分な管理を中間加工業者に要求すること．

(d) 規格品証明書原本を建築物の最終管理者に提出する場合には，鉄骨製作業者はそのコピーを保管しておくこと．

(e) 上記ⅱ）の場合において，建築物の最終管理者から規格品証明書原本の閲覧を要求された時には，鉄骨製作業者は，いつでもそれに応じられるように規格品証明書原本の整理をしておくことが必要である．

ケース２．鉄骨製作業者が，規格品証明書原本を有している問屋（または商社）または中間加工業者から鋼材（類）を購入した場合

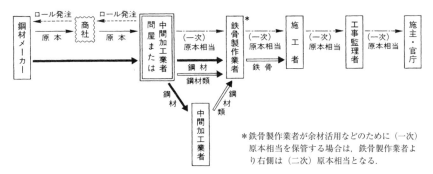

図 3.5.4　ケース２．の場合の規格品証明書と鋼材類の流れ

ⅰ）問屋（または商社）あるいは中間加工業者が商社経由で鋼材をロール発注した場合には，規格品証明書の注文者名欄には商社名が，需要家名欄には問屋（または商社）あるいは中間加工業者名が記載された規格品証明書原本がそのロール発注を行った問屋（または商社）あるいは中間加工業者の手元にあるはずである．この原本を鉄骨製作業者が入手できれば，前ケースの取扱いができる．

ⅱ）鉄骨製作業者が規格品証明書原本を入手できない場合には，当該鋼材の原本のコピーと現品との対応を確認した問屋（または商社）または中間加工業者の出庫または板取り担当責任者の署名捺印および社名・社印と日付があるものを（一次）原本相当規格品証明書とし，これを原本に代わるものとしてよい．鉄骨製作業者は，それらの（一次）原本相当規格品証明書を工事ごとにファイルして建築物の最終管理者へ提出する．なお，このファイルの巻頭には，（一次）原本相当規格品証明書と現品との対応を確認した鉄骨製作業者の資材相当責任者の署名捺印が必要である．

ⅲ）鉄骨製作業者において当該鋼材の余材活用が想定され，（一次）原本相当規格品証明書を鉄骨製作業者が保管しておく必要がある場合には，そのコピーに鉄骨加工業者において受入検査を実施した資材担当責任者の署名捺印があるものを（二次）原本相当規格品証明書とし，これを規格品証明書原本に代わるものとして建築物の最終管理者へ提出してもよい．

［注］
(a) ここで言う中間加工業者とは，シャーリング業者，溶接組立 H 形鋼加工業者，溶接組立箱形断面材加工業者，プレス成形コラム製造業者，精密切断業者など，主として鋼板を切断して加工する業者を指す．

(b) 鉄骨製作業者は，注文先の問屋（または商社）または中間加工業者における鋼材（類）の管理が良好であることを確認し，必要に応じて原本の閲覧ができるように指示しておくこと．
(c) 注文した鋼材（類）が，他の中間加工業者を経由する場合には，他工事の鋼材の混入がないように，十分な管理をその中間加工業者に要求すること．
(d) 上記 iii) の場合において，建築物の最終管理者から（一次）原本相当規格品証明書の閲覧を要求された時には，鉄骨製作業者は，いつでもそれに応じられるように（一次）原本相当規格品証明書の整理をしておくことが必要である．

ケース3．鉄骨製作業者が（一次または数次）原本相当規格品証明書を有している問屋または中間加工業者から鋼材（類）を購入した場合

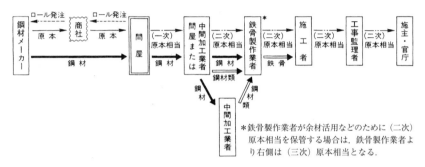

図 3.5.5　ケース3．の場合の規格品証明書と鋼材類の流れ

ⅰ）問屋または中間加工業者が鋼材を直接ロール発注しない場合には，これらの業者には一般に規格品証明書原本はない．ただし，購入しようとする鋼材の流通経路が明らかとなる（一次または数次）原本相当規格品証明書をこれらの業者が有していれば，そのコピーに現品との対応を確認した購入先の問屋または中間加工業者の出庫または板取り担当責任者の署名捺印および社名・社印と日付があるものを（二次または数次）原本相当規格品証明書とし，これを原本に代わるものとしてよい．鉄骨製作業者は，それらの（二次または数次）原本相当規格品証明書を工事ごとにファイルして建築物の最終管理者へ提出する．なお，このファイルの巻頭には，原本と現品との対応を確認した鉄骨製作業者の資材担当責任者の署名捺印が必要である．

ⅱ）鉄骨製作業者において当該鋼材の余材活用が想定され，（二次または数次）原本相当規格品証明書を鉄骨製作業者が保管しておく必要がある場合には，そのコピーに鉄骨製作業者において受入検査を実施した資材担当責任者の署名捺印があるものを（三次または数次）原本相当規格品証明書とし，これを規格品証明書原本に代わるものとして建築物の最終管理者へ提出してもよい．

[注]
(a) 問屋または中間加工業者が有する（一次または数次）原本相当規格品証明書は，ロール発注した業者からの各段階で現品との対応を確認したすべての責任者の社名・社印，日付，署名捺印がなされたものでなければならない．
(b) 鉄骨製作業者は，問屋または中間加工業者における鋼材（類）の管理が良好であることを確認

し，必要に応じて（一次または数次）原本相当規格品証明書の閲覧ができるように指示しておくこと．

（ｃ）上記ⅱ）の場合において，建築物の最終管理者から（二次または数次）原本相当規格品証明書の閲覧を要求された時には，鉄骨製作業者は，いつでもそれに応じられるように（二次または数次）原本相当規格品証明書の整理をしておくことが必要である．

ケース４．鉄骨製作業者が手持ちの余材を活用した場合

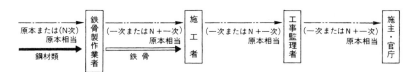

図3.5.6　ケース４．の場合の規格品証明書と鋼材類の流れ

　鉄骨製作業者が保管している余材を活用する場合には，この材に対応する規格品証明書原本またはロール発注した業者からの経路が明らかとなっている（一次または数次）原本相当規格品証明書が必要である．建築物の最終管理者へは，そのコピーに鉄骨製作業者の資材管理担当責任者が署名捺印したものを原本相当規格品証明書とし，これを原本に代わるものとして提出してもよい．
［注］
（ａ）活用する余材は，鉄骨製作業者による保管管理状態が良好であることが必要であり，使用上支障のある著しいさびや塑性変形などの欠陥があってはならない．

　② 補足説明
　ⅰ）本規定の趣旨は，
（ａ）使用する鋼材が，建築基準法に定める材料強度（F値）を確保していること．
（ｂ）原本または原本相当規格品証明書と現品との対応を確認したものの責任を明らかにすること．
（ｃ）鋼材の流通経路を明らかにすること．
を目的としているので，原本，または署名捺印のある原本相当規格品証明書のみが規格品証明書として有効とする．
　ⅱ）板厚6mm未満の鋼材を原則として除外したのは，構造用鋼材としての規格品証明書が得がたい実情を考慮したためである．
　ⅲ）鋼類の識別マークがプリントされている鋼材は，現品の受入検査時に必ずしも規格品証明書が入手されていなくてもよい．ただし，工事完了までには，当該鋼材の規格品証明書原本または原本相当規格品証明書が必要である．
　ⅳ）鉄骨製作業者が建築物の最終管理者から複数の規格品証明書原本または原本相当規格品証明書を要求された場合には，原本相当規格品証明書は最低１部あればよく，残りはそのコピーでよい．
　ⅴ）コピーとは，機械による複写を意味し，転記による写しは無効とする．
　ⅵ）（N次）原本相当規格品証明書とは，鋼材の流通経路に沿って原本のコピーにN個の署名捺印のある証明書のことである．

③ 署名捺印の要領

将来は，規格品証明書原本の下欄に署名捺印が行える欄を初めから設定することを鋼材メーカーに要望することとし，当面は，規格品証明書の中の空欄〔図3.5.8(a), (b)〕に署名捺印を行うことになろう．

署名捺印にあたっては，規格品証明書に記載された鋼材のうち，現品との対応を確認した鋼材に朱色の印を付け，確認した責任者の氏名，肩書，社名，社印，日付が必要である．なお，本規定では個人名が署名により明らかとなるが，現品との対応を確認するという行為の最終責任はその企業にあることはいうまでもない．

署名捺印した例を次に示す．図3.5.7は鋼材メーカーが発行した規格品証明書の例である．

図3.5.8(a)は，ケース2でシャーリング業者（需要家）が商社（注文書）を経由してロール発注した鋼材であることをシャーリング業者が証明して発行した（一次）原本相当規格品証明書の例である．図3.5.8(b)は，それぞれ図3.5.8(a)で示した鋼材を鉄骨製作業者が出荷する鉄骨に付けたり余材活用などをして，（二次）原本相当規格品証明書が必要になったときに鉄骨製作業者が発行した例である．なお，図3.5.8は，鋼材メーカー発行の規格品証明書を原寸コピーして，その上に署名捺印した例である．

3.5.2 材料の受入れ

鉄骨製作業者は，材料の工場搬入時に購入品検査を行い，不適切なものを受け入れてはならない．特に鋼材は，前述のように流通経路が多岐にわたり，鋼材が鉄骨製作業者の自社製作工場に直接搬入されない場合が多くある．現実に，切板や溶接組立H形鋼などの外注品用の鋼材は，同業者または中間加工業者（外注業者）の工場に直接搬入され，そこで何らかの加工を施されるのが常である．このような場合でも，鉄骨製作業者は，自社製作工場に直接搬入される場合と同様の材料の購入検査を自ら実施するか，もしくは外注業者が実施していることを何らかの手段で確認しておかなくてはならない．

工事監理者または施工者の立会のもとに行う「材料検査」は，製品証明書または試験証明書が添付されている材料については実施しなくてもよい．この「材料検査」を行う場合は，特記による．

a．材料の購入品検査

（1）材料の購入品検査は，下記の項目について鋼材管理責任者が行う．

① 規格品証明書，原品証明書または原本相当規格品証明書と現品との照合による材質の確認
② 外観の検査（輸送・荷扱いに起因するきず，梱包の破損なども検査対象）
③ 受渡当事者間で取り決めた許容差に対する形状・寸法の検査
④ 員数の確認

（2）現品の材質識別表示記号は品質保証記号ではなく，単に鋼種の識別を目的とするものである．したがって，この材質識別表示記号を品質保証の手段に誤用しないことが重要である．切板などの中間加工部品は，この材質識別表示記号が現品に残っていても，それによって材質を保証したことにはならないので，板取り表などにより規格品証明書まで遡及調査できるようにしなければな

SAMPLE

鋼材検査証明書

新日鐵住金株式会社
NIPPON STEEL & SUMITOMO METAL CORPORATION
本 社：〒100-8071 東京都千代田区丸の内二丁目6番1号
鹿島製鐵所：〒314-0014 茨城県鹿嶋市光3番地

発行年月日 2016年11月16日
証明書番号 D7171 頁 1 END

注文者照合番号
注文者
契約番号
商品名 WIDE FLANGE BEAM
規格 JIS G3136 SN490B
需要家 株式会社○○鋼材
船番
需要家管理番号（1）

備考

寸法 MM（需要家管理番号（2））	員数	質量 KG	製鋼番号	試験番号	引張試験 *3 1:G.L.=200MM (RECTA) 採取位置/方向/試験片	降伏点 N/MM2	引張強さ N/MM2	伸び %	Y.R. % *7	*8	曲げ試験	衝撃試験 2MM V-NOTCH CHARPY *6 1:AT 0°C 採取位置/方向/試験片/試験温度	平均値 ENERGY(J)	個々の値			*9	*10
588X300X12X20X8000	1	1,176	6B10608	YL0189T	FL1	372	529	29	70			FL11	217	229	226	196		
			6B10608	YL0188T	FL1	382	532	29	72			FL11	211	214	242	178		
TOTAL	1	1,176																
588X300X12X20X7000	1	1,029	6B10608	YL0188T	FL1	382	532	29	72			FL11	211	214	242	178		
			6B10608	YL0189T	FL1	372	529	29	70			FL11	217	229	226	196		
TOTAL	1	1,029																
G-TOTAL	2	2,205																

特記
* 1 LOCATION ---------- F:FLANGE
* 2 ORIENTATION ------ L:LONGITUDINAL
* 5 SPECIMEN SIZE ---- 1:10X10MM
* 7 Y.R. :YIELD RATIO
*12 CEQ=C+MN/6+SI/24+CR/5+V/14+NI/40+MO/4

化学成分 *11（*11 L：溶鋼分析 P：製品分析）%

製鋼番号		C	Si	Mn	P	S	V	CR	NI	MO	TAL								*12	*13
		X 100	X100	X100	X1000	X1000	X 100	X 100	X 100	X 100	X 1000	X 100	X 100	X 100	X 100	X1000	X10000	X10000	X100	
6B10608	L	18	33	124	17	3	0	3	1	1	26								41	

上記注文品は御指定の規格または仕様に従って製造され、その要求事項を満足していることを証明します。

鹿島製鐵所 品質保証室長
○○ ○○

J 05

図 3.5.7 鋼材メーカーが発行した規格品証明書の例

鉄骨工事技術指針―工場製作編

SAMPLE 鋼 材 検 査 証 明 書

新日鐵住金株式会社
NIPPON STEEL & SUMITOMO METAL CORPORATION

本　社：〒100-8071　東京都千代田区丸の内二丁目6番1号
鹿島製鐵所：〒314-0014　茨城県鹿嶋市光3番地

発行年月日　2016年11月16日
証明書番号　D7171　頁　1. END

注文者限定番号
注文者番号
契約書号
商品名　　　WIDE FLANGE BEAM
規格名　　　JIS G3136 SN490B
重要要求　　株式会社○○鋼材
備考

顧客管理番号 (1)　*10

寸　法 MM	顧客管理番号 (2)	員数	質量 KG	製鋼番号	試験 番号	引 張 試 験 *3 1:G.L.=200MM (RECTA)					曲げ 試験	衝 撃 試 験 2MM V-NOTCH CHARPY *6 1:AT 0℃			
						試片の 形状厚さ 位置方向 *3	降伏点 N/MM2	引張強さ N/MM2	伸び % *7	Y.R. %	試片形状 厚さ位置 方向内外 1 2 4 1	平均値 EMERGY(J)			各々の値
588X300X12X20X8000		①	1,176	6B10608B10608YL0189T		FL1	372	529	29	70	FL11	217	229	226	196
				6B10608YL0188T		FL1	382	532	29	72	FL11	211	214	242	178
TOTAL		1	1,176												
588X300X12X20X7000		1	1,029	1,0296B10608YL0188T		FL1	382	532	29	72	FL11	211	214	242	178
				6B10608YL0189T		FL1	372	529	29	70	FL11	217	229	226	196
TOTAL		1	1,029												
G-TOTAL		2	2,205												

本証明書は○印　1枚のみ有効です
東京都○○区○○○○○○
株式会社○○鋼材
電話番号　03-0000-0000
2016年12月○○日

製鋼番号	化　学　成　分 *11								
	C X100	Si X100	Mn X100	P X1000	S X1000	CU X1000	CR X1000	V X100	NI X1000	MO TOTAL *100 %
6B10608	L 18	33	124	17	3	0	3		1	26

特記
*1 LOCATION --------　F:FLANGE
*2 ORIENTATION -----　L:LONGITUDINAL
*5 SPECIMEN SIZE ---　1:10X10MM
*7 Y.R.:YIELD RATIO
*12 CEQ=C+MN/6+SI/24+CR/5+V/14+NI/40+MO/4

*11 L:溶鋼分析	P:製品分析
X1000	X1000
X1000	X1000
X1000	X100
X1000	X1000

*12
X1000　X100
X10000　X100
41

上記注文品は標準指定の規格または仕様に従って製造され、その要求事項を満足していることを証明します。

鹿島製鐵所　品質保証室長
○○　○○

J 05

図 3.5.8(a)　(一次) 原本相当規格品証明書の例

図 3.5.8(b) (二次) 原本相当規格品証明書の例

らない．このことを念頭において，下記により材質の照合・確認を行う．

① 設計図書で規格材と指定されたすべての鋼材の購入品検査では，当該鋼材の規格品証明書の原本による照合により，材質を確認する．ただし，原本が得られない場合は，その写し（原本相当規格品証明書）でもよい（これを裏書き方式と称する）．

② 材質識別表示がなされている場合には，この写しの代りに原品証明書によることができる．この新しい方式は，SN材制定を機に，鋼材流通過程における品質保証をより確実にする目的で導入された方式である．当然のことながら，この原品証明書を発行した企業は当該鋼材の品質を保証する責任を負うものとなるので，この新しい方式の目的に沿った適切な運用が必要である．

（3） 上記購入品検査で不合格になった材料は，はっきりそれとわかる表示を行い，誤って使用されることがないように管理する必要がある．

（4） 上記購入品検査で，規格品証明書（原本相当規格品証明書を含む）との照合・確認が不可能な場合は，正しい材料と入れ替えるか，3.4節に従って材料試験を行い，材料の品質の内容を明らかにする必要がある．

b．支給品の受領時の検査

（1） 検査は，下記の項目について行う．

① 送り状による種類と員数の確認
② 外観の検査（損傷，過度の発せい（錆）など）

（2） 上記検査で不合格品が発見された場合は，鉄骨製作業者は施工者に連絡し，不足分の充足と不合格品の処置などについて協議する．

3.5.3 材料の保管

鉄骨工事に使用される材料は，形状による種別と品質規格による種別に分けられ，その組合せで非常に多種類になる．したがって，その管理・保管には十分注意し，混同しないようにしなければならない．

また，保管の際に泥・油・ペンキなどで汚れたり，水・酸などでさびないように十分注意し，山積みにする場合は，無理な力が加わって変形しないようにしなければならない．特に低降伏点鋼に対しては，注意が必要である．

a．構造用鋼材

（1） 圧延されたままの鋼材は，製鉄所で表示されたマークにより，鋼材の規格品証明書との照合は容易である．しかし，製作工程で鋼材を切断するとき，そのつど識別や仕分けなどにより切断された鋼材の素性を明確にしていかないかぎり，その照合は非常に困難となる．

この管理が十分に行われ，それが信頼できるものであることを立証することは，製作工場の重要な品質保証活動の一つである．

（2） 鋼材の識別方法としては，4.4節に準拠するものとする．

b．高力ボルト

　高力ボルトのセットは，JIS B 1186 と（一社）日本鋼構造協会規格 JSS Ⅱ 09 に規定されている．近年，耐候性鋼高力ボルト，耐火鋼高力ボルト，溶融亜鉛めっき高力ボルトなど特殊な用途向けに開発・実用化された高力ボルトが普及してきている．このようにボルトの種類が増え，さらにボルトの径・長さによって種類が多くなるので混同しないよう整理し，保管しなければならない．

　また，保管にあたっては，防湿・防じん（塵）に努め，ねじ山にきずがつかないように注意する．

c．溶 接 材 料

　被覆アーク溶接棒およびフラックスは，吸湿・変質するとブローホールが発生したり，水素量が増加して，銀点・割れのような欠陥が生じやすくなり，作業性も落ちるので，十分な管理を要する．特に低水素系の溶接棒については，この管理が重要である．

　使用にあたっては，十分乾燥しておかなければならない．保管場所には十分注意し，種類ごと・棒径ごとに整理して保管し，その日の使用量分だけを取り出すようにする．

　溶接ワイヤは，梱包状態であれば乾燥の必要はない．

d．支 給 品

　施工者は，支給品の保管に特別の配慮，処置が必要な場合には，あらかじめ鉄骨製作業者に指示しておくことが必要である．製作工場で溶接される支給品は，溶接に支障をきたさぬよう適切に保管しなければならない．

4章 工　　　作

4.1　工　作　図

4.1.1　工作図の役割

　工作図は，鉄骨製品の工場製作に先立って作成するものであり，設計図書や設計者により指示された設計意図を詳細に表現した図面である．同時に，工場製作や工事現場施工に必要な品質や施工上の情報を付加して作成される．したがって，工作図は所定の品質の鉄骨製品を効率よく製作することを目的として作成されるものである．このために工作図には，工事現場の建方単位に分割した全鉄骨製品について，一品ごとの材質・形状・寸法・数量または取合構造などが明示されている必要がある．

　工作図の役割の一つとして，設計者・工事監理者と施工者あるいは鉄骨製作業者のそれぞれの立場で意図する内容についての相互確認や照査の手段として使われることがあげられる．特に，設計図書入手後に発生した設計変更や追加などの処置の確認に工作図は不可欠である．また，鉄骨製作業者にとって，工作図は工場製作に必要な情報源としての役割をもっている．すなわち，工作図を基に現寸作業を行い，各製作工程ごとの作業に必要な情報を作り出すとともに，加工・組立て・溶接・検査・発送などの各作業における作業指示書や自主管理に必要なチェックシートとしての役割を有している．

　コンピュータシステムの普及は床書き現寸作業の大幅な省略を伴う現寸工程の自動化をもたらし，工作図と現寸のそれぞれのもつ意義が見直されるとともに合理化が図られ，製作情報源としての工作図の役割が重視されている．工作図から製作情報を得て，定規・型板・部材リスト（部材ごとの材質・形状・寸法・数量・加工情報などを記載したもの）・チェックシートなどの現寸情報，あるいは製作工程に導入されている NC 装置（NC：Numerical Control：数値制御）やロボットなどの制御情報の作成を行っている．最近では設計図書から製作情報を得て入力し，工作図や前述の現寸情報および制御情報も一貫して出力する CAD/CAM システム（Computer Aided Design/Computer Aided Manufacturing）が主流となっている．

　CAD/CAM システムについては 4.21 節にその詳細を述べるが，このようなコンピュータシステムの普及により，工作図の役割もさらに拡大され，構造細部の形状や寸法決定，接合部の施工性の検討などを部分拡大図を用いて行うことが可能となり，従来の現寸工程を包含するものとなっている．この CAD/CAM システムは，製作全般にわたり自動化，省力化を進め，有効な道具として位置づけられている．

　ただし，このシステムの導入により，工作図の描き方にも省力化が進み，簡略化の傾向が見られ

るが，本来工作図は，前述したように製作工場や工事現場で使用されるほか，関連工事にも使われるので，工作図を使用する側にとって，基本寸法，部材の形状・寸法・材質，接合部の形状・寸法などの必要情報が見やすく，読み取りやすく表現されていることが重要である．

最近では「BIM（Building Information Modeling）」と呼ばれるコンピュータ上に作成する3次元の建築モデルで，建築に関わるあらゆる情報を集約・統合し，「見える化」したものも適用され始めている．BIMを活用することで，施工前の構造と設備などの干渉チェックが可能になり工作図の整合性を確保できるので，プロジェクト全体の流れを効率化して品質確保につなげることが可能となる．

4.1.2　工作図の内容
a．工作図に記載される内容

工作図は，設計図書に示された意図や施工者からの指示内容を詳細に展開して明示し，製作・建方に対する指示書的役割を果たすもので，次に示す内容が具備されている必要がある．
（1）　鉄骨の伏図，軸組図，部材リストなど
（2）　鉄骨部材の詳細な形状・寸法・部材符号・製品符号・製品数量・材質など
（3）　溶接および高力ボルト接合部の形状・寸法・継手符号・ボルトの種類・等級など
（4）　設備関連付属金物・鉄筋孔・仮設金物・ファスナ類など

b．工作図の種類

工作図を種類によって分類すると，表4.1.1のようになる．これらは建物の種類や規模，または製作工場の生産方式の違いによって多少異なるが，設計図書の内容がもれなく表現されているものであればよい．
（1）　一般図とは，建物の骨組となる柱や梁などについて，基礎部や各階および各通り，各面についての構造を表現したものである．これにより，それぞれの構造部材の取合関係や配置を明確にし，詳細図作成の基本となるものである．
（2）　基準図は，詳細図に逐一記載すると繁雑になる内容や共通的な内容をまとめて表現した図面であり，高力ボルト接合部におけるボルトの種類や配列あるいは溶接継手部の形状などを分類して図示したものや工事現場施工に必要な仮設部材・設備関連部材・内外装取合部材などの詳細図や配置図などよりなる．
（3）　詳細図は，工事現場建方単位に分割された鉄骨製品ごとに詳細形状・寸法やそれぞれに取り付く部材の位置・形状などを詳細に図示したものである．

4.1.3　工作図の作成手順と要領
a．設計図・仕様書内容の把握

工作図は一般に図4.1.1に示す手順で作成される．工作図の作成に先立って鉄骨工事受注後に入手する設計図書などの内容の検討を行う．設計図書には，意匠図・構造図・設備図などの設計図，標準仕様書・特記仕様書などの仕様書，および現場説明書や質問回答書がある．これらのほかに，受注後の協議により合意確定した項目（質疑回答書など）なども検討する対象となる．

図 4.1.1 のなかで，作図後承諾・承認申請用の工作図を提出する前に検討用として提出し，施工者や必要に応じて工事監理者による事前チェックを受けておくことも行われている．

表 4.1.1 工作図の種類

区　分	図面内容
一般図	軸組図，梁伏図，柱脚伏図，アンカー伏図，部材リスト
基準図	溶接基準図，継手基準図，柱心図，CFT 基準図，ファスナ配置図，スリーブ配置図，胴縁・母屋配置図，仮設部材基準図，その他関連工事取合基準図
詳細図	大梁詳細図，小梁詳細図，柱詳細図，間柱詳細図，ブレース詳細図，階段詳細図，胴縁・母屋詳細図，その他各部材詳細図

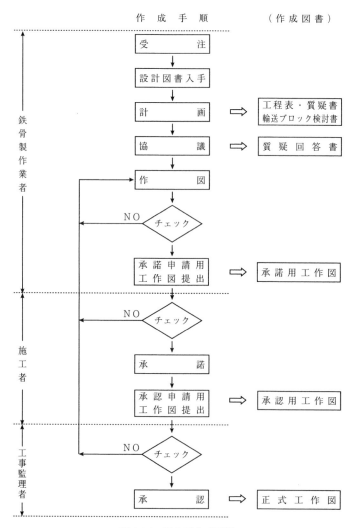

図 4.1.1 工作図作成手順

設計図書などの内容の検討は，基本的には設計品質の把握を目的として行うものであるが，同時に製作工場の生産方式や工事現場施工方法なども考慮する必要がある．

検討すべき項目としては，以下のようなものがあげられる．

(1) 契約事項のうちで工作図に関係する事項
　　・工作図作成に関する要求事項の有無および内容の確認
(2) 工期（工場製作期間・工事現場施工期間）
　　・材料調達，工作図作成，工場製作などの時期や期間の把握
(3) 使用鋼材や接合材料に関する問題点
　　・特殊材料使用の場合の対策
　　・調達しにくい鋼種・サイズ・数量などの把握
(4) 設計図書の記載内容の不明確な点や設計図内での食違い
(5) 工場製作上の問題点
　　・表 4.1.2 による
(6) 輸送上の問題点
　　・鉄骨製品の重量・長さ・幅・積載後の高さなどの輸送制限条件の確認
(7) 工事現場施工上の問題
　　・表 4.1.2 に示す溶接および高力ボルト締付け作業などの施工性の確認
　　・工事現場揚重機の能力と鉄骨製品の重量

b．製作・施工上の検討

工作図の作成およびチェックにあたっては，工場製作や工事現場施工の可否または施工性の難易度を検討しながら進める必要がある．特に，柱梁接合部や柱脚部では構造的に狭い箇所が生じやすく，溶接作業や高力ボルト，アンカーボルトの締付けが困難になるなど施工性が悪くなりやすい．このほかに，輸送制限や工事現場建方または溶融亜鉛めっき施工などを考慮した鉄骨製品の形状・寸法も必要な検討項目である．表 4.1.2 に施工性の検討が必要な部位と検討すべき事項の例を示す．

c．打　合　せ

工作図は既に述べたように重要な役割をもつものであるから，その作成にあたっては細部にわたって十分検討した上で，施工者・工事監理者と打合せを行い，不明点は解決しておかなければならない．鉄骨製作業者が間違いのない工作図を作成するためには，施工者や工事監理者は必要な設計図書や各種情報を必要な時期に鉄骨製作業者に提示することが重要となる．設計図書に不備があると，工作図に設計者の意図が十分反映されなくなってしまったり，後日，トラブルの発生につながるおそれもある．

一方，仮設工事・設備工事関連では，表 4.1.3 に示すような付属金物類の取付けが必要となるが，これらの付属金物類はとかく決定が遅れがちである．その形状・寸法・取付け位置を保留のまま，柱・梁などの製作を開始すると，工程の途中で一時生産ラインから外して仮置しておき，決定後にこれらの付属金物類を取り付けることになり，鉄骨部材の移動に伴うロスや手戻りが発生し，作業時間の損失，工程混乱の原因となる．したがって，工作図作成担当者は，作図前に施工者（設備工

表 4.1.2 製作・施工上の検討事項の例

部　位	検討事項
(C1, C2 図)	・C1 が 200 mm 以下の場合の柱ウェブ相互，柱ウェブと柱フランジ，柱ウェブと貫通梁フランジ・ダイアフラムの溶接の可否 ・C2 が 150 mm 以下の場合のダイアフラム・仕口内柱フランジの溶接の可否，SRC の場合の鉄筋との関係
(C3 図)	・C3 が 150 mm 以下の場合の梁ウェブの溶接の可否
(C4, C5 図) ※	・C4 が 100 mm 以下もしくは C5 が 175 mm 以下の場合の柱のウェブ相互，柱ウェブと柱フランジの溶接の可否
(1) 柱フランジに影響されない場合 ※ (C6, C7 図) (2) 柱フランジに影響される場合 ※ (C8, C9 図)	・十字柱の柱継手におけるトルシア形高力ボルトの締付けの可否の確認 ・以下の条件の場合は締付け可能 (1) 柱フランジに影響されない場合 　　$C6 > a+b$，かつ $C7 > c+d+e$ (2) 柱フランジに影響される場合 　　$C8 > f+g$ 　かつ $\begin{cases} C9 > f+g+g+h & \text{（1列の時）} \\ C9 > f+g+i+g+h & \text{（2列，千鳥の時）} \end{cases}$ ・締付不可の場合の高力六角ボルト使用可否の確認

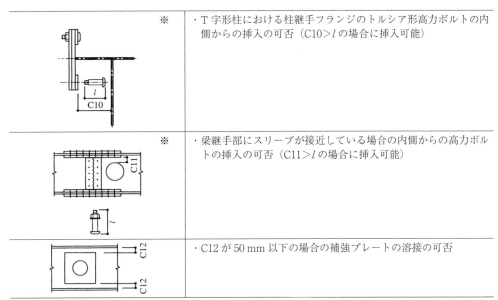

- T字形柱における柱継手フランジのトルシア形高力ボルトの内側からの挿入の可否（C10>lの場合に挿入可能）
- 梁継手部にスリーブが接近している場合の内側からの高力ボルトの挿入の可否（C11>lの場合に挿入可能）
- C12が50mm以下の場合の補強プレートの溶接の可否

［注］ ※：日本鋼構造協会編「実例でわかる工作しやすい鉄骨設計」より引用

表4.1.3 付属金物類の種類

項　目	付属金物類の名称
仮設関係	アンカーフレーム，ゆがみ直し用ピース，エレクションピース，建入測定用ピース，タラップ，クレーン補強材，仮設ホイスト用ピース，構台受け，切梁受け，親綱用ピース，墨出し用ピース，デッキ受け，安全手すり，吊ピース，反力受けピース，ネット受けピース，仮設ELV受けピースなど
設備関係	ダクトスリーブ，エレベータ用ファスナ，エスカレータ用ファスナ，避雷針用ファスナ，航空障害灯用ファスナ，電気配線用ファスナ，給排水用ファスナ，シャッター受け，ベンチレータ受け，階段受けなど
コンクリート・鉄筋関係	コンクリート止め，かんざし筋，シャーコネクタ，鉄筋類など
内・外装関係	内装用ファスナ，外装用ファスナ，耐火被覆用ピース，樋受けなど
その他（鉄骨部材への加工を要するもの）	セパレータ孔，鉄筋貫通孔など

事計画担当者や仮設計画担当者など）と十分打合せを行う必要がある．また，施工者は，これらの付属金物類の形状・寸法・取付け位置と鉄骨躯体との相互関係などについて確認しておくとともに，これらの早期決定を図り，設計者もこれらの点を十分認識しておく必要がある．

このほかに，工作図作成の要領や日程，あるいは詳細部や付属金物類の決定遅れによる工場製作・建方工程の遅れが予想される場合の対応策についても打合せを行っておく必要がある．

参考として，図4.1.2に適正なリードタイムを確保した製作工程表の一例を示す．

設計図書などの内容検討で発生した質疑事項や要求品質を達成するために必要な事項で，原設計の一部を多少変更して工作図に反映したい場合には，質疑書にその内容を詳細に記載し，施工者・工事監理者に提出し，文書で回答を受ける必要がある．

この場合，一般に質疑書に施工者および工事監理者それぞれがその回答を記入し返却することが

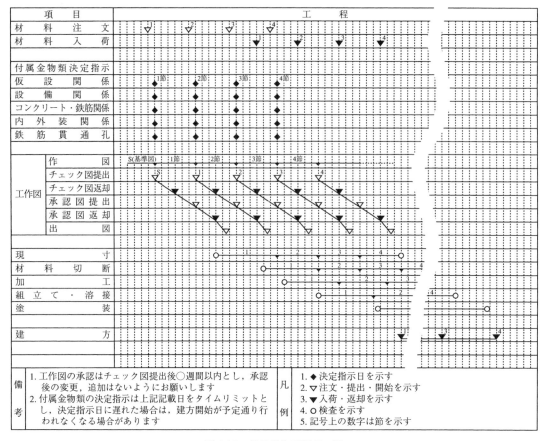

図 4.1.2 鉄骨製作工程表の例

多いが，この方法による場合は，必ず施工者の承諾印（またはサイン）および工事監理者の承認印（またはサイン）を受けておく必要がある．承諾および承認印を受けた質疑回答書は，設計図書と見なすことができる．また，鉄骨製品の製作，関連する設備工事・仮設工事・工事現場施工などに関して施工者と製作工場担当者とが協議した場合も，必ず協議事項についての打合せ記録を作成し，相互に確認し，承諾印を受けておく必要がある．

d．作図要領

工作図の作成にあたっては，それを使用する者が誤読・誤解しないように，正確かつ丁寧に描き，わかりやすい図面にする必要がある．このために，以下の各項に示すように，できるかぎり標準的な作図要領を採用するのがよい．

（1） 準拠する諸規格や参考資料

  建築製図通則：JIS A 0150

  数学記号　　：JIS Z 8201

  製図総則　　：JIS Z 8310

  用紙　　　　：JIS Z 8311

  線　　　　　：JIS Z 8312

文　字　　　　：JIS Z 8313
尺　度　　　　：JIS Z 8314
投影法　　　　：JIS Z 8315
曲　形　　　　：JIS Z 8316
寸法・公差　　：JIS Z 8317
長さ寸法・角度寸法：JIS Z 8318
溶接記号　　　：JIS Z 3021
鉄骨工事工作図作図要領書（(一社)鉄骨建設業協会）

(2) 工作図の大きさは原則としてA1判とする．
(3) 縮尺は工作図の種類に応じて以下のなかから選定するのが一般的である（A1判用紙出力時）．

　　伏　　図　　1/100～1/200
　　軸　組　図　　1/100～1/200
　　詳　細　図　　1/20, 1/30
　　部分詳細図　　1/2, 1/5, 1/10
　　継手基準図　　1/20
　　溶接基準図　　1/20, 1/30

(4) 画法は原則として第3角法とする．
(5) 工作図には一般に表4.1.4に示す事項を表示する．

表4.1.4　工作図への表示事項

項　　目	表示事項
寸　　法	通り心間寸法，軒高，階高，フロアライン，ベースライン，アンカーボルト位置，クレーンレール天端，クレーンスパン，屋根勾配
部材詳細	部材断面形状・寸法，板厚，材質
部材位置	通り心と柱心，梁心，フロアラインと梁上端，柱心と梁心
接　合　部	スプライスプレートの材質・板厚，高力ボルトの種類・等級・呼び・長さ，ボルトの種類・径・長さ，接合部の位置・継手符号，切削加工面の仕上げ
溶　接　部	開先形状・寸法，完全溶込み・隅肉・部分溶込み溶接の区分，隅肉溶接のサイズ，非破壊検査の部位・種類
内・外装	母屋・胴縁の割付け，開口部の寸法，隅部の納り
その他	大架構部材の製作キャンバー量

(6) 方位は下記のように表示する．
　　伏図，キープラン：北方向
　　詳　細　　図：北または東方向

(7) 表示符号・記号

　工作図には，図面番号，使用鋼材，ボルトの種類と径，切削加工面の仕上げ程度などを明確に表示することはもちろんであるが，これらの表示を符号・記号化し，基準として定めておくのがよい．表4.1.5～4.1.9に(一社)鉄骨建設業協会による表示符号・記号例を示す．

表 4.1.5　製品頭記号と工作図番号の例
((一社) 鉄骨建設業協会)

工作図名称	頭記号	備　考
アンカー伏図	A	詳細も含む
梁　伏　図	F	貫通孔（スリーブなど）伏図も含む
軸　組　図	E	
基　準　図	S	
溶接基準図	W	
柱　詳　細　図	C	
間柱詳細図	P	束柱なども含む
大梁詳細図	G	クレーンガーダはCGとする
小梁詳細図	B	つなぎ梁も含む
鉛直ブレース詳細図	V	
水平ブレース詳細図	H	
階　段　詳　細　図	K	
トラス詳細図	T	
母屋詳細図	M	
胴縁詳細図	D	
座屈止め詳細図	Z	

表 4.1.6　製図記号の例
((一社)鉄骨建設業協会)

名　称	記　号
ベースライン	BL
グランドライン	GL
フロアライン	FL
センターライン	℄
メタルタッチ	▽
通　り　心	例Ⓑ
方　位	例🅝

表 4.1.7　鋼材の材質記号の例
((一社) 鉄骨建設業協会)

区分	材質	記号	区分	材質	記号
400 N	SS 400	無印	490 N	SM 490 A	○
	SM 400 A	□		SM 490 B	Ⓑ
	SM 400 B	B̄		SM 490 C	Ⓒ
	SM 400 C	C̄		SN 490 B	NⒷ
	SN 400 A	NĀ		SN 490 C	NⒸ
	SN 400 B	NB̄		TMCP 325 B	TⒷ
	SN 400 C	NC̄		TMCP 325 C	TⒸ
	STK 400	無印		STK 490	○
	STKR 400			STKR 490	
	BCR 295	R□		STKN 490 B	NⒷ
	STKN 400 B	NB̄		BCP 325 B	PⒷ
	BCP 235 B	PB̄		BCP 325 C	PⒸ
	BCP 235 C	PC̄			
520 N	SM 520 B	◇Ⓑ	550 N	TMCP 385 B	TB̄
	SM 520 C	◇Ⓒ		TMCP 385 C	TC̄
	SM 520 B-SNB	N◇Ⓑ	590 N	SA 440 B	SⒷ
	SM 520 B-SNC	N◇Ⓒ		SA 440 C	SⒸ
	TMCP 355 B	T◇Ⓑ			
	TMCP 355 C	T◇Ⓒ			

表 4.1.8　ボルト記号の例
((一社) 鉄骨建設業協会)

ボルト（ねじの呼び）	高力ボルト	ボルト
M 16	✳	✸
M 20	✶	✺
M 22	＋	✢
M 24	⊕	⊕

表 4.1.9 異形鉄筋孔記号の例

異形鉄筋の呼び名	D 10	D 13	D 16	D 19	D 22	D 25	D 29	D 32
孔 径	21	24	28	31	35	38	43	46
記 号	✢	✲	●	✹	✢	✵	✤	✿

柱　$\underset{\text{節（階）}}{1}\ \underset{\text{頭記号}}{C}\ \underset{\text{X軸4通り}}{4}\ \underset{\text{Y軸D通り}}{D}$

大梁　$\underset{\text{階}}{2}\ \underset{\text{頭記号}}{G}\ \underset{\text{梁の通り記号}}{B}\ \underset{\text{支間の若番}}{1}$, $\underset{\text{階}}{2}\ \underset{\text{頭記号}}{G}\ \underset{\text{梁の通り記号}}{3}\ \underset{\text{支間の若い記号}}{C}$

小梁　$\underset{\text{階}}{2}\ \underset{\text{頭記号}}{B}\ \underset{\text{設計記号}}{1}-\underset{\text{追番}}{1}$, -2 ……

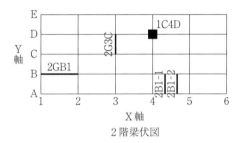

2階梁伏図

図 4.1.3 製品符号の構成の例（（一社） 鉄骨建設業協会）

（8） 製品符号の構成

製品符号は，工事現場に発送される鉄骨製品ごとに，その種類と建物に占める位置などが，容易に判別できるようなものにする必要がある．

製品符号の構成の例を図 4.1.3 に示す．なお，製品頭記号は，原則として表 4.1.5 に示す図面番号の頭記号を使用する．

（9） 継手符号

高力ボルト接合部は，表 4.1.10 に示すように製品ごとに頭記号で分類表示し，接合部の種類が異なるごとに追番をつける．頭記号は，組立て部材の場合はフランジとウェブを分け，形鋼などの場合は分けずに用いる．

（10） CAD による工作図の作成

工作図作成用の CAD システムや現寸情報なども一貫して作成する CAD/CAM システムの導入が図られているが，これらのコンピュータシステムで作成される工作図も，その作成要領は今まで述べてきたものと同じでなければならない．これらのコンピュータシステムは，4.21 節で説明するように，機能や操作手順の違いによっていくつかの種類があり，それぞれ処理可能なレベル，範囲も異なっている．したがって，システムの特徴をよく理解するとともに，以下に示すような点に注意して使用することが重要である．

表 4.1.10 継手符号の例((一社)鉄骨建設業協会)

部位別		頭記号	
		フランジとウェブを分ける場合	フランジとウェブを分けない場合
柱	フランジ	CF	CJ
	ウェブ	CW	
大梁	フランジ	GF	GJ
	ウェブ	GW	
小梁	フランジ	BF	BJ
	ウェブ	BW	
間柱	フランジ	PF	PJ
	ウェブ	PW	
鉛直ブレース	フランジ	VF	VJ
	ウェブ	VW	
水平ブレース	フランジ	HF	HJ
	ウェブ	HW	

［注］めっきボルト継手の場合は末尾に"M"をつける
（例 GJ1M）

ⅰ) 一般図と詳細図の内容に入力ミスなどによる不整合がないか．
ⅱ) 文字の重なりや寸法補助線の表示ミスなど，製図上の不備がないか．
ⅲ) 複写機能など簡便な操作機能を用いたことによる作図ミスがないか．
ⅳ) 設計変更・追加処理が正しく行われたか（主としてコンピュータ画面上での処理であるとともに，出力された工作図は，コンピュータによる自動作画であるため，入力ミスやもれが判然としないことがあるので注意する）．

e．承諾・承認手続き

鉄骨製作業者は設計図書・質疑回答書・打合せ記録書などにより工作図を完成させたのち，承諾申請用工作図を施工者に提出する．施工者は，記載内容に誤りや不整合のないことを確認したのち承諾し，承認を受けるために工事監理者に提出する．実際には，この段階に至るまでにチェック用の工作図（コピー）を提出し，中間段階でのチェックを受けることが多いが，工作図は先に記したように，鉄骨製品の品質や施工上の特徴などを盛り込んだ内容のものであるから，必ず承諾・承認を受け，その工作図により工場製作に着手する．したがって，承諾・承認申請および承諾・承認は製作工程に支障のないよう，早めに行うことが重要である．承諾・承認が遅れると，工場における製作が遅れるだけでなく，建方工程にも影響を及ぼし，ひいては工事全体の工程の混乱を招くことにもなりかねない．このため，承諾・承認申請用工作図の提出日とこの工作図の返却日（承諾・承認申請用工作図の検図終了，返却日）を工作図作成工程表に明示して，協議によって決定するのがよい．もし，施工者および工事監理者の都合によって承諾・承認が遅れた場合には，契約工事の工程を協議する必要がある．また，承諾・承認の範囲には鉄骨のみならず，関連する設備工事や仮設工事のための付属金物類も含まれる．これらの付属金物類は，できるだけ工場製作時に鉄骨製品に取り付けておくのが望ましいので，図 4.1.2 にも示したように，工作図の作成および承諾・承認の工

程に先立って決定される手順が守られなければならない．

　承諾・承認された工作図については，設計上および施工上の安全性・耐久性など性能保証の責任は施工者や工事監理者にあり，その他の責任は製作工場側が負うことになる．承認済みの工作図には，承認日・承認範囲を記入し，承認印を押印し，工場や工事現場あるいは関連工事で使用する場合に，それが承認済の工作図であることが明確にわかるようにしておかなければならない．もし，工程，その他の理由により，どうしても承認以前に製作に着手しなければならない場合は，その範囲，起こり得るリスクや問題点とそれらへの対策等を十分に検討し，施工者，工事監理者と協議する必要がある．

f．追加・変更の処理

　工作図の作成は工場製作工程の最上流に位置しているため，工作図作成工程の混乱は，品質・コスト・日程の面で多大な影響を与えるおそれがある．したがって，工作図に必要な情報の決定遅れや設計追加・変更などはないことが望ましい．

　特に，工作図承認後に発生する設計変更・追加の場合は，すでに後工程の日程が決定されており，材料手配が完了するとともに製作に着手している場合が多い．したがって，設計変更・追加が発生した時点で，ただちに後工程の状況や影響度を把握し，工事監理者・施工者・鉄骨製作業者間で対応策を協議する必要がある．また，変更・追加修正された工作図については，変更来歴と日付を明記し，承諾・承認を受けるとともに，旧図との差し換えと実施確認を必ず行わなければならない．

4.1.4　工作図の例

　4.1.2項b．で説明した工作図について，種類別にそれぞれの例を以下に示す．

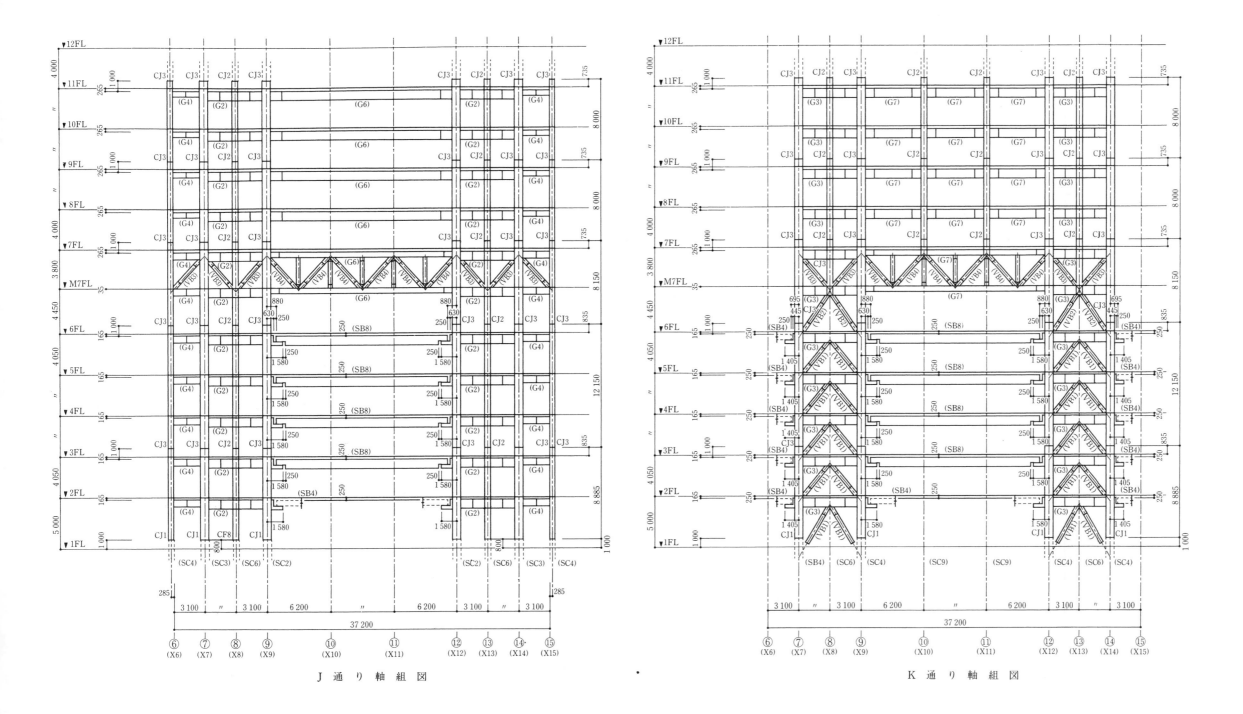

J 通 り 軸 組 図   K 通 り 軸 組 図

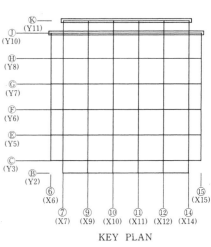

KEY PLAN

図 4.1.4　軸組図

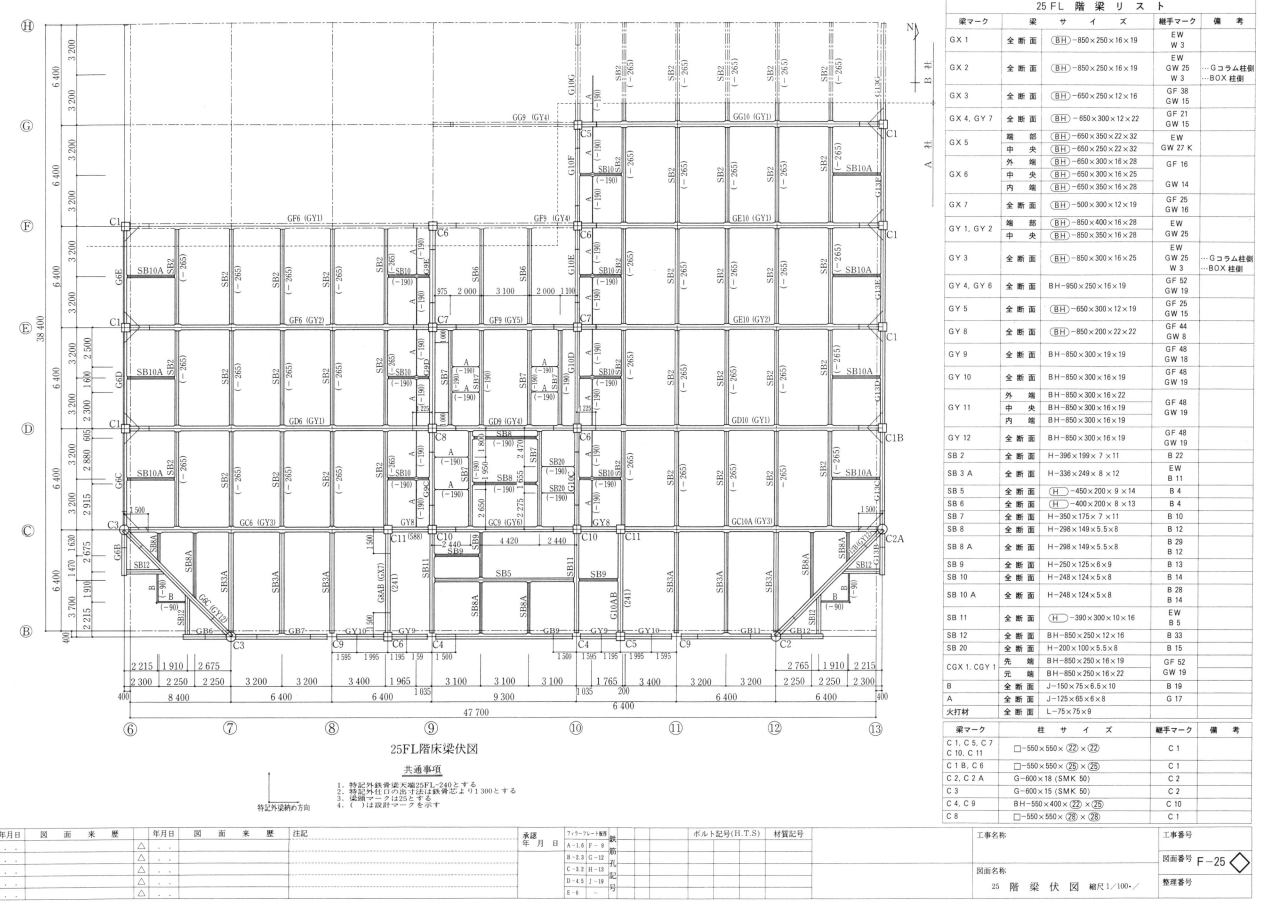

図 4.1.5 梁状図

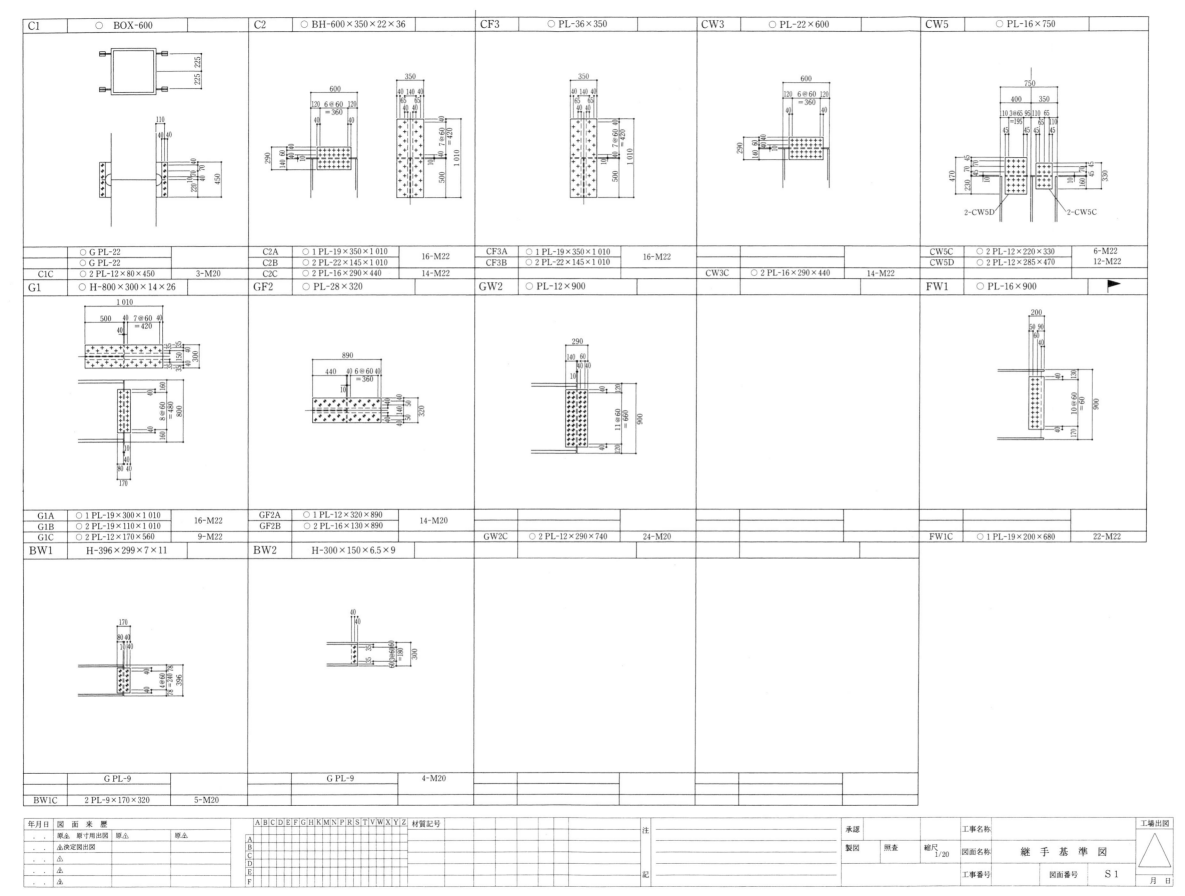

図 4.1.6 継手基準図

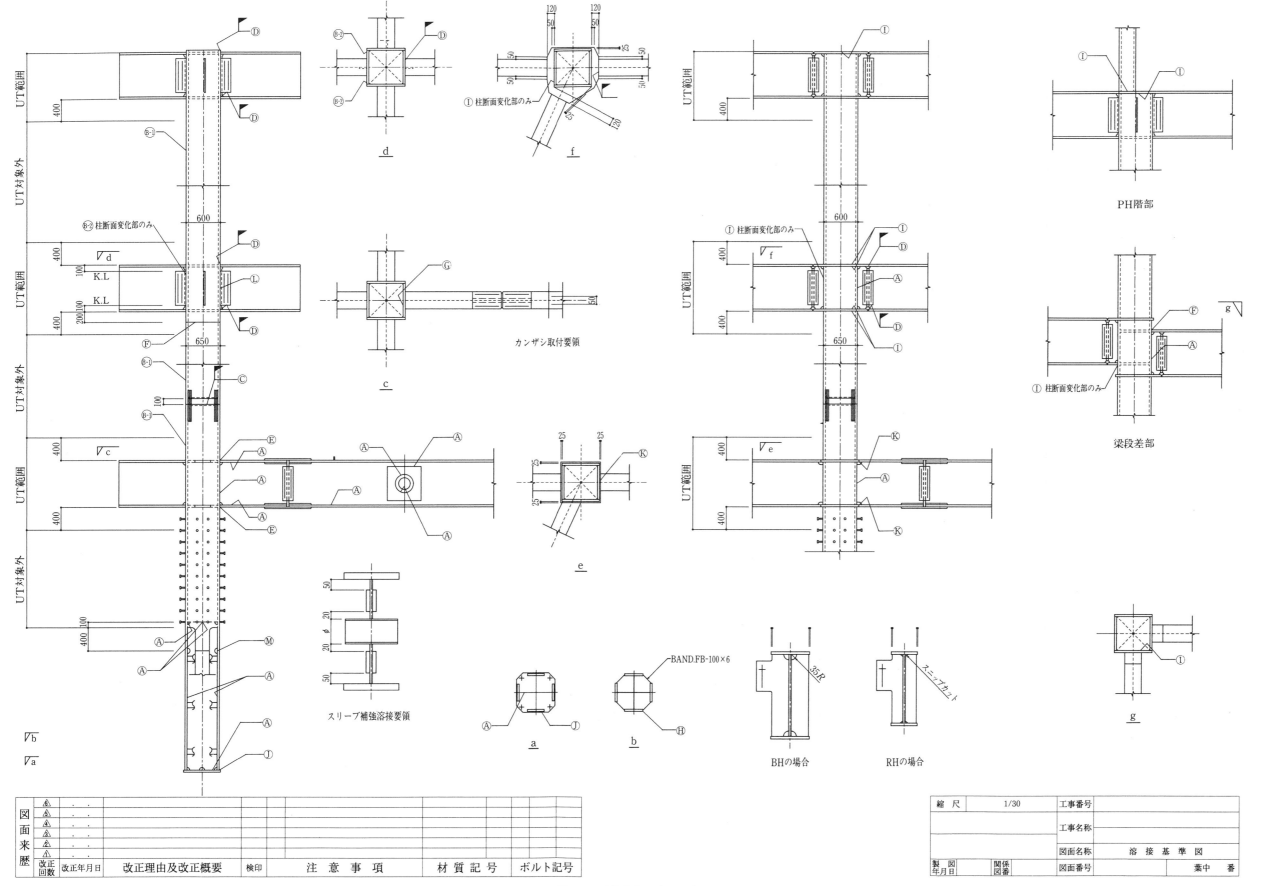

図 4.1.7 溶接基準図（その1）

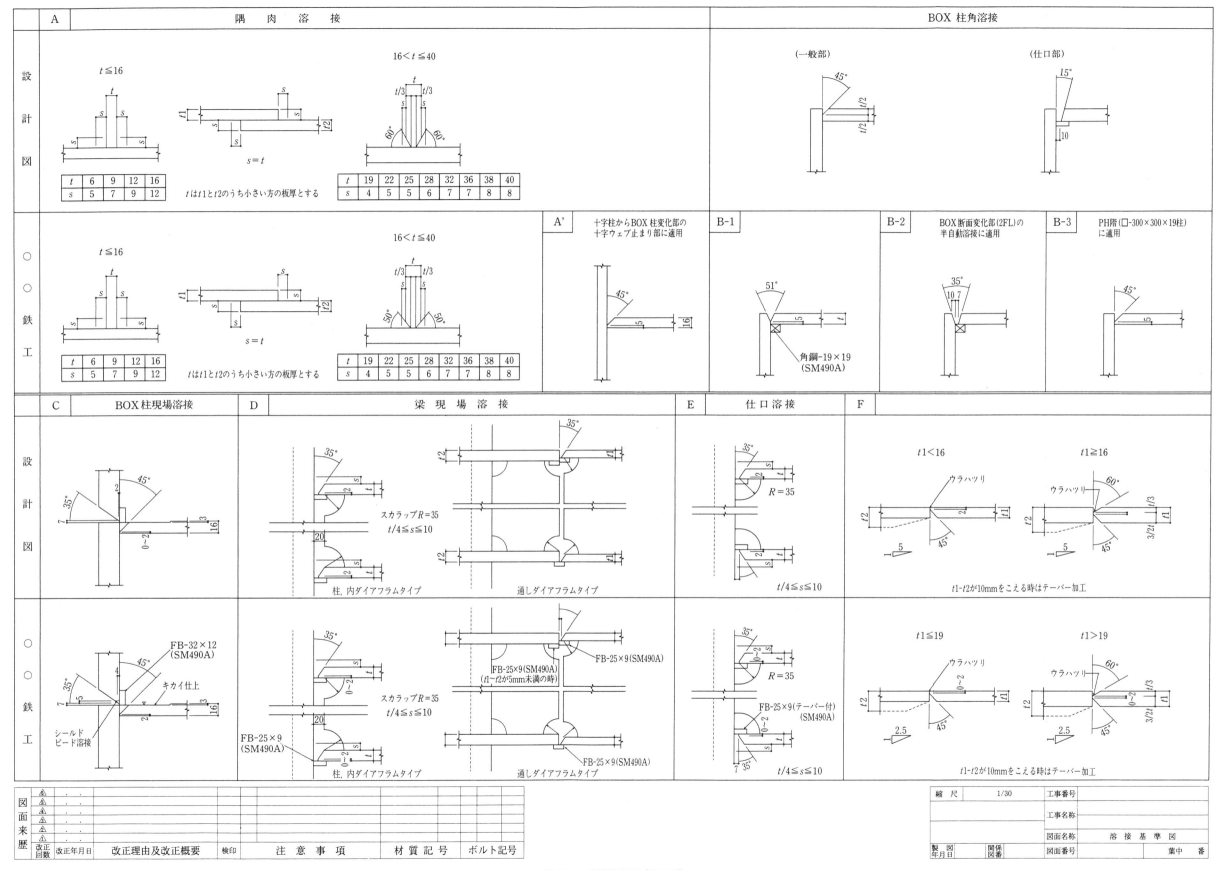

図 4.1.8 溶接基準図（その2）

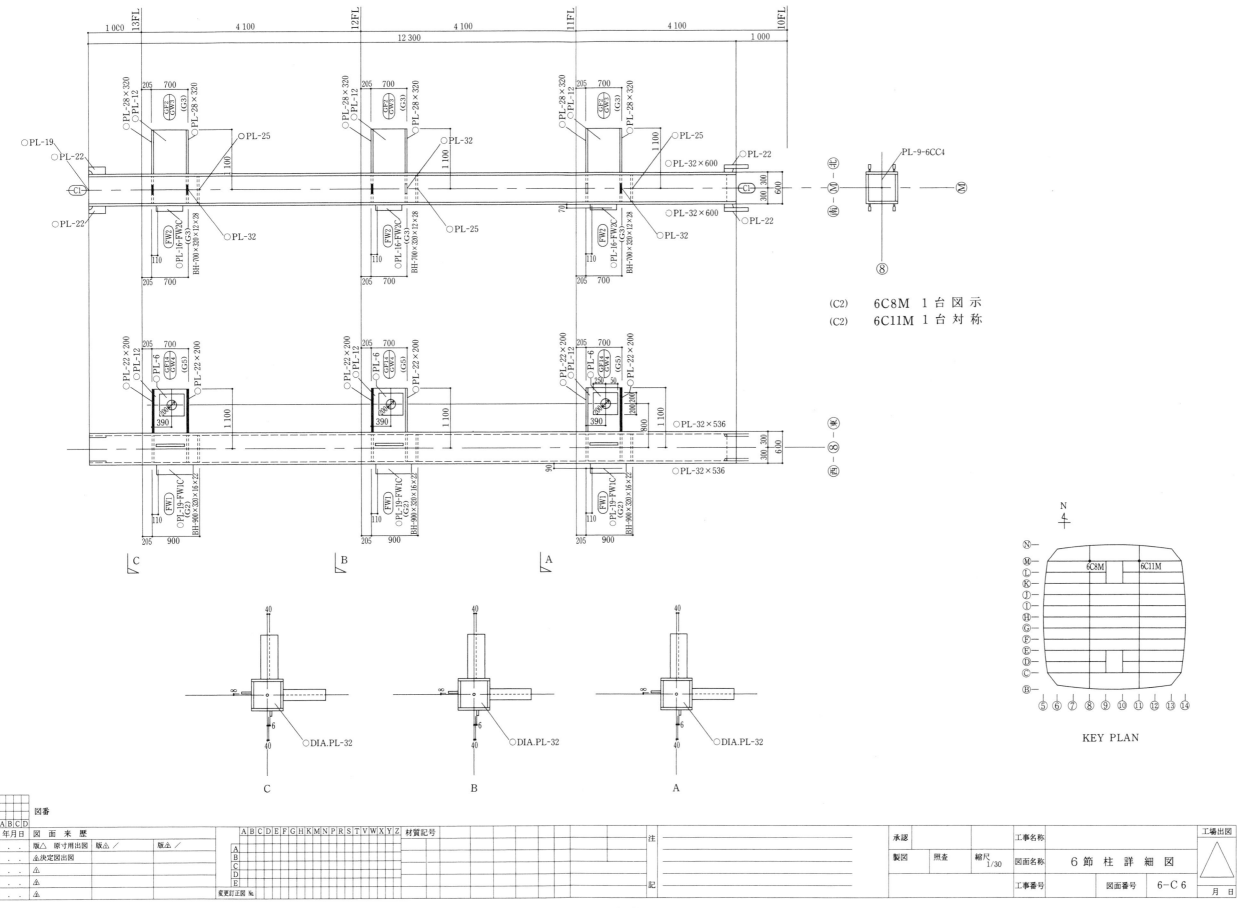

図 4.1.9 柱詳細図

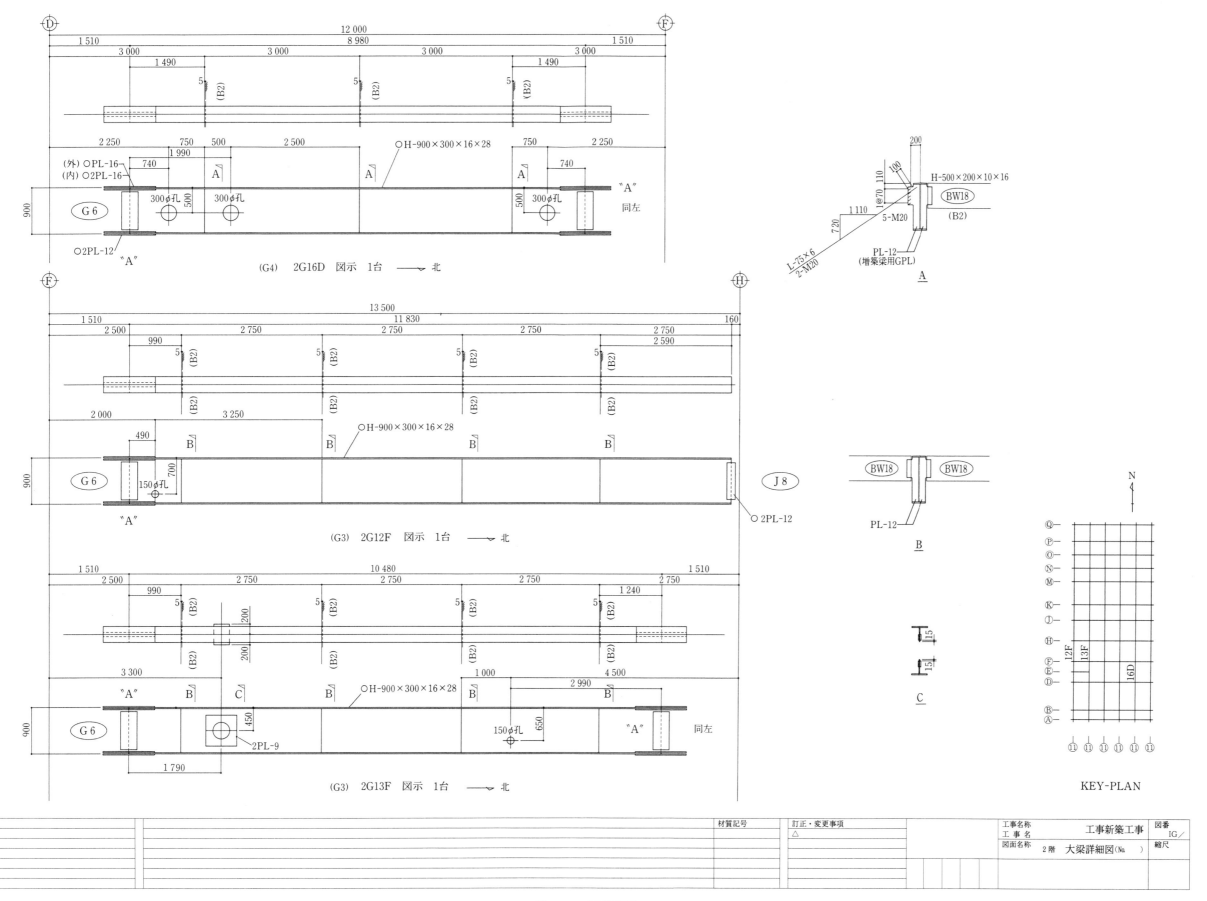

図 4.1.10 大梁詳細図

4.2 現　　寸

4.2.1　現寸の役割

　現寸工程は，工作図作成と工場の加工工程の間に位置している．一般的に鉄骨製品に限らず，他の鉄構製品においても，工作図から直接製作することができないので，現寸工程で工作図の情報を工場のけがき・切断・孔あけ・曲げ・組立て・溶接・塗装・検査などの各工程が必要とする形態の情報に作り変えている．これらの情報は，部材一品ごとの寸法・形状情報であったり，NC装置やロボットなどの制御情報であったりする．これらの情報は，種々の帳票類や定規・型板およびメモリカードなどの電子媒体やネットワークを介して，工場製作工程に伝達される．現寸の役割の一つは，これらの伝達情報の作成であるといえる．また，展開図や現寸図，あるいは現寸以上に描くことによって，取合部構造や部材の細部形状を決定したり，溶接および高力ボルト締めなどの施工性の検討を行うことも現寸の役割である．しかしながら，4.1.1項で述べたように工作図の役割の変化に応じて現寸の役割も変化してきており，特に現在では，寸法・形状の決定や施工性の検討については，工作図作成段階で行うことが普通となっている．また，工場の自動化やCAD/CAMシステムの導入は，工作図作成作業よりも現寸作業に多大の変化をもたらしている．4.2.2項に述べるように，情報の内容や伝達媒体の変化により，現寸作業の要領が変わるとともに，従来，工作図を基に行っていた現寸作業が工作図作成と同時に処理されることも可能となってきた．このように，現寸の役割や作業内容も変化しつつあるが，工作図を基にして，工場製作の各工程に必要な情報を作り出すことが現寸の基本的な役割であるといえる．

4.2.2　現寸要領

a．工作図・製作要領書等の内容把握

　現寸作業では，工作図の情報を製作に必要な情報に正確に変換することが要求される．また，現寸の要領は製作工場によって多少異なっている．例えば，加工や溶接方法の違いによっては，現寸工程で部材に付加しておく必要のある加工代や溶接収縮代などが変わってくる．これらは同一の製作工場においても工事ごとに変わることがあるので，一般的には社内の標準類などを整備することにより，正しく現寸作業に反映させるようにしている．したがって，現寸作業着手前に工作図や製作要領書などの内容を十分に把握しておくことが重要である．

b．現寸作業の内容

（1）作成情報

　現寸工程では，一般的に表4.2.1に示すような種類の情報を作成している．

i) 部材リストは，柱・梁などの鉄骨製品を構成する部材やこれらに取り付く部材をリストアップしたもので，所要部材の数量確認やこれらを集積する場合の台帳として用いる．

ii) 加工票は，型板で指示する必要のない比較的単純な形状の部材の加工指示に用いるもので，略図を用いるなどして加工要領を記載した帳票である．

iii) 定規や型板はけがき作業用に作成するもので，一般に，柱・梁などの長尺部材や形鋼・鋼管などの場合には定規を使用し，ガセットプレート・添板・小物部材などには型板が用いられるが，長尺で形状が複雑な部材の場合には定規と型板の両方を用いることもある．

iv) NC装置やロボットを使用している製作工程には，けがき・切断・孔あけ・溶接・塗装などがあるが，これらの装置を駆動するためには，それらの特性に応じた制御情報が必要である．制御情報のデータは，オフラインまたはオンラインで装置側に送られる．したがって，けがき・切断・孔あけ作業にこれらの装置を用いる場合には，定規・型板は不要となる．また，工場内に限らずシャーリング業者にもこのような形で情報を渡し，切断加工を委託しているケースもある．

（2） 現寸作業要領

過去においては，けがき作業に必要な定規・型板を作成するために，設計図を基にして床書き現寸図を描くことが鉄骨製作の基本工程の一つであった．しかし，工作図の内容が完備している場合は，工作図を基にして直接，定規・型板を作成することが可能であり，柱・梁・筋かいなどの床書き現寸図を描くことはほとんど不要な作業となった．また，展開を必要とする部分についても，従来は床上などに展開図を描いていたが，現在ではその展開図を工作図に図示することが行われるようになり，また，構造が複雑な部分についても部分拡大図を工作図に図示することが容易になったので，これらの部分についても床書き現寸図を描く作業は省略できるようになった．また，溶接や高力ボルト締めなどの施工性についても，工作図の作成の段階で十分検討されている場合は，床書き現寸図を描く作業は省略してよい．前述したように，工作図に必要な情報が十分盛り込まれているならば，床書き現寸図を描いて検討しなければならない事項はほとんどなくなる．特記または指示書により詳細図を床上に描いて形状・寸法を決定したり，作業性を確認する場合でも，検討・確認するのに必要な部分だけの床書き現寸図を描くにとどめる．

現寸は，従来手作業によって行われていたが，表4.2.1に示した情報も今日では，CAD/CAMシステムにより出力されるようになっている．このような自動化により，床書き現寸から情報を取り出す際の転記ミスや種々の資料を作成するときの人為的ミスを排除することが可能になるとともに，作業の効率化が図られるなど現寸工程の合理化が行われている．しかし，工作図作成の場合と同様に，CAD/CAMシステムの特徴を良く理解して，入力ミスがなく整合性のとれた情報を作り出すことに注意しなければならない．これらのチェック要領については，4.21節に述べる．

表4.2.1　現寸で作成する情報の種類

作成情報の種類		内　容
現寸情報	部材リスト	部材ごとに材質・形状・寸法・数量などを記載した帳票
	加工票	部材形状・寸法・加工要領などを図化した帳票
	定規	部材の長さ・取付位置・孔位置などを明示したけがき用定規
	型板	部材形状を実寸大で描いたけがき用型板
NC・ロボット制御情報		NC装置やロボットを駆動するための情報

(3) 定規・型板作成上の要点

ⅰ) 定規は通常，加工（切断・開先加工・孔あけ・曲げなど）・組立てのための一次けがき作業用として作成されるが，溶接組立箱形断面柱の場合のように，幹材の溶接が完了し，ひずみ修正を行った後でフェーシングマシンなどにより仕上げを行う場合の寸法仕上げ線，あるいは仕口や取付け金物類の取付け位置をけがくための二次けがき作業用定規が必要となることがある．この場合，同じ部材に使用する一次けがき作業用定規と二次けがき作業用定規は必ず同時期に作成し，かつ2本の定規相互の関連を十分にチェックすることが大切である．

ⅱ) 1本の定規の中に多くの部材の取付け位置を明示する場合，工作図より各部材のピッチ寸法を読み取り，定規の片端より順にこれらを記入していくが，読取りミスが考えられるので最後の部材の取付位置と部材端位置の寸法を確認し，全長寸法とピッチ間寸法の累計値に不一致がないようにする．

ⅲ) 長尺部材の定規・型板の長手方向の寸法は，設計寸法のほかに溶接および加熱ひずみ矯正による予測収縮量を加えた値とする．収縮量は部材断面形状・部材断面積・溶接量・柱の場合の仕口部分の形式（柱貫通形式か梁貫通形式かの違い），溶接継手箇所数，カバープレートの有無，梁スリーブ孔の補強プレート・スチフナの有無，各種ファスナ・仮設ピースなどの形状・大きさ・取付け位置・数量などによって変化するので，データを収集・分析し，作業標準として整備するとともに，工事ごとに適切に指示する必要がある．

ⅳ) 定規と型板を併用してけがき作業を行うものについては，その双方にそれぞれ合せ線を入れておき，正しい部材・形状がけがかれるようにする．

ⅴ) 型板には，それを加工する材料にセットするときの基準面を明示しておく．

ⅵ) 定規・型板には，使用する鋼材の材質や部材符号・開先形状・方向などを明示しておく．

ⅶ) 定規・型板には，それを使用する人が，記入されている内容を正確に読み取れるようなわかりやすい文字と符号・記号で製作に関する諸情報を記入する．定規・型板に記入する符号・記号は製作工場によって異なるが，その例を表4.2.2に示す．

(4) 定規・型板の材料

定規・型板の材料としては，一般に鋼帯，合成樹脂フィルムなどが使用されている．

定規の材料である鋼帯には，亜鉛めっきが施されているものや，防せい（錆）油が塗布されているものがあるが，特に後者の場合には墨がのりにくいので，使用前に十分に除油する必要がある．

型板用材料としては従来，主に薄鉄板が使用されていたが，現在ではいくぶんの剛度を必要とする角度型を除いて，合成樹脂フィルムが主流となった．ただし，合成樹脂フィルムはメーカー・材質によっては膨張・収縮が大きいものがあるので，3mを超える部材のけがき作業には型板上に基準寸法を表示し，型板の収縮を確認しながら使用するのがよい．したがって，特に高精度を要する部材で，かつ型板によるけがきを必要とする場合には，定規を併用して寸法のチェックを行うなどの方法を用いる場合もある．

表 4.2.2　定規・型板に記入する符号・記号の例

符号・記号	意　味	符号・記号	意　味
←－N－→	矢線の範囲を正規寸法におさえる N：正規寸法	▽	切削加工面
←－$N±a$－→ ←－$±a$－→	矢線の範囲に伸し量を考慮する $±a$：伸し量	▼	差越線を有するガス切断加工面
├──→	・印の側を基点として矢印側の位置をおさえる	$\overset{G}{\triangledown}$	グラインダ掛けによる平滑仕上面
├─½─┼─½─┤	両側に等しく振り分ける	$\overset{C}{\triangledown}$	コールドソー切断面
(＋)	下げ振りにより・印と（＋）印の位置の通りを確認する	$\overset{R.M}{\triangledown}$	あとけがき基準点（基準線基準側）
▷	部材の切口を示す	ベベル図	ベベル形状を指示する $θ$：角度 a, b：寸法
×──×	合わせ線	⊕ ⊕	孔位置 孔心
⌐	孔あけ時の基準面を示す	K L ◇ ウ押し	曲げ位置と曲げ方向を示す
⌐	組立て証拠基準面を示す	(90°)	角度確認
◁ $\overset{1}{n}$	1/nのテーパ（こう配）のあることを示す	↑上	上下方向を有する部材の上方向を示す

c．現寸検査

現寸検査の目的は，

（1）　承認済み工作図により作成した定規・型板の誤りの有無

（2）　構造が特殊・複雑な箇所で，定規・型板を作成するために必要な詳細図・展開図など，主として工作図に図示していない部分に関する床書き現寸図が，設計図書が要求している内容を満足しているかどうか

（3）　溶接，高力ボルト締め，配筋，付属金物類取付けなどの工場・工事現場における施工性に問題がないか

などを確認するために行われる．

したがって，工作図に定規・型板を作成するための情報が十分盛り込まれ，かつその情報が工場・工事現場における施工性についても検討・解決されているものであるならば，床書き現寸図は不要であり，さらにNC装置の使用により，定規・型板を作成しない場合もあるので，現寸検査に

よってこれらを確認するのは現実的ではなく，鉄骨製作業者の自主管理に任せることが多くなっている．このような意味で，工作図の確認に重点をおき，工作図の承認をもって現寸検査に替えることが一般的になりつつある．

4.3 鋼製巻尺

鋼製巻尺（JIS B 7512）には，タンク巻尺，広幅巻尺，細幅巻尺，コンベックスルールの4種類があるが，鉄骨工事では，主として広幅巻尺，コンベックスルールのいずれも JIS B 7512 による1級のものが用いられる．1級の鋼製巻尺の長さの許容差は表 4.3.1 に示すとおりであり，長さ 10 m における最大許容差は ±1.2 mm である．したがって，JIS 1 級の同種類・同厚・同幅・同材質の鋼製巻尺を同条件下（室温・張力・たるみなど）で比較した場合，長さにおいて最大相対誤差が 2.4 mm となる場合が生じる．このため，工場製作では，JIS 1 級鋼製巻尺の長さ許容差の 1/2 程度の精度の鋼製巻尺を選択して使用するのが望ましい．なお，工場製作においては，その工場で指定した鋼製巻尺と各工程で使用する鋼製巻尺を照合し，それぞれの差を確認しておく必要がある．同様に NC 装置を用いて定規作成やけがき・切断・孔あけなどを行う工場では，装置のそれぞれの位置決め寸法と上記工場製作用基準巻尺との照合確認を行っておく．

複数の巻尺の長さを比較することを通常テープ合わせという．テープ合わせでは，工事現場用鋼製巻尺（基準側）と工場製作用基準鋼製巻尺（比較側）の長さを同条件下で比較して照合する．一般的にその要領は，現寸場などの平たんな床面に基準側と比較側の各1本の鋼製巻尺を隣接して並べ，0点の目盛りを一致させて固定し，他端からばねばかりで所定の張力を加え，その状態で基準側の鋼製巻尺の目盛りを基準にして比較側の鋼製巻尺の目盛りのずれを5mごとに読み取り，記録する．なお，ここで所定の張力とは，JIS B 7512（鋼製巻尺）に規定されているように，巻尺の種類によって定められた必要な張力であり，巻尺に表記されている．一般に使用されている広幅巻尺には，20N，50N，100N の種類があるが，そのうちの 50N が多く使用されている．記録表には目盛りのずれ（差）だけではなく，比較側の目盛りの読み値も記入する．例えば，基準側巻尺の 30 m の目盛りに対する比較側巻尺の目盛りの読み値 29 998 mm，差 +2 mm と記入する．差のみを +2 mm と記入すると，読み値 30 002 mm と誤解されるおそれがあるので，必ず読み値と差の両方を記入するようにする．

テープ合わせ記録表の例を表 4.3.2 に示す．

表 4.3.1 鋼製巻尺の長さの許容差（JIS B 7512-2016 より）

長さの許容差 巻尺の長さの許容差は，温度 20 ℃ を基準とし，かつ，所定の張力をテープの軸線方向に加えた状態（コンベックスルール及び細幅巻尺は，張力を加えない状態）において，基点からの任意の長さ及び任意の2目盛線間の長さに応じ，次の式のとおりとする．
なお，張力を必要とする巻尺は，その所定の張力を表記する．
　1級：±(0.2+0.1L)mm
　2級：±(0.25+0.15L)mm
　　ここに，L は測定長をメートルで表した数値（1未満の端数は，切り上げて整数値とする）であって，単位をもたない．2級許容差は，この計算式で求めた値の小数点以下第2位を切り上げる．なお，測定時の温度は (20±2)℃ とする．

表 4.3.2 テープ合わせ記録表の例

テープ合わせ記録表

作成日　　　年　　月　　日
記録者　　　　　　　　　　

注 文 主	
工 事 名	
検 査 日	年　　月　　日　　天候　　　　　　気温　　　　℃
検査場所	
立 会 者	
テープ張力	基準側テープ　　　　N
	比較側テープ　　　　N

(単位：mm)

基準側の目盛	比較側の目盛	差	比較側の目盛	差	比較側の目盛	誤　差

［注］　上記目盛の差欄における（＋），（－）は下図のように取り扱う．

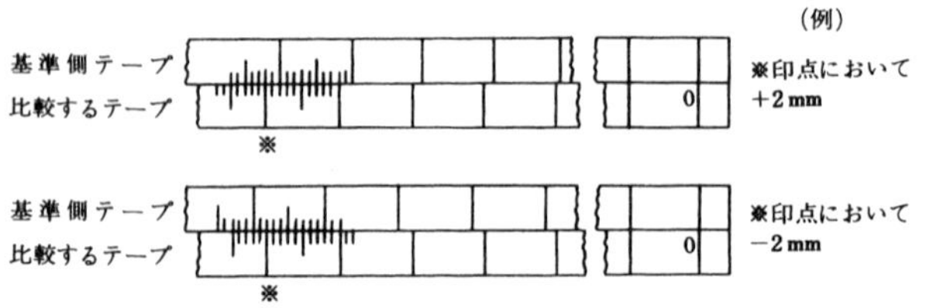

(例)
基準側テープ／比較するテープ　※印点において ＋2mm
基準側テープ／比較するテープ　※印点において －2mm

注　記

4.4 加工後の鋼材の識別

鉄骨製作に用いられる鋼材には，軟鋼・高張力鋼・耐候性鋼・耐火鋼などがある．例えば，設計図で高張力鋼を使用することになっている箇所に誤って軟鋼を使用したとすれば，その建物は安全上の大問題を抱えることになる．一方，鋼材の誤用はなく，正しく使用された場合でもこれらの鋼材はそれぞれ特質をもっているので，けがき作業以後の各作業工程においては，軟鋼・高張力鋼それぞれの鋼材に対して，それぞれの鋼材の特質に合った施工方法を適用する必要がある．以上のことから，けがき作業以後の作業を行うにあたっては，まず，その鋼材の種類（以下，鋼種という）を知る必要がある．

製鋼所から出荷されたままの状態，すなわち，切断前の鋼材についてはその鋼材の端部にマーキングされている記号，あるいは端部に貼り付けられているラベルに記入されている記号を確認することによりその鋼種を知ることができるが，切断工程を経て材質表示部分が切り離されてしまった鋼材については，目視・外観ではその鋼種を知ることはできない．したがって，切断後の鋼種の識別管理は，必ず行わなければならない重要な事項である．

鋼種の確認は，これまで，規格品証明書（いわゆるミルシート）を中心に行われてきた．しかし，規格品証明書だけに頼りすぎることの反省や実態との整合を勘案して，原品証明書等による管理も実施されている．これらの仕組みを利用して，加工後の鋼種の識別を行うことも可能である〔詳細は3.5節を参照〕．

鋼種の識別は，鉄骨工事のすべての工程で関連する重要な項目である．各工程の品質の原点と言っても過言ではない．

a．鋼板および形鋼の識別マーキング

建築構造用鋼材の一部については，鋼板の表面全面にその鋼種を示すマーキングが施されるようになっている．これは，メーカーが，品質管理向上のため自主的に実施しているもので，鉄骨製作業者の作業者は補助的な識別マークとして品質管理に活用できる．このマーキングは，次に示す内容で行われている．SN材の建築構造用厚鋼板の全面マーキングの例を図4.4.1に示す．

＜マーキング内容＞
　（1）　マーク表示面　　：鋼板の表面全面（ショット材，塗装材は除く）
　（2）　マーク表示方法：鋼材規格〜表示マーク
　　　　　　　　　　　　JIS SN 400 A〜マーキングなし
　　　　　　　　　　　　SN 400 B，SN 400 C〜メーカー社章＋◇（菱型）
　　　　　　　　　　　　SN 490 B，SN 490 C〜メーカー社章＋〇（丸型）
　　　　　　　　　　　　その他〜メーカー社章のみ

最近は，形鋼，鋼板によらず多くの鋼材でラベル，ステンシルのほかに現品に鋼材の種類の名称，形状区分などの文字表記が多く行われている．

これらの材質識別マーキングの例を表4.4.1と図4.4.2に示す．

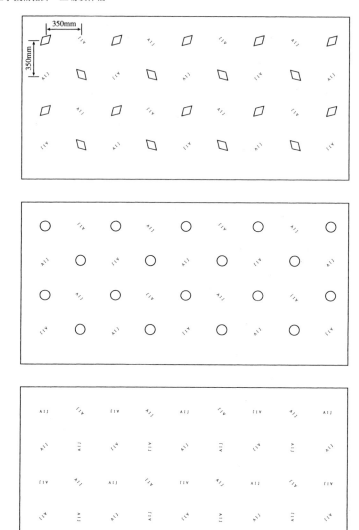

図 4.4.1　建築構造用厚鋼板の全面マーキング例

b．切板等，加工後の鋼材の識別

上述のマーキングが切板等，加工後の鋼材に残存すれば，特別に識別マークを付加する必要はないが，加工後において識別マークが必ず残存するとは限らないので，識別マークを表示するのを原則とする．

加工後の鋼材の識別表示方法としては，日本鋼構造協会の「鋼材の識別表示標準（JSS I 02-2017）」がある．1971年制定以来これまで多くの鉄骨製作工場で使用されてきた上記標準を，最近における鋼種の増加および使用状況の変化を反映して改正したものである．以下では，この標準を参考として識別方法の概要を示すが，詳細については，付13「鋼材の識別表示標準」を参照されたい．

加工後の鋼材の識別において表示する情報には，鋼種の記号以外に，工事記号や部材記号があり，これらは加工後の鋼材に直接表示される．鋼種の識別方法には，以下の3つがあり，具体的表示例

表 4.4.1 SN 鋼材材質識別表示記号・位置（鋼材倶楽部（現 （一社）日本鉄鋼連盟）編 抜粋）

ラベル，ステンシル等で単品ごとに規格名称・材質等の表示がされているもの（マーキング実施はメーカーのオプション）

区分	対象鋼材	方式	種類の名称	全面スタンプ方式	全長文字方式	色別	区別	端面塗色方式	左記以外
	鋼板・平鋼				H形鋼・一般形鋼・平鋼			全ての鋼材 端面塗色例	全ての鋼材
400N級鋼			SN 400 A	―	（マークなし）	緑	1	平鋼（両端どちらでも）	左記マーキングのいずれかを必ず行う
		社章+◇	SN 400 B	☆◇☆◇☆◇☆◇☆☆◇☆◇☆◇☆◇☆（☆は社章）	「SN 400 A」の文字を表示	緑	2	溝形鋼（ウェブ中心付近）	
			SN 400 C	☆☆☆☆☆☆☆☆☆☆☆☆☆☆☆☆☆☆☆☆（☆は社章）	「SN 400 B」の文字を表示	緑	3	山形鋼（左右フランジどちらか一しフランジ中心付近）	
		―	その他（特認材）		「SN 400 C」の文字を表示	―	―	球平鋼（ウェブ中心付近または端部付近）	
490N級鋼		社章+○	SN 490 B	☆○☆○☆○☆○☆☆○☆○☆○☆○☆（☆は社章）	識別可能な文字を表示	黄	2	H・I形鋼（ウェブ中心付近）	
		社章	SN 490 C	☆☆☆☆☆☆☆☆☆☆☆☆☆☆☆☆☆☆☆☆（☆は社章）	「SN 490 B」の文字を表示	黄	3	不等辺不等厚山形鋼（ウェブ中心付近または短辺中心付近）	
その他		社章	その他（特認材）	☆☆☆☆☆☆☆☆☆☆☆☆☆☆☆☆☆☆☆☆（☆は社章）	「SN 490 C」の文字を表示	―	―		
					識別可能な文字を表示				

備考：
<マークの仕様>
・マーク表示ピッチは，長さ，中方向共に約350 mm
・端部は，50〜350 mm の間隔をとる

<必須表示項目>
・種類の名称（SN 400 A 等）
・形状区分記号
　JIS-H：記号なし
　外法：H
　その他：各社識別略号
<オプション表示項目>
・社名（略号），社章
・その他メーカー識別記号・寸法等
<表示例>
Star Steel SN 400 A-S-FR：600×200×12×22

を図 4.4.3 に示す．

（1） 鋼種記入方式

加工部材の表面または端面に，手書き，スタンプ，印字等により鋼種の全文字を記入する方式であり，文字の色は問わない．

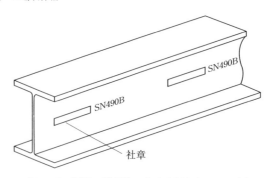

図 4.4.2 鋼材の種類等の文字表記されている例

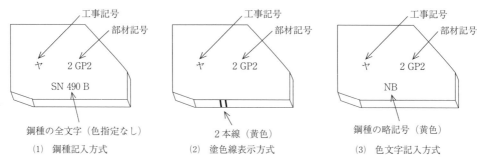

図 4.4.3 切板のマーキング例（SN 490 B の場合）

（2） 塗色線表示方式

加工部材の端面または表面に線状に鋼種識別色を塗る方式であり，識別色は鋼材の強度区分に対応した強度基準色（例えば 490 N/mm^2 級鋼材であれば黄色）と必要に応じて鋼材の種類を区別するための補助色（例えば TMCP 鋼であれば青色）を組み合わせて使用する．

（3） 色文字記入方式

識別色を用い，加工部材の表面または端面に鋼種を表す略記号などの文字を記入する方式であり，識別色には（2）と同じ強度基準色を用いる．

これらの方法のうち，（2）の塗色線表示方式が最もよく使用されている．また，ここでは切板を例に示したが，形鋼や鋼管に対しても同様の表示ができる．

なお，ここで大事なことは，可能な限り素材を切断・加工する前に各材片に鋼種の識別表示をしておくことである．表示を切断後に行うと，勘違いなどにより鋼種を誤って表示してしまうことがある．特に，切板加工等を外注によって実施する場合，お互いに情報交換をよく行って，間違いのないように十分注意する必要がある．

c．鋼種が不明になった場合の確認

切断後，異種の鋼材が何らかの理由により混入したり，鋼種の識別表示が消えるなどで鋼種が不明となった場合，あるいはシャーリング業者が切断した鋼材の鋼種を納入後に確認する必要が生じたときは，その鋼材について化学分析・機械試験を行い，その結果を鋼材メーカー発行の規格品証明書（ミルシート）と比較した上で，鋼種を判別するのを原則とする．なお，鋼材判別機の利用も

あるが，その信頼性が十分とはいえない．例えば，識別しようとする鋼材に迷走電流が流れていたり鋼材表面が湿っていたりすると，鋼材判別機の針が正しく作動しない場合があるので，取扱いには十分注意する必要がある．

4.5 けがき

4.5.1 けがきの役割

けがきとは，工作図・定規・型板・部材リスト・鋼製巻尺などを用いて現寸作業で作成された部材符号等の製作に必要な情報を直接素材上に記入する作業をいう．

けがきには，加工目的の違いにより次のものがある．
（1） 原板からの板取りのためのけがき
（2） 形鋼・鋼管等からの部材取りのためのけがき
（3） 曲げ・孔あけなどの加工のためのけがき
（4） 組立てのためのけがき
（5） 仕口・付属金物類等の取付けのためのけがき

また，けがきを行う時期により先けがきと後けがきがある．いずれの場合も，後工程で必要とするすべての製作情報を正確かつ明瞭に記入しなければならない．特に，けがき工程後切断工程となり，素材は小部材に切断されるので，次の工程の作業者に製作情報が正確に伝わるように材質・工事名称・部材符号・加工情報等を定められた識別表示ルールに従い，各小部材上に明瞭に記入しなければならない．

けがきは，一般に墨差し，水糸等を用いて行うが，目的に応じてけがき針等を使用することもある．また，最近では，自動けがき装置が使用される場合もある．

4.5.2 けがきの要領

a．現寸資料の内容把握

けがきは，現寸作業にて作成された定規・型板等に基づいて行うため，それらに記入されている内容を正確に把握する必要がある．特に，定規・型板に記入されている記号・略号については，正確に理解していなければならない．

b．けがき時の留意事項

けがきにあたって留意すべき事項を以下に示す．
（1） けがきは，その特性を考慮した適切な作業環境下で行う．けがき作業場は，直射日光や外気温の影響を受けにくい室内で，かつ十分明るい場所がよい．

また，作業台・定盤は，材料のセット，反転などによる度重なる衝撃によって変形しやすいのでなるべく堅固なものとし，上面が水平であることが必要である．特に，柱や梁のフランジ・ウェブのけがき作業においては，作業台が水平でないと長い基準線を水糸でけがいた

場合，基準線がわん曲するなど正確なけがきができないことがある．
（2） 一般に現寸作業とけがき作業は分離し，別人が行う場合が多い．けがきを行う際，もし定規・型板に不明瞭な箇所があった場合は，必ずその定規・型板を作成した現寸作業者に質問して解明する．決して独断で作業を進めないようにする．
（3） けがき前に加工材の材質・板厚・数量のほか，変形・きず・ノッチ・著しいさびの有無をチェックし，不具合がある場合は必要な処置をとる．
（4） 定規・型板は汚損・折損のないようていねいに取り扱う．
（5） 定規・型板に記入されている内容に忠実に，高い精度でけがくようにする．
（6） 定規・型板を使用してけがきを行う場合は，作業中にそれらがずれないようマグネットあるいは重しを載せる．
（7） 形状・寸法が同じ加工材をR・L（右勝手・左勝手）にけがく必要がある場合は，その加工材を対称に並べてからけがくようにする．こうすることにより，R・Lけがきの誤りを未然に防ぐことができる．
（8） 同じ型板を用いて多数の部材にセンターポンチを打つときは，センターポンチによって型板にあけられた小さな孔が，センターポンチを打つたびに大きくならないよう注意し，位置の精度を保つ．なお，型板1枚あたりの反覆型打ち部材数は，20～30枚程度とするのがよい．
（9） メタルタッチ部のような特に高精度のけがきを必要とする箇所については，先端を鋭くとがらせたけがき針を使用して正確にけがく．
（10） 曲げ加工される部分の外面には，ポンチ・たがねによるけがきを行ってはならない．行った場合は，曲げ加工時そのポンチ・たがね跡が起点になってその部分に亀裂が発生することがある．なお，490 N/mm² 級鋼以上の高張力鋼や疲労を考慮する部材については曲げ加工される部分の外面に限らず，いかなる部分にもポンチ・たがねによる打痕，その他のきずをつけてはならない．この部分が，き裂発生の起点となるおそれがある．
（11） けがき内容を長期間残す必要がある場合は，けがき線にニスを塗る．
（12） けがきに際しては，後工程においてその部材の材質が一目瞭然となるよう，部材符号などを鋼種識別色で記入するのがよい．
（13） 曲げ加工材で端部を曲げる場合は，曲げ機械のつかみ代分だけ余長をつけてけがく．
（14） 切断部分のけがきに際しては切断代を考慮する．
　・ガス切断機：ガス切断機の火口の大きさによって変わるが，板厚50 mm以下では2～4 mm程度と見てよい．
　・コールドソー：一般に9 mm程度
　・バンドソー・砥石切断機：それぞれの切断刃や砥石の厚み分
　・レーザ切断：一般に0.3～0.8 mm程度
（15） 削り代を考慮する．
　・メタルタッチ部分の削り代は一般に3 mm程度である．
　・長さの精度を確保するために端面を切削する場合は，溶接・加熱による収縮量を過去の

データから予測して付加する．過去のデータによる収縮量の予測が困難な場合は，近似のデータよりいくぶん長めの値を付加する．

c．鋼板・切板へのけがき

(1) 鋼板へのけがき

鋼板からの板取りのためのけがきにはカッティングプラン（板取り票）が用いられる．これには出庫される鋼板の材質・寸法・板番など鋼板との照合に必要な情報と，その鋼板から歩留り良く板取りする要領が記載されている．また，複雑な形状の切板の場合は，型板の組合せ方が図示されることもある．カッティングプランは，鋼板の端部の刷りマークと照合して出庫材の適否を確認したり，また，その内容を確認して，けがきに必要な板取り寸法や所要数量の過不足を予知し，事前に対策を講じる場合などにも使われる．

(2) 切板へのけがき

切板の寸法は，板取りのためのけがきの誤差，切断の誤差などが集積されているので，本来あるべき寸法に対して多少の誤差が生じるのは避けられないが，切板へのけがきは，製品精度へ影響を及ぼさないような方法で行う必要がある．

梁のフランジの場合は板幅の中心線，ウェブの場合は板幅の中心線か片側の辺を基準にしてけがく．また，ウェブ材にわずかに曲がり変形があった場合は，凸側が上フランジ側になるようにけがくとよい．仕口材やガセットプレートなどは溶接される固定側を基準にして型板を合わせ，寸法誤差は自由端側に逃すようにする．添板は誤差を等分してけがく．なお，いずれの場合も許容差を超えた誤差の切板については新規に板取りする．切板のけがき基準線（縁）の例を表4.5.1に示す．

表4.5.1 切板のけがき基準線（縁）の一例

部材名		図
仕口	フランジ	固▶
	ウェブ	固 ▼上
梁	フランジ	½ ─── ½ / ½
	ウェブ	▼上
	ガセット	▲固

［注］ ▼：表基準縁表示　固：固定端を示す

d. 形鋼・鋼管へのけがき

形鋼および鋼管の場合，けがき前に厚さについて特に注意して確認しなければならない．同一シリーズであっても厚さが少しずつ異なるので，せいまたは外径だけを確認して済ますのは危険である．形鋼のけがき基準線（縁）の例を表4.5.2に示す．

鋼管の場合は，形鋼のように基準縁がないので，まず基準線をけがき，その基準線に鋼管けがき用型板の基準線を合わせて切断位置やガセットプレートの取付け位置のけがきを行う．

小径鋼管に基準線をけがく場合，まず，鋼管用心出し治具に鋼管をセットする．次に一端において治具と鋼管の接点に最も近い治具の目盛りを基準点とし，その位置を鋼管にけがく，他端についても同様にして基準点を鋼管にけがく．この2点を結んだ線が基準線となる．小径鋼管の基準点の求め方の例を図4.5.1に示す．

表4.5.2 形鋼のけがき基準線（縁）の一例

項　目	図	備　考
山形鋼		フランジ面の交線を基準とする
みぞ形鋼		フランジとウェブの外面の交線の上下いずれかを基準とする
H形鋼		ウェブはせいの1/2を基準とする フランジはウェブ心を基準とする

[注] O：基準点

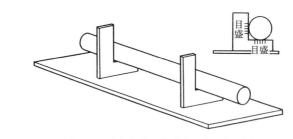

図4.5.1 小径鋼管の基準点の求め方の例

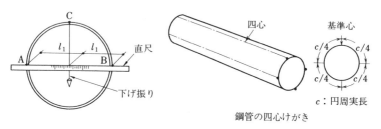

図4.5.2 大径鋼管の基準点の求め方の例

大径鋼管に基準線をけがく場合は，まず水平作業台上に鋼管をセットし，両端の切口部の直径A－Bの位置に金属製直尺を水平にセットする．次に鋼管の上方から下げ振りを下げ，直径を2等分する位置を求め，その位置における下げ振りの糸と鋼管の切口との交点を基準点（C点）とする．他端についても同様の方法で基準点を求める．両端の2点を結んだ線が基準線となる．大径鋼管の基準点の求め方の例を図4.5.2に示す．

　鋼管表面に2本以上の基準線を必要とする場合は，鋼管の両端について先に求めた基準点を基準として，円周実長の4等分点を求め，両端の相対する2点を結べばよい．

　パイプトラス構造の支管がその両端で主管と交わる部分は，支管の基準線に接合部の展開型板の基準線を合わせて巻き付けて切断線をけがく．両端同時切断型のパイプ自動切断機を使用する場合は，切断のための基準線のけがきは必要なく，切断精度も優れている．また，レーザ墨出し機を使用した基準線けがき作業も行われている．

e．先けがきと後けがき

　溶接構造物の場合，部材長さ・孔位置などのけがきの時期が製作工程・工数・製品精度に与える影響は大きい．通常，加工材に対するけがきの時期により，次に示すような3方法に大別される．

（1）先けがき

　H形や十字形などに組み立てる前に溶接・加熱矯正による収縮量を見込んで，フランジ・ウェブに切断位置・孔あけ位置をけがき，切断・孔あけを行う方法である．この方法を適用するためには，多数のデータの収集・層別，収縮量の設定，適用，再確認，収縮量の修正，適用の繰返しにより，構造形式・断面積・溶接量別の収縮量がわかっていなければならない．H形鋼を使用する梁の場合は溶接量が比較的少なく，したがって収縮量も少ないことから，多少の収縮量を見込むか，あるいはまったく見込まずに先けがきすることが多い．ただし，特殊な場合として，ウェブに比べフランジの厚い大型の圧延H形鋼のウェブに孔径の大きい設備貫通孔を多数あけると，残留応力が解放されて材軸方向に大きな縮みを生じることがある．

（2）後けがき

　特に高精度を必要とする部材について，収縮量を見込んだ長さの部材を組み立て，溶接，ひずみ修正した後，切断位置・孔あけ位置をけがき，切断・孔あけを行う方法である．この方法は構造が複雑で溶接量も多く，溶接・加熱矯正による収縮量が予測できない場合に適用するが，けがき作業時はもとより，けがき作業後のガス切断・孔あけ作業時に部材を反転する必要があり，作業能率が低下する．ガス切断の代わりにフェーシングマシンなどを使用して切削すれば，切断作業に関しては反転が不要となるが，能率の向上は期待できない．

（3）一端先けがき・他端後けがき

　部材の一端を先けがき・先加工しておき，組立て・溶接・ひずみ修正後，先けがき部分を基準にして他端の切断位置・孔あけ位置をけがき，切断・孔あけを行う方法である．

f．けがきの精度

　一般に，けがき針を用いたけがきは，墨差し・水糸などを用いたけがきに比べて精度が高い．けがき針は先端をグラインダで鋭く研ぐことによりけがき線の太さを平均して0.3mm程度にするこ

とができるが，墨差しや水糸では，けがき線の太さがけがき針でけがいた場合に比べて太くなるのはやむを得ない．けがき針によるけがきは，メタルタッチ部や特に高精度を必要とする孔位置，あるいは基準線などのけがきに適用するとよい．けがき線の太さのヒストグラムを図4.5.3に示す．

4.5.3 自動けがき装置

鉄骨生産システムの自動化が進む中で，けがき作業においても，NC制御による自動けがき装置が数多く用いられている．自動けがき装置とは，ラインマーキング・印字マーキング等の自動作画機能を有し，切断ライン・取付けラインのけがきと部材符号等の識別表示のけがきが自動で行えるものである．

鉄骨製作業者での運用方法にもよるが，NC切断機や孔あけ機に自動けがき装置の機能を持たせた兼用機が多く用いられている．

自動けがき装置および印字マーキングの例を写真4.5.1および写真4.5.2に示す．

4.5.4 切板を購入する場合の注意

鉄骨製作業者は，切板を外注品としてシャーリング業者に委託し，それを購入している場合が，

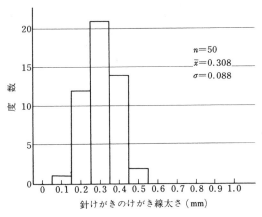
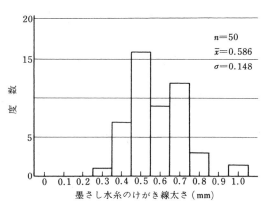

図 4.5.3 けがき線の太さのヒストグラム

写真 4.5.1 自動けがき装置　　**写真 4.5.2** 印字マーキングの例

多くなっている．切板の寸法精度は，その部位にもよるが製品寸法精度に影響を及ぼす大きな要因となる．

よって，切板を外注する場合には，製品寸法精度への影響を考慮して鉄骨製作業者とシャーリング業者の間で精度を定める必要がある．

切板外注時の精度管理および品質管理上の項目を示す．

（1） 原板からの板取りの管理
（2） 部材符号および材質記号
（3） 寸　法：長さ・幅・厚さの誤差
（4） 形　状：曲がり，対角寸法
（5） ガス切断面：ノッチ，スラグ，粗さ，平たん度，上縁の溶け，面の直角度
（6） 数　量
（7） 納　期

鉄骨製作業者から出される切板購入指示書や型板・NCデータ等に表現されている現寸資料および識別表示ルールについて，シャーリング業者に正確な理解をさせ，それに基づいて，けがき作業を行わせなければならない．また，各材料の特質を理解させ，履歴型制振ダンパー等に使用される低降伏点鋼などの切板取扱いについて，ハンドリング等で母材の変形を生じないよう，細心の注意を払う必要がある．

さらに切板の工場搬入時には鉄骨製作業者側の受入検査を行い，その品質確認を確実に行わなければならない．なお，切断については，切断面の寸法・精度・品質等について，4.6.2項e.を参照のこと．

4.6　切断・切削加工

4.6.1　切断の種類とその特徴

鋼材の切断は，ガス切断・プラズマ切断・レーザ切断のように高温の熱源を利用する方法や，せん断・切削などによる機械力を使用する方法があり，日常の作業の中でそれぞれの切断能力，切断機の種類，切断精度，切断面の品質，経済性などの諸条件を考慮して使い分けを行っている．切断の種類とその特徴を表4.6.1に示す．

表 4.6.1 切断原理の概要および特徴

切断方法	切断原理の概要	応用機械名	能率・能力・精度，その他特徴
1．ガス切断法	鉄と酸素の化学反応熱を利用するもので，切断部を火口から吹き出した予熱炎で約800〜900℃に予熱し火口の中心より高圧の酸素流を吹きつけると酸化鉄ができ，その融点は母材よりも低いので酸素気流で吹き飛ばされ溝ができる．これを連続的に行うことにより切断する方法．	手動ガス切断機 自動ガス切断機 型切断機 鋼管切断機 フレームプレーナ NC切断機 開先切断機 ロボット切断機	切断速度が遅く，切断開始時に予熱を必要とするが，現在構造物の部材の切断に最もよく使用されている切断法である．切断面の精度も良く，経済的である．
2．機械切断法	(1) せん断によるもの	シャーカッター アングルカッター	切断速度は速いが能力に限界がある．切断後，切断部にかえりが発生する．切断破面が粗いことなどの理由により重要部材への適用は避けたほうがよい．現在JASS 6では，板厚13 mmまでに限定している．
	(2) 切削によるもの 切断線を削り取ることにより切断する方法．	バンドソー (帯のこ盤)	切断速度はやや速く精度は良い．斜め切りができる．大断面の形鋼や溶接組立H形断面材の切断に使用される．
		コールドソー	切断速度は遅いが，高い精度が得られる．主に柱・梁など形鋼の切断に使用されるが，設備費は高い
		グラインダソー (高速砥石切断機)	切断速度は速く，レールや丸鋼，角鋼，小断面の円形および角形鋼管，軽量形鋼の切断に使用される．
3．電気切断法（プラズマ切断法）	プラズマ切断は，アーク熱とプラズマガスの還元熱を被切断材の一点に集中し，一瞬にして被断材の特定部分を溶融してプラズマガス気流が溶融金属を除去する切断法．	手動プラズマ切断機 自動プラズマ切断機 鋼管切断機 NC切断機 開先切断機 ロボット切断機	切断速度は速く，入熱ひずみ変形が少ないが，ヒューム発生量が多く騒音が高い．
4．レーザ切断法	光エネルギーの集光熱を利用して被切断材の部分的蒸発除去，溶融除去，酸化燃焼除去の3要素の合成により切断する．	NC切断機	切断速度はガス切断の2倍で鋼板25 mmまで切断可能．入熱変形が極めて少なく，切断幅が狭く，孔あけ加工が可能．

4.6.2 ガス切断法

a．切 断 条 件

(1) 機器の日常点検

ガス切断は，手動切断を除いて切断面の品質が良く，鋼材の形状・板厚の制限がなく，他の切断法に比べて能率が良いなどからもっとも多く使用されている．しかし，これらのメリットを活かすには，日常の作業に先立って，安全にして良好な切断条件を確保できるよう，使用機器に対して下記の点検を行い，よく整備しておく必要がある．

(ⅰ) 切断板厚と火口サイズの関係および火口の汚損状態

(ⅱ) トーチ角度

(ⅲ) 機体走行の安定状態（レールの直線性，ノッキングの有無）

(iv) 速度計・圧力計の正確な作動
(v) ガス漏れ・ガス圧の安定性

ガス切断によって生じる欠陥は，種々の要因が重なって切断面に現れるもので，表 4.6.2 はその要因と対策を示したものである．

表 4.6.2 ガス切断不良の要因と対策

欠陥の種類	原　因	対　策
上縁の溶け	予熱炎の過大，切断速度の過小，火口高さの不適当	適正条件の把握
平面度	火口孔径の不適当，火口の汚れ，切断速度の変動	適正火口の選択，火口の清掃，切断機の整備
粗さ	火口孔径の不適当，鋼板表面の塗装の状態，切断機走行の振動，切断速度の不適当	適正火口の選択，適正速度の把握，切断機の整備
スラグ	予熱炎の過大，切断速度の過小・過大，火口の汚れ	適正条件の把握，火口の清掃
ノッチ	切断中の不測の振動，走行速度の不安定，レールの清掃不足	切断前の鋼板の清掃，切断中の周辺状況の監視，切断機の整備
真直度	レールの曲がり，合せ間違い，ひずみの処理誤り，手案内切断のミス	レールの管理，正しい切断順序で施工，切断中の注意
ベベル精度	ベベル角度，寸法の合せミス，火口の汚れ，器具の不備	試し切断でチェックする．火口の清掃，器具の整備

（2） 切断条件

切断条件は，一般に切断される板厚を基準に設定する．切断開始にあたっては，火口寸法，酸素と予熱ガス圧，火口距離，切断速度などを考慮する．作業は，切断面のスラグの形成，スラグの滴下の状態を見ながら行う．表 4.6.3 に自動ガス切断機用火口の使用条件を示す．

このほか，ガス切断に際して考慮することは，酸素の純度と鋼材表面の汚れである．低純度の酸素を使用すると切断速度が遅くなり，また平滑な切断面が得られない．しかし，JIS による工業用酸素を用いるかぎり純度が 99.5 ％以上なので，この点を考慮する必要はない．鋼材表面の浮きさびや油脂の付着は，予熱効果や高圧酸素気流の切込みを妨げたり，ノッチを生じやすいので，あらかじめ十分に清掃しておく．

（3） 特殊鋼切断の注意点

ⅰ） FR 鋼（耐火鋼：Fire Resistant Steel）

FR 鋼は，Cr や Mo の成分が多く，高温時の耐力が一般鋼と比較して高くなっているので，一般鋼に比べてノッチが生じやすく，切断しにくい．

溶断の注意点としては，

① 一般鋼の時より，ガス圧力を若干上げて溶断速度を 10 ％程度落とす．
② 一般鋼と同じガス圧力とし，溶断速度を 20〜40 ％落とす．

結果として，溶断面の粗さが一般鋼より粗くなるが，$100\,\mu m Rz$ 程度となり，必要な平滑性

表 4.6.3　自動ガス切断機用火口の使用条件

火口形式		切断酸素孔径 (mm)	板厚 (mm)	切断速度 (mm/min)	圧力 (MPa)		流量 (l/h)		
名称	番号				酸素	プロパン	切断酸素	予熱酸素	プロパン
ストレート	00	0.8	3～5	700～660	0.3	0.02	690	1 180	310
	0	1.0	5～10	660～550	0.3	0.02	1 200	1 180	310
	1	1.2	10～15	550～490	0.35	0.02	2 100	1 180	310
	2	1.4	15～30	490～400	0.35	0.025	3 400	1 370	360
	3	1.6	30～40	400～350	0.35	0.025	4 300	1 370	360
	4	1.9	40～50	350～320	0.35	0.03	6 500	1 860	490
	5	2.3	50～100	320～200	0.4	0.03	11 000	1 860	490
	6	2.7	100～150	200～150	0.4	0.03	15 000	3 040	800
5Kダイバーゼント	0	0.8	5～10	700～625	0.5	0.02	1 600	1 180	310
	1	1.0	10～15	625～550	0.5	0.02	2 400	1 180	310
	2	1.2	15～30	550～475	0.5	0.025	3 600	1 370	360
	3	1.4	30～40	475～425	0.5	0.025	4 800	1 370	360
	4	1.6	40～50	425～350	0.5	0.03	5 600	1 860	490
	5	1.9	50～100	350～250	0.5	0.03	8 800	1 860	490
	6	2.3	100～150	250～175	0.5	0.03	13 500	3 040	800

が得られる．

ⅱ）TMCP鋼（TMCP：Thermo Mechanical Control Process）

　TMCP鋼は，まず製鋼段階から厳密な成分調整により炭素当量の制御を行い，次に圧延段階では精密な温度コントロールによる圧延および加速冷却により製造される．

　初期のころは，大板幅切断後にひずみが生じることがあったが，現在は普通鋼と同様に切断しても問題は少なくなっている．

b．ガス切断加工

ガス切断加工をする工程は，部材加工時・組立て時・仕上げ時がある．

（1）　部材加工時

鋼板・形鋼などの素材から必要とする形状を切断したり，開先・スカラップ加工などがある．使用する切断機としては，表4.6.4に示す組合せが一般的である．

表4.6.5にガス切断機の用途を示す．

（2）　組立て時

板を切欠き部にはめ込むときに当たって納まらないとき，部材どうしの組立てに際し一部が当たって納まらないとき，仕口を柱幹材に取り付けるために仕口長さを工場接合部で切合せを行って調整するときなど，ガス切断が行われる．これらの切断は，横向・立向・下向・開先加工など種々の姿勢で行われるが，できるだけ自動ガス切断機を使用し，やむを得ず手動ガス切断機で行うときは，治具・ガイドなどを用いて切断を行うようにする．

（3）　仕上げ時

組立て時と同様に製品の寸法精度修正の場合と溶接の収縮代を見込んで，最後に寸法調整を行う場合がある．この場合は，比較的自動ガス切断機の使用が容易である．

エンドタブの切断には手動ガス切断機を用い，製品に欠損を与えないように慎重に行う．

表 4.6.4 切断機の組合せ

形　状	切断機・加工機
鋼　板	直線部：フレームプレーナ・可搬式自動ガス切断機 曲線部：可搬式半自動ガス切断機
形　鋼（大型）	可搬式自動ガス切断機・自動形鋼ガス切断機
鋼　管（大径）	可搬式・固定式鋼管切断機
開先加工	全般：可搬式自動ガス切断機 形鋼：自動形鋼ガス切断機・H 形鋼開先加工機 鋼管：可搬式・固定式鋼管ガス切断機
スカラップ	可搬式型切断機・スカラップ加工機
形状が複雑で多数の板	型切断機
隅角部・長孔	ドリルによる孔あけ後，自動ガス切断機（アイトレーサ）
円形孔	型切断機・アタッチメント付可搬式自動ガス切断機

表 4.6.5 ガス切断機の用途

ガス切断機	用　途	開先加工	円切り	形切り	直線切り
手動ガス切断機	手軽で工事現場での追加等	○	○	○	○
半自動ガス切断機	可搬性大．小面積直線切断	○	○	×	◎
可搬式自動ガス切断機	小型部品形切り	◎	○	◎	◎
フレームプレーナ	長尺直線切断	◎	×	×	◎
自動形鋼ガス切断機	三次元異形切断．形鋼専用	◎	○	○	◎
NC ガス切断機	大面積多形状．多数加工	◎	◎	◎	◎

［注］ ◎よく使用　○使用　△あまり使用しない　×使用しない

（4）スカラップ加工

H 形梁フランジの端部の加工で，ウェブに半径 30〜40 mm のスカラップを設ける場合は，手動ガス切断によって加工すると，切断面にノッチが入ったり，形状が不整となったりするので，必ずアタッチメント付手動ガス切断機を使用しなければならない．特にフィレット側にノッチが生じやすいので，十分注意してこれを防ぐことが大事である．また，フランジに接するウェブの付け根部分は，平らに切除しないと裏当て金を取り付けたときフランジに密着せず，フランジ溶接の際にスラグ巻込みや溶込不良などの溶接欠陥が生じやすいので，フランジ面まで平らに丁寧に仕上げる必要がある．

c．ガス切断機の種類

ⅰ）手動ガス切断機

ポータブルな吹管を用いて切断するもので，広く使用されてきたが，手案内のために切断線が一定しないこと，切断面の粗さが自動ガス切断の数倍から 10 倍近くなることなどにより，切断のまま使用するのは不適当であり，工場製作ではほとんど使用されなくなった．被切断材の形状などからやむを得ず使用される場合以外は半自動ガス切断機を使用するのが望ましい〔写真 4.6.1〕．

ⅱ）半自動ガス切断機

自由な形の曲線を切断したり短い直線切断を行うもので，駆動は小型モーターで行い，曲線のト

レースは手動で行う．重量は10 kg以下のものが多い〔写真4.6.2〕．

iii）可搬式自動ガス切断機

直線レールの上を一定速度で走行する電動台車に，1個または数個のトーチを付けたもので自由に持ち運びができる．レールは小型の山形鋼または平板に溝を切ったものが用いられている．もっとも普及しており切断精度も良い〔写真4.6.3〕．

iv）フレームプレーナ

板幅が一定で，切断長さが長い部材を板幅方向に細分する場合（例えばフランジ材）に用いられ，能率向上，ひずみ防止に効果がある．制御にNC制御機能を取り入れることで，NC制御装置に内蔵された座標回転ソフトの活用により，被切断材をレールと平行にセットする作業から解放され，素材搬入作業の合理化がなされている〔写真4.6.4〕．

v）型切断機

型切断機は，曲線部の切断や枚数の多い板材の切断に適用され，固形の型板を機械的に追跡する"ならい制御"により切断する．また，電磁的・光学的に型や図形をならうものがある〔写真4.6.5〕．

写真 4.6.1　手動ガス切断機

写真 4.6.2　半自動ガス切断機

写真 4.6.3　可搬式自動ガス切断機

写真 4.6.4 フレームプレーナ

写真 4.6.5 型切断機

写真 4.6.6 自動形鋼ガス切断機

写真 4.6.7 鋼管ガス切断機

ⅵ) 自動形鋼ガス切断機

大型のH形鋼の専用切断機で被切断材を固定したままで切断でき,操作が簡単なため,多品種少量の形鋼のガス切断作業に便利である〔写真 4.6.6〕.

ⅶ) 鋼管ガス切断機

鋼管ガス切断機は,写真 4.6.7 のような鋼管専用の切断機で,鋼管の直径と交差角を入力することにより,相貫曲線を自動的に切断できる.

d. NC ガス切断機

従来用いられてきた各種の自動ガス切断機は切断トーチの運動を自動化しているだけであったが,NC ガス切断機は切断に必要な情報を数値化し,NC 制御装置に入力することによりガス切断の多くの動作を自動化することが可能となった.しかし,価格的にはかなり高価である.

切断する部品形状の輪郭軌跡データや,加工条件,加工順序で構成された NC 動作プログラムで自動稼働する NC ガス切断機は,工場の自動化が進められる中で重要な機器として切断加工機の中

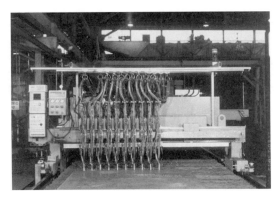

写真 4.6.8 NC ガス切断機

心となっており，各種の安全条件監視センサーにより無人運転も可能となっている〔写真4.6.8〕.

e．ガス切断材の寸法精度および切断面の品質

自動ガス切断材はそのまま使用されるので，十分な寸法精度と切断面の品質を確保する必要がある．

ガス切断面の精度は，JASS 6 付則 6 に従う．これ以外には，JIS B 0417，（一社）日本溶接協会 WES 2801（ガス切断面の品質基準）および（一社）日本鋼構造協会の規格 JSS I 01（鋼材切断面の品質）がある．WES 基準は，精度素因の品質に対して級別分類を行ったものであり，日本鋼構造協会の規格は，部材の重要度に対してWESの品質等級を割り付けたものである．

切断面の精度は，手動ガス切断機は作業者の技量によるが，その他のガス切断機は，すべてWES 1級（粗さ 50 μmRz）以上である．

f．ガス切断ひずみの防止法

ガス切断では，溶接の場合と同様に鋼材を加熱・急冷するので，ひずみを生じることがよく知られている．切断によるひずみの発生を少なくするためには，

ⅰ）フレームプレーナか自動ガス切断機に 2 本のトーチを取り付けて，左右同時に切断する．

ⅱ）切断線の対称な部分を加熱する．

ⅲ）切断する材料にできるかぎり熱が伝わらないように切断線を水冷する．

ⅳ）治具により拘束する．

ⅴ）切断線を分割し，ところどころ未切断部を残して切断材自体を拘束材として使用し，最後に未切断部を切断する．

ひずみ防止法の選択は，その切断材の形状によって判断する必要がある．

4.6.3　機械切断法

鋼材の切断は，一般には機械切断とガス切断が多く用いられているが，機械切断としては，板厚 13 mm 以下の小物類の鋼材や山形鋼にせん断，大型の形鋼や丸鋼にのこぎり（鋸）切断，φ100 以下の鋼管・丸鋼・フラットバーに砥石切断が用いられる．鋼材の種類と切断機械の標準的な使用例を表 4.6.6 に示す．

表 4.6.6　鋼材の種類と切断機械

鋼材の種類	切断法	使用機械
鋼　板（板厚 13 mm 以下の小物板） 山形鋼（板厚 13 mm 以下） 丸　鋼（棒径 13 mm 以下）	せん断	シャーリングマシン アングルカッター
丸　鋼（太径） 形　鋼（大形）	のこぎり 切　断	バンドソー コールドソー
鋼　管（φ100 以下） 山形鋼（小形） 平　鋼 丸　鋼（小径）	砥石切断	グラインダソー

a．せ ん 断

　せん断は切断法としては能率的であるため，板厚 13 mm 以下のスチフナプレートや添板またはガス切断の不可能なステンレス鋼などの鋼板，あるいは山形鋼の切断に用いられている．しかし，上下の刃の間に鋼板を挿入してせん断するため，せん断部はだれやばりが生じ，平滑さがガス切断に比べ著しく劣る．また，この部分は加工硬化し，せん断方向に曲がりを生じる．

　主要部材の自由端にせん断面が残る場合は切欠き効果を生じるおそれがあるので，だれやばりはグラインダなどで平滑に除去する必要がある．溶接接合部には，密着の点からせん断面は用いてはならない．また，高力ボルト接合に使用する添板やガセットプレート等は，板厚 13 mm 以下であってもガス切断するのが望ましい．

　せん断面の形状が良好であるためには，上下刃のすき間が適正で刃先が鋭利でなければならない．刃のすき間が大きすぎると切断部が垂れ下がり，平滑さを失うことになるので，できるだけ狭いほうがよい．機械の大きさや加工材の厚さによって異なるが，上下の刃のすき間は板厚の 1/15～1/20 で，0.2～1.5 mm くらいが適当である．

　このせん断法による切断面の品質は，自動ガス切断法やのこ切断法に比べて劣るため，本会編「鋼構造設計規準」では，孔の中心から最小縁端距離がいくぶん長く決められている〔4.9 節参照〕．ただし，切断部の硬化部をグラインダなどで削り仕上げした場合は，ガス切断の場合と同じと認められる．

写真 4.6.9　せん断機

b．のこぎり切断

のこぎり切断では被加工材に常時どのくらいの刃数がかかっているか，そして上下移動速度は，いくらぐらいかが切断面の真直度や粗さの品質を左右する．

（1）バンドソー

バンドソーでは，ソーブレード（帯刃）の刃のピッチはいろいろあり，被加工材の材質・形状（太い棒鋼や厚い鋼板などのような中実形状か，鋼管や形鋼のような中空形状か）によって最適のものが選択されなければならない．構造用厚板を切断するときは，刃数は 25 mm あたり 2～3 個の刃を用い，軽量形鋼や鋼管などの薄板に対しては，25 mm あたり 4～6 個のものを使用する．

H形・I形・溝形鋼など形鋼では，図 4.6.1 のように中実形状の被加工材に比べて，ある瞬間に切削している刃の山が少ないため山数の多いブレードが用いられ，形鋼の板厚では，通常は 25 mm あたり 4～6 個のものが用いられる．

切溝幅はソーブレード（帯刃）厚 +0.5～1.0 mm となるが，これは切断時における切断刃のあさりによる．

写真 4.6.10　バンドソー

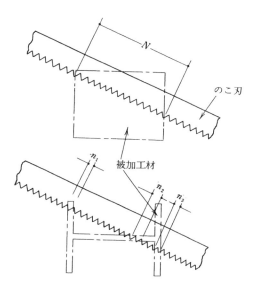

図 4.6.1　被加工材の形状と切断負荷

（2）コールドソー

コールドソーは，親板と称する円盤の外周に超硬合金や高速度鋼のセグメント（替刃）を取り付けたもので，ソーディスクの外周に合わせてセグメントの幅が決められている．コールドソーの刃数は，1 替え刃あたり 3～12 個のものが一般に使用されている．

被加工材形状と刃数との関係は，バンドソーと同じ考え方で選択される．

c．砥石切断（グラインダソー）

切断砥石を高速回転させて切断するもので，硬度の高い金属や非鉄金属もごく短時間で切断できる．砥石の最大径が 600 mm 程度であるため，大型の形状のものには適用できない．

写真 4.6.11 グラインダソー

切断端部は焼入れ硬化を起こすが,切断面は非常に平滑で小型形鋼・軽量形鋼・小型鋼管の切断に使用される.ただし,切断中は騒音と粉じんが発生するので,それらの対策を必要とする.

d. 端面加工精度

切断機種と切断精度の関係を表 4.6.7 に示す.切断面直角度は,各機の持つソーブレードの剛性によって異なるが,切断面の真直度(のこ刃の食込み)は,円盤状のソーブレードではほとんど発生しない.表面粗さは刃数のピッチが小さいほどなめらかで,グラインダソーは一種の研削でもあり,なめらかな面が得られる.部材端面の材軸に対する直角度の加工は,フェーシングマシンが最も一般的である.

従来,ロータリプレーナが用いられていたが,切断速度が遅く,切断面も粗いので衰退した.

材軸に対する切断面の直角度は,機械の精度よりも被加工材の機械へのセット,クランプ精度で決まるので,常に切断面に直交して被加工材がセットできるよう,設備を備えておく必要がある〔4.6.6 項参照〕.

表 4.6.7 切断面の精度

項 目	コールドソー	バンドソー	グラインダソー
切断面直角度	$\alpha \leq 1°$	$\alpha \leq 3°$	—
切断面の真直度(のこ刃の食込み)	—	$a \leq \dfrac{D}{200}$	—
表面粗さ	30 μmRz 以下	50 μmRz 以下	10 μmRz 以下

4.6.4 プラズマ切断法

プラズマ切断法に使用される切断トーチの先端部の基本的な構造を図4.6.2に示す．プラズマ切断法は，ステンレス鋼やアルミニウムなどガス切断法では対応できない非鉄金属材料の切断技術として発達してきたものである．切断には電極と母材間に発生した高温のアーク熱を利用するが，このアークは水冷されたノズルとその内側を流れるガス気流によって細かく絞り込まれるサーマルピンチ効果によって，ガス気流とともに20 000～30 000℃程度のプラズマアークになる．この高温高圧のプラズマの流れが母材に当たり，加熱・溶融した部分を吹き飛ばして切断する．ガスにはアルゴンや窒素などの不活性ガスが主に使用され，電極の材質には融点の高いタングステンが使用されている．この切断法は，ガス切断のように化学反応を伴わないため高速化され，また，切断に伴うひずみの発生もきわめて少ないという特徴がある．

プラズマ切断を軟鋼など鋼材の切断に適用する研究開発は1970年代より進められ，現在では，鋼材の切断に対しては，酸素ガスを使用した酸素プラズマが主流になっている．酸素をプラズマとして使用した場合，以下の特徴がある．

1）切断面に窒化膜が生じないため，清浄な切断面や開先面が要求される溶接に対応できる．
2）酸素ガスによる燃焼・吹き飛ばし作用の相乗効果により，切断能力が増加する．

この酸素プラズマにおいては，高温酸素にさらされる電極の材質と耐久性が問題になるが，研究開発の結果，現在では，酸化すると融点がさらに高くなるハフニウムが採用されるようになっている．なお，プラズマ切断法は，使用するガスの種類で分類されており，ステンレス鋼やアルミニウムの切断には，窒素プラズマやアルゴン水素プラズマが使用されており，酸素プラズマは使用されていない．プラズマ切断とガス切断およびレーザ切断を比較すると，図4.6.3に示すように軟鋼50 mmまでプラズマ切断が最も高速の切断法となっており，さらに，ガス切断での予熱時間や厚板のレーザ切断で必要なピアシング（孔あけ工程）に時間を要することなく，プラズマ切断では短時間でピアシングが終了し切断開始できることから，生産性の高い切断法であり，しかも切断面は非常になめらかである．その反面，母材への入熱は上面側に多いことから，一般的に図4.6.4(a)のように上端の溶けが大きく，切断溝は上部が広く下部が狭いテーパになる傾向を有している．

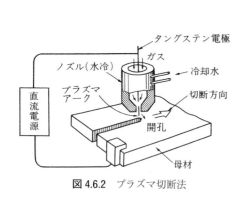

図 4.6.2 プラズマ切断法

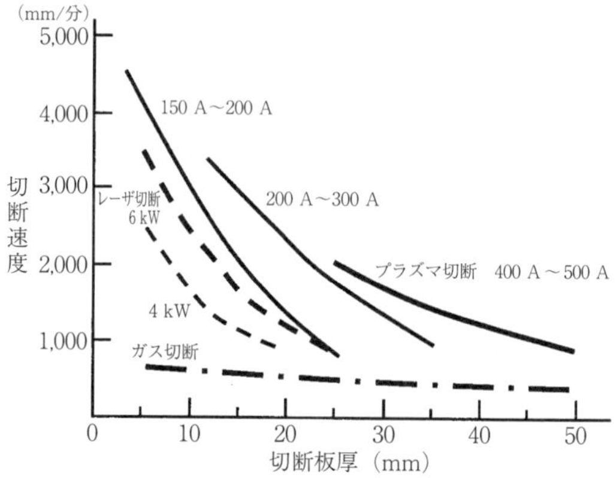

図 4.6.3 熱切断での切断速度の比較（軟鋼）

写真 4.6.12　プラズマ切断機

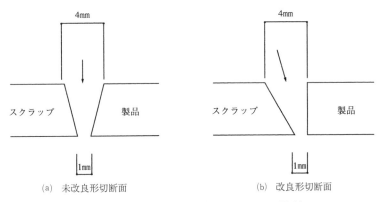

(a) 未改良形切断面　　　　(b) 改良形切断面

図 4.6.4　プラズマ切断面（板厚 = 6 mm の場合）

　このような現象が生じるため，製品の切断縁の直角度の精度を確保するためノズルを少し傾けて，図4.6.4(b)のような結果を得る切断方法が採用されていた．最近では，軟鋼切断用の酸素プラズマ切断機として，切断トーチのノズル内の気流を旋回させるなどさまざまな改良が図られ，製品側の切断溝の上部と下部をより平行に切断する高品質酸素プラズマが普及している．上部と下部をほぼ平行に切断することは，ガス切断法，レーザ切断法においては極めて容易であり，1本の切断線で両側の部材を製品として使用する共有線切断が可能であるが，プラズマ切断についても，そのような切断法の開発が期待されている．

（1）切断機械の種類

　プラズマ切断機は，①切断トーチ，②アーク発生用電源装置，③高周波発生装置，④ガス制御装置，⑤トーチ冷却装置の5つの装置から成り立ち，②〜⑤が一体構造にまとめられた小型のプラズマ切断機（切断電流：80 A 以下）と，それらの一部が独立機器として組み合わされて構成された大容量プラズマ切断機に大別される．

　前者は一般的にハンドトーチとの組合せで手作業に利用され，後者は自動切断設備としてNC切断機等に搭載されてNCプラズマ切断機として利用されている．

　切断対象材は，軟鋼，高張力鋼，ステンレス鋼等合金鋼，アルミニウム，銅等導電材料のすべてである．

(2) 加工工程の適用機械
　ⅰ) 手動プラズマ切断（出力 15～80 A）
　　適用作業　　板厚　0.5～35 mm
　　加工範囲　　平板，三次元構造物，パイプ等の切抜き，切欠き，孔あけ，ガウジング
　ⅱ) NC プラズマ切断機（出力 40～800 A）
　　適用作業　　板厚　0.8～50 mm（軟鋼，高張力鋼）
　　　　　　　　　　　1.0～100 mm（ステンレス鋼）
　　　　　　　　　　　1.0～100 mm（アルミニウム）
　　加工範囲　　平板，形切り，パイプ等の切抜き，切欠き，孔あけ

(3) 切断条件および点検

　プラズマ切断機の性能を維持するために必要な条件設定や日常の点検整備には，アーク電流，トーチ高さ，トーチ角度，トーチ移動（切断）速度，ガス流量または供給圧力条件，消耗品（ノズル，電極），切断定盤側アースケーブルの接続状態，集じん装置などがある．

　それらのうち，主な留意事項を次に示す．
　ⅰ) アーク電流　薄板は低電流，厚板は高電流で行う
　　　　　　　　　同じ板厚では電流値と切断速度はおおむね比例する
　　　　　　　　　低電流で切断幅が狭く，高電流で切断幅が広い
　ⅱ) トーチ高さ　トーチ高さとアーク電圧は正比例する
　　　　　　　　　低いほど切断面が垂直に近づくが，低すぎると切断能力が落ちる
　ⅲ) トーチ角度　トーチを傾斜させ，スクラップ側に傾斜をつけて製品側の傾斜を少なくする
　　　　　　　　　（製品の切断面に真直度を要求する場合）
　ⅳ) 消　耗　品　消耗品であるノズルおよび電極を切断面の状況に応じて交換する（寿命は機種や使用法で異なる）
　ⅴ) 集じん装置　切断時に発生するヒューム除去のための排煙集じん装置の吸引力（フィルターの目詰まりなど）を点検する．

4.6.5　レーザ切断法

　レーザ切断は，レーザ発振器から放出された光エネルギーを母材の加工点に集中させ，レーザ光と同軸のノズルから噴出するアシストガス（切断ガス）の力を借りて切断する方法である．金属材料の切断加工には，一般的に炭酸ガスレーザ発振器が使用されており，図 4.6.5 に示すように，発振器から放出されたレーザ光が所要の位置までベンディングミラーで導かれ，集光レンズにより，その焦点位置に集束された高密度エネルギーを母材に照射する．金属を含めて一般の物質は，高密度に集束された光エネルギーが照射されると，鋼板の表面より深さ 2～3 mm の範囲で以下に示すような 4 つの作用が瞬時に繰り返され，母材に小さな穴があく〔図 4.6.6〕．

　(a) 母材の表面で，エネルギーを吸収し温度が上昇する．
　(b) 温度上昇によって表面が溶ける．

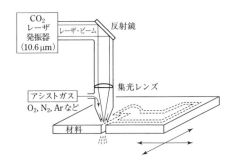

図 4.6.5 炭酸ガスレーザ切断法

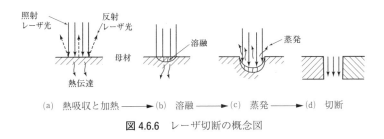

図 4.6.6 レーザ切断の概念図

（c） 溶融物はエネルギーの吸収率が上がり，さらにエネルギーを吸収し蒸発が始まる．

（d） 蒸発後の新たな面上でエネルギー吸収→溶融→蒸発のサイクルが繰り返されて穴があく．母材の厚さが2～3 mmまでの薄板であれば，レーザ光を適正な速度で移動させることにより切断へと進行する．母材への入熱がほとんどなく，光熱高品質の切断が可能である．

レーザ切断法には，蒸発物や溶融物を除去するためにアシストガスが必要であり，特に厚い材料を切断する場合には，アシストガスの働きが重要となる．アシストガスとしてはステンレス鋼切断には窒素が，軟鋼切断では切断性を増すために酸素が使用されている．

図 4.6.7 に一例として軟鋼の切断面を示す．図から明らかなように，2～3 mmを超える厚い材料に対しては，次のような作用で切断が行われる．

① 蒸発領域よりプラス 6～7 mm の深さ（厚さ）においては，光エネルギーによる溶融とアシストガスの力による溶融除去により溶断される．

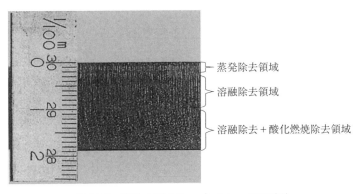

図 4.6.7 軟鋼（板厚 19 mm）のレーザ切断面

写真 4.6.13 レーザ切断機

② 蒸発領域より深さ10 mm以上の深さにおいては，溶融除去作用とアシストガスとしての酸素による酸化燃焼除去がさらに深い部分に作用する．

切断板厚能力は，レーザ発振器の出力により異なる．機種としては，出力表示で2 kW，4 kWおよび6 kWが代表的なものであり，6 kWでの厚板切断能力としては，板厚25 mmまで可能となっている．

レーザ切断は他の熱切断法に比べていろいろな利点があり，主な点は次のとおりである．

① 母材への入熱が少なく，熱ひずみがほとんど発生しない．
② 切断溝が狭く，0.3〜0.8 mm程度であり，切断面の直角度も良い．
③ 切断条件や切断手順はすべて数値化されており，切断機のオペレータに熟練を必要としない．
④ 夜間無人運転が可能である．

(ⅰ) 平板用レーザ切断機の種類

平板用レーザ切断機の種類は，一般的に機械装置の構造で分類される．その代表的な方式を表4.6.8に示す．

表 4.6.8 平板用レーザ切断機の種類

方　式	レーザ光走査形態	加工範囲	特　徴
XYテーブル型	光軸固定	小物単品	システムが簡素
タレットパンチャー複合型	光軸固定	薄板 定尺材	切断とパンチの連続加工が可能 加工位置が一定 ワーク取出しが容易
一軸テーブル移動型	一軸光軸移動	定尺材	パレットチェンジャーなどとの組合せが容易
ガントリー式発振器架構上搭載型	一軸光軸移動	大型母材	レーザ発振器を架構上に搭載し，架構上でレーザ光の一軸走査を行う
ガントリー式発振器を切断機トーチキャリッジ上搭載型	光軸固定	大型母材	レーザ発振器をトーチキャリッジに搭載しレーザ光路を固定 大スパンのガントリーに適用できる

（ⅱ）ガス条件

レーザ発振ガス	3種混合（標準的）	CO_2, N_2, He,	混合比は発振器メーカーにより異なる
	4種混合	CO, CO_2, N_2, He	3軸直交型に適用
アシストガス	酸素ガス	軟鋼等の切断に最適	
	窒素ガス	金属の無酸化切断と可燃性素材の切断	
	アルゴンガス	金属の無酸化切断と可燃性素材の切断	

（ⅲ）加工適用範囲

切断可能板厚	0.5～25 mm
孔あけ加工	最小孔径 1 mm（直径），ただし中厚板に対する最小孔径は板厚に比例して大きくなる
鋭角切り	最小角度 15°

（ⅳ）使用上の留意点
① レーザガスの混合比・供給圧力の確認と供給配管に漏洩がないこと
② アシストガスの供給圧力
③ ノズルの損傷やひずみがないこと
④ 発振器からノズルに至る光軸の変動がないこと（外部光学系のミラー調整）
⑤ 光学系部品の汚染がないこと
⑥ 焦点高さの維持
⑦ 循環水圧力と水量確認
⑧ 移動現場に有機溶剤による大気汚染がないこと
⑨ 切断機の整備
⑩ レーザ光線は不可視のため加工範囲への立入りには注意
⑪ レーザ発振器内部の定期点検

4.6.6 仕上げ加工

仕上げ加工を行う箇所は，鉄塔を搭載する柱の頂部や柱柱接合部などのメタルタッチ部であり，このほかに，特に組立て精度を確保するために必要とする部分，スチフナ端部で部材の密着が要求される部分，板厚差がある部材の継手部の傾斜面でガス加工が困難な場合などがある．

a．メタルタッチ部

（1）加工精度

メタルタッチ部は，部材端面を平滑に仕上げて部材どうしを密着させ，軸圧縮力を伝達させるものである．引張応力の生じるおそれのない継手では，この効果に期待してボルト本数を低減する場合もあるので，必要な断面積が正しく密着していなければならない．したがって，端面の材軸に対する直角度と仕上げ面の粗さに高い品質が要求される．機械の能力や部材製作の総合的な精度から考えて

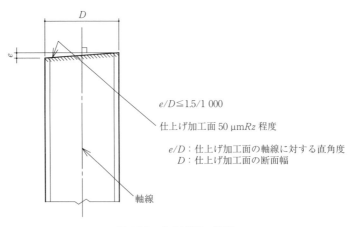

図 4.6.8　仕上げ面の精度

　　直角度　　$e/D \leq 1.5/1\,000$

　　表面粗さ　$50\,\mu m Rz$ 程度

としているが，コールドソーやバンドソーで切断する場合は，ソーの逃げなどの要因も加わり，部材幅 600 mm 程度のものの場合で 0.6 mm 程度の直角度誤差が発生するのは避けられないことなどを考慮し，それより多少緩和したとしたものである．しかし，常に調整され，良好な状態にあるフェーシングマシンを使用すれば，$e/D \leq 1.5/1\,000$ 以下とすることができる．この場合，部材幅を 600 mm とすれば直角度誤差は 0.3 mm 以下となり，高層ビル鉄骨でも，積層された鉄骨の自重によりほぼ圧着されると考えられる．表面粗さの $50\,\mu m Rz$ も凹凸の高さの差が 0.05 mm であるため，この程度であれば，メタルタッチの効果に支障はないと考えられる．

（2）加工方法

ⅰ）加工面の使い分け

　加工方法としてはフェーシングマシンによる切削加工が一般的であるが，切削面の精度をこれと同程度に確保できる場合は，コールドソー・バンドソーの切断縁のままとしてよい．この場合，切断後の部材の構成，溶接入熱量の多少を考慮して最良の方法を採用する必要がある．表 4.6.9 に一般的な使い分けを示す．

　ガス切断面を仕上げ面として使用する場合は，コールドソー・バンドソー切断と同程度に仕上げられる切断条件をあらかじめ確認してから施工するのがよい．

ⅱ）削り代

　柱の中でもビルトアップされる柱では板耳をそろえて組むことは困難なので，ある程度の削り代が必要となる．削り代を必要以上に大きくすることは切削回数を増やす結果となるので，組立て作業でできるだけ端面をそろえておくのが望ましく，切削回数を1回で完了させるだけの 3～5 mm 程度の削り代を見ておくとよい．溶接収縮量の予想が不明確な場合やひずみ直しのための加熱による収縮を考慮する場合は，削り代をいくぶん大きくしておく必要がある．H 形鋼などの単一形鋼材を柱材として用いる場合は，削り代は小さくてもよい．この場合，溶接やひずみ矯正による収縮量の

表 4.6.9 加工面の使い分け

部材の構成		切削加工 （フェーシングマシン）	機械加工 （コールドソー・バンドソー）	
		ひずみ取り完了後	ひずみ取り完了後	素材加工時
鋼板・形鋼などの組合せによるもの		◎	○	×
単一形鋼材によるもの	溶接入熱の大きいもの	◎	○	△
	溶接入熱の小さいもの	○	◎*1	○*1

[注] ◎：もっとも一般的に用いられるもの．
　　 ○：施工条件によっては◎同様，一般的に用いられるもの．
　　 △：適用は可能であるが高い技術を用いるもの．
　　 ×：適用が困難なもの．
　＊1：断面の大きな形鋼材の場合は適用が困難．

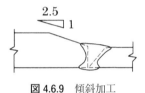

図 4.6.9 傾斜加工

予測が可能ならば，素材をコールドソーによって切断したままの面でもよい．

b．傾斜削り（スロープ削り）

平板の突合せ継手部において，両側の部材に 10 mm を超える板厚差があるとき，厚板側に 1/2.5 以下の勾配を設ける場合がある．自動ガス切断によっても加工できるが，勾配の長さが 60 mm 以上の場合は，表面粗さが粗くなりやすく，グラインダ仕上げが必要となるため，ロータリープレーナなどの専用機で傾斜削りを行うとよい．この場合 50 μmRz 程度は容易に確保できる．

c．仕上げ加工機械

（1） フェーシングマシン

柱端面や重ねた板の端面削り仕上げ加工に使用する．構造はベッド上にコラムが立ち，これが左右に移動する．また，カッターを取り付けた主軸頭はコラムに沿って上下するもので，コラムの左右移動と主軸頭の上下移動によって広範囲の面積の切削が可能である．部材は，機械本体とは別の定盤に固定される．部材の位置決めに際して，部材の横振れは，部材両端面の中心を結ぶ仮想線をコラムの左右移動軸に直交する基準線に合わせ，上下方向はレベルを用いて水平に調整する．主軸の回転数と切削送りを調節することにより，切削面の表面粗さは 12.5 μmRz 程度のものが得られる．

（2） 形削り盤

スチフナや小物材の端面切削に使用される．

（3） 平削り盤

形削り盤に比べて大きな材片の平面または端面の削りに使用されるが，テーブル上に材片を傾斜

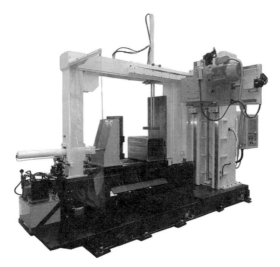

写真 4.6.14　フェーシングマシン

して置くことによって，板厚方向に勾配をつけることができる．

（4）　傾斜削り機

突合せ継手部の板に厚み方向に傾斜をつける専用機である．傾斜の長さが長く，ガス切断では傾斜表面にノッチが入りやすく，また加熱によって先端が曲がるおそれがある場合には，傾斜削り機の使用が有利である．

（5）　コールドソー

H形鋼の切断に使用するが，これを柱材とする場合，溶接によるひずみ，およびこれを除去することによって生じる収縮量などの予測が可能であれば，素材で切断した面をそのまま仕上げ面とすることができる．

4.7　開先加工

開先加工の方法には，機械加工法・ガス加工法・プラズマ加工法がある．各加工法における被加工部材を表 4.7.1 に示す．

表 4.7.1　開先加工法

	鋼板	H形鋼	角形鋼管	円形鋼管	特　性
機械加工法	◎	◎	◎	◎	スカラップ同時加工機あり
ガス加工法	◎	◎	○	◎	適用板厚 6〜200 mm
プラズマ加工法	○	△	○	○	適用板厚 3.2〜25 mm

［注］　◎：もっとも適している　　○：適している　　△：あまり適していない

4.7.1 機械加工法

機械加工として傾斜削り機によるカッター方式とエッジプレーナ，シェーバーなどによる切削方式があるが，現在では開先加工専用機〔写真4.7.1〕が普及している．開先精度も満足すべきものが得られることと，H形鋼の開先とスカラップを同時に加工できることにより，開先加工専用機が主流となっている．

機械加工による開先加工の問題点は機種によっては切削油を用いることである．切削油が開先面に付着していると，溶接時にブローホール・割れなどが生じる原因となる．このため，切削油は十分に除去する必要がある．

スカラップを加工する場合に裏当て金が密着するようにウェブの隅肉溶接やフィレット部を残さず，フランジ面を削らないようにする必要がある．また，機械のセットおよび被加工物の部材精度にも注意する必要がある．例えば，フランジのかさ（笠）折れがある場合は，フランジを削らないようにするためにウェブを多少残して，グラインダ等で仕上げる．

写真4.7.1 H形鋼開先加工機

4.7.2 ガス加工法

普通，可搬式自動ガス切断機が用いられ，装置および操作も簡単で開先加工精度も良い．

ベベル角度の加工範囲は0～60°までであり，5°単位で目盛った目盛板によって火口の角度の傾斜が可能なので，ベベル角度の精度は十分に確保できる．このほか，フレームプレーナに開先加工用のトーチを取り付け，長尺ものの幅の両端の開先を同時に加工することもできる．

開先加工の切断条件は，一般のガス切断の場合と異なり火口を傾けて行うので，火炎が板面から一部反射するため，予熱炎を強くし切断速度をやや遅くする．

ベベル角度にトーチを傾けると，被加工材側で予熱炎の受温面積が大きくなり，被加工材の温度が十分に上昇できなくなるため，予熱専用トーチ（先行予熱）を付加し，予熱不足を解消する策が有効である．

また，複数本のトーチを組み合わせたトーチブロックの利用で，X形開先，Y形開先，K形開先の各形状を1工程で成形することが可能であるが，これらの加工は自動切断機での作業に限定されるとともに，輪郭形状も直線と緩和曲線（半径5m以上）に限定される．

写真 4.7.2 パイプ開先加工機

　ベベル角度が 45° を超えるときは，板表面からではなく端面から斜め上に向かって加工する．平板の突合せ継手で板厚差が 10 mm を超える場合は，厚板の方に薄板の厚みに合わせて傾斜加工をすることがあるが，その長さは 60 mm 程度までで，さらに長いものは機械加工となる．鋼管やコラムの開先加工には，写真 4.7.2 に示すような開先加工専用機を使用するのがよい．

　開先面の表面粗さは，切断条件を守れば $50\,\mu m Rz$ 程度は容易に得られる．正しいベベル角度を確保するには，開先をとる近くの板表面に正しい開先形状を明確に表示することであり，ガス切断装置の目盛り盤で火口の角度を正しくセットすることである．

　プレーナや NC 切断機で開先加工をする場合，開先角度を固定した上で輪郭形状とルートフェイスを安定保持することが条件である．被切断材とトーチ先端部の間隔（トーチ高さ）を一定に保持するためには，自動開先加工機にはトーチ高さならい機構等が考慮されていることが必要である．

　手動ガス切断では切断面の品質・精度が自動ガス切断に比べて非常に劣るので，原則として使用しない．しかし，自動ガス切断機を使用できない箇所や，やむを得ない場合には手動ガス切断によることもある．この場合には，次に述べる事後処理を完全に行う必要がある．手動ガス切断機による切断面の粗さは自動ガス切断の場合の数倍に達し，また，切断面に多くの鋭くて深い切欠きを生じる．これらの鋭い切欠きの底は，溶接によって十分溶けないまま残って不溶着部を生じたり，割れなどの原因になったりするので，こういう部分は溶接肉盛り後にグラインダ仕上げを行い，過度な凹凸もグラインダによって入念に仕上げておかなければならない．また，自動ガス切断によって何らかの原因で生じた切欠きの処置も同様である．

4.7.3　プラズマ加工法

　自動切断機にプラズマ切断トーチを傾斜角度をつけて搭載保持することで，プラズマ開先加工ができる．適用範囲は，板厚 25 mm 以下で 40° 以内の輪郭形成を含む V 開先加工等に適用される．

　この加工法の特長は，加工面がなめらかで加工速度が速く（ガス開先加工の 2～5 倍），予熱が不要である．留意点としては，外見上トーチ角度が目的どおりの角度にセットされていても電極やノ

ズルに変形があるとアークが曲がってしまい，開先角度と開先面の平面度に変動が起きるため，作業開始前にトーチ先端部品を取り外しての点検を必要とする．

作業上の管理要素は，アーク電流，トーチ高さ，トーチ角度，トーチ移動速度，ガス条件，ノズル形状，電極形状である．

4.8 スカラップ加工

4.8.1 スカラップについて

a．スカラップ加工の変遷

スカラップは，JIS Z 3001（溶接用語）には「溶接線の交差を避けるために，一方の母材に設ける扇形の切欠き」と定義されている．最初にスカラップを導入したのは，リベットに替わる接合方法として他分野に先駆けて溶接を採用した造船の分野であり，図4.8.1(a)に示すように隅肉溶接線の交差を避けるために用いられた．溶接技術や溶接材料，鋼材の性能が今日ほど発展していなかった当時としては，スカラップを設けて溶接線の交差を防ぐことは，割れなどの溶接欠陥や材質劣化を防ぐ目的で取られてきた処置であった．しかし，溶接技術や溶接材料，鋼材の性能が発展した現在では，スカラップを設けることの意味が明確ではなくなってきている．最初にスカラップを導入した造船の分野では，スカラップがもたらす応力集中が疲労亀裂発生の原因となることから，スカラップ工法に代えて，図4.8.1(b)に示すように鋼板の角を切り落とし，すき間を溶接により埋めるスニップカット工法が採用されている．

建築鉄骨の分野では，スカラップは柱梁仕口の溶接部やガセットプレート等の溶接線が重なる部分に使用されている．スカラップは図4.8.2に示すように，梁ウェブやガセット等に設けられ，一般にその形状，大きさは，1/4円で半径35 mm程度である．ただし，最近では，ガセットプレート等の溶接線が重なる部分について，造船の分野と同様に図4.8.2に示すようにスニップカット工法を採用している例も多い．

柱梁接合部では，梁フランジを柱に完全溶込み溶接するためにスカラップが用いられる．柱梁接合部にスカラップが必要となる理由は，溶接線交差を避けること以外に下記のものが挙げられる．

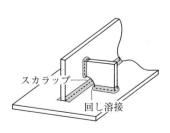

(a) スカラップ方式

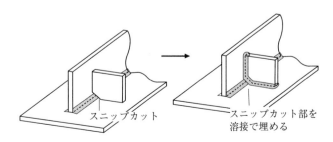

(b) スニップカット方式

図 4.8.1 溶接線の交差とスカラップ

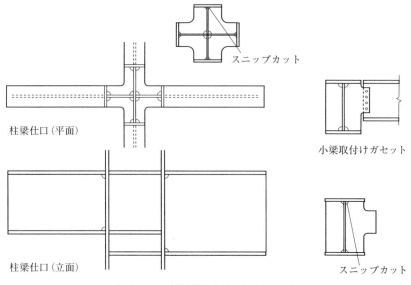

図 4.8.2　建築鉄骨におけるスカラップ

① 裏当て金形式の場合では，裏当て金を挿入するため
② 工事現場溶接の下フランジや裏はつり両面溶接形式の場合では，ウェブを横切って溶接あるいはガウジングを行うため
③ 梁ウェブの回し溶接を行うため

②および③の理由による場合のスカラップは，溶接作業またはガウジング作業ができるだけの大きさが必要である．①の理由による場合のスカラップは，裏当て金の通る大きさでありさえすればよいことになるが，梁ウェブの回し溶接のため，一般的には $r=35\,\mathrm{mm}$ のスカラップが設けられる．しかし，この梁端のスカラップは梁から柱への応力伝達をなめらかに行うという観点から見れば，決して望ましいものではない．特に，梁端が塑性化する場合には，以下に示すように早期の脆性破壊の主原因となる．

b．梁端接合部の地震被害とその原因

1995年兵庫県南部地震まで，一般に柱梁接合部のH形断面梁の端部の溶接接合においては，図4.8.3に示すスカラップ（旧型）をとり，裏当て金を梁フランジに連続隅肉溶接する方法が慣用されていた．しかし，写真4.8.1に示すように，兵庫県南部地震では，この旧型スカラップに起因した梁フランジの破断が数多く見られた．

写真 4.8.2(a)は，実験において梁フランジが脆性破断している例であり，(b)は破面の様子である．破面のほとんどが脆性破面であり，図4.8.3に示すスカラップ底と呼ばれる位置に少し延性亀裂が見られる．確認された破壊のプロセスは，以下のとおりである．

① スカラップ底に延性亀裂が発生
② 材質が劣化しているスカラップ底近傍で脆性亀裂に転化
③ 梁フランジの全断面破断

スカラップ底に延性亀裂が発生する主な原因は，幾何学的形状の不連続がもたらすひずみ集中で

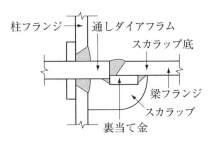
図 4.8.3 兵庫県南部地震以前に慣用されてきた旧型スカラップ工法

写真 4.8.1 兵庫県南部地震で観察された梁端フランジの破断例

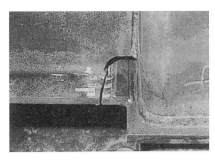
(a) 外観

(b) 破面

写真 4.8.2 実験における梁端フランジの破断例

ある．図 4.8.4 に数値解析より得た梁フランジ内面側のひずみ分布を示す．延性亀裂の見られたスカラップ底に非常に大きなひずみ集中が生じていることがわかる．

脆性亀裂への転化は，材料の破壊靱性が低い場合に生じる．梁材として多用される圧延 H 形鋼では，製造時の冷却過程において，フランジとウェブの交差部であるフィレット部周辺はフランジ部に比べて冷却速度が遅いため，フェライト結晶粒が大きくなり，そのため破壊靱性がフランジ部より低下する傾向がある．図 4.8.5 にフランジ部とフィレット部のシャルピー衝撃試験結果の例を示す．

また，裏当て金の組立て溶接がスカラップ底にかかっている場合には，さらにひずみ集中を助長し，スカラップ底近傍の破壊靱性を劣化させるため，破壊時期が早められる．

このように，兵庫県南部地震前まで慣用されてきた旧型スカラップ工法では，もっとも破壊靱性

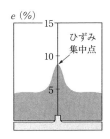

図 4.8.4 梁端フランジ内面のひずみ分布

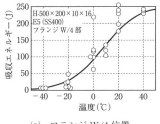
(a) フランジ W/4 位置

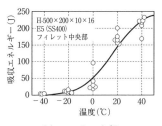
(b) フィレット部

図 4.8.5 圧延 H 形鋼材のシャルピー吸収エネルギー

の劣る位置が最大のひずみ集中点となるスカラップ底と一致する非常に危険なディテールとなっており，これがスカラップに起因する梁端フランジ脆性破壊の主原因である．

c．破断防止のための対策

スカラップに起因する早期の脆性破壊を防止するための工法は，兵庫県南部地震以前から提案されており，また，地震以後，多数の破壊実験が行われ，有効な接合部ディテールが実験的に検証されている．既往の研究の成果は，文献[1)-3)]にまとめられている．

スカラップ底を起点とする梁フランジの脆性破壊を防ぎ，梁端変形能力に富んだ塑性ヒンジを形成するためには，以下の2つの方法が考えられる．

① ひずみ集中点をなくす，あるいはひずみ集中点のひずみを緩和する．
② フィレット部近傍の破壊靱性が大きい材料を使用する．

ここでは，スカラップをなくす，あるいはスカラップの形状を変えることにより，上記の①の目的を実現している代表的なディテールを示す．なお，4.8.3項から4.8.6項に各工法の施工手順の詳細を示す．

（1）ノンスカラップ工法

ノンスカラップ工法は，図4.8.6(a)に示すようにひずみ集中の原因となるスカラップをなくしたものであり，本指針では，梁ウェブの断面欠損がまったくないものと定義する．力学的にはもっとも望ましい工法である．スカラップをなくすため，裏当て金を貫通させることができない場合には，2分割した裏当て金で梁ウェブを挟み込む必要がある．柱貫通形式で工場溶接の場合では，比較的容易に製作することができるので，このような場合にはノンスカラップ工法を推奨したい．

（2）複合円型スカラップ工法

JASS 6に記載されているスカラップ形状であり，図4.8.6(b)に示すように，スカラップ底に $r=$

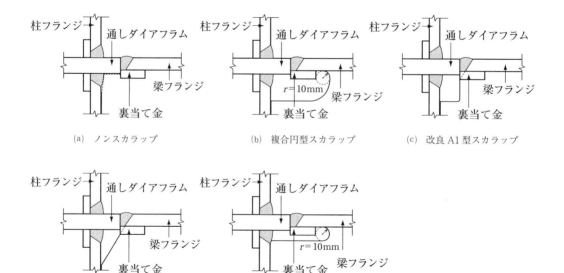

図 4.8.6　各種スカラップ工法

10 mm 以上の円弧を設けて，スカラップ底のひずみ集中の緩和を狙い，併せて裏当て金の組立て溶接についても，スカラップ底を避けた断続隅肉溶接とする工法である．ひずみ集中の緩和に伴い，破断の回避または破断時期を遅らせる効果が実験的に確認されている．

ただし，ひずみ集中点の存在を完全に取り除いたものにはなっていないので，裏当て金の組立て溶接を連続隅肉溶接とすると，極めて早期に梁フランジが脆性破壊する場合がある．したがって，この工法を採用する場合には，裏当て金の組立て溶接について，十分な注意が必要である．

(3) 改良型スカラップ工法

JASS 6 には記載されていないが，文献[1]には，これまでに提案されている図 4.8.6(c)〜(e)に示す改良型スカラップが紹介されている．これらの改良型スカラップについては，複合円型スカラップと同等以上の効果のあることが実験的に確認されている．

図 4.8.6(c) および(d) の改良型スカラップは，スカラップによるひずみ集中を少なくし，スカラップからの破断を避けることを意図した工法である．ノンスカラップ工法の場合と同様に，2分割した裏当て金を用いる必要がある．

図 4.8.6(e) の改良型スカラップは，スカラップの高さを低くし，スカラップによる梁ウェブの断面欠損を抑え，かつスカラップ底に $r=10$ mm の半円を設けることにより，ひずみ集中の緩和を図ったものである．この工法も組立て溶接を断続隅肉溶接とする必要がある．

一般的な柱梁接合部のスカラップは，(a)ノンスカラップ，または(b)複合円型スカラップであり，上記(c)〜(e)の改良型スカラップ工法は，スカラップの機械加工が難しい場合や柱梁接合部のディテールが通常と異なる場合にのみ用いられ，あまり使われていないのが現状である．

柱梁接合部のディテールの設計は，構造設計の中でも重要なポイントである．スカラップを設けるか設けないか，どのような接合部ディテールを採用するかは，建築鉄骨の耐震安全性にとって非常に重要な問題であり，設計者が判断すべき事柄である．したがって，柱梁接合部のスカラップ加工については特記事項としているが，鉄骨製作上の制約がない場合は，ノンスカラップ工法とすることが望ましい．

4.8.2 柱梁接合部の構成とスカラップ

柱梁接合部にはさまざまな形態があり，単純には標準化することができないが，ここでは，一般的な鉄骨工事によく用いられている柱梁接合部を，接合部の構成方法，梁の構成方法および組立て方法の違いごとに分類して示す．

参考文献
1) 日本建築学会材料施工委員会鉄骨工事運営委員会：鉄骨工事（JASS 6）運営委員会・調査研究成果報告会資料集 3．スカラップ WG，日本建築学会，2000.11
2) 鉄骨の接合部構造標準（溶接）小委員会：鉄骨溶接接合部の標準デイテール，JSSC テクニカルレポート No. 42，日本鋼構造協会，1998.6
3) 鉄骨梁端溶接接合部の脆性的破断防止ガイドライン検討委員会：鉄骨梁端溶接接合部の脆性的破断防止ガイドライン・同解説，日本建築センター，2003.9

① 接合部の構成方法は，柱貫通形式と梁貫通形式に分類される．
② 梁の構成方法は，圧延H形断面梁（以下，ロールH梁という）と溶接組立H形断面梁（以下，ビルトH梁という）に分類される．
③ ビルトH梁については，サブマージアーク溶接によりH形鋼を製作した後，切断，開先加工を行う先組みビルトH梁とあらかじめ開先加工を施したフランジとウェブを接合部に仮組みして，梁フランジの完全溶込み溶接と梁フランジと梁ウェブの隅肉溶接を同時に行う同時組みビルトH梁に分類される．

上記①〜③により分類した柱梁接合部の構成を図4.8.7に示す．なお，最近では，ノンスカラップ

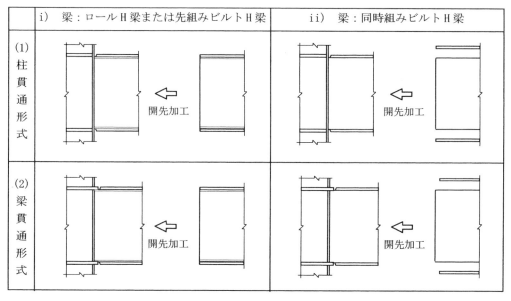

図4.8.7 工場溶接形式の接合部および梁の構成

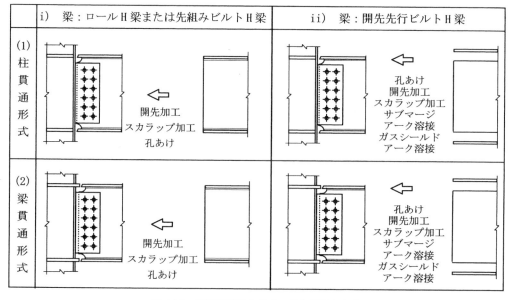

図4.8.8 現場混用接合形式の接合部構成方法

形式に対応可能な開先加工機も普及してきており，スカラップに起因する脆性破壊に影響を与えるロール H 梁のフィレット部の破壊靭性および先組みビルト H 梁のサブマージアーク溶接部の破壊靭性に配慮する必要のない，4.8.3 項に示すノンスカラップ工法を採用することが望ましい．また，同時組みビルト H 梁についても，スカラップを設けた場合には，確実な回し溶接の施工が困難なため，簡便な解決策がないのが現状であり，同時組みの場合にはノンスカラップ工法の採用が比較的容易であるため，ノンスカラップ工法を採用することが望ましい．

また，梁フランジの溶接を工事現場で行う現場混用接合形式の場合は，ロール H 梁または先組みビルト H 梁と 4.8.6 項で後述する開先先行ビルト H 梁では，柱梁接合部に関連する加工および組立順序が若干異なる．図 4.8.8 に現場混用接合形式の柱梁接合部の構成を示す．

4.8.3 ノンスカラップ工法

ここでは，柱梁接合部を対象としたノンスカラップ工法の代表的な製作方法を，接合部の構成方法，梁の構成方法および組立て方法の違いごとに示す．

（1） 柱貫通形式

ⅰ） ロール H 梁または先組みビルト H 梁の場合

図 4.8.9(1)に，ロール H 梁の加工要領を示す．先組みビルト H 梁は，ロール H 梁と同様の工程で製作することができる．

開先加工は，ノンスカラップ専用の開先カッターを有している場合では，図 4.8.9(1)(a)に示すようにルート底面を残した開先加工が可能である．通常の開先カッターを用いる場合では，図 4.8.9(1)(b)に示すように斜めカットすることになる．

ⅱ） 同時組みビルト H 梁の場合

同時組みビルト H 梁の場合は，図 4.8.9(2)に示すように開先加工を行う．

（2） 梁貫通形式

ⅰ） ロール H 梁または先組みビルト H 梁の場合

図 4.8.10(1)に，ロール H 梁の場合のルート底面を取る場合と斜めカットする場合の加工要領を示す．先組みビルト H 梁は，ロール H 梁と同様の工程で製作することができる．

ⅱ） 同時組みビルト H 梁の場合

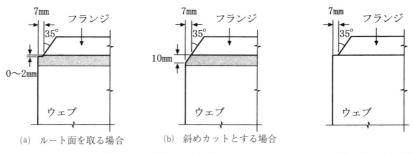

図 4.8.9 柱貫通形式：ノンスカラップ工法の開先加工

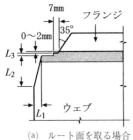 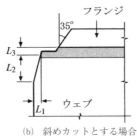 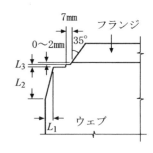

(a) ルート面を取る場合　　　(b) 斜めカットとする場合

＊：L_1 および L_2 は，接合部パネルと通しダイアフラムの溶接部と干渉しない寸法とする．
＊＊：L_3 は，通しダイアフラムと干渉しない寸法とする．

(1) ロールH梁，先組みビルトH梁　　　　　　　　(2) 同時組みビルトH梁

図 4.8.10 梁貫通形式：ノンスカラップ工法の開先加工

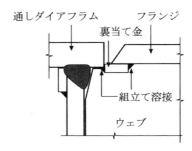

図 4.8.11 梁貫通形式の柱，梁，ダイアフラムの取合い

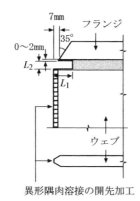 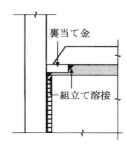

異形隅肉溶接の開先加工

＊：L_1 および L_2 は，裏当て金と干渉しない寸法（裏当て金より2mm程度大きい寸法）とする．

図 4.8.12 裏当て金を貫通させる場合の加工要領

図 4.8.10(2)に同時組みビルトH梁の施工要領を示す．なお，開先加工は，図 4.8.11 に示す梁ウェブとダイアフラムおよび柱フランジとの取合いに注意して行う．

（3） 裏当て金を貫通させる場合のノンスカラップ工法

梁ウェブ厚が16mmを超え，梁ウェブの柱フランジへの隅肉溶接の脚長が大きくなると，5.6.7項の異形隅肉溶接が採用されることが多い．この場合にノンスカラップ工法を採用すると異形隅肉溶接の開先と裏当て金が干渉し，適切な溶接施工が困難になることがある．対処法の一つとして，裏当て金を貫通するように梁ウェブの加工を行う方法がある．柱貫通形式で梁がロールHまたは先組みビルトHの場合を例にとり，この工法の加工要領を図 4.8.12 に示す．

開先加工は，図 4.8.12 に示すように，開先加工機およびガス切断により，フランジの開先加工，裏当て金の貫通孔の加工および異形隅肉溶接のための開先加工を行う．

（4）関連事項

ⅰ）裏当て金

図 4.8.13，4.8.14 に裏当て金とその取付け状況を示す．ロール H 梁または先組みビルト H 梁の場合，分割した裏当て金でウェブを挟みこみ，裏当て金を柱フランジおよび梁フランジに組立て溶接する．裏当て金には，その端部をロール H 梁のフィレットまたはビルト H 梁の隅肉溶接の形状にフィットするように加工されたものを用いる．同時組みビルト H 梁の場合は，裏当て金にはフラットバーを用い，梁ウェブにメタルタッチさせるように取り付ける．なお，梁貫通形式の場合，通常は，ダイアフラムの板厚が梁フランジ板厚よりも 2 サイズ以上大きいので，裏当て金をダイアフラムの小口面に設置することを原則とする．

ⅱ）梁フランジの完全溶込み溶接

開先加工でルート面を取る場合では，そのままの状態で梁フランジの本溶接を行うことができる．開先加工でウェブを斜めカットとする場合は，梁フランジとウェブの交差部にくさび形のくぼみができる．この場合は，1）くぼみの形状に合わせて加工された裏当て金を用いる，2）抜けない程度に溶接電流を小さくして，くぼみを充填した後，梁フランジの本溶接を行う，ことにより対処する．

ⅲ）梁ウェブの隅肉溶接

ノンスカラップ部分近傍の隅肉溶接は，図 4.8.15 に示すように梁ウェブまわりの隅肉溶接を行う．梁ウェブと梁フランジの隅肉溶接は，裏当て金に沿って行い，梁ウェブと柱フランジの隅肉溶接に接続する．なお，梁ウェブと裏当て金との隅肉溶接には，梁フランジとの必要のど厚を確保する．

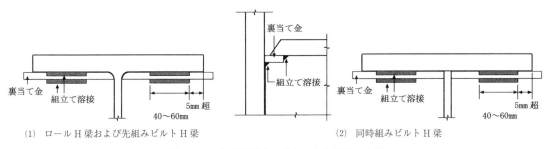

図 4.8.13 柱貫通形式：裏当て金と組立て溶接

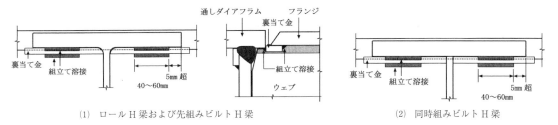

図 4.8.14 梁貫通形式：裏当て金と組立て溶接

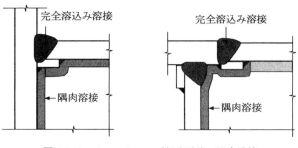

図 4.8.15 ノンスカラップ部分近傍の隅肉溶接

4.8.4 複合円型スカラップ工法

ここでは，柱梁接合部を対象とした複合円型スカラップ工法の代表的な製作方法を，接合部の構成方法の違いごとに示す．複合円型スカラップ工法は，ひずみ集中点の存在を完全に取り除いたものにはなっていないので，裏当て金の組立て溶接，位置決め溶接およびアークストライク等をスカラップ底近傍に行わないように，十分に注意する必要がある．

ビルト H 梁を用いた場合，スカラップ底における回し溶接の処理方法が問題となる．既往の実験において，スカラップ底に回し溶接がされていない場合に，スカラップ底の隅肉溶接に生じた延性亀裂が隅肉溶接線に沿って材軸方向に進展し，その後，梁フランジが破断した例が確認されている[3]．このような延性亀裂の発生を抑制するためには，1）十分な隅肉サイズを確保する，2）隅肉溶接の溶込み量を確保する，3）回し溶接を行い，かつひずみ集中の小さい形状に仕上げる等の対策が挙げられる．

本指針では，サブマージアーク溶接を用いた先組みビルト H 梁の場合，フランジとウェブの隅肉溶接に溶込みが期待できると考え，適切な隅肉サイズが確保されていることを前提として，回し溶接を行わずにロール H 梁の場合と同様の施工としてもよいこととした．ただし，先組みビルト H 梁では，スカラップ底にサブマージアーク溶接部の不溶着部が存在し，サブマージアーク溶接部の破壊靱性が低い場合，スカラップ底から脆性破壊が生じる場合があることが指摘されている．この問題に関する実験概要を（4）に示すので，先組みビルト H 梁に複合円型スカラップ工法を用いる場合の参考とされたい．

同時組みビルト H 梁の場合では，先に述べたように，ノンスカラップ工法を用いることが望ましいことから，ここでは，ロール H 梁または先組みビルト H 梁の場合の複合円型スカラップについて示す．

（1）柱貫通形式

図 4.8.16(1)に，柱貫通形式のロール H 梁および先組みビルト H 梁のスカラップ加工要領を示す．開先加工は，半径 $r_1 = 35$ mm 程度の 1/4 円と $r_2 = 10$ mm 以上の 1/4 円を複合させた形状のスカラップを設ける．特に，スカラップの円弧の曲線は，フランジになめらかに接するように加工する．

（2）梁貫通形式

図 4.8.16(2)に梁貫通形式のロール H 梁および先組みビルト梁のスカラップ加工要領を示す．開先加工は，ダイアフラムの出寸法を考慮した高さ 35 mm 程度の直線部および半径 $r_1 = 35$ mm 程度の 1/4 円と $r_2 = 10$ mm 以上の 1/4 円を複合させた形状のスカラップを設ける．スカラップの円弧の曲

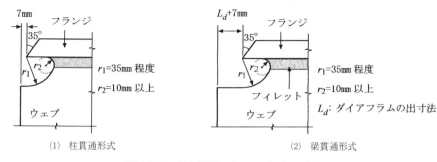

図 4.8.16 複合円型スカラップの加工要領

線は,フランジになめらかに接するように加工する.

(3) 関連事項

ⅰ）裏当て金

裏当て金の取付けと組立て溶接は,図4.8.17に示すように,柱と梁の組立てを行い,裏当て金を柱フランジおよび梁フランジに組立て溶接する.梁フランジ端部側は5mm超,梁ウェブ側はフィレット端から5mm超あけるものとする.特にスカラップ底近傍への組立て溶接,位置決め溶接およびアークストライク等は,梁フランジの早期の脆性破壊を誘発するので,絶対に行ってはならない.

梁貫通形式の場合,通常は,ダイアフラムの板厚が梁フランジ板厚よりも2サイズ以上大きいので,裏当て金をダイアフラムの小口面に設置することを原則とする.

ⅱ）梁ウェブの隅肉溶接

梁ウェブの隅肉溶接は,図4.8.18に示すように梁ウェブと柱フランジの隅肉溶接を行い,スカ

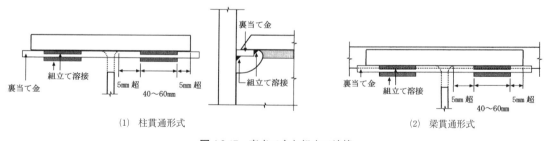

図 4.8.17 裏当て金と組立て溶接

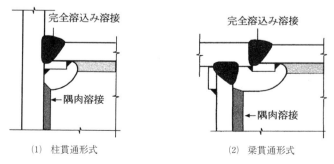

図 4.8.18 梁ウェブの隅肉溶接

ラップにおける回し溶接を行う.

(4) 先組みビルトH梁の脆性破壊

サブマージアーク溶接による先組みビルトH梁では,スカラップ底に溶接金属と不溶着部が存在し,溶接金属の破壊靱性が低い場合,スカラップ底から脆性破壊が生じることが指摘されている[1].ここでは,梁サイズ,溶接金属の破壊靱性および不溶着の有無を実験因子とした実験例を紹介する[2].

実験は,冷間成形角形鋼管柱に通しダイアフラム形式でビルトH梁(SN 490 B)が取り付く図4.8.19に示す接合部を対象としている.梁の断面サイズは,BH-800×250×25×36(Lシリーズ),BH-600×200×16×25(Mシリーズ)およびBH-500×200×9×16(Sシリーズ)の3種類である.スカラップ形状は,35R+10Rの複合円型スカラップで,主要な実験因子は梁サイズ,溶接金属の破壊靱性および不溶着の有無である.

ビルトH梁のサブマージアーク溶接の開先形状を図4.8.20に示す.一般にウェブの板厚が16 mm以下では隅肉溶接,19 mm以上では異形隅肉溶接とするため,それに合わせて試験体は製作されており,図4.8.20に示す不溶着幅wを変化させている.溶接金属の靱性については,溶接ワイヤを径4.8 mm(JIS Z 3351 YS-S6)の1種類とし,フラックスの種類を変化させることにより,低・中・高と段階的に変化させる計画となっている.

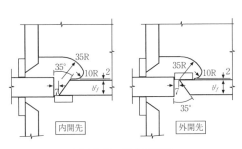

図 4.8.19 接合部詳細

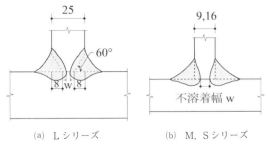

図 4.8.20 サブマージアーク溶接の開先形状と不溶着幅

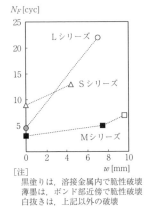

図 4.8.21 不溶着幅の影響

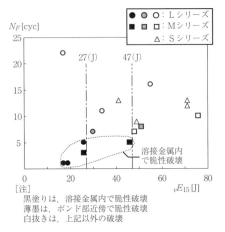

図 4.8.22 溶接金属のシャルピー吸収エネルギーの影響

梁端の破壊は，4.8.1「スカラップについて」で述べたように，スカラップに起因して生じている．実験結果の概要を以下に示す．

不溶着幅に着目した試験体を対象として，破断までのサイクル数 N_F と不溶着幅 w の関係を図 4.8.21 に示す．不溶着なしは，$w=0$ としてプロットされている．梁サイズにかかわらず，不溶着の存在が必ずしも塑性変形能力を低下させる結果にはなっていない．

全シリーズの試験体を対象として，破断までのサイクル数 N_F と実験温度に近い 15℃ のサブマージアーク溶接の原質部のシャルピー吸収エネルギー $_vE_{15}$ との関係を図 4.8.22 に示す．N_F と $_vE_{15}$ の間には明瞭な相関が見られ，シャルピー吸収エネルギーの増大に伴って，塑性変形能力が大きくなる傾向がわかる．また，破壊モードに着目すると，溶接金属のシャルピー吸収エネルギーが低い場合（$_vE_{15} \leq 27(J)$）では，写真 4.8.3(1)に示すように溶接金属内において脆性破壊に転化する．一方，溶接金属の靱性が高い場合（$_vE_{15} \geq 47(J)$）では，写真 4.8.3(2)に示すように延性亀裂の母材側への進展が見られ，塑性変形能力は大きくなっている．

したがって，梁端を工事現場接合する場合のように，やむを得ず先組みビルト H 梁にスカラップを設ける場合には，サブマージアーク溶接の溶接ワイヤおよびフラックスの選定と溶接条件に注意し，溶接金属のシャルピー吸収エネルギーを確保する必要がある．なお，ここで言うシャルピー吸収エネルギーは，サブマージアーク溶接の実施工の溶接条件に基づく値であり，JIS Z 3183 に示されている溶接条件とは異なることに注意する必要がある[2]．

(a) スカラップ底

(a) スカラップ底

(b) 破面

(b) 破面

(1) シャルピー吸収エネルギーが低い場合　　(2) シャルピー吸収エネルギーが高い場合

写真 4.8.3 破壊状況の例

参考文献

1) 中野達也，前山　大：ビルト H 梁端接合部の塑性変形能力と破壊性状（先組みビルト H 梁を用いた鋼構造梁端接合部の力学性能その 1），日本建築学会構造系論文集，第 80 巻，第 711 号，pp.801-810，2015.5
2) 中野達也，浅田勇人，高塚康平，田中　剛，田渕基嗣：サブマージアーク溶接による先組みビルト H 梁端接合部の塑性変形能力　その 1～その 3，日本建築学会大会学術講演梗概集，pp.965-970，2017.8

4.8.5 改良型スカラップ工法

前述したように,これまでにいくつかの改良型スカラップ工法が提案されており,実験的にも複合円型スカラップと同等以上の効果があり,施工上の利点が確認されているものもある.図4.8.6(c)～(e)が改良型スカラップの例である.おのおのの加工手順についてここでは詳述しないが,図4.8.6(c),(d)の改良型スカラップ工法については,ノンスカラップ工法の加工手順および注意点に準拠し,図4.8.6(e)の改良型スカラップ工法については,複合円型スカラップ工法の加工手順および注意点に準拠すればよい.

4.8.6 現場混用接合部

梁フランジの完全溶込み溶接を工事現場で行う工法として,図4.8.8に示す現場混用接合形式がある.この工法は,柱に溶接接合されたシヤープレートと梁ウェブを工事現場で高力ボルト摩擦接合し,梁フランジを完全溶込み溶接する方法である.梁端部の納まりが良いことやブラケットがないため保管が容易で輸送コストが低減できる点,およびボルト本数やスプライスプレートに用いる鋼材使用量が低減できる点などのコスト的なメリットを有する.しかし,1995年兵庫県南部地震において,現場混用接合形式における梁端破断の発生率が工場溶接形式の場合の3倍弱に及ぶことからも,梁端の塑性変形能力を確保することが困難であることが指摘されている.

現場混用接合部には,シヤープレートと梁ウェブの間にすべりが生じると,梁ウェブの曲げモーメント伝達が工場溶接形式に比べて低下し,梁フランジ応力の増大を招くという構造的な問題点以外に以下に示す施工上の問題点が挙げられる.

① 工事現場溶接部の組立て精度は,建方精度の影響を直接受けるため,工場と同レベルの組立て精度を確保することが困難である.
② 下フランジの開先が内開先となるため,溶接欠陥の発生しやすい溶接初層が梁フランジの外面側に位置することになる.
③ 梁ウェブがじゃま板となるため,下フランジの溶接線を通すためには,ある程度の大きさのスカラップを設ける必要があり,ノンスカラップ工法を採用することができない.
④ 下フランジ側のスカラップ底と溶接部が近接するため,スカラップ底近傍に不注意なアークストライクが置かれる危険がある.

このように,現場混用接合部の特に下フランジの溶接部には,不利な条件が数多く重なるため,現場接合形式を採用するにあたっては,事前に工事現場の施工管理方法と工場の製作管理方法の十分な検討が必要である.

現場混用接合形式のビルトH梁では,梁せいが大きい場合や水平ハンチを設けた場合に開先加工機を利用できないことがある.この場合では,図4.8.23に示すように,あらかじめ開先加工を施した梁フランジとスカラップ加工を施した梁ウェブをサブマージアーク溶接により製作することになる.その際,スカラップの手前でサブマージアーク溶接を止め,スカラップ近傍をガスシールドアーク溶接で仕上げることになる.ここでは,このタイプのビルトH梁を通常の先組みビルトH梁と区別して,開先先行ビルトH梁と呼ぶ.開先先行ビルトH梁では,ガスシールドアーク溶接の溶

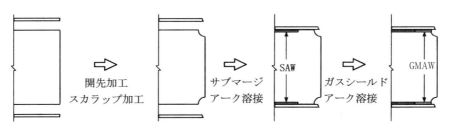

図 4.8.23 開先先行ビルト H 梁の製作手順

込み量がサブマージアーク溶接の溶込み量に比べて期待できないことを考慮し，回し溶接を行った上で，スカラップ底を $r_2 = 10$ mm 以上の 1/4 円でグラインダにより仕上げることを原則とした．

(1) 柱貫通形式

i) ロール H 梁または先組みビルト H 梁の場合

図 4.8.24 にロール H 梁の加工要領を示す．先組みビルト H 梁は，ロール H 梁と同様の工程で製作することができる．開先加工は，上フランジ側は外開先，下フランジ側は内開先の開先加工を行い，図 4.8.24 に示すように，半径 $r_1 = 35$ mm 程度の 1/4 円と $r_2 = 10$ mm 以上の 1/4 円を複合させた形状のスカラップを取る．ここで，下フランジ側については，完全溶込み溶接の溶接止端とスカラップ底が近接するとひずみ集中が助長されるおそれがある．したがって，図 4.8.24 に示すように，開先とスカラップ底との距離（図中の寸法 L）を 10 mm 程度離すように配慮してスカラップ加工を行う．$r_1 = 35$ mm，$r_2 = 10$ mm，$L = 10$ mm とした場合，$r_1 =$ の中心点 O の位置の算定式を図 4.8.24 に示す．

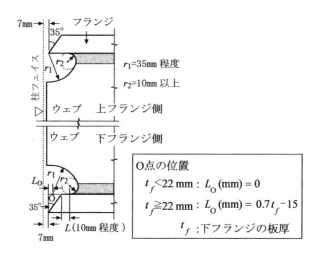

図 4.8.24 柱貫通現場接合形式：ロール H 梁または先組みビルト H 梁の加工要領

ii) 開先先行ビルト H 梁

① 開先加工：上フランジ側は外開先，下フランジ側は内開先の開先加工を行い，図 4.8.25(1)に示すように，半径 $r_1 = 35$ mm 程度の 1/4 円のスカラップを取った梁ウェブと開先加工を施した

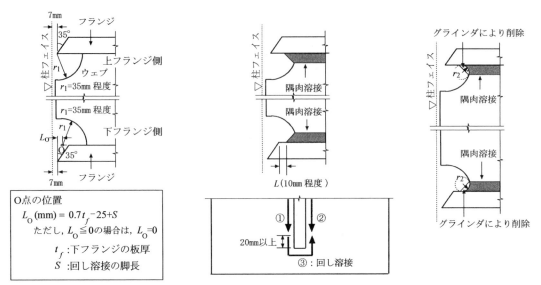

(1) 開先・スカラップ加工　　(2) フランジとウェブの隅肉溶接の施工　　(3) スカラップ底の仕上げ加工

図 4.8.25　柱貫通現場接合形式：開先先行ビルト H 梁の加工要領

梁フランジを組み立てる．ここで，下フランジ側については，完全溶込み溶接の溶接止端と②で述べるスカラップ底の回し溶接の止端が近接すると，ひずみ集中が助長されるおそれがある．したがって，回し溶接の脚長を考慮した上で，図 4.8.25(2) に示すように，開先と回し溶接止端との距離（図中の寸法 L）が 10 mm 程度離れるようにスカラップの円弧の中心位置を決定する必要がある．$r_1 = 35$ mm，$L = 10$ mm，回し溶接の脚長を S とした場合，r_1 の中心点 O の位置の算定式を図 4.8.25(1) に示す．

② 梁フランジと梁ウェブの隅肉溶接：サブマージアーク溶接により梁フランジと梁ウェブの隅肉溶接を行う．スカラップの手前（20 mm 以上）でサブマージアーク溶接を止め，スカラップ近傍をガスシールドアーク溶接で仕上げる．隅肉溶接は，ルート部を溶け込ませるように行う．スカラップにおける回し溶接の施工は，ショートビードにならないよう，例えば図 4.8.25(2) に示すように行う．スカラップ底から隅肉溶接部に沿う延性亀裂を避けるためには，十分な隅肉サイズを確保する必要がある．梁ウェブ厚が 10 mm を超える場合には，多層多パスの隅肉溶接を行う．

③ 回し溶接完了後に，図 4.8.25(3) に示すように，$r_2 = 10$ mm 以上でスカラップ底の回し溶接をグラインダにより削り取る．その際，線状痕等が残らないよう，なめらかに仕上げるように注意する．

（2）梁貫通形式

ⅰ）ロール H 梁または先組みビルト H 梁の場合

図 4.8.26 に，ロール H 梁の加工要領を示す．先組みビルト H 梁は，ロール H 梁と同様の工程で製作することができる．開先加工は，上フランジ側は外開先，下フランジ側は内開先の開先加工を行い，図 4.8.26 に示すように，ダイアフラムの出寸法に応じた直線部および半径 $r_1 = 35$ mm 程度の

1/4円と $r_2 = 10$ mm 以上の 1/4 円を複合させた形状のスカラップを取る．特に，スカラップの円弧の曲線は，フランジになめらかに接するように加工する．ここで，下フランジ側については，完全溶込み溶接の溶接止端とスカラップ底が近接すると，ひずみ集中が助長されるおそれがある．したがって，図 4.8.26 に示すように開先とスカラップ底との距離（図中の寸法 L）を 10 mm 程度離すように配慮してスカラップ加工を行う．$r_1 = 35$ mm，$r_2 = 10$ mm，$L = 10$ mm とした場合，r_1 の中心点 O の位置の算定式を図 4.8.26 に示す．

ⅱ）開先先行ビルト H 梁

図 4.8.27 に開先先行ビルト H 梁の施工要領を示す．

① 開先加工：上フランジ側は外開先，下フランジ側は内開先の開先加工を行い，図 4.8.27(1)に

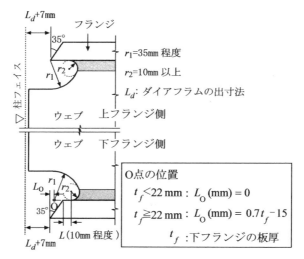

図 4.8.26 梁貫通形式現場接合形式：ロール H 梁または先組みビルト H 梁の加工要領

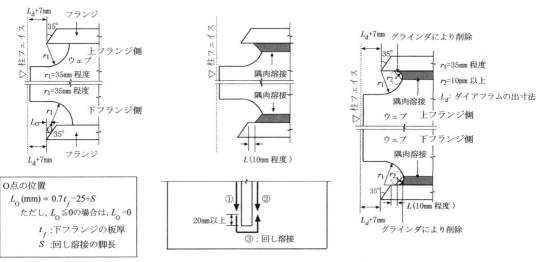

(1) 開先・スカラップ加工　　(2) フランジとウェブの隅肉溶接の施工　　(3) スカラップ底の仕上げ加工

図 4.8.27 梁貫通形式現場接合形式：開先先行ビルト H 梁の加工要領

示すように,ダイアフラムの出寸法に応じた直線部および半径 $r_1 = 35$ mm 程度の 1/4 円と $r_2 = 10$ mm 以上の 1/4 円を複合させた形状のスカラップを取る.ここで,下フランジ側については,完全溶込み溶接の溶接止端と②で述べるスカラップ底の回し溶接の止端が近接すると,ひずみ集中が助長されるおそれがある.したがって,回し溶接の脚長を考慮した上で,図 4.8.27(2)に示すように,開先と回し溶接止端との距離(図中の寸法 L)が 10 mm 程度離れるようにスカラップの円弧の中心位置を決定する必要がある.$r_1 = 35$ mm,$L = 10$ mm,回し溶接の脚長を S とした場合,r_1 の中心点 O の位置の算定式を図 4.8.27(1)に示す.

② 梁フランジと梁ウェブの隅肉溶接:サブマージアーク溶接により,梁フランジと梁ウェブの隅肉溶接を行う.スカラップの手前(20 mm 以上)でサブマージアーク溶接を止め,スカラップ近傍をガスシールドアーク溶接で仕上げる.隅肉溶接は,ルート部を溶け込ませるように行う.スカラップにおける回し溶接の施工は,ショートビードにならないように,例えば図 4.8.27(2)に示すように行う.スカラップ底から隅肉溶接部に沿う延性亀裂を避けるためには,十分な隅肉サイズを確保する必要がある.梁ウェブ厚が 10 mm を超える場合には,多層多パスの隅肉溶接を行う.

③ 回し溶接完了後に,図 4.8.27(3)に示すように,$r_2 = 10$ mm 以上でスカラップ底の回し溶接をグラインダにより削り取る.その際,線状痕等が残らないようになめらかに仕上げるように注意する.

(3) 関連事項

工事現場での施工に関連する裏当て金の取付けと組立て溶接,完全溶込み溶接の施工および管理方法については,工事現場施工編の 6.2.6「現場混用接合部」に示す.

4.8.7 関連項目

(1) 梁ウェブの柱フランジへの隅肉溶接

図 4.8.28 に示すように,梁ウェブと柱フランジとの隅肉溶接が不等脚となっており,特に梁ウェブ側の脚長が小さい場合,梁フランジ側の破壊に先立って,同図に示すウェブ回し溶接部の延性亀裂の発生および進展が見られた実験例が報告されている.このような隅肉溶接部の亀裂は,梁ウェブの曲げモーメント伝達の減少を意味し,梁フランジの破断を早める原因となる.梁ウェブの柱フ

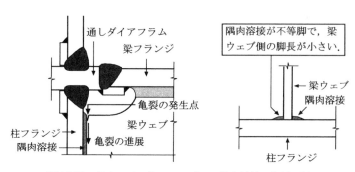

図 4.8.28 梁ウェブの柱フランジへの隅肉溶接の脚長不足

ランジへの隅肉溶接は，柱フランジ面を水平にして施工される場合があり，往々にして前述のような不等脚な隅肉溶接になりがちとなる．多パスで仕上げる等の対策を施し，必要な隅肉サイズの確保に留意するとともに回し溶接の施工も行う必要がある．

（2） 組立て溶接

工場溶接の柱貫通型形式の場合は，裏当て金を柱フランジおよび梁フランジに組立て溶接し，梁貫通形式の場合は，ダイアフラムと梁フランジに組立て溶接する．裏当て金と梁フランジの組立て溶接は，40〜60 mm 程度の隅肉溶接とする．ただし，梁フランジ端部側は5 mm 超，梁ウェブ側はフィレット端から5 mm 超あけるものとする．組立て溶接に用いる溶接方法は，炭酸ガスシールドアーク溶接または低水素系溶接棒を用いた被覆アーク溶接とする．

（3） 裏はつり両面溶接の場合の複合円スカラップ加工

梁フランジの溶接をガウジングによる裏はつり両面溶接を用いて行う場合，梁フランジの開先形状は，JASS 6 の付則5「完全溶込み溶接・部分溶込み溶接の開先標準」に従う．スカラップ加工の要領を図 4.8.29（柱貫通形式）および図 4.8.30（梁貫通形式）に示す．

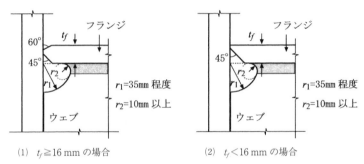

図 4.8.29　裏はつり両面溶接のスカラップ加工（柱貫通形式）

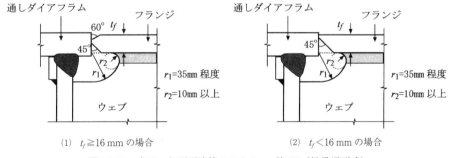

図 4.8.30　裏はつり両面溶接のスカラップ加工（梁貫通形式）

4.9 孔あけ加工

4.9.1 孔あけの種類と適用

鉄骨工事における孔あけ加工法には，ドリル加工，せん断加工，ガス加工が多く使われ，その適用範囲を孔径と部材の板厚で区分すると，おおむね図 4.9.1 のようになる．また最近，レーザ加工およびプラズマ加工による孔あけも，梁ウェブの設備貫通孔補強板等の大口径の孔あけに対しては，ガス切断と同様に一般に利用されている．レーザ加工によるボルト孔加工は，精度的にも実用の域

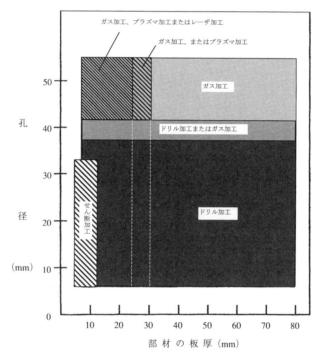

図 4.9.1 孔あけ法の一般的な適用範囲

表 4.9.1 孔あけの一般的な用途と加工法

区分	用途	加工法
ボルト接合	高力ボルト	ドリル・レーザ[*1]
	ボルト	ドリル・レーザ[*1]，せん断（板厚 13 mm 以下）
	アンカーボルト	ドリル・レーザ[*1]，せん断（板厚 13 mm 以下），ガス・プラズマ[*2]
貫通孔	鉄筋	ドリル・レーザ[*1]，せん断（板厚 13 mm 以下）
	型枠セパレータ	ドリル・レーザ，せん断（板厚 13 mm 以下）
	設備配管・内外装	孔径 30 mm 以上の場合
	コンクリート充填孔ほか	ガス・プラズマ・レーザ

[注] *1 特記または工事監理者の承認が必要
  *2 孔径 50 mm 以上の場合に適用可

に達してきている．今回の JASS 6 改定により「高力ボルト孔の孔あけ加工は，ドリル孔あけとする．ただし，特記がある場合または工事監理者の承認を受けた場合は，レーザ孔あけとすることができる．」とされたが，採用にあたって考慮すべき技術的課題を判断できるように，それらについての留意事項を 4.9.5 項に述べる．また，孔あけの目的，用途ごとに使用される加工法を区分すると，表 4.9.1 となる．

4.9.2 ドリル孔あけ

周知のように，ドリル加工法は切削加工の一種であり，被加工材より硬い材料で表面を削るバイト加工法の変形である．バイトをらせん上に加工したものがドリルであり，ドリルを加圧しながら回転させて円形の切削加工を施す加工法で，その原理を図 4.9.2 に示す．

また，加工中，母材の熱変化が少なく，かつ加工面も硬化が少なく孔精度も高いという優れた特長をもっていることから広い分野に多く使われ，鉄骨工事においても孔あけ加工法の主流となっている．

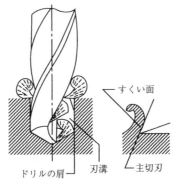

図 4.9.2 ドリルによる切削

a．ドリルの種類

表 4.9.2 にドリル孔あけ法による使用されるドリルの種類とその特徴，表 4.9.3 に切削油剤または切削水の給油（水）法を示す．

表 4.9.2 ドリルの種類と特徴

種類	材質	直径 (mm)	長所	短所
ツイストドリル	ハイス 　高速度工具鋼 　高コバルト高速度鋼 　TiN コーティング	6〜50 6〜40 6〜40	安価 高温でも硬いため送り速度大 高寿命 重ね切りに効果	切削速度遅い 高価，切刃のコーティング効果は当初のみ
	超硬	6〜40	切削速度最速	最高価，欠けやすい
スローアウェイドリル	超硬（油孔付き）	16〜80	切削速度最速 チップ交換方式で安価	欠けやすい
中空ドリル	高速度工具鋼 超硬	12〜100	大口径用 大径の速度大	

表 4.9.3 切削油剤,または切削水の給油(水)法

給油(水)法	特　徴
通常ドリル	切削油は材料表面にかかるので,孔が浅いときは冷却,湿潤効果はあるが深孔では効果が薄い
油孔付きドリル	切削油がドリル切れ刃まで給油できるため,切りくずの排出と切れ刃の冷却および湿潤効果が大きい.深孔に効果的

［備考］　切削油の代わりに水を使う場合もある.

b．ドリルの研磨

孔径の寸法精度はドリル研磨によって左右され,不良の場合には孔径が大きくなるばかりでなく,真円とならないことがある.手研磨のときは,必ず残材などで試し孔あけを行って,孔径の精度を確認しなければならない.このためドリルの研磨は研磨機を使用することが望ましい.ドリルの先端角の標準は118°である.一方,一文字研磨といって先端角が150°～180°のものが用いられる場合があり,標準角度のものと比較して,孔あけの初期に正しい位置に孔あけすることができる.孔が貫通するまでのドリルの送りが少なくてすみ,ばりの量が少ないという利点がある.ただし,重ね孔あけまたは厚孔のような深孔加工には,一文字研磨は不適である.

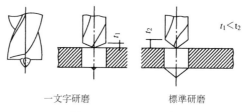

図 4.9.3　ドリルの研磨

またドリル中心部(チゼル部)の切削速度は,極めて小さく切削ができず,切削材を強引に押し潰して進むような状態になる.この中心部での切れ味を良くし,かつ切りくずの排出を良好にするねらいでドリル先端のシンニングが行われる.その種類としては図4.9.4に示すようなS形,X形,N形およびこれらの複合形があり,その中ではS形が広く用いられている.

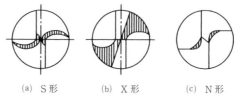

図 4.9.4　シンニング形状

c．孔あけ加工法

(1)　孔あけの時期

溶接構造物では溶接による収縮とひずみの発生は避けることができず,このため,製作過程での

孔あけの時期が製品の精度に大きく影響を与える．特に柱や梁の工事現場接合部の孔群間の寸法精度は，ただちに鉄骨の仕上がり精度に左右する．このため，添板やガセットプレート等を除いて部材の孔あけの時期は

　ⅰ）あらかじめ材片のうちに孔けがきを行い，組立て・溶接・ひずみ修正完了後，再けがき確認を行ってから孔あけ加工をする．
　ⅱ）材片一端の孔あけ加工を行い，組立て・溶接・ひずみ修正完了後，他端の孔あけ加工をする．
　ⅲ）部材の溶接・ひずみ修正後，両端の仕上げ加工を行い，仕上げ面を基準にして孔あけ加工をする．
　ⅳ）材片のうちに溶接・ひずみ修正による収縮量を予測し，その量を加味して孔あけ加工を行って部材に組む．

などがある．ⅰ）～ⅲ）は構造が複雑で溶接による収縮の予測が困難な場合に行われるが，部材の反転，けがき・孔あけ加工などの作業能率がⅳ）に比べて低下する．ⅳ）は収縮量予測が正確にできる場合に行われ，コスト低減にもつながり，優れた加工法である．このためには，常に収縮データを集積し，十分検討を行って整理し，加工用データとして保有しておくことが必要である．

　また，最近 NC 孔あけ加工機が多く適用され，その特長である孔あけ精度が良いこともあり，一般的な部材の接合孔はⅳ）が主流となっている．

（2）孔あけ

現場接合部の高力ボルト・ボルト孔では，孔位置相互の寸法精度が要求される．このような部材の孔あけには，孔を1個ずつけがいたり，けがきに合わせ1個ずつ孔あけを行うことによる精度と効率の低下を防ぐため，けがきが不要な NC 孔あけ機が適用されることが多くなっている．また，NC 機以外を使用する場合も，特に添板やガセットプレートなどの中小プレートの孔あけは，正確に製作された種板を用いて重ねあけをしたり，多軸ボール盤，ならい式ドリル等を用いることが望ましい．

孔あけ時の加圧力とドリルの回転数は，被加工材の材質，ドリルの種類，冷却方法などによって異なるので，事前に正しい条件を選定しておく必要がある．孔あけ速度を速くするために無理な加圧力や回転数で行うと，ばりが著しくなったり孔径の精度が悪くなるばかりではなく，機械故障や安全面での問題となるので，避けるべきである．

（3）孔あけ後の処理

接合面の孔のばりは，必ず取り除かなければならない．特に高力ボルト摩擦接合では，材間を密着させてその摩擦力によって耐力を保証するので，特に材間の密着が重要であり，この間に異物の混入があってはならない．また，接合面の浮きさび・ミルスケール・油・ペイントなどは完全に除去しておかなければならない．

一方，高力ボルト接合における摩擦面処理と孔あけの時期については，ばりの除去も含めて次の3つの方法がある．

　ⅰ）黒皮状態で孔あけし，ばりの除去後ブラスト処理によって摩擦面の粗さを $50\,\mu m Rz$ 以上確保する方法

ⅱ) 同じく黒皮状態で孔あけ後,グラインダ等でばり取りも含め摩擦面処理し,赤さびを発生させる方法

ⅲ) 孔あけ前にブラスト処理により摩擦面の粗さを 50 μmRz 以上確保する方法

JASS 6 ではⅰ)またはⅱ)が原則となっており実際にもよく行われている.それ以外にⅲ)も行われる場合もあるが,孔あけ時に発生するばり等を処理する際,通常使用する平面グラインダで行うと孔周辺の摩擦面に粗さが確保できないなどの悪影響を及ぼすことがあるので,赤さびを発生させるなどの処理をする必要がある.

d.孔あけ用機械

(1) 可搬式ドリル

電気ドリル・エアドリルは,可搬式のもので普通 2 人が一組となって任意の場所で孔あけを行うことができる.しかし,板面に垂直にドリルを立て,正しい円筒状の孔をあけるのにはかなりの熟練を要するので,現在ではあまり使用されていない.それに代わってマグネットを使用して被加工材に固定し,各方面に孔あけのできる可搬式の小型ボール盤が普及している.

(2) 直立ボール盤

主軸が固定されているので,被加工材を載せたテーブルを移動させて孔位置を合わせる.ドリルの送りや戻しの作業は人手によるものであるが,自動化したものも開発されている.比較的小物類の孔あけに使用されている〔写真 4.9.1〕.

(3) ラジアルボール盤

固定軸のまわりをアームが回転し,そのアームに沿ってドリルヘッドが移動するもので,被加工材はテーブルに固定されて孔あけを行う.ブラケットのフランジ・ウェブ,接合部の添板・ガセットプレートなどの孔あけに適する〔写真 4.9.2〕.

写真 4.9.1 直立ボール盤

写真 4.9.2 ラジアルボール盤

（4） ガーダラジアルボール盤

レール上を移動する架台の上にラジアルボール盤を載せたもので，レール全長にわたって被加工材の孔あけができる．柱や梁フランジ・ウェブの孔あけや，長尺で幅の広い被加工材の孔あけに使用される．

e．NC 孔あけ用機械

NC による孔あけは，用途目的に応じ多種類の装置が開発されたこと，能率的であること，孔の精度が良いことなどから鉄骨工事にも多く使用されており，孔あけ加工の主流となっている．

最近，鉄骨工事に使用されている NC に孔あけ用機械と用途，特徴をまとめると表 4.9.4 のようになる．また，NC 孔あけ用機械の例を写真 4.9.3 に示す．

表 4.9.4　NC 孔あけ機概要

材料	用途	機種	ドリル材質	ドリル移動	特徴
鋼板	スプライス，ガセット	1軸	ハイス 超硬	ドリル移動式 固定式	重ね加工可能 自動工具交換型もあり
		多軸	ハイス	ドリル移動式 固定式	重ね加工可能 同時多数孔あけ可能
	大板	1軸	超硬	ドリル移動式	高精度が確保できる 自動工具交換型もあり
形鋼	H 形鋼	3方向多軸	ハイス	ドリル固定式，移動式	柱，梁専用機として多数 自動工具交換型もあり
	山形鋼	2方向多軸	超硬 ハイス	ドリル固定式，移動式	自動工具交換型もあり
その他		マシニングセンター	超硬 ハイス	ドリル固定式	自動工具交換型 高精度

(a) H 形鋼用 NC 孔あけ機械

(b) 添板用 NC 孔あけ機械

写真 4.9.3　NC 孔あけ用機械の例

4.9.3 せん断孔あけ

せん断孔あけは，ドリルのような切削加工と異なり，ポンチとダイスを用いてせん断力により孔を打ち抜く加工法である．この加工法は孔壁の表面，特に図 4.9.5 に示す破断面付近が硬化し，かつ粗くなる．また，孔径もポンチの入側より出側のほうがいくらか大きくなる傾向がある．

孔の品質は，ポンチ径とダイス径とのクリアランスの量〔図 4.9.6 の d_2-d_1〕に関係があり，クリアランスが大きいと孔断面が図 4.9.5 のように大きくなって円錐形となり，また，ばりも生じやすい．ボルト接合等で板厚 13 mm 以下をせん断孔あけする場合に施工性を考慮してボルト径より 1 〜 1.5 mm 大きいポンチを使用することも多いが，ボルトの孔径は JASS 6 に規定されているように，ボルト径 + 0.5 mm として加工することが望ましい．

せん断孔あけ機の例を写真 4.9.4 に示す．

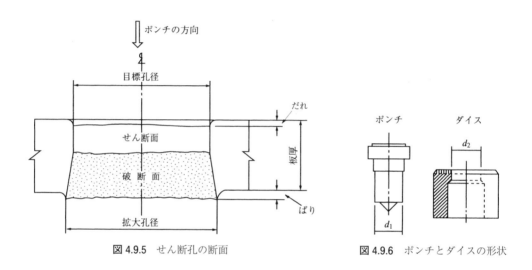

図 4.9.5　せん断孔の断面　　　　図 4.9.6　ポンチとダイスの形状

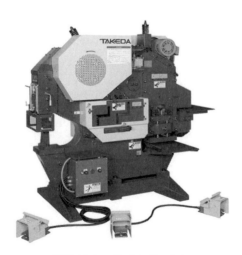

写真 4.9.4　パンチングマシン

板厚が相違する接合部にはフィラーが用いられるが,一般にフィラーの板厚は4.5 mm以下と薄く,1枚ずつドリル孔あけすることは困難であるので,重ねてドリル加工するか,またはせん断孔あけ加工法が用いられる.JASS 6では高力ボルト接合には原則せん断孔あけ加工は認められていないが,せん断孔あけ加工におけるすべり係数は,文献[1]によれば板厚が12 mmにおいても十分な値を示しており,かつフィラーは薄板でなじみも良いことから,せん断孔あけを用いることもある.

4.9.4 ガス孔あけ

最も簡便な方法として,ガス切断トーチに簡単なアタッチメント〔写真4.9.5〕を取り付けることによって,最小孔径30φのものが孔あけ可能である.このほかに写真4.9.6のような自動ガス形切断機を使用して円の孔あけができる.

また,ピン孔など精度を要する大径の孔あけを行う場合,切削加工前に下孔あけとしてガス孔あけをすることがある.この場合,ガス切断面は硬化しており,切削代が少ないと切削刃物を損傷するので,3～5 mmの切削代を残して孔あけをするとよい.

ガス加工で孔あけを行う場合,スタート時のガス炎を貫通させる際(ピアシング),ノッチが入るので,孔径の内側よりスタートするかまたは先に孔径に接するように小径の孔をドリル加工するなどの方法により,孔径加工面にノッチが入らないようにするとよい.

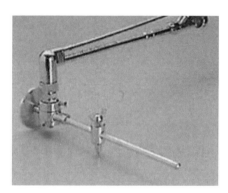
写真4.9.5 ガス切断機用アタッチメント

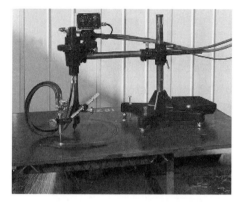
写真4.9.6 円自動ガス形切断機

4.9.5 レーザ孔あけ

レーザ孔あけは熱加工による孔加工法の一つで,熱加工の原理は鉄の酸化反応による反応熱を利用したもので,一度酸化反応が始まると,その後は熱を与えなくとも切断が継続的に行われるという原理を用いている.

4.9.4項のガス孔あけも同じ熱加工法ではあるが,切断面の粗さや孔径の精度が低いため,高力ボルト孔には適さない.

参考文献

1) 山下達雄,深沢 隆,白井 薫,橋本篤秀:押抜きせん断孔の構造特性に関する研究,日本建築学会構造系論文集 No.471, pp.141-151, 1995.5

レーザ孔あけは，図4.9.7のように母材がレーザ光のエネルギーを吸収することで温度上昇し，溶融したところをアシストガスで吹き飛ばすことにより切断する．このとき，レーザによる入熱の密度が極めて高いため，他の熱加工法と比較して局所に限定した加熱が可能であり，母材への入熱は小さい．板厚がそれほど大きくなければ，切断溝は狭くシャープであり，切断面の粗さや直角度も良い．レーザ切断機を写真4.9.7に示す．

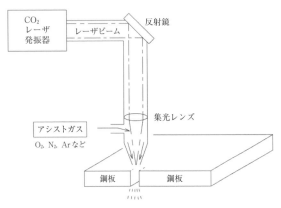

図4.9.7 レーザ切断の原理

写真4.9.7 レーザ切断機

今回のJASS 6の改定により，特記がある場合または工事監理者の承認を受けた場合，ボルト・高力ボルト孔の孔あけ加工は，レーザ孔あけとすることができることが追記された．ただし，一般的な鋼板の切断とは異なり，ボルト・高力ボルト孔への適用にあたって検討しなければならない事項がある．熱加工の影響による加工周辺部の入熱硬化，加工精度などが挙げられ，加工精度については，真円度や孔径の精度管理が重要である．

また，レーザ孔あけを行うと，孔周上の始終端部において切断面に「溶損」と呼ばれる凹凸が発生するため，これがすべり耐力，すべり係数，疲労強度に及ぼす影響について確認しておく必要がある．

（1） 板厚と孔径

一般に，レーザ孔あけではドリル孔あけと比較して，母材の表面と裏面の切断幅に差が生じやすく，その影響は，板厚が厚いほど大きい．また，レーザによる孔あけでは，径が小さくなるほど円弧のひずみが大きくなる傾向がある．このようなことから，一般的なレーザ孔あけ加工の最小径は，板厚ごとに制限となる目安があり，その目安を表4.9.5に示す．

さらにボルト・高力ボルト用の孔あけにレーザ加工を用いる際には，板厚と孔径以外にも注意が必要である．これは，板厚が厚くなるとレーザやアシストガスによる加工精度の管理が徐々に難しくなることで，必要な加工精度の確保ができない場合もあるので，表4.9.5を超える板厚に関する制限も必要である．これは機械の能力によって差があるため，孔あけのサンプルなどで確認する等，実際に使用する機械の能力を事前に把握することが重要である．

レーザ孔あけの品質は，レンズフォーカス，ノズル高さ，レーザ出力，切断速度などに影響され

表 4.9.5　レーザ孔あけ加工における板厚と最小孔径の関係

(単位：mm)

板　厚	最小孔径
6	6
9	9
12	12
14	14
16	16
19	19
22	22
25	25

るため，切断条件および機械の状態が適正であるか，定期的に点検・確認することが精度管理に最も重要である．

　JASS 6 では，レーザ孔あけを検討する場合，溶損部を含め孔径±0.5 mm 以下とすることにした．この意味は，孔径全体に±0.5 mm を許容しているのではなく，次項で述べる溶損部を含んだ局所的部分を孔径±0.5 mm 以下にしなければならないということである．上記内容から適用に関しては，一般的に板厚 16 mm 程度以下，孔径に関して真円度を測定するか，あるいはゲージ等を使用して測定するなどの管理を行うことが必要となる．

（2）溶損部（ノッチ，突起）

　ピアシング後の円孔の始点と終点の会合点には写真 4.9.8 のようなノッチ状の溶損部が生じ，この溶損ノッチの幅，深さは，鋼種と板厚に依存し，厚くなるほど大きくなり，強度の大きな鋼材ほど小さくなる傾向にある．また，ノッチ深さは一般にノッチ幅の半分以下である[1]．

　浅い溶損ノッチであればグラインダで削り込むことができるが，深い溶損ノッチは溶接による肉盛りが必要となる．溶接による肉盛りは，ショートビードとなるばかりでなく，新たな欠陥の温床

写真 4.9.8　ノッチ状の溶損部
（許容差 0.5 mm を超える例）

写真 4.9.9　突起状の溶損部
（許容差 0.5 mm を超える例）

となるため，避ける．また，始点と終点が重ならない軌道を描くことにより写真4.9.9のような「突起残し」の状態を作り，そのままにするか棒グラインダで処理する方法も考えられる．

(3) レーザ加工孔付近の硬さ

レーザ孔あけによる入熱硬化は，レーザ照射側より裏側の方が大きく，その傾向は厚い板ほど顕著であるが鋼種により硬化の程度は異なる．溶損部では硬化の領域は広がり，鋼種や板厚により1mm前後になる場合もあるが，すべり耐力には影響がない[1)-3)]という報告もある．

(4) レーザ加工孔の円周方向の表面粗さ

レーザ孔あけの円周方向の表面粗さは，写真4.9.10のように表面で大きく中央部と裏面では小さい．また板が厚くなるほど，表面粗さも大きくなる傾向があるが[1)]，切断面の粗さ $100\,\mu\mathrm{m}Rz$ を満足する必要がある．

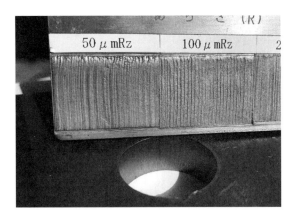

写真 4.9.10 切断面の表面粗さ

(5) 摩擦接合継手のすべり耐力・最大耐力

レーザ孔あけは，ドリル孔あけと同様に加工精度が良く，ゆがみも少ない．しかし，局部的な入熱による孔内面近傍の硬化と溶損ノッチが生じる．そこでレーザ孔あけの継手性能を明らかにする必要がある．

異なる鋼種について，すべり試験を行った結果，レーザ孔あけによる摩擦接合継手のすべり耐力は，ドリル孔あけによる結果と比べて劣る試験体は少なく，レーザ孔あけによる摩擦接合継手のすべり性能は，ドリル孔あけによるものと同等である[3)-5)]という報告がある．また最大耐力についても同様である．これらによれば，クレーンガーダなどの疲労強度が重要となる部材以外では大きな問題にならないと考えられる．

(6) 摩擦接合継手の疲労強度

レーザ孔あけによるその他懸念事項として，板厚方向のドラグラインと溶損ノッチの発生位置が疲労強度に及ぼす影響がある．

確認方法として，摩擦接合継手のすべり耐力試験に使用したものと同じ形状，同材質の試験体を用いて溶損部の角度の違いと母材と添接材の溶損部の向きの違いによる摩擦接合継手の疲労特性の

違いを調べるため，図4.9.8のように溶損部と荷重の作用方向との角度が0°と90°の場合について，母材と添接材の溶損部の位置が一致する溶損部一致型と，溶損部の位置が逆になる溶損部相反型，さらに比較のためにドリル孔あけを行った試験体を使用し，試験を行った結果を紹介する[1]．

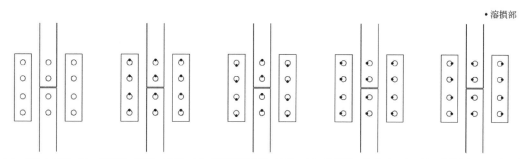

(a) ドリル加工　(b) 溶損部一致型（0°）　(c) 溶損部相反型（0°）　(d) 溶損部一致型（90°）　(e) 溶損部相反型（90°）

図 4.9.8　摩擦継手の疲労試験体

試験結果を以下に示す．

a) 溶損角0°の試験体では，孔壁中央のドラグラインから破断の生じるものと孔周辺から破断するものが混在する．一方，溶損角90°の試験体では，溶損ノッチ部から破断し，破断しなかった母材の円孔の多くに溶損部を起点とする亀裂が見つかった．

b) 疲労強度は溶損部の角度に依存するが，溶損部の深さやアスペクト比などの形状の影響は少ない．

c) 溶損角0°の試験体の疲労等級は，ドリル孔あけによる摩擦接合継手の疲労等級と同等であり，B等級[6]と見なしてもよいと考えられる．一方，溶損角90°の試験体の疲労等級は，D等級[6]程度である．

以上のことから，レーザ孔あけを有する高力ボルト摩擦接合継手のすべり性能は，ドリル孔あけによる継手と同等である．ただし，疲労強度は溶損部の位置に依存するため，疲労強度を必要とする場合には，溶損ノッチの位置はレーザ孔あけ時に制御可能なことから，加工時に溶損部を図4.9.8(b)，(c)のように主として引張力が作用する方向に合わせることで，レーザ孔あけを有する摩擦接合継手の疲労強度もドリル孔あけによる継手と同等と考えることができる．

(7) レーザによる孔加工の精度管理

a) 精度の確認

加工孔の精度を確認するためにノギスを用いて，孔径は図4.9.9のようにX軸方向をA，Y軸方向をBとして測定を行う．直角度は，図4.9.10のように表側と裏側の差，真円度は図4.9.11のようにAとBの差を求める．また，溶損部の測定例として図4.9.12のように4点測定し，ノッチ部分以外のその他3点の平均値からノッチ部を引き，ノッチ深さを管理する方法がある．孔あけ精度の管理は，レーザ加工機の使用状態に合わせた精度確認方法とし，原板1枚につき1箇所または1日に1回など定期的に孔あけ精度を確認することが，品質を安定させるために重要である．

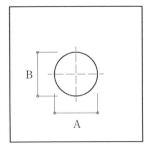
図 4.9.9 孔径の測定

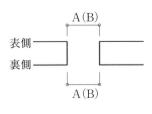
図 4.9.10 直角度の測定

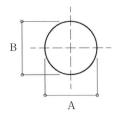
図 4.9.11 真円度測定方法

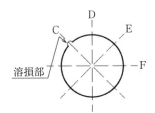
図 4.9.12 ノッチ深さの測定方法

b) 機器の保守点検

　レーザ孔あけはドリル孔あけとは異なり，真円度，孔断面の直角度，溶損を管理することが必要となる．レーザ孔あけの性能を安定維持させるために，機構部，光学部，その他周辺機器の保守点検が行われているが，各社独自の保守点検スケジュールとなっていることが多いため，精度を保つことができるか，事前に確認を行う必要がある．レンズなどのクリーニングおよび交換サイクル例を点検項目の例とともに表 4.9.6 に示す．

表 4.9.6 レーザ加工機保守点検表

	項　目	保守実施期間（動作時間）
1	集光レンズの清掃	1 回/週，または加工能力低下時
2	全反射，円偏光鏡の清掃	1 000 時間，または加工能力低下時
3	折り返し鏡の交換	7 000～8 000 時間，または品質劣化時
4	全反射，円偏光鏡の交換	3 000 時間，または加工能力低下時
5	集光レンズの交換	4 000 時間，または加工能力低下時
6	排気ポンプオイル交換	1 500 時間，または排気能力低下時
7	排気ポンプフィルタの交換	3 000 時間，または排気能力低下時
8	排気ポンプのオーバーホール	10 000 時間，または排気能力低下時
9	ターボブロワ用オイル交換	1 000 時間，またはオイル変質時
10	ターボブロワのオーバーホール	12 000 時間，または能力低下時
11	排気フィルタの交換	1 500 時間，またはオイルミスト発生時
12	圧力コントローラガスフィルタの交換	12 000 時間，または圧力異常発生時
13	放電管の O リングの交換	6 000 時間，または内部リーク発生時
14	ガス配管の O リングの交換	6 000 時間，または内部リーク発生時
15	冷却水の交換	1 500 時間，または冷却水変質時
16	水配管系内部の清掃	3 000 時間，または水詰まり発生時
17	警告灯の交換	3 000 時間，または点滅しない時
18	出力・リア鏡の清掃	3 000～4 000 時間，または加工能力低下時
19	発振器内部鏡全数の交換	7 000～8 000 時間，または加工能力低下時

c）孔精度の測定結果

レーザ孔あけの精度の測定結果の例を以下に示す．

試験体は図4.9.13に示す80 mm×260 mmの鋼板にM 16，M 20，M 22，M 24サイズのボルト孔を想定して，φ18，φ22，φ24，φ26の孔を1枚の板に加工する．板厚は6 mm，9 mm，12 mmの3種類とし，図4.9.13のように4個の加工孔を対象に，孔形状（径，直角度，真円度，溶損ノッチ）の確認を行う．試験体の種類を表4.9.7に示す．加工はX，Y，Z社の3社で行った．

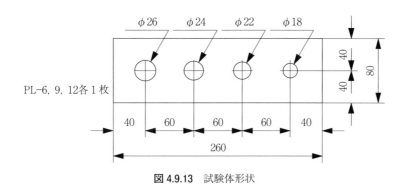

図4.9.13 試験体形状

表4.9.7 試験体の種類

試験体	板厚(mm)	材質	孔あけ	孔径
X-6	6	SS 400	レーザ孔加工	φ18, φ22, φ24, φ26
X-9	9	SS 400	レーザ孔加工	φ18, φ22, φ24, φ26
X-12	12	SS 400	レーザ孔加工	φ18, φ22, φ24, φ26
Y-6	6	SS 400	レーザ孔加工	φ18, φ22, φ24, φ26
Y-9	9	SS 400	レーザ孔加工	φ18, φ22, φ24, φ26
Y-12	12	SS 400	レーザ孔加工	φ18, φ22, φ24, φ26
Z-6	6	SS 400	レーザ孔加工	φ18, φ22, φ24, φ26
Z-9	9	SS 400	レーザ孔加工	φ18, φ22, φ24, φ26
Z-12	12	SS 400	レーザ孔加工	φ18, φ22, φ24, φ26

測定結果を表4.9.8に示す．

孔の精度としては，孔径が目標値に対して＋0.2〜−0.4 mm，真円度が0.35 mm以下，直角度が0.15 mm以下，溶損ノッチが0.5 mm以下であり，問題ないレベルであった．また，各試験体とも写真4.9.11のように，6 mm，9 mmについては多くが凸になっていて溶損ノッチは見られなかった．一方12 mmでは，0.5 mm以下であるが，写真4.9.12のように裏側に溶損ノッチが見られるものがあった．

d）精度管理

前項の測定結果でも見られるように，各社の精度を保つための整備項目と自主検査方法や頻度が異なるため，レーザによる孔加工を採用する場合は，真円度，直角度，溶損部の精度，仕上がり状態などについて，事前に確認が必要である．

表 4.9.8　孔径，真円度，ノッチ深さの測定結果

(単位：mm)

製作工場	板厚	孔径（表） A 目標値	実測差	誤差	孔径（表） B 目標値	実測差	誤差	孔径（裏） A 目標値	実測差	誤差	孔径（裏） B 目標値	実測差	誤差	孔径の直角度 表A-裏A 差	表B-裏B 差	真円度 表A-表B 差	裏A-裏B 差	溶損部 表 差	裏 差
X	6mm	26	26.0	0.0	26	25.95	-0.05	26	25.95	-0.05	26	25.9	-0.1	0.05	0.05	0.05	0.05	-0.07	0.03
		24	24.0	0.0	24	23.95	-0.05	24	23.9	-0.1	24	23.95	-0.05	0.10	0.00	0.05	-0.05	-0.10	0.03
		22	22.0	0.0	22	21.9	-0.1	22	21.9	-0.1	22	21.9	-0.1	0.10	0.00	0.10	0.00	-0.03	0.07
		18	18.15	0.15	18	17.9	-0.1	18	18.1	0.1	18	17.9	-0.1	0.05	0.00	0.25	0.20	-0.03	-0.30
	9mm	26	25.6	-0.4	26	25.6	-0.4	26	25.6	-0.4	26	25.6	-0.4	0.00	0.00	0.00	0.00	0.03	0.10
		24	23.7	-0.3	24	23.7	-0.3	24	23.65	-0.35	24	23.6	-0.4	0.05	0.10	0.00	0.05	-0.07	0.20
		22	21.65	-0.35	22	21.65	-0.35	22	21.6	-0.4	22	21.6	-0.4	0.05	0.05	0.00	0.00	0.10	0.00
		18	17.7	-0.3	18	17.6	-0.4	18	17.65	-0.35	18	17.65	-0.35	0.05	-0.05	0.10	0.00	-0.10	-0.13
	12mm	26	25.8	-0.2	26	25.75	-0.25	26	25.75	-0.25	26	25.7	-0.3	0.05	0.05	0.05	0.05	0.00	-0.37
		24	23.8	-0.2	24	23.8	-0.2	24	23.7	-0.3	24	23.7	-0.3	0.10	0.10	0.00	0.00	-0.10	-0.33
		22	21.85	-0.15	22	21.85	-0.15	22	21.85	-0.15	22	21.7	-0.3	0.00	0.15	0.00	0.15	0.00	-0.33
		18	17.8	-0.2	18	17.8	-0.2	18	17.7	-0.3	18	17.7	-0.3	0.10	0.10	0.00	0.00	0.03	-0.03
Y	6mm	26	26.15	0.15	26	25.85	-0.15	26	26.1	0.1	26	25.85	-0.15	0.05	0.00	0.30	0.25	-0.07	-0.27
		24	24.1	0.1	24	23.8	-0.2	24	24.1	0.1	24	23.8	-0.2	0.00	0.00	0.30	0.30	-0.07	-0.27
		22	22.1	0.1	22	21.8	-0.2	22	22.1	0.1	22	21.75	-0.25	0.00	0.05	0.30	0.35	-0.10	-0.17
		18	18.1	0.1	18	17.75	-0.25	18	18.05	0.05	18	17.7	-0.30	0.05	0.05	0.35	0.35	-0.27	-0.20
	9mm	26	26.0	0.0	26	26.0	0.0	26	26.1	0.1	26	26.05	0.05	-0.10	-0.05	0.00	0.05	0.00	-0.03
		24	24.0	0.0	24	24.0	0.0	24	24.0	0.0	24	24.0	0.0	0.00	0.00	0.00	0.00	0.00	-0.10
		22	22.0	0.0	22	22.05	0.05	22	22.0	0.0	22	22.05	0.05	0.00	0.00	-0.05	-0.05	0.00	0.00
		18	18.0	0.0	18	18.0	0.0	18	18.05	0.05	18	18.0	0.0	-0.05	0.00	0.00	0.00	0.00	0.00
	12mm	26	26.2	0.2	26	26.2	0.2	26	26.2	0.2	26	26.25	0.25	0.00	-0.05	0.00	-0.05	0.13	0.37
		24	24.2	0.2	24	24.15	0.15	24	24.2	0.2	24	24.2	0.2	0.00	-0.05	0.05	0.00	-0.07	-0.37
		22	22.2	0.2	22	22.15	0.15	22	22.2	0.2	22	22.2	0.2	0.00	-0.05	0.05	0.00	-0.03	-0.13
		18	18.2	0.2	18	18.2	0.2	18	18.2	0.2	18	18.2	0.2	0.00	0.00	0.00	0.00	0.07	-0.23
Z	6mm	26	26.0	0.0	26	26.0	0.0	26	26.0	0.0	26	26.0	0.0	0.00	0.00	0.00	0.00	0.00	0.00
		24	24.0	0.0	24	24.0	0.0	24	24.0	0.0	24	24.0	0.0	0.00	0.00	0.00	0.00	0.00	0.03
		22	22.0	0.0	22	22.0	0.0	22	22.0	0.0	22	22.0	0.0	0.00	0.00	0.00	0.00	0.03	-0.03
		18	18.0	0.0	18	18.0	0.0	18	18.0	0.0	18	18.0	0.0	0.00	0.00	0.00	0.00	0.00	-0.07
	9mm	26	26.1	0.1	26	26.05	0.05	26	26.2	0.2	26	26.10	0.1	-0.10	-0.05	0.05	0.10	-0.07	0.07
		24	24.15	0.15	24	24.1	0.1	24	24.15	0.15	24	24.05	0.05	0.00	0.05	0.05	0.10	-0.03	-0.07
		22	22.1	0.1	22	22.05	0.05	22	22.15	0.15	22	22.0	0.0	-0.05	0.05	0.05	0.15	-0.03	0.07
		18	18.1	0.1	18	18.1	0.1	18	18.15	0.15	18	18.1	0.1	-0.05	0.00	0.00	0.05	0.00	0.13
	12mm	26	26.1	0.1	26	26.1	0.1	26	26.1	0.1	26	26.1	0.1	0.00	0.00	0.00	0.00	0.00	0.20
		24	24.05	0.05	24	24.05	0.05	24	24.1	0.1	24	24.05	0.05	0.00	0.00	0.00	0.05	0.00	0.03
		22	22.0	0.0	22	22.1	0.1	22	22.15	0.15	22	22.05	0.05	-0.15	0.00	-0.10	0.10	-0.10	0.23
		18	18.1	0.1	18	18.0	0.0	18	18.2	0.2	18	18.0	0.0	-0.10	0.00	0.10	0.20	0.00	0.13

写真 4.9.11　孔あけ状況（突起）

写真 4.9.12　孔あけ状況（ノッチ）

参考文献

1) 岩崎英治, 山野達也, 森 猛：レーザー加工孔を有する高力ボルト摩擦接合継手のすべり耐力試験と疲労強度, 構造工学論文集, Vol.55A, pp.992-1004, 2009.3
2) 日本溶接協会 ガス溶断部会技術委員会：要説 熱切断加工の"Q&A", 2008
3) 清水 斉, 高松隆夫, 田中利幸, 小林正実, 井上祐喜, 中澤好道, 遠藤一生, 永谷仁成：高力ボルト摩擦接合の孔あけ加工にレーザー加工を用いた場合のすべり係数および引張耐力に関する実験的研究, 日本建築学会技術報告集, 第21巻, 第48号, pp.633-638, 2015.6
4) 市川裕一, 正木 豪, 中込忠男：高力ボルト摩擦接合へのレーザー穴あけ加工の適用, 溶接技術, pp.114-116, 2002.9
5) 岩崎英治, 吉田直広, 森 猛, 南 邦明, 鈴木信貴, 安藤佳毅：レーザー孔を用いた高力ボルト摩擦接合継手のすべり耐力, 土木学会第60回年次学術講演会, pp.367-368, 2005.9
6) 日本道路協会：道路橋示方書・同解説（Ⅰ共通編, Ⅱ鋼橋編）, 2012

4.9.6 孔径・ピッチおよび縁端距離

a. 孔　径

JASS 6 では，高力ボルト・ボルトおよびアンカーボルトの公称軸径に対する孔径は，表4.9.9 となっている．

表 4.9.9　高力ボルト・ボルトおよびアンカーボルトの孔径

(単位：mm)

種　類	孔径 d	ねじの呼び径 d_1
高力ボルト	$d_1 + 2.0$ $d_1 + 3.0$	$d_1 < 27$ $d_1 \geq 27$
ボルト	$d_1 + 0.5$	—
アンカーボルト	$d_1 + 5.0$	—

孔あけ加工において孔径を正確に保つことが重要で，そのためにドリルの管理を十分に行い，かつ 4.9.2 項 c.(2) 孔あけに示される事項を十分に守り，孔の芯ずれ等の不良を防ぐことが肝要である．

ブレース，エキスパンションジョイント，RC 構造体との取合いなどの接合部に，工事監理者・施工者との協議に基づき，拡大孔またはスロット孔が使用される場合があるが，孔の状況によりボルト導入軸力の減少が発生し，すべり耐力の低下が想定されるので，4.9.7 「拡大孔とスロット孔（長孔）」を参照するとよい．

b. ピッチおよび縁端距離

各種の孔ピッチおよび縁端距離の標準は表 4.9.10 および表 4.9.11 のように本会編「鋼構造設計規準」で示されているが，これを基本にして種々の継手の標準化を行い，社内規格として継手標準をもっている鉄骨製作業者が多い．なお，高力ボルト締付けにトルク制御付き電動レンチを用いる場合の最小ピッチは，表 4.9.12 のようにいくぶん長くなる．

表 4.9.10 孔ピッチおよび縁端距離

公称軸径 d	最小縁端距離 ①	最小縁端距離 ②	ピッチ 最小	ピッチ 標準
12	22	18	30	50
16	28	22	40	60
20	34	26	50	70
22	38	28	55	80
24	44	32	60	90
27	49	36	70	100
30	54	40	75	110

[備考] ①：せん断・手動ガス切断縁
②：圧延縁・自動ガス切断縁・のこ引縁・機械仕上げ縁

表 4.9.11 ボルトおよび高力ボルトのピッチ・ゲージの標準

(1) 形鋼のゲージ

(単位：mm)

A あるいは B	g_1	g_2	最大軸径	B	g_1	g_2	最大軸径	B	g_3	最大軸径
40	22		10	100**	60		16	40	24	10
45	25		12	125	75		16	50	30	12
50**	25		12	150	90		22	65	35	20
60	35		16	175	105		22	70	40	20
65	35		20	200	120		24	75	40	22
70	40		20	250	150		24	80	45	22
75	40		22	300*	150	40	24	90	50	24
85	45		22	350	140	70	24	100	55	24
90	50		24	400	140	90	24			
100	55		24							
125	50	35	24							
130	50	40	24							
150	55	55	24							
175	60	70	24							
200	60	90	24							

*B=300 は千鳥打ちとする
**強度上支障のない場合は，最小縁端距離にかかわらず，用いることができる．

(2) ピッチ

(単位：mm)

軸径 d		10	12	16	20	22	24
ピッチ p	標準	40	50	60	70	80	90
	最小	25	30	40	50	55	60

表 4.9.11 （つづき）

(3) 千鳥打ちのゲージとピッチ　　（単位：mm）

g	b		
	軸 径		
	16	20	22
	$p=48$	$p=60$	$p=66$
35	33	49	56
40	27	45	53
45	17	40	48
50		33	43
55		25	37
60			26
65			12

(4) 形鋼に対する千鳥打ち　　（単位：mm）

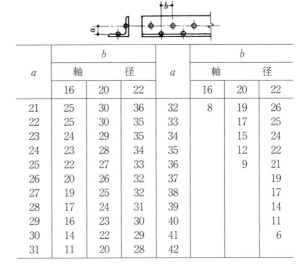

a	b			a	b		
	軸 径				軸 径		
	16	20	22		16	20	22
21	25	30	36	32	8	19	26
22	25	30	35	33		17	25
23	24	29	35	34		15	24
24	23	28	34	35		12	22
25	22	27	33	36		9	21
26	20	26	32	37			19
27	19	25	32	38			17
28	17	24	31	39			14
29	16	23	30	40			11
30	14	22	29	41			6
31	11	20	28	42			

表 4.9.12　電動レンチを用いる場合の最小ピッチ

呼び	ソケットの直径 a (mm)	ナットの対角距離 b (mm)	最小ピッチ $\frac{1}{2}(a+b)$
M 16	60.5	31.2	45.9
M 20	65.0	37.0	51.0
M 22	76.3	41.6	59.0
M 24	76.3	47.3	61.8

4.9.7 拡大孔とスロット孔（長孔）

近年，免震構造・制振構造は鋼構造に採用されることも多くなっている．この免震・制振部材などは，将来の取替えを考えて，本体鉄骨とはボルト接合されることが多い．免震・制振部材の取付けにあたっては，鉄骨建方時にこれらを鉄骨に直接取り付ける場合の要求精度が高く，ねじの呼び径＋2 mm の孔クリアランスでは，かなり困難な場合がある．よって，一般的な建方精度管理値内に納まっているだけでは取付けに支障をきたす場合がある．そこで施工性と安定した品質確保を両立させる選択肢として接合部に拡大孔，スロット孔が検討されている．ただし，拡大孔・スロット孔は，現在，建築基準法上では許容されていない．使用にあたっては，ボルト孔形状を含めた性能評価を受けて大臣認定を得る必要があるが，免震・制振装置を使用する建物には有効な選択肢として挙げられる[1]．また，ブレース構造・鋼板壁などボルト数が多く精度確保が困難な部材についても，この方法は有効である．

a）拡大孔・スロット孔の耐力低減

高力ボルト接合に拡大孔を適用した場合の耐力低減については，国内では表4.9.13のような学術的見地から定められた規定がある．

表 4.9.13 拡大孔の耐力低減係数(1)

ボルト孔の種類	ボルト孔の大きさ		耐力低減係数
標準孔	$d+2$ mm $d+3$ mm	$d \leq 24$ $d > 24$	1.0
拡大孔	$d+4$ mm $d+6$ mm $d+8$ mm	$d < 24$ $d = 24$ $d > 24$	0.85

（d：ねじの呼び径）

＊日本建築学会　鋼構造接合部設計指針[2]

参考までに，（公社）道路協会の道路橋示方書[7]では，M 24 以下に対し施工上やむを得ない場合には $d+4.5$ mm（標準は $d+2.5$ mm）までの拡大孔を認めている．また，海外では AISC, DIN 18800, BS 5400, ECCS などでは，設計で耐力低減を考慮することにより拡大孔の適用を認めている．表4.9.14は，ECCS の規定を中心に海外の諸規定をまとめたものである．

表 4.9.14 拡大孔の耐力低減係数(2)（海外の諸規定[3]-[5]の集約）

ボルト孔の種類	ボルト孔の大きさ		耐力低減係数
標準孔	$d+2$ mm $d+3$ mm	$d \leq 24$ $d > 24$	1.0
拡大孔	$d+4$ mm $d+6$ mm $d+8$ mm	$d < 24$ $d = 24$ $d > 24$	0.85
短スロット孔 （短辺は標準孔径）	$d+6$ mm $d+8$ mm $d+10$ mm	$d < 24$ $d = 24$ $d > 24$	0.85
長スロット孔	標準孔×2.5d 以内		0.75（0.70）

（d：ねじの呼び径）

＊長スロット孔耐力低減係数（0.70）は ECCS の場合

なお，国内にはこの規定を裏付ける既往の研究[6]があり，耐力低減率は拡大孔に対して90％，長スロット孔に対して85％と表4.9.14の数値から得られる値よりも大きなすべり耐力を示す実験結果が得られている．

b）拡大孔の設計

拡大孔を適用する場合の構造設計上の留意点は，ボルト孔欠損による接合部の有効断面積の減少である．ブレース等の場合，断面欠損率と母材の降伏比 YR の関係に注意して，接合部の引張耐力が母材の降伏耐力を上回るようにしなければならない．

また，2面せん断の場合は拡大孔の適用が母材に限定され，1面せん断の場合は図4.9.14に示すように，拡大孔のある板を標準孔の補強板で挟みこむ必要がある．また，引張接合には適用できないことがあるので，注意が必要である．

c）スロット孔の加工

従来から現場でのボルトの孔合わせが困難であり，さらに拡大孔では対処できないことが予測されると，スロット孔の適用が検討されてきた．

しかし，従来の加工方法では，図4.9.15に示すように2つのドリル孔をガス切断でつないだ長スロット孔は，比較的安価に加工できるが，接合部耐力としては不利である．一方，図4.9.16に示すように円周が重なる短スロット孔は，長スロット孔に比べて接合部耐力としては有利であるが，機械加工になるなど適用範囲が少なく，エキスパンションジョイントなどの非構造部材への適用にとどまり，構造部材への適用に踏み出せずにいた．

しかし，近年レーザを用いたNCプレート切断機が普及したことにより，長スロット孔および短スロット孔が容易に加工できるようになった．

ただし，レーザ切断によって加工をする場合は加工精度，溶損等の懸念事項があるので4.9.5

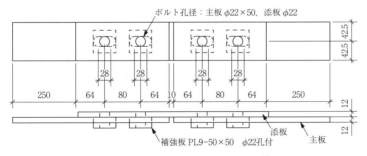

図 4.9.14 1面せん断の補強板の例[6]

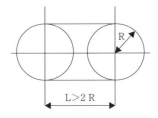

図 4.9.15 長スロット孔

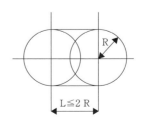

図 4.9.16 短スロット孔

「レーザ孔あけ」を参照するとよい．

参考文献
1) 後藤和弘，加賀美安男，西尾啓一，村上卓洋：免震・制振部材の取付精度，2012年度 日本建築学会 東海大会—材料施工部門パネルディスカッション資料 建築鉄骨の精度測定における課題と展望，p.24，2012.9
2) 日本建築学会：鋼構造接合部設計指針，p.44，2012
3) 日本鋼構造協会編：鋼構造設計・施工規準国際比較—日本・アメリカ・イギリス，技報堂，1986
4) Specification for Structural Steel Buildings, American Institute of Steel Construction, 2005
5) ECCS（The European Convention for Constructional Steelwork）Technical Committee 10 Bolted and Welded Connections：European Recommendations for Bolted Connections in Structural Steelwork, 4th Ed., 1985
6) 田中淳夫，増田浩志，脇山廣三，辻岡静雄，平井敬二，立山英二：過大孔・スロット孔を有する高力ボルト摩擦接合部の力学性状，日本鋼構造協会鋼構造論文集，第5巻，第20号 pp.35-44，1998.12
7) 日本道路協会：道路橋示方書・同解説（Ⅰ共通編，Ⅱ鋼橋編），2012

4.9.8 貫通孔

a．鉄筋用貫通孔

鉄骨鉄筋コンクリート造の鉄骨では，主筋・幅止め筋・フープなどの貫通孔があくので，施工者と十分な打合せを行い，決定する必要がある．

孔径は，特記がない場合は表4.9.15を標準とする．

b．設備配管用孔

設備工事用の梁ウェブの貫通孔あけは，スリーブの径・取付け位置・数量・補強方法などを十分に打合せをしてから着手することが必要である．設備工事などの付属物は，とかく決定が遅れがちとなるので早目に決定しておくのがよい．孔あけ加工は，型切断機，アタッチメントを取り付けた手動ガス切断機，プラズマ切断機，レーザ切断機を用いてなめらかな切断面となるように加工する．

表4.9.15 鉄筋用貫通孔の孔径

（単位：mm）

丸　鋼		鉄筋径　+　10						
異形鉄筋	呼び名	D 10	D 13	D 16	D 19	D 22	D 25	D 29	D 32
	孔　径	21	24	28	31	35	38	43	46

4.10　摩擦面の処理

摩擦接合では，摩擦面の状態が接合部のすべり耐力（せん断耐力）に大きい影響を与える．黒皮・浮きさび・じんあい（塵埃）・油・塗料・溶接スパッタなどが接合部の摩擦面に介在していると摩擦力は著しく低下してしまうので，鉄骨の製作・組立て前など適切な時期に取り除かなければならない．

摩擦接合に必要なすべり係数0.45を確保する方法として，自然発生の赤さびによる場合，ブラスト処理による場合，発せい促進剤による場合があるので，それらについての留意事項を4.10.1～4.10.3項に述べる．

なお，引張接合の場合も，一般に引張力と同時にせん断力も作用することから，上記の措置を適用する．板厚6mm未満の軽量形鋼などを使用し，設計上すべり係数を0.45/2（≒0.23）としている場合には，黒皮を除去する必要はない．ただし，この場合も，浮いた状態の黒皮や浮きさびは除去しておく．

4.10.1 自然発せい（錆）による場合

　本会編「鋼構造設計規準」や建築基準法施行令第92条の2および建設省告示第1464号（平成12年）では，すべり係数0.45が確保でき，全国どこででも安定的に適用できる摩擦面として自然発生の赤さび面を対象として許容せん断応力度を定めている．黒皮が鋼材の表面を覆っているのは発せい（錆）の妨げとなるので，部材・添板などを孔あけ加工した後，孔周辺のばりを取り除くとともに，グラインダ（ディスクサンダ#24程度）で添板全面の範囲の黒皮を除去する．黒皮を除去する範囲は，ボルトを締め付けたときの接合面への力の分布から決まっている．従来いわれていた座金径の2倍という値は，ほぼボルトの標準ピッチに近いので，実際上は黒皮の除去範囲は摩擦面全体となる．グラインダで黒皮を除去する際には，摩擦面の確実な接触を期するために面をへこませないよう注意する必要がある．また，グラインダを掛ける方向が応力の方向と平行にならないようにする等の配慮が望ましい．

　黒皮除去の方法の一つにブラスト処理がある．若干の設備を必要とするが，作業能率が良いばかりでなく，グラインダを用いる場合のように摩擦面をへこませるおそれもないので，推奨できる．

　その他の黒皮を除去する方法として，薬剤処理を施すこともあるが，材質に及ぼす影響やすべり係数が確保されるか否かなどをよく検討した上で工法を決定しなければならない．

　さびの程度は，摩擦面が一様に赤く見えるぐらいが適当である．さび色は付14「摩擦面のさび色」に示すが，浮きさびとなったものは摩擦面の状態を阻害するため，ワイヤブラシなどを用いて軽く取り除く．このときワイヤブラシを掛けすぎて面が光るようにしてはならない．発せいは屋外に自然放置した場合を標準とするので，黒皮を除去した後，赤さび面となるまでの半月程度の工程余裕を見込んでおくことが望ましい．工程上余裕がない場合，人為的に水かけを行って発せいを促進することもあるが，裏面も均一に発せいするように注意しなくてはならない．

　また，$NaCl$水溶液（塩水）・海水は，塩の結晶が大気中の水分を吸収して腐食進行が停止しないため，使用してはならない．

4.10.2 ブラスト処理による場合

　ショットブラストまたはグリットブラスト処理を行い，所定の表面粗さを確保すれば，必ずしも赤さびが発生しなくてもすべり係数0.45が得られる．したがって，JASS 6では，表面粗さを50μmRz以上とすれば，ショットブラストまたはグリットブラスト面を摩擦面としてよいとしている．ただし，サンドブラスト処理面は所定のすべり係数が得られないことがあるので，認められていない．なお，表面粗さは中心線平均粗さ（Ra）で定義するのが望ましいが，JASS 6では測定が簡便であることから最大高さ（Rz）で定義することとし，その値を50μmRz以上としている．したがっ

て，50 μmRz を超え 100 μmRz に近づくほど良いのは当然であり，安全を考慮し，70〜80 μmRz を目標とすることを勧める．

　JASS 6 で想定している作業条件は，表 4.10.1 のとおりである．作業時間を規定していないのは，鋼材の表面状態により吹付け時間が大幅に異なるためで，黒皮が表面に残らないようにブラスト処理することが肝要である．

表 4.10.1　ブラスト種類，作業条件

研削材	粒度	使用条件	空気圧力	吹付距離	吹付角度
ショットグリット	S 40〜S 100 G 50〜G 100	単体または複合	0.5〜0.7 MPa	300〜500 mm	90±30°

　上記のように摩擦面として赤さびのないブラスト面が認められてから広く適用されているが，表面粗さの確保という点で大きなバラツキが見られる．その原因は，表 4.10.1 に示されたブラスト作業条件の管理が適切になされていないためと思われる．研削材に粒度の粗すぎるものが混入していたり，使い過ぎたものを用いると良好な粗さが得られないことがある．特に使いすぎたショットは研削材がすり減ってきたり砕けて細粒化したりして，上表の粒度条件を逸脱していることが多い．これを避けるには，定期的にフィルタにかけて条件外の研削材を除去する必要がある．また，使いすぎたグリットも使用しているうちに丸味を帯びてくるので，定期的に新しい研削材に入れ替える必要がある．

　ショットブラストとグリットブラストを比較すると，ショットは球形であるがグリットは鋭角面を有しているので，同じ表面粗さであっても，グリットブラストに比べてショットブラストはすべり係数が低くなる傾向にある．他方，一般の工場が有しているブラスト処理設備はスプライスプレート専用や H 形鋼専用が多く，それらは通常ショットを用いている．したがって，こういった設備によってショットブラストによる摩擦面処理を行う場合は，表面粗さ 50 μmRz を確保するための上記の作業条件や注意事項を確実に守ることが肝要である．

　このようにブラスト処理は，施工管理を正しく行わないと所定のすべり係数が得られない．摩擦面の管理として，対比試験片〔写真 4.10.1〕を用意して摩擦面の状態を確認するなどの方法も有効

 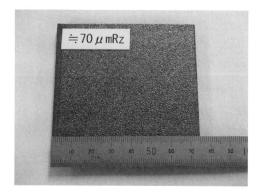

写真 4.10.1　ショットブラストによる対比試験片

写真 4.10.2 表面粗さ測定機

である．表面粗さに疑問がある場合には，ブラスト処理済の板を測定器〔写真4.10.2〕により簡単に確認できる．摩擦面表面粗さの状態を確認できない場合は，赤さびの発せいがもっとも推奨できる方法である．

4.10.3 薬剤処理による場合

　これまで，JASS 6 では，自然発せいもしくはブラスト処理以外の摩擦面処理は，原則として認められていなかった．近年，薬剤による処理を施した摩擦面のすべり係数試験結果が蓄積され，その性能が把握できて使用頻度が高くなってきていることから，今回の JASS 6 改定では，「薬剤発せい（錆）」として標準仕様に加えることとした．ただし，薬剤処理の使用にあたっては，薬剤ごとの摩擦面処理の問題点と留意事項について，よく知っておく必要がある．
　摩擦面処理用の薬剤としては以下の2つのタイプがある．
　ⅰ）グラインダ・ブラスト等により黒皮を除去した後に塗布し，発せいを促進させるもの
　ⅱ）黒皮のまま塗布して黒皮を溶かし，発せいさせるもの
　このうち，ⅱ）はすべり試験のデータが少なく，ⅱ）の用途で用いられることも少ないので，JASS 6 の標準仕様とはしないこととした．
　ⅰ）の場合，薬剤の役割は，自然発せいの化学変化を時間的に促進することである．したがって，黒皮除去の方法や摩擦面の取扱いについての注意事項は，自然発せいの場合と変わりはない．なお，発せいを促進させる手段として，塩水・海水は使用してはならない．これは，塩の結晶が大気中の水分を吸収し腐食進行が停止しないためである．
　現在市販されている薬剤には，その仕様上で大きな差異は見られないが，原液のまま塗布するタイプと十数倍程度に希釈して塗布するタイプがある．前者の場合，希釈度の管理が不要になる分だけ，塗布作業者による差異は出にくいといえるであろう．
　薬剤のメーカー各社，ボルトメーカー各社は，さまざまな試験研究を実施して薬剤による摩擦面処理の有効性を確認している．以下にその結果を紹介する．
　（1）　薬剤の現状
　薬剤として一般に販売されている薬剤の特徴を表4.10.2に示す．これらはいずれも，タイプⅰ）である．

（2） 薬剤による摩擦面のすべり係数

表4.10.2に示す薬剤に対して，各メーカーがカタログに記載しているすべり係数を表4.10.3に示す．いずれもすべり係数として0.45を確保できることが示されている．

表4.10.2 薬剤の例

薬　剤	性　　質	主成分	使用条件	下地条件	締め付けまでの時間	すべり係数	腐食進行
促進剤A	酸性 (pH 2～3)	無機塩類	原液	黒皮除去	48時間	0.45以上	1年半でゼロに収束
促進剤B	中性 (水と酸素による酸化反応)	無機ハロゲン化物	10倍希釈	黒皮除去	24時間	0.45以上	100日でゼロに収束
促進剤C	弱酸性	塩基	3～5倍希釈	黒皮除去	24時間	0.45以上	―

表4.10.3 カタログ記載のすべり係数

薬　剤	ボルトサイズ	締付けまでの時間					処理方法	
		24時間	48時間	72時間	96時間	120時間		
促進剤A	F 10T・M 20	0.437	0.513	0.535	0.501	0.530	部材	グラインダ＋促進剤A
							側板	ショットブラスト＋促進剤A
促進剤B	F 10T・M 20×75	0.588	―	―	―	―	部材	グラインダ＋促進剤B
							側板	グラインダ＋促進剤B
促進剤C	F 10T・M 20×80	0.700	―	―	―	―	部材	グラインダ＋促進剤C
							側板	グラインダ＋促進剤C

図4.10.1に，鉄骨製作工場で製作した試験体を用いてボルトメーカーが行った文献[1]に示すすべり係数試験の結果を示す．試験パラメータは以下に示す中板，側板の黒皮除去方法と薬剤の組合せであり，［　］内は中板処理条件，（　）内は側板処理条件である．

1：［グラインダ処理＋促進剤A］＋（ブラスト処理）
2：［ブラスト処理＋促進剤A］　＋（ブラスト処理）
3：［グラインダ処理＋促進剤A］＋（グラインダ処理＋促進剤A）
4：［グラインダ処理＋促進剤A］＋（ブラスト処理＋促進剤A）
5：［ブラスト処理＋促進剤A］　＋（ブラスト処理＋促進剤A）

参　考　文　献

1） 篠崎裕一：高力ボルト摩擦接合の錆促進剤のすべり係数値実績，日本建築学会大会学術講演梗概集，pp.13-14, 2012.9

6：［グラインダ処理＋促進剤B］＋（ブラスト処理＋促進剤B）
7：［ブラスト処理＋促進剤B］　＋（ブラスト処理＋促進剤B）

試験は4.10.5項に示す方法により行われており，試験体形状は標準試験片，ボルトはS10Tトルシア形高力ボルトを用いている．

全試験306ケースのうち，わずか3体ですべり係数0.45を満足しないものがあったが，得られたすべり係数の平均値は0.575となり，すべり係数0.45を確保できている．いずれの組合せにおいても，同程度のバラツキを有している．

（3）薬剤による摩擦面処理の注意点

図4.10.1の試験結果によれば，3体を除けばいずれの組合せにおいてもすべり係数は0.45を確保できており，黒皮除去の方法は，ブラスト処理，グラインダ処理のいずれの方法を用いても有意な差は見られない．すなわち，部材，側板ともに薬剤摩擦面処理を行っても問題ないと考えられる．また，一方がブラスト処理で50μmRzの表面粗さを確保し，もう一方が薬剤処理を施した場合でも，所定のすべり係数が確保されている．

ただし，薬剤処理を行う場合には以下の注意が必要であり，薬剤ごとに使用方法，管理方法が異なるので，メーカーの取扱い仕様を十分に参考にした上で接合部の製作を行う必要がある．

ⅰ）薬剤塗布前の下地処理の管理を十分に行う．
ⅱ）薬剤の希釈の必要性の有無や希釈条件を確認する．
ⅲ）薬剤塗布後，所定のすべり係数が得られるまでの時間を確保する．

（4）その他注意点

試験結果によれば，所定のすべり係数が得られるまでの時間は，塗布時の温度・湿度にも大きく依存している．特に気温5℃以下，湿度80％以上などの悪条件では，その効果がほとんどないことも報告されている．このように，塗布後のボルト締付けまでに必要な時間は気象条件と関連して決

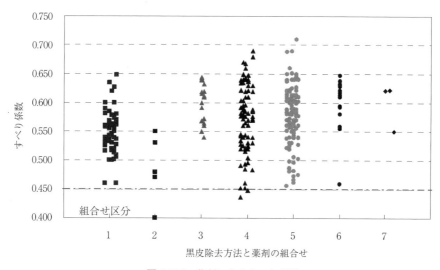

図4.10.1　薬剤によるすべり係数

めるべきであるが，メーカー各社のカタログ等では，平均的な温度・湿度に対しての時間設定のみを記載しているので注意を要する．各社の仕様では，塗布後ボルト締付けまでの養生時間として24時間を標準としているものが多いが，気象条件等による変動を考慮して48時間以上の発せい時間を設けることを推奨する．また塗布後，屋外に滞貨している間に降雨にさらされる場合もあるが，塗布後に発せいが確認できる24時間は，雨にあたらないよう保護するべきであろう．

なお，これら薬剤の塗布作業にはゴム手袋や保護メガネを着用して身体を保護するとともに，万一皮膚に付着した場合は，ただちに水洗いなどの処置を必要とする．

薬剤処理による場合の経年変化の影響について議論されることが多い．このテーマについても，薬剤メーカー各社は自然発せいとのさびの進行速度の比較実験等を行っており，現在までに得られた結果では自然発せいと大差ないとしているが，今後も長期的に研究を見守っていく必要がある．

これまで，JASS 6では摩擦面処理を自然発せいまたはブラスト処理により行う場合は，すべり係数もしくはすべり耐力を確認する試験は必要ないとしてきた．したがって，薬剤を使用した発せいの場合には，試験による確認を行うのが通例であった．しかし，薬剤ごとの使用方法・管理方法に従って処理を行った場合には，すべり係数0.45以上を確保できることが多くの試験により確認されていることを踏まえ，試験を必要としない摩擦面処理に薬剤発せいを新たに加えることとした．ただし，JASS 6の標準仕様とした自然発せい，薬剤発せい，ブラスト処理以外の処理を施した場合には，原則としてすべり係数試験を行うこととした．

4.10.4 摩擦接合面の取扱い

（1）　加工・製作時の留意点

所定のすべり耐力を確保する摩擦面を得る方法として，4.10.1～4.10.3項の方法を挙げたが，このうちブラスト処理による場合にはブラスト前に孔あけ加工することがJASS 6で条件づけられている．しかしながら，ブラスト処理のみを外部に先行委託したり，あるいは工場内のラインの流れの手順によってやむを得ず孔あけ加工がブラスト後になることがある．この場合，孔まわりにまくれやばりが生じるので，ボルト孔周囲をグラインダで仕上げることになる．その結果，肝心の孔まわりでブラスト面の粗さが失われるので，グラインダをかけた部分は赤さびの発生が必要になる．

また，ブラスト後にドリル孔あけをする際，切削油がブラスト面全体に付着してしまうと油分の除去が困難となる．したがって，水性の切削液を用いる等，すべり耐力に悪影響がないように配慮しなくてはならない．

製作後の一般的な注意点として，接合面にスパッタが付着していたり，クランプきずがついていたりすることが多いが，これは摩擦接合面の密着性を阻害するので，よく点検して除去しておく必要がある．

なお，摩擦面の裏面のすべり係数は特に規定されていないが，この部分のすべり係数が低いと本締め時に共回り・座金回り等の原因となる．したがって，高力ボルトの頭や座金が取り付く側も，黒皮を除去するのを原則とするべきである．油分や塗料はすべり係数を著しく低下させるので，特に注意する．

（2）　保管・輸送時の留意点

　所定のすべり耐力を確保する摩擦面を得るため，摩擦接合面の取扱いは製品の保管中も注意しなくてはならない．添板は，何枚も重ねて加工・保管されることが多く，発せいしにくい状態に置かれがちである．また，輸送・建方の利便を考えて部材にボルトなどで固定されていることが多く，これもまた発せいしにくい条件となる．このため，添板と部材の間に小さいかいものをして，いくぶんでも空気の流動を良くするぐらいの配慮はしておきたい．なお，一度赤さびが発生したスプライスプレートを部材の接合面に重ねておくとしばらくして面が黒変することがあるが，この場合，通常は所定のすべり係数は得られると考えてよい．保管輸送中に添板を母材に油まみれのボルトで仮固定すると，この油のにじみがすべり係数を低下させるので，このような場合は，油分が付着したボルトを使用してはならない．

（3）　建方時の留意点

　建方時には，接合面間にごみなどの異物を挟み込むようなことのないように注意するとともに，リーマがけによるきりこの介在，油の付着・浸透などがないようにしなければならない．また，塗料などで摩擦面を汚さないようにするほか，建方時の仮ボルトも油分のないものを用いる．

4.10.5　すべり係数試験

（1）　すべり係数試験とすべり耐力試験の位置づけ

　摩擦接合部のすべり係数は各種の要因によって影響を受けるため，摩擦面の状態とすべり係数の関係を確かめる試験を行うことがある．試験にはすべり係数試験とすべり耐力試験があるが，後者は間接的にすべり係数を類推する簡易な試験であるので，JASS 6で標準とする摩擦面処理の範囲が広がったことを受け，すべり係数試験の適用を原則とすることとした．

（2）　すべり係数試験の目的

　鋼材面に対する発せい処理，ブラスト処理またはめっき面に対するブラスト処理，りん酸塩処理がJASS 6の規定に則って適用されている限り，すべり係数を確認しなくてよいこととした．

　しかしながら，発せい促進剤の製品に疑問があったり，管理が不十分と思われる場合，ショットブラスト等で表面粗さの管理が十分に行われていない場合，特殊な摩擦面処理を採用する場合には，すべり係数試験によってすべり係数を確認しておくことが必要である．その場合，実際の部材接合部に近い形状の試験片を用いることが望ましいが，通常は2面摩擦の標準試験片によることが多い．その際，当然のことであるが，摩擦面は実際に採用する方法と同じ処理をしておかなければ無意味である．また，実際の工事で摩擦面処理を行う前に，予定している摩擦面処理に対する試験結果が得られるようにしなくてはならない．

（3）　すべり係数試験の方法

　すべり係数試験体の形状および試験方法は，本会編「高力ボルト接合設計施工ガイドブック(2016)」にも記載されているので，これを転記する．また標準試験片の形状を表4.10.4に示す．

表 4.10.4　標準試験体の寸法等

(a) F 10T, 400 N/mm² 級の場合

高力ボルトの等級	ねじの呼び	部材の有効断面積 (mm²)	孔径 d (mm)	中板厚 t_1 (mm)	側板厚 t_2 (mm)	板幅 W (mm)	はしあき e (mm)	ピッチ p (mm)
F 10T	M 12	576	14	16	9	50	30	50
	M 16	1 083	18	19	12	75	40	60
	M 20	1 716	22	22	12	100	50	70
	M 22	2 128	24	28	16	100	55	80
	M 24	2 518	26	32	19	105	60	90
	M 27	3 200	30	32	19	130	70	100
	M 30	3 852	33	36	19	140	80	110

(b) F 10T, 490 N/mm² 級の場合

高力ボルトの等級	ねじの呼び	部材の有効断面積 (mm²)	孔径 d (mm)	中板厚 t_1 (mm)	側板厚 t_2 (mm)	板幅 W (mm)	はしあき e (mm)	ピッチ p (mm)
F 10T	M 12	432	14	12	9	50	30	50
	M 16	833	18	16	9	70	40	60
	M 20	1 292	22	19	12	90	50	70
	M 22	1 562	24	22	12	95	55	80
	M 24	1 850	26	25	16	100	60	90
	M 27	2 380	30	28	16	115	70	100
	M 30	2 944	33	32	19	125	80	110

(c) F 8T, 400 N/mm² 級の場合

高力ボルトの等級	ねじの呼び	部材の有効断面積 (mm²)	孔径 d (mm)	中板厚 t_1 (mm)	側板厚 t_2 (mm)	板幅 W (mm)	はしあき e (mm)	ピッチ p (mm)
F 8T	M 16	910	18	16	9	75	40	60
	M 20	1 390	22	19	12	95	50	70
	M 22	1 670	24	22	12	100	55	80
	M 24	1 980	26	25	16	105	60	90
	M 27	2 660	30	28	16	125	70	100
	M 30	3 260	33	32	19	135	80	110

(d) F 14T, 490 N/mm² 級の場合

高力ボルトの等級	ねじの呼び	部材の有効断面積 (mm²)	孔径 d (mm)	中板厚 t_1 (mm)	側板厚 t_2 (mm)	板幅 W (mm)	はしあき e (mm)	ピッチ p (mm)
F 14T	M 16	1 232	18	16	9	95	40	60
	M 20	1 950	22	25	16	100	50	70
	M 22	2 400	24	25	16	120	55	80
	M 24	2 772	26	28	16	125	60	90

［注］　上記の表にない他の材質の組合せの場合の試験体の寸法は，4.10.5項（3）ⅰ）に示す考え方で標準試験体の寸法を決定すればよい．

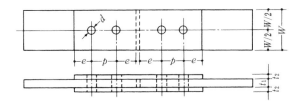

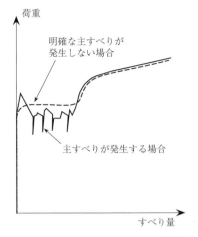

図 4.10.2 すべり係数試験時の荷重と変形の関係

標準試験片による試験方法

 i) 標準試験片は，ボルトを応力の作用線上に 2 本有する 2 面せん断継手で，部材有効断面に基づく降伏耐力が，すべり係数 0.6，締付け力を標準ボルト張力としたときのすべり荷重にほぼ等しくなるよう設計されている．

 ii) 摩擦面の状態は，さびの程度，表面粗さ，表面処理の種類などすべり係数に影響する要素が工事現場での状況とほぼ同一と見なし得るものでなければならない．

 iii) 試験片の組立てにあたっては，すべりの生じる前にボルト軸部にせん断力が働かないようにボルトを孔の中央にセットして締め付ける．

 iv) 試験は，接合部材間または接合部材と添板との相対変位を測定しながら，引張載荷によりすべり荷重を測ることを原則とする．荷重と相対変位の関係は一般に図 4.10.2 に示すようなもので，すべり荷重に達すると音を伴って明瞭なすべり（主すべり）を示すことが多い．

　通常はすべり荷重が確認された段階で試験を終了してよい．図 4.10.2 に図示した明確な主すべりのない場合はすべり量 0.2 mm に対応する荷重を，すべり量 0.2 mm までに最大荷重が生じた場合は，その最大荷重をすべり荷重とする．

 v) 試験体の数は 3 体以上とする．各試験体の両側ですべりを発生させることにより同じ試験体から 2 個のすべり係数を得ることができる．

なお，すべり係数 μ は次式によって算定する．

$$\mu = \frac{P_s}{m \cdot N}$$

ここに，μ：すべり係数（0.45 以上　めっき面は 0.40 以上）

　　　　P_s：すべり荷重

　　　　m：摩擦面の数（この場合 $m = 2$）

　　　　N：ボルト初期導入張力の和

ボルト導入張力は本来，ボルト軸部（円筒部）にワイヤストレインゲージ（WSG）を貼付して測定することが原則である．リラクセーションの影響を考慮するため，試験は，試験体締付け後 24 時間経過した後に行う．

ボルトの導入張力は締付け後通常 5 ％程度低下し，さらにすべり荷重に近付くにつれて漸減するが，すべり係数の算定に用いるボルト張力 N は，試験体締付け時に導入した初期導入張力の値とする．

4.10.6　すべり耐力試験

高力ボルト摩擦接合部のすべり係数を直接測定せず，すべり耐力を簡易的に確認する方法としてすべり耐力試験がある．その試験方法，標準試験片の寸法などは，すべり係数試験と基本的に同じである．ただし，高力ボルトの導入張力を測定しない代わりに安全率という係数が導入されている．なお，試験は，締付け後 24 時間経過した後に行う．

すべり耐力試験における合否の判定は，下記による．

$$P_s \geq v \cdot m \cdot n \cdot \mu \cdot N_0$$

P_s：すべり荷重
v：安全率（1.2）
m：摩擦面の数
n：ボルト本数
μ：すべり係数（0.45　めっき面は 0.40）
N_0：設計ボルト張力

ここで安全率 v を 1.2 としたのは以下の理由による．すなわち，常温における導入張力確認試験時の平均値は設計ボルト張力の 1.1 倍程度を目標としていることに加え，すべり耐力試験では一般に 3 体の試験体の平均値から判断しているので，ある程度の安全率を見込む必要があるからである．なお，高力六角ボルトをナット回転法により締め付ける場合も，設計ボルト張力に対し通常 1.2 倍以上の張力が導入されることが実験値より予想されるため問題ない．

4.11　ひずみの矯正

4.11.1　材料のひずみの矯正

a．矯正を必要とするひずみ

材料のひずみについては入荷後，製品精度・加工精度などを勘案して，矯正の必要性を判断する．判断の基準は製作工場における加工方法の違い，材料の形状などによって異なり，要求される精度は必ずしも同等ではない．

（1）鋼　　板

素材鋼板の場合，問題となるひずみは平たん度である．表 4.11.1 に JIS G 3193 に規定される鋼板

の平たん度の許容値を示すが，鋼板の使用方法によって矯正の必要性は異なる．

クレーンガーダのウェブ材や大梁のウェブ材などに用いられるときのように，その全体，または多くの部分がそのまま使用される場合には問題となるが，ガセットなどに切断加工で細分される場合は，ひずみも部分的な量となり問題とならない場合が多い．せん断によって細分された鋼板には

表 4.11.1 鋼板の平たん度[a]（JIS G 3193）

（単位：mm）

厚さ	測定長さ[b]						
	2 000				4 000		
	板幅				板幅		
	1 250 未満	1 250 以上 1 600 未満	1 600 以上 2 000 未満	2 000 以上	2 000 未満	2 000 以上 3 000 未満	3 000 以上
1.60 未満	18	20	—	—	—	—	—
1.60 以上 3.15 未満	16	18	20	—	—	—	—
3.15 以上 4.00 未満		16		—	—	—	—
4.00 以上 5.00 未満		14		24	26	(c)	(c)
5.00 以上 8.00 未満		13		21	22	28	(c)
8.00 以上 15.0 未満		12		16	12	16	24
15.0 以上 25.0 未満		12		16	12	16	22
25.0 以上 40.0 未満		9		13	9	13	19
40.0 以上 80.0 未満		8		11	8	11	16
80.0 以上 150 未満		8		10	8	10	15
150 以上 250 未満		10		15	10	15	20
250 以上 350 未満		20		20	20	20	20
350 以上		25		25	25	25	25

平たん度の測定は，通常図 4.11.1 のように定盤の上で行い，その値は，ひずみの最大値から鋼板の厚さを減じたものとし，鋼板の上側の面に適用する．ただし，圧延のままの鋼板（耳付鋼板）は，受渡当事者間で協定してもよい．

[注] (a) 特に指定のない限り，引張試験の降伏点または耐力の規格下限値が 460 N/mm^2 以上の鋼板，およびこれらに相当する化学成分または硬さを有する鋼板ならびに焼入焼戻しを施した鋼板の平たん度の最大値は，この表の数値の 1.5 倍とする．
(b) この表は，任意の長さ 2 000 mm について適用し，鋼板の長さ 2 000 mm 未満の場合には，全長について適用する．また，波のピッチが 2 000 mm を超える鋼板については，その波のピッチの長さにおいて適用する．ただし，波のピッチが 4 000 mm を超える鋼板については，任意の長さ 4 000 mm について適用する．
(c) 受渡当事者間の協定による．

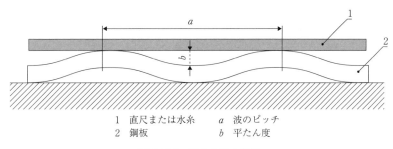

1 直尺または水糸　　a 波のピッチ
2 鋼板　　　　　　　b 平たん度

図 4.11.1　平たん度の測定

曲がりや切断面のたれが生じており，また，ガス切断された長尺で幅の狭いものは横曲がりが生じるので，それぞれ曲がりを矯正しなければならない．

（2） H形鋼

H形鋼に関して問題となるのはフランジの傾斜と大曲がりである．フランジの傾斜の矯正に関しては部材全長の矯正は一般に困難であるが，少なくとも，高力ボルト接合部および溶接接合部の範囲はJASS 6付則6「鉄骨精度検査基準」付表4に示された許容差までは矯正しておく必要がある．大曲がりについては細断して使用する場合は問題とならない場合が多いが，素材の大部分がそのまま使用されるときは，使用目的・加工方法を考慮して，ひずみの矯正を行ってから加工作業に入る必要がある．例えば，H形鋼を専用自動孔あけ機によって孔あけを行う場合と，けがき後に一般的な孔あけ機で孔あけする場合とでは，大曲がりに対する要求度が異なる．

専用自動孔あけ機による場合は，精度が孔あけ精度に直接影響する機構となっているものが多いので，材料のJIS許容差では不十分な場合がある．機械の性能，部材長などを考慮した許容限界を定め，矯正しておくとよい．専用自動孔あけ機を使用する場合のH形鋼の大曲がりの要求精度について，参考として下記に示す．

特別に精度を要する柱　　$L/2\,000$ かつ3 mm以下

上記以外　　　　　　　　$L/1\,000$ かつ5 mm以下

ただし，　　L：部材長（mm）

b．ひずみの矯正方法

（1） 鋼　板

素材鋼板にJIS G 3193の平たん度許容値を超えるひずみがある場合は，ローラレベラを使用して機械的に矯正を行うとよい．ローラレベラは，千鳥状に配置された数本のローラの間に材料を通して繰り返し上下に曲げて，ひずみを除去するものである．しかしながら，ローラレベラを保有する鉄骨製作業者が少ないこともあり，局部的なひずみでなければ，組立て時に矯正しながら組み立てることにより，ひずみを吸収することができる．局部的なひずみは，4.11.2項b．「加熱矯正法」に示す方法でひずみを矯正しておくとよい．

柱や梁のフランジは，ガス切断後，切断時の熱応力や材料の内部応力状態によって横曲がりが生じるが，ビームベンダ（横押し形プレス）によって矯正を行う．小物類はプレスによるが，ひずみ量が少ない場合はひずみの除去が困難であるが，材料の一端にかいものを入れて塑性ひずみを起こさせると効果がある．薄板の場合はハンマでたたいて矯正する方法が古くから行われているが，ハンマによる打ちきずをつけないよう当てものをする必要がある．しかし，この方法は，騒音や作業能率などの関係で望ましい方法ではない．

（2） H形鋼

4.11.2項a．「常温矯正法」を参照．

4.11.2　溶接後のひずみの矯正

部材には溶接によって大曲がり・H形断面の直角度不良・局部的変形などのひずみが発生する．

製品としての曲がりの許容差はJASS 6付則6「鉄骨精度検査基準」付表4に示されているが，これを超えた場合には矯正を行う必要がある．矯正には，図4.11.2に示すとおり常温矯正法と加熱矯正法がある．常温矯正法は部材の変形部を加圧し，塑性変形を生じさせて矯正する方法であり，作業能率は高い．一方，加熱矯正は，加熱後部材寸法が収縮するので，部材製作時にはこの収縮量を見込む必要がある．このため，収縮量の予想を誤った場合は，その結果として矯正後の部材寸法精度不良が生じることになる．このため，最終工程で複雑なひずみのものを加熱矯正するより，中間工程の単純な曲がりの段階で常温矯正しながら組み立てるのが効果的であり，精度保持上も望ましい．

a．常温矯正法

常温矯正法にはローラによる矯正とプレスによる矯正があげられる．現状，プレスによる矯正はほとんど行われていないため，ここではローラ矯正について述べる．

長尺H形断面部材のフランジの角変形・首折れの矯正にはローラによる方法〔図4.11.4参照〕が

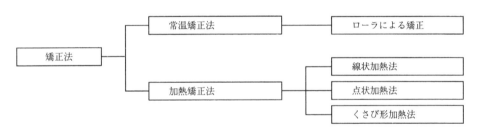

図4.11.2　矯正法の分類

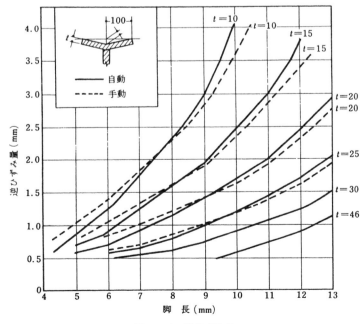

図4.11.3　逆ひずみ量

能率的であり,寸法精度を保持する上からも望ましい.鋼板のひずみ矯正に使用するローラレベラと異なり,プレスの押し型と受け型がローラとなっているもので,この間を通して矯正するものである.この場合も,フランジの剛性がウェブよりも高いため,ウェブのつけ根の部分で曲がることがあるので,ウェブ側も補助的に加圧するなどの方法をとる必要がある.

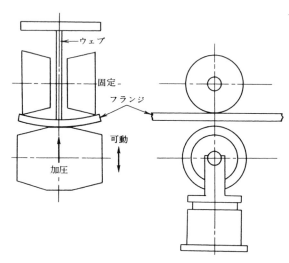

図 4.11.4 ローラ形矯正機

b.加熱矯正法

角変形の矯正は常温矯正によるのが原則であるが,局部的なものは線状加熱法・点状加熱法,大曲がりではくさび形加熱法も用いられる.

(1) 線状加熱法

ガスバーナを用いて矯正部を線状に加熱し,加熱部の板厚方向の温度差を利用して角変形を生じさせ,ひずみを矯正する方法である.この方法は一次元の曲がり矯正だけでなく,ガスバーナの移動方向の組合せにより,二次曲面状曲がりの矯正にも用いられる.

(2) 点状加熱法

一般に"お灸"または"やいと"といわれるもので薄板でパネル部の四周溶接によって生じたわん曲状ひずみを,加熱後の収縮を利用して矯正する方法である.加熱点は150〜200 mm程度の間隔とし,中央部が最後となるように左右交互に加熱し,水冷によって収縮させる.

(3) くさび形加熱法

局部的に変形した鋼材や形鋼などのわん曲したひずみの矯正に利用される.加熱は図4.11.6のようにくさび形の先端から開始し,端部で終わるようにする.

以上の加熱矯正は,矯正部を急速に加熱し,急冷させるほど効果がある.また加熱温度が高いほど効果があるため,一般に加熱部分が溶融寸前となっている例が見られるが,これは避けなければならない.また,加熱直後に急冷する方法は鋼材の材質が劣化し,部材としての性能低下をきたす.

電炉広幅平鋼を用いた柱梁接合部に加熱冷却を施した場合の耐力・変形性能の低下を調査した実

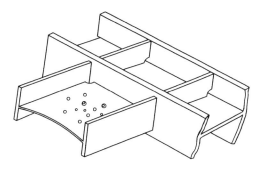

図 4.11.5 点加熱法

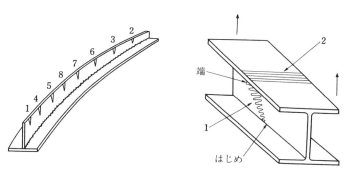

図 4.11.6 くさび形加熱法

験も行われている[1]．

(4) 鋼材に対する加熱矯正の影響

すべての鋼材は，化学成分の調整と圧延温度，圧下量の制御，熱処理の組合せによりつくり込まれている．したがって，加熱矯正が実施された場合，程度の差はあれ材質への影響は免れることはできない．影響因子としては①加熱温度，②加熱時間，③加熱範囲，④冷却条件であり，これらの条件と鋼材成分の相互関係により加熱矯正部分の材質劣化度合いが異なってくる．

i) SN 400, SS 400, SM 400, SN 490, SM 490, SM 520 鋼材

原則として圧延のまま供給される．ただし SN 材，SM 材のグレード B, C 材については，靱性確保のため軽い制御圧延や板厚の厚い鋼板を対象に焼ならしが施されることがある．これらの鋼材の主成分は C, Si, Mn（SN 490, SM 490, SM 520 の板厚の厚いものは必要により Cr, Ni, Nb 等の合金元素を添加することがある）であり，加熱の影響は比較的受けにくいが，850℃を超える高温からの水冷は焼入れ組織となり硬さの上昇を招く．特に炭素当量（C_{eq}）が高い場合は，強度が JIS 規格の上限規定を超えてしまう可能性があり，注意が必要である．

参考文献

1) 青木博文，中込忠男，矢部喜堂，古藤凱生，中根一臣，新井 聡：熱間矯正法が柱・梁溶接接合部の耐力，変形能力に及ぼす影響に関する実験的研究，構造工学論文集，Vol. 39B, pp.455-454, 1993.3

ii) TMCP鋼

制御圧延による結晶粒の微細化により靱性の改善を図り,その後加速冷却(水冷)で強度確保が図られている鋼材のため,比較的熱間加工や加熱矯正の影響を受けやすい.圧延のままの鋼材に比べ炭素当量が平均的に 0.03～0.06 %程度低いため,焼入性は低いが高温での長時間加熱は局部軟化のおそれがあり,注意が必要である.

iii) 耐火鋼(FR鋼)

この鋼材は 600 ℃での高温強度(常温時降伏点の 2/3 以上)を保証するため,高温に耐える合金元素が添加されている.この元素は高温において炭化物が生成しやすく,また焼入れ性が高いため,加熱矯正の影響を受けやすい.そのため,長時間加熱では靱性が低下したり,850 ℃以上の温度からの水冷では大幅に強度が上昇するので,特に注意が必要である.

iv) SA 440 鋼材

調質鋼の場合,加熱によりその調質効果が失われることがある.したがって,調質鋼で加熱矯正を行う場合は加熱温度管理に注意し,材料の焼戻し温度を超える加熱を避けることが重要である.材料の焼戻し温度は 600 ℃前後である.加熱温度が焼戻し温度(600 ℃)を超え,その後に空冷または水冷する場合は,確認実験を実施し,引張特性,衝撃特性に問題がなければ,確認した条件でひずみ矯正を行うことができる.

(5) 加熱矯正基準

各鋼材に加熱矯正を施す場合の基準を表 4.11.2 に示す.表中の◎は実施可,×は実施不可である.○はさらに厳密な温度管理と加熱時間,加熱範囲を最小限とすることを前提に実施してもよい.いずれにせよ加熱による材質への影響は免れることはできず,熱影響を表面近傍のみに止めるように管理をしなければならない.

表 4.11.2 加熱矯正基準

加熱矯正の分類	SN 400, SS 400, SM 400, SN 490, SM 490, SM 520	TMCP鋼 325号 355号	耐火鋼	SA 440 (調質鋼)
850～900 ℃まで加熱,その後空冷	◎	○	○	×
850～900 ℃まで加熱,直後水冷	×	×	×	×
850～900 ℃まで加熱,空冷後 650 ℃以下から水冷	◎	◎	○	×
600～650 ℃まで加熱して直後水冷	◎	◎	◎	○
600 ℃まで加熱,その後水冷	◎	◎	◎	◎*

[注] 上表の温度は加熱表面での温度である
＊ 600 ℃を超えてその後空冷または水冷する場合は,確認実験を実施してその条件で行う

4.11.3 ひずみの防止法

ガス切断や溶接の加熱・冷却によるひずみ発生は避けられないが,ひずみの程度を小さくすることは可能である.下記にひずみ防止に効果のある方法を示す.

i) 長尺で幅の狭い材料を大板からガス切断する場合は,ガス切断しながら後方の切断線を水冷

する.

ii) 板幅を2本の火口で同時・平行に切断する.

iii) 切断線の途中からガス切断を開始し,冷却後に端部を切り離す.

iv) T形鋼などのような非対称の部材は,素材手配の段階ではH形の形状としておき,組立て溶接後にウェブの中央で分割するなどの方法をとる.

v) 溶接によって反りが生じるおそれのある場合は,変形量を見込んで逆ひずみをつけて組立てを行い,その後,溶接を行う〔図4.11.3参照〕.

vi) 2部材の背を抱き合わせて変形を拘束する.

vii) 開先角度・ルート間隔を必要以上に大きくしない.

viii) 溶接組立箱形断面柱や十字形柱の相対する2枚のフランジの組立て前の曲がりは,2枚重ねて十分に矯正した後に組み立てる.

ix) 溶接順序を考慮する.

x) 各工程で発生したひずみはその工程で矯正する.

xi) 構成部材の板厚を極度に薄くしない.SRC構造のウェブ材についても9mm以上の板厚とすることが望ましい.

溶接によるひずみの発生が定量的に予想できれば,加工の際にその影響を考慮できる.一例として,角形鋼管を通しダイアフラムに溶接する際のダイアフラムのかさ折れ変形と溶接部の収縮変形(柱軸縮み)の測定例を図4.11.7に示す[1].同図は,ルート間隔7mm,ベベル角35°,ダイアフラム出寸法25mmでCO_2半自動溶接およびロボット溶接で施工された場合の結果である.同図(a)のかさ折れ変形は,柱板厚が大きくなるほど,ダイアフラム板厚が小さくなるほど大きくなるのに対し,同図(b)の柱軸縮みは,柱板厚が大きくなるに従い大きくなり,ダイアフラム板厚の影響は小さい.文献[1]にはダイアフラム板厚と溶接の総入熱量(柱板厚の関数)を変数としたダイアフラムのかさ折れ変形の推定式が提案されている.

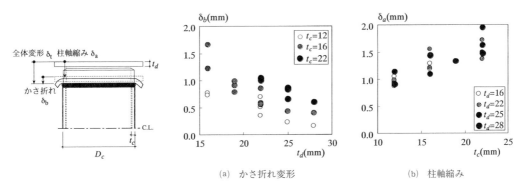

(a) かさ折れ変形　　(b) 柱軸縮み

図4.11.7　コラム仕口ダイアフラム溶接後の変形

参考文献

1) 難波 尚,若間靖志,小森直樹,田渕基嗣:通しダイアフラムの溶接変形に関する計測試験.日本鋼構造協会 鋼構造論文集,第52号,pp.17-24,2006.12

4.12 曲げ加工

曲げ加工は常温または加熱して行う．常温加工はプレス・ローラ・ベンダなどを利用し，加熱加工は線状加熱法のほか，全面加熱後プレスなどの機械力によって行う．通常，常温で曲げ加工するのが一般的であるが，プレスなどの設備のない場合や曲げ角度の大きいとき，また，曲げ半径が板厚に比べて小さいときなどは，加熱して曲げ加工を行う必要がある．調質鋼は，原則として加熱加工は行わないようにする．

a．常温曲げ加工法

加工物の形状に適応した各種の曲げ機械を使用して常温で曲げ加工を行うもので，代表的な機械を下記に挙げる．

（1）プレス

主に鋼板の曲げに使用する〔写真4.12.1〕．鋼板の常温曲げ加工は，鋼材に降伏点を超える曲げひずみを与えて行うものであって，その程度によって次のような影響が出てくることに注意しなければならない．

①延性の低下
②ひずみ硬化による降伏点の上昇と降伏比の上昇
③ひずみ時効を含めて，靱性の低下
④残留応力
⑤表面の傷

常温曲げ加工は，塑性変形を与えて所定の形状に成形することであるので，単純に言って塑性変形の量だけ延性が低下する．一般に加工前の材料では，引張試験における一様伸び程度までを延性の限界と考えておけばよい．したがって，加工を行おうとする鋼材の鋼種によって一様伸びが異なるので，高張力鋼や特殊鋼などで一様伸びが小さい場合には注意が必要である．

常温曲げ加工による脆化は鋼中のN（窒素）含有量を制限することによって抑制される．（一財）

写真4.12.1　プレス

日本建築センターの「冷間成形角形鋼管設計・施工マニュアル」(2008 年 12 月) では，鋼中の N 含有量を 0.006 % 以下 (Al 等 N を固定化する元素を添加し，フリーな N が 0.006 % 以下であれば N は 0.009 % まで含有できる) として，冷間成形角形鋼管の外側曲げ半径の標準値を表 4.12.1 のように規定している．

表 4.12.1 冷間成形角形鋼管の曲率半径標準値 (外側曲げ半径)

(t：板厚)

項目および区分		曲率半径標準値 (外側曲げ半径)	寸法許容差
プレス成形	6 mm 以上 19 mm 以下	3.5 t	± 0.5 t
	19 mm を超え 40 mm 以下		± 0.4 t
ロール成形	6 mm 以上 25 mm 以下	2.5 t	± 0.5 t

鋼材の一様伸びの平均的な値が 20 % あると考え，単純な仮定に基づいた略算を行うと，内側曲げ半径 (r) が $r = 2t$ (t：板厚) で曲げ加工した場合は，曲げ曲面に沿った方向の鋼板表面に生じる予ひずみが 20 % になり，延性として残っている予ひずみはほとんどないと考えてよい．$r = 4t$ では，曲げ加工による予ひずみが 11 % 生じる．一様伸びと予ひずみの差を残された延性と考えれば，残留延性は約 9 % 程度残っていることになる．もし，残留延性 15 % 程度確保したいのであれば，曲げ加工により鋼板表面に生じる予ひずみを 6 % 以下にする必要があり，そのためには，内側曲げ半径を $r = 8t$ 以上にする必要があろう．一方，鋼管の材軸方向のように曲げ曲面に沿った方向に対し直角方向に生じる予ひずみの大きさは，曲げ曲面に沿った方向に生じる予ひずみの 1/2 程度であるため，一様伸びから予ひずみを除いた残留延性の大きさは大きくなる．また，曲げ半径が同じであっても，曲げ角度によって予ひずみを受ける領域の大きさが異なる．このようなことから，塑性変形能力を要求される部位については，使用鋼材の材質や要求される塑性変形能力の大きさ，曲げ加工される領域の大きさ，応力状態を考慮して曲げ半径を決める必要がある．したがって，JASS 6 では内側曲げ半径を特記とすることとした．400 N/mm² 級および 490 N/mm² 級のように一様伸びが 20 % 程度以上期待できる鋼材に対しては，前述の考えに基づき，表 4.12.2 に示す値を用いて問題

表 4.12.2 常温曲げ加工による内側曲げ半径

部　位		内側曲げ半径	備　考
柱材，梁材，ブレースなど塑性変形能力が要求される部位	ハンチなど応力方向が曲げ曲面に沿った方向である場合	8 t 以上	r：内側曲げ半径 t：被加工材の板厚
	応力方向が上記の直角方向の場合	4 t 以上	
上記以外		2 t 以上	

[注] 冷間成形角形鋼管は，表 4.12.1 による．

ない.

やむを得ず内側曲げ半径をこれより小さくするときは,加熱曲げ加工とする.

曲げ加工を行うとき,割れを発生させないためには,

 ⅰ）曲げ加工を行う部分の外側には加工前にポンチ・たがねなどの打こん（痕）をつけない.
 ⅱ）厚板（16 mm 以上）の曲げ加工を行う部分の材端面の角には 1 mm 程度の糸面をつける.
 ⅲ）曲げ加工される部分や近傍にボルト孔をあける場合は曲げ加工後に行う.

などに留意するとよい.

押し型には図 4.12.1 に示すような種類があるが,適切な形状のものを選ばないと局部的な押し跡が付いてしまう.通常,押し型の半径（R）は曲げ内半径と同じものを選び,一度に大きな力を加えない等の注意が必要である.

（2） ベンディングローラ

鋼板を曲げて管状にする場合に使用される.ただし,ローラでは材端の円形曲げが不可能なため,まずプレスで両端を円形状に曲げたのちローラ曲げを行う.

（3） パイプベンダ

鋼管の円形曲げ加工に使用される.

（4） アングルベンダ

山形鋼・Ⅰ形鋼・H 形鋼の円形曲げ加工に使用される.

鋼管は断面性能に比べて板厚が小さいので,曲げ加工の際に圧縮側が座屈変形を生じやすい.曲率が大きい場合は鋼管の内部に砂を充填するか,マンドレル（心金）を挿入して局部変形に抵抗させながら加工をする必要がある.マンドレルを使用しない場合はローラのフランジで変形はある程度防止されるが,断面形状がややだ円になる傾向がある〔図 4.12.2〕.

形鋼類も,同様な理由によって圧縮側になるフランジが座屈することがあるので,板厚方向から補助的に加圧するなどの処置を講じるか,曲率の大きいときは切曲げを行うのがよい.鋼管・形鋼類をプレスによって常温曲げ加工するときの最小半径およびつかみ代を参考として表 4.12.3a～d に示す.

曲げ加工を曲げ加工業者に依頼する場合は,その設備内容により曲げ最小半径およびつかみ代が異なるため,事前に調査しておく必要がある.

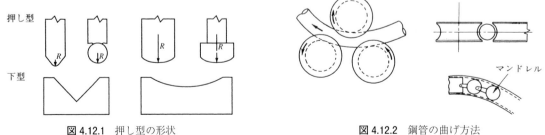

図 4.12.1　押し型の形状　　　　　　　　　　図 4.12.2　鋼管の曲げ方法

表 4.12.3a　H形鋼の常温曲げ加工最小半径（参考）

サイズ		（アーチ曲げ）		（レール曲げ）	
		つかみ代 (mm)	最小曲げ半径 (R) (mm)	つかみ代 (mm)	最小曲げ半径 (R) (mm)
広幅	H-100×100× 6 × 8	600	1 200	400	800
	H-125×125× 6.5× 9	〃	1 500	〃	1 000
	H-150×150× 7 ×10	700	2 000	〃	1 200
	H-175×175× 7.5×11	〃	3 000	700	1 500
	H-200×200× 8 ×12	1 000	3 500	〃	2 000
	H-250×250× 9 ×14	〃	5 000	900	3 000
	H-300×300×10 ×15	〃	8 000	1 000	4 000
	H-350×350×12 ×19	1300	10 000	1 200	5 000
	H-400×400×13 ×21	〃	20 000	〃	6 000
中幅	H-148×100× 6 × 9	700	2 000	400	800
	H-194×150× 6 × 9	〃	3 000	〃	1 500
	H-244×175× 7 ×11	900	5 000	700	2 000
	H-294×200× 8 ×12	〃	7 000	800	2 500
	H-340×250× 9 ×14	1 250	10 000	1 000	3 000
	H-390×300×10 ×16	〃	14 000	〃	4 000
	H-440×300×11 ×18	〃	16 000	〃	〃
	H-488×300×11 ×18	1 400	17 000	〃	5 000
細幅	H-100× 50× 5 × 7	500	1 100	400	800
	H-125× 60× 6 × 8	〃	1 500	〃	〃
	H-150× 75× 5 × 7	700	1 700	〃	〃
	H-175× 90× 5 × 8	〃	2 500	〃	〃
	H-200×100× 5.5× 8	〃	3 000	〃	〃
	H-250×125× 6 × 9	〃	5 000	〃	1 000
	H-300×150× 6.5× 9	1 000	8 000	700	1 500
	H-350×175× 7 ×11	〃	9 000	〃	2 000
	H-400×200× 8 ×13	1 200	11 000	〃	〃
	H-450×200× 9 ×14	〃	12 000	1 000	〃
	H-500×200×10 ×16	1 300	14 000	〃	2 500
	H-600×200×11 × 7	〃	16 000	〃	3 000

［注］つかみ代は両端に必要である．

表 4.12.3b　山形鋼の常温曲げ加工最小半径（参考）

サイズ	（外曲げ）つかみ代 (mm)	（外曲げ）最小曲げ半径 (R) (mm)	（内曲げ）つかみ代 (mm)	（内曲げ）最小曲げ半径 (R) (mm)
L- 50× 50× 6	250	300	300	400
L- 65× 65× 6	300	〃	〃	450
L- 75× 75× 6	400	400	〃	500
L- 90× 90× 10	〃	600	400	700
L-100×100× 10	〃	750	〃	900
L-100×100× 13	〃	〃	〃	〃
L-130×130× 9	〃	800	〃	1 500
L-130×130× 12	〃	〃	700	〃
L-150×150× 11	600	1 500	〃	2 000
L-150×150× 15	〃	2 000	〃	2 500
L-175×175× 12	〃	〃	1 000	〃
L-200×200× 15	〃	2 500	〃	3 000
L-200×200× 20	1 000	〃	〃	〃
L-250×250× 25	〃	3 000	〃	4 000

［注］つかみ代は両端に必要である．

表 4.12.3c　溝形鋼の常温曲げ加工最小半径（参考）

サイズ	（外曲げ）つかみ代 (mm)	（外曲げ）最小曲げ半径 (R) (mm)	（内曲げ）つかみ代 (mm)	（内曲げ）最小曲げ半径 (R) (mm)
[- 75×40× 5 × 7	400	400	400	400
[-100×50× 5 × 7.5	〃	〃	〃	500
[-125×65× 6 × 8	〃	500	〃	700
[-150×75× 6.5×10	〃	750	〃	〃
[-150×75× 9 ×12.5	〃	〃	〃	〃
[-180×75× 7 ×10.5	〃	800	〃	800
[-200×80× 7.5×11	〃	〃	〃	1 000
[-200×90× 8 ×13.5	〃	1 000	〃	〃
[-250×90× 9 ×13	〃	〃	〃	〃
[-250×90×11 ×14.5	〃	〃	〃	〃
[-300×90× 9 ×13	700	1 500	700	1 500
[-300×90×10 ×15.5	〃	〃	〃	〃
[-300×90×12 ×16	〃	〃	〃	〃

［注］つかみ代は両端に必要である．

表 4.12.3d　パイプの常温曲げ加工最小半径（参考）

呼び径 A	呼び径 B	外径 (mm)	つかみ代 (mm)	最小曲げ半径 (R) (mm)	呼び径 A	呼び径 B	外径 (mm)	つかみ代 (mm)	最小曲げ半径 (R) (mm)
6	1/8	10.5	200	100	90	3 1/2	101.6	250	600
8	1/4	13.8	〃	110	100	4	114.3	〃	700
10	3/8	17.3	〃	120	125	5	139.8	400	800
15	1/2	21.7	〃	150	150	6	165.2	〃	900
20	3/4	27.2	〃	250	175	7	190.7	〃	1 000
25	1	34.0	〃	300	200	8	216.3	〃	1 200
32	1 1/4	42.7	〃	350	250	10	267.4	600	1 500
40	1 1/2	48.6	〃	400	300	12	318.5	〃	3 000
50	2	60.5	〃	〃	350	14	355.6	800	3 600
65	2 1/2	76.3	〃	500	400	16	406.4	〃	20 000
80	3	89.1	250	〃	450	18	457.2	〃	25 000

［注］　つかみ代は両端に必要である．

b．加熱曲げ加工

（1）　線状加熱法

線状加熱法による曲げ加工法は，加熱矯正法とまったく同様である〔4.11節参照〕．

（2）　加熱曲げ加工法

JASS 6 では，850～900 ℃の範囲を局所的な板要素の加熱加工温度としているが，部材を全体的に加熱して加工を行う場合は，900 ℃から1 100 ℃の範囲内に加熱して作業を行う．鋼材は200～400 ℃の範囲においては脆くなり（青熱ぜい性），外力を加えると割れるおそれがあるので，この温度での曲げ加工は避けなければならない．また，加熱曲げ加工では，曲げた部分が延びて板厚が薄くなる場合があるので，注意が必要である．

（3）　高周波曲げ加工

高周波誘導加熱により，鋼材の外周部のごく狭い幅を900～950 ℃の範囲で加熱し，鋼材をクランプしたアームを一定速度で回転させ，曲げ加工を行う〔図4.12.3〕．常温曲げ加工では不可能な小さい半径まで対応できるが，機械的な制約による限界がある．H形鋼，鋼管を高周波曲げ加工するときの最小半径およびつかみ代を参考として表4.12.4a，bに示す．常温曲げと同じく，曲げ加工業者の設備内容により曲げ最小半径およびつかみ代が異なるため，注意が必要である．

c．切曲げ加工

形鋼の曲げ加工では曲げ角度が大きい場合にはそのまま曲げることができないので，曲げる部分の一部を切除して曲げ，そのあと切断部分を溶接する〔図4.12.4〕．

切曲げ加工の問題点は，部材の切込みと曲げ後の溶接にある．切曲げ部分の切断は手動ガス切断による場合が多いため，切断面の品質（粗さ・ノッチ）が悪く，また，溶接も粗末となりやすい．

不良な切断面は溶接によって補修したのちグラインダで平滑にし，正しい開先をとって溶接しなければならない．

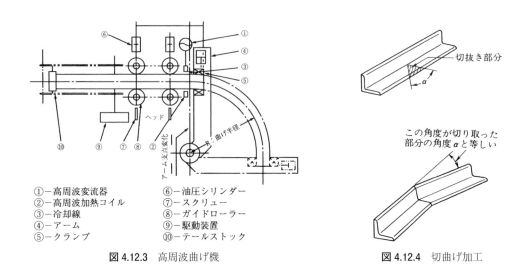

①—高周波変流器　　⑥—油圧シリンダー
②—高周波加熱コイル　⑦—スクリュー
③—冷却線　　　　　　⑧—ガイドローラー
④—アーム　　　　　　⑨—駆動装置
⑤—クランプ　　　　　⑩—テールストック

図 4.12.3　高周波曲げ機　　　　　図 4.12.4　切曲げ加工

表 4.12.4a　H形鋼の高周波曲げ加工最小半径：アーチ曲げ，レール曲げ共通（参考）

	サイズ	つかみ代 (mm)	最小曲げ半径 (R) (mm)
広幅	H-100×100× 6 × 8	200	300
	H-125×125× 6.5× 9	〃	400
	H-150×150× 7 ×10	〃	500
	H-175×175× 7.5×11	300	1 000
	H-200×200× 8 ×12	〃	〃
	H-250×250× 9 ×14	400	〃
	H-300×300×10 ×15	500	1 500
	H-350×350×12 ×19	600	2 000
	H-400×400×13 ×21	〃	2 500
中幅	H-588×300×12 ×20	1 300	4 200
	H-700×300×13 ×24	1 600	4 900
	H-800×300×14 ×26	1 600	5 600
	H-900×300×16 ×28	1 800	6 300
細幅	H-100× 50× 5 × 7	200	300
	H-125× 60× 6 × 8	〃	400
	H-150× 75× 5 × 7	300	500
	H-200×100× 5.5× 8	400	1 000
	H-300×150× 6.5× 9	500	1 500
	H-400×200× 8 ×13	600	2 500
	H-500×200×10 ×16	700	3 000

［注］つかみ代はクランプ端のみに必要である．

表4.12.4b　パイプの高周波曲げ加工最小半径（参考）

サイズ		外径 (mm)	つかみ代 (mm)	最小曲げ半径（R） (mm)
呼び径				
A	B			
40	11/2	48.6	75	150
50	2	60.5	95	90
65	21/2	76.3	110	115
80	3	89.1	125	135
100	4	114.3	130	152
125	5	139.8	145	190
150	6	165.2	185	229
200	8	216.3	285	305
250	10	267.4	330	381
300	12	318.5	375	457
350	14	355.6	375	533
400	16	406.4	450	610
450	18	457.2	500	685
500	20	508.0	550	762
550	22	558.8	600	840
600	24	609.6	600	915
650	26	660.4	650	990
700	28	711.2	700	1 070
750	30	762.0	750	1 145
800	32	812.8	800	1 625
900	36	914.4	900	2 290
950	38	965.2	950	2 415
1 000	40	1 016.0	1 000	4 900
1 200	48	1 219.2	2 000	4 900

［注］つかみ代はクランプ端のみに必要である．

d．曲げ加工精度のチェック

　曲げ精度のチェックは，通常，度型や曲げ型を用いるが，大きな部材では度型の取扱いが不便であるばかりでなく，精度の保持が困難となるので，図4.12.5のように曲がり量を数値表示したものを用いるのが望ましい．

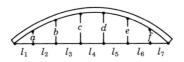

図4.12.5　曲がり量の数値表示方法

4.13 組 立 て

4.13.1 組立て一般

　組立ては前加工された数多くの材料を集結し，正しい位置に取り付けて設計図に図示されたものを実際の形に具現する作業である．

　組立て方法は，大別して部分組立てと総組立ての二通りがある．

　　・部分組立て：柱部材・仕口などをそれぞれ小ブロックに組み立て，溶接・ひずみ矯正完了してから大組立てする．

　　・総 組 立 て：柱部材・仕口などをそれぞれ組み立てたままで，一挙に溶接する．

　部分組立て法は現在一般に多く採用されており，この工法の利点は，無理な溶接姿勢が避けられるとともに溶接の自動化が採用でき，溶接後のひずみ取り作業が容易であり，また組立て精度が向上するなどである．

　総組立て法は現在あまり採用されていなく，部材のまとまりが早く，組立て工程が短縮されるという利点があるが，問題点としては，溶接の自動化がしにくいこと，溶接の順序を間違うとひずみの矯正が困難なこと，無理な姿勢で溶接しなければならない箇所が発生すること，溶接による収縮量の予測が困難なことが挙げられる．

　いずれにしても，組立ての良否は製品の寸法精度や品質に大きな影響を与えるものであるから，作業においては慎重を期さなければならない．組立てにあたって考慮すべき項目を挙げると，次のとおりである．

（1）あらかじめ工作図をよく読み，製作要領書の作成段階あるいはそれ以前に組立て方法，溶接順序を十分検討しておく必要がある．特に製作不可能な設計または製作しにくい設計ディテールの場合，事前に工事監理者と十分な打合せをすることが必要である．これを怠ると，組立て後溶接ができない箇所や無理な姿勢で溶接する箇所が生じ，結果として品質を確保できないことがある．製作・施工上の検討事項の例を表4.1.2に示す．この一例でもわかるように，設計ディテールの良否が品質を左右し，製作しやすい設計ディテールが品質確保，コストダウンにつながる．

（2）柱部材，梁部材等で溶接やひずみ矯正のための加熱による収縮量を考慮する必要がある場合は，適正に縮み代をとること，収縮量は部材の板厚や長さ，部品数，溶接施工法，ひずみ矯正法等によって異なり，つねにデータを採取し，整理しておく必要がある．

（3）部材の右勝手・左勝手，ガセットプレートの方向性の有無を検討しておく．また，組立てが完了したら必ずピース類や部材の取付け違いの有無を確認する．溶接後，間違いを発見すると部材の取外し・取替えなどの作業を必要とし，母材に不必要な加熱を与えて材質を損ねたり，切りきずをつけたりする結果となる．

（4）集結する材片に組立て精度へ影響を与えるようなひずみがある場合は，あらかじめ修正しておく．

（5） 仕口・柱部材など小ブロックごとに組み立て，その部分の溶接を完了させてから大組立てをするのがよい．その利点は
- 溶接の自動化が採用できる．
- 溶接後ひずみ取り作業が容易である．
- 無理な溶接姿勢が避けられる．
- 組立て精度が向上する．

などである．

（6） 組み上がった部材の隅肉溶接を行う部分の密着と完全溶込み溶接を行う部分の正しい開先精度を確保する．部材の密着が悪いとひずみが大きくなる原因となり，開先精度の良否は溶接品質や能率に大きな影響を与える．

（7） 組立て治具を活用し，寸法精度のバラツキを最小限にする．

（8） ひずみ予防対策を講じる．

溶接による変形は溶接完了後でも矯正できるが，一般には多くの経費と時間を要するので，その発生をできるだけ少なくするように逆ひずみによる変形防止法など，施工法を事前に考慮しておくのがよい．この方法は，サブマージアーク溶接・ガスシールドアーク溶接・被覆アーク溶接などの溶接方法によりかなり差があるので，各製作工場において経験によるデータの蓄積が望ましい〔4.11節参照〕．

4.13.2 組立て準備

a．材料の仕分け

前加工の終了した大小さまざまな材料は，組立て前に整理場に集積される．ここで部材ごとに仕分け，柱部材・仕口材・梁部材などに大別して組立て順に整理する．

この仕分け作業によって，組立てに使用する材料を組立て前に部材の符号，材質，数量を確認することになり，不足材料があればその手配を迅速に行って組立て工程を能率よく進めることができる．さらに品質管理の面からは，加工や運搬によって生じた曲がり，汚損，腐食，開先形状の良否，有害なきずやノッチなどの早期発見が可能となり，材料の取替えまたは補修の処置を事前に行うことができる．

仕分けの際，小物類は紛失防止と運搬を容易にするために，パレットに入れて整理することが大切である．

仕分けを行うには次の点に留意するとよい．
（1） 取扱いが容易に早くできること．
（2） 見分けが容易にできること．
（3） 場所をあまりとらないようにすること．
（4） 数量の確認が容易にできること．

などである．

b．ひずみの矯正

組立てに使用する部材に曲がりや反りなどのひずみがある場合は，所定の製品精度を保つため，組立て前にひずみの矯正を行う〔4.11 節参照〕．

c．外注品の受入

製作工場によっては，梁および柱部材を外注品として，溶接組立 H 形断面材または溶接組立箱形断面材製作業者に発注し，それを購入している場合がある．この場合に，製作業者まかせにしておくと，重大な不具合を生じることもあるので，次の点を留意して発注するのが望ましい

(1) 発注仕様，工作図を製作業者によく理解させる．
(2) 発注先の溶接，ひずみの矯正方法等に応じた縮み代を考慮した寸法で鋼板を注文する．
(3) 製作に先立って材料検査を行う．
(4) 組立て寸法精度，開先精度，材質チェック等について中間検査を行う．
(5) 受入れ時は，下記の事項を検査する．
　　(ⅰ) 長さ・せい・曲がり
　　(ⅱ) 断面直角度
　　(ⅲ) ウェブの心ずれ・曲がり
　　(ⅳ) 開先精度
　　(ⅴ) 材端部の不ぞろい
　　(ⅵ) 溶接外観
　　(ⅶ) 溶接内部欠陥の有無

4.13.3　組立て作業

組立ては，作業に適した定盤や治具を用い，部材相互の位置および角度を正確に保つように行い，裏当て金およびエンドタブは，所定のルート間隔を確保し，母材との間にすき間が生じないように密着させて取り付ける必要がある．組立て後に部材相互間の肌すきの有無，完全溶込み溶接箇所の開先形状などを確認し，適切でない場合は修正の必要がある．

a．組立て治具

組立て治具は，部材または仕口と柱部材を集結して柱・梁などを精度良く，しかも能率的に組立て作業ができるように使用するものであり，組み立てる部材の種類や大きさ，あるいは工場の設備能力などによってその形状を選択しなければならない．

組立て治具は，次のような構造をもつことが望ましい．

(1) 組立て作業を容易にし組立て精度を保持できるもの．
(2) 組立て治具が部材を組立て中に変形を生じないだけの剛性をもつもの．
(3) 組立て治具は安全であり，取付け・取外しが容易で，あとに影響を残さないもの．
(4) 部材の位置決め・取付けはできるだけけがきを省き，ストッパーまたは工事現場接合用孔を利用する構造のもの．
(5) 部材の反転および移動が容易な構造のもの．

（6） 組立て治具に入れたまま本溶接する際は，決められた順序で溶接が支障なく行えるもの．
（7） 安全で確実に組立て作業ができる高さを保持するもの．

などである．通常使用されている組立て治具の例を図 4.13.1～4.13.6 に示す．このほかにも，一般に多く使用されている市販のH形や箱形断面部材の組立て機があり，その一例を写真 4.13.1，4.13.2 に示す．

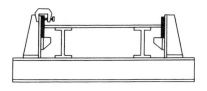

図 4.13.1　H形断面部材の横組立て治具

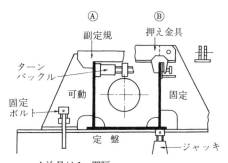

A治具は1m間隔
B治具は4m間隔に取り付ける

図 4.13.2　箱形断面部材の組立て治具

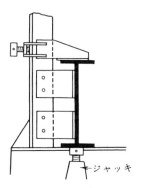

図 4.13.3　H形断面部材の
　　　　　縦組立て治具

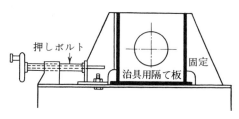

図 4.13.4　箱形断面部材の組立て治具

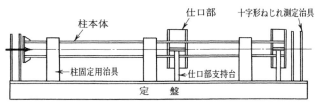

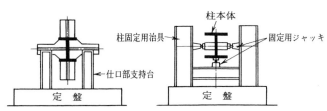

図 4.13.5　柱材の組立て治具

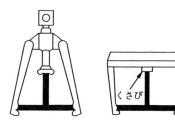

図 4.13.6　T形断面部材の組立て治具

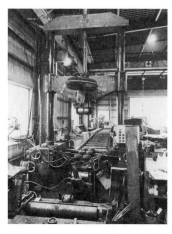
写真 4.13.1　H形断面部材組立て機

写真 4.13.2　箱形断面部材組立て機

b．梁の組立て

　梁の組立てには，縦組立てと横組立てとがある．横組立てでは裏面の組立て溶接が困難で，表面だけの組立て溶接のままで移動運搬するのは危険である．裏面の組立て溶接もできるように組立て台を高くするか，やむを得ない場合は裏面は可能な範囲の組立て溶接を行い，さらに上面には支材を入れるなどして，フランジが傾かないような配慮が必要である．CT鋼を使用したラチス梁やハニカム梁の組立てでは，特にこの点に注意しなければならない．パイプの組立てには，図 4.13.7 に示すように，工事現場接合の孔位置をガイドとした治具を使用して組み立てるとよい．この場合，治具精度がそのまま製品に反映されるので治具の製作には十分に気を配り，寸法精度をチェックする必要がある．

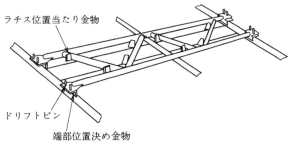
図 4.13.7　組立て治具

c．柱の組立て

　柱のタイプには柱貫通と梁貫通の二通りがあり，柱貫通タイプは仕口部材に対して柱が1本通しになったものであり，梁貫通タイプは逆に仕口部材が通っており，柱部材と仕口部材を積み重ねたものである〔図 4.13.8〕．

　柱の組立ては，一般に柱部材と仕口部材などをそれぞれの小ブロックに組み立て，溶接を完了し，ひずみ直しを完了してから大組立てをする方法がとられている．柱部材の組立ての際は，ねじれや

形状の変形に注意しなければならない．後での修正はほとんど不可能に近い．これらの原因となる曲がりのある材料は，あらかじめ修正してから使用する．組み上がった柱部材は両端面で対角寸法をチェックし，拘束板を取り付けるなどして，溶接による断面形状の変形防止を図るのがよい．

柱両端の断面寸法の精度は，食違い・ずれの防止の上で重要となるので後述の d.「食違い・ずれの防止」を参考にするなど，製作に注意が必要である．

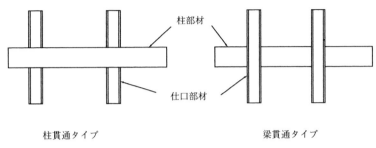

図 4.13.8　柱のタイプ

（1）柱貫通タイプの柱

柱貫通タイプの柱は，柱部材単体の曲がりおよびねじれが製品精度に大きく影響するので，大組立て前にチェックおよび必要に応じ矯正し，仮想心を求めておく必要がある．また，柱付きの水平スチフナと梁の仕口のフランジ，箱形断面柱のダイアフラムと梁の仕口のフランジにずれを生じることがあるので，各ブロックの製作段階での収縮・変形などを十分に予測し，組立てに反映するようにデータを採取し，整理しておく必要がある．図 4.13.9 に不具合の例を示す．

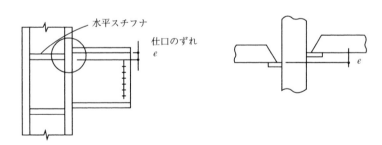

図 4.13.9　不具合の例

ⅰ）仮想心のとり方

柱部材と梁仕口部材を取り付けて柱に組み立てる際に考慮しなければならないことは，柱部材には溶接による曲がりとねじれが若干生じているので，これをどのように吸収して精度良く組み立てるかである．常温・加熱のいずれの矯正によっても，完全にひずみを取り除くことは不可能である．そこで，柱部材の両端の一面の中心を結んだ線を仮想心とし，大ブロック組立ての基準線とする．仕口部材はこれを基準として取り付ける．仮想心のとり方を図 4.13.10 に示す．

ⅱ）ねじれを考慮した仮想心のとり方

箱形断面柱の場合は，図 4.13.11 のようにねじれ角を測定し，それを考慮した仮想心とする．

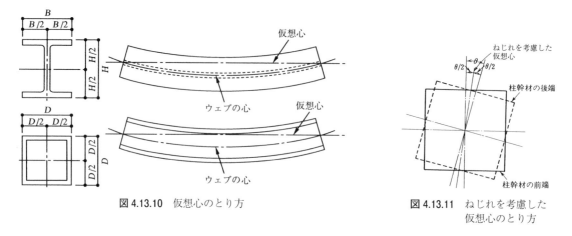

図 4.13.10　仮想心のとり方　　　図 4.13.11　ねじれを考慮した仮想心のとり方

（2）梁貫通タイプの柱

このタイプの柱は幹材と仕口材と部材数が多い集結となるため，各部材を通してまっすぐに，ねじれのないように1本に組み立てなければならない．このため，まず，組立て治具に仕口材を位置決めして置き，梁取合い孔を利用してドリフトピンなどで固定し，その間に幹材を落とし込むなどの工夫を要する．また仕口部まわりの溶接量が多いため，階高に狂いが生じないよう，あらかじめ収縮量を考慮して組み立てなければならない．

部材を大組立てするには，図 4.13.12 のような組立て治具を使用すれば部材の取付け位置を個々にけがく必要がなく，ガイドに合わせて部材がセットされるので，けがきによる誤差の発生もない．さらに，切断や孔あけなどの加工不良の発見も容易である．でき上がった製品も同一の治具からのバラツキだけとなり，特に工事現場接合において相手部材との取合いに高い精度を得ることができる．共通部材の少ない場合でも，基本寸法に関して簡単な治具を用いれば，一層の効果が期待できる．

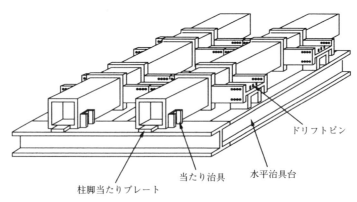

図 4.13.12　部材集結用組立て治具

（3） 角形鋼管柱の組立て

角形鋼管柱の一般的な製作手順を図 4.13.13 に示す．

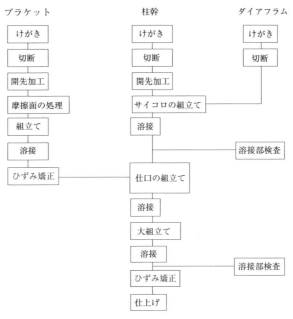

図 4.13.13 角形鋼管柱の組立て手順

ⅰ）サイコロ（角形鋼管パネル部）の組立て

図 4.13.14 に示すように，治具を備えた組立て定盤上にて，ダイアフラムと幹材のけがきを合わせ，直角度，出寸法，心ずれに注意して組み立てる．

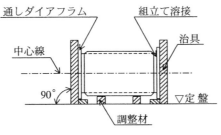

図 4.13.14 サイコロの組立て

ⅱ）仕口の組立て

梁フランジを通しダイアフラム板厚内に納める目的で，通しダイアフラムが増厚される場合，通しダイアフラムの外寸よりも上下 3 mm 程度内側の位置を梁せいの合わせ位置として設定することが多い．このため，図 4.13.15 のように，組立て定盤上にライナーを敷き，組み立てる必要がある．

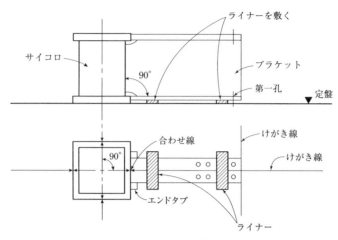

図 4.13.15 仕口の組立て

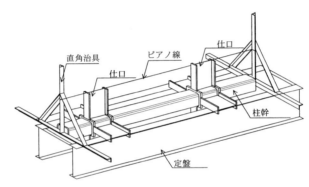

図 4.13.16 コラム柱の大組立て

ⅲ) 大組立て

大組立ては，図 4.13.16 に示すように必要な基準線や治具を備えた定盤を使用すると，容易に精度良く組立てができる．

(4) 溶接組立箱形断面柱の組立て

組立箱形断面柱の組立ては精度の良い定盤を使用し，曲がりやねじれの発生しない状態で行う必要がある．幹材の製作方法は，鉄骨製作業者によっては多少異なるが，一般的な柱貫通タイプの製作手順の例を図 4.13.17 に示す．

ⅰ) ダイアフラムの組立て

柱断面寸法精度はダイアフラムの組立て精度で決まるので，図 4.13.18 に示すように定盤や組立て治具等を使用し，精度を確保する．また，大入熱量のエレクトロスラグ溶接においてはダイアフラムと当て金の密着度が溶接部の品質に影響を与えるので，十分に注意して組み立てる．

ⅱ) 幹材の組立て

図 4.13.19 に示すように，定盤上にてダイアフラムを基準として，部材相互の直角度に注意しながら組み立てる．

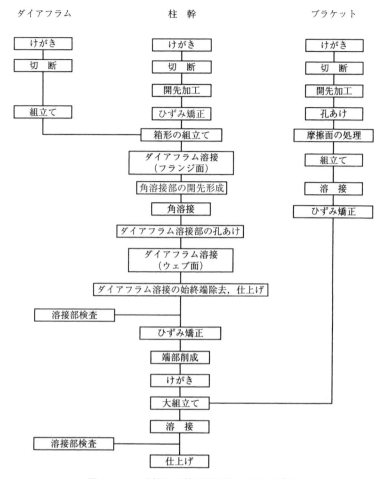

図 4.13.17 溶接組立箱形断面柱の組立て手順

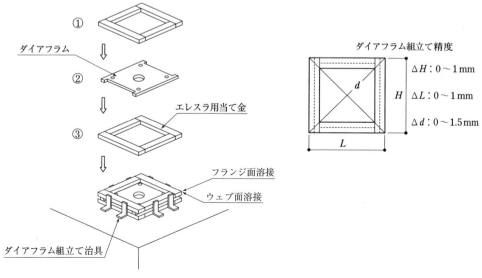

図 4.13.18 ダイアフラムの組立て

―310― 鉄骨工事技術指針―工場製作編

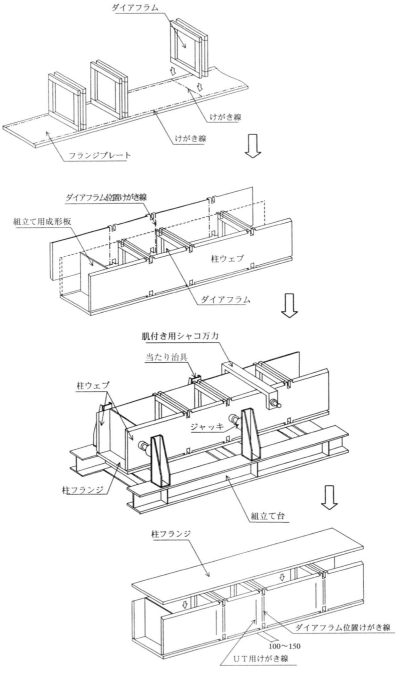

図 4.13.19 柱幹の組立て

　エレクトロスラグ溶接で施工するダイアフラムや，大電流サブマージアーク溶接で施工する場合の角溶接部は溶接トラブル防止のためにも十分に密着させて組み立てるとともに，組立て溶接も，割れ防止のために通常よりも溶接長さを長くする必要がある．また，ダイアフラムと梁仕口のフランジとの食違い防止の観点から，実際のダイアフラム位置が組立て後もわかるように，柱外面に内面から写し取ったけがき線をいれる．このけがき線が溶接作業またはひずみ矯正作業により消失す

る可能性がある場合には，溶接部から 100～150 mm 離れた位置にもけがき線を入れ，組立て作業・品質検査等に利用できる基準線とする必要がある．

ⅲ）大組立て

大組立てに入る前に幹材の大曲がりおよびねじれをチェックし，管理値を超える場合は矯正する．けがきは，定規およびけがき治具を使用してブラケットおよびシヤープレートを大梁のはらい込み方向等に十分留意して行う．

大組立ては，図 4.13.20 に示すように水平レベルの出た定盤上に幹材を水平に置き，幹材のけがき線に合わせ，ブラケットおよびシヤープレート等の部材を直角度，出寸法，心ずれ等に注意して行う．

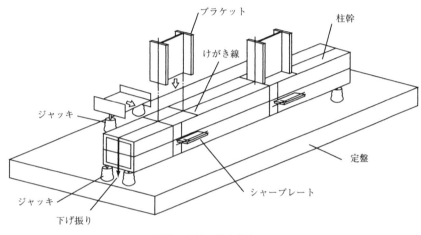

図 4.13.20 柱大組立て

（5） 十字形柱の組立て

十字形柱には，仕口部が梁貫通タイプと柱貫通タイプがあるが，ここでは一般的に多い梁貫通タイプについての製作手順を図 4.13.21 に示す．

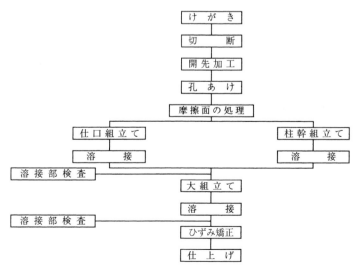

図 4.13.21 十字形柱の組立て手順

ⅰ) 仕口の組立て

図4.13.22に示すように，組立て定盤上にて治具等を使用し，仕口角度・柱幹取合い部に注意して組み立てる．

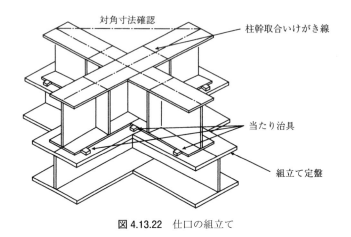

図 4.13.22　仕口の組立て

ⅱ) 柱幹の組立て

I形，T形それぞれフランジとウェブの密着度および直角度を確認しながら組み立てる〔図4.13.23〕．同様にI形とT形を組み合わせて十字形に組み立てる．

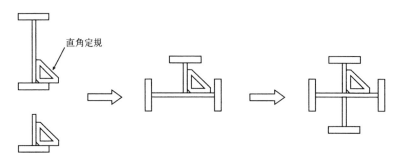

図 4.13.23　柱幹の組立て

ⅲ) 大組立て

大組立て前に，仕口および幹材の溶接によるひずみを矯正し，ずれ防止のために仕口と幹材の接合部の寸法を確認しておく必要がある．大組立ては，図4.13.24に示すように必要な基準線や当たり治具を備えた定盤を使用すると，容易に精度良く組立てができる．

d．食違い・ずれの防止

鋼材を集結して作られる部材には，鋼材の寸法公差や製作における寸法誤差が蓄積されるため，これらの部材どうしの継手において，食違いやずれが発生することは避けがたく，製作においては十分な配慮が必要である．食違い・ずれをできるだけ少なくするための施工方法や配慮すべき点について，一般的な事例を紹介する．

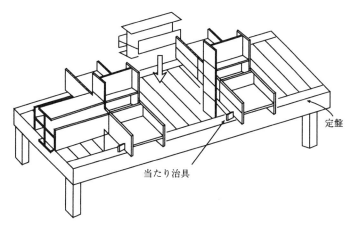

図 4.13.24 十字柱の大組立て

（1） 柱の現場継手の食違い防止

ⅰ）断面寸法の精度管理

　柱幹部に形鋼や鋼管を使用する場合は，上柱と下柱を同一部材から合取りをして，かつ同じ面の組合せとなるように接合する必要がある．ただし，同一部材からの合取りにおいても，切断によって解放される残留応力の差により切り口断面の寸法が異なる場合があり，切り口寸法の精度管理が重要となる．切り口断面の寸法は，図4.13.25のようにチェックする．

　溶接組立箱形断面柱は，比較的厚板のトッププレートの存在により頂部の断面寸法管理が容易である反面，下部断面では変形が生じやすく，形状保持材の取付け位置や断面寸法の管理に注意が必要である．なお，断面寸法のチェックは，角形鋼管柱と同様に，図4.13.26のように行う．

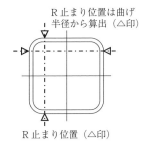
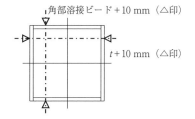

図 4.13.25 角形鋼管柱の断面寸法チェック位置例　　**図 4.13.26** 溶接組立柱の断面寸法チェック位置例

ⅱ）エレクションピースの取付け

　上下柱の断面寸法の精度管理のほかに，上下柱のエレクションピースの取付け位置関係も食違い防止には重要となる．また，エレクションピースの倒れについても注意した施工が必要である．

（2） 通しダイアフラムと梁フランジ継手の食違い防止

ⅰ）サイコロの精度管理

　サイコロの製作精度の向上には，鋼材個々の事前の誤差修正に加え，溶接変形量を把握してこれを組立てに反映させる方法と，逆に溶接変形を抑制する方法がある．

溶接変形量を組立てに反映させる場合，サイコロの製作における収縮量および通しダイアフラムのかさ折れの変形量の予測〔図 4.11.7〕に基づき，ダイアフラム組立て間隔を設定する．なお，ダイアフラムの増厚や角変形の抑制方法など，食違い防止対策を併用して採用する場合には，溶接変形に対する見込み量の設定が軽減されることも考えられる．自社で採用する施工方法の溶接変形量の定量的な把握と組立て寸法への反映が必要である．

溶接変形の抑制方法としては，プレスやガス加熱を用いてダイアフラムに逆ひずみをつける方法〔図 4.13.27，4.13.28〕，あるいはダイアフラムのかさ折れ変形を機械的に拘束する方法〔図 4.13.29〕がある．また，サイコロと主幹一般部を一体に組み立てた後，通しダイアフラムを挟む裏表の両溶接部を対称に溶接することでお互いに発生するかさ折れ変形を打ち消しあい，結果として，変形を防止する方法もある．

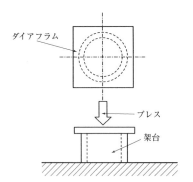

図 4.13.27 逆ひずみをプレスによりつける方法

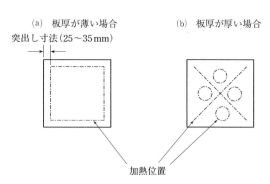

図 4.13.28 逆ひずみをガス加熱によりつける方法

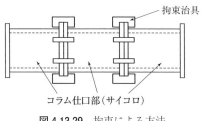

図 4.13.29 拘束による方法

ⅱ）梁の精度管理

製作誤差を有するビルト H 材のみならず，JIS 規格材として購入された圧延 H 形鋼においても，認められた寸法公差があるため，部材同士の継手には食違いを生じることがある．特に，フランジ傾斜やかさ折れが問題となることが多く，組立て前に形状寸法を把握し，必要に応じて誤差修正を行っておくことが重要となる．

圧延 H 形鋼の購入にあたっては，内法一定や外法一定のように寸法公差の規格が異なる鋼材の混用を避け，また同一規格材においてもメーカーやロットを統一して混在をなくすなど，個々の寸法精度の傾向をそろえる配慮が必要である．

iii）ダイアフラムの増厚

鋼板および形鋼の寸法公差や部材の製作誤差の累積，加えて想定外の溶接変形により生じる食違いを防止するために，ダイアフラムの板厚は，取り付く梁フランジ最大板厚より2サイズ程度大きい板厚が望ましい．

iv）合わせ位置

増厚した通しダイアフラムと梁フランジの合わせ位置を心－心合せとした場合，ダイアフラムの板厚の違いによって柱幹部の長さが不揃いとなるばかりか，組立て時に調整治具として使用するライナーがダイアフラムの板厚ごとに異なるなど，製作管理の上で問題となる．このため，図4.13.30に示すように，通しダイアフラムと梁の合わせ位置を一定寸法（例えばダイアフラム外面から3mm）にすることが望ましい．

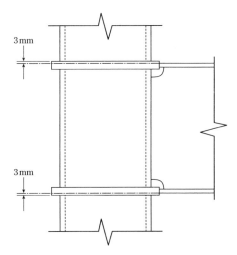

図 4.13.30 通しダイアフラムと梁の合わせ位置の例

（3）溶接組立箱形断面柱の内ダイアフラムと梁フランジ継手のずれ防止

i）柱の製作

溶接組立箱形断面柱は，内ダイアフラムが断面内に隠れるため，溶接後には組立て位置の確認が困難となる．このため，ダイアフラムの取付け位置を柱外面に写し取り，梁フランジの組立て時に確認できるよう，写し取られたけがきは養生処置を施しておく必要がある．また，この柱に適用されるエレクトロスラグ溶接やサブマージアーク溶接は収縮量が大きく，寸法精度へ多大な影響を与えることが知られており，溶接部の板厚やダイアフラム枚数に応じた溶接収縮量の把握，このデータの製作への反映がずれ防止に重要となる．

ii）シャープレートの取付け

シャープレートの取付けは，柱外面に写し取られたダイアフラムけがき位置とシャープレートの第一孔の位置関係に留意する必要がある．

iii）ダイアフラムの板厚

仕口のずれの許容差は，突合せの食違いの許容差に比べて大きいことから，溶接組立箱形断面柱

の内ダイアフラムは一般に，梁フランジよりも1サイズ大きい板厚とする．

（4）H形柱や十字形柱の仕口内十字継手のずれ防止

柱貫通タイプの場合，一般には仕口と水平スチフナの取付けが同時に行われることから，ずれ管理は容易であるとされている．これに対し，梁貫通タイプの場合は，柱幹部と仕口部を個別に製作し，集結された部材どうしの接合とする方法を採られることが多く，注意が必要である．梁貫通タイプのずれ防止には，集結部材どうしの組立て調整が容易となるよう，接合部近傍には溶接残し箇所を設けておき，この部位を調整代とする方法がある〔図4.13.31〕．なお，スチフナなどの仕口内部材は，相対する梁や柱フランジの最大板厚と同じあるいは1サイズ程度大きい板厚が望ましい．

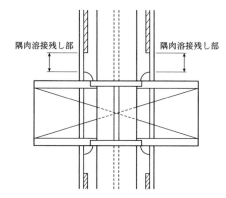

図4.13.31 梁貫通タイプ十字形柱のずれ防止方法の例

e．梁段違い形式柱梁接合部の留意点

角形鋼管柱に取り付く梁のせいや梁のレベルが方向によって異なる場合では，図4.13.32に示すような梁段違い形式の接合部となる．この場合，上下のダイアフラムの間に，取り付く梁のフランジに対応した中間ダイアフラムが入る．中間ダイアフラムの枚数が多いと作業が増えるばかりではなく，品質上の問題も生じやすい．

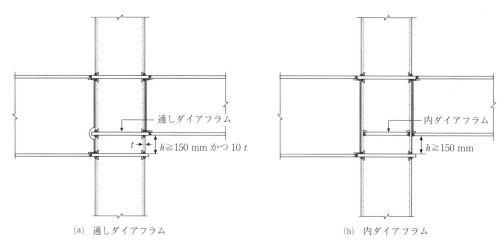

図4.13.32 梁段違い形式角形鋼管柱梁接合部

ダイアフラムの内法寸法 h は，溶接トーチの操作性および超音波探傷検査を行うのに必要となる寸法を考慮し，中間ダイアフラムを通しダイアフラムとする場合〔図 4.13.32(a)〕では，150 mm かつ $10t$（t：柱の板厚）以上，中間ダイアフラムを内ダイアフラムとする場合〔図 4.13.32(b)〕では，150 mm 以上とすることが望ましい．この間隔が確保できない場合には，梁端部に垂直ハンチを設け，中間ダイアフラムをなくす方法が考えられる．

図 4.13.32(b)に示すように，落とし込み方式で内ダイアフラムを角形鋼管の内部に取り付ける場合，上下が閉鎖されてしまうと超音波探傷検査が不可能となるので，検査を行うタイミングに注意する必要がある．内ダイアフラムは，一般にスカラップを設けて溶接施工される．ダイアフラムの板厚は，梁フランジと内ダイアフラムのずれを防止するために，取り付く梁フランジの1～2サイズ以上とする．なお，柱幅が小さい場合では，スカラップによる断面欠損があるため，板厚をさらに大きくすることがある．内ダイアフラムおよび梁フランジの裏当て金の組立て溶接は，角形鋼管の角部を避け，平板部に行う必要がある．

ずれを防止するため，実際のダイアフラム位置が上下の通しダイアフラムによって閉鎖された後でもわかるように，柱外面に内面から写し取ったけがき線を入れる．

梁フランジと角形鋼管との完全溶込み溶接は，図 4.13.33 に示すように角形鋼管の平板部内に納め，かつ内ダイアフラムの幅内に納めるように施工する．特に，梁が柱に対して偏心する場合や柱幅が小さい場合には，設計段階で検討する必要がある．なお，図 4.13.34 に示すように内ダイアフラムをノンスカラップ形式とすることにより，梁の偏心量を大きくする方法が考えられる．裏当て金には，角部の形状に合わせてレーザ等により加工されたものを用いる．ただし，この場合においても，梁フランジと角形鋼管との完全溶込み溶接は，角形鋼管の平板部内に納まるように施工する．

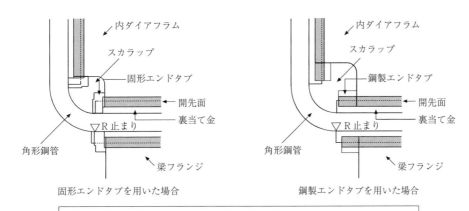

図 4.13.33 梁フランジと内ダイアフラムの位置関係（スカラップを設けた場合）

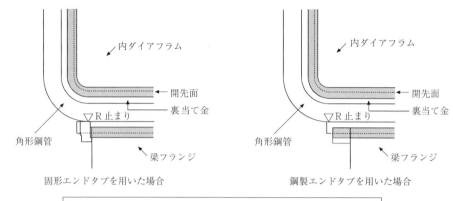

図 4.13.34 梁フランジと内ダイアフラムの位置関係（ノンスカラップとした場合）

4.13.4 組立て溶接

組立て溶接は部材に組み立てる際に使用するものであるが，その後の運搬を含め本溶接が完了するまでの間，組み立てられた部材の形状を保持する役目を有している．また，組立て溶接のビードは，本溶接前に削除するか，あるいは大電流を使用した溶接によって再溶融させるかのいずれかの方法をとらない限り，本溶接の一部となって残ることが多い．これらのことから，組立て溶接は，所定の強度を有し，欠陥のないように施工する必要があり，また，本溶接の一部となる場合は本溶接と同等の品質が得られるように施工する必要がある．

一方，組立て溶接は，下向だけでなく横向や立向，場合によっては上向を含んだ全姿勢の溶接となることが多く，しかも入熱量が少ないため，急熱・急冷されやすいなど，溶接姿勢や冶金的な面からも，一般に本溶接よりも厳しい施工条件にある．

このように組立て溶接は，厳しい施工条件にありながら本溶接と同等の品質を確保しなければならない．したがって，以下に示すように，組立て溶接に従事する溶接技能者の資格や，溶接材料，溶接長さと位置等に考慮して適正な施工管理の下で行う必要がある．

a．組立て溶接技能者の資格

組立て溶接は全姿勢の溶接となることが多いことから，本来はこれに適合した有資格者であることが必要であるが，現実的にはこれを要求することが難しい状況にあることを考慮し，JASS 6 では最低条件として JIS Z 3801 または JIS Z 3841 の基本となる級（下向溶接），つまり被覆アーク溶接で行う場合は N-1F，N-2F，N-3F，A-2F，A-3F のいずれか，ガスシールドアーク溶接で行う場合は SN-1F，SN-2F，SN-3F，SA-2F，SA-3F のいずれかに合格した有資格者としている．

b．組立て溶接材料

本溶接の一部となる組立て溶接に使用する被覆アーク溶接棒は，本溶接に使用するものと同じ溶接棒の種類であるが，400 N/mm² 級などの軟鋼で板厚 25 mm 以上の場合や 490 N/mm² 級以上の高

張力鋼では低水素系の溶接棒を使用する．これは，厚板に組立て溶接のような溶接長さの短い溶接を行うと溶接部が急熱・急冷されて硬化し，拡散性水素量や拘束の程度によっては溶接割れを生じるおそれがあるからである．この傾向は，板厚が厚くなるほど，また軟鋼に比べて合金成分の割合が高く，割れ感受性の高い高張力鋼になるほど顕著である．したがって，被覆アーク溶接で組立て溶接する場合には，板厚，鋼種に応じて，その溶接金属中の拡散性水素量の少ない低水素系の溶接棒を使用すべきである．実際には板厚や鋼種に応じて溶接棒を替えることは困難であるので，被覆アーク溶接の場合は低水素系の溶接棒に統一するのが望ましい．また，ガスシールドアーク溶接は，拡散性水素量が非常に少なく割れに対して有効であるので，組立て溶接にも適合している．

組立て溶接に使用する溶接材料の強度レベルは，組立て溶接が本溶接の一部となって残留することが多いから，母材の強度レベルに応じた選定が必要である．ただし，590 N/mm^{2}級以上の高張力鋼においては，合金成分による割れ感受性の高さから組立て溶接部に割れを生じることがあるため，1ランク下の溶接材料を用いることにより，割れを防止するという選択も考えられる．

c．組立て溶接の長さと位置

組立て溶接は部材の組立て・運搬・本溶接作業において組立て部材の形状を保持し，かつ組立て溶接が割れないように，表4.13.1に示す値を最小とする必要で十分な長さと4 mm以上の脚長を持つビードを適切な間隔で配置しなければならない．サブマージアーク溶接やエレクトロスラグ溶接のような大入熱量を使用する箇所の組立て溶接は，溶接変形によってビードに割れが生じるおそれがあるため，溶接長さを長くしている．組立て溶接のピッチは300～400 mm程度を標準とするが，曲線があって密着が困難な箇所はさらに密にする必要がある．なお，組立て溶接を終えた後，必ずスラグを除去して欠陥の有無を確認する習慣をつけることが望ましい．

表 4.13.1 組立て溶接の最小溶接長さ

(単位：mm)

板厚*	組立て溶接の最小溶接長さ	
	本溶接を被覆アーク溶接，ガスシールドアーク溶接，セルフシールドアーク溶接で行う箇所	本溶接をサブマージアーク溶接，エレクトロスラグ溶接で行う箇所
$t \leq 6$	30	50
$t > 6$	40	70

［注］ ＊：組み立てる材の厚いほうの板厚

組立て溶接部に割れが生じた場合は，その部分をガウジングまたはグラインダにて削除するとともに，組立て時の寸法が確保されていることを再確認し，再溶接を行う．再溶接については，必要に応じ溶接長さや脚長を変更し，割れの再発を防ぐ必要がある．

組立て溶接をする位置は，強度上および工作上問題となる箇所を避け，図4.13.35のような位置に行うのがよい．また，開先内には，原則として組立て溶接は避けるべきである．ただし，構造上，開先内に組立て溶接を行わざるを得ない場合には，本溶接後の溶接部の品質が十分確保されるように施工する必要がある．しかしながら，現実には施工条件が本溶接よりも厳しいため，組立て溶接の品質が十分でない場合が多いので，特に完全溶込み溶接のような重要な継手の溶接においては，以下のような方法のいずれかを採用することにより，本溶接時に組立て溶接のビードを除去するか，

― 320 ― 鉄骨工事技術指針―工場製作編

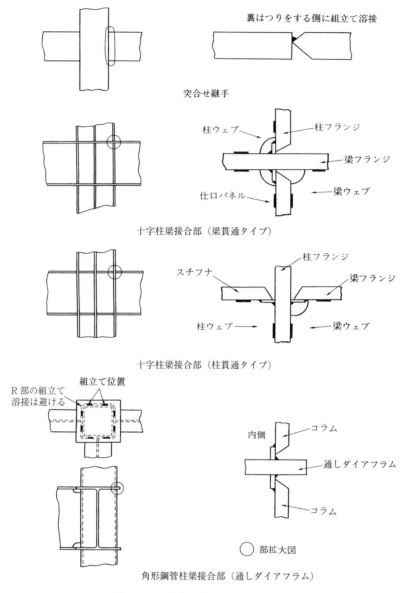

図 4.13.35 柱仕口部の組立て溶接位置

あるいは再溶融させる必要がある．
（1）本溶接前に組立て溶接のビードをエアアークガウジング等により除去する．
（2）裏はつりを行い，先に溶接された組立て溶接を除去する．
（3）組立て溶接のビードが再溶接され，欠陥が残らない溶接方法を採用する．

一方，組立て溶接に先立ち，点溶接を含むショートビードの位置決め溶接を行う場合がある．このショートビードの位置決め溶接によって熱影響部が著しく急冷硬化し，破壊の起点になることが懸念される．位置決め溶接を行う場合は，適切な溶接材料と溶接方法を選択し，再熱効果によって急冷された部分の硬さを緩和できるように，上から組立て溶接または本溶接を重ね，位置決め溶接

が外観上残らないようにする[1),2)]．さらに，組立て溶接を避けるべき箇所および応力集中の生じやすい箇所には位置決め溶接を行わないなどの配慮が必要である．

組立て溶接の際，アークの発生を容易にするため，溶接棒の先端を継手部以外の部分に打ちつけてアークストライクを生じさせることがあるが，これは，短い溶接と同様に急熱急冷となり鋼材表面を硬化させるので，絶対に避けなければならない．アークストライクの部分は軟鋼の場合はグラインダで削り取り，高張力鋼では650℃程度に1～2分間加熱してからグラインダで仕上げる必要がある．

4.13.5 組立て部材の補修要領

開先形状，ルート間隔の不適合，すき間の大きい場合の補修方法の概略を示す．

（1） ルート面（ルートフェイス）

ルート面が大きすぎるときは，図4.13.36のようにエアアークガウジングまたはグラインダで削りとる．

（2） ルート間隔（ルートギャップ）

ルート間隔が狭いときは，図4.13.36のようにグラインダまたはエアアークガウジングで正規の寸法に削除する．エアアークガウジングによる凹凸のはなはだしい箇所はグラインダで仕上げる．広くて本溶接に支障が出る場合は，継手の一方または両方を肉盛溶接して丁寧に仕上げる．

（3） 隅肉溶接におけるすき間

被覆アーク溶接およびガスシールドアーク溶接の場合は表4.13.2，サブマージアーク溶接の場合は表4.13.3による．

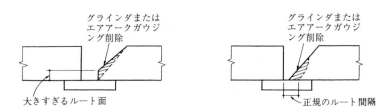

図4.13.36 ルート面の補修

表4.13.2 被覆アーク溶接およびガスシールドアーク溶接の場合のすき間の補修溶接要領

すき間	補修方法
2 mm 以下	規定サイズで溶接する
2 mm を超え3 mm 以下	すき間の寸法だけサイズを増す

参考文献

1） 新井 聡，横山幸夫，松下眞治，関口英樹，山田浩二：位置決め溶接部の硬さに及ぼす溶接熱履歴の影響（その1）～（その3），日本建築学会大会学術講演梗概集，pp.1167-1172，2016.9
2） 新井 聡，宋 勇勲，松下眞治，関口英樹，山田浩二：位置決め溶接部の硬さに及ぼす溶接熱履歴の影響（その4），日本建築学会大会学術講演梗概集，pp.997-998，2017.9

表 4.13.3 サブマージアーク溶接の場合のすき間の補修溶接要領

すき間	補修方法
0.8 mm 以下	規定サイズで溶接する
0.8 mm を超え 2.0 mm 以下	シールビードを置く　先行溶接側　シールビードを置く

4.14 仮　　組

4.14.1 仮組の目的

仮組の行われる事例を目的別に列挙すると，以下のように整理される．

（1） トラス構造の梁のように部材数が多く，組み立てたときのせい，全長の精度が工事現場の寸法精度に影響を与えるとき〔写真 4.14.1 参照〕．
（2） 取合いが複雑な構造物で，仮組を行って工事現場の作業に支障のないことを確認するとき．
（3） 大架構部材のたわみ量を工事現場の建方以前に確認しておく必要があるとき．
（4） 遠隔不便な土地で，不具合が発生したときその補修に多大な費用がかかるとき．
（5） 鉄道線路等に近接した工事現場のため建方時間に制約を受けるとき．

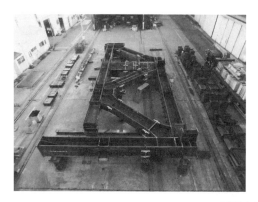 

写真 4.14.1　仮　組

一般の建築鉄骨では仮組が実施されることは少なく，部材の寸法チェックで十分に精度の確認ができる．

仮組を実施して不都合が確認されたときは，工事現場の建方に支障がないように修正する．

4.14.2 仮組要領書の作成

仮組は特記がある場合に行う．このときは，仮組要領を作成して工事監理者の承認を得なければ

ならない．仮組要領書に記載する内容としては，
（1） 仮組をする目的
（2） 仮組をする範囲
（3） 仮組の方法
（4） 確認項目・測定方法および許容差

などである．仮組する範囲は，仮組の目的や工場敷地・設備能力によって左右されるので，あらかじめ十分に検討を行って目的が達成されるように決める．

4.14.3 仮組の方法

a．たわみ量の測定が目的の場合

大架構部材のたわみ量を測定する場合は，当然，工事現場の建方と同一条件となるような状態で，しかも，仮組作業中の不同沈下を防ぎ，正確な形が保持できるよう十分強固な基礎の上で行い，転倒防止対策を講じることが必要である．

b．寸法精度・納まりの確認の場合

トラス構造の梁や鉄塔などの寸法精度・納まりの確認の場合は，90°に倒して全部または一部を仮組する．この場合，支持台を多く置き，自重によるたわみをできるだけ少なくする配慮が必要である．

c．部材の締付け

部材継手部の孔の呼寄せにはテーパピン〔図4.14.1〕を用い，孔が正しく合ったときにはドリフトピン〔図4.14.2〕と仮ボルトを使用して締め付ける．この場合，ボルトのナット側には座金を用い，ナットの締付けによって部材にきずをつけないようにする．継手部の緊結に必要な仮ボルトとドリフトピンの合計数は，たわみ量の測定のように部材の自重による孔のすべりを考慮する仮組では継手部一郡孔数の50％以上とし，その他の仮組では30％程度，最小2本とするのがよい．

柱の工事現場接合部で取合い孔のない場合は，図4.14.3のようなエレクションピースが取り付け

呼び	D	L	d
13	16	150	5～6
16	19	165	6～8
19	22	180	7～10
22	25	195	8～13
25	26	210	9～14
28	32	230	10～18

呼び $D \times L$	L_2	L_1	d
17.5×110	70	20	13
20.5×130	90	20	16
21.5×130	90	20	17
22.5×130	90	20	18
23.5×150	100	25	19
24.5×150	100	25	20
26.5×180	130	25	22

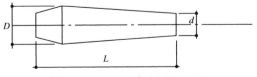

図 4.14.1 テーパピン形状の一例

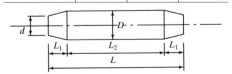

図 4.14.2 ドリフトピン形状の一例

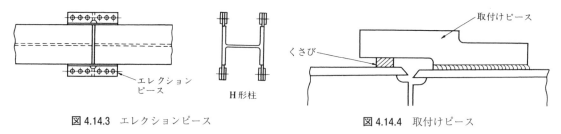

図 4.14.3　エレクションピース　　　　図 4.14.4　取付けピース

てあるので，これに添板を用いて締め付ける．工事現場完全溶込み溶接の開先面をそろえるには，図 4.14.4 のような取付けピースを取り付け，くさびを打ち込んで面相互の食違いを直す．

4.14.4　仮組時の確認事項

仮組を行うと単品の場合と違って部材相互の関係が明確になるので，仮組要領書に記載された範囲に従い，以下のことについて十分に確認しておく．

（1）大寸法の確認
　ⅰ）全長
　ⅱ）せい

（2）部材相互の納まり
　ⅰ）接合部の各部材相互のあたりの有無
　ⅱ）接合部材相互のすき間・密着状態
　ⅲ）部材相互の食違い量
　ⅳ）孔の食違い量
　ⅴ）開先形状の適・不適

（3）部材の組立ての可否
　ⅰ）部材組立ての難易
　ⅱ）高力ボルト締付けの難易

（4）たわみ量の確認

なお，許容差は JASS 6　付則 6「鉄骨精度検査基準」にあるものはそれに従い，ないものはあらかじめ仮組要領書に記載し承認を得ておくことが必要である．

4.15　免震・制振部材の取付け

4.15.1　免震・制振部材の種類と取付け形態

免震・制振部材を鉄骨に取り付ける場合は，将来の取替えを考えて，ボルト接合を主体とし，溶接接合を避ける点が特徴としてあげられる．さらに，鉄骨建方時に，これらを鉄骨に直接取り付ける場合の要求精度が一般的な鉄骨よりも高く，許容差が小さいことが多い．そのため，一般的な建方精度管理値内に納まっていても支障をきたす場合があり，免震・制振部材の取付け時に鉄骨側に

求められる高い精度をいかに管理するかが重要となってくる．

本項では，免震・制振部材と鉄骨部材との取付けに関し，それらの種類や取付け形態および加工・製作に関する留意点について紹介する．なお，工場出荷から運搬，保管，取付け施工に関する留意事項については，工事現場施工編の4.7節に示す．

(1) 免震・制振部材の種類

免震部材は，支承材と減衰材に大別される．水平方向に大変形機構を有しながら建物重量を支持する支承材や振動を減衰させるための減衰材には図4.15.1に示すような種類があり，代表的な支承材，減衰材の例もここに示す．また，このような支承材，減衰材は，ベースプレート，ガセットプレートまたはピンを介して架構に接合される．

図 4.15.1 免震部材の種類[1]と代表的な支承材，減衰材の例

制振効果を得るため，付加質量を同調させて振動を抑制する方法と減衰材の効果で振動エネルギーを吸収する方法がある．図4.15.2に制振部材の種類と代表的な例を示す．なお，後者の制振部材は鉄骨架構に組み込まれており，鉄骨の加工・建方と深い関わりがある．

(2) 免震部材の取付け形態

免震建物では，上部構造が鉄骨造の場合でも，免震層の梁は鉄骨鉄筋コンクリート造として設計されることが多いため，免震装置の架構への接合形式としては，鉄筋コンクリート部材へのアン

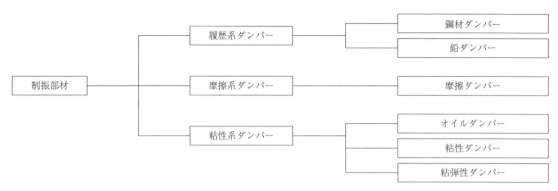

図 4.15.2 制振部材の種類と代表的な制振部材の例

カーボルトによる接合が一般的である．しかし，鉄骨に直接取り付ける設計とされる場合もあり，その場合の免震部材と鉄骨との接合は高力ボルト摩擦接合，高力ボルト引張接合のいずれかに分類される．

これらは，竣工後も取替え可能とする必要があるため，図 4.15.3 に示すように，ベースプレート形式で架構にボルト接合されることが一般的である．

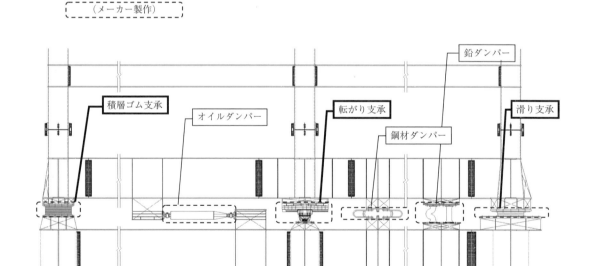

図 4.15.3 免震部材と鉄骨部との取付け例

（3） 制振部材の取付け形態

制振部材は，図 4.15.4 に示すような形態で架構に組み込まれ，ガセットプレートまたはピン等を介して，高力ボルト摩擦接合，高力ボルト引張接合，ピン接合により架構に接合される．

4章 工　作　—327—

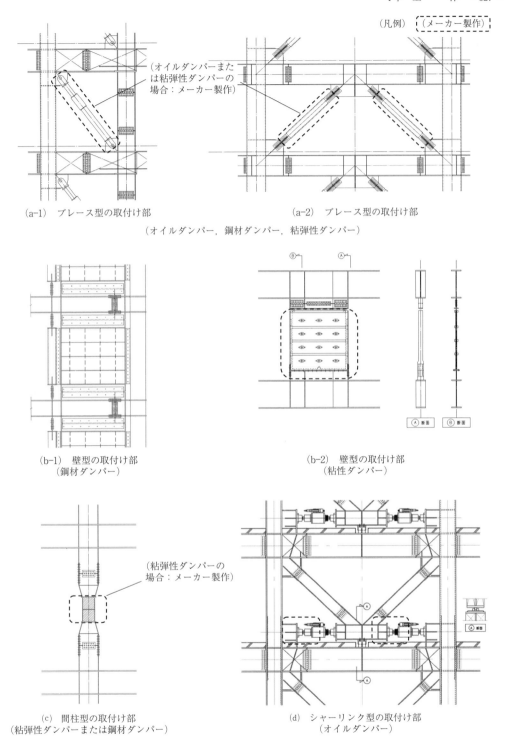

図 4.15.4　制振部材と鉄骨部との取付け例

4.15.2 取付け部材の加工・製作時の寸法精度

免震・制振部材はメーカーの製作によるものが多く，製品の寸法許容差は部材の性能面からメーカーが独自に決めており，鉄骨に対して定められている JASS 6 付則 6「鉄骨精度検査基準」の該当項目と同様の寸法許容差を採用しているとは限らない．また，これをそのまま適用することができない項目もある．このため，免震・制振部材と鉄骨との取合い部で寸法精度の差に起因して問題が生じることがある．ここでは，このような問題を避けるために，鉄骨製作時の精度管理基準に適した管理値の例を紹介する．

（1） 積層ゴムなどの免震部材の場合

免震建物で支承材と鉄骨部材が直接取り合うケースでは，支承材の水平を確保する必要があるため，ベースプレートの平たん度が重要となる．このため，アンカープレート，鉄骨受け部分やボルト孔の精度が必要となる．

この検査項目等については，本会編「鉄骨精度測定指針」3.7.20「ベースプレートの折れおよび凹凸」を参照するとよい．このような寸法許容差は，積層ゴム支承以外の転がり支承，すべり支承などが鉄骨部材と直接取合う場合にも留意が必要である．

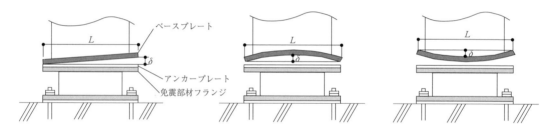

図 4.15.5 積層ゴム系支承の測定例

積層ゴム支承のフランジの反りに対応する鉄骨工事側の管理項目はないが，積層ゴム支承のフランジの反りの許容差は，鉄骨製品が直接取り合う接合面に対しては厳しい許容差である．これに対応するためには，①鉄骨製作段階でダミー材と抱き合せて組み立てるなどの反りの生じない製作方法を採用する，②製作後にひずみ取りをする，③積層ゴム支承のフランジと取り合う鉄骨部分のフランジの板厚を溶接による熱ひずみの影響を受けないくらい厚くする，④鉄骨製品が積層ゴム支承のフランジと取り合う部分を機械加工仕上げ（フェーシング加工）とする，などの対応が必要となる．このフェーシング加工の量は，設計で必要なベースプレート厚さを確保できるように適切に割り増す必要があり，関係者で協議して決定する．

また，積層ゴム支承上で鉄骨の建方を行う場合，積層ゴム系支承は，すべり・転がり系支承に比べて水平・回転に逃げがきかないため，積層ゴム支承に変形やひずみを生じさせないような建方計画，例えば，免震部材の直上の鉄骨梁を早期に連結して，免震部材に建方時の柱脚の回転を起こさせない等の方策が必要である．

これらの他に，免震部材の上下で鉄骨やコンクリートのように異なる材料で高力ボルトやボルトで接合する場合，免震部材のベースプレートのボルト孔径に設けられるクリアランスは鉄骨側とコ

ンクリート側で異なり,間違える可能性がある.特に免震部材とコンクリートをアンカーボルトで接合する場合は,クリアランスが大きいので注意が必要である.

(2) 制振ブレースの場合

制振ブレースの長さとブレースガセットの測定例を図 4.15.6 に示す.制振ブレースが取り合うブレースガセットの形状は,制振ブレースの継手部形状により多様である.また,ブレースガセットの製作はプレートを溶接して製作されることが多いため,一般的に精度確保が難しい.このため,ブレースガセットの合理的な検査項目,寸法測定位置や寸法許容差を定め,精度確保に努めることで取付け時の問題を少なくすることが求められる.

この検査項目等については,本会編「鉄骨精度測定指針」3.7.9「ブレースガセットの長さ」を参照するとよい.鉄骨精度測定指針では,メーカーの仕様に対して,鉄骨精度検査基準の既往の計測項目および寸法許容差と整合させて寸法許容差を設定している.

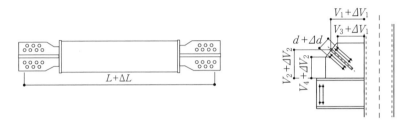

図 4.15.6 制振ブレースの長さとブレースガセットの測定例

工事現場で制振ブレースを取り付ける際,ガセット位置が面内の基準値にずれが生じた場合やガセットが面外に傾いた場合には,継手部で肌すきが生じるため,フィラーにより対応している例が多い.しかし,このような場合,制振ブレースの芯材に偏心が生じ,性能に悪影響が生じるため,精度良く製作する必要がある.計測項目が上記寸法許容差を超える場合の対応は,当事者間で十分な協議が必要である.

(3) 制振壁の場合

壁状制振材として粘性制振壁の寸法測定例を図 4.15.7 に示す.

粘性制振壁は,図 4.15.8(a)に示すように 2 枚の外壁鋼板の間に内壁鋼板を差し込む構成となっており,外壁鋼板と内壁鋼板との間隔が制振壁としての性能に大きく影響するため,図 4.15.8(b)に示すように,外壁鋼板と内壁鋼板との間隔を保持するためのスペーサを設けている.また,このような組立てとなっているため,面内には逃げがきくが面外や上下には逃げがきかない.したがって,これらと鉄骨との取合いの精度は厳しく要求される.

図 4.15.7 に示すとおり,粘性制振壁と鉄骨との取合いは,下側では外壁鋼板に溶接されたフランジと下階の梁の取付架台が取り合い,上側では内壁鋼板に溶接されたフランジと上階の梁の取付架台が取り合う.そのため粘性制振壁は垂直に,上下のフランジは水平に設置する必要があり,取付鉄骨架台の寸法と角度の精度が重要となる.

— 330 —　鉄骨工事技術指針―工場製作編

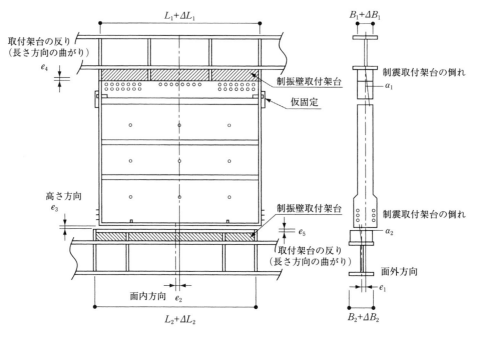

図 4.15.7　粘性制振壁の寸法測定例

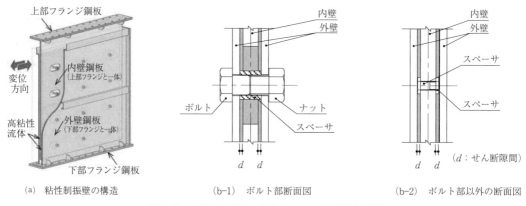

(a)　粘性制振壁の構造　　　(b-1)　ボルト部断面図　　　(b-2)　ボルト部以外の断面図

図 4.15.8　粘性制振壁の構造とスペーサ部詳細断面

　この検査項目等については，本会編「鉄骨精度測定指針」3.7.18「鋼板壁の高さと長さ」を参照するとよい．上下階の梁に心ずれが生じている場合は，何らかの対応が必要となる．例えば，上側の接合部をフランジ形式ではなくシヤープレート形式とし，フィラーにより調整する方法がある．また，取付け架台のボルト孔を拡大孔やスロット孔とする方法も有効である．ただし，このようなボルト孔は一般の確認申請では許容されていないが，制振構造としての大臣認定を得るときに併せて評価を受ければ使用できる．

参 考 文 献

1）日本免震協会：JSSI 免震構造施工標準 2013，2013

4.16 CFT柱における留意点

CFT (Concrete Filled Steel Tube) 柱には箱形断面柱と円形鋼管柱があり，鋼管柱内にコンクリートを充填する柱である．鋼管とコンクリートの特性を活かして，耐震性だけでなく，耐火性も優れている．

4.16.1 標準的な納まりと製作時の注意点

CFT柱には，コンクリートの充填性を考慮・確認するために，孔や仮設ピースの取付け等が必要である．ここでは，標準的な納まりの事例と製作時の注意点を部位別に記述する．設計図作成段階ならびに施工図検討時に検討不足のないようにすることが重要である．

4.16.2 柱 頭 部

柱頭部まで，コンクリートを充填する場合は，柱トッププレートにコンクリート打設孔と空気抜き孔が必要である．コンクリート打設孔は，コンクリート断面積の15％以上かつ直径100 mm以上となるように計画する．圧入の場合は圧入管以上，落し込みの場合は落し込み管のリング外径（ϕ250 mm）以上とする．

空気抜き孔は30 mm以上かつダイアフラム板厚以上とし，箱形断面の場合は四隅に，円形鋼管の場合は4箇所設ける．ただし，柱せいが1 000 mmを超える大口径の場合は，空気だまりができないよう適宜孔を増やす．また，コンクリート孔上部にボイドスリーブや鋼管を取り付けて，コンクリートを天端から100 mm程度立ち上げる．図4.16.1に角形鋼管の場合の柱頭部納まり例を示す．

注意点として柱頭部にH形鋼やクロスH形鋼が接合する場合は，トッププレートのコンクリート打設孔がH形鋼のウェブのため，打設孔の寸法が確保できなくなる．この場合，落し込み工法による打設が難しくなるため，圧入工法を採用するなどの検討が必要となる．

図4.16.2に柱頭部に形鋼が取り付く場合の納まり事例を示す．

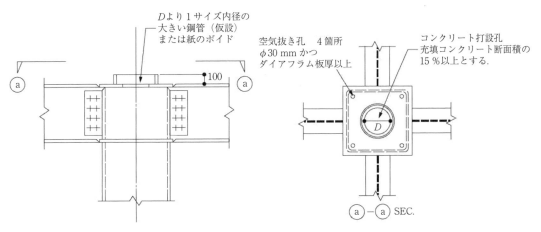

図4.16.1 角形鋼管の柱頭部納まり例

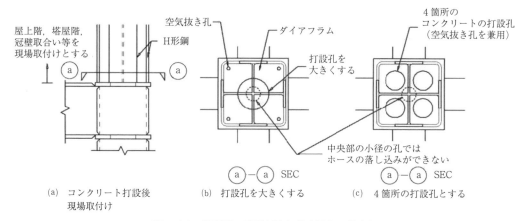

図 4.16.2 柱頭部に形鋼が取り付く場合の納まり

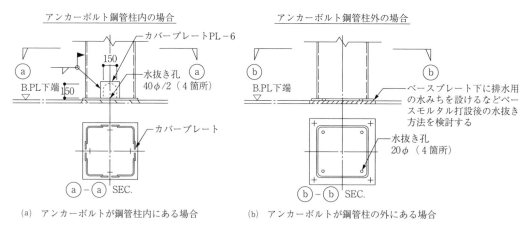

図 4.16.3 柱脚部の水抜き孔納まり例

4.16.3 柱脚部

建方後に雨水の浸入を防ぐために，また，SRC造柱の被覆コンクリート打設時の発熱による結露水を抜くために，図4.16.3に示すように柱脚部に必ず水抜き孔を設置する．

4.16.4 柱継手（工事現場溶接部）

工事現場での柱溶接接合部は，食違いを防止するためのプレートやアングル等のひずみ防止補強材を設置するが，コンクリート打設の障害にならないように注意する必要がある．

図 4.16.4 に角形鋼管接合部の納まり例を示す．

現場溶接部はエレクションピースの溶接により図4.16.5のように変形しやすいので，図4.16.6に示すひずみ防止補強材などの取付けが必要である．

柱継手部の溶接熱の影響を避けるため，図4.16.7に示すように打継部のコンクリート天端は継手位置から 300 mm 以上離し，直径 20 mm 程度の水抜き孔が必要となる．

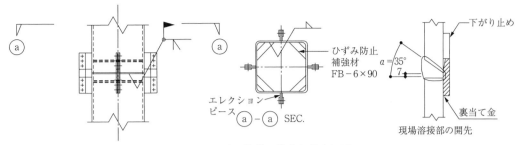

図 4.16.4 角形鋼管の接合部納まり例

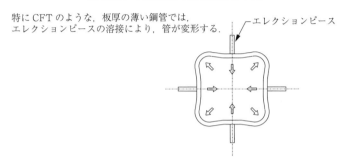

特にCFTのような，板厚の薄い鋼管では，エレクションピースの溶接により，管が変形する．

図 4.16.5 接合部の変形

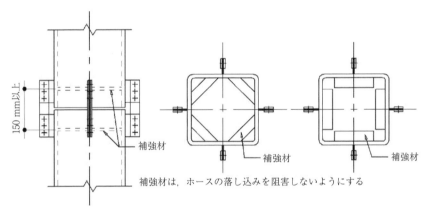

補強材は，ホースの落し込みを阻害しないようにする

図 4.16.6 鋼管のひずみ防止補強材の例

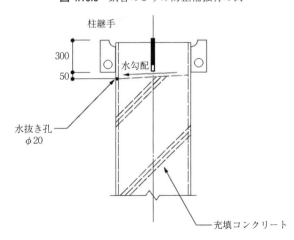

図 4.16.7 打継ぎ部における水抜き孔の例

4.16.5 ダイアフラム

ダイアフラムには，打設孔と空気抜き孔が必要である．

打設孔は面積がコンクリート断面積の15％以上，かつ直径が100 mm以上となるように設定する．圧入の場合は圧入管以上，落し込みの場合は落し込み管のリング外径（φ250 mm）以上とする．

空気抜き孔は直径30 mm以上かつダイアフラム板厚以上とし，孔の数は相互の距離が離れすぎないように複数の孔を設ける．

通しダイアフラム（柱材BCPなど）の場合，図4.16.8に標準的な納まりを示す．

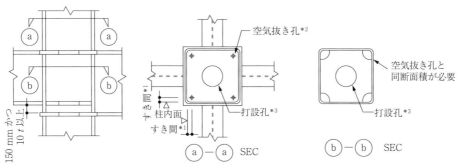

＊1：空気抜き孔が，裏当て金，溶接ビードと干渉しないように設定する．
＊2：空気抜き孔の孔径は，30 mm以上かつダイアフラム板厚以上を推奨．
＊3：打設孔の面積がコンクリート断面積の15％以上，かつ直径100 mm以上で圧入の場合は圧入管以上，落し込みの場合は落し込み管のリング外径（φ250 mm）以上とする．

図4.16.8　通しダイアフラムの場合

内ダイアフラム（溶接組立箱形断面柱など）の場合，図4.16.9に標準的な納まりを示す．この場合の角溶接はコンクリート充填時の内圧を考慮して，完全溶込み溶接が一般的である．

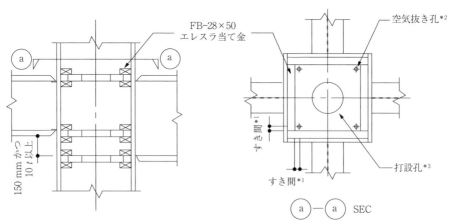

＊1：空気抜き孔が，当て金，溶接ビードと干渉しないように設定する．
＊2：空気抜き孔の孔径は，30 mm以上かつダイアフラム板厚以上を推奨．
＊3：打設孔の面積がコンクリート断面積の15％以上，かつ直径100 mm以上で圧入の場合は圧入管以上，落し込みの場合は落し込み管のリング外径（φ250 mm）以上とする．

図4.16.9　内ダイアフラムの場合

その他，ダイアフラムの板厚，配置および打設孔に関する注意点を以下に示す．

- 通しダイアフラムと内ダイアフラムの使い分けならびにダイアフラムの板厚は，設計図に従う．
- 一般的に，ダイアフラムの板厚は，取り合っている梁フランジ板厚の1～3サイズアップとすることが多い．
- 図4.16.10に示すように，ダイアフラムの内法間寸法で150 mm以上は必要であるが，ダイアフラム板厚が大きい時は，併せてあき寸法を100 mm以上確保することが望ましい．また，通しダイアフラムをロボット溶接する場合は，さらにあき寸法が必要になる場合がある．
- 内ダイアフラムと通しダイアフラムが混在する場合は，先行して内ダイアフラムを溶接する必要があり，その際，角形鋼管の変形防止に特に配慮をする必要がある．
- 図4.16.11に示すように，柱に絞りのある場合や曲がりがある場合は，検尺テープや打設ホースを落とし込めるように，打設孔が真上から見通せるように孔の位置に注意する．

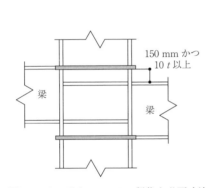

図4.16.10 ダイアフラムの製作上必要寸法

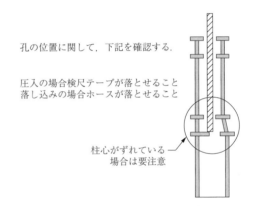

図4.16.11 柱に絞りがある場合

4.16.6 圧入口

コンクリートの充填方法は，圧入工法と落し込み工法があるが，圧入工法を採用する場合は柱下部に圧入口を設置する．

圧入口は，図4.16.12のように仕様（象の鼻）になっている場合と柱内に象の鼻がない場合があるので，設計図書および施工方法を確認する必要がある．

また，図4.16.13のように圧入口をふさぐ必要がある場合は，溶接熱によりコンクリートが影響を受けコンクリート強度が低下したり，現場溶接部に溶接欠陥が生じやすかったりするので，最近は工場であらかじめ開口補強を兼用した補強板を溶接しておいて，現場では圧入口をふさがない場合もある．

図4.16.14に角形鋼管柱の圧入口納まり事例を示す．圧入口はバルブによりカバープレート等のサイズが違うので，検討が必要である．

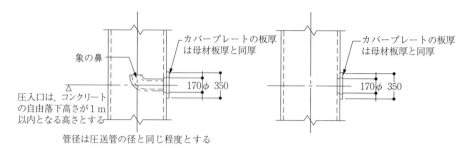

図 4.16.12　一般的な圧入口形状と大きさ

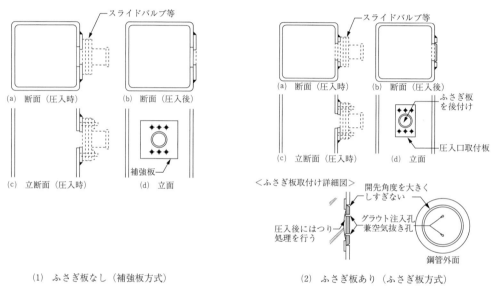

(1) ふさぎ板なし（補強板方式）　　(2) ふさぎ板あり（ふさぎ板方式）

図 4.16.13　一般的な圧入口の形式

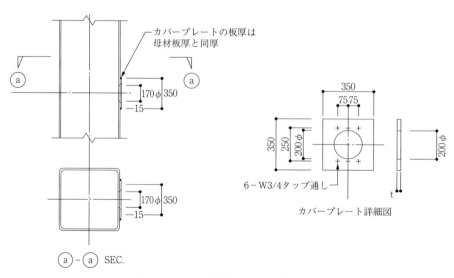

図 4.16.14　角形鋼管柱の圧入口納まり例

4.16.7 その他

（1） 蒸気抜き孔

火災時に柱内部のコンクリートの水分が水蒸気となるため，柱内の気圧が増すことがないように，蒸気抜き孔として直径20 mm程度の孔を設ける．図4.16.15に示すように，各階で上部と下部に対面の位置に孔を設け，高さ方向の孔間隔が5 mを超えないようにする．また，柱の途中でコンクリートが止まる場合は，その上部の鉄骨に空気抜き孔や水抜き孔が必要となる．

（2） 柱の角溶接

溶接組立箱形断面柱の角溶接は，圧入の時などコンクリート側圧による割れの防止のため，パネル部分，シャフト部分ともに完全溶込み溶接とする場合が多い．

（3） 梁を後で接合する場合（工区境や後施工梁など）

柱のコンクリート打設後，梁の接合を行う場合は，高力ボルト接合または現場溶接接合とするが，溶接接合の場合は溶接熱により柱のコンクリートに損傷を与える（強度が低下する）ので，図4.16.16に示すように，工場で先にブラケットを設けておく必要がある．このブラケット長さは，溶接熱がコンクリートに影響を与えないことを実験等で確めた上で決める必要がある．

4.17 付属金物類

付属金物の種類は，大別して仮設関係，設備関係，コンクリート・鉄筋関係，内・外装関係，その他に分類される．詳細は表4.1.3に述べられている．取り付けるものは，工作図等に従い正しい位置に取り付ける．その溶接は，主要部材の溶接と同等の品質が得られるように施工する．本節では付属金物の溶接時の注意事項と付属金物の取付けの例について述べる〔図4.17.1～4.17.7参照〕．

（1） 比較的小さいピースが多いが，溶接長は40 mm以上を目安としてショートビードにならな

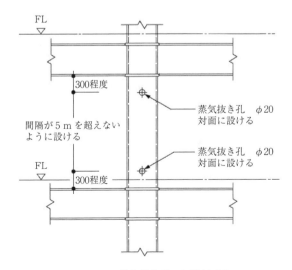

図4.16.15　蒸気抜き孔の標準納まり

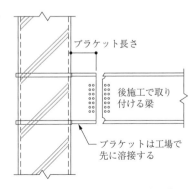

図4.16.16　コンクリートを充填後，梁を後溶接する場合

いように注意する．極端にピースが小さく，物理的にショートビードとならざるを得ない場合には，ピース寸法の再検討を含め，取付け位置や方法について当時者間で協議する必要がある．

（2） 仮設関係の取付け金物の中には，現場建方用の安全金物が多い．十分な溶接を行うとともに，例えば，丸鋼タラップや親綱掛け等の曲げ位置での溶接は避けることが望ましい．

（3） 内・外装用ファスナ等のナットおよびボルトのねじ部に溶接時のスパッタの付着，ねじ山の損傷に注意する．必要に応じ養生する．

（4） 細径鉄筋や薄板等の取付け金物は，仮置き時，輸送時の曲げ発生に注意する．

取付け金物は決定が遅れたり，変更・追加になりがちな傾向がある．本体製作の工程より取付けが遅れることは，非経済的なばかりでなく，時には，仮置き場での溶接，孔あけという事態にもなりかねない．結果として悪環境下での作業，無理な姿勢での溶接等，不十分な溶接になりかねず安全管理・品質管理上からも好ましくない．これらの早期決定に留意すべきである．

（5） 付属金物の取付け位置は，柱梁接合部などのように構造上，塑性変形が期待される部分近傍や冷間成形角形鋼管のコーナー部を避ける．ただし，現場建方の安全上，避けることが困難となる場合には，取付け方向や方法について当事者間で協議する必要がある．

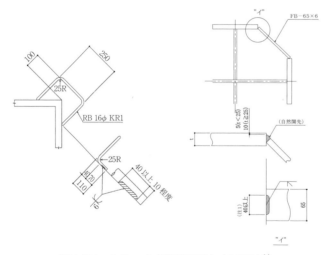

図 4.17.1　タラップ（箱形断面柱）（十字柱）[1]

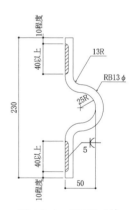

図 4.17.2　親綱掛け[1]

4 章 工　　作　—339—

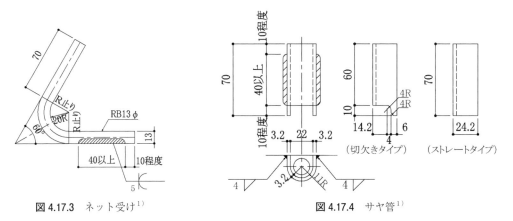

図 4.17.3　ネット受け[1]

図 4.17.4　サヤ管[1]

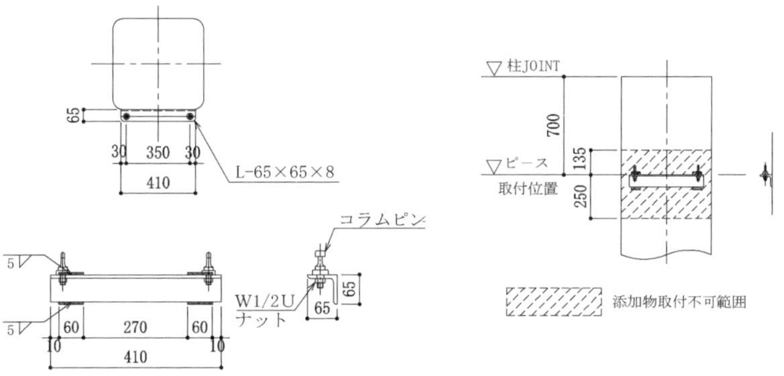

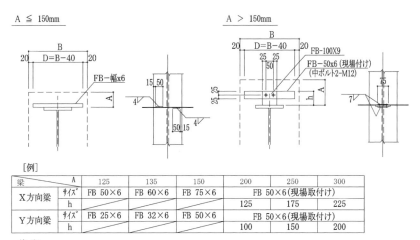

図 4.17.5　コラムステージ受け[1]

梁		A	125	135	150	200	250	300
X方向梁	サイズ		FB 50×6	FB 60×6	FB 75×6	FB 50×6(現場取付け)		
	h					125	175	225
Y方向梁	サイズ		FB 25×6	FB 32×6	FB 50×6	FB 50×6(現場取付け)		
	h					100	150	200

注記
　1. 記号XはX方向梁を示す
　2. 記号YはY方向梁を示す
　3. 柱仕口には取り付けず（ただし，最上階，梁仕口は必要）

図 4.17.6　カンザシ[1]

図 4.17.7 外装用ファスナ

4.18 ピンおよびローラ

a．ピンおよびローラの加工精度

部材を連結するピンや支承となるローラは，その性能上，入念に加工する必要がある．

形状・寸法の許容差は道路橋支承便覧（（公社）日本道路協会）のものを参考として表 4.18.1 に示す．

また，ローラの相手の転がり面の平面度はナイフエッジを転がり面に当て，すき間ゲージによってそのすき間を 0.1 mm 以下とするのがよい．いずれも加工面の表面粗さは 12.5〜25 μmRz の範囲が望ましい．

表 4.18.1 ピンおよびローラの加工精度

項　目	許容差	準拠基準
(a) 真直度（円柱支圧面）	0.05 mm 以下	JIS B 0621
(b) 真円度（円柱支圧面）	0.1 mm 以下	JIS B 0621
(c) 円筒度（円柱支圧面）	0.1 mm 以下	JIS B 0621
(d) 1組の支承に組み込まれるすべてのローラの直径の平均寸法の差	0.1 mm 以下	———

参 考 文 献

1）鉄骨建設業協会：仮設部材標準図

b．ピン孔の加工精度

　部材にピン孔をあける場合は断面欠損を補うため添板をする場合があるが，そのとき材片個々に孔あけをした後に合わせても，正確に孔合せをすることは困難である．このため，添板の溶接が終わってから孔あけを行うのがよい．孔径が 70 mm 程度以下の場合はラジアルボール盤を使用してドリルで孔あけを行うことができるが，それを超える場合はガス切断によって円形の予備孔をあけてから，中ぐり盤またはラジアルボール盤などを使用して仕上げる．

　ピン孔の直径は，ピンの直径が 130 mm 未満の場合はすき間が 0.5 mm 以内，130 mm 以上では 1 mm と余裕が少ないので，部材表面に対して直角に孔あけをしないと，ピンを挿入するとき支障をきたすことがあるので注意が必要である．

4.19　NC 機器等の使用上の注意事項および保守点検

　工作機械は NC 制御（Numerical Control）されるものが多く使用されてきている．これら NC 機器の使用上の注意事項を表 4.19.1 に示す．

　NC 機器は，工作機の駆動部が数値制御されて作動するものであるが，例えば切断トーチ，孔あけドリル等の実際の作業部品の状況は人間の判断によるところが大きい．また，不具合が発生した場合は影響が大きい．したがって，実際に加工されたものが，指示した長さ・角度・位置等所定の精度が確保されていることを定期的に確認する必要がある．

　NC 工作機械は品質の向上，加工所要時間の短縮，治工具費の節約，検査の省力化，安全性の向上等の効果がある．反面，入力部演算処理部，検出装置部，駆動部等機構が複雑であり，その保守点検は品質の安定上から重要である．したがって，作業者による始業前点検のほか，メーカーによる年 1 回程度の定期点検を行うことが望ましい．その他の各種工作機器についても，必要な精度と安全が確保できるように保守点検を確実に行う必要がある．

表 4.19.1　NC 機械等の使用上の注意事項

NC 機器の種類		使用上の注意事項
切断	鋼板 （ガス切断・プラズマ切断）	鋼板の反り，移動の防止 変形の少ない切断順序の選択
	形鋼 （機械切断）	基準点の押さえ 直角度
孔あけ		基準点の押さえ ピッチ，ゲージの精度 重ね加工の場合の製品のずれ防止
切削仕上げ		直角度 表面粗さ

4.20 安全・衛生

　日本における労働安全衛生関係法規の体系は，おおむね図4.20.1に示すとおりである．製作工場では，これらの法規に従って，次のような事項について安全衛生管理を実施するとともに，快適な職場環境の実現と労働条件の改善を行ない，職場における労働者の安全と健康を確保するよう努めなければならない．また，安全・衛生管理活動を「労働安全衛生マネジメントシステム」として確立し，管理のP・D・C・Aをシステム的に展開することが望ましい．
　　a．安全衛生管理体制の確立
　　b．安全衛生管理計画の立案
　　c．生産設備および作業方法の安全化
　　d．就業制限
　　e．安全教育の実施
　　f．作業者の健康の保持増進
　　g．快適な作業環境の形成
　　h．労働災害発生に対する措置

4.20.1 安全衛生管理体制

　労働災害を防止し，かつ安全衛生を確保するため，関係法規では，安全衛生管理体制に関する組織・管理者等の業務等について，おおむね次のように定めている．製作工場では，これらを遵守しなければならない．

a．総括安全衛生管理者

　安全衛生管理が企業の生産ラインと一体的に運営されることを期待し，その事業場の安全衛生に関する業務を総括管理する者として，一定規模以上の事業場（製作工場では建設業の場合，常時100人以上，製造業の場合は常時300人以上の労働者を使用する事業場）について，その選任を事業者に義務づけている〔労働安全衛生法第10条，労働安全衛生法施行令第2条〕．

　また，総括安全衛生管理者の業務としては，次のことが定められている〔法第10条〕．

　総括安全衛生管理者は安全管理者または衛生管理者を指揮するとともに，次の業務を総括管理する．
　　（1）労働者の危険または健康障害を防止するための措置に関すること．
　　（2）労働者の安全または衛生のための教育の実施に関すること．
　　（3）健康診断の実施その他健康の保持増進のための措置に関すること．
　　（4）労働災害の原因の調査および再発防止対策に関すること．
　　（5）その他，労働災害を防止するための必要な業務．

b．安全管理者

　製作工場では建設業あるいは製造業いずれの場合も常時50人以上の労働者を使用する事業場で

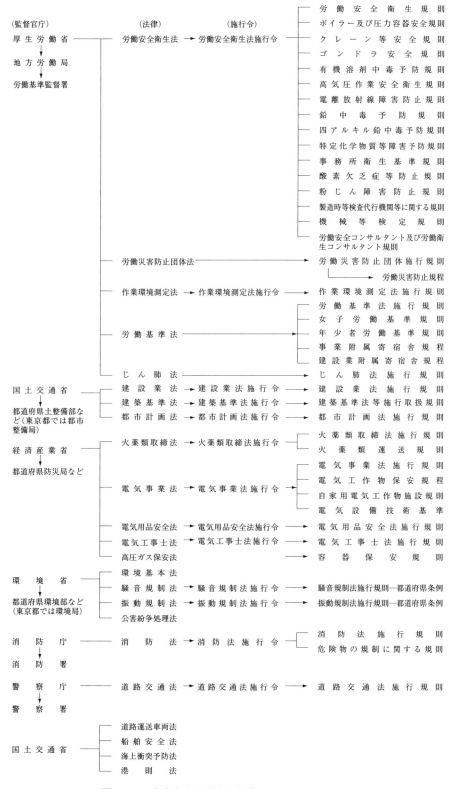

図 4.20.1 安全衛生関係法規体系

選任を義務づけられている〔法第11条，施行令第3条〕．

また，安全管理者の業務としては前項総括安全衛生管理者の業務のうち，安全にかかわる技術的事項を管理する〔法第11条〕とともに，作業場などを巡視し，設備・作業方法などに危険のおそれがあるときは，ただちにその危険を防止するため必要な措置を講じることが義務づけられている〔労働安全衛生規則第6条〕．

c．衛生管理者

常時50人以上の労働者を使用する全業種の事業場で，その事業場の規模に応じ定められた人数の選任を義務づけられている〔法第12条，施行令第4条，規則第7条〕．なお，常時1 000人を超える労働者を使用する事業場あるいは常時500人を超える労働者を使用する事業場で健康上特に有害な業務〔労働基準法第36条，同施行規則第18条〕に常時30人以上の労働者を従事させる場合は，衛生管理者のうち少なくとも1人を専任とし，また，常時500人を超える労働者を使用する事業場で健康上特に有害な業務のうち特定の業務に常時30人以上の労働者を従事させる場合は，衛生管理者のうち1人を衛生工学衛生管理者とすることが義務づけられている〔労働安全衛生規則第7条〕．

また，衛生管理者の業務としては，前出総括安全衛生管理者の業務のうち，衛生にかかわる技術的事項を管理する〔労働安全衛生法第12条〕とともに，作業場などを巡視し，設備・作業方法または衛生状態に有害のおそれがあるときは，ただちに労働者の健康障害を防止するための措置を講ずることが義務づけられている〔労働安全衛生規則第11条〕．

d．安全衛生推進者，衛生推進者〔法第12条の2，規則第12条の2，12条の3，12条の4〕．

常時10人以上，50人未満の労働者を使用する事業場等に適用され，業種により安全衛生推進者，または衛生推進者を選任する．

e．産業医〔法第13条，施行令第5条，規則第13条，14条，15条〕．

常時50人以上の労働者を使用する全業種の事業場で選任する．

f．作業主任者

労働災害を防止するための管理を必要とする一定の作業については都道府県労働基準局長の免許を受けた者または技能講習を修了した者を作業主任者として選任することが義務づけられている〔法第14条〕．

製作工場に関連の深い，作業主任者を選任すべき作業としては次のものがある〔施行令第6条，規則第16条〕．

（1） アセチレン溶接装置またはガス集合溶接装置を用いて行う金属の溶接，溶断または加熱の作業（ガス溶接作業主任者免許を受けた者）．

（2） エックス線装置の使用またはエックス線の発生を伴うその装置の検査の業務にかかわる作業（エックス線作業主任者免許を受けた者）．

（3） ガンマ線照射装置を用いて行う透過写真の撮影の作業（ガンマ線透過写真撮影作業主任者免許を受けた者）．

（4） プレス機械を5台以上有する事業場において行うその機械によるプレス作業（プレス機械作業主任者技能講習を修了した者）．

(5) 高さが2m以上のはい（積み重ねられた荷）のはいつけまたははいくずしの作業（はい作業主任者技能講習を修了した者）．

(6) 吊り足場・張出し足場または高さが5m以上の構造の足場の組立て，解体または変更の作業（足場の組立て等作業主任者技能講習を修了した者）．

(7) 金属製の部材により構成される，高さが5m以上の建築物の骨組または塔の組立て，解体または変更の作業（建築物等の鉄骨の組立て等作業主任者技能講習を修了した者）．

(8) 鉛作業にかかる作業，製作工場では含鉛塗料を塗布した物の溶接，溶断，切断，加熱または含鉛塗料のかき落しなどの業務〔労働安全衛生法施行令別表第4〕にかかわる者（鉛作業主任者技能講習を修了した者）．

(9) 酸素欠乏危険場所における作業（酸素欠乏危険作業者または酸素欠乏・硫化水素危険作業主任者技能講習を修了した者）．

(10) 有機溶剤を取り扱う業務にかかわる作業，製作工場では有機溶剤含有物を用いて行う塗装の業務等〔有機溶剤中毒予防規則第1条〕にかかわる作業（有機溶剤作業主任者技能講習を修了した者）．

また，作業主任者の職務としては，その作業に従事する労働者の指揮のほか，上記（1），（4），（5），（6），（7）の作業主任者については労働安全衛生規則，（2），（3）については電離放射線障害防止規則，（8）については鉛中毒予防規則，（9）については酸素欠乏症等防止規則，（10）については有機溶剤中毒予防規則により，それぞれ，作業主任者の義務として定められていることを行うことが義務づけられている〔法第14条〕．

g．安全委員会

建設業，製造業の製作工場の場合は，常時50人以上の労働者を使用する事業場において，設置することが義務づけられている〔法第17条，施行令第8条，規則第21条〕．

また，安全委員会は次の事項を調査審議し，事業者に対して意見を述べることが定められている〔法第17条〕．

(1) 労働者の危険を防止するための基本となるべき対策に関すること．

(2) 労働災害の原因および再発防止対策で安全にかかわるものに関すること．

(3) その他，労働者の危険の防止に関する重要事項．

h．衛生委員会

常時50人以上の労働者を使用する全業種の事業場において，設置することが義務づけられている〔法第18条，施行令第9条，規則第22条〕．

また，衛生委員会は次の事項を調査審議し，事業者に対して意見を述べることが定められている〔法第18条〕．

(1) 労働者の健康障害を防止するための基本となるべき対策に関すること．

(2) 労働者の健康の保持増進を図るための基本となるべき対策に関すること．

(3) 労働災害の原因および再発防止対策で衛生にかかわるものに関すること．

(4) その他，労働者の健康障害の防止に関する重要事項．

i．安全衛生委員会

　規定により安全委員会および衛生委員会を設置すべき事業場（g項およびh項）では，この2つの委員会を別個に設置せず，双方の機能を有するものとして，代わりに安全衛生委員会を設置してもよいことになっている〔法第19条〕．

4.20.2 安全衛生管理計画の立案

　事業者は，年度初めなどに安全および衛生に関わる年度の基本方針，労働災害減少目標・疾病休業減少目標，月別重点管理項目，安全教育，健康診断，安全・衛生活動内容などを定めて，計画的に安全衛生管理を実施することが望ましい．

4.20.3 生産設備，作業方法の安全化

　製作工場内などの作業にあたっては，生産設備の適正な管理と使用，および安全な作業方法の遵守，安全帽・安全靴などの保護具の着用に留意するとともに，各作業における安全・衛生に関して，次に示す事項に留意しなければならない．

a．ガス切断作業
　（1） ガス切断作業に従事する者はガス溶接作業主任者免許の保有者かガス溶接技能講習の修了者に限る．
　（2） 遮光メガネ・保護手袋・耳栓などの保護具の着用が必要である．
　（3） ホースはそれぞれの規定のものを使用し，酸素用とプロパン・アセチレン用ホースを混用してはならない．
　（4） ボンベは40℃以上の高温とならないようにする．
　（5） ガス切断作業開始に先立ってホースと吹管およびホース相互の接続箇所に対してガス漏えい検査を行って安全を確認する．

b．高速切断，研削作業
　（1） グラインダなどの研削砥石の取替えまたは取替え時の試運転の作業に従事する者は，研削砥石取替え等の業務にかかわる特別教育の修了者に限る．
　（2） 機械・装置には必ず砥石の飛散防止カバーを取り付ける．カバーを外して作業してはならない．
　（3） 作業者は必ず防じんメガネを着用するとともに，粉じんの発散や吸引を防止するために，換気の実施や防じんマスクの着用を行う．
　（4） 作業開始前には1分間以上，砥石取替え時には3分間以上の試運転を行う．

c．プラズマ切断作業
　（1） 作業者は必ず目・顔・皮膚などを遮光メガネ・保護面・手袋などで保護する．
　（2） 高速のジェット気流によって高い騒音を発するので，作業者は必ず耳栓を着用する．
　（3） 切断時に発生するヒュームを吸引しないよう，十分な換気の実施や防じんマスクの着用を行う．

d．孔あけ作業
　（1）　作業者は作業中，必ず保護メガネを着用する．
　（2）　ドリルを取り替えるときや段取替えのときは，必ず手元のスイッチを切る．
　（3）　加工物は小さいものであっても手で押さえず，必ず回り止めをつける．
　（4）　孔あけ作業中は，切粉によって手が巻き込まれるおそれがあるので手袋を着用しない．
　（5）　ドリルに巻き付いた切粉はドリルの回転を停止させてから除去する．
　（6）　パンチングマシンのポンチやダイスを取り替えるときは，ブロックを使用して下り止めを施し，スイッチを切ってから行う．
　（7）　エアホースは各部の接続が完全なことを確認してから元栓を開く．

e．ロボットを使用した切断・溶接など，およびロボットの検査に関わる作業
　（1）　ロボットの可動範囲の外側にさく，囲いなどを設けて，運転中のロボットと作業者の接触を防止する．
　（2）　ロボットの誤操作，不意の作動による危険を防止するために，操作の手順，合図の方法等について規定を定め，異常時の緊急停止ができる措置などを講じる．
　（3）　ノイズによる誤動作を防止するため，ノイズの発生源となる電磁開閉器，動力線などは制御盤の配線から十分に離して配線する．
　（4）　特別教育を受けた作業者が操作する．

f．ひずみ矯正作業
　（1）　長尺材をビームベンダを用いてひずみを矯正する場合は，端部が大きく振れることがあるので注意する．
　（2）　プレスで曲げ加工または部材のひずみを矯正するときは，体の一部が危険限界に入らないように，安全囲いを設けるなどの措置を行う．
　（3）　作業中は上下金型の間に手を入れない．
　（4）　2人以上の共同作業では合図者を定め，共同作業者の手などが危険限界に入らないように光線式安全装置などの安全措置を施す．
　（5）　動力プレスの金型の取付け，取外しを行う場合は，安全ブロックを使用し，スライドが不意に下降することを防止する．
　（6）　ガス炎による加熱矯正では作業者は必ず遮光眼鏡・保護手袋・耳栓などを使用し，また，油や燃えやすい物の近くでは作業しない．

g．切削加工作業
　（1）　切削機械によって仕上げ加工を行う場合は，必ず保護眼鏡を用いる．
　（2）　加工品や刃物の取付け・取外しは機械の回転を止めてから行う．
　（3）　切削中は飛散する切粉でけがをするおそれがあるため，機械の近くに人を近づけない．
　（4）　運転中の竪旋盤，プレーナなどのテーブルには原則として乗ってはならない．

h．組立て作業
　（1）　作業場は常に整理整頓し作業がしやすい状態にしておく．

（2） 部材の仕分けにあたっては積みすぎないように注意し，組立て中，あるいは組立てが完了した部材は突出したり倒れたりしないように配置する．倒れやすいものを立てておく場合は，必ず転倒防止処置を施す．

（3） ジャッキを使用するときは片荷や偏心にならないように取り付け，ジャッキ台は必ず安定した堅固なものを使用する．

（4） 高さが2m以上の場所で作業する場合は安全帯を使用する．

i．溶接作業

（1） 作業者はアーク溶接にかかわる特別教育の修了者に限る．

（2） キャブタイヤやケーブル類の被覆の損傷がないことを確認するとともに，母材の接地，交流アーク溶接機では自動電撃防止装置の設置を確認し感電防止に努める．

（3） 高温時，発汗などによる感電災害を防止するために，作業着や保護具の乾燥に気を配るとともに，皮手袋の下に軍手を着用するなどの対策を施す．

（4） アーク光による目の障害を防止するために，溶接方法などにより規定された遮光保護具を使用する．また，遮光シートなどを使用して，隣接作業者への影響を防止する．

（5） ヒュームおよびガスの発生が著しい場合は，防じんマスクまたは防じん機能付きの防毒マスクを着用する．

（6） アーク光による火傷やスパッタ，スラグの飛来による火傷を防止するために皮膚を露出させないこと．また，ガウジング作業時，火花が隣接する作業者などの方向に行かないよう注意する．

j．仮組作業

（1） 高所作業には身ごしらえ，身がまえをきちんとする．

（2） 製品を受ける架台は製品の荷重や地震などに十分耐える構造とする．

（3） はしご・足場・手すりなどの安全を十分に確かめてから作業する．

（4） 次の作業には必ず安全帯を使用する．

  （ⅰ） 高さ2m以上で作業床を設置できない場合，および手すり等が設置できない場合

  （ⅱ） 足場の組立ておよび解体等で墜落の危険が生じるおそれのある作業

  （ⅲ） 吊り足場上での作業

（5） 高所からの工具・材料などが落下しないよう措置を行う．また，工具などの投下は行わない．

（6） ドリフトピンを抜くときは，抜く方向に人がいないことを確かめてから行う．

（7） 高所作業車を使用する場合は，作業床の高さが10m以上の場合は技能講習修了者が，また10m未満の場合は特別教育を終了した者が運転業務を行う．

k．製品搬送

（1） 製品の積込み，荷卸し作業では，作業の指揮者を定め，事前に決めた合図方法を守って，地切り，製品移動，着地などの作業を行う．

（2） クレーンによる製品搬送時は警報などにより，製品直下に他の作業者が近づかないように

注意する．
(3) 製品をハードル上に仮置きする場合は，必要に応じて転倒を防ぐ処置を行う．
(4) 製品を吊り上げるワイヤはその製品の重量に見合ったものとし，キンク，欠損などの不具合のないものを使用する．
(5) コンベヤ上で製品を移動する場合は，ローラ間に人が挟まれないよう，移動方向の安全を確認した上で行う．

4.20.4 就業制限

a．免許取得に関する講習会等

免許を取得しなければその作業に就くことができない場合は，その作業者に対して厚生労働省が行う試験を受検させる．

製作工場の作業に関連する免許としては次のようなものがある〔労働安全衛生法第12条・14条・61条・72条・75条，同施行令第20条，労働安全衛生規則第62条・69条，等〕．

(1) 第一種衛生管理者免許
(2) 第二種衛生管理者免許
(3) 衛生工学衛生管理者免許
(4) ガス溶接作業主任者免許
(5) エックス線作業主任者免許
(6) ガンマ線透過写真撮影主任者免許
(7) クレーン・デリック運転士免許
(8) 移動式クレーン運転士免許

b．技能講習

技能講習を修了した者でなければその作業に就くことができない作業に就かせようとする場合は，その作業者に都道府県労働局長の免許または登録を受けた者が行う技能講習を受けさせる．

製作工場の作業に関連する技能講習としては，次のようなものがある〔法第14条・61条・76条，施行令第20条，規則第41条・79条，等〕．

(1) プレス機械作業主任者技能講習
(2) 足場の組立て等作業主任者技能講習
(3) 建築物等の鉄骨の組立て等作業主任者技能講習
(4) はい作業主任者技能講習
(5) 鉛作業主任者技能講習
(6) 有機溶剤作業主任者技能講習
(7) 酸素欠乏危険作業主任者技能講習
(8) 酸素欠乏・硫化水素危険作業主任者技能講習
(9) 床上操作式クレーン運転技能講習
(10) 小型移動式クレーン運転技能講習

(11) ガス溶接技能講習
(12) フォークリフト運転技能講習
(13) 高所作業車運転技能講習
(14) 玉掛け技能講習

c．特別教育

特別教育を必要とする業務に作業者を就かせようとする場合は，その作業者に労働基準協会等の社外の機関が行う特別教育に参加させるか，あるいは社内の有資格者による特別教育を行う．

製作工場の作業に関連する特別教育としては，次のようなものがある〔法第59条，規則第36条，安全衛生特別教育規程，クレーン等安全規則，クレーン取扱い業務等特別教育規程，酸素欠乏症等防止規則，酸素欠乏危険作業特別教育規程，電離放射線障害防止規則等〕．

(1) 研削といしの取替えまたは取替え時の試運転の業務にかかわる特別教育．
(2) 動力プレスの金型等の取付け，取外しまたは調整の業務にかかわる特別教育．
(3) アーク溶接等の業務にかかわる特別教育．
(4) 最大荷重1トン未満のフォークリフトの運転の業務にかかわる特別教育．
(5) 作業床の高さが10メートル未満の高所作業車の運転の業務にかかわる特別教育．
(6) 吊上げ荷重が5トン未満のクレーンの運転の業務にかかわる特別教育．
(7) 吊上げ荷重が1トン未満の移動式クレーンの運転の業務にかかわる特別教育．
(8) 吊上げ荷重が5トン未満のデリックの運転の業務にかかわる特別教育．
(9) 建設用リフトの運転の業務にかかわる特別教育．
(10) 吊上げ荷重が1トン未満のクレーン・移動式クレーンまたはデリックの玉掛けの業務にかかわる特別教育．
(11) 酸素欠乏危険場所における作業にかかわる業務にかかわる特別教育．
(12) エックス線装置またはガンマ線照射装置を用いて行う透過写真撮影の業務にかかわる特別教育．
(13) 粉じん障害防止規則に規定される，研磨剤を用いて行う研磨，ばり取り等の業務に関わる特別教育．
(14) 産業用ロボットの教示等の業務にかかわる特別教育．
(15) 産業用ロボットの検査等の業務にかかわる特別教育．

4.20.5 安全教育

労働災害の発生を未然に防ぐために，安全教育は欠かせない．製作工場の作業者に対して行うべき安全教育としては，次のようなものがある．

a．雇入れ時等の教育

新しく作業者を雇入れたときあるいは作業内容を変更しようとするとき，事業者はその作業者に対する次の事項のうち，その作業者が従事する業務に関する安全または衛生のために必要な事項について教育を行わなければならない〔法第59条，規則第35条〕．

(1) 機械等,原材料等の危険性または有害性およびこれらの取扱い方法に関すること.
(2) 安全装置,有害物抑制装置または保護具の性能およびこれらの取扱い方法に関すること.
(3) 作業手順に関すること.
(4) 作業開始時の点検に関すること.
(5) その業務に関して発生するおそれのある疾病の原因および予防に関すること.
(6) 整理,整頓および清潔の保持に関すること.
(7) 事故時等における応急措置および退避等に関すること.
(8) その他,その業務に関する安全または衛生のために必要な事項.

b. 職場長等の教育

建設業および製造業等で,新たに職務に就く職場長や直接指導または監督する者に対して,事業者は次の事項について安全または衛生のための教育を行わなければならない〔法第60条,施行令第19条,規則第40条〕.
(1) 作業方法の決定および労働者の配置に関すること.
(2) 労働者に対する指導または監督の方法に関すること.
(3) 労働災害を防止するために必要な次の事項
 (i) 作業設備および作業場所の保守管理に関すること.
 (ii) 異常時等における措置に関すること.
 (iii) その他現場監督者として行うべき労働災害防止活動に関すること.

c. 有資格者等に対する教育

事業者は,安全衛生の水準の向上を図るため,危険または有害な業務に従事する者に対してその業務に関する安全または衛生の教育を行うよう努めなければならない〔労働安全衛生法,第60条の2〕.また,このため,作業の種類ごとに定期的に有資格者,一般作業者に対して,その作業の安全衛生作業標準・基準・手順等について教育することが望ましい.

d. 日常教育

事業者は,毎日の作業開始前に作業者の健康状態を確認し,その日の作業内容について危険予知活動等を行うなど,事故防止に努めるのが望ましい.特に中高年者や労働災害防止上特に配慮を必要とする者については,適切な配置に努める必要がある〔労働安全衛生法第62条〕.

4.20.6 作業者の健康の保持増進

事業者は労働安全衛生法第65条・66条・67条・68条・69条・70条・71条の1,同施行令第21条・22条・23条,労働安全衛生規則第42条の2,61条の3等により作業者の健康の保持増進のための措置を行わなければならない.
(1) 厚生労働省令で定められた作業場における作業環境測定
(2) 健康診断
(3) 厚生労働省令で定めた業務に対する健康管理手帳の交付
(4) 厚生労働省令で定めた疾病に罹患した者の就業の禁止

（5） 健康教育および健康相談
（6） 体育活動，レクリエーション等についての便宜

4.20.7 快適な作業環境の形成

事業者は事業場における安全衛生の水準の向上を図るため，次の措置を継続的かつ計画的に行う必要がある〔労働安全衛生法第71条の2，3，4，労働安全衛生規則第61条の3〕．
（1） 作業環境を快適な状態に維持管理するための措置
（2） 作業方法を改善するための措置
（3） 労働省の疲労回復のための施設または設備の設置または整備

4.20.8 労働災害発生に対する措置

建設業などの事業者は，万一労働災害が発生した場合に備え，救護に必要な機械等を備え付け，また，救護に関する訓練などを行う必要がある〔労働安全衛生法第25条，第26条，労働安全衛生規則第24条の3，4など〕．

労働災害が万一発生した場合は，人命の救助を第一に考え，被災者の保護，病院への搬送など適切な対応をすみやかに行うことが重要である．また，災害の発生原因を究明し，設備，作業方法，作業手順などの問題点を改善することにより再発防止対策を行うとともに，事業所全員への周知徹底を図る必要がある．

4.21 鉄骨生産の自動化

鉄骨生産における自動化は，切断，孔あけ，溶接等の加工技術の発展や，コンピュータを利用したCAD/CAM（Computer Aided Design/Computer Aided Manufacturing）技術の普及により，近年大きく進展してきている．特に，NC（Numerical Control）工作機や溶接ロボット，CAD/CAMの着実な普及は，これからの鉄骨生産のあり方をさらに大きく変える可能性を秘めている．

このような観点から，本節では，これまでの鉄骨生産の発展の経緯を踏まえながら，CAD/CAMを中心とした自動化の背景，現状および将来についてまとめている．

4.21.1 自動化への取組み

a．鉄骨生産の特徴と自動化の背景，目的
（1） 鉄骨生産の特徴

鉄骨生産は，プレハブ建築における一部の計画的生産を除けば，ほとんどが受注に基づく一品ごとの個別生産である．電気製品や自動車に代表されるような企画設計に基づく大量生産方式の場合と比較すると，個別生産方式での自動化はおのずと異なっており，無人に近いようなフルオートメーション化は極めて困難である．個々の製品ごとに設計仕様が確定されるため，その形状と寸法

が一品ごとに異なっているからである．したがって，このような製品の生産の自動化においては，製品をいかに作りやすい標準的な部品や部材で構成するか，また部品・部材の生産とその組立て作業をいかに効率化するかが重要なポイントとなる．

(2) 自動化の背景

近年における自動化の進展には，コンピュータの技術的進展が大きく影響している．

鉄骨生産におけるコンピュータ利用は，早いところでは，造船や鉄塔，橋梁の分野とそれほど遅れることなく1965年前後より開発が始まり，1970年代には実用的に使われ始め，1980年代後半には大きく普及するようになってきた．

開発の初期段階では，他の分野と同じように一括処理型の専用システムが指向されていた．すなわち，必要なデータを入力し，一括処理により，成果品である工作図や型板，定規を出力するシステムが標準的であった．しかしながら，対象とする製品が複雑多様で，付属金物類の形状や取付け位置の決定が遅いため一括処理だけでは対応しにくいことや，誰もが気軽に使えるシステム環境が作りにくいという欠点もあった．一方でコンピュータの処理速度の増大と低価格化による恩恵を受け，図形を直接画面上に表示し，会話的な処理や変更ができる会話処理型の要素が取り入れられ，今日のようなCAD/CAMシステムに発展してきた．

コンピュータを内蔵したNC工作機やロボットの利用についても，当初は高価格で鉄骨生産に適したものが少なかったため広く利用されることはなかったが，社会的な需要の高まりの中で鉄骨専用の加工機械が開発され，今日では広く普及し利用されるようになってきている．

(3) 自動化の目的と効果

生産における自動化の目的や効果は，直接的なものから間接的なものまでを含めて以下のようにまとめられる．

① 品質の安定

自動化により加工精度が向上し，それとともに，精度のバラツキが少なくなり品質が安定する．鉄骨製品としての品質の安定は，現場建方の施工能率向上にも寄与することになる．また，人的作業の場合に発生しがちな誤作は自動化により減少し，生産者にとっては無駄をなくすことになり，大きなメリットになる．

② 生産効率の向上

自動化による生産効率の向上は，そのまま加工工数の削減になる．投資費用の大小にもよるが，最終的には原価低減につながることになり，これにより自動化の直接の目的が達成される．

③ 製作期間の短縮

生産効率の向上により，製作開始から終了までの製作時間が短縮される．工場での製作期間の短縮は，長期的に見て建築工事全体の工期短縮に寄与することになる．

④ 工程の安定化

生産に必要な加工工数の予測が容易になり，生産工程の計画や管理が行いやすくなる．また，品質の安定と併せて工程が安定化する．

⑤ 作業環境の改善

　自動化により肉体的労働の負担が軽減され，作業時の安全性も手作業の場合に比べて改善される．また，工場内の作業エリアの環境は，自動化と併せて行われる環境対策により，従来よりも改善される．このように，一般に自動化の推進により作業環境が改善され，いわゆる3Kからの解放にもつながっていく．

b. 自動化の現状

(1) 代表的な生産工程

鉄骨の代表的な生産工程を図4.21.1に示す．

生産のための基本的な情報は，生産設計等を担当する生産準備部門において，設計図書→工作図→材料・加工情報のように作成され，生産管理部門・製造部門に伝達される．この生産のための基本情報を作成するシステムが，CAD/CAMシステムと考えられる．なお，ここで管理部門は，一般

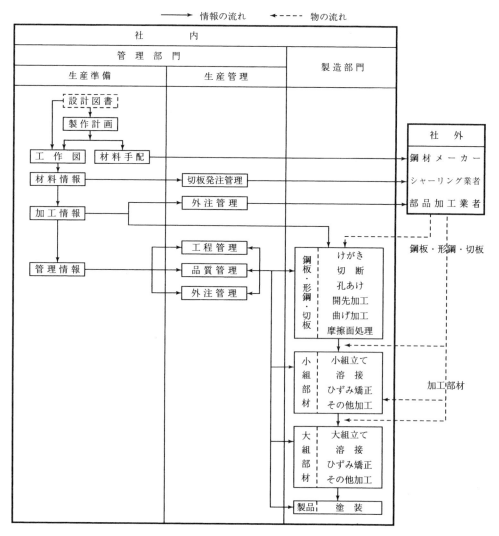

図 4.21.1　代表的な生産工程

管理部門を除き，工事に対する直接的な準備や支援を行う部門のみを示している．

生産準備，生産管理では，さらにさまざまな管理情報が必要であり，客先から要求される納期や品質に関する情報，社内・社外の生産技術，生産能力に関する情報を十分に考慮・反映した形で各部門での管理がなされる．

製造部門での工程は，柱のような小組立て（幹，仕口等）や大組立てのある部材を例にとり，形状別に，鋼板・形鋼・切板，小組部材，大組部材，製品に大別して示している．製造部門での自動化はFAと呼ばれているが，現状では，素材や切板に対する加工工程がもっとも進んでいる．

(2) 各作業工程での自動化の現状

各作業工程について，自動化のランクと形態の概要を表4.21.1に示す．

ランクは，普及の程度によりA，B，Cに分類している．自動化が進んでいるのは生産準備部門の工作図・現寸，および製造部門におけるけがき・切断・孔あけ・溶接などの工程であり，組立てや塗装などはほとんど自動化が進んでいないのが現状である．

将来的には，これらのすべての工程がAランクになることが理想であるが，解決すべき技術的課題も多く，自動化に対する今後の積極的な取組みが必要である．

(3) 自動化の特徴と考え方

個別受注生産である鉄骨製品は，形状と寸法が一品ごとに異なっているとともに部材数が多いが，構造の種類と部材断面形状が同一であれば，全体的な形状はほとんど同じで各部の寸法だけが製品ごとに異なるという特徴を持っている．実際の製作においては，これらの特徴を活かして，素材・切板・部材の加工とその組立て作業をいかに効率化するかが自動化における重要なポイントになる．

表4.21.2に，加工機械を分類し，どのような工程に利用されているかを示す．NC機械やロボットは，けがき・切断・孔あけ・開先加工等の加工工程や溶接工程において利用されており，また，一般機械・機器の利用においては，加工の開始・終了時の指示は手作業がほとんどであり人手の介入が必要になっている．

この加工機械のほかに，作業場所や搬送形態から見て，自動化の考え方の変化をまとめると，表4.21.3のようになる．

加工機械は，工具から一般機械・機器へ，さらにNC機械，ロボットによる自動作業に変化してきている．加工条件を指示するだけで一連の自動加工を行う鉄骨専用機械は，これまで一部パイプの切断やH形鋼の開先やスカラップの加工等に利用されているが，このような専用機械は鉄骨業界においては，これまでは業界の投資意欲や機械メーカーの開発意欲の関係もあってあまり普及していなかった．しかしながら，現在ではより複雑な加工形状や一品ごとに異なった寸法を持つ部材を対象に自動加工できるNC機械やロボットが主流になりつつある．

作業場所と搬送形態などから見た生産方式は，定置作業生産方式からプロセス型生産方式，ライン化生産方式へと変化しつつあるが，ライン化生産方式は，H形または箱形断面材の加工・組立て・溶接工程や，梁・柱部材の大組立て以降の工程など，部分的な工程に取り入れられている場合が多い．

表 4.21.1　各工程の自動化の概要

作業工程			ランク	自動化の形態
管理部門	生産準備	製作計画　製作上の問題点，製作手順	C	・システム化はほとんどなし
		材料手配　加工数量，必要資材の算出	B	・手作業多く，一部単独システム利用
		鋼板のロール手配	B	・大型物件等一部で単独システム利用
		工作図　　製作内容の打合せ	C	
		ディテール検討	B	・CAD 利用による検討も増加
		工作図作成	A	・一貫システムが比較的多く普及
		工作図追加，修正	B	・手処理，汎用 CAD の併用も多い
		現　寸　　材料切断明細作成	B	・単独システムも比較的多い
		型板作成	A	・単独システムも比較的多い
		定規作成	B	・単独システムも比較的多い
		NC，ロボット情報作成	B	・機器への直接の手入力も比較的多い
	生産管理	材料管理　切板発注管理	C	・電子媒体のデータ交流はこれから
		購入品，外注品の発注管理	B	・事務管理システムとして一部普及
		工程管理　工程計画，進捗管理	B	・図化，計算のみでの利用が多い
		品質管理　品質管理値（目標）の作成	B	・CAD 等から管理資料として出力
		検査・計測作業	C	・UT 検査等を除いてほとんど手作業
		検査結果の分析，フィードバック	B	・積極的な利用はこれからの課題
製造部門		けがき　　鋼板，切板	A	・鋼板のけがきに一部 NC 機械を利用
		形鋼，溶接組立て材	A	・NC 孔あけ機を利用した補助的けがき
		切　断　　鋼板	A	・一部自社切断に NC 切断機を利用
		形鋼，溶接組立て材	A	・H 形鋼やパイプの切断に自動機利用
		孔あけ　　切板	A	・添板用の NC 孔あけ機普及
		形鋼，溶接組立て材	A	・H 形断面材の NC 孔あけ機普及
		開先加工　切板	A	・ガス加工主流，自動機，NC 機一部
		スカラップ加工　形鋼，溶接組立て材	A	・H 形断面材のスカラップ・開先加工機普及
		曲げ加工　切板	C	・機械加工が主流
		形鋼	B	・専門加工業者で普及
		組立て・取付け　H 形・箱形断面材の組立て	A	・専用ライン化で専用組立て装置が増加
		大組立て	C	・クレーンを利用した手作業が主
		小物取付け	C	・クレーンを利用した手作業が主
		溶　接　　溶接組立て材	A	・自動機主流，一部溶接ロボット利用
		大組部材	B	・一部溶接ロボット利用
		小物取付部	C	・ほとんど半自動 CO_2
		矯　正　　溶接組立て材	A	・H 専用ライン化で専用矯正装置増加
		大組部材，小物取付部	C	・ほとんど手作業による加熱修正
		摩擦面処理　本体	B	・梁部材端部など一部自動化
		添板	A	・一部専用のブラスト装置利用
		塗　装	C	・ほとんど手作業

［注］　＊ランク　A：比較的自動化が進んでいる（中規模以上の工場での普及度 30％以上が目安）
　　　　　　　　B：一部で自動化が進んでいる（中規模以上の工場での普及度 10％以上が目安）
　　　　　　　　C：ほとんど自動化が進んでいない

表 4.21.2 加工機械と利用されている工程

加工機械		加工位置の制御,指示		けがき	切断	孔あけ	開先	曲げ	組立て	溶接	矯正	摩擦面	塗装
		途中	開始および終了時										
工具			手作業	○					○		○	○	○
一般機械・機器	ガス・プラズマ等の切断機		手作業		○		○						
		ならい治具	手作業		○	○	○						
	手・半自動・自動溶接機		手作業							○			
		ならい治具	手作業							○			
	一般機械	機械	手作業		○	○	○	○			○	○	
			現場条件指示	○				○				○	
NC機械ロボット		NC装置・ロボット制御装置	データ転送（オフラインティーチング）	○	○	○	○			○			
			現場条件入力			○				○			
			現場ティーチング							○			

表 4.21.3 自動化の考え方の変遷

加工機械	作業場所と搬送形態
①工具 ②一般機械・機器 ③NC機械・ロボット	A：定位置作業が主体で，作業者が移動して作業を行う．部材は必要があればクレーン等で移動させる．（定置生産方式） B：各工程の作業場所を固定し，各工程間はクレーン等を使用して部材を移動させる．工程間に加工途中の部材が滞貨することが多い．（プロセス型生産方式） C：各工程間の搬送装置としてローラコンベヤや台車等を使用し，各工程間に部材がストックしないように考慮して流れ作業方式で生産する．（ライン化生産方式）

4.21.2 鉄骨 CAD/CAM システム

　建築生産においては，設計図や施工図の作成に作図用の CAD システムが広く用いられている．これらには，汎用 CAD またはそれに建築用の作図機能を追加したものが多い．一方，鉄骨 CAD/CAM システムは，専用システムであって，上記のような作図機能のみでなく，鉄骨生産のための情報を作成する機能を有している．鉄骨生産の効率化を目指す観点からは，このような専用システムとしての鉄骨 CAD/CAM システムの利用を目指すべきであるが，一方では，後述するように，運用上の問題から汎用 CAD のみを利用して工作図や現寸業務を行うことも多い．ここでは，主として専用システムとしての鉄骨 CAD/CAM システムの機能，種類について述べ，次に汎用 CAD を含めたシステム運用上の留意点について述べる．

a．CAD/CAM システムの特徴

（1）　CAD/CAM システムの概要

　鉄骨 CAD/CAM システムは，設計用 CAD システムとは異なり，生産用のシステムである．その処理範囲は，積算・工作図作成・現寸情報（型板・定規・帳票等）作成・NC 情報・管理情報の作成など多岐にわたっている．意匠設計・構造設計・設備設計の設計図書からの鉄骨骨組に関する情

報に基づいて,早く正確に工作図や加工情報を作成することがシステムの役割である.

したがって,設計からの情報を電子媒体を介して数値データとして受け取り,自動的に工作図や加工情報が作成されることが理想となるが,設計との数値データによる情報交換は一部試行された段階であり,また設計変更や追加も多いことから,設計情報を分析して数値データとして入力する作業のほとんどを人の手に依存しているのが現状である.

鉄骨CAD/CAMシステムの基本的な構成の例を図4.21.2に示す.鉄骨CAD/CAMシステムには,工作図・現寸情報・NC情報・管理情報の一連の鉄骨製作情報を連動して処理し出力する一貫システムと一部の情報の作成のみに機能を特化した単機能システムとがある.両者の基本的な違いは,対象とする業務範囲の違いであるが,それに対応してシステム内部でのデータ管理や,処理機能,出力変換機能などが異なっており,当然ながら一貫システムの方が複雑で高機能なシステムとなっている.しかしながら,短納期で設計変更や追加が多発する鉄骨生産においては,必ずしも一貫システムの方が対応しやすいとはいえず,むしろ単機能システムの方が対応しやすい場合もある.

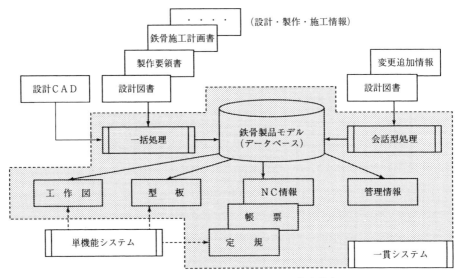

図4.21.2 鉄骨CAD/CAMシステムの基本構成

(2) CAD/CAMシステムの適用範囲

現在の鉄骨CAD/CAMシステムは,鉄骨造・鉄骨鉄筋コンクリート造のビル物を処理対象とするものが主流であるが,小屋物を扱えるシステムやスペースフレーム等を扱える特殊なシステムもある.コンピュータの能力の制約から,一度に扱える構造規模(通り数,階数,柱数,梁数等)には制限があり,また特殊な骨組形状(セットバック・傾斜柱・梁上の柱等)や部材種類(圧延H形鋼,角形鋼管,H形・箱形・十字形断面溶接組立て材,ラチス梁等)の適用に関しても制限がある.また,設備・内外装・仮設などの付属金物に対しては,自動処理範囲がかなり限定されているものが多い.自動処理適用範囲外の形状に対してどのように対応するかが,このようなシステムの運用におけるもっとも重要な課題の一つであるが,特別に会話型処理による追加変更方法が用意されて

いる場合は別として，そのような考慮がなされていない一般の場合には，図面データを作成し，図面レベルでCADによる修正，追加を行うしか方法がない．この場合には図面だけの対応になり，データベースに基づく各種の出力処理は，そのままでは使用できなくなるので，効果が半減する．

なお，システムとしての適用範囲が広くなるほどシステムの規模は大きくなり，システムは高価格になる．したがって，システムの導入にあたっては，利用の目的と範囲を明確にした上で適正なシステムを選択することが大切である．

b．CAD/CAMシステム運用上の留意点

（1）データの品質保証

鉄骨CAD/CAMシステムの運用において，出力データの品質保証は重要な問題である．品質確保の難易度は，一括処理システムとの部分と汎用CADが関わる部分とでは相当の違いがある．

一括処理システムは鉄骨製品の形状や処理がパターン化されているため，基本となるデータを入力するだけで工作図や型板などが自動的に出力される．したがって，適切なシステム運用基準および入力データ・チェック要領を整備し，これを遵守することで出力データの品質保証を比較的容易に行うことができる．

これに対して，汎用CADのみのシステムや汎用CADによって修正することが可能なシステムにおいては，作業者が汎用作画コマンドを適宜選択しながら作画処理を行う．データの品質という面から見ると，汎用CADはドラフタをCAD操作に置き換えただけのものであるから，システムとして自由度が大きく，多様な構造形態に対応できることや頻発する設計上の追加・変更処理に柔軟に対応できるが，ヒューマン・エラーの入りこむ危険性も高い．このため，出力結果の品質保証には，以下に示す事項に対する十分な対策が必要である．

（ⅰ）出力された工作図や型板を見ただけでは品質が確認しにくい（初心者でもきれいな図面が書けるため，内容まで信頼してしまう危険がある）．

（ⅱ）コンピュータのディスプレイ（画面）は狭いため，全体が見渡しにくく，関連するほかの部分の修正を忘れやすい（図面を出力して十分にチェックする必要がある）．

（ⅲ）図形の複写機能などの簡便な機能の使用による修正漏れが発生しやすい．

（ⅳ）寸法値を修正し図形の修正を忘れたり，逆に図形を修正した後の寸法線の再作図を忘れるなどにより，整合性のないデータを作成するおそれがある（このデータから現寸情報を出力する危険がある）．

（ⅴ）不注意により，コンピュータが作業者の意志と異なった処理をしても気づかないことがある（点のピック操作などで作業者の意図と異なった点が選ばれる危険がある）．

（ⅵ）NC情報の作成処理では出力内容をモニターするチェック・システムが必要である（線の二重書き排除や作画順序規制などNCデータの要求品質レベルは型板データなどに比べ高い）．

（ⅶ）CADと手書きを併用する場合は，当然，手書き情報はコンピュータ処理されないので，出力される情報に不足を生じたり，出力情報を手で修正するのを忘れるなどして，工作図や現寸情報間に不整合が生じやすい．

（2） データのバックアップ

鉄骨CAD/CAMシステムの運用では，データのバックアップ体制の確立が重要である．オペレーションの手違いによるデータ消去やハードウェア障害によるデータ破壊もあり得ることであり，特に会話CAD処理の作業途中での図形データの消失は，従来の手による製図作業の図面原紙の紛失に相当するもので，作業工程に甚大な影響を与える．データのバックアップ作業は面倒なため，怠りがちであるが，定期的にデータのバックアップを取る習慣をつけることが重要である．

（3） システムの保守管理

システムの保守管理としてハードウェア，ソフトウェアの両面を考えておく必要がある．ハードウェアの保守としては，以下の二通りが考えられる．

① 外部専門会社と保守契約を行うことにより，定期点検の実施と突発的な故障への対応を定形的に行う方法

② 保守契約を行わないで故障時にメーカーなどを呼んで対応する非定形な方法

一般的には①の方がメーカーの対応も良く，トラブルによる業務への影響は少ないと思われる．また，プロッタで作図した型板の寸法精度を適正な状態に保持するために，精度確認用の図形データを作成しておき，これを定期的に出力し，基準の図形と比較照合するなどしてプロッタの精度を確認する必要がある．

次にソフトウェアの保守としては以下のことに注意して，ソフトウェアの管理要領を明確にしておくことが重要である．

① 使用しているソフトウェアのバージョンを統一し，出力情報に不整合が生じないようにする．

② ソフトウェアをバージョンアップする場合，新旧両システム間のデータの互換性を確認し，互換性のない場合，処理過程にある業務についてデータの不整合のないように，バージョンアップ時期を設定する．

（4） オペレータの資質

CAD/CAMシステムのオペレータの資質としては，性格面からは根気強さや慎重さなどが要求される．また知識面からは，建築設計図や数学（幾何）の理解および製図法などを修得していることが望まれる．さらに，有能なオペレータであるためには，単にCAD操作が堪能なだけでなく鉄骨製品の工作技術や工事現場の施工技術なども，ある程度理解していることが必要である．

4.21.3 鉄骨CAD/CAMシステムの将来

a．CAD/CAM化における現状と課題

（1） システムへの期待

要求品質を確保し，短工期で低コストの鉄骨生産のためには，CAD/CAMを含めた生産の自動化への取組みは不可欠である．

工作図や型板の作成を目的として1970年代に実用化された鉄骨CAD/CAMシステムは，その後のコンピュータの処理能力の向上や低価格化，および初期の一括処理を中心とした内容から会話処理を取り入れ，変更・追加等にも対応し得る機能を使いやすさの向上によって幅広く普及し，対象

とする領域も材料情報，加工情報，NC情報，各種管理情報を含めた鉄骨生産情報全般に拡張してきている．

（2） 現状での効果

鉄骨生産工程の中で，CAD/CAM化が可能な工程を，積算・工作図・現寸（型板，定規・帳票等）・素材加工・組立て・溶接・検査に分けると，大部分が工作図と現寸型板に利用されており，それ以外への利用は全体としては少ない．素材加工でNC情報を出力するケースでは，図面を参照して必要な情報を直接インプットしてNC加工を行うことも可能なため，CADから連動して利用する割合はあまり多くない．

このような現状にあっても，全体としては，工期短縮・工数削減・コスト低減・品質向上の順でCAD化のメリットはあり，併せて熟練技術者不足対策，作業環境改善等，間接的な効果もある．

（3） CAD/CAMシステムにおける課題

建築生産は個別受注生産方式であり，設計と施工が分離され，鉄骨工事は総合建設業者から鉄骨制作業者に発注される仕組みを持っている．このような環境下にある鉄骨生産から見た外的課題要因は，以下のようにとらえることができる．

① 鉄骨生産のためには，設計図から得られる情報だけでは不十分である．通常現場段階での決定となる設備関連，内外装関係，空調・給排水関係，工事現場施工のための揚重や仮設関係など，多くの付属金物情報が必要であるが，これらの多くは工作図と並行し，あるいは工作図を基に検討し決定されることが一般的である．鉄骨生産から見た場合，必要な時期に決定しないことが多く，遅れて決定される項目のために他の項目の変更が生じたり，まれには構造本体の変更が必要な場合もある．

　このような鉄骨関連情報の決定の仕組みは，鉄骨生産の合理化・システム化の進展を困難にしている大きな要因となっている．

② 設計内容の詳細が設計段階で確定していないケースが多いことが，課題としてあげられる．

　建物の多機能化や大規模化により，構造や設備が複雑化し，詳細設計に専門的な検討を必要とする傾向が強くなり，詳細設計が設計段階ではなく施工段階において最終的に行われるケースが増えてきていること，あるいは工期が不足しているために，設計段階では基本設計にとどまり，施工段階で詳細設計され内容が確定するという状況から生じているということができる．

③ 継手や仕口の標準化が進んでいないことも大きな課題の一つといえる．標準化のための努力はこれまでいろいろなされてきたが，期待した成果が得られていない．

これらの外的課題要因については，鉄骨生産の視点からだけでは解決できるものではなく，建築生産全体からの各関連分野の情報決定の仕組みが検討される必要がある．

すでに一部の企業でスタートした設計と生産のデータ交流やシステム連動，将来の統合化された建築システムを展望した場合，建築生産全体の合理化・生産性向上のためには引き続き検討・努力する必要がある．

一方，このような外的課題要因を抱える中で，鉄骨CAD/CAMシステムでは，当面の外的課題要因を受け入れ，柔軟に対応できる機能を持つことが基本的には必要である．

すなわち，初期情報の変更・追加，決定時期の遅れ等に対応できる機能が不可欠である．

現在普及している多くのシステムは，汎用CAD機能を有しており，工作図や型板レベルの図形処理の領域においては，追加・変更に対応し得る処理方式が採用され適用率も高いが，材料・NCデータなどの施工・管理用情報等の属性情報まで含めた追加・変更処理機能を持ったシステムは少なく，また機能として持ってはいても十分活用され得る段階とはいえないシステムが多い．一般的な追加・変更の処理可能な機能・操作性を持つシステムの開発・普及への期待は大きい．

また，多様な構造やディテールの設計に対応できるような機能の拡張，データ交流やNCに対応できるシステム入出力手段（インターフェイス技術）の充実なども今後取り組むべき課題といえよう．

b．CAD/CAMの最近の動向

今後の建築鉄骨の生産システムは，CADからCAM・FAへの連動が強化される方向へと向かう．FAでは，例えば現在夜間無人運転の可能なNC工作機や溶接ロボットが出現しているが，これにはCAD/CAMシステムからのデータ供給が極めて重要である．このように，今後はCAD・CAM・FAの連動がますます強化され，本来のCAD/CAMシステムに発展することが予想される．

一方，現在のCAD/CAMシステムは，ユーザーから見て機能的に不十分な点も多く，特に，前述されたような設計変更や設計情報の確定時期の遅れなどの外的要因に対しては，システムの効果がまだ十分には発揮できていない．そのため，鉄骨専用CAD/CAMシステムを使用せず汎用CADだけで図面を作成するユーザーも増加している．設計情報が途中で変更されたり後から決定されることに対し，システムで的確に対応するためには，図面を中心としたシステムではなく，鉄骨製品そのものをデータベースに表現し，そのデータベースの整合性をいかに保つかが大きな課題となる．そのためには，図形処理，データベース，オンラインを始めさまざまな情報処理技術の改良進歩が必要である．このような背景のなかで，以下ではCAD/CAMシステムの将来について，技術的な側面からいくつかの項目に分けて展望する．

① 小型化・分散化

コンピュータのハードウェアは，現在ではほとんどがパソコンに移行しており，小型化，低価格化が進んでいる．そのコストパフォーマンスの向上には目を見張るものがある．一方，それらのパソコンは社内はもとより，外部ともネットワークにより相互に接続されて利用されることが多くなっており，コンピュータによる業務処理形態は，従来の集中処理から分散処理に進む傾向にある．これらの傾向は，システム全体としての低廉化につながり，システムの普及に大きく貢献している．

② デファクトスタンダード化

現在かなり多くのシステムが市販されているが，建築全般で見た場合，必ずしも標準化が不十分であり，それぞれのシステムは得意，不得意の部分がある．かつてはいわゆるコンピュータのオープン化，あるいは個々のデータベースの公開や標準化を背景に，ユーザーは特定のシステムだけでなく，自由にシステムを組み合わせて目的を達することが予想されたが，最近では逆にデファクトスタンダード化，すなわち利用者の多いシステムが事実上の標準として受け

入れられる傾向にある．鉄骨専用システムの場合は，そのような状態にはなっていないが，各種のシステムが各ユーザーに行きわたり，ユーザー数の多いシステムが生き残る傾向になってきている．

③ 三次元CADの利用増加

対象となる建築構造物は，最近，標準的なビル構造物と，不整形な構造物とに二極化する傾向を示しており，この傾向は将来ますます大きくなると思われる．特に三次元の自由曲面を有するような建物などは，もはや三次元CADの支援が前提となる．また，完成形状を三次元的に表示して確認することも多く，三次元CADまたはビューアと呼ばれる表示ソフトの利用が増加するであろう．

このような技術の進展により今後の鉄骨CAD/CAMシステムは，品質の保証された，価格の安い，機能・効率の高い，柔軟性・汎用性のある，使いやすい，発展性のあるシステムになり，ますますCAD/CAM化が推進され，その重要性が増してくる．

4.21.4 三次元CAD（3D-CAD）

パソコンの処理能力が向上するのに伴い，グラフィック表示も進化し，三次元ソリッドモデルの作成，表示がスムースに行えるようになった．これにより，建物全体を画面上に三次元で表現することが可能となった．複雑な取合いの構造物では，従来の二次元での表示ではその細部の形状が把握しづらい面があるが，これを三次元で表現することで，容易に形状の共通理解が得られるようになる．

a．三次元CADの概要

三次元CADとは，三次元空間上に立体的な形状を作っていくツールのことで，この三次元空間上に作成した形状を三次元モデルと呼び，形状が立体的に検証できるという優れた特徴を持っている．この三次元モデルの情報を活用することで，設計段階での事前検討・製作現場とのすみやかな連携・プレゼンテーションへの活用など多くの可能性が広がるものである．

b．三次元CADの特性

二次元CADは手入力で行っていた図面の作図作業をコンピュータで行うもので，手入力作業に比べ下記の作図効率が向上し，また正確に行えるようになった．

① 図形のコピー，削除等の機能により類似図形の作成が容易である．
② 寸法機能により図形形状を表示するため，正確な寸法表示が行える．
③ アンドゥ機能により作図途中のやり直しが容易である．
④ 面積，周長の測定機能があり，正確，迅速に割り出せる．
⑤ 電子データとして内容の劣化を起こすことなく受け渡しが可能である．

しかし，表現される内容は従来の「三角法」で行われるため，実際の形状は，図面から立体を想像する必要があり，図面の読解力が必要なのは変わらない．単純な形状であれば理解するのも容易であるが，複雑になってくるに従い，理解するのに時間がかかるようになる．三次元CADはコンピュータ内に実際の形状を表現していくもので，形状の共通理解が容易となる．また，表現された

三次元モデルは，画面内で自由に回転でき，あらゆる方向からの表示が可能である．

c．三次元の表現方法

立体の三次元での表現には図4.21.3に示す3つのモデルがある．

① ワイヤーフレーム

モデル部材の形状を稜線で表現したもので，竹ひご細工をイメージすると理解しやすい．

② サーフェイスモデル

ワイヤーフレームモデルの稜線間に面を定義したもので，張り子細工をイメージすると理解しやすい．

③ ソリッドモデル

サーフェイスモデルの中身が詰まったもので粘土細工をイメージすると理解しやすい．

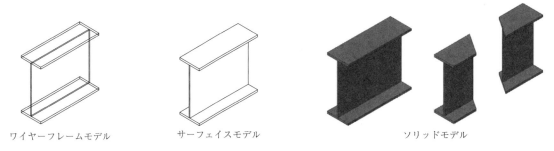

ワイヤーフレームモデル　　　　サーフェイスモデル　　　　　　ソリッドモデル

図 4.21.3　三次元 CAD モデル

パソコンが普及し始めた1980年代は，三次元での表示はワイヤーフレームが主流だった．当時のパソコンは処理能力が低く，少ないデータ量で表現できることが理由と考えられるが，それでも立体形状を想像する助けになった．その後，パソコンの進化とともにサーフェイスモデル，ソリッドモデルを処理するのに十分な性能のものが安価となり，現在の三次元CADと言えばサーフェイスモデル，ソリッドモデルを表現するものが主流となっている．実際の作業では，サーフェイスやソリッドでいきなり物体を作成することは少なく，ワイヤーフレームを用いて，基本形状を表現し，それを利用し，面張り，肉付けを行うことが多い．このようにワイヤーフレームモデルが利用されなくなったわけではなく，データ量が少なく表示速度に優れるワイヤーフレームで骨格を表現し，作業していくことが一般的，効果的といえる．

d．三次元CADモデルの特徴

サーフェイスモデル，ソリッドモデルの特徴を以下に示す．

① サーフェイスモデルの特徴

ワイヤーフレームで表現された立体では，線分要素の前後関係が区別できないため，どの方向から表示されているかわかりづらいことがあるが，面で表現されたサーフェイスモデルでは陰線処理により，はっきりと立体を認識することができる．また，面を細かく定義することで，複雑な形状を表現することができる．このため，車のボディ，家電製品，腕時計などの表面を

表現するのに適している．その他，陰影を表現することができるため，建築物のパース図に利用されることも多い．

しかし，中身が空洞なため，体積を求めたり，部材間の干渉をチェックしたり，切断したりすることはできない．

② ソリッドモデルの特徴

ソリッドモデルはサーフェイスモデルの中身が詰まったモデルであるため，体積や重量，重心を求めたり，立体間の干渉をチェックしたりすることができる．また，粘土細工のように，立体を任意の位置やある面で切断し，立体どうしを合成して一つにすることが容易にできる．ソリッドモデルは情報量が多いため，表示速度や精度には，ワイヤーフレームモデルやサーフェイスモデルに比べ，より高い処理能力のパソコンが必要となる．

③ ソリッドモデルの構築

ソリッドモデルで立体を構築する方法はさまざまなアプローチがあるが，建築では二次元の線分で作成された部材断面（H形断面，鋼管断面等）をワイヤーフレームで定義された基準線に沿って厚みを持たせる方法が一般的である．さらに，作成した立体どうしの結合や，切断，差分を使用し，目的の立体に仕上げていく．ソリッドで表現されたモデルを実際の製作に使用するには，最終的に従来の平面，正面，側面に展開し，寸法表記を行う必要がある．ソリッドモデルでは，立体を輪切りにすることで，従来の二次元図面として表現することができる．しかし，これまで建築の分野では，三次元モデルを構築して，二次元の図面を作成することは少なく，二次元図面を基に部分的に三次元モデルを作成し，その構造形状の確認をすることが多い．ただ，鋼管トラス構造物では，支管位置などの現寸展開によく利用されている．

e．三次元 CAD 間でのモデルデータ

これまで二次元で利用されてきた CAD の大部分は，三次元の機能を有するようになっている．他の CAD 間での三次元モデルデータの受け渡しでは，IGES（Initial Graphics Exchange Specification），STEP（STandard for the Exchange of Product model data）等の形式が代表的である．しかし，ソリッドレベルでのデータの受け渡しには問題も多く，サーフェイスレベルでの対応がほとんどである．そのため，データの受け渡し後はサーフェイスに厚みを付け直すか，ワイヤーフレームを利用し立体を再構築する必要があるなど，データの受け渡しには注意が必要である．

f．三次元 CAD の活用

三次元ソリッドモデルは中身が詰まったモデルで表現されているため，任意の位置での部材の分割，部材どうしの合成，差し引きなどでその形状を容易に変更できる．また，その質量を利用することで，鉄骨部材の重量を算出することができ，重心位置なども容易に算出できる．これを利用し，運搬時の積み荷形状の決定や建方における吊り位置の決定などに活用されている．部材の形状が複雑なほどその利用効果は大きい．

4.21.5 BIM

a．BIMの概要

　BIMとは，Building Information Modeling の頭文字で，三次元モデルの中のソリッドモデルに部材情報（設計名，断面サイズ，材質等），製品情報（製品を構成する部材群，継手情報等），ユーザー個別情報（製造社名等）を持たせた建築物に特化したモデルのことである．このため，BIM 対応 CAD は三次元 CAD であり，その機能を有している．さらに，建物の製作にかかわる各工程（設計－製作－施工－管理）での情報を追加していくことができ，建物のライフサイクル全体を通して，その情報を共有，参照，利用することができる．例えば，各製品に建方日を設定して，建方シミュレーションとして日別ごとに表現し，現場作業での共通認識を得るといったことができる．また，完成後も，部材のメーカー名，製造番号などの情報を基に，建物の維持管理などに利用することができる．このように，BIM は単なる三次元モデルということではなく，建物の設計から施工，維持管理にわたり，その付加情報を有効に利用することが本来の姿であるといえる．

b．BIM情報の活用

　ほとんどの BIM 対応 CAD では，図 4.21.4 のように三次元モデルを二次元図面に展開する機能がある．従来の三次元 CAD では，立体を輪切りにして作成された二次元図面が単なる線分の集合であるのに対し，BIM 対応 CAD の二次元図面では，線分のグループに各種部材情報がリンクされているため，その情報を図面上に表示することができる．例えば，部材位置，鋼材サイズ，材質，継手名などである．これらは三次元モデルとリンクしており，BIM 対応 CAD 内であればモデルの変更に連動し，二次元の図面内容も自動更新される．BIM 情報をリストとして出力する機能もあり，材料表，製品重量表などとして活用することができる．また，ユーザー定義情報をリストに追加できるなど，柔軟に対応できるものもある．

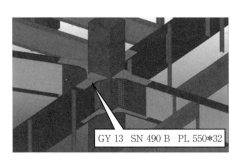
三次元モデル

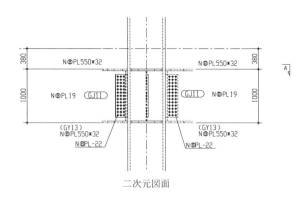
二次元図面

図 4.21.4　三次元モデルの二次元図面への展開

c．BIMデータの連携

　これまでの建築鉄骨の製造分野においては，三次元 CAD で手間をかけ構造物全体を構築するメリットはあまり感じられず，一部の複雑な部位の可視化以外はほとんど利用されてこなかった．しかし，BIM では建物のライフサイクル全体を通して情報を付加していくことで各工程での利便性が

得られ，その構築のメリットも生まれてくる．さらに構造，意匠，設備の情報で作成された各BIMデータを統合することも行われ始め，これまで手間を要していた各業種間の整合性について，可視化して検証を行うことができるようになってきた．ここで不整合を解決し，次工程へと繋げられるメリットは大きい．不整合への対処には，工程が進むにつれてコストが増加する傾向にあり，早期の解決はプロジェクト全体でのコスト削減となる．プロジェクトの早い段階でモデルを作成することがBIMを活用する大きなメリットである．これは，初期の設計工程でBIMデータを構築することができれば，最も効果が上がるということである．このように初期工程の負荷を高め，品質を上げて次工程に繋げることを「フロントローディング」と呼ぶ．

d．BIMデータの共通形式

　BIMの連携を行うには，各BIM間で相互に読み込み，書き出しのできる共通のデータ形式が必要となる．IFC形式はその代表的なデータ形式でありIndustry Foundation Classの頭文字で1995年に設立された国際組織IAI（International Alliance for Interoperability）によって開発が進められた．多くのBIMソフトで対応しており，データ交換に利用されている．しかし，データの取扱いには部材の欠落，受け渡せる付加情報の内容など，各CAD間で事前検証を行うなどの注意が必要である．

e．BIMの展望と課題

　一つの建物が完成するまでにはさまざまな業種が携わり，情報が伝達され，完成される．これらの情報は業種ごとに再作成され使用されている．

　BIMでは一つのデータベース内にすべての情報を構築することが可能な仕組みを持っており，各工程で情報を付加していくことで，建物の情報を一つのデータベースとして保存することができる．構造設計段階で構築されたBIMデータに継手情報を付加し，意匠モデル，設備モデルを加え，干渉等の確認を行う．BIMデータが完成すれば，それを承認することで鉄骨製作工場はそのモデルから製作情報を取り出して利用できるようになる．完成後もモデル情報を建物の維持管理，増改築に活用することができる．

　現在は，まだBIMシステムの完成度やデータ連携の精度が十分とは言えない状況にある．また，BIMの本格的運用には，専任オペレータの育成が必要で，完成させたデータを誰が保証するかなど，さまざまな運用面の課題もある．

　しかしながら，今後は徐々に，建物全体を一つのデータベースとして利用できるシステム的な環境と運用する環境が整備されると考えられ，将来，シームレスに情報が流れ，工期短縮，コスト低減がなされ，維持管理まで活用されることが期待される．

5章 溶 接

5.1 溶接方法の承認

　鋼構造建築物の接合部の溶接には，被覆アーク溶接（アーク手溶接），ガスシールドアーク溶接，セルフシールドアーク溶接，サブマージアーク溶接，エレクトロスラグ溶接などの溶接法が用いられる．また特殊なものとして，シャーコネクタの取付けにアークスタッド溶接が用いられる．これらの溶接法の中から使用しようとする溶接法を選択するにあたっては，使用される鋼材の種類，機械的性質，溶接性とともに，継手形式，溶接姿勢，作業環境，作業能率，継手の品質などを考慮して適切な溶接法を選び，かつこれらに適合した溶接機種および溶接材料を選定し，溶接施工条件を確立しておかなければならない．

　（1）　被覆アーク溶接およびガスシールドアーク溶接は広く普及している溶接法であり，これらの溶接法で設計図書の開先標準またはJASS 6　付則5「完全溶込み溶接・部分溶込み溶接の開先標準」の該当するものに従って施工する場合は，その施工性が周知のものとなっていることから，あらためて承認試験を行う必要はない．

　セルフシールドアーク溶接は，施工承認の要否について，JASS 6 ではガスシールドアーク溶接と同等の扱いとなっているが，ガスシールドアーク溶接に比べて使用実績が少なく，技術資料も十分とはいえない．したがって，初めて採用する場合は，溶接材料と溶接機種を組み合わせて承認試験を行い，その継手性能，継手の健全性，作業性などを十分把握しておき，工事監理者からの技術資料の要求などに即応できるようにしておく必要がある．

　（2）　サブマージアーク溶接およびエレクトロスラグ溶接は，有用な自動溶接法として使われているが，これらの溶接法を使いこなすには，被覆アーク溶接やガスシールドアーク溶接に比べて高い技術力と経験を必要とするので，使用経験が少なく技術力が懸念される場合は，施工試験を行って，工事監理者の承認を受ける必要がある．これらの溶接方法についてすでに行った試験の結果により，工事監理者が支障ないものと認めた場合は，試験を省略することができる．

　（3）　溶接ロボットによる溶接は，溶接施工の省力化・高能率化などを目指し採用されることが多くなってきたが，部材誤差への対応の難しさなどに溶接ロボット特有の技術を必要とするので，施工試験を行って，工事監理者の承認を受ける必要がある．試験にあたっては，付11「建築鉄骨溶接ロボットの型式認証試験（抜粋）」を参考とする．

　なお，使用するロボットが（一社）日本ロボット工業会・（一社）日本溶接協会の建築鉄骨溶接ロボット型式認証を取得していて，その認証範囲で使用するか，その溶接方法についてすでに試験を行っており，その試験結果を工事監理者が支障ないと認めた場合は，この試験を省略することがで

きる.ただし,極厚材料の溶接や特殊材料を用いた溶接などで過去の実績の少ない場合や,(一社)日本ロボット工業会の建築鉄骨溶接ロボット型式認証の範囲を超えてロボット溶接を行う場合には,工事監理者の判断により施工試験を実施することが望ましい.

ロボット溶接にあたっては,そのロボットを扱うオペレータにもロボット溶接固有の問題への理解と技量が必要である.オペレータに要求される技量付加試験などの詳細については,5.3.1項d.および5.15.4項を参照のこと.

(4) アークスタッド溶接は,通常は専門業者に委託することが多いが,その場合でも専門業者の資格や実績を確認する必要がある.

(5) 上記以外の溶接法を採用する場合は,試験を行って工事監理者の承認を受ける必要がある.なお,その溶接方法についてすでに行った試験の結果により,工事監理者が支障ないものと認めた場合は,この試験を省略することができる.

5.2 溶接技術者

溶接部の品質は,鋼材,溶接材料,施工法,溶接設備,溶接技能者,作業管理,検査などの要因が組み合わされて決まるものである.したがって,要求される品質水準を確保するためには,溶接技術者が溶接施工全般について,施工計画,作業標準,品質管理基準などを作成し,これらを溶接技術者の管理のもとで実施することが必要である.溶接技術者は鋼構造,溶接冶金,溶接施工,品質管理などに関する専門的知識と経験を十分に有し,溶接施工計画,施工管理,作業者の監督指導を行う能力を有していることが要求される.

この任にあたる溶接技術者は,JASS 6 では JIS Z 3410(溶接管理-任務及び責任)に基づく(一社)日本溶接協会 WES 8103「溶接管理技術者認証基準」の有資格者であることを規定しており,例外として,その資格がなくても相当する能力があると工事監理者が認めた場合はその限りでないとしている.しかし,要求されている能力は WES 1 級と同等あるいはそれ以上ともいえるので,溶接技術者はこの1級の資格を有していることが望ましい.

また,このほかに(一社)鉄骨建設業協会・(一社)全国鐵構工業協会の鉄骨製作管理技術者登録機構により認定された鉄骨製作管理技術者の資格があるが,この資格の1級有資格者を溶接技術者の任にあたらせる場合は,工事監理者の承認を得なければならない.

構造の規模があまり大きくなく,特別高度な技術を要求されない溶接工作においては,工事監理者の承認を得て,上記各資格の2級有資格者をこの任にあててもよい.

5.3 溶接技能者

5.3.1 溶接技能者の資格

　溶接部の品質は，先に述べたように種々の要因が組み合わされて決まるものであるが，その中でも溶接技能者の知識・技量に負うところが大きいといえる．したがって，各種の溶接法に従事する溶接技能者は，少なくとも JIS の溶接技術検定試験の基本となる級を有していることが必要であり，これをベースに従事する溶接法に習熟するとともに，構造物の特徴や形状，さらには溶接作業姿勢に適した技量を有していることが求められる．

a．被覆アーク溶接（アーク手溶接）技能者

　被覆アーク溶接に従事する溶接技能者は，JIS Z 3801（手溶接技術検定における試験方法及び判定基準）〔表 5.3.1 参照〕の中から，板厚，溶接方法，溶接姿勢に応じた試験の有資格者とする．写真 5.3.1 に適格性証明書の例を示す．

　なお，この他に中板，厚板，中肉管および厚肉管については，初めの 1～3 パスをティグ溶接で行い，その後を被覆アーク溶接で行う組合せ溶接と定義された種目がある．

　鉄骨の工場溶接では，片面裏波溶接が要求される場合がほとんどないことから，溶接方法としては裏当て金付きでよい．また，薄板や厚板の完全溶込み溶接を被覆アーク溶接で施工することはまれであるので，作業区分としては中板でよい．溶接姿勢については，実際の作業となる姿勢に対応するものを選ばなければならない．

　なお，N（裏当て金なし）の資格は裏波溶接のものであるが，この有資格者はその内容に対応する A（裏当て金付き）の有資格者と同等以上と見なすことができる．

b．半自動溶接技能者

　半自動溶接とは，ワイヤが自動的に供給され，溶接技能者がトーチを手動で操作する溶接法をいい，一般に CO_2 ガスや混合ガスでアークをシールドするガスシールドアーク方式のものと，シールドガスを用いないセルフシールドアーク方式のものがある．

　半自動溶接に従事する溶接技能者は，JIS Z 3841（半自動溶接技術検定における試験方法及び判定基準）〔表 5.3.2 参照〕の中から，板厚，溶接方法，溶接姿勢に応じた試験の有資格者とする．写真 5.3.2 に適格性証明書の例を示す．

　なお，このほかに中板，厚板，中肉管および厚肉管については，初めの 1～3 パスをティグ溶接で行い，その後を半自動ガスシールドアーク溶接で行う組合せ溶接と定義された種目がある．前述のように，片面裏波溶接が要求されることはほとんどないので，溶接方法としては裏当て金付きでよい．ただし，同じ資格を有する溶接技能者であっても，溶接技術検定試験時に使用した溶接機種，電源特性や極性，溶接ワイヤ，シールドガスの有無やその種類などの違いにより，異なる溶接法と見なければならない場合もあるので注意を要する．例えば，ガスシールドかセルフシールドか，直流定電圧特性か交流垂下特性かなどの違いがあり，溶接技能者がこれらのどの組合せの溶接方法で溶接技術検定試験に合格しているのかをヒアリングするなど，実際の工事に使う溶接方法に応じた

表 5.3.1 手溶接技術検定の種類（JIS Z 3801 より）

継手の種類	溶接姿勢	試験材料の厚さ区分 mm	開先形状	裏当て金の有無[*2]	曲げ試験の種類	溶接方法及び記号	
						被覆アーク溶接	ガス溶接
板の突合せ溶接	下向（F）[*1]	薄板（板厚 3.2）	I 形または V 形	N	表曲げ 裏曲げ	N-1 F	G-1 F
		中板（板厚 9.0）	V 形	A / N	〃	A-2 F / N-2 F	
		厚板（板厚 19.0）	V 形	A / N	側曲げ 裏曲げ	A-3 F / N-3 F	
	立向（V）	薄板（板厚 3.2）	I 形または V 形	N	表曲げ 裏曲げ	N-1 V	G-1 V
		中板（板厚 9.0）	V 形	A / N	〃	A-2 V / N-2 V	
		厚板（板厚 19.0）	V 形	A / N	側曲げ 裏曲げ	A-3 V / N-3 V	
	横向（H）	薄板（板厚 3.2）	I 形または V 形	N	表曲げ 裏曲げ	N-1 H	G-1 H
		中板（板厚 9.0）	V 形	A / N	〃	A-2 H / N-2 H	
		厚板（板厚 19.0）	V 形	A / N	側曲げ 裏曲げ	A-3 H / N-3 H	
	上向（O）	薄板（板厚 3.2）	I 形または V 形	N	表曲げ 裏曲げ	N-1 O	G-1 O
		中板（板厚 9.0）	V 形	A / N	〃	A-2 O / N-2 O	
		厚板（板厚 19.0）	V 形	A / N	側曲げ 裏曲げ	A-3 O / N-3 O	
管の突合せ溶接	水平及び鉛直固定（P）	薄肉管（肉厚 4.9）	I 形または V 形	N	裏曲げ	N-1 P	G-1 P
		中肉管（肉厚 11.0）	V 形	A / N	表曲げ 裏曲げ	A-2 P / N-2 P	
		厚肉管（肉厚 20.0 以上）	V 形	A / N	側曲げ 裏曲げ	A-3 P / N-3 P	

[注] *1 下向溶接を溶接技術の基本とする．
*2 A：アーク溶接（裏当て金を用いる），N：アーク溶接（裏当て金を用いない）．
G：ガス溶接（裏当て金を用いない）．

写真 5.3.1 アーク溶接適格性証明書の例

表 5.3.2　半自動溶接技術検定試験の種類（JIS Z 3841 より）

継手の種類	溶接姿勢	試験材料の厚さ区分 mm	開先形状	裏当て金の有無[*2]	曲げ試験の種類	溶接方法及び記号 マグ溶接	溶接方法及び記号 セルフシールドアーク溶接
板の突合せ溶接	下向（F）[*1]	薄板（板厚 3.2）	I形またはV形	N	表曲げ 裏曲げ	SN-1 F	
		中板（板厚 9.0）	V形	A N	〃	SA-2 F SN-2 F	SS-2 F
		厚板（板厚 19.0）	V形	A N	裏曲げ 側曲げ	SA-3 F SN-3 F	SS-3 F
	立向（V）	薄板（板厚 3.2）	I形またはV形	N	表曲げ 裏曲げ	SN-1 V	
		中板（板厚 9.0）	V形	A N	〃	SA-2 V SN-2 V	SS-2 V
		厚板（板厚 19.0）	V形	A N	裏曲げ 側曲げ	SA-3 V SN-3 V	SS-3 V
	横向（H）	薄板（板厚 3.2）	I形またはV形	N	表曲げ 裏曲げ	SN-1 H	
		中板（板厚 9.0）	V形	A N	〃	SA-2 H SN-2 H	SS-2 H
		厚板（板厚 19.0）	V形	A N	裏曲げ 側曲げ	SA-3 H SN-3 H	SS-3 H
	上向（O）	薄板（板厚 3.2）	I形またはV形	N	表曲げ 裏曲げ	SN-1 O	
		中板（板厚 9.0）	V形	A N	〃	SA-2 O SN-2 O	SS-2 O
		厚板（板厚 19.0）	V形	A N	裏曲げ 側曲げ	SA-3 O SN-3 O	SS-3 O
管の突合せ溶接	水平及び鉛直固定（P）	薄肉管（肉厚 4.9）	I形またはV形	N	裏曲げ	SN-1 P	
		中肉管（肉厚 11.0）	V形	A N	表曲げ 裏曲げ	SA-2 P SN-2 P	SS-2 P
		厚肉管（肉厚 20.0 以上）	V形	A N	裏曲げ 側曲げ	SA-3 P SN-3 P	SS-3 P

［注］　*1　下向溶接を溶接技術の基本とする．
　　　*2　A：アーク溶接（裏当て金を用いる）
　　　　　N：アーク溶接（裏当て金を用いない）

写真 5.3.2　半自動溶接適格性証明書の例

表 5.3.3 作業範囲と溶接技能者技量資格標準

作業種別		板厚区分	アーク手溶接	半自動溶接
薄板構造		6 mm 以下	N-1 F　　　N-1 F N-1 H または N-1 V	SN-1 F　　　SN-1 F SN-1 H または SN-1 V
中板構造		4.5 mm 以上 25 mm 以下	A-2 F　　　A-2 F A-2 H または A-2 V	SA-2 F　　　SA-2 F SA-2 H または SA-2 V
中厚板構造		6 mm 以上 50 mm 以下	A-3 F　　　A-3 F A-3 H または A-3 V	SA-3 F　　　SA-3 F SA-3 H または SA-3 V
鋼*管構造	薄肉	6 mm 以下	N-1 F N-1 P	SN-1 F SN-1 P
	中肉	4.5 mm 以上 19 mm 以下	A-2 F A-2 P	SA-2 F SA-2 P
	厚肉	6 mm 以上 32 mm 以下	A-3 F A-3 P	SA-3 F SA-3 P

[注] ＊：管の外径が 400 mm 以上の場合は板構造と見なす．また，部材を反転または傾斜させて，固定管の資格（P）の代わりに立向（V）または水平（H）の資格で代用可能な場合もある．

技量を有する溶接技能者であることを確認することが必要である．

なお，SN（裏当て金なし）の資格は裏波溶接のものであるが，この有資格者は，その内容に対するSA（裏当て金付き）の有資格者と同等以上と見なすことができる．

溶接技能者が被覆アーク溶接および半自動溶接において，いずれの資格を取るかの目安としては，実作業に応じたものが基本であり，工場溶接で回転治具やポジショナなどを利用して主に下向または横向姿勢で作業を行い，かつ管理が十分行われる場合は，表 5.3.3 のような溶接技量資格とする．

表 5.3.3 の板厚区分は建築構造物の溶接作業内容を考慮して定めたものである．ただし，この板厚区分は一応の標準であり，実際の運用にあたっては，弾力的に扱うことが望ましい．なお，WES 7101（溶接作業者の資格と標準作業範囲）では，JIS Z 3801 や JIS Z 3841 の試験に合格した溶接技能者が溶接できる突合せ継手の母材寸法は，原則として試験材の板厚の 1/2 から 2 倍としている．

c．自動溶接オペレータ

ここでいう自動溶接は，溶接ワイヤが自動送給され，連続的に溶接が進行するが，溶接中の状況判断とその対応をオペレータが行う溶接を指し，一般に自動溶接と呼んでいるサブマージアーク溶接やエレクトロスラグ溶接などを対象としている．これらの溶接法は，溶接状況の監視，必要により微妙な溶接条件の調整や機械の調節を伴うため，オペレータはその装置の操作に熟達するとともに，溶接に関する基礎知識や基本技術が要求される．

したがって，オペレータは，少なくとも JIS Z 3801 または JIS Z 3841 の基本となる級以上の資格を有することが必要である．

d．ロボット溶接オペレータ

ロボット溶接は，自動溶接法の一つであるが，溶接が開始されるとオペレータが途中で介入することなく溶接が完了することから，c．でいう自動溶接とは区別されている．資格の詳細について

は，5.15.4項を参照のこと．

e．スタッド溶接技能者

スタッド溶接に従事する溶接技能者は，（一社）スタッド協会「スタッド溶接技術検定試験実施規定」に基づく技術検定試験に合格した有資格者とする．

溶接技能者の資格種別と作業範囲は，表5.3.4とする．この作業範囲を超えて施工する場合は，この溶接技術検定試験に準じ，実際の施工条件に合わせた付加試験を実施し，これに合格した溶接技能者が行う．スタッド溶接は，メーカーにより溶接システムが微妙に異なっているため，溶接技能者は溶接技術検定試験に合格したメーカーの溶接システムで行い，別のメーカーの溶接システムで行う場合は，改めて溶接技術検定による資格を取得する必要がある．写真5.3.3に技術証明書の例を示す．

表5.3.4 スタッド溶接技能者の資格種別と作業範囲

級	資格種別	作業範囲
基本級（下向）	A級	スタッド軸径22 mm以下の下向溶接
専門級（全姿勢）	B級	スタッド軸径16 mm以下の横向溶接
		スタッド軸径16 mm以下の上向溶接
		スタッド軸径22 mm以下の下向溶接
専門級（太径）	F級	スタッド軸径25 mm以下の下向溶接

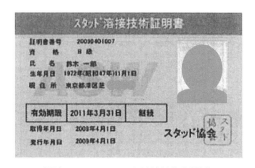

写真5.3.3 スタッド溶接技術証明書

5.3.2 技量付加試験

建築鉄骨の溶接に従事する溶接技能者は，JASS 6ではJIS有資格者を基本としているが，工事特有の事由から溶接技能者に，より高度の技量を要求する場合には，技量を確認する目的で技量試験を付加できるように規定している．通常この場合は，設計図書に特記される．

この工事特有の事由とは"建築特有のディテールとそれに対応する設計の多様性から高度の製作技術が要求され，溶接技能者の技量に負うところが大きい"とされていることを指しており，特に大型鉄骨工事を主に各工事で技量試験が付加されるようになった．

しかしながら，このような技量付加試験を各工事で実施することは，受験者側にとって時間的・経済的に負担が大きく，また工事監理者側にとっても同様に非効率でもあることが認識されるよう

になり，これを改善することと併せて建築鉄骨の溶接に従事する溶接技能者に要求すべき技量について議論されるようになった．その結果の一つとして大型鉄骨工事に従事する工事監理者・施工者側が中心になって，統一した仕様による技量付加試験を行い，合格者には個別工事での技量試験を免除する方法が，AW 検定協議会により実施されている．試験には，工場溶接技能者（鋼製エンドタブ，代替エンドタブ），工事現場溶接技能者（鋼製エンドタブ，代替エンドタブ），鋼管溶接技能者，ロボット溶接オペレータに対するものがある．なお，付10，付12にAW 検定協議会の試験要領の抜粋を示す．

5.3.3 技量確認試験

技量確認試験とは，JIS の溶接技術検定試験に合格した有資格者や技量付加試験〔5.3.2項参照〕の合格者であっても，従事している工事において，その技量に疑問が生じて工事監理者が特に必要と認めた場合に，その技量を確認するための試験をいう．

したがって，その試験方法は技量付加試験とは異なり，疑問に対応した適切な試験方法を実施する．

5.3.4 建築鉄骨の製作で要求される溶接技能者の技量

建築鉄骨の溶接は，造船や橋梁に比べて決してやさしいものではない．特に建築鉄骨特有のディテールとなる柱梁接合部では，品質を確保するため高度な製作技術が要求される．すなわち，柱梁接合部はレ形開先であること，溶接線が短いこと，ウェブなどにより溶接線が遮断されビード継ぎがあることなどから，特別の溶接技能が必要である．

また，鉄骨部材を組み立てる組立て溶接においても，その良否が品質を大きく左右する．

a．柱梁接合部などのレ形開先溶接で必要な技量

建築鉄骨において，完全溶込み溶接は構造的に見て大変重要である．鉄骨の接合部は，狭い部分で複雑なディテールとなっていることが多く，このようなディテールにおける完全溶込み溶接は，裏当て金方式のレ形開先で行われることが一般的である．JIS の試験方法は V 形開先で行われているが，レ形開先で受験してもよい．レ形開先では，初層においてルートを十分に溶け込ませ，欠陥がないようにするためには，それなりの技能が必要である．

次に，主として柱梁接合部に見られる鉄骨の完全溶込み溶接の溶接線は，他の構造のそれに比べて短いことが特徴づけられる．このことは，多パス溶接で盛っていく場合にパス間温度が上昇すると同時に，ビードの始端終端が多くなることを意味する．このような観点から，建築鉄骨の完全溶込み溶接を欠陥のないように施工する上で，高度な技量が要求される．

さらに，柱梁接合部では，H 形断面形状の構成によりウェブの位置でビード継ぎが生じる．この場合には融合不良やブローホールなどの欠陥が発生しやすくなる．この点についても建築鉄骨の特有の技能が要求される．

b．組立て溶接で必要な技量

組立て溶接は，本溶接に入る前の段取りとして大変重要な溶接である．これは，組み立てられた

ものがその形態を保持するのに十分な強度が必要であると同時に，組立て溶接が，本溶接時あるいは本溶接後に何らかの欠陥の発生原因にならないように注意しなければならないことを意味している．組立て溶接はショートビードにならないこと，アンダーカットや母材の溶落ちがないことなど，欠陥をつくらない溶接をしなければならないが，この実行は難しいことが多い．また，ショートビードにより溶接入熱が小さくなりやすいため，急冷された熱影響部が硬化し，脆性破壊の起点となることも指摘されている．

組立て溶接は，一般に1パスの隅肉溶接である．しかも，下向に限らず，上向を含むすべての姿勢で行われる．したがって，下向でビードを置く基本的な技能だけでは十分とはいえない．組立て溶接の良否が本溶接を終了した鉄骨の構造安全性を左右しかねないとの認識は，溶接管理技術者だけでなく，溶接技能者にも必要である．

組立て溶接技能者に対する資格試験は，JISでは特別定めてはいないが，AWS（American Welding Society）には，これを必要と認めた試験方法が存在する〔付9参照〕．耐震構造でなければならないわが国の鉄骨造建物を製作するにあたっても，この種の資格は必要とされ，下向，横向，立向，上向でサイズ5 mm・長さ50 mm程度の1パスの隅肉溶接が健全にできる技能を要求すべきであると考えられる．また，（一社）日本溶接協会では，被覆アーク溶接およびガスシールドアーク溶接について隅肉溶接の技能資格WES 8101（すみ肉溶接技能者の資格認証基準）が2017年に改定されており，組立て溶接技能者に必要な技量として，これらの試験の内容を参考にするとよい．

c．工事現場溶接で必要な技量

柱と柱や梁と柱の接合に工事現場溶接が多用されつつある．この溶接は工事現場で行われることから施工条件は厳しく，また溶接後の検査は行われるものの欠陥溶接部の補修も難しく，失敗は許されないものである．特に，柱梁仕口部の梁の下フランジの溶接は，ウェブの位置でビード継ぎとなるため，欠陥が発生しやすい．このような点を考慮した工事現場溶接技能者としての資格の確立が望まれる．技能者に対する技量試験の要領として，付10を参照するとよい．

5.4 溶接施工一般

5.4.1 一　　般

溶接施工に際しては，溶接継手の材質，板厚，形状，溶接姿勢に従い，品質，作業能率などを考慮して，もっとも適した溶接方法が適用されなければならない．そのため，各溶接方法の特性や注意点を十分把握すると同時に，使用鋼材の種類や，開先形状，入熱・パス間温度などの施工条件により，同じ溶接法で溶接されても，溶接された継手の諸性能がどのように異なってくるかを知っておく必要がある．

溶接された継手の品質としては，割れ，溶込不良，融合不良，スラグ巻込みなどの引張強さや曲げ延性の基本的性能に影響するような溶接欠陥がないことはもちろん，部材の変形，ひずみ，残留応力，靱性なども考慮されたものでなければならない．このためには，以下の各項で述べる施工上

の要点を適切に実施していく必要がある.

5.4.2 溶接材料の管理

溶接材料が吸湿したものや,さびの発生したものを使用するとアークは不安定となり,ビード外観が悪くなるだけでなく健全な溶接金属を得ることができない.以下,溶接法別に溶接材料の管理について記述する.

a. 被覆アーク溶接棒

被覆アーク溶接棒を大気中に放置した場合,時間の経過とともに吸湿が進むが,吸湿の程度は大気の温度および相対湿度,被覆剤の成分,粒度,厚さなどにより異なる.

被覆アーク溶接棒の放置時間と吸湿水分との関係の一例を図5.4.1に示す.

溶接棒は梱包されていても時間が経つと吸湿するので,湿度の少ない場所(床,隣接壁より離れた所)に保管し,製造年月の早いものから使用する.

吸湿の疑いのある溶接棒は,再乾燥してから使用しなければならない.各種溶接棒の標準乾燥条件を表5.4.1に示す.

再乾燥条件が必要以上に高温であったり長時間すぎると,かえって被覆剤成分の変質や分解を招き,性能を害するものもあるので,乾燥しすぎないように注意しなければならない.ただし,表5.4.1に示す再乾燥条件は標準的なものであり,メーカーがおのおのの銘柄ごとに再乾燥条件を示しているものは,それに従うことが望ましい.

再乾燥した溶接棒はなるべく早く使用するか,適当な保温庫に貯蔵し,保温時間の長くなったものから先に使用する.

低水素系溶接棒は,溶接金属中の拡散性水素量が低いことが特徴であり,その有用性を発揮するためには,被覆剤の吸湿について特に注意しなければならない.

したがって,使用前に必ず規定条件で乾燥した後,100℃程度で保温する.

乾燥後の許容放置時間は気温や湿度により異なるが,目安として低水素系で3〜4時間,非低水素系で6〜8時間程度である.

溶接棒の再乾燥を確実に実行するには,溶接材料管理システムを作り,適正に運用することが望ましい.その他に被覆アーク溶接棒の保管は種類・棒径ごとに明確に整理し,過度に高く積み重ね

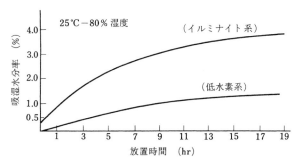

図 5.4.1　溶接棒の放置時間と吸湿との関係

表 5.4.1 溶接棒の標準乾燥条件

区　分	被覆剤の系統		温度（℃）	時間（min）
軟鋼用	非低水素系	E 4319 E 4303	70～100	30～60
	低水素系	E 4316	300～350	30～60
高張力鋼用	非低水素系	E 4940	70～100	30～60
	低水素系	E 4916 E 5716 E 5916 E 6216	300～350	60

［備考］　1）管理の目安：被覆剤の吸湿は気温および湿度により異なるが，乾燥を必要とする放置時間の目安は，非低水素系で約8時間，低水素系で約4時間である．
　　　　2）非低水素系については，開梱直後は，吸湿の疑いがなければ，乾燥せずに使用することも可能である．
　　　　3）溶接棒メーカーが本表と異なる乾燥条件を推奨する場合はその条件に従う．
　　　　4）Exxxx
　　　　　　　└→16：低水素系，19：イルミナイト系，03：ライムチタニア系，40：特殊系

ないようにする．

b．ガスシールドアーク溶接ワイヤ

　ガスシールドアーク溶接ワイヤには，ソリッドワイヤとフラックス入りワイヤがあり，ソリッドワイヤは，防せい（錆）と通電を考慮してワイヤ表面に一般に薄い銅めっきが施されており，さらに輸送や貯蔵中の損傷を防ぐため，梱包されている．

　梱包状態であっても湿度の高い所や雨水のかかる所などに保管されると，発せいのおそれがあるため，湿度が低く風通しのよい場所で床面に直接置かないように保管し，在庫の古いものから順次使用する．ワイヤはできるだけ早めに使い切るようにし，使い残しのものは適当な包装を行い，乾燥した場所に保管する．発せいしたワイヤは，溶接時にワイヤの送給不良を生じ通電が阻害されるため溶接条件が不安定となり，溶接欠陥が発生しやすくなるので，廃棄しなければならない．

　フラックス入りワイヤは防せい・通電およびワイヤ送給性を考慮して表面処理が施されているが，高温多湿下または長期間放置した場合などにワイヤ表面に発せいするおそれがある．また，被覆アーク溶接棒に比べ吸湿しにくいが，放置時間とともに吸湿が進み，溶接部の機械的性能や溶接作業性の低下および溶接欠陥が発生する．包装を解いたものはなるべく早く使い切るか，もし残る場合は，再包装して乾燥した場所に保管する．吸湿したワイヤで再乾燥が可能なものは，メーカーの推奨条件で乾燥し，室温温度まで冷却してから使用する．

　シームレスタイプのフラックス入りワイヤは，ワイヤ表面に開口した合せ目がないため，内包フラックスが外気から完全にしゃ断されており，フラックスは吸湿の心配がない．さらに薄い銅めっきが施されているので，ソリッドワイヤとまったく同様に扱うことができる．

　フラックス入りワイヤに関するその他の管理面での留意点は，他の溶接材料と同様であるが，ソリッドワイヤに比べ外力により変形しやすいため，保管時の積み重ねには十分に注意し，慎重に取り扱うことが大切である．

c．セルフシールドアーク溶接ワイヤ

　セルフシールドアーク溶接ワイヤは，すべてフラックス入りワイヤであるため，ガスシールドアーク溶接用フラックス入りワイヤと同様に管理する〔5.4.2項b．参照〕．

d．サブマージアーク溶接材料

　サブマージアーク溶接ワイヤは，ソリッドワイヤであり，保管や使用にあたっては，前述のガスシールドアーク溶接用ソリッドワイヤと同様の注意を払う必要がある．

　フラックスは，溶融フラックスとボンドフラックスがあるが，両方とも高温・高湿な場所での保管を避け，在庫の古いものから使用する．また，積み重ねや梱包の破損による吸湿や変質には十分に気をつける．

　特にボンドフラックスは吸湿しやすいので，健全な溶接部と良好な溶接作業性を得るために，使用前に必ず乾燥することが望ましい．各種フラックスの標準乾燥条件を表5.4.2に示す．

表5.4.2　フラックスの乾燥条件

フラックスの種類	乾燥温度（℃）	乾燥時間（h）	保温温度（℃）	備　考
溶融フラックス	200～350	1～1.5	100～130	溶接材料メーカーの梱包を開梱直後は，吸湿の疑いがなければ，乾燥せずに使用することも可能である．
ボンドフラックス	250～350	1～1.5	100～130	

　フラックスの吸湿状況については，5.12.4項の記述を参照されたい．

　また，回収されたフラックスにはスラグ・ミルスケール・ほうきくずなどが混入しており，これらのものをふるい分けにより除去し，再乾燥してから使用する．

e．エレクトロスラグ溶接材料

　エレクトロスラグ溶接用ワイヤは，ガスシールドアーク溶接用のソリッドワイヤまたはフラックス入りワイヤと同様に管理し，添加フラックスもサブマージアーク溶接用のフラックスと同様に管理する．

f．アークスタッド溶接材料

　アークスタッド溶接材料は，おのおののメーカーの指示する取扱い注意事項を厳守する．特にスタッドベースやフェルールの吸湿や損傷は，溶接性の低下を招くため，その取扱いには細心の注意が必要である．

5.4.3　作業治具と作業上の留意点

a．作業治具

　工場溶接は，回転治具・ポジショナなど適切な作業治具を使用して，できるだけ下向または水平の姿勢で行うことが望ましい．

　被覆アーク溶接およびガスシールドアーク溶接は，適正な溶接材料，溶接条件を設定することにより，全姿勢で作業を行うことができるので，特別な設備がなくても溶接は可能である．しかし，

溶接は下向姿勢で行うのがもっとも容易であり，品質を確保する上でも優れている．また，大電流を使用できるので溶着速度も大きく，作業時間も短縮することができる．したがって，製品の形状に適した回転治具・ポジショナなどを使用して，できるだけ下向姿勢または水平姿勢により施工することが望ましい．

回転治具を使用することで，容易に溶接箇所を移動することができ，また，厚板の場合などで1継手に集中して溶接することが避けられるため，ひずみの減少や精度の向上にも有効な結果をもたらすことができる．写真 5.4.1 および写真 5.4.2 に作業治具の使用例を示す．

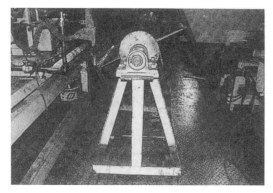
写真 5.4.1 溶接用ポジショナの例

写真 5.4.2 回転治具の例

b．作業上の留意点
（1） 溶接の作業方法および順序は，ひずみと残留応力ができるだけ小さくなるような対策を立て，施工する．

継手の溶接にあたっては，溶接後部材にはなはだしい変形が残らないように，また，溶接による残留応力を最小限にとどめるため，その順序を慎重に決定する必要がある．特に溶接順序は，部材の組立て順序に制約を受けることと，変形と拘束の防止という二つの目的が互いに相反する要素をもっているため，必ずしも絶対的な順序があるわけではない．

溶接をどのような順序で行うかを決めるに際しては，溶着順序と溶接順序の2つを考えなければならない．

溶着順序は，1本の長い溶接開先内をどういう順序で溶接していくかであり，表 5.4.3 および図 5.4.2 に示すような多くの方法があるが，建築鉄骨の溶接で従来から広く採用されているのは，前進法およびウィービングビードによる多層盛り法で，もっとも普通かつ自然な方法である．

次に溶接順序は，互いに隣接する溶接線の溶接を完了する順序をいい，部材の組立てと溶接が容易になるように，かつ部材に残留応力および変形がなるべく少なくなるように選定しなければならない．溶接による残留応力と変形の防止とは相反することが多く，両者を同時に軽減することは非常に難しいが，溶接順序の選定にあたっては，次の点を考慮して行う必要がある．

ⅰ）組立てが進行するにつれて溶接不能または困難になる場所が生じないように注意する．
ⅱ）溶接量を必要最小限とし，トータルの溶接入熱をなるべく少なくし，一部に集中しないよう

表 5.4.3 溶着順序の分類

分類法	種類および図解		通常用いられる名称
(a) 溶接方向による分類	(1) 一端から他端に向かう場合		ア) 漸進法（実質的には前進法と同じ）
	(2) 中央から両端に向かう場合		イ) 対称法または振分け法
(b) 溶接方向と溶着方向との関連性による分類	(1) 溶接方向と溶着方向が同一の場合		ウ) 前進法
	(2) 溶接方向と溶着方向が反対の場合		エ) 後退法
(c) 多層盛りに対する盛り方による分類	(1) 溶接線に対して直角方向の断面における層数を多くし、その多層盛りの順序を問題にする場合		多層盛り法 オ) ストリンガービード法 カ) ウィービングビード法
	(2) 溶接線方向における多層盛りの盛り方を問題とする場合	1) 全長にわたって層数を重ねていく場合	キ) 全長多層法
		2) 1ブロックごとに完成していく場合	ク) ブロック法

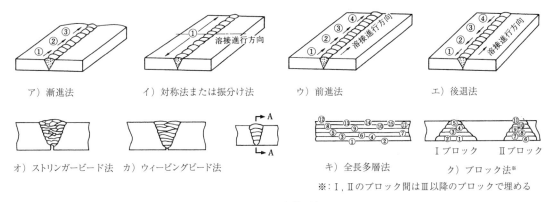

ア) 漸進法　　イ) 対称法または振分け法　　ウ) 前進法　　エ) 後退法

オ) ストリンガービード法　カ) ウィービングビード法　　キ) 全長多層法　　ク) ブロック法※

※：Ⅰ,Ⅱのブロック間はⅢ以降のブロックで埋める

図 5.4.2 溶着順序

できるだけ均等に分布させる．

ⅲ) 変形量の許される範囲内で，収縮がなるべく自由に起こるように配慮し，収縮量の最も大きな溶接（例えば突合せ継手の横収縮）を先に済ませ，その量が少ない継手を後にまわす．

ⅳ) 溶接による残留応力と変形は共存し，同時に軽減することは難しいので，なるべく先に行った溶接による変形を後の溶接で打ち消すような順序で施工し，板厚・開先形状・組立て部材形状など，溶接による収縮量の大小を考慮し，拘束方法，拘束の程度，溶接順序を決定するのがよい．

（2） 組立て溶接は，製品の部材を正確に組み立て，運搬または本溶接中に割れが生じないある程度の大きさと長さが必要で，しかも良好な本溶接を期待するためには，欠陥のない溶接でなけれ

ばならない.

　組立て溶接は，本溶接に先立って除去される場合や本溶接によって再溶融されてしまう場合もあるが，本溶接内に残留する場合もあるため，本溶接と同様の注意が必要である.

　特に組立て溶接部に大きな拘束力が作用する場合や，運搬時に引張力が作用するおそれがある場合には，組立て溶接のサイズ・長さを増すか，組立て溶接の間隔を小さくするなどして，割れが生じないようにしなければならない.

　本溶接開始前または本溶接中，組立て溶接に割れが生じた場合には，適切な方法で割れを生じた組立て溶接を完全に取り除いた後，本溶接を行う．また，割れを生じた原因によっては予熱などの処理を施してから溶接を行わなければならない．

　（3）　アークの開始点および終了点では，欠陥が発生しないよう注意する．

　一般にアークの開始点では，溶込不良やブローホールなどの欠陥が生じやすく，また，終了点のクレータは，その処理を怠るとへこんだ形が残り断面不足を起こすことが多い．また，クレータの中心は割れが発生しやすいので，拘束の大きい第1層目の溶接では，特に注意してクレータ処理を行うことが大切である．

　特に，サブマージアーク溶接の場合，アークの開始点ではアークの発生時と走行開始時のずれによりビードの形状，溶込みなどが変わり，また，終了点では走行停止の際，アークを切る時間の差によりクレータの形状・溶込みなどが変わる．いずれにしてもアークの開始点・終了点では，溶接が安定していないので溶接欠陥の発生率が高い．したがって，被覆アーク溶接やガスシールドアーク溶接のように返し溶接または回し溶接による始終端部の処理が不可能なため，エンドタブを使用して始終端部を溶接継手内に残留させないように注意する必要がある．

5.4.4　溶接面の清掃

　溶接面は溶接に先立ち，水分・スラグ・ごみ・さび・油・塗料・はがれやすいミルスケール，およびその他溶接に支障となるものはあらかじめ適切な方法で除去する．

　溶接面に水分が付着していると，アークの発生および持続が悪いばかりでなく，溶接部に割れ・ブローホールなどの欠陥が発生する場合がある．また，水分は電撃の危険もあり，溶接面は十分に乾燥してから溶接作業に入らなければならない．赤さびは，溶接中に鋼中のCと反応してCOガスを生じさせるため，ブローホールの原因となる．湿気，油脂塗料は，溶接金属中に吸収されて水素源となり，溶接部を脆化させたり，割れ，ブローホール，スラグの巻込みを生じさせたりする．また，ミルスケールも，赤さびと同様に欠陥の原因となりうる．

　溶接施工に支障を及ぼすスラグ・スパッタは，次の溶接に先立ちその表面から除去しなければならない．スラグなどの除去を怠るとスラグ巻込みや融合不良などの欠陥の原因となるので，チッピングハンマ・ジェットたがね・ワイヤブラシなどの工具を使用して十分に除去する必要がある．また，溶接棒を取り替えたときおよび最終パスの溶接が完了した場合も同様に行う．

　溶接の開先面は，ガス加工面と鋼材のロール面との組合せとなる場合が多く，ワイヤブラシがけでも取れないミルスケールなどの薄層は，溶接に支障のないかぎりは除去しなくてもよい．

5.4.5 溶接入熱・パス間温度

1）溶接金属の強度

溶接金属の機械的性質は，同じ溶接材料を用いても溶接施工条件により大きく異なる．特に，入熱・パス間温度は溶接金属の強度・靱性に大きい影響を与える[1),2)]．図5.4.3(a)に，溶接ワイヤとしてJIS Z 3312のYGW11（φ1.2）を用いた場合について，板厚25 mm，パス間温度350℃で入熱だけを変化させて溶接施工した突合せ継手の場合の溶接金属の応力（σ）―ひずみ（ε）関係の一例を示す[1)]．図5.4.3(b)は板厚25 mm，入熱量25 kJ/cmでパス間温度だけを変化させた場合の応力―ひずみ関係の一例である[1)]．ここで，パス間温度の管理は図5.4.4に示すように開先がとられている側の板幅中央で，開先肩から10 mmの位置で行っている．入熱は（5.4.1）式を用いて算出している．

$$HI = \frac{60 \times E \times I}{V} \tag{5.4.1}$$

HI：入熱（J/cm）

E：アーク電圧（V）

I：溶接電流（A）

V：溶接速度（cm/min）

入熱が大きくなるほど，パス間温度が高くなるほど溶接金属の強度は低くなることがわかる．

兵庫県南部地震以降，溶接施工条件が溶接金属の強度と靱性に及ぼす影響を調べるための多くの

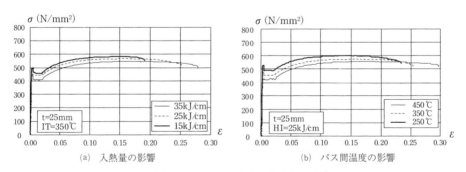

(a) 入熱量の影響　　　(b) パス間温度の影響

図5.4.3 溶接金属の応力―ひずみ関係[1)]

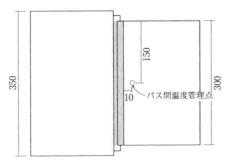

図5.4.4 パス間温度の管理点

実験的研究が行われた[1),3)-6)]．一般的なガスシールドアーク溶接では，JIS Z 3312（軟鋼，高張力鋼及び低温用鋼用のマグ溶接及びミグ溶接ソリッドワイヤ）に規定される YGW11 および YGW18 が使用される．この JIS の解説には，入熱・パス間温度の具体的な管理値が示されており，JIS 規格品はこの溶接条件で施工することにより溶接金属の品質を保証している．この管理値は，2000年の建築基準法の改正に伴って新しくなった鉄骨製作工場の工場認定制度の性能評価基準に取り込まれ，現在では表5.4.4に示す管理基準値により溶接施工することになっている．なお JIS の解説において，中間層の入熱は平均値とすると記載されている．これは，破壊の起点となりやすい溶接部の初層と表層を除く中間層については，任意のパスの入熱が管理基準値を超えて施工されていても，平均値が管理基準値以内であれば溶接部全体としての冷却速度は制御されており，溶接金属の強度と靱性は確保できるとの考えによるものである．

一方，市販されている多くの溶接ワイヤを用いた実験では，溶接金属の強度・靱性を確保するために必要な入熱・パス間温度の管理値にはかなりのバラツキがあることも報告されている[6)]．

溶接金属の機械的性質は，主にミクロ組織に依存する．ミクロ組織に影響する主な因子は溶接金属の化学成分と冷却速度であり[7)]，入熱・パス間温度は冷却時間に影響を与える間接的な因子である．文献6)では，入熱，パス間温度とともに溶接金属の炭素当量 $_mC_{eq}$（$=C+Si/24+Mn/6+Mo/4$），窒素含有量（N），結晶粒微細化元素含有量（B＋Ti）を因子とした溶接金属の強度推定式を提案している．上述の溶接材料の種類による管理値のバラツキは，この化学成分に起因していると考えられる．

ルート間隔7mm，開先角度35°のレ形開先を対象とし，熱伝導数値解析結果に基づいて求めた溶接金属の800〜500℃の冷却時間（$T_{8/5}$）を，入熱，パス間温度および板厚などを変数として推定し，

表5.4.4 溶接材料と入熱量・パス間温度（性能評価基準より抜粋）

鋼材の種類	溶接材料		入熱（kJ/cm）	パス間温度（℃）
400 N/mm² 級鋼	JIS Z 3312	YGW11, 15	40 以下	350 以下
		YGW18, 19	30 以下	450 以下
	JIS Z 3313	T490Tx-yCA-U, T490Tx-yMA-U	40 以下	350 以下
		T550Tx-yCA-U, T550Tx-yMA-U	30 以下	450 以下
490 N/mm² 級鋼	JIS Z 3312	YGW11, 15	30 以下	250 以下
		YGW18, 19	40 以下	350 以下
	JIS Z 3313	T490Tx-yCA-U, T490Tx-yMA-U	30 以下	250 以下
		T550Tx-yCA-U, T550Tx-yMA-U	40 以下	350 以下
520 N/mm² 級鋼	JIS Z 3312	YGW18, 19	30 以下	250 以下
	JIS Z 3313	T550Tx-yCA-U, T550Tx-yMA-U		
400 N/mm² 級鋼 STKR・BCR・BCP に限る	JIS Z 3312	YGW11, 15	30 以下	250 以下
		YGW18, 19	40 以下	350 以下
	JIS Z 3313	T550Tx-yCA-U, T550Tx-yMA-U	40 以下	350 以下
490 N/mm² 級鋼 STKR・BCP に限る	JIS Z 3312	YGW18, 19	30 以下	250 以下
	JIS Z 3313	T550Tx-yCA-U, T550Tx-yMA-U	30 以下	250 以下

この冷却時間と溶接金属の炭素当量 $_mC_{eq}$ を因子として，溶接金属の強度を推定した論文がいくつか発表されている[8)〜10)]．

文献8）では板厚12〜40 mmの127体の突合せ継手を対象に，YGW11（$\phi=1.2$, 1.4）を用いたCO_2ガスシールドアーク溶接により種々の施工条件で溶接した場合の溶接金属の降伏点および引張強さを，対数表示した冷却時間 $\log_{10}(T_{8/5})$ と $_mC_{eq}$（$=C+Si/24+Mn/6$）で良好に推定できることを示している．対象とした溶接条件は，入熱 = 15〜43 kJ/cm，パス間温度 = 150〜450 ℃，$_mC_{eq}=0.243$〜0.336 ％である．

文献9）では，板厚12〜40 mmの137体の突合せ継手を対象に，YGW18（$\phi=1.2$, 1.4）を用いたCO_2ガスシールドアーク溶接により種々の施工条件で溶接した場合の溶接金属の降伏点および引張強さを，文献8）と同じ冷却時間 $\log_{10}(T_{8/5})$ と $_mC_{eq}$（$=C+Si/24+Mn/6+Mo/4$）を用いて良好に推定できることを示している．対象とした溶接条件は，入熱 = 15〜40 kJ/cm，パス間温度 = 150〜450 ℃，$_mC_{eq}=0.284$〜0.393 ％である．

溶接金属の化学成分は，おおむねワイヤの化学成分で決まるが，アーク電圧による影響も受ける．アーク電圧の増大（アーク長さの伸長）に伴い，ワイヤから溶融池への移行時間が長くなり，Si，Mn，Tiなどの化学成分の酸化消耗が助長されて溶接金属への歩留まりが低下し，その結果，溶接金属の $_mC_{eq}$ は，ワイヤの $_wC_{eq}$ より低下する[7)]．ワイヤの突出し長さを25 mmとした文献8），11）の実験結果では，SiおよびMnの減少は30 ％程度および25 ％程度であったが，入熱が40 kJ/cmの場合に50 ％程度の減少が見られた報告[6)]もあるので，適正電圧での溶接施工が肝要である．

工場溶接における入熱は，溶接積層をあらかじめ設定しておくことにより，比較的容易に管理できる．図5.4.5は，板厚が25 mmと16 mmの場合について，積層方法と入熱の関係およびマクロ試験結果を示している．図中には各パスごとの入熱量（kJ/cm）およびその平均値が記入されている．入熱が25 kJ/cm以下では，1層2パスに移行する直前の層で入熱量が大きくなるが，それ以外のパスではほぼ制限値を満足している．

以上の実験結果は，すべて板どうしの継手の場合である．建築鉄骨においてもっとも重要な柱梁接合部における梁フランジの溶接では，柱やダイアフラム（サイコロ）などに溶接されるため，突合せ継手の場合に比べて熱容量が大きく，突合せ継手と同じ条件で溶接施工した場合は冷却時間が短くなり，その結果，柱梁接合部の溶接金属の強度は突合せ継手の場合より増加する[8),10)]．図5.4.6は同じ施工条件で溶接した突合せ継手（$t=25$ mm）と柱梁接合部（サイコロとブラケットの溶接）の溶接金属の応力（σ）—ひずみ（ε）関係である[8)]．文献8）では，実験と梁フランジ板厚が12，25，36 mmの場合の熱伝導数値解析の結果より，通しダイアフラム補剛形式の角形鋼管柱梁接合部における梁フランジの溶接金属強度は，突合せ継手の場合に比べて，パス間温度が350 ℃以上の場合では引張強さで3 ％程度，降伏点で5 ％以上増加することが報告されている．

文献10）では，柱梁接合部の溶接部近傍の鋼材の体積を評価した冷却時間 $\log_{10}(T_{8/5})$ と，溶接ワイヤの $_wC_{eq}$（$=C+Si/24+Mn/6+Ni/40+Cr/5+Mo/4+V/14$）を基に，入熱の影響を考慮して求めた溶接金属の $_mC_{eq}$ を用いて，柱梁接合部の溶接金属の降伏点および引張強さを推定する方法を提案している．対象とした溶接条件は，入熱 = 25，40（kJ/cm），パス間温度 = 250，450 ℃，$_mC_{eq}=$

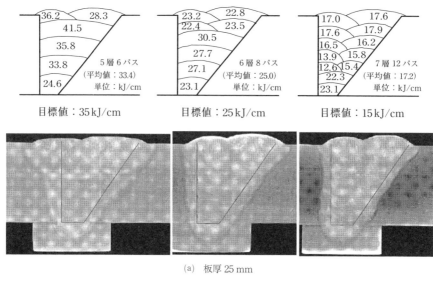

(a) 板厚 25 mm

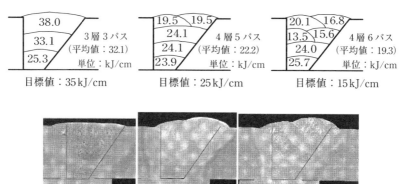

(b) 板厚 16 mm

図 5.4.5 溶接積層方法と入熱の関係

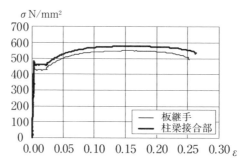

図 5.4.6 応力―ひずみ関係（PL-25，パス間温度：350℃）[8]

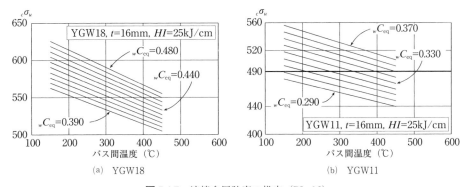

図 5.4.7 溶接金属強度の推定 (PL-16)

0.233〜0.287 % である．その結果，柱梁接合部の場合では突合せ継手の場合と同じ冷却時間（同じ強度）を確保するには，板厚が 21 mm，入熱が 25，40 kJ/cm，パス間温度 250 ℃ の場合で，約 100 ℃ だけパス間温度を高く設定できることを報告している．同様の結果は文献 8)，12) でも報告されている．

前述のように，溶接金属の炭素当量 $_mC_{eq}$ は，ワイヤの炭素当量 $_wC_{eq}$ より小さくなる．文献 13) では，ワイヤの検査証明書に記載されている化学成分（C，Si，Mn，Mo）と入熱条件より，溶接金属の炭素当量 $_mC_{eq}$ を求め，文献 8)，9) の方法により溶接金属の強度を推定している．結果の一例を図 5.4.7 に示す．同図は，突合せ継手（板厚 16 mm）で図 5.4.5(b) に示す溶接積層 25 kJ/cm の場合について，ワイヤの炭素当量 $_wC_{eq}$（$=C+Si/24+Mn/6+Mo/4$）を 0.01 % きざみにして溶接金属の引張強さ（$_c\sigma_u$）の推定値を示している．同図(a) の YGW18 の場合では，$_wC_{eq}$ が 0.390 % 以上であれば，パス間温度が 450 ℃ でも溶接金属の引張強さは 490 N/mm² 級鋼材の規格最小値を超えている．また，同図(b) の YGW11 の場合では，$_wC_{eq}$ が 0.290 % 程度あれば，パス間温度が 450 ℃ でも溶接金属の引張強さは 400 N/mm² 級鋼材の規格最小値を超えている．一方，YGW11 を用いて 490 N/mm² 級鋼材を溶接する場合は，$_wC_{eq}$ が 0.330 % 程度あればパス間温度が 350 ℃ でも溶接金属の引張強さは 490 N/mm² を超えているが，$_wC_{eq}$ が 0.310 % 程度の場合は，パス間温度を 250 ℃ で管理しても 490 N/mm² を満足しない可能性もある．

柱梁接合部における梁端の溶接施工は，入熱・パス間温度の管理だけでは必ずしも十分ではない．文献 14) では，1 層 1 パス溶接とした場合の梁の塑性変形能力は 1 層多パス溶接したものより確実に劣っていることが報告されている．図 5.4.5(b) に示すように，板厚 16 mm でも表面層を 1 パスとした場合（35 kJ/cm）は 2 パスとした場合より開先側（梁フランジ側）の溶込みが小さい．鋼製エンドタブを使用する場合は，この溶込み状態が梁の塑性変形能力に影響を与える[15]．

したがって，板厚が厚くなりウィービング幅が大きくなる場合は，たとえ入熱が規定値以内であっても，表面層は多パスにすることを心がける必要がある．

2) 溶接金属のシャルピー吸収エネルギー

溶接金属のシャルピー吸収エネルギーは，大きなバラツキを持つことが知られている[例えば3)]．これは，多層盛り溶接の場合では，複雑な熱履歴により形成される溶接金属の組織が均質でないため

と考えられる．文献16),17)では，溶接金属の原質部と，後続パスによる熱影響を受けて原質部の組織が変化した再熱部がシャルピー衝撃試験片に含まれる割合により吸収エネルギーは変化し，原質部の割合が増加するにつれて吸収エネルギーは高くなることを報告している．

これまでの研究では，窒素（N）含有量が0.01％以下ではNが増加すると吸収エネルギーが低下する傾向があること，入熱が大きいほど吸収エネルギーは低下する傾向があることが報告されている[6]．文献6)では，入熱，パス間温度，窒素含有量，不純物元素含有量（P, S），結晶粒微細化元素含有量（Ti, B）などを変数としたシャルピー吸収エネルギーの推定式が提案されている．

これまでのYGW11およびYGW18の実験結果を概括すると，窒素含有量が0.01％以下の場合では，大半の場合に吸収エネルギーは0℃で50Jを超えている．多層盛り溶接における大気からの窒素混入を調べた実験[18]では，無風状態でCO_2ガス流量が25 l/minの場合，窒素混入量は0.001～0.003％であったことが報告されている．

一方，ガスシールドアーク溶接は風に弱いことが知られており，風速1.0 m/sec以上では急激に窒素混入量が上昇して0.01％を超え，吸収エネルギーの低下やブローホールの発生が報告されている[19]．

3）溶接施工と溶接金属の性能

以上で述べたように，溶接金属の強度はワイヤの化学成分と溶接施工条件が適切であれば，母材の規格強度以上を確保することができる．板厚が12～40 mmの基本的なレ形開先（ルート間隔7 mm，開先角度35°）で工場において，下向溶接を行う場合については以下のような施工方法が考えられている．

（ⅰ）母材が400 N/mm^{2}級でワイヤとしてYGW11を使用する場合：
・積層は入熱25 kJ/cmを目標〔図5.4.5参照〕にする．この積層方法では板厚が16 mm程度を超えると最終層は多パスになり，ほとんどの層で入熱が30 kJ/cmを超えることはない．
・パス間温度は450℃以上にならないようにする．
・CO_2ガス流量は25 l/min以上を確保する．無風状態でこの条件を確保することにより大気中のNの混入を防ぎ，溶接金属のシャルピー吸収エネルギーの低下を防ぐことができる．

（ⅱ）母材が490 N/mm^{2}級でワイヤとしてYGW18を使用する場合：
・（ⅰ）と同様に溶接の積層は25 kJ/cmを目標にする．
・板厚が16 mm程度以上で，溶接ワイヤの炭素当量 $_wC_{eq}$（$= C + Si/24 + Mn/6 + Mo/4$）が0.390％以上であることが確認できた場合は，パス間温度の管理値は表5.4.4の値より緩和できる〔図5.4.7(a)参照〕．
・CO_2ガス流量は（ⅰ）の場合と同じ．

4）立向溶接の特徴と注意

一般的に柱梁接合部の梁フランジに代表される完全溶込み溶接は，下向姿勢または横向姿勢で行われ，溶接材料はソリッドワイヤが多く用いられている．しかし，近年，溶接欠陥率の減少および施工能率の向上を目的として，積極的にスラグ系フラックス入りワイヤを用いた立向上進姿勢を採用するための検討が報告されている．

フラックス入りワイヤを用いた立向上進溶接は，下向溶接と異なり，初層から仕上げまで1層1パスを維持した施工を標準とすることから，表層部では大入熱となりやすい特徴がある．例えば，板厚が40 mm程度の場合，入熱量は初層部で23〜56 kJ/cm，表層部で最大70〜90 kJ/cmに達するが，パス間温度は最大250℃程度に収まるとの報告[20]がある．一方，表5.4.4に示す入熱・パス間温度の規定は下向・横向溶接の実験データに基づいており，立向溶接でこれらの規定を満足するには，施工上大きな制約が生じる．立向溶接の施工上の問題を解決した上で，溶接金属の機械的性能（溶接金属部の引張強度やシャルピー吸収エネルギー）を良好に保つためには，事前に十分な検討を行い，適切な溶接材料と溶接条件の組合せを選択する必要がある．

　前述の文献20)では，溶接金属の引張強さは初層部で母材のJIS規格下限値を満足しているが，表層部ではそれを満足しておらず，母材が490 N/mm²級および550 N/mm²級の施工には，590 N/mm²級の溶接材料を用いることを推奨している．また，文献21)によると，積層計画を管理することにより，平均入熱量を40 kJ/cm以下に抑えた施工が可能であり，強度が490 N/mm²級の母材に対し，550 N/mm²級または590 N/mm²級の溶接材料を用いることにより，母材の強度を満足することが可能であると報告されている．さらに，柱と梁ウェブの工事現場溶接継手において不可避的に立向姿勢となるケースを想定し，溶接施工性および溶接金属の機械的性能を調査した報告[22]がある．この報告では，母材と同クラスの溶接ワイヤを使用し，入熱量50 kJ/cm以下，パス間温度250℃以下で管理することにより，溶接金属の機械的性能は，母材の規格値を満足することを確認している．

　これらの特徴を鑑み，立向溶接で入熱量が表5.4.4の上限値を超える場合は，溶接金属の冷却速度が遅くならないようにパス間温度を低めに管理し，かつ母材に対して1ランク上の強度の溶接材料を採用することが有効である．溶接材料および溶接条件を選定においては，事前に施工試験等により継手性能を確認することが望ましい．

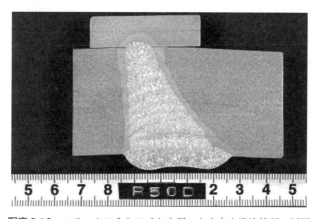

写真 5.4.3　フラックス入りワイヤを用いた立向上進溶接部の断面
（JIS Z 3313 T49J0T1-1CA-U，板厚40 mm，180 A，9層9パス施工）

参 考 文 献

1) 横山重和, 田渕基嗣, 田中　剛, 吉村鉄也, 西田祐三, 中野利彦：パス間温度および入熱量が溶接金属の機械的性質に与える影響, 鋼構造論文集, 第11巻, 第44号, pp.15-26, 2004.12
2) 中込忠男, 矢部喜堂, 金本秀雄, 横山重和, 軽部正彦：鋼構造溶接接合部における溶接金属の強度に及ぼすパス間温度の影響に関する検討, 構造工学論文集, Vol.36B, pp.333-340, 1990.3
3) 向井昭義, 中野利彦, 岡本晴仁, 森田耕次：建築構造用マグ溶接ワイヤの検討, 鋼構造論文集, 第7巻, 第26号, pp.13-25, 2000.6
4) 原山浩一, 中込忠男, 市川祐一, 的場　耕, 白井嘉行：様々な溶接条件で施工された溶接金属の機械的性質に関する実験的研究（その1～3）, 日本建築学会大会学術講演梗概集, pp.589-594, 2000.9
5) 岡澤　岳, 坂本真一, 倉持　貢, 深井重則, 山田浩二：入熱量およびパス間温度の違いが建築鉄骨における溶接接合部の力学性能および施工効率に及ぼす影響, 鋼構造論文集, 第8巻, 第31号, pp.1-10, 2001.9
6) 倉持　貢, 加賀美安男, 石原完爾, 津山　巌, 米原常夫：設計要求性能と溶接特性を考慮した溶接施工条件の設定と管理, 鋼構造年次論文報告集, 第11集, pp.665-672, 2003.11
7) 中野利彦：入熱・パス間温度が溶接金属の機械的性質に影響を及ぼす理由, 日本建築学会材料施工部門パネルディスカッション資料「パス間温度・入熱が溶接部の力学的性能に与える影響」, pp.3-9, 2002.8
8) 西田祐三, 田渕基嗣, 田中　剛, 倉持　貢, 中野利彦：冷却時間と化学成分を考慮した溶接金属の強度評価式, 鋼構造論文集, 第12巻, 第49号, pp.23-36, 2006.3
9) 西田祐三, 田渕基嗣, 田中　剛, 倉持　貢, 中野利彦：冷却時間と化学成分を考慮した溶接金属の強度推定, 日本建築学会大会学術論文梗概集, pp.991-992, 2006.9
10) 中込忠男, 服部和徳：建築鉄骨における溶接金属の強度と溶接条件の管理方法, 日本建築学会構造系論文集, No.606, pp.179-182, 2006.8
11) 田中　剛, 田渕基嗣：板厚とパス間温度が溶接部の熱履歴および機械的性質に与える影響—パス間温度・入熱量と溶接部の力学的特性に関する実験（その2）—, 日本建築学会材料施工部門パネルディスカッション資料「パス間温度・入熱が溶接部の力学的性能に与える影響」, pp.15-27, 2002.8
12) 津山忠久, 藤田敏明, 湯田　誠, 橋場祐治, 長谷川俊永, 吉田　譲：多層盛溶接金属の靭性支配要因について第3報, 鉄構技術 pp.28-38, 2006.1
13) 西田祐三, 田渕基嗣, 中野利彦：入熱をパラメータとした溶接金属の炭素当量の推定—建築鉄骨の溶接接合部に関する研究（第8報）—, 溶接学会全国大会講演概要, 第79集, 2006.9
14) 田渕基嗣, 中島正愛ほか：通しダイアフラム形式で角形鋼管柱に接合されるH形鋼梁の塑性変形能力に関する実大実験—その2, その3—, 鋼構造論文集, 第4巻, 第16号, pp.43-73, 1997.12
15) 井口智晴, 田渕基嗣, 田中　剛, 藤本俊宏：断面形状の異なる柱に鋼製エンドタブを用いて溶接接合された梁の塑性変形能力, 鋼構造論文集, 第12巻, 第48号, pp.39-54, 2005.12
16) 湯田　誠, 藤田敏明, 津山忠久, 橋場裕治, 吉田　譲, 志村保美：多層盛溶接金属の靭性支配要因について—入熱・パス間温度規定の冶金的考察—, 鉄構技術（STRUTEC）, pp.28-34, 2002.5
17) 津山忠久, 湯田　誠, 藤田敏明, 橋場裕治, 長谷川俊永, 吉田　譲：多層盛溶接金属の靭性支配要因について第2. —原質部および再熱部組織の靭性—, 鉄構技術（STRUTEC）, pp.21-29, 2004.9
18) 倉持　貢：溶接条件の適正化と溶接材料の特性に関する調査研究—パス間温度・入熱量と溶接部の力学的特性に関する実験（その1）—, 日本建築学会材料施工部門パネルディスカッション資料「パス間温度・入熱が溶接部の力学的性能に与える影響」, pp.10-14, 2002.8
19) 日本溶接協会溶接棒部会技術委員会共研第6分科会：ガスシールドアーク溶接のシールド性に関する研究報告（第4回）風速の影響（前編）, 溶接技術, Vol.57, No.9, pp.126-130, 産報出版, 2009.9
20) 竹内秀紀, 藤田哲也, 加賀美安男, 後藤和正, 廣重圭一, 鈴木励一：高張力鋼用フラックス入りワイヤを用いた立向溶接における溶接条件と性能, 日本建築学会大会学術講演梗概集, pp.1173-1178, 2016.8
21) 白井嘉行, 小林光博ほか：工場仕口フランジ溶接部への立向姿勢溶接の適用検討, 日本建築学会大会学術講演梗概集, pp.69-70, 2012.9
22) 小林光博, 加賀美安男ほか：梁ウェブ現場溶接を想定した立向上進溶接部の性能確認試験報告, 日本建築学会大会学術講演梗概集, pp.45-46, 2012.9

5.4.6 予　熱

　予熱は，溶接による割れの防止を目的として，必要に応じて行われる．

　溶接割れは溶接欠陥の中で最も重大なものである．溶接施工時の溶接割れは，高温割れと低温割れに分類でき，予熱は主として低温割れの防止に効果がある．

　高温割れは，主に溶接金属または熱影響部が，その凝固温度範囲の極めて延性に乏しい状態にあるときに生じた収縮応力により発生するものである．例としてサブマージアーク溶接での梨形ビード割れがある．この高温割れの防止策は，粒界の低融点不純物生成の原因となるP，Sのほか，C，Si，Niなどの鋼の化学組成を考慮して，開先やビード形状について溶接施工条件を適正にすることである．

　低温割れは溶接終了後，溶接部が約300℃以下の比較的低温に冷却した後に発生する溶接割れをいう．軟鋼よりも高強度で硬化性の大きい高張力鋼の溶接施工で生じやすい．例として，溶接のルート部の応力集中で生じるルート割れ，熱影響部のビード下割れ，止端（トウ）割れなどがある．低温割れは，溶接部に侵入した水素と，室温付近で溶接部に生じる応力と，溶接熱影響部または溶接金属の硬化の3つの要因が相互に作用しあうことによって発生する．

　これらの3つの要因をコントロールし，割れを防止するもっとも適切な方法として，予熱による溶接後の冷却速度の緩和が推奨されている．予熱は溶接後の冷却速度を遅くさせて，冷却過程での溶解度の減少から鋼の中の水素が拡散性水素として出てくるものの外部放出を容易にし，熱影響部の硬さも減少させることで，低温割れ防止効果がある．また，予熱を行うと溶接部付近の温度勾配が緩やかになるので溶接変形が少なくなり，溶接応力も小さくなって低温割れ防止に効果がある．

　鉄骨の溶接施工条件としての予熱温度を考えるとき，低温割れの原因に関連するものは鋼材の化学組成や，板厚などの全体的なものもあるが，開先形状による拘束応力，溶接部の成分の状況などの局部要因もあることから，鉄骨溶接施工の一般的な必要予熱温度を正確に予測することは困難である．鋼材の溶接性試験での予熱温度の決定には，WES 3001「溶接用高張力鋼板」にある拘束応力の高いy形溶接割れ試験で導かれた溶接割れ感受性組成を用いる予測式がある．この方法では，溶接入熱の大きいことによる防止効果が取り入れられないこともあって，一般の鉄骨溶接施工に使うとかなり安全側の値となる．

　したがって，現状の実施工での経験面を基本とし，一般的な鉄骨製作で厳しすぎないようなものとして，鉄骨溶接施工の必要予熱温度の標準を表5.4.5に示す．この標準値は，SN材（建築用構造用圧延鋼材）の制定前に定めたものであるが，化学成分からはSM材（溶接構造用圧延鋼材）と同等に適用できるので，適用鋼種を拡大している．建築構造用550 N/mm²鋼や建築構造用高性能590 N/mm²鋼（SA 440）については，JIS規格でないため表に示していないが，高炉メーカー各社による大臣認定資料にある溶接施工指針や（一社）日本鉄鋼連盟発行の設計・溶接施工指針に明記されている予熱温度等が参考となる．なお，近年，TMCPプロセスを用いた鋼材も商品化されており，従来鋼に比べて低P_{CM}化による予熱低減が可能となっている．

　この表の値は，現状の鉄骨製作で使用される建築用鋼板の溶接性の向上，CO_2ガスシールドアーク溶接に見られる低水素系溶材の多用，標準的に使われている開先形状と溶接姿勢などに基づいた

表 5.4.5 予熱温度の標準

鋼 種	溶接法	板 厚 (mm)					
		$t<25$	$25≦t<32$	$32≦t<40$	$40≦t≦50$	$50<t≦75$	$75<t≦100$
SN 400 SM 400 SS 400	低水素系以外の被覆アーク溶接	予熱なし	50℃	50℃	50℃	—	—
	低水素系被覆アーク溶接	予熱なし	予熱なし	予熱なし	50℃	50℃[1]	80℃[1]
	CO_2 ガスシールドアーク溶接[4] サブマージアーク溶接[3]	予熱なし	予熱なし	予熱なし	予熱なし	予熱なし[1]	50℃[1]
SN 490 SM 490 SM 490 Y SM 520	低水素系被覆アーク溶接	予熱なし	予熱なし	50℃[2]	50℃[2]	80℃[2]	100℃[2]
	CO_2 ガスシールドアーク溶接[4] サブマージアーク溶接[3]	予熱なし	予熱なし	予熱なし	予熱なし	50℃[2]	80℃[2]
SM 570	低水素系被覆アーク溶接	50℃	50℃	80℃	80℃	100℃	120℃
	CO_2 ガスシールドアーク溶接[4] サブマージアーク溶接[3]	予熱なし	50℃	50℃	50℃	80℃	100℃

[注] 1) 鋼種 SM 400, SN 400 の場合に適用し, 鋼種 SS 400 は別途検討が必要である.
2) 熱加工制御を行った鋼材ではより低い予熱温度の適用が考えられる.
3) 大電流溶接などの特種な溶接では, 個別の検討が必要である.
4) フラックス入りワイヤによる CO_2 ガスシールドアーク溶接の予熱温度の標準は, 低水素系被覆アーク溶接に準じる.

① 気温（鋼材表面温度）が 400 N/mm² 級鋼材の場合に 0 ℃以上, 490 N/mm² 級以上の高張力鋼の場合に 5 ℃以上で適用する. 気温が -5 ℃以上で本表の適用温度以下の場合は, 次に述べる注意事項に従って施工することができる. 気温が -5 ℃未満の場合は溶接を行わない. 気温が -5 ℃以上で 0 ℃（または 5 ℃）以下の場合で, 上表に予熱なしとあるときは 40 ℃まで加熱（ウォームアップ）を行ってから溶接を行う. ただし, 400 N/mm² 級鋼材で板厚が 50 mm 超の場合, 490 N/mm² 級および 520 N/mm² 級の鋼材の低水素系被覆アーク溶接の板厚 25 mm 以上の場合, CO_2 ガスシールドアーク溶接の板厚 40 mm 以上の場合は, 50 ℃の予熱を行う. 上記の気温の範囲で本表により予熱が必要な場合は, 予熱温度を高めにするか, 電気ヒータなどで確実に全体の温度を確保するかのいずれかを行う.
② 湿気が多く開先面に結露のおそれがある場合は 40 ℃まで加熱を行う.
③ 予熱は規定値以上, 200 ℃以下で行うものとする. 予熱の範囲は溶接線の両側 100 mm を行うものとする.
④ 溶接部の補修や組立て溶接で拘束が大きいことが予想される場合は, 上表の値よりも 1 ランク上の予熱温度を適用する. ただし, 1 ランク上でも予熱なしとなる場合は, 気温等の条件を考慮して必要に応じて 50 ℃の予熱を行うのがよい.
⑤ 拘束が強い場合, 入熱が小さい場合（約 10 kJ/cm 以下）鋼材の化学成分が規格値の上限に近い場合や溶材の含有水素値が多い場合は, 予熱温度をより上げることが必要なこともある. また, 鋼材の JIS の炭素当量で 0.44 % を超える場合は予熱温度を別途検討する.
⑥ 板厚と鋼種の組合せが異なる時は, 予熱温度の高い方を採用する.

ものである. したがって, 拘束の大きい場合, 溶接材料や環境により拡散性水素が多い場合, 上向溶接などで溶接入熱が小さい場合, 周辺温度が低い場合, あるいは鋼材の化学組成が JIS 規格上限値に近い場合などは, 予熱温度を表中の値より上げることや, 予熱範囲の拡大が必要と考える. また, 逆の状況では, より低い予熱温度で割れ防止が可能なことも考えられる.

予熱方法は, 電気抵抗加熱, 赤外線電気ヒータ, 固定バーナ, 手動バーナなどによるものとする. なお, バーナを使用して予熱する場合, 気温が低いときには, 燃焼ガスの水素成分から発生する水蒸気が鋼板で冷却されて加熱部の周囲に水分となって流れ出すことがある. これが開先内の母材と裏当て金のすき間に入り込んで残留すると, 溶接に悪影響を及ぼすことがあるので, このような場合には先に開先より離れた位置を加熱し, 鋼材の熱伝導によって開先部を温めてから徐々に開先近

傍に移動させる必要がある．開先内に水分が流れ込んだ場合には，開先内の水分が蒸発した後も全体的に時間をかけて加熱し，母材と裏当て金のすき間に水分が残らないように十分な予熱を行う．

予熱は，対象物全体を均一に加熱するのが理想であるが，鉄骨では対象物が大きいことから，局部加熱を標準施工法とし，対称な加熱を基本として局部集中加熱を避ける．予熱範囲は溶接線の全周の約 100 mm 離れた範囲までを行うこととする．溶接線が長い場合は，溶接アークの両側と前方約 100 mm までを最小予熱範囲としてもよい．予熱温度の測定は，溶接線の両側約 50 mm の位置で行うこととする．

厚板を用いた溶接継手の場合，バーナ等で加熱しても必要な予熱温度を確保することが難しいため，電気ヒータ等による加熱がふさわしい．なお，溶接前に所定の温度を確保するために必要な加熱時間については，鉄骨製作工場で事前に検討する必要がある．

気温が低く，鋼材表面温度も低い場合や，開先面に結露のおそれがある場合には，溶接を行う前に溶接線の付近を 40 ℃ 程度にいったん加熱する必要がある．これはウォームアップと呼ばれ，予熱と同様の注意を払って実施すべき作業であるため，予熱の規定に含めて扱っている．

表中の予熱温度の標準値によらずに，予熱温度を考える時の参考を以下に示す．

先にも触れた（一社）日本溶接協会の WES 3001「溶接用高張力鋼板」の規格に採用されている溶接割れ感受性組成（P_{CM}）は，鋼材の y 形溶接割れ試験での割れ防止予熱温度と，鋼材の板厚，溶着金属中の拡散性水素量，鋼材の化学組成の 3 つのパラメータとの関係式の中で鋼材の化学組成の項となるもので，以下に示すものである．この指数は JIS G 3106 の附属書にも採用されている．

$$P_C = P_{CM} + \frac{t}{600} + \frac{H}{60}$$

$$P_{CM}(\%) = C + \frac{Si}{30} + \frac{Mn}{20} + \frac{Cu}{20} + \frac{Ni}{60} + \frac{Cr}{20} + \frac{Mo}{15} + \frac{V}{10} + 5B$$

$$T_0 = 1\,440 \cdot P_C - 392 \tag{5.4.2}$$

ここに，C, Si, Mn, Cu, Ni, Cr, Mo, V, B：化学成分（mass・%）
  t：板厚（mm）
  H：溶着金属拡散性水素量（ml/100 g）
  T_0：y 形溶接割れ試験の割れ防止予熱温度（℃）

式（5.4.2）から，実施工での必要予熱温度の予測を行うには，溶接継手の拘束度を y 形溶接割れ試験の拘束度から補正する必要があり，伊藤，別所らの研究による P_W の概念では，P_C に変えて次の P_W を使う方法を提案している[1]．

$$P_W = P_{CM} + \frac{H}{60} + \frac{R_F}{40\,000} \tag{5.4.3}$$

ここに，R_F：溶接継手の拘束度（kgf/mm・mm）=（20～40）・t
  t：板厚（mm）で 50 mm 以上は 50 mm とする．

式（5.4.3）にある溶接継手の拘束度は，実際の鉄骨の調査によると本溶接時の連続溶接で板厚の 20～40 倍程度であり，y 形溶接割れ試験の拘束度が約 70・t であるのを考えると，P_C 式より P_W 式が

低い割れ防止予熱温度を導くこととなる．

　この P_W 概念に，さらに予熱温度や溶接入熱の程度による溶接部の冷却条件を加味する方法として，溶接施工条件から得られる溶接終了後300℃から100℃までの冷却時間（sec）と，P_W から求める限界冷却時間を比較して，割れ防止の検討をしている[1]．

　実際のプロジェクトで，必要な予熱が100℃以上と厳しくなることが予想される場合は，鋼材と溶接法の組合せを厳しく制限することで，施工の容易さを維持することが可能である．特に鋼材の溶接割れ感受性組成は，鋼材の製法などにより同一強度規格でも大きく異なるので，溶接割れ感受性組成を低く抑え，ソリッドワイヤによるガスシールドアーク溶接の溶着金属中の拡散性水素量が低い溶接材料と組み合わせれば，実施工の予熱温度を大幅に低下できる．

参考文献

1) 伊藤慶典，別所　清：高張力鋼の溶接割れ感受性指数について（第2報）―溶接構造物への適用―，溶接学会誌，Vol. 38, No. 10, pp. 60-70, 1969

5.4.7 溶接環境

（1）　溶接は信頼できる継手を確保するために整備された溶接環境のもとで施工される必要がある．屋内作業では天候による影響は少ないが，天候の影響を受けやすい屋外作業では，溶接上不利な条件とならないように十分な配慮が必要である．

（2）　溶接部およびその近傍の冷却速度が溶接部の性能に与える影響は大きく，冷却速度は気温が低いほど速くなるので，気温-5℃以下の場合は，溶接を行ってはならない．また，気温が-5℃から5℃の範囲においては，5.4.6項に従い，鋼種・板厚および溶接法によって予熱を行う必要がある．

（3）　降雨・降雪の中での屋外溶接は，割れなどの重大欠陥の発生につながるので行ってはならない．また，降雨・降雪後で溶接部の材片間に水分が残っている場合および屋内であっても気温の急変あるいは早朝などで鋼板に結露が生じる場合は，これらをガス炎などで除去し，母材表面に水分の残っていないことを確認してから溶接を行う．

（4）　風が強い環境での溶接は，アークが不安定となりブローホールおよび溶込不良などの欠陥が生じやすいので，風養生を施して溶接を行う．ガスシールドアーク溶接の場合は，風速が2 m/sec以上の環境ではシールドが不完全となってブローホールなどの欠陥が生じるので，溶接を行ってはならない．ただし，防風設備の設置やガス流量の増加など適切な方法により対策を講じた場合は，この限りではない．被覆アーク溶接においては，風速10 m/secまで溶接は可能とされているが，溶接が高所作業の場合，風による墜落の危険性を配慮した防風設備を設置することが望ましい．

5.4.8 仕上り

　溶接部には，割れ，溶込不良，スラグ巻込み，ブローホールなどで継手の性能を損なうような有害な欠陥があってはならない．溶接後の仕上り寸法は，設計寸法を下回ってはならない．また，過大な余盛および著しく不規則な表面形状はあってはならない．

　溶接ビードの外観は，なるべく平滑で凹凸が少なく，かつピット・アンダーカットなどの表面欠

陥がないことが望ましい．

表面欠陥および精度については，JASS 6 付則 6 にその許容差が示されているので，参照されたい．

5.4.9 溶接部の清掃

溶接部の検査に先立ち，溶接完了後ビード表面に付着したスラグは除去する．また，溶接部およびその周辺は，ブラシなどの適切な工具でスパッタ除去などの清掃を行う．

スラグ・スパッタの発生量は，溶接方法や溶接材料によって大きく変化する．被覆アーク溶接およびサブマージアーク溶接のようにビード全面を覆うスラグは，外観検査などの障害にもなるので完全に除去しなければならない．ソリッドワイヤを使用したガスシールドアーク溶接のビード表面に生じる部分的なスラグは，溶融亜鉛めっきの不めっき要因になるなど支障がある場合は，完全に除去しなければならない．

高力ボルト摩擦接合面に付着したスパッタは接合部の性能を低下させる原因となるので，完全に除去しなければならない．しかし，摩擦面以外で固着したスパッタはその限りではない．

5.5 完全溶込み溶接

5.5.1 一　般

（1）完全溶込み溶接は，溶接部の強度が母材と同等になるように全断面を完全に溶け込ませた溶接であり，応力伝達の観点からは全種類の応力を負担できる．十分な管理のもとで溶接された完全溶込み溶接は，一般に建築で用いられる鋼材では，クレーンガーダなどの低応力高サイクル疲労を除いて，地震などの繰返し荷重を含むあらゆる荷重に対して母材と同等の性能をもつと考えてよい．

（2）完全溶込み溶接による継手は，部材の形状に応じて図 5.5.1 に示すように，突合せ継手・角継手・T継手の 3 種に大別される．図 5.5.1 では，代表的なレ形および K 形開先について，完全な溶込みを得るための方法（裏はつりを行う・裏当て金を用いる）による分類を含めて示している．

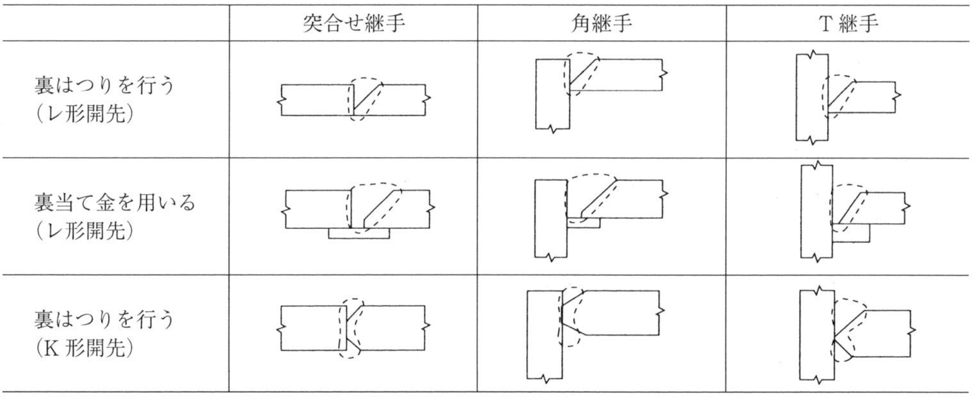

	突合せ継手	角継手	T継手
裏はつりを行う （レ形開先）			
裏当て金を用いる （レ形開先）			
裏はつりを行う （K形開先）			

図 5.5.1 完全溶込み溶接の継手

(3) 完全溶込み溶接ののど厚は，母材の厚さを下回ってはならない．突合せ継手で母材の厚さが異なる場合は，薄いほうの母材の厚さとし，角継手およびT継手の場合は，開先を設けたほうの母材の厚さとする．

のど厚が母材の厚さより小さくなると，設計上の耐力を確保できないだけでなく，応力集中の原因となる場合もある．逆に高く盛り上げた場合も応力集中の原因となることもあるので，余盛も過大にならないようにする必要がある．

(4) 柱梁接合部のように，T継手・角継手で鋼板を板厚方向に引張るような力が働く場合には，溶接部に欠陥がなくても鋼板が低強度で開裂する場合があるので，注意を要する．一般に圧延鋼板の板厚方向の強度や伸び能力は，圧延方向に比べ，低下することは周知の事実である．特にラミネーションのように鋼材の圧延中に偏析した層状の非金属介在物（MnS系成分）が存在する場合，非常に低応力で開裂または剥離することがあるので，板厚方向に引張るような力が作用する部位では，SN材のC材の使用など，開裂や板厚方向の性能に配慮した鋼板の選択が望ましい．なお，近年の製鋼法の変化により現在ではほとんどが連続鋳造法により製造されているが，連続鋳造法に移行した当初は板厚中央部に非金属介在物が偏析する傾向があったものの，現在では各種の製鋼技術により偏析の少ない鋼板が提供されるようになっている．

一方，厚肉鋼板の大入熱溶接を行うと，板厚方向に層状の割れ（ラメラテア）が生じるおそれがある．鉄骨で，もっとも応力が大きい柱梁接合部の通しダイアフラムや内ダイアフラム形式の柱スキンプレートの板厚が大きく，大入熱の溶接による引張応力が板厚中心部に及ぶような場合は，このような溶接割れが生じやすいので，良好な鋼板の選択ならびに溶接設計・施工方法の検討が必要である．

その他の熱影響部割れは，ほとんどが低温割れであり，適切な予熱を行うことによって防ぐことができるので，予熱管理は特に重要である．

5.5.2 開先形状

溶接継手における開先形状は，継手の健全性を左右する基本要素である．ルート間隔，開先角度が適切でない場合は，溶接継手部の品質を損ねることがある．このため，各種溶接方法および継手形式に応じて，開先形状を決定する必要がある．一般的な溶接方法，継手形式に対する標準開先形状は，JASS 6 付則5に示されている．今回の改定では，完全溶込み溶接のレ形開先の開先角度に30°が追加された．従来の開先角度35°を30°に変更する程度であれば高温割れが生じにくく，適切な加工，溶接を行えば欠陥が生じにくいので，追加することにした．なお，鉄骨製作工場の開先加工機，固形エンドタブを使う場合の形状，溶接条件，積層図などについては，事前に確認することが必要である．一般的な溶接方法，継手形式に対して，標準開先に該当しない開先を使用する場合には，JASS 6 付則8に示すような試験を行い，その溶接品質や施工性に問題がないことを確認し，工事監理者の承認を受ける必要がある．また，特殊な溶接方法または継手形式を用いる場合には，それらの条件に応じて品質上，施工上問題がないことをデータにより確認し，工事監理者の承認を得た開先形状で施工することができる．

5.5.3 余　　盛

完全溶込み溶接における余盛は，応力集中を避けるために過度の余盛をせず，母材表面からなめらかに連続する形状とする．余盛高さは JASS 6 付則 6 に従う．

5.5.4 T継手の余盛高さ

T継手の余盛は，溶接部近傍の応力集中を緩和する上で重要である．余盛高さは JASS 6 付則 6 に従うものとし，ビードはなめらかであることが重要である．

なお，図 5.5.2 に示すように裏当て金を用いる場合の余盛高さ (h) は突き合わせる板の厚さの 1/4 とし，材の厚さが 40 mm を超える場合は 10 mm である．裏はつりを行う場合の余盛高さ (h) は突き合わせる板の厚さの 1/8 とし，材の厚さが 40 mm を超える場合は 5 mm である．

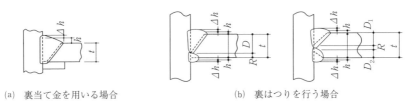

(a) 裏当て金を用いる場合　　(b) 裏はつりを行う場合

図 5.5.2 T継手の余盛高さ

5.5.5 エンドタブ

a．鋼製エンドタブ

一般に溶接の始端には溶込不良やブローホールなど，終端にはクレータ割れなどの欠陥が生じやすい．これらの欠陥を母材幅内の溶接部の中に発生させないようにするために以前からよく用いられてきたものとして鋼製エンドタブがある．鋼製エンドタブ工法では，図 5.5.3 に示すように，母材と同じ開先形状に加工した鋼片を溶接部の始終端に取り付けた上で溶接を行うことにより，始終端の欠陥を母材幅の範囲外に置くことを目的としている．したがって，原則として 30 mm 以上の長さのエンドタブを用いて，クレータがエンドタブ内に完全に納まるよう，各層の溶接長を十分にとる必要がある．

なお，やむを得ず 30 mm 以下の長さの鋼製エンドタブを用いる場合，およびエンドタブ内に溶接の漏れ止め等を設けて結果として有効な長さが短くなった場合は，クレータがエンドタブ内に納まらないことが危惧される．クレータの適切な処理が行われていない場合は，溶接部の性能を低下させる原因になる．したがって，短いエンドタブ内で適切なクレータ処理を行う必要がある．

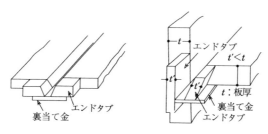

図 5.5.3 鋼製エンドタブの施工例

鋼製エンドタブの組立て溶接は直接母材に行ってはいけない．これは鋼製エンドタブの組立て溶接がショートビードとなり，熱影響部の破壊靱性を低下させ，この部分が母材の脆性破壊の起点となるおそれがあるためである．図5.5.4に柱梁接合部における鋼製エンドタブの組立て溶接の施工例を示す．鋼製エンドタブの取付けは，裏当て金に組立て溶接することにより行うことを原則とする．やむを得ず開先内に組立て溶接を行う場合は，本溶接時に組立て溶接が再溶融され，欠陥が残らないように溶接施工する必要がある．

鋼製エンドタブの組立て溶接は，被覆アーク溶接またはガスシールドアーク溶接により行う．厚板の鋼材に組立て溶接のような溶接長さの短い溶接を行う場合には，溶接部が急熱・急冷されて硬化し，拡散性水素量および拘束の程度によっては溶接割れが生じるおそれがある．この傾向は，板厚が厚くなるほど，また，合金成分の含有量が多い高張力鋼になるほど顕著である．したがって，被覆アーク溶接で組立て溶接を施工する場合には，低水素系の溶接棒を使用することが望ましい．また，ガスシールドアーク溶接は，被覆アーク溶接に比べて，組立て溶接の割れ対策に有効である．

柱梁接合部に鋼製エンドタブを用いた実験において，エンドタブを切断せず残した場合に，図5.5.5に示す梁フランジとエンドタブにより形成されるスリットの底のひずみ集中点を起点として溶接部が破断する例が報告されている．実験における破断例[1]を写真5.5.1に示す．

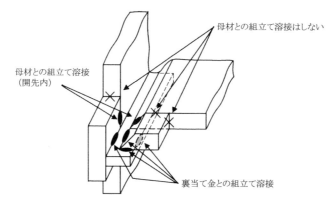

図 5.5.4 柱梁接合部におけるエンドタブの組立て溶接の施工例

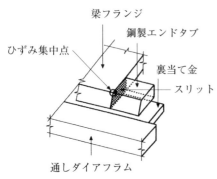

図 5.5.5 鋼製エンドタブを切断せず残した場合のひずみ集中点

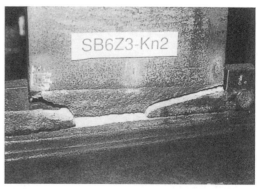

写真 5.5.1 鋼製エンドタブと梁フランジにより形成されるスリット底を起点とする溶接部破断の例

既往の研究成果をまとめた文献2)では，鋼製エンドタブを用いた場合の溶接部の破断について，以下のことを指摘している．

① 鋼製エンドタブを切断せず残した場合で比較的塑性変形能力の小さいものは，梁材の鋼種が490 N/mm^{2}級鋼以上の場合であり，400 N/mm^{2}級鋼の場合では溶接部破断の発生率が低いとともに，破断する場合でも比較的大きい塑性変形能力を示す．これは，実験では梁材が400 N/mm^{2}級鋼の場合にはオーバーマッチングとなるワイヤ（YGW11）が用いられ，490 N/mm^{2}級鋼および590 N/mm^{2}級鋼の場合には同等強度のワイヤ（YGW11および旧YGW21またはG59J）が用いられていたことが影響している．特に490 N/mm^{2}級鋼とYGW11の組合せで最終層まで1層1パス溶接で施工された実験例では，塑性変形能力が小さい試験体がある．梁材490 N/mm^{2}級鋼に対してオーバーマッチングとなるワイヤ（YGW18）を使用すると，YGW11の場合よりも延性亀裂の発生時期および破断時期を遅らせる効果があるという実験例が報告されている[3]．

② 鋼製エンドタブを切断せず残した場合では，柱の断面形状が破壊モードおよび梁の塑性変形能力に影響を及ぼしている．柱がH形断面柱の場合では，角形鋼管柱の場合に比べて，スリット底を起点とする溶接部破断の発生率は低く，破断する場合でも比較的大きい塑性変形能力を示す．これは，梁端接合部における梁ウェブの曲げモーメント伝達効率が影響しているためである．すなわち，角形鋼管柱では，接合部フランジ（スキンプレート）の面外曲げ変形に起因して梁ウェブの曲げモーメント伝達効率が低下し，その代償として梁フランジの応力が増大し，破断時期を早めている．この影響により，角形鋼管柱の幅厚比が大きいほど，また，梁の曲げ耐力に占める梁ウェブの曲げ耐力の割合が大きいほど，溶接部の破断時期は早められることになる．

③ 鋼製エンドタブを図5.5.6のように大きくアール状に切断する効果は少ないという実験例が報告されている[4]．

④ 鋼製エンドタブを図5.5.7のように梁フランジの側面から数ミリメートル残して直線状に切断しグラインダにより仕上げることは，スリット底のひずみ集中を緩和する効果があり，延性亀裂の発生時期および破断時期を遅らせることができる．

以上のように鋼製エンドタブを用いた場合の溶接部の破断には，形状的なもの以外に梁材と溶接材料の組合せ，溶接条件および柱の断面形状などが複雑に影響を与えている．

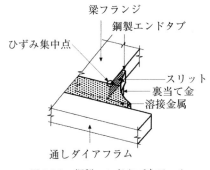

図 5.5.6　鋼製エンドタブをアール状に切断した場合

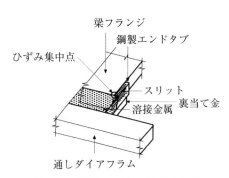

図 5.5.7　鋼製エンドタブを数ミリ残して直線状に切断した場合

スカラップの場合と同様にどのような溶接部ディテールを採用するのかは，建築鉄骨の耐震安全性にとって非常に重要な問題であり，設計者が判断すべき事柄である．したがって，鋼製エンドタブの切断の要否および切断要領については，JASS 6 では特記事項とした．なお，切断することがきわめて望ましい場合として，以下の3つの条件を同時に満足する接合部が挙げられる．

① 大地震に塑性ヒンジを形成し，大きい塑性変形能力が要求される梁端の接合部．
② 梁材 490 N/mm^2 級鋼とワイヤ YGW11 の組合せで溶接施工される接合部．
③ 柱材に幅厚比 25 以上の角形鋼管が用いられている接合部．

なお，以下の条件のいずれかに該当する接合部では，鋼製エンドタブを切断する必要はない．

① 終局状態において塑性ヒンジを形成しない梁端接合部．
② 梁材が 400 N/mm^2 級鋼の接合部．
③ 柱材に H 形断面柱が用いられている接合部．

鋼製エンドタブの切断は，図 5.5.8 に示すように，ガス切断により荒切りした後，グラインダで仕上げる．

なお，鋼製エンドタブを切断せず残す場合では，表面層を多パスにすることにより，スリット底の延性亀裂発生時期を遅らせることができるという報告があるので，使用鋼種および使用ワイヤによらず，梁フランジ厚が 16 mm 以上の場合では，表面層を多パスで仕上げることが望ましい．

b. 固形エンドタブ

鋼製エンドタブに代わり，フラックスやセラミックスなどを焼結した固形エンドタブを用いる例が増加している．図 5.5.9 に固形エンドタブ工法の施工例を示す．固形エンドタブの役割は前述の鋼製エンドタブとは全く異なり，始終端における溶接金属のたれ落ちを防止するとともに，溶接ビードを折り返すための一種の堰板の役割を果たしている．

溶接技能者は，該当する溶接方法，板厚および溶接姿勢に応じた JIS Z 3841 の溶接技量検定試験に合格した有資格者で，固形エンドタブ工法のための溶接技能者技量付加試験等により，工事監理者に承認されたものとする．

固形エンドタブ工法の留意点を以下に挙げる．

① 固形エンドタブの材質は溶接熱により溶接金属内に入り込むなどして，継手性能を低下させることがないものとする．
② 裏当て金は，溶接の始終端部における溶接金属の溶落ちを防止する目的で母材端より 10 mm

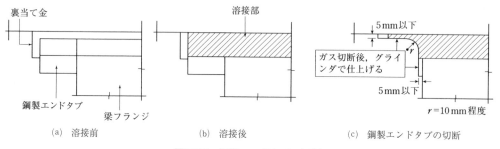

図 5.5.8 鋼製エンドタブの切断

程度長いものを使用すること．

③ 固形エンドタブは，鋼線，マグネット治具などにより母材と密着するようしっかりと固定すること．

④ 初層の溶接始終端部に十分な溶込みを確保すること．図5.5.10に示すように溶接始端から15〜20 mm内側に入ったところでアークを発生させ，端部方向にスタートし，バックステップ溶接を行う方法もある．

⑤ 溶接完了後は，固形エンドタブを完全に除去し，溶接部端面のビードの不整・有害な欠陥の有無を確認する．

固形エンドタブの標準形状を表5.5.1に，溶接線の長さによる適用範囲の目安を表5.5.2に示す．なお，一溶接線の長さが50 mm（板厚が19〜40 mmの場合では100 mm）以上の箇所であっても，母材内で溶接の適切な始終端処理を行うことが困難な場合では，鋼製エンドタブ工法を適用する．

柱梁接合部の梁端フランジに固形エンドタブを用いた場合，鋼製エンドタブを切断せず残した場合に比べてひずみ集中の観点からは有利である．既往の研究成果をまとめた文献2）では，L形エ

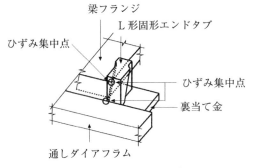

図 5.5.9　固形エンドタブの施工例

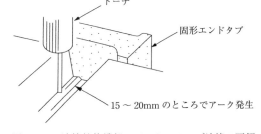

図 5.5.10　溶接始終端部のバックステップ溶接の要領

表 5.5.1　固形エンドタブの標準形状および適用継手区分

呼び名	形　状	使用継手区分
V 形		裏当て金付き完全溶込みT継手（板幅同一）
L 形（F 形）		裏当て金付き完全溶込みT継手（板幅異なる）
I 形		裏当て金付きまたは裏当て金なし突合せ継手（板幅同一）
ST 形		裏当て金付き突合せ継手（板幅同一）

標準固形エンドタブ高さ $h \geq t + \dfrac{t}{4} + 7$ (mm)，t：板厚

表 5.5.2　固形エンドタブの適用板厚範囲の目安

（単位：mm）

適用板厚	一溶接線の長さ
9〜16	50 以上
19〜40	100 以上

ンドタブを用いた場合は，溶接部からの破断が生じにくく，梁の塑性変形能力を向上させる効果のあることが報告されている．

また，最近では溶接端部がテーパ状に仕上がるようにエンドタブ形状を改善し，変形性能を向上させた固形エンドタブも開発されている[5),6)]ので，溶接施工，力学性能に問題がないことを確認した上で使用してもよい．

しかし，固形エンドタブ工法の原理から考えて，鋼製エンドタブ工法に比べて始終端に内部欠陥が発生しやすくなる．図 5.5.11 は，固形エンドタブ工法の技量付加試験における欠陥の分布状況に関する統計例[7)]であり，放射線透過試験によって得られた結果で，網かけ部分は溶接技能者検定試験で不合格と判定される欠陥の発生率を，白抜き部分は許容欠陥と判定される欠陥の発生率を示している．一方，梁端フランジの溶接接合部のひずみ分布は，図 5.5.12 に示すように溶接始終端位置に集中する．このように，過酷な状態に置かれる柱梁溶接接合部の中でも，特に破壊の起点となるひずみ集中点と欠陥位置が一致することが問題となる．

固形エンドタブを用いる場合は，タブ近傍に写真 5.5.2 に示すようなスラグの巻き込みや溶込不良などの欠陥が発生しやすく，健全な溶接部とするには，溶接技能者に対して固形エンドタブ特有の技量が要求される．したがって，固形エンドタブ工法は，溶接技能者の技量を確認した上で使用する必要がある．技量付加試験の例が付 10 に記載されているので，参考とされたい．

c．その他のエンドタブ省略工法

鋼製エンドタブ工法および固形エンドタブ工法以外に，端部ガウジングによる方法などのエンドタブ省略工法がある．

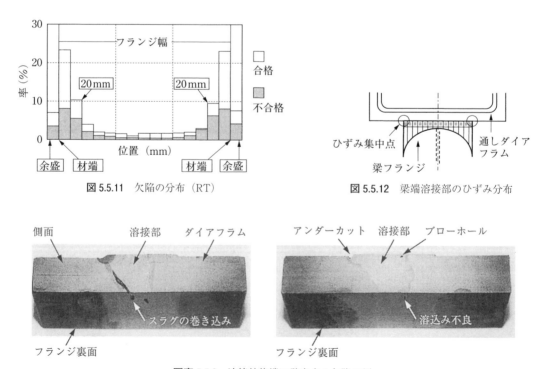

図 5.5.11 欠陥の分布（RT）

図 5.5.12 梁端溶接部のひずみ分布

写真 5.5.2 溶接始終端に発生する欠陥の例

参考文献
1) 日本建築学会近畿支部鉄骨構造部会：通しダイアフラム形式で角形鋼管柱に接合されるH形鋼梁の塑性変形能力に関する実大実験，1997.7
2) 日本建築学会材料施工委員会鉄骨工事運営委員会：鉄骨工事（JASS 6）運営委員会・調査研究成果報告会資料集3．スカラップWG，日本建築学会，2000.11
3) 井口智晴，田渕基嗣，田中 剛：断面形状の異なる柱に鋼製エンドタブを用いて溶接接合された梁の塑性変形能力，日本鋼構造協会鋼構造論文集，第12巻，第48号，pp.39-54，2005.12
4) 田渕基嗣，田中 剛，井口智晴：角形鋼管柱に溶接接合されるH形断面梁の塑性変形能力に与えるエンドタブの影響，日本鋼構造協会鋼構造論文集，第9巻，第35号，pp.1-16，2002.9
5) 原 章，中込忠男，山田丈富，的場 耕，村松亮介：形状の異なる固形エンドタブを用いた突き合わせ溶接継手の引張試験，その1～その2，日本建築学会大会学術講演梗概集，pp.77-80，2012.9
6) 佐藤勇介，田中 剛，上田 遼，萩野 毅，大村修太朗：改良型固形エンドタブを用いて角形鋼管に現場溶接接合された梁の塑性変形能力その1～その4，日本建築学会大会学術講演梗概集，pp.83-86，2012.9
7) 石井 匠，岡本晴仁，石原莞爾，向井昭義，中込忠男，森田耕次：固形エンドタブを用いた溶接部の内部欠陥の特徴，日本建築学会大会学術講演梗概集，pp.755-756，2001.9

5.5.6 板厚の異なる突合せ継手

板厚の異なる突合せ継手の溶接部の形状を，応力の伝達に配慮し，JASS 6では以下の3種類に定めた．

（1）クレーンガーダのように低応力高サイクル疲労を受ける突合せ継手では，図5.5.13(a)のように厚い方の材を1/2.5以下の傾斜に加工し，開先部分で薄い方と同一の高さにする．

（2）上記以外で板厚差による段違いeが薄い方の板厚の1/4を超える場合あるいは10 mmを超える場合は，図5.5.13(b)のようにT継手に準じた高さの余盛を設ける．

（3）板厚差による段違いeが薄い方の板厚の1/4以下かつ10 mm以下の場合は，図5.5.13(c)のように溶接表面が薄い方の材から厚い方の材へなめらかに移行するように溶接する．

（1）は，疲労を考慮する必要のある部材の場合であり，勾配を1/2.5以下として応力がなめらかに伝達されるように配慮したものである．（2），（3）は特に疲労を考慮する必要がない場合であり，溶接する部分の段差に応じて2種類とした．すなわち，板厚差により生じる板表面の段差が薄い方の板厚の1/4を超える場合あるいは10 mmを超える場合は，T継手に近い形状であるので，（2）のようにT継手としての余盛を設け，それ以外の場合は（3）のようになめらかに溶接を行う．なお，T継手の余盛高さにはJASS 6 付則6「鉄骨精度検査基準」に許容差が設けられているので，（2）に該当する場合でもその許容差内であれば（3）の形状とすることができる．（2），（3）の場合は，なめらかな溶接を行うか，T継手としての余盛を設けるかのいずれかであり，不適

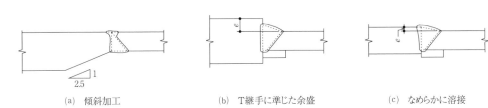

(a) 傾斜加工　　(b) T継手に準じた余盛　　(c) なめらかに溶接

図5.5.13　板厚が異なる突合せ継手

切な溶接によって角落ちが多く生じるなど溶接外観不良とならないように注意する必要がある．

5.5.7 裏はつり

両面から溶接する場合，裏側の初層を溶接する前に裏はつりを行うことが原則である．一般に表面の初層の溶接は冷却速度が速く，割れ，溶込不良，スラグ巻込みなどの欠陥が生じやすい．このため，裏はつりにより表面初層の欠陥部分を除去することが必要である．ただし，サブマージアーク溶接法において，裏側の初層の溶込みが十分であることが施工試験や非破壊検査により確認された場合には，裏はつりを省略できる．

5.5.8 裏当て金

裏当て金は原則として母材の鋼種と同等のものを使用する．490 N/mm^2 級を超える高強度鋼を溶接する場合，母材と同強度の裏当て金が入手できない状況がある．やむを得ず母材よりも強度の低い鋼材を裏当て金に使用する場合は，強度が低い裏当て金により溶着金属が希釈されることになるため，機械的性質の確認が必要である．母材が 550 N/mm^2 級鋼，590 N/mm^2 級鋼ならびに 780 N/mm^2 級鋼のガスシールドアーク溶接において，母材と同強度の裏当て金を用いた場合と SN 490 B の裏当て金を用いた場合では，溶接金属の機械的性質に差がないことが報告されている[1)-3)]．また，母材が 590 N/mm^2 級鋼のエレクトロスラグ溶接，サブマージアーク溶接において，当て金や裏当て金に SN 490 B を用いても所定の機械的性質に確保されていることが確認されている[1)]．このように実験で確認した範囲では，工事監理者の承認を得た上で，母材よりも低い強度の裏当て金を用いてもよい．裏当て金には，溶接時に溶落ちが生じない板厚のものを使用する必要があるが，ガスシールドアーク溶接の場合には，一般には板厚 9 mm のものが用いられている．

裏当て金を使用する場合，健全なルート部の溶込みが得られるように，適切なルート間隔をとり，裏当て金を密着させる．裏当て金の密着が不十分であったり，ルート間隔が狭すぎたりすると，ルート部の溶込不良やスラグ巻込みなどの溶接欠陥を生じやすい．裏当て金の取付け位置は，接合される部材の外側に付けないことを原則とする．現場溶接や斜めに部材が接合される場合など，部材の外側に裏当て金を取り付ける必要があるときは，初層の溶接が健全に行われるように，開先形状，溶接姿勢などに十分な配慮が必要である．

裏当て金の断面形状は，原則として矩形で面取りのないものを使用する．テーパ付きの裏当て金を使用する場合は，ルート部に溶込不良が生じないように注意する．

鋼製の裏当て金を使用せずにセラミックス等の裏当て材を使用して裏波溶接を行う工法がある．初層の溶接欠陥を防止するために適切な開先精度を確保するとともに，溶接材料，予熱，溶接条件を十分に検討して施工する必要がある．特にルート間隔，食違いなどは溶接欠陥の原因となりやすいので，十分な注意が必要である．

参 考 文 献

1) 新井　聡, 小林光博, 鈴木孝彦, 栗山良平：裏当て金の材質が溶接部の性能に及ぼす影響について　その1, その2, 日本建築学会大会学術講演梗概集, pp.1001-1004, 2014.9
2) 大森貴之, 中込忠男, 見波　進, 山根正寛, 山下裕輔, 西澤　淳：完全溶込み溶接における裏当て金鋼材の影響　その1, その2, 日本建築学会大会学術講演梗概集, pp.1005-1008, 2014.9
3) 板谷俊臣, 見波　進, 中込忠男, 的場　耕, 笠原基弘：完全溶込み溶接における裏当て金鋼材の影響　その3, 日本建築学会大会学術講演梗概集, pp.1025-1026, 2015.9

5.6　隅肉溶接

5.6.1　一　　般

　隅肉溶接は，せん断力で応力を伝達するものであり，溶接線方向と荷重のかかる方向の関係から図 5.6.1 に示すように，前面隅肉溶接・側面隅肉溶接・斜方隅肉溶接に分類される．また，その継手は，部材の形状に応じて，図 5.6.2 に示すように，T継手・重ね継手・十字継手の3種類に大別される．

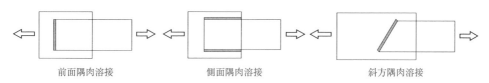

図 5.6.1　応力伝達形式による隅肉溶接の分類

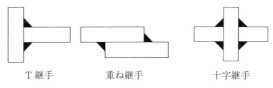

図 5.6.2　隅肉溶接の継手

5.6.2　サイズ・余盛高さの許容差

　隅肉溶接のサイズ（S）の許容差（ΔS）および余盛の高さの許容差（Δa）は，JASS 6 付則6によれば，管理許容差として，$0 \leq \Delta S \leq 0.5\,S$ かつ $\Delta S \leq 5\,\mathrm{mm}$，$0 \leq \Delta a \leq 0.4\,S$ かつ $\Delta a \leq 4\,\mathrm{mm}$，限界許容差として，$0 \leq \Delta S \leq 0.8\,S$ かつ $\Delta S \leq 8\,\mathrm{mm}$，$0 \leq \Delta a \leq 0.6\,S$ かつ $\Delta a \leq 6\,\mathrm{mm}$ となっている．溶接全長にわたって，上記の管理許容差を超えるサイズおよび余盛の過多がないことを目標に溶接を行う．上記の限界許容差を超えた場合には，不適合品として補修することになる．このときの応力の流れが円滑になるように，溶接ビード（軸方向と直角に切った断面）の形状が，平らまたは若干のへこみとなるような修正をする．

　アンダーカットの許容差（e）については，前面隅肉溶接では管理許容差は $e \leq 0.3\,\mathrm{mm}$，限界許容

差は $e≦0.5$ mm,側面隅肉溶接では管理許容差は $e≦0.5$ mm,限界許容差は $e≦0.8$ mm と規定されている.ただし,規定値を超え 0.7 mm(限界許容差では 1.0 mm)以下の場合,溶接長 30 cm あたり総長さ 30 mm 以下,かつ 1 箇所の長さ 3 mm(限界許容差では 5 mm)以下は許容するものとしている.アンダーカットの補修に際しては,本溶接と同様の条件により予熱管理することになるが,補修溶接の長さが短く冷却速度が大きく,拘束が大きいと判断される場合には,5.4.6「予熱」を参照し,十分に予熱管理を行う必要がある.また,それ以外の場合でも 590 N/mm^2 以上の高張力鋼では,本溶接の予熱温度より高くする必要がある.

また,ビード表面の不整およびピットに対する許容差についても規定されており,ビード表面の不整に関しては,ビードとビードの重ねのすき間がノッチ状とならないよう,ビードの配置および運棒法に留意して溶接する.径の大きなピットが生じた場合は,これを補修するとともに,その原因を究明して再発を防止する.

5.6.3 部材の密着

隅肉溶接における材片の密着は,平面部分では比較的容易に確保されるが,素材に曲げ加工部分が存在する場合などでは不良となりやすい.密着不良部のすき間 (e) については,管理許容差は $e≦2$ mm,限界許容差は $e≦3$ mm,ただし e が 2 mm を超える場合は,サイズを e だけ増加させることになる.

5.6.4 溶接長さ

溶接長さとは設計図書に表示されるもので,連続する溶接線の始終端距離である.なお,この溶接長さから始終端それぞれで隅肉サイズを控除した長さを有効長さといい,構造計算に用いるものである.

有効長さとして実際の溶接長さから両端の隅肉サイズを控除する理由は,溶接の始終端に発生する不完全部分やクレータ部分の大きさを考慮したことによる.

5.6.5 最小溶接長さ

隅肉溶接の長さが短く,母材の熱容量に比較して与える熱量が少ないと,溶接部が急冷されて割れを生じやすい.また応力の伝達が円滑に行われにくくなることもあるので,隅肉溶接の有効長さの最小値は,隅肉サイズの 10 倍以上でかつ 40 mm 以上になるよう本会編「鋼構造設計規準」に規定されている.

図 5.6.3 は,ビードオンプレートにおける溶接長さと冷却速度の関係の一例を示したものである.このように,溶接長さが 35 mm より短くなると,冷却速度が急激に大きくなることがわかる.また,クレータ部の冷却速度が中央部の約 2 倍となっていることから,溶接始端部でバックステップ,溶接終端部でクレータ処理を行うことは,溶接欠陥の防止のみならず,冷却速度の低下の観点からも望ましい.

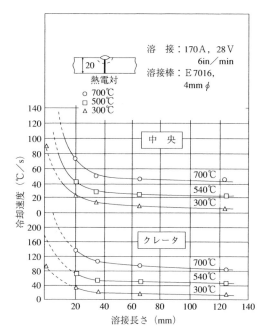

図 5.6.3 ビードの中央部とクレータの冷却速度に及ぼす溶接長さの影響

5.6.6 溶接始終端部の処理

隅肉溶接の場合も，完全溶込み溶接と同様に始終端部に欠陥を生じやすいので，十分に注意して溶接しなければならない．

側面隅肉溶接のせん断応力の分布は，溶接線方向に一様ではなく，中央部は平均せん断応力より小さく，両端部が大きい．この応力の大きい箇所に，さらに応力集中を助長するような始終端を置くのは適当でないので，回し溶接をする．この場合，材片の隅角部はアークを切ることなく隅肉溶接を連続することが望ましい．

隅角部の回し溶接の長さは，図5.6.4のように一般に隅肉のサイズの2倍かつ15mm以上とする．なお，リブプレートとフランジを溶接する場合などは，図5.6.5(a)のように，リブプレートの幅を10mm程度控えて，回し溶接を行うことが望ましい．同幅とする場合は回し溶接ができないので，図5.6.5(b)のように，角落ちを避けて端部から5～10mmの範囲を始終端としたほうがよい．

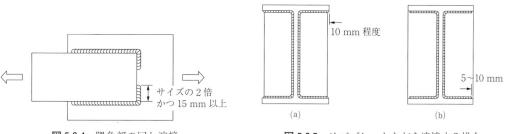

図 5.6.4 隅角部の回し溶接　　　　**図 5.6.5** リブプレートなどを溶接する場合

繰返し荷重を受ける側面隅肉溶接には，断続溶接を避け，回し溶接も全周とするなど，始終端の応力集中と欠陥が重ならないようにする．

5.6.7 脚長の大きな隅肉溶接

a． 一般には，大脚長の1パス隅肉溶接部については，

① 溶着金属の脆化
② アンダーカット，ピット，オーバーラップなどの溶接欠陥の発生
③ 母材に対する熱影響の増大
④ 不等脚

などが懸念されるので，1パスで行ってよい最大脚長の目安は表5.6.1に示すとおりとする．

ここで下向姿勢と水平姿勢との最大脚長を変えたのは，水平姿勢では上記の懸念のうち，特に②と④の傾向が顕著なためである．

表 5.6.1　隅肉溶接1パスの最大脚長

(単位：mm)

	下向姿勢	水平姿勢
被覆アーク溶接	9	7
ガスシールドアーク溶接およびセルフシールドアーク溶接	13	8
サブマージアーク溶接	14	8

b． T継手で強度上，大きな隅肉のサイズが必要な場合，サイズが大きいと入熱の増大により溶接ひずみが大きくなる．また，溶接量が多いなどの問題が生じる．このような場合は，本会編「鋼構造設計規準」において，接合しようとする母材間の角度が60°以上の場合隅肉溶接が適用できることを利用して，図5.6.6(b)または(c)に示すとおり，必要なのど厚を確保できるように突き合わせる母材に60°以上の開先をとって異形隅肉溶接を行うことにより，上記の問題点を緩和させることができる．施工上有利となる限界脚長は一律には決められないが，およそ14mm以上が目安といえよう．なお，図5.6.6中の枠囲みの数値は，(a)に示す隅肉溶接と同じのど厚を有する異形隅肉溶接の溶着金属の量の比を示す．また，開先深さは(b)で0.365S，(c)で0.41Sとなる．いずれにおいても両方の板を十分に溶け込ませること．特にルート部の溶込みに十分注意しなければなら

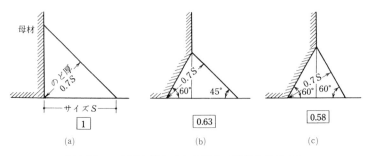

図 5.6.6　のど厚を等しくした場合の溶着金属量の比

ず，採用にあたっては，工事監理者の承認を受けなければならない．

なお，溶接組立 H 形断面材のフランジ−ウェブ溶接をサブマージアーク溶接で施工する場合は，ルート部に十分な溶込みが得られることを確認した上で，開先角度 50° で異形隅肉溶接に準じて設計することが提案されている．詳細は，5.16.5 項を参照されたい．

5.7 部分溶込み溶接

5.7.1 一　　般

（1）部分溶込み溶接とは，片面または両面から溶接され，のど厚が母材の板厚よりも小さい溶接をいう．しかし，溶込みが不完全であったり，欠陥のあるような溶接であってはならない．

（2）本会編「鋼構造設計規準」では，部分溶込み溶接はのど断面にほぼ均等に引張応力が作用する場合には使用できるが，図 5.7.1 に示すように片面溶接において，その継目のルート部に曲げまたは荷重の偏心による付加曲げによる引張応力が作用する箇所には使用してはならないこととしている．

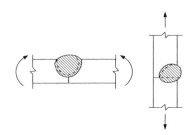

図 5.7.1　部分溶込み溶接を用いることができない場合

（3）部分溶込み溶接は，設計図書に指示されている場合に限り使用してもよい．しかし，溶接部の強度はのど厚によって決まるため，施工者が勝手な判断で施工してはならない．

（4）部分溶込み溶接の継手は，下図に示す突合せ継手・角継手・T 継手の 3 種類に大別される．突合せ継手〔図 5.7.2(a)〕は，柱部材どうしの継手に適用される．

角継手〔図 5.7.2(b)〕は，箱形断面部材のスキンプレートの角部に適用される．

T 継手〔図 5.7.2(c)〕は，次のような部位に適用される．

① 十字形断面柱および H 形断面柱とベースプレートの継手部〔図 5.7.3(a)〕．
② 梁通し形式の十字形断面柱および H 形断面柱のパネル部〔図 5.7.3(b)〕．
③ H 形断面の柱梁取合い部水平スチフナの柱ウェブとの継手部〔図 5.7.3(c)〕．
④ 部材が厚肉化して強度上大きな隅肉溶接が必要となり，おおむね脚長が 14 mm 以上となる場合の，ブレース材と柱，梁材取合い部のガセットプレートの継手部〔図 5.7.3(d)〕．
⑤ クレーンガーダに使用する大形 I 形断面梁の下フランジとウェブの継手部〔図 5.7.3(e)〕．

（5）部分溶込み溶接は，所定の溶込み（有効のど厚）を確保しなければならない．有効のど厚

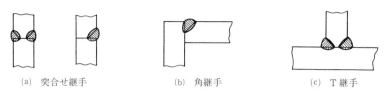

図 5.7.2 部分溶込み溶接継手の種類

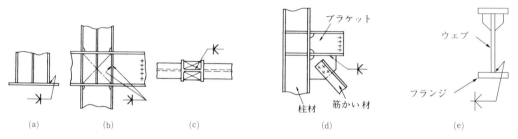

図 5.7.3 部分溶込み溶接のT継手における適用例

は $2\sqrt{t}$ 以上（t =板厚）とする．特に，開先ルート部の初層の溶接には十分に注意し，板厚・開先形状・溶接姿勢などに応じて，溶接棒または溶接ワイヤの種類・径および電流・電圧・速度・運棒法など適切なものを選定し，溶込みが不足しないよう，ていねいに施工する配慮が必要である．

5.7.2 開先形状と有効のど厚

部分溶込み溶接の開先形状でもっとも注意すべきことは，開先深さおよび開先角度の管理である．開先深さは有効のど厚を決める設計上の基本寸法であり，また，開先角度は溶接施工におけるルート部の溶込みを左右する重要な要素である．

一般に，溶込みが少ない被覆アーク溶接の場合は，使用する溶接棒の径，開先角度，溶接電流，溶接姿勢などによっても異なるが，ルート部の溶込みが得られにくく，不完全な溶接となりやすいので，十分注意する必要がある．本会編「鋼構造設計規準」では，開先がレ形・K形の場合は，溶込み不足となることを考慮して，有効のど厚を開先深さから 3 mm を差し引いた値としている．また，V形・X形・U形・J形などの場合は，開先深さを有効のど厚としてよい．

また，被覆アーク溶接より溶込みが深いガスシールドアーク溶接およびサブマージアーク溶接では，ルート部に十分な溶込みが得られるので有効のど厚は，開先深さとしてよい．

このように有効のど厚は開先深さを基に決められるのが一般的であるが，溶接方法，開先形状にかかわらず，開先深さ以上に一定の溶込み量が安定的に得られ，その溶込み量も含めてのど厚が確認できる場合には，これを有効のど厚としてもよい．

5.7.3 余　　盛

部分溶込み溶接の余盛は，応力集中を避けるために過度の余盛をせず，母材表面からなめらかに連続する形状とする．余盛高さは，JASS 6 付則 6 に従う．

5.8 その他の溶接

5.8.1 隅肉孔溶接・隅肉溝溶接

隅肉孔溶接および隅肉溝溶接は,重ね継手のせん断応力の伝達,重ね部分の座屈または分離の防止,および組立て材の集結に用いられる.

隅肉溶接のルート部の溶接を完全なものとするために,本会編「鋼構造設計規準」では,孔の直径または溝の最小幅はのど厚の3倍以上,かつ板厚の1.5倍以上としている.また,これらの溶接が並列する場合の内縁間距離は,板厚の1.5倍以上としている.

なお,これらの溶接の鉄塔などでの適用例を図5.8.1に示す.

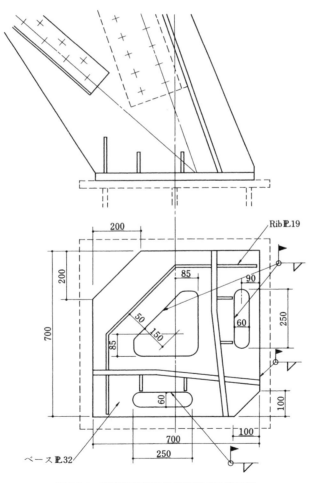

図 5.8.1　隅肉溝溶接の鉄塔柱脚での適用例

5.8.2 プラグ溶接・スロット溶接

プラグ溶接・スロット溶接は,前項の隅肉孔溶接・隅肉溝溶接と同様の目的に使用されるが,孔

または溝の充填溶接を伴う点が異なる．したがって，隅肉孔溶接・隅肉溝溶接に比較して溶着量が大となり，溶接部の健全さ，溶接熱の母材に対する影響などを十分考慮する必要がある．諸寸法については本会編「鋼構造設計規準」に規定がある．

5.8.3 フレア溶接

フレア溶接は丸鋼と丸鋼，丸鋼と板，または軽量形鋼の接合に用いられる．フレア溶接の形状の種類を図 5.8.2 に示す．

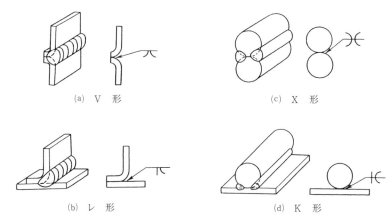

図 5.8.2 フレア溶接の形状の種類

フレア溶接では，ルート部の溶込みが困難であり，かつ欠陥が発生する場合が多いので，注意を要する．これらの継手のルート部に対する溶接棒またはワイヤ先端の突込み具合は，太径丸鋼のほうが悪く，それだけルート部の不溶着部が大きくなり，溶接継手として不完全なものになりやすい．したがって，使用溶接棒またはワイヤを適切に選定しなければならない．薄板の溶接において，組み立てられた部材の一部分の溶接部に割れが生じた場合は，削除することが不可能に近いので，耐高温割れ性能が高い材料や溶接条件を選定し，溶接割れを発生させないようにしなければならない．なお，鉄筋コンクリート用棒鋼などには炭素当量がきわめて大きく溶接性の悪い材料もあるので，棒鋼そのものの化学成分を事前に検討することを忘れてはならない．

5.9 被覆アーク溶接法（アーク手溶接法）

5.9.1 一　　般

被覆アーク溶接は，被覆剤を塗布した溶接棒と被溶接物との間に電圧をかけ，その間ぎきに発生したアークの熱を利用して溶接を行う方法で，溶接棒の送りとホルダの移動を，アークを見ながら溶接技能者が手動で行うものである．この方法は，設備費も安く手軽にできるが，溶接技能者の技量に依存する程度がきわめて高く，一般に他の溶接法と比較すると能率が悪い．

わが国で被覆アーク溶接棒を使って溶接が初めて行われたのは，1915年（大正4年）といわれているが，建築鉄骨の接合に溶接工法が導入されたのは，1932年（昭和7年）の法規の一部改正（市街地建築物法の一部緩和）が行われたときからであり，アーク溶接が正式に認められたのは，昭和25年に市街地建築物法が廃止され，新たに建築基準法が制定されたときである．昭和27年には，本会で法規の細部を補うため，溶接基準が発表され，今日の溶接継手普及の基盤となった．

被覆アーク溶接は，小回りの利く作業や特殊な技巧を発揮することはできるが，人力に頼るために溶接作業の持続性に限界があり，能率的にも劣るため，最近は溶接の半自動化・自動化による高能率溶接法が発達し，被覆アーク溶接の使用比率はかなり低下してきており，現在では主に組立て溶接，補修溶接等に用いられている．

被覆アーク溶接は，図5.9.1のように被覆剤および心線の溶融により生じるガスおよびスラグで溶接部を大気から保護しつつ溶接する方法である．したがって，被覆アーク溶接棒はこの保護する方式によって，ガス発生式とスラグ生成式に分類することもある．また，使用電流の種類によって交流用溶接棒と直流用溶接棒に分けられるが，わが国では交直両用で使用できるものが多い．

被覆アーク溶接を有効に活用するには，溶接技能者の技量が優秀であることはもちろん，被覆アーク溶接棒の特性を正確に把握し，用途に応じた溶接棒を使用することが大切である．

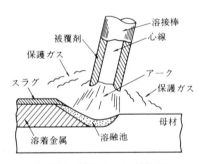

図 5.9.1 被覆アーク溶接略図

5.9.2 溶接計画

溶接の計画にあたっては，次の各項に留意しなければならない．

（1） 溶接作業はなるべく下向で行う．

被覆アーク溶接棒による溶接は，溶接技能者の技量が優秀であれば，下向・横向・立向および上向の各姿勢のいずれの場合でも適用できるが，下向姿勢による溶接が，作業能率も良く，良好な溶込みが得られるため，品質確保の面でもっとも優れている．

（2） 各姿勢の溶接は，それぞれの姿勢に応じた適正な溶接条件で作業する．

溶接条件の因子には，溶接電流・運棒操作・溶接速度などがある．電流は溶接棒の被覆剤の系統，棒径によって違いがあるので，カタログや梱包箱などにより確認して適正電流範囲内で使用する必要がある．一般に，下向溶接は高めの電流を使用し，立向および上向では下向溶接の20～30％減の比較的低めの電流値とする．電流が不適正の場合は，表5.9.1に示す現象を生じやすい．また，被覆

表5.9.1　溶接電流が溶接結果に及ぼす影響

高すぎる場合	低すぎる場合
①アンダーカットができやすい ②溶込みが過大になる ③スパッタが多くなる ④スラグのかぶりが悪くなりビード外観が荒れる ⑤溶接棒が赤熱する ⑥溶接棒の溶融速度が速くなる ⑦溶接部が過熱されもろくなる ⑧割れ・ブローホールを発生しやすい ⑨溶接中フラックスの脱落が起こる	①オーバーラップができやすい ②溶込み不足となる ③スラグ巻込みを生じやすい ④ビード幅がせまくなり盛り上がる ⑤溶接棒の溶融速度が遅い

アーク溶接の場合，アーク長・溶接速度は作業者自身の熟練度に依存するだけに，十分な教育・管理が必要となる．

（3）　使用する被覆アーク溶接棒は，原則としてJIS規格適合品とし，鋼種・板厚・継手形式などに適合したものを選定する．

一般に鉄骨用としては，軟鋼用，高張力鋼用，低温用鋼用および耐候性鋼用のJIS規格があり，溶接金属の引張強さ，被覆剤の系統などによりさらに細かく区分されている．被覆剤の種類により，溶接性・作業性・溶接能率などがかなり異なるため，その特性をよく調べ，その溶接接合部に最も適したものを選定する．鉄骨の溶接に主に使用される軟鋼用溶接棒規格の性能面から見た選び方を表5.9.2に示す．また，参考までに鋼材との組合せで通常使用される溶接棒規格を表5.9.3に示す．

板厚が25 mmを超えるものや高張力鋼の中・厚板溶接においては，特に溶接割れ（低温割れ）に注意を要するため，水素含有量の少ない耐割れ性の優れている低水素系溶接棒を使用する．

5.9.3　溶接機器

被覆アーク溶接に用いられる溶接機は，図5.9.2に示すように溶接電源と溶接棒ホルダにより構成される．溶接電源は，垂下特性の交流および直流溶接電源があるが，現在ではほとんど交流電源が用いられている．また，交流溶接電源の付属装置として，電撃防止装置および遠隔制御装置（リモコン）がある．

5.9.4　溶接施工

a．溶接準備

溶接準備は，とかく一般に軽視されがちであるが，本当は溶接施工の中でもっとも大切な工程であり，製品のできばえは溶接材料（母材と溶接棒）の良否・溶接技能者の技量，溶接治具の適切な使用法，開先加工と清掃および組立てと組立て溶接の巧拙などによって大きく影響される．

（1）　溶接は回転治具などの適切な治具を使用して，なるべく下向で行う．

下向姿勢は溶接の基本姿勢の一つであり，被覆アーク溶接では作業性の容易さと溶接技能者の熟練度を他の姿勢と比べると，品質を確保する上で最も優れている姿勢である．下向では大電流が使用でき，溶着速度も大きく，作業時間も短縮できるので，治具などに多少の費用をかけても下向で

表 5.9.2 溶接性・作業性・能率性からみた軟鋼用溶接棒の選び方

性能比較因子			E 4319	E 4303	E 4316
溶接性	耐割れ性		○	○	◎
	耐ブローホール性		◎	○	◎*
	耐ピット性		◎	◎	◎
	延性		○	◎	◎
	靱性		○	◎	◎
作業性	作業の難易	下向 薄板 ($t \leq 6$ mm)	⊕	◎	△
		下向 中板 ($t > 6$ mm)	◎	◎	○
		下向 厚板 ($t > 25$ mm)	○	◎	△
		水平隅肉 1層	○	◎	○
		水平隅肉 多層	◎	◎	○
		立向 上進	◎	◎	○
		立向 下進	—	—	—
		上向	○	○	◎
	ビード外観	下向	◎	◎	○
		水平隅肉（1層）	○	◎	△
		立向	◎	◎	◎
		上向	○	◎	◎
	アークの安定性		◎	◎	⊕
	溶込み		○	○	○
	スパッタ		○	○	◎
	スラグの剥離性		○	○	◎**
	アンダーカット		○	◎	◎
能率性	溶着速度		○	⊕	△
	ビードの伸び		○	◎	△

[注] ◎：非常に優れている　◎：優れている
　　 ○：少し優れている　⊕：普通
　　 △：少し劣る　　　　—：できない
　　 ＊：ビード始端のブローホールを除く
　　＊＊：開先内1層目を除く

行ったほうが経済的にも有利な場合が多い．

下向姿勢で溶接を行うためには，構造物を設計する時点から考慮するとともに，各種の回転治具，ポジショナなどを多用することが必要である〔5.4.3 項参照〕．

（2） 溶接棒はつねに低湿度の場所に保管し，乾燥庫で乾燥した溶接棒を使用する．

割れ・ブローホール・ピットを防ぐため，溶接棒はつねに乾燥した状態で使用することが必要である．

その乾燥温度は，表 5.4.1 に示すように被覆剤の種類に応じて定められているが，特に低水素系溶接棒は溶接金属中の水素含有量の低いことが特徴なので，乾燥温度についてはいっそうの注意が必要である．溶接棒は，ヒータや赤外線などで防湿設備を施した溶接棒専用の保管室に保管することが望ましく，さらに温度調整のできる乾燥装置を保有し，規定の乾燥温度で乾燥した後に出庫することが必要である．また，出庫後も携帯用乾燥器を使用するなど吸湿に十分注意を払い，半日分の作業量に見合って出庫量を決めるなどの方法を採用することが望ましい．

（3） 溶接開先面およびその近傍の水分・スラグ・さび・塗料，はがれやすいスケール，その他

表 5.9.3 各鋼材に通常使用される溶接棒規格

鋼　材	溶接棒規格
SN 400 B, C SS 400 SM 400 A, B, C	E 4319, E 4303, E 4316
SN 400 B-FR SN 400 C-FR SM 400 B-FR SM 400 C-FR	E 4316-G
SN 490 B, C SM 490 A, B, C	E 4903, E 4916
SN 490 B-FR SN 490 C-FR SM 490 B-FR SM 490 C-FR	E 4916-G
SM 490 YA, B	E 4916
SM 520 B, C	E 5716
SM 570 SA 440 B, C	E 6216
SMA 400 SMA 490	DA 5001[1], DA 5003[1], DA 5016
SMA 570	DA 5816

［注］　1）薄板溶接に限定される．

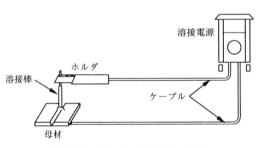

図 5.9.2　被覆アーク溶接機の構成

溶接作業の支障となるものは，溶接前に十分除去する．また，溶接を中断した場合に生じるクレータ表面のスラグも，溶接を開始する前に十分除去する〔5.4.4 項参照〕．

（4）　開先形状および溶接部の仕上り寸法などを測定する適当なゲージ，溶接作業中の溶接電流を測定する電流計を準備する．

　良好な溶接部を得るために開先の加工精度・組立て精度を確保し，実際の溶接作業にあたっては，適切な溶接条件で施工することが最も大切である．したがって，これらの点を確認するための計器を前もって準備しておくことが必要である．

（5）　被覆アーク溶接で使用するアーク溶接機は，遠隔制御装置を備えることを原則とし，特に現場溶接のように高所で作業する場合は，溶接作業者が電源に戻らなくても，電流の調整ができるものとする．

被覆アーク溶接では，使用溶接棒径がいろいろ変わり，また棒径が同じでも溶接姿勢により使用溶接電流が異なるから，その変化に応じてこまめに電流を調整することが必要であり，これには遠隔制御方式を採用するのが便利である．

b．溶接作業

（1） 溶接作業に応じた適正な溶接棒の種類と径，電流・電圧および速度を選定し，欠陥の生じないように溶接する．

使用する溶接棒は，母材の種類・寸法・開先形状・溶接姿勢・完全溶込み溶接および隅肉溶接の別，その他の諸施工条件に適した溶接棒の種類および径を選定し，使用しなければならない．

被覆アーク溶接の場合，完全溶込み溶接には低水素系または母材の種類に応じてイルミナイト系，隅肉溶接にはイルミナイト系・ライムチタニヤ系が多く使用されている．なお，低水素系溶接棒の場合には，アークがやや不安定で，アークスタートや再アーク性が悪いので，ビード始端や継ぎ目に割れやピット・ブローホールの欠陥が発生しやすいため，アークが発生したら溶接線方向と逆方向に戻す操作，いわゆるバックステップ法を用いることが望ましい．

（2） 使用する溶接棒の最大径は，第1層目$\phi 5$ mm以下，第2層目以上は$\phi 6$ mm以下とする．

被覆アーク溶接では，第1層目から太径棒を使用すると，ルート部での溶込みに問題を生じやすいため，第1層目の溶接には直径$\phi 5$ mm以下の溶接棒を使用し，完全なルート部の溶込みを確保する．ただし，板厚・ルート間隔・開先形状などにより，場合によっては$\phi 4$ mm以下の棒を使う必要もある．第2層目以上は，作業能率を考慮して$\phi 6$ mm以下の溶接棒を使用してもよいが，下向姿勢以外では，第2層目以上でも$\phi 5$ mm以下の溶接棒が望ましい．市販溶接棒は，最小$\phi 1.6$ mmから$\phi 8$ mmまであるが，溶接棒の溶融速度は溶接棒径にはあまり関係せず，溶接電流に比例するから，溶接能率を上げるためには，欠陥を生じない範囲で，高電流高速度を用いることがよい．しかし，被覆アーク溶接では$\phi 7$ mm以上の太径棒となると使用電流も高くなり，長時間使用することは技術的にも難しく欠陥も発生しやすい．また，溶接ケーブルも熱により焼損しやすくなるので，第2層目以上でも$\phi 6$ mm以下としたい．ただし，$\phi 3.2$ mm未満の細径棒は，溶接作業性・能率が低下するばかりでなく，厚板で使用すると入熱不足に起因する割れを生じやすいので，薄板の溶接以外は避けるのが望ましい．

（3） 溶接の順序および運棒方法などは，溶接後のはなはだしい変形や溶接欠陥を発生させない施工法を考え，これに従って作業を行う．

溶接順序に関しては，5.4.3項b．に詳細が記述されているので，ここでは，特に被覆アーク溶接作業における欠陥防止に対する留意点を以下に記述する．

（i） 多層盛り溶接では幅の広いビードを得るため，ウィービング（運棒）を行うが，ウィービングは同じ振り幅で均一な時間（周期）で行うことが必要である．通常ウィービングの幅は，棒径の3倍を超えないように保つのがよい．

（ii） 多層盛り溶接の場合は，各層ごとにスラグを除去して，次の層の溶接を行う．

（iii） 溶接棒を継ぐ場所が多く，欠陥を発生させやすいので，スラグを確実に清掃除去し，溶込みを完全に確認する．

5.10 ガスシールドアーク溶接法

5.10.1 一　　般

　ガスシールドアーク溶接法は，溶接部を CO_2 ガスや $Ar-CO_2$ の混合ガスなどで大気から遮蔽し，大気中の窒素や酸素が溶接金属内に侵入することを防護することによって，良質の溶接部を得ようとする溶接法である〔図 5.10.1 参照〕．この溶接法は，溶接ワイヤが自動送給される溶接トーチを，溶接技能者が操作して溶接する方式の半自動溶接法として広く使用されている．ガスシールドアーク溶接には，CO_2 ガスなど酸化性のガス（活性ガス）を含むシールドガスを使用するマグ（Metal Active Gas）溶接と，Ar ガスあるいは He ガスなどの不活性ガスをシールドガスのほとんどに使用する（95％以上）ミグ（Metal Inert Gas）溶接とがあるが，鋼の溶接にはマグ溶接が使用されており，以下に示す2種類がある．

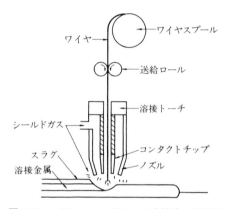

図 5.10.1　ガスシールドアーク溶接法の概略図

a．CO_2 ガスシールドアーク溶接法

　シールドガスに CO_2 ガスを使用する方法で，最も広く使用されている溶接法であり，この溶接法の特徴は，細径のワイヤに高電流を使用するので，溶着速度が大きく，溶込みも深くなり，作業能率も高いことである．また，この溶接法によって得られる溶接金属中の拡散性水素量は，被覆アーク溶接法の低水素系溶接棒と同等か，もしくはそれよりも少ないので，耐割れ性に優れている．この溶接法はマグ溶接に分類されているが，次項に示す混合ガスシールド溶接法に比べてアークの状態やビード形状が異なるため，日本では一般に炭酸ガス溶接と呼んでマグ溶接とは区別することが多い．

b．混合ガス（$Ar-CO_2$）シールドアーク溶接法

　CO_2 ガスシールドアーク溶接法の経済性と，ミグ溶接法の Ar の特長を活かして開発された溶接法で，シールドガスには CO_2 と Ar の混合ガス（80％ Ar＋20％ CO_2）が用いられる．この方法は，比較的きれいなビード外観が得られ，かつスパッタも少ないことが特徴である．

5.10.2 溶接計画

ガスシールドアーク溶接法を採用するにあたっては,次の点に留意する.

a. ワイヤとシールドガスの組合せ

現在,工場溶接の主流となっているCO_2ガスシールドアーク溶接は,ガスシールドアーク溶接法の一種で,主としてソリッドワイヤとCO_2ガスの組合せで使われている.

ソリッドワイヤによるCO_2ガスシールドアーク溶接は,高能率で経済的であるが,ビード外観がやや劣るため,特にビード外観を重視する場合は,フラックス入りワイヤによるCO_2ガスシールドアーク溶接法を選定するのがよい.また,アークの安定,スパッタの減少,ビード形状の調整の目的から,Arガス(80 %)とCO_2ガス(20 %)の混合ガスを使用することもできる.

ガスシールドアーク溶接の場合,ワイヤとシールドガスの組合せによりその溶接性能や作業性が発揮されるため,その組合せの選択を誤らないよう気をつけなければならない.

(1) ワイヤ

ワイヤの種類としては,ソリッドワイヤとフラックス入りワイヤがあり,JIS規格適合品を使用する.

ソリッドワイヤは,JIS Z 3312(軟鋼,高張力鋼及び低温用鋼用のマグ溶接及びミグ溶接ソリッドワイヤ)として化学成分,シールドガスの種類および溶接金属の機械的性質により9種類が規定されているほか,溶接金属の引張特性,溶接後熱処理の有無,溶接金属の衝撃試験温度,溶接金属のシャルピー吸収エネルギーレベル,シールドガスの種類,ワイヤの化学成分の区分によって,数多くの種類が規定されている〔表5.10.1参照〕.また,耐候性鋼用として,適用鋼種によって4種類がJIS Z 3315(耐候性鋼用のマグ溶接及びミグ溶接用ソリッドワイヤ)に規定されている.

このうち,SiおよびMnのほかにAlを0.10 %以下,TiおよびZrをいずれか一方または双方の和で0.30 %以下含有する大電流領域での溶接に適したYGW11～14,YGW18のワイヤが,CO_2ガスシールドアーク溶接用として主に用いられている.

また,ガスシールドアーク溶接に用いるフラックス入りワイヤは,軟鋼および高張力鋼用として引張特性,衝撃試験温度,使用特性,適用溶接姿勢,シールドガスの種類,溶接の種類および溶接金属の化学成分の区分によって,数多くの種類がJIS Z 3313(軟鋼,高張力鋼及び低温用鋼用アーク溶接フラックス入りワイヤ)に〔表5.10.2参照〕,耐候性鋼用として適用鋼種によって4種類がJIS Z 3320(耐候性鋼用アーク溶接フラックス入りワイヤ)に規定されている.

このうち,アークが安定してスパッタが少なく,スラグの剥離性に優れるルチール系フラックス入りワイヤ(T xx x T1)や,スラグが少ないというソリッドワイヤの特徴と,低スパッタ,高溶着速度などのフラックス入りワイヤの特徴を兼ね備えたメタル系フラックス入りワイヤ(T xx x T15)が,CO_2ガスシールドガスアーク溶接用として主に用いられている.ルチール系は,比較的高電流域での全姿勢溶接が可能であることから,建築,橋梁,造船など幅広い分野での適用が図られており,最も一般的なフラックス入りワイヤである.メタル系フラックス入りワイヤは,充填フラックスとして鉄粉,脱酸材,合金粉(メタル粉)を主体に少量のアーク安定剤を含有するワイヤである.

なお,JIS Z 3312(軟鋼,高張力鋼及び低温用鋼用のマグ溶接及びミグ溶接ソリッドワイヤ)や

表 5.10.1 軟鋼，高張力鋼及び低温用鋼用のマグ溶接及びミグ溶接ソリッドワイヤの種類（JIS Z 3312）

ワイヤの種類	シールドガス	主な適用鋼種
YGW11 YGW12 YGW13 YGW14	炭酸ガス（CO_2）	軟鋼および引張強さ 490 N/mm^2 級高張力鋼
YGW15 YGW16 YGW17	80％アルゴン－20％炭酸ガスの混合ガス （80 Ar-20 CO_2）	
YGW18	炭酸ガス（CO_2）	引張強さ 490 N/mm^2, 520 N/mm^2, 550 N/mm^2 級高張力鋼
YGW19	80％アルゴン－20％炭酸ガスの混合ガス （80 Ar-20 CO_2）	
G59JA1UC3M1T など	炭酸ガス（CO_2）	引張強さ 590 N/mm^2 級高張力鋼
G59JA1UM3M1T など	80％アルゴン－20％炭酸ガスの混合ガス （80 Ar-20 CO_2）	

[備考] ワイヤの種類に用いた記号の付け方は，次による．

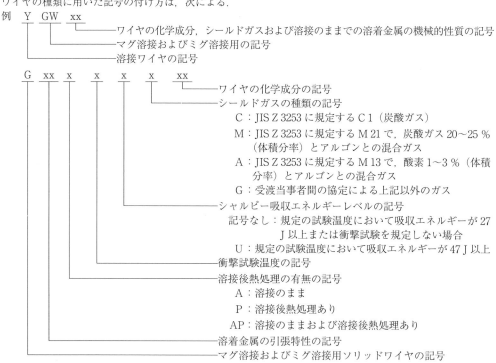

JIS Z 3313（軟鋼，高張力鋼及び低温用鋼用アーク溶接フラックス入りワイヤ）には，引張強さ 520 N/mm^2 および 550 N/mm^2 級高張力鋼用ワイヤとして YGW18，YGW19 や T 55 x T1-x C，T 55 x T15-x C，T 55 x T1-x A，T 55 x T15-x A ワイヤが市販されており，これらは鉄骨の柱梁接合部に多用されている．

表 5.10.2 軟鋼，高張力鋼および低温用鋼用アーク溶接フラックス入りワイヤの種類（JIS Z 3313）

ワイヤの種類	シールドガス	主な適用鋼種
T43 x Tx–x C	炭酸ガス（CO_2）	軟鋼
T49 x Tx–x C		軟鋼および 490 N/mm^2 級高張力鋼
T49J x Tx–x C		
T55 x Tx–x C		490 N/mm^2，520 N/mm^2，550 N/mm^2 級高張力鋼
T59 x Tx–x C		590 N/mm^2 級高張力鋼
T59J x Tx–x C		
T43 x Tx–x M	アルゴン－炭酸ガスの混合ガス（$Ar-CO_2$）	軟鋼
T49 x Tx–x M		軟鋼および 490 N/mm^2 級高張力鋼
T49J x Tx–x M		
T55 x Tx–x M		490 N/mm^2，520 N/mm^2，550 N/mm^2 級高張力鋼
T59 x Tx–x M		590 N/mm^2 級高張力鋼
T59J x Tx–x M		

[備考] ワイヤの種類を示す記号の付け方は，次の例による．

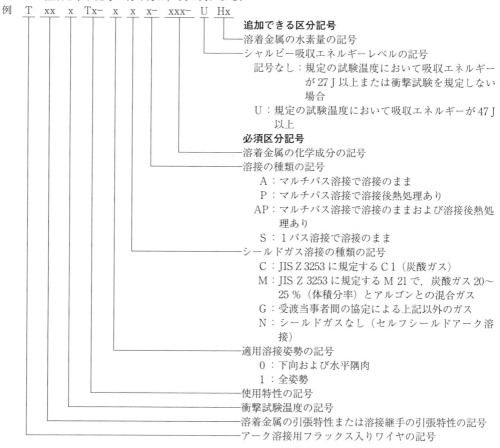

例 T xx x Tx– x x x– xxx– U Hx

- **追加できる区分記号**
  - 溶着金属の水素量の記号
  - シャルピー吸収エネルギーレベルの記号
    - 記号なし：規定の試験温度において吸収エネルギーが 27 J 以上または衝撃試験を規定しない場合
    - U：規定の試験温度において吸収エネルギーが 47 J 以上
- **必須区分記号**
  - 溶着金属の化学成分の記号
  - 溶接の種類の記号
    - A：マルチパス溶接で溶接のまま
    - P：マルチパス溶接で溶接後熱処理あり
    - AP：マルチパス溶接で溶接のままおよび溶接後熱処理あり
    - S：1 パス溶接で溶接のまま
  - シールドガス溶接の種類の記号
    - C：JIS Z 3253 に規定する C 1（炭酸ガス）
    - M：JIS Z 3253 に規定する M 21 で，炭酸ガス 20～25 %（体積分率）とアルゴンとの混合ガス
    - G：受渡当事者間の協定による上記以外のガス
    - N：シールドガスなし（セルフシールドアーク溶接）
  - 適用溶接姿勢の記号
    - 0：下向および水平隅肉
    - 1：全姿勢
  - 使用特性の記号
  - 衝撃試験温度の記号
  - 溶着金属の引張特性または溶接継手の引張特性の記号
  - アーク溶接用フラックス入りワイヤの記号

(2) シールドガス

シールドガス中の水分は，ブローホールや溶接割れの原因となるので，表5.10.3に示すJIS Z 3253（溶接及び熱切断用シールドガス）のC 1規格品（CO_2ガス）あるいはM 21規格品（Ar，CO_2の混合ガスで酸素を含まない）を使用する．シールドガスの純度および水分は，表5.10.4に示すとおりである．

b．溶接施工条件の確立

母材の種類，溶接継手の種類，溶接姿勢，要求品質などに応じて，適切な溶接ワイヤ，シールドガス，入熱・パス間温度管理値，溶接機器を選定し，施工条件を確立する．

ガスシールドアーク溶接法を採用するに際しては，工事着手前に設計図または工作図を十分に検討して，実製作に即した開先形状や溶接姿勢などを配慮した施工条件を確立する必要がある．

ガスシールドアーク溶接法は，用いるシールドガスによってアークの特性が異なり，作業可能な溶接姿勢にも差異があるので，採用する方法ごとに施工条件を確立しておく必要がある．

また，柱梁接合部のように溶接部の機械的性質の向上および安定化を要求される部位については，各適用鋼種において所定の機械的性質を確保するため，5.4.5項の記載内容を参考として，入熱・パス間温度の管理を行う必要がある．

表5.10.3　シールドガスの種類（JIS Z 3253抜粋）

（単位：vol%）

種類		組 成[1]						主な適用例	備 考
グループ	番号	酸化性		不活性		還元性	無反応性[2]		
		炭酸ガス	酸素	アルゴン	ヘリウム	水素	窒素		
M 2	1	5を超え25以下	—	残部	—	—	—	マグ溶接	強酸化性
	2	—	3を超え10以下	残部	—	—	—		
	3	0を超え5以下	3を超え10以下	残部	—	—	—		
	4	5を超え25以下	0を超え8以下	残部	—	—	—		
C	1	100	—	—	—	—	—		
	2	残部	0を超え30以下	—	—	—	—		

［注］(1) 混合ガスの組成は，受渡当事者間の協定による．
　　　(2) 無反応性（unreactive）とは，通常は反応しないが材料によってある条件で反応する窒素の性質をいう．
［備考］種類のグループの記号は，次のことを意味する．
　　　M 2：不活性ガスに炭酸ガスおよび/または酸素を含む酸化性混合ガス
　　　C：炭酸ガスまたは炭酸ガスに酸素を含む強酸化性混合ガス

表5.10.4　シールドガスの純度および水分
（JIS Z 3253抜粋）

種類（グループ）	純度 vol%	水分 volppm
M 2	99.80以上	60以下
C	99.50以上	150以下

なお，ガスシールドアーク溶接法は，建築鉄骨製作において，その作業能率・継手性能の面からも欠くことのできない溶接法であり，新しい溶接材料や溶接機器の開発も盛んであるので，製作工場はつねに新しい材料や工法に関する情報の入手に努め，かつこれらに関する研究を加え，技術の改善，合理化に力を注ぎ，信頼性の向上とコストの低減を図ることが重要である．

c. 防風対策

屋内作業を原則とするが，やむを得ず屋外で作業する場合には，十分な防風対策をする．

ガスシールドアーク溶接法では，シールドガスによってアークおよび溶融池を大気から遮断して保護しているので，風があるとアークの安定性を欠くだけでなく，シールドガスの流れが乱されて大気中の酸素や窒素が入り込み，ブローホールを生じる原因となる．溶接部に悪影響をもたらす限界風速は，トーチの種類，風の方向によって多少の差はあるが，実験的におおよそ 2 m/sec といわれている．しかし，風速 2 m/sec 以上であっても，溶接周辺部が 2 m/sec 以下になるような適切な防風処置をとれば問題はない．

一般に作業の基本として，屋外で作業をする場合には，風速の有無を問わず，また屋内でも多少風が吹き込むような場合には，防風処置をとることが望ましい．

5.10.3 溶接機器

細径のワイヤを用いるガスシールドアーク溶接では，一般に直流定電圧特性の電源と，定速度送給特性のワイヤ送給装置を組み合わせて用いる．

アーク電圧によってワイヤ送給速度を変化させる方法では，ワイヤが比較的高速で送られてくるので，モーターの慣性などのためアーク長を一定に保持するのが困難である．そのため，ワイヤは定速送給し，出力電圧の変化の少ない定電圧特性の電源と組み合わせてアーク長を一定に保持する．溶接電流はワイヤ送給速度の調整，アーク電圧は電源の出力電圧の高低の調整で増減できる．

図 5.10.2 は，CO_2 ガスシールドアーク溶接機の構成例を示したものである．

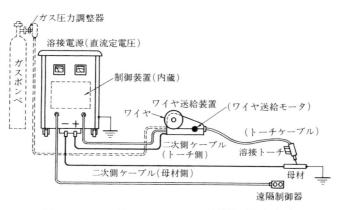

図 5.10.2 CO_2 ガスシールドアーク溶接機（半自動用）

溶接機の選定と使用する上で留意すべき要素を整理すると，次のとおりである．

(1) 定格容量と使用条件

溶接電源や溶接トーチなどには，必ず定格電流，定格負荷電圧，定格使用率などが定められている．これらは定格表として仕様書，カタログに記載されており，また，溶接電源などの銘板に明記されている，いわゆる溶接電源の能力を示すものである．溶接法，溶接機によってこれらの定格値は多岐にわたっているので詳細な記述は省略するが，定格電流は，使用できる電流を決定するので特に重要である．CO_2ガスシールドアーク溶接機では，一般に最大定格電流は 350 A，500 A および 600 A のものが多い．

また，使用できる電流を決定する上で，必ず使用率についても配慮しておかなければならない．一般に溶接作業は中断の多い形態となるので，この事情を考慮して溶接電源や装置も間欠運転（断続負荷）を想定して製作されている．この間欠運転のできる能力を示すものが，定格使用率である．定格使用率は，周期 10 分間に定格電流を流すことのできる時間の比率を示すもので，下式で計算される．

$$定格使用率（\%）=\frac{通電時間}{通電時間+休止期間}\times 100$$

したがって，500 A-60 % の溶接電源では 500 A で 6 分間，同 80 % のものでは 8 分間は溶接が行え，このときそれぞれ 4 分間，2 分間の休止を必要とすることになり，最大定格電流が 500 A の電源でも，定格使用率が 60 % のものより 80 % の方が長時間の運転が可能であり，能力が高いということになる．すなわち，定格電流と定格使用率をセットにして能力を算定すべきである．なお，作業形態によって長時間アークを継続するときは，定格使用率の大きい機種を選ぶか，あるいは実際に使用する電流より 1 ランク大きい定格電流のものを選んでもよい．

これは，定格値より低い電流で使用するときは，定格使用率よりも大きい使用率（許容使用率）で用いることができるためである．ただし，一部の機種ではこのような扱いのできないものもあるので，確認するのが望ましい．

ここでいう許容使用率は下式で計算される．

$$許容使用率（\%）=\left[\frac{定格電流}{使用電流}\right]^2\times 定格使用率$$

例えば，300 A-40 % の溶接電源を 200 A で使用する場合，

　　　　許容使用率 $=(300/200)^2\times 40=90$

となり，90 % つまり 10 分間のうち，9 分間の使用が繰り返せることになる．

使用する立場でいえば，定格を超えた条件での使用では，溶接機器の焼損に至ることにもなるので，十分注意しなければならない．

なお，ここまで述べた定格値は，原則として正規の入力電圧における溶接電源での使用，あるいは接続するケーブル類が所定の条件に対し保証されるものである．すなわち，主に二次側ケーブルの長さやサイズ（太さ・断面積）によっては，アーク電圧や溶接電流を所定の値に設定できず，溶

接品質や能率に悪影響を及ぼすことにもなるので,使用する条件に対し多少の余裕を見込んだ定格となるように機種を選定する必要がある.

(2) 二次側配線

表5.10.5は二次側のケーブル選定の目安となるもので,使用電流とケーブルの長さに対し,直流において電圧降下を4V以下に抑えられるケーブルサイズ(公称値)を示している.定電圧特性の電源(直流)を用いる溶接機では,このケーブルでの電圧降下が大きいと所定のアーク電圧が不足し,そのため溶接電流を下げて(制限して)使用せざるを得なくなる.このような不具合を避けるには,最低限,表5.10.5に示すサイズのケーブルを使用するか,大きいサイズのケーブルの使用が困難なときは,出力電圧(端子電圧)の高い1ランク定格電流の大きい溶接機を選定する必要がある.

また,このケーブルの長さに関しては,CO_2ガスシールドアーク溶接などの小電流域では,必要以上に長くすると,良好な安定したアークを維持することにも悪影響を与えることがあるので,実質的にはこの面からの制約でケーブル長さが限定される.

したがって,使用条件によって許される範囲内で,二次ケーブルは短くてサイズの太いものの使用が原則となる.

(3) 電源設備との関連

電源設備の容量によっては,供給電圧(溶接機への入力電圧)の変動が負荷に左右されて大きくなり,それが溶接機の二次出力の安定性に影響を与えることがある.入力の変動に対し,溶接機がもっている出力の安定化の能力はさまざまであり,原理的に可能なものは種々の手段で安定化を図っているが,この能力の程度をよく把握しておく必要がある.

ただし,電源設備としては極力供給電圧の変動の少ないほうが望ましいので,溶接機の入力と使用状況に合致した能力のものを備えなければならない.

また,溶接機の種類によって入力電圧,入力の相数,適用電源周波数が異なるので,選定時に留意する必要がある.特に電源周波数に関しては,50/60 Hz共用形でない溶接機では,機種によって

表5.10.5 ケーブルのサイズ

(単位:mm^2)

電流(A) \ 長さ(m)	20	30	40	50	60	70	80	90	100
100	30	38	38	38	38	38	38	50	50
150	30	38	38	38	50	50	60	80	80
200	38	38	38	50	60	80	80	100	100
250	38	38	50	60	80	80	100	125	125
300	38	50	60	80	100	100	125	125	
350	38	60	80	80	100	125			
400	50	60	80	100	125				
450	50	80	100	125					
500	60	80	100	125					
550	60	80	100	125					
600	80	100	150						

異なった周波数への適用の可否が複雑であり，一律ではないので，それぞれの場合に応じ確認が必要である．

(4) 使用環境

溶接機の設置場所としては，直射日光のあたる場所，雨のあたる場所，著しいほこり，特に金属粉末の多いところは避ける必要がある．直流溶接機の多くは冷却用ファンで電源内部を冷却しているので，ほこり，金属粉末の吸込みに対する注意が必要であり，定期点検を怠ってはならない．

また，溶接機の背面や隣の溶接機からの距離は，少なくとも30cm以上離して溶接機の冷却効果を確保しなければならない．

5.10.4 溶接施工

a. 溶接準備

(1) 溶接は，適当な治具を用いるなど，なるべく下向姿勢で施工するのが望ましい．

ガスシールドアーク溶接法には，各種の形式のものがあるが，いずれの場合も下向姿勢が最も施工が容易であり，また，作業能率においても，下向では大電流が使用でき，それだけ溶着速度が大きくなる．

さらに，溶接技能者の作業性においても溶接トーチが被覆アーク溶接のものと比べて重く，操作の自由度も劣るので，下向で施工できる方法を採ることが望ましい．

(2) ワイヤは，乾燥した状態で保管し，さびが発生したり吸湿したものを使用してはならない．

ガスシールドアーク溶接ワイヤには，ソリッドワイヤとフラックス入りワイヤの2種類が使用されており，さびの発生や吸湿に対する感受性は異なるが，いずれの場合でも，さびが発生したり吸湿したワイヤを使用するとアークが不安定となり，スパッタが増大したりブローホールなどの欠陥が発生しやすくなり，健全な溶接ができなくなるので，ワイヤの保管には十分な配慮が必要である．

特に，高温多湿の環境下で長期間放置したり，潮風にさらされると，さびが発生したり，吸湿したりする場合があるので，包装をといたものは早急に使用するか，湿度が低く風通しの良い場所で保管する必要がある．

(3) 溶接開先面およびその近傍の水分，さび，塗料，はがれやすいスケール，その他溶接作業の支障となるものは，溶接前に十分除去する〔5.4.4項参照〕．

b. 溶接作業

(1) ワイヤおよびシールドガスの種類は，鋼種・溶接機種・溶接姿勢などに応じた適正なものを使用し，溶接電流・アーク電圧・溶接速度・シールドガス流量についても，適正条件を選定する．

ワイヤは，シールドガスとの組合せを含めてJIS規格に規定されており，これらの中から母材の種類，製品として要求される性能などを考慮して，使用するワイヤを選定する．

また，溶接条件は使用するワイヤとシールドガスの組合せおよび施工方法に適したものを選定し，欠陥のない溶接が行えるものでなければならない．アーク電圧は高すぎると，ワイヤの合金成分の溶接金属への歩留り率が低下し，溶接金属の性能を劣化させるので注意が必要である．標準的な溶

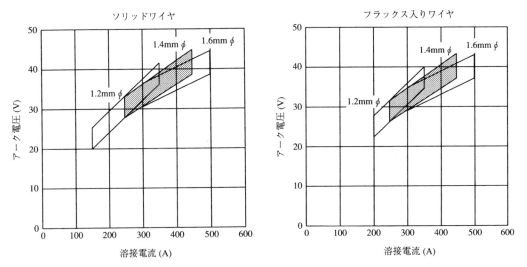

図 5.10.3 溶接電流に対する適正アーク電圧範囲（シールドガス：CO_2 ガス）

接条件の例を図 5.10.3 および表 5.10.6 に示す．

また，ガスシールドアーク溶接で大事な点は，シールドガス流量を溶接方法，ノズルの高さ，開先形状，溶接姿勢，風速などを考慮して適正にしなければならないことである．シールドガスの流量が不足すると，シールド効果が不十分となり，溶接欠陥を発生させる原因となる．また，流量が少なすぎると空気中の窒素を巻き込み，溶接金属の靱性値を低下させるおそれがあるので，注意が必要である．適正量以上となると経済的に無駄なだけでなく，過大なガスの流れが乱流となってアークの安定性を阻害するので，注意を要する．標準的なシールドガス流量は，工場溶接においては 25 l/min 程度が望ましい．

（2）溶接ワイヤの狙いおよびノズルの高さをつねに適正な位置に保持し，健全な溶接を行う．

ノズルの適正な高さは，トーチの種類により多少異なるが，決められた適正な高さに保持し，シールド効果を損なわないようにしなければならない．ノズル高さの限界は，シールドガスの流量によっても異なるが，ノズルの高さが高すぎると，どんなにガス流量を増してもシールド効果は上がらず，溶接品質は悪くなる．また，シールド性の低下による窒素混入の原因となり，溶接金属の機械的性質を劣化させるおそれもある．逆にノズルの高さが低すぎると，チップやノズル先端にスパッタが付着したり，チップを焼損することがある．ノズル先端に付着したスパッタが多くなると，シールド効果が不十分になるので，定期的なノズル清掃が必要である．適正なノズル高さとしては，窒素の混入防止の観点から 30 mm 以下とすることが望ましい．

（3）過大なウィービングを避ける（過大な入熱を避ける）

作業能率を優先して，ウィービング幅を過大にすると入熱が増大し，溶接金属の機械的性質を劣化させるおそれがある．ウィービング幅としては 20 mm 以下とすることが望ましい．

（4）適正なパス間温度管理を実施する．

作業能率を優先して高いパス間温度で溶接を行うと，冷却速度の低下により溶接金属の機械的性

表 5.10.6 標準溶接条件例

[隅肉溶接]

溶接姿勢	開先形状	脚長(mm)	ワイヤ径(mmφ)	パス数	溶接電流(A)	アーク電圧(V)	溶接速度(cm/min)
水平	(l:脚長)	5	1.2	1	240〜260	28〜30	45〜55
		5	1.4	1	260〜280	28〜31	50〜60
		7	1.2	1	240〜260	28〜30	30〜40
		7	1.4	1	260〜300	27〜32	35〜45
		9	1.2	2	220〜260	25〜36	40〜50
		12	1.2	2	220〜260 200〜250	26〜36 25〜36	30〜40 40〜50
		15	1.4	3	260〜300 260〜300 260〜300	30〜40 30〜40 30〜40	30〜40 30〜40 30〜40
下向	(l:脚長)	5	1.2	1	250〜260	28〜34	50〜60
		7	1.2	1	280〜320	34〜38	40〜50
		9	1.2	1	280〜320	34〜38	35〜40
		9	1.4	1	320〜380	32〜40	20〜30
		12	1.2	1	280〜320	32〜40	15〜25
		12	1.4	1	320〜380	32〜40	15〜25

[注] ワイヤの種類はソリッドワイヤ(YGW11),CO_2ガス流量 25 l/min

[完全溶込み溶接]

溶接姿勢	板厚(mm)	積層法	ワイヤ径(mmφ)	パス数	溶接電流(A)	アーク電圧(V)	溶接速度(cm/min)
下向	25	(35°, 25, 7)	1.4	10	320〜400	32〜40	20〜35
横向	25	(25, 35°, 7)	1.2	16	240〜320	28〜36	30〜50

[注] ・電流の種類・極性:DC,ワイヤ(+),CO_2ガス流量 25 l/min
・ワイヤの種類はソリッドワイヤ(YGW11)

質を劣化させるおそれがあるので,5.4.5項に記載されている管理項目を参考とする.

一般に,溶接条件が溶接結果に与える影響は,ガスシールドアーク溶接では表5.10.7に示すような傾向がある.

(5) 溶接変形は,適当な拘束治具を用いたり,溶接順序を考慮して,できるだけ小さくなるようにする.

表 5.10.7　ガスシールドアーク溶接の溶接施工条件とその影響

溶接条件	溶着金属の機械的性質	ビード形状	アークの状態
アーク長アーク電圧	高いと (1) TS, YP が下がる (2) 伸びが大きい (3) ブローホールが発生 (4) 靱性が低下する	高いと (1) ビード幅が広い (2) 溶込みが浅い (3) 余盛が小さい 低いと 　ビードが凸型になる	高いと (1) アーク長が長くなる (2) スパッタ粒度が大きくなる
溶接電流	高いと (1) TS, YP が下がる (2) 伸びが大きい (3) 靱性が低下する	高いと (1) ビード幅が広い (2) 溶込みが深い (3) 余盛が大きい	高いと 　スパッタ粒度が小さくなる
溶接速度	速いと (1) TS, YP が上がる (2) 伸びが小さい	速いと (1) ビード幅が狭い (2) 溶込みが浅い (3) 余盛が小さい	—
ガス流量	少ないと 　ブローホールを多発，靱性が低下する	—	少ないと 　沸騰状の溶融池となりアーク音が異なる
トーチ角度	—	進行方向にワイヤを突き出すと幅が大で余盛が小となる 横方向に傾けるとⅠ開先のときに溶込みが開先よりずれて溶込不良となる	—
ノズルと母材間の距離	長くなると 　被包効果が低下しブローホール発生 　靱性も低下する 短くなると 　ノズルにスパッタが付着しやすくなり，被包効果が低下	短くなると 　溶込みが深い 長くなると 　ワイヤがねじれてビード蛇行が起きる	
溶接線の傾斜	—	下り坂溶接は (1) 溶込みが浅い (2) 幅が広い (3) 余盛が小さい (4) ビード表面が美しい	—
運棒	幅の広いウィービングはブローホールが発生し，靱性も低下する	—	—

［備考］　TS＝引張強さ（Tensile Strength）
　　　　　YP＝降伏点（Yield Point）

　ガスシールドアーク溶接は，溶込みが深いため，開先断面積を被覆アーク溶接よりも小さくすることが可能であるので，収縮・変形の程度は被覆アーク溶接よりも小さくなるといえる．したがって，ガスシールドアーク溶接による施工は，従来の被覆アーク溶接による施工でとられている変形防止法に準じて行えばよい．

c．溶接部の仕上がり

（1） 溶接ビード表面は，他の溶接法と同様に平滑で規則正しい波形とする．

溶接ビード表面状態の良否は，必ずしも溶接品質の良否を表すものではないが，疲労を考慮する必要のある構造物では，重要な因子の一つである．また，溶接技能者の技量を判定する場合にも，溶接ビード表面の状態が参考になるが，ワイヤの種類，電流の大小，溶接姿勢，継手形状などによっても異なるので，これらの点も考慮に入れる必要がある．

溶接の寸法は，設計図どおりとすることは当然のことであるが，施工上やむを得ず生じる多少の超過は差しつかえない．寸法精度を必要以上に厳しくすることは，施工上無駄な工数がかかり，得策ではない．ただし，過度の盛過ぎまたは表面形状の著しい不規則は，強度上も好ましくないので避けなければならない．

（2） 溶接ビードの始端およびクレータの処理は確実に行う．

ビード終端部のクレータ処理を怠ると，へこんだ形が残り，のど厚が不足する．ガスシールドアーク溶接法のクレータは，被覆アーク溶接に比べて大きく，特に大電流の場合はクレータ形状も大きくなるので，クレータ処理は確実に行うことが重要である．

また，クレータ部には割れが生じやすいので，拘束の大きい初層の溶接では注意を要する．最近の溶接機には，クレータフィラが付いており，これを用いるとアークが切れる前に電流が小さくなり，クレータ処理が容易にできるようになっている．

溶接はなるべく途中で切らないようにすべきであるが，やむを得ず途中でビードを継ぐ場合には，クレータを十分処理してから継ぐようにする．また，終端部の処理としては，返し溶接，回し溶接，またはエンドタブを付けて溶接するなどの方法がある．近年，5.5.5項に述べられているように，種々のタイプのエンドタブが市販されているので，これを活用するのも有効であるが，それぞれの特性を十分検討して使用する必要がある．

（3） 溶接部には有害な欠陥があってはならない．

ガスシールドアーク溶接法に発生する欠陥には，表5.10.8に示すものがあげられる．この中で，この溶接法特有であるガスシールドの不完全によるブローホールの発生がもっとも多いため，特にガス流量，ノズルと母材間距離やシールドガスが風に飛ばされないように管理するとともに，ノズル内に付着したスパッタをつねに除去しておくことが重要である．

また，横向姿勢の多層盛り溶接において，中間層のビード形状の管理をおろそかにすると，融合不良やスラグ巻込みをつくる可能性が高いので，注意を要する．

d．安　　全

ガスシールドアーク溶接においては，窒息または中毒しないように局所換気または全体換気に十分注意するとともに，防じんマスクを着用する必要がある．

シールドガスに主として用いられるCO_2ガスは，溶接時にCOガスを発生する危険性があるため，作業者が中毒や窒息を起こさないように十分な配慮が必要である．作業スペースが狭く換気対策が十分とれない場合には，作業者に完全な保護マスクを着用させるなど，安全対策には十分な配慮が必要である．

表 5.10.8 ガスシールドアーク溶接の欠陥とその対策

欠陥の種類	考えられる原因	対 策（一例）
ピット ブローホール	1. CO_2 ガスが供給されていない	バルブが開かれているか，ボンベにガスがあるか点検する
	2. 風が強くて被包効果が十分でない	風をさえぎる（風よけをする）
	3. ノズルにスパッタが多量につき，ガスの流れが乱れる	ノズルについたスパッタを除去する
	4. 純度の悪いガスを用いている	溶接用ガスを用いる
	5. 溶接部の汚れ（さび・油・ペンキ）がはなはだしい	溶接部をきれいに掃除する
	6. アーク長が長い	アーク電圧を下げる
	7. ノズルと母材間距離が大きすぎる	ノズルと母材間距離を適正にする
	8. ワイヤがさびている	正常なワイヤを用いる
融合不良	1. 溶接条件の不適 　(1) 溶接電流が低く，速度が遅い 　(2) アーク長が長い	適正条件にする 　(1) 溶接電流を上げ，速度を速めにする 　(2) アーク長を短くする
	2. 前パスのビード形状不良	平滑なビード形状とする
	3. 開先角度が小さすぎる	開先角度を大きくする
	4. スラグの先行が多い	(1) 前パスのスラグを除去する (2) 後退法を用い，スラグの先行を防ぐ
アンダーカット	1. アーク長が長い	アーク長を短くする
	2. 溶接速度が速い	溶接速度を遅くする
	3. ねらい位置が悪い（水平隅肉）	ねらい位置を変える
オーバーラップ	1. 溶接電流に対してアーク電圧が低い	アーク電圧を高くする
	2. 溶接速度が遅い	溶接速度を速くする
	3. ねらい位置が悪い（水平隅肉）	ねらい位置を変える
割　れ	1. 溶接条件の不適 　(1) 溶接電流が高くアーク電圧が低い 　(2) 溶接速度が速い	適正条件にする 　(1) アーク電圧を高くする 　(2) 溶接速度を遅くする
	2. 開先角度が小さすぎる	開先角度を大きくする
	3. 母材の炭素，その他の合金元素の含有率が高い（熱影響部の割れ）	予熱を施す
	4. 純度の悪いガス（水分の多い）を用いている	溶接用ガスを用いる
	5. クレータでアークを急に切る	クレータ処理をする（溶着金属を盛り上げる）
ビードの蛇行	1. ワイヤ矯正が不十分	矯正ローラを調整する
	2. ワイヤ突出し長さが長い	適当な長さにする（25 mm 以下）
	3. チップ孔が摩耗して大きくなっている	コンタクトチップを取り換える
	4. トーチ操作が未熟	訓練し熟達する
スパッタ発生過多	1. 溶接条件が不適当（特にアーク電圧が高すぎる）	適正な溶接条件にする
アーク不安定	1. コンタクトチップの孔が大きすぎる	適正な孔径のチップに取り換える
	2. ワイヤが連続して送給されない	(1) コンジット，ワイヤガイドチューブを清掃する (2) コンジットの屈曲を少なくする
	3. 送給ロールの締めすぎ，またはゆるみ	適正な締付けにする
	4. ワイヤリールの回転が円滑でない	円滑に動くように調整する
	5. 溶接電源の一次電圧が過度に変動する	受電設備を大きくする
	6. ワイヤのさび	さびていないワイヤを用いる

5.11 セルフシールドアーク溶接法

5.11.1 一　　般

　セルフシールドアーク溶接は，ノンガスシールドアーク溶接と呼ばれ，シールドガスを用いなくても溶接施工が可能なため，風の影響を受けにくいという利点があり，工事現場溶接への適用が検討された．しかし，建築鉄骨の溶接部に必要とされる衝撃値などの機械的性質にやや難があったことや，曲げ試験の際，側曲げで延性に欠ける点などのため，鋼管杭の継手の溶接などの例を除いて建築鉄骨にはほとんど使用されていないのが現状である．

　その後，交流電源から直流電源への変更，ワイヤの改良，細径ワイヤの採用などの改良が進み，かなり機械的性質も改善された．(社)日本鋼構造協会セルフシールドアーク溶接小委員会の研究において，セルフシールドアーク溶接はガスシールドアーク溶接に比べて差は認められるものの，実験室の適切な条件のもとでは，溶接継手の基礎的な特性は満足することが確認されている〔技術報告　セルフシールドアーク溶接　参照，JSSC Vol. 1, 1991〕．

　しかし，工事現場における環境は，実験室とはきわめて異なったものであり，実験室のデータをそのまま現場溶接に適用することはできない．したがって，セルフシールドアーク溶接を初めて採用する場合には，風の影響など溶接条件を考慮した上で，溶接材料と溶接機種を組み合わせて施工試験を行い，その継手性能，継手の健全性，作業性などを十分把握しておくことが望ましい．

　以下，セルフシールドアーク溶接の特徴を示す．
① ガスシールドアーク溶接に比べて風による影響を受けにくく，溶接部に悪影響をもたらす限界風速はおよそ $10\,\mathrm{m/sec}$ といわれている．
② 溶着速度，溶着効率はガスシールドアーク溶接よりは劣るが，被覆アーク溶接よりも高く，能率的である．
③ トーチが軽量，ガスボンベが不要など，ガスシールドアーク溶接に比べ，操作性に優れている．

　以上のような特徴があるが，ワイヤの価格はガスシールドアーク溶接ワイヤに比べて高価であり，上記の利点が十分発揮できる場所への適用が好ましい．

5.11.2 溶接ワイヤおよび溶接機器

　セルフシールドアーク溶接ワイヤはフラックス入りワイヤであり，心線の径は $1.6\sim3.2\,\mathrm{mm}$ まで各種ある．これらのワイヤは軟鋼および高張力鋼用として溶着金属の化学成分，機械的性能および適用鋼種によって5種類がJIS Z 3313（軟鋼，高張力鋼および低温用鋼用アーク溶接フラックス入りワイヤ）として規格化されている．これらのワイヤは，溶接部の用途，溶接姿勢，鋼種に応じて選択される．

　セルフシールドアーク溶接機の構成は，図5.11.1に示すようにガスシールドアーク溶接機に類似しているが，シールドガスの供給が不要であるので，トーチ構造も簡単になっている．

　一般に，太径ワイヤを用いる場合には，被覆アーク溶接と同じ交流垂下特性電源とアーク電圧

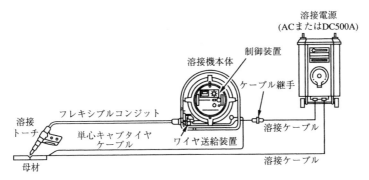

図 5.11.1 セルフシールドアーク溶接機

フィードバック制御によるワイヤ送給装置が用いられる．

また，細径ワイヤを用いる場合には，ガスシールドアーク溶接と同じ直流定電圧特性電源と定速ワイヤ送給装置が用いられる．アーク電圧によってワイヤ送給速度を変化させる方法では，ワイヤが比較的高速で送られてくるので，モーターの慣性などのためアーク長を一定に保持するのが困難である．そのため，ワイヤは定速送給し，出力電圧の変化の少ない定電圧特性の電源と組み合わせてアーク長を一定に保持する．溶接電流はワイヤ送給速度の調整，アーク電圧は電源の出力電圧の高低の調整で増減できる．

5.12 サブマージアーク溶接法

5.12.1 一　般

サブマージアーク溶接法は，図 5.12.1 に示すように粒状のフラックスを溶接線に沿って散布し，このフラックス中に裸の電極ワイヤを送り込み，電極ワイヤの先端と母材の間にアークを発生させて行う自動アーク溶接法である．この溶接法の特徴は，次のような事項があげられる．

（1）長　所
　ⅰ）大電流の使用による溶接の高能率化および溶込み量の増大．
　ⅱ）安定した良好な品質が得られる（ビード外観，内部欠陥および溶接金属の品質）．
　ⅲ）有害光線，ヒューム，ふく射熱がなく，作業環境がよい．
（2）短　所
　ⅰ）溶接姿勢は下向と横向に限定される．
　ⅱ）溶接継手が短小もしくは曲がっている場合は操作が困難である．
　ⅲ）開先加工の精度を厳しくする必要がある．
　ⅳ）設備費が高い．
　ⅴ）多電極溶接等で入熱が大きくなる場合，溶接金属や熱影響部の靱性が低下する．

サブマージアーク溶接法は，造船，建築，橋梁，圧力容器などあらゆる分野で多くの用途に適用

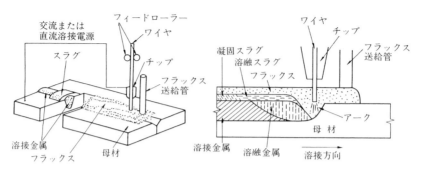

図 5.12.1 サブマージアーク溶接法の原理（溶接ハンドブックより）

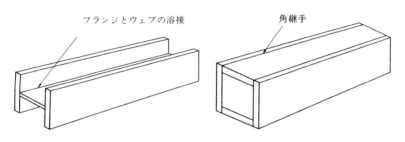

図 5.12.2 サブマージアーク溶接法の適用例

されるが，建築鉄骨では溶接組立 H 形断面部材のフランジとウェブの溶接や溶接組立箱形断面柱の角継手などに多く使用されている〔図 5.12.2〕．

また，この溶接法をさらに高能率化するために，多電極溶接法や深溶込み溶接法が開発され，実用化されている．

5.12.2 溶接計画

サブマージアーク溶接の施工計画にあたっては，次の各項に留意しなければならない．

（1） 溶接作業は，原則として下向姿勢で行うものとする．また，水平隅肉姿勢にも適用できる．サブマージアーク溶接は，フラックスを散布した中でアークを発生させて溶接する方法であり，現在市販されている溶接装置の大半は，下向または水平隅肉姿勢専用である．

（2） 溶接組立箱形断面柱におけるスキンプレート板厚の選定にあたっては，板厚が小さいと角部から溶融スラグが漏出するおそれがあるので，板厚は 22 mm 以上とする．

（3） ワイヤ・フラックスの組合せの選定にあたっては，母材の機械的性質，溶接性ならびに溶接継手の寸法・形状を十分検討しなければならない．

ⅰ）ワイヤ

サブマージアーク溶接に使用するワイヤは，JIS Z 3351（炭素鋼及び低合金鋼用サブマージアーク溶接ソリッドワイヤ）に規定されている〔表 5.12.1 参照〕．

ワイヤについては単に化学成分だけでなく，直径の許容差，柔軟性，コイル寸法の許容差および表面処理なども重要な意味をもっている．これらも JIS Z 3351 に規定されている．

表 5.12.1 サブマージアーク溶接ワイヤ
（JIS Z 3351 抜粋）

種　類	成分系
YS-S1	
YS-S2	
YS-S3	
YS-S4	Si-Mn 系
YS-S5	
YS-S6	
YS-S7	
YS-S8	
YS-M1	
YS-M2	
YS-M3	Mo 系
YS-M4	
YS-M5	
YS-CuC1	Cu-Cr 系

［備考］　種類の記号の付け方は，次の例による．
例　Y S－S1
　　　　　└─化学成分
　　　　└──サブマージアーク溶接
　　└─────溶接ワイヤ

表 5.12.2 サブマージアーク溶接フラックス（JIS Z 3352）

種　類	フラックスのタイプ
SF xx x xx Hx	溶融フラックス
SM xx x xx Hx	混合フラックス
SA xx x xx Hx	ボンドフラックス

［備考］　種類の記号の付け方は，次の例による．

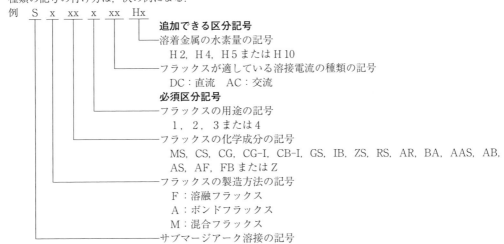

例　S x xx x xx Hx

追加できる区分記号
─溶着金属の水素量の記号
　H2，H4，H5 または H10
─フラックスが適している溶接電流の種類の記号
　DC：直流　　AC：交流

必須区分記号
─フラックスの用途の記号
　1，2，3 または 4
─フラックスの化学成分の記号
　MS, CS, CG, CG-I, CB-I, GS, IB, ZS, RS, AR, BA, AAS, AB, AS, AF, FB または Z
─フラックスの製造方法の記号
　F：溶融フラックス
　A：ボンドフラックス
　M：混合フラックス
─サブマージアーク溶接の記号

注　交流に適しているフラックスは，通常は直流にも適している

ⅱ）フラックス

サブマージアーク溶接に使用するフラックスは JIS Z 3352（サブマージアーク溶接及びエレクトロスラグ溶接用フラックス）に規定されている〔表 5.12.2 参照〕.

サブマージアーク溶着金属の品質と適用鋼種の JIS 規格の抜粋を表 5.12.3 に示す.

フラックスは，製造方法により溶融フラックスとボンドフラックスに分けられる．それらの特徴を表 5.12.4 に示す.

フラックスは，被覆アーク溶接の場合と同じようにアークの安定化，アーク周辺のシールド，脱酸・脱硫などの冶金反応およびビードの成形作用などの役割をもっている．溶接作業性に関するものは，フラックスの影響が大きいので，使用目的にあったフラックスを選ぶ必要がある．一般的に溶融フラックスは，多層溶接や隅肉溶接に多用されている．また，ボンドフラックスは，スラグの融点や塩基度を高く設計しているため，鉄粉系のフラックス（SACG-I など）が極厚の溶接組立箱

表 5.12.3　サブマージアーク溶着金属の品質区分と適用鋼種（JIS Z 3183 抜粋）

品質区分	主な適用鋼種
S 42 x-Sx	軟　鋼
S 50 x-Sx S 50J x-Hx S 53 x-Hx S 57 x-Hx S 58 x-Hx S 58J x-Hx S 62 x-Hx S 80 x-Hx S 80J x-Hx	高張力鋼
S 50 x-Ax S 58 x-Ax	耐候性鋼

［備考］　品質区分の記号の付け方は，次の例による.

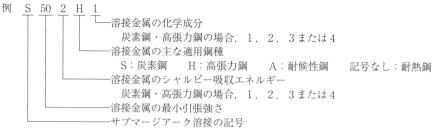

表 5.12.4　溶融フラックスとボンドフラックスの特徴

溶融フラックス	ボンドフラックス
①吸湿の心配が少なく，保管上の問題は少ない. ②低・中電流域での溶接作業性がよい. ③フラットで波目の美しい溶接ビードが得られやすい. ④高速溶接に適している（特に，軽石状）. ⑤溶接中のガス発生量が少ない. ⑥フラックスからの合金添加はできないので，合金添加ワイヤとの組合せが必要.	①脱酸剤や合金成分の添加が容易であり，溶接金属の化学成分の調整ができる. ②炭酸塩などのガス発生剤も添加でき，高塩基性のフラックスも作れ，かつ極低水素化が可能. ③大入熱溶接でも作業性，溶接金属の性能とも良好. ④溶接中のガス発生量は比較的多い. ⑤フラックスの吸湿に対する管理が必要.

形断面柱の角継手の多電極大入熱溶接に多用されている．また，最近では溶接組立 H 形断面材に用いる深溶込み用フラックスが溶融タイプやボンドタイプで開発されている．

　　ⅲ）ワイヤ・フラックスの組合せおよび性能

　各ワイヤおよびフラックスの性質，特徴を十分調査した上，溶接しようとする鋼材，継手に適した組合せを選定することが必要である．ワイヤ・フラックスの組合せによって得られる溶着金属の品質区分については，JIS Z 3183（炭素鋼及び低合金鋼用サブマージアーク溶着金属の品質区分）に規定されているので参照されたい．また，各メーカーから詳細なデータが発表されているので，これを利用し選定してもよい．ただし，継手の性能は施工方法により左右されるので，施工方法の適否を確認する試験はもちろん必要である．

（4）　溶接部に裏当て金を用いる場合には，溶接入熱に応じた板厚を選定し，溶落ち等が生じないようにする必要がある．裏当て金の材質は，原則として母材と同等以上の強度を有するものを用いる．ただし，母材の強度が $490\,\mathrm{N/mm^2}$ を超える場合は，5.5.8 項で述べたように裏当て金の調達が困難な状況があるので，工事監理者の承認を得て，母材より強度の低い裏当て金を使用することができる．

（5）　溶接の始終端部に用いるエンドタブは，原則的に切断されるので，その材質は SM 490 A，または SN 490 B としてよい．特記により母材と同等以上とされている場合は，工事監理者の承認を得る必要がある．

（6）　溶接は，風および水分の影響を避けて行うものとし，原則として屋内で行うものとする．サブマージアーク溶接法は，フラックスが風により飛散したり水分により吸湿した場合，ただちに溶接欠陥に結びつく．ただし，適当な防風または除湿対策を施すのであれば，屋外作業でもよい．

（7）　調質鋼の溶接に際しては，ボンド部の靱性の低下および引張強さの低下に注意する．多電極溶接法のような高能率溶接法では，高電流を用いることが多いので，特別な調査をしないときは，入熱制限などの配慮が必要である．しかし，最近では大入熱溶接において，熱影響部の高靱性化を図った高 HAZ 靱性鋼およびその溶接材料が開発されており，溶接組立箱形断面柱の角溶接等に適用されている．

5.12.3　溶接機器

　サブマージアーク溶接装置は，サブマージアーク溶接機，溶接電源およびフラックス回収装置から構成されている．図 5.12.3 は，汎用サブマージアーク溶接装置の構成例を示したものである．

　溶接装置の選定と使用する上で留意すべき要素は，次のとおりである．

（1）　電流の種類

　サブマージアーク溶接では，交流電源と直流電源の両者が使用されるが，一般的には交流の垂下特性電源が用いられている．これは，電源の価格が安いことと，交流の方が磁気吹きに強いためである．ただし，直流電源は多電極の先行電極に組み合わせて溶込みを深くする場合や細径ワイヤを使用する場合などに用いられている．

　通常の太径ワイヤを使用する場合は，電源の外部特性を垂下特性とし，アーク電圧の変化を検出し，ワイヤ送給速度を自動制御する方式が採用されている．

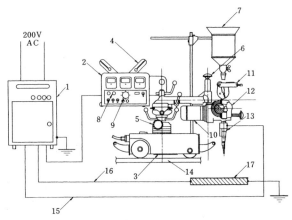

符号	名　　　称
1	溶 接 用 電 源
2	制御装置・操作箱
3	走 行 台 車
4	ワ イ ヤ リ ー ル
5	水平調整ハンドル
6	垂直調整ハンドル
7	フラックスホッパー
8	溶接電流増減ボタン
9	アーク電圧調整器
10	ワイヤ送給モーター
11	ワイヤ矯正装置
12	ワイヤ加圧装置
13	ノズルアッセンブリ
14	レ ー ル
15	二次側ケーブル（トーチ側）
16	二次側ケーブル（母材側）
17	母　　　材

図 5.12.3 サブマージアーク溶接機（自走形，1電極）の構成例

（2） 電極数

溶接能率や溶接部の品質をより高めるためには多電極法の適用が効果的であるが，現在主として利用されているのは2電極方式である．

交流2電極の場合，結線方式によってビード形状が変わるので，電源の一次側，二次側の配線に注意する必要がある．一般的に，隅肉などの高速溶接にはV結線（60°位相差）やスコット結線（90°位相差）が，また厚板の溶接には逆V結線（120°位相差）が採用される．

（3） ワイヤ送給の制御能力

ワイヤリールからワイヤ送給モーター部およびチップに至るまでのワイヤの通路での送給抵抗（負荷）の増減に対し，アーク長や溶接電源が設定値から極力変動しないように，溶接機の制御能力を十分確かめることが望ましい．同時に，使用にあたっては，ワイヤ送給系統に能力以上の過度な負荷がかからないように配慮が必要である．

また，ワイヤ送給モーターは，使用ワイヤ径や電流（送給速度）に見合った十分な容量のものを用いる必要がある．

（4） 定格容量と使用条件

サブマージアーク溶接は，長時間アークを継続させることが多いので，定格使用率の大きい機種を選ぶか，実際に使用する電流より1ランク大きい定格電流のものを選ぶ必要がある．定格を超えた条件での使用では，溶接機器の損傷に至ることになるので，十分注意しなければならない．

また，二次側ケーブルのサイズ（太さ・断面積）は，使用する条件に対し多少の余裕を見込んだものを使用する必要がある．一般的目安としては，$1\,\mathrm{mm}^2$ あたり電流 $3\sim4\,\mathrm{A}$ の計算でケーブルサイズが選定されている．ケーブルは必要以上に長くすると，電圧降下によって必要な電流が得られず，溶接結果に悪影響を及ぼすのでサイズを1ランク太いものを選定するのが望ましい．

（5） 電源設備との関連

電源設備の容量によっては，供給電圧（溶接機への入力電圧）の変動が負荷に左右されて大きく

なり，それが溶接機の二次出力の安定性に影響を与えることがある．入力の変動に対し，溶接機がもっている出力の安定化の能力はさまざまであり，原理的に可能なものは種々の手段で安定化を図っているが，この能力の程度をよく把握しておく必要がある．ただし，電源設備としては，極力供給電圧変動の少ない方が望ましいので，溶接機の入力と使用状況に合致した能力のものを備えなければならない．

（6）　使用環境

一般の溶接機は，屋外の雨にさらされた状況での使用を想定した構造にはなっていない．したがって，これらの状況で使用する場合は，この点を特別に考慮した構造・方式の溶接機を指定するか，あるいは設置場所の防雨対策を施さなければならない．

5.12.4　溶接施工

a．溶接準備

（1）　サブマージアーク溶接は，回転枠などの適切な治具を使用して下向で行う．

サブマージアーク溶接は現在，下向，水平隅肉，横向で作業を行うことはできるが，他の溶接法と同様，継手の品質，作業能率の面で下向姿勢による作業が望ましい．ただし，水平専用機を用いる場合は，水平隅肉姿勢のほうが作業能率の面で優る場合がある．

（2）　吸湿したり異物が混入したフラックスおよびさびの発生したワイヤを使用してはならない．

フラックスを大気中に放置すると，図5.12.4に示すように水分を吸湿していく．フラックス中の水分は，割れ，ブローホールの発生原因となるので少ない方がよい．その許容範囲は，吸湿率0.5％程度である．したがって，吸湿したフラックスまたは大気中に長時間放置されたフラックスや特に片面溶接や各種高能率サブマージアーク溶接法に広く使用されているボンドフラックスについては，使用前に250〜300℃，1hr程度の再乾燥が必要である．乾燥によるフラックスの脱水の状況を図5.12.5に示す．また，ワイヤに生じたさびもブローホールの原因となるので，溶接材料の保管にあたっては，十分な管理が必要になる．

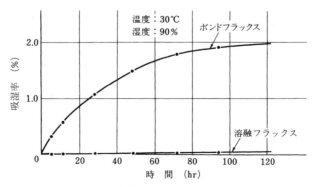

図5.12.4　各種フラックスの吸湿曲線例

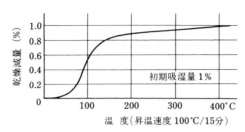

図 5.12.5 ボンドフラックスの脱水曲線

（3）溶接開先面およびその近傍の水分，スラグ，さび，塗料，はがれやすいスケール，その他溶接作業の支障となるものは，溶接前に十分除去する〔5.4.4項参照〕．

（4）溶接作業に際しては，承認を受けた開先に対して適正なワイヤ・フラックスを使用し，溶接電流・アーク電圧・溶接速度を選定し，欠陥のない溶接を行わなければならない．

サブマージアーク溶接による継手の性質は母材や開先形状の影響を強く受けるが，溶接電流・アーク電圧・溶接速度などの溶接条件によっても著しく変化する．

ⅰ）溶接電流を増加させると母材への溶込みは増加するが，ビード幅は変わらず余盛は高くなる．同一電流でワイヤ径を小さくすると，この傾向を助長する．また，低くしすぎると溶込みや余盛が不足する〔図5.12.6〕．

ⅱ）アーク電圧が低くなると，アーク長が短くなり溶込みが増加する反面．ビード幅が狭くなり盛り上がった形となる．アーク電圧が高いと，溶込み不足が生じたり偏平なビードとなる〔図5.12.7〕．

ⅲ）溶接速度が遅くなると，溶込みは多少増加するが，余盛は偏平となる．速い場合は溶込みが減少し．ビード幅が狭くなり凸形のビードとなる．また，速くなるとアンダーカットが生じたり表面の波形が粗くなったりする〔図5.12.8〕．

ⅳ）開先角度は広い方が溶込みが深い．両面一層溶接の場合一般的に第1パス側は溶落ち防止のために開先が狭く，第2パス側は溶込みを得るために開先を広くする．

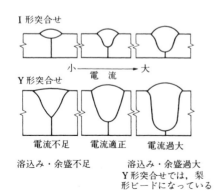

図 5.12.6 溶接電流のビード断面形状に及ぼす影響

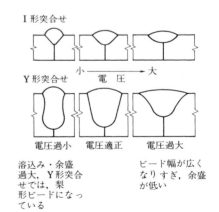

図 5.12.7 アーク電圧のビード断面形状に及ぼす影響

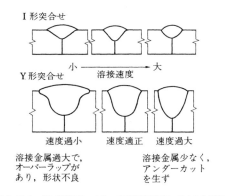

図 5.12.8　溶接速度のビード断面形状に及ぼす影響

v) ボンドフラックスは溶込みが浅く，幅広いビードとなる．同一条件ではボンドフラックスの溶込みは溶融フラックスの 70〜90 % であるが，一般的に，ボンドフラックスは溶融フラックスより大きな入熱の溶接が可能である．

vi) フラックスの散布高さは高すぎても低すぎてもよくない．発生ガスの発散が容易で，しかもオープンアークにならない高さがよい．ボンドフラックスは，散布高さが溶融フラックスより 20〜50 % 高い方がよい．

以上，主として溶接に影響のある要因について述べてきたが，この他の要因に溶接中のワイヤ傾斜，溶接線の傾斜，ワイヤ径，フラックスの粒度がある．これらを考慮した上で適正溶接条件を定めなければならない．

本溶接法は，被覆アーク溶接法，半自動ガスシールドアーク溶接法のように手操作を行うのでなく自動走行であるので，溶接中の溶接条件の変動は少ない．表 5.12.5〜5.12.9 に溶接条件の一例を示す．

これらは絶対的なものではなく，工場での環境条件あるいは機器条件，通電性，アース条件と，必要とする溶込み量，一度の走行による溶接金属の溶着量により決定しなければならない．

表 5.12.10 に代表的な溶接欠陥の原因とその対策を示す．

本溶接法に起因する欠陥の原因は大別して，

 i) 溶接部の汚れ

 ii) ワイヤの汚れ，フラックスの汚れ・吸湿

 iii) 溶接条件の不適正

特に溶接条件は先に示したように，工場の条件によって異なってくるので留意する必要がある．

b．溶接作業

（1）　一次電源は，溶接電流電圧の変動が生じないように十分容量のあるものとする．

サブマージアーク溶接は，他のアーク溶接よりも電力を消費する．さらに，溶接が自動的に行われるため，溶接電源の変動は溶接条件の変動となり，溶接結果に影響を及ぼす．したがって，本溶接法を採用する工場は，溶接機の台数，使用率を考慮した上で，十分容量のある電源を準備する必要がある．

表 5.12.5 下向溶接条件の一例（両面一層溶接）

板厚 (mm)	開先形状		溶接の側	溶接電流 (A)	アーク電圧 (V)	溶接速度 (mm/min)	ワイヤ径 (mm)	溶接入熱 (kJ/cm)
9.5	I		B F	600 650	33 33	650 650	4.8	18.3 19.8
12.5	I		B F	600 700	33 33	500 500	4.8	23.8 27.9
14	Y	45°	B F	700 700	32 34	400 500	4.8	33.6 28.6
16	Y		B F	800 700	34 34	500 500	4.8	30.7 26.9
19	X	60°	B F	800 850	32 32	350 400	4.8	48.0 40.1
22	X		B F	850 850	32 32	320 400	4.8	51.0 40.1
25	X	90°	B F	850 850	32 32	300 400	4.8	54.4 40.1
28	X	45°	B F	1 100 1 150	34 35	295 375	6.4	76.0 64.4
32	X		B F	1 100 1 150	34 35	255 375	6.4	88.0 64.4
35	X	90°	B F	1 100 1 150	34 35	225 375	6.4	97.7 64.4

［注］　B：裏側　　F：仕上げ側

表 5.12.6　箱形断面柱角継手における溶接条件の一例

板厚 (mm)	開先形状		電極	ワイヤ突出し長 (mm)	ワイヤ狙い位置 (mm)	溶接電流 (A)	アーク電圧 (V)	溶接速度 (cm/min)	ワイヤ径 (mm)	溶接入熱 (kJ/cm)
22	レ	40°	L T	30 40	3 4	1 550 1 000	34 46	39	6.4	151.8
25	レ		L T	35 45	3 4	1 650 1 050	36 48	36	6.4	183.0
28	レ		L T	35 45	3 5	1 750 1 200	36 48	34	6.4	212.8
32	レ	35°	L T	40 50	3 6	1 800 1 250	36 50	31	6.4	246.4
36	レ		L T	40 50	4 6	1 850 1 300	38 50	28	6.4	289.9
40	V	35°	L T	40 50	中央 中央	1 900 1 400	40 50	25	6.4	350.4

［注］　L：先行極　　T：後行極

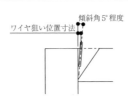

表 5.12.7　単電極単層下向隅肉溶接条件の一例

隅肉サイズ (mm)	フラックス粒度 (メッシュ)	ワイヤ径 (mm)	溶接条件			
			溶接電流 (A)	アーク電圧 (V)	溶接速度 (cm/min)	ワイヤ突出し長さ (mm)
7	20×200	4.8	550	32	70	35
8	〃	〃	600	34	60	〃
9	〃	〃	650	35	50	〃
10	20×D	〃	750	35	40	〃
11	〃	〃	800	36	35	40

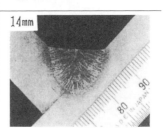

マクロ外観　9mm

表 5.12.8　2電極単層下向隅肉溶接条件の一例

隅肉サイズ (mm)	フラックス粒度 (メッシュ)	ワイヤ径 (mm)	溶接条件					
			電極	溶接電流 (A)	アーク電圧 (V)	溶接速度 (cm/min)	極間 (mm)	ワイヤ突出し長さ (mm)
8	20×200	4.8 4.8	L T	700 650	33 35	110	20	35 35
9	〃	〃	〃	700 650	33 35	100	20	〃
10	20×D	〃	〃	750 700	34 37	80	20	35 40
12	〃	〃	〃	800 700	34 37	70	20	〃
14	〃	〃	〃	850 750	35 38	60	20	〃
16	〃	〃	〃	850 750	35 38	50	20	〃

［備考］（1）トーチ角度　（2）結線：スコット結線

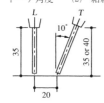

表 5.12.9　水平隅肉溶接条件の一例

隅肉サイズ (mm)	ワイヤ径 (mm)	溶接条件				備考
		溶接電流 (A)	アーク電圧 (V)	溶接速度 (cm/min)	ねらい位置 α (mm)	
5	3.2	400〜450	25〜27	60〜70	1.5	
6	4.0	500〜550	28〜30	60〜70	2.0	
7	4.0	600〜650	33〜35	60〜70	2.0	
8	4.8	650〜700	34〜36	60〜70	3.0	

表 5.12.10 サブマージアーク溶接部に生じる欠陥と原因の対策

欠陥		原因	対策
ブローホール		鋼板のさび，汚れ	さび，汚れを落とす
		フラックスの吸湿	フラックスを乾燥して使用する
		溶接速度が速すぎる	溶接速度を遅くする
		フラックスの散布が浅すぎる	フラックス散布高さを適当な高さにする
		溶接ワイヤのさび，汚れ	ワイヤを取り替える
		開先ルート間げき（隙）部にスラグが残存したり，フラックスが存在する	ルート間隙部にスラグやフラックスがかみ込まれないように開先精度を良くする
割れ	高温割れ	溶接条件が不適当	溶接電流と溶接速度を下げる
		開先形状が不適当	開先角度と幅を広くする
		母材のC，S量が多い	1．溶接電流と速度を下げる 2．開先初層は被覆アーク溶接にて溶接する
	低温割れ	開先のさび，汚れ，水分	開先のさび，汚れを除き，開先部を清掃する
		フラックスの吸湿	フラックスを乾燥して使用する
		予熱，後熱またはパス間温度が不十分	1．予熱温度を高め，予熱幅を大きくする 2．後熱温度を高め，後熱幅を大きくする 3．パス間温度を高くする
スラグ巻込み		溶接電流過小による溶込み不足	溶接電流を高め，残留スラグを溶かすようにする
		溶接速度が遅すぎてスラグが先行する	溶接電流と溶接速度を上げる
		アーク電圧が高すぎる	アーク電圧を下げる．広幅ビードの1パス溶接よりも，2パスにて溶接する
		前のビード形状が不良	1．アンダーカットやオーバーラップなどが発生しないような溶接条件を採用する 2．形状不良部を十分補修してから溶接する
		開先ルート間げき（隙）部にスラグが残存したり，フラックスが存在する	ルート間げき（隙）部にスラグやフラックスがかみ込まれないよう開先精度をよくする
アンダーカット		溶接速度が速すぎる	溶接速度を遅くする
		溶接電流，アーク電圧が不適当	適正電流，電圧に調整する
		電極位置の不適当（水平隅肉の場合）	電極位置を調整する
オーバーラップ		溶接電流が高すぎる	溶接電流を下げる
		溶接速度が遅すぎる	溶接速度を速くする
		アーク電圧が低すぎる	アーク電圧を上げる

（2） 溶接にあたっては，ガイドローラ，レールなどを使用し，溶接線に沿って正しくアークが発生するような処置を講じなければならない．

アークが溶接線に沿って正しく移動しないと溶込み不足や，不等辺脚長などの欠陥を生じる．アークを溶接線に沿って正しく移動させる方法として，溶接ヘッドに固定したガイドローラを開先線に沿って先行させる方法，溶接線に沿ってレールをセットし，溶接機をレール上で走らせる方法，あるいは水平姿勢の場合は，溶接ヘッドにサイドローラを設けて部材に沿って走らせる方法などがある．最近では，接触式検知器を使用し，上下・左右に自動制御が可能な溶接線ならい装置が多用されている．

(3) 溶接による変形や収縮については，なるべく少なくするような適当な対策を立てることが必要である．

サブマージアーク溶接は，被覆アーク溶接やガスシールドアーク溶接に比べ，一般に層数が少なく，溶接速度も速いので，溶接による変形が少ない利点がある．しかし，本溶接においても①溶接順序を考慮する，②変形を拘束する，③あらかじめ逆ひずみをつけてから組立て，溶接を行うなどの対策が必要である．

c．溶接部の仕上り

(1) サブマージアーク溶接部の外観形状は，他の溶接法に比べて表面が平滑で規則正しい波形を得ることが容易である．これは，継手の種類，開先形状に応じた溶接電流・アーク電圧・溶接速度などの溶接条件を溶接施工前に適正に決定することが可能であり，また，溶接中にこれらの溶接条件の変動が少ないことによる．

溶接外観のみでは，強度，伸び，内部の無欠陥を保証することにはならないが，作業者の技量および工場の良否の判定に十分役立つので，留意しなければならない．

(2) ビードの始端部および終端のクレータ部が母材に残らないように，十分な長さのエンドタブを取り付けて溶接しなければならない．

ビードの始端では，アーク発生時と走行開始時のずれによりビード形状，溶込みなどが変わる．終端部では走行停止時とアーク停止時との時間の差によりクレータの形状，溶込みなどが変化する．いずれにしてもビードの始終端部ではアークが安定しておらず，溶接欠陥の発生率が高い．そのため，始終端の溶接を慎重に行うとともにエンドタブを取り付け，始端・終端の欠陥を溶接継手内に残さないよう注意しなければならない．エンドタブの長さは，溶接の種類によるが，一般には被覆アーク溶接に比べ長くなる．

エンドタブは，母材および溶接部をきずつけないようガス切断などで除去する．

(3) 溶接部には有害な欠陥があってはならない．

a項の(4)に示したように，サブマージアーク溶接は溶接条件によって種々の溶接欠陥を生じる．これらはその種類および発生量によっては有害なものと見なされる．割れ，溶込不良，融合不良，アンダーカットなどの溶接欠陥が発生しないように施工すべきである．

(4) 溶接完了後，スラグを完全に除去しなければならない．

多層溶接の際，スラグを完全に除去しないとスラグ巻込みなどの溶接欠陥の原因となるので，特に注意をしなければならない．

d．安　　全

溶接設備は，漏電または電撃などの危険に対する防護措置を十分に行わなければならない．

自動溶接では，溶接を中止している時点では通電部分に電圧がかからないので，被覆アーク溶接に比較して電撃の危険性は少ない．作業環境についても，狭隘な場所での作業は一般にないので，この面からも電撃の危険性は少ないと考えられる．

しかしながら，被覆アーク溶接と比較して大電流を使用するので，溶接機の一次線，二次線，アース線の容量・長さなどによっては，キャブタイヤケーブルの被覆不良箇所や継手部分の不良箇所か

ら火災を起こすことがあるので，注意を要する．

5.13 エレクトロスラグ溶接法

5.13.1 一　　般

　エレクトロスラグ溶接法には，以前使用されていた消耗ノズル式エレクトロスラグ溶接法と，現在使われている非消耗ノズル式エレクトロスラグ溶接法がある．

　消耗ノズル式エレクトロスラグ溶接法（CES溶接）は，図5.13.1に示すように銅または鋼製当て金に囲まれた溶接部に消耗ノズルを立て，これを通して溶接ワイヤを連続供給し，スラグ浴中を流れる電流によって発生する電気抵抗発熱によりワイヤおよびノズルを溶融すると同時に，高温スラグの対流により接合される母材開先面をも溶融して溶接が進行していく方法であるが，現在ではほとんど使用されていない．

　一方，非消耗ノズル式エレクトロスラグ溶接法は，図5.13.2に示すように開先内で揺動・停止する水冷式の非消耗ノズルに細径のソリッドワイヤ（ワイヤ径1.6 mm）を送給し，溶接の進行に伴って，非消耗ノズルを常にワイヤの突出し長さを一定に保つように自動制御しながら上昇させて行く方法である．この方法は，従来のCES溶接と溶接現象は基本的に同じであるが，直流定電圧特性の電源を用いることと，細径ワイヤを使用し，ワイヤ突出し長さを一定に保持してワイヤのジュール発熱を利用することから，溶接が安定しており，かつ溶接速度が速いため高能率である．なお，この溶接法は水冷式の非消耗ノズルの製作および溶接時の固定方法の制約からCES溶接に比べて適

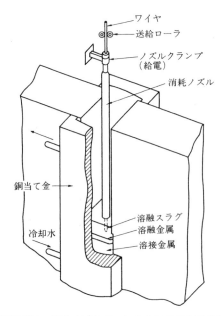

図5.13.1　消耗ノズル式エレクトロスラグ溶接法
　　　　　（銅当て金使用の例）

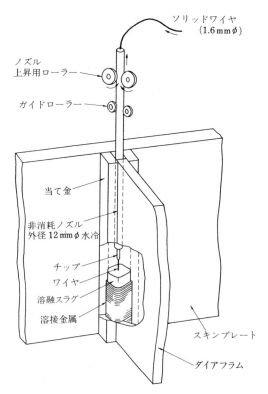

図 5.13.2 非消耗ノズル式エレクトロスラグ溶接法
(鋼製当て金使用の例)

用できる溶接長さに制限がある．

　エレクトロスラグ溶接法は，建築鉄骨においては，主に溶接組立箱形断面柱の内ダイアフラムの溶接継手に採用されている．この溶接継手の施工は，図 5.13.3 に示すような手順で行われている．以前は，2 面を CO_2 ガスシールドアーク溶接，残る 2 面をエレクトロスラグ溶接とした施工方法が用いられていたが，現在ではダイアフラムの溶接を 4 面ともエレクトロスラグ溶接する施工方法が主流となっている．

　一般に，これらの溶接方法は溶接後の角変形が小さいこと，厚板の溶接に高能率であること，溶接欠陥の発生が少ないこと，開先加工準備が簡単なことなどの利点がある．その反面，溶接中にスラグ浴の状態を外部からは察知することが難しいため，溶接金属の偏りや溶込みの不均一，あるいは溶込不良を生じさせないように注意する必要がある．また，大入熱溶接となるため，他の溶接法に比べて溶接熱影響部の靱性が低下する傾向がある．靱性が低下すると脆性破壊が生じやすくなることが知られており，溶接部の破断を防止するためには作用応力度を制限するなどの対策が必要となる[1]．最近では大入熱溶接において，熱影響部の高靱性化を図った高 HAZ 靱性鋼が開発され，そのための溶接材料も市販されており，鉄骨の溶接組立箱形断面柱製作に適用されている．

参考文献
1) 日本鋼構造協会：内ダイアフラムエレクトロスラグ溶接部の脆性的破壊防止ガイドブック，2016

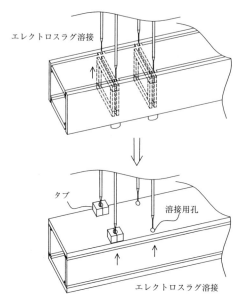

図 5.13.3 溶接組立箱形断面柱ダイアフラムの溶接施工手順

5.13.2 溶接計画

エレクトロスラグ溶接法の採用にあたっては，次の点に留意しなければならない．

（1） 溶接作業は，鉛直で行うことを原則とする．

エレクトロスラグ溶接法は，上進の立向溶接法であり，一定深さのスラグ浴の保持を必要とするため，溶接線が鉛直に近い場合に適用されている．

（2） スキンプレート・ダイアフラムの板厚は適正なものを選定する．

スキンプレート板厚が薄いとスキンプレートから溶落ちを生じるおそれがある．また，ダイアフラム板厚が薄いと，溶接用の孔が小さくなりノズルの制御が困難になる．したがって，スキンプレート・ダイアフラムの板厚は 22 mm 以上とし，良好な溶込みを確保するためには，25 mm 以上とすることが望ましい．

さらに，スキンプレートに比べてダイアフラムの板厚が過大であると，冷却速度が遅くなり溶接部の靱性値が低下するので，注意が必要である．

（3） 適用鋼材の熱影響部特性および合金成分に注意する．

エレクトロスラグ溶接法は，溶接入熱が非常に大きいため，熱影響部の靱性が低下するので慎重を要する．調質鋼のような熱処理された鋼材に適用する場合には，熱影響部が軟化する．また，母材希釈率も大きいため，鋼材の合金成分による影響を受けやすく，特に溶接金属の C 含有量が高くなると高温割れを生じることがあるので，当て金を含め適用鋼材の特性および成分に注意する必要がある．

（4） 使用溶接材料は適正なものを選定する.

溶接材料は，ワイヤおよびフラックスで構成されており，いずれも JIS Z 3353（軟鋼及び高張力鋼用エレクトロスラグ溶接ワイヤ及びフラックス）に規定されている〔表 5.13.1, 5.13.2 参照〕. 使用する溶接材料については，メーカーの技術データを十分に調査し，適用鋼種にあったものを選定する必要がある.

i) ワイヤ

エレクトロスラグ溶接の溶接金属にはワイヤの溶融分が 40％程度を占めるので，ワイヤの化学成分が溶接継手の性能に大きく影響する.

溶接金属中に適量の Mo が含有した方が靱性は安定する. また，溶接金属中に Mo を含有する場合に，Mo の含有量が高く，かつ Si の含有量が低い場合に靱性が良くなる傾向がある. さらに，溶

表 5.13.1 エレクトロスラグ溶接ワイヤ (JIS Z 3353)

ワイヤの種類の記号	適用鋼種
YES411-S YES411-M	軟鋼
YES410-S YES410-M	
YES501-S YES501-M	軟鋼及び引張強さ 490 MPa 級高張力鋼
YES502-S YES502-M	
YES500-S YES500-M	
YES561-S YES561-M	主として引張強さ 550 MPa 級高張力鋼
YES562-S YES562-M	
YES560-S YES560-M	
YES601-S YES601-M	主として引張強さ 590 MPa 級高張力鋼
YES602-S YES602-M	
YES600-S YES600-M	

[注] $1 \text{ MPa} = 1 \text{ N/mm}^2$
[備考] 種類の記号の付け方は次による.
[例] Y ES 50 1-S

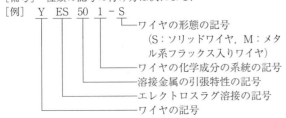

- ワイヤの形態の記号
  （S：ソリッドワイヤ, M：メタル系フラックス入りワイヤ）
- ワイヤの化学成分の系統の記号
- 溶接金属の引張特性の記号
- エレクトロスラグ溶接の記号
- ワイヤの記号

表 5.13.2 エレクトロスラグ溶接フラックス (JIS Z 3353)

フラックスの種類の記号	フラックスの製造方法	適用範囲
FES-MS	溶融フラックス	軟鋼及び引張強さ 490～590 MPa 級高張力鋼
FES-CS		
FES-AR		
FES-Z		

[備考] 種類の記号の付け方は次による.
[例] F ES-MS
- フラックスの化学成分の記号
- エレクトロスラグ溶接の記号
- フラックスの記号

接金属に有害な成分であるP，S，O，Nなどの含有量の少ないワイヤの使用が望ましい．

ⅱ）フラックス

エレクトロスラグ溶接においてフラックスの性質は重要であり，フラックスの化学成分，高温時の電気伝導度および高温粘度が溶接上の特性を決定する．

高温時の電気伝導度の高いスラグは，溶接のスタートが容易でスタート部の溶込みを改善し，安定した溶接を行うことができる．また，溶込みはスラグの高温粘度とも関係がある．高温粘度の小さいスラグは，スラグの対流が活発なため溶込みが安定し，非金属介在物の少ない溶接金属を得ることが可能となる．

ⅲ）当て金

エレクトロスラグ溶接に用いる当て金は，溶接入熱に適合した厚さのものを選定し，溶接中に溶落ちが生じないよう十分注意する必要がある．当て金の材質は，原則として母材と同等以上の強度を有するものを用いる．ただし，母材の強度が490 N/mm^{2}を超える場合，5.5.8項で述べたように裏当て金の入手が困難な状況があるので，工事監理者承認のもと，母材よりも強度の低い当て金を用いることができる．なお，エレクトロスラグ溶接は比較的希釈が大きく，当て金の成分が溶接金属の強度に影響を与える可能性があるので，事前に施工試験などにより性能を確認しておくことが望ましい．

5.13.3 溶接機器

エレクトロスラグ溶接機は，図5.13.4に示すように非消耗ノズル，ノズル揺動装置，ノズル上昇装置，制御装置，ワイヤ送給装置および電源で構成されている．電源は，直流定電圧特性が用いられる．非消耗ノズルの自動上昇は，溶接電流を検出し，あらかじめ設定された基準溶接電流に対して検出された溶接電流が高いか低いか（ワイヤ突出し長さが短いか長いか）を判断し，非消耗ノズルの上昇速度（高速，低速の2段階）を切り替えている．これにより一定のワイヤ突出し長さを保ちながら自動上昇するため無監視溶接が可能となっている．また，非消耗ノズルを開先内で揺動あるいは揺動の両端で停止させることにより，厚板の溶接に際しても十分な溶込みの確保を可能にし

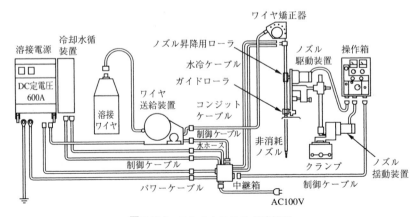

図5.13.4 エレクトロスラグ溶接機

ている．適用溶接長は，非消耗ノズルの長さで決まり，現在2 350 mm（適用溶接長2 000 mm）までのノズルが市販されている．適用板厚は，工場の設備や技術により異なってくるが，一般的には，1電極の場合には60 mm程度，2電極の場合には100 mm程度の極厚鋼板の溶接が可能である．ただし，この場合非常に大きな入熱となるので，機械的性質を事前に十分確認しておく必要がある．

5.13.4　溶接施工
a．溶接準備
（1）　溶接は適切な治具を使用して鉛直で行う．

　エレクトロスラグ溶接による縦収縮や角変形は，他の溶接法に比べて少ないとされているが，その特長から比較的厚板に適用されることと，溶接入熱が大きいことから，溶接の中断または失敗のないように装置を確実に固定し，堅固な拘束治具を使用して施工する．

（2）　銅製タブは継手形状に適した溝幅や深さのものを使用する．

（3）　母材と鋼製当て金は，すき間ができないように密着させる．

　母材と当て金の間にすき間があると，溶融スラグがすき間に流れ込み，ビードの不ぞろい，アンダーカットをつくり，外観上大きな欠陥の原因となる．すき間がはなはだしい場合は，溶融金属も流出して溶接が中断してしまうことがあるので，母材とのすき間を0.5 mm以下にする必要がある．しかし，やむを得ず，すき間が生じた状態で施工する場合は，溶接金属の流出を防止する対策を施す必要がある．

（4）　当て金や拘束材を取り付ける組立て溶接は，確実に行う．

　この組立て溶接は，直接母材どうしが接合されないため，溶接中に組立て溶接が割れると危険であるので，十分な脚長と長さを確保することが必要である．

（5）　開先面およびその近傍の赤さび，水分，油その他の有害と思われる異物は除去する．

　溶接組立箱形断面柱のダイアフラムの溶接を，2面をガスシールドアーク溶接後にあとの2面をエレクトロスラグ溶接によって行う場合，ガスシールドアーク溶接部の超音波探傷検査に用いられるグリセリンの処理の問題がある．グリセリンは蒸発しにくく，浸透性が強いため，エレクトロスラグ溶接開先内に浸透している場合が多い．通常，この状態で溶接しても，溶接速度が遅いため，その近傍のグリセリンは，スラグ浴の高熱で先行して蒸発され，影響は少ないといわれているが，溶接スタート付近はまだ十分に温まっていないので，予熱するなどしてグリセリンや水分を除去する必要がある．また，スキンプレート部をドリルで孔あけ加工するときに使用する切削油が開先内に残る場合がある．切削油は蒸発しにくいので，溶接前にガスバーナなどで十分あぶり，除去する必要がある．

（6）　あらかじめワイヤの直線性を確認する．

　ワイヤに曲がりがあると，スラグ浴中で電流の流れが偏り，溶込みに大きな影響を与える．あらかじめワイヤ矯正器で調整し，ワイヤの直線性を確認する必要がある．

（7）　ノズルは，ゆるみがないように溶接線と並行にセットする．

　ノズルの固定にゆるみや傾きがあると，母材または当て金と接触し，アークを発生させ，溶込不

良や片溶けになるおそれがある．特に長尺の溶接においては，ノズルの振れが起こりやすいので，中間部でも固定する必要がある．

（8）　湿気を帯びたり，異物が混入したフラックスやさびの発生したワイヤを使用してはならない．

（9）　適正な溶接条件を選定し，欠陥のない溶接を行わなければならない．

エレクトロスラグ溶接において溶込みを左右する因子は，ワイヤの送給量，速度，電圧，スラグ量（スラグ浴深さ），開先間隔である．良好な溶込みを得るためには，これらのパラメータを適切に組み合わせて管理する必要がある．溶接中は，開先間隔に応じて投入スラグ量を管理することにより，適切なスラグ浴深さ（30～40 mm）を維持する．その上で，ダイアフラム板厚に適した電圧値を用い，溶接中のワイヤ送給量を管理することによって，溶融スラグ中の最適なワイヤ溶融位置（ドライエクステンション）を確保することが肝要である．

エレクトロスラグ溶接の標準的な溶接条件を表 5.13.3 に示す．

表 5.13.3　エレクトロスラグ溶接標準条件

ダイアフラム板厚 (mm)	ワイヤ送給速度 (m/min)	溶接電流 (A)	溶接電圧 (V)	ノズル揺動幅 (mm)	両端停止時間 (sec)	ノズル上昇速度 (mm/min)	入熱量 (kJ/cm)	ドライエクステンション (mm)	フラックス添加量 (g)	スラグ浴深さ (mm)
22	8.5	380	46	—	—	33.8	310	38	46	35
32	〃	〃	〃	12	4	22.5	466	〃	67	〃
40	〃	〃	49	22	〃	16.9	661	〃	84	〃
50	〃	〃	52	32	〃	13.5	878	〃	105	〃
60	〃	〃	〃	42	5	11.3	1 049	〃	126	〃

［備考］　ワイヤ径：1.6 mm
　　　　開先間隔：25 mm

b．溶 接 作 業

（1）　一次電源は，溶接電流・電圧の変動が生じないよう十分容量のあるものを確保する．

エレクトロスラグ溶接は，長時間にわたって連続して溶接が行われるので，一次側入力の変動が大きいと，ビード表面の波形や溶込みが不均一となって現れる．良好な溶込みとビード外観を得るためには，溶接電流・電圧の変動をできるだけ小さくする必要がある．

（2）　ノズルは，すべての方向に対して良好な溶込みが得られるようにセットし，溶接中にノズルの位置がずれて開先面と短絡しないように保持をしっかり行わなければならない．もし，溶接中に開先面との間でアークが発生した場合は，すみやかにノズルの位置を調整する．

（3）　溶接中，つねに適正なスラグ浴深さを保つ．

溶融スラグの状態は，完全に目視することが難しいので，通常はスラグ浴の沸騰音，電流電圧の安定度，鏡によるスラグ浴の観察などから判断されている．

溶接起動用フラックスの量は，適正なスラグ浴深さが得られるように，開先断面積の大きさにより必要量を測定しておき，スタート時に添加する．

（4） 溶接途中での中断は避ける．

溶接中，万が一中断した場合は，ただちに再アークを発生させれば，スラグ浴が瞬間的に冷却することはないので，溶接を継続できる．しかし，中断が長引いて溶融スラグが凝固してしまった場合，建築鉄骨で一般的な溶接組立箱形断面柱の内ダイアフラムの溶接においては，凝固したスラグの除去が困難であるので，カットワイヤの添加などにより再アークを発生させ，再度エレクトロスラグ溶接を行う．再スタート部は，超音波探傷検査で欠陥範囲を特定し，その範囲のスキンプレートの表面からエアアークガウジングではつりとっていき，完全に欠陥部を除去した後にCO_2ガスシールドアーク溶接で埋め戻す方法がとられている．

エレクトロスラグ溶接に見られる溶接欠陥の代表的なものを表5.13.4に示す．このほかに設計溶込み幅の不足等の欠陥がある．

表 5.13.4 溶接欠陥の種類

欠陥の種類		発生原因
溶込み幅の不均一		ワイヤ狙い位置の不備，溶接電圧の変動，スラグ漏れ，フラックスの過大な供給などによって生じる．
パイプの発生		不適当な成分のワイヤを用いてリムド鋼を溶接した場合に脱酸不足となり，COガスが発生することに起因する．また，スケール，フラックスの吸湿水分，開先内の結露が原因となることもある．
割れ	高温割れ	凝固組織不良と低融点不純物の凝固中の偏析により生じる． (1) 凝固組織不良によるものは，溶接速度が速く結晶の成長方向が水平に進行して凝固する場合に発生しやすい．また，溶接金属の炭素含有量が多い場合に発生しやすくなる． (2) 硫化鉄などの低融点化合物の凝固中の偏析によるものは，柱状晶が会合する溶接金属の中央部に生じる．
	低温割れ	開先内の結露，フラックスの吸湿水分，スラグ漏れ防止剤中の水分などによりミクロ割れが生じる．

c．溶接始終端部の処理

エレクトロスラグ溶接の始終端部は，この溶接法の特殊性から，通常のアーク溶接に比べて不良部が大きいので，この部分を母材に残さないように完全に除去する．

エレクトロスラグ溶接の始端部は，アーク溶接からエレクトロスラグ溶接へ移行し，適正なスラグ浴を形成するまでに時間を要するので，その間の溶接金属は欠陥を内在し，かつ冶金的にも不完全なものである．また，終端部は，通常のアーク溶接よりも大きな収縮孔を生じる．一般に，これらの始終端部は，銅製のタブを取り付けて処理されている．特に終端部においては，不良部を母材に残さないように，母材表面よりも十分上に溶接金属が仕上がるよう余盛を設ける必要がある．

溶接組立箱形断面柱の内ダイアフラムの溶接では，始端側は水冷銅製タブが用いられ，終端側は非水冷銅製タブが用いられる場合が多い．銅製タブは，始端部ではアークの発生および終端部では熱履歴により傷みが早いので，つねにタブの傷み具合に注意し，その使用限度などを管理する必要がある．

d. 安　　全

（1）溶接設備は，漏電，電撃などの危険がなく，火災に対する防災設備を十分にし，かつ発生するガスで中毒しないように処置する．

　溶接工事の災害の中で，直接人命に関するものは漏電や感電である．エレクトロスラグ溶接は被覆アーク溶接に比べて大電流を長時間にわたって使用するので，溶接機の一次線・二次線・アース線などの容量を十分にとる．これらの線に絶縁不良箇所があると，そこから火災を起こすことがあるので注意を要する．

　溶接中に溶融スラグから生じるガスは，一般に人体に有害な成分を含んでいないが，フラックスの種類によっては独特の臭気を発するものがあり，作業者の中には頭痛を訴えたりすることがあるので，通風，換気などの処置が必要である．

（2）溶接作業場は，作業に適した十分な設備と安全な足場を設ける．

　エレクトロスラグ溶接は上進立向溶接であるので，構造物が大きくなればなるほど溶接作業は高所作業となる．一般に，感電して体内に流れる電流はわずかであっても，ショックによって足場を失うことがあるので，溶接装置自体を安全に支持するとともに，安心して作業のできる広さと安定性のある作業場を確保することが必要である．

（3）冷却水の排水方法は，危険のないように十分注意する．

　銅当て金は高熱にさらされるので，水を十分に通し冷却しなければならない．もし，冷却水が十分に循環しないと，溶接中に銅当て金が破裂し災害を引き起こす可能性がある．したがって，銅当て金の冷却度を十分発揮させるため，溶接中はつねに下から注水し，上部から排水させるのがよい．また，水ホースの締付け部分や銅当て金のろう付け箇所などから水漏れがあると，感電の危険性があるので注意を要する．

5.14　スタッド溶接法

5.14.1　一　　般

　スタッド溶接法は，スタッド材と母材の間に溶接電流を通じ，接触部を溶融・接合させる方法であり，合成梁や鉄骨柱脚のシャーコネクタなどの溶接に用いられるほか，断熱材・防音材の取付けや航空機，船舶，自動車など建築土木以外の分野でも広く応用されている．

　スタッド溶接法は，その用途や機器構成から，アークスタッド溶接法，サブマージアークスタッド溶接法，パーカッションスタッド溶接法などに分類される〔写真 5.14.1～5.14.3〕．

　アークスタッド溶接法は，フェルールと呼ぶセラミックスの保護筒内で母材とスタッド間にアークを発生させ，その発熱により母材およびスタッドを溶融し，一定時間の後スタッドを母材面上に形成された溶融池に圧入して接合させる溶接法である．建築構造分野では合成梁や鉄骨柱脚のシャーコネクタなどに多用されているほか，近年では鉄骨鉄筋コンクリート造建物の耐力壁配筋のアンカー部や既製コンクリート杭の杭頭処理部分など応用範囲が広がっている．

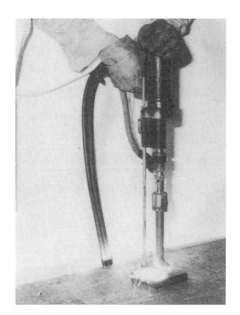

写真 5.14.1 アークスタッド溶接法

写真 5.14.2 サブマージアークスタッド溶接法

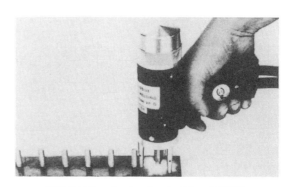

写真 5.14.3 パーカッションスタッド溶接法

　サブマージアークスタッド溶接法は，アーク発生用キャップを装着したスタッドを母材に接触させてフラックスで溶接部を覆いながらスタッドと母材間にアークを発生させて十分な溶融池が形成された時点でスタッドを溶融池に圧入して接合する溶接法である．溶接時間は長いが太径スタッド（径 20～32 mm）の溶接が比較的小電流で可能であるため，鉄骨柱脚のアンカーなどに用いられている．

　パーカッションスタッド溶接法は CD（Capacitor Discharge）方式またはコンデンサ放電方式ともよばれ，大容量のコンデンサ群に充電した電気エネルギーをスタッドと母材との間で瞬間的に放電させ，スタッドおよび母材を溶融させて接合する方式で，スタッド軸径は 1.6～8 mm が一般的である．この溶接方式は，放電時間が短いので板厚の薄い母材にも溶接できるという利点があるが，構造材としての利用は少ない．

　これらのスタッド溶接法の中で建築構造分野で主として使用されるのはアークスタッド溶接法であり，本指針で取扱うスタッド溶接は，この溶接法を示す．

　アークスタッド溶接法では，図 5.14.1 に示すようにアークを発生させる方式としてコンタクト方式を採用している．この溶接法では，スタッド先端を直接母材に接触させ，電圧印加と同時にスタッドを引き上げ，小電流のパイロットアークから大電流のメインアークに移行させるコンタクト方式により，アークを発生させる．

フェルールは，アーク熱を集中させアークを外気から保護し，かつ溶接後の冷却速度をゆるやかにすること，正常な形状の溶融池・カラーを形成すること，またスタッド圧入時の溶融金属の飛散を防ぐことなどの役割を果たすものである．また，健全な溶接部を得るためにフェルールで保護する．コンタクト方式ではスタッド軸の先端（スタッドベース）に球状のフラックスが装着されており，フェルールの内部は空洞である．

フェルールの代表的な形状を図5.14.2に，溶接部断面を図5.14.3に示す．

アークスタッド溶接法は，作業が容易で効率も良いが，溶接条件，材質，溶接環境，溶接技能者の技量，溶接システムなどが溶接部の品質に大きな影響を与えるため，十分な配慮のもとで設計かつ施工しなければならない．

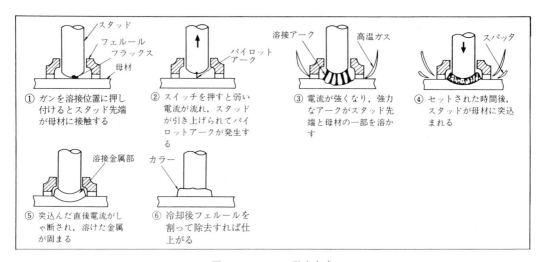

図 5.14.1　アーク発生方式

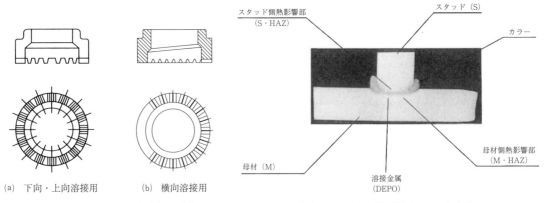

図 5.14.2　フェルールの代表的な形状

図 5.14.3　溶接部の断面マクロと名称

5.14.2 溶接計画

a. 溶接材料

アークスタッド溶接法は大電流を短時間に通電させる溶接法であるため，急冷による溶接部の硬化を起こしやすい．これを防ぐため，母材・スタッド材ともに溶接性の良好な材質を選択する必要がある．建築構造分野では頭付きスタッドが多く使われ，JIS B 1198（頭付きスタッド）で材質・形状が規定されている．近年使用が増加している異形棒鋼スタッドは JIS 規格では制定されていないが，通常の異形棒鋼（SD 材）と異なり強度が頭付きスタッドよりやや高く，化学成分が調整されて溶接性が良好な材質のものが供給されているので，これを使用することが望ましい．

b. 溶接システム

アークスタッド溶接は，各メーカーのシステムに差異があるため，スタッド材・フェルールとの組合せが適切な専用溶接装置で行わなければならない．またフェルールは，施工法，施工姿勢，スタッド形状などとの組合せが適切なものとする．組合せが標準的でない場合や JIS 規格外の材質のものを使用する場合は施工試験を行い，溶接性が良好であることを確認する．

c. 溶接技能者

スタッド溶接に従事する溶接技能者は，（一社）スタッド協会「スタッド溶接技術検定試験実施規定」に基づく技術検定試験に合格した有資格者とする．溶接姿勢は下向姿勢を原則とするが，やむを得ず横向・上向となる場合は，表 5.3.4 のうち，B 級（専門級）の有資格者が作業にあたるものとする．

d. スタッド軸径と母材板厚の組合せ

スタッド溶接を行うことのできる鋼材（母材）の材質，ならびにスタッド軸径・母材板厚の組合せは，原則として表 5.14.1 による．表に示されていない呼び名 10 および 25 のスタッドに関しては，各種論文や施工試験の実施結果を参考に検討する必要がある．

スタッド溶接部は，母材の材質と板厚の違いにより溶融金属の影響を受ける．これはスタッド溶接が大電流で瞬間的な溶接であり，溶接部の性状が材質により変化するほか，板厚の違いにより急冷効果の影響が異なることによる．このため溶接部の靱性指標の一つである硬さは，母材の炭素当量が大きいほど，またスタッド軸径と母材板厚の差が大きいほど大きな値となっており，スタッド軸径と母材の組合せによっては最高ビッカース硬さ（H_{vmax}）が 350 を上回ることもある．しかし，母材にとってスタッド溶接が局部的な溶接であり，H_{vmax} が測定される部分は微少部分であること，また極端な曲げ変形が生じない部分で使用することを前提とし，建築構造分野で一般的に使用される材質・板厚について，表 5.14.1 に示す範囲で使用することを原則とした．表 5.14.1 で示す母材は

表 5.14.1 母材の材質とスタッド軸径・母材板厚の組合せ

母材の材質	軸径（mm）	母材の板厚（mm）
SS 400, STK 400, STKR 400, SM 400, SMA 400, SM 490, SMA 490, SM 520 SN 400, SN 490	13	6〜22
	16	6〜32
	19	8〜50
	22	10〜50

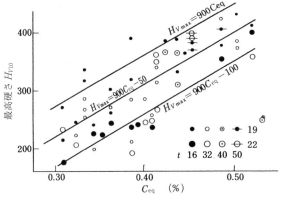

図 5.14.4 炭素当量と硬さ

式 (5.14.1) で示す炭素当量 (C_{eq}) の値が 0.35～0.55 % 程度であり，また H_{vmax} の測定値は 150～450 になると思われる．これらの母材にスタッド溶接を行い，H_{vmax} を 400 程度までに抑えるためには炭素当量を 0.45 % 以下に，また 350 以下とするには，0.40 % 以下の材質の母材を用いることが必要となる〔図 5.14.4〕[1]．

$$C_{eq} = C + \frac{Mn}{6} + \frac{Si}{24} + \frac{Ni}{40} + \frac{Cr}{5} + \frac{Mo}{4} + \frac{Cu}{13} + \frac{P}{2} + \frac{V}{14} \tag{5.14.1}$$

なお，最小板厚は，母材の溶落ちや大きなひずみを生じさせないためスタッド軸径の 1/2.5～1/3 を下限とする．スタッド溶接された母材は，溶接欠陥がない限り強度面での影響は受けないが，伸び率は低下する傾向になる．また，母材の曲げ延性（スタッド溶接側を外側にして曲げた場合）は，大きく低下するデータもあり，スタッドの溶接位置には十分な注意を払わなければならない．490 N/mm² 級鋼材，520 N/mm² 級鋼材で板厚の大きい場合は注意が必要である．近年使用の増加している TMCP 鋼は，C_{eq} または P_{CM} を抑えるよう製造法や成分が調整されているので問題は少ないと考えられるが，耐火鋼や 520 N/mm² 級を超える高強度の鋼材あるいは板厚の厚いものについては，施工試験などにより確認することが望ましい．

e．スタッドのピッチ，ゲージなどの最小寸法は，下記を標準とする．

　　　最小ピッチ（材軸方向の間隔）　　　　　　　　スタッド軸径の 7.5 倍以上
　　　最小ゲージ（材軸と直角方向の間隔）　　　　　スタッド軸径の 5 倍以上
　　　最小はしあき（スタッド軸心と母材縁端との距離）　40 mm 以上

スタッドの配列は上記のほか，シャーコネクタとしての耐力を満足するようコンクリートに対するかぶり，はしあきなどに注意して決定する．

参 考 文 献

1) 初瀬隆司，尾形素臣，中辻照幸，長尾直治，谷口　徹：厚板高張力鋼に対するスタッド溶接の影響について，日本建築学会大会学術講演梗概集，pp.1477-1478，1983.9

5.14.3 溶接機器

スタッド溶接機は図 5.14.5 に示すように電源・制御装置・溶接ガンの 3 要素から構成されるが，現在では制御装置内蔵式の溶接機が主流となっている．大電流を繰り返し用いて作業する溶接であるため，安全性に十分な配慮がなされているとともに良好な溶接ができるような計画が必要である．電源容量の不足は電流，電圧の不安定による溶接不良を生じさせるため，溶接部の品質を確保するためには十分容量に余裕のある専用電源とすることが望ましい．また十分な溶接電流を供給するには，一次側，二次側ケーブルとも適正な太さ，長さでなければならない．同一溶接機から 2 個以上のスタッド溶接ガンを操作する場合は，インターロック制御装置により 1 度に 1 台のガンのみが作動し，次のガンが作動開始するまでに十分な電圧が回復するようにされていなければならない．図 5.14.6 に一般的なスタッド軸径と電源容量およびケーブル長さの関係を示す．

溶接機および制御装置の据付けは配電線の関係を考慮し，できるだけ作業のじゃまにならない所に設置し，機器の安全，換気のために壁ぎわ，ほこりの多い場所，また直射日光や風雨にさらされる箇所などは避けなければならない．

5.14.4 溶接施工

（1）スタッド溶接は，鋼材（母材）表面にスタッドを直接溶接することを原則とする．塗装，めっき，油，水，さび，汚れなどが介在すると健全な溶接が損なわれることがあるため，グラインダ等で溶接面の不純物を除去した上で直接スタッドを溶接する．やむを得ず塗装やめっき処理された母材へ溶接する場合は，施工試験を行い良好な溶接が得られることを確認してから実施されなければならない．また，デッキプレートなどの薄板鋼板を貫通してスタッド溶接を行う場合は，その板厚，めっき量，肌すきなどにより十分な溶融量が得られない場合も生じるため，施工試験で確認するとともにデッキプレートなどの敷設状況の管理にも十分な配慮が必要である．なお，デッキプレート貫通溶接に関しては，工事現場施工編 7.3 節に詳述されているので参照されたい．

（2）溶接姿勢は下向姿勢を原則とする．16 mm 以下のスタッドならば他の姿勢でも施工は可能であるが，B 級（専門級）の資格を有する溶接技能者により，専用のスタッド・フェルールを用い溶接条件を十分に管理して行わねばならない．また，必要に応じて施工試験を行う．

（3）気温が 0℃ 以下の場合は，溶接作業を行ってはならない．やむを得ず 0℃ 以下で溶接する場合は，溶接部から 100 mm の範囲の母材部分を 36℃ 程度にガスバーナ等で加熱して，溶接する．また降雨，降雪にさらされた状態で溶接を行ってはならない．

（4）溶接着手前は，以下の項目を点検し必要に応じ改善しなければならない．

（ⅰ）溶接機器とスタッド材料が適切な組合せであるか．

（ⅱ）フェルールの方式および形状・寸法がスタッドに適合しているか．

（ⅲ）スタッドに著しいさび，その他溶接結果に悪影響を及ぼすおそれのある物質が付着していないか．

（ⅳ）スタッド・フェルールに有害な破損がないか，また水ぬれ，湿気を帯びていないか．

（ⅴ）溶接面の水分，ミルスケール，さび，塗料，亜鉛めっきその他溶接作業および溶接結果に

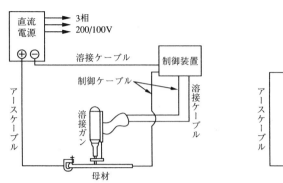
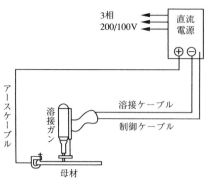

(a) 溶接機，制御装置別置き式　　　　(b) 制御装置内蔵式溶接機

図 5.14.5　スタッド溶接装置の接続法

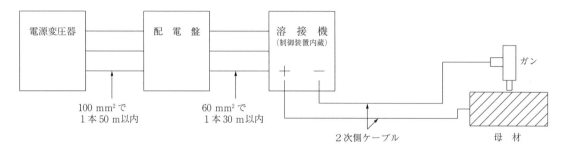

(a) スタッド軸径と電気容量の関係

スタッド軸径 (mm)	溶接電流 (A)	電源変圧器の 所要容量（kVA）	参考 ブレーカ容量（A）
10	500〜750	40〜60	100 以上
13	850〜900	50〜70	100 以上
16	1 050〜1 300	70〜90	100 以上
19	1 350〜1 650	90〜110	150 以上
22	1 500〜1 900	85〜120	200 以上
25	2 000〜2 500	125〜150	300 以上

［注］　＊上記の値は参考値で施工条件により異なることがある．
　　　なお，発電機では電源変圧器の約2倍の容量が必要である．

(b) スタッド軸径とケーブルサイズおよびケーブル長さ (m) の関係

二次側ケーブルサイズ ＼ スタッド軸径 (mm)	10	13	16	19	22	25
38	100	70	—	—	—	—
50	120	90	—	—	—	—
60	150	110	70	—	—	—
80	150	150	95	60	—	—
100	150	150	120	75	50	20

［注］　1）ケーブルサイズはケーブルの断面積（mm^2）を示す．
　　　2）表中の「—」はスタッド軸径に対してケーブルサイズが不適当であることを示す．
　　　3）ケーブル長さ (m) は，使用条件によっては表記よりも短くなる場合がある．
　　　4）経験値がないのでケーブル長さは最大でも150 m までとする．

図 5.14.6　スタッド軸径と電源容量およびケーブル長さ

支障となるものが除去されているか．

（5）本溶接に先立ち試験溶接（試し打ち）を行い，適正溶接条件（電圧，電流，アークタイムなど）を確認する．試し打ちは，施工に入る前に適切な溶接条件を確認するために行うものであり，施工開始前，溶接装置を移動・取り替えた場合，および作業がある期間中断した場合などに行うものとする．試験は実際の工事に使用する母材と同材質・同厚の鋼材を用い，試し打ちのスタッド本数は2本とする．溶接部が冷却後，外観検査およびハンマで打撃曲げ試験を行う．このときの曲げ角度は30°とする．外観および曲げ試験で不合格の場合は溶接条件を修正し，再度試し打ちを行って適切な溶接条件を把握する．本溶接はこの溶接条件の下で施工する．

（6）溶接作業は，以下の点に注意して進めなければならない．

（i）溶接中，溶接ガンは溶接金属が凝固するまで動かないように保持する．

（ii）作業中何らかの原因で溶接欠陥が生じた場合は，ただちに作業を中止する．作業の再開は十分に原因を検討し，解決した後に行うものとする．

部材の寸法，溶接位置などによっては磁気吹きを起こすことがある．これは，通電によりスタッド周辺の磁束分布がアンバランスになり，アークが特定の方向に吹かれるために生じる現象である．このことからカラーの偏り，アンダーカットなどの欠陥が発生しやすくなる．磁気吹きは溶接位置に対しアースケーブルを対称に2箇所とるか，鋼材の当て板を磁束密度の高い方（磁気吹きの方向の反対側）に置くことにより防止できる．また，溶接中に電源電圧の変動その他によって設定した溶接条件が影響を受け，良好な溶接が妨げられることも想定される．このため外観の確認などをつねに行い，溶接条件の適正維持を確認しながら作業を進めなければならない．

（7）作業は危険のないように行い，安全性が十分確保されるように配慮されなければならない．溶接設備は，漏電・電撃などの危険がなく火災に対する防護設備を十分に行ったものとする．溶接作業は作業上十分に安全と思われる足場を設けるとともに，作業者は作業にふさわしい服装，手袋，靴，保護帽などを着用する．

（8）スタッド溶接は，適切な組合せのシステム・材料を用いて標準の条件の下で施工されるならば良好な溶接が確保される．本指針では，標準的な施工方法を定めており，それに基づき施工される場合は，施工試験を省略できるものとする．ただし，JIS規格適合品以外の材料を使用する場合や溶接の環境が異なる場合（気温，溶接部分の表面状態，デッキ貫通）などでは施工試験を行い，溶接部の健全性を確認してから本溶接する．施工試験は，引張試験，曲げ試験，マクロ試験などによって行う．

5.15 ロボット溶接法

5.15.1 建築鉄骨におけるロボット溶接の現状

建築鉄骨溶接ロボット（以下，溶接ロボットという）は，1980年代後半から鋼管柱・角形鋼管柱の鉄骨加工量の増加，溶接技能者の減少という背景の中で普及が進み，現在の鉄骨製作工場では製

作時間短縮によるコスト低減や溶接の高品質化のための重要な設備の一つとなっている．角形鋼管や鋼管と通しダイアフラムとの溶接は，ロボット溶接が主流となりつつある．

　ロボット溶接の特長は，アークタイム率が高く溶接作業時間を短くできることと，溶接条件のバラツキが少ないことによる品質の安定が挙げられる．特に半自動溶接では対応しづらい周溶接においては，鋼管だけでなく直線部とコーナ部が混在する角形鋼管においても，常に下向姿勢での連続溶接が行うことができ，高能率で高品質な溶接を実現できることが溶接ロボットの導入が進んだ大きな要因となっている．

　溶接ロボットは溶接技能者に代わってトーチを移動させるマニピュレータ，マニピュレータの動作を制御する制御装置およびティーチングペンダント等から構成される．制御装置は動作制御などを統括するCPUと制御電源で構成されている．

　溶接ロボットの動作制御方式は，位置情報や動作順序などを数値で入力する数値制御（NC）形と，あらかじめ溶接ロボットの動作を教示（ティーチング）し，位置情報・動作順序・溶接箇所および溶接条件などを再現する教示プレイバック形に大別される．通常，溶接ロボットを動作させるためのNCデータや教示データの作成には非常に長い時間を要するが，一度作成したデータは繰返し使用できる．建築鉄骨は一般的にはいわゆる少量多品種生産品に属するが，鋼管と通しダイアフラムの溶接などの完全溶込み溶接部は共通の開先形状も多く，現在，広く用いられている建築鉄骨向け溶接ロボットではある程度の寸法情報を入力すると，それに必要なNCデータや教示データおよび溶接条件を自動生成もしくはデータベースから引き当てるなどして，そのデータ作成作業を不要または軽減することで，高能率化・高品質化の効果を発揮している．

　ロボット溶接では材料や組立てによる開先の精度，溶接中に生じる変形などに応じて溶接開始・終了点および溶接中のトーチ位置などを的確に追従させなければならない．それらの情報を検出する機器または装置がセンサである．建築鉄骨で使用される溶接ロボットでは，ワイヤタッチセンサとアークセンサが主に採用されている．溶接ロボットで施工する場合には，溶接を開始したら溶接技能者が行うようなアークの状態・電流・電圧の変化などを常に監視する必要がなく，溶接完了までの無人化が進んでいる．

　溶接ロボットの使用にあたっては，原則として施工試験を行って工事監理者の承認を受ける必要がある．試験を実施する場合は，本指針付11の試験方法を参照するとよい．ただし，JASS 6では（一社）日本ロボット工業会の建築鉄骨溶接ロボット型式認証を取得していて認証範囲内で施工するか，その溶接方法についてすでに試験を行っており，その試験結果を工事監理者が支障ないと認めた場合は試験を省略できるとしている．建築鉄骨溶接ロボット型式認証を取得している溶接ロボットについては，（一社）日本ロボット工業会のホームページを参照されたい．

5.15.2　建築鉄骨溶接ロボットの性能および適用可能な継手

a．溶接ロボットの適用可能な継手箇所と溶接姿勢

　建築鉄骨用下向姿勢による完全溶込み多層盛り溶接を対象として開発されたロボットも，現在では下向はもちろん立向，横向まで適用範囲を拡大している．表5.15.1および図5.15.1は，現状にお

表 5.15.1 溶接ロボットの適用可能な継手箇所と溶接姿勢
(一般的に適用されている箇所を◎とする)

(1) 柱

仕口形式	柱形状	製作工程	対象継手部	溶接姿勢 下向	横向	立向	部位 No
梁貫通形式	角形鋼管柱 鋼管柱 十字形断面柱	パネル部組立て	柱パネル+通しダイアフラム	◎			1
		内ダイアフラム	柱パネル+内ダイアフラム	○			2
		柱梁仕口部組立て	梁フランジ+梁ウェブ		○		3
			通しダイアフラム+梁フランジ	◎	○	○	4
			柱パネル+梁ウェブ		○		5
		大組立て	柱梁仕口部+柱幹	◎	○		6
柱貫通形式	溶接組立箱形断面柱	箱形組立て	柱フランジ+柱ウェブの角継手	○			
			柱+梁フランジ	○	○	○	
			柱+梁ウェブ		○		
	角形鋼管柱 鋼管柱 十字形断面柱	大組立て	柱+外ダイアフラム	○			
			外ダイアフラム+直線梁フランジ	○	○	○	
			外ダイアフラム+円弧梁フランジ	○	○		
			柱+梁フランジ	○	○		
			柱+梁ウェブ		○		

(2) 梁

仕口形式	製作工程	対象継手部	溶接姿勢 下向	横向	立向	部位 No
梁	梁組立て	梁フランジ+梁フランジ	◎			7

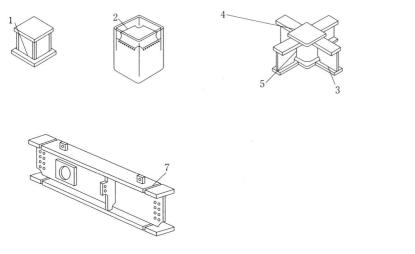
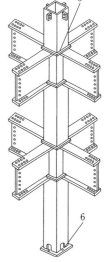

図 5.15.1 溶接ロボットの適用可能な継手箇所と溶接姿勢

ける溶接ロボットの代表的な適用可能な継手箇所と溶接姿勢を示したものである．

b．仕口形式，部材形状および寸法制限

（1） 仕口形式，部材形状の寸法制限

柱梁接合部にロボットを使用する場合の仕口形式，部材形状別の寸法制限があるため，制限の詳細については，各ロボットメーカーに対応方法を問い合わせて使用すべきである．

（2） ロボット溶接を適用できない接合部形状と改善案

ⅰ）通しダイアフラムの出寸法が大きいもの，間隔が小さいもの

通しダイアフラムの出寸法が50 mmを超える場合，前述の溶接可能範囲内でもトーチが干渉して適用できない場合がある．特に梁貫通式鋼管柱の通しダイアフラムや外リング等については，出寸法が大きい場合があるので，メーカーに確認する必要がある〔図5.15.2参照〕．

ⅱ）絞りの角度が急なもの

柱の絞りの角度が急なものおよび接合部の開先角度が異なるものについては，余盛形状が部部的に変化して，外観不良となる場合があるので，メーカーに確認の上，使用する必要がある〔図5.15.3参照〕．

ⅲ）仕口溶接の段差継手

段差継手の梁フランジ溶接の場合は，ノズルおよびトーチがダイアフラムに干渉するため，適用できる段差寸法は150 mm以上が目安となる〔図5.15.4参照〕．

ⅳ）大組立て溶接に対する仕口部梁フランジの余盛高さ

トーチとの干渉を避けるため，前工程で溶接される仕口梁フランジの余盛高さは3 mm以下

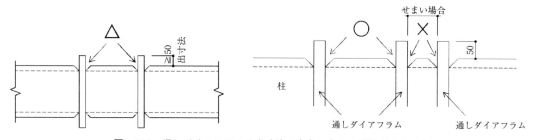

図5.15.2 通しダイアフラムの出寸法が大きいもの，間隔が小さいもの

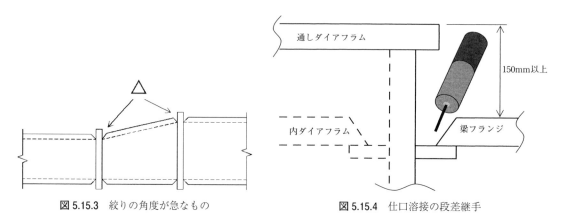

図5.15.3 絞りの角度が急なもの　　**図5.15.4** 仕口溶接の段差継手

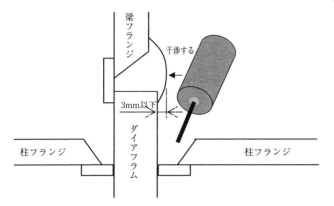
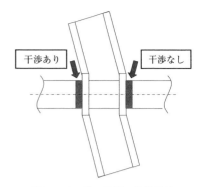

図 5.15.5 大組立て溶接に対する仕口部梁フランジの余盛高さ

図 5.15.6 仕口溶接の段差継手

が目安となる〔図 5.15.5 参照〕.

v) 勾配のついたブラケットとロボットの干渉

ブラケットに勾配がある仕口では，ロボットとブラケットが干渉するため，適用できない場合がある．特に角形鋼管や鋼管の場合には回転しながら溶接するため，注意が必要となる〔図 5.15.6 参照〕.

vi) 仮設ピース等の取付け

溶接時にロボットのアームや溶接トーチと干渉するおそれのある吊環やカンザシなどの部材は，ロボットでの溶接が終了した後で取り付ける．また，柱脚のスタッドも同様に後付けする.

5.15.3 建築鉄骨溶接ロボットによる溶接施工

a. 施　　工

溶接ロボットで溶接を行う部位については，その機能を最大限に生かすための作業手順（製作順序など）を確立しておくことが重要である．設計図書入手後，溶接ロボットが有効に活用できるかどうかを検討すべきであり，また，適用拡大のために有効な提案を行うことも重要となる．それには，工作図や加工図の作成・現寸・材料発注・部材加工・組立て・溶接までの一連の作業について検討することが必要である.

（1） 検討と提案

検討項目の例を下に記す.

i) 鋼管柱・角形鋼管柱溶接の場合

ダイアフラムの板厚・ダイアフラムの出寸法・ダイアフラムの形状（鋼管柱の場合）

ii) 梁貫通の仕口ブラケット溶接の場合

ダイアフラムの板厚・ダイアフラムの出寸法・ブラケットとダイアフラムの合せ位置・スカラップの形状

iii) SRC 造の溶接の場合

スカラップの形状・組立て溶接

ⅳ) 製作上の検討事項
・部材加工精度・組立て精度および組立て溶接・溶接の収縮量（収縮・折れ）・ダイアフラムの板厚
・突合せ継手の食違いの許容差内を想定した精度（縮み代等）・溶接部の余盛高さ
・板厚・開先角度などの条件および組立て後の形状がシーリングビードなどを必要とせず溶接ロボットで初層から直接行える仕様かどうか

（2）　現寸・材料の発注

一次加工を発注する場合は材料発注時に適用部材の切断精度を明示要求し，下記（3）に留意し，材料入荷時の受入検査も行う必要がある．なお，部材寸法は，溶接収縮を考慮した寸法とする必要がある．

（3）　部材加工

ロボット溶接の品質を確保するためには，部材加工精度が重要である．切断精度が良く，バラツキが少なければその組立て精度が向上し，溶接ロボットの適用管理値を満足しやすい．完全溶込み溶接部の開先など機械加工による場合は開先面の粗さ・開先角度・ルート面の処理などは適用管理値どおりに加工しやすいが，機械加工のできない部材（ガス加工など）については，適用管理値を守るために十分注意する必要がある．鋼管柱・角形鋼管柱に用いる裏当て金の寸法・コーナー部の曲げ精度の確保は，溶接品質に影響を与えることが多いので，加工時には注意する必要がある．

（4）　組立て

溶接ロボットは，組立て精度の管理項目とその他の標準で管理された精度で組立てを行なわなければならない．組立ては，自社の溶接ロボット・製作工程別に組立て手順を確立しておくことが必要である．ロボット溶接に要求される加工・組立て精度は使用する機種によって異なるため，JASS 6 付則 6「鉄骨精度検査基準」にかかわらず，使用する溶接ロボットのメーカーが推奨する適用範囲内で溶接を行うことが望ましい．また，各項目が適用範囲内であっても，組合せにより施工上の不都合が発生する可能性もあるので注意する．メーカーが推奨する範囲を超えて施工せざるを得ない場合は，適切な処置を施し，不具合が生じないように対処する必要がある．

（5）　溶　接

上記（1）〜（4）を考慮した上，選定されたオペレータによりロボット溶接を行う．溶接ロボットを操作するオペレータの役割や備えておくべき能力などを 5.15.4 項に示す．

b．組立て溶接

（1）　閉鎖断面（鋼管柱・角形鋼管柱）の組立て溶接

ⅰ）組立て溶接，すき間補修のための溶接等は，すべて半自動溶接で行うことが望ましい．また，その際に使用する溶接ワイヤにはソリッドワイヤとフラックス入りワイヤが考えられるが，いずれの場合も φ1.2 mm 以下の細径ワイヤを使用することが望ましい．

ⅱ）閉鎖断面（鋼管柱・角形鋼管柱）の場合，裏側からの組立て溶接が困難な場合がほとんどであるため，開先内での溶接が必要となる．ロボット溶接前の開先断面が，図 5.15.7 に示すような所定寸法・形状になるように組み立てる．また，その際，溶接線方向に向かってビード幅や

余盛高さが均一になるように注意する．ルート間隔が狭い場合には，開先側の断面形状にも注意が必要となる．

ⅲ）テーパ付裏当て金は，見た目の脚長を小さくし，組立て溶接の強度を確保することができ，クレーン搬送中の破損防止といった溶接前の安全の観点で効果があるが，ルート間隔が狭い場合，図 5.15.7 のように切込み部が開先裏側に入り込むため，欠陥の発生が懸念される．よって，この裏当て金を使用する場合には，テーパ寸法以上のルート間隔を確保するように組み立てることが必要である．

ⅳ）組立て溶接の手順としては，図 5.15.8 に示すように，まず，上側の一面を下向姿勢で，横の二面を立向姿勢で溶接し，さらに反転後，残り一面を下向姿勢で溶接する．

ⅴ）組立て溶接の溶接長さは，部材重量などによって必ずしも全線行う必要ないが，安全に十分注意した溶接長さを確保しなければならない．ロボット溶接では，部分的にのど厚が異なる箇所があるとセンシングとの不整合や溶接時の狙いズレといった不具合を発生しやすい．よって，

＜初層からロボット溶接を行う場合＞

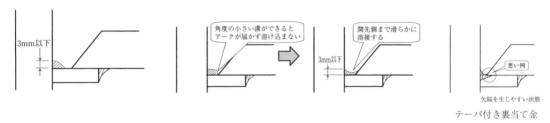

＜初層部を半自動で溶接する場合＞

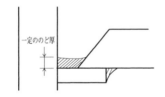

図 5.15.7　組立て溶接の断面形状

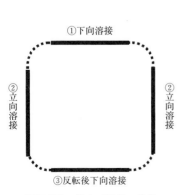

図 5.15.8　組立て溶接の位置

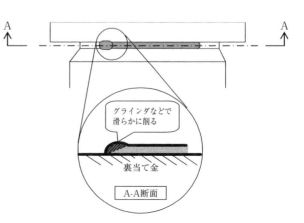

図 5.15.9　組立て溶接の補修が必要な場合

ロボット溶接を行うための組立て溶接を行う場合，基本的には脚長を増やすのではなく，溶接長を長くすることで強度を確保すべきである．また，全線に組立て溶接を行った上でなお強度を上げたい場合には，脚長（のど厚）を増やすことになる．いずれの場合にも継手のど断面内の組立て溶接は本溶接の一部として考え，溶込みやビード形状を確保しなければならない．

vi）角形鋼管のコーナー部付近は溶接条件の変更が行われる箇所であることから，この付近に組立て溶接を入れないことが望ましい．

vii）図5.15.9に示すように，ビード終端部の垂れなどが生じた場合などは，グラインダ仕上げの処理を行う．

viii）開先および開先近傍の水，油，グリセリン，防せい（錆）材，ペンキ等は，センシングの失敗やブローホールなどの溶接欠陥の発生原因となるため，取り除く必要がある．

ix）過剰なスパッタ付着防止剤の塗布は，ブローホールの原因となるため，十分な注意が必要である．

x）ロボットはワイヤによるタッチセンシングを行うがセンシング検出位置に付着したスパッタ，開先面に残った切粉，グラインダ切削粉等は，センシングの失敗要因を少なくするために取り除く．

xi）組立て溶接後，ワークを放置した場合には，水分除去のため，バーナ等で若干の予熱を行うことが望ましい．

(2) 開断面の組立て溶接

ⅰ）(1)以外のもので，裏当て金側が開いている開断面の継手については原則として裏当て金側から組立て溶接を実施し，開先内に組立て溶接を行わない．

ⅱ）固形エンドタブを使用する場合は，端部での突抜け防止とエンドタブを安定して取り付けるため，図5.15.10のように裏当て金をフランジ端面より10mm程度突き出させる．
（鋼製エンドタブの端部に固形エンドタブを取り付ける場合も同様）

ⅲ）鋼製エンドタブ部分のルート間隔は，フランジ端部のルート間隔と同じにする．

ⅳ）図5.15.11のようなノンスカラップタイプの梁で開先内のウェブ部にくぼみができる場合には，半自動溶接により充填溶接を行い，くぼみを埋めてからロボット溶接を実施する．

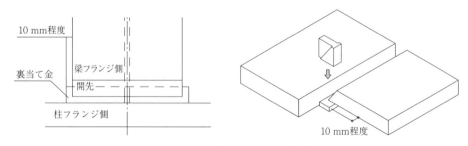

図 5.15.10 固形エンドタブの取付け

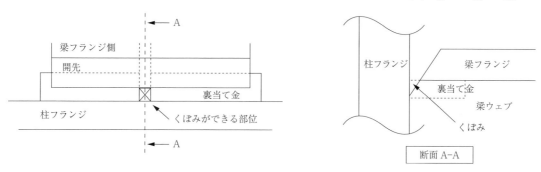

図 5.15.11 組立て溶接の断面形状

5.15.4 建築鉄骨溶接ロボットの管理者およびオペレータの資格と役割

溶接ロボットはその名前から「万能機械」のようなイメージを持たれているが,適切な溶接を可能にするためには,組立て精度確保や各種点検の励行といった条件があることを認識しなければならない.与えられた部品の組立て精度や溶接条件などの確認・判断,溶接中の溶接条件の変動や溶接後の外観状態の善し悪しなどの確認には,人(ここではロボット溶接オペレータという)が関与しなければならない.このようなロボット溶接オペレータの必要性・重要性を理解し,運用することが重要である.

したがって,ロボット溶接オペレータは,少なくとも JIS Z 3841 の基本となる級(下向溶接)の溶接技術検定試験に合格した有資格者とする.なお,型式認証を取得している溶接ロボットを用いてその認証範囲で施工する場合は,(一社)日本溶接協会の建築鉄骨ロボット溶接オペレータの技術検定試験に合格した有資格者とすることが望ましい.特記によりオペレータの技量付加試験を行う際は,AW 検定協議会「ロボット溶接オペレーター試験」〔付 12 参照〕などの内容を参考にするとよい.

ロボット溶接を行う場合,鉄骨製作工場の溶接管理者はロボットのオペレータを選出し,溶接ロボットに適合するように組み立てられたワークを溶接ロボットで溶接させる.作業の内容は作業標準として作成しておき,特殊な形状に対応した時などのデータは,次のステップのために分析などができるようにしておくことが必要となる.また,各種データの収集などを行うことも重要である.以下は,オペレータが果たすべき役割について記した一例である.オペレータにはこれらの能力が備わっていることが望ましい.

a. 適用範囲の把握
 ・ワークおよび図面を見て,ロボット溶接が行えるかどうか判断できる.
b. 開先精度の把握
 ・組み立てられたワークを見て,ロボット溶接が行えるかどうか判断できる.
 ・スタート前に組立て形状より溶接品質 (UT の合否に関することなど) が予想できる.また,溶接ロボットの施工に対して適合・不適合の判定ができる.
c. 施工前に実施すべきチェック項目の把握と確認
 ・運転前のワーク,システム,安全に関する確認ができる.

d．鋼材と溶接ワイヤ，溶接条件の組合せの把握と管理
　・使用鋼材に対して使用すべき溶接材料（使用鋼材の強度とワイヤ・シールドガスの組合せ，耐火鋼・耐候性鋼用など特殊仕様鋼材と溶接材料の組合せ等）・溶接条件の管理・溶接機器の組合せが判断・決定できる．
　・鋼種・板厚等によって適切な予熱ができる．
e．トラブルからの復旧作業
　・母材とチップが溶着したとき，途中でワイヤがなくなったとき，ワイヤがチップ内で融着したとき，ワイヤが溶接金属に溶着したときなどの異常発生（ロボット停止時）時に，その復旧作業が行える．
f．溶接外観の良否判断
　・溶接欠陥を見て，作業を継続しでもよいかどうか判断できる．
　・外観検査から次の製品につながるロボットの調整ができる．
g．超音波探傷試験や外観検査で不良が発生した場合の対処
　・欠陥に対する対処方法を理解し，次の溶接実施前にその対策を実施できる．
　・溶接を見て，不具合状況が改善されたか確認できる．
h．安全教育受講と実施
　・溶接ロボット操作および周辺に対して安全作業の管理ができる．
i．データの管理
　・溶接ロボット操作および周辺に対して安全作業の管理ができる．
　・溶接の電流・電圧・ガス流量などの諸条件の管理ができる．
　・ロボット溶接の履歴がわかるようなリストが作成できる．
　・定期点検時に過去のトラブルを分析して修正・改善の提案ができる．

5.15.5　機器の点検

　機器の点検の励行は，安定した溶接を継続して行うことと，安全に溶接ロボットを使用するために非常に重要である．溶接ロボットの性能とはそうした管理の下に使用されることを前提としたものであり，使用者がそれを怠ることは溶接への信頼性を低下させることに直結する．また，突然のトラブルは生産工程を混乱させ，予定の生産活動ができなくなるといった企業としての損害を招くこととなる．よって，使用する溶接ロボットに適した点検を励行しなければならない．

　溶接ロボットが適正に作動するためには，日常点検や定期点検（メーカーの性能診断等）を実施し，記録することが必要かつ重要である．日常点検で実施される基本的な点検項目は，溶接ロボットに限らず半自動溶接にも必要な点検項目と同様である．定期点検の項目・頻度は機種・使用時間数などにより異なるが，ユーザーによる日常点検では確認・調整できないことなどを点検するものであり，一年に一度程度の実施が望まれる．

5.15.6 使用環境

a. 使用環境

(1) 溶接は，信頼できる継手を確保するために整備された溶接環境のもとで施工される必要がある．特に無監視状態で溶接する溶接ロボットにおいては，十分な配慮が必要である．

(2) 風が強い環境での溶接は，アークが不安定となりブローホールおよび溶込不良などの欠陥が生じやすいので，遮風して溶接を行う必要がある．一般にガスシールドアーク溶接の場合，アーク近傍の風速が2 m/sec以上ではガスによるシールドが不完全となってブローホールなどの欠陥が生じるので，溶接を行ってはならない．ただし，囲いや柵といった防風冶具の設置など適切な方法により防風処置を講じた場合は，この限りではない．

(3) 精密機械である溶接ロボットの使用にあたっては，降雨，降雪に影響を受けない箇所に設置することに十分な配慮が必要である．設置環境の例を表5.15.2に記す．

表 5.15.2 使用環境の一例

項　目	条　件
温　度	0～45℃（0℃以下の環境下においては，あらかじめ電源を入れ温度が0℃以上になってから動かすこと）
湿　度	20～90%以下，結露しないこと
振　動	0.5 G 以下
設置場所	屋内
接　地	D種接地以上（第3種接地以上）

［注］上表はあくまで一例であり，実際の条件については各機器のメーカー仕様に従うこと

b. 安　全

日本における産業用ロボットは1980年頃から普及し，それ以降，生産工程の自動化および省人化の手段の一つとして貢献してきた．また，高齢化による若年労働者不足および技能労働者不足への対応や，危険箇所や有害な環境下での作業をロボットが肩代わりすることによる労働災害防止の面でも，大きな成果を上げてきた．実際，産業用ロボットは数多くの分野で現在活躍しており，溶接分野においても，アーク溶接やスポット溶接を中心に数多くのロボットが使用されている．

しかし，一方では，ロボットオペレータの操作ミス等の人的原因やノイズ等によるロボットの誤動作によりロボットを使用しているがゆえの労働災害も発生している．このような背景から1983年（昭和58年）に「労働安全衛生規則」が改訂され，「運転中の産業用ロボットの稼働範囲内に立ち入らせない事が災害防止の基本」との認識から，「当該産業用ロボットに接触することにより労働者に危険が生じるおそれのあるときは，柵又は囲いを設ける等当該危険を防止するために必要な措置を講じなければならない．」，また，「ロボットの取扱には相当の知識を要し，取扱者の知識の不足が災害につながる．」との考えから，「特別（安全）教育の実施」がロボット導入事業者に義務づけられている．

(1) 関係法令

産業用ロボットの労働安全衛生および特別教育関係では，表5.15.3のような法令，規格が示され

表 5.15.3 関係法令・規格一覧

1	労働安全衛生法	昭和 47 年法律第 57 号,改正平成 8 年法律第 89 号
2	労働安全衛生規則	昭和 47 年労働省令第 32 号,改正平成 10 年労働省令 26 号
3	安全衛生特別教育規程	昭和 58 年労働省告示第 49 号
4	労働安全衛生規則第 36 条第 31 号の規定に基づき労働大臣が定める機械を定める告示(産業用ロボットの範囲)	昭和 58 年労働省告示第 51 号
5	産業用ロボットの使用等の安全基準に関する技術上の指針	昭和 58 年技術上の指針公示第 13 号
6	ロボット及びロボティックデバイス—産業用ロボットのための安全要求事項	JIS B 8433:2015
7	「機械の包括的な安全基準に関する指針」	平成 19 年 7 月厚生労働省労働基準局長通達基発第 0731001 号

ている.

(2) 運転中の危険防止

労働安全衛生規則には,運転中の危険防止および運転開始の合図に関して記述されている(第104条,第150条の4).また,「技術上の指針」には,産業用ロボットの使用にあたって,ロボットと作業者が接触することによる危険を防止する措置として,安全柵等の設置が定められている.

自動運転中にロボットと作業者が接触する危険を防止するには,ロボットの自動運転中は動作範囲内に立ち入らないようにするのが基本である.技術上の指針には,接触防止措置としてロボット動作範囲の外側に「柵又は囲い」,「光線式安全装置」,「ロープ又は鎖」,「監視人」のいずれかの措置またはそれらと同等以上の措置を講じることと記述されている.

さらに,溶接ロボットの場合,次のような事柄も考えておく必要がある.

・ロボットシステム周辺にいる作業者等にアークの光が直接当たることのないように,遮光カーテン等を設置する.
・ワークの落下等を防止するため,ロボットシステムの適用範囲(ワーク重量,偏荷重等)を守る.
・アーク溶接中にでるヒューム対策として換気を実施する.

(3) 特別教育の実施義務

「労働安全衛生法」により特別教育の実施がロボット導入事業者に義務づけられている.ロボット溶接に限らず,アーク溶接に従事する作業者を対象として「労働安全衛生法第59条」の「事業者は危険または有害な業務で労働省令で定めるものに労働者を就かせる時は,労働省令で定めるところにより,当該業務に関する安全または衛生のための特別の教育を行わなければならない」があり,また,ロボット溶接に従事する作業者を対象として「労働安全衛生規則昭和58年労働省告示第49号」により産業用ロボットの教示,検査などの業務にかかわる特別教育が加えられた.これはロボットメーカーが実施し,修了証を発行するのが一般的となっている.

5.16 新技術・新工法の紹介

5.16.1 柱梁工事現場溶接接合部における梁端ディテール

本項では，柱梁現場溶接接合部における梁端ディテールの改良工法を紹介する．

従来の現場溶接接合形式による梁端部の構造性能は，工場溶接接合形式の場合に比べて構造性能が低下する要因を含んでいる．

① 下フランジ溶接部を下向姿勢で溶接施工するために溶接開先は内開先となり，破壊の起点となりやすいフランジ外側の溶接初層に応力が集中する．

② 溶接時に溶接線を梁フランジ中央で会合させるためにスカラップを設ける必要があり，そのスカラップ底に応力が集中する．

③ 梁ウェブボルト接合部分にすべりが生じる．

④ 現場での溶接接合は，施工条件変化が厳しく，高い技量が求められる．

これらのことから，従来の現場溶接接合形式の適用にあたっては，応力の余裕を大きくするなどの設計面での配慮や，入熱・パス間温度の管理，溶接技能者の技量の確認など施工面での詳細な検討が必要である．

改良工法は，溶接部近傍に発生する応力や塑性化領域をコントロールすることによって従来の接合形式の欠点を改善した．しかし，従来工法以上に設計や施工面での詳細な検討が要求される．単に，形状を真似するだけでは構造性能の改善はなく，設計者および施工者は，適用する工法のメカニズムや施工上の留意点を十分把握する必要がある．

a．工法の紹介

1995年兵庫県南部地震において報告されているような脆性的な破壊を回避するための改善策として，以下に示すような種々の観点からディテールが提案されており，実験的に構造性能の向上が確認されている．

① 梁端溶接部近傍での応力あるいはひずみが著しく集中する箇所をなくす，または緩和する方法

② 梁端溶接部に生じる応力を低減し，塑性化領域を梁母材側に拡げる方法

（1） 改善策①のディテール

改善策①の具体的な手段として，ノンスカラップ[1)-3)]工法の採用がある．工場溶接接合部の場合は，ノンスカラップ工法が適用しやすく，その構造性能も実験的に確認されているものが多いので，接合部詳細の改善策として実際の工事にも多く用いられている．

工場溶接接合部の場合には，比較的ノンスカラップ工法が適用しやすいが，現場溶接接合部の場合は，下側フランジの完全溶込み溶接を工事現場にて下向姿勢で行うために，梁ウェブ側に開先を設ける必要があり，ウェブ部分にスカラップが必要となる．そこで，下フランジ側における内開先の工事現場溶接でウェブ近傍を健全に溶接しつつ，梁端溶接部近傍での応力やひずみが集中しない方法として改善策がいくつか提案されている．なお，以下の1）〜3）の工法では，いずれも上フラ

ンジ側にはノンスカラップ工法を採用する．

1) バッキングレスタイプ〔図5.16.1(a)〕[4),5)]

本工法は，下フランジが内開先による溶接部において，裏当て金を取り付けない方法である．具体的には，高能率に上向溶接ができる専用溶接材料を用い，かつ開先充填のみならず，フランジ外側の応力集中緩和に効果的な積層ディテールを形成する工法である．

この工法は，高能率・容易な溶接作業性，かつ継手疲労特性などの破壊特性を改善させる効果があり，そのメカニズムは，①裏当て金がなく，かつなじみ性の良い上向ビード形状形成による溶接初層部の応力集中緩和，②破壊起点からの亀裂の伝播経路が溶接部や熱影響部を避け，高靱性な母材原質部を指向するように制御する金属組織的改善である．

2) 梁スカラップ鋼片挿入タイプ〔図5.16.1(b)〕[6),7)]

下フランジの梁スカラップに鋼片を挿入して隅肉溶接することにより，ウェブ部分の断面欠損をなくして梁スカラップ底の応力集中を緩和する工法である．これによって変形能力が改善される．

3) ミニスカラップ充填溶接タイプ〔図5.16.1(c)〕[6)]

本工法の特徴は，下フランジ側には通常のスカラップより削り取る面積が小さいミニスカラップを設け，欠損した断面を埋めるために充填溶接をする工法である．ミニスカラップ部に充填溶接して断面欠損部をすべて埋めることで，スカラップの応力集中を低減することができ，変形能力が改善される．

(2) 改善策②のディテール

改善策②の具体的な手段として，梁端溶接部以外の部分に応力を集中させて，梁端溶接部に生じる応力を低減する方法で，数多く提案されている．

1) 水平ハンチタイプ[8)-19)]

梁端部のフランジを拡幅して水平ハンチを設けることで，梁端の断面を大きくして梁端部に生じる応力を低減する工法である．この工法には梁フランジに補強プレート（サイドプレート）を溶接するタイプ〔図5.16.2(a)〕と，拡幅した一枚板を梁端フランジに用いるタイプがある．

2) フランジ切欠きタイプ〔図5.16.2(b)〕[2),20)]

梁端から少し離れたところの梁フランジを切り欠くことで，梁端溶接部よりも切欠き部に応力を集中させて梁端溶接部に生じる応力を低減する工法である．

3) フランジ孔空きタイプ〔図5.16.2(c)〕[2),21)]

梁端から少し離れたところの梁フランジに孔あけを施すことで，梁端溶接部よりも孔あき部に応力を集中させて，梁端溶接部に生じる応力を低減する工法である．

4) ダイアフラム突出タイプ〔図5.16.2(d)〕[3),20),22)]

ダイアフラムを一枚板として，突出長さを大きくすることで，溶接部を梁端から離すことで，梁端溶接部に生じる応力を低減する工法である．

5章 溶　接

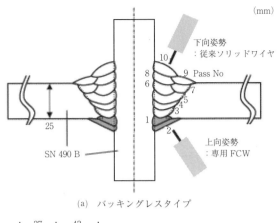

(a) バッキングレスタイプ

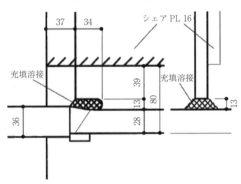

(b) 梁スカラップ鋼片挿入タイプ

(c) ミニスカラップ充填溶接タイプ

図5.16.1 下フランジ現場溶接接合部の応力・ひずみ集中改善例

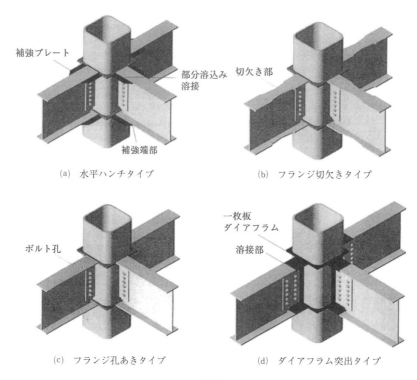

図 5.16.2　現場溶接接合部の改善例

b．施工上の留意点

（1）　改善策①のディテール

図 5.16.1 の各工法について，施工上の留意点を示す．

ノンスカラップ工法は工場溶接と同様の留意点となるため，ここでは下フランジ側の留意点をタイプごとに示す．

1) バッキングレスタイプ

本工法の特徴は，裏当て金の代わりとなる溶接が上向姿勢となることから，かなりの技量を有した溶接技能者が施工する必要がある．ただし，上向溶接の資格を保有する技能者は数が少なく，採用する場合は技量試験を実施しなければならない．

2) 梁スカラップ鋼片挿入タイプ

本工法の特徴は，フランジの完全溶込み溶接をした後に，梁スカラップの断面欠損部に鋼片を挿入して隅肉溶接して仕上げることである．挿入する鋼片形状や隅肉溶接する箇所により変形能力が異なってくることから，適切な形状の鋼片を適切な箇所に隅肉溶接する必要がある．

3) ミニスカラップ充填溶接タイプ

本工法の特徴は，フランジの完全溶込み溶接をした後に，梁ウェブの断面欠損となる梁スカラップを充填溶接することである．スカラップを充填溶接する際，ウェブ側に溶込不良が生じないように十分注意する必要がある．また，ミニスカラップを採用することになり，フランジの完全溶込み溶接部の施工時に梁ウェブ近傍に溶接欠陥が生じやすくなる．

(2) 改善策②のディテール

改善策②である図5.16.2の各工法について，施工上の留意点を示す．

1）水平ハンチ（補強プレート）タイプ

水平ハンチタイプには，梁両端部をハンチ付フランジによる溶接組立H形断面梁（ハンチ付BH梁）とする場合と，梁フランジ両端部に補強プレートを溶接してハンチを形成（補強プレート梁）する場合がある．設計者は，ハンチの長さや幅を梁せいやスパン長を考慮して適切に設定する必要がある．特に，ハンチの長さが短い場合には性能が低下する場合があるので，少なくとも梁せいの1/2以上の長さは確保したい．

ハンチ付BH梁の場合は，ハンチ端部にはアールを設け，応力集中を低減するような処置が必要である．補強プレート梁の場合は，補強端部〔図5.16.2(a)〕にノッチなどの傷が付かないように溶接をすることが要求される．以下に，補強プレートを設置する場合の留意点を示す．

本工法を適用する場合，補強端部の傷は梁端接合部の性能を大きく左右する．例えば，塑性変形の開始点となる補強端部にアンダーカットやオーバーラップ等が存在する場合は，補強端部に亀裂が発生し，梁フランジ母材へと進展することによって，所定の変形性能が得られない可能性が高くなる．溶接時には，セラミック製のタブ等を用い，これらの有害な欠陥が発生しないことを事前に確認しておく必要がある．

補強端部にアンダーカット，オーバーラップ，端部のクレータのいずれかの施工ミスがあった場合は，グラインダで仕上げる（除去する）．アンダーカットが0.5 mmを超える場合には母材部を削り込むことになるが，その方法の採用については，設計者の判断とする．ただし，補修には溶接は絶対に使用してはならない．

一方，補強プレートを部分溶込み溶接で取り付ける場合は，完全溶込み溶接側の開先面にスリットが生じる．このスリットに水分が混入している場合は，完全溶込み溶接を行う際にブローホールが発生するので，補強プレート設置直後に，スリット部を溶接によって塞いでおく必要がある．

開先面のフランジと補強プレートに食違いが生じた場合は，グラインダを用いて仕上げる．余盛高さ不足は，補強溶接盛りを行う．ただし，プレート端部50 mmの範囲内で，クレータ処理は行わない．ビード不整やピットはグラインダで除去する．

また，精度面では，プレートとフランジの平行度の確保が必要となる．補強プレートは，K開先の部分溶込み溶接でフランジと接合される場合が多いので，プレートの折れが生じやすくなる．補強プレートの折れが大きい場合は，梁フランジ完全溶込み溶接部の裏当て金の密着度が悪くなり，食違いの許容範囲を超えるような不具合が生じる．補強プレートを含めた梁フランジの折れは，熱間で矯正する．

以上のような不具合の発生が考えられるので，適用にあたっては，施工試験を行うなど十分な検討が必要である．また，製作された製品に関しての管理項目と合否判定基準についても決めておく必要がある．参考として，表5.16.1に管理項目と管理値の一覧を示す．

表 5.16.1 管理項目と管理値の一覧（一例）

検査項目			管理許容差	限界許容差
溶接前検査	補強プレートの寸法精度	幅, 長さ	設計値±1 mm	設計値±2 mm
		開先角度	45°±2°	45°以上50°以下
		ルートフェイス	設計値＋1 mm 以下	設計値＋2 mm 以下
	組立て精度〔付図1〕	すき間（e_1）	0.5 mm 以下	1.5 mm 以下
		開先面の食違い（e_2）	0.5 mm 以下	1.5 mm 以下
		食違い（e_3）	1.0 mm 以下	2.0 mm 以下
	スカラップ端部〔付図2〕	アール半径 R	10 mm±2 mm	—
		平行部長さ L	10 mm 以上	—
溶接後検査	補強プレート取付端部〔写真1〕	アンダーカット	0.3 mm 以下	0.5 mm 以下
		オーバーラップ	目視による判断	—
		端部のクレータ	・クレータ処理中心位置が端部から50 mm 以上 ・中央のへこみが1.0 mm 以下	—
	補強プレート部分溶込み溶接部	余盛高さ	0.5 mm 以上 4 mm 以下	0.5 mm 以上 5 mm 以下
		ビード幅不整（e_1）〔付図3〕	溶接長さ 150 mm の範囲で 5 mm 以下	溶接長さ 150 mm の範囲で 7 mm 以下
		ピット	溶接全線内で2個以下（ピットの大きさが1 mm 以下のものは3個を1個として計算）	溶接全線内で3個以下
	フランジ部の折れ〔付図4〕	補強プレート部（e_5）	$e_5 \leq b/100$ かつ $e_5 \leq 1.0$ mm	$e_5 \leq 1.5b/100$ かつ $e_5 \leq 2.0$ mm
		フランジ面全体（接合部）（e_6）	$e_6 \leq B/100$ かつ $e_6 \leq 1.5$ mm	$e_6 \leq 1.5B/100$ かつ $e_6 \leq 2.5$ mm

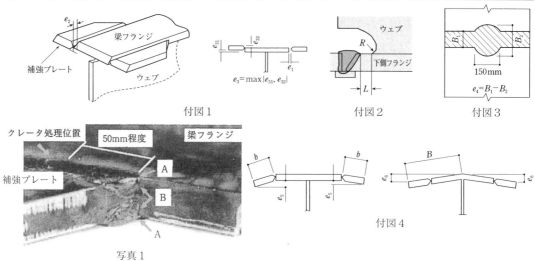

付図1　付図2　付図3

写真1　付図4

2）フランジ切欠きタイプ

本工法の特徴は，柱から離れた梁フランジ部に切欠き部を設けていることである．設計者は，切欠き部の長さや幅を梁せいやスパン長を考慮して適切に設定する必要がある．また，施工者は，切欠き部にノッチなどの傷が付かないように加工をすることが要求される．この切欠き加工は，原則，機械加工によるものとする．

3）フランジ孔あきタイプ

本工法の特徴は，柱から離れた梁フランジ部に孔を設けていることである．力学的な考え方は，前述のフランジ切欠きタイプと同様である．設計者は，孔の大きさや個数および位置を梁せいやスパン長を考慮して適切に設定する必要がある．施工面では，従来のボルト孔の加工と同様に行えるので，現状の方法で問題なく加工できるものと思われる．

4）ダイアフラム突出タイプ

本工法の特徴は，ダイアフラムを十字形に切断していることである．梁フランジに相当する部分を突出させ，突出部の根元の隅角部にはアール（約 10 mm 以上）が設けられている．設計者は，突出部の長さを梁せいやスパン長を考慮して，適切に設定する必要がある．また，施工者はダイアフラム加工の際，突出部の根元の隅角部にノッチなどの傷が付かないようにアール加工をすることが要求される．

参考文献

1) 矢部喜堂，坂本真一，中込忠男：梁スカラップの有無が箱形断面柱に溶接接合されるH形鋼梁端部の力学的性状に及ぼす影響，日本建築学会構造系論文報告集，No. 440, pp.125-132, 1992.10
2) 吹田啓一郎，田村　匠，森田周平，中島正愛，マイケル・D・エンゲルハート：ノンスカラップ工法とRBS工法による柱梁接合部の塑性変形能力（改良型溶接柱梁接合部の実大実験—その1），日本建築学会構造系論文集，No. 526, pp.177-184, 1999.12
3) 秋山　宏，山田　哲，松本由香，竹内　徹，杉本浩一：鋼構造柱梁改良接合部の終局耐震性に関する実大振動台実験，日本建築学会論文報告集，No. 551, pp.141-148, 2002.1
4) 菅　哲男，河西　龍，鈴木励一，佐々木誉史，中込忠男：鉄骨仕口部マグ溶接のバッキングレス化検討，日本建築学会構造系論文集，No. 694, pp.2049-2056, 2013.12
5) 河西　龍，鈴木励一，菅　哲男，中込忠男：スカラップ底補強溶接工法による柱梁接合部の変形能力向上，日本建築学会大会学術講演梗概集，pp.1173-1176, 2013.8
6) 中村洋一，中込忠男，曽田五月也，金子洋文，堤成一郎，中澤好道，廣重隆明，藤田哲也，内田昌克，鎌倉和彦，板谷俊臣，的場　耕，嶋　徹，鈴木励一，巻島　淳，増田　開：現場溶接型柱梁溶接接合部における梁端仕口ディテールに関する実験的研究　その1〜3，日本建築学会大会学術講演梗概集，pp.821-826, 2015.9
7) 的場　耕，中込忠男，曽田五月也，金子洋文，堤成一郎，藤田哲也，板谷俊臣，笠原基弘，西沢　淳，巻島　淳，増田　開：現場溶接型柱梁溶接接合部における梁端仕口ディテールに関する実験的研究，その4〜6，日本建築学会大会学術講演梗概集，pp.1215-1220, 2016.8
8) 貫井　泰，横山治男，坂本真一，皿海康行，薬師寺圭，土田　剛：塑性化領域制御型のノンブラケット形式梁端接合部の構造性能，その1〜3，日本建築学会大会学術講演梗概集，pp.793-798, 2001.9
9) 成原弘之，辻田　修，飯島昭治，前沢澄夫，原　孝文：現場溶接型柱梁接合部の耐力と変形能力　その1，その2，日本建築学会大会学術講演梗概集，pp.605-608, 1999.9
10) 安田　聡，成原弘之，小椋克也，後藤和正：現場溶接型柱梁接合部の耐力と変形能力　その3，日本建築学会大会学術講演梗概集，pp.651-652, 2004.8
11) 根津定満，塚谷秀範，大垣　聡，安田　聡，成原弘之：水平ハンチ付合成梁における柱梁接合部の性能確認実験，日本建築学会大会学術講演梗概集，pp.649-650, 2004.8

12) 杉本浩一, 石井 匠, 鈴木孝彦, 森田耕次：角形鋼管柱―水平ハンチ・変断面梁接合部の破断性状に関する実験的研究, 日本建築学会構造系論文集, No. 552, pp.141-148, 2002.2
13) 杉本浩一, 森田耕次：角形鋼管柱―水平ハンチ・変断面梁接合部の破壊事象予測. 日本建築学会構造系論文集, No. 562, pp.129-136, 2002.12
14) 服部和徳, 中込忠男, 市川祐一：現場溶接型柱梁溶接接合部における梁端ディテールに関する実験的研究, 構造工学論文集, Vol. 51B, pp.373-380, 2005.3
15) 田中直樹, 澤本佳和, 佐伯俊夫, 深田良雄：水平ハンチ付はりと角形鋼管柱接合部の弾塑性挙動, 鋼構造論文集, Vol. 5, No. 20, pp.101-111, 1998.12
16) 田中直樹, 澤本佳和, 三井宣之：水平ハンチ付はりと角形鋼管柱接合部の有効ハンチ長さ, 鋼構造論文集, Vol. 6, No. 23, pp.27-39, 1999.9
17) 田中直樹, 澤本佳和：カバープレート付鉄骨はりと角形鋼管柱接合部の弾塑性挙動, 日本建築学会構造系論文集, No. 546, pp.143-150, 2001.8
18) 田中直樹：水平ハンチを有する鉄骨梁端部の最大耐力と最適ハンチ長さの評価, 日本建築学会構造系論文集, No. 557, pp.153-160, 2002.7
19) 吉貝 滋, 鈴木孝彦, 深田良雄, 森田耕次, 加藤 勉：リブプレート補強方式による鉄骨梁端部の破断防止対策に関する研究, 鋼構造論文集, Vol. 11, No. 41, pp.11-24, 2004.3
20) 坂本真一, 中村庄滋, 大橋泰裕：鉄骨柱梁接合部における現場溶接接合形式梁端接合部の構造性能の改善法, 鋼構造論文集, Vol. 5, No. 20, pp.113-124, 1998.12
21) 服部和徳, 中込忠男, 市川祐一：孔空きフランジ方式を用いた現場溶接型柱梁溶接接合部の変形能力に関する実験的研究, 日本建築学会構造系論文集, No. 585, pp.155-162, 2004.11
22) 多田元英, 甲津功夫, 丸岡義臣, 南二三吉, 井上一朗：通しダイアフラム形式で角形鋼管柱に接続されるH形鋼梁の塑性変形能力に関する実大実験（その4：現場溶接形式（梁：H-600×250×12×25）試験体に対する実験）, 鋼構造論文集, Vol. 4, No. 16, pp.75-87, 1997.12

5.16.2 大電流多層サブマージアーク溶接法

溶接組立箱形断面柱の角継手には, 主に1パスの大電流タンデムサブマージアーク溶接が適用されているが, 設備の電源容量などの問題から適用できる板厚には上限（一般的には60mm程度）がある. 1パスサブマージアーク溶接が適用できない板厚の場合, 主に, 全てガスシールドアーク溶接で施工する方法, ガスシールドアーク溶接とサブマージアーク溶接を併用する方法, そして多層サブマージアーク溶接にて施工する方法が用いられている. 本項では, 多層サブマージアーク溶接法について紹介する.

a. 溶接材料

溶接組立箱形断面柱の角継手に適用される多層サブマージアーク溶接用の溶接材料には, 主に低炭素系の溶接ワイヤとスラグ剥離性を向上させたボンドフラックスが適用されている. 角継手は板厚が厚いため, 大入熱溶接で施工しても強度と靱性が低下しにくいボンドフラックスが適用されているが, ボンドフラックスはスラグの剥離性が悪いという欠点があったため, 主に1パスサブマージアーク溶接に適用されてきた. しかし, スラグ剥離性が改善された製品が開発されたこともあり, 多層サブマージアーク溶接にもボンドフラックスが適用されるようになった.

b. 開先形状と積層計画

多層サブマージアーク溶接には, ルート間隔なしのV形開先が用いられている. 開先の種類として, 1パス目を大入熱溶接, 2パス目以降を比較的入熱の小さい仕上げ溶接とする2段開先タイプ〔図5.16.3(a), 写真5.16.1(a)〕と2段開先とせず, 中規模の入熱で初層から表層まで施工する1段開

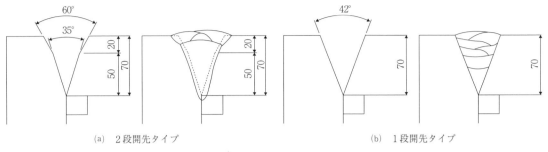

(a) 2段開先タイプ   (b) 1段開先タイプ

図 5.16.3 角継手の開先

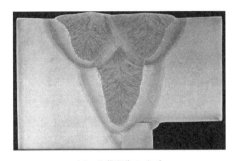 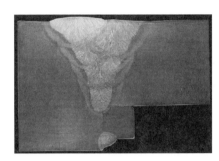

(a) 2段開先タイプ   (b) 1段開先タイプ

写真 5.16.1 角継手のマクロ写真

先タイプ〔図 5.16.3(b), 写真 5.16.1(b)〕がある．以下にそれぞれの特徴を示す．

① 2段開先タイプ

2段開先タイプの特徴として，初層の入熱が大きいため，初層の表面ビードと開先とのフランク角を大きくしないとスラグが噛んで剥離できないことから，開先を2段に加工する必要があること，開先をガス加工で行う場合に，柱フランジ側と柱ウェブ側の2段開先位置を合わせる必要があり，高い開先加工精度が要求されるなどの短所がある．しかし，初層部の開先が狭く，また大入熱で施工できるため，施工パス数が軽減できるという長所もある．また，溶接割れに対し敏感な 590 N/mm^2 以上の高強度溶接材料を溶接する場合は，初層溶接完了後に後熱を行わないと拡散性水素に起因する割れ，溶接金属の強度不足が生じる危険性があるとの報告もある[1]．

② 1段開先タイプ

1段開先タイプは，2段開先とする必要がなく，開先精度の確保が比較的容易であるが，スラグの剥離性を考慮して開先角度を 40°～42°と比較的広くする必要がある．また，初層から中規模の入熱で施工するため，開先断面が大きくなることも含め，2段開先タイプより溶接に時間がかかるという短所がある．しかし，開先加工工数が少なく，開先精度確保も容易であり，590 N/mm^2 以上の高強度の溶接材料を用いても後熱の必要がないなど，多くの長所もある．

参考文献

1) 湯田　誠，杉本真隆，太田　誠，福元孝男：極厚ボックス角継手（SA440）への多層サブマージアーク溶接の検討　その1，その2，日本建築学会大会学術講演梗概集，pp.1045-1048，2014.9

5.16.3　エレクトロガスアーク溶接法の溶接組立箱形断面柱角継手への適用

　エレクトロガスアーク溶接法は，元は造船分野などで実績のある溶接法である．原理はフラックスコアードワイヤを用いたCO_2ガスシールドアーク溶接法であり，立向溶接を特徴とする．本法は，厚板向けに2電極を用いるタンデム法の技術も確立しており，高い施工能率を兼ね備えた溶接法である．この技術は，このタンデムエレクトロガスアーク溶接法（以下，T-EGWという）に着目し，溶接組立箱形断面柱角継手に適用する目的で改良，最適化を図った技術である．

　対象とする角継手は，従来のサブマージアーク溶接法（以下，SAW法という）が主に採用されているが，板厚に応じた溶接条件の決定においては，溶接金属部の機械的性能を満足するための適切な入熱量を考慮する必要がある．例えば60 mmを超える板厚では，MAG溶接法との混用施工や多層SAW法を採用するなど，施工能率の面で課題が残されていた．

　これに対し，板厚にかかわらず1層1パス施工を特徴とするT-EGW法は，板厚80 mmで600 kJ/cmの大入熱溶接条件を標準的に採用し，専用の溶接材料の採用や溶接時に開先に追随させる水冷摺動銅板による冷却効果により高い機械的性質を確保可能であることが報告されている[1]．

　図5.16.4，5.16.5に溶接金属部の機械的性能例を示す．すでに多くの実験例を経て実物件への採用も行われており[2),3)]，新たな鉄骨向け高能率溶接法として期待される工法である．

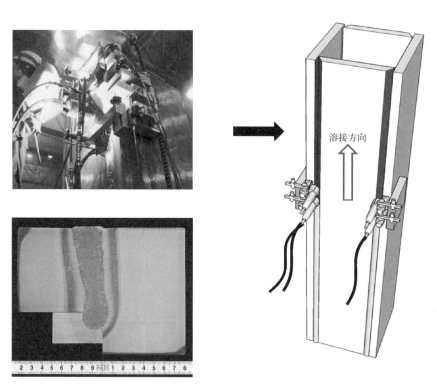

写真 5.16.2　タンデムエレクトロガスアーク溶接法[1),2)]
（施工状況と板厚80 mmマクロ例）

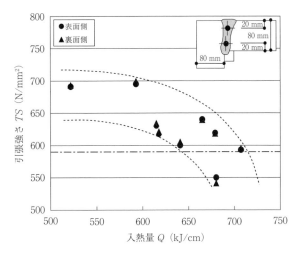

図 5.16.4 溶接金属部引張強さと入熱量の関係(板厚 80 mm)

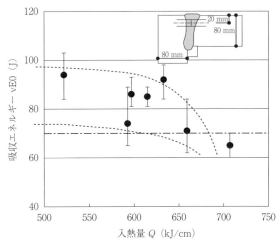

図 5.16.5 溶接金属部 0 ℃吸収エネルギーと入熱量の関係(板厚 80 mm)

参 考 文 献
1) 津山忠久:タンデムエレクトロガスアーク溶接法の建築鉄骨への適用,溶接技術,pp.107-111,2007.9
2) 津山忠久,栗山 晋,青竹由起夫:溶接の高品質,高性能,低コストを求めて その4 タンデムエレクトロガスアーク溶接法の実工事への適用,川田技報,vol.30,技術紹介 15-1-15-2,2011
3) 小林光博,白井嘉行:2電極エレクトロガスアーク溶接によるボックス柱角継手溶接の施工(その2)実施工構造物の事前調査,駒井技報,vol.28,pp.16-20,2009.5

5.16.4 溶接ロボットによる 25°開先溶接

現在,ルート間隔や開先角度は,JASS 6 付則5「完全溶込み溶接・部分溶込み溶接の開先標準」に従う場合がほとんどである.付則5では,裏当て金付レ形開先の場合,開先標準寸法として,ルート間隔は 7 mm,開先角度は 35°と示されている.

一方で,通しダイアフラムのかさ折れ,溶接収縮量の減少等による製作精度の向上,溶接材料やシールドガス(CO_2)の低減による環境対策ならびに溶接時間の短縮による製作効率の向上を目指

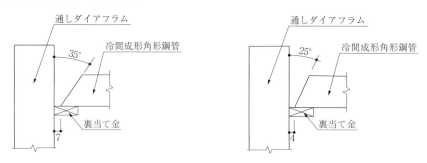

図 5.16.6 35°開先および 25°開先加工の一例

して，図 5.16.6 のような 25°開先による溶接施工方法の研究がなされている．

　開先を狭くした場合の溶接における課題として，「初層の高温割れ」，「シールドノズルと母材の干渉」，「シールド性の確保」，「組立て溶接の再溶融」などが挙げられる．これらの課題に着目した研究成果について報告されている[1)~3)]．文献 1)では，溶接ロボットを用いた場合の開先角度 20°～30°の溶接（直線溶接）について実験により検討をしている．また，初層部の十分な溶込みの確保および初層の耐高温割れに着目して，初層部溶接条件およびウィービング方法について検討している．文献 2)は，文献 1)の継続研究に該当し，角形鋼管の角部について同様の検討をしている．文献 3)では，耐高温割れと組立て溶接の再溶融を実現するための裏当て金の面取り形状や，組立て溶接条件・本溶接条件等の適切な溶接施工条件が報告されている．加えて，25°開先ロボット溶接で施工された溶着金属および溶接継手の機械試験（引張試験，シャルピー衝撃試験）を実施し，35°開先ロボット溶接で施工された場合と比較しても，力学的特性は同等の性能が得られていることが報告されている[4),5)]．

　上記の研究成果により，溶接ロボットを用いて 25°開先溶接による溶接施工が可能だと考えられ，25°開先を適用した場合における冷間成形角形鋼管－通しダイアフラム接合部の実大繰返し 3 点曲げ実験を実施した結果が報告されている[6)~11)]．

　文献 6)は，多関節型溶接ロボットを用いた実験結果であり，文献 7)～11)は，直交座標型溶接ロボットを用いた実験である．供試体は，冷間ロール成形角形鋼管，冷間プレス成形角形鋼管の 2 種の角形鋼管について試験を実施している．

　25°開先を適用した溶接部の場合，35°開先を適用した溶接部に比べ開先断面が小さいため，ダイアフラム側の初層部に大きな溶接欠陥が誘発されることが危惧される．初層部の溶接欠陥が部材の変形能力に与える影響について検討するため，初層部ダイアフラム側に人工的に溶接欠陥（目標寸法：欠陥高さ＝6 mm，欠陥長さ＝48 mm）を挿入している．溶接欠陥の大きさは，本会編「鋼構造建築溶接部の超音波探傷検査規準・同解説」（以下，UT 規準という）に示される合否判定の境界値に該当する大きさとしている．

　また，柱端溶接接合部の変形能力の優劣は，溶接止端部の形状に大きく左右されるため，溶接止端部の応力集中を緩和するために，溶接止端部をグラインダでなめらかに研磨した（Gr 仕上げ）ものについても実験を実施している．

　表 5.16.2 に，文献 6)～12)における実験変数と実験結果を示す．鋼種別に実験による変形能力を

表 5.16.2　繰返し曲げ試験結果一覧[6)-12)]

No.	$B \times t$	鋼種	幅厚比	ランク	開先角度	試験温度	グラインダ仕上げ	溶接欠陥	半自動・ロボット		$1/\alpha$	η
1	350×22	BCR 295	16	FA	35	常温	あり	なし	半自動		2.131	117.3
2	400×22	BCR 295	18	FA	35	常温	あり	なし	半自動		1.652	91.6
3	350×16	BCR 295	22	FA	35	常温	あり	なし	半自動		1.141	74.5
4	350×12	BCR 295	29	FA	35	常温	あり	なし	半自動		0.627	17.4
5	400×12	BCR 295	33	FB	35	常温	あり	なし	半自動		0.541	18.6
6	350×9	BCR 295	39	FC	35	常温	あり	なし	半自動		0.355	12.0
7	350×22	BCR 295	16	FA	35	常温	あり	なし	半自動		2.131	74.7
8	350×22	BCR 295	16	FA	35	常温	あり	なし	半自動		2.131	50.4
9	450×28	BCP 325	16	FA	35	常温	あり	なし	半自動		2.076	122.1
10	500×19	BCP 325	26	FA	35	常温	あり	なし	半自動		0.818	62.0
11	500×16	BCP 325	31	FB	35	常温	あり	なし	半自動		0.556	25.0
12	450×12	BCP 325	38	FC	35	常温	あり	なし	半自動		0.428	11.8
13	650×32	BCP 325T	20	FA	35	+2〜10℃	なし	なし	ロボット	不明[*1]	1.455	104.5
14	650×40	BCP 325T	16	FA	35	+2〜10℃	なし	なし	ロボット	不明[*1]	2.237	123.2
15	350×22	BCR 295	16	FA	25	0℃	なし	なし	ロボット	多関節	2.109	155.0
16	550×32	BCP 325	17	FA	25	0℃	なし	なし	ロボット	多関節	1.775	80.0
17	550×32	BCP 325	17	FA	25	0℃	なし	あり	ロボット	多関節	1.775	147.0
18	550×32	BCP 325	17	FA	25	0℃	なし	あり	ロボット	多関節	1.775	56.0
19	550×32	BCP 325	17	FA	25	常温	あり	なし	ロボット	直交座標	1.820	113.6
20	550×32	BCP 325	17	FA	25	常温	なし	なし	ロボット	直交座標	1.820	70.5
21	550×32	BCP 325T	17	FA	25	常温	なし	なし	ロボット	直交座標	1.750	117.4

[注]　α：等価幅厚比，η：累積塑性変形倍率
　　＊1：文献から多関節か直交座標かの情報がわからなかったことを示す．

示したものが図 5.16.8 および図 5.16.9 である．これらより，25°開先を適用した柱−通しダイアフラムの接合部は，35°開先を適用した場合[12)]と同程度の変形能力を示していることが確認できる．したがって，通しダイアフラムとの接合に 25°開先ロボット溶接を用いた冷間成形角形鋼管は，有害な欠陥がなければ，35°開先の場合と同程度の変形能力を有しているといえる．

また，意図的に初層部に溶接欠陥を挿入した試験体については，溶接欠陥を起点に破壊は生じていない．冷間成形角形鋼管柱とダイアフラムの溶接部近傍の柱には柱の塑性変形に伴う面外曲げ変形が発生し，通しダイアフラム近傍の柱内面側には外面側よりかなり小さなひずみしか発生しないことに起因していると考えられる．

一方で，初層部の欠陥近傍よりも角部の溶接止端部近傍の方がクリティカルであることが破壊実験より明らかになってきており，溶接止端部のフランク角が接合部の変形能力に大きく影響を及ぼすことがわかってきている〔図 5.16.7 参照〕．このことは，25°開先に限らず，35°開先の溶接部にも同様のことが言えるが，特に，25°開先は，35°開先に比べ開先幅が小さくなりフランク角が小さくなる傾向が高いため，注意が必要となる．角部の溶接止端部近傍の品質が重要であり，設計，製作，管理，監理においてもこの点を注意することが必要である．また，実施工にあたっては，（一社）日本鋼構造協会の「25度狭開先ロボット溶接マニュアル−冷間成形角形鋼管と通しダイアフラム接合部への適用−」[13)]を参考にするとよい．

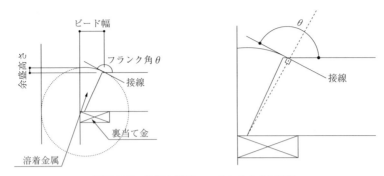

図 5.16.7 溶接止端部のフランク角 θ の定義

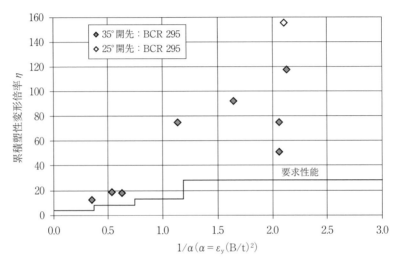

図 5.16.8 冷間成形角形鋼管-通しダイアフラム溶接接合部の変形能力（BCR 295）[6)-12)]

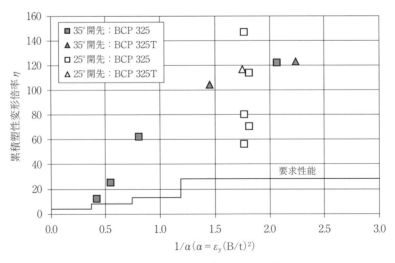

図 5.16.9 冷間成形角形鋼管-通しダイアフラム溶接接合部の変形能力（BCP 325, BCP 325T）[6)-12)]

参考文献

1) 松村浩史, 中込忠男, 高田篤人：溶接ロボットによる建築鉄骨溶接の狭開先化に関する初層溶接の施工条件範囲の検討, 溶接学会論文集, 第28巻, 第1号, pp.39-47, 2010.3
2) 松村浩史, 中込忠男：溶接ロボットによる柱の狭開先溶接に関する施工条件範囲の検討, 日本建築学会構造系論文集, 第664号, pp.1059-1067, 2011.6
3) 中野達也, 松村浩史, 渡邉一夫, 千代一郎, 森田耕次：25度レ形狭開先における組立溶接と本溶接初層の施工条件範囲冷間成形角形鋼管柱―通しダイアフラム接合部に適用する狭開先ロボット溶接施工技術, その1, 日本建築学会構造系論文集, 第686号, pp.647-656, 2013.4
4) 渡邉一夫, 中野達也, 長嶺賢吾, 新田泰弘：25度狭開先ロボット溶接部における溶着金属と溶接継手の力学性能―鉄骨造建築物の安全性向上に資する新自動溶接技術の開発その11―, 日本建築学会大会学術講演梗概集, pp.49-50, 2012.9
5) 高野昭市, 中野達也, 松村浩史, 横田順弘, 岸部直喜：冷間成形角形鋼管と通しダイアフラム接合部に適用する狭開先ロボット溶接実験, 日本建築学会大会学術講演梗概集, pp.1021-1022, 2014.9
6) 服部和徳, 見波 進, 中込忠男, 西山 功：25度狭開先を適用した冷間成形角形鋼管―通しダイアフラム接合部の3点曲げ実験, 日本建築学会構造系論文集, 第718号, pp.1991-1999, 2015.12
7) 見波 進, 服部和徳, 宗川陽祐, 中野達也：25度狭開先ロボット溶接を適用した柱端接合部の性能評価（その1 研究概要および実験計画）, 日本建築学会大会学術講演梗概集, pp.1155-1156, 2016.8
8) 早坂和美, 見波 進, 服部和徳, 宗川陽祐, 中野達也：25度狭開先ロボット溶接を適用した柱端接合部の性能評価（その2 溶接施工条件）, 日本建築学会大会学術講演梗概集, pp.1157-1158, 2016.8
9) 服部和徳, 見波 進, 宗川陽祐, 中野達也：25度狭開先ロボット溶接を適用した柱端接合部の性能評価（その3 実験結果および変形性能評価）, 日本建築学会大会学術講演梗概集, pp.1159-1160, 2016.8
10) 宗川陽祐, 中野達也, 見波 進, 服部和徳, 増田浩志：25度狭開先ロボット溶接を適用した柱端接合部の性能評価（その4 解析概要および結果）, 日本建築学会大会学術講演梗概集, pp.1161-1162, 2016.8
11) 本宮弘大, 宗川陽祐, 中野達也, 見波 進, 服部和徳, 増田浩志：25度狭開先ロボット溶接を適用した柱端接合部の性能評価（その5 実験結果との対応および考察）, 日本建築学会大会学術講演梗概集, pp.1163-1164, 2016.8
12) 監修 建築研究所, 編集, 企画 日本建築センター：2008年度版 冷間成形角形鋼管設計, 施工マニュアル, 2008.12
13) 監修 建築研究所, 日本鋼構造協会：25度狭開先ロボット溶接マニュアル―冷間成形角形鋼管と通しダイアフラム接合部への適用―, 2013.10

5.16.5 溶接組立H形鋼サブマージアーク溶接50°開先異形隅肉溶接

5.6.7項で述べたように，T継手の板厚が大きく，大きな隅肉サイズが必要となる場合，接合しようとする母材に60°以上の開先をとった異形隅肉溶接が用いられる．ここで，開先角度を60°以上としている理由は，ルート部の良好な溶込みを確保するためである．ただし，溶接組立H形鋼をサブマージアーク溶接により製作する場合では，溶接姿勢が下向となり，また，溶込み量も大きいため，開先角度が60°未満であっても十分なルート部の溶込みを確保できる．

開先角度を50°とした溶接施工試験が実施され，報告されている[1]．以下に施工試験の結果より得られた知見を紹介する．

全国ビルトH工業会では，加盟工場それぞれの標準開先角度を基に問題点を整理し，事前試験を実施した結果，開先角度50°を新たな標準として設定している．その後，AW検定協議会監修のもと，開先形状，施工試験要領等を定め全国のビルトH製作工場で施工試験を実施し，施工試験要領にある判定基準を満足できることを確認している．

a．45°および60°開先の問題点

実施工においては，開先角度60°および開先角度45°を用いることもあるため，事前の施工試験でまとめた45°および60°開先での問題点を表5.16.3に整理する．

現状の問題点から研究を重ね，溶接組立H形断面のフランジとウェブの溶接部分の適切な開先角度を50°とし，問題解決を目指して実験検証を行っている．

b．開先形状

一般的な梁に使用する溶接組立H形断面のフランジとウェブの溶接に求められる構造性能は，ウェブのせん断力をフランジに伝達できることとし，図5.16.10に示す異形隅肉溶接の左右の「設計のど厚 a_1, a_2」の和がウェブの板厚 t 以上であることを条件に，開先深さを定めた．このとき，設

表5.16.3　開先角度別問題点

開先角度	問題点
45°	溶込み深さ/ビード幅比が大きく高温割れを誘発しやすい
	ワイヤ径に対して開先幅が狭く，溶込不良・融合不良が発生しやすい
	上記の問題点解決のために溶接条件設定を上げると高入熱となり，以下の問題が発生する ・溶接金属の機械的性質が低下する ・ひずみ変形量が大きく寸法精度の確保に影響を及ぼす
60°	溶着金属量が多く溶接入熱が高い
	入熱が高く溶接金属の機械的性質が低下する
	ひずみ変形量が大きく寸法精度の確保に影響を及ぼす
	アンダーカット等の外観不良を誘発しやすい
	多パス溶接での施工が多くなる

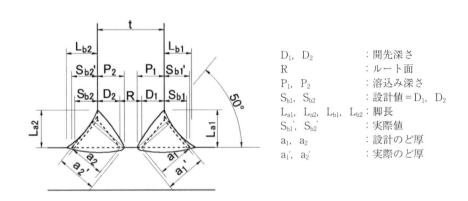

図5.16.10　開先形状

D_1, D_2 ：開先深さ
R ：ルート面
P_1, P_2 ：溶込み深さ
S_{b1}, S_{b2} ：設計値＝D_1, D_2
L_{a1}, L_{a2}, L_{b1}, L_{b2}：脚長
S_{b1}', S_{b2}' ：実際値
a_1, a_2 ：設計のど厚
a_1', a_2' ：実際のど厚

表5.16.4　ウェブ板厚ごとの開先深さ

(単位：mm)

ウェブ板厚 (t)	19	22	25	28	32	36	40
開先深さ (D_1, D_2)	6.5	7.5	8.5	9.5	11.0	12.0	13.5
ルート面 (R)	6.0	7.0	8.0	9.0	10.0	12.0	13.0
設計値 (S_{b1}, S_{b2})	6.5	7.5	8.5	9.5	11.0	12.0	13.5
設計のど厚 (a_1, a_2)	10.0	11.5	13.1	14.6	16.9	18.4	20.7

計値：S_{b1}, S_{b2} は，開先深さ：D_1, D_2 と等しいことを前提としている．ウェブ板厚ごとののど厚を表 5.16.4 に示す．

c. 施工試験の概要

全国ビルト H 工業会および（一社）鉄骨建設業協会，（一社）全国鐵構工業協会の一部の製作工場で実施した，溶接組立 H 形断面サブマージアーク溶接（50°開先）施工試験の要領書から概要を紹介する．試験体の材質は SN 490 B を基本とし，ウェブ板厚は 19 mm，28 mm，40 mm を設定している．試験概要を表 5.16.5 に示す．

表 5.16.5 試験概要

試験体種別	板厚（材質）		試験項目					
	ウェブ	フランジ	外観検査	マクロ試験	継手引張試験	DEPO引張試験	DEPO衝撃試験	BOND衝撃試験
溶接T形断面	19 mm	28 mm	○	○	○	○	○	—
	28 mm	40 mm	○	○	○	○	○	○
	40 mm	40 mm	○	○	○	○	○	○

施工試験要領書の詳細については，全国ビルト H 工業会ホームページに掲載されているので，参照するとよい．

d. 施工試験の結果

施工試験の結果は，施工試験結果報告書にまとめられている．その中で受験した工場ごと，鋼材の強度区分ごとに図 5.16.11 に示す「ビルト H 50 度開先 SAW 溶接施工要領書」として各工場の溶接条件等を整理しているので，実工事での工事監理，施工管理に役立てるとよい．また，当報告書の条件（板厚，鋼材の強度区分，開先形状等）を外れる場合は，当報告書に示される施工試験要領書を参考に試験を実施すればよい．

ビルトH50度開先SAW溶接施工要領書

工場番号: □□　　工場名: 株式会社 ○○○○ △△工場

(1)溶接部概要

溶接方法: SAW	溶接方法: タンデム	母材の種類	SN490B
継手の種類: T継手	溶接姿勢: 下向き		◎ BT-300×200×19×28
開先加工方法: 機械加工	清掃方法:	板厚:	◎ BT-300×200×28×40
溶接材料種類及び銘柄:	組立溶接: ワイヤ: YM-26 1.4φ		◎ BT-300×200×40×40
	銘柄 ワイヤ: KW-50 4.8φ	JIS Z 3351　YS-S6	溶着金属 JIS Z 3183　S502-H
	径・粒度: フラックス: KB-U 12×200	JIS Z 3352　SACG1	

(2)要求性能

引張り試験		シャルピー衝撃試験 0℃吸収エネルギー(J)		
降伏点又は耐力(Y.P)	引張強さ(T.S)	部位	目標値	要求値
325N/mm²以上	490N/mm²以上	DEPO	27J以上	27J以上
		BOND F	27J以上	27J以上
		BOND W	27J以上	27J以上

(3)継手形状及び溶接順序

継手の図/開先形状

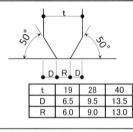

t	19	28	40
D	6.5	9.5	13.5
R	6.0	9.0	13.0

溶接順序/積層

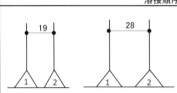
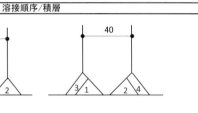

(4)溶接確性試験結果による溶接施工要領

WEB板厚	層パス	先行後行	ワイヤ径(mm)	電流(A)	電圧(V)	極性の種類(AC·DC)	溶接速度(cm/分)	溶接入熱(kJ/cm) Min	溶接入熱(kJ/cm) Max	予熱温度(℃)
19~22	1	L:	4.8 φ	980 ± 50	28 ± 5	AC	69 ± 10	35	73	─
		T:	4.8 φ	910 ± 50	34 ± 5	AC				
25~28	1	L:	4.8 φ	1060 ± 50	28 ± 5	AC	47 ± 10	50	119	─
		T:	4.8 φ	910 ± 50	33 ± 5	AC				
		L:	φ	±	±		±	0	0	
		T:	φ	±	±					
32~40	1	L:	4.8 φ	1130 ± 50	28 ± 5	AC	60 ± 15	39	100	─
		T:	4.8 φ	920 ± 50	32 ± 5	AC				
	2	L:	4.8 φ	810 ± 50	28 ± 5	AC	65 ± 15	31	78	─
		T:	4.8 φ	910 ± 50	33 ± 5	AC				
		L:	φ	±	±		±	0	0	
		T:	φ	±	±					

(5)溶接確性試験の溶接施工条件　試験実施日 2014 年 5 月 30 日

WEB板厚	溶材確認	層パス	先行後行	ワイヤ径(mm)	電流(A)	電圧(V)	極性の種類(AC·DC)	溶接速度(cm/分)	溶接入熱(kJ/cm)	予熱温度(℃)
19	○	1	L:	4.8 φ	970	28	AC	69	51	─
			T:	4.8 φ	910	34	AC			
28	○	1	L:	4.8 φ	1060	28	AC	47	76	─
			T:	4.8 φ	910	33	AC			
			L:						0	
			T:							
40	○	1	L:	4.8 φ	1120	28	AC	52	70	─
			T:	4.8 φ	920	32	AC			
		2	L:	4.8 φ	820	28	AC	59	54	─
			T:	4.8 φ	920	33	AC			
			L:						0	
			T:							

(6)溶接確性試験　機械試験結果　判定日 2014 年 8 月 26 日

板厚	外観	マクロ試験 MS	マクロ試験 ME	DEPO引張試験(Y.P) TS	DEPO引張試験(Y.P) TC	DEPO引張試験(Y.P) TE	DEPO引張試験(T.S) TS	DEPO引張試験(T.S) TC	DEPO引張試験(T.S) TE	継手引張(T.S)	シャルピー衝撃試験 DEPO	シャルピー衝撃試験 BONDF	シャルピー衝撃試験 BONDW	判定
19×28	○	○	○	468	468	470	601	597	602	545	68	─	─	合
28×40	○	○	○	442	436	452	578	576	585	540	56	132	98	合
40×40	○	○	○	416	406	411	552	547	550	521	102	124	128	合

図 5.16.11　溶接施工要領書の例

e. 50°開先における製作上の注意点

基本的な施工上のポイントや注意点は従来の溶接法と大差はないが，45°や60°と比較して開先角度が変わるため，自動溶接設備に応じた設定変更が必要となる．

表 5.16.6　50°開先による工程別施工上の注意点

工　程	注意点
開先加工	開先角度と開先深さの精度確保
組立て	自動組立て溶接装置の設定
	適正な組立て溶接ビード形状の確保
溶接前	50°開先に合わせたワーク角度（架台角度）の設定
	50°開先用溶接条件の設定
溶接中	溶接ワイヤの狙い位置の設定（調整）
	熱ひずみによるワーク変形の対応調整

溶接欠陥については，設定された溶接条件を満たしていれば，溶接欠陥発生率は従来と変わらない．ただし，研究結果から50°開先で生じやすい欠陥もあるので，注意が必要である．その内容を表5.16.7に示す．

表 5.16.7　50°開先に生じやすい溶接部の欠陥と原因および対策

欠陥種類	原　因	対　策
スラグ巻込み	ワーク（架台）角度不良	架台の角度を調整して開先とワイヤの角度を良好にする
高温割れ	溶込み深さ／ビード幅比の不良	溶込み深さ／ビード幅比が1.2以下になるように溶接条件を設定する （電圧の増加と電流および速度の減少）

f．50°開先における品質管理上の注意点

50°開先は新技術であり，現時点ではまだ実績に乏しい．しかし，今までの施工ノウハウの応用で十分に品質を確保することはできる．ただし，溶接外観検査において，のど厚を測定する際は50°開先に適応した測定器具がない．特にサブマージアーク溶接のビード形状はへこみ形になりやすいため，正確に測定できるように専用測定治具を作っておく必要がある．50°開先でも，サブマージアーク溶接部に生じる欠陥と原因およびその対策は，表5.12.10に示す通常のサブマージアーク溶接と同様であるので，参考にするとよい．

参考文献

1) 森岡研三，稲　泰穂，加賀美安男，島野幸弘，廣重隆明，藤田哲也，河本龍一，原　孝文：溶接組立H形断面に用いるサブマージアーク溶接50度開先施工試験の結果と分析　その1，その2，日本建築学会大会学術講演梗概集，pp.961-964，2017.9

5.17 溶接部の管理と検査

5.17.1 一　　般
a．溶接部の品質

　鉄骨の溶接部に要求される品質は，強度，延性，靱性，外観形状などについての所要の性能であり，これを数値で表したものを品質特性という．溶接部の品質特性には，溶接完了後でも直接測定し確認できる外観形状・寸法や内部欠陥の形状と大きさなどの項目と，破壊試験によってしか確認できない強度，延性または靱性など機械的性質に関する項目がある．製品についてその品質を直接測定できない場合，品質に関係のあるいくつかの計測可能な要因（代用特性）を選び出し，それぞれを別個に評価して要求品質が確保されているか否かの評価に替える．表5.17.1は，溶接部の要求品質とこれに寄与する要因およびその確認方法を示したものである．例えば，もっとも基本的な品質である完全溶込み溶接部の引張強度は，直接的には破壊試験によるしか測定できないが，そのかわりに外観形状・寸法を計測し，超音波探傷検査（UT）などの非破壊検査で内部欠陥の形状と大きさを調べることによって保証するのである．

表 5.17.1　溶接部の要求品質と寄与する要因および確認方法

要求品質＼寄与する要因	溶接部特性（材質）	外観形状寸法	内部欠陥と形状の大きさ
強　　度	◎	◎	◎
延　　性	◎	○	○
破 壊 靱 性	◎	○	○
外　　観	―	◎	―
耐 食 性	○	○	○
要求水準の指示方法	機械的性質／成　　分 の指示（母材規格値または母材同等以上）	（例）JASS 6 付則6　鉄骨精度検査基準	（例）本会編「UT規準」AOQLの指示
確 認 方 法	施工試験およびこれと同じ施工であることの確認	目視・測定	UT・RT・MTなど

［注］　◎：関係大　○：関係あり　―：関係なし　UT：超音波探傷検査，RT：放射線透過検査，MT：磁粉探傷検査

　溶接部の品質は，このように測定可能な多くの項目を測定し，不良部を検出してそれを補修することによっても確保できるが，このほかに，溶接工程を管理することによっても確保することができる．すなわち，あらかじめ確かめられた工程を経て作られたものは，確かめられた性能が得られるはずだという考え方である．ここで確かめられた工程とは，鋼材材質・溶接材料・溶接条件・開先精度・溶接技能者の技量・溶接環境・溶接前後の諸処置などの適正な組合せが施工試験などで確認されたもの，あるいはこの技術指針による製作方法を採用した場合をいう．

b. 品質特性

（1） 溶接部の特性

　柱梁仕口部の梁フランジの完全溶込み溶接部などで，地震時に母材の降伏点を超える応力が繰返し生じるような部分では，梁フランジの相当部分が降伏するまで溶接部が破断しないことが必要であるから，この部分には強度だけでなく延性や靱性が要求される．この部分の溶接金属の機械的性質（引張強度や衝撃値）は，母材の JIS 規格値以上を確保しなければならない．また，ボンド部など熱影響部の衝撃値は母材の規格値を下回らないことが望ましい．衝撃値の JIS 規格値が定められていない鋼材についても，できるだけ衝撃値を低下させないように溶接することが望ましい．

（2） 外観形状・寸法

　溶接部の外観形状・寸法は，一般には JASS 6 付則 6「鉄骨精度検査基準」による．さらに詳細に検討する場合は，使用中に溶接部に生じる応力の種類や大きさあるいは変形性状を考慮して個別に定める．完全溶込み溶接部では引張応力の有無，降伏点を超える頻度，材質などを考慮する．隅肉溶接では，それが側面隅肉溶接か前面隅肉溶接かで応力状態が異なることを考慮する．

（3） 内部欠陥の形状と大きさ

　完全溶込み溶接部の内部欠陥の評価は，一般には非破壊試験の方法と合否の判定基準によって示される．溶接欠陥を皆無にすることは不可能であるので，許容される欠陥率を後述する AOQL（平均出検品質限界）などで要求するのがよい．

　隅肉溶接の内部欠陥については，実際的な非破壊検査の方法がないので，具体的な品質要求は難しい．

c. 検　　　査

　溶接部の品質は，最終的な検査によってのみ確保されたものではなく，溶接工程をはじめとした関連する各種工程の品質管理によって確保される．本章の 5.17.2 項以降では，具体的な溶接部の品質管理方法について述べている．溶接部に関する社内検査，受入検査等については，8 章「検査」において検査全般の一部として記載しているので，それを参照されたい．

5.17.2　溶接部の品質管理

a. 溶接部の品質管理

　溶接部の品質保証は鉄骨製作工場の責任であり，これを工期内に経済的に実行するために品質管理を行う．品質保証は，次のステップを経て行う．

（1） 溶接部の要求設計品質の確定と代用特性の確認
（2） これを実現する溶接方法・管理方法の計画（確認のための試験）
（3） 計画どおりの実施（もし計画に不備があれば改善とその実施，計画どおり継続実施されていることの証明）
（4） 製品の溶接部が要求設計品質どおりであることの証明
（5） 受入検査後の溶接部の品質についての保証

（1）は工事監理者，施工者および鉄骨製作業者にとってもっとも基本的で重要なステップであ

る．設計品質は設計図書に記述されているが，鉄骨製作工場やその他の条件が定まった時点で再度確認する必要がある．工事監理者は要求する真の品質特性を詳しく説明し，（2）を含めて施工者，鉄骨製作業者の提案を待って協議して確定するのがよい．つくり込むべき品質が確定すれば，鉄骨製作業者はこれを最も経済的に実現するための品質管理をすることになる．

（3）では，鉄骨製作業者は管理特性項目ごとに管理限界を定めて管理する．作業標準に基づいた検査を行い，品質管理の実施の適否を各工程ごとにチェックし，工程が常に管理状態にあることを確認する．

（4）は対外的な品質保証である．溶接部の内部欠陥の形状や大きさあるいは外観形状・寸法が（1）で定めた許容範囲内にあることを自主的に証明するため，鉄骨製作業者は社内検査を行う．

（5）は製造物責任（PL：Product Liability）に関する項目であるが，不良部が受入検査の後で発見された場合でも，それが鉄骨製作業者の過失である場合には，一般には鉄骨製作業者が補修を行う．

b．統計処理と異常検出

溶接部がすべて無欠陥であることは望ましいが，溶接作業自体の特性上，人的要因が入ることが多く，ある程度の欠陥の混入は避けられない．

管理項目には，隅肉溶接の脚長（サイズ），隅肉溶接の余盛高さ，アンダーカットやピットの数，あるいは非破壊検査で検出される内部欠陥の不良率などがある．これらの溶接品質の結果は良（OK），否（NO）で示される場合が多く，このような事象を統計処理する場合には，二項分布あるいはポアソン分布を適用するのがよい．溶接品質の管理は管理特性項目ごとに管理限界を定めて管理する必要があるが，これらの管理限界値の設定は，鉄骨製作業者の技術レベルと工事固有の特性を勘案して決定すべきである．

溶接品質は製作工程でつくり込まれるものであり，日常の管理が重要である．これらの日常の結果を統計的に処理し，早期に異常検出できるようにしておくことが望ましい．統計的管理手法（SQC：Statistical Quality Control）を用いて溶接部の品質管理を行う利点は，溶接技能者みずからの品質向上参加意識の動機付けとともに，異常値を早期に発見して，対策を行えることにある．日常の管理を管理図（$\bar{x}$-R 管理図，P_n 管理図）で行い，管理図上の異常値（管理限界幅以外のデータ，または管理限界幅内での異常な打点のデータ）の発見と対策を行う．月間ではこれらのデータを統計処理して，個々の溶接技能者の工程能力指数を把握し，以降の品質管理を容易に行えるようにする．

表 5.17.2 に品質管理項目の一例を示す．

c．フィードバックと再発防止

溶接不良の発生に対しては必ず原因を追求し，再発防止を行わなければならない．製作工程中のチェックあるいは社内検査で検出した不良部は，手直しを行うのは当然であるが，異常原因の追求と再発防止が品質管理上重要である．

異常原因は，作業標準に従って作業を行っても発生するものと，作業標準に従わずに作業を行って発生するものに分類される．前者の場合は，作業標準などの見直しを行い，標準類の改訂を行い，

表 5.17.2 品質管理項目の一例

名　称	図	管理許容差	使用管理図	1日あたりのサンプル数 n
隅肉溶接のサイズ ΔS		$\Delta S : 0 \sim +3$ mm	$\bar{x}$-R 管理図	$n = 5$
隅肉溶接の余盛の高さ Δa		$\Delta a : 0 \sim +3$ mm	$\bar{x}$-R 管理図	$n = 5$
アンダーカット		$P_n \leq 5$ 個	P_n 管理図	$n = 550$
ピット		$P_n \leq 5$ 個	P_n 管理図	$n = 50$
内部欠陥の非破壊検査方法での不良率	—	$P \leq 3$ %	P 管理図	—

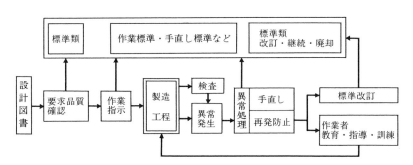

図 5.17.1　フィードバックと再発防止概念図

後者の場合は，作業者に対して教育・指導・訓練を行い，作業標準どおりの作業の励行を行う．図 5.17.1 にその概念図を示す．溶接部に要求される品質は，溶接完了後にも確認できる外観形状・寸法や内部欠陥の形状と大きさなどと，確認が困難である強度・延性・靱性などの機械的性質があるが，溶接部にとって基本的に重要な後者の品質を保証するのは，あらかじめ計画した製作手順をたどることである．これらの作業手順を鉄骨製作業者が自社の能力・技術力を加味し作成したものが，作業標準などの「標準類」である．これらは作業内容・使用工具・機器などの細部項目から品質規程などを包含するものまで種々あるが，いずれにしても定められた工程どおり製作することにより，

要求品質水準が達成されるものでなければならない．また，その内容に不備があれば，ただちに修正・改訂がなされるシステムが具備されていなければならない．

5.17.3 溶接部の品質特性とチェック項目
a．品質特性とチェック項目

溶接部に要求される品質水準を満足するためには，溶接部の検査だけでなく，あらかじめ確認された製作過程を経ることが重要である．すなわち，溶接技能者・溶接設備・鋼材・溶接材料・製作法・検査などの要因が組み合わされることにより，要求品質水準が達成されるものである．図5.17.2に溶接部品質保証の特性要因図を示す．

溶接計画立案時，溶接前および溶接中のチェックの良否が，溶接品質の仕上り状態に大きく影響するものであるが，これらは検査で確認できるものではなく，鉄骨製作業者の品質管理体制の中でチェックされるものである．また，溶接欠陥の発生原因は単一の因子の影響だけでなく，種々の因子の相乗作用によることが多く，再発防止対策を行う上からも製作中の管理は十分に行う必要がある．

溶接後の管理は，あらかじめ確認された製作過程で製作した結果を確認するものであり，結果の良否を今後の製作計画または製作に反映するために行うものと，要求品質水準を満足しているか否かを調べるために行うものの2種類の性質を持つ．前者は品質管理上行うものであり，後者は対外的な品質保証として実施するものである．いずれも重要であり，これらが十分機能を発揮することにより溶接部の品質保証が達成される．

溶接部の品質保証上の要因は図5.17.2に示したが，これらの要因の工程中での管理項目を，溶接計画立案時，溶接前，溶接中および溶接後に分解して表5.17.3〜5.17.6に示す．これらは，管理者がチェックする項目と，溶接技能者が単に目視でチェックする項目を包含したものであるが，品質管

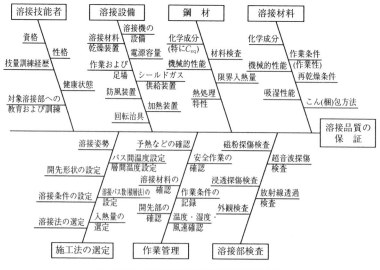

図 5.17.2 溶接部品質保証の特性要因図

理上,代用特性としてチェックすべき項目を示したものである.

b. 溶接計画立案時に確認するチェック項目

表 5.17.3 に,溶接計画立案時に確認する項目を示し,おのおのについて以下に説明する.

表 5.17.3 溶接計画立案時に確認すべき項目

分類		確認項目	方法
共通項目	材料・器具	・使用鋼材と溶接材料の組合せ ・溶接方法の適用区分 ・溶接条件	製作要領書
	工作	・開先要領 ・開先加工要領 ・エンドタブ取付け要領 ・組立・溶接順序	製作要領書
	組立	・予熱要領 ・エンドタブ切断・除去の有無 ・裏はつり要領 ・ビード・仕上げの要領 ・スカラップ加工要領 ・不良発生時の手直し要領	製作要領書
	検査	・外観検査の要領 ・非破壊検査の要領	製作要領書

(1) 使用鋼材に対する溶接材料の組合せを事前に確認するときのポイントは,使用鋼材に対して十分な強度が得られる溶接材料が使用されているかどうかのチェックである.

(2) 溶接方法の選定は,当該工場の設備または技術力に合致したものとしなければならない.すなわち,被覆アーク溶接・ガスシールドアーク溶接・サブマージアーク溶接の区分を明確にし,それぞれの溶接法に合った開先形状を明示することが溶接前の検討項目の一つとなる.図 5.17.3 に建築鉄骨の代表的な溶接方法および開先形状を示す.

(3) 溶接方法・適用板厚・溶接姿勢に応じて開先角度・ルート間隔・ルート面を決定する.標準的な開先形状については,JASS 6 付則 5 による.なお,この標準を外れた開先角度・ルート間隔・ルート面を採用するときは,製作要領書に明記して,工事監理者の承認を受ける.

(4) 開先加工の方法には,自動ガス切断機,切削機などによる方法がある.いずれの方法を採用する場合でも JASS 6 付則 6「鉄骨精度検査基準」で定めている許容差を満足しなければならない.

(5) エンドタブの形状・寸法またはフラックスタブ,セラミックスタブなどの代替工法の採用,さらにはノンタブ工法の実施の有無を確認する.エンドタブの形状・寸法については,採用する溶接方法により異なる.サブマージアーク溶接法のような自動溶接ではクレータ部が大きいので,被覆アーク溶接またはガスシールドアーク溶接と比べて長いエンドタブが必要となる.

(6) 組立て・溶接順序・予熱要領は,5.4〜5.16 節による.

(7) 溶接完了後のエンドタブの除去については設計図書などで明示する.鉄筋の配筋や仕上げ

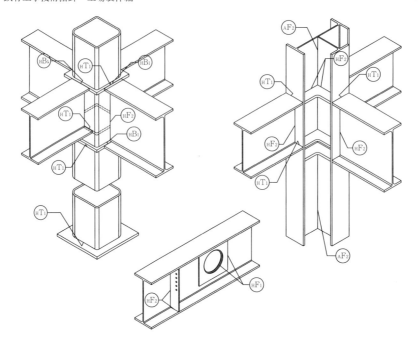

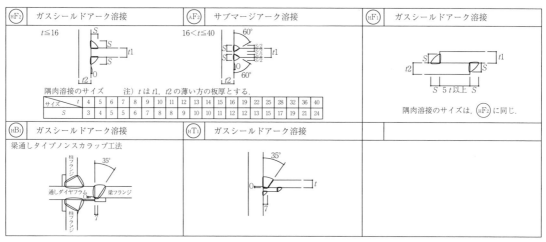

図5.17.3 建築鉄骨の代表的な溶接方法および開先形状

の関係で切断する場合の切断の方法,あるいは切断後の仕上げの有無について検討する.一般に手動ガス切断によると,切断面が粗く,また母材にノッチなどを発生させるので,切断時に母材より5〜10mm離れた位置で行うのがよい.

(8) クレーンガーダの溶接部など疲労を受ける溶接部や,後工程で支障のある部分の溶接ビードの処理方法を明確にする.疲労を受ける部分については,ビード止端部の処理の要領およびつらいち(面一)仕上げの位置を明示する.また,溶接ビードが交差する場合は,先行溶接部のうち除去するビードの範囲を明示する.

(9) H形鋼のスカラップの加工に際しては,ウェブフィレット部の仕上げ方法と加工要領を明

示する．ガス切断でこの部分を工作するとフィレット部をつらいち（面一）に仕上げることは困難である．裏当て金が取り付くような箇所でつらいち（面一）に仕上げる必要がある場合は，専用の加工機を用いることが望ましい．

(10) 外観検査の合否判定基準はJASS 6 付則6「鉄骨精度検査基準」によるが，チェック要領を検討しておく必要がある．すなわち，だれが，いつ，どのような方法でチェックするかを明示する．これらの検査項目に対するチェックサンプルは無数であり，工場管理者がみずから全数チェックすることは不可能である．そのため，溶接技能者みずからの自主チェックによることが多く，統計的手法を利用することで効果を上げることが可能である．この場合でも，工場管理者が抜取りでチェックすることが必要である．

(11) 非破壊検査は，設計図書に示された要求水準に従って行う．社内検査はこれを保証するために行うものであり，要求品質水準を下回るときは製作工程に対し，迅速にアクションをとるような体制にすることが重要である．

c．溶接前のチェック項目

表5.17.4に，溶接前に試験・測定または確認すべき項目とその方法を示し，各項目について以下に説明する．

(1) 環　境

気温，天候，風速，湿度，足場など溶接に影響を及ぼす環境や安全衛生に関する事項を確認する．

表5.17.4　溶接前に試験・測定または確認すべき項目とその方法

分類		試験・計測・確認項目	方法
共通項目	環境	作業環境 溶接環境 安全衛生上の事項	目視 目視 目視
	材料・器具	電源容量および安定性 溶接材料の種類および組合せ 溶接材料の状態 使用器具の良否 使用器具の状態	目視および測定 目視 5.2節参照 5.6節参照 5.6節参照
	工作・組立	開先の形状 開先の寸法（角度・ルート面） ルート間隔 食違い すき間 裏当て材の取付け状態 組立て溶接 エンドタブの取付け状態	目視 ゲージ ゲージまたはスケール ゲージまたはスケール ゲージまたはスケール 目視 目視 目視
	その他	溶接面の清掃の良否 予熱の確認	目視 温度チョークまたは計器
工法に特有な項目	G E A	使用ガスの流量・純度 ノズルの取付け状態 自動装置の取付け状態	測定および目視 目視 目視

［注］　G：ガスシールドアーク溶接
　　　　E：エレクトロスラグ溶接
　　　　A：自動溶接全般

（2） 電源容量および安定性

5.9～5.16節を参照のこと．

（3） 溶接材料の種類および組合せ

5.9～5.16節を参照のこと．

（4） 溶接材料の状態

5.4.2項を参照のこと．

（5） 使用器具の良否および状態

5.9～5.16節を参照のこと．

（6） 開先の形状・寸法・ルート間隔

完全溶込み溶接で開先の角度が小さすぎると，ルート部の溶込みが不良になりやすく，また，広げすぎると大きな収縮や角変形が起こりやすい．ルート間隔の寸法についても同様な現象が起こるから，開先の角度やルート間隔の寸法が適正でない場合は修正しなければならない．

（7） 食違いおよびすき間

完全溶込み溶接で食違いが生じると，偏肉が生じたり，のど厚が減少したりする．すき間は隅肉溶接で特に重要な事項であって，肌すきがあると，たとえ設計図に示されたサイズの溶接を行っても，その有効のど厚が不足し，したがって強度が足りなくなるばかりでなく，スラグの巻込みや割れの原因になることがある〔図5.17.4参照〕．

梁フランジと柱の水平スチフナの心ずれ〔図5.17.5参照〕は接合部の耐力に悪影響を与える．武藤らの報告[1]によれば偏心量が板厚の1/4の場合，降伏線が柱フランジを対角方向に貫通するときの荷重の平均応力度は素材降伏応力度の75％に低下するという．また，溶接組立箱形断面柱の内ダイアフラムと梁フランジがずれを有する場合のFEM解析によれば，ずれのある場合，降伏荷重が約10％低下し，以後の強度も低いという報告[2]もある．

突合せ継手の食違いに際し，図5.17.6(b)のような2つ割り裏当て金を用いた場合，図5.17.7のような耐力低下（余盛の効果は無視している）があり，JASS 6 付則6の食違いの限界許容差（図中に学会案として示されている）は，5％程度の耐力低下になるとしている．

（8） 裏当て金の取付け状態

裏当て金の取付け状態が不整であるとルート部の欠陥発生の原因となる．さらに超音波探傷検査の際，欠陥エコーと欠陥以外のエコーの判別を困難にする．

（9） 組立て溶接

組立て溶接の位置，長さ，ピッチ，ビード表面の状態，割れの有無などを検査する．

（10） エンドタブの取付け状態

エンドタブの形状・寸法・取付け状態が，適切であるか否かを確認する．

参 考 文 献

1) 武藤　清ほか：心ずれのある鉄骨十字形接合部の降伏性状，日本建築学会大会学術講演梗概集，1964
2) 建築研究所監修：突合せ継手の食い違い仕口のずれの検査・補強マニュアル；2003，鉄骨製作管理技術者登録機構

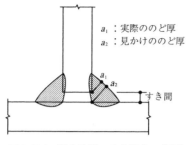

図 5.17.4 隅肉溶接のすき間とのど厚

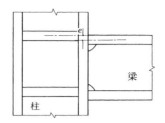

図 5.17.5 梁フランジと柱の水平スチフナの心ずれ

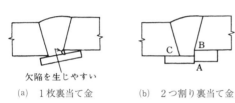

図 5.17.6 突合せ継手の食違いが大きい場合の2つ割り裏当て金

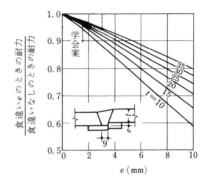

図 5.17.7 食違い量と耐力低下の関係
（日本建築学会　鉄骨精度測定指針）

(11) 溶接面の清掃の良否

溶接面の清掃が悪いとブローホール，割れなどの原因になることがあるから，溶接開始前に十分に清掃しなければならない．清掃の良否が溶接結果に悪影響を及ぼす程度は，溶接材料や溶接法によって相当な差がある．特に，高張力鋼の溶接に使用する低水素系の溶接棒やワイヤでは，水分やさびの存在によってブローホールが生じやすくなるから注意しなければならない．

(12) 予熱の確認

予熱の方法，予熱時間，予熱時期，予熱範囲，予熱位置の確認について，5.4.6項を参考にして確認する．

(13) 工法に特有な項目については5.9～5.16節を参照のこと．

d．溶接中のチェック項目

表5.17.5に溶接中に試験・測定または確認すべき項目を示し，各項目について以下に説明する．

(1) 溶接順序

溶接順序は収縮・変形・残留応力に影響を与え，鉄骨の精度・納まりに影響を与えるので，事前に検討済みの製作要領書に準拠していることを工場管理者が確認する必要がある．

(2) 溶接電流・アーク電圧・溶接速度・運棒法

溶接電流，アーク電圧および溶接速度は，溶接の結果に重要な影響を及ぼす三大要因である．したがって，これらの要因がそれぞれどのように溶接結果に関連し影響するかをあらかじめよく知っておかなければならない．使用する溶接棒やワイヤの径と電流，電圧および溶接速度は，あらかじ

表 5.17.5 溶接中に試験・測定または確認すべき項目とその方法

分類		試験・測定・確認項目	方法
共通項目		溶接順序	目視
		溶接電流	計器
		アーク電圧	計器
		溶接速度	経験・計器
		運棒法	目視
		ビードの置き方	目視
		アークのねらい位置	目視
		前層までのビードの状態	目視
		各層間のスラグの清掃	目視
		裏はつり	目視
		パス間温度	温度チョーク・温度計
		棒またはワイヤ径の選択	目視
工法に特有な項目	A	フラックスの補給	目視
	E	スラグ浴深さの調節	スラグの沸騰音,(電流・電圧の安定度), 鏡
	E	ノズルの位置および保持	目視
	E	当て金の加熱状態	目視
	B	ワイヤの送給状態目視	目視

[注]　A：自動溶接全般
　　　E：エレクトロスラグ溶接
　　　B：自動溶接・半自動溶接全般

め作成された製作要領書に従うものとし，ただし，単に能率を上げるために定められた以上の太い溶接棒やワイヤを使用したり，適正電流を超えた過大電流を用いるなどの溶接をしてはならない．

（3）ビードの置き方・アークのねらい位置

ビードの置き方やアークのねらい位置が適正でないと，溶接欠陥発生の原因となる．

（4）前層までのビードの状態・各層間のスラグの清掃・裏はつり

前層までのビードの状態は，すなわち次層の溶接の開先の状態である．開先形状・寸法が不良な場合には，溶接欠陥発生の原因となる．

（5）工法に特有な項目については，5.9～5.16節を参照のこと．

e．溶接後のチェック項目

表5.17.6に溶接後に試験・測定または確認すべき項目を示し，以下に説明する．また，代表的な表面欠陥を図5.17.8に，代表的な内部欠陥を図5.17.9に示す．

（1）ビード表面の良否

ビード表面の良否は一般に溶接技能者の技量と溶接姿勢などを端的に示すものであるが，ビード表面の形状と波形は，使用する溶接材料の性質によって特徴をもっているものである．特にガスシールドアーク溶接の場合には，若干のビード表面の不整はやむを得ない．いずれにしてもビード表面の波形が規則正しくそろっていることは，運棒・電流・電圧などが適正であることを示すものである．したがって，外観の整った溶接は良好な溶接の条件の一つを満足したものといえる．

（2）ピット

ピットは，溶接金属中に発生したガスが溶着金属の表面に浮かび上がるときにつくる溶着金属表

表 5.17.6 溶接後に試験・測定または確認すべき項目とその方法

分類		試験・測定・確認項目	方法
共通項目	外観および表面欠陥	ビード表面の整否	目視
		ピット	目視
		オーバーラップ	目視
		余盛止端形状	目視
		アンダーカット	目視・測定
		クレータの状態	目視
	寸法	余盛の寸法	計器
		溶接長	計器
		隅肉の脚長, 補強隅肉の大きさ	計器
		隅肉の不等脚	計器
	内部欠陥	割れ	非破壊検査
		融合不良	非破壊検査
		溶込不良	非破壊検査
		スラグ巻込み	非破壊検査
		ブローホール	非破壊検査
	処理	エンドタブの処理	目視
		スパッタ除去の良否	目視
		回し溶接	目視
工法に特有な項目	S	スタッド材軸のカラーの状態	目視
	S	スタッド材の溶接後の長さ	目視・測定
	S	スタッド施工後の打撃曲げ試験	目視

［注］ S：スタッド溶接

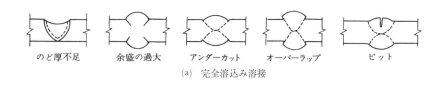

(a) 完全溶込み溶接

のど厚不足　余盛の過大　アンダーカット　オーバーラップ　ピット

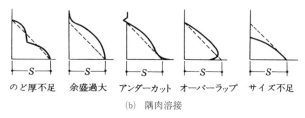

(b) 隅肉溶接

のど厚不足　余盛過大　アンダーカット　オーバーラップ　サイズ不足

図 5.17.8　代表的な表面欠陥

面に生じる小さなくぼみ穴であるといわれており，サブマージアーク溶接においてしばしば見られる．ピットの発生は，水素を含む物質，例えば，さび・油・水分・湿気の存在や被覆アーク溶接で行った組立て溶接ビード上のスラグなどの存在が原因となる．したがって，この種の欠陥の発生を防ぐためには，溶接棒およびフラックスの乾燥，開先部の加熱などにより水素を含む物質をできるだけ除くとともに，凝固時の発生ガスの逸脱状態を良くするのがよい．

　ガスシールドアーク溶接では，ガスシールド効果の不良も原因となるので，シールドガスの状態

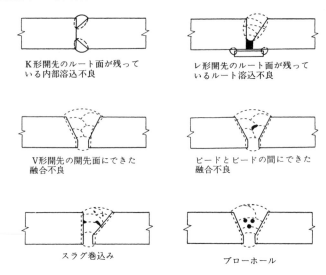

図 5.17.9　代表的な内部欠陥

を良好にするのがよい．

自動溶接の場合には，(12)「ブローホール」を参照のこと．

（3）オーバーラップ

オーバーラップは，溶接金属が母材または先に置かれた溶接金属に融合しないで重なる現象である．原因は溶接棒やワイヤが太すぎたり，電流が適正でない場合あるいは運棒が遅すぎる場合などに起こる．

（4）余盛止端部の形状

一般にアンダーカットや余盛角度および始端半径などは，弾性範囲で使用する部材の構造性能にほとんど影響を及ぼさない．しかし，機械または設備を支持する部材のように，繰返し応力を受ける部材の疲労強度には，余盛止端部の形状が大きな影響を及ぼす．また，塑性変形を期待する部材では余盛止端部に応力集中が生じて，部材の塑性変形性能が損なわれる場合がある．これらの部材では，余盛止端部をできるだけなめらかに仕上げることが望ましい．

（5）アンダーカット

溶接止端部の母材が溶けすぎて溶接金属で十分に埋め戻されていない状態を指すもので，開先面のアンダーカットはスラグ巻込みの原因ともなる．一般に，深いアンダーカットは断面の減少と切欠きを形成するので，補修の対象となる．

（6）クレータの処理

ビード終端部クレータの処理を怠ると，へこんだ形が残り，断面が不足する．特に，大電流溶接の場合はクレータ形状も大きくなるので，注意してクレータ処理を行わなければならない．また，クレータ部には割れが入りやすいので，拘束の大きい初層の溶接では，特に注意してクレータ処理を行うことが必要である．サブマージアーク溶接ではその特性を活かすためには，ビードはなるべく途中で切らないように努めるべきであるが，やむを得ず途中でビードを継ぐ場合には，後でこれ

を削り取るなどの方法があるので，状況に応じて使い分けるとよい．

(7) 隅肉溶接の余盛高さ

隅肉溶接の余盛は，溶接方法，溶接姿勢，溶接電流の大きさおよび溶接材料の種類によって差異がある．

下向姿勢では，他の姿勢よりも溶接電流が一般に大きく，重力の作用とあいまって余盛を小さくできる．立向上進法や上向姿勢では，重力に抗して施工するので余盛は大きくなりやすい．

(8) 隅肉溶接のサイズ

図 5.17.10 に隅肉溶接の設計サイズ S，理論のど厚 a'（隅肉溶接のサイズで定まる三角形の隅肉の継手のルートから測った高さ）から決定する隅肉溶接のサイズ S'（隅肉溶接金属の横断面内に描くことのできる最大直角二等辺三角形の等辺の長さ）および脚長 L の関係を示す．

脚長 L は，(b)(c)のような凸ビード形状の場合は，サイズ S' と同じかそれ以上となる．(a)のような凹ビード形状の場合は，脚長 L を測定しただけではサイズ S' が隅肉溶接の設計サイズ S を満足しているかどうか確認できない．この場合は，ビードののど厚を理論のど厚 a' として測定し，その値を 1.4 倍したものをサイズ S' として，隅肉溶接の設計サイズ S を満足していることを確認した上で，許容差を満足していることを確認する．許容差については，JASS 6 付則 6（または本指針 5.6.2 項）を参照のこと．

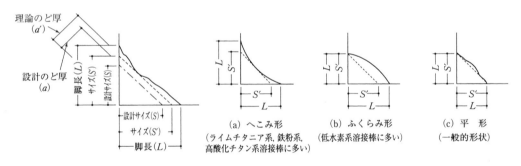

図 5.17.10 隅肉溶接のサイズ S，S' と脚長 L との関係

(9) 割　れ

溶接部に生じる割れは，主として熱影響部と溶接金属内に発生する．溶接金属が凝固し収縮する過程において拘束されたり，高張力鋼の初層の溶接で予熱が不足した場合などに割れが生じやすい．これらの溶接金属内に発生する割れの形態は，図 5.17.11 に示すように縦割れ，横割れ，クレータの割れおよびサルファバンドなどのために生じる割れなどに分類される．

溶接においてもっとも割れの発生しやすいのはクレータ部，組立て溶接部または拘束の大きい溶接部などで，一般の溶接構造物の検査に際しては，これらの部分の溶接に注意して点検することが必要である．

割れは溶接中に起こる欠陥の中でもっとも危険なものであるから，特に注意を払わなければならない．クレータは先に述べたように，割れが発生しやすい部分であるから，注意深く溶接金属で埋

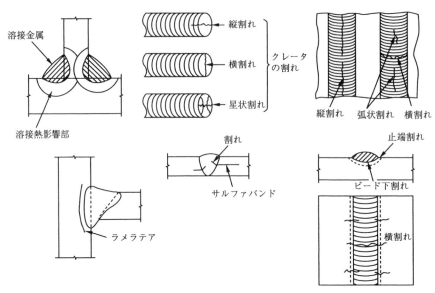

図 5.17.11　割　れ

めておかなければならない．

　ラメラテアは，継手の拘束が大きいときや母材の合金成分の偏析などにより発生することがあるので，その防止対策については，材料も含めて検討しなければならない．

（10）　スラグ巻込み

　スラグの除去や運棒，特にスラグを先行させないことに留意する必要がある．

（11）　融合不良

　溶接境界面が融け合っていない溶接部をいう．溶接金属と母材との間，多層盛りのパス間に起こる．

（12）　ブローホール

　単独に溶接部内に残留した気孔をブローホールという．

　気孔の大部分は溶接金属内に発生し，まれに熱影響部のボンド近傍に生じる．気孔は一般に小さい球状を呈するが，細長い芋虫状の場合もある．気孔を生成するガスの発生には，溶融金属中における化学反応による場合（例えば CO, SO_2）と溶解度の減少に起因する場合（H_2, N_2）の 2 通りがある．溶融金属中の気孔の成因は，主として CO ガスによる場合が多い．

（13）　エンドタブの処理

　5.5.5 項を参照のこと．

（14）　スパッタ除去の良否

　スラグやスパッタは入念に除去する．それらが付着していると見苦しいばかりでなく，超音波探傷検査や塗装または工事現場継手の障害となることがある．超音波探傷試験を行う部分のスパッタの除去を，砥石のグラインダで行うと探傷に悪影響を与えるので，探傷面の仕上方法は，超音波探傷検査技術者と相談して行う．なお，固着したスパッタで摩擦接合面以外のものは，除去しなくてもよい．

（15）　工法に特有な項目については，5.9〜5.16 節を参照のこと．

5.18 溶接部の補修

5.18.1 一　般
　不適合となった溶接部は欠陥の内容に応じて，適切な方法で補修しなければならない．ただし，補修方法または補強方法が接合部の性能あるいは工事全体に影響を与えると予想される場合は，工事監理者と協議する．補修部は再検査を行い，欠陥のないことを確認しなければならない．

5.18.2 補修方法
　不適合となった溶接部の標準的な補修方法を以下にあげる．なお，いずれの補修においても，必要に応じて適正な予熱を行う．

a．外観不適合の補修

（1）余　盛

　余盛が不足する場合はのど厚不足につながるので，不足部分に補修溶接を行い，適正な形状に修正しなければならない〔図5.18.1〕．

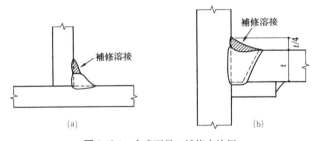

図 5.18.1　余盛不足の補修方法例

　過大な余盛は，ビード止端部が応力集中の要因となり，外力が作用した場合に割れ発生の原因となるおそれがあるので，グラインダなどで適正な高さと形状に整形する〔図5.18.2〕．なお，補修溶接は，ショートビードにならないように注意する．

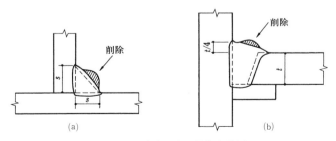

図 5.18.2　余盛過大の補修方法例

(2) アンダーカット

アンダーカットは，ショートビードとなるような溶接や，細径の溶接棒で小さなビードとなるような溶接で補修すると母材を硬化させ，かえって材質を劣化させることになりかねない．

したがって，不合格となったアンダーカットを補修する場合は，その深さと長さによって補修方法を選択するのがよい．

溶接後凸形になったビードはなめらかに仕上げる〔図5.18.3〕．

アンダーカットの深さ：1.0 mm 以下
　　　　　　　　グラインダで母材を削りすぎないようになめらかに仕上げる

アンダーカットの深さ：1.0 mm 超
　　　　　　　　グラインダ等でアンダーカットを除去し整形した後，40 mm 以上の溶接長さの補修溶接を行い，必要に応じてグラインダ仕上げる．

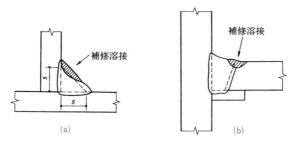

図 5.18.3　アンダーカットの溶接による補修方法例

(3) オーバーラップ

特に重要な完全溶込み溶接部のオーバーラップは，グラインダなどで削除し仕上げるか，またはエアアークガウジングで除去し補修溶接を行う〔図5.18.4〕．

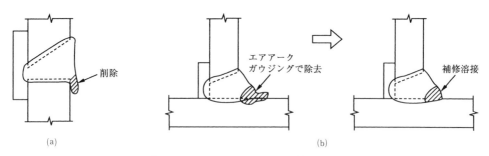

図 5.18.4　オーバーラップの補修方法例

(4) ピット

ピットはエアアークガウジング，グラインダなどで削除して補修溶接を行う〔図5.18.5〕．

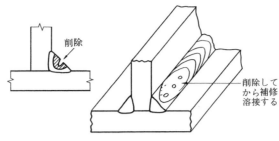

図 5.18.5　ピットの補修方法例

（5）　ビード不整

ビードが著しく不整の場合は，グラインダなどで整形するかまたは補修溶接で整形する．この場合，過大な余盛にならないように注意する．

（6）　表面割れ

欠陥が割れの場合にはその発生原因を明らかにし，以下の要領で補修を行う．割れの部分の除去は通常エアアークガウジングが用いられるが，その際，割れの位置・長さを浸透探傷試験または磁粉探傷試験などで確認し，割れの両端から 50 mm 以上余分に除去する．除去された部分について割れが完全にないことを磁粉探傷試験などで再度確認した上で，補修溶接が適切に行えるように舟底形に溝を整える〔図 5.18.6〕．補修溶接は適切な予熱とパス間温度の管理の下で行い，各パス間ごとに割れの有無を目視で確認するとともに，完了後に超音波探傷試験などで補修溶接部を含むその近傍を検査して，欠陥のないことを確認する．

溶接割れはその原因を明らかにし，割れ防止対策を立て，以後の同様な溶接継手に対する溶接作業に反映させることが重要である．

（7）　突合せ継手の食違いおよび仕口のずれ

突合せ継手の食違いや仕口フランジとダイアフラム等のずれは，本来は組立て段階で修正すべき

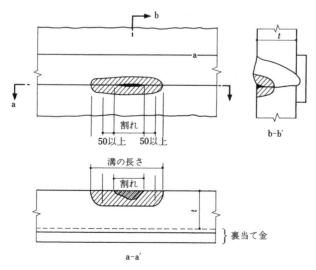

図 5.18.6　表面割れの補修方法例

であるが，溶接後に発見されることも多く，溶接部の不適合の一つとして扱われている．

　許容差を超える食違いやずれが発見された場合は，溶接部を切断して正規の状態に部材をセットし，適切な開先を設けて再溶接するのが基本である．しかし，現場溶接部の場合や工場溶接部でも構造が複雑な場合には，溶接後にこのような補修を行うことが困難で，母材表面に補修溶接等を行うことにより補強せざるを得ない場合が生じる．設計者による応力検討を行い安全性の確認がなされた場合を除き，従来は，比較的軽微な食違いであれば，食い違った低い側に勾配 1/2.5 以下の母材表面に補修溶接等を行うことにより補強するのが慣例であった．

　このような突合せ継手の食違いおよび仕口のずれについては，本会が従来より定めていた限界許容差を基本とし，通しダイアフラムと梁フランジとの食違いについても許容差を定めた建設省（現国土交通省）告示1464号が平成12年（2000年）に交付され，これを契機として補強法方法に対する検討が行われ，その成果がマニュアル[1]として発表されている．本来は応力的な検討を行って補強方法を決定すべきであり，マニュアルではそれらを考慮した形で補強方法が提案されているので，参考にするとよい．なお，その場合でも JASS 6 の限界許容差を超えたものについては，工事監理者の承認を得ることが必要であり，安易にそのような補強に頼るべきではない．

b．内部欠陥の補修

　内部欠陥にはスラグ巻込み・溶込不良・融合不良・割れおよびブローホールがある．超音波探傷検査では，欠陥の位置関係は明白にされるが，欠陥の種類は類推する程度であり，割れを除く欠陥の補修方法は，共通した方法で行うことが多い．

（1）スラグ巻込み・溶込不良・融合不良・ブローホール

　これらの内部欠陥は，検査記録に基づいて欠陥の位置関係を溶接部にマークし，エアアークガウジングなどを用いて完全に除去する．この場合，欠陥を確認できるように慎重に除去していかなければならない．慎重に除去しても欠陥の程度によっては確認できない場合もあるが，超音波探傷検査による欠陥長さの測定精度を考慮すると欠陥指示位置の両端 10～20 mm 程度を余分に除去しておくのがよい．欠陥を除去した後は，溝を舟底形に整形してから補修溶接を行う．図 5.18.7 に補修例を示す．

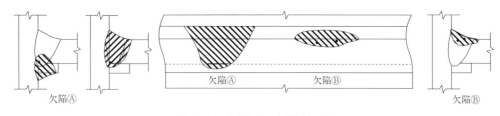

図 5.18.7　内部欠陥の補修方法例

参考文献

1) 建築研究所監修：突合せ継手の食い違い仕口のずれの検査・補強マニュアル，鉄骨製作管理技術者登録機構，2003

(2) 割 れ

内部に発生する割れとしては，サブマージアーク溶接やガスシールドアーク溶接の場合で溶接条件の設定が悪いときに発生する高温割れと溶接部の拡散性水素に起因する低温割れがある．これらの割れの補修は，欠陥部をエアアークガウジングではつりながら欠陥を見落とさないように注意し，本当に割れであるか否かを確認することが，その後の対策を立てる上で重要である．欠陥がはつりの途中で確認できた場合，欠陥の位置と状況をよく調べ，欠陥が割れであるときは，表面割れの項で述べたと同様の方法で除去し補修する．補修溶接後は超音波探傷試験で欠陥のないことを確認する．なお，割れの発生原因を明らかにするとともに防止対策を立て，以後の製作に活かすことが重要である．

c．エレクトロスラグ溶接部の補修

溶接組立箱形断面柱のスキンプレートと内ダイアフラムの継手に用いられているエレクトロスラグ溶接部では，内ダイアフラムに対して要求された溶込み幅に満たない場合や，溶込不良，割れなどの内部欠陥が発生することがある．補修については，b項に示す方法と同様の手順を基本とするが，欠陥の位置がスキンプレートとエレクトロスラグ溶接継手部のルート間隔（20～23 mm）を含む深い範囲に位置するため，補修溶接に際しては，はつりの範囲（幅と深さ）が一般の溶接部より大きくなる．

図 5.18.8 に示すように，舟底形に整形しながら欠陥の深さに応じてはつる範囲を大きく取る必要がある．また，補修溶接は，ガスシールドアーク溶接を用いて多層多パス盛り溶接となることから，入熱量とパス間温度に注意を払いながら溶接を実施する．なお，溶接後はスキンプレート外面から斜角探傷を行い，溶接部に欠陥のないことを確認する．

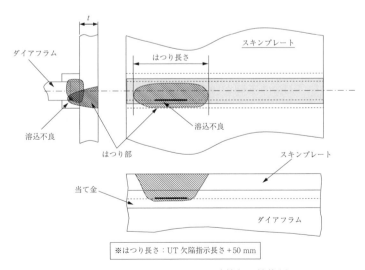

図 5.18.8　エレクトロスラグ溶接部の補修例

d．固形エンドタブ使用時の端部補修

溶接線端部に生じた欠陥の補修のうち，特に注意を要する継手の一つに固形エンドタブを用いた

溶接継手がある．始終端部を含め健全な品質が求められる本溶接部は固形エンドタブ特有の溶接技量を必要とするが，近年のAW技量検定試験の結果によれば，固形エンドタブ近傍にスラグ巻込みや溶込不良，角落ちなどの欠陥が発生しやすいことが指摘されている[1]．このように端部に生じる内部欠陥や始終端部に見る外観不適合部を補修する場合，補修後の品質を確保する必要がある．以下に補修の例を示す．

（1） 内部欠陥の補修

1） 表層から中間層にかけての内部欠陥の補修

中間層から表層に位置する内部欠陥の補修例を以下に示す〔図5.18.9(a)，5.18.10(a)参照〕

・内部欠陥をはつる場合，元の開先形状を意識した形状とすること．
・欠陥位置に応じたはつり長さならびに本溶接と同様の入熱量，パス間温度管理を可能とするはつり長さを確保するとともに，全部に対し溶込不良が生じないよう，舟底形にはつること．
・はつり後は，固形タブを装着して補修溶接を行うこと．
・溶接に際し，既存のビード形状に応じた余盛高さやビード継部においては，ビード不整や余盛形状の凹凸が生じないよう注意する．
・タブ端部外面の既存ビードとの融合状態を確認し，必要に応じて外観補修を行う．

2） 中間層から初層にかけての内部欠陥の補修

・中間層から初層にかけて位置する内部欠陥の補修例を示す〔図5.18.9(b)，5.18.10(b)参照〕．
・元の開先形状を意識し，ルート部まで完全にはつり取る．
・鋼製エンドタブを用い必要な長さの裏当て金を装着し，補修溶接を行う．
・はつり長さ，舟底形のはつり，溶接管理については，1）項と同様の要領とする．
・補修溶接部の健全性が確認された後，フランジ端部から5mm残しで切断，端部をグラインダで整える．

（2） 始終端部欠陥の補修

前述のとおり固形エンドタブを用いる場合，溶接始終端部には特有の欠陥や外観の不適合が発生することがある．タブ近傍における不適切な運棒により，

・スラグ巻込みや開先面の溶込不良
・溶接線端部まで溶接長さが満たない場合
・深い角落ち
・表面割れ

などの著しい欠陥が発生した場合，（1）項に示す内部欠陥同様の要領で溶接補修を行うものとする．溶接中のスラグ除去の際にタブが外れてしまったことが原因で生じる積層不良（コールドラップ）や軽微なアンダーカットについては，グラインダ等でなめらかに仕上げることを基本とする．しかし，アンダーカット等の深さによっては，グラインダ処理では適正な品質を確保できないおそれがあるため，このような場合は，補修方法を工事監理者と協議する．

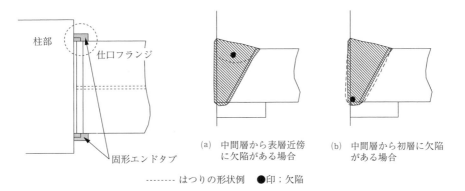

.... はつりの形状例　●印；欠陥

図 5.18.9　固形エンドタブの CO_2 溶接部の端部補修例（はつり状態）

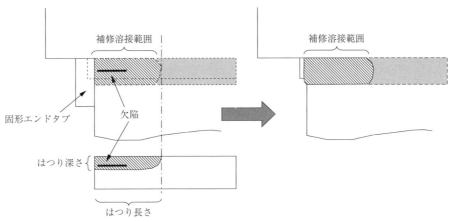

(a) 中間層から表層近傍に欠陥がある場合

●はつり長さは欠陥長さ +50 mm または板厚の 2 倍を目安とする．

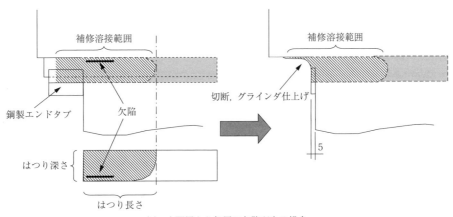

(b) 中間層から初層に欠陥がある場合

図 5.18.10　端部補修溶接と仕上げの要領

e．スタッド溶接部の補修

（1） 外観検査および寸法検査で不適合と判定された場合の補修

外観検査でスタッド軸部にアンダーカットが生じたため不適合となったものおよび寸法検査で不適合と判断されたものは，50～100 mm の隣接部に打ち増しを行う．

ただし，隣接部に打ち増しができない場合および母材にアンダーカットが生じている場合は，打ち直しを行う．

（2） 打撃曲げ検査によって不適合と判定された場合の補修

欠陥が母材に及んでいる場合や折損したスタッドは，打直しを行う．

（3） 打直し方法

スタッドを打直しする場合は，5～10 mm 残してガス切断または機械的な切断で切り落とし，その後母材表面が平滑になるようにグラインダで仕上げる．その際，欠陥が母材内部まで達している場合は，適切な予熱を行って低水素系被覆アーク溶接またはガスシールドアーク溶接により補修溶接し，母材表面をグラインダで平滑に仕上げる．

スタッドを除去した後，隣接部に打ち直しを行う．

参 考 文 献

1） 石井　匠ほか：固形エンドタブを用いた溶接部の内部欠陥の特徴，日本建築学会大会学術講演梗概集，pp.755-756，2001.9

6章 塗　　装

6.1 防せい（錆）の基本

大気中における鋼材の腐食は酸素と水による電気化学的な反応によるものであり，その進行速度は，気温や相対湿度などの気象条件および大気中に含まれる塩化物イオンやイオウ酸化物などの腐食促進物質の濃度によって大きく異なる．腐食促進物質の濃度が高い海岸地域や重工業地域などにおいては，鋼材の腐食が促進されることになる．日本国内の環境条件と鋼材腐食量の関係について1981年から1991年まで調べた結果を表6.1.1に示す．また，発せい（錆）の程度は，表6.1.2，図6.1.1のように分類される．

表6.1.1　日本国内の環境条件と鋼材腐食量の関係

暴露環境	腐食速度（mm/年）	
	水平面	鉛直面
海浜部	0.045	0.033
工業地帯	0.010	0.008
都市部	0.009	0.008
田園部	0.008	0.007
山間部	0.007	0.006

［出典］（一社）日本鋼構造協会編：重防食塗装

表6.1.2　発せいの程度

表　示	さびの程度	表　示	さびの程度
A	さびがまったく認められないが塗膜が部分的に白亜化している	C	全面的に発せいしている
B	部分的に点さびが発せいしている	D	さびのために鋼材の厚さが減少している

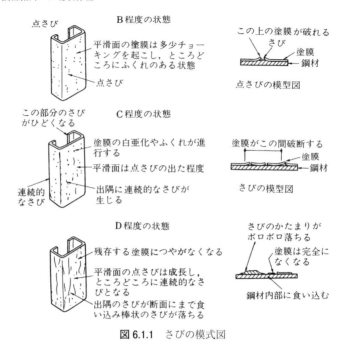

図 6.1.1 さびの模式図

　日本は夏期に高温多湿の気象条件となり鋼材の腐食が促進される環境であるため，鉄骨に対する防せい処理は，鉄骨工事の中でも重要な工程の一つである．鉄骨に適用される主要な防せい処理は，塗装と溶融亜鉛めっき処理である．

　塗装は，JASS 6 では鉄骨製作工場での素地調整と下塗り（さび止め塗装）を対象とし，その後の中塗りや上塗りは本会編「建築工事標準仕様書・同解説　JASS 18　塗装工事」（以下，JASS 18 という）の適用範囲として工事現場で別発注された塗装専門業者により施工されているのが現状である．塗装は素地調整から上塗りまでが連続した一つの工程であるので，JASS 18 では塗装仕様ごとに適用範囲・材料・工程・工法について定めており，鉄骨製作工場での素地調整や下塗りについても，これに従って実施されなければならない．今回の改定では，従来のさび止め塗装の名称を下塗りに変更し，JASS 6 の塗装の適用範囲について，①屋外露出などの過酷な環境で防せい効果を与える目的で鉄骨に施す下塗り，②屋内で使用される鉄骨に施す下塗りおよび③工事期間中に発生するさびによる汚染を防ぐ目的で鉄骨に施す塗装，の 3 つに分け，それぞれの塗装仕様による素地調整と下塗りを鉄骨製作工場で実施することとしている．

　上記①に対応する塗装仕様として，JASS 18 では，鉄骨製作工場にて素地調整 1 種 B を施した後に有機ジンクリッチプライマーや構造物用さび止めペイントを下塗りし，工事現場において，耐候性に優れる 2 液形ポリウレタンエナメル，アクリルシリコン樹脂エナメルあるいは常温乾燥形ふっ素樹脂エナメルを上塗りする塗装仕様を規定している．上記②や③に対応する塗装仕様は，製作工場にて素地調整 2 種を施した後に，鉛・クロムフリーさび止めペイントを塗り付ける場合が多い．

　また，溶融亜鉛めっき処理は防食性に優れることから，再塗装による維持保全が困難な部材や苛酷な腐食環境におかれる構造物を中心に普及している．

しかし，防せい処理を施しても長期間にわたって完全に腐食を防止することは困難であるため，できる限り腐食しにくい環境となるように配慮することが重要である．特に，塗装を施す場合には，以下のような事項に注意する．

(1) 雨水に濡れても水が滞留せず，短時間で乾燥するよう通風をよくする．
(2) 雨水が滞留するおそれがある部材には，水抜き孔を設けて排水を考慮する．
(3) 雨水を受ける部材は，再塗装ができる形状や納まりとする．
(4) 鉄骨部材はさびの発生が点検できて，再塗装がしやすい形状とする．

6.2 塗装計画

6.2.1 計画の基本

塗装計画に際しては，建築物の立地環境，塗装対象部位の設置条件，塗料の品質や塗装仕様のグレード，素地調整の程度，点検や再塗装の周期などを考慮することが必要である．

JASS 18 では，金属系素地面塗装として9種類の塗装仕様が定められており，JASS 18 付録1には塗装仕様の選び方が示され，鉄骨に対する塗装計画の参考となる．表6.2.1 にこの付録1の抜粋を示す．一般に，塗装仕様を決定するにあたっては，鉄骨が設置される環境条件を最初に検討して塗装仕様を選定した上で，その仕様に適した作業方法（素地調整や塗装方法など）を採用する．

また，硬化塗膜の耐久性は，素地調整の程度や塗料の塗り回数によって左右され，グレードが高い塗装仕様の方が素地調整の程度による影響を大きく受けることが知られている．一般に，素地調整の程度が低く，塗り回数の少ない初期塗装は，最初の費用は安価であるが早期に再塗装が必要で保全費用がかさむことになることから，塗装仕様の選定においては，LCC（ライフサイクルコスト）を考慮することも重要である．

6.2.2 検討事項

(1) 素地調整

JASS 18 に示されるように，塗膜の耐久性は，塗料の種類よりも素地調整の程度に大きく左右されるものである．鉄骨に適用される一般的な素地調整の方法には，ブラスト法（1種）と動力工具と手工具を併用する方法（2種）とがある．ブラスト法は耐久性向上に対する効果が大きい反面，工事費用が高価となるばかりでなく，ブラスト後はさびやすくなるのでただちに塗装をする必要があり，塗装工事に要する工期を確保することが必要となる．

JASS 18 では，素地とはいずれの塗装工程も行われていない面，下地とは素地に対して何らかの塗装工程による行為が行われて，次の工程の行為が行われようとしている面と定義している．

(2) 下塗り用塗料

素地調整を施された鉄骨表面に直接塗り付けて，鋼材の腐食を防止する目的で適用される塗料である．一般的な鉄骨の塗装には，素地調整2種を施した後に，JIS K 5674　鉛・クロムフリーさび

止めペイントを下塗りとして塗り付ける．また，屋外露出などの過酷な環境で使用する鉄骨の塗装には，素地調整1種Bを施した後に，有機ジンクリッチプライマーや構造物用さび止めペイントを下塗りとする．

JASS 18 では，下塗りとは素地調整あるいは下地調整を行った後に塗る作業，またはその作業によってできた塗り面と定義している．

（3）上塗り用塗料

鉄骨が屋外露出などの過酷な環境で使用される場合には，下塗り用塗料の硬化塗膜の上に適合する上塗り用塗料を工事現場において塗り付ける．この場合，JASS 18 では，2液形ポリウレタンエナメル塗り（2-UE），アクリルシリコン樹脂エナメル塗り（2-ASE），常温乾燥形ふっ素樹脂エナメル塗り（2-FUE）を規定している．これらの上塗り用塗料を塗り付ける場合は，有機ジンクリッチプライマーや構造物用さび止めペイントを下塗り用塗料として用いる塗装工程となっているため，塗装計画において塗装仕様を明確にして，採用する必要がある．

JASS 18 では，上塗りとは仕上げとして塗る作業，またはその作業によってできた塗り面と定義している．

表 6.2.1　金属系素地に対する塗装仕様の特徴（JASS 18　付録1より抜粋）

塗装仕様の種類	環境	グレード	適用時例 特徴
合成樹脂調合ペイント塗り	屋外	汎用	一般仕様 経済的な塗装
フタル酸樹脂エナメル塗り	屋外	汎用	鋼製建具・設備機器
2液形ポリウレタンエナメル塗り	屋外	高級	鋼構造物 耐久性仕様
弱溶剤系2液形ポリウレタンエナメル塗り	屋外	高級	鋼構造物 環境配慮耐久性仕様
アクリルシリコン樹脂エナメル塗り	屋外	高級	鋼構造物 耐久性仕様
弱溶剤系アクリルシリコン樹脂エナメル塗り	屋外	高級	鋼構造物 環境配慮耐久性仕様
常温乾燥形ふっ素樹脂エナメル塗り	屋外	超高級	鋼構造物 高耐久性仕様
弱溶剤系常温乾燥形ふっ素樹脂エナメル塗り	屋外	超高級	鋼構造物 環境配慮耐久性仕様
つや有合成樹脂エマルションペイント塗り	屋内	汎用	環境負荷低減

6.3　素地調整

鋼材表面にさび・黒皮・油脂・汚れなどが付着していると，その上に塗装しても塗膜の付着が悪く，また，さびの除去が不完全な場合は早期に塗膜の欠陥を生じる．素地調整は，これらの有害な付着物を鋼材表面から除去し，さらには表面粗さを与えて塗膜の付着性を向上させようとするもの

である．素地調整の良否が塗膜の耐久性に及ぼす影響は，図6.3.1に示すように寄与率が約50％といわれる．

不完全な素地調整が施された鋼材表面への塗装は，いかに塗料の性能が良く，また厚塗りされていても塗膜の耐久性は著しく減少することになる．

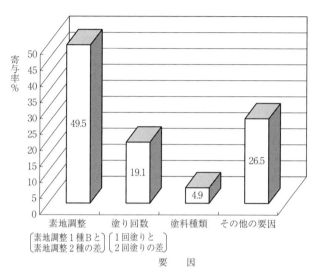

図6.3.1 塗膜の耐久性に及ぼす各種要因（JASS 18より）

6.3.1 素地調整の種別

（1） 鋼材表面の素地調整は，表6.3.1に示すJASS 18の種別1種Bまたは2種とし，その選定は特記による．特記のない場合は2種とする．ただし，屋外露出などの過酷な環境で使用する鉄骨に施す塗装における下塗り用塗料として，有機ジンクリッチプライマー，構造物用さび止めペイントまたは変性エポキシ樹脂プライマーを適用する場合は，1種Bとする．なお，JASS 18では鋼材表面を鉄鋼面と表記しているが，JASS 6では鋼材面とした．

表6.3.1 鋼材面素地調整の種別と工程

工程	種別			工程間隔時間
	1種A	1種B	2種	
汚れ・付着物除去	汚れ・付着物をワイヤブラシや研磨布などで除去			—
油類除去	アルカリ性脱脂剤で加熱処理後，湯または水洗い	溶剤ぶき	溶剤ぶき	—
さび落し	酸洗いによりさび，黒皮を除去	ブラストによりさび，黒皮を除去	ディスクサンダー，ワイヤホイルなどの動力工具を主体とし，スクレーパ，ワイヤブラシ，研磨布などの手工具を併用してさび落とし	ただちに次の工程に移る
化成皮膜処理	りん酸塩化成皮膜処理後，水洗い乾燥	—	—	ただちに次の工程に移る

（2） 亜鉛めっき面の素地調整は，表6.3.2に示すJASS 18の種別1種または2種とし，その選定は特記による．種別1種は表面処理鋼板に使用されることが多いが，高い耐久性が必要な鉄塔などでは適用されることがある．この場合，めっき工場で施工するので，塗装計画に注意が必要である．なお，今後，クロム酸塩による処理はなくなり，クロメートフリー化成皮膜処理となる．

表6.3.2 亜鉛めっき面素地調整の種別と工程

工程	種別 1種	種別 2種	工程間隔時間
汚れ・付着物除去	汚れ・付着物をワイヤブラシや研磨布などで除去		―
油類除去	弱アルカリ性脱脂剤で加熱処理後，湯または水洗い	溶剤ぶき	―
化成皮膜処理	りん酸塩化成皮膜処理後水洗い乾燥，またはクロム酸塩もしくはクロメートフリー化成皮膜処理後，乾燥	―	ただちに次の工程に移る

（3） 素地調整に用いる材料は，素地調整の種別に応じて，表6.3.3とする．詳細については，JASS 18を参照する．

表6.3.3 素地調整に用いる材料

材料	規格および組成
アルカリ性脱脂剤	アルカリ性界面活性剤
溶剤	トルエン，キシレン等
化成皮膜処理剤	りん酸塩化成皮膜処理剤，クロム酸塩化成皮膜処理剤，クロメートフリー化成皮膜処理剤

6.3.2 グレード

鋼材面素地調整の種別ごとのグレードを表6.3.4に示す．

表6.3.4 鋼材面素地調整の種別ごとのグレード

種別	グレード	工法	ISO規格	SSPC
素地調整 1種B	表面には目に見える油，グリース，泥土およびミルスケール，さび，異物がないこと．	ブラスト法	Sa2½	SP 10
素地調整 2種	表面には目に見える油，グリース，泥土，異物および弱く付着したミルスケール，さびがないこと．	動力工具	St3	SP 3

1種Bはブラスト法によってさびや黒皮を除去するもので，塗装にはもっとも適した清浄な素地面が得られる．鉄骨が海岸や重工業地域の屋外に露出し，しかも長期にわたる塗膜の耐久性が要求される場合に適用される．

2種は動力工具の使用を主体とし，動力工具が使用できない部分は手工具を併用するもので，ゆるんだ黒皮は除去できるが，固着したものは除くことができない．さびの除去程度も1種Bに比べると著しく劣る．この工法は，特記で素地調整の程度が指定されていない場合で，一般には屋内隠ぺい部のように比較的さびにくい環境にある部分の素地面に適用される．

表6.3.4のISO規格やSSPCの詳細については，JASS 18を参照する．

6.3.3 工　　法

（1）ブラスト法（素地調整1種B）

研削材を圧縮空気によって鋼材面に吹き付けて，さびや黒皮その他の異物を除去するもので，吹付けノズルを使用することにより，複雑な形状のものや狭い部分に対しても良好な素地面が得られる．

ブラスト法には人がノズルを手に持って行うマニュアルブラストと，固定したノズルに対して鉄骨部材を連続的に移動してブラストをするか，あるいは鉄骨部材に対してノズルを自動的に動かしブラストを行う自動ブラスト法がある．マニュアルブラストは，鉄骨部材が大きいものや非定形であるものに適用し，自動ブラストは一定サイズの鋼板やH形鋼等のように原板や定形な鉄骨部材に適用される．さらに，研削材やじんあい（塵埃），鉄粉などの飛散を防ぐため，高圧水とともに研削材を噴射する湿式法やじんあい，鉄粉を吸引するバキューム法もある．

写真 6.3.1　ブラスト作業

写真 6.3.2　研削材の例

ブラスト法の装置としてはコンプレッサ，噴射室，除じん装置などを必要とし，また研削材を使用するなどのために施工費用は素地調整2種と比べて高くなる．

研削材として，一般的にはグリット，ショット，アルミナやガーネットなどが使用される．グリットは粒に鋭い角があり，作業能率が良い．ショットは球形で鋼材面に当たった衝撃によって研削される．けい砂は飛散する粉じんが多く，作業員のじん肺を引き起こす危険性が高いため，JIS Z 3010では研削材として適用から除外されているので，JIS Z 0312に適合するガーネットや粉砕スラグ等を使用することが望ましい．

ブラストした面はさびや黒皮などがほぼ完全に除去されるが，表面粗さが粗くなる傾向にある．

粗さが大きい場合は凹部を埋めるのに相当量の塗料を要し，凸部の塗膜は薄くなるので表面粗さは50〜70μmRz程度になるように，研削材の大きさはG 30〜50（JIS G 5903）程度のものを選定するのがよい．ブラストした面は灰白色を呈し活性化しているので，3〜4時間以内に素地面の粉じんを除去して塗装しなければならない．

（2） 動力工具と手工具を併用する工法（素地調整2種）

鋼材の平面部は，ディスクサンダーに粒度P16〜24（JIS R 6002）程度のディスクサンドペーパーを取り付け，高速回転させてゆるんだ黒皮やさびを除去するもので，隅肉溶接部や凹部は，ディスクサンダーにカップ形ワイヤホイルブラシを取り付けて入念に行う．動力工具が使用できないスカラップ部や狭い部分は，ワイヤブラシやスクレーパなどを用いてていねいに除せい（錆）する．その後，ウェスやほうき，エアブローを用いて素地面を清掃してから，できる限り早く塗装することが必要である．

また，圧延H形鋼では黒皮が厚い場合があり，素地調整2種では黒皮が残ることがある．塗装後に残っている黒皮から浮きが生じるので，脆弱な黒皮が除去されていることを確認する必要がある．特に冷間ロール成形の角形鋼管では細かく薄い黒皮や油分が多い黒皮がある場合があり，除去が不十分であると塗膜の剥離が生じるので，注意が必要である．このように黒皮の除去が難しい場合は，屋外だけでなく屋内の使用で意匠的に塗装が要求される鉄骨においても，ブラスト法とすることが望ましい．

6.3.4 溶接部の処置

溶接部に生じたスラグは十分に除去し，スパッタも固着したもの以外は全て除去する必要がある．このほか，溶接熱によって生じる酸化物も黒皮以上にさびやすいものである．また，工場で開先部の発せい（錆）を防ぐために，塗布した塗料が溶接部の近辺に残存している．これらは，ディスクサンダーに粒度P16〜24（JIS R 6002）程度のサンドペーパーを取り付け，高速回転させてていねいに取り除く．ディスクサンダーが使用できない部分は，ワイヤブラシやスクレーパ〔写真6.3.3〕などを用いて，ていねいに除去する．

低水素系被覆アーク溶接棒による溶接部は被覆剤中に含まれている成分が，溶接後空気中の水分

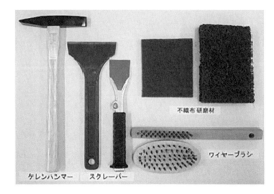

写真 6.3.3 動力工具と手工具

と反応して強アルカリとなり塗膜を侵すことになるので，塗装に先立ちりん酸水溶液（5～10％）をはけ塗りして中和処理した後，水洗する．ただし，溶接後屋外等に放置して赤さびが発生している場合は，中和処理しなくてもよい．

また，低水素系以外の被覆アーク溶接部およびサブマージアーク溶接，ガスシールドアーク溶接による溶接部については，中和処理を必要としない．

特に低水素系以外の被覆アーク溶接部では溶接直後に塗装を行うと，溶接部から漸次放出される拡散性水素により塗膜にふくれなどの欠陥を生じることがあるので，2日以上放置するのが望ましい．

やむを得ず溶接直後に塗装する場合は300℃で数分間加熱し，放冷してから施工する．超音波探傷検査をした場合は，残存したグリセリンを水洗した後よくふき取っておく．

6.4 塗料

6.4.1 下塗り用塗料の種類

鉄骨の下塗りに使用する塗料は，表6.4.1の中から特記によって選定する．

今回の改定では，一般用さび止めペイント（JIS K 5621）を下塗り用塗料から削除した．その理由は，鉛・クロムフリーさび止めペイント（JIS K 5674）に比べて防せい効果が劣ること，現場での適用が減少していること，溶解力の強い溶剤を用いた上塗りをすると塗膜の剥離が懸念されることである．ただし，リップみぞ形鋼などでは1次防せいを目的として，一般用さび止めペイントを塗り付けたものがあるが，これを使用する場合の塗装仕様については，JASS 18の標準仕様が存在しないので，適正な下地調整方法と下塗り用塗料の選択には事前の確認が必要となる．

屋内環境において亜鉛めっきを施す必要のある鉄骨部材に適応する下塗り用塗料については，水系さび止めペイント（JASS 18 M-111）が適用できるとしていたが，水系塗装仕様では十分な耐久性を期待しにくい上に，素地調整として種別1種を施すことは現実的ではないため，今回の改定で適

表6.4.1 下塗り用塗料

材料名	規格	使用環境および適用素地		
		屋内環境や工事期間中	屋外露出などの過酷な環境	
		鋼材面	鋼材面	亜鉛めっき面
鉛・クロムフリーさび止めペイント	JIS K 5674　1種，2種[*1]	○	—	—
水系さび止めペイント	JASS 18　M-111[*1]	○	—	—
変性エポキシ樹脂プライマー	JASS 18　M-109	—	○	○
有機ジンクリッチプライマー	JIS K 5552　2種	—	○	—
構造物用さび止めペイント	JIS K 5551　A種	—	○	—
エポキシ樹脂雲母状酸化鉄塗料	JASS 18　M-112[*2]	—	○	—

［注］　＊1：屋内使用に限定　＊2：塗り重ねの工程間隔時間が7日を超える場合に使用
［凡例］　○：適用　—：適用しない

用素地から亜鉛めっき面を削除した．また，環境配慮の観点から，エッチングプライマー，鉛酸カルシウムさび止めペイント（JIS K 5629）についても削除した．屋内環境における亜鉛めっき鉄骨部材にも適用できる下塗り用塗料として，新たに（一社）日本塗料工業会において1液形変性エポキシ樹脂さび止めペイント（JPMS 28）が制定されている．最近は使用が増えており，屋外でも使用できる．

下塗り用塗料の選定に際しては，以下の事項に注意する．

(1) 現場へ搬入された鉄骨の建方および本締めや溶接が終了した後に上塗りを施す場合，製作工場および工事現場で塗り付ける下塗り用塗料は，JASS 18に示される塗装仕様に準じる．
(2) 原則として同一の製造所の製品または上塗り材料製造所の指定する製品とする．
(3) 現場で耐火被覆を施す場合，塗料は特記された耐火被覆材料との適合性を考慮する．

使用環境や耐久性向上に対する配慮から，昨今の鉄骨造建築物では従来適用されていたさび止め塗装より高級な仕様が適用されるようになってきた．このような背景から，過酷な環境や露出で使用される鉄骨に対して，亜鉛めっきもしくはいわゆる重防食塗装仕様を採用する傾向が見られる．

下塗り用塗料の成分と性能の概要は，以下のとおりである．

（1）鉛・クロムフリーさび止めペイント（JIS K 5674）

1種（溶剤系）と2種（水系）がある．いずれも鉛およびクロムなどの有害重金属を含まないさび止めペイントである．防せい顔料としては，りん酸亜鉛，亜りん酸亜鉛，モリブデン酸亜鉛，モリブデン酸亜鉛カルシウム，りん酸アルミニウム，メタほう酸バリウム，シアナミド亜鉛などがある．1種は，キシレンやミネラルスピリットなどの有機溶剤を溶媒とし，主にフタル酸樹脂などの合成樹脂ワニスをビヒクルとする．2種は，水を溶媒とし，アルキド樹脂，アクリル樹脂，エポキシエステル樹脂の水性樹脂やエマルション化した樹脂をビヒクルとする．1種は屋外用，2種は屋内用となっている．標準工程間隔時間は，1種では24時間以上1か月以内，2種で4時間以上7日以内の制限があるため，塗装計画において配慮が必要である．2種は水系であるので，低温（5℃以下）・高湿度（75％以上）での施工には注意が必要である．

（2）水系さび止めペイント（JASS 18 M-111）

水を主要な揮発成分とし，水溶性樹脂で鉛・クロムなどの有害重金属を含まない防せい顔料などを練り合わせた液状の常温で自然乾燥する塗装で，主要な用途は水がかりなどの影響が少ない屋内の鋼材面である．防せい効果は劣るが，有機溶剤を削減して環境に配慮したさび止めペイントである．施工については，低温（5℃以下）・高湿度（75％以上）時に注意が必要である．

（3）変性エポキシ樹脂プライマー（JASS 18 M-109）

変性エポキシ樹脂プライマーは主剤と硬化剤との2液反応硬化型になっており，主剤はエポキシ樹脂や変性樹脂，硬化剤はポリアミド樹脂やアミンアダクト樹脂よりなっている．

主として，過酷な環境で耐久性を必要とする鋼材面や亜鉛めっき面の下塗りとして使用する．特に亜鉛めっき面への付着性に優れている．冬期施工では低温用を使用する．

鋼材面では，1種Bの素地調整を施す．

（4）構造物用さび止めペイント（JIS K 5551）

JIS K 5551に規定されるさび止めペイントで，種類はA種，B種，C種があり，A種とB種は反

応硬化形エポキシ樹脂系塗料，C 種は反応硬化形エポキシ樹脂系塗料または反応硬化形ウレタン樹脂系塗料である．塗膜厚さによって区分されており，A 種は約 30 μm（標準形），B 種と C 種は約 60 μm（厚膜形）である．JASS 18 では，2 液形ポリウレタンエナメル塗り（2-UE），アクリルシリコン樹脂エナメル塗り（2-ASE）や常温乾燥形ふっ素樹脂エナメル塗り（2-FUE）の下塗りに，A 種を用いることにしている．JIS K 5551 では，製品の形態（荷姿）に 1 液形と多液形があり，主剤と硬化剤から構成される多液形を使用されることが多い．反応硬化形エポキシ樹脂系塗料の標準工程間隔時間には 24 時間以上 7 日以内の制限があるため，塗装計画において配慮が必要である．

1 種 B の素地調整が施された鋼材面に使用する．

（5） 有機ジンクリッチプライマー（JIS K 5552）

ジンクリッチプライマーは，バインダーの種類によって有機質系と無機質系の 2 種類がある．

通常使われるものは，有機質系のエポキシ樹脂系ジンクリッチプライマー（2 種）で，エポキシ樹脂と硬化剤（通常ポリアミド樹脂）をビヒクルとし，乾燥塗膜中に約 90 wt％の亜鉛末を含む塗料で 2 液 1 粉または亜鉛末を調合した主剤と硬化剤の 2 液セットになっている．

無機質系は，アルキルシリケート系ジンクリッチプライマー（1 種）でアルキルシリケート樹脂をビヒクルとし，乾燥塗膜中に 50～90 wt％の亜鉛末を含む塗装で 1 液 1 粉のセットになっている．

1 種 B の素地調整が施された鋼材面に使用する．

（6） エポキシ樹脂雲母状酸化鉄塗料（JASS 18 M-112）

JIS K 5555 は廃止され，JASS 18 M-112 による品質規格が制定されている．エポキシ樹脂系塗料の硬化塗膜は 7 日以上放置されると，塗り重ね付着性が低下する．したがって，JASS 18 では，構造物用さび止めペイント A 種を下塗りに用いて，工場塗装から現場塗装までの工程間隔時間が 7 日を超える場合には，下塗りと中塗りの層間付着性を確保するために，エポキシ樹脂雲母状酸化鉄塗料を塗り付ける塗装仕様が設けられている．

ただし，この場合，上塗り後の仕上り面の光沢や平滑性が低下したり，現場での塗装工程の前に汚れや水分の除去が必要となったりするので，注意が必要である．

6.4.2 塗料の保管

搬入した塗料は，火気を避けた専用の置場に保管し，塗料の種類や保管量に応じて消防法や火災予防条例など関連法規を遵守する．一定数量以上の危険物を貯蔵しまたは取り扱う施設では，危険物取扱主任者の立会がなければ規定の危険物を取り扱うことができない（消防法第 13 条）．

消防法では指定数量以上の危険物の貯蔵または取扱いを一般的に禁止しており，指定数量以上の危険物を貯蔵し，または取り扱う場合には，許可を受けた施設において法令で定める技術上の基準に従って行わなければならないとされている（消防法第 10 条第 3 項）．

指定数量とは，消防法第 9 条の 4 に規定する危険物の危険性を勘案して，政令第 1 条の 11 によって定められた数値である．

有機溶剤系塗料は，主として危険物第 4 類および指定可燃物に該当しており，おおむね表 6.4.2 に示すように指定数量が定められている．保管および塗装作業を行う場所には，泡・粉末・二酸化炭

素などの窒息作用の消火器を用意することが望ましく，第4類危険物の水による消火は，一般的に不適当である．

表6.4.2 塗料の指定数量

種　別	品　目	塗料一般名	数量（l）
第4類	第1石油類	エポキシ，ウレタン，ビニル塗料などの各種シンナー	200
	同　上	エポキシ，ウレタン，ビニル系の各種塗料[*1]	200
	第2石油類	塗料用シンナー	1 000
	同　上	エポキシ，ウレタン，フェノールなどの各種塗料	1 000
指定可燃物[*2]		油性さび止め塗料，合成樹脂調合ペイント類	2 000

［注］ ＊1：近年，第1石油類に該当する塗料は減少し，第2石油類の製品が主流である．
　　　＊2：指定可燃物は，市町村の条例により定められ，2 000 l 以上が規制対象となる．

6.5　塗装作業

6.5.1　塗料の確認

　塗料は，使用される前に指定品質のものであることを塗料の缶に貼り付けられたラベルと納品書により品名・規格・色調・数量を確認し，塗料や塗膜に支障のあった場合の原因究明ができるように，ロット番号を記録しておく．塗料が使用場所以外で開缶されている場合は，所定の塗料製造業者で製造されたままの品質であるか否かを確認しにくいので，未開缶のまま使用場所へ搬入する．JISマークのないものやラベルに記載してある文字の不明なものは，他に信頼する資料がない限り，不適合品と同じ取扱いをしなければならない．

　塗料製造後1年以上を経過したものは，正常なものと比べて，粘度の大幅上昇，再分散が困難な顔料の沈降，顔料の再凝集や乾燥遅延などの異常が発生していると考えられるので使用しない．塗料の製造年月日はラベルに表示していない場合もあるので，その確認が必要な場合は塗料製造業者にロット番号を基に問い合わせることが必要である．

6.5.2　塗装作業

（1）　塗料の撹拌・希釈

　塗料を長期間貯蔵していると顔料の比重が大きいため，沈降することは避けられない．そこで，撹拌棒または電動撹拌機を使用して十分に撹拌して，均一な状態となってから使用するが，金属顔料を多量に用いている塗料では，特に撹拌を入念に行う必要がある．しかし，ある程度の凝固物が生じることは避けられないので，80メッシュのふるいでろ過する．特に吹付け塗りの場合はチップが目詰まりする原因となるので，入念にろ過する．反応形塗料は，製造業者が指定する混合割合を正確に守り，混合した後は所定時間内に使用する．反応形塗料の撹拌は，塗料を均一化して硬化が不均一になるのを防止するため，電動撹拌機を用いることが望ましい．塗料の粘度は温度に大きく影響され，一般に低温になるほど粘度が高くなって塗装しにくくなる．粘度が高いと凹凸の大きい

面では塗膜厚が均一になりにくく，厚くなりすぎた部分では，表面乾燥によるしわやちぢみを生じる．また，凹面部には塗料が付着しないで塗膜下にすき間を生じる．一方，粘度が低すぎると塗膜にだれやむらが生じやすく，塗膜も薄くなって防せい効果や隠ぺい力が不足する．被塗物の表面温度が高い場合は乾燥が早く，はけ返しが十分にできないので，塗りかすれが生じる．製造業者が指定する希釈材やうすめ液（シンナーまたは水など）で塗料を適切に希釈して作業時の気温，塗付け方法，被塗面の状態に適した粘度に調整して，これらの欠陥の発生を防止し作業性を向上させることが必要である．

（2） 塗料の標準塗付け量

下塗り用塗料に要求される防せい効果を発現させるには，乾燥塗膜における標準膜厚の確保が重要であり，標準塗付け量は，標準膜厚に必要な塗付け量である．吹付け塗りする場合は，塗料を霧化させて吹き付けるのではけ塗りに比べると飛散量が多く，塗装時の風速や吹付け角度，吹付け距離，被塗物の形状等による損失を考慮しなければならない．さび止めペイントは2回塗りを標準としており，表6.5.1，6.5.2の標準膜厚は，1回塗りによる値を示している．

（3） 塗装方法

塗装作業では施工能率の向上を図るため，従来のはけ塗りにかわって吹付け塗りが広く採用されており，エアスプレーから塗料の飛散が少ないエアレススプレーの使用へと変化している．しかし，はけ塗りと吹付け塗りには一長一短があるので，使用にあたっては適切な選択をする必要がある．表6.5.3には，はけ塗りと吹付け塗りの特徴を示す．

塗装作業にあたっては，以下に示す事項について十分に留意する．

① 素地調整をした後，ただちに第一層の塗装をする．ただちに塗装ができない場合は，改めて素地調整をやり直す．

② 塗料は1回に厚塗りすると内部の乾燥が不十分となり，特に合成樹脂調合ペイントでは塗膜にちぢみや割れなどの欠陥を生じやすい．

③ 吹付け塗りの場合，狭あいな部分や鋼材端部，ボルト頭部などは塗装時の塗料ロスが多く塗料が付着しにくいので，はけ塗りであらかじめ塗装しておく．

④ 先に塗った塗料が十分に乾燥してから塗り重ねる．

⑤ 組み立ててから塗装が困難となる箇所，例えばガセットプレートをはさんだ2枚合わせの山形鋼のすき間は，組立て前に下塗り用塗料を先行して塗り付けておくなどの配慮をする．

⑥ はけ目，むら，すけ，だれなどがない均一な塗膜が得られるように施工する．塗り重ねをする場合の一般的な塗り重ね工程間隔時間は，表6.5.1，6.5.2に示すとおりである．下層塗膜の乾燥が不十分なうちに次工程の塗装をすると，塗膜中の溶媒蒸発が完全でなかったり，塗り重ねた塗料の溶媒が下層塗膜に浸透して塗膜に種々の欠陥が生じる．温度が低いとか湿度が高いとかあるいは換気が悪い場合には，硬化時間が長くなることがある．指で塗膜面を強く押して指紋がつかなくなった時が上塗りに適した乾燥状態である．また，下塗り用塗料の塗膜は耐候性が劣るので，次の塗料を塗り重ねるまでの塗り重ね間隔を超える場合は，さび止め塗料を1回増し塗りする．

⑦ 溶接部の塗装に際しては，6.3.4項を参照する．

表 6.5.1 鋼材面に対する下塗り用塗料の標準塗付け量

塗料名称と適合規格		標準膜厚 (μm/回)	塗付け量 (kg/m²/回)	塗り重ね工程間隔時間
鉛・クロムフリーさび止めペイント JIS K 5674	1種	30	0.11	24時間以上1か月以内
	2種	30	0.11	4時間以上7日以内
水系さび止めペイント JASS 18 M-111		30	0.11	4時間以上7日以内
有機ジンクリッチプライマー JIS K 5522 2種		15	0.14	24時間以上6か月以内
変性エポキシ樹脂プライマー JASS 18 M-109		40	0.14	24時間以上7日以内
構造物用さび止めペイント JIS K 5551 A種		30	0.14	24時間以上7日以内
エポキシ樹脂雲母状酸化鉄塗料 JASS 18 M-112		40	0.18	24時間以上6か月以内

表 6.5.2 亜鉛めっき面に対する下塗り用塗料の標準塗付け量

塗料名称と適合規格	標準膜厚 (μm/回)	塗付け量 (kg/m²/回)	塗り重ね工程間隔時間
変性エポキシ樹脂プライマー JASS 18 M-109	40	0.14	24時間以上7日以内

表 6.5.3 塗装方法の特徴

塗装方法	長　所	短　所
はけ塗り	1．使用道具が簡単である． 2．複雑な形状の被塗面に対しても塗装が可能である．	1．吹付け塗りに比べて塗装効率が劣る． 2．均一な塗膜にするには熟練を要する． 3．速乾性や粘性の大きい塗料には不向きである．
吹付け塗り	1．はけ塗りより塗装効率が良い． 2．美麗な仕上げができる． 3．速乾性や粘性のある塗料に適する．	1．スプレーダストの飛散が多く養生や衛生上の処置が必要であり，工事現場塗装には不向きである． 2．塗装面積の少ない構造物には不向きである． 3．狭い箇所の塗装ができない．

（4） 塗装作業の禁止条件

塗膜の防せい効果は塗装時の気象条件に大きく左右されるので，以下に示すような場合には塗装作業を避けなければならない．

① 塗装場所の気温が5℃以下，または相対湿度が85％以上のとき

気温が低いと乾燥が遅くなり，じんあいや腐食性物質の付着あるいは気象の急変などの悪影響を受けやすく，塗料の粘度が高くなり塗装作業性が悪くなる．一般的に塗装可能な気温と相対湿度の関係を図6.5.1に示す．相対湿度が高い時は結露が生じやすく，結露した面に塗料を塗り付けると水分が塗料中に混入してピンホールや白化等の原因となる．

ただし，JIS K 5674（2種）およびJASS 18-M 111の水系さび止めペイントは，鋼材に塩分が付着している場合や低温（5℃以下）・高湿度（相対湿度75％以上）で乾燥遅延になる場合は，点さびが発生することがあるので注意が必要である．

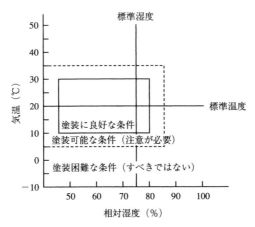

図 6.5.1 塗装作業に適した気温と相対湿度の関係

② 塗装時または塗膜の乾燥前に降雪，降雨，降霜または強風などによって，水滴や砂じんなどが塗膜に付着しやすいとき

塗料が未乾燥の間に降雨や降雪，降霜があると，塗料が流れたり，ふくれや白化を生じることがある．また強風時には砂じんが付着したり，溶剤の蒸発が早まり表面乾燥が速くなり，塗膜が縮んだりするので，塗装作業には不適切である．

③ 気温が高いとき

気温が35℃以上のときは乾燥が速くなり，反応形塗料では可使時間が短くなる．炎天下で被塗物表面の温度が50℃を超えるような場合は，塗膜に泡を生じることがある．

④ その他塗装する環境として不適切なとき

ほとんどの塗料や溶剤は引火性なので，付近で火気を使用する場合は塗装作業をしない．また，第三者に被害を与えるおそれのある場合も塗装作業をさける．

6.5.3 工場で塗装しない部分

（1） 工事現場で溶接を行う箇所および隣接する両側のおのおの 100 mm 以上，かつ溶接部の超音波探傷検査に支障をきたす範囲（一般的には，対象板厚の7倍以上）〔図 6.5.2〕

溶接する部分に塗膜が存在すると溶接欠陥を生じる原因となるので，工事現場で溶接する部分には塗装しない．また，隣接する部分の 100 mm 程度は溶接熱によって塗膜が焼失するため，塗り残す．溶接部に超音波探傷検査が適用される場合は，探傷面に塗られている塗膜が探傷に支障をきたすので塗装はしない．塗残しをする部分は，溶接方法や溶接条件によって 100 mm 以上の部分でも

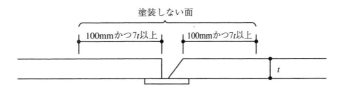

図 6.5.2 工事現場溶接部周辺の塗装しない範囲

温度が上昇して塗膜が熱劣化を生じる場合があったり，また，超音波探傷検査では板厚が厚くなると探触子の走査範囲が長くなる場合もあるので，これらを考慮して，塗残し部分の範囲を決定する必要がある．

（2） 高力ボルト摩擦接合部の摩擦面

高力ボルト摩擦接合部の摩擦面に塗装すると，摩擦係数が低下するので，摩擦面の反対側であっても塗装しない．

一部の特殊な構造物，屋外の競技場や塔上建物などの鉄骨では，屋外露出などの過酷な環境で使用されるため，防せい処理高力ボルトが適用され，接合部に無機ジンクリッチペイントを塗り付けることがある．特殊な仕様であるので，塗装計画に配慮する必要がある．

（3） コンクリートに埋め込まれる部分および接触する部分

コンクリートに埋め込まれる部分は外気と遮断されてアルカリ雰囲気に保たれるため，さびの発生する可能性が少なく塗装は不要である．また，柱ベースプレート下面のコンクリートに接する部分は，コンクリートのアルカリによって塗膜が侵されることや柱脚部の水平応力に対する摩擦抵抗が低下するので，塗装しない．

（4） 密着または回転のために削り仕上げを行った部分

ピンやローラなど密着する部分やしゅう動面で削り仕上げした部分は，一般にグリース塗りとする．

（5） 密閉となる部分

鋼管や箱形断面の部材で両端をダイアフラムによって密閉される内面は，それ以上の腐食が進展しないので，塗装する必要はない．

（6） 耐火被覆を施す部分

鉄骨表面に耐火被覆を施す場合は，「工事現場施工編」の9章「耐火被覆」を参照する．

6.5.4 工事現場溶接部の保護

工場製作後，工事現場での溶接までに開先面にさびが発生することが予想される時は，工場で開先面の異物を十分に除去した後，溶接に対する悪影響が少ない塗料を塗装してさびの発生を防止しておく．この種の塗料ははけまたはエアスプレーなどで塗装可能であるが，工事現場でそのまま溶接する場合はブローホールが発生することがあるので，注意が必要である．塗膜厚はタイプによって異なるが，一般的には5～7μm程度とするのがよく，塗装してから10～20分で指触乾燥する．この種の塗料は耐候性が劣るので，塗装された鋼材が長期間工場に保管している間に発せいした時は，劣化塗膜とさびを十分に除去してから再塗装する．

6.6 輸送時の養生

塗装した鋼材の工事現場への輸送にあたっては，さび止め塗膜の機能を維持するために，積載時，

輸送時，積み下ろし時などには，以下に述べるような注意が必要である．

(1) 部材清掃

保管されていた鋼材に汚れの付着が目立つ場合や海岸地域に保管してあった場合は，工場において水洗いなどにより鋼材表面を清浄な状態にする．海上輸送を行った場合や海岸地域を長距離輸送された場合などは鋼材表面に塩分の付着が懸念されるので，付着塩分を測定する．付着塩分量がNacl換算で $50\ mg/m^2$ 以上のときは，水洗いをする．

(2) 海上輸送

海上輸送にあたっては，事前に該当する海域，港湾，水路（航路）等を調査して，関連諸法令の定める許可，申請，報告先等の所轄官庁やその出先機関，特に海上保安部や港湾事務所の担当窓口と連絡を密にして，諸手続き上で遺漏がないように万全を期す．

(3) 積載

鋼材は，振動や衝撃により塗膜が損傷を受けないように安定した状態で積み込み，鋼材どうしや鋼材と養生材とがこすり合わないように固定する．ロープやワイヤなどで固定する場合は，緩衝材などを用いて塗膜の損傷を防ぐ．

(4) シート養生

トレーラなどで陸送する場合には，輸送中の泥はね防止対策として輸送車輌の車輪部分をシート養生する．海上輸送の場合には，水洗いなどによる付着塩分の除去が困難な部位は少なくともシート掛け養生を行い，塩分の付着を防止する．積載方法や養生方法の例を図6.6.1に示す．

(5) 鋼材の積み下ろし

鋼材の積み下ろしは，吊りピースなど所定の位置で玉掛けするなどあらかじめ定めた方法によって行い，塗膜に損傷が生じないようにしなければならない．

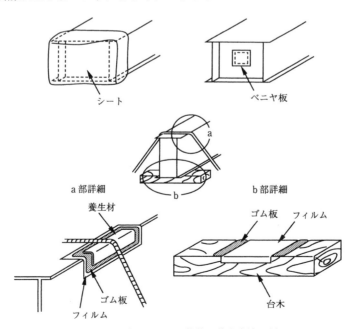

図 6.6.1 輸送における積載や養生方法の例

6.7 管理および検査

6.7.1 施工の管理

塗装の品質は，目的に合った塗料を使用して適切な素地調整と塗装方法を適用することによって確保されるものであり，作業工程に応じて適切な管理をすることが重要である．表 6.7.1 に施工の管理要領を示す．

表 6.7.1 施工の管理要領

作業段階	管理項目	確認事項
塗装前	1. 設計図書と施工計画の照合	・塗装範囲 ・塗装面積 ・素地調整の識別 ・使用塗料，使用量，色の種類 ・塗装方法 ・塗り回数
	2. 安全・衛生	・関連法規の照合 ・仮設計画
	3. 塗料の品質と所要量	・指定材料 ・必要塗料の缶数
	4. 素地調整面の仕上げ程度	・使用工具 ・さび，黒皮，異物の除去程度 ・素地調整面の状況
塗装中	1. 塗装条件	・気象の禁止条件 ・非塗装部分の養生 ・塗装工具 ・塗料の撹拌 ・塗料の使用量
	2. 塗装作業	・塗料の希釈程度 ・均一な塗膜厚 ・溶接部や接合部の塗付け作業 ・気象に対する養生
塗装後	1. 塗膜の品質	・塗り残し ・塗膜厚 ・塗膜面のすけ，はけ目，だれ，むら，ふくれ，割れ，孔
	2. 塗料の使用量	・使用塗料の缶数

6.7.2 検査

表 6.7.1 の管理は塗装作業の進捗に合わせて行うもので，各作業工程で要求される品質を確保できるか否かを検査した上で，次工程へ進むようにする．

（1） 素地調整面

素地調整面に対する検査内容を表 6.7.2 に示す．

（2） 塗膜面

塗膜面に対する検査内容を表 6.7.3 に示す．

表 6.7.2 素地調整面の検査

項　目	検査方法	判定基準
黒皮やさびの除去程度	目　視	表 6.3.4 による
油，水分，異物の付着	目　視	認められない

表 6.7.3 塗膜面の検査

項　目	検査方法	使用機器	判定基準
外　観	目　視	—	平滑ではけ目，だれ，むらが少なく，ふくれ，割れ，孔などがないこと，素地調整面や下層面が透けて見えないこと
塗り重ねる場合の下層塗膜の乾燥状態	指　触	—	粘着性がないこと
乾燥塗膜厚*	硬化乾燥後に計測	電磁膜厚計	表 6.5.1, 6.5.2 による標準塗膜厚以上.

［注］ ＊：塗膜厚の計測は素地調整1種Bの場合のみに適用して，3回計測した平均値とする．

① 外　観

次工程に移る前に外観上の欠陥について目視して，表 6.7.2 と表 6.7.3 の項目を検査する．外観上の欠陥が発生する原因には，以下のことが考えられる．

a) 塗料中の固形異物を除去せず，そのまま塗装した場合
b) 塗料の希釈が不十分な状態で塗装された場合
c) 塗装中に付着した砂じん，切粉や異物が十分に除去できずに残った場合

上記の場合は塗膜面の平滑性が失われる．素地調整面や下層面が透けて見えるのは，一般には希釈剤またはうすめ液による塗料の薄めすぎ，または塗装の不適切による塗付け量不足によることが多い．流れは希釈剤またはうすめ液が多すぎたり，厚塗りした時に生じる．ふくれは，塗膜下の水分または塗膜を浸透した水分が気化し水蒸気で膨張して塗膜を押し上げたものであり，割れは，塗膜が硬化した後に柔軟性を失って素地面の膨張収縮に追従できなくなるために塗膜に裂け目が生じるものである．

② 塗り重ねる場合の下層塗膜の乾燥状態

次工程の塗装が可能な状態になるまで十分に乾燥しているか否かを指触により確認する．一般に，合成樹脂調合ペイントでは48時間以上，ジンクリッチプライマーや変性エポキシ樹脂プライマーでは24時間を経過すれば塗り重ねることはできるが，気温の低い時期では乾燥が遅れるので，必ずしもこれらの時間を経過すればよいとは限らない．塗膜面を親指と人差し指とで強くはさんでみて塗膜面に指紋によるへこみがつかず，塗膜の流動が感じられず，また，塗膜面を指先で急速に繰り返し擦った後に擦り跡がつかなければ，硬化乾燥した状態と判断できる．

（3） 塗膜厚

塗膜の品質は塗膜厚が均一で所定の厚さに塗着していることが必要である．しかし，実際には素地面の凹凸や塗装方法など種々の要因によって塗膜厚にバラツキを生じるため，塗膜厚が管理幅に

入っていることを確認する必要があり，塗膜厚の測定には未乾燥状態で行う湿潤塗膜厚測定と硬化乾燥後に行う乾燥塗膜厚の測定とがある．

湿潤塗膜厚測定は，塗装作業中に作業管理用として図6.7.1に示すようなウェットフィルムシックネスゲージで測定するものであるが，塗膜損傷と塗膜表面への汚れ付着が懸念されるため，使用する場合は注意する．

乾燥塗膜厚の測定は，一般には素地調整が1種Bの場合に限られている．これは，素地調整2種では素地表面に黒皮やさびが残存しており，表面の凹凸が大きく，測定値に信頼性がないからである．また，塗膜厚が薄い場合は，鋼材面の表面粗さの影響を受けて正しい測定値を得られないので，このような場合は，磨き軟鋼板に塗装して，その塗膜厚を測定することで測定値とすることもある．

乾燥塗膜厚の測定は，塗装が終了した後，塗膜が十分に乾燥した時点で二点調整型電磁膜厚計を使用して3回行い，その平均値をとる方法としている．

参考事例として，建築鉄骨ではないが，次に（公社）日本道路協会編「鋼道路橋塗装・資料集」（2014年9月）における乾燥塗膜厚の評価例を示す．測定ロットは部材の種別や作業姿勢などで設定し，1ロットの大きさは200〜500 m^{2}程度，1ロットあたりの測定数は25点以上，各点の測定値は5回の平均値としている．また，塗膜厚の管理基準を次に示す．

a）ロットの塗膜厚平均値は目標塗膜厚合計値の90％以上であること
b）測定値の最小値は目標塗膜厚合計値の70％以上であること
c）測定値の分布の標準偏差は目標塗膜厚合計値の20％を超えないこと

不合格ロットの処理は，さらに同数の測定を行い，当初の測定値と合わせて計算した結果が管理基準値を満足していれば合格とし，不合格となったロットは，最上層の塗料を増塗りして測定をやり直す．

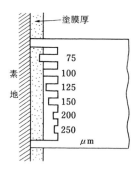

図6.7.1　ウェットフィルムシックネスゲージ

（4）補　修

補修の対象となるような著しい塗膜の欠陥は適正な作業をしていれば生じないはずである．しかし，欠陥が生じた場合はその原因を究明して再発防止対策を立てる．補修要領は，以下のとおりとする．

a）素地調整面や下層の塗膜が透けて見える時は増塗りする．

b）塗膜に発生した目立つ凹凸や流れはサンドペーパーで平滑にして再塗装する．
c）塗膜のふくれや割れはその部分を剥離してから再塗装する．
d）塗膜厚が不足した場合は増塗りする．

6.8 環境・安全

6.8.1 環境問題への配慮

現代社会においては多種多様な化学物質が利用され，我々の生活を支えている．さらに，人間や社会ニーズに応じて化学物質の使用量は増大し，その用途も拡大の一途を辿っている．

しかし，近年では地球温暖化，大気汚染，環境ホルモン，シックハウス症候群等の問題が顕在化して，化学物質による人間の健康や環境への悪影響が懸念され，社会における化学物質への関心が高まってきている．

平成11年度（1999年度）には，人間の健康や生態系に有害なおそれがあると考えられる化学物質について，事業者による自主的な化学物質管理を促進するため，「特定化学物質の環境への排出量の把握等及び管理の改善の促進に関する法律（化学物質管理促進法；PRTR法）」が制定された．本法制定により，平成12年度よりSDS（Safety Data Sheet：安全データシート）の交付が義務づけられ，同じく平成12年度から化学物質の排出量移動届出制度による化学物質排出量等の把握が始まっている．

また，平成13年度にはグリーン購入法（国等による環境物品等の調達の推進等に関する法律）が施行され，平成14年度には下塗り用塗料（重防食塗料）の鉛・クロム等の有害重金属を含む顔料を配合しない塗料がグリーン調達品として認定されている．

VOC（揮発性有機化合物）の規制に関しても，平成16年度の大気汚染防止法の改正に伴い環境保全に関する法規制が進んでいる．

塗装工事では有機溶剤や重金属などを含む材料を使用しているため，JISが改正，制定，廃止，統合され，材料や仕様が大きく変わってきた．したがって，その選定にあたっては，上記のような法規制や今後制定される法規制を遵守し，環境に対する配慮が重要である．

6.8.2 安全データシート（SDS）

化学物質の有害性に対する理解を深め，取扱い者の労働災害防止を目的として，製造業者にはJIS Z 7253でSDSを交付することが義務づけられている．一方，塗料やシンナー等を使用する事業者は塗料製造業者からSDSを入手し，有害物質等による労働災害を防止するために必要な措置を講じることとされている．具体的には，以下のとおりである．

（1）安全データシートを作業場所の見やすい場所に常時掲示し，または備え付ける等の方法により労働者の利用に供すること．
（2）安全データシートを活用して，安全衛生教育を行うこと．

(3) 安全データシートを活用して，化学物質等にかかわる労働災害を防止するために必要な措置を講じること．
(4) 安全衛生委員会等において，取り扱う化学物質等の有害性その他の性質等について関係者の理解を深めるとともに，その適切な取扱い方法等について調査・審議を行うこと．

6.8.3 環境汚染物質排出移動登録（PRTR）

PRTR とは Pollutant Release and Transfer Register（環境汚染物質排出移動登録）の略で，人間の健康や生態系に対して害を及ぼす可能性がある多数の化学物質を対象として，「どこで」，「どのようなものが」，「どれだけ」排出されているか，また廃棄物が「どこで」，「どれほど」出されているかという情報を官庁・事業者・市民等が活用することにより，化学物質の環境への排出量を減らして，環境への悪影響を低減していくシステムである．現状では建設業にはいまだ適用されていないが，製造業など他産業には適用されている．

6.8.4 塗装環境

屋内での素地調整や塗装作業は，衛生上問題となる粉じんや中毒の危険性がある有機溶剤を含む環境で行われる．粉じんに対しては防じんマスクがあり，溶剤による中毒防止用には送気マスクまたは有機ガス用防毒マスクがあり，これらの保護具の着用が義務づけられている．塗装作業では種々の有機溶剤を取り扱うので，十分な管理が必要である．労働安全衛生法第14条によって，事業者は有機溶剤作業主任者の選定を義務づけている．さらに，作業場の気中有機溶剤濃度に常時注意を向けることが大切であり，対象となる溶剤には，有機溶剤中毒規則によって許容濃度が決められている．このほか，有機溶剤中毒予防規則第24条によって，事業者は，有機溶剤の人体に及ぼす作用，取扱い上の注意事項，有機溶剤による中毒が発生した場合の応急処置などを所定の掲示板によって見やすい場所に掲示することになっている．また，同規則第25条によって有機溶剤の区分を作業者が容易に知ることができるように，以下のような色を標識に表示することが定められている．
(1) 第一種有機溶剤等については赤色
(2) 第二種有機溶剤等については黄色
(3) 第三種有機溶剤等については青色

塗装環境に関連する法規の概要を表6.8.1に示す．

塗装環境を換気する場合の必要風速は，労働安全衛生法に定める当該予防規則に適合するように個々の作業条件に合わせて換気濃度（一般に許容濃度の1/2〜1/3）を設定し，換気装置の選定と配置の設計をする．また，日本産業衛生学会の許容濃度等の勧告（1994年）を参考にする場合も多い．

6.8.5 塗装時の注意事項

(1) 塗料中に含まれる有機溶剤は揮発して大気汚染の原因ともなるが，人間がこの溶剤蒸気を吸入すると，種々の中毒症状を引き起こす．塗料は，有機溶剤が5％以上含有されているものに「有

表 6.8.1 塗装環境に関連する法規の概要

法　規	内　容	対　策
有機溶剤中毒予防規則 厚生労働省令第131号 （平成26年11月28日）	第1種に2種類，第2種に35種類，第3種に7種類が規定されており，塗料製品中に5wt%以上の該当する有機溶剤を含むものは表示が必要である．塗装環境は指定濃度以下への換気，溶剤取扱作業者に対する実施すべき健康診断の内容，気中の溶剤濃度の測定が義務づけられている．	送気マスクまたは有機ガス用防毒マスクの着用 局所換気装置による換気
鉛中毒予防規則 厚生労働省令第71号 （平成24年4月2日）	鉛系さび止め顔料，黄鉛やモリブデートオレンジなどの鉛系顔料を使用した塗料の塗装環境における作業者保護の規則	換気 送気マスクの着用 粉じんマスクの着用
特定化学物質等障害予防規則 厚生労働省令第131号 （平成26年1月28日）	特定化学物質に該当する化学物質を取り扱う際には，作業環境測定，健康診断，作業記録を30年間保管することを義務づけられている．	送気マスクの着用または有機ガス用防毒マスクの着用 局所換気装置による換気

機溶剤第2種含有物」または「有機溶剤第3種含有物」の表示が容器にされている．この表示がある場合は有機溶剤中毒予防規則の対象作業になり，法の規制を受ける．

また，有機溶剤を呼気から吸入するだけでなく，皮膚に付着すると皮膚から吸収され，付着すると皮膚障害を起こす場合があるので，塗料が皮膚に付かない対策が必要である．

（2）エポキシ樹脂系塗料については使用時の安全や防護措置に怠りがあると皮膚炎症などの健康障害を起こすおそれのあるものがあり，使用に際しては常に十分な防護措置を講じることが必要になる．エポキシ樹脂系塗料に使用されるエポキシ樹脂や硬化剤（一般にアミン化合物）は，それ自体の毒性は主として皮膚および粘膜に対する刺激作用であり，分子量が小さいものほど刺激が強く炎症を起こしやすく，また，繰り返し長時間接触するほど刺激作用は大きいといわれている．

いずれにしても，アレルギー体質や皮膚かぶれを起こしやすい人は，塗装作業を担当しない配慮が必要である．

（3）シックハウス症候群対策として，2003年（平成15年）7月から建築基準法等の一部改正が施行され，室内で使用する材料のホルムアルデヒド，トルエン，キシレンなどの使用量が制限されている．国土交通省官庁営繕部監修「公共建築工事標準仕様書（平成28年版）」では，室内で使用する場合のホルムアルデヒド放散量がJIS等の材料規格において規定されている場合は，特記がなければF☆☆☆☆とすると定められている．

（4）塗装時の注意事項

以下に塗装時の一般的な注意事項を記す．

① 塗料やスプレーミストを皮膚や粘膜に触れさせない．
② スプレーミストを吸い込まない．
③ 硬化の不十分な塗膜を研磨したダストは皮膚や粘膜に触れさせず，また吸い込まない．
④ 塗料の飛散を防止するために，防護ネットやシート等を用いる．

6.8.6 定期検診・定期検査

屋内作業で第1種および第2種の有機溶剤を常時取り扱っている従業員に対しては，有機溶剤中毒予防規則第29条によって6か月以内ごとに1回の定期的な特殊健康診断を実施することになっている．また，粉じんを著しく発散したり，特定化学物質（第1類物質，第2類物質）を製造し，または取り扱う屋内作業では，労働安全衛生法第65条または特定化学物質等障害予防規則第36条によって，空気中の粉じんや有毒ガスの濃度を6か月ごとに測定してその結果を記録して一定期間保存することが義務づけられている．

7章　溶融亜鉛めっき工法

　鉄骨造建築物の防せい（錆）・耐候性向上を目的として，鋼材に溶融亜鉛めっき（以下，めっきという）を施すのは有効な手法である．めっきした鋼材を溶融亜鉛めっきした高力ボルト（以下，めっき高力ボルトという）で接合する鋼構造（以下，めっき構造という）は，通常の鋼構造物とは異なる多くの特性を有している．

　それらは7.6節に詳述するようにすべてめっきを施すことに起因するもので，鉄骨製作・設計・施工・管理・監理の各工程の作業が相互に深いかかわりを有している．めっき構造固有のさまざまな特性は断片的に理解するのではなく，相互の関連において把握することが重要なことといえる．

　鋼材にめっきを施す場合のめっきの付着量は $550\,\mathrm{g/m^2}$（≒めっき膜厚 $80\,\mu\mathrm{m}$）以上とするのが普通である．JISマーク表示制度の認証を受けためっき工場で処理された一般的な鋼材ではめっきによって材質が損なわれることはないと考えてよい．そのため部材や接合部の保有耐力等の検討は通常の鋼構造の設計の手順に従うものとしてよい．ただし，めっき鋼材にめっき高力ボルトを使用する構造物の設計にあたっての特殊性に，めっきするために制約される部材形状やディテール問題と接合部の構造設計がある．めっきする部材を溶接で組み立てるものでは，めっきする際の前処理のための各種の槽への浸漬や溶融した亜鉛の各部への侵入・流出，および温度変化による変形とその拘束条件等に対する配慮が必要となる．

　母材の摩擦面となるところを部分不めっきとして鉄素地面を残し，添板とともに通常のブラスト等で処理して通常の高力ボルトで摩擦接合し，その後ボルト・添板外面等をジンクリッチペイントなどを塗って使用する限りは通常の高力ボルト摩擦接合とまったく同じ取扱いでよいことになるので，ここでは対象としていない．

7.1　溶融亜鉛めっきの種類と品質

　一般的な鋼材等のめっきの仕様はJIS H 8641で規定されており，用途，環境に応じた付着量を選定できるように1種と2種に区分されている．1種では硫酸銅試験回数，2種では付着量（$\mathrm{g/m^2}$）が規定されている．このJISに規定されている種類と品質を表7.1.1および表7.1.2に示す．なお，国土交通大臣の認定を得ためっき高力ボルト接合法では，構造部材およびめっき高力ボルトの付着量は，$550\,\mathrm{g/m^2}$以上と決められている．また，構造部材は付着量試験，めっき高力ボルトについては付着量試験，硫酸銅試験，ハンマ試験が義務づけられている．これらの試験方法はJIS H 0401に規定されている．上述の大臣認定を得ためっき高力ボルトについては，この試験を十分に満足する製品となっているので，めっき高力ボルト工法を利用するには，これらの認定を得たものを用いなけ

表7.1.1 種類

種類		記号
1種	A	HDZ A
	B	HDZ B
2種	35	HDZ 35
	40	HDZ 40
	45	HDZ 45
	50	HDZ 50
	55	HDZ 55

表7.1.2 品質

種類	記号	硫酸銅試験回数	付着量 g/m^2	めっき膜厚 μm（参考）	適用例（参考）
1種	HDZ A	4回	—	—	厚さ5 mm以下の鋼材・鋼製品，鋼管類，直径12 mm以上のボルト・ナットおよび厚さ2.3 mmを超える座金類．
	HDZ B	5回	—	—	厚さ5 mmを超える鋼材・鋼製品，鋼管類および鋳鍛造品類．
2種	HDZ35	—	350以上	49以上	厚さ1 mm以上2 mm以下の鋼材・鋼製品，直径12 mm以上のボルト・ナットおよび厚さ2.3 mmを超える座金類．
	HDZ40	—	400以上	56以上	厚さ2 mmを超え3 mm以下の鋼材・鋼製品および鋳鍛造品類．
	HDZ45	—	450以上	63以上	厚さ3 mmを超え5 mm以下の鋼材・鋼製品および鋳鍛造品類．
	HDZ50	—	500以上	69以上	厚さ5 mmを超える鋼材・鋼製品および鋳鍛造品類．
	HDZ55	—	550以上	76以上	過酷な腐食環境下で使用される鋼材・鋼製品および鋳鍛造品類．

［備考］ 1．HDZ55のめっきを要求されるものは，素材の厚さ6 mm以上であることが望ましい．6 mm未満の場合は当事者間で協議する．
2．表中，適用例の欄で示す厚さおよび径は，呼称寸法による．
3．過酷な腐食環境は，海塩粒子濃度の高い海岸，凍結防止剤の散布される地域などをいう．
4．めっき膜厚とは，めっき表面から素材表面（素地）までの距離をいう．

ればならない．

7.2 溶融亜鉛めっき脆性

溶接や冷間曲げ加工を行った一般的な鋼材，また調質した高張力鋼を溶融亜鉛めっきした場合，溶接熱影響部や冷間加工部，また鋼材表面に割れが発生することがあり，この現象を溶融亜鉛脆化割れと呼んでいる．鉄骨工事においても同様な現象が発生しており，代表的なものに柱梁接合部のスカラップ周辺に発生する割れ，角形鋼管角部内面に発生する割れ，大型トラス部材や階段の溶接

部に発生する割れなどがある．これらの割れが発生する鋼材は，特殊な高強度鋼の場合も一部存在するが，鉄骨工事に多用されている 400 N/mm² 鋼，490 N/mm² 鋼，TMCP 鋼などの一般的な鋼材の場合もある．

　この溶融亜鉛脆化割れは，鋼に亜鉛を用いてはんだ付けした際に発生するはんだ脆性に代表される，固体金属と液体金属間に発生する液体金属脆化割れの一種である．具体的には，鋼製部材を溶融亜鉛めっき槽に浸漬した際に，溶融亜鉛が鋼素地内部，特に結晶粒界に拡散侵入し，結晶粒界を乖離し，鋼材表面に亀裂を発生させる現象である．なお，溶融亜鉛脆化割れが溶融亜鉛めっき槽中において鋼材に発生する現象については，鋼に発生した亀裂の断面マクロ・ミクロ観察において，亜鉛が亀裂内部に充填されており，大きく開口した亀裂の場合には鉄亜鉛の合金層が亀裂表面に形成されていることから，立証されている．ちなみに，溶融亜鉛めっき槽浸漬前に発生した溶接後の低温割れなどの溶接割れ，また，酸洗過程において発生する可能性がある水素脆化割れについては，それらが発生した鋼材を溶融亜鉛めっきした場合，酸洗溶液が亀裂であるすき間に滞留し，亜鉛の合金化反応を妨害し，亀裂部に不めっきを発生させることが確認されている．また，溶融亜鉛めっき槽浸漬後の冷却過程で発生した割れの場合，亜鉛の温度が融点以下になることから，亜鉛が亀裂内部に侵入する可能性は非常に低い．

　この溶融亜鉛脆化割れを発生する要因の主なものについて，結晶粒界の性状，結晶粒界に作用する引張応力およびめっき温度であることが，研究の成果等から考えられている．結晶粒界の性状詳細については，結晶配列不整合部である結晶粒界の安定性（稠密度），結晶粒内の変形能，結晶粒の形状（粒状かまたは棒状か）・大きさ・配列などによって支配されると考えられる．これらの性状に影響を及ぼす因子については，鋼材の化学成分，鋼材製造時の熱処理と圧延履歴，溶接影響部の加熱冷却履歴，塑性変形を伴う冷間加工履歴などが考えられている．結晶粒界に作用する引張応力については，鋼材製造時に発生する残留応力，溶接時に発生する残留応力，冷間加工時に発生する残留応力，めっき浸漬過程と引上げ過程における部材内の不均一温度分布によって発生する熱応力，めっき浸漬中の板厚差から生じる部材内の不均一温度分布によって発生する熱応力，形状不連続によって発生する応力集中の発生，めっき浸漬中の曲がり・ねじれ変形から二次的に派生する二次応力，めっき浸漬中の塑性変形から二次的に派生する二次応力が考えられる．したがって，めっき浸漬中に発生する応力を低減することを目的に，めっき部材製作時，めっき施工時に必要な対策を講じる必要がある．めっき温度については，めっき浸漬中に発生する熱応力に大きく影響を及ぼすほか，亜鉛の鋼素地への拡散速度に影響を及ぼすことが知られており，亜鉛の融点を超えた範囲でできるだけめっき温度を下げて施工することが望まれる．

7.3　めっき鋼構造物の設計・製作・施工[1)]

　めっき鋼構造物の設計・製作・施工の各段階において，めっきを施すことによる特有の諸問題に留意しなければならない．この品質上の諸問題の主なものには，部材の変形，溶接部・母材の割れ，

めっき外観の不良などがある．これらの諸問題は，部材の設計，工作図作成の計画段階での検討不備で発生するものと，部材の製作，溶融亜鉛めっきの施工不良で発生するものに分けられる．特に，前者の検討不備に起因する不具合は，部分的な補修では対応できない事態を招くこともある．そのため，部材の設計，工作図作成の計画段階の可能な限り早い時期に不具合の発生を予見し，予防対策を講じることが品質確保上の最大のポイントとなる．

7.3.1 めっきする部材の留意点

（1） めっきする部材の最大寸法

めっきを施す部材の寸法がめっき槽の大きさを超える場合，二度漬けによって溶融亜鉛めっきを施すことも可能である．しかし，二度漬けした場合，部材に過大な応力が負荷され，部材の変形，溶接部の割れ，およびめっき外観上のやけなどの不具合が発生しやすくなる．したがって，一度漬けが原則であり，部材の寸法をめっき槽の大きさより小さくする必要がある．そのためには，めっきを施す部材の長さ・幅・高さを工作図作成前に確認し，めっき業者のめっき槽の大きさを事前に調査することが必要である．また，部材の最大重量もめっき業者のクレーン揚重能力を配慮して決定する必要がある．

めっき槽の大きさを超える寸法の部材を溶融亜鉛めっきする場合，部材を分割して溶融亜鉛めっきし，めっき後の部材を工場または工事現場で溶接，あるいは高力ボルトを用いて接合するのが一般的な方法である．

めっき槽の大きさは長さ 10.0 m，幅 1.5 m，深さ 2.0 m 程度が標準的なものであるが，国内最大のものは長さ 16.5 m，幅 2.1 m，深さ 3.5 m である．また，浸漬可能な部材の大きさはめっき槽の大きさに対して各寸法とも多少小さく，特に高さについてはめっき槽底部に堆積するドロス（酸化亜鉛，亜鉛鉄化合物等の堆積物）の深さを考慮し，めっき槽の深さから 400 mm 程度を減じる必要がある．標準的なめっき槽の大きさに対して許容される部材の寸法を図 7.3.1 の ［ ］ 内に示す．

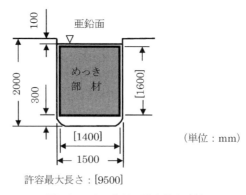

（単位：mm）

許容最大長さ：［9500］

図 7.3.1 めっき材の許容最大寸法

参 考 文 献

1） 日本鋼構造協会編：建築用溶融亜鉛めっき構造物の手引き≪改定版≫，2002

(2) 同一部材における板厚の組合せ

部材をめっきした場合,ウェブに曲がりや凹凸が発生し,H形断面部材・箱形断面部材・トラス構造部材にねじれ変形が発生し,トラス構造部材の斜材に曲げ変形が発生することがある.また,これらの変形やめっき中の熱応力の影響によって,構造体に取り付けたスチフナ,ガセットプレート,金物の溶接部に割れが発生する場合もある.

これらの変形は,めっき浸漬過程に熱応力が複合的に発生し,部材内に不均一な応力が分布することが原因で発生すると考えられている.特に,同一部材内の組合せ部品の板厚差が大きい場合,温度上昇速度の差から熱応力が最も大きく発生し,変形や割れの発生に影響を及ぼすことになる.また,熱応力は温水冷却中の冷却過程において,めっき浸漬過程とは正逆が反転した応力が発生し,変形は冷却過程でも発生する場合がある.

したがって,溶融亜鉛めっきした部材の変形を抑制するためには,ブロック内で直接組み合わせる部品の板厚を揃えることが理想的であり,少なくとも表7.3.1に示す板厚の組合せ限界を目安に構造設計することが望ましい.またウェブの板厚については9 mm以上を原則とし,幅が1 200 mm以上の薄板材については,12 mm以上を確保することが望ましい.表7.3.1に示す限界値を超える板厚の組合せがブロック内にある場合,また板厚が薄いウェブを採用している場合は,薄板側を増厚するか,または厚板側を減厚して対処する.ただし,めっきによって生じる変形に対して対策を講じる場合は,板厚の組合せ限界を超えることが可能である.変形対策には拘束材などを取り付けるなどの方法がある.

表7.3.1 溶接する部材板厚の組合せ限界(単位:mm)

t_1	t_2限界値	t_1	t_2限界値	t_1	t_2限界値
3	7	12	28	22	50
4	10	13	30	25	55
5	12	14	32	28	60
6	14	15	35	32	70
7	17	16	37	36	75
7	20	17	39	40	85
9	21	18	40	45	95
10	24	19	42	50	100
11	26	20	45		

[注] t_1,t_2は図に示す板厚である.t_2が上表の限界値を超える場合は,変形,割れの防止対策を検討する必要がある.

(3) 部材・部品の形状

(a) 部材の形状

部材の形状は,可能な限り上下左右を対称形にすることが望ましい.非対称形,また複雑な形状の場合,めっき浸漬中や水冷中に不均一な熱応力が発生し,拘束が大きい構造の場合には熱応力が増幅され,変形や割れの原因になることがある.

非対称部材に対する対処法としては，部材を単純な形状のブロックに分割し，めっき後に溶接や高力ボルトを用いて接合する方法がある．また，鋼管や角形鋼管などの部材の長手方向に沿って平板などを取り付ける場合は，高さを10 cm以下，長さを1 m以下にすることが望ましい．高さが10 cmを超える場合は，図7.3.2に示すように平板などに大きな孔をあけ，長さが1 mを超える場合は分割するなどの処置を施す．

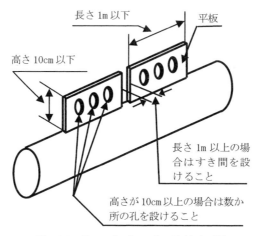

図7.3.2 ガセットプレートの取付け要領

（b） 閉鎖形断面部材の開口

鋼管や角形鋼管などの閉鎖形断面部材の内部にダイアフラムやエンドプレートを取り付ける場合，亜鉛流出入および空気抜き用の開口部を設けることが必要である．開口部の形状と配置の例を図7.3.3に示すが，開口部面積の合計は，閉鎖形断面の断面積に対して1/3以上を確保することが望ましい．

このダイアフラムやエンドプレートの開口部は，部材をめっき浴に沈み込ませる際に，閉鎖形断面部材がめっき浴に浮き上がることを避けるために設けるものである．この部材の浮き上がりは，鋼と溶融亜鉛間の比重差（1.05＝7.85－6.80）が小さいために沈み込みにくい上に，断面内部に空気だまりができることによって浮力が発生するために起こる現象である．なお開口部は，めっき浸漬初期に鋼表面に凝固する亜鉛が開口部をふさがない大きさである35 mm径以上の円形とする必要があり，また，亜鉛と空気がスムースに流出入できるように左右対称に四隅に設ける必要がある．

（c） 隅角部の開口

フランジ・ウェブ・リブ・スチフナなどで三面が囲まれる隅角部には，開口部を設けることが必要である．この開口部は，袋状になる箇所に発生する空気だまりによる不めっき，および亜鉛が隅角部に塊となって残ることを防止するためのものであり，構造上の補助材であるリブ・スチフナなどに図7.3.4に示すスカラップ加工，孔あけ加工を施す．孔あけ加工の径は35 mm以上，スカラップ加工の半径は40 mm以上を目安とする．仕上材や壁の貫通部の止水プレートは，その用途からプレートに開口部を設けることが難しいため，H形鋼のウェブに図7.3.5に示す孔あけ加工を施す．

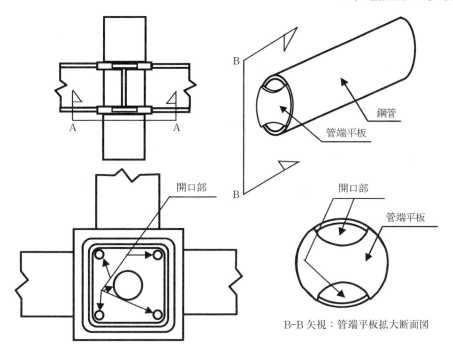

A-A 矢視：ダイアフラム拡大断面図　［注］　開口部面積の合計は閉鎖形断面面積の1/3以上

図 7.3.3　ダイアフラムなどの開口部の形状と配置

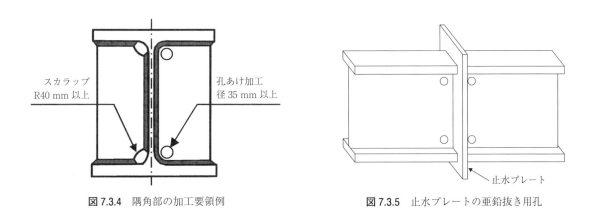

図 7.3.4　隅角部の加工要領例　　　　　　　　図 7.3.5　止水プレートの亜鉛抜き用孔

　柱材とH形断面ブラケットで構成する柱梁接合部の隅角部については，図 7.3.6 に示す加工・溶接要領を標準とする．本標準は，JASS 6 の 9.2 項において，柱梁接合部などの完全溶込み溶接について，裏はつりを併用した両面溶接で施工すること，柱梁接合部にはスカラップを設けず，梁ウェブに円形孔を設けることが規定されたことに基づいている．本標準における施工上の最大の留意点は，梁フランジの内面溶接においてウェブが障害となるウェブ板厚範囲内をいかに健全に溶接するかであり，その溶接方法については，図 7.3.7 に示すように完全溶込み溶接部と交差するウェブを，溶接部の余盛形状に合わせて溶接前にあらかじめ加工し，ウェブの両面からウェブ板厚内を溶接する方法が一般的である．なお，ウェブ板厚内の溶接においては，溶込不良などの内部欠陥を可能な

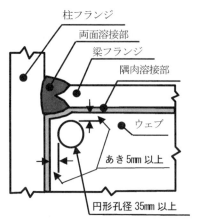

図7.3.6 柱梁接合部の完全溶込み部の標準的な隅角部処理方法

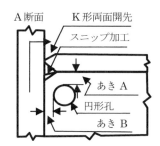

寸法A：フィレットR止まり，または
　　　　隅肉溶接止端から+5mm以上
寸法B：隅肉溶接止端から+5mm以上

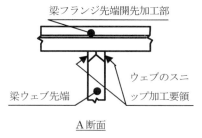

図7.3.7 柱梁接合部の完全溶込み溶接部の溶接前加工要領の一例

限り発生させないように，また，ウェブ板厚内に溶込み不足が生じないように細心の注意を払って作業しなければならない．しかし，溶接に際してどのように注意を払ったとしても，梁フランジ裏面のウェブ板厚範囲内の余盛内部には内部欠陥が発生する可能性が高い．ただし，該当する内部欠陥について，構造耐力に及ぼす影響はほとんどないと考えられる．

　柱梁接合部の隅角部では，亜鉛抜き用に設けた円形孔の切削面から割れが生じる場合がある．本指針では，割れが生じやすい領域を避けるため，円形孔とフィレットR止まりまたは隅肉溶接止

端との間に5mm以上のあきを設けることとする〔図7.3.6, 7.3.7参照〕. 孔位置をフランジから大きく（40 mm程度）離すと割れにくくなるとの報告もあるが, 孔位置を隅角部から離すと十分に亜鉛抜きができなくなるおそれがある. 隅角部の割れについては, 発生メカニズムが十分には解明されておらず, ウェブと梁フランジ・柱フランジとの板厚差, 浸漬速度, 鋼材の材質等のさまざまな因子による影響を受けるため, 一般性のある防止策を見出すには至っていない. 既往の研究において, 板厚の組合せや円形孔の径, 位置などの影響を検討した実験結果が発表されており[1)-4)], めっき製品の形状を決定する際に参考にするとよい.

図7.3.6に示す標準的な処理法と異なる隅角部の処理法を採用する場合は, 工事監理者と施工者側が適切な方法を協議し, 工事監理者の承認を受けた上で施工しなければならない. 例えば, 完全溶込み溶接を裏当て金を用いる片面溶接で施工する場合の隅角部の処理法は, スカラップを設けず, 裏当て金をウェブ位置で分割して取り付け, 円形孔をウェブに加工する図7.3.8に示す要領で施工することが望ましい. 文献[5)]では, この工法を採用した試験体が, 載荷実験において十分な塑性変形性能を示したことが報告されている.

ウェブにスカラップ加工を施す場合は, 裏はつりを併用した両面溶接で施工する場合と裏当て金を用いた片面溶接で施工する場合のいずれにおいても, スカラップの梁フィレット側と柱側回し溶接部に割れが発生しやすい〔図7.3.9参照〕. やむを得ずスカラップを設ける場合は, これらの割れ

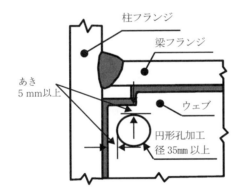

図7.3.8 裏当て金付き片面溶接での柱梁接合部の加工要領

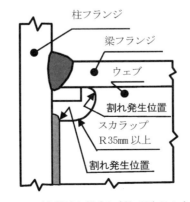

図7.3.9 スカラップを設けた場合に割れが生じやすい位置

に対して適切な対策を講じ，めっき後の割れ検出を確実に実施しなければならない．適切なめっき施工ができることを事前に確認する方法として，7.3.1項（6）に示すめっき施工確認試験がある．

（d） 補剛材の配置

せい（D）が600 mm以上の溶接組立H形断面部材の場合，ウェブの変形を防止するため図7.3.10に示すようにせいの1.5倍以内の間隔を目標にスチフナを取り付ける．スチフナの厚さは9 mm以上とし，ウェブと同じ厚さにすることが望ましい．ただし，すでに同様の部材へのめっきにおいて，ねじれ等の過度の変形が発生しないことを確認した場合は，この限りではない．

せいがさらに大きくなる場合，水平補剛材を取り付けることも変形防止に有効である．

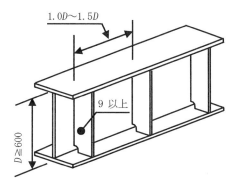

図7.3.10　H形断面部材のスチフナ配置要領

（e） その他の注意点

ボルト・ナットなどのねじ付き部品を部材に溶接して取り付ける場合は，めっき後にねじさらいすることを原則とする．ナットを部材に溶接して取り付ける場合，図7.3.11に示すように仮ボルトを取り付けることによって，めっき後のねじさらいを省略することができる．

階段・踊場などに用いる踏み板について，形鋼などの外枠に縞鋼板などを取り付ける構造の場合，めっき後に皿ボルトなどを用いて接合する方法を推奨する．外枠と鋼板を溶接して取り付けた後にめっきした場合，大きなねじれ変形が発生することがある．

手すりなどの鋼管の分岐継手部については，図7.3.12に示すように孔あけを行って接合する．また鋼管端にプレートを取り付ける場合も，プレートに孔あけ加工を行う．

図7.3.11　溶接付けナットのめっき要領

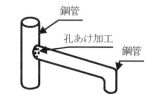

図7.3.12　小径鋼管どうしの接合要領

(4) 溶接要領

めっきを施す部材の溶接は,めっき前に行うことを原則とする.めっきを施した部材を溶接した場合,溶接箇所の表面に付着した亜鉛がアーク熱によって蒸発するため作業性が悪くなり,亜鉛が溶接金属に侵入し,ブローホールが発生するなど,溶接金属の機械的性質が劣化し,健全な溶接部を得ることが難しくなる.しかしながら,二度漬けを回避するために,めっき後に溶接を行う場合もあり,その場合は次の手順で実施する.

めっき後の溶接および検査に支障のない範囲に耐熱耐酸性塗料を塗り付ける方法による不めっき処理を施し,めっき後に溶接される部分を十分に清掃して溶接し,溶接後に防せい(錆)塗装を行うか,または亜鉛溶射を行う.

なお,超音波探傷検査の対象となる溶接部は,めっき前に溶接部の超音波探傷検査を行うことを原則とする.やむを得ずめっき後に溶接部の超音波探傷検査を行う場合は,超音波探傷検査に支障を及ぼす範囲に不めっき処理を施すか,対比試験片などを用いて適切な探傷条件を選定しなければならない.

(a) ピース類の溶接

部材にピース類を取り付ける場合は,全周隅肉溶接を行う.隅肉溶接を断続して行った場合,めっき工程中の酸洗い時に酸が溶接していない箇所から密着部に侵入し,その酸がめっき前またはめっき後ににじみ出て,不めっきやさびの発生原因になる.母屋・胴縁ピースなどの溶接は,図7.3.13に示すように通常の鉄骨造では2面溶接にすることが多いが,めっきを施す部材では,4面の全周溶接が必要である.

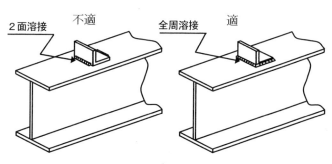

図7.3.13 ピース類の溶接

(b) 重ねプレートの面積

図7.3.14に示す梁部材とブレース取合いプレートのように鋼板を2枚重ねる場合は,重なる面積を400 cm^{2}以下にすることが望ましい.これは,すき間内に存在する水分・空気がめっき浸漬中に蒸発膨張し,溶接部が破断することを防止するための処置である.また,板厚が異なる板を重ねる場合は,めっき浸漬中の熱膨張の差からプレートに変形が出ることもあり,特に注意が必要である.重ね面積が400 cm^{2}を超える場合は,400 cm^{2}を超えるごとに1箇所の栓溶接を行う方法も有効であるが,部材とプレートを別個にめっきした後にボルト接合することが望ましい.

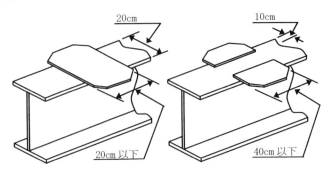

図 7.3.14 重ねプレートの面積

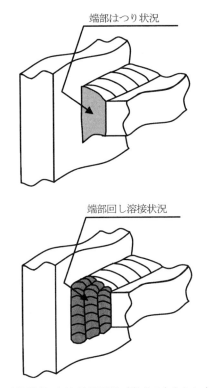

図 7.3.15 溶接端部の回し溶接要領（裏当て金ありにも適用可能）

（c）完全溶込み溶接の端部処理，裏当て金

めっき鋼構造物の仕口に完全溶込み溶接を適用すると，端部や裏当て金の処理について配慮が必要となり製作が難しくなる．屋上の工作物や屋外階段などのめっき鋼構造物で，板厚が薄く塑性変形能力を期待しないものは，隅肉溶接や部分溶込み溶接によって設計品質を確保できることが多い．完全溶込み溶接を採用する必要があるか工事監理者と十分協議した上で，仕様を決定することが重要である．

めっき構造の柱梁接合部などの完全溶込み溶接は，裏はつりを併用する両面溶接で施工し，図7.3.15 のように溶接部端部をはつり，回し溶接を行うことを標準とする．

工事監理者の承認を受けた場合は，裏当て金を用いた片面溶接を採用し，鋼製エンドタブまたは

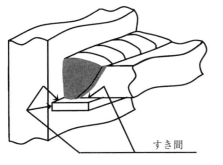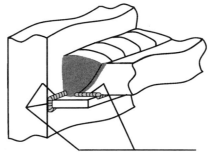

塑性変形を期待しない部材にノンスカラップ工法を採用する場合などに,工事監理者の承認の下に実施する.

シール溶接
溶接方向が変化するため,溶接外観不良が生じないように注意して施工する.

図 7.3.16　断続溶接のすき間　　　　　図 7.3.17　シール溶接

固形エンドタブを用いて施工することができる.この場合,JASS 6 に規定するようにフランジ両端から 5 mm 以内を避け,組立て溶接を断続溶接で行うと,鋼材と裏当て金,または鋼材とエンドタブの間に図 7.3.16 に示すようなすき間が生じる.この状態でめっき施工した場合,すき間に不めっきが生じて製品に赤さびを発生させるため,めっき後に不めっき部をケレンし,高濃度亜鉛末塗料(ジンクリッチペイント)を塗り付ける.

　鋼材と裏当て金のすき間に赤さびが発生することを防止するためには,鋼材と裏当て金のすき間をシール溶接でふさぐ方法も考えられる.塑性変形を期待しない部材にノンスカラップ工法を採用する場合など,要求される部材性能を確保する上で問題がないと判断される場合には,工事監理者の承認の下に裏当て金のすき間にシール溶接を行うことができる.なお,端部の形状は部材性能に大きく影響するため,アンダーカットなどの欠陥が生じないように十分注意する必要がある.図 7.3.17 にシール溶接を行う場合の留意点を示す.

(5)　角形鋼管の割れ

　めっきを施す部材に使用する鋼材について,割れ防止の観点から化学成分や圧延時の熱制御法の検討が行われ,鉄塔に使用する鋼材では JIS 規格が制定されて使用されている.しかし,めっきを施した部材に発生する割れや変形について,発生メカニズムが完全には解明されておらず,その防止策も確立している状況ではない.

　未解決の課題の一つが,鉄骨の柱部材に多用されている角形鋼管をめっきした場合に発生することがある角部内面の割れである.写真 7.3.1 に割れが発生した角形鋼管角部の断面マクロを示す.この割れの発生メカニズムに関してもほとんど解明されていないが,割れが発生する角形鋼管と割れが発生しない角形鋼管が存在すること,および破面観察の結果から割れが粒界破壊であることが過去の事例と実験から明らかになっている.このような事象と実験結果から割れ発生の要因を推測すると,鋼材に関しては製造履歴,特に熱制御の有無に影響される化学成分,機械的性質,結晶組織,結晶粒度,結晶形状,曲げ加工に関しては角部曲げ半径と加工温度に影響される角部内面の圧縮塑性ひずみ,結晶形状の変形,引張残留応力,めっき施工に関してはめっき前の酸洗処理に使用する

硫酸と塩酸の差異に影響される水素吸蔵量，めっき浸漬条件に影響される発生熱応力，部材の形状と組合せ部品の板厚差に影響される発生熱応力などが考えられる．

したがって，溶融亜鉛めっき構造物に角形鋼管を採用する際は，購入先である角形鋼管メーカーに亜鉛めっき仕様であることを事前に連絡して，めっき割れしにくい材料を選定するとともに，めっき条件や設計・施工面についても注意が必要である．角形鋼管のめっき施工に関しては，近年実験データが蓄積されてきている．写真7.3.2から，BCP材は角部内側に圧縮応力があり，BCR材とSTKR材は引張応力が働いていることがわかる．STKR材は残留応力が大きいため，実験では数多くのめっき割れが発生している．BCR材も割れた実験例がいくつか報告されているが，BCP材が割れたとの報告はない．施工面では，図7.3.18のように角部内面に不めっき処理を施した試験体が割れた実験例は報告されていない．

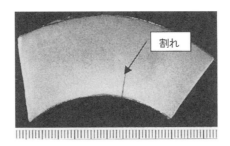

写真 7.3.1 割れが発生した角形鋼管角部の断面マクロ写真

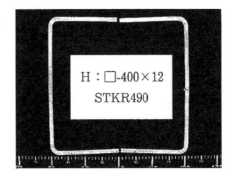

写真 7.3.2 角形鋼管の平坦部を切断した断面写真

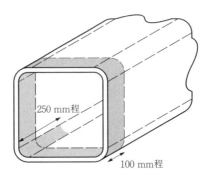

図 7.3.18 角形鋼管の角部内面に不めっき処理をした例

（6） めっき施工確認試験

鋼構造物をめっきした場合に発生する変形や割れ現象に関して，前述したように不明瞭な点も多く，その具体的な防止策も完全に整備されている状況ではない．したがって，構造が複雑な組立て溶接トラス部材，薄板材で構成される大型箱形断面部材，仕口を有する大型柱部材，極厚材や高張力鋼などの特殊鋼材を使用した部材など，変形や割れに対して安全性が確認できていない部材をめっきする場合は，品質確認のため，めっき施工確認試験を前もって実施することが望ましい．

このめっき施工確認試験は，めっきが正常に施工できるかを確認し，不具合がある場合はその原因を追求して対策を講じ，その対策を実工事に反映することを目的に行うものである．具体的には，設計，または少なくとも工作図作成の初期段階に，変形や割れが最も発生しやすいと考える部材を選定し，その試験用部材の製作とめっき施工を事前に行って，めっき部材の品質を確認する試験である．図7.3.19にめっき施工確認試験の検討手順を示す．

このめっき施工確認試験は，めっき製品の品質確保の上で重要なステップであり，設計者は，設計図書に施工試験の実施を必要に応じて特記することが必要である．また，部材の製作メーカーにおいても，コスト抑制の意味合いから意義ある試験と考える．例えば，著しい変形や割れがめっき部材に発生した場合には，再製作，または大規模な補修が必要になるが，予備的な施工試験での確認によって無駄な費用の発生と納期の遅延を避けることが可能になる．

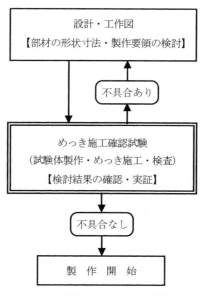

図 7.3.19　設計・工作図での検討手順

参考文献

1) 溶接学会建築鉄骨溶接特別研究委員会：建築鉄骨における溶融亜鉛めっき割れの発生とその防止法，2007.11
2) 護　雅典，中込忠男，鈴木　至：建築鉄骨柱梁接合部における溶融亜鉛めっき割れに関する実験的研究　その1～2，日本建築学会大会学術講演梗概集，構造Ⅲ，pp.605-608，2006.9
3) 護　雅典，中込忠男，鈴木　至，金　昌秀：めっき割れ発生要因と防止策の提案―冷間成形角形鋼管における溶融亜鉛めっき浸漬実験（その3）―，日本建築学会大会学術講演梗概集，構造Ⅲ，pp.629-630，2008.9

4) 山下達雄, 西澤 淳, 田中 剛, 浅田勇人, 高倉正幸, 古館岳実：梁端ウェブ接合部に発生する溶融亜鉛脆化割れに関する研究その1～4, 日本建築学会大会学術講演梗概集, 材料施工, pp.1147-1154, 2016.8
5) 護 雅典, 中込忠男, 川端洋介, 伊藤寛之：溶融亜鉛めっき施工用柱梁溶接部の変形能力および耐力に関する研究, 日本建築学会大会学術講演梗概集, 材料施工, pp.1107-1108, 2010.9

7.3.2 部材製作上の留意点

めっきを施す部材を製作するにあたって, 留意すべき注意事項を以下に示す. これらの製作上の留意点はめっきを施す部材の製作に特有の注意事項であり, 工事監理者が指定する仕様・特記事項と異なる場合は, 工事監理者と事前に協議する必要がある.

（1） 加工と溶接

（a） けがき・マーク

部材にけがく製品符号などの記号やマークは, 水性ペイントや石筆を用いて記入する. 油性ペイント類を用いた記号やマークは, 酸洗不足から不めっきの原因になることがある.

（b） 切断・孔あけ

せん断切断・ガス切断・せん断孔あけ・ドリル孔あけによって生じたまくれ・ばりなどは, グラインダで仕上げるか, 太径ドリルを用いて面取り加工を行う. 孔にまくれ・ばりが残っているものを溶融亜鉛めっきした場合, 図7.3.20に示す亜鉛たれが孔縁に大きく生じ, ボルト接合作業の障害となり, また摩擦面の密着が十分に確保できなくなる. また, めっき後に亜鉛たれを除去することは難しく, 無理やり取り除いた場合には亜鉛層が剥離し, 鉄面が露出することがある.

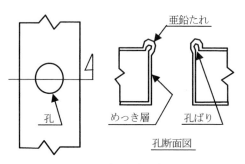

図7.3.20 孔ばりと亜鉛たれ

（c） 異材の組合せ

部材の組立てに際して, 異質の部品を組み合わせることは避けなければならない. 異質部品の組合せは, めっき前処理の仕上げ状況やめっき付着量に差を生じ, めっき品質が不均一になる結果を招くことになる. その一つが表面状態の差であり, ミルスケールが厚いものとさびが著しいものの組合せ, 機械加工面とミルスケール面の組合せ, 表面に砂かみがある鋳鉄・鋳鋼品を部品に使用する場合などがあり, このような場合には, めっき前にブラスト処理することが望ましい. それ以外のめっき品質に悪影響を及ぼす組合せには, 極端に厚みに差があるものの組合せ, 化学成分, 特にSi含有量に差異がある鋼材の組合せなどがある. 図7.3.21に好ましくない異質部品の組合せ例を示す.

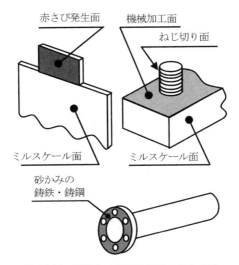

図 7.3.21　回避すべき異質部品の組合せ例

なお，異種金属，例えばステンレス，アルミニウム，銅，真鍮などを鋼材と組み合わせることは，めっき浴中で溶融して，溶け出す可能性があるため避けなければならない．

（d）溶　接

めっきを施す部材の溶接については，めっきを施さない部材に比べ溶接外観を良好な状態に保つことが必要であり，オーバーラップ，ピット，アンダーカットの表面欠陥が発生しないように処理しなければならない．特に溶接部のピットについては，ピット内に酸が染み込み，不めっきやさび発生の原因になるため完全に補修しなければならない．この溶接外観を向上させ，後述する仕上げを省力化するためには，ガスシールドアーク溶接法ではフラックス入りワイヤを使用することが望ましい．

部材内の溶接順序については，変形と残留応力が最小になるように選択しなければならない．特に溶接によって発生したねじれ・曲り・鋼板の凹凸の変形は，ひずみ矯正が困難であり，溶接施工での防止抑制が重要となる．そのためには，図 7.3.22 に示すように溶接線を対称形に配置し，その対称溶接線を同時に並行して溶接すること，脚長管理を厳しく行って溶接量を必要最小限に抑えることなどの溶接施工上の基本的ルールを守らなければならない．

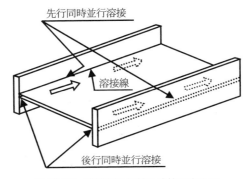

図 7.3.22　H 形断面部材の溶接順序の例

（e） 仕上げ

溶接部およびその近傍に付着したスラグ・スパッタは，不めっきの原因になるため，ジェットタガネ・タガネ・ブラシなどを用いて完全に除去する．

過大な応力がめっき浸漬中に負荷することが想定される溶接部，特に回し溶接部については，グラインダを用いて止端を凹面状に，段差が残らないようになめらかに仕上げる必要がある．図7.3.23に仕上げ要領を示す．

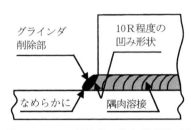

図 7.3.23 回し溶接部の仕上げ要領の例

（2） 矯　正

（a） めっき前のひずみ矯正

溶接施工によって部材に発生した変形は，溶融亜鉛めっき後に矯正することが困難であるため，めっき前に可能な限り取り除かなければならない．矯正には変形箇所に圧力，または張力を負荷し，変形方向の逆方向に塑性変形を付加して矯正する機械的矯正法を採用する．なお，機械的な矯正に際して加熱を併用する方法は有効であり，負荷荷重を減じることができ，過大な変形も矯正することが可能になる．

ただし，機械的な矯正には，多くの場合は大型設備が必要であり，また，溶接変形の一部には機械的に矯正することが不可能な場合もあり，溶接変形を可能な限り予防することが最良の手段である．

鋼構造部材の矯正方法には，機械的矯正法のほかに加熱矯正法があり，線状加熱法，点状加熱法，くさび形加熱法が通常用いられている．この加熱矯正法は部材を局部的に加熱し，その冷却時の局部的な収縮作用によって引張残留応力を発生させるメカニズムであり，残留応力を部材内にバランスして分布させることによって矯正変形させるものである．しかし，部材内の残留応力は加熱することによって解放される性質を有しており，約450℃に部材を加熱するめっき施工の場合も同様に，部材内に分布する残留応力はめっき後に低下する．したがって，加熱矯正効果はめっき施工によって半減するため，採用を避けるべきである．

（b） めっき後の矯正

めっきによって部材に発生した変形は，めっき前の矯正と同様に，冷間で機械的に矯正することを原則とする．機械的な矯正に際して変形箇所を加熱する場合，めっき層が溶融しないように亜鉛の融点を超えない400℃以下に最高加熱温度を管理しなければならない．熱間で機械的に矯正した場合，また加熱矯正した場合は，溶融しためっき層を補修することが必要であり，溶融しためっき

層とその周辺をグラインダなどで平滑に仕上げ，亜鉛溶射，または高濃度亜鉛末塗料を塗り付ける方法で補修する．また，梁・階段踏み板などの剛性が小さい構造物に発生したねじれ変形については，ねじれた部材を加圧しながら工場，または現場で組み立てる方法もある．なお，めっき層を亜鉛の融点以上に加熱する矯正方法を採用する場合，またねじれた部材をそのまま組み立てる場合は，工事監理者の承認を受けなければならない．

(c) めっき製品の変形予防

めっき前後の矯正が困難であることは前述したとおりであり，変形の予防を部材の設計・製作・めっき施工の工程であらかじめ講じることが肝要である．変形予防対策の一つは，変形発生の原因と考えられているめっき浸漬中および水槽浸漬中に発生する熱応力，鋼材中に内在する残留応力，溶接・矯正によって生じる残留応力を最小にすることであり，具体的な予防策を以下にまとめて示す．

《変形予防策》

めっき浸漬時，水冷浸漬時に発生する熱応力の低減対策
- a．［設計］　部材の寸法を一度漬け可能な大きさにする．
- b．［設計］　組み合わせる部品間の板厚差を可能な限り小さくし，板厚12 mm未満の部品を避ける．
- c．［設計］　部材の形状を可能な限り上下左右に対して対称形にする．
- d．［設計］　閉鎖形断面部材に取り付ける遮蔽材に適切な大きさの開口を設ける．
- e．［めっき施工］　めっき浸漬は可能な範囲でもっとも速い速度で浸漬する．
- f．［めっき施工］　めっき引上げから水冷開始までの時間を可能な範囲で短縮し，水槽浸漬は可能な範囲でもっとも速い速度で浸漬する．

部材内に存在する残留応力の低減対策
- a．［設計］　溶接継手，溶接量を可能な限り少なくする．
- b．［設計］　完全溶込み溶接継手は，可能な限り両面溶接を採用する．
- c．［製作］　脚長を小さくするなど，溶接量を必要最小限に管理する．
- d．［製作］　曲げ加工は曲率半径を大きくし，冷間加工を避け熱間で行う．
- e．［製作］　鋼材中に内在する残留応力および溶接残留応力が変形に影響を及ぼす場合は，めっき前に部材の焼なまし処理を行う．
- f．［製作］　矯正は加熱矯正法を避け，機械的矯正法で行う．

ただし，めっきによって発生する変形のうち，図7.3.10，図7.3.24に示す厚板に囲まれた薄板に発生しやすいはらみ・凹凸変形などの変形は主にめっき浸漬中に発生し，H形断面部材やトラス部材に発生しやすいねじれ変形は主に水冷などの冷却中に発生することが明らかであり，個々の現象に対して対策が多少異なることに注意しなければならない．

予防対策の2点目は，推定される変形に対して補強策を講じる方法であり，図7.3.25に示す要領で補剛材を取り付けるか，または補強材をめっき浸漬用に一時的に取り付けて対処する．

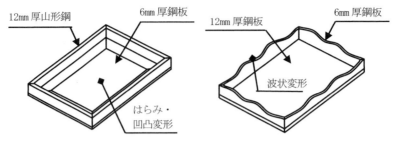

図 7.3.24　薄板のはらみ・凹凸変形・波状変形の発生例

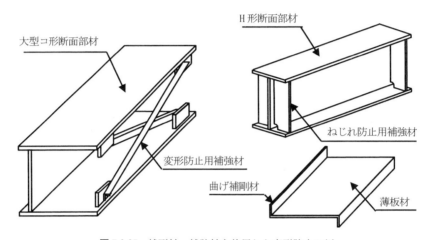

図 7.3.25　補剛材・補強材を使用した変形防止の例

（3）不めっき処理

めっきを施す部材は，亜鉛層で全表面を被覆するのが通例であるが，めっき後に溶接する場合，非めっきの高力ボルトを用いて摩擦接合する場合，亜鉛が溶接継手近傍および摩擦面に付着しないようにするため，不めっき処理を施さなければならない．溶接継手近傍の不めっき処理は，亜鉛蒸発による溶接施工上の障害を排除し，溶接熱による亜鉛層の損傷を回避することを目的に行うものである．摩擦面の不めっき処理は亜鉛層によるすべり係数の低下を回避することを目的に行うものである．

めっきするために設けた孔をめっき後に閉鎖する必要がある場合，蓋を溶接する範囲を不めっき処理する．

不めっき処理にはマスキング法が一般に用いられている．代表的なマスキング法は，図 7.3.26 に示す要領で不めっきを要する面にエポキシ樹脂塗料などの耐熱耐酸塗料を塗り付ける方法である．なお，ブラスト面・機械仕上げ面を不めっき処理する場合，厚板の鋼材を使用し，めっき浸漬時間を通常より長くする必要がある部材を不めっき処理する場合など，塗料を塗り付けるだけで不めっき処理を行うことが不可能である場合は，図 7.3.27 に示す要領で耐熱シールテープを貼り付ける必要がある．塗料の塗付けおよびシールテープの貼付けは，酸洗処理の目的である新鮮な鉄面の露出を妨害し，鉄面と溶融亜鉛との接触をめっき浸漬中に妨げることによって，鉄面への亜鉛の付着を

図 7.3.26 塗料の塗付け要領例

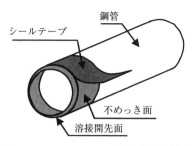

図 7.3.27 シールテープの貼付け要領例

妨ぐものである.

めっき後の不めっき処理面は，燃焼して残存する塗料・シールテープ，および部分的に鉄面に付着している亜鉛を完全に除去し，めっき前の状態に戻さなければならない．その後，溶接継手の場合は溶接後に不めっき面を亜鉛溶射，または高濃度亜鉛末塗料の塗付けにより防せい（錆）処理を行う．高力ボルト摩擦面の場合は，ブラスト処理などにより摩擦面処理を行う．

（4）寸法精度

部材の寸法精度に及ぼすめっきの影響について，基本寸法である長さ・幅・せいまたは高さが影響を受けないことは過去の実績から明らかであり，製作上も寸法の変化を配慮する必要はほとんどない．ただし，めっきを施した部材に発生したねじれ・曲がりなどの変形が基本寸法に影響を及ぼすことがあり，ねじれ・曲がりなどの変形が生じる部材に関しては，その影響を部材の製作寸法に反映することが必要である．

めっきによって鋼材表面に形成されるめっき層が寸法精度に及ぼす影響については，その亜鉛の付着量が一般に使用される鋼材の場合 550～700 g/m^2 の範囲であり，層の厚さが 0.06～0.10 mm の小さな範囲にあるため，基本寸法に及ぼす影響は無視することができる．ただし，はめ合い部，可動部，ボルト・ナットのねじ部などのように，寸法精度が厳しく要求される部位に対しては，めっき膜厚の影響を無視することができないため，めっき浸漬時間を調整して付着量を制御するか，めっき後の仕上げ処理により膜厚を調整する．また，亜鉛が過剰に付着した亜鉛たれなどは，高力ボルト接合や組立て・建方の障害となるため，仕上げ工程で完全に除去しなければならない．

7.4 溶融亜鉛めっき作業

鋼構造物にめっきを行う作業は，JIS マーク表示認証工場において行う．またその作業は，JIS H 8641 に従う．

溶融亜鉛めっきの作業工程は，一般的に図 7.4.1 に示す順序により行われる．すなわち，めっき素材表面のさび，ミルスケール，油脂，塗料などを除去する前処理工程，溶融した亜鉛の中へめっき素材を浸漬して表面に亜鉛の皮膜を形成させるめっき工程，めっきされた製品を品質水準に適合させるための仕上げ工程からなっている．

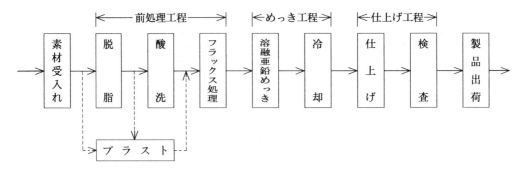

図 7.4.1 溶融亜鉛めっきの作業工程フロー

7.4.1 前処理工程

(1) 脱脂処理

めっき素材の鋼材表面には通常鉄さびやスケールが存在し，その上に油脂類が付着している．油脂類は，製造中に付着する機械油などから，製品の防せい（錆）用の塗料や人間の手が触れることによる脂肪類まで，多くの種類がある．これらの油脂類は，次の酸洗工程の除せい作業に影響を及ぼすため，完全に除去することが必要である．脱脂法にはさまざまな方法があるが，現在もっとも多く使用されているのは，アルカリ脱脂法であり，苛性ソーダ（NaOH）または苛性ソーダとケイ酸ソーダ塩類［$Na_2O \cdot n\, SiO_2$］を混合した濃度 6～10 % の溶液中に，温度 80 ℃以上で通常 10～20 分間浸漬して処理する．

(2) ブラスト処理

炭素，ケイ素，マンガンなどを多く含む鋼材，高張力鋼（SM 570 クラスを超える），高力ボルト，ばね鋼などは酸洗中に水素を吸収しやすく，水素脆化のおそれがあるので，除せいはブラスト処理など機械的除せい方法で行わなければならない．

一般にブラスト処理した鋼材の亜鉛めっき皮膜は厚くなり，また密着性も良くなる傾向にあり，高付着量と密着性を目的としてブラスト処理を行う場合もある．

一般の部材ではブラスト処理を行わないのが普通であるが，不めっきの原因となる溶接部のスラグを完全に除去することを目的に，ブラスト処理を採用することもある．

ブラスト処理法には，ショットブラスト，グリットブラスト，サンドブラストなどがあり，研掃材の種類，粒度，吹付け角度，距離，ブラスト圧によって，ブラストの能率や鋼材の表面粗度が変化する．めっき部材の形状，大きさなどと併せて処理法を選択するが，小型の鋼製品やボルト，ナットの場合にはタンブラーを利用するのが一般的である．

(3) 酸洗処理

溶融亜鉛めっきで鋼に亜鉛が付着するのは，単なる物理的な付着ではなく鉄と亜鉛が合金化することによって起こる現象である．合金反応の条件は，界面に相互の接触を妨げる物質が存在しないこと，また浴の温度を合金反応が活発に進行する温度にし，両者が完全に接触し合ったままの状態で必要な時間を経過することにある．この合金反応において，鋼の表面に付着する異物の中でもっとも障害となるものは「鉄酸化物」で，これらを除去する作業が酸洗である．

写真 7.4.1　前処理工程・脱脂

写真 7.4.2　前処理工程・酸洗

写真 7.4.3　前処理工程・フラックス処理

写真 7.4.4　めっき工程

写真 7.4.5　温水冷却

写真 7.4.6　仕上げと外観検査

さびやミルスケールを除去する場合，経済的，能率的な面を考えて通常塩酸または硫酸が使われているが，そのほか硝酸，フッ酸なども使われる．

（4）フラックス処理

酸洗後フラックスを使用する目的は鉄表面での鉄と亜鉛の反応を円滑にするためであり，フラックスの主な役割は鉄表面からすべての付着物，汚れ，酸洗後発生したわずかなさびを除去するとともに，被めっき材が亜鉛浴に浸漬される時に亜鉛浴表面で亜鉛酸化物が付着しないようにすることである．

国内における一般構造物のめっき工程では，乾式法が採用され，フラックスとして，塩化亜鉛アンモニウム（$ZnCl_2 \cdot 3 NH_4Cl$）が一般的に多く使用されているが，ボルト，ナットなどのめっきと一部の工場では，塩化アンモニウムで処理されている場合もある．

7.4.2 溶融亜鉛めっき工程

脱脂，酸洗，フラックス処理などの前処理工程を終えた製品は，460℃前後の溶融した亜鉛浴中にすみやかに浸漬し，適当な時間を経たのち，浴面に浮遊している酸化物を除去したきれいな溶融亜鉛浴面から引き上げる．過剰に付着している溶融亜鉛は，軽い衝撃や振動を与えて「たれ切り」をしたのちに冷却を行う．

めっき皮膜は，溶融亜鉛と鋼との反応によって形成される合金層とその上の純亜鉛層からなっている．合金層の厚さとその組織は鋼材の化学成分，作業条件によって決まり，最上層の純亜鉛層の厚みは浴温度，鋼材をめっき浴から引き上げる速度などにより決定される．めっき皮膜厚さに影響を及ぼす主な要因を大別すると，表7.4.1のようにめっき作業で調整できる要因と，調整できない要因，すなわち素材の持つ要因とに分けることができる．

表7.4.1 亜鉛付着量に及ぼす要因

めっき作業で調整できない要因 （素材の持つ要因）	めっき作業で調整できる要因
材　厚（厚い方が多くなる） 大きさ（大きい方が多くなる） 圧延方法（熱間の方が多くなる） 化学成分（Si, Mn, P, C）影響大 表面粗度（あらいほど多くなる）	めっき温度（高くなれば多くなる） 浸漬時間（長くなれば多くなる） 引上げ速度（速いほど多くなる）

（1） めっき温度

めっき温度は，めっき素材の材質，要求仕様などによって変えなければならないが，ほとんどの場合440〜470℃の範囲で行う．ただし，ボルトなど特殊なものではそれ以上の温度でめっきすることもある．浴温度は亜鉛浴から製品を引き上げる時の亜鉛の「たれ切り」に支障をきたさない範囲で，できるだけ低温を保つことが望ましい．浴温度が高すぎる場合，亜鉛の合金反応が活発になるため，ドロス，酸化亜鉛の生成が多くなり，めっき槽の寿命も縮める．また，亜鉛浴の流動性は良くなるが実際には合金層の結晶が粗大化し，不規則に発達し，その表面が平滑でなくなるため，付着する亜鉛層が厚くなることが多い．さらに，浴温度を高くして浸漬した場合，めっきする部材に過大な熱応力が発生し，部材に曲がり・ねじれなどの変形を生じ，溶接部などに割れが発生する可能性が高くなる．ただし，浴温度が低すぎた場合には，部分的に過剰に厚い皮膜が生じ，不均一な皮膜となることがある．めっき皮膜の付着量は，一般に浴温が10℃上がれば50 g/m^2（厚さ7μm）程度増加するといわれている．

亜鉛浴の温度と鉄損失量の関係を図7.4.2に示すが，亜鉛浴温度が480℃を超えると鉄損失が極端に増加し，その結果，ドロスや酸化亜鉛も増えることになる．

（2） 浸漬速度

めっき部材を溶融亜鉛浴中に浸漬する速度は，浸漬過程で生じる熱応力を可能な限り小さくするためにできるだけ早くすることが望ましい．そのためにはめっき部材を製作する際に，閉塞した部位をできるだけ少なくする配慮が必要である．特に内部にダイアフラムなどを取り付けた閉鎖状の

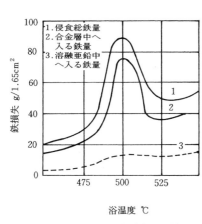

図7.4.2 浴温度と鉄損失の関係

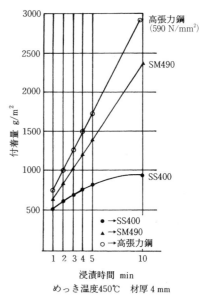

図7.4.3 浸漬時間と付着量の関係

角形鋼管・鋼管・箱形断面の場合，速い浸漬速度を確保することが難しいが，その場合でも浸漬速度を速くする工夫を施すことが必要である．極端に浸漬速度を遅くした例が浸漬を途中で中断する部分浸漬であるが，熱応力の影響による変形発生などの観点からは，絶対に避けなければならない作業である．

（3） 浸漬時間

一般に浸漬時間を長くすれば亜鉛の付着量は増大する．通常の鋼材では浸漬時間が長くなれば合金層が厚くなるが，その増加速度は浸漬時間が長くなるに従って小さくなる．しかし炭素（C），ケイ素（Si）の多い高張力鋼は，浸漬時間にほぼ比例して付着量が増大する．各種鋼材の浸漬時間と付着量の関係についての例を図7.4.3に示す．本図より，SS 400とSM 490では付着量に差異が認められる．

（4） たれ切りと引上げ速度

製品は亜鉛浴に所定の時間浸漬した後，清浄にした浴面から徐々に引き上げ，過剰に付着した亜鉛を流し落とす．この時，製品表面に付着している過剰な亜鉛が下方に流れ，局部的に亜鉛がたまったり，たれたりする．そのまま亜鉛が凝固した状態を「たれ」という．

一般にたれが発生しやすいのは，製品の構造が複雑で亜鉛が流れにくい場合，浴温度が低く亜鉛の流動性の悪い場合や亜鉛浴からの引上げ速度が速い場合などである．このようなたれを取り除くことを「たれ切り」といい，製品が亜鉛浴より取り出されたら，ただちに製品に振動を与えたり，急な傾斜を取ったりして，亜鉛の流れを良くしてたれを切る．

引上げ速度は，たれに影響するだけでなく，めっき層の純亜鉛層にも影響し，引上げ速度を遅くすると純亜鉛層は薄くなり，速くすると厚くなる．引上げ速度の決定はめっき方法，製品の形状，長さなどによって異なるが，めっき製品の外観，作業能率に影響を及ぼすことを考慮する必要があ

る.

引上げ速度が速すぎると余剰の亜鉛が付着してめっき面の凹凸がはなはだしく不平滑になる．引上げ速度が遅すぎると，引上げ途中で合金層が著しく発達し，いわゆる「やけ」と呼ばれる皮膜になることがある．

(5) 冷　却

製品は亜鉛浴から引き上げ，たれ切りの後に冷却される．冷却には水冷と空冷の2つの方法があり，通常の場合は水冷を用いる．ただし，急冷がひずみ発生に及ぼす影響を考慮して水温を70℃以上にして冷却する．一方，板厚2.3 mm以下の鋼板と板厚の異なる形鋼類を溶接した構造物でひずみ防止を重視する場合，空冷を採用する場合もある．ただし，空冷の場合めっき外観を悪化させることがあるので注意を要する．

7.4.3　仕上げ工程

めっきを行い，冷却を終えた製品は仕上げ工程に移され仕上げが行われる．仕上げでは製品端部にできた亜鉛たれ，不めっき処理すべき部分に付着した亜鉛と不めっき剤，ボルト孔にたまった亜鉛，製品表面の極端なざらつきや酸化かすなどをやすりや小型グラインダなどにより除去する．

仕上げの程度は製品の用途により事前に，当事者間で話し合い，決めておかなければならない．

しかし，使用上問題なければ，仕上げはできるだけ避けるのが望ましい．

7.5　めっき後の矯正，試験・検査および補修

7.5.1　矯　　正

部材にめっきを施すことによって，変形が発生することがある．めっきによって発生した変形を矯正する方法は，次に示すものが一般的である．いずれの方法でも，めっき面の保護養生を考慮しなければならない．なお，加熱矯正はめっき面を溶融する可能性が高いため，原則として実施することはできない．したがって，設計・製作時に変形の発生を極力抑える構造にする配慮が必要である．

(1) プレスによる矯正

単純な形状の丸棒，山形鋼，溝形鋼，I形鋼，鋼管などで，大曲の変形を矯正するのに適している．ただし，ねじれを伴った変形の矯正には適用できない．

(2) ローラによる矯正

鋼管の矯正に適しており，作業性に優れ，精度の確保が容易である．

(3) ジャッキによる矯正

形鋼の矯正に適しており，ジャッキの押し引きにより矯正する．

7.5.2 試験・検査

JIS H 8641（溶融亜鉛めっき）の2種では，付着量試験が規定されている．その他硫酸銅試験，密着性試験などがあるが，義務化されておらず，これらは特記がない限り省略できる．めっき後の寸法精度検査は JASS 6 付則6「鉄骨精度検査基準」に示されている梁の曲がり，柱の曲がり，ウェブの曲がりを対象に行う．めっきを施すことによって許容差を超えて補修が困難な場合は，対処方法について工事監理者と協議する．めっきの外観検査については，表7.5.1 に示す項目および基準を参考に実施する．ただし，検査項目などの特記がある場合は，その限りでない．

JIS H 8641 で規定している外観基準は"めっき面は実用的になめらかで不めっきその他有害な欠陥がないこと"としている．一般にめっき面に現れる現象は不めっき，やけ，たれ，シーム，ブリスタ，ざらつき，かすびき，きず，白さびなどである．以下これらについて説明する．

表7.5.1 検査項目と合否判定基準

項　目		検査対象	合否判定基準
外観検査	割れ	全部材	あってはならない
	不めっき		直径2mmを超えるものがあってはならない
	きず・かすびき		有害なものがあってはならない
	摩擦面のたれ		あってはならない
	開先面のめっき付着		開先面およびそれらに隣接する 100 mm 以内および超音波探傷検査に支障を及ぼす範囲にあってはならない

（1）割　れ

H形鋼のスカラップや円形孔，コラムの角部内面，隅肉溶接の回し溶接部に割れが発生する場合がある．現場で割れが検出された場合，その後の工程に影響するだけでなく，検査・補修の費用を要するため，部材が工場にある段階で割れの有無を検査する必要がある．割れの有無は目視で検査するが，割れが検出された場合は補修方法とその後の検査方法について工事監理者と協議する．割れが目視で判断しにくい場合は，浸透探傷試験（PT）や磁粉探傷試験（MT）などの方法がある．

（2）不めっき

局部的にめっき層がなく，鉄素地の露出した状態をいうが，これが小さい場合は耐食性にはあまり影響はない．JIS H 8641 では直径2mm 以内としているが，暴露試験では5mm 位まではさびの拡大は確認されていない．

（3）や　け

金属亜鉛の光沢がなく，表面がつや消しまたは灰色を呈したもので，はなはだしい場合は暗灰色になる．これは，一般用途の耐食性にはあまり影響しない．やけは，密着性が十分であれば実用上の欠陥とはならない．ただし美観については，当事者間で事前に打ち合わせておく．

（4）た　れ

部分的に亜鉛が多く付着しているもので，めっき素材の形状によっては避けられないことが多い．実用上支障とならない限りはそのままにしておいても有害とはならないが，取扱い中はがれるよう

な，はなはだしいたれは除去しておく必要がある．

(5) シーム・ブリスタ

シームとは特徴ある線状の凹凸を生じた異常めっきを言い，ブリスタとはいわゆる"ふくれ"をいう．これらは鋼材表層部の性状に起因する．シーム，ブリスタともめっき皮膜は形成されているので，そのまま使用しても差しつかえない．

(6) かすびき

めっき槽から引き上げるときに表面に亜鉛酸化物またはフラックス残渣の付着したもので，耐食性に影響する場合がある．

(7) ざらつき

微粒状の凹凸があり，その程度によってはドロスめっきと呼ばれる．耐食性にはまったく影響がないが，はなはだしい場合は商品価値を損じることがある．

(8) きず

溶融亜鉛めっきでは，めっき作業中，めっき用具との接触により，めっき面に当たりきずが発生する．きずの表面には合金層が残存しているので，防食上特に問題はないが，きずが大きい場合は補修する．

(9) 白さび

めっき製品が雨水等と接触して生じた白色状の亜鉛酸化物が，めっき表面に形成されたものであり，耐食性には影響はない．一時的に商品価値が低下するが，発生環境から解放されると次第に消滅する．

7.5.3 補　　修

検査により不合格となっためっき表面の欠陥部分の補修は，表 7.5.2 に示す要領で補修する．

表 7.5.2　不合格箇所の補修方法

欠　陥	補修方法
割れ	補修方法については工事監理者の承認を得なければならない．ガウジングで割れを完全に除去し，溶接・検査後，平滑に仕上げ，ワイヤブラシで入念に素地調整を行った後，高濃度亜鉛末塗料（金属亜鉛末を 90 % 以上含むもの）を 2 回以上塗り付けるなどの方法がある．
不めっききず	・局部的な欠陥が点在する場合 　ワイヤブラシで入念に素地調整を行った後，高濃度亜鉛末塗料（金属亜鉛末を 90 % 以上含むもの）を 2 回以上塗り付ける ・欠陥が高範囲にわたる場合 　再めっきを行う
かすびき	やすりまたはグラインダにより平滑に仕上げる
摩擦面のたれ	ボルト孔および摩擦面に生じたたれは，やすりまたはグラインダで除去または平たんに仕上げる
開先面のめっき付着	やすりまたはグラインダで完全に除去する

7.6 溶融亜鉛めっき高力ボルト接合

7.6.1 溶融亜鉛めっき高力ボルト接合の概要

　溶融亜鉛めっきが施された構造物の接合に高力ボルトを用いる場合，防せい（錆）上の観点から高力ボルトのセットも鋼材と同等の付着量を持つ溶融亜鉛めっきを施す必要がある．めっきを施すことによる構造的特性は，鋼材もボルトもめっき工程中の化学処理の後，500℃程度で溶けている亜鉛浴の中に鋼を浸漬し，拡散反応により鋼材表面に亜鉛と鉄の合金層を形成してその表層に軟らかい亜鉛層が約 80 μm（付着量 550 g/m^2）の厚さで付着することに起因する．

　一方，JIS B 1186 に規定される高力ボルトセットの構成要素は，製造工程で焼入れ・焼戻しの熱処理により所定の機械的性質を確保していることと，トルク係数値のようにセットとしての諸性能の確保上，めっきをしない通常の鉄骨のものとは多くの点で異なった配慮が必要となる．

　すなわち，ボルトとしての性能と防せい性能を損なうことなく，かつすべり係数 0.40 を確保するための摩擦面処理法と管理体制およびリラクセーション性状とめっき高力ボルトの性能を考慮したボルトの締付け施工の徹底が挙げられる．これらは，めっきをする鉄骨の部材製作をはじめ，めっきの品質管理・設計・施工にまたがるすべての工程が相互に複雑に関連しあうものとなっている．これらの中には現行の建築基準法・同施行令の規定に抵触する事項を含むため，国土交通大臣の認定の対象となるものも包含されている．

7.6.2 法的関連事項

　溶融亜鉛めっきを施した高力ボルトのセットについては，JIS 等の公的な製品規格は存在していない．

　建築基準法施行令によれば，建築構造物の主要な接合部に用いる高力ボルトは，JIS B 1186 に規定された規格品が原則である．この規格品以外の高力ボルトを用いる場合には，JIS B 1186 の規定に従う高力ボルトのセットと同等の性能があることを建築基準法第 37 条に基づく国土交通大臣の認定を受けることが必要である．さらに接合面にめっき層が介在する鋼材の摩擦面処理方法やすべり係数が規定されていない．したがって，めっきをした高力ボルト接合について建築基準法・同施行令などには構造計算に用いるべき許容応力度はこれまでと同様で現在も示されていない．これらは基準法の解釈に従えば，設計ごとに建築主事らの判断に負うところとなっている．

　平成 12 年（2000 年）まではめっき鋼材をめっき高力ボルトで接合する工法は高力ボルトのセットの製品品質，基準張力，すべり係数を 0.4 とすること，摩擦面の処理法と管理法，ボルトの締付け法，接合部の許容応力度，固有の施工管理体制など，高力ボルトの品質ばかりでなく接合部の力学的性能にかかわるすべての項目が建築基準法旧法 38 条による「特殊な工法・材料」の対象とされ，建物ごとに建設大臣の認定を取得して実用に供する扱いがなされていた．

　この認定を受けるためには，構造上の諸問題について実験を含む詳細な技術資料を整えて接合部として所要の性能があることを立証しなければならず，個々の設計者が対処するのは事実上困難な

状況にあった.これに対処するため,高力ボルトメーカー8社〔表7.6.12参照〕がそれぞれにめっき鋼材にめっき高力ボルトを組み合わせて高力ボルト摩擦接合する構造方法を「溶融亜鉛めっき高力ボルト接合工法」と称して決められた「設計施工指針」・「施工管理要領」に沿った上,ボルトメーカーが認める資格者が施工する特別な認定を得て実用に供してきた.この準拠法令であった旧法38条は,材料と施工管理などを含む接合工法として一括認定されていたものが平成12年6月に建築基準法が改正され,材料としてのめっき高力ボルトと接合部としての工法に区分される形の建築基準法体系に移行した.これに伴い,改正基準法による溶融亜鉛めっき高力ボルト接合に関する法的関連事項の要点は,以下のとおりとなっている.

溶融亜鉛めっき高力ボルトは,JIS B 1186(摩擦接合用高力六角ボルト・六角ナット・平座金のセット)に規定される通常の高力ボルトセットの種類1種(F8T)に溶融亜鉛めっきを施したものである.したがって,形状寸法や引張強さなどはめっきの前後では同じF8Tであるが,めっきを施してあるために法的にJIS規格品ではないと取り扱われている.平成14年6月以降,法37条第2号に基づいて,国土交通大臣による指定建築材料としての品質にかかわる認定と併せて基準強度の認定を取得した上で使用することになった.

現在溶融亜鉛めっき高力ボルト技術協会加盟の各社が製造しているボルトは,7.6.4項に詳述するようにJIS B 1186の高力六角ボルトのF8Tと同等品としての大臣認定を取得しているので,使用上問題はない.これらのボルトについて,設計ボルト張力などはF8Tとして扱えばよいこととなっている.ただし,締付け方法は,ナット回転法に限定されている.

したがって,この認定された各社のめっき高力ボルトを使用し,認定に際して定められた「設計施工指針」,「施工管理要領」に沿って溶融亜鉛めっき高力ボルト技術協会が認める技術者〔7.6.7項参照〕が管理し,技能者が施工を行う場合に限り,建物ごとの構造評定を申請せずに実用に供することができる状況となっている.

ただし,めっき鋼材の表面処理状態については現物見本(ピースでよい)をボルトメーカーに示し,適正である旨の判断を得る必要があり,さらに施工にあたっては,管理技術者,技能者とも7.6.7項に記述する資格者でなければならない.

7.6.3 めっきによる構造的事項

高力ボルト摩擦接合の耐力機構の原理は,めっきの有無にかかわらず,ボルトの締付け力によって接合部材の接合面に生じる摩擦力で応力を伝達するもので,中ボルトやリベットのように直接ボルト軸断面が応力を負担するものではない.ただし,終局耐力を評価するときはボルト軸断面のせん断強度に負うものとなる.この摩擦力の大きさは,接合面のすべり係数と高力ボルトの締付けによって生じる接合面の材間圧縮力の積によって決定される.したがって,ボルト1本,1せん断面あたりのすべり耐力は,次式で与えられる.

$$R_s = \mu \cdot N_i \tag{7.6.1}$$

ここで,R_s:すべり耐力
　　　　N_i:ボルト初期導入張力

　　　　μ：すべり係数

　この式からわかるように，接合部の性能は，安定的に確保できる高い締付け力とすべり係数に負うことになるが，前者は，ボルトセットの性能によって決定され，後者は，めっき層のある鋼材の摩擦面の表面処理方法で決定される．摩擦面の処理方法は，めっき鋼材の本来の目的である防せい（錆）性能を損なわない範囲で，再現性の高い最適な方法を決定しなければならないこととなる．さらに締付け後のリラクセーションが過大であってはならないことも考慮しなければならない．したがって，本工法は，めっき高力ボルトのセットの諸性能ばかりでなく，部材加工時の摩擦面処理そして現場施工時の高力ボルトの締付け施工にまたがる全工程が適正に実施されなければ，安全な接合部が得られないこととなるので，大臣認定の範囲がめっきした高力ボルトのみに留まらないこととなっている．

　めっき構造物とする場合に解明しておくべき問題点を要約すれば，めっき高力ボルトに関しては，めっきが可能な高力ボルトの等級の選定，めっき浴槽温度と高力ボルトの焼入れ，焼戻し温度との関係，めっき前処理工程（特に酸洗）の高力ボルトの性能への影響，めっきの付着量，均一性，耐はく離性能，張力導入の方法，導入張力の安定的確保（リラクセーション量）の可否，ねじのオーバータップの適正量，ボルト締付け後の検査要領などが挙げられる．一方，めっき鋼材に関してはめっき付着量の最適量，表面処理方法，ボルト孔径の拡大限界，適正なすべり係数の設定などとなる．

　本工法の妥当性を検討する項目は前述のとおり多岐にわたり，それらはいずれも相互に複雑にかかわり合っており個別に性能を評価できるものではないが，大別すると，（1）めっき高力ボルト単体に関するもの，（2）接合部性能に関するもの，（3）施工に関するものに区別される．それぞれの要点を示せば，次のとおりとなる．

　（1）めっき高力ボルトに関するもの
　　① めっき高力ボルトセットと構成要素の機械的性質
　　② めっきの品質
　　　付着量・均一性・密着性
　　③ めっき前ナットのオーバータップの影響
　　④ めっき後のトルク係数値
　　⑤ ボルト締付け時性能
　　　ナット回転量と導入張力・破断時ナット回転量・破断モード
　　⑥ 遅れ破壊性能
　　　塩水噴霧 4 000 時間または海水浸漬 2 か年程度

　めっき高力ボルトのセットについては規格などが定められていないため，一般には，セットの構成要素のめっき後の機械的性質が，JIS B 1186 の規格を満足するように配慮されているものの，ボルトは通常の寸法で製造したものにめっきを施し，ナットのねじははめ合いを図る上から有効径を拡大（オーバータップと称する）して使用している．したがって，オーバータップの適正寸法・ナットのタップ立てとめっきの前後関係・めっき処理工程・亜鉛付着量・高力ボルトの焼戻し温度と

めっき温度の関係が，製品の機械的性質・トルク係数値・遅れ破壊などに及ぼす影響を考慮して，めっきの仕様・前処理などを決めなければならない．

これまでに大臣認定を取得した亜鉛めっき高力ボルトのセットの諸性状を以下に示す[1]．

(a) セット構成要素の機械的性質

めっきの品質を満足するものについて，めっき条件を実験因子として構成要素をそれぞれに降伏応力度，最大応力度，伸び，絞り，表面硬さ，内部硬さ分布，ナットの保証荷重等実験により，その性状を調査した結果の一例を表7.6.1に示す．これらから，めっき高力ボルトのセットを構成するボルト・ナット・座金それぞれの機械的性質は，めっき前・めっき後とも JIS B 1186（摩擦接合用高力六角ボルト，六角ナット・平座金のセット）の1種（ボルト F8T，ナット F10，座金 F35）に相当していることが認められる．

F8T 高力ボルトと F10 のナットは，焼戻し温度がめっき浴温度より高いため，めっきを施しても

表7.6.1 めっき前後の機械的性質

項目		ねじの呼び	規格値※	めっき前	めっき条件								
					450℃			465℃			480℃		
					80秒	100秒	120秒	80秒	100秒	120秒	80秒	100秒	120秒
製品引張試験	(tf)	M16 M20 M22 M24	12.6以上 19.6 〃 24.2 〃 28.2 〃	14.34 22.74 27.59 32.36	14.33 22.73 27.56 32.37	14.39 22.78 27.56 32.49	14.42 22.62 27.44 32.57	14.33 22.77 27.58 32.52	14.28 22.68 27.54 32.45	14.30 22.62 27.60 32.47	14.33 22.69 27.51 32.32	14.34 22.70 27.57 32.40	14.40 22.63 27.58 32.34
ボルトの降伏点	σ_y (kgf/mm²)	M16 M20 M22 M24	64 以上	86.28 87.54 86.33 86.51	86.77 87.79 86.39 86.85	87.10 87.99 86.45 86.28	86.65 87.51 86.68 86.42	86.55 87.34 86.58 86.65	86.77 87.71 86.05 86.88	86.28 87.64 86.75 86.59	86.93 87.83 86.77 86.29	86.83 87.67 86.44 86.63	86.57 87.90 86.47 86.71
ボルトの引張強さ	σ_u (kgf/mm²)	M16 M20 M22 M24	80 〜 100	90.93 92.31 91.11 91.22	91.47 92.50 91.10 91.54	91.63 92.69 91.18 90.94	91.20 92.21 91.35 91.12	91.21 92.07 91.35 91.45	91.36 92.43 90.79 91.55	90.91 92.35 91.41 91.31	91.65 92.54 91.39 91.05	91.44 92.45 91.16 91.39	91.19 92.56 91.23 91.33
ボルトの伸び	(%)	M16 M20 M22 M24	16％以上	22.30 22.52 22.15 22.39	22.53 22.37 22.34 22.27	22.44 22.38 22.82 22.46	21.97 22.23 22.64 22.27	22.14 22.44 22.45 22.19	22.28 22.13 22.31 22.27	22.31 22.33 22.24 22.35	22.23 22.29 22.61 22.34	22.33 22.78 22.24 22.26	22.23 22.40 22.40 22.14
ボルトの絞り	(%)	M16 M20 M22 M24	45％以上	72.36 72.57 72.15 72.14	72.25 71.98 71.88 71.97	71.93 72.23 72.38 72.41	72.61 72.17 72.33 72.16	71.75 72.22 72.01 72.13	71.85 72.12 72.19 72.09	72.19 72.45 71.94 72.78	71.67 71.97 72.86 72.06	72.25 71.92 71.83 72.33	71.86 72.16 72.14 71.77
ボルトの硬さ	(HRC)	M16 M20 M22 M24	18HRC 〜 31HRC	27.72 27.73 27.75 27.84	27.87 27.78 27.71 27.76	27.75 27.84 27.87 27.78	27.84 27.74 27.73 27.84	27.78 27.89 27.59 27.89	27.86 27.84 27.78 27.85	27.70 27.66 27.72 27.75	27.71 27.91 27.67 27.74	27.69 27.74 27.89 27.70	27.74 27.67 27.74 27.60
ナットの硬さ	(HRC)	M16 M20 M22 M24	95HRB 〜 35HRC	25.81 25.78 25.78 25.72	25.74 25.77 25.80 25.82	25.81 25.66 25.86 25.79	25.64 25.69 25.64 25.76	25.70 25.77 25.74 25.66	25.72 25.58 25.75 25.79	25.86 25.83 25.69 25.65	25.66 25.94 25.76 25.81	25.83 25.70 25.74 25.72	25.84 25.66 25.62 25.71
座金の硬さ	(HRC)	M16 M20 M22 M24	35HRC 〜 45HRC	38.88 38.90 38.97 38.82	38.50 38.49 38.51 38.42	38.14 38.08 38.15 38.12	37.76 37.83 37.83 37.95	37.93 37.80 37.86 37.83	37.24 37.35 37.48 37.37	37.34 37.38 37.15 37.15	37.75 37.73 37.68 37.86	37.49 37.43 37.37 37.40	36.90 37.06 36.92 37.05

[注] ※ JIS B 1186 の1種　　　　　　　　　　　　　　データは，すべて n=25 の平均値

問題はない．平座金はその焼戻し温度がめっき温度より低いため，めっき後の硬さが低くなるので，硬さ規格下限値を JIS B 1186 の座金の硬さ下限値 HRC 35 より低く HRC 25 と定めているが，このめっき後の平座金も F35 と称している．

（b） めっきの品質

セットのめっきの仕様については，セット構成要素のすべてを成形後めっき処理することとしており，めっき種別は JIS H 8641（溶融亜鉛めっき）の2種，HDZ 55 に従うものとなっている．

なお，めっきの均一性は JIS H 0401（溶融亜鉛めっき試験方法）に規定する硫酸銅試験で6回以上を満足するものとし，めっき付着量は，塩化アンチモン法で $550\,\mathrm{g/m^2}$（めっき厚さ約 $80\,\mu\mathrm{m}$）としている．密着性はハンマテストによって確認する．

このうち，ハンマテストがもっとも厳しいものとなっている．これらのめっきの品質にはフラックス処理とめっき浴温度が支配的な要因となっている．

ボルト・ナット・座金のめっき工程の概要は，表 7.6.2 に示すものが現行の一般的方法であり，めっき前の熱処理条件は表 7.6.3 に示すものが普通である．

表 7.6.2 めっき処理工程の一例

工　程		内　訳
脱　脂	濃　度	5～10 %
	温　度	60～80 ℃
	浸漬時間	約 10 分
温 水 洗	水　温	80 ℃ 以上
乾　燥	時　間	10 分以上
ショットブラスト	粒　度	ボルト・ナット 0.3～1.0 mm 座金　　　　　 1.5 mm
	時　間	ボルト・ナット 10 分 座金　　　　　 15 分
表 面 清 浄 （塩　酸）	濃　度	5～10 %
	温　度	常　温
	浸漬時間	20 秒以下
水　洗	温　度	常　温
フラックス処理	濃　度	10～15 %
	温　度	90～100 ℃
	浸漬時間	1～3 分
乾　燥	時　間	5 分以上
めっき	温　度	480～500 ℃
	浸漬時間	2 分
たれ切り	時　間	ボルト・ナット 2 秒　遠心分離 座金　　　　　 4 秒
塩化アンモニウム 処　　　理	濃　度	10 %
	温　度	90～100 ℃
水　冷	温　度	40～60 ℃
	時　間	10 秒以下

表 7.6.3 めっき前熱処理条件の一例

構成部品	等　級	焼入れ	焼戻し
ボルト	F8T	880℃水冷	500℃水冷
ナット	F10	920℃水冷	600℃水冷
座金	F35	880℃水冷	270℃水冷

（c）セットの性能[2]

ボルト・座金およびねじ径を除くナットの形状寸法は，いずれもJIS B 1186の規定に従っている．ナットのねじ部については，めっき前にタップ立てを行うものとして，有効径をJIS B 0205（一般用メートルねじ）より拡大し，ねじはJIS B 0209（一般用メートルねじ－公差－）の6Hの精度となっている．

めっき後にナットをオーバータップすることは，ナットねじ部の鉄素地がむき出しになり，腐食の原因となるおそれがあるので禁止している．ナットをめっき前にオーバータップすることの影響を調査するため，以下の実験を行ってセットとしての性能は確認されている．

ⅰ）製品の引張試験

ナットのオーバータップ寸法，遊びねじ長さによる破断強度，破壊モード（＝ねじ抜け禁止），伸び能力に対する影響を調査した．その結果と後述のトルク係数を勘案し，オーバータップはめっき前に行い有効径で，M 16，M 20については＋0.6 mm，M 22，M 24で＋0.8 mm以内とすることで，製品の引張性能としては，JIS B 1186の1種のセットの規定を充足するものになると判断されている．

なお，遊びねじ山が少ないものではねじ抜けが認められるが，これはナット下に残る絞られる長さが短いことによるもので，めっきの有無とは関係ない．

ⅱ）部材締付け試験

めっきした鋼板を重ねてめっきボルトを組み込み，破断するまでナットを回転するもので，ナット回転量とボルト軸力・伸び量・ボルト軸部のねじれ量，破断時までのナット回転量，破断モードなどに着目し，めっきをしていないボルトとの性能を比較して性能確認をしている．実験因子は，遊びねじ長さおよび鋼板の接合面処理法である．

オーバータップによる影響と思われるものとして，破断時までのナット回転角が約1 000°とめっきをしてないものに比べ若干低目であるが，絶対値的には実用上問題はないものと判断している．この原因は，ねじ間のめっき層のかじりによるものと推定されている．

ⅲ）トルク係数値試験

トルク係数値の安定化はナットのオーバータップとめっき後にナットに潤滑処理を施すことで対処しているが，めっき工程の最後に遠心分離機にかけることでめっきのたれ切れを良くしていることも有効に作用したものと考えられる．なお，表面処理方法とトルク係数値の関係は図7.6.1となっている．大臣の認定を得ためっき高力ボルトはいずれもA種（0.110～0.150）の範囲にあり，安定性も良好なものである．

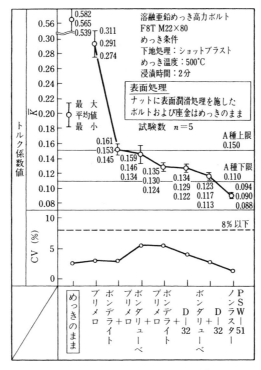

図 7.6.1　表面処理とトルク係数値

iv) 遅れ破壊試験, 耐候性試験

めっきの品質を確保する必要上, めっき前処理工程でブラストの粉末を除去するために短時間ながら塩酸で洗浄する工程がある. このため, 酸による遅れ破壊への影響およびめっきの耐候性を調べる目的から, 4 000 時間の塩水噴霧試験と約 2 か年の海水浸漬試験を実施した. 試験片は海水がボルトに接触するように溝付きの鋼板にボルトを締め付けたもので, ボルトの締付け力は, ナット回転量を標準値の 120° と, 促進の意味から 360° の 2 種類としている. 測定は一定時間経過ごとにボルトをはずし, 縦断面マクロにより亜鉛層の減少状況とボルト, ナットの鉄素地部分での亀裂発生の有無を確認しているが, この時間内では異常は生じていない.

v) ボルト張力の導入方法

ボルト張力の導入は, 部材締付実験に基づいてナット回転法によることとしている. すなわち, 一次締めは M 16 で 100 N・m, M 20, M 22 は 150 N・m, M 24 では 200 N・m のトルクで締め付け, ここを起点としてナットを 120° 回転させるものである. これによる導入張力は標準ボルト張力の 30～50 % 増のものとなっている. このことから, 設計に用いるボルトの導入張力としては, めっきをしていない高力ボルトの設計ボルト張力と同等にすることができる.

(2) 接合部の性能に関するもの
  ① 鋼材のめっきの品質
  ② 摩擦面の処理方法
  ③ すべり係数と安定確保の方法

④　めっき前孔あけのボルト孔径の拡大限界
　　⑤　リラクセーション

　接合面も付着量550 g/m^{2}以上の溶融亜鉛めっきされている影響によるもので，基本的にはすべり係数とリラクセーションが問題となる．

　　（a）　すべり係数

　許容せん断力の決定に直接影響するものであり，かつ実構造物での再現性が高いものでなければならないことと，剛接合を期待するものであるからすべりの性状として主すべりを生じるパターンであることが必要との観点から，実験的に調査している．それによるとすべり係数は，溶融亜鉛めっき処理した鋼材そのままの状態では，0.15から0.35，平均0.22程度のすべり係数となることが認められた．

　しかし，すべり荷重があまり小さくては，摩擦接合としては効率が悪い．そこで，安定してすべり係数を上昇させる方法としてブラスト処理（ショットブラスト，グリットブラスト，サンドブラスト等）またはりん酸塩処理が行われており，この方法で0.45～0.50程度のすべり係数が得られることが実験的に確かめられた．これにより，設計用許容せん断力の算出には，ブラスト処理の場合には摩擦面を50～100 μmRzの粗さに処理することとした上で，また，りん酸塩処理の場合には薄塗り，厚塗りを避けた上で，適切に施工することで，すべり係数として0.40を用いることとしている．

　　（b）　リラクセーション

　リラクセーションは，高力ボルトで接合部を締め付けておくと，時間の経過とともに高力ボルトの導入張力が徐々に減少していく現象である．これは高力ボルトによって与えられた高い圧縮応力によって接合面が局部的に変形する現象と，高力ボルト自体のねじ面におけるなじみなどによって生じるものと考えられている．また，溶融亜鉛めっき高力ボルトの接合部では，高力ボルトのセットのうち，座金の硬度が低下している点や接合面に介在する亜鉛めっき層が軟かく，かつ接合面をブラスト処理することで凹凸をつけて粗くしていることの影響で，一般の鋼材の接合面より局部的圧縮変形が多いため，一般の鋼材に比べ大きな張力減少が生じる．ただし，この現象は上述の原因で生じるものであるから，接合部を高力ボルトで締め付けた直後がもっとも大きく，その後しばらくの期間明瞭に認められるが，時間の経過とともに小さくなる．

　鋼材のめっき付着量，表面処理（ブラスト処理による表面粗さ）を実験因子として最大1年間のリラクセーション量を測定した結果，表面のブラスト処理の影響により普通鋼材よりやや多目となるものの，20％程度を見込めばよいと判断された．また，締付け後24時間で相当量低下し，3か月以上ではあまり低下は増大しないことが認められている．このことは，すべり耐力確認試験の方法に反映させるとともに，標準ボルト張力より高めの張力が得られる締付けを行うことなどの背景となっている．

　　（3）　施工に関するもの
　　①　ボルトの締付け要領と締付け後の検査
　　②　肌すき処理

③ 施工担当者の技量

導入張力が安定的に所定の張力を確保しなければ摩擦接合は成り立たない．このため，めっき高力ボルトの締付け作業は，確実に標準ボルト張力が得られるように，ナット回転法により行うこととしている．

参考文献
1) 橋本篤秀：溶融亜鉛めっき高力ボルト接合の評定について，ビルディングレターNo.254, pp.1-16, 1990.9
2) 橋本篤秀：溶融亜鉛めっき高力ボルト（F 8T）の単純引張り時性状，日本建築学会論文報告集，第338号，1984.4

7.6.4 溶融亜鉛めっき高力ボルトのセット

溶融亜鉛めっき高力ボルトのセットは，建築基準法第37条に基づいて同法施行令第67条，68条および92条の2の規定によるものと同等以上の効力を有するものとして後出の表7.6.12に示す国土交通大臣の認定を得たメーカーの製品に限られる．

セットの構成は，表7.6.4に示すとおりの溶融亜鉛めっき高力六角ボルト1個，溶融亜鉛めっき高力六角ナット1個，溶融亜鉛めっき高力平座金2個からなる．

溶融亜鉛めっきの種別は，JIS H 8641（溶融亜鉛めっき）の2種，HDZ 55（めっきの付着量550 g/m^{2}以上）に従うものとする．

表7.6.4 溶融亜鉛めっき高力ボルトの種類と等級と呼び径

セットの種類		適用する構成部品の機械的性質による等級			ねじの呼び
機械的性質による種類	トルク係数値による種類	ボルト	ナット	座金	M 16　M 20 M 22　M 24 M 27　M 30
1種	A	F8T	F10	F35	

7.6.5 接合部の設計

（1）部材の材質・形状および寸法・許容応力度

部材の材質・形状および寸法・許容応力度は，建築基準法・同施行令，「鋼構造設計規準」による．
めっき高力ボルトの長期および短期応力に対する許容せん断力および許容引張力は表7.6.5による．

表7.6.5 溶融亜鉛めっき高力ボルトの長期および短期応力に対する許容耐力

高力ボルトの種類	ねじの呼び	設計ボルト張力 (kN)	許容せん断力 (kN)				許容引張力 (kN)	
			長期		短期		長期	短期
			1面摩擦	2面摩擦	1面摩擦	2面摩擦		
F8T	M 16	85.2	22.7	45.4	34.0	68.0	50.3	75.4
	M 20	133	35.4	70.8	53.2	106	78.5	118
	M 22	165	44.0	88.0	66.0	132	95.0	143
	M 24	192	51.2	102	76.8	154	113	170
	M 27	250	66.6	133	100	200	143	214
	M 30	305	81.3	163	122	244	177	266

めっき高力ボルトは，標準ボルト張力を確保するようにナット回転法で締め付け，せん断力は材間の摩擦力で伝えるものとする．なお，上記許容せん断力は，すべり係数を 0.4 として下記により求めた値である．ここでの設計ボルト張力は F8T のめっきをしない通常の高力ボルトと同じ値である．

$$許容せん断力 = 0.4\, N_0 \tag{7.6.2}$$

ここで，N_0：表 7.6.5 に示す設計ボルト張力（kN）

(2) 高力ボルトの孔径

鋼材のめっき前に孔あけ加工することとして，めっき高力ボルトの孔径は表 7.6.6 とする．

表 7.6.6 めっき高力ボルトの孔径

(単位：mm)

ねじの呼び	公称軸径	ボルト孔径
M 16	16	18
M 20	20	22
M 22	22	24
M 24	24	26
M 27	27	30
M 30	30	33

(3) めっき高力ボルトの導入張力

設計ボルト張力，標準ボルト張力は，後述の締付け施工手順に従うことを前提として普通の高力ボルト F8T と同じ値を用い，表 7.6.7 とする．

表 7.6.7 標準ボルト張力

(単位：kN)

ボルト等級	ねじの呼び	標準ボルト張力
F8T	M 16	93.7
	M 20	146
	M 22	182
	M 24	211
	M 27	275
	M 30	335

(4) めっき高力ボルトの長さの選定

めっき高力ボルトの長さの選定はめっきをしないものと同じである．すなわち締付け長さに表 7.6.8 の長さを加えたものを標準とし，JIS B 1186 の表 7（基準寸法）のうちからもっとも近いものとする．なお，長さが 5 mm 単位とならない場合は，2 捨 3 入または 7 捨 8 入とする．ここで，溶融亜鉛めっき構造物の場合，締付け長さがめっき厚分長くなるため，考慮に加えるとよい．

表7.6.8 締付け長さに加える長さ
(単位:mm)

ねじの呼び	締付け長さに加える長さ
M 16	30
M 20	35
M 22	40
M 24	45
M 27	50
M 30	55

7.6.6 施　　工

めっき構造物のめっき高力ボルトの施工手順を図7.6.2に示す.

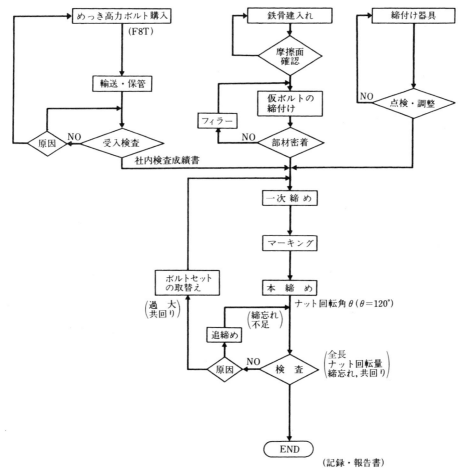

図7.6.2　施工の手順

（1）めっき高力ボルトの取扱い

（a）受入れ

高力ボルトは，包装の完全なものを未開封状態のまま工事現場へ搬入する．搬入時には，荷姿外

観・等級・サイズ・ロット等について確認する．

（b） 工事現場での取扱い

高力ボルトは，等級・サイズ・ロットごとに区分し，雨水，じんあいなどが付着せず，温度変化の少ない適切な場所に保管する．

運搬・締付け作業にあたり，高力ボルトはていねいに取り扱い，ねじ山を損傷しないようにする．

（2） 孔あけ加工

鋼材のめっき前に，表7.6.6に示す孔径の孔をドリルまたはレーザであける．孔あけ後の孔周辺のまくれ，ばりはグラインダなどで取り除く．めっき後孔内面に残るだれなどはやすりでていねいに取り除く．

（3） 摩擦面処理

摩擦面は，ブラスト処理またはりん酸塩処理等を施し，すべり係数が0.40以上確保できるものとする．

なお，ブラスト処理の場合は，屋外に放置しておくと，しばらくして白さびが発生することがあるが，所定のすべり係数は得られると考えてよい．

溶融亜鉛めっきのままの摩擦面では，従来の実験によって得られたすべり係数は，0.10～0.30程度であり，すべり係数0.40以上を満足することができないので，摩擦面の処理には，十分な注意をする．特に鋼材表面にめっきのダレなど局部的な突起を生じるとすべり係数は著しく低下するので，注意を要する．

摩擦面および座金の接する面のじんあい・油・塗料等は，部材組立に先立ち適当な時期に取り除く．

（a） ブラスト処理

ブラスト処理を行うときは，めっき面の金属亜鉛の光沢が一様にくもったような状態になる程度を目標とし，溶融亜鉛めっき後の亜鉛層を著しく損傷しないように軽くブラスト処理を施して，鉄素地が露出しないように注意する．

ブラスト処理は，コンプレッサを使用する圧力式ブラスト装置または機械的に投射するエアレス式装置を使用する．表面粗さ$50\,\mu m Rz$以上にするブラスト処理条件の一例を表7.6.9に示す．

表7.6.9 ブラスト処理条件の一例

項目	エアー式 条件	条件	項目	エアレス式 条件
ブラスト材	鋳鋼製グリット JIS G 5903 G 70またはG 50（混合可）	珪砂 3号または5号	ブラスト材	鋳鋼製グリット JIS G 5903 G 70とG 50を1：1混合
空気圧力	0.5～0.7 MPa	0.5～0.7 MPa	ローター投射量	0.6 kN/min
使用ノズル	内径9～12 mm	内径9～12 mm	コンベヤ送り速度	2 m/min
吹付距離	約30 cm	約30 cm	吹付距離	約40 cm
吹付角度	90±30°	90±30°	吹付角度	90±30°
吹付時間	30～60秒	30～60秒	吹付時間	—

（b） ブラスト処理の範囲

部材は，摩擦面以外をブラストしないように，ブラスト処理の境界をベニヤ板などで覆ってブラストを行う．この境界は，図7.6.3に示すように，摩擦面の外線から約5mm程度内側とし，スプライスプレートで覆われる範囲とする．

スプライスプレートの摩擦面は全面ブラスト処理し，外面はめっきのままとしてよい．

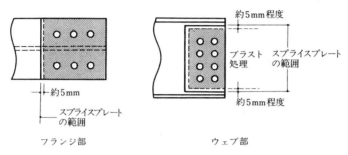

図7.6.3　母材のブラスト処理の範囲例

（c）　りん酸塩処理（薬剤処理）

溶融亜鉛めっき後，摩擦面をブラスト処理に替えてりん酸塩処理（薬剤処理）を施すことが多用されるようになってきた．めっき摩擦面に薬剤をはけ塗りしたり，部材を薬剤処理槽に浸漬することにより，安定したりん酸塩結晶皮膜を形成させるもので，塗装とは異なる．色相は，無色のりん酸塩結晶であるが光反射によって変化するもので，見る角度や天候によって色の感じが変わる．一般には灰色の色合いになる．

図7.6.4，7.6.5に示すように，りん酸塩処理に対するすべり試験結果が多数蓄積され，すべり耐力およびすべり係数0.40が安定して確保できるようになったので，りん酸塩処理も標準的な摩擦面処理に加えることとした．

なお適用にあたっては，当該薬品の取扱説明書に従い，

1） 降雨時や降雪時に屋外での塗布作業は行わない．
2） 厚塗りや薄塗りの範囲を超えないようにする．
3） ボルト締付前に十分乾燥させる．

等を厳守する必要がある．

また，その処理範囲については，図7.6.3のブラスト処理の場合に準拠し，著しくはみ出さないように処理を行うものとする．浸漬タイプ以外の薬品では，摩擦面の外側は処理しなくてもよい．

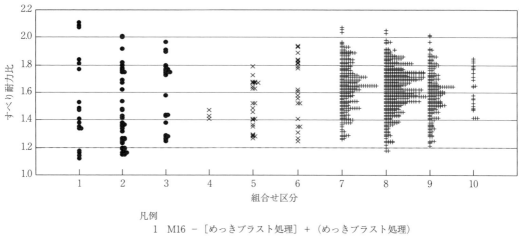

凡例
1　M16 － ［めっきブラスト処理］ ＋ （めっきブラスト処理）
2　M20 － ［めっきブラスト処理］ ＋ （めっきブラスト処理）
3　M22 － ［めっきブラスト処理］ ＋ （めっきブラスト処理）
4　M16 － ［めっきブラスト処理］ ＋ （めっきりん酸塩処理）
5　M20 － ［めっきブラスト処理］ ＋ （めっきりん酸塩処理）
6　M22 － ［めっきブラスト処理］ ＋ （めっきりん酸塩処理）
7　M16 － ［めっきりん酸塩処理］ ＋ （めっきりん酸塩処理）
8　M20 － ［めっきりん酸塩処理］ ＋ （めっきりん酸塩処理）
9　M22 － ［めっきりん酸塩処理］ ＋ （めっきりん酸塩処理）
10　M24 － ［めっきりん酸塩処理］ ＋ （めっきりん酸塩処理）

図 7.6.4　すべり耐力試験結果

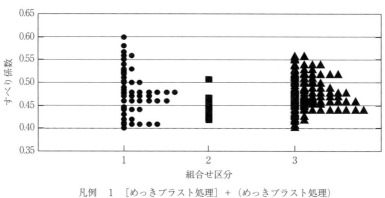

凡例　1　［めっきブラスト処理］ ＋ （めっきブラスト処理）
　　　2　［めっきブラスト処理］ ＋ （めっきりん酸塩処理）
　　　3　［めっきりん酸塩処理］ ＋ （めっきりん酸塩処理）

図 7.6.5　すべり係数値

（d） その他の表面処理

すべり係数0.40以上を確保できることが明らかである場合には，その他の特別な処理面としてもよい．ただし，その場合には処理方法を具体的に特記仕様書に明示するとともにすべり係数試験を実施し，すべり係数が0.40以上あることを確認する．この場合のすべり係数試験は4.10.5項による．

（4） 接合部の組立て

（a） 接合部の組立て精度

部材接合面の密着性保持に特に注意し，接合部材のひずみ・反り・曲りなどの矯正は，摩擦面を損傷しないよう適切な方法で行う．

材接合面に肌すきが生じた場合の処置は，表7.6.10による．

表7.6.10 肌すきが生じた場合の処置

肌すき量	処置方法
1mm以下	処置不要
1mmを超えるもの	溶融亜鉛めっきを行い両面摩擦面処理したフィラーをいれる．

（b） ボルト孔の修正

部材組立時に生じたボルト孔の2mm以内の食違いは，リーマがけで修正することができる．

ただし，修正したボルト孔内面は防せい（錆）塗料などを塗布する．孔の食違いが2mmを超える場合は，スプライスプレートを取り替えるなどの措置をする．

（c） 組立て時の仮ボルト

建入れ直し前の部材相互の接合は中ボルト等を用い，架構の安全が確保されるよう，ボルト一群に対して1/3程度かつ2本以上で締め付ける．

建入れ直し後の仮ボルトは，接合面が十分に密着するよう締め付ける．

（5） めっき高力ボルトの締付け

高力ボルトの締付けは表7.6.7に示す標準ボルト張力が得られるよう，7.6.7項に述べる技能者としての有資格者が，ナット回転法により行う．締付け施工の要領は「工事現場施工編」5.5.1項，5.5.2項，5.5.4項の（1）と同じである．締付け後の検査についても5.7節と同じである．なお，めっき高力ボルトの一次締めトルクは，表7.6.11の値を標準とする．

表7.6.11 一次締めトルク

ボルト等級	ねじの呼び	一次締めトルク (N・m)
F8T	M16	約100
	M20	約150
	M22	約150
	M24	約200
	M27	約250
	M30	約250

7.6.7 めっき高力ボルト接合の施工管理

（1） 施工者

接合部の性能確保には，現場施工によるボルトの導入張力の管理も不可欠である．このため，ボルトメーカーが旧法第38条に基づき建設大臣による一般認定を得たとき，施工管理は，それぞれの「ボルトメーカーの技術者またはその代理者があたる」こととしていた．しかし，その後，この工法の認定取得ボルトメーカーが多数になったこと，めっき高力ボルトは各社同等の品質レベルにあること，同じ内容の設計施工指針，施工管理要領を用いていること，さらにめっき構造物の健全な普及を図る上から，ボルトメーカーの代理者となる者の技術・技能レベルの平準化，一般化を図るために，公平な審査による資格者制度が望まれるところとなった．このために，認定取得全ボルトメーカーの代表者と学識者からなる「溶融亜鉛めっき高力ボルト技術協会」を設立し，技術面での支援と，資格者を認定する制度が発足している．

資格者の認定は，同協会内の「めっき高力ボルト施工技術者等資格認定委員会」が，講習会と試験を実施し，その合格者に対しボルトメーカーの技術者と同等の資格で設計と施工管理を行える「技術者」とめっき高力ボルトの締付け作業にあたる「技能者」の2種類の資格を認定して，該当者に資格証を発行している．この資格者は，どのボルトメーカーのめっき高力ボルトを使用する工事においても共通して有効な資格となっている．ただし，なすべきことは，次項に示す同協会の施工管理要領に示されていることに準拠しなければならないものである．

この資格者なしでは，めっき高力ボルトを使用する建物は施工ができないこととなっており，厳正な工事が実施される仕組みとなっている．なお，これらの資格取得の手続きについては，同協会またはメーカーに問い合わせされたい．

（2） 溶融亜鉛めっき高力ボルト接合施工管理要領（溶融亜鉛めっき高力ボルト技術協会による）

旧法第38条に基づき「溶融亜鉛めっき高力ボルト接合」工法を一般的に使用できる大臣認定を取得したボルトメーカー（以下，一般認定取得メーカーという）は，各社とも次のとおり施工管理を行うこととされている．

（a） 摩擦面の検査・確認

1） ブラスト処理の場合

技術者は，使用するブラスト装置でのブラスト処理条件を把握するため，以下に述べる試験片を2体作成するよう，鉄骨製作業者に指示する．

試験片は約100 mm×約100 mmの大きさとし，板厚は6 mm以上で，材質はSS 400または実部材と同じものとし，溶融亜鉛めっき後その表面粗さがめっき構造物で用いる条件である$50\,\mu m Rz$（旧表示50 S）以上の粗面となるよう，一面をブラスト処理する．他の一面は，溶融亜鉛めっきのままとする．

ブラスト処理を施した2体の試験片を，技術者がブラスト作業条件の記録とともに，いずれかの技術協会員の一般認定取得メーカーへ提出する．

提出を受けた一般認定取得メーカーは，試験片の表面粗度を測定し，適否を判定（表面粗度$50\,\mu m Rz$

以上を確認）する．適と確認された試験片は，溶融亜鉛めっき摩擦表面粗度標準試験片とし，技術者へ1体を返却し，1体は技術協会として提出を受け，表面粗度を測定した一般認定取得メーカーが保管する．

返却された標準試験片は，技術者にとって照合用標本となる．以後，同じ鉄骨製作業者に発注するなどブラスト処理の作業条件が同じ場合は，他の工事についても有効とし，そのブラスト処理方法については，以後，試験片の提出は不要とする．しかし，同一鉄骨製作業者でもブラスト処理の作業条件を変更した場合は，改めて前述の試験片を再度2体作成し，いずれも一般認定取得メーカーへ再提出するものとする．

表面粗度標準試験片は，2体とも提出を受け表面粗度を確認した一般認定取得メーカーが，図7.6.6の表示ラベルを貼付する．

2）りん酸塩処理の場合

技術者は，使用するりん酸塩処理剤のりん酸塩処理条件を把握するため，以下に述べる標準試験片を2体作成するよう，鉄骨製作業者に指示する．

標準試験片は約70 mm×約150 mmの大きさ（孔付き）とし，板厚は1.6 mm以上で，材質はSS400または実部材と同じものとし，溶融亜鉛めっき後その表面がめっき構造物で用いる条件であるりん酸塩処理皮膜となるよう，一面をりん酸塩処理する．他の一面は，溶融亜鉛めっきのままとする．なお，りん酸塩処理を浸漬法により行う場合は，両面にりん酸塩処理を施してもよい．

技術者は，りん酸塩処理を施した2体の標準試験片と，すべり試験体またはすべり試験結果報告書を，いずれかの技術協会員の一般認定取得メーカーへ提出する．

提出を受けた一般認定取得メーカーは，すべり試験を実施あるいはすべり試験結果報告書を確認し，適否を判定する．適と確認された場合は，標準試験片の写真を撮り，鉄骨製作業者へ標準試験片1体と写真1枚を返却し，標準試験片1体と写真1枚は，当技術協会として提出を受け表面状態を確認した一般認定取得メーカーが保管する．

返却されたりん酸塩処理標準試験片およびりん酸塩処理標準試験片の写真は，技術者にとって照合用標本となる．りん酸塩処理作業条件が同じ場合は，他の工事についても有効とし，そのりん酸塩処理方法については，以後，標準試験片の提出は不要とする．しかし，鉄骨製作業者がりん酸塩処理作業条件を変更した場合は，改めて前述のすべり試験体とりん酸塩処理標準試験片を再度作成し，いずれも一般認定取得メーカーへ再提出するものとする．

りん酸塩処理標準試験片は2体とも提出を受け，りん酸塩処理面を確認した一般認定取得メーカーが図7.6.7の表示ラベルを貼付する．

（b）施工管理

一般認定取得メーカー各社は，それぞれ自社の技術者またはその代理者（上記の資格者）を施工現場に派遣し，以下の点について検査・確認の上，図7.6.8に示す溶融亜鉛めっき高力ボルト接合施工管理検査報告書に必要事項を記入し，前記表面粗度を確認した一般認定取得メーカーに送付する．一般認定取得メーカーは，当該書類を保存する．

ⅰ）摩擦面の処理が適切かどうかを確認する．
　（保管している表面粗度標準試験片と現場の鉄骨部材と目視比較する）
ⅱ）締付け方法が設計施工指針に示されるナット回転法により，正しく行われていることを確認する．

```
┌─────────────────────────────┐
│      表面粗度標準試験片      │
│           発行 No._____  │
│（鉄骨製作業者）              │
│ 技術者指名                   │
│ 認定番号                     │
│ 発行年月　平成　　年　月     │
│ 『溶融亜鉛めっき高力ボルト技術協会』│
│   表面粗度を確認した一般認定取得メーカー名 │
└─────────────────────────────┘
```

```
┌─────────────────────────────┐
│    りん酸塩処理標準試験片    │
│       処理剤名：             │
│           発行 No._____  │
│（鉄骨製作業者）              │
│ 技術者指名                   │
│ 認定番号                     │
│ 発行年月　平成　　年　月     │
│ 『溶融亜鉛めっき高力ボルト技術協会』│
│   りん酸塩処理を判定した一般認定取得メーカー名 │
└─────────────────────────────┘
```

図 7.6.6　表示ラベルの例(1)　　　　　　　図 7.6.7　表示ラベルの例(2)

表 7.6.12　溶融亜鉛めっき高力ボルトの大臣認定取得会社
（平成 29 年 6 月現在）

会社・工場名	認定番号	認定年月日
神鋼ボルト㈱	MBLT-0119	平成 26 年 1 月 31 日
日亜鋼業㈱　茨城工場	MBLT-0061	平成 18 年 3 月 15 日
滋賀ボルト㈱	MBLT-0084	平成 20 年 5 月 25 日
日鉄住金ボルテン㈱　大阪工場	MBLT-0050	平成 16 年 11 月 4 日
行橋工場	MBLT-0101	平成 24 年 1 月 30 日
日本ファスナー工業㈱	MBLT-0115	平成 26 年 1 月 30 日
ユニタイト㈱　本社工場	MBLT-0146	平成 27 年 5 月 1 日
帝国製鋲㈱　築港工場	MBLT-0108	平成 24 年 11 月 26 日
月盛工業㈱	MBLT-0056	平成 18 年 1 月 5 日

溶融亜鉛めっき高力ボルト接合施工管理検査報告書（例）

検 査 年 月 日			
設計者及び工事監理者名			
建 設 業 者 名			
鉄 骨 製 作 業 者 名			
建築物の名称			
住所			
規模	階　　数		
	高　　さ		
	延べ面積		
検査確認した事項※	ボルト社内検査成績書の確認	適　・　不適	
	ボ ル ト の 保 管 管 理	適　・　不適	
	めっき鋼材の摩擦面処理状況	適　・　不適	
	ボルトの締付け状況	適　・　不適	
	使 用 機 器	適　・　不適	
現場作業員 技能者氏名 認定番号	氏　　名　　認定番号		氏　　名　　認定番号
注意した事項※ 又は 指導した事項			
現場責任者又はその代理者			㊞
検 査 者※ （技術者氏名認定番号）	氏　　名　　㊞		認定番号
（備考）※欄は技術者が記入，他は現場責任者が記入，本原書は技術者が保管し，写しをボルトメーカーに送付する．			

図 7.6.8 溶融亜鉛めっき高力ボルト接合施工管理検査報告書

8章 検　　査

8.1　一般事項

8.1.1　適用範囲

　検査という言葉の定義は，一般的にはJIS Z 8101-2による「適切な測定，試験，またはゲージ合せを伴った，観測および判定による適合性評価」であり，JASS 6では，「施工者・協力業者が工事の各段階で，技術・技能・材料・機器・方法手段・条件または工事の品質・出来形などを，設計図書およびそれに準じる施工図・施工計画書などの内容と照合して，その適合性を調べ，適否の判断を下すこと」と定義している．

　鉄骨工事の施工には，多くの関係者が関与しており，それぞれ，社内検査や受入検査が行われて工事が進行している．図8.1.1に工事関係者と各種検査の概要を示す．中心となるのは，鉄骨製作業者および施工者であり，JASS 6では，社内検査は鉄骨製作業者が製作の途上および完了段階で自主的に行う検査とし，受入検査および中間検査は，施工者が行う検査で，それぞれ工場製作の完了した部材を受け入れるにあたって行う検査，および製作途上の材料・部材に対して行う検査であると定義している．

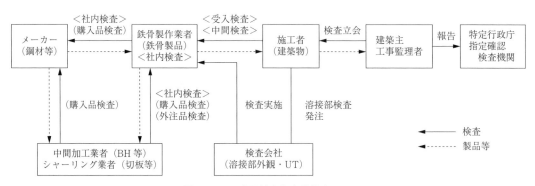

図8.1.1　工事関係者と各種検査

　表8.1.1は，材料，製品など，"もの（物）"に対する検査を，検査の時期，対象，検査者によって分類したものである．検査の時期は，工場製作段階と工事現場施工段階に大別される．JASS 6における社内検査，受入検査および中間検査の定義は，この表に示したとおりである．しかしながら，一般的には，自社の製作または施工の結果に対して行う検査は社内検査であり，完成品や購入品を受け入れるに際して行う検査は，受入検査であると言える．その意味では，表8.1.1の脚注で示したように，鉄骨製作業者が材料・購入品に対して行う検査は，受入検査としての位置づけでもあり，

また，工事現場での建方・施工が完了した鉄骨に対して施工者が自ら行う検査は，社内検査としての位置づけになる．

本章は，これらの検査のうち，工場製作段階で行われる検査，すなわち社内検査，中間検査，および受入検査について述べる．工事現場施工段階での検査については，「工事現場施工編」で述べるが，建方時の検査など工事現場特有の検査以外に，溶接接合や高力ボルト接合など工場製作と関連する部分もあり，これらのうち，溶接接合部の検査については主に「工場製作編」で，高力ボルト接合部の検査については「工事現場施工編」で述べる．

また，8.1節では，各種検査に共通する部分について概要を記述する．詳細については，8.2「社内検査」以降で記述する．

表 8.1.1 検査の分類

検査時期	工場製作				工事現場施工	
	製作途上		製作完了後			
検査対象	材料・購入品	加工品	製品	塗装等	接合部	鉄骨
検査者 鉄骨製作業者	社内検査[*1]				社内検査	
検査者 施工者	中間検査		受入検査		受入検査	社内検査[*2]

[注] *1 材料・購入品を対象とした検査は，メーカーおよび購入先に対する受入検査の位置づけでもある．
　　 *2 基本は鉄骨製作業者が行う検査を社内検査としているが，建方・施工の完了した鉄骨に対して施工者が行う検査は，社内検査の位置づけである．

8.1.2 検査の種類と検査方法の概要

工場製作段階での鉄骨工事の検査には，いろいろな種類があり，さまざまな観点から分類ができる．また，その検査の詳細を決める条件には，主要なものでも，検査者，検査目的，検査時期，検査対象，検査の種類，検査の手段（目視/測定/試験），検査数量（全数/抜取），合否判定基準など種々のものがある．それらの明確な定義はないが，まず，検査全体の概要を表 8.1.2 に示した上で，検査に関わる各用語の概要を説明する．

a．検査者，検査目的等による検査の分類

鉄骨工事には，多くの関係者が関わっており，メーカー（鋼材，購入品），中間加工業者（切板，溶接組立 H 形断面部材，溶接組立箱形断面部材），鉄骨製作業者（鉄骨製品），施工者，工事監理者が関与している．

まず，表 8.1.2 に示したように，自ら製作を行う者が検査者である場合と，それを受け入れる施工者が検査者である場合に分けられ，それに対応して，前者は社内検査，後者は受入検査（広義）と分類することができる．

次に，検査の目的について見ると，検査の時期を製作の途中段階と完了段階に分けた場合，社内検査であれば，製作途中での検査は，品質が適切であることを確認する品質確認が目的となり，製作完了段階では，発注者に対する品質保証が主目的となる．受入検査では，製作途中，完了段階の

いずれにおいても，最終的に製品を受け入れるための品質確認が目的となる．

さらに，検査の対象を材料・購入品，加工品，製品等に分けると，鉄骨製作業者が行う社内検査のうち，材料・購入品に対する検査は，自工程に対する検査ではないので受入検査に位置づけられるが，一般には購入品検査と呼ばれる．施工者が行う検査は，広義にはすべてが受入検査であるが，材料・購入品や加工品に対する検査は中間検査と呼んで区別し，それ以外が狭義の受入検査となる．

なお，製品検査は，製作の完了した部材，すなわち表8.1.2において対象が製品となっているところの検査であり，社内検査，受入検査の両方において存在する．

表8.1.2 検査の全体概要

検査者	検査の名称	目的	時期	対象	検査の種類/製品検査での検査項目	検査の手段	検査数量	主な合否判定基準*
鉄骨製作業者	社内検査	品質確認	製作途上	材料・購入品	寸法 外観・材質	測定 目視	全数/抜取	
				加工品	寸法等 加工面精度	測定	全数/抜取	付則6
		品質保証	製作完了後	製品 (製品検査)	寸法精度 /長さ・せい・階高等	測定	全数/抜取	付則6
					取合部	目視/測定	全数	
					部材表面・切断面外観	目視	全数	
					溶接部外観 /表面欠陥・余盛高さ等	目視/測定	全数	付則6
					溶接部内部欠陥	試験	全数/抜取	UT規準
					スタッド溶接部	目視/測定	全数	付則6
					高力ボルト接合部	目視/測定	全数	付則6
					付属金物類	目視/測定	全数	
					出来高	数量確認	全数	
				塗装等	塗装 めっき	目視/測定	全数/抜取	
施工者	受入検査(広義) 中間検査	品質確認	製作途上	材料・購入品	材料・購入品・加工品を対象とした社内検査の項目に準じる			
				加工品				
	受入検査(狭義)		製作完了後	製品 (製品検査)	製品・塗装等を対象とした社内検査の項目に準じる			
				塗装等				

［注］ ＊：合否判定基準　付則6：JASS 6　付則6の付表
　　　UT規準：本会編「鋼構造建築溶接部の超音波探傷検査規準・同解説」

b．検査の種類と検査項目

JASS 6において検査の種類，あるいは検査項目という用語が使用される場合があるが，検査対象の一つの側面をとらえて表現したもので，検査方法の一部とも言える．

特記がない場合に製品検査をどのように行うかに関して，JASS 6 では，検査の種類として寸法精度検査など 10 種類を規定し，そのうちの当該工事に関係するものを行うとしている．すなわち，製品検査における検査の種類を示している．これについては，次の 8.1.3 項で概要を述べる．

検査項目とは，検査を行う対象の最も細かい側面を表現したものといえる．製品の寸法精度検査においては，製品のどの部分の寸法を測定するか，例えば柱の長さ，幅など測定する項目を，検査項目と呼んでいる．溶接部の外観検査においては，表面欠陥の種類や溶接部の寸法（余盛高さなど）がそれに当たる．

c．検査の手段と検査数量，合否判定基準

検査方法・検査要領の具体的なものには，検査の手段，検査数量，合否判定基準がある．

検査の手段は，目視か測定かあるいは特別な試験を行うかという検査方法の意味で使用している．

検査数量は，検査する数量そのものを意味するのではなく，検査対象のすべてを検査する全数検査か，一部を抜き取って検査する抜取検査かという意味で用いられる．

合否判定基準は，検査の適否を判定するために必要なものであり，検査項目や，検査の手段，検査数量によって異なる．

d．そ の 他

検査は，検査の主体である検査者が自ら行う場合と，検査のための特別な技術を要する検査技術者に委託して行う場合がある．また，検査を行うには，目視以外では，いろいろな測定冶具や検査機器，試験装置等が必要になる．

8.1.3 製品検査における検査の種類

製品検査は，最終製品を対象として行われる検査で，各種検査の中では最も比重を占める検査である．JASS 6 では，社内検査および受入検査に分けて行うと規定されており，基本的には社内検査した結果を受入検査で抜き取って検査する方法がとられるが，基本的な検査の考え方は共通である．ここでは，その検査の種類の概要について述べる．

製品検査における検査の種類は，特記がない場合，以下の a．～ j．に示す項目のうち，当該工事に関係するものとする．ただし，複雑な構造物においては，新たな種類の検査が必要となる場合や，通常の管理許容差，限界許容差では構造上問題がある場合，建築意匠上厳しい精度が要求される場合等があるので，特記がないときでも，設計図書を熟知するほか，工事監理者，施工者と検査の種類，検査項目，検査方法について随時協議する必要がある．

a．寸法精度検査

寸法精度検査は，製品寸法を測定し，所定の寸法精度であることを確認する検査であり，製品の外観がいかに良くても，単品の寸法精度が不良の場合はもちろんのこと，相対誤差や累積誤差が大きい場合には，その製品の工事現場での建方が不可能となるので，特に柱の長さ，階高，仕口部の長さ，柱のせい，仕口部のせい，梁の長さ，梁のせいの主要寸法については慎重に測定し，寸法精度を確認しておくことが重要である．

b．取合部検査

　取合部検査は，高力ボルト接合部および溶接接合部のうち，工事現場で接合される部分についての寸法および表面の状態を確認する検査である．取合部は，工場製作の完了した鉄骨製品が工事現場で建物の鉄骨部材として組み立てられる際の接合部になる部分であり，構造耐力上重要であるとともに，その適否は工事現場での次工程に大きな影響を及ぼすので，製作工場において事前に検査を行う必要がある．

c．部材表面および切断面の外観検査

　部材表面および切断面の外観を検査するものである．検査項目としては，ロール時に生じるラミネーション，断面すじ割れ，線状きず，スケールきず，ロールきず，かき込みきず，かききずなどの欠陥，きず，また，工場製作時に生ずる打ちきず，クランプきず，アークストライク，切断によって生ずるノッチなどがあげられる．

　これらについては，測定または目視確認するものとするが，ロール時の欠陥またはきずについては，製品検査で発見されたのでは時期的に遅いので，鋼材購入時に検査して処置を講じる必要がある．

d．溶接部の外観検査

　溶接部の外観検査は，表面欠陥および精度に対して行うことがJASS 6に規定されている．すなわち，表面欠陥に相当するような形状の不良・不整がないか，また，溶接のサイズや余盛高さなど溶接部の寸法について，規定値に対する精度が確保されているかを検査する．

　溶接部の外観検査項目のうち，形状に関するものには，アンダーカット，オーバーラップ，ピット，割れなどの溶接部表面欠陥，ビード表面の不整，クレータ処理，ビードの継ぎ目，脚長不揃いなどの表面状態があり，寸法精度に関するものには，脚長，のど厚，余盛高さなどがある．これらの不良，不整は，構造耐力に及ぼす影響が大きいので，慎重に目視確認，測定を行う必要がある．一般には目視で判断し，基準を逸脱していると思われる個所について器具で測定する．

e．溶接部の内部欠陥検査

　溶接部の内部欠陥の検査は，一般に完全溶込み溶接を対象として行われる．隅肉溶接および部分溶込み溶接については，適切な非破壊検査手法が存在しないことから，部材の加工，組立て，溶接の各工程を通して品質を確保することとなり，溶接後の内部欠陥検査は一般に行われない．

　完全溶込み溶接部の主な内部欠陥としては，溶込不良，融合不良，スラグ巻込み，ブローホール，割れ等がある．特に継手の強度や靭性を低下させる割れのような面状欠陥は致命的であり，これらの検出は重要となる．

　これらを検出するための主な検査方法としては，超音波探傷検査，放射線透過検査等があるが，面状欠陥の検出に優れていること，建築鉄骨に多く用いられるT継手溶接部の検査に適用容易なことから，超音波探傷検査が一般的に用いられる．各種非破壊検査方法の概要については，8.6節を参照されたい．

f．スタッド溶接部検査

　スタッド溶接部の検査は，溶接部外観の検査，溶接後の仕上り高さの検査，打撃曲げ検査による

のが一般的である．打撃曲げ検査については，社内検査で実施し，受入検査ではその結果を確認することで省略することもできる．検査方法の詳細は，8.4「受入検査」で記載する．

g．工場締め高力ボルトの締付け検査

工場で高力ボルトを締付け施工した場合に検査を行う．特別な理由により，工場での高力ボルト接合とし，その状態で寸法的に輸送できる場合等が該当するが，通常はそのようなケースはほとんどないと考えられる．したがって，検査方法等については，「工事現場施工編」の5章を参照されたい．

h．付属金物類検査

付属金物類検査は仮設関連，設備関連，鉄筋工事関連，内外装関連などに分類することができる．かつては，付属金物類の取付けは工事現場で施工しているものが多かったが，近年は，工事現場における工期短縮，安全確保および鉄骨本体への工事現場溶接による悪影響の回避などを目的として工場で製作，取り付けられることがほとんどである．

付属金物類は鉄骨本体と比較して一般に付属物として軽視される傾向にあるので，その重要性を理解して品質を確保する必要がある．特に，金物類を取り付けるための溶接はショートビードになりがちなので，注意を要する．

i．塗装検査

塗装は，原則として塗装検査以外の検査が終了した後に実施し，その後に塗装検査を行う．塗装検査は，素地調整した面と塗装面について行うのが基本である．塗装後の検査では，塗膜面の状態を目視確認し，必要に応じて塗膜厚を測定する．検査方法は6章による．

同様に，めっきを行う部材については，原則としてめっき後検査以外の検査が終了した後にめっきを実施する．めっき後の検査は，変形などによる寸法精度およびめっきの外観について行う．検査方法は6章による．

j．出来高検査

出来高検査とは，契約対象部材数に対して製作が完了した部材数を確認する数量検査である．この出来高では，建方工程に支障のない部材数であることを確認することが重要である．

8.1.4 検査方法・検査要領

8.1.2項で用語について記述したように，検査方法・検査要領としては，検査の手段（目視/測定/試験），検査数量（全数/抜取），合否判定基準などがある．これらは，検査の種類（検査対象）によって大きく異なるので，まず，これらの概要について述べる．

a．検査の手段（目視/測定/試験）

検査の手段の分類と適用事例を表8.1.3に示す．

b．検査数量（全数検査と抜取検査）

全数検査と抜取検査の特徴等を表8.1.4に示す．どちらを適用するかは，時間，コストだけでなく，建物・部材の重要度，不良品が混入した場合の影響度など，種々の観点から決定される．

抜取検査では，ロット（検査の対象となる全体の集まり）からサンプル（ロットの中の一部）を

表 8.1.3 検査の手段

検査の手段	内容	特徴	主な適用例
目視	目視により判断する.	・瞬時に概略の判断ができる. ・詳細を知るには測定が必要だが，測定に適さない検査項目もある.	部材・切断面外観検査 溶接部外観検査 塗装・めっき後検査
測定	測定器具や限界ゲージ，計器等で測定する.	・測定結果として数値が得られるか，あるいは一定の範囲内にあることを確認することができ，比較的短時間で判定できる.	寸法精度検査 溶接部外観検査 溶接開先検査 溶接条件の測定 塗装検査（塗膜厚）
試験	専用の検査機器，試験装置により測定する.	・一般に判定までに多少の時間がかかる. ・一般に試験の知識や技量が必要である.	溶接部内部欠陥検査 鋼材・溶接部の機械試験

表 8.1.4 全数検査と抜取検査

検査数量	特徴	適用条件	適用例
全数検査	・不適合品の混入がない ・必要な時間・費用が比較的大	・不適合品の混入が許されない（影響が大きい） ・時間・コストが許容範囲内	・工程が不安定な初期段階での社内検査 ・製品検査の主要寸法精度検査（社内検査）
抜取検査	・不適合品の混入がありえる ・必要な時間・費用は比較的小	・不適合品の混入が一定範囲で許容できる. ・ロットとして処理できる	・製品の寸法精度検査 ・溶接部内部欠陥検査（受入検査）

抜き取って検査するため，ロットが同様な方法で製作された一つの集まりである必要がある．また，合否判定はロットに対して行われ，個々の製品の合否判定ではないため，ロットが不合格になった場合の処置方法も明確に定められていなければならない．

抜取検査の具体例については，8.4「受入検査」における 8.4.2「寸法精度検査」，8.4.5「溶接部の外観検査」，8.4.6「溶接部の内部欠陥検査」の各項で述べる．

c．合否判定基準

（1） 合否判定基準の概要

合否判定をするための基準が合否判定基準である．一般的に用いられている合否判定基準について，表 8.1.5 に示す．合否判定基準は，検査の種類だけでなく，合否判定の対象が個々の製品か抜取検査でのロットかによっても異なる．

表 8.1.5 検査に用いられる合否判定基準

検査の種類		合否判定基準	
		個々の製品が対象	ロットが対象（抜取）
製作途上	加工精度等	付則6（管理/限界許容差）	—
製作完了 （製品検査）	取合部	付則6（限界許容差）	—
	寸法精度	付則6（限界許容差）	JASS 6　10節，付則6，付則7
	溶接部外観	付則6（限界許容差）	—
	溶接部内部欠陥	JASS 6　10節 鋼構造建築溶接部の超音波探傷検査規準・同解説	同左

（2） 管理許容差と限界許容差

JASS 6 では，付則 6 において，鉄骨の製作ならびに施工に際しての寸法精度および切断面や溶接部の外観の許容差を管理許容差と限界許容差に区別して定めている．

管理許容差は，製品の 95 % 以上が満足するように製作・施工上の目安として定められた目標値である．したがって，この値は，個々の製品の合否判定のための許容差ではなく，許容差を超えても限界許容差内であれば，その製品は補修・廃棄の対象とはならない．

しかし，実際の工事では，許容差内の製品であっても誤差の偏りや誤差の集積から最終工程で思わぬ影響を被ることがある．特に部材数が多い工事では，その影響は無視できない．また，全製品中に管理許容差を超える製品が多数存在する場合，限界許容差を超える製品が製作されている可能性が高くなる．この意味から，JASS 6 での寸法精度の受入検査においては，ロットの合否判定のための基準値として用いている．

限界許容差は，これを超える誤差は原則として許されないものとした個々の製品の合否判定のための基準値である．したがって，この値を超えた製品は不適合品となり，再製作・再施工されることを原則とする．ただし，補修により不適合品の機能を回復できる場合には，適切な補修による修正も可能である．この不適合品の処置方法に関しては，すべての検査項目に定めた限界許容差の，継手性能上・構造性能上の重要度および建物全体の精度や工期，コスト等への影響度を考慮して決定されなければならず，工事監理者・施工者・製作工場相互で事前に協議することが必要である．

管理許容差と限界許容差の数値の大きさの関係はおおむね 2：3 の関係にあり，十分な管理体制下で製作された製品の寸法精度は正規分布しているとの前提に立ち，管理許容差を 95 % の製品が満足するように製作した場合，限界許容差を超える製品の割合は 0.3 % 程度になるとの考えによっている．

8.1.5 寸法精度，溶接部検査の基本事項

検査の種類のうち，寸法精度検査および溶接部検査は，基本的かつ重要な検査であり，ここでは，その基本事項として，社内検査および受入検査の共通事項や相違点について記述する．

a．寸法精度検査

（1） 基本的な考え方

製品検査における寸法精度検査の目的は，大別して次の 2 つである．

① 寸法精度の確認
② 誤作のチェック

①は，検査項目ごとに得られた寸法精度が所定の基準を満足しているかどうかの適合確認を行い，併せて製品の合否判定を行うものである．したがって，検査に際しては，設計仕様，要求品質レベルおよび製作工場の加工能力・技術レベルや製作・品質管理状況に応じて適切な検査方法を選定し，合否判定基準を明確にしておく必要がある．

②は，後工程に重大な影響を及ぼすものや，見逃すと大事故につながるおそれのあるようなものを見つけることに主眼を置く．例えば，鋼種の取り違え，製作方法や部材の形状・寸法の大幅な間

違いなどである．特に，社内検査によって誤作が発生していないことを確認し，工事施工現場に正しい製品を送ることは極めて重要なことである．検査を行う者は，設計図書や製作要領書を熟知していなければならない．

製品検査は，工場製作の完了した部材を対象として行われるため，社内検査，受入検査にかかわらず共通する部分が多い．測定項目と測定方法はほぼ同じである．測定方法についての詳しい解説は，本会編「鉄骨精度測定指針」を参考にされたい．

社内検査と受入検査の主な相違点は，検査数量および合否判定基準である．寸法精度検査において，社内検査では主要な検査項目について全数検査を行うが，受入検査においては，検査数量が多いため抜取検査することが一般的であり，この点で検査数量が異なっている．また，合否判定基準の違いについては，次項による．

（2） 寸法精度検査における合否判定基準

管理許容差および限界許容差をどのように運用するかは，社内検査と受入検査で異なっている．一般的に，寸法測定検査を行う項目については，特に高い精度を必要とする構造物，あるいは構造物の部分または軽微な構造物等で，特に指定のある場合を除いてはJASS 6に定める値を合否判定基準として用いる．すなわち，製作工場は，製作上の目標値としては特記のない限り管理許容差を使用する．その際，管理許容差を超えた場合に補修を行うかどうかは，各工場の検査基準に定めているのが一般的である．

なお，設計者によっては，管理許容差を限界許容差として扱う場合もあるため，社内検査時の合否判定基準の設定にあたっては，管理許容差・限界許容差のどちらを採用するか，あるいはさらに小さい許容差を設定するか，受入検査の合否判定基準の確認をも含めて，設計図書を十分照査しておく必要がある．

b．溶接部の外観検査

溶接部の表面欠陥や精度は，その外観を目視により確認することを基本としている．溶接部の外観が良好であっても内部の溶接状態が良好とは限らないが，溶接部の外観が悪いと内部の溶接の状態も悪い可能性が大きいので，外観検査は，溶接部の品質を見極める上で重要な検査である．

外観検査は目視を基本とし，感覚に頼るところが大であるため，なかなか定量化しづらい．しかし，個人個人の感覚には大きな差があるので，溶接部の表面欠陥の検査および精度の合否を判定する上で，何らかの目安が必要になる．一般には，JASS 6 付則6 付表3の16項目についての許容差を適用する．

溶接部の検査対象範囲は，JASS 6にあるように，特記がない場合は溶接部のすべてである．外観検査での検査数量，すなわち全数検査か抜取検査かについては，2007年版JASS 6では，特記のない場合，受入検査では抜取検査とすることが定められていたが，今回の改定では，特にそれを定めていない．したがって，溶接部外観の受入検査においては，対象となる製品全般について溶接部の外観を目視で確認し，許容差を超えていると思われる個所を計測器具で測定するのが一般的な検査方法となる．なお，完全溶込み溶接部の外観検査については，検査は抜取検査とし，抜取箇所を内部欠陥検査の抜取箇所と同一とすることがJASS 6に定められている．これは，外観検査と内部欠

陥検査で抜取箇所を変える特段の理由がなく，抜取箇所の決定や報告書作成における作業性に配慮したものである．したがって，抜取箇所以外で基準を逸脱していると思われる個所が見つかった場合は，器具で測定するなどして適切に処置するのは，当然必要なことである．

溶接部外観の受入検査での合否判定基準は限界許容差としているので，それを超える場合は，補修が必要になる．

一方，溶接部の社内検査については，受入検査に対応した適切な方法とするとJASS 6に記載されている．したがって，不合格となる溶接部ができるだけ少なくなるように，溶接部全体にわたって社内検査を行うことが肝要である．

c．溶接部の内部欠陥検査

JASS 6では，受入検査における内部欠陥の検査対象範囲，検査方法，合否判定基準は特記によるとし，特記のない場合の標準が定められている．一方，社内検査は，施工者および顧客に対する品質保証を目的として行うものであるが，受入検査に対応できるようにする必要があることから，検査数量以外は，受入検査での手法を基本として実施される．

（1）検査対象範囲と検査方法

ⅰ）検査対象範囲

検査対象範囲は，特記のない場合，完全溶込み溶接部のすべてである．建築鉄骨の完全溶込み溶接には，次のものがある．

① 柱梁仕口のフランジの溶接部
② 柱梁仕口のダイアフラムやスチフナの溶接部
③ ブレース端部のガセットプレートなどの溶接部
④ 柱継手のフランジの溶接部
⑤ 梁継手のフランジの溶接部
⑥ 溶接組立箱形断面柱の角継手溶接部
⑦ 内ダイアフラムのエレクトロスラグ溶接部

ⅱ）検査方法

完全溶込み溶接部の内部欠陥には，割れ・融合不良・ルート溶込不良・内部溶込不良・スラグ巻込み，またはブローホールなどがある．これらを検出するために用いられる非破壊検査方法には，超音波探傷検査や放射線透過検査などがあり，その特徴は8.6節，8.7節に後述されている．これらの方法は，構造物の目的などによって適切に使い分けられる．

建築鉄骨では，一般にブローホールなど接合部の疲労強度のみを低下させるような球状欠陥については，それほど考慮しなくて差しつかえないが，接合部の強度や靭性を低下させる割れのような面状欠陥は致命的であり，これらの検出能力の高い検査方法を用いることが重要である．

超音波探傷検査は，割れのような面状欠陥の検出に優れていること，迅速に検査結果が判明すること，鉄骨製作工場でも工事現場でも手軽に取り扱えること，T継手や角継手など種々の形状の溶接部や種々の板厚の溶接部にも適用できること，および放射線障害のおそれがないこと，などの利点がある．これらのことから，建築鉄骨では超音波探傷検査によるのが一般的である．超音波探傷

検査の方法は，JIS Z 3060 や本会編「鋼構造建築溶接部の超音波探傷検査規準・同解説」（以下，UT規準という）などがあるが，建築鉄骨の場合，JASS 6 では，特記のない場合，検査方法は，「UT規準」によることが規定されている．

なお，UT規準の適用範囲に「板厚 6 mm 未満のもの，直径が 300 mm 未満の鋼管円周継手，鋼管長手継手および分岐継手には原則として適用しない」とあるが，これは検査しなくてもよいということではなく，被検査溶接部により適した探傷方法を適用すべきという意味である．鋼管円周継手については（一社）CIW 検査業協会の「探傷感度の調整に A2 形系標準試験片を用いた鋼管円周継手の超音波探傷試験法に関する指針（2013 改定）」を参考にすることができる〔8.7.2 項参照〕．

（2）　合否判定基準

UT規準によって超音波探傷検査を行う場合，欠陥の判定は長さ 300 mm 以下の単位溶接線について行い，その合否判定は，溶接部に作用する応力の種類に応じて次のように 3 つの基準が用いられる．

① 疲労を考慮しない溶接部で溶接部に引張応力が作用する場合〔同規準 7.2.1 項（1）〕

　　長期および短期荷重時に引張応力が作用する溶接部，例えば柱梁仕口の溶接部などに適用する．

② 疲労を考慮しない溶接部で溶接部に引張応力が作用しない場合〔同規準 7.2.1 項（2）〕

　　長期および短期荷重時に引張応力が作用しない溶接部，例えば中柱の層中央部近傍に設けられる柱継手の溶接部などに適用する．

③ 疲労を考慮して表面仕上げされた溶接部〔同規準 7.2.2 項〕

　　クレーン走行梁など，疲労を考慮して設計された部材および接合部の溶接部などに適用する．

これらのうち，どの合否判定基準を用いるかは特記に従うが，構造設計者の判断にゆだねられるといってよい．特記がない場合は，JASS 6 に規定されているように，①〔同規準 7.2.1 項（1）「溶接部に引張応力が作用する場合」〕が用いられる．

なお，合否判定基準は，社内検査と受入検査で共通のものが定められているが，実際の超音波探傷検査において，社内検査と受入検査の探傷結果が異なる場合がある．これは，超音波探傷機器の特性や感度調整等の微妙な違い，検査技術者の技量の差等に起因して，超音波探傷方法自体が，探傷結果にバラツキが生じやすいという特性があるためである．探傷結果が異なる場合，一般的には受入検査の結果が優先されることになるので，合否判定が異なるような差異が生じた場合には，社内検査員と受入検査員の両者で確認を行うことも必要である．

（3）　検査数量（全数検査/抜取検査）

受入検査における工場溶接部の内部欠陥検査では，特記がない場合は抜取検査が行われる．抜取検査の方法およびロットの合否判定は JASS 6 に定められており，本指針の 8.4.6 項にも詳述されている．社内検査については，受入検査に対応した適切な方法により行うこととなっている．社内検査は，一般には全数検査が多いものの，溶接部の施工および欠陥の発生について十分な管理を行っている場合は，抜取検査とすることも可能である〔8.2.4 項 e．参照〕．

受入検査において抜取検査を適用できるのは，8.1.4 項 b．で述べたように，一定の範囲内での不

適合品の混入を許容しているからである．この不適合品の割合（不適合率）の平均値の最大値（AOQL）については，8.4.6項 e．で説明している．

8.1.6 測定器具

検査に必要な測定器具は，正確に調整されたもので，検査項目に必要な測定精度を満足させるものでなければならない．測定器具の保守・管理の良し悪しは測定値に大きな影響を与えるので，定期点検などにより，その精度を確認し，許容差を超えるものについては調整するかあるいは廃棄，新規調達する必要がある．測定器具の種類やその保守・管理など測定器具に関する詳細は，本会編「鉄骨精度測定指針」の4章を参照されたい．

8.1.7 検査技術者および検査会社

検査を行う検査技術者には，そのための特別な知識や技術が必要な場合が多い．検査技術者としては，寸法精度の検査を行う技術者や溶接部の外観の検査，溶接部の内部欠陥の検査を行う非破壊検査技術者がある．このうち，特に，溶接部の内部欠陥の検査を行う非破壊検査（超音波探傷検査）は，特別な検査技術が必要なことから，専門の検査会社に委託して行うことが古くから一般的であった．ここでは，各種の検査の検査技術者および検査会社について解説する．

a．寸法精度の検査技術者

寸法精度の検査技術者は，測定対象となる鉄骨工事（設計図書，工作図，材料，鉄骨製作工場の各工程など）および測定方法（測定時期・器具・合否判定基準，記録方法など）に関して十分な知識・技量および経験を有している必要がある．（一社）日本鋼構造協会 建築鉄骨品質管理機構では建築鉄骨製品検査技術者を認定しており，このレベルの技術者が測定に従事することが望ましい．

b．溶接部の検査技術者

溶接部の検査は，溶接継手が設計の意図する要求品質を満足していることを確認するために行うものである．検査技術者は，鋼材の特徴，溶接継手の形状，溶接方法，溶接条件，さらにはこれらの条件で生じやすい溶接欠陥など，溶接施工に関する十分な知識を有する者とする．

溶接部の外観検査，すなわち表面欠陥および精度の検査を行う検査技術者は，溶接に関する知識と経験を有し，欠陥の継手に与える影響および補修の必要性などを総合的に判断できる者であることが望ましい．JASS 6では特に検査に必要な資格を定めていないが，上記の建築鉄骨製品検査技術者の資格は，溶接部の外観検査を認証範囲として含んでいるので，溶接部の外観検査には，この有資格者が従事するのが望ましい．

溶接部の内部欠陥検査には一般に超音波探傷検査が用いられるが，その検査結果の精度に関しては検査技術者の技量に依存するところが大きいため，有資格者が検査を実施しなければならない．超音波検査技術者の資格には，一般的な知識・技量に関して，（一社）日本非破壊検査協会（JSNDI）がJIS Z 2305（非破壊試験技術者の資格及び認証）に基づいて認証しているレベル3，レベル2，レベル1の超音波探傷試験技術者がある．専門的知識・技量に関しては（一社）日本鋼構造協会 建築鉄骨品質管理機構が認定している建築鉄骨超音波検査技術者があり，前者のUTレベル1，2，3

のいずれかの資格取得および経験が受験資格になっている．建築鉄骨には裏当て金付 T 継手，エレクトロスラグ溶接部など特有の溶接があるので，この建築鉄骨超音波検査技術者の有資格者が従事するのが望ましい．

超音波探傷検査以外の非破壊検査の資格は，JIS Z 2305 による．

c．検査会社

非破壊検査会社は1950年代に出現し，当初は石油タンクなどの放射線透過試験を中心に検査が行われていた．1970年代以降，建築鉄骨溶接部への超音波探傷検査の適用が普及するに伴い，総合的な非破壊検査会社以外に建築鉄骨の検査を専門とする検査会社が増え，社内検査と受入検査それぞれで活用されるようになった．

検査会社は委託元によって立場が決定され，鉄骨製作工場から委託されれば社内検査，施工者などの鉄骨製品を購入する側から委託されれば受入検査となる．時には鉄骨製作工場と契約しながら受入検査として報告書を作成し信頼性を損なう事例もあり，検査を委託する側は社内検査と受入検査の違いを十分に認識する必要がある．

検査会社には受入検査を専門とする会社，社内検査を専門とする会社，受入検査と社内検査の両方を行う検査会社が存在するが，検査の社会的な信頼性を高めるには，検査者の立場を明確にすることが重要である．検査の信頼性が失われると施工や建物の信頼性まで疑われることになりかねないので，検査会社の選定は慎重に行わなければならない．

受入検査会社の選定については，「工事現場施工編」2.4.3「非破壊検査会社の選定・発注」に記載があり，受入検査会社から提出される溶接部の検査要領書の内容確認は，同 3.5「溶接部受入検査要領書」に記述されているので，それを参照するとよい．

8.2 社内検査

8.2.1 社内検査の目的

社内検査とは，鉄骨製作業者が製作の途上および完了段階で自主的に行う検査で，

① 設計品質を満足していることを発注者に保証するため
② 自主管理を行い，品質の維持・向上を計るため

に行うものである．ここで，設計品質とは，施主・設計者が施工の目標として設計図書で定めた性能・仕様であり，要求品質とも呼ばれる．①は鉄骨工事における発注者に対する品質保証であり，社内検査の直接的な目的である．②はその品質保証を確実にするために行う日常的な品質管理活動に相当するものである．社内検査を含む総合的な品質マネジメントについては，2章「品質マネジメント」を参照されたい．

社内検査では，検査項目や検査方法などの検査要領を社内の標準や要領書にまとめ，それに従って社内検査を実施し，加工過程の部品または製品が設計品質を満足しているか否かを判定する．

鉄骨製作業者は，社内検査を実施することによって製作工場における日常管理が適切に実行され，

加工状態が安定していることを把握しておくことが必要である．また検査の結果が加工情報として工場にフィードバックされなければならない．

8.2.2 社内検査の種類と検査要領

a．社内検査の種類

鉄骨製作において行われる社内検査の例を，受入検査や中間検査と併せて表8.2.1に示す．ここで△は必要に応じて実施するものを示している．

b．社内検査の要領

発注者への品質保証の目的で行う社内検査は，その目的を達成するため，各工事ごとに検査要領を明確にしておく必要がある．JASS 6には，「社内検査の結果は必要に応じて記録に残すこと」，および「中間検査および受入検査の対象項目については，社内検査成績表として記録し，施工者の要求に応じて提出すること」が規定されており，品質保証のためには，具体的な検査要領を定めて検査を行わなければならない．

作成に際しては，受入検査の資料ともなるので，下記の点を明確にすることが望ましい．

（１） 検査組織

　　検査部門と製造部門との分離，ならびに，検査結果の迅速なフィードバックとそれを次ロットの加工に反映させることができるシステム・組織

表8.2.1 社内検査の種類

分 類	対 象	検査の種類	社 内	受 入	中間等	社内検査での確認項目
購入品	鋼材・溶接材料	材料検査	△		△	規格品証明書照合，寸法，外観
	ボルト等	購入品検査	△			規格品証明書照合，寸法，外観
外注品	切板	切板検査	○		△	寸法，外観，鋼材識別
	中間加工部品	外注品検査	○			寸法，外観
	外注鉄骨部材	外注品検査	○			寸法，外観
工作図	工作図	工作図の検査	○			設計図との整合性，納まり
現 寸	型板・定規・帳票等	現寸検査	△		△	
工 作	一次加工（切断，孔あけ，曲げ加工，開先加工，摩擦面処理等）	加工検査	○		△	加工精度（寸法，外観）
	組立て	組立て検査	○		△	寸法精度，溶接前の外観・寸法
	溶接	溶接部検査	○		△	寸法，外観，内部欠陥の有無
製 品	鉄骨部材	製品検査	○	○		寸法精度，外観
仮 組	仮組鉄骨部材	仮組の検査	△	△		寸法精度
塗 装	塗装鉄骨部材	塗装検査	△	△		外観，塗膜厚
めっき	めっき後鉄骨部材	めっき後検査	△	△		部材の形状・ひずみ，外観
溶接施工	溶接施工要領	溶接施工試験	△		△	溶接部の品質

［注］ ○：必ず実施するもの　△：必要に応じて実施するもの

(2) 要求品質

　　当該建築物に必要な品質レベル

(3) 検査項目・検査方法および判定基準

　　要求品質に対応した，検査項目・検査方法および判定基準

(4) 検査数量

　　製作側の立場からの品質保証・検査コストを満たす検査数量

(5) 不具合の処置

　　不適合品の手直し手順・方法

(6) その他必要事項

　　検査成績表の様式

8.2.3 製品検査以外の検査要領

　ここでは，表 8.2.1 のうちの製品検査以外の検査要領について述べる．表 8.2.1 示した社内検査には，製作が完了する前の製作途上での検査や，製品検査後に塗装，めっき，仮組等を実施する場合の検査，また，製作開始前に溶接施工方法を確認するための溶接施工試験等の試験もある．これらの検査においては，一部発注者の立会を伴う場合があるが，立会の有無にかかわらず，基本的な品質管理活動の一環として社内検査の実施が必要である．

　これらの検査のうち，特に，鉄骨製作工場が製作途上で自主的に行う検査の要領については，社内標準として定めておくべきである．また，発注者から指定される溶接施工試験等の試験・検査や，中間検査や受入検査が実施される場合は，検査項目や合否判定等検査要領についての打合せで決定し，それにも対応できるような社内検査を実施する必要がある．

a．購入品検査

　購入品を鉄骨製作業者が受け入れる際に実施する検査であり，購入品の主なものは，鋼材，高力ボルト，ボルト，スタッド，溶接材料等の材料である．これらは工業製品としての規格品であり，その製品証明書により規格，数量等を確認するのが検査の基本となる．特殊な鋼材や高力ボルトについては，発注者の立会のもとで，購入先で検査を実施する場合もある．購入品は，鉄骨製作業者の一般的な生産能力では生産できないものであるので，鋳鋼品やアンカーボルト等も購入品に含まれる．これらを受け入れるにあたっては，形状や員数が注文した仕様に合致しているかを確認することが重要である．

b．外注品検査

　鉄骨製作業者が外注した外注品を鉄骨製作者が受け入れる際に実施する検査である．外注品には，切断加工した鋼板である切板，溶接組立 H 形断面材に代表される中間加工品などがあり，工程等の理由で他の鉄骨製作業者に発注した鉄骨製品も含まれる．これらの外注品は，材質，形状，寸法がそれぞれ異なっているのが通常であり，受け入れるにあたっては，それらを確認することが基本である．これらの確認を行う検査は，外注先で実施する場合と，社内に搬入した段階で実施する場合があるが，それらは外注先の品質管理能力によって決定することになる．

切板は，特に鋼材の材質が発注どおりであるかどうかを確認する上で加工後の鋼材の識別が重要であり，これについては4.4節を参照されたい．工場に搬入された段階で，鋼材材質および主要寸法の確認を行う．

溶接組立H形断面材や溶接組立箱形断面柱の素管，あるいは冷間成形角形断面柱の柱梁パネル部（サイコロ状のもの）等の中間加工品については，その専門メーカーが自ら品質管理して鉄骨製作工場に引き渡すべきものであるが，品質管理体制が必ずしも十分とはいえない場合もあり，鉄骨製作工場は外注先の品質管理状況を適切に把握した上で，自社工場への搬入受入時に寸法や形状，材質等を検査する必要がある．

製品を外注した場合においては，最終的には自社製品として発注者に品質保証することが必要であり，外注先または自社に搬入した後に社内検査を行うことにより，品質を確認する必要がある．

c．工作図

工作図や現寸の作成作業は，製作前の準備段階として行われる工程であり，これが正しく作成されないと製品の品質が確保されないため，重要な工程である．作成方法は，現在では手作業は少なく，CAD/CAMシステム等による作成が一般的であるので，入力ミスがないかどうか，オペレータ自身のチェックだけでなく，設計図との照合や工作図間の整合性チェックなど，社内検査等を行って品質を確保する必要がある．

d．現寸検査

現寸検査は，型板，定規などの現寸成果品を検査するのが本来の目的であったが，構造詳細の納まりが完全には確定していない状況で工事が進行することも多く，その確認・決定を行うことも現寸検査の役割となっている．現寸検査の詳細については，4.2節c．を参照されたい．

e．工程内検査

製作工場に材料が搬入されて以降は，けがき・孔あけ等の加工，組立て，溶接，矯正等の各工程での作業が行われる．これらの各工程で行われる検査は工程内検査と呼ばれ，各工程で品質を確保し，最終的に正しい製品を作るために必要なものである．この工程内検査の実施要領を含めた品質管理の要領を社内標準として定めておく必要がある．各工程において，何を誰がどのように管理するかは，品質管理工程表（QC工程表）としてまとめるのがよく，これらについては，2.5節を参照されたい．これらを参考に，社内検査要領としてどの工程で，何を誰が（作業者自身か職長か，検査部門か）検査するかをまとめておくのがよい．

f．塗装・めっきに関する検査

塗装やめっきなどの表面処理は，製品検査後に実施する工程である．塗装後の検査については，JASS 6において特記がない場合は製品検査での検査項目として定義されており，したがって，製作工場からの出荷前に確認しておくことが必要である．塗装後の検査の詳細については，6.7節を参照されたい．めっき処理は，一般には外部の専門工場に委託（外注）される工程である．自社製品として出荷するため，めっき処理後の製品の寸法精度や外観について確認しておく必要がある．めっき処理後の検査の詳細については，7.5節を参照されたい．

g．仮組の検査

仮組は，特記等により仮組を行う必要がある場合に実施する工程である．仮組後の確認および検査については，仮組要領書にまとめて事前に工事監理者の承認を受ける必要がある．詳細は4.14節を参照されたい．構造物が複雑な場合など，特記がなくても事前に取合を確認するために自主的に仮組を行うケースもあるが，その場合でも，確認事項を含めて仮組要領をまとめておくのが望ましい．

h．溶接施工試験等

溶接施工試験は，事前に溶接施工法を確認するために実施する試験である．その他，溶接技能者技量確認試験等もある．これらについては，いわゆる部材や製品の検査とは異なるものであるが，発注者の立会を伴うことが多く，概要については，「工事現場施工編」の3.7節，3.8節を参照されたい．

8.2.4 製品検査における検査要領

表8.2.1に示した社内検査のうち，製品検査については一般に受入検査が実施され，その受入検査は，社内検査成績表に基づいて行うことがJASS 6に規定されているので，検査項目および検査数量，記入要領等，社内検査要領を明確に定めておく必要がある．

ここで検査数量とは，全数検査を行うか，抜取検査を行うかの区別，抜取検査の場合の抜取率のことである．寸法精度検査等については，主要な部材は全数検査とするのが基本であるが，最近の加工方法の進歩（NC加工やロボット化）などにより，製作精度が十分に確保できる場合（例：小梁，間柱，ブレース等）は抜取検査とすることも可能であるので，検査数量についても明確に記述する．

記入要領は，検査成績表への検査結果の記入要領であり，以下の3つがある．

　記入要領A：検査結果を設計値との差として記入する．
　記入要領B：検査結果を適否として記入する．
　記入要領C：検査を行うが結果の記入を省略する．

記入要領Aは，寸法精度のように明確に計測することが可能で，かつ重要な検査項目に適用される．記入要領Bは計測が可能でも種々の観点から適否のみを記録することでよい場合，あるいは明確な計測が困難な場合に適用される．記入要領Cは，目視を含めて何らかの確認をするが，結果の記載を省略するものである．

これらの記入要領を適用する検査項目を，それぞれA項目，B項目，C項目と呼んでおり，以下に示す各検査の種類において，検査項目ごとに記入要領を定め，製作要領書に定めておく必要がある．検査成績表への記入要領の一例を表8.2.2に示す．各検査項目をどの記入要領とするかは，各工事で適切に定める必要がある．

以下では，製品検査における検査の種類ごとに社内検査要領を述べる．

表 8.2.2 検査成績表に記録する項目別記入要領の例

品名	検査項目	検査成績表への記入要領 A	B	C	備考
柱	長さ	○			
	階高	○			
	曲がり		○		
	せい（柱頭・柱脚）	○			
	仕口部の長さ	○			
	仕口部のせい	○			
	仕口部の角度		○		
	ねじれ		○		
	メタルタッチ			○	
	ベースプレートの折れおよび凹凸		○		
	シヤープレートの心ずれ			○	
	シヤープレートの倒れ			○	
	ブレースガセットの長さ・せい		○		
	ブレースガセットの心ずれ・倒れ			○	
	エレクションピース		○		
梁	長さ	○			
	せい（両端）	○			
	曲がり		○		
	フランジの幅		○		
	梁に取り付くブラケットの位置・長さ・せい		○		
	梁に取り付くブラケットの角度			○	
	ブレースガセットの位置・せい		○		
	ブレースガセットの倒れ			○	
	拡幅フランジの食違い・折れ			○	
共通事項	フランジの傾斜（接合部）			○	
	フランジの折れ（接合部）			○	
	ウェブの心ずれ（接合部）			○	
	ウェブの曲がり			○	
	ガス切断面の粗さ・ノッチ深さ			○	
	接合部の孔位置			○	
	摩擦面の状態		○		
	鉄筋貫通孔位置			○	
	仮設金物			○	
	スリーブ位置および径			○	
	部材取合		○		
	溶接部 アンダーカット		○		
	溶接部の割れ		○		
	仕口のずれ・食違い		○		
	その他外観		○		
	入熱・パス間温度		○		

記入要領
A：検査成績表に誤差を記入
B：検査成績表に適否を記入
C：検査成績表への記載を省略

a．寸法精度検査

（1） 検査項目と検査数量

寸法精度の検査項目は，JASS 6 にも記載されているように，特記のない場合，柱の長さ，階高，仕口部の長さ，柱のせい，仕口部のせい，梁の長さ，梁のせいの 7 項目について全数寸法精度を測定し，製品検査成績表に記録を残す．記入要領は，設計値との差を記入する記入要領 A である．これ以外の項目でも，重要な部位の寸法については全数検査を行い，誤差を記録に残しておくことが望ましいものもあるので，これらは，社内検査要領として記載する．

上記 7 項目以外の検査項目については，JASS 6 には記入要領，検査数量ともに規定はなされていない．検査項目に応じた標準的な記録要領を，8.2.5 項の表 8.2.3 に記載した．検査結果の適否を記入する記入要領 B は，上記 7 項目（表中の A）よりも軽視されがちであるが，誤差の累積等により構造物の品質に影響を及ぼすことがあるので，注意が必要である．

また，記入要領 C については，記録を省略できるだけであって検査を省略できるということではないことを認識しなければならない．実際の検査方法としては，施工図をチェックシートに使用し，"レ"チェックにより確認する方法が考えられる．

記入要領 B，C を採用する場合の検査数量は，各製作工場により，品質保証体制，要求品質に対する対応能力，鉄骨製作方法，品質管理体制等が異なるので，一律に全数検査を義務づけるものではなく，製作工場ごとに異なってもよい．製作工場は要求品質，製作能力，品質管理体制等を十分検討し，検査数量を決定する．決定した検査項目，検査数量については，鉄骨製作要領書に記載し，施工者の承諾を受ける．

（2） 検査後の製品の処置

限界許容差を超えた製品については，矯正，再製作などの処置を行う．管理許容差を超え限界許容差以下の製品については，ただちに矯正等の処置は必要ないが，構造物の品質に重大な影響を及ぼすと考えられる場合には矯正等の処置を行う．

管理許容差を超える製品が多数存在する場合には，誤差を生じる何らかの原因が製作工程に存在する可能性もあるので，製品の検査記録を常に監視することが重要である．製品に不具合を生じる原因が判明した場合にはただちに製作工程へフィードバックさせることはいうまでもない．

また，やむを得ず製品に生じた不具合を矯正する場合には，8.5 節を参照されたい．

b．取合部の検査

高力ボルト接合部および現場溶接接合部，その他ボルト接合等による取合部は，構造耐力上極めて重要であり，正しく加工されているかどうか，全箇所について目視または計測により検査する．検査結果の標準的な記録要領は，摩擦面の状態や，部材取合の項目等について，記入要領 B として検査結果の適否を各製品について記載する〔表 8.2.2 参照〕．

（1） 高力ボルト接合部

高力ボルト接合部関連の検査では，基本的なものとして，孔の心ずれ，はしあき・へりあきの寸法，孔間隔のずれなどの寸法精度と，孔周辺のまくれ，ばり，摩擦面の処理状態について測定または目視確認する．

高力ボルト関連の取合部において特に注意すべき点は，工事現場施工に対しての検討が不十分であると，施工時にトラブル（施工不可能となる場合）が発生し，その処置のために多大な工期と工費を要する場合があることである．こうしたことの防止には，設計，工作図作成段階から工事現場施工を考慮した事前検討を十分行うことが必要となるが，それと同時に，重要箇所について製品検査で確認を行う必要がある．以下では，そのような事例について述べる．

① 高力ボルト締めの適否

図 8.2.1 に示すような十字柱の場合，高力ボルトの締付け作業スペースが狭くて締付け器具が入らず，作業が不可能となる場合がある．これは，工作図，現寸段階で締付け作業が可能であることを確認する必要がある．

また，図 8.2.2 に示すように，隅肉溶接ビードと添板との間げきが小さく，隅肉溶接の脚長が大きいと添板がビードに当たり，密着させることができないことがある．製品検査時に注意して確認する必要がある．

② 添板の取付け方法

図 8.2.3 に示すように，柱の添板は一般に柱頭に付けておくことが通常であるが，吊り治具，構造等によっては上節の柱の下端に付けることもあるので，注意を要する．また，梁については，工事現場ごとに添板の取付け方法が異なる場合があるので，適宜検討および確認する必要がある．建方作業性に関する事前検討を行い，添板取付け要領を工場製作要領書に付記しておくとよい．

(2) 工事現場溶接部

溶接接合部関連の検査では，溶接部の開先形状，開先面の状態，その他の支障の有無について測定または目視確認する．現場溶接部における開先精度は，最終的には工事現場にて鉄骨部材を組み

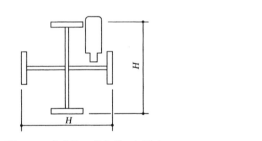

図 8.2.1 十字柱の高力ボルト締め

図 8.2.2 隅肉溶接ビード 添板の取合い

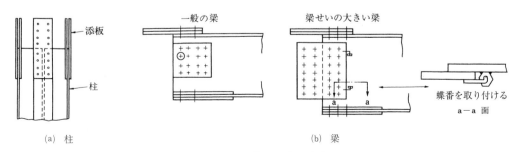

図 8.2.3 添板の取付け方法

上げた状態で判断することになるので，製品検査段階では，ベベル角度，ノッチの有無，防せい剤の塗布状態と発せいがないかなどを確認する．

現場溶接部において特に注意すべき点は，部材を組み上げたときに適正な溶接開先が形成されるように，エレクションピースやウェブの孔の位置が正しいかどうかを確認することである．図8.2.4に示すようにエレクションピースの取付け精度は，建方精度そのものに影響を及ぼすことから，製品検査時に注意して確認する必要がある．また，梁端部の現場溶接部のルート間隔の精度やずれの有無を事前に確認する必要がある場合は，ウェブの高力ボルト孔や，エレクションピースの位置との相対距離を検査して精度を確認する．

（3）柱脚の取合部

アンカーボルトの設置精度は，建方精度に大きな影響を及ぼすので，一般に工事現場でのアンカーボルト設置用にテンプレートを準備するなどの対策が取られるが，柱脚を正しい現場墨に設置できるように，ベースプレートのセンター墨を正確に入れる必要がある．また，ベースプレートのセンター墨と通り心とが異なる場合には，工事現場で間違いのないように色別などをして，製品検査時にこれを確認する必要がある．図8.2.5にベースプレートのセンター墨記入例を示す．

c．部材表面および切断面の外観検査

検査内容は，8.1.2項c．を参照する．部材表面および切断面の外観は，材料の搬入時点や切断加工後にチェックして，不具合がある場合は適切な修正が必要である．検査結果の記録は記載を省略するのが標準であるが，最終的な検査となる製品検査までに目視または計測により全箇所をチェックしておく必要がある．

d．溶接部の外観検査

外観検査では目視により全数の検査を行うことを原則とする．著しい不整，誤差があると目視で認められた場合には，適切な測定器具等で測定を行い，限界許容差を超えている場合は，すみやかに補修・矯正などの処置を行う．社内検査によって見つかった補修の必要な個所は，チョークやテープ等により製品に直接表示し，補修後確認して「OK」等の表示をするとよい．

補修等の箇所が多い場合には製作工程に問題があることも考えられるので，製作工程について各

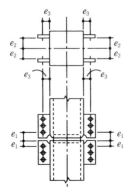

図8.2.4 柱工事現場溶接用エレクションピースの取付け寸法

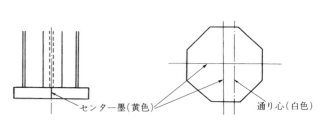

図8.2.5 ベースプレートのセンター墨記入例

部門の担当者と協議し,製作方法の変更・是正の必要があれば,すみやかに行う.

このような溶接部の品質確保のための溶接部の管理方法や外観の詳細なチェック方法については,5.17「溶接部の管理と検査」を参照されたい.

検査結果の記録は,項目によって異なり,割れなどの特別なものを除く一般的な溶接外観については,チェックした結果をその他外観として適否を記載し,国土交通省告示に規定されている割れ,アンダーカット,仕口のずれ・突合せ継手の食違いについては,それぞれの項目ごとに検査結果の適否を記載するのが標準的な方法である〔表8.2.2参照〕.

e. 溶接部の内部欠陥検査

(1) 検査数量

完全溶込み溶接部の内部欠陥を対象とする社内検査は,製作工程での品質管理が適切に機能し要求品質を満足していることを検証し,品質保証活動の一環として行うものである.一方,受入検査は,8.4.6項に詳述されているように,一般にJASS 6に従い抜取検査で行われるが,社内検査は,この受入検査に十分対応できる方法で実施する必要がある.

溶接部の内部欠陥に関する社内検査は,一般には全数検査によって実施されることがほとんどである.全数検査を行うことによって,抜取りで行われる受入検査に十分対応でき,確実に品質を保証することが可能となる.その一方で,品質が十分確保できる管理状態にある場合には,検査のためのコストおよび時間が大きいというデメリットもある.

このようなことから,溶接方法や溶接技能の十分な管理を行って品質を確保できる体制をとっている場合は,抜取検査とすることが可能である.ただし,その場合,抜取検査方法が不適切で要求品質に関する不適合率が高い状態にあることを検出できなかった場合は,受入検査で当該ロットが不合格となる確率が高くなり,全数検査,補修,再検査による製作工程の遅延やコストの増大など鉄骨製作業者にとって大きな負担を強いられることになるので,注意が必要である.

したがって,社内検査を適切な抜取検査によって行い受入検査に合格することは,鉄骨製作における品質,コスト,工程を維持する上で極めて重要であり,社内抜取検査にあたっては,受入検査の方法(ロットの構成,抜取率,要求品質レベルなど)を設計図書や打合せによって十分確認し,適切な社内検査方法を定めることが大切である.

図8.2.6は社内検査を抜取検査とする場合の手順の一例である.手順を要約すると次のとおりである.

(1) 製作ロットの初品については,工事ごとの特性により溶接施工条件が異なるので全数検査を実施し,工程不適合率を把握する.初品の工程不適合率に応じて検査率を決定し,日常検査に移行する.

(2) 日常検査では,日々の検査結果に基づいて不適合率を算定し,その結果を製作工程にフィードバックするとともに,次の検査率を決定する.

(3) 不適合率が設定水準よりも悪い場合には,欠陥の発生原因を究明し溶接工程の改善対策を講じるとともに,検査率を上げて不適合部を補修し,ロット構成アイテムの品質を一定レベルに維持する.

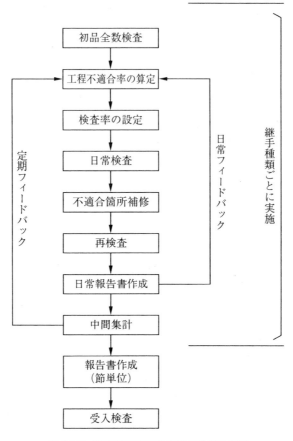

図 8.2.6　溶接部内部欠陥の社内検査手順例

　社内検査率は，本来その工事の構造特性や重要度に応じて設定した要求品質レベルと鉄骨製作業者の製作能力を考慮して，合理的に決定されるべきものである．したがって，抜取検査で品質確保できるところをやみくもに全数検査を実施するのは，製作工程への影響や検査コストの増大を招くために，必ずしも適切とはいえないが，検査対象数量が少ない場合には，全数検査を行うなどの配慮は必要である．

　なお，受入検査に合格するための工程不適合率と検査率の関係については，8.4.6項 e. に詳述されているので参照されたい．

　また，溶接組立箱形断面柱の内ダイアフラム溶接部やブレースガセット付き柱の柱梁溶接部など，組立て完了後では検査・補修ができない部分については，組立て途上であっても適切な時期に社内検査を行い，受入検査を受けておく必要がある．

　検査方法としては超音波探傷検査を採用するのが一般的であるが，それ以外の方法を採用する場合には，その検査の特性を十分理解して数量を定める．

　決定した検査方法と検査数量は鉄骨製作要領書に記載し，施工者の承諾を受ける．

(2) 製品の処置

不適合となる欠陥が検出された場合には，製作要領書に基づいて，補修，再製作等の処置を行う．具体的な補修方法については，5.18節を参照されたい．許容欠陥の場合はただちに補修等の処置を行う必要はないが，特定の溶接部位や，溶接技能者等に偏って発生している場合などでは，重大な欠陥に結びつく何らかの原因が製作工程に存在することも考えられるので，寸法精度検査の場合と同様に常に製品の検査記録を監視することが品質管理上重要である．

f．スタッド溶接部検査

スタッド溶接部の検査方法は，社内検査，受入検査ともに共通であるが，製作工場にてスタッド溶接が施工される場合は，先に社内検査を行い，受入検査でその結果を確認する．検査項目は，スタッド溶接部の外観，仕上がり高さと傾き，打撃曲げ検査であり，検査方法の詳細は，8.4.7項を参照する．打撃曲げ検査を社内検査として実施した場合は，受入検査では，一般にはその結果を確認することで受入検査とし，新たな打撃曲げ検査を行わないことが多い．

また，社内検査結果の記録は，記載を省略するのが標準である．

g．工場締め高力ボルトの締付け検査

製作工場で高力ボルト施工を行うケースはほとんどないが，ある場合には「工事現場施工編」5章「高力ボルト接合」と同様の検査を社内検査として行えばよい．

h．付属金物類検査

付属金物類には多くの種類があり，いずれも寸法精度と溶接部外観が適切でなければならない．付属金物類の寸法精度は，一般には受入検査では確認されず，主に溶接部外観を検査することが多い．したがって，社内検査において，鉄骨製品に取り付けられた付属金物類の位置・寸法を工作図と照合して，取付けの有無や，取付け位置の誤り，取付け位置の寸法精度を検査し，品質保証することが重要である．検査結果の記録については記載を省略するのが標準であるが，工作図に"レ"チェックにより確認した結果を記録するのがよい．

(1) 仮設関連

仮設関連付属金物類としては，タラップ，親綱取付け・安全ネット取付けピースなどの安全金物類，吊りピース，エレクションピース，タワークレーン設置補強材，吊り足場受け，ゆがみ直し金物などの仮設金物類，デッキ受けなどが一般的なものとして挙げられる．

安全金物類は，工事現場施工上の安全のために取り付ける金物であり，不完全な取付けおよび溶接であってはならない．製品検査時には，外観検査などを行い，安全に施工されていることを確認する必要がある．仮設金物類も安全金物類と同様に重要であり，製品検査時に板厚，形状，取付け精度，溶接の状態を確認する必要がある．

デッキ受けは，柱・梁継手部，柱まわり等デッキプレートを直接梁上に載せることができないときに補助的に取り付けられる金物で，溶接が確実に行われていること，また，取付けの有無など安全性の確認が必要となる．

（2） 設備関連

設備関連付属金物類としてはダクトスリーブ，エレベータ・エスカレータ用ファスナなどがある．ダクトスリーブの取付け精度の不良は，耐火被覆完了後の設備工事時に発見されるため，大きな問題に発展することが多い．その使用目的に応じて，スリーブの径，長さ，位置が異なるので，検査時に確認する必要がある．

（3） 鉄筋工事関連

鉄筋工事関連付属金物類としては，シヤーコネクタ，鉄筋受等がある．検査時にはこれらの取付けの有無を確認する．特にシヤーコネクタは強度上重要であるので，取付けの有無以外に溶接が確実に行われているか否かを確認する必要がある．

また，鉄筋工事関連の検査項目として，鉄筋孔，セパレータ孔などの貫通孔の寸法精度がある．孔の寸法精度に不具合が発生すると，工事現場で再孔あけ加工，既孔の補修等の問題が生じるので，寸法精度および孔あけの有無を確認する必要がある．

また，工事現場における配筋工事時に鉄筋がエンドタブや設備配管スリーブに当たる場合があるので，検査時に確認する必要がある．

（4） 内外装関連

内外装関連付属金物類としては，金属カーテンウォール，PC板，ALC板などのファスナ金物がある．これらのファスナ金物と内外装材との取付け寸法は多少調整できるが，内外装材との取付けが工事最終工程となるため，ファスナ金物，柱・梁，内外装材等の累積誤差が調整代を超えることがしばしば問題となり，精度の確認が重要となる．また，内外装材の大型化に伴い，溶接部についても慎重に検査する必要がある．

i. 塗装検査

工場塗装に対する検査の内容は，8.1.3項 i. を参照する．検査項目のうち，特に素地調整した面については，塗装後では確認ができないため，塗装前に塗装管理者による社内検査にて適切に確認することが重要である．

j. 出来高検査

出来高検査の内容は，8.1.3項 j. を参照する．

8.2.5 検査記録

a. 検査記録の種類

社内検査は，鉄骨製作業者が製作の途上および製作が完了した時点で自主的に行う検査であり，JASS 6 では，その検査結果は必要に応じて記録に残すと規定している．

社内検査には，作業を行う作業者自身が行う場合と，検査部門または作業工程の検査担当者が行う場合があり，それぞれで記録の有無や記録の様式が異なる．検査記録の種類としては，以下のようなものがある．

① 目視検査のみで記録は残さない．
② 検査部近傍に検査結果の良否や内容を記入する．

③ 工作図や加工図，チェックシートなどに検査結果の良否や内容を記入する．
④ 管理シートとして検査結果を記録する．
⑤ 検査成績書に記録する．

作業者自身や作業工程の責任者が行う場合は，①～③が一般的であり，検査部門が行う場合は，③～⑤が一般的である．

中間検査や受入検査で検査項目が確定している場合は，その結果を③～⑤にまとめ，発注者の要求に応じて提出または提示できるようにしておく必要がある．

それ以外の社内検査においては，日常的な品質管理活動として③④の資料をまとめ，品質改善に結びつけるのがよい．その具体的例については，2.6「管理・改善のための統計的手法」を参照されたい．また，溶接部の検査におけるチェック項目等については，5.17.3「溶接部の品質特性とチェック項目」を参照されたい．

中間検査または受入検査では，必要な検査成績表をまとめる必要がある．ここでは，受入検査で用いられる一般的な検査成績表について記載する．主に寸法精度等の製品に関するものと，完全溶込み溶接部の超音波探傷検査成績書がある．

b．寸法精度等製品の検査成績表

寸法精度等製品の検査成績表に記入する要領は，8.2.4項で紹介したように，A，B，Cの3種類に区分しており，A項目，B項目については，検査成績表に検査結果が記載される．

表8.2.3，8.2.4に鉄骨検査成績表のサンプルを示す．

鉄骨検査成績表は，寸法精度検査結果のほかに，取合部検査および外観検査結果についても記載できる様式とした．

c．完全溶込み溶接部の内部欠陥検査記録

完全溶込み溶接部の内部欠陥検査記録例については，本会編「鋼構造建築溶接部の超音波探傷検査規準・同解説」8章「記録」によるものとし，その代表例を表8.2.5～8.2.7に示す．

表 8.2.3 柱の検査成績表の例
（7項目以外の記録が特記にある場合の記録表例）

〈柱〉鉄 骨 検 査 成 績 表　　　　　　　　　No.

図面番号			Z-08C-04		Z-08C-05		Z-08C-06	
製品番号			8C5A		8C5B		8C5C	
検査項目			設計値	誤差	設計値	誤差	設計値	誤差
全　長　H			9 600	北 -3	9 600	西 -3	9 600	南 -2
階高	H_1	北	3 603	-2	3 600	-1	3 600	-2
		東			3 603	-2	3 603	-1
		南	3 603	-2	3 603	-1	3 603	-1
		西	3 603	-1	3 603	-1	3 600	-2
	H_2	北	4 800	-1	4 800	$+2$	4 800	-1
		東			4 800	0	4 800	-1
		南	4 800	-1	4 800	0	4 800	0
		西	4 800	0	4 800	0	4 800	0
	H_3	北	1 197	0	1 200	-1	1 200	0
		東			1 197	-2	1 197	-1
		南	1 197	0	1 197	-1	1 197	0
		西	1 197	0	1 197	-1	1 200	0
仕口部のせい	D_1	北	756	0	750	-1	750	-1
		東			756	0	756	0
		南	756	0	756	0	756	0
		西	756	0	756	0	750	0
	D_2	北	806	-1	800	0	800	0
		東			806	0	806	0
		南	806	-1	806	0	806	0
		西	806	0	806	0	800	0
仕口部の長さ	L_1	北	372	0	1 160	$+2$	1 160	0
		東			372	0	372	0
		南	372	0	372	0	372	0
		西	372	$+1$	372	0	1 160	0
	L_2	北	372	$+1$	1 160	-1	1 160	0
		東			372	0	372	0
		南	372	$+1$	372	0	372	0
		西	372	0	372	1	1 160	$+1$
孔下がり寸法	S_1	北	118	0				
		東			118	0	118	0
		南	118	$+1$	118	0	118	0
		西	118	$+1$	118	0		
	S_2	北	118	0				
		東			118	0	118	0
		南	118	0	118	0	118	0
		西	118	$+1$	118	0		
柱せい	W_2（柱頭）	東西	650	0	650	0	650	0
		南北	650	-1	650	-1	650	-1
	W_2（柱脚）	東西	650	$+2$	650	$+1$	650	0
		南北	650	$+1$	650	0	650	0
曲　が　り			適		適		適	
ね　じ　れ			適		適		適	
仕口部の角度			適		適		適	
溶接	アンダーカット		適		適		適	
	割　れ		適		適		適	
	仕口のずれ・食違い		適		適		適	
	その他外観		適		適		適	
	パス間温度・入熱量		適		適		適	
摩擦面の状態			適		適		適	
部材取合い			適		適		適	
検査日・検査員			H25/02/22 ○○		H25/02/23 ○○		H25/02/22 ○○	
検　査　結　果			合格		合格		合格	

測定位置基準図

角形鋼管柱のせいは
△印R止まりの位置間とする

※溶接項目でその他外観の項目以外は、建築基準法に定められている項目として表記している。具体的には工事ごとで関係者各位間で協議の上、決めるのが望ましい。

表 8.2.4 梁の検査成績表の例
（7項目以外の記録が特記にある場合の記録表例）
〈梁〉鉄 骨 検 査 成 績 表　　　No.

	図面番号	Z-15G-14		Z-15G-15		Z-15G-16		Z-15G-17		Z-15G-18	
	製品番号	15G7E		15G8E		15G9E		15GF2		15GF3	
	検査項目	設計値	誤差	設計値	誤差	設計値	誤差	設計値	誤差	設計値	誤差
	全長 L	13 631	−2	13 631	+2	13 631	−2	1 941	+1	1 941	0
梁せい	D_1	850	0	850	−1	850	0	750	0	750	0
	D_2	850	0	850	0	850	+1	750	0	750	0
その他測定位置	l_1	4 562	−2	4 562	+1	4 562	+1				
	l_2	4 562	+1	4 562	−1	4 562	−1				
	b_1	1 160	−1	1 160	0	1 160	0				
	b_2	1 160	0	1 160	0	1 160	0				
	X_1	4 705	−2	4 705	−1	4 705	+3				
	X_2	4 704	−3	4 705	+1	4 704	−2				
	X_3	9 145	+2	9 145	−3	9 145	−1				
	X_4	9 145	+2	9 145	−2	9 145	+1				
	d_1	488	0	488	0	488	0				
	d_2	488	−1	488	0	488	0				
	曲がり	適		適		適		適		適	
	摩擦面の状態	適		適		適		適		適	
溶接	アンダーカット	適		適		適		—		—	
	割れ	適		適		適		—		—	
	仕口のずれ・食違い	適		適		適		—		—	
	その他外観	適		適		適		—		—	
	パス間温度・入熱量	適		適		適		—		—	
	部材取合い	適		適		適		適		適	
	検査日・検査員	H25/02/22 ○○		H25/02/23 ○○		H25/02/22 ○○		H25/02/24 ○○		H25/02/24 ○○	
	検査結果	合格		合格		合格		合格		合格	

測定位置基準図

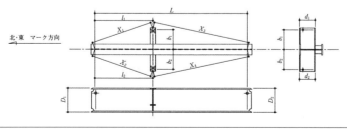

※溶接項目でその他外観の項目以外は，建築基準法に定められている項目として表記している．具体的には工事ごとで関係者各位間で協議の上，決めるのが望ましい．

表 8.2.5 斜角一探触子法の記録形式(1)

キープラン

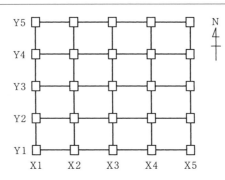

検査箇所記号

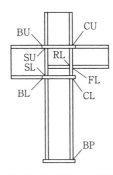
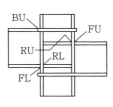

欠陥位置の記号
斜角探傷

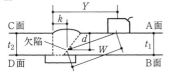
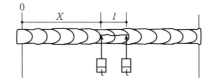

角形鋼管

垂直探傷

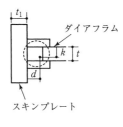
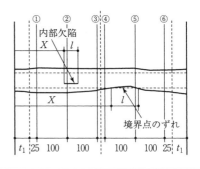

表 8.2.6 斜角一探触子法の記録形式(2)
超音波探傷結果一覧表

検査位置					超音波探傷検査		検査日	データNo.	補修後検査			備考
部材番号	階	方向	部位	枝番	合 否	検査員			合 否	検査日	検査員	
1CA2	2	N	CU		合格	小林	4/8					
			CL		合格	小林	〃					
		E	CU		合格	小林	〃	U1				
			CL		合格	小林	〃					
	3	S	CU		合格	小林	〃					
			CL		合格	小林	〃					
		W	CU		合格	小林	〃					
			CL		合格	小林	〃	U2				
1CB3	3	N	FU		合格	小林	〃					
			FL		合格	小林	〃					
		E	FU		合格	小林	〃	U3				
			FL		合格	小林	〃					
		S	FU		合格	小林	〃					
			FL		不合格	小林	〃	U4	合格	4/9	小林	
		W	FU		合格	小林	〃					
			FL		合格	小林	〃					
1CD4	2	E	BU		合格	小林	〃	U5				
			BL		合格	小林	〃					
		S	BU		合格	小林	〃					
			BL		合格	小林	〃					
		W	BU		合格	小林	〃					
			BL		合格	小林	〃					
1CE1	3	N	SU		合格	小林	〃					
			SL		合格	小林	〃					
		E	SU		合格	小林	〃					
			SL		合格	小林	〃					
		S	SU		合格	小林	〃					
			SL		合格	小林	〃					
		W	SU		合格	小林	〃					
			SL		合格	小林	〃					

表 8.2.7 斜角一探触子法の記録形式(3)

データNo.	ロット番号	検査位置 部材番号	階	方向	部位	枝番	探傷長(mm)	板厚(mm)	開先形状	STB屈折角	欠陥位置(mm) X	Y	W	d	k	領域	欠陥指示長さ(mm)	欠陥評価長さ(mm)	総和(mm)	合否
U1	01-E-01	1CA2	2	E	CU		300	25	1	70.0	38	45	48	16	0	III	14	14		合格
U2	〃	〃	3	W	CL		300	22	1	70.0	256	90	96	11	0	IV	18	18		合格
U3	〃	1CB3	3	E	FU		250	19	1	70.0	0	33	27	9	8	II	23	23		合格
U4	〃	〃		S	FL		250	25*19	1	70.0	190	53B	38	12	17	IV	45	45		不合格
U5	〃	1CD4	2	E	BU		200	32*25	6	70.0	46	36	34	12	4	III	16	16		合格

【欠陥位置の表示】
　欠陥の長さ方向の位置は，欠陥指示長さの起点で示し，溶接線と直角および深さ方向の位置は最大エコー高さを示す位置で表示する．

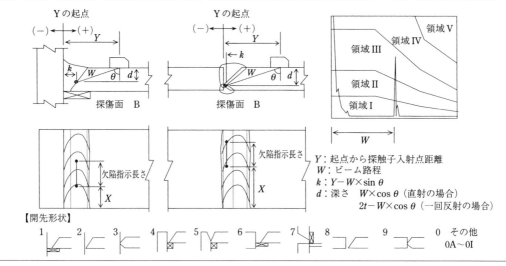

8.3　中間検査

8.3.1　中間検査の目的

　中間検査は，設計図書，工作図，製作要領書等に記載されたとおり材料管理，加工・組立，溶接施工等が行われているか，完成する部材が設計品質を満足する寸法精度を確保できるか，また，工事現場の必要とする工程に従って工場製作が進められているかなどを，工場製作の早い段階で確認することを目的とする．

　鉄骨部材の製品は，数多くの工程を経て製作される．JASS 6には，加工や溶接部の寸法精度など単一工程での品質も規定されているが，全ての工程について規定されているわけではない．品質は工程ごとに作り込まれるものであり，例えば，部材の全長寸法精度は，鉄骨製品としての最終の仕上がり品質であるが，これは，それまでの各工程（例えば，けがき－切断－孔あけ－組立て－溶接－ひずみ矯正－大組立て－溶接－仕上げ等）の精度の集積結果といえる．所定の仕上がり品質を確保するためには，これら工程ごとに目標となる品質特性と品質水準を明確にし，各工程で品質が確保されていることを確認する必要がある．したがって，最終の受入検査のみでは，その品質に関する情

報を確認することが困難なので，中間検査を行うことが効果的である．

　JASS 6では，中間検査を行う場合は特記によるとし，中間検査を行う場合の実施時期・検査項目・方法・数量・合否判定基準なども特記によることとしている．

　検査の頻度，内容は建物の規模，形状，製作工場の能力により異なるが，例えば，各節の初品完成の製作時期を目安とした初期段階で実施するのが望ましい．

　検査は，柱および梁の組立て中の部材，溶接中の部材および完成品についてそれぞれの加工段階に応じた検査を実施する．

　完成品の検査は，必ずしも中間検査で実施するものではないが，受入検査の段階で仕上がり品質に問題が生じた場合に，各工程の品質のどこに問題があったかを把握する意味では，中間検査時の完成品の検査の重要性は大きいと言える．

　本節では，中間検査の対象項目を製作の各段階における検査に分けて記述する．また，中間検査時の完成品の検査についても，具体的に記述したので参照されたい．

8.3.2　加工中の検査

a．鋼材の識別

　鉄骨製作工場に入荷している鋼材や部材製作に使用されている鋼板・形鋼・切板について鋼材の種類の識別表示が適切に行われていることを確認する．

　鋼材の種類（鋼種）は，鋼材メーカーから出荷される時にその鋼材の端部にマーキングされている記号あるいは端部に貼られたラベルに記入されている記号により確認できる〔原板のマーキングは4.4「加工後の鋼材の識別」を参照〕．切断工程で鋼種の表示部分が切り離された鋼材は，以後はこの記号による鋼種の確認が不可能となる．したがって，切断後の鋼材識別管理は，鉄骨製作業者が切断する場合もシャーリング業者に依頼して切板として購入する場合も，いずれの場合も素材を切断・細分化する時点で，各材片に端面塗色または識別記号を表示することにより，鋼種の識別表示をする必要がある．切板のマーキング例は，4.4「加工後の鋼材の識別」図4.4.3を参照されたい．

　検査は，切断後の鋼材の識別管理（端面塗色または識別記号記入）が確実に実行されているかを目視により確認する．

　鋼材の識別方法の標準的なものとして，JSS I 02-2017　鋼材の識別表示標準（（一社）日本鋼構造協会）がある．付13．「鋼材の識別標準」に抜粋を掲載しているので参照されたい．

b．切　断　品　質

　切断加工の検査では，下記の項目について目視，ゲージおよびコンベックスルール等で確認する．

（1）　切断加工

　鋼材の切断方法は，ガス切断，プラズマ切断，レーザ切断のように高温の熱源を使用する溶断や，せん断・切削などによる機械力を使用する方法があり，鉄骨製作業者の設備やシャーリング業者の設備の中から切断能力，切断品質および経済性などの諸条件を考慮して使い分けられる．切断方法の種類とその特徴は4.6「切断・切削加工」表4.6.1を，切断に用いる機械種別による切断面の精度は4.6「切断・切削加工」表4.6.7を参照されたい．

切断加工の検査では，切断面の粗さ，切断面のノッチ深さ，切断縁の直角度，ベベル角度，ルート面について，JASS 6 付則 6 付表 1「工作および組立て」の各項目の許容差内であることを確認する．

切断面の粗さは目視で確認するが，許容差を超えていると思われる部位は，対比試験片〔写真 8.3.1 ガス切断面標準試験片〕との照合による．

これらの項目は，工場での組立て，溶接および高力ボルト摩擦接合の品質に影響するので，切断加工の状態を確認する．

写真 8.3.1 ガス切断面標準試験片（日本溶接協会）

（2） 開先加工

JASS 6 では，開先加工は機械加工法・ガス加工法およびプラズマ加工法によることとしているので，鋼板，形鋼および鋼管について適切な加工法で施工されていることを確認する．自動ガス切断機を使用できずに手動ガス切断機による開先加工の施工を行った箇所は，グラインダによる仕上げの処理が必要である．

開先加工の検査では，開先角度およびルート面が溶接基準図に適合していることを確認し，JASS 6 付則 6 付表 1「工作および組立て」の各項目について，許容差内にあることを確認する．これらの項目は，次工程の溶接品質に影響を与えるので，開先加工段階の状態を確認する．

また，加工法の違いにより下記の点を確認する．

a） ガス切断等：開先面の粗さ，開先面のノッチ深さ，残留スラグ

b） 切削加工：かえり

ただし，a），b）とも裏当て金との接触端は，残留スラグおよびかえりの完全除去が必要である．

（3） 孔あけ加工

JASS 6 では，鉄骨工事における孔あけ加工は，孔の用途ごとに孔あけ加工法を定めているので，中間検査では，孔の用途ごとに適切な方法で所定の精度で孔あけ加工されていることを確認する．

① 孔あけ加工法

孔あけ加工は，ドリル孔あけが一般的であるが，特記がある場合または工事監理者の承認が得られた場合は，高力ボルト孔，ボルト孔，アンカーボルト孔および鉄筋貫通孔は，レーザ孔あけとすることができる．高力ボルト孔以外の孔は，板厚 13 mm 以下の場合に限りせん断孔あけが認められている．型枠セパレータ用貫通孔，設備配管用貫通孔，設備・内外装・コンクリート打設用の付属

金物などの孔で孔径が30 mm以上の場合は，ガス孔あけ，プラズマ孔あけまたレーザ孔あけとすることができる〔4.9「孔あけ加工」表4.9.1〕．ガス孔あけ，プラズマ孔あけまたはレーザ孔あけによる孔あけ加工の場合は，一般の切断面と同様に，切断面の粗さおよび切断面のノッチ深さにも注意が必要である〔JASS 6 付則6 付表1「工作および組立て」〕．

② 孔あけ精度

高力ボルト孔の孔あけ精度は，工場における組立て精度，現場建方の能率と建入精度および高力ボルト接合耐力に影響を与えるので，孔あけ加工の段階で，高力ボルト孔の心ずれ，高力ボルト孔相互の間隔，孔のはしあき，孔のへりあき，孔周辺のかえりを確認する．高力ボルトの孔の心ずれ，孔相互の間隔および孔のはしあき・へりあきがJASS 6 付則6 付表2「高力ボルト」の許容差内であることを確認する．高力ボルトの孔のはしあき・へりあきは，JASS 6 付則6 に定める許容差内，かつ本会編「鋼構造設計規準」の最小縁端距離〔4.9「孔あけ加工」参照〕を満足する必要があるので，注意を要する．

③ 孔　径

JASS 6 では，孔あけ加工の孔径について許容差を定めていない．特に，高力ボルト孔はドリル孔あけとしているため孔径の許容差を定めていないが，過大な孔は，高力ボルト摩擦接合において耐力の低下をきたすなどの問題を生じるので，工作図継手表どおりの孔径となっていることを確認する．

高力ボルト孔の孔あけをレーザ孔あけとする場合は，溶損部を含む孔径の精度は±0.5 mm以下でなければならないので，このことを確認する．確認の方法は，4.9.5「レーザ孔あけ」を参照されたい．

④ ボルト孔群

ボルト孔群の孔数と配列は，工作図継手表どおりになっていることを確認する．

⑤ 孔あけ位置の基点

孔あけ位置の基点が，部材の切断誤差がその部材の自由端（他部材と接触しない部材端）に吸収されるように合理的に決められているかを確認する〔図8.3.1参照〕．

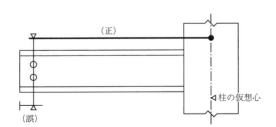

図8.3.1 孔あけ位置の基点のとり方

⑥ 高力ボルト摩擦接合部

高力ボルト摩擦接合面の孔のかえりは，すべり係数の低下をきたすなどの問題を生じるので，必

ず除去されていることを確認する．

(4) スカラップ加工

JASS 6 では，梁端部のスカラップの要否および加工は特記によるとなっているので，加工中部材のスカラップ形状および加工要領が溶接基準図および製作要領書等に適合していることを確認する．

(5) 曲げ加工

JASS 6 では，曲げ加工は常温加工または加熱加工としているので，製作要領書にあらかじめ記載した曲げ加工要領であることを確認する．また，曲げ加工部材の曲げ半径が適正であることを確認する．プレスによる曲げ加工部材は，プレス時の傷がつきやすいので注意する．

8.3.3 組立て中の検査

組立て中の検査では，組立ての方法および順序が溶接順序とともに製作要領書に記載されたとおりに行われているか，組立て溶接が終了した時点の部材を対象に確認する．組立ての良否は製品の寸法精度に大きく影響を与え，結果として，現場での建入精度とともに工事現場での溶接品質にも影響する．

(1) 組立て

工作図と照査して，図面通りの材片によって組み立てられているか，下記の項目について，部材の形状から適宜選んで確認する．

a) 材質，b) 板厚，c) 板幅，d) せい，e) 左右の取付方向，f) 上下の取付方向，g) 鉄筋孔，h) 設備貫通孔，

i) 型枠セパレータ用貫通孔，その他

ただし，組立て中の部材長さは溶接およびひずみ修正作業による縮み代を見込んでいるので対象としないが，縮み代の数値は記録し，後の受入検査時に確認するとよい．

(2) 組立て精度

組立て精度についてはT継手のすき間，重ね継手のすき間，突合せ継手の食違い，ルート間隔および開先角度がJASS 6 付則6 付表1「工作および組立て」に示す許容差内にあることを確認する．

完全溶込み溶接部の裏当て金やエンドタブは，溶接基準図に従い正しく取り付けられているか確認する．

(3) 組立て溶接

組立て溶接は，製作要領書に記載されたとおりの溶接方法により決められた溶接長さがあるか，位置は部品の角や端部など強度上および工作上問題となりやすい箇所を避けて行っているか確認する．組立て溶接を行う溶接技能者の資格に指定がある場合は，それを確認する．特に高強度材の組立て溶接は，溶接姿勢に応じた溶接資格を有することが望ましい．組立て溶接の要領例を図 8.3.2 に示す．また，組立て溶接の溶接長さとピッチの標準を表 8.3.1 に示す．

予熱を必要とする条件（材質，板厚，気温，拘束度等）の下では，所定の予熱を行っているか確認する．

8章 検　　査 —621—

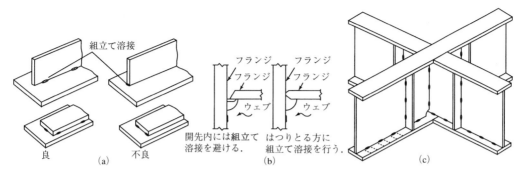

図 8.3.2　組立て溶接の要領

表 8.3.1　組立て溶接の溶接長さと標準ピッチ

(単位：mm)

板厚 t^*	組立て溶接の最小溶接長さ		標準ピッチ
	本溶接を被覆アーク溶接，ガスシールドアーク溶接，セルフシールドアーク溶接で行う箇所	本溶接をサブマージアーク溶接，エレクトロスラグ溶接で行う箇所	
$t \leq 6$	30	50	300〜400程度
$t > 6$	40	70	

［注］　＊組み立てる材の厚いほうの板厚

（4）　主要寸法

部材の寸法は，溶接およびひずみ修正作業による縮み代を見込んで組み立てているので，大組立て完了の代表部材について柱5項目（柱の長さ，階高，仕口部の長さ，仕口部のせいおよび柱のせい）および梁2項目（梁の長さおよび梁のせい）の寸法を計測し，正しく縮み代が確保されているか縮み代の数値を記録し，後の受入検査時に確認するとよい．

8.3.4　溶接中の検査

溶接中の検査では，溶接技能者の資格，溶接材料が製作要領書に適合していることを確認する．また，施工に用いられる溶接材料が，溶接する鋼材の強度に対して製作要領書に示される溶接条件を確保して施工されていることを確認する．

8.3.5　完成品の検査

中間検査時の完成品に対して，受入検査と同様の方法で，寸法精度検査，取合部検査，溶接部の外観および溶接部の内部欠陥検査を行う．

中間検査における外観検査は，検査時点での工場製作完成品について，目視および対物検査とする．不良があった場合には，その防止対策を報告させる．

（1）　寸法精度検査

完成品について，受入検査と同様に，主要寸法が許容差内にあることを確認する．

（2） 取合部検査

高力ボルト摩擦接合面の処理について，黒皮を除去する範囲，除去の状態，孔のばり，油分，塗料，溶接スパッタの有無等について確認する．

（3） 溶接部の外観検査

溶接部の検査は，JASS 6 付則 6 付表 3 により確認するとともに，エンドタブの処理，溶接スパッタの除去，隅角部の回し溶接の処理について確認する．

（4） 溶接部の内部欠陥検査

中間検査の溶接部の内部欠陥検査は，溶接中部材または初品における溶接品質を確認し，その製作工場の溶接施工技術・技能を把握することにある．溶接施工上改善すべき事項があれば，対策を講じて以後の溶接施工に反映させることが必要である．

溶接組立箱形断面のエレクトロスラグ溶接部のように，大組立て後に検査できない部分の工程間での受入検査は，製作工場とその時期を協議して実施する．

8.3.6 中間検査の検査項目例

中間検査における加工中の部材，組立て中の部材および溶接中の部材の検査項目例を表8.3.2に示す．中間検査を特記する場合の検査項目の参考とされたい．完成品の検査を行う場合は，受入検査と同様に溶接外観および製品の主要寸法が許容差内にあることを確認する．

8.3.7 工程進捗度の確認

工場での製品完成の進捗度は，工事現場の建方工程に大きな影響を与えるので，あらかじめ提出された製作工程と中間検査時の工程進捗度が一致しているかを確認する．中間検査時の製品完成の進捗度は，検査対象ロットについて各製作工程段階の部材数等を具体的に示すのが望ましい．製品完成の進捗度の表示例を表8.3.3に示す．工場での製作能力として，1日あたり柱が何本，梁が何本作れるか中間検査時の実績で確認しておくと，受入検査の予定日までの進捗を製作工程からおおよそ算出できるので，判断の目安にするとよい．基準製作工程の例を図8.3.3に示す．

表 8.3.2 中間検査時の検査項目例

	検査部位	検査項目	検査基準	検査基準・許容差	記録
加工中部材	鋼材	鋼板・形鋼の規格	設計図 製作要領書	主要部材のステンシル,ラベル,ミルシートなどの確認(材料検査報告書の確認)	
		切板の識別表示	製作要領書	端面塗色が製作要領書どおり	
	切断	切断面の粗さ	JASS 6 付則 6	管理許容差内である	
		切断面のノッチ深さ	JASS 6 付則 6	管理許容差内である	
		切断縁の直角度	JASS 6 付則 6	管理許容差内である	
		ベベル角度,ルート面	溶接基準図 製作要領書	溶接基準図に適合している 加工法が製作要領書どおりである	
	高力ボルト	孔あけ加工法	製作要領書	加工法が製作要領書どおりである	
		ボルト孔群	製作図継手表	孔数と配列が製作図継手表どおり	
		孔の心ずれ,孔相互の間隔	JASS 6 付則 6	管理許容差内である	
		孔のはしあき,へりあき	JASS 6 付則 6	管理許容差内である	
	その他	スカラップ,ノンスカラップのディテール	溶接基準図	溶接基準図に適合している	
		曲げ加工部材	製作要領書 告示 2464 号	曲げ加工方法が製作要領書どおり,曲げ半径が適正である.	
組立て中部材	組立て精度	T継手のすき間	JASS 6 付則 6	管理許容差内である	
		重ね継手のすき間	JASS 6 付則 6	管理許容差内である	
		突合せ継手の食違い	JASS 6 付則 6	管理許容差内である	
		ルート間隔	JASS 6 付則 6	管理許容差内である	
		開先角度	JASS 6 付則 6	管理許容差内である	
		裏当て金,エンドタブの取付け	溶接基準図	溶接基準図に適合している	
		仕口のずれ	JASS 6 付則 6	管理許容差内である	
		通しダイアフラムと梁フランジの食違い	告示 1464 号	ダイアフラムの板厚内である	
	組立て溶接	溶接材料	製作要領書	溶接材料の規格,銘柄,径が製作要領書に適合している	
		溶接技能者資格	製作要領書	高強度材の組立て溶接は溶接姿勢に応じた資格を有する	
		溶接外観等	製作要領書	位置,長さ,サイズ,ビード外観が適正である	
	主要寸法	柱5項目,梁2項目の測定	JASS 6 付則 6	管理許容差内である 対象部材の製作図に誤差を記入	
溶接中部材	溶接	溶接技能者資格	製作要領書	資格が適合している	
		溶接材料	製作要領書	溶接材料の規格,銘柄,ワイヤ径が製作要領書に適合している	
		溶接施工条件	製作要領書	溶接条件を満足している	

表 8.3.3 中間検査時の製品完成の進捗度の表示例

部材	台数	切断加工	一次加工	大組立て	溶接・仕上	社内検査	備考
柱	12	12/12	12/12	10/12	5/12	2/12	
		100 %	100 %	83 %	41 %	16 %	
大梁	25	25/25	22/25	15/25	10/25	2/25	
		100 %	88 %	60 %	40 %	8 %	
小梁	60	60/60	60/60	50/60	45/60	30/60	
		100 %	100 %	83 %	75 %	50 %	

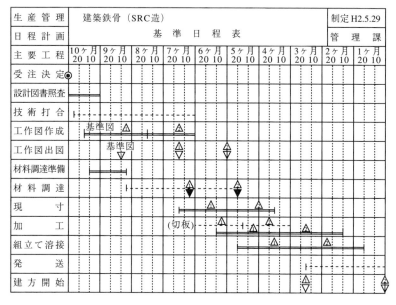

図 8.3.3 基準日程表の例

8.4 受入検査

8.4.1 一般事項

a．受入検査の計画

　鉄骨製作業者により製作された製品を施工者が受け入れるのに際して，工場製作の完了した鉄骨製品が設計図書で要求する品質を満足し，工事現場にて問題なく施工できる製品となっていることを確認するのが受入検査である．

　受入検査を行うにあたり，鉄骨製作業者は工場製作における各工程において要求品質を保証するために，社内検査を実施しなければならない．社内検査は鉄骨製作業者が製作の途上および完了段階で品質管理上，自主的に行う検査であり，その検査方法等は，工事ごとの製作内容に応じて，自ら決定すべきものであるが，施工者は受入検査に際し，製作工場の能力および製作内容によっては，その内容を確認することが必要となる．

設計図書には鉄骨製品の品質を確認するための検査方法が明記されるべきであるが，設計者に受入検査の認識が明確でなく，設計図書等に明示されていない場合もある．また，一般に設計段階では製作工場が未定の場合が多く，製作工場の技術レベルも判断できないため，製作工場が決まった段階で，工事監理者および施工者等と検査要領を具体的に再調整し，製作要領書または検査要領書等にした上で受入検査を実施することが必要となる．

さらに，受入検査を効率的に行うために施工者の鉄骨工事担当技術者は，工事現場の建方工程だけでなく製作工場の工程を考慮し，以下の点に注意して受入検査の計画を立てる必要がある．
- 設計図，特記仕様書（受入検査の方法・要領，各種試験の有無）の内容
- 製作工場の能力
- 工場での各工程の自主管理体制・方法
- 検査の時期および回数
- 製品の外注方法および外注工場の能力
- 補修やその再検査時間および検査後の塗装の時間

b．製品の受入検査

受入検査は，検査の種類も多く，工場製作工程，工事現場建方工程を決める上で大きな比重を占める．JASS 6 では，受入検査の種類，要領などについて特記がない場合，以下の検査の種類のうち，当該工事に関係するものを行うこととしている．
- 寸法精度検査
- 取合部検査
- 部材表面および切断面の外観検査
- 溶接部の外観検査
- 溶接部の内部欠陥検査
- スタッド溶接検査
- 工場締め高力ボルトの締付け検査
- 付属金物類検査
- 塗装検査
- 出来高検査
- めっき後検査

建物規模や建物のグレードにもよるが，規模が大きく同様な形状の製品であれば，工場の管理能力，当該工事でのそれまでの検査結果等の実績を考慮して受入検査の頻度を低減することも可能であるが，JASS 6 では，製作工場で製作完了した製品の全てが受入検査の対象となっているので，その場合は工事監理者の承認を得る必要がある．

検査ロットの中の製作の完了した一部の製品のみを検査して残りの未完成品も含めてその検査ロットを受入検査したものとして扱うことは，受入検査の主旨から大きく外れることなので，実施すべきではない．

いずれの検査の種類においても，それぞれの検査の内容に応じた記録書式をあらかじめ定めてお

き，検査結果を記録に残し，受入検査を実施した範囲を明らかにするとともに，受入検査の記録とする．

8.4.2 寸法精度検査

寸法精度検査は，製品寸法を測定し，所定の寸法精度であることを確認する検査であり，部材の長さ，仕口部の長さ，せい，階高，曲がりなどの主要寸法を測定する．寸法検査は特に重要であり，寸法精度が不良の場合は，工事現場での鉄骨の建方が困難となるだけでなく，能率も悪くなり，さらに構造耐力や仕上げにも影響するため，主要寸法については慎重に測定して精度を確認しておかなければならない．また，構造規模によっては，単一部材の寸法精度に加えて，相対誤差や累積誤差の確認も重要である．

しかし，受入検査で全数を寸法検査することは現実的に困難であることが多いので，JASS 6では，鉄骨製作業者の社内検査記録に対する書類検査と，特記のある場合に製品を抜取りにて直接寸法を測定する対物検査を定めている．

a．全数検査と抜取検査

受入検査の方法は，全数検査と抜取検査の2つがある．受け入れるべき製品において，所定の基準に対する不適合箇所の混入が許容できない場合は，全数検査を行う．また，構造性能や建方精度に大きな影響を及ぼさないような場合で，ある程度まで基準を逸脱するものの混入が許容できる場合は，抜取検査を適用することができる．

抜取検査は，全数検査に比べて経済的に有利であるが，所定の数量のサンプルによってロットの合否判定を行うため，下記の手順に従い検査を進める必要がある．

(1) 抜取検査とする検査項目を決める
(2) 製品を層別したロットとして扱い，それらに対して適切な検査方式を選定する
(3) サンプルをランダムに抜き取る
(4) サンプルの適合・不適合の判定基準およびロットの合否判定基準を明確にする
(5) 不合格となったロットの処置方法を明確にする
(6) 検査結果を記録する

b．寸法精度検査の方法

受入検査における寸法精度検査は，JASS 6 付則6 付表4「製品」の各項目について行うが，その方法は書類検査および対物検査による．書類検査は，製作工場が作成した社内検査成績表を使用して行うものである．対物検査は，実際に製品の寸法を測定するなどの方法により行うものであり，JASS 6においては，対物検査を行う場合は，特記によることとしている．

いずれの検査方法においても，後述のとおり所定の手順によりロットを構成し，その合否の判定を行う．検査の結果，不合格となったロットは，残りの全数について対物による寸法測定を行う．また，ロット合格の場合も含めて，限界許容差を逸脱したものは協議の上，補修または再製作を行って再検査する．

検査方法の種類は，JASS 6 付則7「寸法精度受入検査基準」に規定する書類検査（以下，「書類

検査1」という),対物検査1および対物検査2のほかに社内検査記録が部分的にある場合に対しても適用できる書類検査2および対物検査3を含めて,5種類の方法がある.検査方法の種類の概要を表8.4.1に示す.

検査方法は,図8.4.1のフローに示すように,検査項目の特記,検査項目と方法の特記および対物検査の特記それぞれの内容によって,特殊なケースを除いて6種類に区分される.

同フローの分岐の条件を以下に説明する.
(1) 検査項目の特記
　① Aのルートは,検査項目についての特記のない場合.
　　JASS 6 10.4「受入検査」において特記のない場合は,柱の長さ・階高・仕口部の長さ・柱のせい・仕口部のせい・梁の長さ・梁のせいの7項目について,書類検査1を行う.
　② Bのルートは,検査項目に関する特記がある場合.
(2) 検査項目と方法の特記
　① Cのルートは,指定の検査項目について書類検査1を行う場合.
　② Dのルートは,指定の検査項目について書類検査2を行う場合.
　③ Eのルートは,指定の検査項目について書類検査1および書類検査2を行わない場合.
(3) 対物検査の特記
　① Fのルートは,対物検査を行わない場合.
　② Gのルートは,対物検査を行う場合.

c. 書類検査の適用

書類検査1の方法は,JASS 6 付則7「寸法精度受入検査基準」に記述されており,1節分の中の社内検査記録数300個以下で1検査ロットを構成することとしている.記録数が100個以下の場合は,他の節も含めて構成してもよいことを定めている.ただし,製作工場の工程管理状況によっては,節ごとに製作条件(人員,設備など)が変動することも考えられるので,検査の過程で,複数の節における品質のバラツキの差などの傾向が見て取れる場合は,あらためて節ごとに分割して検査ロットを構成する必要がある.

社内検査記録が部分的にある項目については,書類検査2が適用できる.ただし,この方法は正規分布の上側確率により検定を行うため,例えば,ロットを構成するデータにおいて,明らかに技量に差がある作業者が関わった製品に対する測定記録が混在する場合は,母集団についての正規分布の要件を満たさず,統計学的にはこの検査方法は成立しないことが考えられるので,製作工場の工程管理状況に留意する必要がある.

d. 対物検査の適用

対物検査は,通常の抜取検査と同様の方法と,社内検査記録との照合により間接的に判定する方法がある.前者は対物検査1,後者は対物検査2および対物検査3が該当する.

対物検査1は,社内検査成績表を使用しないでサンプルの寸法精度の測定結果からロットの合否を判定する方法である.なお,不合格となった検査項目については,ロットの全数検査を行う.

これに対して,対物検査2および対物検査3は,いずれも間接的に判定を行う方法である.社内

表 8.4.1　寸法精度検査の方法の概要

方法			概要
書類検査	書類検査1	適用	社内検査記録が全数ある場合
		手順と判定	・検査項目ごとに社内検査記録数300個以下で1検査ロットを構成する． ・検査項目ごとの社内検査記録数に対して管理許容差を超えるものの割合が5％以下で，かつ限界許容差を超えるものの割合が0％のときロットを合格とする．
	書類検査2	適用	社内検査記録が部分的にある場合
		手順と判定	・検査項目ごとに社内検査記録数300個以下で1検査ロットを構成する． ・各ロットにおける寸法精度の分布を統計的に推定し，管理許容差を超える割合が5％以下のときロットを合格とする．
対物検査	対物検査1	適用	社内検査成績表を使用しない
		手順と判定	・検査項目ごとに検査対象箇所数300個以下で1検査ロットを構成する． ・検査ロットごとに10個のサンプリングを行う． ・10個のサンプル中に管理許容差を超えるものの個数が0のときはロットを合格とし，2以上のときはロットを不合格とする．サンプル中に管理許容差を超えるものの個数が1のときは，同じロットからさらに10個のサンプルを抜き取り，測定する．総計20個のサンプルについて，管理許容差を超えるものの個数の合計が1のときはロットを合格とし，2以上のときはロットを不合格とする．
	対物検査2	適用	社内検査記録が全数ある場合
		手順と判定	・検査項目ごとに検査対象箇所数300個以下で1検査ロットを構成する． ・検査ロットごとに5個のサンプリングを行う． ・サンプルの測定結果と社内検査記録中の該当する値の差が，通常の測定で生じるかたよりとバラツキの範囲内であれば合格とする． ・判定の結果，通常の測定で生じる範囲を超えている場合は，さらに検査ロットごとに5個のサンプリングを行い，合計10個の測定値を得る． ・10個のサンプルの測定結果について同様の判定を行う．
	対物検査3	適用	社内検査記録が全数ある場合および部分的にある場合
		手順と判定	・検査項目ごとに検査対象箇所数300個以下で1検査ロットを構成する． ・検査ロットごとに合理的な方法で大きさ5個以上のサンプリングを行う． ・社内検査結果とサンプルの測定結果を比較し，通常の測定で生じるかたよりとバラツキの範囲内であれば合格とする．

検査記録が全数ある場合は対物検査2または対物検査3，社内検査記録が部分的にある場合は対物検査3が適用できる．いずれの方法も，サンプルの測定結果と社内検査記録の中の該当する値との整合性を統計的な手法で検定することにより当該ロットの合否判定を行う方法であるため，小さなサンプルサイズで判定できる利点がある．なお，これらの方法において不合格ということは，社内検査記録とこの検査方法によるものが，同一ロットを対象とした検査ではない確率が高いと判定されたことを意味しており，全数検査を行うことを原則とする．この場合において，諸々の状況を勘案してあらためて対物検査1を行う方法もある．

　ただし，上記のいずれの方法によることも不適当である場合，例えば，検査対象の全数の測定値について許容差の逸脱が一箇所でも許容できない場合，製品の数量が少なくロット構成が困難であ

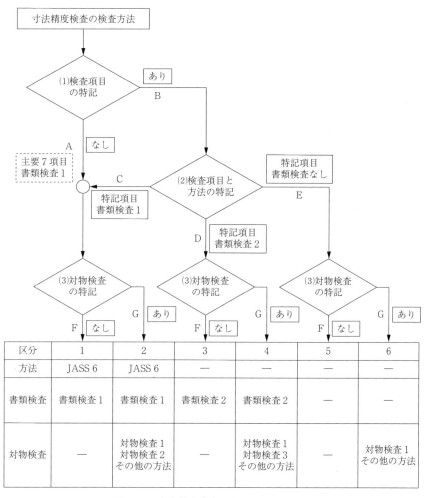

図 8.4.1 寸法精度検査の方法選択のフロー

る場合などは，原則として全数検査を行う．その場合において，それぞれの測定値が限界許容差を逸脱しなければ合格であるが，管理許容差を超えるものが多数あった場合は，製作工場において管理上何らかの問題がある可能性が高いので，すみやかに打合せを行って，適切に処置することが肝要である．

e．書類検査の方法

　書類検査は，社内検査成績表に記録された値を使用して行う方法であり，既述のとおりJASS 6で規定する書類検査1と，この章で記述する書類検査2がある．

　書類検査1は，社内検査記録が全数ある場合に適用でき，管理許容差および限界許容差を基準値としている．

　書類検査2は，社内検査記録が全数ある場合あるいは部分的にある場合に適用でき，管理許容差を基準値としている．

　検査を行うにあたっては，検査項目ごとに社内検査記録数300個以下で1ロットを構成する．通

常1節分を1ロットとするが，1節分の数量が多い場合はロットを分割したり，少ない場合は他の節と統合してもよい．いずれにしてもロットの構成は製作工程や建方工程と密接な関係があるので，事前に製作工場，施工者と協議の上，決定する．

(1) 書類検査1

具体的な検査の方法は JASS 6 付則7 による．

(2) 書類検査2

社内検査成績表に記録された値 x（JASS 6 10.2「社内検査」で規定するとおり，測定寸法の設計寸法に対する差）により，ロットを構成するものの値が管理許容差を逸脱している確率 P を推定し，その値により合否を判定する．

最初に，次式から u_1, u_2 を求める．

$$u_1 = \frac{|e_U - \bar{x}|}{\hat{\sigma}} \tag{8.4.1}$$

$$u_2 = \frac{|e_L - \bar{x}|}{\hat{\sigma}} \tag{8.4.2}$$

記号　e_U, e_L：管理許容差の上側の値および下側の値
　　　$\bar{x}$：x の平均値
　　　$\hat{\sigma}$：x の母標準偏差の推定値

次に，ロットを構成する母集団は正規分布するものと仮定し，その上側確率の表に u_1, u_2 を適用することにより，x が e_U, e_L を逸脱する確率 P_1, P_2 を求める．

$$P = P_1 + P_2 \leqq 0.05 \tag{8.4.3}$$

のとき，そのロットを合格とする．

f．対物検査の方法

対物検査は，製品を測定して合否を判定する方法であり，既述のとおり JASS 6 で規定する対物検査1および対物検査2と，その他の方法の一つとして，この章で記述する対物検査3の3種類がある．

対物検査1は，社内検査成績表を使用しないで行う方法であり，管理許容差を基準値としている．

対物検査2は，社内検査記録が全数ある場合に適用できる方法である．

対物検査3は，社内検査記録が全数または部分的にある場合に適用できる方法である

(1) 対物検査1

具体的な検査の方法は，JASS 6 付則7「寸法精度受入検査基準」3.1「対物検査1」において規定されており，その手順を図8.4.2に示す．また，この方法の検査特性曲線（OC曲線）を図8.4.3に示すが，この曲線は，仮定した品質水準のロットに対する合格の確率を表している．

(2) 対物検査2

具体的な検査の方法は，JASS 6 付則7 3.2「対物検査2」による．

この検査方法は，統計的な手法による検定の結果により合否の判定を行う方法であるため，少々煩雑であり，ある程度の時間を要する．つまり，JASS 6 付則7 に記述されているように，かたよ

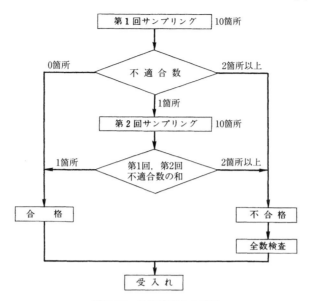

図 8.4.2 対物検査 1 の手順

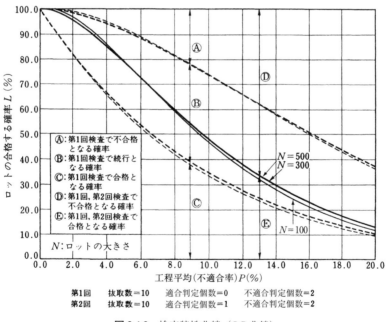

| 第1回 | 抜取数=10 | 適合判定個数=0 | 不適合判定個数=2 |
| 第2回 | 抜取数=10 | 適合判定個数=1 | 不適合判定個数=2 |

図 8.4.3 検査特性曲線（OC 曲線）

りおよびバラツキに対する t 検定および F 検定の方法は統計的な意味は明確ではあるが，受入検査として数値的な扱いが煩雑である．そこで，製品検査の現場ですみやかに合否の判定ができるよう，簡単に扱えるパラメータを利用して判定する方法を［参考1］として次に示す．

　この方法においては，製作工場の一般的な測定で起こり得る測定結果のバラツキに対する標準的な分散の値として設定された V_m〔［参考2］参照〕を使用するが，長さ2mを境界値として上下それぞれの場合に対応する2つの数値のいずれかを適用することとなっているので，注意が必要である．

例えば，工事現場継手となる部分の階高や小寸法の柱間に取り付ける梁などで2mに満たない長さの部位などは，独立したロットを構成すればよい．

この方法において不合格となったロットは，残りの全数に対して寸法検査を行うこととなっているが，残りの全数に対する寸法検査ではなく，あらためて対物検査1を適用して最終的な判定を行う方法もある．

また，ロット不合格の意味は，社内検査および受入検査それぞれの検査対象が同一ロットではない確率が高いということであり，社内検査の方法に問題点がある可能性が高いので，その方法などについて見直しを行うとよい．

[参考1] 対物検査2の簡易判定法

JASS 6 付則7の記述のように社内検査記録とサンプルの測定値の差を z_i とし，z_i の合計をその差のかたよりを表す量 S_z とする．また，z_i の最大値と最小値の差をバラツキを表す量 D_z とする．この S_z および D_z の組合せで，図8.4.4に示す区分領域により付則7の記述にある t 検定および F 検定による方法とほぼ等価な判定を行うことができる．領域の境界付近では，t 検定および F 検定による方法と必ずしも一致しない場合もあるので，どちらの判定方法によるかをあらかじめ定めておく必要があろう．

この方法において，2mを超える寸法の場合（$V_m=1.0$）で，D_z が3mmを超えるかまたは S_z が6mmを超える場合は不合格という判定は，実際の寸法精度検査の実情から見てもほぼ妥当な判定結果を与えるものと考えられる．

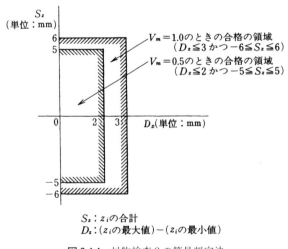

図8.4.4 対物検査2の簡易判定法

[参考2] 寸法精度の実態調査に基づく V_m の設定

対物検査2を適用するには，通常の測定で生じ得る誤差（測定値から真の値を引いた値：JIS Z 8103の定義による）がどの程度であるかを把握しておく必要がある．鉄骨建設業協会加盟17社の

協力を得て，実際の工事における鉄骨部材の測定について実態調査を実施し，その結果に基づいて通常の測定で生じ得る誤差の分散 V_m を設定した（表および図は調査時の記録をそのまま掲載）．

検査項目と測定器具を表 8.4.2 に示す．

表 8.4.2 検査項目と測定器具

大きさ	検査項目	測定器具
2 m 以下	仕口部の長さ	金属製直尺およびコンベックスルール
2～10 m	階　　高	鋼製巻尺（手引き）
10 m 以上	柱の長さ	鋼製巻尺（張力 5 kgf）

各社のデータの平均値を真の値と見なしたときの各測定値の誤差の分布を図 8.4.5 から図 8.4.7 に，また，それぞれの測定者による誤差の不偏分散の分布を図 8.4.8 から図 8.4.10 に示す．

上記の結果から，通常の測定における誤差の不偏分散 V_m について，ほとんどの測定者による測定値が満足するような値として，表 8.4.3 に示すとおりに設定した．

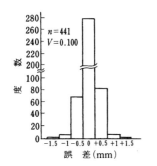

図 8.4.5 仕口部の長さの測定誤差分布（2 m 以下）

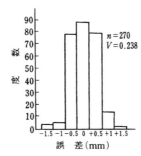

図 8.4.6 階高の測定誤差分布（2 m～10 m）

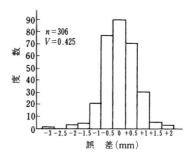

図 8.4.7 柱の長さの測定誤差分布（10 m 以上）

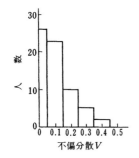

図 8.4.8 仕口部の長さ・個人別不偏分散の分布

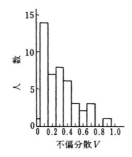

図 8.4.9 階高・個人別不偏分散の分布

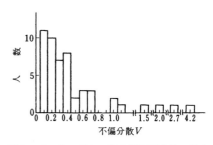

図 8.4.10 柱の長さ・個人別不偏分散の分布

表 8.4.3 通常の測定における誤差の不偏分散

対象物	V_m
2m 以下の短尺物	0.5
2m を超える中・長尺物	1.0

(3) 対物検査 3

この方法は，サンプルの測定結果から，社内検査記録のロットとそれに対応する検査ロットが，危険率 5％で同一の母集団が対象であるといえるかどうかを検定することにより，ロットの合否の判定を行うものである．通常，この方法は，前述の書類検査 2 で合格となった場合に行う方法である．

この検査方法における「合格」の意味は，同一ロットが対象であるとする仮説を否定できないということであり，サンプル数が小さい場合は，判定結果の信頼性が低下する．対物検査 2 と同等の信頼性を確保するには，少なくとも 5 個のサンプル数が必要である．

社内検査記録とサンプルの測定結果が表 8.4.4 のようであったとして，合否判定方法を以下に示す．

表 8.4.4 社内検査記録とサンプルの測定結果

	設計値と測定値の差 x_i, y_i (＝測定値－設計値)							
社内検査	x_1		x_2	...	x_i	x_{i+1}	...	x_{nx}
サンプル		y_1		y_i		y_{i+1}		y_{ny}

① x, y の平均値 ($\bar{x}, \bar{y}$) に差があるかどうかの判定 (t 検定)

$$t_0 = \frac{|\bar{x} - \bar{y}|}{\sqrt{\left(\frac{1}{n_x} + \frac{1}{n_y}\right)\frac{S_x + S_y}{n_x + n_y - 2}}} \leq t(n_x + n_y - 2, 0.05) \tag{8.4.4}$$

記号　n_x, n_y：社内検査記録数，サンプル数

S_x, S_y：測定値と設計値の差 x_i, y_i の残差平方和

② x, y のバラツキに差があるかどうかの判定 (F 検定)

$$F_0 = \frac{(V_x, V_y \text{の大きいほうの値})}{(V_x, V_y \text{の小さいほうの値})} \leq F_{n_x-1}^{n_y-1}(0.05) \tag{8.4.5}$$

記号　V_x, V_y：測定値と設計値の差 x_i, y_i の不偏分散

(8.4.4)，(8.4.5) 式が同時に成立したとき，ロット合格とする．

検査の結果，不合格のロットは全数検査を行うことを原則とするが，既述のとおり，あらためて対物検査 1 を実施して最終的な合否判定を行う方法もある．その結果，不合格となったロットは，製作工場で全数検査を行い，不適合の部位は補修などを行って，再度受入検査を実施すべきである．

g. 寸法精度検査の適用例

(1) 書類検査1

検査項目ごとに，社内検査記録全数に対する許容差を超えた社内検査記録数の割合により合否を判定する．この割合が管理許容差に対して5%以下かつ限界許容差に対して0%の場合，合格とする．本適用例を表8.4.5に示すが，この例ではすべて合格となっている．

表8.4.5 書類検査1の合否判定結果

検査項目	n	n_s	$\dfrac{n_s}{n}$	n_c	$\dfrac{n_c}{n}$	P_s	P_c	合否判定
柱の長さ	66	1	0.02	0	0.00	0.05	0.00	合格
階高	93	2	0.02	0	0.00			合格
柱のせい	93	0	0.00	0	0.00			合格
仕口部の長さ	165	3	0.02	0	0.00			合格
仕口部のせい	165	0	0.00	0	0.00			合格
梁の長さ	62	0	0.00	0	0.00			合格
梁のせい	62	0	0.00	0	0.00			合格

[記号] n：社内検査記録数
　　　 n_s：管理許容差を超えた社内検査記録数
　　　 n_c：限界許容差を超えた社内検査記録数
　　　 $n_s/n \leq P_s$ かつ $n_c/n \leq P_c$ で合格

記録用紙の例を表8.4.15に，その記入例を表8.4.16に示す．

(2) 書類検査2

社内検査記録x_iの度数分布が表8.4.6のように与えられている場合を考える．この7項目のうち，4項目に書類検査2を適用した結果を表8.4.7に示す．この例では，いずれの検査項目も$P_1 + P_2$が0.05以下で合格となっている．

記録用紙の例を表8.4.17に，その記入例を表8.4.18に示す．

表8.4.6 社内検査記録x_iの度数表

誤差(mm)	-3	-2	-1	0	+1	+2	+3	n_x	$\sigma_{\max}$	$\sigma_{\min}$
柱のせい	0	2	5	12	7	2	0	28	+2	-2
梁のせい	0	3	6	14	5	2	0	30	+2	-2
仕口部のせい	0	2	7	10	10	2	0	31	+2	-2
仕口部の長さ	0	2	8	13	8	2	0	33	+2	-2
柱の長さ	0	0	2	13	9	9	0	33	+2	-1
梁の長さ	0	0	2	15	11	3	0	31	+2	-1
階高	0	0	3	12	8	5	0	28	+2	-1

[記号] n_x：社内検査記録数
　　　 $\sigma_{\max}$：x_iの最大値
　　　 $\sigma_{\min}$：x_iの最小値

表 8.4.7　書類検査 2 の合否判定結果

検査項目	n_x	$\bar{x}$	d_2	$\hat{\sigma}$	e_U, e_L	u_1	u_2	P_1	P_2	P_1+P_2	合否判定
仕口部の長さ	33	0.00	4.16	0.96	±3.0	3.12	3.12	0	0	0	合　格
柱 の 長 さ	33	0.76	4.16	0.72	±4.0	4.50	6.60	0	0	0	合　格
梁 の 長 さ	31	0.48	4.11	0.73	±3.0	3.45	4.77	0	0	0	合　格
階　　　　高	28	0.54	4.03	0.74	±3.0	3.31	4.75	0	0	0	合　格

[記号]　n_x ：社内検査記録数
　　　　$\bar{x} = \Sigma x_i / n_x$ ：x_i の平均値
　　　　d_2 ：n_x によって決まる値（表 8.4.8 から読み取る）
　　　　$\hat{\sigma} = (\sigma_{max} - \sigma_{min})/d_2$ ：x_i の母標準偏差の推定値
　　　　e_U, e_L ：管理許容差の上側の値および下側の値
　　　　$u_1 = \dfrac{|e_U - \bar{x}|}{\hat{\sigma}}$
　　　　$u_2 = \dfrac{|e_L - \bar{x}|}{\hat{\sigma}}$
　　　　P_1, P_2 ：e_U, e_L を逸脱する確率（図 8.4.11 から読み取る）

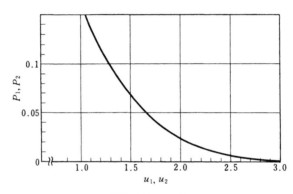

図 8.4.11　$u - P$

表 8.4.8　d_2

n_x	d_2	n_x	d_2	n_x	d_2	n_x	d_2	n_x	d_2
		11	3.17	21	3.78	31	4.11	45	4.42
2	1.13	12	3.26	22	3.82	32	4.14	50	4.50
3	1.69	13	3.34	23	3.86	33	4.16	55	4.57
4	2.06	14	3.41	24	3.90	34	4.19	60	4.64
5	2.33	15	3.47	25	3.93	35	4.21	65	4.70
6	2.53	16	3.53	26	3.96	36	4.24	70	4.75
7	2.70	17	3.59	27	4.00	37	4.26	75	4.81
8	2.85	18	3.64	28	4.03	38	4.28	80	4.85
9	2.97	19	3.69	29	4.06	39	4.30	90	4.94
10	3.08	20	3.73	30	4.09	40	4.32	100	5.02

（3） 対物検査1

検査ロットごとに10個のサンプルの測定結果が，管理許容差を超えるものの個数が0のときはロットを合格，2以上のときはロットを不合格，1のときは同じロットからさらに10個のサンプリングを行い，総計20個のサンプルの測定結果が，管理許容差を超えるものの個数の合計が1のときはロットを合格とし，2以上のときはロットを不合格とする．

本適用例を表8.4.9に示すが，すべて合格となっている．

記録用紙の例を表8.4.19に，その記入例を表8.4.20に示す．

表8.4.9 対物検査1の合否判定結果

検査項目	第1回サンプリング										不適合数	第2回サンプリング										合計不適合数	合否判定
	1	2	3	4	5	6	7	8	9	10		11	12	13	14	15	16	17	18	19	20		
柱の長さ	○	○	○	○	○	○	○	○	○	○	0												合格
階　高	○	○	○	○	○	○	○	○	○	○	0												合格
仕口部の長さ	○	○	○	×	○	○	○	○	○	○	1	○	○	○	○	○	○	○	○	○	○	1	合格
柱せい	○	○	○	○	○	○	○	○	○	○	0												合格
仕口部のせい	○	○	○	○	○	○	○	○	○	○	0												合格
梁の長さ	○	○	○	○	○	○	○	○	×	○	1	○	○	○	○	○	○	○	○	○	○	1	合格
梁せい	○	○	○	○	○	○	○	○	○	○	0												合格

［注］ 管理許容差を超えたサンプルを×で表示

（4） 対物検査2

社内検査記録が全数ある場合に検査項目ごとに行う．それぞれ5個のサンプルの測定結果について検討する．適用例として表8.4.10に社内検査記録とサンプルの測定結果およびそれらの差，表8.4.11に合否判定結果を，また表8.4.12に簡易判定法により判定した結果を示すが，いずれの場合も合格となっている．

表8.4.10 社内検査記録（x_i）とサンプルの測定結果（y_i）およびそれらの差（$z_i = x_i - y_i$）

検査項目		$x_i,\ y_i,\ z_i$				
仕口部の長さ（2m以下）	x_i	-2	0	$+2$	$+1$	0
	y_i	-2	0	$+1$	0	0
	z_i	0	0	$+1$	$+1$	0
階　高（2m超）	x_i	-1	$+3$	0	-1	0
	y_i	0	$+1$	0	-1	-1
	z_i	-1	$+2$	0	0	$+1$
梁の長さ（2m超）	x_i	-2	$+1$	0	$+1$	0
	y_i	-2	$+1$	0	0	$+1$
	z_i	0	0	0	$+1$	-1

表8.4.11 対物検査2の合否判定結果

検査項目	$\bar{z}$	s	t_0	$t(4, 0.05)$	かたよりの有意差	V_δ	V_m	F_0	$F_\infty^4(0.05)$	バラツキの有意差	合否判定
仕口部の長さ	0.40	0.49	1.63	2.78	無	0.30	0.5	0.60	2.37	無	合格
階　高	0.40	1.02	0.78	2.78	無	1.30	1.0	1.30	2.37	無	合格
梁の長さ	0.00	0.63	0.00	2.78	無	0.50	1.0	0.50	2.37	無	合格

表 8.4.12　簡易判定法による対物検査2の合否判定結果

検査項目	V_m	S_z	判定基準	D_z	判定基準	判定
仕口部の長さ	0.5	+2	≦5	1	≦2	合格
階　　高	1.0	+2	≦6	3	≦3	合格
梁の長さ	1.0	0	≦6	2	≦3	合格

対物検査2の記録用紙の例を表8.4.21に，その記入例を表8.4.22に示す．また，対物検査2（簡易判定法）の記録用紙の例を表8.4.23に，その記入例を表8.4.24に示す．

（5）　対物検査3

書類検査2の適用例を示した表8.4.6の7項目の検査項目に対して，それぞれ5個ずつのサンプリングをし，表8.4.13のような結果を得た．図8.4.12に社内検査記録とサンプルの測定結果の比較図を，両者の総度数が等しくなるように基準化して示す．

表 8.4.13　サンプルの測定結果 y_i の度数表

誤差(mm)	-3	-2	-1	0	+1	+2	+3	n_y
柱のせい	0	1	0	3	1	0	0	5
梁のせい	0	0	2	2	1	0	0	5
仕口部のせい	0	0	2	3	0	0	0	5
仕口部の長さ	0	1	1	3	0	0	0	5
柱の長さ	0	1	0	3	1	0	0	5
梁の長さ	0	0	0	3	2	0	0	5
階　高	0	0	2	2	1	0	0	5

［記号］　n_y：サンプル数

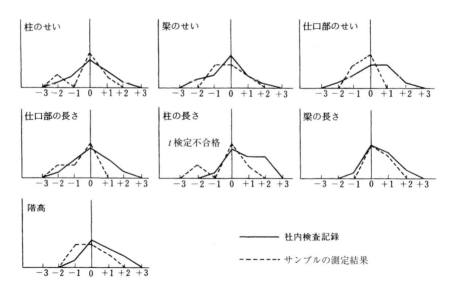

図 8.4.12　社内検査記録とサンプルの測定結果の比較

表 8.4.6 の社内検査記録と表 8.4.13 のサンプルの測定結果に対して対物検査 3 を適用し，表 8.4.14 に示す結果を得た．同表の柱の長さにおいて，t 検定についての (8.4.4) 式が成立せず，同ロットは不合格となった．しかし，y_i の値が比較的小さいので，直接寸法精度を確認するためにさらに 5 個のサンプリングを行い，対物検査 1 を適用した．その結果，管理許容差を超えるものが 0 であったので同ロットを合格とした．

記録用紙の例を表 8.4.25，その記入例を表 8.4.26 に示す．

表 8.4.14 対物検査 3 の合否判定結果

検査項目	n_x	$\bar{x}$	$\bar{y}$	S_x	S_y	t_0	t	かたよりの有意差	V_x	V_y	F_0	F	バラツキの有意差	合否判定
柱のせい	28	0.07	−0.20	27.9	4.8	0.54	2.04	無	1.03	1.20	1.16	2.73	無	合格
梁のせい	30	−0.10	−0.20	30.7	2.8	0.21	2.03	無	1.06	0.70	1.51	5.75	無	合格
仕口部のせい	31	0.10	−0.40	32.7	1.2	1.03	2.03	無	1.09	0.30	3.63	5.75	無	合格
仕口部の長さ	33	0.00	−0.60	32.0	3.2	1.26	2.03	無	1.00	0.80	1.25	5.74	無	合格
柱の長さ	33	0.76	−0.20	28.1	4.8	2.09	2.03	有	0.88	1.20	1.37	2.67	無	不合格
梁の長さ	31	0.48	0.40	17.7	1.2	0.23	2.03	無	0.59	0.30	1.97	5.75	無	合格
階高	28	0.54	−0.20	23.0	2.8	1.66	2.04	無	0.85	0.70	1.21	5.76	無	合格

［注］ 不合格となった「柱の長さ」について対物検査 1 を適用した結果，管理許容差を超えるものが 0 であり，同ロットを合格とした．

［記号］
n_x ：社内検査記録数
n_y ：サンプル数（ここでは 5 個）
$\bar{x} = \Sigma x_i / n_x$ ：x_i の平均値
$\bar{y} = \Sigma y_i / n_y$ ：y_i の平均値
$S_x = \Sigma (x_i - \bar{x})^2$ ：x_i の残差平方和
$\quad = \Sigma x_i^2 - (\Sigma x_i)^2 / n_x$
$S_y = \Sigma (y_i - \bar{y})^2$ ：y_i の残差平方和
$\quad = \Sigma y_i^2 - (\Sigma y_i)^2 / n_y$

$$t_0 = \frac{|\bar{x} - \bar{y}|}{\sqrt{\left(\frac{1}{n_x} + \frac{1}{n_y}\right)\frac{S_x + S_y}{n_x + n_y - 2}}}$$

$t = t(n_x + n_y - 2, 0.05)$：図 8.4.13 から読み取る．$t_0 \leq t$ のとき t 検定合格（かたよりの有意差無）
$V_x = S_x / (n_x - 1)$ ：x_i の不偏分散
$V_y = S_y / (n_y - 1)$ ：y_i の不偏分散
$F_0 = \dfrac{(V_x, V_y \text{の大きいほうの値})}{(V_x, V_y \text{の小さいほうの値})}$

$F = F^{n_y - 1}_{n_x - 1}(0.05)$ ：図 8.4.14 から読み取る．$F_0 \leq F$ のとき F 検定合格（バラツキの有意差無）

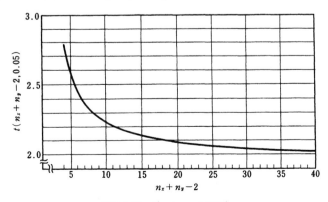

図 8.4.13 $t(n_x + n_y - 2, 0.05)$

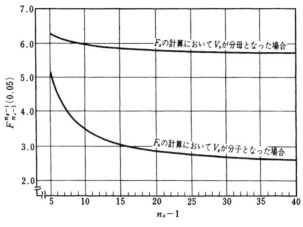

図 8.4.14　$F^{n_y-1}_{n_x-1}(0.05)$

h. 寸法精度検査の記録用紙

　寸法精度検査は，図 8.4.1 に示すフローに基づいて適切な方法を選択し，できるだけ検査の手順に沿った必要なデータを記入できるような，簡潔でかつ適切な様式の記録用紙を使用しなければならない．以下に記録用紙の様式の例と，その記入例を示す．

表 8.4.15 書類検査の記録用紙の例

様式-1	書 類 検 査

合格・不合格の判定基準　　　　　　　　n：ロットサイズ(社内検査全記録数)
$\dfrac{n_s}{n} \leq 0.05$ かつ $\dfrac{n_c}{n}=0$ のとき 合格　　n_s：管理許容差を超えた記録数
　　　　　　　　　　　　　　　　　　　n_c：限界許容差を超えた記録数

検査項目	管理許容差		限界許容差		ロット構成
	下側	上側	下側	上側	
柱の長さ	−3(−4)	+3(+4)	−5(−6)	+5(+6)	
階高	−3	+3	−5	+5	
仕口部の長さ	−3	+3	−5	+5	
柱のせい	−2(−3)	+2(+3)	−3(−4)	+3(+4)	
仕口部のせい	−2(−3)	+2(+3)	−3(−4)	+3(+4)	
梁の長さ	−3	+3	−5	+5	
梁のせい	−2(−3)	+2(+3)	−3(−4)	+3(+4)	

検査項目	n	n_s	$\dfrac{n_s}{n}$	n_c	$\dfrac{n_c}{n}$	項目の合否判定
柱の長さ						合格・不合格
階高						合格・不合格
仕口部の長さ						合格・不合格
柱のせい						合格・不合格
仕口部のせい						合格・不合格
梁の長さ						合格・不合格
梁のせい						合格・不合格
						合格・不合格
						合格・不合格

総合判定

書類検査	対物による寸法検査 (書類検査不合格の場合)	総合判定
合　格・不合格	合　格・不合格	合　格・不合格

表 8.4.16 書類検査の記録用紙の記入例

様式-1	書 類 検 査	

合格・不合格の判定基準

$\dfrac{n_s}{n} \leq 0.05$ かつ $\dfrac{n_c}{n} = 0$ のとき 合格

n：ロットサイズ(社内検査全記録数)
n_s：管理許容差を超えた記録数
n_c：限界許容差を超えた記録数

検査項目	管理許容差		限界許容差		ロット構成
	下側	上側	下側	上側	
柱の長さ	−3(−4)	+3(+4)	−5(−6)	+5(+6)	1節 柱20台
階高	−3	+3	−5	+5	1節 柱20台
仕口部の長さ	−3	+3	−5	+5	1節 柱20台
柱のせい	−2(−3)	+2(+3)	−3(−4)	+3(+4)	1節 柱20台
仕口部のせい	−2(−3)	+2(+3)	−3(−4)	+3(+4)	1節 柱20台
梁の長さ	−3	+3	−5	+5	1節 梁31台
梁のせい	−2(−3)	+2(+3)	−3(−4)	+3(+4)	1節 梁31台

検査項目	n	n_s	$\dfrac{n_s}{n}$	n_c	$\dfrac{n_c}{n}$	項目の合否判定
柱の長さ	20	1	0.05	0	0.00	⦿合格・不合格
階高	93	2	0.02	0	0.00	⦿合格・不合格
仕口部の長さ	165	3	0.02	0	0.00	⦿合格・不合格
柱のせい	80	0	0.00	0	0.00	⦿合格・不合格
仕口部のせい	165	0	0.00	0	0.00	⦿合格・不合格
梁の長さ	31	0	0.00	0	0.00	⦿合格・不合格
梁のせい	62	0	0.00	0	0.00	⦿合格・不合格
						合格・不合格
						合格・不合格

総合判定

書類検査	対物による寸法検査 (書類検査不合格の場合)	総合判定
⦿合 格・不合格	合 格・不合格	⦿合 格・不合格

表 8.4.17 書類検査 2 の記録用紙の例

様式-2	書 類 検 査 2		

検査項目	管理許容差［下側］	管理許容差［上側］	ロット構成
柱の長さ	−3（−4）	+3（+4）	
階高	−3	+3	
仕口部の長さ	−3	+3	
柱のせい	−2（−3）	+2（+3）	
仕口部のせい	−2（−3）	+2（+3）	
梁の長さ	−3	+3	
梁のせい	−2（−3）	+2（+3）	

項 目	n_x	Σx_i	$\bar{x}$	δ_{max}	δ_{min}	d_2	$\hat{\sigma}$	e_U	e_L
柱の長さ									
階高									
仕口部の長さ									
柱のせい									
仕口部のせい									
梁の長さ									
梁のせい									

項 目	u_1	u_2	P_1	P_2	$P = P_1 + P_2$	合否判定（$P \leq 0.05$ のとき合格）
柱の長さ						合格・不合格
階高						合格・不合格
仕口部の長さ						合格・不合格
柱のせい						合格・不合格
仕口部のせい						合格・不合格
梁の長さ						合格・不合格
梁のせい						合格・不合格

n_x：ロットサイズ（社内検査記録数）
$\bar{x}$：社内検査記録の値の平均値　$\Sigma x / n_x$
$\hat{\sigma}$：社内検査記録の値の母標準偏差の推定値　$(\delta_{max} - \delta_{min}) / d_2$
$\delta_{max}, \delta_{min}$：社内検査記録の値の最大値および最小値
d_2：n_x によって定まる値（表 8.4.8 による）
$u_1 = |e_U - \bar{x}|/\hat{\sigma}$,　$u_2 = |e_L - \bar{x}|/\hat{\sigma}$
P_1, P_2：e_U（管理許容差の上側の値）および e_L（管理許容差の下側の値）を逸脱する確率（図 8.4.12 による）

表 8.4.8

n_x	d_2	n_x	d_2	n_x	d_2
2	1.13	19	3.69	36	4.24
3	1.69	20	3.73	37	4.26
4	2.06	21	3.78	38	4.28
5	2.33	22	3.82	39	4.30
6	2.53	23	3.86	40	4.32
7	2.70	24	3.90	45	4.42
8	2.85	25	3.93	50	4.50
9	2.97	26	3.96	55	4.57
10	3.08	27	4.00	60	4.64
11	3.17	28	4.03	65	4.70
12	3.26	29	4.06	70	4.75
13	3.34	30	4.09	75	4.81
14	3.41	31	4.11	80	4.85
15	3.47	32	4.14	90	4.94
16	3.53	33	4.16	100	5.02
17	3.59	34	4.19		
18	3.64	35	4.21		

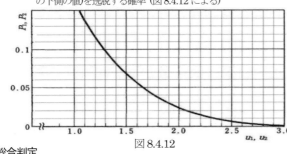

図 8.4.12

総合判定

書類検査	対物による寸法検査（書類検査不合格の場合）	総合判定
合 格・不合格	合 格・不合格	合 格・不合格

表 8.4.18 書類検査 2 の記録用紙の記入例

様式-2	書 類 検 査 2			
検査項目	管理許容差［下側］	管理許容差［上側］	ロット構成	
柱の長さ	−3 (−4)	+3 (+4)	1節	
階高	−3	+3	1節	
仕口部の長さ	−3	+3	1節	
柱のせい	−2 (−3)	+2 (+3)	1節	
仕口部のせい	−2 (−3)	+2 (+3)	1節	
梁の長さ	−3	+3	1節	
梁のせい	−2 (−3)	+2 (+3)	1節	

項　目	n_x	Σx_i	$\bar{x}$	δ_{max}	δ_{min}	d_2	$\hat{\sigma}$	e_U	e_L
柱の長さ	33	25	0.76	+2	−1	4.16	0.72	4.0	−4.0
階高	28	15	0.54	+2	−1	4.03	0.74	3.0	−3.0
仕口部の長さ	33	0	0.00	+2	−2	4.16	0.96	3.0	−3.0
柱のせい	28	2	0.07	+2	−2	4.03	0.99	2.0	−2.0
仕口部のせい	31	3	0.10	+2	−2	4.11	0.97	2.0	−2.0
梁の長さ	31	15	0.48	+2	−1	4.11	0.73	3.0	−3.0
梁のせい	30	−3	−0.10	+2	−2	4.09	0.98	2.0	−2.0

項　目	u_1	u_2	P_1	P_2	$P = P_1 + P_2$	合否判定 ($P \leq 0.05$ のとき合格)
柱の長さ	4.50	6.61	0	0	0	⊙合格・不合格
階高	3.32	4.78	0	0	0	⊙合格・不合格
仕口部の長さ	3.13	3.13	0	0	0	⊙合格・不合格
柱のせい	1.95	2.09	0.03	0.02	0.05	⊙合格・不合格
仕口部のせい	1.96	2.16	0.03	0.02	0.05	⊙合格・不合格
梁の長さ	3.45	4.77	0	0	0	⊙合格・不合格
梁のせい	2.14	1.94	0.02	0.03	0.05	⊙合格・不合格
						合格・不合格

n_x：ロットサイズ（社内検査記録数）
$\bar{x}$：社内検査記録の値の平均値　$\Sigma x / n_x$
$\hat{\sigma}$：社内検査記録の値の母標準偏差の推定値　$(\delta_{max} - \delta_{min}) / d_2$
$\delta_{max}, \delta_{min}$：社内検査記録の値の最大値および最小値
d_2：n_x によって定まる値（表 8.4.8 による）
$u_1 = |e_U - \bar{x}|/\hat{\sigma},\ u_2 = |e_L - \bar{x}|/\hat{\sigma}$
P_1, P_2：e_U（管理許容差の上側の値）および e_L（管理許容差の下側の値）を逸脱する確率（図 8.4.12 による）

表 8.4.8

n_x	d_2	n_x	d_2	n_x	d_2
2	1.13	19	3.69	36	4.24
3	1.69	20	3.73	37	4.26
4	2.06	21	3.78	38	4.28
5	2.33	22	3.82	39	4.30
6	2.53	23	3.86	40	4.32
7	2.70	24	3.90	45	4.42
8	2.85	25	3.93	50	4.50
9	2.97	26	3.96	55	4.57
10	3.08	27	4.00	60	4.64
11	3.17	28	4.03	65	4.70
12	3.26	29	4.06	70	4.75
13	3.34	30	4.09	75	4.81
14	3.41	31	4.11	80	4.85
15	3.47	32	4.14	90	4.94
16	3.53	33	4.16	100	5.02
17	3.59	34	4.19		
18	3.64	35	4.21		

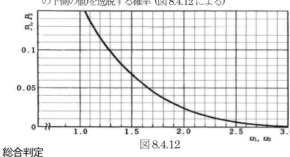

図 8.4.12

総合判定

書類検査	対物による寸法検査（書類検査不合格の場合）	総合判定
⊙合　格・不合格	合　格・不合格	⊙合　格・不合格

表 8.4.19 対物検査1の記録用紙の例

様式3	対 物 検 査 1	

検査項目	管理許容差		※	適合・不適合の判定基準値
	下側	上側		管理許容差

ロット構成	合格・不合格の判定基準			
		サンプル数	不適合数	判定
	1回目	10	0	合格
			1	2回目続行
			2≦	不合格
	2回目	10 / 計20	1	合格
			2≦	不合格

1回目検査				2回目検査			
No	符号	測定結果 mm	判定	No	符号	測定結果 mm	判定
1			適合・不適合	1			適合・不適合
2			適合・不適合	2			適合・不適合
3			適合・不適合	3			適合・不適合
4			適合・不適合	4			適合・不適合
5			適合・不適合	5			適合・不適合
6			適合・不適合	6			適合・不適合
7			適合・不適合	7			適合・不適合
8			適合・不適合	8			適合・不適合
9			適合・不適合	9			適合・不適合
10			適合・不適合	10			適合・不適合

1回目検査不適合数	個	2回目検査不適合数	個
		1,2回目検査の不適合数の合計	個
判定	合格 / 2回目続行 / 不合格	判定	合格 / 不合格

総合判定

書類検査		対物検査1	総合判定
・書類検査1 ・書類検査2 ・無	合 格・不合格	合 格・不合格	合 格・不合格

表 8.4.20 対物検査1の記録用紙の記入例

様式3	対物検査 1	

検査項目	管理許容差		※
	下側	上側	
柱の長さ	−3(−4)	+3(+4)	

適合・不適合の判定基準値
管理許容差

ロット構成
2節 柱20台

合格・不合格の判定基準			
	サンプル数	不適合数	判定
1回目	10	0	合格
		1	2回目続行
		2≦	不合格
2回目	10 / 計20	1	合格
		2≦	不合格

1回目検査			
No	符号	測定結果 mm	判定
1	2C1A	−1	(適合)・不適合
2	2C5G	0	(適合)・不適合
3	2C6E	+3	(適合)・不適合
4	2C2B	+1	(適合)・不適合
5	2C3F	0	(適合)・不適合
6	2C2D	−2	(適合)・不適合
7	2C4C	−1	(適合)・不適合
8	2C1F	0	(適合)・不適合
9	2C4B	+1	(適合)・不適合
10	2C5G	+2	(適合)・不適合

1回目検査不適合数	0 個
判定	(合格) / 2回目続行 / 不合格

2回目検査			
No	符号	測定結果 mm	判定
1			適合・不適合
2			適合・不適合
3			適合・不適合
4			適合・不適合
5			適合・不適合
6			適合・不適合
7			適合・不適合
8			適合・不適合
9			適合・不適合
10			適合・不適合

2回目検査不適合数	個
1,2回目検査の不適合数の合計	個
判定	合格 / 不合格

総合判定

書類検査		対物検査1	総合判定
・書類検査1 ・書類検査2 ・無	(合格)・不合格	(合格)・不合格	(合格)・不合格

表 8.4.21 対物検査2の記録用紙の例

様式4	対 物 検 査 2												
検査項目		$L≦2m$ $(V_m=0.5)$ $L>2m$ $(V_m=1.0)$					ロット構成						

		1回目検査						2回目検査					
データ No.		1	2	3	4	5	計算判定	6	7	8	9	10	計算判定
部材マーク							—						—
社内検査記録	x_i						—						—
サンプル測定値	y_i						—						—
差 $x_i - y_i$	z_i						—						—
差の平均値	$\bar{z}$	$\dfrac{z_1+z_2+\cdots+z_5}{5}$						$\dfrac{z_1+z_2+\cdots+z_{10}}{10}$					
$z_i - \bar{z}$	d_i						—						—
	d_i						—						—
$(z_i - \bar{z})^2$	d_i^2						—						—
	d_i^2						—						—
残差平方和	Σd_i^2	$d_1^2+d_2^2+d_3^2+d_4^2+d_5^2$						$d_1^2+\cdots+d_{10}^2$					
標準偏差	s	$\sqrt{\dfrac{\Sigma d_i^2}{5}}$						$\sqrt{\dfrac{\Sigma d_i^2}{10}}$					
t_0 の計算		$\dfrac{2|\bar{z}|}{s}$						$\dfrac{2|\bar{z}|}{s}$					
t 検定の結果		$t_0≦2.78$ の場合 かたよりの有意差：無					有 無	$t_0≦2.26$ の場合 かたよりの有意差：無					有 無
不偏分散	V_δ	$\dfrac{\Sigma d_i^2}{4}$						$\dfrac{\Sigma d_i^2}{9}$					
F_0の計算		$\dfrac{V_\delta}{V_m}$						$\dfrac{V_\delta}{V_m}$					
F検定の結果		$F_0≦2.37$ の場合 バラツキの有意差：無					有 無	$F_0≦1.88$ の場合 バラツキの有意差：無					有 無
判定		t検定, F検定		両方「無」			合格	t検定, F検定		両方「無」			合格
				いずれか「有」			2回目			いずれか「有」			不合格

総合判定

書類検査	対物検査2	総合判定
書類検査 合格・不合格	合格・不合格	合格・不合格

表 8.4.22 対物検査 2 の記録用紙の記入例

様式4	対 物 検 査 2												
検査項目	梁の長さ	$L \leqq 2\mathrm{m}$ ($V_m = 0.5$) ⦅$L > 2\mathrm{m}$ ($V_m = 1.0$)⦆					ロット構成 1節大梁						

		1回目検査					計算判定	2回目検査					計算判定
データ No.		1	2	3	4	5		6	7	8	9	10	
部材マーク		1G 1B	2G 3C	2G 4A	1G 2A	1G 5D	―						―
社内検査記録	x_i	-2	$+1$	0	$+1$	0	―						―
サンプル測定値	y_i	-2	$+1$	0	0	$+1$	―						―
差 $x_i - y_i$	z_i	0	0	0	$+1$	-1	―						―
差の平均値	$\bar{z}$	$\dfrac{z_1 + z_2 + \cdots + z_5}{5}$					0.00	$\dfrac{z_1 + z_2 + \cdots + z_{10}}{10}$					
$z_i - \bar{z}$	d_i	0	0	0	$+1$	-1	―						―
	d_i						―						―
$(z_i - \bar{z})^2$	d_i^2	0	0	0	1	1	―						―
	d_i^2						―						―
残差平方和	Σd_i^2	$d_1^2 + d_2^2 + d_3^2 + d_4^2 + d_5^2$					2	$d_1^2 + \cdots + d_{10}^2$					
標準偏差	s	$\sqrt{\dfrac{\Sigma d_i^2}{5}}$					0.63	$\sqrt{\dfrac{\Sigma d_i^2}{10}}$					
t_0 の計算		$\dfrac{2|\bar{z}|}{s}$					0.0	$\dfrac{2|\bar{z}|}{s}$					
t検定の結果		$t_0 \leqq 2.78$ の場合 かたよりの有意差：無					有 ⦅無⦆	$t_0 \leqq 2.26$ の場合 かたよりの有意差：無					有 無
不偏分散	V_δ	$\dfrac{\Sigma d_i^2}{4}$					0.50	$\dfrac{\Sigma d_i^2}{9}$					
F_0 の計算		$\dfrac{V_\delta}{V_m}$					0.50	$\dfrac{V_\delta}{V_m}$					
F検定の結果		$F_0 \leqq 2.37$ の場合 バラツキの有意差：無					有 ⦅無⦆	$F_0 \leqq 1.88$ の場合 バラツキの有意差：無					有 無
判定		t検定, F検定			両方「無」		⦅合格⦆	t検定, F検定			両方「無」		合格
					いずれか「有」		2回目				いずれか「有」		不合格

総合判定

書類検査	対物検査2	総合判定
書類検査	⦅合 格⦆・不合格	⦅合 格⦆・不合格	⦅合 格⦆・不合格

表 8.4.23 対物検査 2（簡易判定法）の記録用紙の例

様式 5	対 物 検 査 2(簡易判定法)		
検査項目		$L \leq 2m$ $(V_m=0.5)$ $L > 2m$ $(V_m=1.0)$	ロット構成

		1回目検査					2回目検査				
データ No.		1	2	3	4	5	6	7	8	9	10
部材マーク											
社内検査記録	x_i										
サンプル測定値	y_i										
差 $x_i - y_i$	z_i										
差の平均値	$\bar{z}$	$\dfrac{z_1 + z_2 + \cdots + z_{10}}{10}$									
$z_i - \bar{z}$	d_i										
$(z_i - \bar{z})^2$	d_i^2										
z_iの合計：S_z		(z_i最大値 － z_i最小値)＝ D_z									

計算/判定

簡易判定法（グラフ）	残差平方和	Σd_i	$d_1^2 + \cdots + d_{10}^2$	
	標準偏差	s	$\sqrt{\dfrac{\Sigma d_i^2}{10}}$	
	t_0の計算		$\dfrac{2|\bar{z}|}{s}$	
	t検定の結果		$t_0 \leq 2.26$ の場合、 かたよりの有意差：無	有 無
	不偏分散	V_δ	$\dfrac{\Sigma d_i^2}{9}$	
	F_0の計算		$\dfrac{V_\delta}{V_m}$	
	F検定の結果		$F_0 \leq 1.88$ の場合、 バラツキの有意差：無	有 無

判定	図の領域内（境界含む）	合格	t検定, F検定	両方「無」	合格
	図の領域外	2回目へ		いずれか「有」	不合格

総合判定

	書類検査	対物検査2(簡易法)	総合判定
書類検査1	合 格・不合格	合 格・不合格	合 格・不合格

［注］1．本書式は検査項目ごとに作成する。
［注］2．2回目検査は、計算により判定する。
［注］3．計算値は小数点以下3桁目を四捨五入して、小数点以下2桁まで記入する。

表 8.4.24 対物検査 2（簡易判定法）の記録用紙の記入例

様式 5	対物検査 2(簡易判定法)										
検査項目	仕口部の長さ	$L \leq 2m$ ($V_m=0.5$)			ロット構成						
		$L>2m$ ($V_m=1.0$)			1 節						
		1回目検査					2回目検査				
データ No.		1	2	3	4	5	6	7	8	9	10
部材マーク		1C 2BE	1C 3DN	1C 1ES	1C 1AW	1C 4AN					
社内検査記録	x_i	-2	0	+2	+1	0					
サンプル測定値	y_i	-2	0	+1	0	0					
差 $x_i - y_i$	z_i	0	0	+1	+1	0					
差の平均値	$\bar{z}$	$\dfrac{z_1 + z_2 + \cdots + z_{10}}{10}$									
$z_i - \bar{z}$	d_i										
$(z_i - \bar{z})^2$	d_i^2										
z_iの合計：S_z	+2	(z_i最大値－z_i最小値)= D_z		1						計算/判定	

簡易判定法			
（グラフ：縦軸 S_z（-7〜7）、横軸 D_z（1〜4）、$V_m=1.0$ および $V_m=0.5$ の領域、データ点(2,2)）	残差平方和	Σd_i	$d_1^2 + \cdots + d_{10}^2$
	標準偏差	s	$\sqrt{\dfrac{\Sigma d_i^2}{10}}$
	t_0の計算		$\dfrac{2|\bar{z}|}{s}$
	t検定の結果		$t_0 \leq 2.26$ の場合、かたよりの有意差：無 ／ 有 無
	不偏分散	V_δ	$\dfrac{\Sigma d_i^2}{9}$
	F_0の計算		$\dfrac{V_\delta}{V_m}$
	F検定の結果		$F_0 \leq 1.88$ の場合、バラツキの有意差：無 ／ 有 無

判定	図の領域内（境界含む）	(合格)	t検定, F検定	両方「無」	合格
	図の領域外	2回目へ		いずれか「有」	不合格

総合判定			
	書類検査		総合判定
書類検査1	(合格) 不合格	(合格) 不合格	(合格) 不合格

[注] 1. 本書式は検査項目ごとに作成する。
[注] 2. 2回目検査は、計算により判定する。
[注] 3. 計算値は小数点以下3桁目を四捨五入して、小数点以下2桁まで記入する。

表 8.4.25 対物検査 3 の記録用紙の例

様式6	対 物 検 査 3		

検査項目		$L \leqq 2m$ $L > 2m$	ロット構成	
社内検査記録数 $n_x =$		測定するサンプル数 $n_y =$		$n_x + n_y - 2 =$

社内検査記録からの計算

データ No.		1	2	3	4	5	6	7	8	9	10	計
部材マーク												—
社内検査記録値	x_i											—
記録値の和	Σx_i	$x_1 + x_2 + \cdots\cdots + x_i$										
平均値	$\bar{x}$	$\Sigma x_i / n_x$										
2乗の和	Σx_i^2	$x_1^2 + x_2^2 + \cdots\cdots + x_i^2$										
和の2乗	$(\Sigma x_i)^2$	$(x_1 + x_2 + \cdots\cdots + x_i)^2$										
平方和	S_x	$\Sigma x_i^2 - (\Sigma x_i)^2 / n_x$										
不偏分散	V_x	$S_x / (n_x - 1)$										

サンプルの測定値からの計算

データ No.		1	2	3	4	5	6	7	8	9	10	計
部材マーク												—
測定値	y_i											—
記録値の和	Σy_i	$y_1 + y_2 + \cdots\cdots + y_i$										
平均値	$\bar{y}$	$\Sigma y_i / n_y$										
2乗の和	Σy_i^2	$y_1^2 + y_2^2 + \cdots\cdots + y_i^2$										
和の2乗	$(\Sigma y_i)^2$	$(y_1 + y_2 + \cdots\cdots + y_i)^2$										
平方和	S_y	$\Sigma y_i^2 - (\Sigma y_i)^2 / n_y$										
不偏分散	V_y	$S_y / (n_y - 1)$										

検定および判定

t_0 の計算	$\dfrac{\lvert \bar{x} - \bar{y} \rvert}{\sqrt{\left(\dfrac{1}{n_x} + \dfrac{1}{n_y}\right)\dfrac{S_x + S_y}{n_x + n_y - 2}}}$	
t 検定基準値	図 8.4.13 による	
t 検定の結果	$t_0 \leqq t(n_x + n_y - 2, 0.05)$: かたよりの有意差 無	有 無
F_0 の計算	$\dfrac{V_x, V_y の大きいほうの値}{V_x, V_y の小さいほうの値}$	
F 検定基準値	図 8.4.14 による	
F 検定の結果	$F_0 \leq F_{n_x-1}^{n_y-1}(0.05)$: バラツキの有意差 無	有 無
判 定	t 検定, F 検定 両方「無」	合格
	いずれかが「有」	不合格

総合判定

書類検査	対物検査 3	総合判定
書類検査 合 格・不合格	合 格・不合格	合 格・不合格

表 8.4.26 対物検査 3 の記録用紙の記入例

様式6	対 物 検 査 3										
検査項目	梁の長さ		$L \leqq 2m$ ／ ⦿$L>2m$		ロット構成			1節 梁20台			
社内検査記録数 $n_x = 10$			測定するサンプル数 $n_y = 5$				$n_x + n_y - 2 = 13$				

社内検査記録からの計算

データ No.		1	2	3	4	5	6	7	8	9	10	計
部材マーク		1G 2A	1G 5B	1G 1C	1G 6D	1G 3E	1G 4F	2G 4B	2G 1C	2G 6E	2G 3F	—
社内検査記録値	x_i	-1	0	+2	0	0	-1	+1	-1	0	+2	—
記録値の和	Σx_i	$x_1 + x_2 + \cdots + x_i$										2
平均値	$\bar{x}$	$\Sigma x_i / n_x$										0.20
2乗の和	Σx_i^2	$x_1^2 + x_2^2 + \cdots + x_i^2$										12.0
和の2乗	$(\Sigma x_i)^2$	$(x_1 + x_2 + \cdots + x_i)^2$										4.00
平方和	S_x	$\Sigma x_i^2 - (\Sigma x_i)^2 / n_x$										11.6
不偏分散	V_x	$S_x / (n_x - 1)$										1.29

サンプルの測定値からの計算

データ No.		1	2	3	4	5	6	7	8	9	10	計
部材マーク		1G 1B	2G 2F	1G 6C	1G 4A	2G 5E						—
測定値	y_i	0	-1	+1	0	-1						—
記録値の和	Σy_i	$y_1 + y_2 + \cdots + y_i$										-1
平均値	$\bar{y}$	$\Sigma y_i / n_y$										-0.20
2乗の和	Σy_i^2	$y_1^2 + y_2^2 + \cdots + y_i^2$										3.00
和の2乗	$(\Sigma y_i)^2$	$(y_1 + y_2 + \cdots + y_i)^2$										1.00
平方和	S_y	$\Sigma y_i^2 - (\Sigma y_i)^2 / n_y$										2.75
不偏分散	V_y	$S_y / (n_y - 1)$										0.69

検定および判定

t_0 の計算	$\dfrac{|\bar{x} - \bar{y}|}{\sqrt{\left(\dfrac{1}{n_x} + \dfrac{1}{n_y}\right)\dfrac{S_x + S_y}{n_x + n_y - 2}}}$	0.70
t 検定基準値	図 8.4.13 による	2.17
t 検定の結果	$t_0 \leqq t(n_x + n_y - 2, 0.05)$: かたよりの有意差 無	有／⦿無
F_0 の計算	$\dfrac{V_x, V_y \text{の大きいほうの値}}{V_x, V_y \text{の小さいほうの値}} \quad \dfrac{1.29}{0.69}$	1.87
F 検定基準値	図 8.4.14 による	6.02
F 検定の結果	$F_0 \leqq F_{n_x-1}^{n_y-1}(0.05)$: バラツキの有意差 無	有／⦿無
判 定	t 検定, F 検定 — 両方「無」	⦿合格
	いずれかが「有」	不合格

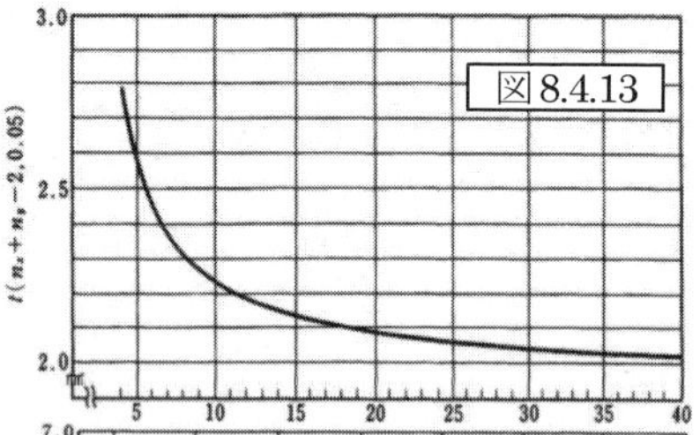

図 8.4.13

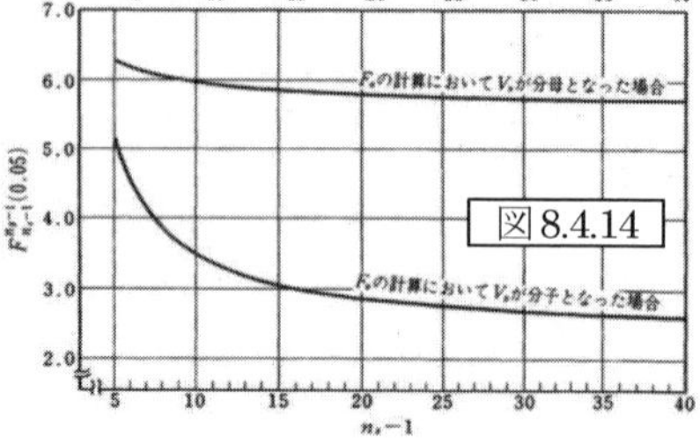

図 8.4.14

総合判定

書類検査	対物検査3	総合判定
書類検査 ⦿合 格・不合格	⦿合 格・不合格	⦿合 格・不合格

8.4.3 取合部検査

取合部検査は，高力ボルト接合部および溶接接合部のうち，工事現場接合される部分について行う．いずれも構造耐力上重要であるとともに，問題が生じると工事現場での次工程に重要な影響を及ぼすものであるので，全箇所について目視または計測により検査を行う．

高力ボルト接合部の検査では，工事現場接合される部分について，孔の心ずれ，孔相互の間隔など孔関係精度の確認と，高力ボルト摩擦接合面は，黒皮の除去範囲，ブラストなどによる摩擦接合面の処理状態，赤さび発せい状態，孔周辺のばり，油分または塗料の付着，溶接スパッタの付着等について検査する．

部材が取り合うボルト接合部は各部材の孔の精度が許容差内であっても，取り合う部材の製品寸法（せい等）の相対誤差により，フィラープレートなどを用いて接合することが必要になる場合もある．

現場溶接部の検査では，現場溶接部の開先形状，開先面の粗さおよびノッチの深さの状態，そのほかの支障の有無について検査する．また，受入検査後に製品を工事現場へ搬入し，現場溶接を行うまでに開先面にさびの発生が想定される場合は，開先防せい剤を塗布する必要があるので，開先防せい剤の塗り忘れがないかも確認する．

部材が取り合う現場溶接部もボルト接合部同様，各部材の精度が許容差内であっても，取り合う部材の製品寸法（せい等）の相対誤差により，現場溶接部のルート間隔の不適合やずれ・食違いが生じる場合がある．

高力ボルト接合部や現場溶接部において，上述した状況が工事現場で生じると，対応に時間を要し建方工程に影響するので，建物の重要度に合わせて取合部の許容差を厳しく設定したり，受入検査の段階で接合部の製品寸法の相対誤差を確認するなど十分な検査が必要である．

そのため，高力ボルト接合部および溶接部の現場取合部について，受入検査時に，社内検査で得られた部材せい等の誤差を用いて製作工場が作成した相対誤差表により，施工上，接合部が問題ないことを確認するのが効果的である．

図 8.4.15 に梁部材の相対誤差の記入例を示す．

取合部検査における高力ボルト関連の検査は，JASS 6 付則 6 付表 2「高力ボルト」，現場溶接部関連の検査は JASS 6 付則 6 付表 1「工作および組立て」の許容差を適用し，各製品について社内検査記録に記載された適否を確認する．

8.4.4 部材表面および切断面の外観検査

部材表面および切断面の外観検査は，鋼材ロール時のきず，切断により生じるきず，工場製作により生じるきずの 3 つに大別できる．

(1) ロール時のきずは，ロール時に生じるラミネーション，断面すじ割れ，線状きず，スケールきず，ロールきず，かき込みきず，かききずなどが挙げられる．

検査は，検査対象製品全般にわたり目視または測定により検査する．ただし，ロール時のきずは製品検査時に発見したのでは時期的に遅く，鋼材購入時に検査して処置すべきもので

— 654 — 鉄骨工事技術指針—工場製作編

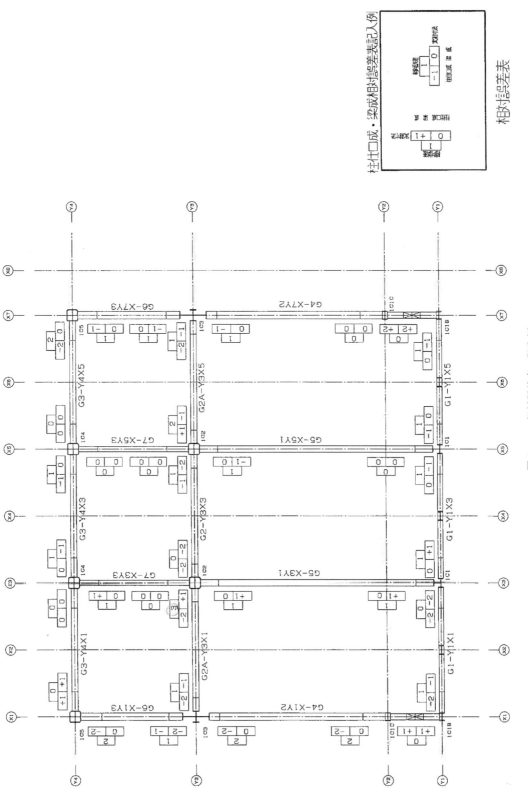

図 8.4.15 相対誤差表の記入例

ある.
(2) 切断によるきずは,ガスノッチが主な対象となる.
　　検査は,検査対象製品全般にわたり目視により検査し,開先面以外の自由縁端について JASS 6 付則 6 付表 1「工作および組立て」(9) 切断面の粗さおよび (10) 切断面のノッチ深さの許容差を参照する.
　　許容差を超えるものは,グラインダにより補修する.
(3) 工場製作上生じるきずは,打ちきず,クランプきず,アークストライクなどが対象となる.
　　検査は,検査対象製品全般にわたり目視により検査する.これらのきずに対する明確な許容差は定めていないが,490 N/mm^2 級以上の高張力鋼および曲げ加工される 400 N/mm^2 級鋼などの軟鋼の外面におけるポンチ・たがねによる打こんと同様の扱いとする.
　　いずれのきずも著しいものは,グラインダによる補修や補修溶接後グラインダ処理とする.

8.4.5 溶接部の外観検査

a. 受入検査の目的

　溶接部の受入検査は,溶接部の欠陥の有無や程度を適切な方法で調べ,不適合となった欠陥を含む溶接部の検査箇所数があらかじめ定められた品質基準（合否判定基準）より少ない場合にその製品を受け入れる検査であり,検査方法,合否判定,ロットの構成,抜取方法等は,構造体の性能・信頼性の問題でもあり設計図書に明記されるべき内容であるが,特記がない場合は JASS 6 によるのが一般的である.

　溶接部の受入検査には,溶接部の外観検査（表面欠陥の検査,寸法精度検査）と完全溶込み溶接部の内部欠陥検査とがあり,建築鉄骨では,内部欠陥検査の方法は超音波探傷検査が一般的である.溶接部の検査は,超音波探傷検査のみと思われがちであるが,溶接部の表面欠陥は内部欠陥よりも構造耐力上影響が大きい場合もあり,溶接部の検査は,外観・超音波探傷検査によって確認する必要がある.

　工場溶接部の受入検査は,一般に工事現場に製品が発送される前の製品の受入検査の一環として行われる.溶接部は構造安全性上からも重要な部位であり,検査は専門の検査技術者・検査会社に委託するのが普通であり,検査費用も時間もかかり,検査の中で大きな比重を占めている.

　溶接部の外観検査は,表面欠陥および精度に対して行い,検査対象範囲,検査方法および合否判定基準は,特記のない場合は JASS 6 による.検査項目は,JASS 6 付則 6「鉄骨精度検査基準」付表 3「溶接」の 17 項目のうち,スタッド溶接を除く 16 項目である.受入検査の溶接部の外観検査では,製品ヤードに置かれている検査対象製品全般について,各検査項目に対して目視検査を行い,許容差を超えていると思われる箇所に対して測定器具を用いて測定する.

b. 表面欠陥および精度の検査

　溶接部の表面欠陥および精度は,その外観を目視により確認することを基本としている.溶接部の外観が良好であっても内部の溶接状態が良好とは限らないが,溶接部の外観が悪いと内部の溶接の状態も悪い可能性が大きいので,外観検査は,溶接部の品質を見きわめる上で重要な検査である.

外観検査は目視を基本とし，感覚に頼るところが大であるため，定量化しづらい．しかし，溶接部の表面欠陥および精度の合否を判定する上でなんらかの基準が必要であり，JASS 6 では，溶接部の外観検査について，次のように規定している．

> 溶接部の外観検査は表面欠陥および精度に対して行い，検査対象範囲，検査方法，合否判定基準は特記による．特記のない場合，以下の項目による．
> (1) 検査対象範囲は，溶接部のすべてとする．検査項目は，付則6「鉄骨精度検査基準」の付表3「溶接」に示される17項目のうち，スタッド溶接を除く16項目とする．
> (2) 検査方法は，表面欠陥および精度に対する目視検査とし，基準を逸脱していると思われる箇所に対してのみ適正な器具で測定する．
> (3) 合否判定基準は，付則6「鉄骨精度検査基準」に定める限界許容差による．
> (4) 完全溶込み溶接部の外観検査は抜取検査とし，抜取箇所は f.「溶接部の内部欠陥の検査」と同一とする．
> (5) 溶接部に明らかに割れと判定される欠陥が確認された場合は，同様の溶接部に対して全数検査を行う．
> (6) 外観検査で不適合となった溶接部はすべて補修を行い，再検査して適合とならなければならない．補修は，工事監理者と協議して行う．特に指示のない場合は，5.13「溶接部の補修」のb.「補修方法」による．

受入検査での溶接部の外観検査は，製品置場に並べられた検査対象製品に対して，JASS 6 付則6「鉄骨精度検査基準」付表3「溶接」に示される17項目のうち，スタッド溶接を除く16項目について万遍なく目視により確認する方法が一般的と言える．したがって，検査時には受入検査対象製品は，溶接部の外観が確認できる状態で製品置場に並べられる必要がある．

検査時は，検査者と製作工場の品質管理担当者が一緒に製品の溶接部外観を確認し，検査者から基準を逸脱していると思われる箇所の指摘があれば，その場で適正な器具で測定し，結果を記録することになる．これを検査対象品すべてについて行う．

溶接部の外観検査の結果は，受入検査の対象部材の範囲を明確にして，あらかじめ定めた書式に記録する．

c．抜取検査の例

受入検査対象製品の全てを溶接部の外観が確認できる状態で製品置場に並べることができない場合や，何らかの理由により溶接部の外観検査を抜取りで行う場合は，各検査項目について抜取検査を行い，それぞれについて合否判定する．

溶接部の外観検査を抜取検査とする場合は，検査対象範囲，ロット構成，検査対象部位，検査項目，抜取方法および合否判定基準を検査前に明確にする必要がある．これらを曖昧にしたままで検査を行っても時間とコストを費やすだけであり，むしろ製品の品質は確保できないことになるので，注意が必要である．

以下に，完全溶込み溶接部を除く溶接部の外観検査を抜取検査とする場合の例を示す．

（1） 検査ロットの構成

柱または梁ごとに完成品30台以下または出荷単位を1検査ロットとする

（2） 検査対象部位

① 柱のウェブ，スチフナ，リブ，ガセット，付属金物類
② 梁のウェブ，スチフナ，リブ，ガセット，付属金物類

（3） 抜取方法

検査ロットごとに10％に相当する製品台数を抜き取り，当該部材の溶接部の全てを対象とし，全数を外観検査する．この時の検査箇所数は，溶接長さ300mm程度を1検査箇所として数える．

（4） 検査ロットの合否判定基準

各検査項目の合否判定は，JASS 6 付則6に示す各項目の限界許容差を超える箇所とする．

検査の結果，適合率が90％以上の場合は当該ロットを適合とし，適合率が80％未満の場合には当該ロットを不合格とする．

適合率が80％以上で90％未満の場合は，さらに初回と同数の抜取検査を行い，2回の抜取検査による合計の適合率が90％以上の場合にロット合格とする．それ以下の場合は，ロット不合格とする．

ロット不合格の場合は，残りの製品を全数検査する．

（5） ロットの合否によらず，割れと判定される欠陥が確認された場合は，同様の溶接部に対して全数検査を行う．

（6） 不適合箇所の処置

ロットの合否によらず不適合箇所はすべて補修を行い，再検査を行う

8.4.6 溶接部の内部欠陥検査

a．受入検査の方法

受入検査は，工場溶接部と現場溶接部とで異なる方法を採用することが多い．

工場には，溶接作業に適した機器類や諸設備が整っているため，工場溶接部の品質は，適切な品質管理が伴えば良好なものとなる．工場溶接部の受入検査は，次のような理由により一般に抜取検査で行われる．

① 溶接箇所数が多いため，適当なロットを構成することができる．
② 社内検査などを通して工場では一定の品質管理がなされているので，溶接欠陥はある程度ランダムに存在すると考えられる．

抜取検査では，次の4項目について定めなければならないが，その内容は，工場の品質管理水準に応じて決定される．

① ロットの構成方法
② サンプリングの方法
③ ロットの合否判定基準
④ 不合格ロットの処置

一方，現場溶接部の検査は，JASS 6 10.5「工事現場での検査」において，特記がない場合は全数検査とされている．一般的な工事では，個々の溶接部の検査が合格した場所ごとにデッキプレートの敷込みなどの次工程へ進むため，適切な検査ロットを構成することが難しく，検査ロットが合格になるまで次工程へ進めない抜取検査は，現場溶接部の検査に必ずしも適さないことが大きな理由である．また，検査会社に委託して行う現場溶接部の検査は受入検査に位置づけられるが，工場

溶接部の検査のように社内検査後の受入検査ではないことも理由の一つである．現場溶接部の検査に抜取検査を適用する場合は溶接技能者ごと，継手種類ごとなどにより合理的な検査ロットが構成でき，検査ロットが不合格になった場合の処置が適切に行われる管理体制でなければならない．

b．受入検査の時期

建築鉄骨は，一般に節ごとに工場で製作され，工事現場で施工される．このため，ある程度以上の規模の工事では，受入検査は一度で済まず，何度か繰り返されることになる．

現場溶接部は，工程に余裕のないことが多く，検査時期は限定されたものとなる．

工場溶接部は，工場製作の完了した部材を対象として，工場から工事現場へ鉄骨製品が発送される前に行われる製品検査の一部としてその受入検査が行われる．

受入検査の時期については，次のような点に留意するのが望ましい．

① 検査時期はあらかじめ定めておき，適切な時期に忘れずに行えるようにする．
② 検査と製作工程および仮置き計画を調整する．

鉄骨製作工程には，検査の工程を考慮するのは当然であるが，このほかに補修および補修後の再検査の時間を考慮しておく必要がある．

また，溶接組立箱形断面柱のダイアフラムの検査は，梁のブラケットを取り付けた後では（ブラケット付きの場合）検査も補修も不可能である．このように，適切な時期に検査しなければ検査も補修も困難あるいは不可能な箇所は，その検査時期に特に注意しなければならない．

仮置き計画は，受入検査の方法によって定まることがある．例えば，抜取検査はランダムサンプリングが原則であるため，すべての検査対象箇所に検査員が近づけるように仮置き計画しなければならない．ストックヤードが狭い場合には，クレーンが使用できるように配慮したり，サンプリングの方法にも二段階サンプリング方法を採用するなど，なんらかの配慮をすることが望ましい．

③ 溶接割れは，その発生時期から高温割れと低温割れに分類される

高温割れは，溶接時の溶融凝固に伴って起こるものであり，低温割れは溶接後，ある時間経過して起こるものである．

低温割れの最終発生時期は，条件によって異なるが，溶接後24時間以後であることが多かったため，従来では溶接完了後24時間経過後に検査が行われていた．しかしながら，鉄骨工事における溶接の工程は，すべての工程を左右する場合が多いので，ガスシールドアーク溶接など拡散性水素が少ない溶接法であれば溶接完了後，常温まで冷めた時点でも検査が実施可能であると考えてさしつかえない．

④ 鉄骨の表面にさび止め塗装がなされる場合でも，溶接部およびその近傍で超音波探傷検査に支障のある範囲は，溶接部の受入検査前に塗装してはならない．

c．検査ロットの構成

（1） 検査箇所数の数え方

抜取検査のための検査ロットを構成するには，まず，溶接箇所数を知らなければならない．検査の対象となる建築鉄骨の完全溶込み溶接部は全長にわたって検査するのを前提として，通常1溶接線を1溶接箇所と数える．しかし，検査ロットの品質を評価するには，長い溶接線も短い溶接線も

同じ1箇所として評価するのではなく，溶接長さ300 mm程度を1検査単位として評価した方が合理的であり，検査ロットを構成する検査箇所数の数え方には表8.4.27を用いるとよい．1溶接箇所の長さが300 mmを超える場合は，300 mmごとに区切って検査箇所数とする．溶接長さを300 mmで区切って端数が生じた場合，150 mm未満なら隣接する箇所に加え，150 mm以上の場合は1検査箇所と数える．抜き取る箇所は，原則として，柱梁・スチフナは溶接部の始端終端を含むようにフランジ全線，角形鋼管柱・箱形断面柱は1面，外径300 mm以上の鋼管柱は円周の1/4を1溶接箇所として，溶接箇所単位で抜き取り，検査箇所数に換算する．例えば，柱梁溶接部の1溶接箇所の溶接長さが400 mmの場合は全線を探傷して1検査箇所，□-750×750の角形鋼管は1面（直線部と角部を含めた溶接部）を全線探傷して3検査箇所と数える．ϕ600の鋼管円周溶接部は，全長1 885 mmの1/4（471 mm）を探傷して2検査箇所と数える．

なお，UT規準（2008年版）7章「合否の判定」において，単位溶接線を「溶接線長さが300 mm以上の場合は，欠陥が最も密となるような連続した長さ300 mm」と定義しているが，この単位溶接線と1検査箇所を混同してはならない．

(2) 検査ロットの構成方法

検査ロットの構成は，原則として同一条件の溶接部を対象とする．このため，通常，検査ロットは溶接部位ごとに構成する．例えば，柱梁接合部，柱継手，スチフナやダイアフラムの溶接部，角継手の溶接部などは，それぞれ別検査ロットとする．これは，部位によって溶接方法・溶接姿勢・開先形状などが異なるため，品質管理の面から別ロットとしたほうが都合がよいからである．ただし，検査箇所数が少ない（例えば100箇所以下）部位については，溶接方法・溶接姿勢・開先形状などが類似する他の部位と一緒にして検査ロットを構成してもよい．

また，検査ロットは，工程の区切りによって構成され，一般的に鉄骨製作工場では，節ごとに鉄骨が製作されるので，節ごとに区切って検査ロットが構成される．ただし，ロットの大きさは，ロット不合格の場合，全数検査となるので，工事工程に大きな影響を与えない程度とするのがよい．通常，ロットの大きさは300箇所程度が適当である．そのため，1検査ロットの検査箇所数が多い場合は，階ごとに，さらに工区ごとに区切るのがよい．

なお，溶接部位ごとの検査箇所数が多く，さらに区切る必要のある場合は，1検査ロット内の検査箇所数がなるべく均等になるように区切るほうがよい．例えば，650箇所の検査箇所数がある場合，300，300，50箇所と区切って検査ロットを3つ構成するよりも，250，200，200箇所と区切って検査ロットを3つ構成するほうがよい．

d．サンプリング方法

検査ロットが構成されたら，検査ロットからサンプリングを行い，検査を実施する．

サンプリングは，ランダムサンプリングで行うのが原則である．完全なランダムサンプリングによる溶接部の検査ができるように，鉄骨製品をストックヤードに山積みしないで仮置きしなければならない．ランダムサンプリングを行う方法は，例えば溶接箇所に通し番号をつけ，乱数表や正二十面体乱数サイを用いてサンプル箇所を決定する方法などがある．

ただし，現実にはストックヤードが狭く，完全なランダムサンプリングが不可能な場合が多い．

表 8.4.27 検査箇所数の数え方

部位	柱梁溶接部	柱柱溶接部	箱形断面柱の角溶接部	十字柱のスチフナ溶接部
溶接箇所	1溶接箇所／1溶接箇所	箱形断面柱：1溶接箇所×4／角形鋼管柱：1溶接箇所×4／円形鋼管柱：1溶接箇所×4	1溶接箇所（300mmごと、完全溶込み溶接部）	1溶接箇所（スチフナ）／1溶接箇所／1溶接箇所
溶接箇所数の合計	2箇所	4箇所	溶接長さが1800mmの場合、6箇所×4	スチフナが2箇所 梁フランジが1箇所
検査箇所数の数え方	1溶接箇所を1検査箇所とする．1溶接箇所の長さが300mmを超える場合は溶接長さ300mmを1検査箇所とし，300mmごとに区切って端数が150mm以上ある場合には1検査箇所とする．150mm未満の場合は，隣接する部分に加える．			

その場合，まず柱をランダムにサンプリングし，その中の溶接部をランダムにサンプリングする方法が考えられる．このサンプリング方法は，通常，二段サンプリングと呼ばれている．二段サンプリングにおいては，個々の柱を副ロット，その中からランダムにサンプリングされた柱を一次試料，サンプリングされた柱からランダムにサンプリングされた溶接部を二次試料という．この方法は，完全なランダムサンプリングではないので多少精度は落ちるが，サンプリング操作が容易なので有効な方法である．ただし，この場合，一次試料はランダムにサンプリングしなければならないので，受入検査で検査のしやすい柱だけを一次試料とするのは意味がない．

e．JASS 6「鉄骨工事」の抜取検査

JASS 6 では，受入検査の完全溶込み溶接部の内部欠陥検査として，次の方法を推奨している．

(4) 超音波探傷検査は抜取検査とし，次の方法による．ただし，溶接部に明らかに割れと判定される欠陥が確認された場合の方法は，協議により定める．
 ⅰ) 検査箇所数の数え方
   ロットを構成する検査箇所数の数え方は，表10.1による．
 ⅱ) 検査ロットの構成
   検査箇所300箇所以下で1検査ロットを構成する．また，検査ロットは溶接部位ごとに構成する．すなわち，柱梁接合部，柱柱接合部，スチフナやダイアフラムの溶接部，角継手の溶接部などはそれぞれ別の検査ロットとする．ただし，検査箇所数が100箇所以下の部位については，溶接方法，溶接姿勢，開先標準などが類似するほかの部位と一緒にして検査ロットを構成してもよい．
   さらに，検査ロットは節ごとに区切って構成する．もし，1検査ロットの検査箇所数が300箇所を超える場合は，階ごとあるいは工区ごとに区切る．
 ⅲ) サンプリング
   検査ロットごとに合理的な方法で大きさ30個のサンプリングを行う．
 ⅳ) ロットの合否判定
   大きさ30個のサンプル中の不適合個数が1個以下のときはロットを合格とし，4個以上のときはロットを不合格とする．ただし，サンプル中の不適合個数が1個を超え4個未満のときは，同じロットからさらに30個のサンプルを抜取検査する．総計60個のサンプルについての不適合個数の合計が4個以下のときはロットを合格とし，5個以上のときはロットを不合格とする．
 ⅴ) ロットの処置
   合格ロットはそのまま受け入れ，不合格ロットは残り全数の検査を行う．

サンプリングした検査箇所で，検出された欠陥が隣接する箇所に続いている場合の適合・不適合は，次のように処置する．

① 隣接した箇所をサンプリングしない場合，検出された欠陥の欠陥評価長さを測定してサンプリングした箇所の適否とする．

② 隣接した箇所もサンプリングした場合，個々の検査箇所の範囲内で不適合になる場合はそれぞれの箇所を不適合とし，個々の箇所の範囲ではそれぞれ許容値内になるが欠陥評価長さは不適合になる場合，不適合となる欠陥の存在する範囲が長いほうの箇所を不適合とする．

この抜取検査の方法は，JIS Z 9015などに基づいており，建築鉄骨構造物の特性を加味したものである．この方法は，特に工場溶接部の受入検査に適している．検査の手順を図8.4.16に示す．この抜取方法は，計数選別型の2回抜取検査と呼ばれるものである．

この抜取方法を適用することにより，検査後に製品に含まれる平均不適合率の最大値 AOQL（詳細は後述する）は約3.8％となる．建築鉄骨の AOQL は，3〜6％とされることが多い．これは超音波探傷検査以外にも，外観検査など他の検査項目があること，鉄骨の製作の途中でも立入検査が行えること，あるいは溶接部の欠陥率と構造物の強度や靱性の関係を調べた研究結果などを踏まえて決定されるものであるが，溶接部の重要性や構造設計の考え方によっても変化するものであり，特に決定的な値があるわけではない．

図8.4.17は，この抜取方法による工程平均不適合率 P と平均出検品質 AOQ（抜取検査を通過したロットの品質（不適合率）の平均値（期待値））の関係を，ロットの大きさ N をパラメータとして表したものであり，確率論より理論的に求めたものである．工程平均不適合率は，製造工程の平均品質を不適合率で示したものである．

工程平均不適合率 P が小さいうちは，P と AOQ はほぼ比例するが，工程平均不適合率 P があまり大きくなると，検査によって，ロットが不合格となる確率が大きくなり，したがって，全数検査

となるロットの割合が増加する．不適合部分は補修した後に受け入れられるから，Pがあまり大きくなると AOQ は低下する．このため，AOQ 曲線にはピークができる．AOQ 曲線の最大値 AOQL は，受け入れる品質の目安となる値である．

この抜取方法で検査水準を調整するには，ロットの大きさ N よりもサンプル数や適合判定個数や

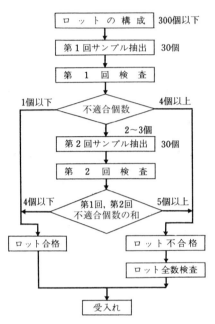

図 8.4.16　抜取検査の手順

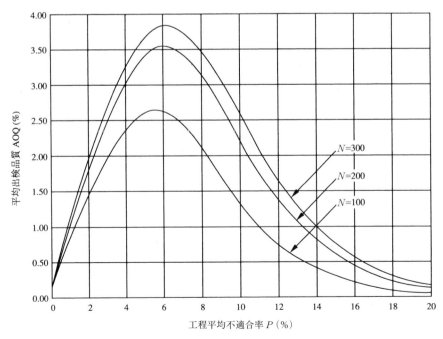

図 8.4.17　平均出検品質曲線（AOQ 曲線）

不適合判定個数を調整するほうが有効である．

図 8.4.18 は，この抜取方式の性質を OC 曲線で表したもので，工程平均不適合率 P と検査ロットが合格する確率 L の関係を示したものである．

この図からロットの合格の確率の概略を読み取ることができる．すなわち，$N=300$ のとき，

$P=P_0=4$ % では第 1 回，第 2 回検査で合格となる確率 E は $L \fallingdotseq 95$ %

$P=P_1=14$ % では第 1 回，第 2 回検査で合格となる確率 E は $L \fallingdotseq 8$ % となる．

すなわち，不適合率 P_0 のロットは，なるべく合格させたいのに，誤って不合格となる確率 D が $100-95=5$ % あるわけである．このように良いロットが誤って不合格になる確率を生産者危険と呼ぶ．一方，不適合率 P_1 のロットは，なるべく不合格にしたいのに，誤って合格となる確率 E が 8 % あることになる．このように悪いロットが誤って合格となる確率を消費者危険という．

OC 曲線からは，任意の品質のロットの合格の確率を読み取ることができる．例えば，不適合率 $P=8$ % のロットに対して，第 1 回検査で合格となる確率 C は $L \fallingdotseq 27$ % であり，第 1 回，第 2 回検査で合格となる確率 E は $L \fallingdotseq 50$ % であることがわかる．

図 8.4.19 は，この抜取方式の平均検査率曲線である．実線は，工程平均不適合率 P と平均検査率 I をロットの大きさごとに表したものである．製品の不適合率が高くなると，ロットが不合格となる確率が大きくなる．したがって，全数検査を行う割合が増加する．すなわち，平均検査率 I（= 平均サンプル数/平均ロットの大きさ）が増加する．破線は，ロット不合格時の全数検査率を含まない検査率を示したものである．

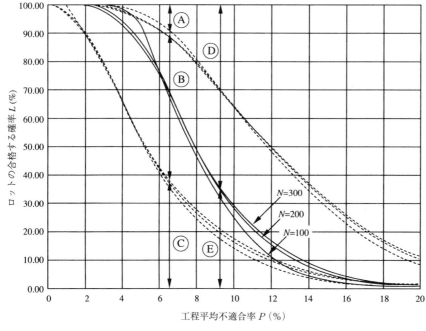

図 8.4.18 検査特性曲線（OC 曲線）

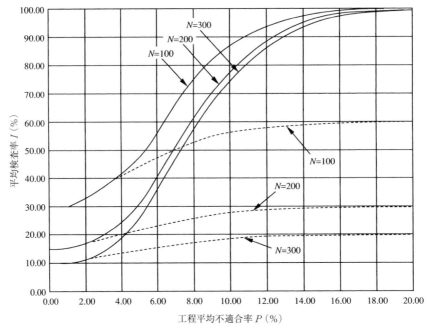

図 8.4.19 平均検査率曲線

f．溶接部の抜取検査における品質指標

抜取検査を通過したロットの品質（これを出検品質という）を表す指標として，AOQL（平均出検品質限界）と LTPD（ロット許容不適合率 P と表すこともある）がある．

AOQL は，数多くのロットを選別形抜取検査で検査した場合，受け入れられた全ロットの中に残存する不適合品の割合（不適合率）の平均値（期待値）の最大（最悪）値である．したがって，AOQL では，個々のロットに残存する不適合率の最大値は保証されないことに注意する必要がある．

これに対して，LTPD は，検査特性曲線（OC 曲線）においてロットが合格する確率がある値（通常 10 %）となる工程平均不適合率のことで，選別型の抜取検査をした場合，おのおののロットの不適合率が LTPD を超える確率は非常に小さい．したがって，LTPD により，おのおののロットの不適合率の保証をすることができる．ただし，検査通過後のロットの不適合率の期待値（AOQ）とは値がかなり異なるので，ロットの品質の平均的な状態を示す指標としては適当ではない．

以上から，抜取検査されたロットの品質の状態を示すには，AOQL と LTPD の両方の指標を用いて表現するのがよい．例えば，前述した JASS 6 で規定している溶接部の受入検査方法では，AOQL ≒3.8 %，LTPD ≒13 % となっているが，この方法で抜取検査をした場合，全ロットの不適合率の平均値（期待値）は 3.8 % 以下で，各ロットの不適合率は 13 % 以下となっていると推定されるのである．ただし，ロットの数が少なく（10 ロット程度以下）かつ工程平均不適合率が AOQL 以上の場合は，平均出検品質（AOQ）はばらつき，その最大値である AOQL はあまり意味をもたないことがあるので，注意が必要である．

g．溶接部の抜取検査の種類と抜取検査の実施手順

　確率論的な考え方に基づく抜取検査方法は，JASS 6〔10.4 項参照〕で規定されているが，このほか JIS でも次のものが用意されている．

　JIS Z 9002　　計数規準型一回抜取検査（不良個数の場合）

　JIS Z 9003　　計量規準型一回抜取検査（標準偏差既知でロットの平均値を保証する場合及び標準偏差既知でロットの不良率を保証する場合）

　JIS Z 9004　　計量規準型一回抜取検査（標準偏差未知で上限又は下限規格値のみ規定した場合）

　JIS Z 9009　　計数値検査のための逐次抜取方式

　JIS Z 9010　　計量値検査のための逐次抜取方式（不適合品パーセント，標準偏差既知）

　JIS Z 9015-0　　計数値検査に対する抜取検査手順－第 0 部：JIS Z 9015 抜取検査システム序論

　JIS Z 9015-1　　計数値検査に対する抜取検査手順－第 1 部：ロットごとの検査に対する AQL 指標型抜取検査方式

　JIS Z 9015-2　　計数値検査に対する抜取検査手順－第 2 部：孤立ロットの検査に対する LQ 指標型抜取検査方式

　JIS Z 9015-3　　計数値検査に対する抜取検査手順－第 3 部：スキップロット抜取検査手順

　建築鉄骨溶接部の抜取検査には，これらのうち，計数型の JIS Z 9002，JIS Z 9015 が適用しやすい．これは，溶接部の品質を通常不適合率（不合格率）または不適合個数（不合格個数）で表しているからである．なお，JIS Z 9008（計数連続生産型抜取検査）は，主に現場溶接部の抜取検査に適用しやすい方法であったが，廃止されている．

　計数型の抜取検査の主な実施手順を次に示す．

① ロットを構成する．

② ロットから目的に応じた方法でサンプルを抜き取る．

③ サンプルの品質を試験し，その結果を品質判定基準と比較してサンプルの不適合個数を明らかにする．

④ サンプルの不適合個数をロットの合否判定基準と比較してロットの合否を判定する．

　これらの手順の具体的な方法は，関連 JIS を参照されたい．

h．建築鉄骨に適用されるその他の抜取検査方法

　建築鉄骨溶接部に適用される抜取検査は，前述した JASS 6 の他に次の方法が設計図書で特記される場合もある．

① 公共建築工事標準仕様書（建築工事編）溶接部の抜取検査

② 抜取率のみ特記

　公共建築工事標準仕様書の完全溶込み溶接部の抜取検査方法は，平均出検品質限界（AOQL）と検査水準が指定され，表 8.4.28 の大きさのロットから 20 箇所抜き取る 2 回抜取検査である．AOQL と検査水準の特記がない場合は AOQL 4.0 ％，第 6 検査水準が選択され，この場合は検査箇所 220 箇所以下を 1 ロットとし，20 箇所の抜取検査となる．ロットの合否判定基準は表 8.4.29 のとおり．

表 8.4.28 ロットの大きさ

	第1検査水準	第2検査水準	第3検査水準	第4検査水準	第5検査水準	第6検査水準
AOQL 2.5 %	60	70	80	100	130	190
AOQL 4.0 %	70	80	90	110	150	220

表 8.4.29 ロットの合否判定基準

	第一合格 欠陥箇所数	第一不合格 欠陥箇所数	第二合格 欠陥箇所数	第二不合格 欠陥箇所数
AOQL 2.5 %	0	2	1	2
AOQL 4.0 %	0	3	3	4

設計図書に「抜取率30％」のように抜取率のみ特記される場合がある．この場合は，検査ロットの大きさ，1回抜取りか2回抜取りかの抜取方法，ロットの合否判定基準など，抜取検査に必要な事項を事前に協議して決める必要がある．

8.4.7 スタッド溶接部検査

スタッド溶接部の受入検査は，溶接部外観の検査，溶接後の仕上り高さと傾きの検査および打撃曲げ検査によるのが一般的である．

a．外観検査

（1）スタッド溶接終了後，フェルールを除去し，カラーがスタッド軸部全周にわたって健全に形成されているかどうか検査する．

写真 8.4.1 は，カラーが欠けてスタッドと母材の間に隙間が見える例であり，不適合である．カラーの形状が多少不ぞろいでも，欠陥のない溶接部であることが多いが，カラーが欠けているものや極端に不ぞろいのあるものでは，溶接中になんらかの欠陥（例えば磁気吹きなど）が生じている可能性が高く，耐力的にも不十分な場合が多い．

（2）スタッド軸部または母材部にアンダーカットが生じていないかどうか検査する．深さ0.5

写真 8.4.1 カラーの不良例

mm 以上のアンダーカットがある場合は，不適合である．デッキプレートを貫通するスタッド溶接では，母材表面に生じたアンダーカットなど，デッキプレートに隠れて見えにくいことが多いので注意する必要がある．

（3） 検査は，原則として，全数目視で行う．不適合のスタッドについては，打撃曲げ検査を実施する．

b．仕上り高さと傾きの検査

（1） スタッド溶接後の仕上り高さと傾きを検査する．仕上り高さと傾きの許容差は，JASS 6 付則 6 付表 3「溶接」に示すとおりとする．

スタッド溶接は，スタッド材と母材との間にアークを発生させ，その高熱でスタッドと母材の一部を溶かして母材表面に溶融池を作り，その中へスタッド材を押し込む溶接方法なので，一般に溶接後の仕上り高さは，溶接前のスタッド材の寸法より短くなる．適正な溶融池が形成されれば，仕上り高さも適正となるが，電源容量の不足などの原因でアークの発生が不十分な場合には，仕上り高さは長くなる．逆にアークの発生が過度な場合などでは，仕上り高さは短くなる．

このように溶接後の仕上り高さは，溶接部の品質や施工条件の良否などと密接な関係があるので，この検査により，ある程度溶接部の品質の良否を推定することができる．

ただし，デッキプレートを貫通して溶接されるスタッドでは，溶接後の仕上り高さは，デッキプレートの板厚やデッキプレートと母材間のすき間などの影響を受けて変化するので，この場合には，仕上り高さの検査で溶接部の品質の良否を判定することができない．したがって，デッキプレート貫通スタッド溶接では，別の検査方法に重点をおくのがよい．

（2） 検査は抜取検査とし，数量は打撃曲げ検査と同じとする．

c．打撃曲げ検査

ハンマなどでスタッドに 15°の打撃曲げを加え，これによって溶接部で破断したり，溶接部に亀裂が入った場合に，その溶接部を不適合と判定する検査方法である．一般に抜取検査とする．JASS 6 では，次の抜取検査の方法を推奨している．

> JASS 6　10.4「受入検査」g．「スタッド溶接部」の検査より
> （3） 打撃曲げ検査は以下により行う．なお，社内検査で打撃曲げ検査がすでに実施されている場合は，それを確認することにより，受入検査とすることができる．
> ⅰ） ロットの構成とサンプリング
> 　　スタッド打撃曲げ検査は，100 本または主要部材 1 本または 1 台に溶接した本数のいずれか少ないほうを 1 ロットとし，1 ロットにつき 1 本行う．
> ⅱ） 合否の判定
> 　　曲げ角度 15°で溶接部に割れその他の欠陥が生じない場合には，そのロットを合格とする．
> ⅲ） ロットの処置
> 　　合格ロットは，そのまま受け入れる．ⅱ）で不合格となった場合は，同一ロットからさらに 2 本のスタッドを検査し，2 本とも適合の場合はそのロットを合格とする．ただし，これら 2 本のスタッドのうち 1 本以上が不適合となった場合，そのロット全数について検査する．

スタッド溶接が多用されるのは，頭付きスタッドを合成梁のシャーコネクタとして用いる場合であり，多くは工事現場で施工される．この場合ロットの構成に関するⅰ）の文中にある「主要部材 1 本または 1 台」は 1 本の梁となる．また，この場合，スタッド溶接の施工時期は，鉄骨の建方の

後であり，床板のコンクリート打設が追いかけているため，工程的には余裕がなく，不適合部分の補修を可能とするためには，検査時期はきわめて限定されたものとなる．検査は，溶接の終了した部分から順次行うこととなる．JASS 6 で推奨している方法は，このような状況によく適合する方法であり，仕上り高さの検査や外観検査と併用しながら行うと，不適合品の検出が能率良く行える．

外観検査でカラーがふぞろいな場合には，打撃曲げの方向はカラーのもっとも小さい点に最大引張力がかかるように行う．

シャーコネクタとして用いる通常の頭付きスタッドでは，打撃曲げ検査で適合と判定されたものは，曲がったままでも力学的な支障は少ないので，そのままとしてよい．

スタッドをまっすぐにする必要がある場合は，加熱せずに行う．

8.4.8 工場締め高力ボルトの締付け検査

製作工場で高力ボルト施工を行うケースはほとんどないが，そうしたことがある場合には「工事現場施工編」5章「高力ボルト接合等」を参考に，同様の検査を受入検査時に行えばよい．

8.4.9 付属金物類検査

付属金物類の製作施工は工事現場で施工しているものが多かったが，近年は，工事現場における工期短縮，安全確保および鉄骨本体への現場溶接による悪影響の回避などにより，工場製作されるのが一般的である．

付属金物類は，鉄骨本体と比較して一般に軽視される傾向にあるので，その重要性を理解して品質を確保する必要がある．特に金物類を取り付けるための溶接はショートビードになりがちなので，注意を要する．

付属金物類検査の具体的な内容は 8.2.4 項 h. を参照されたい．

受入検査では，工作図に記載された付属金物類が正しく取り付いているかどうかについて，製品全般にわたり目視にて確認する．

8.4.10 塗装検査

塗装検査は素地調整した面と塗装面について行い，素地調整面，塗膜面の状態を目視確認し，塗膜厚などを測定する．検査方法等は6章による．

8.4.11 出来高検査

製品の受入検査の実施にあたっては，鉄骨製作業者との間で検査ロットの設定，検査方法・基準等を明確にしておくことが重要である．製品検査時点で検査対象ロットの製品が完成していないことのないように，製作の進捗状況や出来高については，事前に確認して調べておく必要がある．また，検査対象ロットの製品が完成していない場合には，当初の検査範囲から検査対象部材を分割する等の処置が必要となり，施工者は，製作工場や検査会社への対応について指示する必要がある．

出来高検査とは，契約対象部材数に対して工場製作が完了した部材数を確認する検査であるが，

受入検査における出来高検査は，建方工程に合わせて，工区ごとまたは節ごとの出来高を受入検査の際に確認するのが一般的である．

確認の方法としては，製作工場が柱，梁ごとに製作工程と合わせて出来高表を作成し，施工者が受入検査時に確認する．これにより，製作中の状況と次回検査に出来高も同時に確認できるので，効果的である．出来高表の例を表 8.4.30 に示す．

表 8.4.30　受入検査時の出来高表の例

＜1節　出来高表＞

部材	形状	台数	組立て	大組立て	溶接	仕上げ	社内検査	検査済台数	今回検査台数
柱	BOX	15	15/15	15/15	15/15	15/15	15/15	8 台	7 台
			100 %	100 %	100 %	100 %	100 %		
	H	15	15/15	15/15	10/15	10/15	10/15	0 台	10 台
			100 %	100 %	67 %	67 %	67 %		
大梁	H	25	25/25	22/25	15/25	10/25	10/25	0 台	10 台
			100 %	88 %	60 %	40 %	40 %		
小梁	H	60		60/60	60/60	60/60	60/60	40 台	20 台
				100 %	100 %	100 %	100 %		

8.5　不具合の処置

不具合とは，合否判定基準を満足しない材料または製品などのいわゆる不適合品を指して定義する考え方もあるが，ここでは適合品であっても，一般的な技術水準に照らし合わせて改善を要すると判断されるものは広く不具合ととらえることとする．例えば，鉄骨溶接部の超音波探傷検査での許容欠陥の多発などは，一般には原因を調査し改善することが求められている．したがって，このような事例は不具合の範ちゅうと考える．

また，鉄骨製作の各工程においては，材料・工法に起因して製品に現れる不具合のほかに，人の行為（作業者の技量やタイムリーな指示・報告などの情報伝達）から派生する不具合について考えることも必要である．

本項では，社内検査での不具合とその処置を取り上げ，不具合製品そのものの手直し処置と，各工程へのフィードバックによる不具合の再発防止の考え方について事例をあげて述べることとする．また，各工程における具体的な品質管理の実施要領については，2章を参照されたい．

8.5.1　不具合処置の手順

社内検査で不具合が発見されたときは，図 8.5.1 のフローに沿ってすみやかに対処するのが望ましい．処理のルートは，現品そのものの処置に関する経路と，再発防止を目的にした活動の経路の2つに分けて考えることができる．特に，補修要領の検討においては，不具合が生じた部分の応力状態から見て，差しつかえないか，全体の構造体に影響はないか，ほかの関連工事に支障はないかな

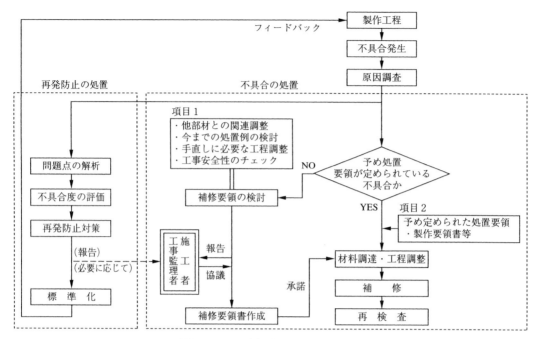

図 8.5.1 不具合処理のフローチャート

どの設計・施工上の品質の問題点を含めて，それぞれの状況について判断し，処置の方法を工事監理者または施工者と協議することが必要である．現品の補修方法がない場合には，再製作が必要になる．

また，受入検査の段階で不具合が発見された場合は，不具合の種類・範囲によっては工程上手直しを行う時間が不足し，十分な処置を行えないケースや，工事工程に重大な影響を及ぼすケースもあるので，できるだけ不具合を工場製作の初期の段階で発見し，製作工程の改善，是正を行うことが望ましい．

8.5.2 不具合処置の方法

不具合処置の最初の段階として，不具合の出検数やバラツキの大きさを調査し，不具合の全貌を定性的・定量的に正しくとらえることが重要である．これにより，不具合がどの工程で発生しているか，その原因は何かを推定することができる．そして，処置の対象が不具合品現品だけでよいのか，あるいは工程内にもあるのかなどを判断しなければならない．

特に工程内に問題がある場合は，製作手順や管理項目・管理値などを対象とした具体的な見直しが必要となる．このとき，不具合処置の決定に関わる者が，自らの目で現物を確認することは，その後の処置を適切なものとするためにも重要といえる．

また，一般に不具合には，部材が許容範囲を超えたため生じる不具合と，部材は許容範囲内であるが，それらの誤差を累積したとき，全体の構造体として設計上あるいは建方上に問題となる不具合とがある．不具合の処置方法を考えた場合，特に後者は，建物形状やスパン数・層数および現場

接合方法など，その建物の構造的な特徴によって，その不具合の処置方法も異なってくる．

部材および部材相互の寸法，接合部，および外観に関する不具合については，具体的な処置例を表 8.5.1～8.5.3 に示す．

表 8.5.1 寸法に関する不具合の処置例

項　　目	処置方法と注意事項
柱 の 全 長	・添板をつくり替える． ・ベースモルタルの高さを調整する． ・上節の長さで調整する． 　各節ごとに高さの基準階を設定（例えば 3，6，9 階）し，その階では誤差が最小になるように，また，隣りに立つ柱の高さとの関連を重視し，上記方法のどれかを決める．階段が取り付く柱は特に注意する必要がある．
梁 の 全 長 仕口部の長さ	・添板をつくり替える． 　梁全長，仕口部の長さが +5～20 mm 程度のときは，図のように基準寸法に，生じた誤差を加えた添板をつくり，取り替える．誤差が大きい場合には，別の方法を協議の上，用いる．
階　　高	・フィラーを挿入し，添板をつくり替える． 　隣の柱の階高との違いを検討し，その差がそれほど大きくない場合は，図のようにフィラーを挿入し，調整する．また，ウェブの添板は造り替えなければならない． 　フランジに使用する高力ボルトの長さは長くなるので，十分検討する必要がある．
柱 の せ い 梁 の せ い	・フィラープレートを挿入する． 　接合する相手部材の寸法との差のフィラーを製作し挿入する．ただし，どちら側に入れるかはウェブの孔位置により決定する．
ウェブの心ずれ	・フィラープレートを互いに挿入する． 　接合する部材相互の誤差をフランジの孔心より測定し，フィラー厚を決定する．
柱・梁の曲がり	・加熱矯正 　ガスバーナで加熱し，場合によってはジャッキで押しながらひずみ取りを行う．ただし，指定された温度以下とし，かつ急冷してはならない．常温に戻ってから，ゆっくりとジャッキを外し，再検査を行う．合格後，矯正部の母材をグラインダなどで平滑に仕上げる．
フランジの折れ ウェブの曲がり	・加熱矯正 　フランジの折入れは加熱矯正でひずみを除去するが，この原因の多くは端部にスリーブがついた場合など，必要以上の入熱によるもので直しにくい． 　ウェブの曲がりは加熱しながらジャッキで押し，正規寸法になったとき，アングルや丸棒などで拘束して置く．ただし，接合部を避ける．
柱のねじれ 仕口部の角度	・加熱矯正 　検査台に正確に置き測定し，原因箇所を修正する．施工中の溶接順序に大きく左右されるので，十分な検討が必要である．

表 8.5.2　接合部に関する不具合の処置例

項　　目	処置方法と注意事項
孔の心ずれ 孔のピッチ 孔の食違い	・添板を実寸法に合わせてつくり替える． 　母材にあいた孔の位置を正確に測り，添板をつくり替える．工場内，または現場で取り付ける位置を間違えないよう部材マークを変え，徹底する．
孔のまくれ 切断面のまくれ （ばり）	・グラインダで慎重に削る． 　できるだけさび面をきずつけないようグラインダなどにより仕上げ，発せいに十分配慮する．
摩擦面の汚れ	・グラインダ，ワイヤホイル，ウェス，溶剤などにより清掃する． 　接合部についたスパッタ・油・塗料・超音波深傷検査に使ったグリセリン・浮きさび・土などの付着物は，母材および健全なさびをいためることなく除去しなければならない．

表 8.5.3　外観に関する不具合の処置例

項　　目	処置方法と注意事項
母材欠損 溶接の凹凸 アークストライク 溶接スラグ 溶接スパッタ 曲げのときの押しきず クランプのきず	・溶接による補修盛りの後，グラインダにより平滑に仕上げる． ・ワイヤブラシなどでけれんする． 　溶接による母材欠損（アンダーカットなど）ビートの凹凸，板を曲げるときの押しきずなどは，状況によって溶接により肉盛りをした上で，グラインダなどで平滑に仕上げる．スラグ・スパッタについては，基準的なものはないが，できるだけ除去すること．また，摩擦面にはあってはならない．
塗　　装	・はけ目・だれ・むら・ふくれ・気泡・割れなどがあった場合，ディスクサンダーなどで除去し，再塗装する． 　鋼材の腐食，仕上げ塗料のむらは，塗料の母材からのはく離の原因となるので，素地面まで広範囲に除去し，再塗装する． 　接合部など塗ってはいけないところに塗られた塗料は，はく離剤で除去し，水洗いをする． 　塗膜厚の不足が発見されたときは，ほかの部材もできるだけ検査を行い，再塗装をする．その際よく清掃し，層間ではく離しないよう十分気をつける．

　また，部材を集合した結果として，全体の構造体に設計上または建方上の不具合の発生が予測できるとき，この場合の不具合処置の考え方を表 8.5.4 に，処置の事例を表 8.5.5 に示す．

表 8.5.4 寸法精度における不具合処置の考え方の一例

	$\varepsilon \leq \varepsilon_a$	$\varepsilon_a < \varepsilon \leq \varepsilon_{La}$	$\varepsilon_{La} < \varepsilon$
検討内容	・部位別の全体の誤差の傾向を見て，設計上・建方上の問題の有無を確認する．	・管理許容差を超えた原因を調査する． ・部位別の全体の誤差の傾向を見て，設計上・建方上の問題の有無を確認する．	・限界許容差を超えた原因を調査する． ・部位別の全体の誤差の傾向を見て，設計上・建方上の問題の有無を確認する．
処置内容	・部材単品でなく，全体の構造体として見たとき，設計上・建方上の問題が懸念される場合は，誤差の管理値の幅の修正を検討し，次節以降の製作にフィードバックさせる．	・設計上・建方上の問題がある場合は，必要な部材の修正方法を決める． ・製作工程を見直し，誤差の管理値の幅の修正および不具合を発生した工程の是正方法を検討し，次節以降の製作にフィードバックさせる．	・限界許容差を超えた部材の処置方法を検討する． ・修正可能な部材は，修正し再使用する．修正不可能な部材は，破棄し製作し直す． ・製作工程の抜本的な見直しを行い，不具合を発生した工程の是正方法を検討し，次節以降の製作にフィードバックさせる．

[注] ε：実際のプロジェクトで生じた誤差
ε_a：管理許容差
ε_{La}：限界許容差

表 8.5.5 部材寸法精度が全体の構造体に影響を与える場合の処置例

項　目	不 具 合 例	処置例と注意事項
柱の長さ	各節の柱の長さの誤差は，部材単位では許容範囲であるが，誤差の傾向が全体に同一のため，柱の累積誤差が大きく，設計上または建方上不具合となっている．	次節以降の柱の製作寸法を累積誤差を吸収した柱の長さに調整して製作する．
大梁の長さ 仕口の長さ	大梁の長さと仕口の長さの誤差は，部材単品では許容範囲内であるが，いずれも全体としては同一傾向の誤差のため，通りの全スパンの累積誤差が非常に大きくなり，設計上または建方上，不具合を生じている．	不具合の生じた通りの累積誤差を吸収するための寸法調整スパンを適宜設け，柱，梁の現場接合の添板を製作し直す． 特に，大梁フランジが現場溶接の場合は，溶接による収縮も考慮した処置が必要で多スパン架構の場合はその影響も無視できない．

8.5.3 不具合の再発防止

不具合の再発防止とは，改善にほかならない．改善する対象は製品を造り出したプロセスであり，詳しくは，工程と呼ばれているものを構成している人（Man，技量）・機械（Machine）・材料（Material）・方法（Method）のいわゆる 4 M で表される技術と，それらを結んでいる情報を含めたシステムである．

図 8.5.2 に，不具合の再発防止上有効と思われるチェック項目と，指示・報告などの情報の流れを示す．各工程の作業者は，図中のチェック項目を参考に，あらかじめ作業マニュアルの中に設定された具体的な作業手順および管理項目とその管理値を確認して，作業に従事することが重要である．その際，工程の担当者（職長）は，特に必要な管理値に対しては管理限界を定めて，作業者に周知徹底し，管理限界を超えた場合の対処の仕組みと，情報の流れを明確にしておくことが重要である．

一般的な製作工場の自主管理のあり方としては，ある工程で生じた管理限界を超える不具合は，作業者から工程担当者へその情報が伝えられ，次に担当者より，職制を通じて製作の全工程を把握

— 674 — 鉄骨工事技術指針—工場製作編

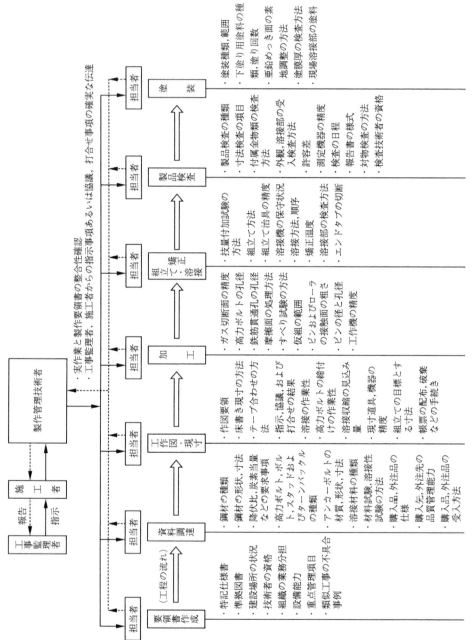

図 8.5.2　品質情報の流れと不具合再発防止のための主なチェック項目

している製作管理技術者に伝えられる．製作管理技術者は全体の工程の流れを考慮し，関連する工程の担当者を集めて，その不具合の発生原因と処置の検討を行う．その結果，明らかにされた現品そのものの処置方法と，改善が必要となった工程の手順や管理項目についての情報を，関連する工程に対してタイムリーに，作業マニュアルの修正などの明確な方法で周知徹底することが大切であり，このことが有効な再発防止になるともいえる．もちろん設計品質や施工に影響を与える不具合に関しては，製作管理技術者は工事監理者や施工者に報告して協議し，その結果を不具合の処置や再発防止に反映させる必要がある．

このように見れば，製作管理技術者にとっては，いわゆる 4 M で表される技術の管理と同時に情報の管理も重要な業務であるといえる．特に影響を与える情報は，製作側内部からだけでなく，工事監理者や施工者からも指示・変更事項として発生する場合があるので，それらの窓口でもあり，製作の全工程を管理している立場でもある製作管理技術者のタイムリーで的確な情報管理は，工程の不具合や手戻り防止の上からも比重の大きい管理点といえる．そして，もっとも重要なことは，各工程の作業者および担当者が，その技術的内容と工程の中で自分の役割・位置づけを理解し行動できる状態を仕組みの中にいかにつくるかであり，モラルや技術の教育と同時に，製作システムの理解というソフト教育もますます必要とされる．

8.6 溶接部の非破壊試験技術

8.6.1 非破壊試験の種類と特徴

溶接部の健全性を確認するための非破壊試験方法は数種類あり，その主なものには放射線透過試験・超音波探傷試験・磁粉探傷試験，浸透探傷試験および渦電流探傷試験がある．目視による外観試験，溶接ゲージなどによる寸法測定も非破壊試験の範ちゅうに入るが，これらについては 8.1 節，8.2 節を参照されたい．

上記の 4 種類の非破壊試験方法は，以下に概説する特徴を有しているので，おのおの目的に応じて使い分けるべきである．

各非破壊試験方法の欠陥の位置による検出能力の比較を表 8.6.1 に示す．表 8.6.1 からわかるように，各非破壊試験方法は内部欠陥検出用と表面欠陥検出用に大別され，放射線透過試験と超音波探

表 8.6.1 欠陥位置と試験方法

試験方法＼欠陥位置	表面に開口した欠陥	表面直下の欠陥	溶接内部の欠陥
放射線透過試験	◎	◎	◎
超音波探傷試験	○または△	○または△	◎
磁粉探傷試験	◎	○または△	×
浸透探傷試験	◎	×	×
渦電流探傷試験	◎	○または△	×

[注] ◎：よい ○：ややよい △：困難 ×：不可能

傷試験は内部欠陥検出用，磁粉探傷試験と浸透探傷試験および渦電流探傷試験は表面欠陥検出用といえる．ただし，前二者は表面欠陥の検出も可能である．磁粉探傷試験の場合，条件が良ければ溶接部表面から5mm程度の深さにある欠陥ならば検出可能といわれているが，実際の探傷では表面から深さ2mm程度と考えた方がよい．

各非破壊試験方法の欠陥の形状による検出能力の比較を表8.6.2に，欠陥の形状と欠陥の種類との関係を表8.6.3に示す．しかし，実際の欠陥は複雑な形状をしているので，表8.6.3のような単純な分類で確定論的な議論は避けるべきで，また，欠陥の形状以外に欠陥の寸法・分布状態・方向や，試験条件によっても欠陥検出能力は変わるので，表8.6.2および表8.6.3は，一般的な傾向を示したものと考えておいたほうがよい．例えば，超音波探傷試験では球状欠陥の検出は困難であるといわれており，ブローホールの検出は困難であるとされているが，ブローホールでも密集したものや海綿状に集合したものはよく検出できる．また，放射線透過試験では割れの検出は苦手であるとされているが，すき間が大きく板に垂直な割れは比較的よく検出する．

溶接部の内部欠陥に対する放射線透過試験と超音波探傷試験の検出能力の比較の概念を図8.6.1

表8.6.2 欠陥形状と試験方法

試験方法＼欠陥形状	平板状欠陥	球状欠陥	円筒状欠陥	線状表面欠陥	円形状表面欠陥
放射線透過試験	○または△	◎	◎		
超音波探傷試験	◎	○または△	○		
磁粉探傷試験				◎	○または△
浸透探傷試験				◎または○	◎
渦電流探傷試験				◎	○または△

［注］ ◎：最適　○：よい　△：困難

表8.6.3 欠陥種類と形状

欠陥形状	欠陥種類
平板状欠陥	割れ・融合不良・溶込不良
円筒状欠陥	スラグ巻込み
球状欠陥	ブローホール
円形状表面欠陥	ピット
線状表面欠陥	割れ

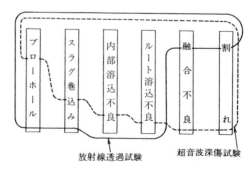

図8.6.1 放射線透過試験と超音波探傷試験の溶接内部欠陥の検出能力概念図

表 8.6.4 各種非破壊試験法の比較

項　目	試験方法					
	内部欠陥用			表面欠陥用		
	X線(60 kVP)	γ線(C^{-1})	超音波	目視	浸透	磁気
割れに類する欠陥の検出能力	△	△	○	×	○	○
厚板への適応性	×	△	○	—	—	—
開先形状への適応性	×	×	○	○	○	△
信頼性	○	○	△	△	△	○
客観性（記録）	○	○	△	△	△	△
能率	△	×	○	○	○	○
設備	△	×	○	○	○	○
安全性	△	×	○	○	○	○
工事工期への影響	△	×	○	○	○	○
経済性	△	×	○	○	○	○

[注] ○：優・良好・簡便・大など，△：良・中など，×：可・雑・複雑・小など

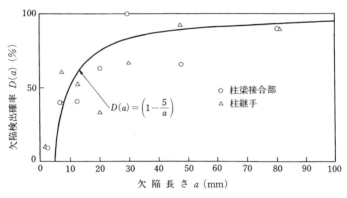

図 8.6.2 超音波探傷試験の欠陥検出確率

に，また，各非破壊試験方法の建築鉄骨溶接部への適応性の比較を表8.6.4に示す．いずれにしても，建築鉄骨では，ブローホールなどの球状欠陥による疲労をほとんど考慮することはない．そのため，鉄骨溶接部の内部欠陥の検出には超音波探傷試験が最適である．

超音波探傷試験による建築鉄骨溶接部の欠陥検出能力について調査した結果の例を図8.6.2，8.6.3に示す．これらの図から，超音波探傷試験によって溶接部に存在するすべての欠陥が検出できるわけではなく，また，検出した欠陥の寸法評価にもバラツキのあることがわかる．このようなことは，他の非破壊試験方法に対してもいえることであって，非破壊試験のみによっては良い品質が得られないといわれるゆえんである．したがって，非破壊試験は，品質管理を十分に行って溶接した箇所の品質確認のための道具という位置づけで使用すべきである．そして，非破壊検査の結果を工程にフィードバックして品質管理に活かすというのは当然である．

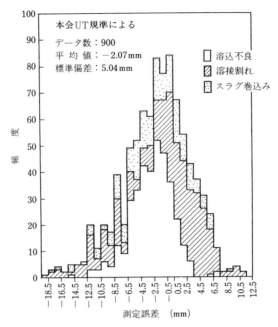

図 8.6.3 超音波探傷試験の欠陥長さ測定精度

8.6.2 超音波探傷試験

　超音波探傷試験とは，人間の耳で聞くことのできないおよそ 20 kHz 以上の周波数をもつ音波（これを超音波という）を使用して欠陥を検出する方法である．通常の試験には，1～5 MHz の周波数が最もよく用いられる．

　超音波探傷試験は，探傷の原理，探傷図形の表示方法，使用する波の振動方法などにより種々の方式・方法がある．この中で最も広く用いられている探傷方法は，パルス反射法といわれているものである．これは「山彦」の原理と同じで，超音波のパルスを超音波探傷器〔写真 8.6.1 参照〕に接続した探触子〔写真 8.6.2 参照〕という超音波を送受信するものを用いて超音波を溶接部内部に発信し，内部に欠陥があると，発信された超音波の一部が欠陥で反射されて，もと来た方向に戻っていき，再び探触子でその超音波を受信して欠陥の有無を知るものである．

　探傷方法とその主な用途を表 8.6.5 に示す．溶接部の探傷によく用いられる垂直探傷と斜角探傷の原理を図 8.6.4 に示す．斜角探傷では，写真 8.6.3 に示す標準試験片であらかじめ測定した屈折角と，探傷器の表示画面上で読み取った欠陥までの超音波の伝播距離（ビーム路程）から，幾何学的に欠陥の位置を算出する〔図 8.6.5 参照〕ものである．

　建築鉄骨溶接部の主な検査対象箇所と探傷方法および使用規格（特記のない場合）を表 8.6.6 に示す．一般に超音波探傷検査は，「UT 規準」に基づいて行うことを原則とするが，この規準では検査数量・検査時期，不適合溶接部の処置などが記載されていないので，本指針などを参考にして事前に検査要領書にこれらの事項を盛り込んでおく必要がある．

　なお，検査技術者については，上記規準では，「検査技術者は，超音波探傷法に関する一般的な知識・技量のほか，鋼構造建築溶接部およびその超音波探傷法の特質について十分な知識・技量およ

8章 検　査 —679—

写真 8.6.1　超音波探傷器

写真 8.6.2　探触子

表 8.6.5　超音波探傷法の種類と用途

探傷法	使用する波の種類	用　途
垂直探傷	縦　波	板，鍛造，鋳造，条鋼，厚み測定，溶接
斜角探傷	横　波	溶接，管，鍛造
板波探傷	板　波	薄板
表面波探傷	表面波	表面欠陥

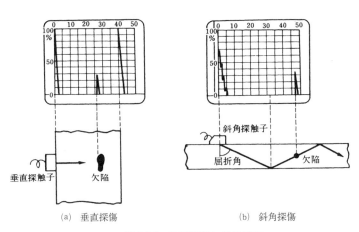

(a)　垂直探傷　　　　　　　　(b)　斜角探傷

図 8.6.4　垂直探傷と斜角探傷

び経験を有する者とする」としている．超音波探傷法に関する一般的な知識・技量に対する資格としては，（一社）日本非破壊検査協会（JSNDI）が JIS Z 2305 に基づき認証する「超音波探傷試験技術者（レベル3，レベル2，レベル1）」があり，本会規準に基づく鋼構造建築溶接部の超音波探傷検査に関する知識・技量に対する資格としては，（一社）日本鋼構造協会　建築鉄骨品質管理機構が認定する「建築鉄骨超音波検査技術者」の資格がある．

　なお，建築鉄骨特有の裏当て金付き完全溶込みT継手を超音波探傷した場合，ルート部およびルート部近傍から検出されるエコーは，溶込不良のエコーと形状エコーとを判別することが難しく，

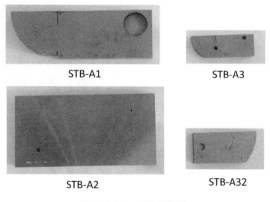

写真 8.6.3 標準試験片

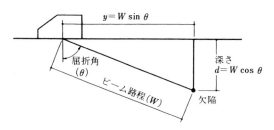

図 8.6.5 斜角探傷における欠陥位置の推定方法

表 8.6.6 完全溶込み溶接部に対する主な検査対象箇所と探傷方法および準拠規格

探傷方法	主な検査対象箇所						準拠規格（特記のない場合）
	工場溶接						
	柱の組立て			板継ぎ	ガセットプレート	柱・梁	
	角継手	CO_2 溶接ダイアフラム部	ES 溶接ダイアフラム部				
垂直探傷法	○	○	○				日本建築学会規準[*1]
斜角探傷法 斜角一探触子法	○	○		○	○	○	日本建築学会規準[*1] JIS Z 3060[*2]
斜角探傷法 自動探傷法	○			○		○	JIS Z 3070[*3]

［注］ ＊1　日本建築学会：鋼構造建築溶接部の超音波探傷検査規準・同解説，2008
　　　＊2　JIS Z 3060：鋼溶接部の超音波探傷試験方法
　　　＊3　JIS Z 3070：鋼溶接部の超音波自動探傷方法

本会編「鋼構造建築溶接部の超音波探傷検査規準・同解説」付3では，（一社）日本非破壊検査協会「溶接部の超音波探傷研究委員会による指針（1995）」を用いて，その反射源を正確に求めることを推奨している．これに関して，指針と同等な欠陥評価が得られる方法として，屈折角75°を用いた斜角簡易判別方法[1)]が発表されており，この研究では，屈折角75°を用いることにより溶込不良と形

状エコーの判別が容易に可能となること，一般的に使用されている公称屈折角 70°または 65°の探触子でもウェッジ（くさびなど）という治具を装着することにより 75°の屈折角を簡便に得られることを報告している．

8.6.3 放射線透過試験

放射線もしくは放射性同位元素が物質内部を透過していく性質を利用して内部欠陥の検査を行う方法が放射線透過試験である．すなわち，内部状況を確認したい材料の一方から放射線を照射し，反対側に放射線の強さによって感光度合いに差異が生じるフィルムをセットしておけば，フィルムの濃度の差によって材料内部の欠陥の有無が認識できることになる．

しかしながら，放射線透過試験は，次の理由によって建築鉄骨溶接部の検査にはあまり使われていないのが現状である．

① 放射線は人体に有害であるので，その取扱いが煩雑である．特に，工事現場での検査には十分な配慮が必要である．

② 建築鉄骨の継手形状は複雑であるので，放射線源を配置しにくく，またフィルムの密着性も良くない．このため，欠陥の検出が困難になることが多い．

③ 前述したように，溶接接合部の静的強度に大きな影響を及ぼす平面状欠陥を超音波探傷試験と比較して検出しにくい．

建築工事では，しばしば鋼管杭の溶接継手の検査に放射線透過試験が適用されることがある．この場合の撮影方法を図 8.6.6 に示す．

放射線透過試験に関する規格は，日本では建築鉄骨溶接部専用のものはなく，JIS Z 3104（鋼溶接継手の放射線透過試験方法）がもっぱら使用されている．この規格では合否判定基準が定められていないので，事前に検査要領書に当事者間で協議の上，定めておく必要がある．また，この規格を建築鉄骨溶接部に適用する場合，透過試験の像質は通常 A 級が用いられることが多い．

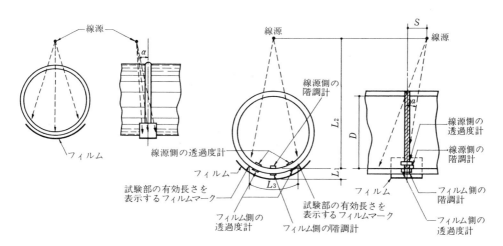

図 8.6.6　二重壁片面撮影法

放射線の安全な取扱いと管理のために，撮影作業を行うときに要求される資格は，エックス線作業主任者（労働安全衛生法）・ガンマ線透過写真撮影作業者（労働安全衛生法）・放射線取扱主任者（放射線障害防止法）などである．また，撮影されたフィルムを判定する場合は，JIS Z 2305 に基づいて（一社）日本非破壊検査協会が認証した放射線透過試験技術者レベル3またはレベル2の技術者によるのが望ましい．

最近の動向としては，フィルムを使用せず放射線を蓄積できる鋭敏なイメージングプレート（IP）に放射線像を記憶させて，これを専用機械で読み取り，画像処理により目視判断が容易に行われるような手法も活用されている．この場合の試験システムを図8.6.7に，IP読取り原理を図8.6.8に示す．

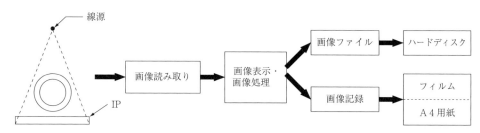

図 8.6.7 IPを用いた放射線透過試験のシステム

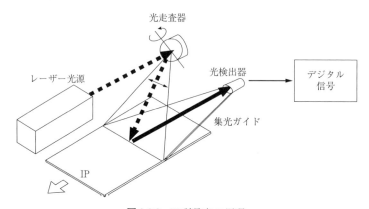

図 8.6.8 IP読取りの原理

8.6.4 磁粉探傷試験

強磁性体に磁場を与えると，欠陥部分（材料の不連続部）で磁束が表面空間に漏えいし，磁極が生ずる．ここに磁粉を散布すると欠陥幅の数十〜数百倍に拡大されて付着するため，微細な欠陥を容易に検出することができる．これが磁粉探傷の原理である．

磁粉探傷試験は，後述する浸透探傷試験と同様，次のような表面欠陥を検出するために用いる．

① 溶接部の表面欠陥（割れ，アンダーカットなど）
② 開先面に存在する母材欠陥（ラミネーション・介在物など）
③ 裏はつり部および補修部のガウジング面の除去しきれなかった欠陥

探傷状況

めっき割れ

写真 8.6.4 めっき材の磁粉探傷試験

④ 薄板・小径管の溶接部の欠陥

また，めっき割れの検出にも有効である〔写真 8.6.4 参照〕．

磁粉探傷で検出できる欠陥は，磁化によって発生する磁力線の方向に対して直角方向に存在するもののみで，平行にある場合はほとんど検出できない．したがって，磁化に際しては，試験材の材質（磁気特性）・形状・寸法，予想される欠陥の性質（種類・位置・方向）および探傷装置の特性などを検討し，その方法を決定しなければならない．JIS Z 2320（非破壊試験-磁粉探傷試験）では 7 種類の磁化方法を規定しているが，溶接部の探傷には図 8.6.9 に示すような極間法とプロッド法が用いられる．

磁粉探傷試験を行う場合，次のような注意が必要である．

① 欠陥と疑似模様との識別度を高めるために，試験面上に付着しているさび，スケール，油，塗料，スパッタおよびスラグなどを完全に除去すること．

② プロッド法を用いる場合，スパークの発生によって試験体表面の損傷や材質変化が生じるので，注意が必要である．

③ 磁粉探傷には乾式法と湿式法があり，一般に表面欠陥の微細欠陥検出能の高い後者が多く用いられるが，表面状態が粗い（100 μmRz 以上）場合や高温での探傷の場合には，乾式法が用いられる．

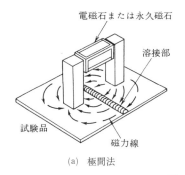
(a) 極間法

(b) プロッド法

図 8.6.9 磁化方法

④ 蛍光磁粉を用いた場合は，紫外線灯（ブラックライト）を用いて欠陥を検出するため，明るい場所での作業は困難であり，暗幕などの用意が必要である．

なお，最近では高輝度ブラックライト（ハロゲンランプ）を用いることによって日影状態（100ルクス以下の照度）で作業することも可能となってきている．

⑤ 蛍光磁粉は非蛍光磁粉（白・黒・赤など）に比べ，検出感度が10倍程度高いと言われているが，近年では白色のコントラストアップペイントを探傷面に塗布し，黒色磁粉を用いて蛍光磁粉と同様の検出感度を持たせる方法も多くなってきている．この場合は十分な明るさを有する場所（500ルクス以上）で行う．コントラストペイントの使用例を写真8.6.5に示す．

ペイント無塗布

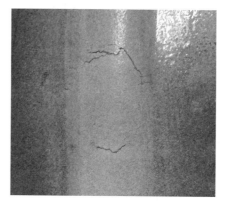
ペイント塗布

写真8.6.5 コントラストペイントの効果

JIS Z 2320に基づいて探傷試験をする場合，合否の判定方法は，当事者間で事前に協議して検査要領書に記載する必要がある．ただし，割れによる指示模様は不合格とする．

なお，磁粉探傷試験は，磁気探傷試験の範ちゅうであり，一般的に多用されている表層欠陥部からの漏洩磁束に磁粉（鉄粉）を付着させる試験が磁粉探傷試験である．漏洩磁束探傷試験は，表層欠陥部からの漏洩磁束を磁粉ではなく，磁気センサーを使って検知するものである．なお，漏洩磁束探傷試験は磁粉探傷試験に比べて記録性は高いが，検出性能は表面状況の影響を受けるため，欠陥の検出能力は高くない．

8.6.5 浸透探傷試験

浸透探傷試験は，液体の毛細管現象を利用し，浸透液を欠陥内に浸透させて欠陥を検出する方法である．したがって，この試験方法は磁粉探傷のできない非磁性材料でも適用できるという利点をもっている反面，必ず表面に開口した欠陥しか検出できないという欠点をもっている．

（1） 溶剤除去性染色浸透探傷試験

浸透探傷試験は，浸透液の色調，洗浄の形式および現像法の相違により6種類に大別されるが，最も一般的に行われているものの中に溶剤除去性染色浸透探傷試験がある．この方法は，図8.6.10

に示すように前処理，浸透処理，除去処理，現像処理，観察，判定の手順で行われるが，実施にあたっては，次の注意が必要である．

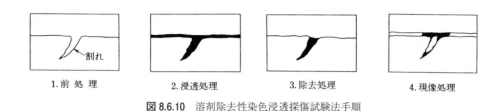

図 8.6.10 溶剤除去性染色浸透探傷試験法手順

① 前処理として，探傷面に付着した油・塗料・さび・欠陥内部の異物を除去する．ショットブラスト，サンドブラストなどを用いると欠陥の開口部をふさぐことがあるため避けた方がよいが，グラインダでは前者のような弊害は少ない．
② 浸透時間は浸透液の種類，欠陥の種類と大きさ，試験温度によって変化する．一般に，気温が 10～50℃ の範囲で行うことが望ましく，この場合 5～20 分が必要である．50℃ 以上の高温状態での使用は，液が変質するので好ましくない．10℃ 以下，特に低温下では浸透能力が落ちるため，さらに浸透時間を増すか（常温の 2 倍程度）または実験によって特性を確認して実施する必要がある．
③ 浸透液の除去処理は，乾いた布でふきとることを原則とする．
④ 探傷剤は可燃性であるので，火災予防に関する管理が必要である．
⑤ 洗浄剤・速乾式現像剤には有機溶剤が主として使われているため，必要に応じて給気，排気を十分に行う必要がある．

浸透探傷試験は JIS Z 2343（非破壊試験－浸透探傷試験－）に準じて行えばよいが，合否の判定は記載されていないので，前項 8.6.4 で述べたのと同様，当事者間で合否判定の方法を事前に協議して，検査要領書に記載することが必要である．

（2） 水型エアゾールを用いた浸透探傷試験

水型エアゾール（水エアゾール）を用いた浸透探傷試験は，水洗性の染色浸透液または蛍光浸透液で浸透処理をした後，エアゾール缶に納められた洗浄水をスプレーして除去する方式の浸透探傷試験である．現像法としては，染色浸透液を使用した場合には速乾式現像法が多く用いられる．探傷剤のセット一例を写真 8.6.6 に示す．

1） 適用対象

表面の粗い試験体や形状の複雑な試験体に対しては，水洗性浸透探傷試験を適用することが好ましいが，水道設備，洗浄処理設備，廃水処理設備などが必要であり，構造物に取り付けられた部品の検査や配管溶接部の検査に適用することは困難である．

この方法は，洗浄水をエアゾール化することで，特別な設備がなくとも水洗性浸透探傷試験を部品や構造物の部分探傷に使用することを可能にしたもので，特に溶接部の探傷や狭あい部の検査に有効である．

写真 8.6.6 水型エアゾールを用いた水洗性染色探傷剤のセット

処理の面からも，溶剤除去性浸透探傷試験に比べ，余剰浸透液を除去する時間を大幅に短縮することができ，しかも溶剤の発生量は少ないため安全衛生の面からも有利である．また，洗浄排水は紙，ウェスなどで吸収されることにより，廃液処理の問題を解消することができる．

2）問題点と対策

以下に各処理ごとの問題点と対策を，水型エアゾールを用いた染色浸透探傷試験について述べる．

① 前処理

水洗性浸透探傷試験の場合と同じ方法で，同じ注意事項を守って行えばよい．

特に注意しなければならないのは，溶剤除去性浸透探傷試験の場合には"洗浄剤"は溶剤であるため，そのまま前処理用の洗浄剤として用いることができたが，この場合の"洗浄剤"は洗浄水であるため，前処理用の洗浄剤として用いても油脂類を除去することはできないので，必ず溶剤の"エアゾール式除去剤"を別に携行して用いるようにしなければならない．

② 浸透処理

水洗性浸透液は，エアゾール缶を用いた方法かはけ塗り法で行うのがよい．そのほかの項目についての注意事項は，他の浸透探傷試験と同様である．

③ 洗浄処理

洗浄処理の第一段階は，溶剤除去性浸透探傷試験の場合の除去処理と同様に乾いた布または紙タオルで余剰浸透液を除去することから始めなければならない．その後，水型エアゾール洗浄液を約10～30 cm離れた距離から吹き付けて洗浄する．そして吹き付けたならば，ただちに拭き取るようにする．

これは，表面に残留した洗浄水と欠陥内の水洗性浸透液が混ざりあって指示模様のコントラストを低下させることを防ぐためと，次工程の乾燥を容易にするためである．

上向きの洗浄作業の場合には洗浄水が垂れてくることがあるが，これを防止するためには，水型エアゾールを吹き付けると同時に拭き取るか，洗浄水を含ませた布で余剰浸透液を拭き取るようにすればよい．

洗浄の手順については，水洗性浸透探傷試験の場合と同じである．

④　乾燥処理

ぬれた試験体表面を乾いた布またはタオルでから拭きし，その後，できればエアブローまたはヘアドライヤーで乾燥させるようにするとよい．

洗浄には水を使用しているため，低温の時期や梅雨時には気温や湿度によって乾燥させにくい場合もあるので，乾燥状態には十分注意する必要がある．

洗浄水はさび対策としてインヒビターが添加されているので，さびに対してはあまり問題にならない．

⑤　現像処理

現像は速乾式現像剤を用いて行われるので，溶剤除去性染色浸透探傷試験の場合，速乾式現像剤を使用する場合の注意事項をよく守って適用するようにするとよい．

⑥　観　　察

他の染色浸透探傷試験と同様の注意事項を守って行うようにするのがよい．

⑦　後処理

他の浸透探傷試験と同様の注意事項を守って行うようにすればよい．

8.6.6　渦電流探傷試験

金属材料の表面に交流磁場を発生させるコイルを置いた場合，金属材料表面には渦電流が流れることはよく知られている．この渦電流は材料の透磁率や導電率などの電磁気的性質により，表面状況や欠陥によって変化する．渦電流探傷試験は，コイルのインピーダンス（交流の全抵抗等）を測定し，渦電流の変化によって，欠陥の有無や材質などを判定する方法である．渦電流探傷試験の原理を図8.6.11に，また渦電流探傷器と上置型センサーの例を写真8.6.7に示す．

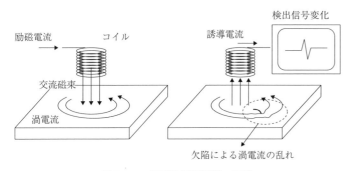

図 8.6.11　渦電流探傷試験の原理　　　　写真 8.6.7　渦電流探傷試験

参考文献

1) 笠原基弘, 服部和徳, 横田和伸, 嶋　徹, 廣重隆明, 中込忠男：裏当金付T形溶接継手のルート部におけるエコー簡易判別方法に関する研究, 日本建築学会大会学術講演梗概集, pp.1141-1142, 2013

8.7 超音波探傷検査の最近の技術動向

8.7.1 超音波探傷装置

液晶デジタル型超音波探傷器が近年急速に普及してきている〔写真8.7.1参照〕.

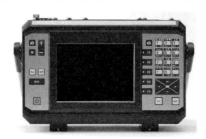

写真 8.7.1 デジタル探傷器の例

探傷器の性能・特性は，メーカーにより異なるため一概にはいえないが，その一例を下記に示す．

① メモリー機能

探傷作業前に行うキャリブレーションの際，セットメモリを使用することにより複数の探傷方法および探触子の使用が必要な場合でも，そのつどキャリブレーションする必要はなく，メモリーから呼び出して，すぐに探傷作業に入ることができる．

② DAC機能

距離振幅特性曲線（DAC曲線）を作成する際，当日使用する測定範囲のうち，最長で設定しておくことにより，被検査板厚が変わっても，測定範囲の調整とエコー高さ区分線をそのつど作成する必要はなく，切換えつまみで調整できる．

③ 測定範囲の切換機能

測定範囲の調整は，標準試験片を用いて1度行うだけでよく，測定範囲切換えつまみにより，選定することができる．

④ ゲート範囲拡大機能

測定範囲にかかわらず，選定されたゲート範囲のエコーを部分拡大できる機能で，ビーム路程や波形の詳細を調査する場合に利用する．

使用上の注意点を下記に示す．

① 入射点，屈折角，測定範囲および探傷感度の調整は，標準試験片を用いて，規定どおり行うこと．

② ビーム路程，エコー高さは，数値表示されるが，ゲート設定条件や波形によっては正しく表示されない場合もあるため，探傷図形により，目的のエコーが正しく数値表示されていることを確認すること．

③ 探傷器の性能によって，探触子の走査速度が制限される場合があること．

④ すべての設定条件が，数値表示されるとは限らないため，アナログ表示も含めて設定条件を確認すること．

8.7.2 鋼管円周溶接部の探傷

建築鉄骨に鋼管が使用され，円周継手に超音波探傷検査を要求されることは多いが，本会編「鋼構造建築溶接部の超音波探傷検査規準・同解説」（以下，UT規準という）では，外径500mm以下の場合は対比試験片RB-A6を使用してエコー高さ区分線（DAC）を作成しなければならず，また，外径300mm未満の場合は適用範囲外になっているため，実務では次のような問題点が生じている．

① 外径300mm未満の円周継手の超音波探傷検査方法をどのように行うか（JASS 6ではすべての完全溶込み溶接部が検査対象となる）．

② RB-A6が用意されていない場合の対応方法．

③ RB-A6が作製されていてもRBごとの感度のバラツキが大きく，同じ外径であっても工場や工事ごとに探傷感度が大きく異なることがある〔図8.7.1〕．

④ RB-A6は通常0.5Sと1.0Sの2点でDACを作成するため，板厚が15mmを超えると，0〜0.5S（DACが水平になる）範囲はSTB-A2より評価が厳しくなり，板厚の厚い鋼管では表面から浅いところの欠陥に対する感度が必要以上に高くなる．

⑤ 一般にRB-A6は重量が重く携帯に不向きである．

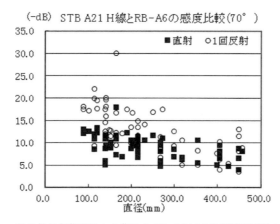

図 8.7.1 一般の鉄骨製作工場から集めた RB-A6 による標準試験片との感度差

精度の高いRB-A6を作製して実験したデータは図8.7.2，8.7.3のようになり，この実験から求められた公称屈折角70°および65°に対する感度補正量の指針[1]は，次のとおりである．

（1）直射法を適用する場合

直径D（mm）に対する感度補正量H（dB）は，次の式で求めるか，表8.7.1の値とする．

$$H = 12 - 0.02 \times D \text{（小数点以下は切り上げる）}$$

表 8.7.1 直径に対する感度補正量

直径 (mm)	100以上 200未満	200以上 300未満	300以上 400未満	400以上 500未満	500
感度補正量	10 dB	8 dB	6 dB	4 dB	2 dB

(2) 1回反射法を適用する場合

直径が板厚の15倍未満の場合は，直射法の感度にさらに+4dB高める．直径が板厚の15倍以上の場合は，直射法の感度と同一とする．

なお，次のような場合は，RB-A6を作製して感度を合わせる必要がある．

① 外径が100mm未満の場合，外径が100mm未満になると探触子と探傷面のすき間の大きさが急激に大きくなり，指針の延長ではカバーできない〔図8.7.4〕．
② 対象物の表面粗さが著しく粗い場合やSTB音速差がSTB-A2と大きく異なる場合．

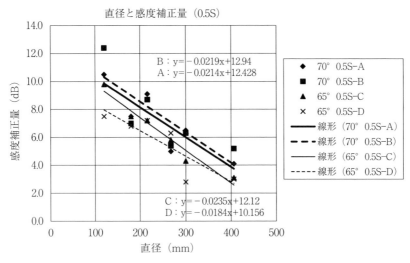

図 8.7.2　直径と感度補正量

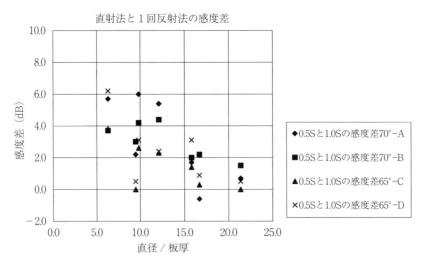

図 8.7.3　直射法と1回反射法の比較

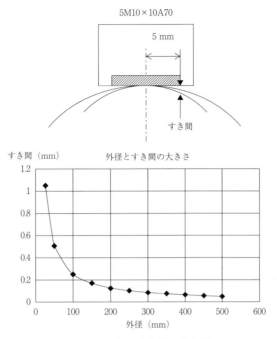

図 8.7.4 探触子と鋼管のすき間

8.7.3 溶接始終端の欠陥探傷法

　固形エンドタブは，鋼製エンドタブと比較して施工性の観点で有利である等の理由から，鉄骨溶接部に使われる機会が増加している．この溶接法は，溶接の始終端が梁材等の幅端部（有効幅内）と重なることから，超音波探傷検査の実施が必須である．

　固形エンドタブを用いた溶接部の欠陥発生特性は，図 8.7.5 に示すとおりである．同図は溶接技能者検定試験用溶接試験体の放射線透過試験によって得られた結果で，網掛け部分は溶接技能者検定試験で不合格と判定された欠陥の発生割合，白抜き部分は許容値内合格と判定される欠陥発生割合を示している．なお，放射線透過試験の判定は JIS Z 3104（鋼溶接継手の放射線透過試験方法）に従う分類で 1 類，2 類を許容内合格とし，3 類，4 類を不合格としている．

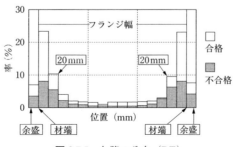

図 8.7.5 欠陥の分布（RT）

本溶接部に発生する内部欠陥の種類とその特徴は，次のようになる．

① 固形エンドタブを用いた溶接部に発生する内部欠陥の種類はスラグ巻込みの発生頻度がもっとも高いが，不合格と判定される欠陥種類は溶込不良がもっとも高くなる．

② 内部欠陥は，固形エンドタブの近傍である溶接線の両端部で発生頻度が高く，側面の余盛と母材側端面から 20 mm の範囲に全体の 80 ％以上が集中している．

③ 内部欠陥の発生頻度が高いスラグ巻込みと溶込不良について，その欠陥長さを比べると，スラグ巻込みでは短い欠陥が多く，溶込不良においては比較的長い欠陥が多く発生している[2]．

このように固形タブを使用すると溶接始終端部に欠陥が発生しやすいこと，梁端フランジ溶接部は，大地震時に想定された塑性変形を生じるまで破断してはならないという非常に高い性能が要求されることを併せて溶接始終端部に適した判定基準の必要性が問われ，(一社)日本鋼構造協会から「建築鉄骨梁端溶接部の超音波探傷検査指針(2008)」が策定された．2008 年に改定された UT 規準もこの考え方を取り入れ，付則 2「固形エンドタブを用いた梁端フランジ溶接始終端部の超音波探傷検査方法」を規定した．

付則 2 では，溶接始終端部は欠陥が検出されにくい場合があるので「探傷感度を 6 dB 上げる，欠陥の許容指示長さは裏当て金が梁の内面に取り付く場合(工場溶接形式：図 8.7.6)と裏当て金が梁の外面に取り付く場合(現場溶接形式：図 8.7.7)に分けて規定する」としている．

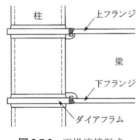
図 8.7.6 工場溶接形式

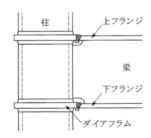
図 8.7.7 現場溶接形式

なお，付則 2 は，斜角探傷法の適用範囲において，「固形エンドタブを用いた梁端フランジ溶接始終端部を探傷する場合は付則 2 を適用することができる」とあり，特記事項としている．

8.7.4 不溶着部高さの測定方法

超音波探傷検査には古くから欠陥高さの測定を期待されていたが，溶接欠陥の形状は複雑であり，現状においても欠陥高さ測定は難しい技術である．一方，部分溶込み溶接部の溶込み深さ(不溶着部高さ)や既存溶接部における不溶着部高さの測定を要求される場合があるが，この場合の不溶着部の形状は溶接欠陥に比較して単純であるため，フェーズドアレイ探傷〔8.7.5 項参照〕，端部エコー法(JIS Z 3060 附属書 H(参考)端部エコー法によるきずの指示高さの測定方法)，同時端部エコー法などを適用することにより，実用的な精度で測定できる場合が多い．同時端部エコー法は，前項にある(一社)日本鋼構造協会「建築鉄骨梁端溶接部の超音波探傷検査指針(2008)」に初めて採用

された探傷方法であり，測定法は簡明であるが，検査技術者はこの検査方法を十分に習熟する必要がある．

同時端部エコー法は，図8.7.8(a)～(c)のように1個の探触子のビームの拡がりを利用して，不溶着部の上端と下端から得られるエコーのビーム路程の差（ΔW）から高さを求める技術である．不溶着部高さは上端エコーのビーム路程をW_u，下端エコーのビーム路程をW_mとすると，不溶着部の高さh_dは次の計算式で求められる[3]．

$$h_d = t - \sqrt{(W_u^2 - W_m^2 + t^2)}$$

探触子は，上端エコーの検出には屈折角が小さい方がよいが，屈折角45°の探触子は余盛により接近できない場合も多く，65°が適当とされている．図8.7.9に示すような状態で同時端部エコー法を適用した場合のビーム路程差ΔW（mm）と不溶着部高さh_d（mm）の関係は，板厚ごと屈折角ごとに計算しなければならないが，板厚25 mmの場合は図8.7.10のようになる．

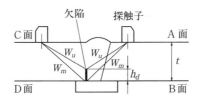

図 8.7.8(a) 同時端部エコー法による端部欠陥の探傷方法

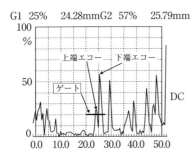

図 8.7.8(b) 同時端部エコー法の探傷画面

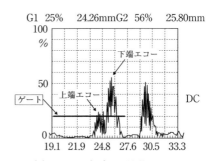

図 8.7.8(c) ゲート内ズーム機能による拡大画面

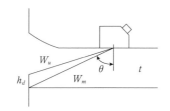

図 8.7.9 同時端部エコー法による不溶着高さ測定の例

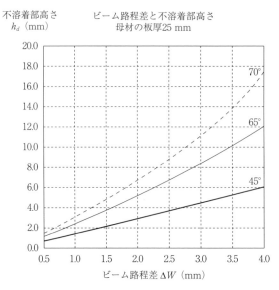

図 8.7.10 板厚 25 mm の場合のビーム路程差と不溶着高さの関係

8.7.5 フェーズドアレイ探傷

フェーズドアレイ探傷は，図 8.7.11 のように複数の振動素子を配列したアレイ探触子の振動子の発信タイミングを制御し，通常の一探触子法のような探触子の走査を行わずに，超音波ビームの入射方向や焦点距離を変化させて対象部を探傷する技術である．フェーズドアレイ技術による超音波探傷は，当初は装置が大きく高価であったが，1970 年代に医療診断用での利用から始まり，その後，工業用では原子力の分野で積極的に使用されるようになった．現在は技術の進歩により，小型・軽量・安価が実現し建築の分野においても活用できる可能性が高くなってきた．

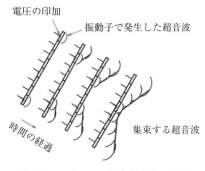

図 8.7.11 ビームの焦点を変化させる

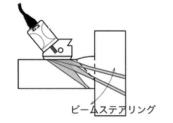

図 8.7.12 屈折角を変化させる（セクタスキャン）

フェーズドアレイ探傷はビームの焦点位置，探触子の屈折角を自由に変えることができるので，通常の一探触子法と比較して，次のような利点がある．
・探触子を複雑に走査をしなくても探傷できるので再現性が良く，また個人差も小さくなる．
・超音波ビームの屈折角度を図 8.7.12 のように 40°〜80°と扇形に変化させることで一度に広い範

囲を探傷でき，かつ超音波の反射位置を精度良く測定できる．
・データを装置内で画像処理することができ，超音波の反射位置の可視化および記録の保存が容易である．

図8.7.13は，写真8.7.2の探傷器により，部分溶込み溶接部の不溶着部の高さを測定した探傷画面である．

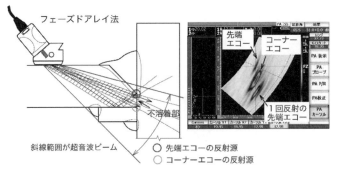

図 8.7.13 フェーズドアレイ探傷の探傷画面

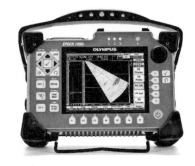

写真 8.7.2 フェーズドアレイ探傷器の例

溶接部の内部欠陥の高さを超音波探傷検査で測定しようとする研究は，古くから行われている．現在，自然欠陥の欠陥高さ測定は容易とはいえないが，部分溶込み溶接部の不溶着部の高さならば，フェーズドアレイ探傷を使用すれば実用的な精度で測定できるようになった．

次に示す例は，不溶着部の高さを変化させた溶接試験体を使用して不溶着の高さを測定した実験結果[4),5)]である．ルート面高さを片側が0 mm，逆側が板厚になるように連続で変化する試験体（図8.7.14）を使用した．

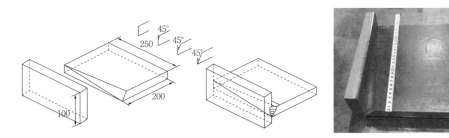

図 8.7.14 不溶着部の高さを変化させたV形開先試験体

この実験によるフェーズドアレイの探傷画面は，図8.7.15のように表示される．実験の結果，板厚12 mmの試験体は図8.7.16，板厚25 mmの試験体は図8.7.17のそれぞれに示すように，不溶着部高さの予測値とフェーズドアレイ探傷による測定高さはよく一致した．図の縦軸は不溶着部の高さ，横軸は試験体の左側からの位置，■は直射法，□は一回反射法による測定値，破線は試験後に切断してマクロ試験などによって確認した不溶着部高さ，鎖線は溶接前に加工したルート面高さを示

す.

　写真 8.7.3 は耐震診断等における既存鉄骨の溶接部の溶込み深さ調査の例, 図 8.7.18 は完全溶込み溶接部を通常の一探触子法, フェーズドアレイ探傷法, RT で検査した結果の比較例である. 建築鉄骨溶接部検査への適用にはまだ規格等の整備が確立していないが, 今後の発展が期待される.

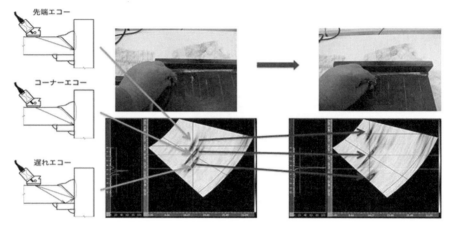

図 8.7.15　フェーズドアレイ探傷による不溶着部の高さの変化

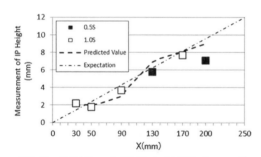

TP-No.2(t12mm) IP Height(16element)

図 8.7.16　板厚 12 mm レ形開先

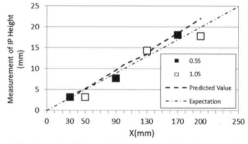

TP-No.4(t25mm) IP Height(16element)

図 8.7.17　板厚 25 mm レ形開先

写真 8.7.3　既存鉄骨の調査

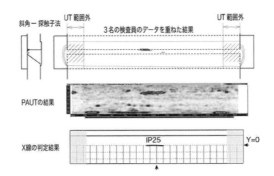

図 8.7.18 一探触子法,フェーズドアレイ探傷(PAUT),X 線検査の比較例

参考文献

1) CIW 検査業協会「探傷感度の調整に A2 形系標準試験片を用いた鋼管円周継手の超音波探傷試験法に関する指針(2013 改定)
2) 笠原基弘,中込忠男,的場 耕:超音波斜角探傷法による柱梁溶接始終端部における溶接欠陥の評価に関する実験的研究,日本建築学会構造系論文集,No. 596,pp.117-124,2005.10
3) 笠原基弘,中込忠男:同時端部エコー法による柱梁溶接始終端部における欠陥評価に関する実験的研究,日本建築学会構造系論文集,No. 607,pp.167-174,2006.9
4) 古舘岳実,池ヶ谷靖,上平綱昭:フェーズドアレイ法による鉄骨溶接部の不溶着部高さの測定に関する実験的研究,日本建築学会大会学術講演梗概集,pp.1215-1216,2016
5) 池ヶ谷靖,古舘岳実,鹿毛信治:フェーズドアレイ法による鉄骨不溶着部高さ測定に関する実験的研究,日本非破壊検査協会,第 23 回 超音波による非破壊評価シンポジウム,2016.5

9章 発　　　送

9.1 製品の仕分け

9.1.1 製品符号

a．製品符号図は工事現場用として特別に作成する場合と，工作図の一部である梁伏図をそのまま使用する場合とがあり，いずれによるかはそれぞれの工場の慣習によるが，わかりやすいものでなければならない．

各製品には，製品符号図に基づいた製品符号を記入する．製品符号はそれを見ただけで取り付く位置がわかるようなものにすると便利であり，そのためには伏図を座標と見なし，x 軸に平行な通りに A，B，C，…，y 軸に平行な通りに 1，2，3，…の通り符号をつけ，柱には方向通りと方向通りの交点符号を，梁には通り符号をつける．

製品符号の例を図 9.1.1 に示す．図中，1C2B は，第 1 位の 1 は第 1 節，第 2 位の C は柱の英語のつづり Column の頭文字，第 3 位と第 4 位の 2B は 2 通りと B 通りを示している．すなわち，第 1 節柱で 2 通りと B 通りの交点に建つことがわかる．2G2C は，第 1 位は階数の 2 階，G は梁の英語のつづり Girder の頭文字，第 3 位と第 4 位は 2 通りの C～D 間に取り付くことを示している．2GB3 は 2 階の梁で，B 通りの 3～4 間に取り付くことを示している．柱，大梁に対して，小梁は通りで表記せずに設計符号が用いられることが多い．例えば 2B40-1 では，第 1 位は階数の 2 階，第 2 位から設計符号で表記され，その末尾に追い番号となる．

製品名の頭文字としては，表 9.1.1 に示すものを使用するとよい．使用例において頭文字の前の数字は，節，階数または地上からの高さを示し，通り符号のあとの数字は追い番号を示している．

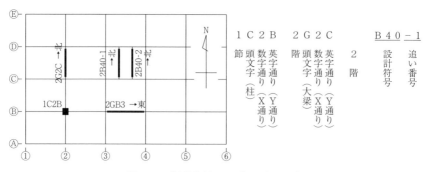

図 9.1.1　製品符号の例（2 階梁伏図）

表 9.1.1 製品符号の例（(一社)鉄骨建設業協会）

部材名	頭文字	使用例
柱	C	1C2B
梁	G	2G2C
クレーンガーダ	CG	25CGA1
トラス梁	TG	25TGB1
小梁	B	2B1A1
間柱	P	2P2A1
水平筋かい	H	2H3B1
鉛直筋かい	V	2V4B1
もや	M	25M1
胴縁	D	1D1
座屈止め	Z	25Z1
根太	N	25N1

b．製品符号は，製品を横にして積み重ねたり，縦に寄せて並べても容易に符号が読み取れるような位置に記入する．取合い符号は，柱の場合は北，梁の場合は東または北，上下方向を示す場合は上などと1方向のみを示すようにする．東西または南北などと2方向を入れると，建方のときにまぎらわしい．符号の記入方法は事前に係員と打ち合わせておく必要がある．

　方位の読み方としては見下ろし法を用いる．なお，柱・梁以外の部材で同一形状のものは，通り符号の代わりに設計符号を使うなどして同じ製品符号にすることもある．また，取合い符号は，製品符号の文字の向きで代用することもある．

c．重い製品は車の積載重量制限を超えないための配慮や，クレーンによる荷下ろし，吊り上げに際しての慎重な注意が必要とされるので，単一製品で5トンを超えるものについては，重量を部材に後工程に支障をきたさない塗料などで明記する．また，形状が複雑であったり，非対称形の部材については，重心位置がわかりにくいので，一度クレーンで吊って重心位置を確かめ，塗料などで重心位置を記入しておく．構造物の形状によっては吊り金具の取付けを考慮しなければならない場合もある．

9.1.2 製品の照合

　建方日程が決定したら発送日ごとの製品発送明細表を作成し，それに基づき，発送日，製品符号，取合い符号，数量，当てきず・ひずみの有無などを事前に確認して発送，建方に支障のないようにする．

9.2 輸送計画および発送

9.2.1 輸送計画

a．輸送計画は，下記の条件を考慮して立案する．
（1）製作工場と建方現場の立地条件

（2） 輸送制限と通行許可手続き
（3） 発注者の要求
（4） 経済的条件

　輸送計画の立案にあたっては，製品の形状・寸法・重量および輸送経路をよく調査する必要があるのはいうまでもないが，工事現場内の状況および工事現場周辺の諸条件（搬入車両の待機場所等）について，鉄骨工事現場担当者とよく打合せをして問題点を十分把握することが必要である．

　立案された輸送計画は，工場製作要領書の中に輸送計画の項を設けてまとめておくと便利である．なお，自動車運転者の拘束時間，休憩時間を配慮した搬入計画を行う必要がある．

　一般的な輸送計画記載項目を以下に示す．

① 納入先所在地，連絡先
② 製作工場名・所在地，輸送担当者
③ 輸送会社名・所在地，担当者
④ 輸送方法，車種
⑤ 輸送経路，搬入車両の待機場所の有無
⑥ 輸送日程，搬入順序，搬入時刻，通行時間制限
⑦ 輸送品名，形状，寸法，重量，荷姿，養生，こん包
⑧ 積載要領（積合せ，方向，養生）
⑨ 荷受方法
⑩ 緊急連絡系統

図 9.2.1 に輸送・現場搬入のフローチャートを示す．

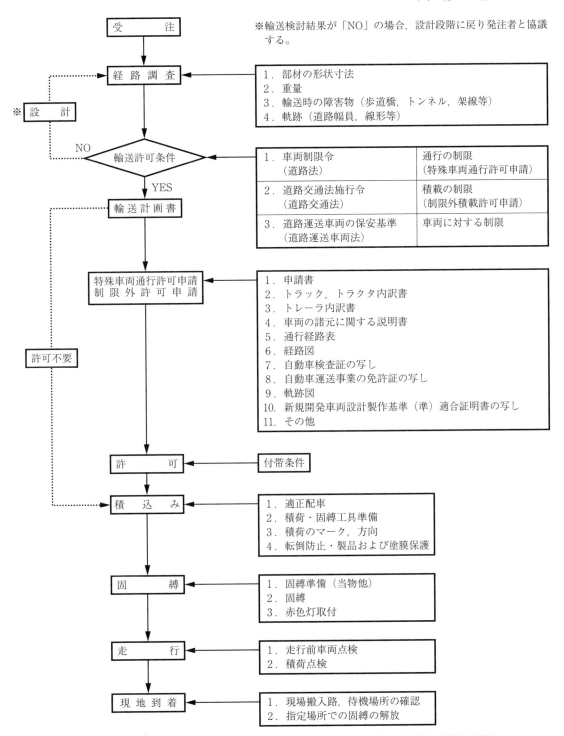

図 9.2.1　輸送・現場搬入のフローチャート（(一社) 日本橋梁建設協会・(一社) 鉄骨建設業協会編輸送マニュアル 2008 年版）

b．輸 送 方 法

（1）　トラックまたはトレーラによる陸上輸送

　国内で建方される鉄骨加工製品のほとんどは，この輸送方法によって納入されているのが現状である．しかし，近年，道路事情および交通安全上の問題から，大型車両の規制はますます強化される傾向にあり，特別な大型重量製品については，製作着手の時点から十分検討しておく必要がある．

　大型重量物の輸送は道路法第47条の2により，車両制限令による一般的制限基準[*1]を超えるものについては，特殊車両通行許可申請書〔表9.2.4〕を道路管理者に提出し，車両の通行の許可を得なければならない[*2]．この場合，通行経路・通行時間等について道路の構造を保全し，また，交通の危険を防止するために必要な条件を付けられることがある．また，道路交通法第57条により，同施行令による積載の制限基準を超えるものについては，制限外積載許可申請書〔表9.2.5〕を出発地の警察署長に提出し，車両の運転の許可を得る必要がある．

　なお，車両制限令による一般的制限基準を超えるものは，通行許可手続きを行って許可を得たとしても，積載効率の低下，現場建方時の重機のコストアップ等，デメリットを伴うので，制限基準を超えるような部材を安易に設計すべきではない．

　[*1]：一般的制限基準は車両制限令第3条に車両の幅等の最高限度として表9.2.1の値が定められている．
　[*2]：最寄の道路管理者に特殊車両通行許可申請書を提出して通行を許可される車両の総重量の最高限度は，表9.2.2，9.2.3のとおり．なお，2014年4月に車両制限令をはじめとする関係法令が改正された（国土交通省道路局道路交通管理課監修「最新車両制限令実務の手引」第4次改定版参照）．

表 9.2.1 車両制限令による車両[※1]の幅等の最高限度（抜粋）

	高速自動車国道	道路管理者が指定した道路	その他の道路
根　拠　法	道路法第 47 条，車両制限令		
所 管 官 庁	国土交通省		
担　当　者	道路管理者		
車両の幅	2.5 m	同　左	同　左
車両の総重量	25 トン以下で車両の長さ及び軸距（車軸中心間の距離）に応じてその車両の通行により道路に生ずる応力を勘案して国土交通省令[※2]で定める値〔表 9.2.2〕	同　左	20 トン
	ただし，バン型のセミトレーラ連結車，タンク型のセミトレーラ連結車，幌枠型のセミトレーラ連結車及びコンテナ又は自動車の運搬用のセミトレーラ連結車並びにフルトレーラ連結車で自動車及び被けん引車がバン型の車両，タンク型の車両，幌枠型の車両又はコンテナ若しくは自動車の運搬用の車両であるものについては 36 トン以下で車両の軸距に応じてその車両の通行により道路に生ずる応力を勘案して国土交通省令[※2]で定める値〔表 9.2.3〕	27 トン 同　左	27 トン 同　左
軸　　重	10 トン	同　左	同　左
隣り合う車軸にかかる軸重の合計	隣り合う車軸にかかる軸距（隣接軸距）が 1.8 メートル未満の場合は 18 トン（隣接軸距が 1.3 メートル以上で，かつ，その隣り合う車軸にかかる軸重がいずれも 9.5 トン以下である場合は，19 トン），1.8 メートル以上の場合は 20 トン	同　左	同　左
輪　荷　重	5 トン	同　左	同　左
高　　さ	4.1 m	同　左	3.8 m
長　　さ	12 m ただし，セミトレーラ連結車又はフルトレーラ連結車で，積載する貨物が被けん引車の車体の前方又は後方にはみ出していないものについては，セミトレーラ連結車については 16.5 m，フルトレーラ連結車については 18 m	12 m	12 m
最小回転半径	車両の最外側のわだちについて 12 m	同　左	同　左

※1：人が乗車し，又は貨物が積載されている場合はその状態をいい，他の車両をけん引している場合は，その車両を含む
※2：車両の通行の許可の手続き等を定める省令

表 9.2.2 車両の総重量の最高限度（トラック）

最遠軸距[※1]	総重量の最高限度
5.5 m 未満	20 トン
5.5 m 以上 7 m 未満	22 トン（貨物が積載されていない状態における長さが 9 m 未満のものについては，20 トン）
7 m 以上	25 トン（貨物が積載されていない状態における長さが 9 m 未満のものについては 20 トン，9 m 以上 11 m 未満のものについては 22 トン）

※1：最遠軸距とは，車両の最前軸と最後軸との軸間距離をいう．

表 9.2.2 （つづき）

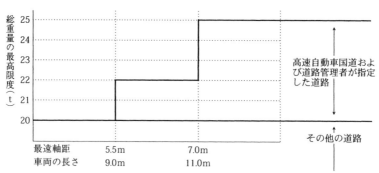

表 9.2.3 車両の総重量の最高限度（セミトレーラ連結車およびフルトレーラ連結車）

区　分	最遠軸距[※1]	総重量の最高限度
高速自動車国道を通行するもの	8m以上 9m未満	25トン
	9m以上10m未満	26トン
	10m以上11m未満	27トン
	11m以上12m未満	29トン
	12m以上13m未満	30トン
	13m以上14m未満	32トン
	14m以上15m未満	33トン
	15m以上15.5m未満	35トン
	15.5m以上	36トン
その他の道路を通行するもの	8m以上 9m未満	24トン（道路管理者が指定した道路を通行する車両については25トン）
	9m以上10m未満	25.5トン（道路管理者が指定した道路を通行する車両については26トン）
	10m以上	27トン

※1：最遠軸距とは，車両の最前軸と最後軸との軸間距離をいう．

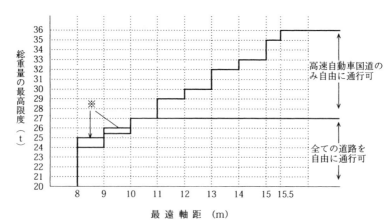

※：高速自動車国道・道路管理者が指定した道路のみ自由に通行可

表 9.2.4 特殊車両通行許可申請書

様式第一

(表)　　　　　　　　　　　　　　　　　　　　　　　　　　　　(用紙Ａ４)

| 受付日 | 年　月　日 | | 受付番号 | |

特殊車両通行 許可/認定 申請書（新規，更新，変更〈　　　〉）

道路管理者　　　　　　　　　　　　　　　　　　　　　　　　年　月　日

　　　　　　　　　　　　　殿

| 通行開始日 | 年　月　日 |
| 通行終了日 | 年　月　日 |

〒□□□－□□□□
住　所
会社名・氏名　　　　　　　　　　　印
代表者名　　　TEL（　）－
担当者名　　　TEL（　）－

車種区分	
車両番号等	車名及び型式
他　　台	
他　　台	

積載貨物	幅	高さ	長さ	品　名
	cm	cm	cm	

車両諸元	総重量	最遠軸距	最小隣接軸距	隣接軸重	長さ
	kg	cm	cm	kg	cm
	幅	高さ	最小回転半径	最大軸重	最大輪荷重
	cm	cm	cm	kg	kg

| 通行区分 | 往復　片道 | 通行経路数 | 　　経路 | 通行経路は裏面記入 |

更新又は変更経緯					
申請内容	年　月　日	許可番号	車両台数	総通行経路数	変更事由
新規時	・　・		／		
前　回	・　・		／		

特殊車両通行 許可証/認定書　　　　　　　　　　　　　第　　　　号
　　　　　　　　　　　　　　　　　　　　　　　　　　年　月　日

申請のとおり 許可/認定 する．ただし，別紙の条件に従うこと．

| 許可書 認定書 の有効期間 | 自： 年　月　日 |
| | 至： 年　月　日 |

道路管理者　　　　　　　　　　　　　印

表 9.2.5 制限外積載許可申請書

別記様式第四

<table>
<tr><td colspan="2" rowspan="2">制限外積載
設備外積載　許　可　申　請　書
荷　台　乗　車</td></tr>
<tr></tr>
<tr><td colspan="6" align="right">年　　月　　日</td></tr>
<tr><td colspan="6">警　察　署　長　殿

　　　　　　　　　　　　　　　　申請者　住　所
　　　　　　　　　　　　　　　　　　　氏　名　　　　　　　　　㊞</td></tr>
<tr><td>申請者の免許の種類</td><td></td><td colspan="2">免許証番号</td><td colspan="2"></td></tr>
<tr><td>車　両　の　種　類</td><td></td><td colspan="2">番号標に表示されている番号</td><td colspan="2"></td></tr>
<tr><td rowspan="2">車　両　の　諸　元</td><td>長　　さ</td><td colspan="2">幅</td><td>高　　さ</td><td>最大積載重量</td></tr>
<tr><td>m</td><td colspan="2">m</td><td>m</td><td>kg</td></tr>
<tr><td>運　搬　品　名</td><td colspan="5"></td></tr>
<tr><td rowspan="2">制限を超える大きさ又は重量</td><td>長　　さ</td><td colspan="2">幅</td><td>高　　さ</td><td>重　　量</td></tr>
<tr><td>m</td><td colspan="2">m</td><td>m</td><td>kg</td></tr>
<tr><td rowspan="2">制限を超える積載の方法</td><td>前</td><td colspan="2">後</td><td>左</td><td>右</td></tr>
<tr><td>m</td><td colspan="2">m</td><td>m</td><td>m</td></tr>
<tr><td colspan="3">設　備　外　積　載　の　場　所</td><td colspan="3">荷　台　に　乗　せ　る　人　員</td></tr>
<tr><td colspan="3"></td><td colspan="3"></td></tr>
<tr><td>運　転　の　期　間</td><td colspan="5">年　　月　　日から　　年　　月　　日まで</td></tr>
<tr><td rowspan="2">運　転　経　路</td><td>出　発　地</td><td colspan="2">経　由　地</td><td colspan="2">目　的　地</td></tr>
<tr><td colspan="5">通行する道路</td></tr>
</table>

第　　　　号

　　　　　　　　　制　限　外　許　可　証
上記のとおり許可する．ただし，次の条件に従うこと．

条　件	

　　　　　　　　　　　　　　　　　　　　　　　　　年　　月　　日
　　　　　　　　　　　　　　　　　　　　　　　　警　察　署　長　㊞

備考　用紙の大きさは，日本工業規格 A 列 4 番とする．

主な特殊車両通行許可限度を図 9.2.2 に示す.
 1) 図 9.2.2 に示す積載寸法は,ポールトレーラを除いて一元的許可限度の最大値を示したものであるが,各図示の値以下であっても,道路との関係においてはさらに制限される.
  特にポールトレーラの許可範囲については,長尺なために綿密な事前の道路調査と道路管理者の個別審査対象となり,事前協議が必要である.
  また,安全輸送という観点からすれば,車両総長(積載物を含む)は 17 m 以内になるよう,部材長を設計することが望ましい.
 2) 積荷の長さは車両荷台長+車両全長の 0.1 倍までを標準とする(ポールトレーラを除く).
  積荷の幅は,車両荷台幅以内を標準とするが,積荷の分割が不可能な場合には,3.5 m を限度とする.
  積荷の高さは [3.8 m−車両荷台高さ−台木高さ(0.1 m)] を標準とするが,積荷の分割が不可能な場合には車両積載高さで 4.3 m を限度とする.

(2) 鉄道による貨車輸送とトラックまたはトレーラの継送

「貨物営業規則」,「貨物取扱基準規定」,「特殊貨物取扱基準規定」などの各種貨車輸送に必要な手続きを熟知しなければならない.なお,発駅および着駅の継送は「通運事業法」による通運免許業

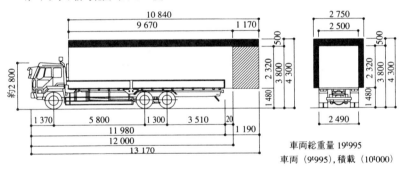

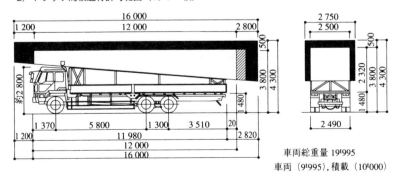

図 9.2.2 特殊車両通行許可限度
((一社)日本橋梁建設協会・(一社)鉄骨建設業協会編 輸送マニュアル 2008 年度版)

3) 高床式セミトレーラ許可範囲（18トン積）

積荷先端巾が、車両荷台巾より超える場合には，超える寸法分（l）後方へずらす必要がある。（積荷制限長さは短くなる。）

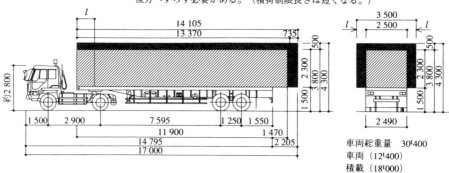

車両総重量　30t400
車両　　　（12t400）
積載　　　（18t000）

4) 高床式セミトレーラ許可範囲（20トン積）

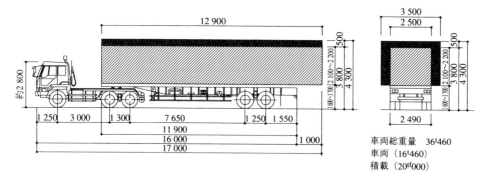

車両総重量　36t460
車両　　　（16t460）
積載　　　（20tf000）

5) 中低床式セミトレーラ許可範囲（20トン積）

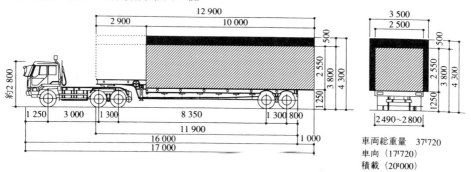

車両総重量　37t720
車両　　　（17t720）
積載　　　（20t000）

6) 低床式セミトレーラ許可範囲（20トン積）

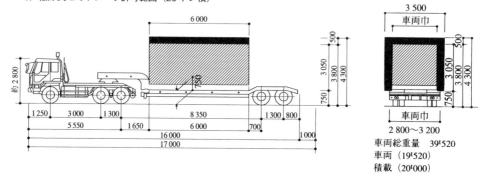

車両総重量　39t520
車両　　　（19t520）
積載　　　（20t000）

図 9.2.2 （つづき）

7) 低床式セミトレーラ許可範囲（20トン積）

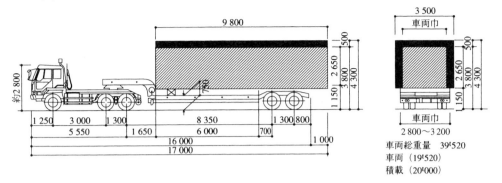

8) トラックポール許可範囲（20トン積）

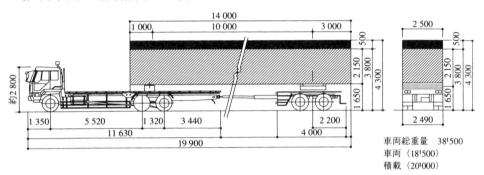

9) トラクタポール許可範囲（25トン積）

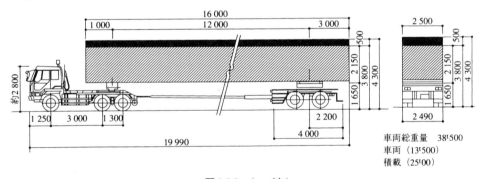

図 9.2.2 （つづき）

［注］：セミトレーラ，ポールトレーラ等は空車であっても，一時的制限値（車両幅2.5m，全長12m）を超えるものは特殊車両通行許可書が必要である．

者が行う．実施上，種々の制約条件が伴うので，具体的な検討をあらかじめ十分行っておく必要がある．

鉄道駅構内の建物などの特殊なケースを除いてあまり利用されていないのが現状である．

（3）海上による船舶輸送とトラックまたはトレーラの継送

大量輸送と遠距離輸送に適しているが，近年は海上フェリーの発達に伴い，荷取り・荷揚げ設備などが条件的に恵まれている場合などの特殊ケースを除いて，あまり利用されていないのが現状で

ある．

実施にあたっては，荷傷みが多いので養生には十分注意し，また，工事現場最寄港に集積場所を設け，建方順序に従って仕分け作業を行うなどの配慮が必要である．

9.2.2 発　　送

発送にあたっては，製品の品名・製品符号・数量などを記入した送り状を同送し，到着後に工事現場担当者の確認を受ける．製品発送の詳細は建方開始の 10 日前までには建方順序に従って決定し，到着日時等も記した製品発送明細書を作成し，工場・工事現場の相互確認を確実にしておくようにする．発送日直前の発送詳細の変更はトラブルの原因となるので，避けるようにする．

積込みに際しては，送り状にて製品符号・数量などを確実に点検し，積込みもれのないようにする．また，製品の方向，重積みの場合の上下の指定のあるもの，積合せ（組合せ）については，特に注意して確認する．

9.2.3 養生・こん包

a．製品の輸送中，車や船舶などの揺れによって荷くずれのないように適当な枕木を使用したり，製品相互をワイヤなどで緊結しておく．ワイヤを使用する場合は，製品に損傷を与えないよう，柔材をワイヤと製品の間にはさんで養生する．また，片荷にならないように製品の積付けには十分注意する．トラス梁の接合部などのように端部が突出してフリーとなっている部分は，山形鋼でほかの部分と相互に連結したり，細長い製品は 2 本以上抱き合わせて結束するなどして曲がらないように処置する．

b．塗装部の損傷を積込み・輸送中・荷下ろしを通じて完全に防止することは，重量物の取扱い上，難しい．しかし，著しい損傷が生じた具体例を見ると，多くは塗膜が十分に硬化乾燥されないうちに発送されたことに起因しているので，塗装部の損傷を少なくするためには，まず，塗装工程に十分なゆとりをもった工程管理を行うことが重要である．

塗膜は面接触には比較的耐えられるが，製品の角のある部分との接触には弱く，損傷しやすい．そのような箇所には適当な柔材をはさみ込んで養生する．特に現場建方後，補修塗装できないような箇所は念入りに養生する．

c．ボルト類は，ボルトの種類，等級，径，長さ別に荷の積み下ろしが楽にできる程度の数量を麻袋に入れ，その内容を明示した布製の荷札を付ける．高力ボルトはメーカーで防湿紙などに包んで段ボール箱に入れてあるが，保管時に雨露にさらさないようにする．

小物類は，できるだけ製品本体に番線・ボルトなどで取り付けて運搬するか，同一種類ごとに積み重ねるか，寄せ集めて番線・ボルトなどで緊結するのがよい．この場合，工事現場で持ち運びできるように結束し，一結束の重量は 30 kg を超えないようにする．

付　　　　　録

付1. 鉄骨製作工場の性能評価

（「鉄骨製作工場大臣認定性能評価基準」（2011）抜粋）

　国土交通大臣が「鉄骨製作工場において溶接された鉄骨の溶接部」を認定するための審査において使用する「性能評価基準」の抜粋を示す．なお，掲載にあたり，溶接材料はJIS規格最新版に合わせて表現を一部修正している．

別紙第1　グレード別の適用範囲と別記事項

Jグレード	1．鉄骨溶接構造の3階以下の建築物（延べ床面積500 m² 以内，高さ13 m以下かつ軒高10 m以下）とする． 2．400 N級炭素鋼で板厚16 mm以下の鋼材とする．ただし，通しダイアフラム（開先なし）の板厚は400 N及び490 N級炭素鋼で22 mm以下とし，ベースプレートの板厚は「別記1　ベースプレートの板厚及びGコラムパネル厚肉部の板厚」による． 3．作業条件は原則として下向姿勢とし，溶接技能者の資格はSA-2F又はA-2Fとする．ただし，横向姿勢を用いる場合，溶接技能者の資格はSA-2F及びSA-2H又はA-2F及びA-2Hとし，かつ溶接管理技術者はWES2級又は鉄骨製作管理技術者2級あるいは管理の実務を資格取得後3年経験した2級建築士の資格を保有していること．また，横向姿勢による完全溶込み溶接部の超音波探傷検査は全数とする． 4．鋼種と溶接材料の組合せによる入熱及びパス間温度の管理値は，2．の範囲内で「別記2　入熱・パス間温度」による．（400 N級炭素鋼（STKR，BCR及びBCPを除く．）及び400 N級炭素鋼（STKR，BCR及びBCPに限る．）の項による．）
Rグレード	1．鉄骨溶接構造の5階以下の建築物（延べ床面積3 000 m²以内，高さ20 m以下）とする． 2．400 N及び490 N級炭素鋼で板厚25 mm以下の鋼材とする．ただし，通しダイアフラム（開先なし）の板厚は400 N及び490 N級炭素鋼で32 mm以下とし，ベースプレートの板厚及びGコラムパネル厚肉部の板厚は，「別記1　ベースプレートの板厚及びGコラムパネル厚肉部の板厚」による． 3．作業条件は原則として下向姿勢とし，溶接技能者の資格はSA-3F又はA-3Fとする．ただし，横向姿勢を用いる場合，溶接技能者の資格はSA-3F及びSA-3H又はA-3F及びA-3Hとし，横向姿勢による完全溶込み溶接部の超音波探傷検査は全数とする． 4．鋼種と溶接材料の組合せによる入熱及びパス間温度の管理値は，2．の範囲内で「別記2　入熱・パス間温度」による（520 N級炭素鋼の項を除く．）．
Mグレード	1．鉄骨溶接構造の400 N及び490 N級炭素鋼で板厚40 mm以下の鋼材とする．ただし，通しダイアフラム（開先なし）の板厚は400 N及び490 N級炭素鋼で50 mm以下とし，ベースプレートの板厚，Gコラム及びSTコラムのパネル厚肉部の板厚は，溶接方法，鋼種及び板厚に応じた適切な予熱を行った上で溶接を行なうことにより40 mmを超えることができる． 2．作業条件は下向及び横向姿勢とする．溶接技能者の資格はSA-3F及びSA-3H又はA-3F及びA-3Hとする． 3．鋼種と溶接材料の組合せによる入熱及びパス間温度の管理値は，1．の範囲内で「別記2　入熱・パス間温度」による（520 N級炭素鋼の項を除く．）．
Hグレード	1．鉄骨溶接構造の400 N，490 N及び520 N級炭素鋼で板厚60 mm以下の鋼材とする．ただし，通しダイアフラム（開先なし）の板厚は400 N，490 N及び520 N級炭素鋼で70 mm以下とし，ベースプレートの板厚，Gコラム及びSTコラムのパネル厚肉部の板厚は，溶接方法，鋼種及び板厚に応じた適切な予熱を行った上で溶接を行なうことにより60 mmを超えることができる． 2．作業条件は下向，横向及び立向姿勢とする．溶接技能者の資格はSA-3F，SA-3H及びSA-3V又はA-3F，A-3H及びA-3Vとする． 3．鋼種と溶接材料の組合せによる入熱及びパス間温度の管理値は，1．の範囲内で「別記2　入熱・パス間温度」による．
Sグレード	1．全ての建築鉄骨溶接構造とする． 2．使用する鋼種及び溶接材料に適合した，適切な作業条件を自主的に計画し，適切な品質の鉄骨を製作できる体制を整えている．

別記 1　ベースプレートの板厚及び G コラムパネル厚肉部の板厚

溶接方法	鋼　種	最大板厚	備　考
CO₂ ガスシールドアーク溶接	400 N 級炭素鋼（SS 400 を除く.）TMCP 鋼※1	75 mm 以下	※1 国土交通大臣認定品かつ降伏点 325 N 級の鋼材
	SS 400	50 mm 以下	
	490 N 級炭素鋼（TMCP 鋼を除く.）	50 mm 以下	
低水素系被覆アーク溶接	400 N 級炭素鋼	40 mm 未満	
	490 N 級炭素鋼	32 mm 未満	
低水素系以外の被覆アーク溶接	400 N 級炭素鋼	25 mm 未満	

別記 2　入熱・パス間温度

鋼材の種類	規格	溶接材料	入　熱	パス間温度
400 N 級炭素鋼（STKR，BCR 及び BCP を除く.）	JIS Z 3312	YGW11，YGW15 YGW18，YGW19	40 kJ/cm 以下	350 ℃ 以下
			30 kJ/cm 以下	450 ℃ 以下
	JIS Z 3313	T490 Tx-yCA-U T490 Tx-yMA-U T550 Tx-yCA-U T550 Tx-yMA-U	40 kJ/cm 以下	350 ℃ 以下
			30 kJ/cm 以下	450 ℃ 以下
	JIS Z 3211	引張強さ 570 MPa 以上のものを除く.	40 kJ/cm 以下	350 ℃ 以下
	JIS Z 3214	引張強さ 570 MPa 以上のものを除く.		
	JIS Z 3315	G49A0U-CCJ G49A0U-NCC，NCCT 等		
490 N 級炭素鋼（STKR 及び BCP を除く.）	JIS Z 3312	YGW11，YGW15	30 kJ/cm 以下	250 ℃ 以下
		YGW18，YGW19	40 kJ/cm 以下	350 ℃ 以下
	JIS Z 3313	T490 Tx-yCA-U T490 Tx-yMA-U	30 kJ/cm 以下	250 ℃ 以下
		T550 Tx-yCA-U T550 Tx-yMA-U	40 kJ/cm 以下	350 ℃ 以下
	JIS Z 3211	引張強さ 570 MPa 以上のものを除く.	40 kJ/cm 以下	350 ℃ 以下
	JIS Z 3214	引張強さ 570 MPa 以上のものを除く.		
	JIS Z 3315	G49A0U-CCJ G49A0U-NCC，NCCT 等		
520 N 級炭素鋼	JIS Z 3312	YGW18，YGW19	30 kJ/cm 以下	250 ℃ 以下
	JIS Z 3313	T550 Tx-yCA-U T550 Tx-yMA-U		
400 N 級炭素鋼（STKR，BCR 及び BCP に限る.）	JIS Z 3312	YGW11，YGW15	30 kJ/cm 以下	250 ℃ 以下
		YGW18，YGW19	40 kJ/cm 以下	350 ℃ 以下
	JIS Z 3313	T490 Tx-yCA-U T490 Tx-yMA-U	30 kJ/cm 以下	250 ℃ 以下
		T550 Tx-yCA-U T550 Tx-yMA-U	40 kJ/cm 以下	350 ℃ 以下
490 N 級炭素鋼（STKR 及び BCP に限る.）	JIS Z 3312	YGW18，YGW19	30 kJ/cm 以下	250 ℃ 以下
	JIS Z 3313	T550 Tx-yCA-U		
溶融亜鉛めっき鋼板（JIS G 3302，JIS G 3312，JIS G 3321，JIS G 3322 等）		溶接される溶融亜鉛めっき鋼板に応じて，それに適合する溶着金属としての性能を有する溶接材料を使用しなければならない．		

(注)　ロボット溶接の場合，(一社)日本ロボット工業会による建築鉄骨溶接ロボットの型式認証条件に従うものとし，別記 2 はロボット溶接には適用しない．

別記3　予熱管理

①溶接方法，鋼種及び板厚の組合せに対する予熱温度は，下表による．

溶接方法	鋼　種	板　厚（mm）				
		$t<32$	$32≦t<40$	$40≦t≦50$	$50<t≦75$	$75<t≦100$
CO_2 ガスシールドアーク溶接	400 N 級炭素鋼（SS材を除く．）	予熱なし	予熱なし	予熱なし	予熱なし	50 ℃
	490 N 級炭素鋼（TMCP鋼※$_1$を除く．）520 N 級炭素鋼	予熱なし	予熱なし	予熱なし	50 ℃	80 ℃
	SS 400	予熱なし	予熱なし	予熱なし	※$_3$	※$_3$
	TMCP 鋼※$_1$	—	—	予熱なし	予熱なし	50 ℃
低水素系被覆アーク溶接	400 N 級炭素鋼（SS材を除く．）	予熱なし	予熱なし	50 ℃	50 ℃	80 ℃
	490 N 級炭素鋼（TMCP鋼※$_1$を除く．）520 N 級炭素鋼	予熱なし	50 ℃	50 ℃	80 ℃	100 ℃
	SS 400	予熱なし	予熱なし	50 ℃	※$_3$	※$_3$
	TMCP 鋼※$_1$	—	—	50 ℃	50 ℃	80 ℃
低水素系以外の被覆アーク溶接	400 N 級炭素鋼	50 ℃ ※$_2$	50 ℃	※$_3$	※$_3$	※$_3$
	490 N 級炭素鋼	※$_3$	※$_3$	※$_3$	※$_3$	※$_3$

（注）※$_1$：国土交通大臣認定品かつ降伏点 325 N 級の鋼材（板厚は 40 mm 超え 100 mm 以下）．
　　　※$_2$：板厚 25 mm 以上に適用する．
　　　※$_3$：当該部の溶接を適用する場合は，予熱温度設定のための事前検討方法を適切に定める．
　　　　　　また，当該部を適用しない場合は，その旨を明記する．

②予熱は上表予熱温度以上，200 ℃以下で行うものとする．予熱の範囲は溶接線の両側 100 mm を行うものとする．
③板厚と鋼種の組合せが異なる時は，予熱温度の高い方を採用する．
④板厚 100 mm 超の溶接及び大電流溶接などの特殊な溶接では，施工試験等により有害な割れが発生しないことを確認し予熱条件を定めるものとする．扱いは，「※$_2$」に準ずる．
⑤気温（鋼材表面温度）が鋼種 400 N 級鋼の場合に 0 ℃以上，鋼種 490 N 級以上の高張力鋼の場合は 5 ℃以上で適用する．気温 −5 ℃未満では溶接を行わないものとする．気温が −5 ℃以上 0 ℃（または 5 ℃）以下で溶接する場合は別途適切な処置をとる．
⑥湿気が多く開先面に結露のおそれがある場合は 40 ℃まで加熱を行う．
⑦拘束が大きいことが予想される場合は，上表より約 40 ℃高い予熱温度を適用する．
⑧鋼材の JIS の炭素当量で 0.44 %を超える場合は予熱温度を別途検討する．

別紙第2　書類審査

(い)欄	(ろ)欄 書類審査の内容				
審査項目	Jグレード	Rグレード	Mグレード	Hグレード	Sグレード
(1) 品質管理体制及び製作工程図	1) 品質管理体制 申請書に添付の組織図は、建築鉄骨製作工場の組織として適切であり、各部署の役割が明記され、かつ、その役割が適切である。原則として下記の管理技術者、品質管理責任者、管理技術者及び溶接技能者が適切に配置されていること。管理責任者は①と②、①と③、①と④、①と⑤、②と③、②と④、②と⑤の兼務を認める。	1) 品質管理体制 申請書に添付の組織図は、建築鉄骨製作工場の組織として適切であり、各部署の役割が明記され、かつ、その役割が適切である。原則として下記の管理技術者、品質管理責任者、管理技術者及び溶接技能者が適切に配置されていること。管理責任者は①と③、①と④、②と③の兼務を認める。	1) 品質管理体制 申請書に添付の組織図は、建築鉄骨製作工場の組織として適切であり、各部署の役割が明記され、かつ、その役割が適切である。原則として下記の管理技術者、品質管理責任者、管理技術者及び溶接技能者が適切に配置されていること。	1) 品質管理体制 申請書に添付の組織図は、建築鉄骨製作工場の組織として適切であり、各部署の役割が明記され、かつ、その役割が適切である。原則として下記の管理技術者、品質管理責任者、管理技術者及び溶接技能者が適切に配置されていること。	1) 品質管理体制 申請書に添付の組織図は、建築鉄骨製作工場の組織として適切であり、各部署の役割が明記され、かつ、その役割が適切である。原則として下記の管理技術者、品質管理責任者、管理技術者及び溶接技能者が適切に配置されていること。
	①製作全般を総合的に管理する製作管理技術者 1名は正社員、かつ、鉄骨製作管理技術者2級又はWES2級（資格取得後3年経験した者）もしくは二級建築士の有資格者とする。	①製作全般を総合的に管理する製作管理技術者 1名は正社員、かつ、鉄骨製作管理技術者2級又はWES2級（資格取得後3年経験した者）又は二級建築士の有資格者とする。	①製作全般を総合的に管理する製作管理技術者 1名は正社員、かつ、鉄骨製作管理技術者1級又は一級建築士の有資格者とする。	①製作全般を総合的に管理する製作管理技術者 1名は正社員、かつ、鉄骨製作管理技術者1級又は一級建築士の有資格者とする。	①製作全般を総合的に管理する製作管理技術者 1名は正社員、かつ、鉄骨製作管理技術者1級又は一級建築士の有資格者とする。
	②溶接設計から溶接作業までの品質を管理する溶接管理技術者 1名又はWES1名はWES2級又は鉄骨製作管理技術者2級（資格取得後3年経験した者）の有資格者とする。	②溶接設計から溶接作業までの品質を管理する溶接管理技術者 1名はWES1級又は鉄骨製作管理技術者2級（資格取得後3年経験した者）の有資格者とする。	②溶接設計から溶接作業までの品質を管理する溶接管理技術者 1名はWES1級（資格取得後3年経験した者）又は鉄骨製作管理技術者2級（資格取得後3年経験した者）の有資格者とする。	②溶接設計から溶接作業までの品質を管理する溶接管理技術者 1名はWES1級（資格取得後3年経験した者）又は鉄骨製作管理技術者1級（資格取得後3年経験した者）の有資格者とする。	②溶接設計から溶接作業までの品質を管理する溶接管理技術者 1名はWES特別級の有資格者とする。
	③製品の品質、検査に関する検査品質管理技術者とするが、資格は不要とする。なお、検査は次の有資格者に実施させるものとする。 (イ)製作鉄骨製品検査技術者：建築鉄骨製品検査技術者又はNDI（UTレベル2）の有資格者 (ロ)超音波探傷検査技術者：建築鉄骨超音波探傷検査技術者又はNDI（UTレベル2）の有資格者（外注可）	③製品の品質、検査に関する検査品質管理技術者 1名は正社員、かつ、下記の資格を有するものとする。 (イ)又は(ロ)のいずれかの資格を有するものとする。 (イ)建築鉄骨製品検査技術者 (ロ)NDI、NDI（UTレベル1）又はNDI（UTレベル2）の有資格者。なお、実際の検査は建築鉄骨超音波探傷検査技術者又はNDI（UTレベル2）の有資格者に検査を実施させるものとする。（外注可）	③製品の品質、検査に関する検査品質管理技術者 (イ)製品品質検査管理技術者 1名は正社員、かつ、建築鉄骨製品検査技術者の有資格者とする。 (ロ)超音波検査管理技術者 1名は正社員、かつ、建築鉄骨超音波検査技術者又はNDI（UTレベル2）の有資格者とする。 なお、3(イ)と3(ロ)との兼務を認める。	③製品の品質、検査に関する検査品質管理技術者 (イ)製品品質検査管理技術者 1名は正社員、かつ、建築鉄骨製品検査管理技術者の有資格者とする。 (ロ)超音波検査管理技術者 1名は正社員、かつ、建築鉄骨超音波検査技術者又はNDI（UTレベル3）の有資格者とする。 なお、3(イ)と3(ロ)との兼務を認める。	③製品の品質、検査に関する検査品質管理技術者 (イ)製品品質検査管理技術者 1名は正社員、かつ、建築鉄骨製品検査管理技術者の有資格者とする。 (ロ)超音波検査管理技術者 1名は正社員、かつ、建築鉄骨超音波検査技術者又はNDI（UTレベル3）の有資格者とする。 なお、3(イ)と3(ロ)との兼務を認める。

別紙第2 （続き）

審査項目	書類審査の内容				
	Jグレード	Rグレード	Mグレード	Hグレード	Sグレード
(1) 品質管理体制及び製作工程図	④工作図作成，設計図書との照合チェックから出図及び変更処理等を行う工作図管理技術者 1名は正社員とするが，資格は不要とする。 ⑤溶接技能者 1名は正社員，かつ，SA-2F 又は A-2F の有資格者とする。なお，SA-2F 及び A-2H 又は SA-2H 及び A-2H の有資格者が溶接し，WES 2級，①又は②が兼務可。もしくは，当該兼務者以外に溶接専門の技能を有する二級建築士の実務管理後3年経験した者を配置しなければならない。（ただし，横向き姿勢を用いる場合，SA-2F 及び A-2H 又は A-2F 及び A-2H の有資格者が配置すること。） ⑥工作図，製作及び検査の外注管理を行う外注管理責任者 1名は正社員とするが，資格は不要とする。なお，①又は②の技術者の兼務は可とする。 ⑦鋼材及び溶接材料の検査及び保管管理を行う材料管理責任者 1名は正社員とするが，資格は不要とする。なお，①又は②の技術者の兼務は可とする。	④工作図作成，設計図書との照合チェックから出図及び変更処理等を行う工作図管理技術者 1名は正社員とするが，資格は不要とする。 ⑤溶接技能者 1名は正社員，かつ，SA-3F 又は A-3F の有資格者とする。（ただし，横向き姿勢を用いる場合，SA-3F 及び A-3H 又は A-3F 及び A-3H の有資格者が配置されていること。） ⑥工作図，製作及び検査の外注管理を行う外注管理責任者 1名は正社員とするが，資格は不要とする。なお，①又は②の技術者の兼務は可とする。 ⑦鋼材及び溶接材料の検査及び保管管理を行う材料管理責任者 1名は正社員とするが，資格は不要とする。なお，①又は②の技術者の兼務は可とする。	④工作図作成に当っての打合せ，工作図作成，設計図書との照合チェックから出図及び変更処理等を管理する工作図管理技術者 1名は正社員，かつ，一級建築士又は鉄骨製作管理技術者2級の有資格者とする。 ⑤溶接技能者 1名は正社員，かつ，SA-3F 及び SA-3H 又は SA-3F 及び A-3H の有資格者とする。 ⑥工作図，製作及び検査の外注管理を行う外注管理責任者 1名は正社員とするが，資格は不要とする。なお，②の技術者の兼務は可とする。 ⑦鋼材及び溶接材料の検査及び保管管理を行う材料管理責任者 1名は正社員とするが，資格は不要とする。なお，②の技術者の兼務は可とする。 ⑧品質データの統計処理，分析及び検証を行う品質管理者 1名は正社員とするが，資格は不要とする。なお，③の技術者の兼務は可とする。	④工作図作成に当っての打合せ，工作図作成，設計図書との照合チェックから出図及び変更処理等を管理する工作図管理技術者 1名は正社員，かつ，一級建築士又は鉄骨製作管理技術者1級の有資格者とする。 ⑤溶接技能者 1名は正社員，かつ，SA-3F，SA-3H 及び SA-3V 又は A-3F，A-3H 及び A-3V の有資格者とする。 ⑥工作図，製作及び検査の外注管理を行う外注管理責任者 1名は正社員とするが，資格は不要とする。なお，②の技術者の兼務は可とする。 ⑦鋼材及び溶接材料の検査及び保管管理を行う材料管理責任者 1名は正社員とするが，資格は不要とする。なお，②の技術者の兼務は可とする。 ⑧品質データの統計処理，分析及び検証を行う品質管理者 1名は正社員とするが，資格は不要とする。なお，③の技術者の兼務は可とする。	④工作図作成に当っての打合せ，工作図作成，設計図書との照合チェックから出図及び変更処理等を管理する工作図管理技術者 1名は正社員，かつ，一級建築士又は鉄骨製作管理技術者1級の有資格者とする。 ⑤溶接技能者 1名は正社員，かつ，SA-3F，SA-3H 及び SA-3V の有資格者とする。 ⑥工作図，製作及び検査の外注管理を行う外注管理責任者 1名は正社員とする。 ⑦鋼材及び溶接材料の検査及び保管管理を行う材料管理責任者 1名は正社員とする。 ⑧品質データの統計処理，分析及び検証を行う品質管理者 1名は正社員とする。

付1．鉄骨製作工場の性能評価

別紙第2（続き）

(い)欄 審査項目	(ろ)欄 審査の内容				
	書類 Jグレード	Rグレード	Mグレード	Hグレード	Sグレード
	2）申請書に添付した製作工程図は、当該工場の実態に整合しており、各工程の管理技術者、管理責任者及び溶接技能者が明記されている。	2）申請書に添付した製作工程図は、当該工場の実態に整合しており、各工程の管理技術者、管理責任者及び溶接技能者が明記されている。	2）申請書に添付した製作工程図は、当該工場の実態に整合しており、各工程の管理技術者、管理責任者及び溶接技能者が明記されている。	2）申請書に添付した製作工程図は、当該工場の管理技術者、管理責任者及び溶接技能者が明記され、かつ、それぞれの工程における品質記録の種類が明記されている。	2）申請書に添付した製作工程図は、当該工場の実態に整合しており、各工程の管理技術者、管理責任者及び溶接技能者が明記され、かつ、それぞれの工程における品質記録の種類が明記されている。 3）新材料、新工法の研究体制が確立されている。
(2) 社内基準の整備	1）下記の社内基準を必須とする。 ①工作基準 ②検査基準 ③外注管理基準 －外注がある場合のみ－	1）下記の社内基準を必須とする。 ①工作基準 ②検査基準 ③外注管理基準 －外注がある場合のみ－	1）下記の社内基準を必須とする。 ①工作基準 ②検査基準 ③製作要領書作成基準 ④外注管理基準	1）下記の社内基準を必須とする。 ①工作基準 ②検査基準 ③製作要領書作成基準 ④外注管理基準	1）下記の社内基準を必須とする。 ①工作図基準 ②工作基準 ③検査基準 ④製作要領書作成基準 ⑤外注管理基準
(3) 製造設備の種類	1）下記の設備を必須とする。 ・鋸盤 ・直立ボール盤 ・ポータブル自動ガス切断機 ・被覆アーク溶接機 ・CO_2ガスシールドアーク溶接機 ・アークエアガウジング機 ・クレーン ・下向溶接用治具 ・溶接棒乾燥機	1）下記の設備を必須とする。 ・鋸盤 ・直立ボール盤 ・ポータブル自動ガス切断機 ・被覆アーク溶接機 ・CO_2ガスシールドアーク溶接機 ・アークエアガウジング機 ・クレーン（2t/台×1以上） ・下向溶接用治具 ・溶接棒乾燥機	1）下記の設備を必須とする。 ・鋸盤 ・直立ボール盤 ・ポータブル自動ガス切断機 ・被覆アーク溶接機 ・CO_2ガスシールドアーク溶接機 ・アークエアガウジング機 ・クレーン（2.8t/台×1以上） ・下向溶接用治具 ・溶接棒乾燥機	1）下記の設備を必須とする。 ・鋸盤 ・直立ボール盤 ・ポータブル自動ガス切断機 ・被覆アーク溶接機 ・CO_2ガスシールドアーク溶接機 ・アークエアガウジング機 ・クレーン（10t/台×2以上） ・下向溶接用回転治具 ・ブラスト設備 ・溶接棒乾燥機 ただし、4面BOXを製作する場合、エレクトロスラグ溶接機、サブマージ自動溶接機及びフェーシングマシン設備を必須とする。	1）下記の設備を必須とする。 ・鋸盤 ・直立ボール盤 ・ポータブル自動ガス切断機 ・被覆アーク溶接機 ・CO_2ガスシールドアーク溶接機 ・DCアークエアガウジング機 ・クレーン（20t/台×1以上） ・回転治具 ・ブラスト設備 ・溶接棒乾燥機 ・サブマージ自動溶接機 ・エレクトロスラグ自動溶接機 ・フェーシングマシン

別紙第2 （続き）

(い)欄 審査項目	(ろ)欄 審査書類の内容				
	Jグレード	Rグレード	Mグレード	Hグレード	Sグレード
(4) 検査設備の種類	1) 下記の機器を必須とする。 ・各種精度測定検査器具 ・電流・電圧計 ・表面温度計又は温度チョーク ・ルーペ（倍率5以上）	1) 下記の機器を必須とする。 ・検査台 ・各種精度測定検査器具 ・電流・電圧計 ・表面温度計 ・温度チョーク ・ルーペ（倍率5以上）	1) 下記の機器を必須とする。 ・検査台 ・各種精度測定検査器具 ・電流・電圧計 ・表面温度計 ・温度チョーク ・超音波探傷試験器 ・ルーペ（倍率5以上）	1) 下記の機器を必須とする。 ・検査台 ・各種精度測定検査器具 ・電流・電圧計 ・表面温度計 ・温度チョーク ・超音波探傷試験器 ・浸透探傷器具 ・ルーペ（倍率5以上） ・膜厚計	1) 下記の機器を必須とする。 ・検査台 ・各種精度測定検査器具 ・電流・電圧計 ・表面温度計 ・温度チョーク ・超音波探傷試験器 ・浸透探傷器具 ・ルーペ（倍率5以上） ・膜厚計
(5) 製作実績リスト	1) 鉄骨の製作内容の確認 直近12ヵ月間の製作実績リスト〔工事名、重量、最大板厚（完全溶込み溶接開先を取る部材）等〕で鉄骨の製作内容を確認する。	1) 鉄骨の製作内容の確認 直近12ヵ月間の製作実績リスト〔工事名、重量、最大板厚（完全溶込み溶接開先を取る部材）等〕で鉄骨の製作内容を確認する。	1) 鉄骨の製作内容の確認 直近12ヵ月間の製作実績リスト〔工事名、重量、最大板厚（完全溶込み溶接開先を取る部材）等〕で鉄骨の製作内容を確認する。	1) 鉄骨の製作内容の確認 直近12ヵ月間の製作実績リスト〔工事名、重量、最大板厚（完全溶込み溶接開先を取る部材）等〕で鉄骨の製作内容を確認する。	1) 鉄骨の製作内容の確認 直近12ヵ月間の製作実績リスト〔工事名、重量、最大板厚、最大開先を取る部材）等〕で鉄骨の製作内容を確認する。

別紙第3　工場審査（書類等の確認）

(い)欄 審査項目	(ろ)欄 審査の内容				
	Jグレード	Rグレード	Mグレード	Hグレード	Sグレード
書類審査 (1) 工場の品質管理体制等	1) 経営者又は品質管理責任者が説明する品質保証方針、製作工程図及び工場概要等は、申請書に添付した組織図及び製作工程図と整合している。 2) 申請図書の「評価申請書元請表」に記載された管理技術者、管理責任者及び溶接技能者のそれぞれ1名は正社員である。 3) 申請図書の「製作実績リスト」等において、Jグレードの最大適用板厚の1/2程度の実績又は技量がある。 4) 溶接を適切に実施できる作業環境が確保されている。 5) 当該工場の品質管理体制は、適用範囲工場内の鉄骨を適切に製作できる品質管理システムとなっている。	1) 経営者又は品質管理責任者が説明する品質保証方針、製作工程図及び工場概要等は、申請書に添付した組織図及び製作工程図と整合している。 2) 申請図書の「評価申請書元請表」に記載された管理技術者、管理責任者及び溶接技能者のそれぞれ1名は正社員である。 3) 申請図書の「製作実績リスト」等において、Rグレードの最大適用板厚の1/2程度の実績又は技量がある。 4) 溶接を適切に実施できる作業環境が確保されている。 5) 当該工場の品質管理体制は、適用範囲工場内の鉄骨を適切に製作できる品質管理システムとなっている。	1) 経営者又は品質管理責任者が説明する品質保証方針、製作工程図及び工場概要等は、申請書に添付した組織図及び製作工程図と整合している。 2) 申請図書の「評価申請書元請表」に記載された管理技術者、管理責任者及び溶接技能者のそれぞれ1名は正社員である。 3) 申請図書の「製作実績リスト」等において、Mグレードの最大適用板厚の1/2程度の実績又は技量がある。 4) 溶接を適切に実施できる作業環境が確保されている。 5) 当該工場の品質管理体制は、適用範囲工場内の鉄骨を適切に製作できる品質管理システムとなっている。	1) 経営者又は品質管理責任者が説明する品質保証方針、製作工程図及び工場概要等は、申請書に添付した組織図及び製作工程図と整合している。 2) 申請図書の「評価申請書元請表」に記載された管理技術者、管理責任者及び溶接技能者のそれぞれ1名は正社員である。 3) 申請図書の「製作実績リスト」等において、Hグレードの最大適用板厚の1/2程度の実績又は技量がある。 4) 溶接を適切に実施できる作業環境が確保されている。 5) 当該工場の品質管理体制は、適用範囲工場内の鉄骨を適切に製作できる品質管理システムとなっている。	1) 経営者又は品質管理責任者が説明する品質保証方針、製作工程図及び工場概要等は、申請書に添付した組織図及び製作工程図と整合している。 2) 申請図書の「評価申請書元請表」に記載された管理技術者、管理責任者及び溶接技能者のそれぞれ1名は正社員である。 3) 特殊鋼材を使用する構造物、大型や特殊な構造形式、特殊な製作法を要する構造物等の製作を行った実績及び大型プロジェクトの実績及び納めの実績を有し、その技術を継続的に有していると認められる。 4) 溶接を適切に実施できる作業環境が確保されている。 5) 受注前、受注後の技術検討が組織的に行われており、受注段階から納品までの品質管理各部門の連携、社内規定に徹底できるシステムが確立している。 (新材料、新工法等の体制) 6) 研究開発を担当する部門と業務内容が、社内規定に明記されている。 7) 研究開発等の成果を品質管理及び生産技術の改善・改良に活用した実績がある。 8) 鉄骨学会・関係協会等の委員会に委員を派遣し、指導的活動に貢献している。 9) 当該範囲工場の品質管理に製作できる品質管理システムとなっている。

付1．鉄骨製作工場の性能評価

別紙第3（続き）

(い)欄	審査書類の審査内容				
審査項目	Jグレード	Rグレード	Mグレード	Hグレード	Sグレード
(2)工作図作成基準の整備	審査対象外	1) 当該工場の実態に即した工作図作成基準があり，その記載内容は，当該工場の品質管理体制，製作工程図，製造設備等との不整合や記載事項の不足がない。 2) 表示すべき図面が明記されている。 3) 作成すべき図面が明記されている。 4) 記載記号（材料の識別，部材マーク，溶接記号，ボルト表示記号等）が明記されている。 5) 設計変更処理方法が明記されている。 6) 検図（設計図との照合チェック等）の方法が明記されている。 7) 承諾手続き，製作着手の方法が明記されている。 8) 適切な準拠図書が明記されている。 9) 基準は，適宜適切に改定されている。 10) 工作図作成基準は，適用範囲の鉄骨の工作図を適切に作成できるものである。
(3)工作基準の整備	1) 当該工場の実態に即した工作基準があり，その記載内容は，当該工場の品質管理体制，製作工程図，製造設備等との不整合や記載事項の不足がない。 2) 取り扱う鋼種及び板厚が明記され，適用範囲に適合している。 3) 材質の識別方法が明記されている。 4) 板厚及び溶接姿勢に応じた資格を有する溶接技能者の従事が明記されている。 5) 鋼材と溶接材料の組合せ及びパス間温度に応じた入熱及びパス間温度の管理値が明記され，「別記1」の内容を満足している。	1) 当該工場の実態に即した工作基準があり，その記載内容は，当該工場の品質管理体制，製作工程図，製造設備等との不整合や記載事項の不足がない。 2) 取り扱う鋼種及び板厚が明記され，適用範囲に適合している。 3) 材質の識別方法が明記されている。 4) 板厚及び溶接姿勢に応じた資格を有する溶接技能者の従事が明記されている。 5) 鋼材と溶接材料の組合せ及びパス間温度に応じた入熱及びパス間温度の管理値が明記され，「別記1」の内容を満足している。	1) 当該工場の実態に即した工作基準があり，その記載内容は，当該工場の品質管理体制，製作工程図，製造設備等との不整合や記載事項の不足がない。 2) 取り扱う鋼種及び板厚が明記され，適用範囲に適合している。 3) 材質の識別方法が明記されている。 4) 板厚及び溶接姿勢に応じた資格を有する溶接技能者の従事が明記されている。 5) 鋼材と溶接材料の組合せ及びパス間温度に応じた入熱及びパス間温度の管理値が明記され，「別記1」の内容を満足している。	1) 当該工場の実態に即した工作基準があり，その記載内容は，当該工場の品質管理体制，製作工程図，製造設備等との不整合や記載事項の不足がない。 2) 取り扱う鋼種及び板厚が明記され，適用範囲に適合している。 3) 材質の識別方法が明記されている。 4) 板厚及び溶接姿勢に応じた資格を有する溶接技能者の従事が明記されている。 5) 鋼材と溶接材料の組合せ及びパス間温度に応じた入熱及びパス間温度の管理値が明記され，「別記1」の内容を満足している。	1) 当該工場の実態に即した工作基準があり，その記載内容は，当該工場の品質管理体制，製作工程図，製造設備等との不整合や記載事項の不足がない。 2) 材料及び溶接材料の識別方法が明記されている。 3) 板厚及び溶接姿勢に応じた資格を有する溶接技能者の組合せが明記されている。 4) 鋼材と溶接材料の組合せに応じた入熱及びパス間温度の管理値が明記され，「別記1」の内容を満足している。特別な調査・研究に基づき，入熱・パス間温度を満たす，特別な調査に

別紙第3（続き）

審査項目	書類審査の内容			
	Jグレード	Rグレード	Mグレード	Hグレード	Sグレード
(い)欄 (3)工作基準の整備	6）入熱及びパス間温度を適切に管理するため、板厚及び溶接姿勢に応じた溶接条件、層数、パス数及びパス間温度確認パス等が明記されている。 7）各管理技術者の保有資格及びその役割が明記されている。（ただし、横向き姿勢を用いない場合、WES2級又は鉄骨製作管理技術者2級もしくは同等3年経験した二級建築士の資格を持つ溶接管理技術者同士の資格を認めている。） 8）切断精度、開先形状、スカラップの形状・寸法が明記されている。 9）孔明け及び摩擦面処理方法が明記されている。 10）部材組立の際のずれ、食い違いの管理値が明記されている。 11）裏当て金、エンドタブの板厚、寸法の標準値、材質及び取り付け方法が明記されている。 12）組立台の活用に改定されている。 13）工作基準は、適用範囲内の鉄骨を適切に製作できるものである。	6）入熱及びパス間温度を適切に管理するため、板厚及び溶接姿勢に応じた溶接条件、層数、パス数及びパス間温度確認パス等が明記されている。 7）各管理技術者の保有資格及びその役割が明記されている。 8）切断精度、開先形状、スカラップの形状・寸法が明記されている。 9）孔明け及び摩擦面処理方法が明記されている。 10）部材組立の際のずれ、食い違いの管理値が明記されている。 11）裏当て金、エンドタブの板厚、寸法の標準値、材質及び取り付け方法が明記されている。 12）組立台の活用に改定されている。 13）工作基準は、適用範囲内の鉄骨を適切に製作できるものである。	を満足している。 6）入熱及びパス間温度を適切に管理するため、板厚及び溶接姿勢に応じた溶接条件、層数、パス数及びパス間温度確認パス等が明記されている。 7）予熱について明記され、「別紙管理」の内容を満足している。 8）各管理技術者の保有資格及びその役割が明記されている。 9）切断精度、開先形状、スカラップの形状・寸法が明記されている。 10）孔明け及び摩擦面処理方法が明記されている。 11）部材組立の際のずれ、食い違いの管理値が明記されている。 12）裏当て金、エンドタブの板厚、寸法の標準値、材質及び取り付け方法が明記されている。 13）組立台の活用に改定されている。 14）基準は、適当適切に改定されている。 15）工作基準は、適用範囲内の鉄骨を適切に製作できるものである。	を満足している。 6）入熱及びパス間温度を適切に管理するため、板厚及び溶接姿勢に応じた溶接条件、層数、パス数及びパス間温度確認パス等が明記されている。 7）予熱について明記され、「別紙管理」の内容を満足している。 8）各管理技術者の保有資格及びその役割が明記されている。 9）切断精度、開先形状、スカラップの形状・寸法が明記されている。 10）孔明け及び摩擦面処理方法が明記されている。 11）部材組立の際のずれ、食い違いの管理値が明記されている。 12）裏当て金、エンドタブの板厚、寸法の標準値、材質及び取り付け方法が明記されている。 13）組立台の活用に改定されている。 14）基準は、適当適切に改定されている。 15）工作基準は、適用範囲内の鉄骨を適切に製作できるものである。	より溶接部の性能が溶接される母材と同等以上の性能を有すると認められる場合はこの限りではない。 5）入熱及びパス間温度を適切に管理するため、板厚及び溶接姿勢に応じた溶接条件、層数、パス数及びパス間温度確認パス等が明記されている。 6）予熱について明記され、「別紙管理」の内容を満足している。 7）各管理技術者の保有資格及びその役割が明記されている。 8）切断精度、開先形状、スカラップの形状・寸法が明記されている。 9）孔明け及び摩擦面処理方法が明記されている。 10）部材組立の際のずれ、食い違いの管理値が明記されている。 11）裏当て金、エンドタブの板厚、寸法の標準値、材質及び取り付け方法が明記されている。 12）組立台の活用に改定されている。 13）回転治具・ポジショナ等を使用し適正な姿勢で作業することが明記されている。 14）溶接チェックの実施内容（手順書）等が明記されている。 15）溶接欠陥の補修方法を、実施の方法が明記されている。 16）基準は、適当適切に改定されている。 17）工作基準は、適用範囲内の鉄骨を適切に製作できるものである。

別紙第3　（続き）

（い）欄	（ろ）欄				
審査項目	書類審査の内容				
	Jグレード	Rグレード	Mグレード	Hグレード	Sグレード
(4)検査基準の整備	1）当該工場の実態に即した検査基準があり，社内検査の種類が明記され，その記載内容は，当該工場の品質管理体制，製作工程図及び検査設備等との不整合や記載事項の不足がない． 2）検査記録表に部材寸法，割れ，ずれ，食い違い，アンダーカット等を記録することが明記されている． 3）主柱の寸法検査項目として，柱の長さ，階高，柱のせい並びに仕口部の長さ及びせいが明記されており，全数検査とすることが明記されている． 4）大梁の寸法検査項目として，梁の長さ，せいが明記されており，全数検査とすることが明記されている． 5）溶接部の外観・精度検査項目として，割れ，ずれ，食い違い及びアンダーカットを全数検査とすることが明記されており，それらの許容値は平成12年建設省告示第1464号に適合している． 6）内部欠陥（割れ，溶け込み不良等）の超音波探傷検査の抜き取り方法・合否判定基準が明記されており，その内容はJASS 6に適合している．（ただし，横向き溶接の超音波探傷検査は全数検査が明記されている．） 7）検査の種類に応じた資格を有する検査技術者の従事が明記されている． 8）基準は，適宜適切に改定されている． 9）検査基準は，適用範囲内の鉄骨を適切に検査できるものである．	1）当該工場の実態に即した検査基準があり，社内検査の種類が明記され，その記載内容は，当該工場の品質管理体制，製作工程図及び検査設備等との不整合や記載事項の不足がない． 2）検査記録表に部材寸法，割れ，ずれ，食い違い，アンダーカット等を記録することが明記されている． 3）主柱の寸法検査項目として，柱の長さ，階高，柱のせい並びに仕口部の長さ及びせいが明記されており，全数検査とすることが明記されている． 4）大梁の寸法検査項目として，梁の長さ，せいが明記されており，全数検査とすることが明記されている． 5）溶接部の外観・精度検査項目として，割れ，ずれ，食い違い及びアンダーカットを全数検査とすることが明記されており，それらの許容値は平成12年建設省告示第1464号に適合している． 6）内部欠陥（割れ，溶け込み不良等）の超音波探傷検査の抜き取り方法・合否判定基準が明記されており，その内容はJASS 6に適合している．（ただし，横向き溶接の超音波探傷検査は全数検査が明記されている．） 7）検査の種類に応じた資格を有する検査技術者の従事が明記されている． 8）基準は，適宜適切に改定されている． 9）検査基準は，適用範囲内の鉄骨を適切に検査できるものである．	1）当該工場の実態に即した検査基準があり，社内検査の種類が明記され，その記載内容は，当該工場の品質管理体制，製作工程図及び検査設備等との不整合や記載事項の不足がない． 2）検査記録表に部材寸法，割れ，ずれ，食い違い，アンダーカット等を記録することが明記されている． 3）主柱の寸法検査項目として，柱の長さ，階高，柱のせい並びに仕口部の長さ及びせいが明記されており，全数検査とすることが明記されている． 4）大梁の寸法検査項目として，梁の長さ，せいが明記されており，全数検査とすることが明記されている． 5）溶接部の外観・精度検査項目として，割れ，ずれ，食い違い及びアンダーカットを全数検査とすることが明記されており，それらの許容値は平成12年建設省告示第1464号に適合している． 6）内部欠陥（割れ，溶け込み不良等）の超音波探傷検査の抜き取り方法・合否判定基準が明記されており，その内容はJASS 6に適合している． 7）検査の種類に応じた資格を有する検査技術者の従事が明記されている． 8）基準は，適宜適切に改定されている． 9）検査基準は，適用範囲内の鉄骨を適切に検査できるものである．	1）当該工場の実態に即した検査基準があり，社内検査の種類が明記され，その記載内容は，当該工場の品質管理体制，製作工程図及び検査設備等との不整合や記載事項の不足がない． 2）検査記録表に部材寸法，割れ，ずれ，食い違い，アンダーカット等を記録することが明記されている． 3）主柱の寸法検査項目として，柱の長さ，階高，柱のせい並びに仕口部の長さ及びせいが明記されており，全数検査とすることが明記されている． 4）大梁の寸法検査項目として，梁の長さ，せいが明記されており，全数検査とすることが明記されている． 5）溶接部の外観・精度検査項目として，割れ，ずれ，食い違い及びアンダーカットを全数検査とすることが明記されており，それらの許容値は平成12年建設省告示第1464号に適合している． 6）内部欠陥（割れ，溶け込み不良等）の超音波探傷検査の抜き取り方法・合否判定基準が明記されており，その内容はJASS 6に適合している． 7）検査の種類に応じた資格を有する検査技術者の従事が明記されている． 8）基準は，適宜適切に改定されている． 9）検査基準は，適用範囲内の鉄骨を適切に検査できるものである．	1）当該工場の実態に即した検査基準があり，社内検査の種類が明記され，その記載内容は，当該工場の品質管理体制，製作工程図及び検査設備等との不整合や記載事項の不足がない． 2）検査記録表に部材寸法，割れ，ずれ，食い違い，アンダーカット等を記録することが明記されている 3）主柱の寸法検査項目として，柱の長さ，階高，柱のせい並びに仕口部の長さ及びせいが明記されており，全数検査とすることが明記されている． 4）大梁の寸法検査項目として，梁の長さ，せいが明記されており，全数検査とすることが明記されている． 5）溶接部の外観・精度検査項目として，割れ，ずれ，食い違い及びアンダーカットを全数検査とすることが明記されており，それらの許容値は平成12年建設省告示第1464号に適合している． 6）内部欠陥（割れ，溶け込み不良等）の超音波探傷検査の抜き取り方法・合否判定基準が明記されており，その内容はJASS 6に適合している． 7）検査の種類に応じた資格を有する検査技術者の従事が明記されている． 8）基準は，適宜適切に改定されている． 9）検査基準は，適用範囲内の鉄骨を適切に検査できるものである．

別紙第3（続き）

(い)欄 審査項目	書類審査の内容				
	Jグレード	Rグレード	Mグレード	Hグレード	Sグレード
(5)製作要領書作成基準の整備	審査対象外	審査対象外	1)当該工場の実態に即した製作要領書作成基準があり、その記載内容は、当該工場の品質管理体制、当該工程図及び社内基準等との不整合や記載事項の不足がない。 2)製作要領書、準拠基準が明記されている。 3)社内基準を超える設計図書の要求品質を反映するための方法が明記されている。 4)製作要領書の作成から承諾まで製作工程までを含めたことが明記されている。 5)出荷までをすることが明記されている。 6)基準は、適宜適切に改定されている。 7)製作要領書作成基準の製作要領書を作成する上で適切である。	1)当該工場の実態に即した製作要領書作成基準があり、その記載内容は、当該工場の品質管理体制、当該工程図及び社内基準等との不整合や記載事項の不足がない。 2)製作要領書、準拠基準が明記されている。 3)社内基準を超える設計図書の要求品質を反映するための方法が明記されている。 4)製作要領書の作成から承諾まで製作工程までを含めたことが明記されている。 5)出荷までをすることが明記されている。 6)基準は、適宜適切に改定されている。 7)製作要領書作成基準の製作要領書を作成する上で適切である。	1)当該工場の実態に即した製作要領書があり、その記載内容は、当該工場の品質管理体制、当該工程図及び社内基準等との不整合や記載事項の不足がない。 2)製作要領書作成にあたっての方法、技術的難易等が明記されている。 3)設計レビューの判定方法、適用手順、高難度物件の処理手順・方法が明記されている。 4)製作要領書の作成から承諾まで製作工程までを含めたことが明記されている。 5)記載者、決裁者等の役割が明記されている。 6)関係者への周知・徹底の方法が明記されている。 7)出荷までをすることが明記されている。 8)基準は、適宜適切に改定されている。 9)製作要領書作成基準の製作要領書を作成する上で適切である。
(6)外注管理基準の整備	1)当該工場の実態に即した外注管理基準があり、その記載内容は、当該工場の品質管理体制、当該工程図及び社内基準等との不整合や記載事項の不足がない。 2)外注管理責任者の役割が明記されている。 3)外注先の選定方法(グレード)及び合致した選定であること。 4)受入検査方法及び検査記録を作成、保管すること が明記されている。 5)基準は、適宜適切に改定されている。	1)当該工場の実態に即した外注管理基準があり、その記載内容は、当該工場の品質管理体制、当該工程図及び社内基準等との不整合や記載事項の不足がない。 2)外注管理責任者の役割が明記されている。 3)外注先の選定方法(グレード)及び合致した選定であること。 4)受入検査方法及び検査記録を作成、保管すること が明記されている。 5)基準は、適宜適切に改定されている。	1)当該工場の実態に即した外注管理内容があり、その記載内容は、当該工場の品質管理体制、当該工程図及び社内基準等との不整合や記載事項の不足がない。 2)外注管理責任者の役割が明記されている。 3)外注先の選定方法(グレード)及び合致した発注が明記されている。 4)受入検査方法及び検査記録を作成、保管すること が明記されている。 5)基準は、適宜適切に改定されている。	1)当該工場の実態に即した外注管理内容があり、その記載内容は、当該工場の品質管理体制、当該工程図及び社内基準等との不整合や記載事項の不足がない。 2)外注管理責任者の役割が明記されている。 3)外注先の評価、外注先の選定方法(グレード)に合致した発注であること。 4)受入検査の種類、検査方法、保管すること。 5)受入検査記録を作成している。	1)当該工場の実態に即した外注管理内容があり、その記載内容は、当該工場の品質管理体制、当該工程図及び社内基準等との不整合や記載事項の不足がない。 2)外注管理責任者の役割が明記されている。 3)外注仕様書が発行されている。 4)外注先の評価、外注先の選定方法(グレード)に合致した発注が明記されている。 5)受入検査の種類、検査方法・保管すること 検査記録を作成すること。

付1．鉄骨製作工場の性能評価

別紙第3（続き）

(い)欄		(ろ)欄 書類審査の内容			
審査項目	Jグレード	Rグレード	Mグレード	Hグレード	Sグレード
	6) 外注管理基準は、適用範囲内の鉄骨製作の一部の工程を外注する上で適切である。	6) 外注管理基準は、適用範囲内の鉄骨製作の一部の工程を外注する上で適切である。	6) 外注管理基準は、適用範囲内の鉄骨製作の一部の工程を外注する上で適切である。	5) 基準は、適宜適切に改定されている。 6) 外注管理基準は、適用範囲内の鉄骨製作の一部の工程を外注する上で適切である。	が明記されている。 6) 適切な外注先のリストがある。 7) 基準は、適宜適切に改定されている。 8) 外注管理基準は、適用範囲内の鉄骨製作の一部の工程を外注する上で適切である。
(7)工作図又は加工図の品質管理	1) 設計図書に基づいた工作図又は加工図がある。 2) 主要構造部の詳細がある。 3) 工作図管理技術者がおり、設計図書との照合チェックをした記録があり、サイン又は押印を適切に行っている。	1) 軸組図、梁伏図、部材リスト等の各種一般図がある。 2) 溶接基準図、継手基準図がある。 3) 主要構造部の詳細がある。 4) 工作図管理技術者がおり、設計図書との照合チェック及び訂正処理をした記録があり、サイン又は押印を適切に行っている。	1) 自社で工作図が作成できる。 2) 工事ごとの工作図があり、軸組図、梁伏図及び部材リストがある。 3) 溶接基準図、継手基準図がある。 4) 主要構造部の詳細がある。 5) 仮設金物、スリーブ等の取付けの詳細がある。 6) 工作図管理技術者がおり、設計図書と照合チェック及び訂正処理を適切に行っている記録があり、サイン又は押印を適切に行っている。 7) 設計変更指示書、質疑応答書等が適切に整理されている。	1) 自社で工作図が作成できる。 2) 工事ごとの承諾された工作図がある。 3) 軸組図、梁伏図、継手基準図、溶接基準図及び部材リストがある。 4) 主要構造部の詳細がある。 5) 仮設金物、スリーブ等の取付けの詳細がある。 6) 工作図管理技術者がおり、設計図書と照合チェック及び訂正処理をした記録があり、サイン又は押印を適切に行っている。 7) 設計変更指示書、質疑応答書等が適切に整理されている。	(自社作成体制) 1) 工作図作成担当部門があり工作図管理技術者が明記されている。 (技術打合せ能力) 2) 発注側鉄骨管理者と技術打合せをし、設計図書で求める品質を明確に図示できる能力を有する。 3) 設計図書の製作上の問題点を抽出し、解決策を提案できる能力を有する。 4) 520 N級鋼を使用する溶接構造の大規模鉄骨工事で、板厚60 mm超の鋼材を使用する溶接構造の取りまとめができると認められる。 (工作図の作成) 5) 工事ごとに必要な工作図（梁伏、軸組、部材リスト、溶接基準、継手基準、ファスナー、仮設基準、柱詳細、梁詳細、合番図等）を作成している。 (工作図の管理方法) 6) 設計図書との照合方法が行われている。 7) 工作図は各工事ごとに保管している。 8) 工作図に変更の来歴が記載されており、最新のものが使用されるシステムが確立されている。 9) 設計変更指示書、質疑応答書、打合せ議事録等が保管されている。

別紙第3（続き）

(い)欄 審査項目	(ろ)欄 書類審査の内容				
	Jグレード	Rグレード	Mグレード	Hグレード	Sグレード
(8) 製作要領書等の品質管理	審査対象外	審査対象外	1) 設計図書の要求品質が盛り込まれている工事ごとの製作内容、その記載内容は、当該工場の品質管理基準、製作工程図及び社内基準等との不整合や記載事項の不足がない。 2) 製作管理技術者、溶接管理技術者、検査管理技術者がチェックし、サイン又は押印を適切に行っている。 3) 使用材料が明記され、Mグレードの適用範囲内である。 4) 鋼種と溶接材料の組合せ、溶接方法、溶接条件及び予熱・パス間温度管理について明記されている。 5) 検査の種類、検査項目、検査基準及び合否判定基準は、検査基準と整合している。 6) 製作要領書は、適用範囲の鉄骨を適切に製作できるものである。	1) 設計図書の要求品質が盛り込まれている工事ごとの製作内容、その記載内容は、当該工場の品質管理基準、製作工程図及び社内基準等との不整合や記載事項の不足がない。 2) 製作管理技術者、溶接管理技術者、検査管理技術者がチェックし、サイン又は押印を適切に行っている。 3) 使用材料が明記され、Hグレードの適用範囲内である。 4) 鋼種と溶接材料の組合せ、溶接方法、溶接条件及び予熱・パス間温度管理について明記されている。 5) 溶接管理技術者による溶接管理方法が明記されている。 6) 検査の種類、検査項目、検査基準及び合否判定基準は、検査基準と整合している。 7) 製作要領書は、適用範囲の鉄骨を適切に製作できるものである。	1) 設計図書の要求品質が盛り込まれている工事ごとの製作内容、その記載内容は、当該工場の品質管理基準、製作工程図及び社内基準等との不整合や記載事項の不足がない。 2) 製作管理技術者、溶接管理技術者、検査管理技術者がチェックし、サイン又は押印を適切に行っている。 3) 使用材料が明記されている。 4) 鋼種と溶接材料の組合せ、溶接方法、溶接条件及び予熱・パス間温度管理について明記されている。 5) 溶接管理技術者による溶接管理方法が明記されている。 6) JIS保有資格に応じた作業（被覆アーク溶接、CO_2ガスシールドアーク溶接、板厚、作業姿勢等）が明記されている。 7) 回転治具・ポジショナー等を使用し下向・水平など適正な姿勢で作業することが明記されている。 8) 検査の種類、検査項目、検査基準及び合否判定基準は、検査基準と整合している。 9) 製作要領書は、適用範囲の鉄骨を適切に製作できるものである。

付1．鉄骨製作工場の性能評価

別紙第4　工場審査（実施の確認）

(い)欄 審査項目	(ろ)欄 審査の内容				
	Jグレード	Rグレード	Mグレード	Hグレード	Sグレード
(1) 主要鋼材の品質管理	1) 主要鋼材の発注書に材料規格が明記されている。 2) 溶接材料の発注書又は納品書に規格が明記されている。 3) 主要鋼材は，ミルシート又は原品証明書及びプリントマーク又は色識別法等で管理されている。 4) 溶接材料は，適切に保管されている。 5) 材料管理責任者のもと，主要材料は適切に管理されている。	1) 主要鋼材の発注書に材料規格が明記されている。 2) 溶接材料の発注書又は納品書に規格が明記されている。 3) 主要鋼材は，ミルシート又は原品証明書及びプリントマーク又は色識別法等で管理されている。 4) 溶接材料は，適切に保管されている。 5) 材料管理責任者のもと，主要材料は適切に管理されている。	1) 主要鋼材の発注書に材料規格が明記されている。 2) 溶接材料の発注書又は納品書に規格が明記されている。 3) 主要鋼材は，ミルシート又は原品証明書及びプリントマーク又は色識別法等で管理されている。 4) 溶接材料は，適切に保管されている。 5) 材料管理責任者のもと，主要材料は適切に管理されている。	1) 主要鋼材の発注書に材料規格が明記されている。 2) 溶接材料の発注書に規格が明記されている。 3) 主要鋼材及び溶接材料の品証明書又はミルシート又は原品証明書及びプリントマーク又は色識別法等で管理されている。 4) 溶接材料は，適切に保管されている。 5) 材料管理責任者のもと，主要材料は適切に管理されている。	1) 主要鋼材の発注書に材料規格が明記されている。 2) 溶接材料の発注書及び規格に規格が明記されている。 3) 主要鋼材及び溶接材料の受け入れ検査を実施している。 4) ミルシート又は原品証明書が整理保管されている。 5) プリントマーク又は色識別法等で材質が識別されている。 6) 溶接材料は，適切に保管・管理されている。 7) 材料管理責任者のもと，主要材料は適切に管理されている。
(2) 加工の品質管理	1) 主要鋼材は，プリントマーク又は色識別等で識別されている。 2) 加工図等に基づいて適切に加工している。 3) 開先形状，切断面及び孔明けは適切である。 4) 摩擦面処理は適切である。	1) 主要鋼材は，プリントマーク又は色識別等で識別されている。 2) 加工図等に基づいて適切に加工している。 3) 開先形状，切断面及び孔明けは適切である。 4) 摩擦面処理は適切である。	1) 主要鋼材は，プリントマーク又は色識別等で識別されている。 2) 加工図等に基づいて適切に加工している。 3) 開先形状，切断面及び孔明けは適切である。 4) 摩擦面処理は適切である。	1) 主要鋼材は，プリントマーク等で識別されている。 2) 型板，定規，加工図等に基づいて適切に加工している。 3) 型板，定規等に開先形状が明記され，切断面及び孔明けが適切である。 4) 摩擦面処理は適切である。 5) 作業者が適切にチェックしている。	1) 主要鋼材は，プリントマーク又は色識別等で識別されている。 2) 型板，定規，加工図等に基づいて適切に加工している。 3) 型板，定規等に開先形状が明記されている。 4) 開先形状寸法，切断面，摩擦面処理，仕上げ等が製作要領書を満足している。 5) 作業者が適切にチェックしている。
(3) 組立の品質管理	1) 主要鋼材は，色識別等が行われている。 2) 寸法，ずれ，食い違いは許容範囲内である。 3) 工作図又は加工図に基づいて作業を実施している。 4) 裏当て金，エンドタブの取付けは適当である。 5) 組立溶接の位置，長さ及び脚長は適切である。 6) 作業者が適切にチェックしている。 7) 製作管理技術者が適切に管理している。	1) 主要鋼材は，色識別等が行われている。 2) 寸法，ずれ，食い違いは許容範囲内である。 3) 工作図又は加工図に基づいて作業を実施している。 4) 裏当て金，エンドタブの取付けは適当である。 5) 組立溶接の位置，長さ及び脚長は適切である。 6) 作業者が適切にチェックしている。 7) 製作管理技術者が適切に管理している。	1) 主要鋼材は，色識別等が行われている。 2) 寸法，ずれ，食い違いは許容範囲内である。 3) 工作図又は加工図に基づいて作業を実施している。 4) 組立台を用いて組立を実施している。 5) 裏当て金，エンドタブの取付けは適切である。 6) 組立溶接の位置，長さ及び脚長は適切である。 7) 作業者が適切にチェックしている。 8) 製作管理技術者が適切に管理している。	1) 主要鋼材は，色識別等が行われている。 2) 寸法，ずれ，食い違いは許容範囲内である。 3) 工作図又は加工図に基づいて作業を実施している。 4) 組立台を用いて組立を実施している。 5) 裏当て金，エンドタブの取付けは適切である。 6) 組立溶接の位置，長さ及び脚長は適切である。 7) 作業者が適切にチェックしている。 8) 製作管理技術者が適切に管理している。	1) 主要鋼材は，色識別等が行われている。 2) 寸法，ずれ，食い違いは許容範囲内である。 3) 工作図又は加工図に基づいて作業を実施している。 4) 組立台を用いて組立を実施している。 5) 裏当て金，エンドタブの取付けは適切である。 6) 組立溶接の位置，長さ及び脚長は適切である。 7) 作業者が適切にチェックしている。 8) 製作管理技術者が適切に管理している。

別紙第4 （続き）

（い）欄	（ろ）欄				
審査項目	書類審査の内容				
	Jグレード	Rグレード	Mグレード	Hグレード	Sグレード
(4)組立検査の品質管理	審査対象外	審査対象外	1）組立検査記録がある. 2）検査管理技術者による検査が実施されている.（外注可） 3）ずれ，食い違い，開先形状の精度は基準値内である. 4）主要鋼材は，識別されている.	1）組立検査記録がある. 2）検査管理技術者による検査が実施されている.（外注可） 3）ずれ，食い違い，開先形状の精度は基準値内である. 4）主要鋼材は，識別されている.	1）品証・検査部門が検査を実施し，検査実施者（有資格者）及び検査管理技術者が押印した検査記録がある. 2）ずれ，食い違い，開先形状の精度は基準値内である. 3）主要鋼材は，識別されている.
(5)溶接の品質管理・ロボット溶接を含む	1）鋼種と溶接材料の組合せは工作基準通りで，入熱，パス間温度は適用範囲内で適切に管理されている. 2）溶接技能者（SA-2F又はA-2F）は，下向溶接用治具を用い下向きで作業している. （ただし，横向き溶接を用いている場合，溶接技能者はSA-2F及びSA-2H又はA-2F及びA-2Hの有資格者でなければならない.） 3）溶接管理技術者が適切に管理している. （ただし，横向き姿勢を用いている場合，WES 2級又は鉄骨製作管理技術者2級，もしくは管理の実務を資格取得後3年経験した二級建築士の有資を持つ溶接管理技術者格者が管理している.） 4）有害な欠陥（割れ，ずれ，食い違い，アンダーカット等）が見られず，クレータ処理も適切である.	1）鋼種と溶接材料の組合せは工作基準通りで，入熱，パス間温度は適用範囲内で適切に管理されている. 2）溶接技能者（SA-3F又はA-3F）は，下向溶接用治具を用い下向きで作業している. （ただし，横向き溶接を用いている場合，溶接技能者はSA-3F及びSA-3H又はA-3F及びA-3Hの有資格者でなければならない.） 3）溶接管理技術者が適切に管理している. 4）有害な欠陥（割れ，ずれ，食い違い，アンダーカット等）が見られず，クレータ処理も適切である.	1）溶接技能者は，製作要領書に定める鋼種に適した溶接材料を使用し，溶接条件，板厚及び溶接姿勢に応じた適切な層数及びパス数を守り，適切に入熱管理を行っている. 2）溶接技能者は，温度チョーク等でパス間温度管理を適切に行っている. 3）溶接技能者は，所有資格に応じた溶接作業をしている. 4）溶接管理技術者が適切に管理している. 5）有害な欠陥（割れ，ずれ，食い違い，アンダーカット等）が見られず，クレータ処理も適切である.	1）溶接技能者は，製作要領書に定める鋼種に適した溶接材料を使用し，溶接条件，板厚及び溶接姿勢に応じた適切な層数及びパス数を守り，適切に入熱管理を行っている. 2）溶接技能者は，温度チョーク等でパス間温度管理を適切に行っている. 3）溶接技能者は，所有資格に応じた溶接作業をしている. 4）溶接管理技術者が適切に管理している. 5）有害な欠陥（割れ，ずれ，食い違い，アンダーカット等）が見られず，クレータ処理も適切である.	1）溶接技能者は，製作要領書に定める鋼種に適した溶接材料を使用し，溶接条件，板厚及び溶接姿勢に応じた適切な層数及びパス数を守り，適切に入熱管理を行っている. 2）溶接技能者は，温度チョーク等でパス間温度管理を適切に行っている. 3）溶接技能者は，所有資格に応じた溶接作業をしている. 4）溶接管理技術者が適切に管理している. 5）有害な欠陥（割れ，ずれ，食い違い，アンダーカット等）が見られず，クレータ処理も適切である.
(6)製品の検査方法等	1）検査基準に適合した製品検査記録が作成・保管されている. 2）検査基準に適合した超音波探傷検査記録が作成・保管されている. 3）検査方法（抜取り方法等）及び合否判定基準が検査基準通りである.	1）検査基準に適合した製品検査記録が作成・保管されている. 2）検査基準に適合した超音波探傷検査記録が作成・保管されている. 3）検査方法（抜取り方法等），計測方法及び合否判定基準が検査基準通りである.	1）製作要領書に適合した製品検査記録が作成・保管されている. 2）製作要領書に適合した超音波探傷検査記録が作成・保管されている. 3）検査方法（抜取り方法等），計測方法及び合否判定基準が製作要領書通りである.	1）製作要領書に適合した製品検査記録が作成・保管されている. 2）製作要領書に適合した超音波探傷検査記録が作成・保管されている. 3）検査方法（抜取り方法等），計測方法及び合否判定基準が製作要領書通りである.	1）品証・検査部門の管理下で，製作要領書に基づいて製品検査及び溶接部の検査を実施している. 2）有資格検査技術者が押印した工程ごと（組立，溶接，製品）の検査記録が，プロジェクト毎に検査成績書として整理保管されている.

別紙第4 （続き）

付1．鉄骨製作工場の性能評価

(ろ)欄 審査項目	書類審査の内容				
	Jグレード	Rグレード	Mグレード	Hグレード	Sグレード
(6) 製品の検査方法等	(ただし、横向き溶接を用いている場合、超音波探傷検査は全数である。) 4) 割れ、ずれ、食い違い、アンダーカットの検査記録がある。 5) 管理技術者のもと、出荷指示が適切に行われている。 6) 製品の製作を外注した場合、外注品の受入検査記録がある。 7) 完了物件のミルシートが保管されている。	(ただし、横向き溶接を用いている場合、超音波探傷検査は全数である。) 4) 割れ、ずれ、食い違い、アンダーカットの検査記録がある。 5) 管理技術者のもと、出荷指示が適切に行われている。 6) 製品の製作を外注した場合、外注品の受入検査記録がある。 7) 完了物件のミルシートが保管されている。	4) 割れ、ずれ、食い違い、アンダーカットの検査記録がある。 5) 管理技術者のもと、出荷指示が適切に行われている。 6) 製品の製作を外注した場合、外注品の受入検査記録がある。 7) 完了物件のミルシートが保管されている。	4) 割れ、ずれ、食い違い、アンダーカットの検査記録がある。 5) 管理技術者のもと、出荷指示が適切に行われている。 6) 製品の製作を外注した場合、外注品の受入検査記録がある。 7) 完了物件のミルシートが保管されている。 8) 品質管理者が適切に統計処理を行っている。	3) 検査方法（抜取り方法等、計測方法及び合否判定基準）が製作要領書通りである。 4) 割れ、ずれ、食い違い、アンダーカットの検査記録がある。 5) 管理技術者のもと、出荷指示が適切に行われている。 6) 製品の製作を外注した場合、外注品の受入検査記録がある。 7) 完了物件のミルシートが品質管理にフィードバックされている。 8) 品質管理者が適切に統計処理を行い、品質管理基準を満足している。
(7) 製造設備の種類	1) 申請図書に記載されている製造設備が存在する。 2) 始業時点検及び定期点検が適切に実施されている。	1) 申請図書に記載されている製造設備が存在する。 2) 始業時点検及び定期点検が適切に実施されている。	1) 申請図書に記載されている製造設備が存在する。 2) 始業時点検及び定期点検が適切に実施されている。	1) 申請図書に記載されている製造設備が存在する。 2) 始業時点検及び定期点検が適切に実施されている。	1) 申請図書に記載されている製造設備が存在する。 2) 始業時点検及び定期点検が適切に実施されている。 3) 製造設備の適切な管理台帳及び管理基準がある。
(8) 検査設備の種類	1) 申請図書に記載されている検査設備が存在する。 2) 始業時調整及び定期点検が適切に実施されている。	1) 申請図書に記載されている検査設備が存在する。 2) 始業時調整及び定期点検が適切に実施されている。	1) 申請図書に記載されている検査設備が存在する。 2) 始業時調整及び定期点検が適切に実施されている。	1) 申請図書に記載されている検査設備が存在する。 2) 始業時調整及び定期点検が適切に実施されている。	1) 申請図書に記載されている検査設備が存在する。 2) 始業時調整及び定期点検が適切に実施されている。 3) 検査設備の適切な管理台帳及び管理基準がある。
(9) 社内教育の方法	1) 教育が計画的に実施され、記録がある。 2) 安全作業についての教育を実施している。 3) 品質確保及び品質向上に関する適切な教育を実施している。	1) 教育が計画的に実施され、記録がある。 2) 安全作業についての教育を実施している。 3) 品質確保及び品質向上に関する適切な教育を実施している。	1) 教育が計画的に実施され、記録がある。 2) 安全作業についての教育を実施している。 3) 品質確保及び品質向上に関する適切な教育を実施している。	1) 教育が計画的に実施され、記録がある。 2) 安全作業についての教育を実施している。 3) 品質確保及び品質向上に関する適切な教育を実施している。	1) 教育・訓練について文書化を実施され、体系的に教育・訓練を実施しており、安全作業・訓練の実施記録の実施をしている。 2) 安全作業についての教育を実施している。 3) 品質確保及び品質向上に関する適切な教育を実施している。 4) 提案制度、QCサークル活動等を適切に実施している。

付2．建築鉄骨に関連する社会動向（1996年版より抜粋）

1．建築技術審査会の答申

a．鉄骨造建築物品質適正化問題専門委員会報告

1991年（平成3年）に工事中の鉄骨造建築物に発見された溶接した鋼板が開裂する事例が発生し，これに端を発した，いわゆる「不良鉄骨問題」に対し，建設省住宅局長の私的諮問機関である建築技術審査会・鉄骨造建築物品質適正化問題専門委員会（1991年8月設置）は，1992年3月，報告書をとりまとめた．この概要を以下に抜粋する．

Ⅰ．序
- 全建築物の着工床面積の約半分が鉄骨造であること．
- 一部の業者または個人の知識の不足，不注意あるいは不誠実な行為等により不良鉄骨問題が発生している事実があった．
- 鉄骨品質は，素材，流通，設計，加工，建設，行政等各業務の協力で作られること．
- 解決方策を広範に検討．

Ⅱ．現状分析

（1）鉄骨造建築物は，下記に記したように，広範，多岐にわたる各専門業界（約9団体）連合体によって作られている．これらの各分野は，専門・分化し，分業化が進んでいる．さらに鉄骨品質確保のための各段階での検査手法も整備されてきている．したがって，これらのシステムが十分に機能していれば，本来は問題は発生しない．事実，大多数の鉄骨造建築物にあっては適正な施工が行われている．

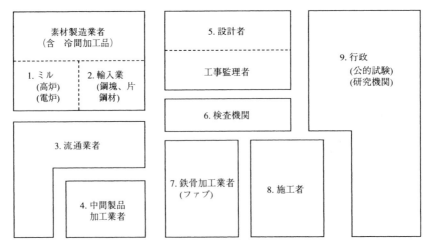

図1　（鉄骨）建築生産業界構図

（2） これだけ重層化した各分野の担当者の努力にもかかわらず，一部に不適切な鉄骨が発生している要因として，次のものがあげられる．

1) 専業化・分業化の進行，業界内の重層化，工法・材料の無秩序開発．
2) 資格者の業務範囲の拡大，資格者の技術・技量の相対的沈下．
3) 業務分担区分の不明確化
4) 契約社会への移行不十分
5) 業務に対する誇りと責任感希薄化，資格者制度社会化…名目資格者の誕生．
6) 建築分野の資格・規格は他分野制定物の借り物・転用状態，JIS規格品・同等品の意味の不鮮明
7) 流通の複雑化・不透明化
8) 不備な設計図書の横行
9) 品質判定能力者の不在
10) 工期＞工費＞安全＞品質の風潮のまんえん
11) 0.9掛け設計の蔓延（野放し鉄骨の免罪符化）
12) 検査体制の不備
13) 中間製品製造者の乱立

Ⅲ．対処提言

Ⅲ—1　提言の基本方針を以下のようにした．

・各業務分野ごとの「自工程責任制」を徹底する．
・専門細分化は容認する．
・各分野間・内の担当者の業務分担を明確にする．
・それぞれの業務について誇りと責任を自覚させる．
・資格制度等の導入を検討する．
・各分野の自浄努力を促し，安易に流れないようにする．
・性善説に立つが，違反者には厳罰主義で対応する．

Ⅲ—2　提言事項

（1） 各業務分野の担当者の債務

1) 設計者
・完備した設計図書を作成すること．
・ファブの製作能力レベルを指定すること．
・検査担当者（会社）の能力レベルを明示すること．
・施工者に対し要求品質を明確に示すこと．
・質疑・立会依頼に対し，迅速に応答すること．
・建築物の質・量に適した施工者のレベルを指定すること．
・品質確認のためにファブに立ち入る権利を保有する．

2）工事監理者
 ・工作図，製作要領書を設計図と照合し，承認し，捺印・署名を行う．
 ・施工者が提出する受入検査結果の内容について適否を確認する．
 ・ファブからの質疑・立会依頼に対し，迅速に対応すること．
 ・施工者に対し，工事に関する状況の報告・説明を求める．
 ・品質確認のためにファブに立ち入る権利を保有する．
 ・鉄骨の品質の適否の判断能力の涵養に努める．

3）施工者
 ・仕様に適したファブを選定し，工事監理者の承認を受けて発注する．
 ・工作図，製作要領書に適切な助言を与え迅速に承認し，工事監理者の承認を受ける．
 ・受入検査を実施し，結果を工事監理者に提出し承認を得る．
 ・現場の全作業工程で，設計図書と照合し，品質の確保に努める．
 ・鉄骨の製作工程中，品質および進捗状況および外注品の管理状況等を確認する．
 ・受入検査は迅速に行う．
 ・受入検査に必要な能力・素養の涵養に努める．

4）鉄骨製作業者（ファブ）
 ・設計図書に基づき工作図，製作要領書を作成して施工者に提出し承認を得る．
 ・製作要領書は必要最小限のことを記載し，簡素で読みやすいものを作る．
 ・契約図書に基づき，製作計画・材料手配・鋼材加工・組立・溶接・塗装・発送までの品質確保責任を負い，一貫した管理を行う．このとき，品質管理工程表を作成し，担当者署名入りの管理記録を保管する．
 ・ファブが自らの責任において確保すべき事項は次のとおりとする．
  ①加工前後の鋼材の材質．
  ②加工品の寸法・形状・外観．
  ③接合部の耐力と剛性．
 ・このため必要な専門知識対処能力を持った鉄骨製作管理技術者ないしはこれに準ずる者を必要数配置する（目安，人/200 t/月　かつ1人以上）．
 ・受入検査に協力する．
 ・自主検査の状況を報告し，立入り検査を希望された場合は，これを拒否しない．
 ・中間製品購入や製作の一部外注する場合，その範囲，品質の受入検査等の内容を事前に施工者に示し承認を得る．

5）流通業者
 ・鋼材とミルシートを整合させる．
 ・異材の混入を防止する．

6）行政面の責務
 ・建築主事は建築基準法第12条3項に基づく施工状況報告の提出を下記により工事監理者

に求める．

  工事監理者に対し，鉄骨工事期間中に，検査の部位・方法・内容および写真位置等について工事の都度建築主事が指定する報告書の提出を求める．指定する検査部位・内容等は固定化してはならない．また，必要に応じて提出された後一定期間内に現場に出向し照合確認する．ただし，照合確認の対象は抜き取りでよい．必要な場合には，工事の停止を含む処置を指示する．

- 大臣認定工場を起用する場合の溶接工事作業計画書は大幅に簡略化する．
- 1.0掛け設計の比率増大を促進する．中長期的には，0.9掛け設計の適応の範囲について検討を行い，不良鉄骨発生につながらないように方策を講じる．
- 高力ボルトの孔径の検討を行う．母材については現行の建築基準法施行令の規定に従うが，添え板は一律＋1.0 mmまで可とするか，一律0.5 mmの許容差を認めるなどの方策を検討する．
- 関係者の責任の自覚促進のため次の措置を実施する．
  - ①設計の総括責任者と併せて，意匠設計者・設備設計者・構造設計者の氏名・資格番号等を記載し，提出させる書式を定める．
  - ②建築工事現場の外周に鉄骨加工業者名，所在地，認定番号を全国統一した書式により表示する．
- 建築生産業界の専門分化に連動し，国家資格・民間資格も専門分化を進める．この場合，民間資格の活用が中心となる．例えば，以下のことが考えられる．
- 一級建築士資格を必要条件とした構造設計士・工事監理士の資格の制定．
- 建築鉄骨製作監理技術者等の，ファブ等に所在分野を限定する資格については，自工程責任をまっとうできるよう，取扱い物件の規模に見合った段階的な資格レベルを設定する．
- 建築確認のあり方について再検討を行う．
- 確認申請時の審査対象は集団規定，衛生に関する基準のみとし構造安全性については一級建築士（構造設計士）に一任する．
- 規模に応じて構造設計士の参加を義務付ける．
- 中間検査時に構造規定を重点に検査する．
- 民間活力を活用し，各分野の当事者能力の育成やその向上努力を助長する方策を講じる．

7）その他
- 各分野ともなすべき業務にふさわしい担当者の育成等の能力向上を図り，実効を上げるよう努める．特に，いずれの分野でも小規模な企業における整備充実が重要である．
- いずれの当事者間であっても契約内容に変更・追加・修正等の変動が生じた場合には，生じさせた側の当事者が工期・予算等を補償する必要がある．

（2）鋼材の品質の確保

1）JIS規格品・同等品の明確化

  （報告書で種々の提案がされたので，それらを今回のJASS 6改定に取り入れて，その定義

を明確にした．JASS 6 の「1 節　総則　1.2　用語」を参照．）
2）ミルシートの書式・記載事項の整備
（報告書で種々の提案がされたので，それらを今回の JASS 6 改定に取り入れて，その運用を明確にした．本書の「3 章　材料」を参照．）
3）ミルシートの取扱い
（報告書で種々の提案がされたので，それらを今回の JASS 6 改定に取り入れて，その定義および運用を明確にした．本書の「3 章　材料」を参照．）
4）鋼材取扱責任者制度の制定
・責任者の存在を必要とする分野は当面，鋼材問屋，中間製品製作業者，ファブとする．・責任者は当面各社ごと，または，各業界ごとに認定することとするが，将来的には登録制とし（5）にいう統一機関が責任者の認定，登録，登録更新および登録名簿の公表等を行うものとする．
・職務はミルシートと鋼材の整合保証とし，不正行為のあったときは，登録を抹消し，再登録不可とする．
5）建築用材料（鋼材・副資材）の規格について
（本書の「3 章　材料」を参照．）
(3)　鉄骨加工の品質の適正化
1）工場認定制度・登録制度の呼称の統一
・現在の呼称は，一貫したものになっておらず，発注者側のファブ選定時の混乱の一因となっている．これを 5 種類程度に統一する．
・これに伴って，行政側の工事規模許可区分等を総合的に見直す．
・この統一された呼称は将来的には同一機関で一元的に認定を実施することが望まれるが，当面は現行の実施団体の活動を尊重する．
2）建築鉄骨にかかわる資格制度の整備
・鉄骨溶接士資格
・現場溶接士資格
・高力ボルト接合管理者資格
・建築溶接部非破壊検査資格
・鉄骨品質一般目視検査資格
3）中間製品製作業者を対象とした工場認定制度，指定制度の導入
これらの製作業者を業種別に次の 3 種目に区分する．
・加熱・溶接工程を含まないもの．
すなわち，切断，孔穿，開先加工，精密切断のみを行うもの．
・限定部品専門の小型ファブ的なもの．
すなわち，BH，BBOX，コア，プロペラ，内ダイアフラムを溶接するコラムを製作するもの．

・冷間成形専門業者

　　すなわち，プレスコラム，ロールコラム等の加工建材製品を製作するもの．

　　それぞれについて，良好な品質の中間製品の製造に必要十分な人材，器材および管理体制並びに材質証明書の作成規準に関する認定基準を定め，各項目について適合状況を3段階評価し，総合的に判断した上で決定する．

（4）検査および検査会社

1）社内検査と受入検査の定義

（種々の提案がされたので，それらは今回のJASS 6改定に取り入れて，その定義を明確にした．JASS 6の「1節　総則　1.2　用語」を参照．）

2）検査担当者と検査報告書

・ファブの依頼を受け社内検査を支援，または代行して検査にあたる者は，検査目的に応じた有資格者でなければならないが，あくまでこの外注検査者の行った検査の内容についてはファブが責任を負う．したがって，その者が作成した報告書はファブの社内検査報告書として取り扱う．

・施工者の受入検査業務の一部またはすべてを委託され受入検査を行う者は，適格な有資格者でなければならない．この検査の委託を受けた者は，受入検査の内容のすべてに責任を負い，受入検査として施工者に対してのみ提出する．施工者が受入検査を委託する場合には，施工者は自らが委託者を選定し，検査事項・内容・判定基準および不合格時の処置を指定した後，委託契約を行う．

・社内検査を実行した者（あるいは企業）と受入検査を実行した者（あるいは企業）は同一であってはならない．

3）検査組織の機能に応じた区分

・溶接部検査機能を有するもの

　　溶接部の内容・外観を検査し合否判断する．少なくとも，UT，PT，MT，寸法計測ができること．

・建築鉄骨検査機能を有するもの

　　上記の能力の上に設計図書との照合，鋼材化学成分分析，RT，ET，SM能力，破壊試験，建入れ寸法測尺が可能な総合的検査組織であること．

4）検査組織の評価・指定制度の導入

・検査員個人とその集合体では検査組織の技術力，公正性について，適切な評価判断基準をつくり，評価判定を当面，公的試験機関等に委託するものとする．将来的には（5）の新組織の認定または指定制度とすることが望ましい．

5）検査組織の独立性，中立性の保持．

・独立性，中立性が保持し得る仕組を作ることが重要である．

（5）統合機関の設立

健全な鉄骨建築の普及発展および定着を図るために，関係するすべての分野の関係者の理解と協

力を得て鉄骨建築生産業界を統合して技術問題，経済問題，基・規準問題，資格問題，海外交流等広範にわたって，必要となるあらゆる措置を講じる機関の設立が必要である．

当面は，鉄骨建築生産業界を構成する9分野において各団体等が実施している各事業活動を尊重しつつそれらを総括的に整理し，過不足，重複を調整した上で体制の総合的整備を行うこととする．

Ⅳ．結　語

審議の結果，今後，ますます増大が予想される建築鉄骨の品質を確保するためにⅢ—2で提案したすべての事項を実施する必要があるとの意見で一致した．ただし，提言事項の中には実施に向けて細部の検討，関係方面との協議・調整を要するものも包含されているので実施可能なものから順次実施に移していくことを提案する．

b．報告書に基づく具体的処置策の例として，以下の項目がある．
　（1）　通達347号「建築現場における鉄骨製作工場名の表示について」（いわゆる，ミル名の表示）
　（2）　通達349号「鉄骨建築物等の品質適正化について」（施工状況報告書の指定）
　（3）　鉄骨関連分野別資格者制度の検討（JSSC）
　（4）　ミルシートの裏書き方式導入（建築学会　JASS 6）
　（5）　JIS G 3106にUT仕様追加（短期対応策）
　（6）　建築用鋼材の必要性の指摘（新JIS制定の提起）
　（7）　その他

2．建築鉄骨を巡る主な動き

上記の建技審報告を中心に周辺環境にいくつかの変化が生じている．その要点を以下に示す．

a．平成4年9月30日　建設省住指発347号「建築現場における鉄骨製作工場名の表示について」が通達された（鉄骨工事技術指針　工事現場施工編　付16参照）

b．平成4年9月30日　建設省住指発349号「鉄骨造建築物等の品質適正化について」が通達された（鉄骨工事技術指針　工事現場施工編　付17参照）

c．平成6年6月「建築構造用圧延鋼材」JIS G 3136制定

この鋼材の要点は以下のとおりである．（詳細は3章材料参照）

1）この鋼種を適用する鋼材は，鋼板，鋼帯，平鋼および熱間圧延形鋼（JIS G 3192）で，板厚6 mm以上100 mm以下である．

2）鋼材の強度レベルは，建築分野における使用の現状を考慮し，400 N/mm^{2}と490 N/mm^{2}の2水準のもの，すなわち，従来のSS 400材に代わるものとしてSN 400材，SM 490 A材に代わるものとしてSN 490材の2つの強度レベルとなっている．

3）建築物での，鋼材の使用部位に適切に対応する目的から，両強度レベルともに，鋼種を，A，B，Cに区分した．

A材：二次部材のように，弾性範囲で使用し，溶接を行わない部材を主用途とする鋼種である．このため，490 N/mm^{2}鋼については，制定していない．

B材:塑性変形能力と溶接性を保証する鋼種であり,耐震上主要な構造部材を主用途とする.SS 400, SM 400 A, B, SM 490 A, B に代わるものである.

C材:B材の性能の上に,板厚方向の特性を絞り値で規定するとともにUT検査が実施される.ボックス柱のスキンプレート等板厚方向の性能を重視するものおよび大入熱溶接を行う材を主用途とする.

この使い分けに対応して,A材では,従来のSS 400の規定に加えて,炭素含有量の上限が新たに規定された.B材では,これに加えて,鋼材の厚さ12 mm以上で,降伏点または耐力の上限および降伏比(降伏点または耐力を引張強度で除した値)の上限,炭素当量または溶接割れ感受性組成の上限,鋼材の厚さ12 mm超での衝撃値(シャルピー呼吸エネルギー)の下限,および硫黄含有量の上限が0.050%以下から0.015%以下に改善された.C材では,B材に加えて,厚さ方向の特性として絞り値25%以上,および硫黄含有量の上限が0.008%以下に規定された.

化学成分C, S, 炭素当量あるいは溶接割れ感受性組成およびシャルピー呼吸エネルギー等は,溶接性に関連する特性値である.降伏点または耐力の上限および降伏比は,塑性変形能力との関連が大きい特性値である.また,板厚方向の絞り値は,文字どおり板厚方向に作用する引張力に対する性能と溶接施工に関わる内部品質に深く関係している.

4) 機械的性質については,これまでの実績を考慮して,鋼種区分(A, B, C材)や板厚に応じて,以下の規定を設けた.
 ・YP, TSに上下限 (B, C材)
 ・YPに上限 (B, C材)
 ・板厚方向絞り値の下限 (C材)
 ・シャルピー値の下限 (B, C材)
 ・超音波探傷試験実施 (C材)
 ・(A材は,降伏点と引張強さの下限値のみ規定)

5) 化学成分としては,溶接性や機械的性質との関連を考慮して,各元素に上限または下限値等を規定した.
 ・C_{eq}上限値規定 (B, C材)
 ・P, S値に上限値規定 (B, C材)
 ・炭素当量に計算される微量元素のミルシートへの表示
 ・(A材は,C, P, Sの下限値のみ規定)

6) 板厚については,断面不足とならないように,原則として,マイナス側の公差を-0.3 mmに統一した(H形鋼はフランジに適用).これは,国際慣行である重量許容差を厳し目に設定した上で,寸法に換算したものである.したがって,公差の幅は大きいままであるので板厚はプラス寄りになると予想される.

以上のように,SN材の規定は,表1にまとめるように従来のSS 400, SM 490, さらには,ISOの国際規格に比べて規定の項目が増え,規定値も厳しくなり,建築構造物への適用を配慮したものとなっている.前述のように,新耐震設計法の施行以来,鉄骨造建築物の骨組には塑性変形能力の

表1 自主管理のための社内検査および試験

鋼　種	板厚 (mm)	400 N/mm² 級鋼	490 N/mm² 級鋼
A	6〜100	ほぼ従来の SS 材と同等材であるが，C の上限（0.24 %）を規定．	規定せず．
B	6〜100	降伏点のレンジ：厚 12 mm 以上で 120 N/mm² 以下．ただし，ウェブ厚 9 mm 以下の形鋼は除外． 降　伏　比：厚 12 mm 以上で 80 % 以下．ただし，ウェブ厚 9 mm 以下の形鋼は 85 % 以下． シャルピー吸収エネルギー：厚 12 mm 超で 27 J 以上． C_{eq}，P_{CM}：どちらかを規定． S　上　限：0.015 % 以下． そ　の　他：オプションとして厚 13 mm 以上では超音波探傷試験（UT 検査）の要求が可能．	
C	16〜100	B 鋼種規定に加え 　板厚方向（Z 方向）絞り値：25 % 以上． 　S　上　限：0.008 % 以下． 　そ　の　他：超音波探傷試験の実施．	

確保（D_s 値），接合部の安全率の確保（保有耐力接合）など，設計上の要求の大半が定量化されており，この SN 鋼材は，設計計算上の結果と実態の構造性能がより高い信頼性で近づくものといえる．

d．1994 年（平成 6 年）11 月　JIS G 3192「熱間圧延形鋼の形状，寸法，重量およびその許容差」改正

改正の要点は，H 形鋼にあっては，フィレットの r 寸法が，8，13，20 mm の，3 サイズに集約された．一方，いわゆる外法一定 H 形鋼と称されている H 形鋼では寸法揃えが大幅に増大し，鋼種識別マーク付きで製造されるところとなった．

この H 形鋼の特徴は，フランジ，ウェブの厚さが，鋼板の常用板厚と整合するものであり，かつ，寸法公差が，厳しくなっている．このため，組み立てたブラケットとロール H 形鋼梁継手に，フィラーを挿入する必要はないものとなった．また，H 形鋼のせいや幅も，50 mm きざみの整寸であり，使いやすいものとなった．

e．平成 7 年 5 月　冷間成形角形鋼管で 200×200×6 以上のものを建築用柱材として使用する鋼材として，ロール成形品（BCR 295），とプレス成形品（BCP 235，BCP 325）が建築センター評定終了． 現在柱用鋼材として多用されているプレス加工やロール加工による冷間成形される一般構造用角形鋼管（JIS G 3466）は，塑性加工効果による不可避的な金属的現象により，機械的性質が SN 材の規格を満足することは極めて困難なものとなっている．このため，現行の冷間成形による鋼管については，SN 材とは異なる特殊な性状を有する鋼材と見なしてこれを用いた建築物の設計方法や，溶接組立てなどの加工方法を含めた建設大臣による特認材として（プレス加工品は評価，ロール加工品は評定）取り扱う方向で，関係部署で検討が進められている．

f．平成 7 年 7 月　熱間成形角形鋼管が SN 同等品として建設大臣の特認を得た．

付3．品質管理用語

1．適用範囲
建築鉄骨の品質管理に用いる主な用語について記載する．

2．適用規格
この「付3．品質管理用語」は JIS Z 8101-1：2015, JIS Z 8101-2：2015, JIS Z 8101-3：2015, JIS Q 9000：2015 からの抜粋を主とした．JIS Z 8101 および JIS Q 9000 の改正において削除された用語の一部は，他の JIS より引用した．

3．JIS Z 8101 の改正について
a． ISO への対応

ISO 3534「統計－用語と記号－」への対応のため，JIS Z 8101：1981「品質管理用語」から JIS Z 8101：1999「統計－用語と記号－」へ改正した．

b． 品質管理と品質保証に関する用語

JIS Z 8101：1999「統計－用語と記号－」への改正は3部構成の大幅な変更となり，一部の用語はこの規格から削除された．「品質」「品質管理」「品質保証」「受入検査」等の削除された用語は，JIS Q 9000：2000 "品質マネジメントシステム－基本および用語" および他の JIS に記載されているが，「品質水準」等は JIS 用語から削除された．

4．JIS Z 8101：2015 の概要
この規格は，2006年に第2版として発行（および2007年にその修正版として発行）された ISO 3534-1 を基に，技術的内容及び対応国際規格の構成を変更することなく作成した日本工業規格である．

第1部「一般統計用語及び確率で用いられる用語」，第2部「統計の応用」，第3部「実験計画法」で構成されている．

5．品質管理全般にかかわる用語の抜粋
表中の用語および意味は以下による．なお，参考として対応英語を示す．

備　考　1．規格項目の欄では，上段に規格番号，下段に項目番号を示す．

　　　　　　例　Z 8101　2-4.2.2 は，JIS Z 8101 第2部の 4.2.2 項を示す．

　　　　2．意味の欄での括孤内数字は規格番号内での項目番号を示す．

　　　　3．参考として，旧規格 JIS Z 8101：1981 の項目番号・旧用語を記載した．

用語 英語	意　味	規格 項目	旧項目 旧用語
1回（合否判定）抜取検査 single acceptance sampling inspection	あらかじめ定められたサイズnの一つのサンプル (1.2.17) から得られた検査結果に基づいて，定められた規則に従って判定を行う合否判定抜取検査 (4.1.8)．	Z 8101 2-4.2.2	I18 一回抜取検査
受入検査 acceptance inspection	抜取り，ゲージ検査，測定，比較，試験など，締結用部品のロットの合格又は不合格を決めるための手順．	B 1091 3.1	I7 受入検査
受入検査 receiving inspection	物品を受け入れる段階で，受入の可否を一定の基準のもとで行う検査．	Z 8141 7214	—
管理図 control chart	連続したサンプル (1.2.17) の統計量の値を特定の順序で打点し，その値によってプロセス (2.1.1) の管理を進め，変動 (2.2.1) 維持管理及び低減するための図． 注記1　通常は時間順又はサンプル番号順に打点する． 注記2　観測値が最終製品又はサービスの特性 (1.1.1) と相関があるプロセス変数である場合，管理図は有効に機能する．	Z 8101 2-2.3.1	C1 管理図
規格 standard	与えられた状況において最適な秩序を達成することを目的に，共通的に繰り返して使用するために，活動又はその結果に関する規則，指針又は特性を規定する文書であって，合意によって確立し，一般に認められている団体によって承認されているもの． 注記1　規格は，科学，技術及び経験を集約した結果に基づき，社会の最適の利益を目指すことが望ましい． 注記2　科学及び技術の分野では，英語の用語"standard"は，二つの意味に用いられる． 一つは規範文書であり，もう一つは計測の標準である．この規格では，前者の意味だけを定義し，使用する． 注記3　英語の用語"standard"に対応する日本語には，"規格"及び"標準"がある．関連用語"標準"については，附属書JAの100.1を参照．	Z 8002 3.2	G17 規格
客観的証拠 objective evidence	あるものの存在又は真実を裏付けるデータ (3.8.1)． 注記1　客観的証拠は，観察，測定 (3.11.4)，試験 (3.11.8) 又はその他の手段によって得ることができる． 注記2　監査 (3.13.1) のための客観的証拠は，一般に，監査基準 (3.13.7) に関連し，かつ，検証できる，記録 (3.8.10)，事実の記述又はその他の情報 (3.8.2) から成る．	Q 9000 3.8.3	—
許容差，公差 specified tolerance	上側規格限界 (3.1.4) と下側規格限界 (3.1.5) との差	Z 8101 2-3.1.6	G26 公差 G27 許容差
記録 record	達成した結果を記述した，又は実施した活動の証拠を提供する文書 (3.8.5)． 参考1．記録は，例えば，次のために使用されることがある． 　　　　—トレーサビリティ (3.6.13) を文書にする． 　　　　—検証 (3.8.12)，予防処置 (3.12.1) 及び是正処置 (3.12.2) の証拠を提供する． 　　2．通常，記録の改訂管理を行う必要はない．	Q 9000 3.8.10	—

付3. 品質管理用語 —739—

用　語 英　語	意　　味	規　格 項　目	旧項目 旧用語
継続的改善 continual improvement	パフォーマンス (3.7.8) を向上するために繰り返し行われる活動. 注記1　改善 (3.3.1) のための目標 (3.7.1) を設定し，改善の機会を見出すプロセス (3.4.1) は，監査所見 (3.13.9) 及び監査結論 (3.13.10) の利用，データ (3.8.1) の分析，マネジメント (3.3.3) レビュー (3.11.2) 又はほかの方法を活用した継続的なプロセスであり，一般に是正処置 (3.12.2) 又は予防処置 (3.12.1) につながる. 注記2　この用語及び定義は，ISO/IEC 専門業務用指針―第1部：統合版 ISO 補足指針の附属書 SL に示された ISO マネジメントシステム規格の共通用語及び中核となる定義の一つを成す. 元の定義にない注記1を追加した.	Q 9000 3.3.2	―
検査 inspection	適切な測定 (3.2.1)，試験，又はゲージ合せを伴った，観測及び判定による適合性評価 (4.1.1).	Z 8101 2-4.1.2	I1 検査
	規定要求事項 (3.6.4) への適合 (3.6.11) を確定 (3.11.1) すること. 注記1　検査の結果が適合を示している場合，その結果を検証 (3.8.12) のために使用することができる. 注記2　検査の結果は，適合若しくは不適合 (3.6.9)，又は適合の程度を示すことがある.	Q 9000 3.11.7	
検査特性曲線， OC 曲線 operating characteristic curve	与えられた合否判定抜取方式 (4.3.3) について，入検品質水準 (4.6.16) 及び製品 (1.2.32) が合格となる確率の関係を示す曲線. 注記　対応国際規格では"製品"とあるが，ここでは検査対象とする"ロット"を意味する.	Z 8101 2-4.5.1	I45 OC 曲線
検証 verification	客観的証拠 (3.8.3) を提示することによって，規定要求事項 (3.6.4) が満たされていることを確認すること. 注記1　検証のために必要な客観的証拠は，検査 (3.11.7) の結果，又は別法による計算の実施若しくは文書 (3.8.5) のレビューのような他の形の確定 (3.11.1) の結果であることがある. 注記2　検証のために行われる活動は，適格性プロセス (3.4.1) と呼ばれることがある. 注記3　"検証済み"という言葉は，検証が済んでいる状態を示すために用いられる.	Q 9000 3.8.12	―
合格判定数 acceptance number	<合否判定抜取>計数値合否判定抜取検査 (4.2.12) において，与えられた合否判定抜取検査方式 (4.3.3) でロット (1.2.4) が合格と判断されるために必要な，サンプル (1.2.17) 中に発見される不適合数 (3.1.11) 又は不適合アイテム (1.2.12) 数の最大値. 注記　合格判定個数と呼ばれることがある.	Z 8101 2-4.4.2	I34 合格判定個数
合格品質限界， AQL acceptance quality limit (AQL)	<合否判定抜取>許容できる範囲内での最悪の品質水準 (4.6.16). 注記1　これは JIS Z 9015-1 及び ISO 3951 のように，切替え及び停止ルールとともに用いる合否判定抜取スキーム (4.3.2) に限って適用できる概念である. 注記2　しかしながら，個々のロット (1.2.4) が合格品質水準と同程度の悪さの品質のとき，かなり高い確率で合格するが，合格品質水準が，望ましい品質水準であることを意味するわけではない. 注記3　JIS Z 9015-1 のような規格で切替え及び抜取検査 (4.1.6) 停止のルールとともに示される合否判定抜取スキームは，供給者がプロセス (2.1.1) の平均を継続的に合格品質限界よりも良くすることを奨励することをねらって設計されたものである. 供給者がそれをできなければ，なみ検査 (4.1.10) からきつい検査 (4.1.12) に切り替えが行われ，ロットの合格がより難しくなることになる. きつい検査になってしまうと，改善活動をとらない限り，改善が実施されるまで抜取検査を停止するという規則が適用される可能性がかなり高いことになる. 注記4　従来使用されていた合格品質水準 (acceptable quality level) の意味での AQL は用いないほうがよい.	Z 8101 2-4.6.15	I47 AQL，合格品質水準

用　語 英　語	意　　味	規　格 項　目	旧項目 旧用語
工程能力 process capability	<推定値>統計的管理状態 (2.2.7) にあることが実証されたプロセス (2.1.1) についての特性 (1.1.1) の成果に関する統計的推定値であり，プロセスが特性に関する要求事項を実現する能力を記述したもの． 注記1　成果とは，分布のクラス (2.5.2) を決定し，そのパラメータを推定する必要がある分布 (2.5.1) である． 注記2　正規分布においては，プロセスの全変動の標準偏差 σ_t は S_t に関する公式 (2.6.1 の注記3参照) を用いて推計できる． 　　　　代替方法として，ある種の状況では群内変動 (2.2.1) だけを表す S_w を S_t に代わる推定値とすることができる． $$S_w ≒ \frac{\bar{R}}{d_2} \text{ 又は } \frac{\Sigma S_i}{mc_4} \text{ 又は } \sqrt{\frac{\Sigma S_i^2}{m}}$$ ここに 　$\bar{R}$　：m 個の群の範囲から計算された範囲平均 　S_i　：i 番目の群の標本標準偏差 　m　：同じ大きさ n の群の数 　d_2, c_4：群の大きさ n に基づく係数 (JIS Z 9021 参照) 　S_t 及び S_w の推定値は，統計的管理状態にあるプロセスでは収束する．したがって，これら2つの値の比較は，プロセスの安定性度合いを示す尺度となる．工程平均が統計的管理状態にないプロセス，又は工程平均が系統的に変動しているプロセス (2.2.7 の注記4参照) では，S_w の値は，プロセスの標準偏差に比べ有意に過小評価されていることが多い． 　したがって，S_w は注意深く用いるべきである．推定量 S_t は，時には (例えば，信頼限界の計算を容易にするなど) 統計的により扱いやすい性質があるため，S_w より好まれて用いられることもある． 注記3　正規分布においては，工程能力は，次の式で評価できる． 　　　　工程能力 $= \bar{X} \pm (zS_t)$ ここに， $$\bar{X} = \frac{1}{m} \sum \bar{X}_i$$ 　$\bar{X}_i$：i 番目の群の平均 　$\bar{X}$ は，$\bar{X}_t$ から求められることに注意 (2.6.1 の注記3参照)．"z" は，ppm レベル表記した要求パフォーマンスによって決まる．典型的に "z" は，3，4，又は5の値をとる．$z=3$ のとき，プロセスパフォーマンスが規定された要求値と一致するならば，2 700 ppm が規格 (3.1.1) 限界外となることが期待される．同様に，$z=4$ のときは 64 ppm，$z=5$ のときは 0.6 ppm が規格限界外となることが期待される． 注記4　非正規分布においては，工程能力は，例えば，適切な確率紙を用いることによって又はそのデータに当てはめた分布の母数から評価することができる．工程能力の表記は，非対称の形になる． 　　　　工程能力 $= \bar{X}^{+a}_{-b}$ 　記法 $^{+a}_{-b}$ は，望ましい値が各限界から等距離でない場合に，特性に関する名目又は望ましい値の近傍の規格幅 (3.1.6) を表現するための標準的な製図通則と同様なスタイルである．(製図通則では，公差と呼ぶ．) 望ましい値についての対称な限界のための同様な記法は，± である．この記法は，特性の工程能力と，規定された位置及びばらつきに関する要求値との直接的比較を可能にする． 注記5　$S_w = \frac{\bar{R}}{d_2}$ を用いるときには，この推定量の次の性質に留意する．	Z 8101 2-2.7.1	G48 工程能力

用　語 英　語	意　味	規　格 項　目	旧項目 旧用語
	―群のサイズが大きくなるにつれ徐々に効率が低下すること． ―それぞれの分布に極めて敏感であること． ―信頼限界の推定がより困難であること． 注記6　< >の記号は，一つの用語が複数の概念を表す場合に，それぞれの概念が関係する主題又は分野を表示して対象を限定し，区別するために用いる．		
工程能力指数 process capability index (C_p)	規格幅（3.1.6）に対応した工程能力（2.7.1）を表す指標． 注記1　しばしば工程能力指数は，統計的管理状態にあるプロセス（2.2.7）においては，規格幅を参照区間（2.5.7）の長さで割った値として表現される．すなわち，次のようになる． $$C_p = \frac{U-L}{X_{99.865\%} - X_{0.135\%}}$$ 注記2　正規分布においては，参照区間の長さは $6S$ に等しい（2.7.1の注記参照）． 注記3　非正規分布においては，参照区間は ISO/TR 22514-4 に記述された方法で推定できる．	Z 8101 2-2.7.2	G49 工程能力指数
サンプル，試料，標本 sample	一つ以上のサンプリング単位（1.2.14）からなる母集団（1.2.1）の部分集合． 注記　サンプルの採り方には，種々のランダムな場合及び種々のランダムでない場合の多くの場合が予想される．偏りのあるサンプリング（1.3.1）は，多くの分野（例えば，奇形児の出生によって検知された家系のヒトの遺伝子）で不可避であり，偏りのあるサンプリングによって得られたデータの集まりも，またサンプルである．調査のためのサンプリング（1.3.18）では，サンプリング単位は，しばしば既知の変数の値に比例した確率で採られ，偏りのあるサンプルをもたらす．	Z 8101 2-1.2.17	G45 サンプル
サンプルサイズ，サンプルの大きさ sample size	一つのサンプル（1.2.17）中のサンプリング単位（1.2.14）の数． 注記　多段サンプルの場合は，サンプリング（1.3.1）の最終段階におけるサンプリング単位（1.2.14）の総数がサンプルサイズである．	Z 8101 2-1.2.26	G46 サンプルの大きさ
試験 test	特定の意図した用途又は適用に関する要求事項（3.6.4）に従って，確定（3.11.1）すること． 注記　試験の結果が適合（3.6.11）を示している場合，その結果を妥当性確認（3.8.13）のために使用することができる．	Q 9000 3.11.8	G56 試験
仕様書 specification	要求事項（3.6.4）を記述した文書（3.8.5）． 例　品質マニュアル（3.8.8），品質計画書（3.8.9），技術図面，手順を記した文書，作業指示書 注記1　仕様書には，活動に関するもの［例　手順を記した文書，プロセス（3.4.1）仕様書及び試験（3.11.8）仕様書］，又は製品（3.7.6）に関するもの［例　製品仕様書，パフォーマンス（3.7.8）仕様書，図面］があり得る． 注記2　要求事項を記述することによって，仕様書に，設計・開発（3.4.8）によって達成された結果が追加的に記述されることがある．この場合，仕様書が記録（3.8.10）として用いられることがある．	Q 9000 3.8.7	―
消費者危険，CR consumer's risk	<合否判定抜取>所定の合否判定抜取方式（4.3.3）においては，品質水準（4.6.16）が不満足とされる値であるときの合格の確率（4.6.1）． 注記1　品質水準は例えば不適合品率で表され，不満足とされる値は例えば限界品質水準（4.6.14）LQL で表される． 注記2　< >の記号は，一つの用語が複数の概念を表す場合に，それぞれの概念が関係する主題又は分野を表示して対象を限定し，区別するために用いる．	Z 8101 2-4.6.2	I44 消費者危険

用 語 英 語	意 味	規 格 項 目	旧項目 旧用語
生産者危険, PR producer's risk	所定の合否判定抜取方式においては，品質水準（4.6.16）が合格とされる値であるときの不合格の確率（4.6.3）． 注記1　品質水準は例えば不適合品率で表され，合格とされる値は例えば合格品質限界（4.6.15）AQL がある． 注記2　生産者危険の理解には，指定された品質水準についての知識が必要である．	Z 8101 2-4.6.4	I43 生産者危険
精度，精密度，精密さ precision	定められた条件の下で繰り返された独立した試験結果／測定結果（3.4.3）間の一致の程度． 注記1　精度は偶然誤差の分布だけに依存し，真の値（3.2.5）又は特定の値には関係しない． 注記2　通常，精度は，その悪さ（imprecision）によって表現され，試験結果（3.4.1）又は測定結果（3.4.2）の標準偏差として計算される．標準偏差が大きいと，精度が悪い（又は精度が低い）という． 注記3　精度の定量的尺度は，規定された条件に大きく依存する．併行条件（3.3.6）及び再現条件（3.3.11）は，極端な規定条件である．	Z 8101 2-3.3.4	G29 精度
是正処置 corrective action	不適合（3.6.9）の原因を除去し，再発を防止するための処置． 注記1　不適合には，複数の原因がある場合がある． 注記2　予防処置（3.12.1）は発生を未然に防止するためにとるのに対し，是正処置は再発を防止するためにとる． 注記3　この用語及び定義は，ISO/IEC 専門業務用指針―第1部：統合版 ISO 補足指針の附属書 SL に示された ISO マネジメントシステム規格の共通用語及び中核となる定義の一つを成す．元の定義にない注記1及び注記2を追加した．	Q 9000 3.12.2	―
全数検査 100 % inspection	選定された特性についての，対象とするグループ内全てのアイテム（1.2.11）に対する検査（4.1.2）．	Z 8101 2-4.1.5	I5 全数検査
層別 stratification	母集団（1.2.1）を層（1.2.29）に分ける分割． 例　猫又は犬の母集団を品種に分けること，人の母集団を性別および社会属性で分けること，一つの国をいくつかの地域に分けること． 注記　目的とする特性に関して，層内がより均一になるように層を設定する．	Z 8101 2-1.2.30	G52 層別
手順 procedure	活動又はプロセス（3.4.1）を実行するために規定された方法． 注記　手順は，文書にすることもあれば，しないこともある．	Q 9000 3.4.5	―
妥当性確認 validation	客観的証拠（3.8.3）を提示することによって，特定の意図された用途又は適用に関する要求事項（3.6.4）が満たされていることを確認すること． 注記1　妥当性確認のために必要な客観的証拠は，試験（3.11.8）の結果，又は別法による計算の実施若しくは文書（3.8.5）のレビューのような他の形の確定（3.11.1）の結果である． 注記2　"妥当性確認済み"という言葉は，妥当性確認が済んでいる状態を示すために用いられる． 注記3　妥当性確認のための使用条件は，実環境の場合も，模擬の場合もある．	Q 9000 3.8.13	―
トレーサビリティ traceability	対象（3.6.1）の履歴，適用又は所在を追跡できること． 注記1　製品（3.7.6）又はサービス（3.7.7）に関しては，トレーサビリティは，次のようなものに関連することがある． 　― 材料および部品の源 　― 処理の履歴 　― 製品又はサービスの提供後の分布及び所在 注記2　計量計測の分野においては，ISO/IEC Guide 99 に記載する定義が受け入れられている．	Q 9000 3.6.13	―

付3．品質管理用語 —743—

用　語 英　語	意　味	規　格 項　目	旧項目 旧用語
2回（合否判定）抜取検査 double acceptance sampling inspection	多回合否判定抜取検査（4.2.4）のうち，最大2回のサンプル（1.2.17）がとられる合否判定抜取検査． 注記　判定は，定められた規則に従って行われる．	Z 8101 2-4.2.3	I19 二回抜取検査
抜取検査 sampling inspection	対象とするグループからアイテム（1.2.11）を抜き取って行う検査（4.1.2）．	Z 8101 2-4.1.6	I41 抜取検査方式
品質 quality	対象（3.6.1）に本来備わっている特性（3.10.1）の集まりが，要求事項（3.6.4）を満たす程度． 注記1　"品質"という用語は，悪い，良い，優れたなどの形容詞とともに使われることがある． 　　　2　"本来備わっている"とは，"付与された"とは異なり，対象（3.6.1）の中に存在していることを意味する．	Q 9000 3.6.2	G1 品質
品質改善 quality improvement	品質要求事項（3.6.5）を満たす能力を高めることに焦点を合わせた品質マネジメント（3.3.4）の一部． 注記　品質要求事項は，有効性（3.7.11），効率（3.7.10），トレーサビリティ（3.6.13）などの側面に関連し得る．	Q 9000 3.3.8	—
品質管理 quality control	品質要求事項（3.6.5）を満たすことに焦点を合わせた品質マネジメント（3.3.4）の一部．	Q 9000 3.3.7	G2 品質管理
品質計画 quality planning	品質目標（3.7.2）を設定すること及び必要な運用プロセス（3.4.1）を規定すること，並びにその品質目標を達成するための関連する資源に焦点を合わせた品質マネジメント（3.3.4）の一部． 注記　品質計画書（3.8.9）の作成が，品質計画の一部となる場合がある．	Q 9000 3.3.5	—
品質特性 quality characteristic	要求事項（3.6.4）に関連する，対象（3.6.1）に本来備わっている特性（3.10.1）． 注記1　"本来備わっている"とは，あるものに内在していること，特に，永久不変の特性として内在していることを意味する． 　　　2　対象に付与された特性（例　対象の価格）は，その対象の品質特性ではない．	Q 9000 3.10.2	G25 品質特性
品質保証 quality assurance	品質要求事項（3.6.5）が満たされるという確信を与えることに焦点を合わせた品質マネジメント（3.3.4）の一部．	Q 9000 3.3.6	G7 品質保証
品質マネジメント quality management	品質（3.6.2）に関するマネジメント（3.3.3）． 注記　品質マネジメントには，品質方針（3.5.9）及び品質目標（3.7.2）の設定，並びに品質計画（3.3.5），品質保証（3.3.6），品質管理（3.3.7）及び品質改善（3.3.8）を通じてこれらの品質目標を達成するためのプロセス（3.4.1）が含まれ得る．	Q 9000 3.3.4	—
品質目標 quality objective	品質（3.6.2）に関する目標（3.7.1）． 注記1　品質目標は，通常，組織（3.2.1）の品質方針（3.5.9）に基づいている． 　　　2　品質目標は，通常，組織（3.2.1）内の関連する機能，階層及びプロセス（3.4.1）に対して規定される．	Q 9000 3.7.2	—
不合格判定数 rejection number	＜合否判定抜取＞計数値合否判定抜取検査（4.2.12）において，与えられた合否判定抜取検査方式（4.3.3）でロット（1.2.4）が不合格と判断されるために必要な，サンプル（1.2.17）中に発見される不適合数（3.1.11）または不適合アイテム（1.2.12）数の最小値． 注記1　＜　＞の記号は，一つの用語が複数の概念を表す場合に，それぞれの概念が関係する主題又は分野を表示して対象を限定し，区別するために用いる． 　　　2　不合格判定個数と呼ばれることがある．	Z 8101 2-4.4.1	I35 不合格判定個数

用　語 英　語	意　味	規　格 項　目	旧項目 旧用語
不適合 nonconformity	要求事項を満たしていないこと． ［JIS Q 9000：2006，3.6.2］ 　注記　欠陥（3.1.12）の注記参照．	Z 8101 2-3.1.11	I28 欠点
	要求事項（3.6.4）を満たしていないこと． 　注記　この用語及び定義は，ISO/IEC 専門業務用指針―第1部：統合版 ISO 補足指針の附属書 SL に示された ISO マネジメントシステム規格の共通用語及び中核となる定義の一つを成す．	Q 9000 3.6.9	
不適合品 nonconforming item	一つ以上不適合（3.1.11）のあるアイテム（1.2.11）．	Z 8101 2-1.2.12	I30 不良品
不適合率 total fraction nonconforming	上側不適合率（2.5.4）と下側不適合率（2.5.5）との和． 　例　平均 μ 及び標準偏差 σ の場合： $$P_t \fallingdotseq \Phi\left(\frac{\mu-U}{\sigma}\right)+\Phi\left(\frac{L-\mu}{\sigma}\right)$$ 　ここに，P_t：不適合率 　　　　　Φ：標準正規分布の分布関数 　　　　　　　（JIS Z 8101-1 参照） 　　　　　L：下側規格限界 　　　　　U：上側規格限界 　注記1　平均から標準偏差の何倍離れているかという視点から，プロセスの出力が規格限界（3.1.3）などの興味ある特定の値を超える確率を与える標準正規分布の表（又は統計ソフトウェアパッケージの関数）が用意されている．これは，例にある分布関数を求める手間を不要にする． 　注記2　この関数は理論的な分布に関するものである．実務では，経験分布において，母数は推定値によって置き換えられる．	Z 8101 2-2.5.6	G34 不良率
平均出検品質限界，AOQL average outgoing quality limit	＜合否判定抜取＞所定の合否判定抜取方式（4.3.3）において，不合格になった全てのロット（1.2.4）が特に指定されない限り選別される場合に，全ての可能性のある入検する製品の品質水準（4.6.16）に対する AOQ（4.7.1）の最大値．	Z 8101 2-4.7.2	I49 AOQL，平均出検品質限界
プロセス process	インプットをアウトプットに変換する，相互に関係のある又は相互に作用する一連の活動． 　注記1　プロセスのインプットは，通常，他のプロセスからのアウトプットである． 　注記2　組織内のプロセスは，価値を付加するために，通常，管理された条件のもとで計画され，実行される． 　注記3　結果として得られる製品の適合が，容易に又は経済的に検証できないプロセスは，"特殊工程"（special process）と呼ばれることが多い． ［JIS Q 9000：2006，3.4.1］	Z 8101 2-2.1.1	G47 （製造）工程
	インプットを使用して意図した結果を生み出す，相互に関連する又は相互に作用する一連の活動． 　注記1　プロセスの"意図した結果"を，アウトプット（3.7.5），製品（3.7.6）又はサービス（3.7.7）のいずれと呼ぶかは，それが用いられている文脈による． 　注記2　プロセスへのインプットは，通常，他のプロセスからのアウトプットであり，また，プロセスからのアウトプットは，通常，他のプロセスへのインプットである． 　注記3　連続した二つ又はそれ以上の相互に関連する及び相互に作用するプロセスを，一つのプロセスと呼ぶこともあり得る． 　注記4　組織（3.2.1）内のプロセスは，価値を付加するために，通常，管理された条件の下で計画され，実行される． 　注記5　結果として得られるアウトプットの適合（3.6.11）が，容易に又は経済的に確認できないプロセスは，"特殊工程"（special process）と呼ばれることが多い．	Q 9000 3.4.1	

用 語 英 語	意　味	規　格 項　目	旧項目 旧用語
	注記6　この用語及び定義は，ISO/IEC 専門業務用指針―第1部：統合版 ISO 補足指針の附属書 SL に示された ISO マネジメントシステム規格の共通用語及び中核となる定義の一つを成す．ただし，プロセスの定義とアウトプットの定義との間の循環を防ぐため，元の定義を修正した．また，元の定義にない注記1〜注記5を追加した．		
母集団 population	<参照（reference）>検討の対象とするアイテム（1.2.11）の全体．8101-1（1.1） 注記1　母集団は，実在する場合及び仮想的な場合があり，更に有限の場合及び無限の場合がある． 注記2　有限で実在する母集団からのサンプリング（1.3.1）を拡張することによって，実際の相対頻度又は（2.5.1）を考えることができる．この代わりに，又はここから考えて，確率分布に基づく仮説的な母集団の理論的なモデルを導くことができる．これによって予測が可能になる． 注記3　母集団は，現在進行中のプロセスの結果で，将来の結果を含む場合がある． 注記4　母集団は，区別できる対象物，又はバルクマテリアルからなる． 注記5　<　>の記号は，一つの用語が複数の概念を表す場合に，それぞれの概念が関係する主題又は分野を表示して対象を限定し，区別するために用いる．ここで"参照（reference）"とあるのは，この population の定義はデータの参照のために用いられる母集団の意味に限定されること，例えば人口（population）の意味は含まれないことを意味している．	Z 8101 2-1.2.1	G38 母集団
要求事項 requirement	明示されている，通常暗黙のうちに了解されている又は義務として要求されている，ニーズ又は期待． 注記1　"通常暗黙のうちに了解されている"とは，対象となるニーズ又は期待が暗黙のうちに了解されていることが，組織（3.2.1）及び利害関係者（3.2.3）にとって，慣習又は慣行であることを意味する． 注記2　規定要求事項とは，例えば，文書化した情報（3.8.6）の中で明示されている要求事項をいう． 注記3　特定の種類の要求事項であることを示すために，修飾語を用いることがある． 　　　例　製品（3.7.6）要求事項，品質マネジメント（3.3.4）要求事項，顧客（3.2.4）要求事項，品質要求事項（3.6.5） 注記4　要求事項は，異なる利害関係者又は組織自身から出されることがある． 注記5　顧客の期待が明示されていない，暗黙の裡に了解されていない又は義務として要求されていない場合でも，高い顧客満足（3.9.2）を達成するために顧客の期待を満たすことが必要なことがある． 注記6　この用語及び定義は，ISO/IEC 専門業務用指針―第1部：統合版 ISO 補足指針の附属書 SL に示された ISO マネジメントシステム規格の共通用語及び中核となる定義の一つを成す．元の定義にない注記3〜5を追加した．	Q 9000 3.6.4	―
予防処置 preventive action	起こり得る不適合（3.6.9）又はその他の起こり得る望ましくない状況の原因を除去するための処置． 注記1　起こり得る不適合には，複数の原因がある場合がある． 注記2　是正処置（3.12.2）は再発を防止するためにとるのに対し，予防処置は発生を未然に防止するためにとる．	Q 9000 3.12.1	―

用語 英語	意　味	規格 項目	旧項目 旧用語
ランダムサンプリング random sampling	n 個のサンプリング単位 (1.2.14) の可能な組合せのそれぞれが定められた確率で採り出されるような方法で，n 個のサンプリング単位からなるサンプル (1.2.17) を母集団 (1.2.1) から採るサンプリング (1.3.1). 注記　無限母集団又は復元サンプリングの場合には，単純ランダムサンプリングと同じ.	Z 8101 2-1.3.5	S5 ランダムサンプリング，ランダム抜取
連続型（合否判定）抜取検査 continuous acceptance sampling inspection	連続生産フロー工程に適用する合否判定抜取検査 (4.1.8) で，観測された工程のアウトプットの品質に応じて，全数検査 (4.1.5) 及び抜取検査 (4.1.6) の期間のどちらかを用いて，アイテム (1.2.11) ごとのベースでの合格及び不合格を含む合否判定抜取検査.	Z 8101 2-4.2.8	II7 連続生産型抜取検査
ロット lot	サンプリングの対象となる母集団 (1.2.1) として本質的に同じ条件で構成された，母集団の明確に分けられた部分. 注記 1　サンプリングの目的には，例えばロットの合否を決定すること，ある特性 (1.1.1) の母平均を推定することなどが挙げられる. 注記 2　通常は，"等しい条件下で生産され，又は生産されたと思われるものの集まり" と解釈してよい.	Z 8101 2-1.2.4	G40 ロット

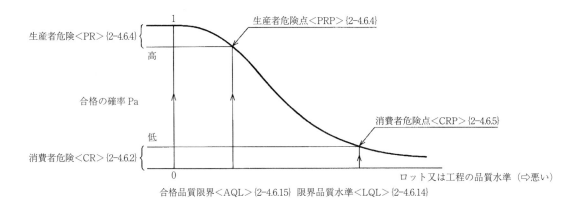

図 1　合格品質限界 AQL と限界品質水準 LQL によって規定される OC 曲線

付4．溶接記号（JIS Z 3021：2016）参考

1．運用範囲 この規格は，溶接部の記号および表示方法について規定する．

2．溶接部の記号

2.1 溶接部の記号は，基本記号および補助記号とし，それぞれ表1および表2のとおりとする．

2.2 基本記号は，原則として2部材間の溶接部の形状を表す．

表1 基本記号

溶接の種類	基本記号	備　考
I形開先溶接		アプセット溶接，フラッシュ溶接，摩擦溶接などを含む．
V形開先溶接，X形開先溶接		アプセット溶接，フラッシュ溶接，摩擦溶接などを含む． X形は基本記号V形を組み合わせたもの．
レ形開先溶接，K形開先溶接		アプセット溶接，フラッシュ溶接，摩擦溶接などを含む． K形は基本記号レ形を組み合わせたもの．
U形開先溶接，H形開先溶接		H形は基本記号U形を組み合わせたもの．
J形開先溶接		
V形フレア溶接		
レ形フレア溶接		
すみ肉溶接		
K形開先溶接及びすみ肉溶接		レ形開先溶接とすみ肉溶接を組み合わせた記号．
プラグ溶接，スロット溶接		
抵抗スポット溶接		
溶融スポット溶接		
抵抗シーム溶接		
溶融シーム溶接		
スタッド溶接		
肉盛溶接		

2.3 補助記号は，必要に応じ表2のものを使用する．

表2 補助記号

区　分		補助記号	備　考
溶接部の表面形状	平ら 凸形 凹形	─── ⌒ ⌣	・溶接後仕上げ加工を行わないときは平らまたは凹みの記号で指示する． ・仕上げの詳細は，作業指示書または溶接施工要領書に記載する． ・溶接順序は複数の基線，尾，溶接施工要領書などによって指示する． ・裏当て材の種類などは尾などに記載する． ・補助記号は基線に対し基本記号の反対側につけられる．
溶接部の仕上げ方法	チッピング 研磨 切削 グラインダ	C P M G	
全周溶接		⊙	
現場溶接		▶	・記号は基線の上方，右向きとする． ・記号は全周溶接記号にも適用される．
非破壊試験方法	放射線透過試験　一般 　　　　　　　二重壁投影	RT RT-W	・一般は溶接部に放射線透過試験などの各試験の方法を示すだけで内容を表示しない場合． ・各記号以外の試験については必要に応じ適宜な表示を行うことができる． （例） 渦電流探傷試験；ET 目視試験；VT ひずみ測定；SM 漏れ試験；LT 耐圧試験；PRT アコースティック・エミッション試験；AE
	超音波探傷試験　一般 　　　　　　　垂直探傷 　　　　　　　斜角探傷	UT UT-N UT-A	
	磁粉探傷試験　　一般 　　　　　　　蛍光探傷	MT MT-F	
	浸透探傷試験　　一般 　　　　　　　蛍光探傷 　　　　　　　非蛍光探傷	PT PT-F PT-D	
	全線試験	○	・各試験の記号の後につける．
	部分試験（抜取試験）	△	

付5．JIS Z 8101-1：2015 統計－用語及び記号－

第1部：一般統計用語及び確率で用いられる用語（抜粋）

1．一般統計用語

項 目	用 語	規 定
1.1	母集団	検討の対象となるアイテムの全体． 注記1　母集団は，実在して有限な場合，実在して無限の場合，又は完全に仮想的な場合がある．特に，標本調査では，しばしば"有限母集団"という用語が用いられる．同様に，連続的なものからのサンプリングでは"無限母集団"という用語が用いられる． 注記2　母集団を仮想的に考えることによって，様々な仮定のもとでまだとられていないデータの性質を検討することができる．したがって，母集団を仮想的に考えることは，統計調査の計画の段階，特に，適切なサンプルサイズの決定に有用である．仮想的な母集団は，有限でも無限でもよい．仮想的な母集団は，推測統計では特に有用な概念であり，統計を用いる研究において証拠の強さを評価するときに役立つ．
1.2	サンプリング単位，抽出単位	母集団を実質的に最小単位に分割したものの一つ．
1.3	サンプル，標本，試料	一つ以上のサンプリング単位からなる母集団の部分集合． 注記1　サンプリング単位は，対象とする母集団に応じて定まり，アイテム，数値，又は抽象的なものでもよい．
1.4	観測値，測定値	サンプルの一つの構成要素のある側面に関して得られた値． 注記1　"実現値"及び"データ"はよく用いられる同義語である．
1.6	ランダムサンプル，無作為標本	ランダムな選択方法によって選ばれたサンプル．
1.8	統計量	確率変数だけで規定された関数．
1.10	範囲，サンプルレンジ	最大の順序統計量（確率変数を非減少な順序に並べることによって得られる統計量）から最小の順序統計量を引いた量．
1.13	（標本）メディアン，中央値，中位数	サンプルサイズnが奇数なら，[(n+1)/2] 番目の順序統計量．サンプルサイズnが偶数なら，(n/2) 番目と [(n/2)+1] 番目との順序統計量の和を2で割った量．
1.15	（標本）平均，算術平均	ランダムサンプルにおける確率変数の和を，和をとった個数で割った量．
1.16	（標本）分散，不偏分散	ランダムサンプルにおける確率変数からそれらの標本平均を引いた偏差の2乗和を，サンプルサイズ−1で割った量． 注記1　統計量として考えると，標本分散 S^2 は，ランダムサンプルにおける確率変数の関数である．統計量の意味でのこの推定量と，ランダムサンプルの観測値から計算された標本分散の数値とを区別しなければならない．この数値結果は，経験標本分散，又は観測された標本分散と呼ばれ，普通 s^2 と表される． 注記2　サンプルサイズ n のランダムサンプル，すなわち，$\{X_1, X_2, \cdots, X_n\}$ に対して，標本平均を $\bar{X}$ と表すとき，標本分散は，次の式による． $$S^2 = \frac{1}{n-1} \sum_{i=1}^{n} (X_i - \bar{X})^2$$ 注記3　標本分散は，標本平均からの確率変数の偏差の2乗の"ほとんど"平均である（分母において n ではなく $n-1$ を用いることだけが異なる．）．$n-1$ を用いることによって，標本分散は母集団の分散の不偏推定量となる．これが不偏分散の由来である． 注記4　$n-1$ は，自由度として知られている量である． 注記6　混乱が生じなければ，"標本"を省略してもよい．
1.17	（標本）標準偏差	標本分散の非負の平方根． 注記1　実務的には，標本標準偏差は，標準偏差を推定するために用いられる． 注記2　標本標準偏差は，分布のばらつきの指標である． 注記3　混乱が生じなければ，"標本"を省略してもよい．
1.33	かたより	推定誤差（推定値から母数又は推定しようとした母集団の特性を引いたもの）の期待値．

項目	用語	規定
1.36	推定	母集団から抽出したランダムサンプルに基づいて，その母集団を統計的に描写する手続き．
1.40	仮説	母集団についての主張．
1.41	帰無仮説	統計的検定によって検定される仮説． 注記1　帰無仮説は，実現可能の確率分布の集合の部分集合を明確に示したものである． 注記3　実際には，帰無仮説を実証することは決してできない．むしろ，与えられた状況が，帰無仮説を棄却するには，評価が不十分と考えられる場合があるだけである．元来，仮説検定を行うのは，取り扱おうとしている問題に関する対立仮説を，仮説検定結果が支持することを期待しているからである． 注記4　帰無仮説を棄却できないということは，帰無仮説の妥当性を"証明"したことではなく，むしろ，帰無仮説を否定する十分な証拠がなかったと考えることができる．この場合は，帰無仮説が実際に正しい（若しくは帰無仮説に極めて近い），又は帰無仮説からの逸脱を検出するにはサンプルサイズが不十分である，のいずれかである．
1.45	有意水準	帰無仮説が真のときに，それを棄却する確率の上限値． 注記1　帰無仮説が単純仮説（分布族の単一の分布を特定している仮説）の場合には，帰無仮説が真のときにそれを棄却する確率は一つの値にしかならない．
1.46	第1種の誤り，第1種の過誤	帰無仮説が真のときに，それを棄却すること． 注記1　実際，第1種の誤りは，正しくない決定である．したがって，このような正しくない決定を行う確率は，可能な限り小さなものにとどめることが望ましい．第1種の過誤の確率を0にしようとすれば，帰無仮説を棄却することは絶対できない．すなわち，証拠のいかんにかかわらず，帰無仮説を棄却しないという常に同じ決定がなされる．
1.47	第2種の誤り，第2種の過誤	帰無仮説が真でないときに，帰無仮説を棄却できないこと． 注記1　実際，第2種の誤りは，正しくない決定である．したがって，このような正しくない決定を行う確率は，可能な限り小さなものにとどめることが望ましい．サンプルサイズが十分でないために帰無仮説からの逸脱を示すことができず，第2種の誤りが生じることが多い．
1.48	（統計的）検定，統計的仮説検定，有意性検定	帰無仮説を棄却して対立仮説（帰無仮説が成り立たないときに，許容される確率分布の全ての集合又は部分集合の選択に関する主張）を支持できるかどうかを決定する手続き． 注記1　統計的検定は，サンプルからの観測値を用いて，真の確率分布が帰無仮説と対立仮説のいずれに属するかを決めるための手続きであり，ある前提条件のもとで妥当となる． 注記2　統計的検定を行う前に，最初に利用できる情報に基づき確率分布の可能な集合を決める．次に，検討すべき予想に整合する確率分布を特定し，対立仮説を構成する．最後に，帰無仮説を対立仮説と相反するものとして定式化する．可能な確率分布の集合，すなわち，帰無仮説や対立仮説は，多くの場合，関連する母数の値の集合を用いて定められる． 注記3　決定は，サンプルからの観測値に基づいて行われる．したがって，帰無仮説が正しいときにそれを棄却する第1種の誤りと，対立仮説が正しいにもかかわらず，帰無仮説を棄却することができない第2種の誤りといった誤りが生じることがある． 注記5　統計的検定の背後にある前提への注意は不可欠であり，これを忘れば統計的検定の結果は妥当性を欠くものになることがある．
1.59	度数，頻度	特定の級（サンプルにおけるアイテムの部分集合）で，物事が生じる回数，又は観測値が含まれる個数．
1.60	度数分布，頻度分布	級と物事が生じた回数との関係性，又は級と観測値の個数との関係性．
1.61	ヒストグラム	底辺の長さが級の幅に等しく，その面積が級の度数に比例する近接する長方形からなる度数分布のグラフ表現． 注記1　級の幅が不均一な場合には，注意が必要である．級の幅が不均一な場合には，級の面積を級の度数に比例させるとよい． 注記2　全ての級の幅を等しくし，長方形の高さを級の度数に比例させるのが一般的である．
1.62	棒グラフ	一定の幅で，高さが度数に比例する長方形からなる，名義尺度の度数分布のグラフ表現． 注記1　長方形は見かけの美観を求めて三次元画像として描かれることがあるが，これは何ら追加情報をもたらさないので勧められない．棒グラフの場合，長方形は近接させる必要はない． 注記2　ヒストグラムと棒グラフとの違いは，利用可能なソフトウェアがここで与えた定義に従うとは限らないため，次第に曖昧になりつつある．

2. 確率で用いられる用語

項目	用語	規定
2.5	（事象 A の）確率	事象（標本空間の部分集合）に割り当てられる閉区間 $[0, 1]$ の中の実数． 注記2　この定義では，確率とは特定の事象に対する確率を意味する．確率は，事象の長期にわたる生起の相対頻度，又は起こりやすさに関する確信の度合いに関連付けられることもある．事象 A の確率は，普通 $P(A)$ で表される．
2.9	パラメータ，母数	分布族（確率分布の集合）のインデックス．
2.10	確率変数，変量	標本空間（起こり得る全ての結果の集合）の上で定義された，k 次元実ベクトル値関数． 注記1　k 次元実ベクトルは，順序のある k 個の実数の組 $(x_1, x_2, \cdots, x_k)$ を意味する．より一般的には，順序のある k 個の実数の組は，k 次元の行ベクトル又は列ベクトルで表される． 注記2　確率変数には，次元があり，それを k で表す．$k=1$ であれば，確率変数は，1次元又は1変量であるといわれる．$k>1$ の場合，確率変数は多次元であるといわれる．英語では，k 次元を k-dimensional と表記する． 注記3　1次元確率変数は，確率空間の構成要素である標本空間の上で定義された実数値関数である．
2.11	確率分布，分布	確率変数によって誘導される確率測度． 注記1　分布関数，存在するならば確率密度関数，特性関数など，数多くの数学的に同等な分布の表現がある．難しさは様々であるが，これらの表現を用いると確率変数が与えられた範囲の値をとる確率を求めることができる． 注記2　確率変数は標本空間上で定義されている実数値関数であるから，確率変数は確率1で実数値をとる．
2.12	期待値	確率変数の関数の確率測度に関する標本空間上の積分． 注記1　確率変数 X の関数 $g(X)$ の期待値は，$E[g(X)]$ と表され， $$E[g(X)] = \int_\Omega g(X) dP = \int_{R^k} g(x) dF(x)$$ と計算される． ここに，$F(x)$ は，対応する分布関数である． 注記2　$E[g(X)]$ の "E" は，確率変数 $g(X)$ の "期待値（expected value, expectation）" に由来する． E は，確率変数を実数へ，上記の計算式で対応させる作用素又は関数とみなすことができる．
2.14	メディアン，中央値	0.5 分位点． 注記1　メディアンは，最もよく使われる p 分位点（$0<p<1$ なる p に対して，分布関数 $F(x)$ が p 以上になる x 全体の下限）の一つである．連続1変量分布のメディアンは，母集団の半分がそれ以上，半分がそれ以下となるようなものである． 注記2　メディアンは，1変量分布（単一の確率変数の確率分布）に対して定義される．
2.35	平均 (2.35.1) 母平均，平均，1次のモーメント	<連続分布>確率密度関数 $f(x)$ と x との積の数直線上での積分，すなわち，r が1のときの r 次モーメント． 注記1　連続分布の母平均は，$E(X)$ の記号で表され， $$E(X) = \int_{-\infty}^{\infty} x f(x) dx$$ で計算される．
	(2.35.2) 母平均，平均	<離散分布>確率質量関数 $p(x_i)$ と x_i との積の総和．
2.36	母分散，分散	確率変数の中心化確率分布における r が2のときの r 次モーメント． 注記　母分散の定義は，言い換えると，確率変数とその母平均との差の2乗の期待値となる．確率変数 X の分散を $V(X)$ の記号で表す，すなわち， $V(X) = E\{[X - E(X)]^2\}$ である．
2.37	母標準偏差，標準偏差	母分散の非負の平方根．
2.50	正規分布，ガウス分布	確率密度関数が， $$f(x) = \frac{1}{\sigma\sqrt{2\pi}} e^{-\frac{(x-\mu)^2}{2\sigma^2}}, \quad -\infty < x < +\infty$$ で表される連続分布．ただし，パラメータ μ 及び σ は，$-\infty < \mu < +\infty$，$\sigma > 0$ である．

項目	用語	規定
		注記1　正規分布は統計的方法では，最もよく用いられる確率分布の一つである．確率密度関数の形状から，俗に（西洋の）釣鐘型の分布と呼ばれている．正規分布は確率現象を表すモデルであるだけではなく，標本平均の分布の極限でもある．また，実験の妥当性を評価するために，統計的方法において参照用の分布としてもよく用いられている．
		注記2　正規分布で，位置母数 μ は母平均であり，尺度母数 σ は母標準偏差である．
2.53	t 分布, スチューデント分布	確率密度関数が， $$f(t) = \frac{\Gamma\left(\frac{\nu+1}{2}\right)}{\sqrt{\pi\nu}\,\Gamma\left(\frac{\nu}{2}\right)} \times \left(1+\frac{t^2}{\nu}\right)^{-\frac{(\nu+1)}{2}}, \quad -\infty < t < +\infty$$ で表される連続分布．ただし，パラメータ ν は，正の整数である． 注記1　母標準偏差をデータから推定した場合に，標本平均の評価するために t 分布はよく用いられている．母平均がある特定の値に等しいかどうかの判定は，t 統計量と自由度 $n-1$ の t 分布との比較で可能となる． 注記2　分子は標準正規分布に従う確率変数，分母は分子と独立にカイ2乗分布に従う確率変数を自由度で割って正の平方根をとったものである分数を考えたとき，その分数は t 分布に従う．パラメータ ν は，自由度と呼ばれる． 注記3　ガンマ関数の定義は $$\Gamma(\alpha) = \int_0^\infty x^{\alpha-1} e^{-x} dx, \ \alpha > 0$$ である．α が整数のとき $\Gamma(\alpha) = (\alpha-1)!$ である．
2.54	自由度	和における項の数からそれらの項に対する制約式の数を引いたもの．
2.55	F 分布	確率密度関数が， $$f(x) = \frac{\Gamma\left(\frac{\nu_1+\nu_2}{2}\right)}{\Gamma\left(\frac{\nu_1}{2}\right)\Gamma\left(\frac{\nu_2}{2}\right)} (\nu_1)^{\frac{\nu_1}{2}} (\nu_2)^{\frac{\nu_2}{2}} \frac{x^{\frac{\nu_1}{2}-1}}{(\nu_1 x + \nu_2)^{\frac{\nu_1+\nu_2}{2}}}, \quad x > 0$$ で表される連続分布．ただし，パラメータ ν_1, ν_2 は正の整数である． 注記1　F 分布は，母分散の比を評価するための参照用の分布である． 注記2　独立な二つの χ^2 分布に従う確率変数をそれぞれの自由度で割ったものの比は分子の自由度 ν_1，分母の自由度 ν_2 の F 分布に従う．
2.57	カイ2乗分布, χ^2 分布	確率密度関数が， $$f(x) = \frac{x^{\frac{\nu}{2}-1} e^{-\frac{x}{2}}}{2^{\frac{\nu}{2}} \Gamma\left(\frac{\nu}{2}\right)}, \quad x > 0$$ で表される連続分布．ただし，ν は，$\nu > 0$ である． 注記1　データが正規分布に従い，母標準偏差 σ が既知である場合，統計量 nS^2/σ^2 は自由度 $n-1$ のカイ2乗分布に従う．この結果から σ^2 の信頼区間を構成できる．また，カイ2乗分布は適合度検定の参照用の分布としても用いられる． 注記2　カイ2乗分布はガンマ分布のパラメータを $\alpha = \nu/2$, $\beta = 2$ とした場合にあたる．このパラメータ ν は，自由度と呼ばれる． 注記3　カイ2乗分布の母平均は ν であり，母分散は 2ν である．

付6. JIS Z 8101-2：2015 統計－用語及び記号－

第2部：統計の応用（抜粋）

1. データ及びその収集

項　目	用　語	規　定
1.1.1	特性	その"もの"を識別するための性質. 注記1　特性は，本来備わったもの又は付与されたもののいずれでもあり得る. 注記2　特性は，定性的又は定量的のいずれでもあり得る.
1.1.2	品質特性	要求事項に関連する，製品，プロセス又はシステムに本来備わっている特性. 注記1　"本来備わっている"とは，そのものが存在している限り，もっている特性を意味する. 注記2　製品，プロセス又はシステムに付与された特性例製品の価格，製品の所有者）は，その製品，プロセス又はシステムの品質特性ではない.
1.2.1	母集団	検討の対象とするアイテムの全体. 注記1　母集団は，実在する場合及び仮想的な場合があり，更に有限の場合及び無限の場合がある.
1.2.4	ロット	サンプリングの対象となる母集団として本質的に同じ条件で構成された，母集団の明確に分けられた部分. 注記1　サンプリングの目的には，例えばロットの合否を決定すること，ある特性の母平均を推定することなどが挙げられる. 注記2　通常は，"等しい条件下で生産され，又は生産されたと思われるものの集まり"と解釈してよい.
1.2.11	アイテム	別々に，記述及び検討することができるもの. 例　個々の形のあるもの，バルクマテリアル（各成分の各々が巨視的なレベルで，初期段階では区別できない物質）の一定量，サービス，活動，人，システム，又はこれらの組合せ.
1.2.14	サンプリング単位，抽出単位，単位	母集団を実質的に最小単位に分割したものの一つ. 注記1　サンプリング単位は，一箱のマッチのように一つ以上のアイテムを含んでいてもよいが，一つのサンプリング単位から得られる測定結果は，一つである. 注記2　サンプリング単位は，複数個の離散的なアイテムでよいし，バルクマテリアルの一定量でもよい. 注記4　母集団を構成する単位，一つの場所から一度に取られサンプルを構成するもの.
1.2.17	サンプル，試料，標本，資料	一つ以上のサンプリング単位からなる母集団の部分集合. 注記　サンプルの採り方には，種々のランダムな場合及び種々のランダムでない場合の多くの場合が予想される．偏りのあるサンプリングは，多くの分野（例えば，奇形児の出生によって検知された家系のヒトの遺伝子）で不可避であり，偏りのあるサンプリングによって得られたデータの集まりも，またサンプルである．調査のためのサンプリングでは，サンプリング単位は，しばしば既知の変数の値に比例した確率で採られ，偏りのあるサンプルをもたらす.
1.2.25	ランダムサンプル，無作為標本	ランダムサンプリングによって採られたサンプル. 注記　JIS Z 8101-1で定義されたランダムサンプルが理論的な概念であるのに対し，この定義は実在するサンプルに関する定義である.
1.2.26	サンプルサイズ，サンプルの大きさ，標本の大きさ	一つのサンプル中のサンプリング単位の数. 注記　多段サンプルの場合は，サンプリングの最終段階におけるサンプリング単位の総数がサンプルサイズである.

項　目	用　語	規　　定
1.2.30	層別，層化	母集団を層（調べている特性に関して母集団全体より均一と考えられる，互いに排反でその全体が母集団に一致する部分母集団）に分ける分割． 注記　目的とする特性に関して，層内がより均一になるように層を設定する．
1.2.32	製品	プロセスの結果． 注記1　製品の一般的な四つのカテゴリーは 　　　—サービス（例　輸送） 　　　—ソフトウェア（例　コンピュータプログラム） 　　　—ハードウェア（例　エンジン機械部品） 　　　—処理された物質（例　潤滑剤） 多くの製品は，異なる一般的な製品分類に属す要素から構成される．製品を何と呼ぶかは，その製品の支配的な要素で決まる．
1.3.1	サンプリング，抽出，抜取	サンプルを採り出す又は構成する行為．
1.3.5	ランダムサンプリング，無作為抽出，無作為抜取	n 個のサンプリング単位の可能な組合せのそれぞれが定められた確率で採り出されるような方法で，n 個のサンプリング単位からなるサンプルを母集団から採るサンプリング．
1.3.10	多段サンプリング，多段抽出	サンプルを段階的に選択したサンプリングで，各段階でのサンプリング単位が，その前段階に選ばれたより大きなサンプリング単位から抽出されるようになっているサンプリング．

2．統計的プロセスマネジメント

項　目	用　語	規　　定
2.1.1	プロセス，工程	インプットをアウトプットに変換する，相互に関係のある又は相互に作用する一連の活動． 注記1　プロセスのインプットは，通常，他のプロセスからのアウトプットである． 注記2　組織内のプロセスは，価値を付加するために，通常，管理された条件のもとで計画され，実行される． 注記3　結果として得られる製品の適合が，容易に又は経済的に検証できないプロセスは，"特殊工程"（special process）と呼ばれることが多い．
2.1.2	プロセスマネジメント	プロセスを管理するための調整された活動．
2.1.6	工程管理，プロセス管理	プロセスへの要求項目を満たすことに焦点を当てたプロセスマネジメント．
2.3.1	管理図	連続したサンプルの統計量の値を特定の順序で打点し，その値によってプロセスの管理を進め，変動を維持管理及び低減するための図．
2.3.8	c 管理図	サンプルサイズが一定の場合に，発生数を評価するための計数値管理図．
2.3.9	u 管理図	サンプルサイズが変動する場合に，単位当たりの発生数を評価するための計数値管理図．
2.3.10	np 管理図	サンプルサイズが一定の場合に，所与の分類項目に該当する単位の数を評価するための計数値管理図．
2.3.11	p 管理図	比率又はパーセントで表される，サンプルにおける，総単位数当たりの，所与の分類項目に該当する単位の数を評価するための計数値管理図．
2.3.12	$\bar{X}$ 管理図	群の平均値を用いて工程水準を評価するための計量値管理図．
2.3.15	X 管理図	サンプルの個々の観測値を用いて工程水準を評価するための計量値管理図．
2.3.18	R 管理図	群の範囲を用いて変動を評価するための計量値管理図．

付 6. JIS Z 8101-2：2015　統計－用語及び記号－　—755—

項　目	用　語	規　定
2.4.1	中心線	打点された標本統計量の，意図された狙い値又は過去の平均値を表す管理図上の線． 　注記　中心線は，次の二つのいずれかの形をとる． 　　　a）標準として与えられた中心線：あらかじめ定められた値 　　　b）標準として与えられていない中心線：過去の平均
2.4.2	管理限界（線）	プロセスの安定性を判定するために用いる，管理図上の線．
2.4.8	上側管理限界（線），UCL	上側の管理限界を規定する管理限界線． 　注記　上方管理限界（線）ともいう．
2.4.9	下側管理限界（線），LCL	下側の管理限界を規定する管理限界線． 　注記　下方管理限界（線）ともいう．
2.4.13	工程水準，プロセス水準	ある時点においてプロットされた標本統計量の期待値．
2.7.1	工程能力	統計的管理状態にあることが実証されたプロセスについての，特性の成果に関する統計的推定値であり，プロセスが特性に関する要求事項を実現する能力を記述したもの．
2.7.2	工程能力指数	規格幅に対応した工程能力を表す指標．

3．仕様，値及び測定結果

項　目	用　語	規　定
3.1.1	仕様書，仕様，規格（値）	要求事項を記述した文書．
3.1.2	目標値，名目値，公称値	仕様書で述べられる，望ましい又は基準となる特性の値． 　注記　仕様書に述べられる値を T で表す．T は，目標値，名目値，又は公称値のいずれであってもよい．
3.1.11	不適合	要求事項を満たしていないこと．
3.1.12	欠陥	意図された用途又は規定された用途に関連する要求事項を満たしていないこと． 　注記1　欠陥と不適合）という概念の区別は，特に製品の製造物責任問題に関連している場合には，法的意味をもつので重要である．したがって，"欠陥"という用語は特段の注意を払って使用することが望ましい．
3.1.15	是正処置	検出された不適合又はその他の検出された望ましくない状況の原因を除去するための処置．
3.1.16	修正，補正	検出された不適合を除去するための処置．
3.2.1	測定	量の値を決定する目的をもつ一連の作業． 　注記1　この定義では，量は，質量，長さ，若しくは時間のような"基本量，又は速度（長さ／時間）のような"組立量"のどちらかである． 　注記2　測定は，定量に限られるが，一方，試験は，測定によって，又は数量化，クラス分け，若しくは特性の有無の検出のような他の手段によって特性を決定する，というより幅の広い意味に使用される．
3.2.3	試験	特定の操作に従って与えられた製品，プロセス若しくはサービスの，一つ又は複数の特性を決定するための技術的操作． 　注記1　測定は，定量に限られるが，一方，試験は，測定によって，又は数量化，クラス分け，又は一つ以上の特性の有無の検出のような他の手段によって特性を決定する，というより幅の広い意味に使用される．
3.2.5	真の値	ある量又は量的特性について着目するとき，存在する条件下で完全に定義されたその量又は量的特性を特徴付ける値． 　注記1　量又は量的特性の真の値は，理論的な概念であって，一般には，正確には知ることができない．
3.2.8	観測値，測定値	量又は特性として得られた値．

項目	用語	規定
3.3.1	精確さ,総合精度	試験結果又は測定結果と真の値との一致の程度. 注記1　現実には,真の値の代用として参照値(科学的原理に基づく理論的又は確定された値など,比較のために容認された標準として役立つ値)が用いられる. 注記2　"精確さ"という用語は,一連の試験又は測定結果に用いられる場合には,ランダム成分と,共通の系統的誤差すなわちバイアス成分とを,合わせたものが含まれる. 注記3　精確さは,真度(試験結果又は測定結果の期待値と真の値との一致の程度)と精度とを結合したものをいう. 注記4　"accuracy"の意味で,"正確さ"という用語を用いることがある. 注記5　JIS Z 8103では,精度という.
3.3.2	かたより	試験結果又は測定結果の期待値と真の値との差.
3.3.4	精度,精密度,精密さ	定められた条件の下で繰り返された独立した試験結果/測定結果間の一致の程度. 注記1　精度は偶然誤差の分布だけに依存し,真の値又は特定の値には関係しない. 注記2　通常,精度は,その悪さ(imprecision)によって表現され,試験結果又は測定結果の標準偏差として計算される.標準偏差が大きいと,精度が悪い(又は精度が低い)という.
3.4.1	試験結果,試験値,検査結果,検査値	規定された試験方法の実施によって得られる特性の値.
3.4.2	測定結果,測定値	規定された測定手順の実施によって得られる量の値.
3.4.4	(結果の)誤差	試験結果又は測定結果から真の値を引いた値. 注記1　現実には,真の値の代用として(採択された)参照値(比較のために容認された標準として役立つ値)が用いられる. 注記2　誤差は,偶然誤差(同一の特性又は量について複数の試験結果又は測定結果の間に予想できない変化を生じさせる,(結果の)誤差)の成分と系統誤差(同一の特性又は量について複数の試験結果又は測定結果の間に予想できる変化又は一定の変化を生じさせる,(結果の)誤差の成分)との和である.

4．検査及び一般合否抜取

項目	用語	規定
4.1.1	適合性評価	アイテムが規定された要求事項をどの程度満たすかの系統的な調査.
4.1.2	検査	適切な測定,試験,又はゲージ合せを伴った,観測及び判定による適合性評価.
4.1.3	計数値(による)検査	対象とするグループの中の各アイテムについて,一つ以上の特定の特性の有無に着目し,その特性をもつ/もたないアイテム数を数える,又はアイテム,グループ,若しくは機会の空間の中でその事象数を数えることで実施する検査.
4.1.4	計量値(による)検査	アイテムの特性の値の大きさを測定することによって実施する検査.
4.1.5	全数検査	選定された特性についての,対象とするグループ内全てのアイテムに対する検査.
4.1.6	抜取検査	対象とするグループからアイテムを抜き取って行う検査.
4.1.13	工程検査	工程の適切な段階で行う,工程パラメータ,又は結果としての製品特性の検査.
4.3.5	検査水準	合否判定抜取スキームにおける,相対的な検査量に関する指標であり,ロットサイズに対するサンプルサイズの関係を表す.これは,事前に選択される.
4.5.1	OC曲線,検査特性曲線	与えられた合否判定抜取方式について,入検品質水準及び製品が合格となる確率の関係を示す曲線.

付6. JIS Z 8101-2：2015 統計-用語及び記号-

項　目	用　語	規　定
4.6.2	消費者危険，消費者リスク	所定の合否判定抜取方式においては，品質水準が不満足とされる値であるときの合格の確率． 注記1　品質水準は例えば不適合品率で表され，不満足とされる値は例えば限界品質水準 LQL で表される．
4.6.4	生産者危険，生産者リスク	所定の合否判定抜取方式においては，品質水準が合格とされる値であるときの不合格の確率． 注記1　品質水準は例えば不適合品率で表され，合格とされる値は例えば合格品質限界 AQL がある．
4.6.15	合格品質限界，AQL	許容できる範囲内での最悪の品質水準．
4.6.16	品質水準	不適合単位の比率又は対象の一定の大きさあたりの不適合の数で表現される品質．
4.7.2	平均出検品質限界，AOQL	所定の合否判定抜取方式において，不合格になった全てのロットが特に指定されない限り選別される場合に，全ての可能性のある入検する製品の品質水準に対する AOQ（所定の値の製品品質の入検に対して，出検する品質水準の期待値）の最大値．

付7. サブマージアーク溶接の承認試験

1. はじめに

1電極または多電極サブマージアーク溶接を施工する場合は，当該工事の仕様を加味した試験を行う必要があり，その際の試験は，一例として次に示す書類審査および溶接継手試験を参考にするとよい．

ただし，提出書類を審査し，工事監理者が支障のないものと認めた場合は溶接継手試験の一部または全部を省略することができる．

2. 書類審査

提出書類として下記のものを工事監理者に提出し，承認を受ける．
（1） 工場の名称および所在地
（2） 自動溶接施工管理組織およびその責任者名簿
（3） 自動溶接技術者名簿および溶接経歴
（4） 自動溶接に関する機械設備の概要
（5） 自動溶接の施工および検査に関する社内基準
（6） 自動溶接に関する工事実績および承認試験実績

3. 溶接継手試験

3.1 試験の種類

溶接継手試験は，完全溶込み溶接試験または隅肉溶接試験とする．

3.2 完全溶込み溶接試験

3.2.1 完全溶込み溶接試験に使用する鋼材の種類および板厚は，表1のとおりとする．

表1

鋼材の種類	SN 400 B または SN 490 B
板　厚	25 mm 以上

3.2.2 試験材の形状・寸法および試験片の採取方法を図1に示す．

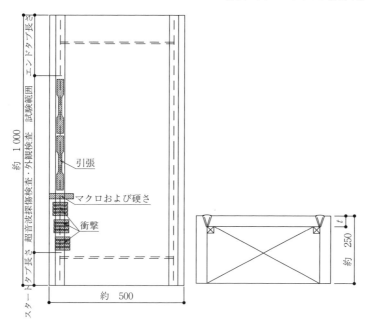

図1 完全溶込みの溶接試験材の形状および試験片採取要領（単位：mm）

3.2.3 開先形状・溶接材料・溶接条件・施工条件などは，受験する工場の社内基準による．

3.2.4 溶接姿勢は下向溶接とする．

3.2.5 試験の種類は次のとおりとする．

（1）外観検査

（2）引張試験

（3）衝撃試験

（4）マクロおよび硬さ試験

（5）超音波探傷試験

3.2.6 試験片の形状

（1）引張試験（2本）

　　試験片採取位置を図2に示す．JIS Z 3111　A1号試験片を適用する．

（2）衝撃試験（各3本）

　　試験片採取位置を図3に示す．Vノッチの位置は仕上層の溶接金属部，ボンド部，熱影響部の3種類とする．

　　JIS Z 2242　Vノッチ試験片を適用する．

（3）マクロおよび硬さ試験片（各1個）

　　試験片は，図4の寸法に従って製作する．

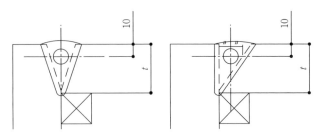

図2 引張試験片の採取位置（単位：mm）

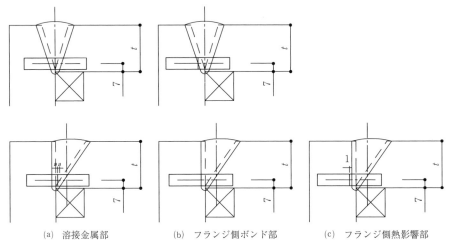

(a) 溶接金属部　　(b) フランジ側ボンド部　　(c) フランジ側熱影響部

図3 衝撃試験片の採取位置（単位：mm）

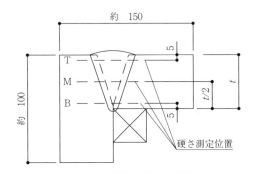

図4 マクロおよび硬さ試験片（単位：mm）

3.2.7　超音波探傷試験は試験材両端の削除部を除いた範囲を，溶接線をはさみ両側の表面より行う．

3.2.8　試験方法と合否判定基準

（1）　外観検査

検査範囲は，試験材両端の削除部を除いた範囲とし，溶接部の表面は均一で，割れ・ピットなど有害と認められる欠陥があってはならない．余盛の高さ・ビード幅・アンダーカットなどの許容範囲は，JASS 6 付則 6「鉄骨精度検査基準」による．

（2） 引張試験

引張試験は，JIS Z 2241 に準じて引張り，引張強さを測定し，その判定基準は母材の規格値以上とする．

（3） 衝撃試験

衝撃試験は，JIS Z 2242 により，試験温度は 0 ℃ とする．衝撃値の合否判定基準は，特記がない場合は，平均値が 27 J 以上とする．

（4） マクロおよび硬さ試験

マクロ試験では溶込み・融合状態が良好で有害な欠陥があってはならない．硬さ試験は，必要に応じてビッカース硬さ試験により行い，その判定規準は 350 HV 以下とする．

（5） 超音波探傷試験

JASS 6 10.4「受入検査」f．による．

3.3 隅肉溶接試験

3.3.1 隅肉溶接試験は，T字形隅肉溶接試験とし，組み合わせる材料の種類および板厚は，SN 400 B，C，SN 490 B，C および 12 mm とする．

3.3.2 試験材の形状・寸法および試験片の採取方法は，図5に示す．

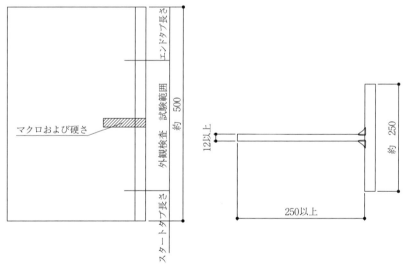

図5　隅肉溶接試験材の形状および試験片採取要領（単位：mm）

3.3.3 溶接材料，溶接条件，施工条件などは，受験する工場の社内基準による．

3.3.4 溶接姿勢は下向とする．

3.3.5 試験の種類は次のとおりとする．

（1） 外観検査

（2） マクロ試験

3.3.6 試験片の形状

（1） マクロおよび硬さ試験（1個）

試験片は，図6の寸法に従って製作する．

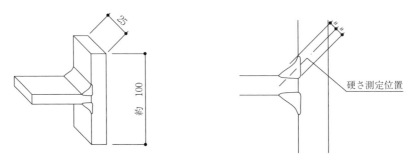

図6　隅肉溶接のマクロ試験片（単位：mm）

3.3.7 試験方法および合否判定基準

（1） 外観検査

3.2.8（1）「外観検査」による．

（2）マクロ試験および硬さ試験

　　（a）　溶込み状態が良好で有害な欠陥があってはならない．

　　（b）　溶込不良および割れがあってはならない．

　　（c）　隅肉溶接の脚長の差は3 mm以下とする．

　　（d）　脚長の許容差は隅肉サイズに対し0〜＋4.5 mmとする．

　　（e）　硬さ試験は，必要に応じてビッカース硬さ試験により行い，その判定基準は350 HV以下とする．

付8. エレクトロスラグ溶接の承認試験

1. はじめに

エレクトロスラグ溶接（非消耗ノズル式）を施工する場合は，当該工事の仕様を加味した試験を行う必要があり，その際の試験は，一例として次に示す書類審査および溶接継手試験を参考にするとよい．ただし，提出書類を審査し，工事監理者が支障のないものと認めた場合は溶接継手試験の一部または全部を省略することができる．

2. 種類審査

提出書類として下記のものを工事監理者に提出し，承認を受ける．
（1）工場の名称および所在地
（2）エレクトロスラグ溶接施工管理組織およびその責任者名簿
（3）エレクトロスラグ溶接技術者名簿および溶接経歴
（4）エレクトロスラグ溶接に関する溶接機器および溶接整備の概要
（5）エレクトロスラグ溶接の溶接法，継手詳細および検査に関する社内基準
（6）エレクトロスラグ溶接に関する工事実績および承認試験実績

3. H字形完全溶込み溶接試験

3.1 H字形完全溶込み溶接試験に使用する鋼材の種類および板厚は，表1のとおりとする．

3.2 試験材の形状・寸法および試験片の採取方法を図1に示す．

表1

鋼材の種類	SN 400 B, C または SN 490 B, C
板　厚	25 mm 以上

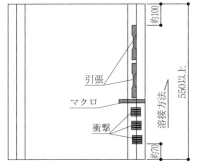 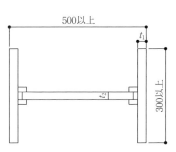

［注］1）ルート間隔Rは，実際の工事に適用するものと同じとする．
　　　2）当て金の形状寸法は，受験工場の社内規定による．

図1 H字形完全溶込み溶接試験材の形状および試験片採取要領（単位：mm）

3.3 開先形状，溶接材料，溶接条件，施工条件などは，受験する工場の社内基準による．

3.4 溶接姿勢は，80°～100°の範囲内で立向き上進溶接とし，両側の溶接を同時に溶接してもよい．

3.5 試験の種類は，次のとおりとする．

（1） 引張試験

（2） 衝撃試験

（3） マクロおよび硬さ試験

3.6 試験片の形状

（1） 引張試験（2本）：引張試験片の採取位置を図2に示す．引張試験片はJIS Z 3111 A1号とする．

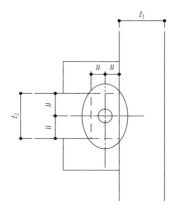

図2 引張試験片採取位置

（2） 衝撃試験（3種類各3本）：JIS Z 2242 Vノッチ試験片を適用する．試験片採取位置を図3に示す．Vノッチの位置は，溶接金属部・ボンド部・熱影響部の3種類とする．

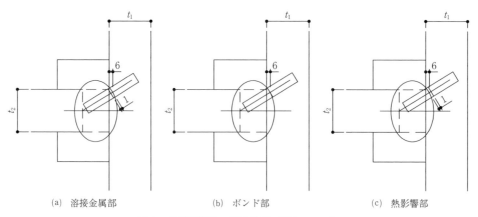

(a) 溶接金属部 (b) ボンド部 (c) 熱影響部

図3 衝撃試験片の採取位置（単位：mm）

（3） マクロおよび硬さ試験（各1個）：試験片は，図4の寸法に従って製作する．

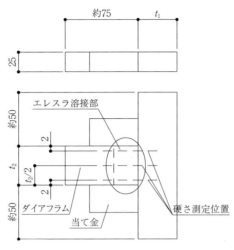

図4 マクロおよび硬さ試験片（単位：mm）

3.7 超音波探傷試験は試験材の両端の削除部を除いた範囲を，表と裏の両側から行う．

3.8 試験方法と合否判断基準

（1） 引張試験

試験は，JIS Z 2241に準じて引張り，引張強さを測定し，その判定基準は母材の規格値以上とする．

（2） 衝撃試験

衝撃試験は，JIS Z 2242により行う．試験温度は0℃とする．衝撃値の合否判定基準は，特記がない場合は，平均値が27 J以上とする．

（3） マクロおよび硬さ試験

マクロ試験では，溶込み・融合状態が良好で，割れ・スラグ巻込み・アンダーカット・オーバーラップ・ブローホールなど有害な欠陥があってはならない．また，溶込み幅はt_2以上とする．硬さ試験は必要に応じてビッカース硬さ試験により行い，その判定規準は350 HV以下とする．

付9．組立て溶接技能者技量付加試験（AWS D1.1 4.23 参考）

組立て溶接技能者の技量付加試験を実施する場合は，以下の要領による．
（1） 試験方法：T形隅肉溶接破面試験
（2） 溶接方法：被覆アーク溶接またはガスシールドアーク溶接（組立て溶接技能者が実際の工事で行う溶接方法）
（3） 試験材：材質はSN 400 B，形状・寸法は図1による．

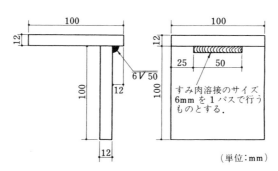

図1　試験片形状および寸法

（4） 試験溶接方法：図1による．
（5） 溶接姿勢：下向き・水平・立向き・上向きのうち，実際の工事で行う姿勢．
（6） 試験方法：外観目視検査および破面試験〔図2〕

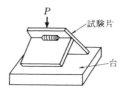

図2　試験片の破断方法

（7） 判定基準：
　（i） 外観検査では，1 mmを超える割れ，アンダーカット，オーバーラップがあってはならない．また，ピットなどの溶接欠陥があってはならない．
　（ii） 破断面検査においてルート部への溶込み不足，2.5 mmを超える融合不良，ブローホール，スラグ巻込みなどの欠陥があってはならない．

付10. 建築鉄骨溶接技能者技量検定試験基準

(「AW検定協議会　建築鉄骨溶接技量検定（AW検定）試験基準及び判定基準：2016年」より抜粋)

　AW検定には，工場溶接技量検定（鋼製エンドタブ，代替エンドタブ），工事現場溶接技量検定（鋼製エンドタブ，代替エンドタブ），鋼管溶接技量検定，ロボット溶接オペレーター技量検定がある．ここでは，工場溶接技量検定（鋼製エンドタブ，代替エンドタブ）および工事現場溶接技量検定（鋼製エンドタブ）の概要を示す．その他の試験の詳細内容や合否判定基準については，AW検定の各試験基準及び判定基準を参照されたい．

[工場溶接（鋼製エンドタブ）]

表1　試験種目および試験概要

隅肉溶接（充填隅肉溶接）試験				完全溶込みレ形突合せ溶接試験			
鋼材	溶接方法	溶接姿勢	試験項目	鋼材	溶接方法	溶接姿勢	試験項目
PL 9 (SM 490 A または SN 490 B)	被覆アーク溶接 または ガスシールド アーク 半自動溶接	立向（V） および 水平(横向) (H)	外観検査 曲げ試験 （裏曲げ） マクロ試験	PL 19 (SM 490 A または SN 490 B)	ガスシールド アーク 半自動溶接	下向（F） および 横向（H）	外観検査 放射線検査 曲げ検査 （表曲げ 　裏曲げ） マクロ試験

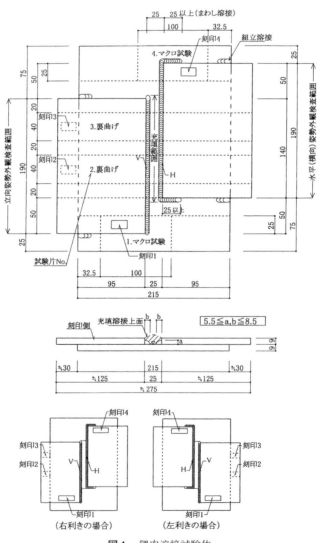

図1　隅肉溶接試験体

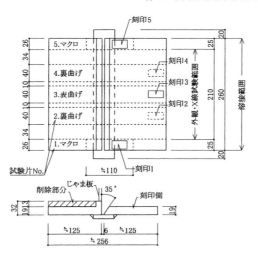

注(1) 左側の試験用鋼材は、PL-32(SN490B または SM490A)から溶接前にあらかじめ機械加工により刻印側 PL-19 の実厚と同じ厚さに仕上げる。
注(2) じゃま板の取付け許容差はマイナス 1mm 未満とする。
注(3) 放射線透過試験に支障をきたすので、裏当て金の取付位置は注意すること。

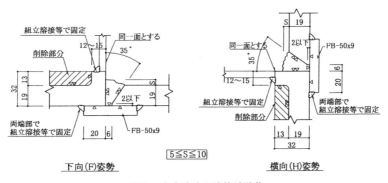

図2 完全溶込み溶接試験体

—770— 付　録

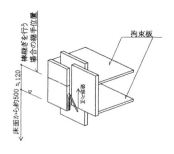

立向(V)姿勢

・棒継ぎをする場合は上図の位置とし、棒継ぎをしなくても溶接可能ならば、あえてする必要はない。
・立向(V)姿勢の棒継ぎ位置はあらかじめ明示しておくとよい。明示方法は自由とする。
・溶接作業は床面から約 500mm の高さに固定して行う。

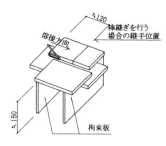

水平(H)姿勢

・棒継ぎをする場合は上図の位置とし、棒継ぎをしなくても溶接可能ならば、あえてする必要はない。
・溶接作業は床面に置いて行う。
・溶接方向は自由とする。
（溶接方法は図によらなくてもよい）

図 3　隅肉溶接

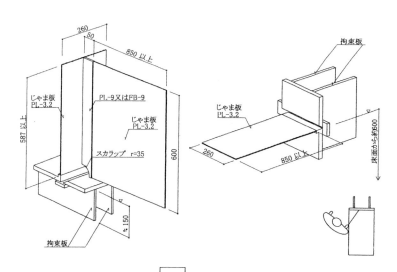

下向(F)姿勢

・溶接方向は自由とする。
・溶接作業は床面に置いて行う。

横向(H)姿勢

・溶接方向は自由とする。
・じゃま板は変形しないよう支柱等で支持する。
・溶接作業は床面から約 600mm の高さに固定して行う。
・溶接作業は左右どちらの位置から行ってもよい。

図 4　完全溶込み溶接

[工場溶接（代替エンドタブ）]

表1　試験種目及び試験概要

試験種目	板厚	溶接方法	溶接姿勢	溶接層数	試験項目
完全溶込み溶接 （略称S種）	19 mm	ガスシールド アーク半自動溶接	下向（F） 横向（H）	自　由	外観検査 放射線透過試験 マクロ試験

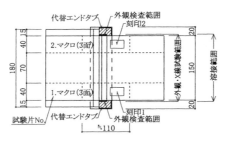

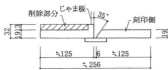

注(1)　左側の試験用鋼材は、PL-32(SN490BまたはSM490A)から溶接前にあらかじめ機械加工により刻印側PL-19の実厚と同じ厚さに仕上げる。
注(2)　じゃま板の取付け許容差はマイナス1mm未満とする。
注(3)　放射線透過試験に支障をきたすので、裏当て金の取付位置は注意すること。

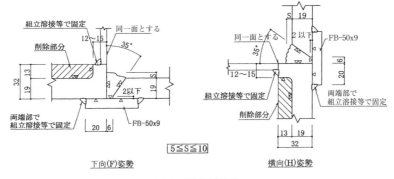

下向(F)姿勢　　　　　　　横向(H)姿勢

図1　溶接試験体

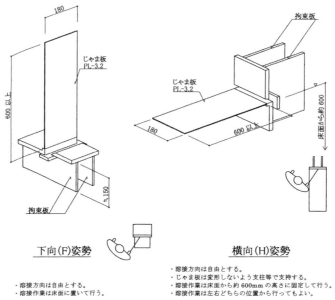

図2　溶接作業要領

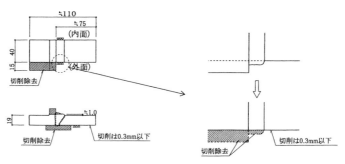

図3　マクロ試験片仕上げ寸法

[工事現場溶接（鋼製エンドタブ）]

表1　試験種目及び試験概要

試験種目	板厚	溶接方法	溶接姿勢	溶接層数	試験項目
完全溶込み溶接 （略称現場S種）	19 mm	・ガスシールド 　アーク半自動溶接 ・セルフシールド 　アーク半自動溶接 ・被覆アーク溶接	下向（F） 横向（H） 立向（V）	自　由	外観検査 放射線透過試験 マクロ試験 表・裏曲げ試験

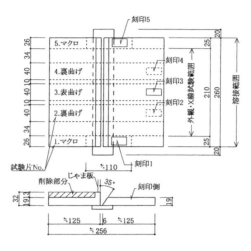

注(1)　左側の試験用鋼材は、PL-32(SN490BまたはSM490A)から溶接前にあらかじめ機械加工により刻印側PL-19の実厚と同じ厚さに仕上げる。
注(2)　じゃま板の取付け許容差はマイナス1mm未満とする。
注(3)　放射線透過試験に支障をきたすので、裏当て金の取付位置は注意すること。

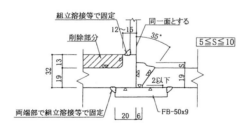

図1　下向（F）姿勢試験体

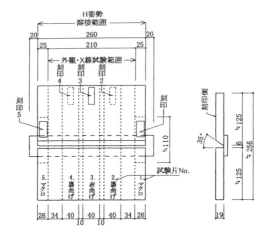

注(1) 放射線透過試験に支障をきたすので、裏当て金の取付位置は注意すること。

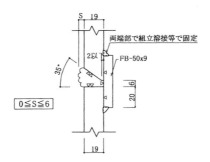

図2 横向（H）姿勢試験体

付 10. 建築鉄骨溶接技能者技量検定試験基準　—775—

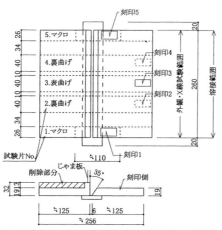

注(1) 左側の試験用鋼材は、PL-32(SN490B または SM490A)から溶接前にあらかじめ機械加工により刻印側 PL-19 の実厚と同じ厚さに仕上げる。
注(2) じゃま板の取付け許容差はマイナス 1mm 未満とする。
注(3) 左利きの受験者は、開先の向きを左右逆にする。
注(4) 放射線透過試験に支障をきたすので、裏当て金の取付位置は注意すること。

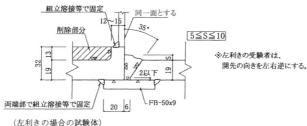

(左利きの場合の試験体)

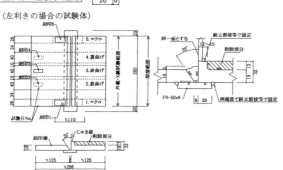

図3　立向（V）姿勢試験体

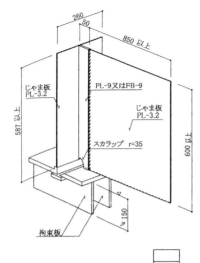

- 溶接方向は自由とする。
- 溶接作業は床面に置いて行う。

下向(F)姿勢

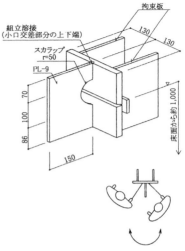

- 溶接作業は床面から約1,000mmの高さに固定して行う。
- 溶接方向は横向とする。

横向(H)姿勢

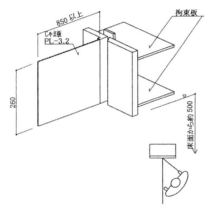

- じゃま板は変形しないよう支柱等で支持する。
- 溶接作業は床面から約500mmの高さに固定して行う。
- 左利きの者は、開先の向きを左右逆にする。
- 始端部分に鋼製もれ止めをつけることは差し支えない。ただし、組立溶接は母材に行ってはならない。

立向(V)姿勢

図4　溶接作業要領

付11. 建築鉄骨溶接ロボットの型式認証試験（抜粋）

（（一社）日本ロボット工業会・（一社）日本溶接協会「建築鉄骨溶接ロボットの型式認証における試験方法及び判定基準：2017年」より抜粋）

4. 試験内容
4.1 試験種目

試験種目は表1に，試験条件内容は表2による．

なお，申請者はロボット仕様に適合する項目を表1から選択し，試験条件を付けて型式認証試験を申請する．

a）試験に用いる鋼材は，5.2による．

b）試験材料の組立て溶接は，メーカの仕様によるものとし，試験時にその内容を記録に残す．

c）テーパギャップにおいて，同一溶接線における適用可能なギャップ差が申請仕様の下限値と上限値の差より小さい場合には，申請仕様の下限値から同一溶接線において適用できる最大値のテーパギャップとする．

付　録

表1　試験種目

継手の部位	溶接姿勢	エンドタブ	溶接継目部の処理	種別記号	試験条件
柱と梁フランジ継手（PP）（図1）	下向(F)	スチールタブ（S）	—	PP-FS	
		代替タブ[a]（F）	—	PP-FF	
	横向(H)	スチールタブ（S）	—	PP-HS	
		代替タブ[a]（F）	—	PP-HF	
	立向(V)	スチールタブ（S）	—	PP-VS	
		代替タブ[a]（F）	—	PP-VF	
角形鋼管と通しダイアフラム継手（SD）（図2）	下向(F)	なし（N）	—	SD-FN	
円形鋼管と通しダイアフラム継手（CD）（図3）	下向(F)	なし（N）	—	CD-FN	○鋼材 ○板厚 ○ルート間隔 ○開先角度 ○溶接ワイヤ ○シールドガス ○溶接条件 ○積層方法 の内容は表2による．
通しダイアフラムと梁フランジ継手（DP）（図4）	下向(F)	スチールタブ（S）	—	DP-FS	
		代替タブ[a]（F）	—	DP-FF	
	横向(H)	スチールタブ（S）	—	DP-HS	
		代替タブ[a]（F）	—	DP-HF	
	立向(V)	スチールタブ（S）	—	DP-VS	
		代替タブ[a]（F）	—	DP-VF	
溶接組立箱形断面柱と溶接組立箱形断面柱継手（BB）	横向(H)	コーナータブ（C）	—	BB-HC	
		なし（N）	—	BB-HN	
角形鋼管柱と角形鋼管柱継手（SS）[b]	横向(H)	なし（N）	処理あり	SS-HA	
			処理なし	SS-HN	
円形鋼管柱と円形鋼管柱継手（CC）[b]	横向(H)	なし（N）	処理あり	CC-HA	
			処理なし	CC-HN	
H形柱とH形柱継手（HH）	横向(H)	スチールタブ（S）	—	HH-HS	
		代替タブ[a]（F）	—	HH-HF	

注　a) フラックス系又はセラミックス系タブをいう．
　　　受験申請は，次による．
　　　1) 代替タブとスチールタブの両方で申請する場合は，代替タブで受験する．
　　　2) スチールタブで申請する場合は，スチールタブを取り付けた試験材料で受験する．
　　b) 角形鋼管柱と角形鋼管柱継手及び円形鋼柱と円形鋼管柱継手は，ビード継目部の処理について，"処理あり"と"処理なし"の二種類とする．"処理あり"の場合，ビード継目部は試験対象外とする．

表 2　試験条件の内容

1	鋼材[a]	① 490 N/mm^2 ② 400 N/mm^2
2	板厚[b]	板厚は 5.1 による
3	ルート間隔 （ルートギャップ）	ルート間隔（ルートギャップ）は 5.1 による．
4	開先角度	申請角度（α）で実施する
5	溶接ワイヤ	溶接ワイヤは 5.3 による
6	シールドガス	① CO_2 ② 混合ガス（Ar-CO_2 以外は，申請時に承認を受けること）
7	溶接条件及び 積層方法	申請による溶接条件，積層方法，溶接入熱，パス間温度

注　a）上記以外の鋼材は個別に申請し，承認した試験方案を基に受験する．
　　b）40 mm を超える板厚は，個別に申請し，承認のもとに受験して合格すれば，その板厚まで認証される．

4.2　試験項目

a）外観検査

b）放射線透過検査

　　ただし，次に示す継手の部位は超音波探傷検査を適用する．

　　・角形鋼管と通しダイアフラム継手，角形鋼管柱と角形鋼管柱継手

　　・円形鋼管と通しダイアフラム継手，円形鋼管柱と円形鋼管柱継手

　　・溶接組立箱形断面柱と溶接組立箱形断面柱継手

c）マクロ検査　超音波探傷検査を適用する継手の部位と代替タブを使用する場合に適用する．

d）衝撃試験

e）引張試験

　　490 N/mm^2 級鋼材の試験材において，使用する溶接ワイヤ，溶接入熱及びパス間温度が下記の場合には，引張試験は省略できる．

　　・溶接ワイヤ JIS Z 3312 の YGW11，YGW15 を用い，溶接入熱が 30 kJ/cm 以下，かつパス間温度が 250 ℃以下の場合．

　　・溶接ワイヤ JIS Z 3312 の YGW18，YGW19 を用い，溶接入熱が 40 kJ/cm 以下，かつパス間温度が 350 ℃以下の場合．

　　400 N/mm^2 級鋼材の試験材において溶接入熱 40 kJ/cm 以下，パス間温度 350 ℃以下の場合は引張試験は省略できる．

5．試験材料形状・寸法，溶接材料及び溶接条件

5.1　試験材料形状・寸法

試験材料形状・寸法は次による．

　　a）柱と梁フランジ継手の試験材料形状・寸法（下向，横向，立向溶接用）（図 5）

　　b）通しダイアフラムと梁フランジ継手の試験材料形状・寸法（下向，横向，立向溶接用）（図 6）

　　c）角形鋼管と通しダイアフラム継手の試験材料形状・寸法（下向溶接用）（図 7）

　　d）円形鋼管と通しダイアフラム継手の試験材料形状・寸法（下向溶接用）（図 8）

裏当て金の断面形状

平板タイプ：

テーパ付き：

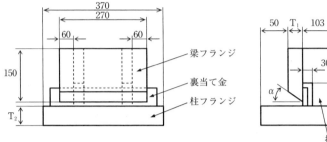

(単位：mm)

試験材料	試験板厚	梁フランジ			柱フランジ			拘束板板厚	裏当て金	ルート間隔
		板厚 T_1	幅	長さ	板厚 T_2	幅	長さ			
A	12	12	150	270	32	165	370	19	9×50	下限値又はテーパギャップ
A	32	32	150	270	36	185	370	32	9×50	下限値又はテーパギャップ
B	12	12	150	270	32	165	370	19	9×50	上限値
B	32	32	150	270	36	185	370	32	9×50	上限値
C	32	32	150	270	36	185	370	32	9×50	上限値

図5 柱と梁フランジ継手の試験材料形状・寸法（下向，横向，立向溶接共通）

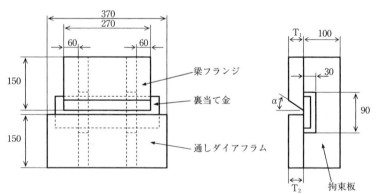

注記 裏当て金の幅の中心をルート間隔の中心にほぼ一致させる位置に組立溶接する．

(単位：mm)

試験材料	試験板厚	梁フランジ			通しダイアフラム			拘束板板厚	裏当て金	ルート間隔
		板厚 T_1	幅	長さ	板厚 T_2	幅	長さ			
A	12	12	150	270	12	150	370	19	9×50	下限値又はテーパギャップ
A	32	32	150	270	32	150	370	32	9×50	下限値又はテーパギャップ
B	12	12	150	270	12	150	370	19	9×50	上限値
B	32	32	150	270	32	150	370	32	9×50	上限値
C	32	32	150	270	32	150	370	32	9×50	上限値

図6 通しダイアフラムと梁フランジ継手の試験材料形状・寸法（下向，横向，立向溶接共通）

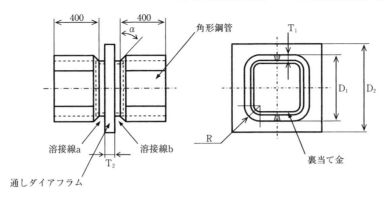

(単位:mm)

試験板厚	角形鋼管				通しダイアフラム		耳出し寸法	裏当て金	ルート間隔	
	板厚 T_1	径 D_1	長さ	外部寸法 R	板厚 T_2	径 D_2			溶接線a	溶接線b
12	12	□350	400	2.5〜3.5 T	16	□400	25	9×25	下限値	上限値
32	32	□550	400	2.5〜3.5 T	36	□610	30	9×25	下限値	上限値

図7　角形鋼管と通しダイアフラム継手の試験材料形状・寸法

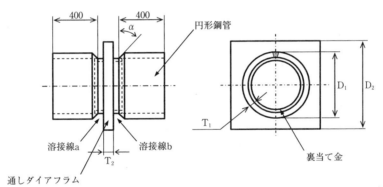

(単位:mm)

試験板厚	円形鋼管			通しダイアフラム		耳出し寸法	裏当て金	ルート間隔	
	板厚 T_1	径 D_1	長さ	板厚 T_2	径 D_2			溶接線a	溶接線b
12	12	φ350	400	16	□400	25	9×25	下限値	上限値
32	32	φ550	400	36	□610	30	9×25	下限値	上限値

図8　円形鋼管と通しダイアフラム継手の試験材料形状・寸法

5.2　鋼　　材

試験に用いる鋼材は次による．ただし，ここに定めていない鋼材については，申請時に承認を受ける．

a) 試験材料は，SN 490 B（JIS G 3136），SN 400 B（JIS G 3136），STKN 490 B（JIS G 3475），STKN 400 B（JIS G 3475）及び建築構造用冷間プレス成形角形鋼管の大臣認定品とする．

b) 裏当て金は，SM 490 A（JIS G 3106），SN 490 B（JIS G 3136）又は SS 400（JIS G 3101）から選択する．

c) 試験に先立ち使用材料の規格品証明書を提出し,確認を受ける.
d) 試験材料の組立精度は,次の精度を満足しなければならない.
   1) 開先面の表面粗さは,$50\,\mu m Rz$ 以下とする.ただし,開先表面にさび止め材,スパッタ付着防止剤などを塗布してはならない.
   2) 開先角度は,申請角度 ± 1° 以内とする.
   3) ルート間隔は,下限値 $_{-1}^{0}$ mm,上限値 $_{0}^{+1}$ mm とする.
   4) ルート面は,0.5 mm 以下とする.
   5) 裏当て金と母材の肌すきは,0.5 mm 以下とする.角形鋼管の角部は,1.0 mm 以下とする.
e) 組立て後,試験体の各部寸法を測定し,立会時に提出する.

5.3 溶接材料

試験に用いる溶接材料は,次による.ただし,ここに定めていない溶接材料については,申請時に承認を受ける.

a) 溶接ワイヤは,YGW11,15,18,19(JIS Z 3312)から選択する.
b) シールドガスは,CO_2,$Ar\text{-}CO_2$ から選択する.

付12．AW検定　ロボット溶接オペレーター試験基準（抜粋）

（「AW検定協議会　建築鉄骨溶接技量検定（AW検定）試験基準及び判定基準：2016年」より）

1．総　則

1－1　適用範囲

　この要領書は，AW検定協議会が定めたAW検定（建築鉄骨溶接技量検定）の内，ロボット溶接オペレーター技量検定の試験要領を示したものである．

1－2　試験概用

（1）ロボット溶接施工要領書の書類審査

　立会検定員は，ロボット溶接オペレーター技量検定試験に先立ち，オペレーターが所属する工場が作成した「ロボット溶接施工要領書」（以下，「施工要領書」という）が，建築鉄骨溶接部の品質確保の上で必要十分な内容・構成になっていることを「ロボット溶接施工要領書審査規則」により審査する．

（2）ロボット溶接オペレーター技量検定試験

　立会検定員は，ロボット溶接オペレーターが，「施工要領書」を遵守して溶接施工を行う技量があることを，溶接部の性能確認試験にて審査する．

（3）試験内容は表1による．

表1　試験内容

試験種目		溶接姿勢	試験体		積層計画	試験項目
			板厚	形状		
平板継手溶接 （略称RT種）	鋼製エンドタブ	下向（F） 横向（H） 立向（V）	19mm	平板 （T継手）	「施工要領書」に定める層数，パス数	外観検査 放射線透過試験 引張試験 マクロ試験 裏曲げ試験 衝撃試験
	代替エンドタブ					
角形鋼管継手溶接 （略称RC種）		下向（F）	19mm	角形鋼管 （400×400）		外観検査 超音波探傷試験 引張試験 マクロ試験 裏曲げ試験 衝撃試験
円形鋼管継手溶接 （略称RP種）		下向（F）	19mm	円形鋼管 （500φ）		

［注］　溶接方法はガスシールドアーク溶接とする．
　　　　角形，円形鋼管については両側同時及び交互溶接での受験も可とする．

（4）溶接方法はガスシールドアーク溶接とし，積層数は，「施工要領書」に定める層数とする．

（5）試験種目は受験工場が作成した「施工要領書」の内容に該当する溶接施工法から選択することができる．

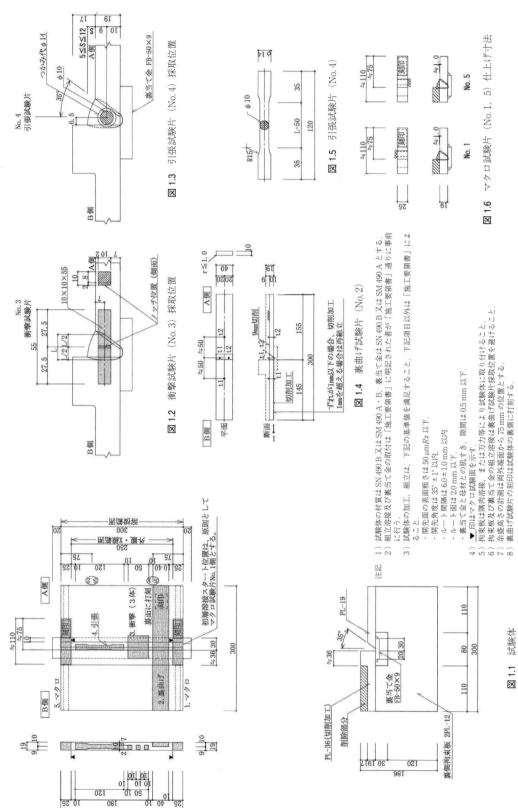

図 1 平板継手 鋼製エンドタブ試験体

付12. AW検定 ロボット溶接オペレーター試験基準（抜粋）

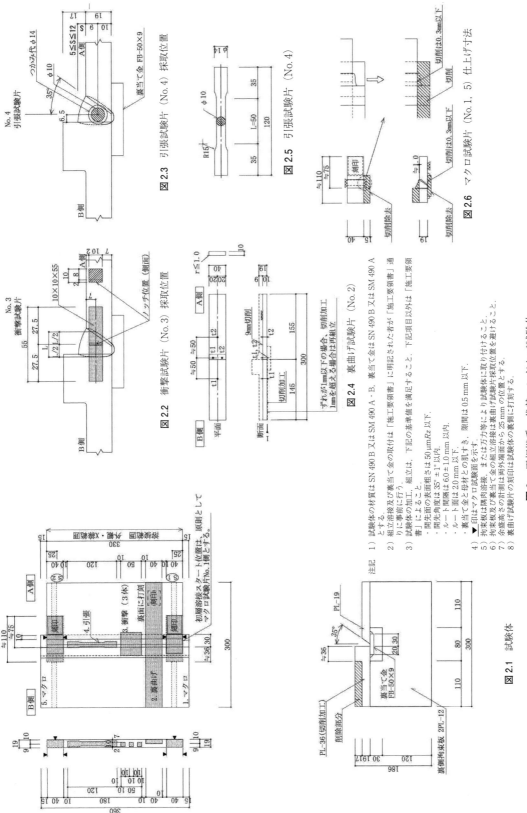

図2 平板継手 代替エンドタブ試験体

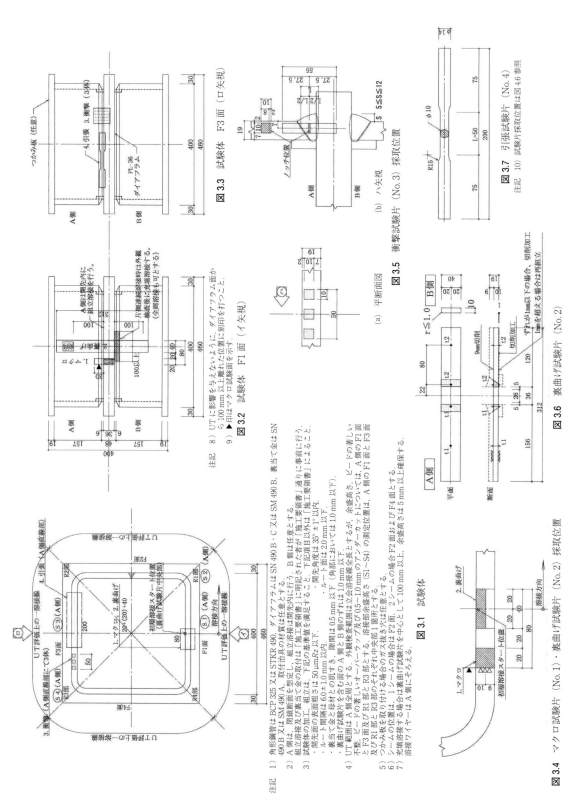

図 3 角形鋼管継手試験体 (RC-F)

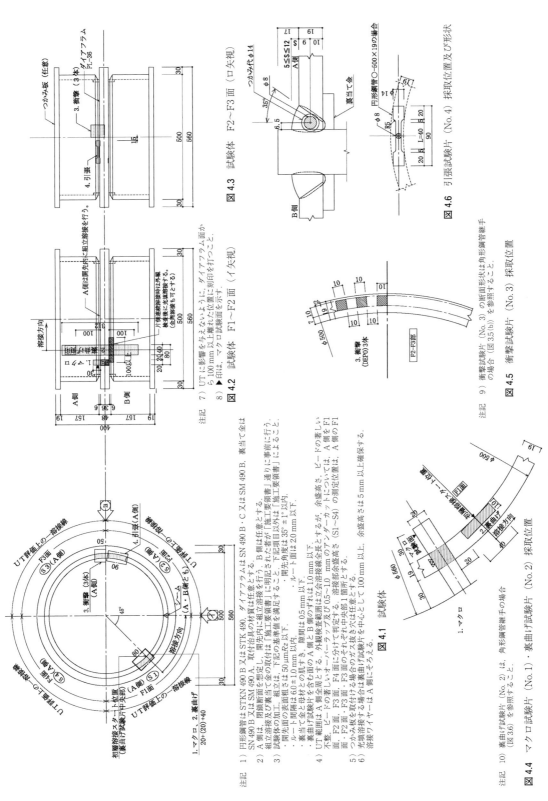

付13. 鋼材の識別表示標準（JSS I 02-2017 より抜粋）

　本付録に示す標準は，（一社）日本鋼構造協会の「鋼材の識別表示標準 JSS I 02-2017」の一部を抜粋・編集して掲載している．引用元の標準では，橋梁用鋼材を含めた全鋼種を対象とし，カラーの識別イメージ表示により標準化を行い，解説を付している．ここでは，簡潔な表現とするため，建築分野で使用される鋼種に限定し，本文の掲載にあたっては3種類の識別方法の概要のみを示している．解説を含め詳細については，元の図書を参照されたい．

[本文概要]
　加工部材の鋼種（鋼材の種類の記号）の識別は，以下に示す鋼種記入方式，塗色線表示方式，色文字記入方式のいずれかの方法により行う．

1. 鋼種記入方式
　加工部材の表面もしくは端面に，手書き，スタンプ，印字，貼付け，その他これに準ずる方法により，鋼種（鋼材の種類の記号）の文字を記入する方式である．文字の色は規定しないが，明瞭に判別できるものとする．

2. 塗色線表示方式
　加工部材の端面もしくは表面に線状に鋼種識別色を塗る方式である．識別色は，鋼材の強度区分に対応した強度基準色と必要に応じて鋼材の種類を区別するために使用する補助色により構成される．

　鋼板を対象として塗色線表示により識別する場合，表1に示す識別色の組合せに従い，加工部材の端面もしくは表面に線状に表示する．端面への塗色を基本とするが，表面に塗色してもよい．

　形鋼および鋼管を塗色線表示により識別する場合，形鋼は表1の塗色線表示欄の識別色の組合せに準じ，鋼管は表2に従う．形鋼・鋼管とも鋼板と同様に加工部材の端面もしくは表面に線状に表示するものとする．

3. 色文字記入方式
　加工部材の表面もしくは端面に鋼種を表す略記号などの文字を記入することによって識別する方式である．文字は明瞭に判読できるものとし，他の文字と区別するために○や□などで囲ってもよい．具体的な記入方法を表1の色文字記入欄に示す．

注）表1，表2に示す鋼種は，JIS規格および日本鉄鋼連盟が定める製品規定による．

表1　塗色線表示および色文字記入による鋼種識別方法（鋼板）

鋼材			塗色線表示		色文字記入	
区分	鋼種		識別色	表示	識別色	表記
400 N/mm² 級	SS 400		白	白1本	白	—
	SM 400	A	緑-白	緑1本+白1本	緑	MA
		B		緑2本+白1本		MB
		C		緑3本+白1本		MC
	SMA 400	AW, AP	緑-銀	緑1本+銀1本	緑	AW, AP
		BW, BP		緑2本+銀1本		BW, BP
		CW, CP		緑3本+銀1本		CW, CP
	SN 400	A	緑	緑1本	緑	NA
		B		緑2本		NB
		C		緑3本		NC
490 N/mm² 級	SM 490	A	黄-白	黄1本+白1本	黄	MA
		B		黄2本+白1本		MB
		C		黄3本+白1本		MC
	SMA 490	AW, AP	黄-銀	黄1本+銀1本	黄	AW, AP
		BW, BP		黄2本+銀1本		BW, BP
		CW, CP		黄3本+銀1本		CW, CP
	SN 490	B	黄	黄2本	黄	NB
		C		黄3本		NC
	TMCP 325	B	黄-青	黄2本+青1本	黄	TB
		C		黄3本+青1本		TC
520 N/mm² 級	SM 520	B	桃-白	桃2本+白1本	桃	MB
		C		桃3本+白1本		MC
		B-SNB	桃	桃2本		NB
		B-SNC		桃3本		NC
	TMCP 355	B	桃-青	桃2本+青1本	桃	TB
		C		桃3本+青1本		TC
550 N/mm² 級	TMCP 385	B	紫-青	紫2本+青1本	紫	TB
		C		紫3本+青1本		TC
590 N/mm² 級	SA 440	B	赤	赤2本	赤	B
		C		赤3本		C

表2　塗色線表示による鋼種識別方法（鋼管）

鋼材				塗色線表示	
区分		鋼種		識別色	表示
円形鋼管	400 N/mm² 級	STK 400		白	白1本
		STKN 400	W	緑	緑1本
			B		緑2本
	490 N/mm² 級	STK 490		青	青1本
		STKN 490	B	黄	黄2本
角形鋼管	400 N/mm² 級	STKR 400		白	白1本
		BCR 295		緑	緑1本
		BCP 235	(SN 400 B)	緑	緑2本
			(SN 400 C)		緑3本
	490 N/mm² 級	STKR 490		青	青1本
		BCP 325	(SN 490 B)	黄	黄2本
			(SN 490 C)		黄3本
		BCP 325 T		黄-青	黄2本+青1本

付14. 摩擦面のさび色

1．ショットブラストを施した直後の状態
2．さびが発生しはじめたときの状態
3．摩擦面としてのさびの標準的状態

鉄骨工事技術指針・工場製作編

1977年2月8日	第1版第1刷
1979年4月25日	第2版第1刷
1987年3月1日	第3版第1刷
1996年2月20日	第4版第1刷
2007年2月15日	第5版第1刷
2018年1月15日	第6版第1刷
2023年2月1日	第3刷

編　集　　一般社団法人　日本建築学会
著作人

印刷所　　昭和情報プロセス株式会社

発行所　　一般社団法人　日本建築学会
　　　　　108-8414 東京都港区芝5-26-20
　　　　　電　話・(03) 3456 - 2051
　　　　　Ｆ Ａ Ｘ・(03) 3456 - 2058
　　　　　http://www.aij.or.jp/

発売所　　丸善出版株式会社
　　　　　101-0051 東京都千代田区神田神保町2-17
　　　　　神田神保町ビル
　　　　　電　話・(03) 3512 - 3256

ⓒ 日本建築学会 2018

ISBN978-4-8189-1078-2 C3052